规范的行动与成长

刑法社会学问题研究

The Action and the Growth of Norm

Research on the Sociology of Criminal Law

张心向　著

法律出版社
LAW PRESS·CHINA
北京

图书在版编目（CIP）数据

规范的行动与成长：刑法社会学问题研究 / 张心向著. -- 北京：法律出版社，2025(2025.6 重印). -- ISBN 978-7-5244-0141-4

Ⅰ. D924.04

中国国家版本馆 CIP 数据核字第 2025DC2052 号

规范的行动与成长

——刑法社会学问题研究

GUIFAN DE XINGDONG YU CHENGZHANG

—XINGFA SHEHUIXUE WENTI YANJIU

张心向 著

策划编辑 宋杰鹏　田亚飞
责任编辑 田亚飞
装帧设计 臧晓飞

出版发行 法律出版社
编辑统筹 法律出版社
责任校对 李慧艳
责任印制 胡晓雅
经　　销 新华书店

开本 710 毫米×1000 毫米　1/16
印张 48.5　**字数** 766 千
版本 2025 年 5 月第 1 版
印次 2025 年 6 月第 2 次印刷
印刷 天津嘉恒印务有限公司

地址：北京市丰台区莲花池西里 7 号(100073)
网址：www.lawpress.com.cn
投稿邮箱：info@lawpress.com.cn
举报盗版邮箱：jbwq@lawpress.com.cn

销售电话：010-83938349
客服电话：010-83938350
咨询电话：010-63939796

书号：ISBN 978-7-5244-0141-4　**定价**：218.00 元

凡购买本社图书，如有印装错误，我社负责退换。电话：010-83938349

作者简介

张心向

法学博士（社会学专业）、南开大学法学院教授、博士生导师，中国刑法学研究会常务理事。主要研究领域为刑法学、刑法社会学、刑法方法论。

内容简介

“没有社会学的教义学是空洞的，没有教义学的社会学是盲目的”。“它们就像是一枚硬币的两面。在认识法律的时候，要共同协作、互相补充。”本书是张心向教授在南开大学从事法学教学研究40年的学术纪念文集。本文集兼顾法社会学与法教义学两套话语体系和思维体系，内容上论及刑法社会学领域的六个重要专题问题，既直面“规范”在实践的“当下”如何解决“是与非”的问题，又关注了“规范”是如何超越实践的“当下”及其“从何处来、又向何处去”的成长变换过程。从法社会学的视角而言，可以将本书看作是对作为部门法社会学之刑法社会学的一些基础理论问题的研究；而从法教义学的视角而言，也可以将本书看作是对作为部门法教义学之刑法教义学的方法论由法律解释方法论如何向法律适用方法论延伸拓展问题的探索。

说　明

我们有幸生活在一个百年不遇的大变革时代。我于1984年7月从华东政法大学(前华东政法学院)毕业到南开大学任教至今已满整整40周年。40年沧桑巨变。40年岁月如梭。作为一部为纪念自己在南开大学从教40周年而出版的文集,汇聚了笔者在这样一个历史背景下对刑法社会学相关理论与实务问题的点滴思考。对于本书的结构与内容有以下几点说明:

1. 本书内容围绕“规范的行动与成长——刑法社会学问题研究”展开,由刑法的社会学研究方法探索、社会学视野中的刑事司法现象研究、规范与事实互构中的刑法规范解释、犯罪构成论的社会学视角检视、死刑改革与死刑裁量的变量因素研究、具体犯罪的社会学方法研究尝试六个研究专题组成。这六个研究专题收录的包括首次公开出版发表的3篇课题结项报告和已在相关期刊发表的21篇论文,均为提交或投稿时的原稿。除论文补上了因当时篇幅所限而被删掉的部分内容外,其他均保留了原貌,除个别文字、脚注外,未作修订。

2. 本文集中相关课题结项报告及论文的写作时间前后跨越20多年,这期间文中所列举的一些法律、法规以及规范性文件的规定中有些“条文”已发生了变化,有新增加的,有修改完善的，也有废止的。由于这些修改、变化的“条文”并不影响对文中内容观点、结论的分析，为保持内容的历史原貌和前后连贯性，对有些已经发生变化的法律、法规以及规范性文件的规定中的“条文”，仍以当时的规定为准，没有作相应的修改和调整。

3. 由于有些论文当时是作为相关课题结项报告的前期研究成果发表的，造成了有的课题结项报告与相关论文在部分内容上存在重合、重复的问题。为了保持课题结项报告的完整性，对其与相关论文重合或重复的部分，未作删改。另外，由于相关课题结项报告及论文写作时间跨度长，而本书的内容是基于相同或相近的专题编辑的，可能存在相关课题结项报告、论文及彼此间引注前后倒置的问题。

张心向

2024 年 6 月 30 日

代前言：
刑法社会学问题研究的概念建构

目　次

客观地说,笔者既没有多少法社会学功底,法教义学的功底也不甚扎实。出版本文集以集中展现自己在刑法社会学领域的主要研究成果,是忐忑不安的。本文主要是在对本文集主要学术主张所涉及的若干概念进行梳理、总结、提炼的基础上,对相关著述内容的进一步思考。同时希冀对这一领域有研究兴趣并阅读本文集的学界同仁们,可以通过笔者梳理、总结、提炼的这些概念,在更短的时间里了解、把握本文集的主要内容和学术观点,以便能更有的放矢地对本人著述中存在的问题提出宝贵意见;另外,由于笔者对刑法社会学的问题研究主要聚焦在刑法的实践运作过程上,对本文集主要学术主张所涉及的若干概念进行的梳理、总结、提炼,也可以看作对刑法的实践运作过程现象的一个简单粗线条素描,这样也便于司法实务人员比较直观地发现著述中存在的问题以提出宝贵意见。

一、概念建构之源起

(一)法学研究的视角及知识形态

"关于何谓法律,大体上有三种截然不同的理解方式。第一种是从社会生活的事实出发,把真正对人类行为有引导作用的一般性规则理解为法律;第二种是从国家意志的角度出发,把国家制定并以强制力来确保实施的一般性规则理解为法律;第三种则是从超越经验事实的普遍道德律或神圣意志的角度出发,认为符合这些超验律令的规范才是法律。第一种视角是社会科学的视角,第二种是法律实证主义的视角(或法律人的内部视角),第三种是自然法或道德主义的视角。"[①]这一点从法学学术研究的历史脉络也可得知,"在当代西方法学世界,尽管法学流派纷呈,但真正能主导法学者,仍然是自然—价值法学、社会—实证法学、规范—分析法学。这三大法学的分野,既有在基本主张上的分野,也有研究方法方面的分野"[②]。"它们从不同的视角、以不同的方式观察法"[③],并由此形成了不同的法学知识形态、类型以及方法论,如"法哲学(Rechtsphilosophie)、法理学(Rechtstheorie)、法社会学(Rechtssoziologie)、法史学(Rechtsgeschichte)以及

① 郑戈:《法学是一门社会科学吗?》,法律出版社2022年版,第77页。
② 谢晖:《论规范分析的三种实证方法》,载《江海学刊》2008年第5期。
③ [德]卡尔·拉伦茨:《法学方法论》(全本·第6版),黄家镇译,商务印书馆2020年版,第245页。

法学(Jurisprudenz)[‘法教义学’(Rechtsdogmatik)]”①。

(二)规范性是法学研究的基本立场

尽管人们对“法”的研究视角、进路、方式或价值取向等均有所不同,但“上述法律理论中的绝大部分观点所关注的都是通过法律的社会控制所应追求的最高目标,就此而言,它们都是规范性的”②,即“法学”主要还是一种“规范性科学”③,属于基本共识。“法学主要致力于研究属于规范性领域的法现象。”④“规范”这一范畴构成了法学研究的核心要素,“规范”是法学研究的主要对象,“规范性”是法学研究的基本立场。而基于法律实证主义研究视角的规范—分析法学,即规范法学抑或法教义学由于本身就是分析性的和规范性的学问,⑤自然而然地成了法学研究的最主要、最核心部分,狭义上的法学一般指规范法学或法教义学。社会—实证法学,即法社会学作为广义法学的一部分,虽然也将“规范”作为主要研究对象之一,此“规范”与法教义学中的“规范”当然也有一致之处,但还是存在区别与差异。自然—价值法学,即自然法学抑或法哲学,由于“自然法与某些人类与生俱来的行为方式存在关联”⑥,我们“可以将某些人类天生的能力归为自然法的内容”⑦。这就是植根于人性的自由、安全和平等诸价值。⑧ 它们“首先是规范(normative)作用,也就是为制定法提供一个道德基础,并指导和约束法律的制定与实施;其次是正当化(legitimizing)作用,也就是为制定法提供一种价值理性的正当性证明;最后是革命性(revolutionary)的作用,即帮助人们打破旧的社会秩序,创造新的法律和新的社会秩序”⑨。由此可见,自然法或法哲学中的“规范”实际上是法教义学中的“规范”以及法社会学中的

---

① [德]卡尔·拉伦茨:《法学方法论》(全本·第6版),黄家镇译,商务印书馆2020年版,第245页。

② [美]E.博登海默:《法理学:法律哲学与法律方法》,邓正来译,中国政法大学出版社1999年版,第197页。

③ [德]卡尔·拉伦茨:《法学方法论》(全本·第6版),黄家镇译,商务印书馆2020年版,第253页。

④ [德]卡尔·拉伦茨:《法学方法论》(全本·第6版),黄家镇译,商务印书馆2020年版,第246页。

⑤ 参见舒国滢:《法学的知识谱系》(下),商务印书馆2021年版,第1623页。

⑥ [德]托马斯·M.J.默勒斯:《法学方法论》(第4版),杜志浩译,北京大学出版社2022年版,第138页。

⑦ [德]托马斯·M.J.默勒斯:《法学方法论》(第4版),杜志浩译,北京大学出版社2022年版,第126页。

⑧ 参见[美]E.博登海默:《法理学:法律哲学与法律方法》,邓正来译,中国政法大学出版社1999年版,中文版前言第Ⅳ页。

⑨ 郑戈:《法学是一门社会科学吗?》,法律出版社2022年版,第226页。

“规范”之合理性、合法性、正当性由来的共同根基。故“法社会学与法教义学皆是广义法学的一部分。不能将它们理解为两个彼此分离的学科”①。当然,由于对“法”的研究视角、进路、方式或价值取向存在不同,二者对“规范”问题存在不同认知也在所难免。

同时,我们注意到,法社会学的代表性人物无论是欧洲的韦伯、埃利希、卢曼、莱塞尔等,还是美国的庞德、卢埃林、霍姆斯、波斯纳等,虽其法社会学研究方法论的宏大构造抑或科学性是毋庸置疑的,但其对法社会学问题研究的松散性、多元性、碎片化等导致的法社会学知识论体系在体系性、逻辑性、融贯性等方面无法与法教义学大家的法教义学知识论体系相媲美,特别是在法社会学研究领域内很少有相关部门法问题的研究,如民法社会学、刑法社会学等基于社会学理论或方法的系统性、体系性、融贯性的研究成果。这与同时拥有一套体系完备、结构清晰、逻辑严密自洽的知识论体系和一套与知识论体系相应的方法论体系(知识论体系与方法论体系合二为一)的民法教义学、刑法教义学等基本上没有可比性。而且“法律社会学的研究纲领呈现出与其他社会学分支所不同的松散性”②。“法律社会学的松散性还表现在其覆盖了那些几乎没有什么内在逻辑关联性的各种观察方式,比如,在法律文化研究、比较法律社会学研究、法律多元主义、法律全球化、法律与后现代主义等这些所谓的法律社会学大家族内的成员之间就很难找出可以通约的最大公约数。”③“在美国,法律社会学就呈现过法律现实主义、法律与社会运动、批判法学、女权主义法学以及种族批判法学的眼花缭乱的形态,广义上的法律社会学甚至可以扩展到法律经济分析、法律心理学,等等。”④对此,卢曼总结说,从法律社会学登上现代学术舞台至今,法律社会学的经验研究仍然没有摆脱这三种进路:第一种进路是研究法律人,即基于法律职业来研究法律人的角色;第二种进路是把第一种方案推向纵深并加以精细化,研究作为承担法律裁判工作的司法主体的小群体行为;第三种进路则是运用现代传播理论把关于法律的舆论(而不是法律本身)变成核心课题研究,以此希望澄清公众对法律的流行态度或者公众对于立法机构、执法机构以及司法机构的流行态度。卢曼还认为这三种研究进路相互割裂,缺乏研

---

① [德]托马斯·莱塞尔:《法社会学基本问题》,王亚飞译,法律出版社2014年版,第125页。
② [德]尼克拉斯·卢曼:《法社会学》,宾凯、赵春燕译,上海人民出版社2013年版,第27页。
③ [德]尼克拉斯·卢曼:《法社会学》,宾凯、赵春燕译,上海人民出版社2013年版,第27页。
④ [德]尼克拉斯·卢曼:《法社会学》,宾凯、赵春燕译,上海人民出版社2013年版,第27页。

究纲领上的融贯性。[①] 可以看出,卢曼总结的法社会学这些研究领域,基本上是法教义学不关注或者不直接关注的内容。对此,美国法社会学家布莱克总结出了法教义学与法社会学之间的六点差异:[②](1)在关注焦点上,是规则与社会结构的差异;(2)在处理方式上,是逻辑与行为的差异;(3)在运用范围上,是普适性与可变性的差异;(4)在观察视角上,是参与者与观察者的差异;(5)在研究宗旨上,是实践性和科学性的差异;(6)在研究目标上,是裁判与解释的差异。由此,我们发现法教义学与法社会学两派的相争实际上并不是全方位的,它们各有各的领域或地盘,基本上就是两套不同的话语体系,无论是在知识论体系方面还是方法论体系方面,均存在明显的差异,各说各话。这两套话语体系的分歧点主要表现在如何认识"法"或如何认识"规范"这一点上,即规范究竟是开放的还是封闭的。具体而言就是:法是什么(概念及范畴),法能做什么(目的或功能),法如何被适用或法应该如何被适用(裁判及裁判行为)。这又主要集中在对规范、事实及两者之间关系的问题的认知以及这种认知如何落实到裁判过程中,核心是法的实践性问题。这个问题是法教义学研究的主要或大部分领地,而对法社会学而言只是其研究领域内的一小部分而已。在这个二者共有的"属地""叠合"区域,之所以产生争执,症结在于:信奉经验研究的法社会学并不能理解这样一个事实:法律系统是一个操作封闭的、自我再生产的、自我描述的系统。与法学的内在视角相比,法社会学的外部视角在对待法律规范上显得更为超脱,不再关注法律规范的有效性问题,而是把法律和社会各自操作为属于经验研究的独立变量,要研究的并不是从中去发现具有约束力的法律规范,而是在法律与社会的各种变量之间发现相互作用的因果性关系,即要么探求法律规范背后的社会因素,要么追踪法律规范引发的社会效果。[③] 在这争执的背后,我们也看到了问题的另一面,就是看待法律实践活动的视角从来就不是也不应该是唯一的。无论是法教义学的视角还是法社会学的视角,实际上都是为我们能够全面、立体、多方位、多维度地去认识法律实践活动而提供的工具之一。在比较的意义上,它们之间固然是竞争的;但在使命的意义上,更多的是合作;在学科的意义上,当然是一种交叉研究领域的存在。

---

① 参见[德]尼克拉斯·卢曼:《法社会学》,宾凯、赵春燕译,上海人民出版社 2013 年版,第 28 页。

② 参见[美]唐·布莱克:《社会学视野中的司法》,郭星华等译,法律出版社 2002 年版,第 16 ~ 18 页。

③ 参见[德]尼克拉斯·卢曼:《法社会学》,宾凯、赵春燕译,上海人民出版社 2013 年版,第 31 ~ 32 页。

(三)法社会学研究概念的建构意义

基于上述,笔者以部门法刑法为法社会学研究切入点的刑法社会学问题研究主要集中在这一交叉领域——法教义学与法社会学的共同的“属地”“叠合”区域,并以刑法教义学为比对展开对刑法社会学问题的研究,而这必然需要一些“新”的概念分析工具来支撑。由于二者竞争或合作的焦点主要集中在对法律适用过程中规范、事实及两者之间关系的问题的认知以及这种认知如何落实到具体裁判过程中,即“法”是如何实践的以及应该如何实践的问题上,布迪厄的社会实践理论就为这一问题的思考提供了强而有力的分析工具,故笔者对这一问题的思考、分析基本上在布迪厄社会实践理论的框架内,受其生成结构主义理论的启发,在借助法社会学、法教义学中一些原有概念的基础上建构一些“新”的概念并以此为分析工具,从关系的维度(法社会学的维度)、空间的维度(法社会学的维度)以及逻辑的维度(法教义学的维度),[①]对这一问题进行了一些初步性的研究探讨。

概念是一种想象的存在,是人类在认知过程中对所感知到的客观事物本质属性进行抽象、概括后形成的思维形式,是人类出于认识目的而想象出来用以代替对象的符号,也是人们用以认识和掌握自然与社会现象之网的纽结。概念作为人类知识体系的基本单位,“是构建人类知识大厦的基石”[②]。它通过对事物或现象的共同特征和本质属性的抽象与概括,为人们提供了认识和解释世界的框架和工具,并“通过概念的建构,形成一套能够传播的知识体系”[③]。故在学术研究中,概念通常用于定义和描述研究领域中的特定现象、事物或关系,是构建理论,进行实证研究和学术交流的基础。通过明确和界定概念,人们能够更准确地把握研究对象的本质和特征,构建出科学的理论模型并进行深入的实证研究。同时,概念也是学术交流和对话的重要工具,其有助于促进不同领域和学派之间的合作与融合。“人类的认识与其他领域一样,都遵循着‘先占原则’,即某些人由于对事物的认识在先,通过概念对事物加以定义,并能够广泛传播,就会形成‘先入为主’的认识,获得话语权。后人在接受这些概念时,自觉

---

① 参见张心向:《在规范与事实之间——社会学视域下的刑法运作实践研究》,法律出版社 2008 年版,第 30 ~49 页。

② [英]安德鲁·海伍德:《政治学核心概念》,吴勇译,中国人民大学出版社 2014 年版,第 2 页。

③ 徐勇:《学术创新的基点:概念的解构与建构》,载《文史哲》2019 年第 1 期。

不自觉地会进入其相应的思维通道，形成格式化、规范化的思维。”①当下，刑法社会学问题的研究既没有既定、成熟的理论体系框架，也没有约定俗成的一套格式化、规范化的概念，需要借助法教义学以及法社会学中的一些原有的概念，并基于刑法社会学研究需要去解构这些概念，最终建构出一些“新”的概念分析工具。当然，这种“解构并不是否定，它总是带着肯定的要求”②，也“不是拆毁或破坏，我不知道解构是否是某种东西，但如果它是某种东西，那它也是对于存在的一种思考，是对于形而上学的一种思考，因而表现为一种对存在的权威或本质的权威的讨论，而这样一种讨论或解释不可能简单地是一种否定性的破坏。认为解构就是否定，其实是在一个内在的形而上学过程中简单地重新铭写”③。

刑法社会学问题研究的相关概念在建构过程中与一般法律概念的生成建构一样，一方面“需要通过观察、归纳生活事实创制新的描述性概念，并进一步通过抽象、提炼创制具有影响力的规范性概念”④。另一方面，要“借助继承、移植、革新和创造而完成”⑤，渐进地、逐步地完成核心概念、一般概念等概念体系⑥的建构。“科学的进步则是体现在核心概念与概念体系的摧毁与重构之中。之所以如此，是因为核心概念与概念体系的变革与演替，至少意味着研究方法与视角的不同、研究对象的一定程度的变化，意味着以新的工具对旧的问题进行解答，或第一次对新的问题进行解释……新的核心概念与概念体系的出现背后，往往就预示着在新的研究中，要采用新的研究方法，或对新的研究对象进行研究，预示着一种新的本体论和方法论。”⑦这是在刑法社会学问题研究中通过对相关概念的建构而努力追求的目标，也是向对这一问题研究感兴趣的学界同仁抛砖引玉。一个新研究领域的开拓需要一代又一代学者们的共同努力，期待

---

① 徐勇：《学术创新的基点：概念的解构与建构》，载《文史哲》2019 年第 1 期。

② 杜小真：《德里达的解构主义》，载《首都师范大学学报（社会科学版）》2000 年第 3 期。

③ [法]德里达：《一种疯狂守护着思想——德里达访谈录》，何佩群译，上海人民出版社 1997 年版，第 18 页。

④ 张明楷：《刑法学中的概念使用与创制》，载《法商研究》2021 年第 1 期。

⑤ 吴丙新：《法律概念的生成》，载《河南省政法管理干部学院学报》2006 年第 1 期。

⑥ 在概念体系中，概念一般可分为核心概念和一般概念。核心概念是理论的主要范畴，而一般概念是附着于核心概念而存在的、为核心概念服务的普通概念。从另一个角度看，概念可以分为一级概念和亚概念。核心概念和一般概念、一级概念和亚概念共同构成某一理论的概念体系。参见欧阳景根：《核心概念与概念体系的建构理论》，载《华中师范大学学报（人文社会科学版）》2006 年第 5 期。

⑦ 欧阳景根：《核心概念与概念体系的建构理论》，载《华中师范大学学报（人文社会科学版）》2006 年第 5 期。

年轻学者对这一研究领域的问题能感兴趣。

二、核心概念之建构①

(一)刑法裁判规范

解释刑法规范的逻辑脉络,一般是从社会规范到法律规范再到刑法规范,意在明晰彼此之间属与种的逻辑关系。它侧重的是通过对刑法规范属性的界定探讨刑法规范的本质。一是解决刑法规范作为一种法律规范的共性是什么的问题;二是解决作为刑法规范有别于宪法规范、民法规范、行政法规范等的个性是什么的问题。也就是说,它注重在作为一种文本法条的刑法规范的法律属性上去界说刑法规范的概念,而忽略了对作为一种社会存在现象的刑法规范存在形式的描述。

作为一种社会存在现象的刑法规范主要表现为两种不同的存在形态,一是经立法程序制定颁布的刑法规范——刑法文本规范,以法条语词、概念等形式存在,表现为作为刑法文本规范的行为规范类型存在与作为刑法文本规范的裁判规范或制裁规范类型存在,即存在于纸面文本中,是一种立法法条存在。二是被司法过程建构生成的刑法规范——刑法裁判规范,以法条司法适用类型存在,表现为作为刑法文本规范的裁判规范或制裁规范类型在司法过程中的实际适用样态,即存在于司法行为中,是一种司法适用存在。

故就何为刑法裁判规范而言,存在两种概念:(1)一种概念是相对于刑法法条中行为规范而言的刑法裁判规范或制裁规范,是刑法条文中的一种规范类型,是存在于纸面文本中的刑法立法规范形式。在以法条文本为存在载体的刑法规范中,就其规范的类型形式而言,主要是行为规范和裁判规范或制裁规范,即刑法裁判规范是文本规范中的一种法条类型,是刑法文本规范中具有裁判功能的规范或者说具有裁判性质的刑法文本规范。(2)另一种概念是相对于刑法文本规范而言的裁判规范,存在于刑法的司法适用过程中,即就刑法的现实存在形态来看,一种形态是作为立法规制的刑法存在——法律条文—文本规范—

① 本部分“核心概念之建构”和第三部分“一般概念之建构”的内容,基本上是本文集论文或研究报告以及笔者的两本专著《在规范与事实之间——社会学视域下刑法运作实践研究》(法律出版社 2008 年版)、《在遵从与超越之间——社会学视域下刑法裁判规范实践建构研究》(法律出版社 2012 年版)中相关内容的总结、提炼或延伸思考。鉴于本文集篇幅字数所限,该两部分涉及的脚注一概省略。如需进一步了解“概念”所涉及的具体内容,可翻阅、查看笔者著述中相关内容部分。

法条立法意义上的刑法规范存在现象;另一种形态是作为司法适用的刑法存在——适用行为—裁判规范—法条适用意义上的刑法规范存在现象。作为刑法社会学核心概念之一的刑法裁判规范,指刑法文本规范的司法建构形态,即刑法规范在特定刑事案件事实情境下的具体适用形态,也是形式逻辑推理的大前提,存在于刑法的司法适用过程中,是适用或行动中的刑法司法规范形式。刑法裁判规范是一种特殊的"刑法规范"类型。作为刑法文本规范的实践建构形态,是对刑法中具有裁判功能的法条的一种解构的重构"规范"。对这种"规范"虽有各种不同的表达方式,但都是对法律文本规范在司法过程中从被解构再到被重构的经验性描述。与刑法文本规范意义上的具有裁判功能的刑法裁判规范不同,作为刑法社会学核心概念之一的刑法裁判规范系司法适用意义上的刑法裁判规范。

司法意义上的刑法裁判规范与立法意义上的刑法裁判规范的区别主要表现在以下几个方面:(1)立法意义上的刑法裁判规范的法源比较简单,主要由刑法典、刑法修正案或单行刑事法规以及附属刑法规范组成;司法意义上的刑法裁判规范的法源则比较复杂,从不同角度可以分为制定法法源(正式法源)与非制定法法源(非正式法源)、狭义的法源(法学法源)与广义的法源(社会学法源)、形式的法源与实质的法源、直接援引的法源与间接说明的法源等。不同的法源在裁判规范中的位阶和价值不同,它们构成了一个"法源群",组成了一个充斥着建筑裁判规范大厦之所需材料的积聚地或卖场,法官去那里用智慧找寻并配置所需的各种"法源材料",然后将其组建成具体案件裁判的依据。(2)立法意义上的刑法裁判规范本身也可以说是一种立法层面抽象出来的有关构成要件要素的事实范型,但它并不涉及司法层面的具体案件事实,司法意义上的刑法裁判规范与案件事实则密不可分。文本规范中的构成要件要素只是一个规范意义上的概念事实范型,而不是具体案件事实特征的描述。规范意义上的构成要件要素所涵摄的具体案件事实特征只有经过合理寻找才能适用于具体个案。所以,只有通过具体的案件事实,去识别、解释刑法文本规范的意义后,才能将其内涵及外延明确并加以适用。同时,只有通过具体的案件事实去填补或续造某些刑法规范的漏洞或空缺后,才能明确这些刑法规范在个案裁判中所蕴含的实际意义,进而才能确定裁判该案件事实所适用的裁判规范。(3)立法意义上的刑法裁判规范作为裁决所有案件的制定法依据是普适性的,司法意义上的刑法裁判规范作为个案裁判的大前提则是个别化的。裁判的过程是将既存一般性的法规范局限到特定个案的过程,司法行为创造了个别化规范。司法意义上的刑法裁判规范归根结底是立法意义上的刑法裁判规范针对具体案件的适用形态,无论在个案裁判中怎样变化多端、花样百出,都是文本规范"原形"的"合理变形",犹如"变形金刚"之理念,形式可以根据需要发生变化,但本质不会发生变化。(4)立法意义上的刑法裁判规范基于立法程序及立法技术等而获得的合法性、合理性、正当性以及可接受性一般不再需要特别的法律论证;司法意义上的刑法裁判规范是司法过程中基于刑法文本规范与具体个案事实之间的互动而建构起来的实践性规范。其首先表现为具体案件事实与特定刑法规范关系的解释结论,其次反映了非刑法规范元素补白、填充刑法规范空隙的实际情况,最后体现为特定案件的实质性裁判理由。故司法意义上的裁判规范生成的合法性、合理性、正当性以及可接受性需要通过法律论证来完成。而这一必需的包括法律的逻辑论证(逻辑推理的形式论证)与法律的社会论证(价值判断的实质论证)在内的法律论证,是在特定的司法场域并基于特定的司法惯习进行并完成的,刑法实践运作中的经验及相关变量的研究也由此展开。由此可见,司法意义上的刑法裁判规范所表达出来的内涵和外延都明显有别于传统立法意义上的刑法裁判规范,也正是这种不同使其跨越了传统刑法教义学研究的属地范围,成了刑法社会学研究的一个核心概念。

(二)刑事裁判事实

法律的实践活动主要由"法律规范与案件事实"两大范畴构成。这一实践活动既围绕规范与事实展开,规范与事实又不能截然分开,在规范与事实之间形成了一种相互建构的互动关系,在互动中,规范与事实不断地生成新的结构图式。刑事裁判事实与刑法裁判规范不仅是刑事法律实践活动中两个最重要的概念,也是密切关联的两个概念。

通过对事实与事物、事实与命题、事实与经验、事实与理论、事实与价值以及它们之间的关系问题的梳理、评析,笔者认为事实具有可靠性、不变性、被渗透性、被建构性等重要特征。这些特征之间彼此关联构成了一个事实存在整体,表现为:一方面,事实之可靠性源于事实是一种以事物、东西、现象、事情、事件、事态等及其关系等形态存在的客观实在,这种客观实在是真实的、不可虚构的,以感性呈现并被如实陈述,表现为一种对真实存在情况的断定;事实之不变性源于"事实"都是在特定的时空中以特殊的方式存在着的,不存在普遍的事实,其一旦被经验感知就会被"固化"且无法更换,更不能检验。事实的这种可靠性和不变性构成了事实最重要的特质——客观性。这一客观特质也就是金岳霖先生所谓的"事实的硬性",正是因为事实是"硬性"的,所以才是可靠的、不变的。从而明确揭示了一切事实在本质上都是客观真实的存在这一特征。另一方面,事实之被渗透性源于事实是经过经验、知识或理论等的"渗透""浸润""过滤"才会被发现或创造出来,或者说是通过经验、知识或理论体系被由"事实材料""陈述"成了"事实"。事实的被建构即源于事实是"等着"被经验、知识或理论等发现和创造出来的存在,是一种通过认知主体的理解和解释并建筑在"前结构"或"前见"基础上的"生成结构"。事实的这种被渗透性和被建构性构成了事实的另一重要特质——主观性,这一主观特质也就是金岳霖先生所谓的"事实确是混合物",即事实是意念与所与的混合物,我们既可以说它是套上意念的所与,也可以说是填入所与的意念。与"事实的硬性"相对应,事实的这一特性可被称为"事实的软性",正是因为事实也是有软性的,所以它才具有被渗透性、被建构性。从而明确了一切事实除了具有客观真实这一硬性特征外,还具有主观认知这一软性特征。

基于"事实的硬性"与"事实的软性"这一理论主张分析刑事案件的事实问题,就会发现,从一般现象意义上看,刑事案件的事实在生活事实、法律事实、裁判事实这三个维度上被使用,并在这三个维度上存在着,是一个多维存在体。尽管这种界分不是绝对的,在相当的存在情形中其"身份"也是模糊的、纠缠的,甚至叠合的,但案件事实从生活事实存在样态到法律事实存在样态再到裁判事实存在样态,却是一个不断"进化"并被"规制"的过程,其在这个过程的不同维度上被关注的重点是不同的。在刑事诉讼中,对案件生活事实的关注主要是一个"事实""在不在"以及"如何在"的问题,而不是判断它到底"是一个什么"的问题。对案件法律事实的关注,主要就是法律规范如何剪裁生活事实,彼此在对接过程中是否存在要件疏漏或要素差异,以使生活事实通过法律规定的事实范型的剪裁与整理符合法律事实的格式要求,并被赋予法律的价值意义,即对其关注的是"它"(事实)"在法律上"应该或可能"是或不是什么"。对案件裁判事实的关注,是最重要的终极关注。一方面要审视案件生活事实建构的客观真实性;另一方面还要审视案件法律事实建构的合法正当性,在此基础上通过语言文字作出确信判断并陈述说明这样或那样判断的理由,即"这个存在(事实)是否存在;它在法律上是或者不是什么;为什么"。

故案件的裁判事实是“作为陈述的案件事实之终局形成”的事实,是案件事实的终极存在形态,具有客观真实性、主观认知性以及叙事构造性。

裁判事实的客观真实性主要源于事实之“硬性”,即案件事实,主要是案件的生活事实作为一种最初的事实存在形态,也是一种以事物、东西、现象、事情、事件、事态等及其关系等形态存在的客观实在,以感性呈现并被如实陈述,这种客观实在一旦被经验感知就会被“固化”且无法更换、改变,表现为一种对真实存在情况的断定。

裁判事实的主观认知性主要源于事实之“软性”。案件最初的生活事实存在形态,被法律规范、法律规则、法律专业经验、法律专业直觉、法律专业理论等的“渗透”“过滤”“检验”等作用主体的感官认知以及理性判断等“构造”成了案件的法律事实。生活事实在“法律的意义上”被重构成为符合法律图式要求的“事实模样”。无论是基于一般社会经验、知识、理论等在对案件原始“事实材料”的“渗透”“过滤”“检验”等过程中“发现”的案件生活事实,还是通过法律规范、法律规则、法律专业经验、法律专业直觉、法律专业理论等在对案件生活事实的“渗透”“过滤”“检验”等过程中“创造”的案件法律事实,抑或法官基于对生活事实与法律事实的“自由心证”后的内心确认而最终确定的裁判事实,都是在主体的感官认知以及理性判断过程中得出来的结果。没有主体的主观认知,客观存在的事实就不会被发现、创造并确定出来。不同的主体基于不同的主观认知以及理性判断会得出不同的“事实版本”,无论是案件的生活事实版本还是法律事实版本抑或裁判事实版本,都有可能存在差异,有的甚至大相径庭。那个客观存在的“事实”与该“事实”所呈现出来的事实命题的关系往往是一对多的关系。如聂树斌案的事实版本(命题)若干,而“真相”(事实本身)依然是个问号。

案件裁判事实的叙事构造性主要源于事实之形成过程之“陈述性”。事实是“等着”被经验、知识或理论等发现、创造并确定出来的一种可靠的、不变的客观存在。无论是被发现、被创造抑或被确定出来,都是一种实践意义上的“生成结构”。存在于客观与主观之间、真实与认知之间,是客观与主观、真实与认知互构的结果。这一切是通过语言呈现的,命题是事实的形象,事实的形象由语言描述,语言是事实的载体和表达,即“命题的总和是语言”。没有语言对事实的叙事性构造,就没有事实的发现与生成。故而裁判事实实际上是不同法律行动者在特定情境及语境下,根据既定的经验规则、法律规定和话语体系,通过协商与沟通共同建构的并通过商谈和论辩达成共识的结果,其实质是一种基于语言主体间性的叙事建构。首先,从"自在之物"到生活事实的叙事建构——讲一个生活故事,主要基于对现象的陈述或描述和有限度的解释,核心是"发生了什么(事实)"。由于作为存在的"事实"(事实材料)独立于人,而作为陈述的案件事实却依附于人,案件事实在多大程度上表达、呈现案件的客观真实性在很大程度上受制于主体语言叙事的多变与局限。其次,从生活事实到法律事实的叙事建构——讲一个法律故事。从生活事实"维度"过渡到法律事实"维度"的叙事建构主要基于逻辑解释。核心是"发生了什么(事实)"的法律意义,抑或"这个发生的什么(事实)"在法律上"存在吗",它"应该或可能是什么(事实)或不是什么(事实)"。最后,从法律事实到裁判事实的叙事建构——在裁判书中讲一个被认为是"真的"的法律故事。从案件的法律事实"层级"过渡到裁判事实"层级"的叙事建构主要基于修辞说理。核心是"这个被认定发生的什么(事实)"在法律上"应该被确定为是什么(事实)"以及"为什么应该被确定为是这个什么(事实)而不是其他的什么(事实)"。"为了理解世界,人类需要故事。"刑事案件的裁判事实,是从一般客观"自在之物"过渡到案件的生活事实,从生活事实过渡到法律事实,再从法律事实过渡到裁判事实,是逐步、逐级、逐渐建构完成的"故事"。故而发生一个案件,会产生若干个不同情节或内容甚至人物的故事版本(如聂树斌案),就成了司法过程中极力避免但往往又难以避免的事情。

刑事裁判事实除了在最初发现案件生活事实的存在阶段与刑法规范不具有直接的关联性之外,从生活事实到法律事实的过渡阶段就开始与刑法规范发生密不可分的关系,实际上在刑事司法过程中作为裁判大前提的刑法裁判规范与裁判小前提的刑事裁判事实是同步互构生成的。这一现象在刑法教义学的研究中由于偏重传统立法意义上的刑法裁判规范研究而被忽略了。司法意义上的刑法裁判规范所表达出来的明显不同于传统立法意义上的刑法裁判规范的内涵和外延,使刑事裁判事实由于与刑法裁判规范之间存在的密不可分的关联关系,与刑法裁判规范一样也成了刑法社会学研究的另一个核心概念。

三、一般概念之建构

(一)司法场域与司法惯习

1. 概念的理论源流

刑法裁判规范与刑事裁判事实是刑法规范和案件事实在刑事司法运作过

程中“再生产”而产生的结果或产品。如果说围绕着刑法规范展开逻辑解释的刑法教义学可以剥离开规范与事实之间互构的“现实场景”,进行纯粹纸面上的实践演习,而围绕刑法规范展开经验研究的刑法社会学,深入这一“现实场景”就成了一种必需的“田野调查”。笔者认为,力图通过场域、惯习和资本这些基本概念,探索社会生活实践奥秘的布迪厄社会实践理论,是对这一“现实场景”进行分析研究的工具箱中最得力的工具。在布迪厄的实践理论体系中,从外部揭示行动者在社会空间所占据的位置的“场域”,从内部揭示行动者构建的各种性情倾向的“惯习”,以及行动者行动动力来源的“资本”,是三个最核心的概念。围绕着这三个概念以及它们之间的关系,他提出了发生性结构主义(生成结构主义)公式:惯习×资本+场域=实践,实践是惯习、资本和场域相互作用的产物。司法场域与司法惯习作为这一“现实场景”田野的呈现,其概念的理论源流就根植于布迪厄社会实践理论的场域、惯习以及相关的资本概念中。

场域即实践空间,回答的是行动者在哪里实践的问题。首先,场域是一个相对独立的社会空间,不是物理空间。具体说就是现代社会世界高度分化后产生出来的一个个“社会小世界”。一个“社会小世界”就是一个场域,如经济场域、文学场域、学术场域、权力场域、司法场域等。场域的相对独立性表现为不同的场域具有不同的“逻辑和必然性”,即每一个子场域都具有自身的逻辑、规则和常规。其次,场域是一个客观关系构成的系统。一个场域可以定义为在各种位置之间存在的客观关系的一个网络或者一个构型。一个场域的结构可以被看作不同位置之间的客观关系的空间,这些位置是由他们在争夺各种权力或权利资本的分配中所处的地位决定的。再次,场域是一个充满争斗的空间。场域中各种位置的占据者利用种种策略来保证或改善他们在场域中的位置,并不断在场域中展开斗争,这些争夺旨在继续或变更场域中这些力量的构型。最后,场域的边界是经验的,场域间的关联是复杂的。场域的界限只能通过经验研究才能确定,并位于场域效果停止作用的地方。

惯习即实践逻辑,回答的是行动者如何实践的问题。惯习是由积累和沉积在行动者身上的一系列历史经验构成的,是那些外在于行动者的客观共同社会规则、价值在行动者身上的内化形式,形成指导自己认识世界运作、评判事物以及怎样行动的解释模式。首先,惯习“是持久的可转移的禀性系统”。其次,惯习是与客观结构紧密相连的主观性结构。从来就没有孤立存在的惯习,只有与特定场域相关的惯习。再次,惯习来自社会制度,又寄居在人身体之中(或者是生物性的个体里),既具有个体性又具有集体性。最后,惯习具有历史性、开放性和能动性。就其存在形式而言,惯习一方面具有稳定性,因为它根植于我们的心智以至于身体内部,会超越我们遭遇的一些具体情境而发生惯性作用;另一方面,它又会受到社会条件的限制而发生缓慢的变化,因为惯习是一种生成性结构,是一种人们后天获得的各种生成性图式的系统。

资本即实践工具,回答的是行动者用什么实践的问题。资本是一个在特定场域里有效的资源,它使个体或群体获得因为参与场域并在其中竞争而形成的特殊利益。资本和场域是密不可分的。一种特定的资本总是在一定的场域中才是有效的,它既是场域中各种斗争的焦点,又是斗争所用的工具。资本体现了一种积累形成的劳动,这种劳动以物化和身体化形式积累下来。同时,资本体现出一种生成性,总是意味着一种生产利润的潜在能力,一种以等量或扩大的方式来生产自身的能力。"资本"分为四种类型:经济资本(财富、产权)、文化资本(文凭、知识)、社会资本(社会关系、信任)以及符号资本(以知识、文化、声望等非物质形式存在)。每一种资本都可以转化和再生产出另一种资本。

任何实践活动都是惯习、场域和资本之间辩证关系的呈现或产物。惯习、场域和资本之间是紧密联系、互动共生的关系,它们三者都不能孤立地发挥作用。首先,惯习、场域和资本是相互交织的三重存在。惯习是一定场域内的惯习,没有脱离场域的惯习;场域是具有惯习的场域,无惯习的场域是不存在的;特定的场域里总是充斥着特定的资本,没有脱离场域的资本。其次,场域形塑着惯习。行动者一出生,就在场域中不断地接触某些社会状况,日积月累,将现存社会环境的必然性加以内化,形成其惯习。再次,场域和惯习不是简单的"决定"和"被决定"的关系,惯习通过实践在场域中"生成",又持续不断地发挥各种实践作用;在不断被结构形塑的同时,惯习又不断生成新的结构。最后,场域内存在各种形式的资本。场域中的行动者为各自的利益倾向于某种特定的行为方式。在场域中占支配位置者寻求保守策略(维持现有的资本分配状况),处于从属位置的人倾向于颠覆策略(改变现存的资本分配状况)。从而,场域不断得到调整和改变,惯习不断被形塑,社会结构不断地被再生产出来。

2. 概念的基本内容

司法场域是一个可以通过自己的具体运作逻辑生产和再生产出的司法体,是在与权力和社会的关联中建构起来的一种构型、网络或结构空间。司法场域是竞争垄断法律决定权的场所。场域行动者的主要部分是由法律职业群体构成的,其在司法场域中的位置是被分层预设的,他们被规制的某种资格或身份,与其在该场域中拥有的权利或权力资本的多少有关。法官居于核心层,其他行动者依次居于外围层。行动者对司法运作实践过程影响的大小在一般情况下与其在司法场域中拥有的权利或权力资本的多少成正比关系,即与资本权重有关,资本量越大,对于案件事实认定与法律规范适用的话语权就越重。另外,司法场域有自己特定的语言符号和语言惯习,在司法场域内发生的冲突只能以司法的方式来解决,一方面司法场域有不同于社会其他场域(如经济场域、文化场域、学术场域、传媒场域、权力场域等)的"逻辑、规则和常规";另一方面司法场域作为社会场域的子场域,会与社会其他场域之间发生联系并存在复杂的关联关系。其他场域正是利用这种联系,通过场域空间上的转换手段,如把司法场域外因素转换成司法场域内因素、把日常用语切换成法律用语等进入司法场域,用非法律因素替代法律因素等,争夺案件的话语权及裁决权,进而影响或左右司法运作过程及效果。

司法惯习是司法场域的"性情倾向系统",表现为司法场域固有的、不同于其他场域的"逻辑、规则和常规"。司法惯习不仅是既存于司法场域的惯习,更是以特定的个体为载体或只寄存在特定个体身上的"性情倾向系统"。这实际上就构成了司法场域行动者的入场券。司法场域的司法惯习一方面不具有大众化习性,它是有自己固定形式的、被规范化的"性情倾向系统",有自己特定的语言符号和语言惯习、特定的思维方式、特定的行为习惯。另一方面价值判断和逻辑推理的关系构成了司法惯习的核心结构图式,这种结构图式是在价值判断与逻辑推理的交互形塑中生成的。司法场域惯习一方面内化为一种司法本能行为,"潜"存在于司法运作过程中,通过在事实认定和规范适用过程中的价值判断,影响案件裁判结论的形成。另一方面又外化为一种司法技术规则,"显"存在于司法运作实践中,通过对逻辑推理的大(规范)、小(事实)前提的建构,最终决定案件的裁判结论。和其他场域(如艺术场域、文学场域,甚至科学场域等)相比,司法场域的自主程度比较低,特别易受权力场域惯习、文化场域惯习等的影响,故其惯习的稳定性相对较差。

司法场域与司法惯习之间存在的这种互相建构生成关系表现为:司法惯习是被司法场域形塑的"性情倾向系统",同时,司法惯习所特有的"逻辑、规则和常规"又形塑着司法场域,两者处在不停的互动中。司法场域形塑着司法惯习的生成,司法惯习形塑着司法场域的结构。

（二）案件法律结构与案件社会结构

1. 概念的理论源流

"案件结构"一词源于当代著名社会学家布莱克的案件社会学理论抑或纯粹法社会学理论。布莱克的案件社会学理论中的"案件结构"主要是指"案件的社会结构"。布莱克认为，纯粹法社会学的核心是案件的几何排列，用语言说就是案件的社会结构——谁与谁发生冲突？谁会作为第三方参与冲突，这些参与者之间的社会距离有多远？谁的社会地位高，谁的社会地位低？案件的命运取决于它的几何排列。这一理论主要用来阐明案件的社会结构以及案件的社会结构是如何预测和解释案件的处理情况的，它截然不同于那种把法律描述为条文的逻辑运用决定着案件处理结果的法学模式。它着重考虑案件各方的社会特征，因此提出了除现代法学划分法律的两个维度——实体性维度和程序性维度以外的第三个维度——社会学维度。人们不再局限于法条主义的机械性、规范性研究，而更加关注法律在实际生活中究竟是如何运作和发挥作用的。

2. 概念的基本内容

所谓案件的社会结构，简单地说就是案件在社会空间中的位置和方向，具体指一个案件发生和处理过程中各种社会因素关系及其在量上的比较与博弈状态。布莱克认为，除了法律的技术性特征——法律准则具体应用于实际案件中的过程之外，每一案件还有其社会特征：谁控告谁？谁处理这一案件？还有谁与案件有关？每一案件至少包括对立的双方（如原告与被告抑或受害人方与加害人方），并且可能包括一方或双方的支持者（如律师和友好的证人）及第三方（如法官或陪审团）。这些人的社会性质构成了案件的社会结构。案件社会结构中对立的双方在刑事案件中主要就是被告人方与被害人方。对立双方的社会异质性、种族相关性以及文化差异、关系疏密等因素的存在均会导致在适用法律过程中差异现象的产生；案件社会结构中一方或双方的支持者在刑事案件中主要就是检察官、被告人与被害人的律师或代理人、证人以及其他公开其倾向立场的旁观者等支持者。案件的社会结构不只取决于谁控告谁，也取决于谁支持谁。与对立双方的社会特征一样，他们的律师或代理人、证人、公开其偏向立场的旁观者等支持者及其社会特征也具有同样的影响模式；案件社会结构中的第三方在刑事案件中主要就是法官、陪审员等，他们作为案件的裁判者，构成了案件社会结构的另一个重要组成部分，其对上述人员等具有的不同社会特质的认知,以及法官、陪审员在案件中不同的价值及情感倾向也造就了案件的不同处理结果。一般来说,第三方的社会地位与案件处理结果的权威性呈正比,即与对立的双方以及他们各自的支持者的社会地位相比,第三方的社会地位越高,其行为越容易表现出更大的权威性。实际上基于不同的国家、不同的社会制度、不同的历史文化传统等而形成的案件社会结构因素未必完全相同,如美国司法中的种族歧视现象在我国根本不存在。案件社会结构这一概念的主要价值是揭示出了除法律的技术性特征——法律准则具体应用于实际案件中的过程之外,还有其他被我们忽视的各种带有社会特质的非法律规范因素,这些因素介入并深刻影响着案件的裁判过程和裁判结论。

所谓案件的法律结构,就是法学在一般意义上而言的"案件结构"。法学上的"案件结构"一般指案件的法律结构。就像布莱克的案件社会学理论中的"案件结构"主要指"案件的社会结构"一样。作为刑事案件的法律结构又同时表现为两种结构形式,一种是案件的刑事实体法的法律结构,另一种是案件的刑事程序法的法律结构,但这两种法律结构在刑事案件的裁判过程中是交互影响、难以界分的,但无论是实体法律结构还是程序法律结构,都与刑法规范与案件事实以及彼此之间的关系如何构建有关,即刑法规范与案件事实构成了刑事案件法律结构的两种核心要素。基于罪刑法定原则的限制,规范与事实是案件进入裁判过程的唯一因素,规范形成大前提,事实形成小前提,基于三段论的逻辑推导出裁判结论。

社会学意义上的案件结构与法学意义上的案件结构在含义上是不同的。案件的社会结构作为一种隐性的存在,在现代法学中一直处于被疏忽的状态,但这也说明了作为显性存在的案件法律结构在整个案件结构中的核心地位。也使我们认识到案件结构应该是二元的,除了法律性的一面外,还存在社会性的一面。也就是说,案件结构并不只有显性的、人们习以为常的法律结构,也存在隐性的、人们尚需认识的在案件裁判中有重要价值的社会结构。一方面,在整个司法裁判中案件的社会结构会在一定程度上影响案件的法律结构在事实认定和规范适用方面的变化,如政治场域权力干预、社会公众舆论干预、专家学者专业建议的支持或反对、被害方有无复仇情结等,从而产生不同的裁判结论。另一方面,同一个案件同一个法律结构由于案件社会结构变化的影响而有可能产生不同的裁判结论,反过来又会作用到案件社会结构因素中不同力量的重新组织整合上,如聘请或更换更有影响力的律师或代理人、案件的裁判者发生了变化、加害方对被害方给予了经济补偿等，案件社会结构再次发生有可能影响案件法律结构再变化调整的情形，依次循环。由此形成了一个案件社会结构与案件法律结构互相建构的循环，即司法裁判结论既不是单纯案件社会结构作用的结果，也不是单纯案件法律结构作用的结果，而是案件社会结构与案件法律结构之间互相建构共同作用的结果。案件结构实际上是一个由社会因素和法律因素共同构成的动态的、变动的、开放的建构性结构。

案件社会结构的存在以及法律结构与社会结构在刑事裁判过程中的二元互构，将原本封闭的案件法律结构打开了一个缺口，使整个案件结构具有了开放性、可变性特质，可以更好地分析、判断案件裁判过程中的各种变量变化情形，从而可以更加准确地预测、解释裁判结果。当然，这也给罪刑法定的坚守带来了挑战，需要特别给予警惕。

（三）案件的法律裁判模式与案件的社会裁判模式

一般而言，司法裁判模式涉及司法机关在审理案件时所采用的方法和标准，以及法官在作出裁决时所依据的原则和程序。虽然不同的司法体系和法律制度可能会有不同的裁判模式，但通常都遵循一些共同的原则，如公平、公正、合法、正义等。笔者所述的案件法律裁判模式与案件社会裁判模式则是案件法律结构与案件社会结构进一步延伸出来的概念。刑事案件结构包括显性的案件法律结构和隐性的案件社会结构。案件法律结构与社会结构之间存在二元互构关系，是一个由法律因素和社会因素共同构成的动态的、变动的、开放的建构性组织结构。案件中这两种结构形态的并存决定了司法过程中不仅存在基于案件法律结构的法律（或法学）裁判模式，也存在基于案件社会结构的社会（或社会学）裁判模式。法律模式是在规范与事实之间基于逻辑推理对案件进行的“显性”裁判；社会模式是根据非法律规范因素基于价值判断对案件进行的“隐性”“裁判”。隐性的社会裁判模式为显性的法律裁判模式提供社会基础的支撑，显性的法律裁判模式为隐性的社会裁判模式提供规范合法的形式，二者既背离又契合，都具有不可或缺的裁判功能，并由此共同决定了案件的处理结果。

法律模式是由案件法律结构决定的在规范与事实之间基于逻辑推理而进行的一种裁判范式。法律适用过程就是逻辑运作过程。对每一个案件事实的评估都是对法律条文的运用，并通过逻辑运行决定裁判结果。法律从一个案件到另一个案件是不变的，法律以相同的方式适用于所有案件，相同的事实会有相同的结论，其所关注的是案件应该如何通过法条对事实的逻辑运作作出裁判决定。所以法律裁判模式就是关于规范与事实之间是否存在法律意义上的逻辑关系，即能否在抽象性规则与具体事件之间建立起有说服力的联系的裁判模式。逻辑主义抑或法条主义模式在这一裁判模式中居于核心地位。在法律裁判模式中，法条是案件唯一的裁判依据，限制经验等非法律规范因素在裁判案件中的作用，崇尚“规则”优先的形式主义裁判。在个案裁判中，当实质正义与形式正义发生矛盾时，优先考量的是对法条的忠诚，这可能会影响实质正义的彰显。

社会模式是由案件社会结构决定的一种根据非法律规范因素对案件基于价值判断而进行的“裁判”模式。在社会模式中，并不认为法律适用是逻辑的运作过程，法律关注的是人们实际上如何去行动，如何去解决纠纷。故法律是可变的，它随着案件各方社会特征的不同而不同。只有当案件在法律技术、社会结构上都相似的时候，案件的处理方式才相似。所以社会裁判模式就是超越规范、事实与逻辑的裁判，经验主义抑或实用主义模式在这一裁判模式中居于核心地位，故社会模式是结果导向的裁判，法官以对裁判结果的考量与权衡取代对于法律规范的严格适用，特别是当事实和法律因素不确定时，法官就常常会从他直觉认为公平的解决方案出发，只是到了司法决定的形式起草阶段才会使用三段论推理。依据价值理念、社会经验等裁判案件比遵循逻辑裁判案件更被重视。这里的经验既包括政策、政治道德理论的考虑，也包括个人的偏见或直觉。裁判中往往不是刻板地适用规则，而是最大限度地权衡社会利益，以作出最妥当裁判。它体现了实用主义裁判的特点：逻辑不能解决一切，逻辑不是推动法律发展的唯一力量，强调对法律的灵活适用，这可能影响罪刑法定原则在司法裁判中的坚守。

以案件法律结构为基础的法律裁判模式实际上就是一种基于法条主义的逻辑推理裁判模式，以案件社会结构为基础的社会裁判模式实际上就是一种基于实用主义的价值判断裁判模式。从刑事司法实践运作过程看，价值判断的社会裁判模式是刑法运作的实质内容，逻辑推理的法律裁判模式是刑法运作的形式表现；价值判断以逻辑推理为依附，逻辑推理以价值判断为导向；价值判断以衡量与取舍相互冲突与博弈的各种社会利益为核心，逻辑推理以规范为起点，以再回到规范为目标；价值判断需要逻辑推理验证其判断的合理性，逻辑推理需要价值判断提供其推理的目的性;价值判断体现了社会价值、社会知识、社会阅历、实践积累,积淀的是司法的经验,逻辑推理代表了法律命题、法律训练、法律技巧、法律思维,积淀的是司法的逻辑。在司法裁判过程中,价值判断与逻辑推理之间是交互影响互相建构的,价值判断与逻辑推理都具有不可或缺的裁判功能,也都必然存在自身局限。正是在这种互构中实现了取长补短,刑事案件的裁判结论实际上是二者之间互构的结果。

(四)逻辑推理与价值判断

逻辑推理与价值判断是两个司法裁判中的常用概念。但如果把逻辑推理与价值判断作为一种司法惯习的核心结构图式,并把其分别作为一种以案件法律结构为基础的基于法条主义的法律裁判模式,和一种以案件社会结构为基础的基于实用主义的社会裁判模式,就会发现这两个概念不仅因此获得了巨大的张力,内涵和外延均得到了扩张,而且消除了主观和客观、行动者个体与社会结构分析之间的分歧,摆脱了主观主义和客观主义对立的二者择其一的困境,达到了主观和客观融合的效果。

刑事裁判中的逻辑推理主要是指形式逻辑推理,推理过程就是要消除抽象的刑法规范与具体案件事实之间的隔阂和摩擦,在抽象性规则与具体事件之间建立有说服力的联系,以实现两者之间的对接和匹配,即一个三段论的逻辑演绎过程:大前提—小前提—结论。唯有如此,才能使公民免受罪刑擅断之荼毒。于是,基于概念思维的三段论推理就被视为刑事司法推理的主导甚至是唯一的方法。然而,实际上基于类型思维的归纳推理甚至类比推理却从未在刑法适用的逻辑推理中绝迹过。由于三段论推理中不可避免地会存在大前提很难确定和小前提未必真实的现象,当刑法规范与案件事实之间不能形成涵摄关系的时候,求助归纳推理以及类比推理就成了一种必然,并以此来解决当规范与事实之间不能形成涵摄关系时的“符合性判断”难题。

刑事裁判中的价值判断是围绕着基于社会基本价值和一般价值而建构的司法价值目标,是一种在抽象意义上有关人类精神追求的考量、权衡与选择。价值判断中之“价值”至少包括公平、正义、自由、民主、人权、秩序、功利、效率等多个方面,体现了在超验层面多个价值间比较衡量的选择与取舍。尽管在不同的法域涉及价值选择取舍的内容不尽相同,且一般不会直接涉及具体权利或利益的选择判断,却是引领对具体权利或利益进行选择判断的路径和方向。

在刑事裁判中的价值判断主要表现为具有社会裁判功能的危害衡量。也就是说,通过对行为所针对的刑法保护法益的加害程度及加害性质的衡量与判断,在刑事诉讼涉及的两对价值范畴(自由与秩序、公正与功利)之间寻求平衡,达至共赢。这种危害衡量是在一般社会生活意义上对行为是否危害社会以及危害程度的基本价值判断。此种作为一种价值判断的社会危害衡量不是刑法规范意义上的精准量度(有关定罪量刑的逻辑推理过程及结论),而是一般社会生活意义上的模糊评估。通过危害衡量确定建构裁判规范的基本框架,对包括非刑法规范因素在内的各种法源材料进行配置、整合,并引领案件从生活事实到法律事实再到裁判事实建构过程中的大致方向。所以,其主要功能是为刑事裁判过程中的裁判规范及裁判事实的建构提供价值定位和引导,完成社会主流价值及刑法核心价值在具体案件裁判中的实践重构。但这种危害衡量在不同的案件类型中彰显的裁判权重是不同的。从刑法规范与案件事实之间能否形成涵摄关系以及何种程度的涵摄关系看,可以将待裁决的案件分为三种类型,即规范与事实的“完全匹配或完全不匹配型案件”、“部分匹配型案件”以及“基本匹配型案件”。在这三类案件中作为一种价值判断的危害衡量在刑事裁判行为中的权重会有所不同,即危害衡量在刑事裁判中的权重与刑法规范和案件事实对应关系的“涵摄度”或“匹配度”有关,“涵摄度”或“匹配度”越高或无,权重就越轻;“涵摄度”或“匹配度”越低,权重就越重。

(五)概念思维与类型思维

概念思维与类型思维是一对既可以在哲学范畴内讨论也可以在心理学范畴内讨论的概念。在法学范畴内讨论这对概念,主要还是因为“概念”与“类型”在法律条文解释中具有的特别意义,并由此关注了概念思维与类型思维在法律规范适用过程中产生的特别影响,从而使这对概念成为不论是在法教义学的范畴内还是法社会学的范畴内都必须讨论的对象。

从康德的“概念没有类型是空洞的,类型没有概念是盲目的”到考夫曼的“概念的可定义性与类型的不可定义性但可描述性;概念的封闭性与类型的开放性;概念的区隔性与类型的涵摄性”,在法律的解释与适用中,如何区别概念与类型成了不小的难题。对于概念与类型以及二者之间的关系,笔者主张:(1)规范语词不等于规范概念,但语词是概念的载体。(2)规范概念不等于规范类型,但概念是类型的母体;相对于类型,概念是抽象的,相对于概念,类型是具体的;概念可通过类型被具体化,类型可通过概念被抽象化;基于概念可以演绎出类型,基于类型能够归纳出概念;概念的结构是封闭的,类型的结构是开放的。(3)概念借助语词描述类型;类型通过语词表达概念。(4)没有概念的类型与没有类型的概念都是不可想象的,但概念与类型并不总是能界分的。(5)就作为制定法的法律规范本身而言,严格区分其中的概念和类型是非常困难的,在很多语境中往往表现为既是概念又是类型,或既是类型又是概念。笔者进而以此展开对概念思维和类型思维的思考。

概念思维一般用于以注释概念含义为核心的逻辑涵摄思维模式,其优势是在对规范的案件事实解释与对事实的规范概念整理中,建立起规范与事实之间的某种逻辑涵摄关系,形成裁判规范对于裁判事实在概念内容上的涵摄包容状态。这种思维方式是单一的,其最大优点在于它能够较好地保持法律的稳定性和安全性。缺陷是:(1)概念思维中的法律规范与案件事实之间的关系模式是封闭的单一涵摄模式,不足以涵括社会生活中规范与事实之间的千变万化、多姿多彩的关系形态。(2)概念思维中的概念是透过法律语言被带出来的,法律中语言与概念之间空隙的必然存在,导致在某些案件的裁判中具体案件事实与抽象文本规范之间,无法在语言表达的概念中找到恰当的对接点,从而使规范不能完成对事实的涵摄。(3)概念思维对隔绝与分离的追求,导致法律概念往往都是彼此独立的个体结构,以碎片式拼凑的方法来认识事物、认识社会,无法结构式、整体性地把握生活事实,这导致案件裁判中规范与事实的对接缺少了目的性的引导,致使规范对事实的涵摄仅仅是一种形式要件上的满足。所以,概念思维这种以注释概念含义为核心的逻辑涵摄思维模式,一般只适用于刑法规范和案件事实之间对应关系的“涵摄度”或“匹配度”高或无的案件类型,如“完全匹配或完全不匹配型案件”,对“基本匹配型案件”及“部分匹配型案件”这种刑法规范和案件事实之间对应关系的“涵摄度”或“匹配度”不高或较低的案件类型,适用起来就比较困难。

类型思维一般用于以建构适用类型为核心的类比推理思维模式,其优势是能够克服单一涵摄,建立循环性和双向性关系,即在刑法规范与案件事实之间的往返比对中建构起彼此对应的类型关系,形成一种推定等置状态。一是规范与事实之间开放的双向循环类比模式,可以最大限度地包容社会生活中规范与事实之间的千变万化、多姿多彩的关系形态。二是类型思维会兼顾法律概念的模糊地带和空洞区域,会从核心向边缘依次延伸,分层级地作流动性思考,建构起一种"类型谱系"或"类型系列群",而使裁判过程中即便是某些案件事实不典型,法官在借助某种整体性评价观点进行价值判断的基础上,也大多能够在组成事实的基本要素与规范的构成要件要素之间找到比对的切入点,以彼此间的"或多或少"的类型判断代替"非此即彼"的概念判断,从而缓解了裁判过程中普遍性规范与个别化事实之间在很多情形下难以涵摄的紧张关系。三是类型思维结构性地思考裁判中的规范与事实以及它们之间的关系,这样一来,既注意了它们各自的构成或组成要素,又关注了要素之间的组合能否体现出一种"整体图像",从而最大限度地保证了规范的相对确定性和稳定性,以及事实的相对固定性和明确性。当然,这一切离不开建构类型的评价标准或客观规则。缺陷是容易产生裁判恣意,挑战罪刑法定原则,只能作为弥补概念思维的缺陷而被有限制地适用。所以,类型思维这种以建构适用类型为核心的类比推理思维模式,显然不适用于刑法规范和案件事实之间对应关系的"涵摄度"或"匹配度"高或无的"完全匹配或完全不匹配型案件"的案件类型,但可以为"基本匹配型案件"及"部分匹配型案件"这种因为刑法规范和案件事实之间对应关系的"涵摄度"或"匹配度"不高或较低而无法适用逻辑涵摄思维模式进行裁判的案件类型提供一条裁判路径。

（六）构成要件要素与个案裁判类型

构成要件要素是一个由来已久的法律概念,将其作为在刑法社会学问题研究中一个需要关注的概念的原因有二:一是它在法律的司法适用中是一个非常灵活的变量因素,关乎规范的解释、适用、成长;二是如果不对这一概念进行重构式说明,就不能有效解释个案裁判类型这一概念。构成要件要素是个案裁判类型的"前世",个案裁判类型是构成要件要素的"今生"。

一般来说,典型的法律规范原则上包含两个组成部分,分别是法律要件(事实范型)以及法律效果(法律处遇),法律要件亦被称作构成要件,故典型的法律条文的结构是"构成要件+法律效果"。由于罪刑法定原则的严格要求,刑法规范中的构成要件被赋予了特别的价值和意义,在所有法律规范中,刑法意义上的构成要件是使用频率最高的一个概念,但并非"独占"使用。其他法律规范中对这一概念的使用也很频繁,如侵权责任的构成要件、不当得利的构成要件、商业秘密的构成要件、表见代理的构成要件等。构成或组成构成要件的各种或各个相关具体内容或事项,就是构成要件要素。本文集所谓的构成要件要素概念,就是在这一意义上使用的,虽涉及刑法教义学犯罪论体系中的构成要件要素概念,但二者并不等同。

从立法的角度看,作为法律要件的构成要件是法定的,法律通过规定一个个抽象的事实范型来表示某一法律事项的构成要件。而作为法律要件的构成要件要素并不都是法定的。就刑法规范而言,不涉及《刑法》总则规定的内容以及量刑情节的规定,仅就《刑法》分则各种具体犯罪构成要件(成立要件)的要素而言,一般来说,包括各具体犯罪构成要件内容的诸要素,用如行为、结果、因果关系、行为对象、主体身份、责任年龄以及故意、过失、目的、内心倾向等抽象的概念来表达。构成要件是构成要件要素的集合体,如果法条有疏漏,这些抽象出来的构成要件概念性要素就无法在法条中找到那个与之相对应的事实范型,构成要件就有可能存在缺失。构成要件的要素也具有罪刑法定主义的机能,为此,张明楷教授依据不同的分类标准将构成要件要素分类为客观的构成要件要素与主观的构成要件要素、作为违法类型的构成要件要素和作为责任类型的构成要件要素、积极的构成要件要素与消极的构成要件要素、成文的构成要件要素与不成文的构成要件要素、记述的构成要件要素与规范的构成要件要素、真正的构成要件要素与表面的构成要件要素。这一方面是为了更好地解决抽象出来的构成要件要素概念与法条中规定的一个个具体事实范型的对接匹配问题;另一方面是为了处理对于刑法没有明确规定的不成文的构成要件要素该如何解释并明确确定相应的事实范型,以便抽象出来的构成要件要素与之进行对接匹配问题。就深受罪刑法定原则制约的刑法而言,其有关某一犯罪成立的构成要件的设立一般是严谨的、完备的,它是一个相对封闭的构造,但作为构成或组成构成要件的各种或各个相关具体内容或事项的构成要件要素是一个开放的结构,即每一个构成要件必须具备多少、具备哪些构成要件要素,抛开不同的观点、主张不说,仅就成文的构成要件要素需要通过各种解释方法才能"找到"。对于不成文的构成要件要素则需要根据刑法条文之间的相互关系、刑法条文对其他相关要素的描述逻辑等进行"创造"而言,构成要件要素成为司法适用中的一个非常灵活的变量因素就可见一斑。

进言之,如何将作为一种构成要件要素并以一种法条文本概念呈现出来的事实范型与司法实践中的具体案件事实要素相对接进行"符合性判断"?例如,如何将非法持有枪支罪中的"枪支",危害珍贵、濒危野生动物罪中的"野生动物",生产、销售、提供假药罪中的"假药",与赵春华非法持有枪支案的"玩具气枪”,王鹏非法出售珍贵、濒危野生动物案中的“家养鹦鹉”,陆勇销售假药案中的“格列卫”等事实要素相对接进行“符合性判断”?“枪支”“野生动物”“假药”这些作为法条意义上构成要件要素的文本概念所表征的事实范型,如何具象化成了赵春华案中的“玩具气枪”、王鹏案中的“家养鹦鹉”、陆勇案中的“格列卫”等各种相应的裁判类型?此外,在法定犯的场合如何处理作为法条意义上刑法规定的构成要件要素文本概念所表征的事实范型,与同样作为法条意义上行政法抑或民法等规定的相关法律事项的构成要件要素文本概念所表征的事实范型之间有可能发生的重合、交叉问题?如果不对构成要件要素进行重构式说明,即如果不将其置于整个司法运作的过程中来解构并重构构成要件要素的概念,就不能解释说明这些问题。首先,法定或成文的构成要件要素是法条规定的一个个具体事实范型,用抽象的文本概念表达,如“枪支”。这种以法条文本概念呈现出来的事实范型,到底具体指涉具体案件中的哪些事实要素,如“枪支”是否可以指涉“玩具气枪”是一个法律适用问题,需要在司法过程中确定。其次,非法定或不成文的构成要件要素虽然可以根据刑法条文之间的相互关系、刑法条文对其他相关要素的描述逻辑等进行教义学“创造”,但最主要的还是司法“创造”,构成要件要素的缺失一般是在司法过程中发现的。无论是规范的漏洞填补,还是规范的空缺续造,都是特定个案情境下的司法行为,与特定的案件事实相关,因为只有将刑法规范置于具体的案件事实中,其漏洞与空缺才会有被填补和续造的需要。最后,无论是理论上抽象出来的构成要件要素,如行为、结果、因果关系、行为对象、主体身份以及故意、过失等,还是法条规定的一个个具体事实范型的构成要件要素,如“枪支”“野生动物”“假药”,抑或教义学“创造”的那些不成文的构成要件要素(概念),本质上都是文本概念意义上的构成要件要素,这些构成要件要素只有在裁判过程中与具体案件事实中的相关事实因素对接、匹配并形成相对应的裁判类型,才能决定其在犯罪构成要件中的意义。故构成要件要素就其存在现象看,除了在法条中以事实范型存在的构成要件要素以及上述张明楷教授总结的各种在理论分析意义上存在的构成要件要素外,还存在一种文本概念意义上的构成要件要素司法适用类型——裁判类型。仅以“作为构成要件的具体内容的要素,就是构成要件要素”这一概念界定,不能有效涵盖司法实践中的构成要件要素的丰富性、多变性以及不确定性。

个案裁判类型并不是一个约定俗成且有明确含义的概念。一般认为,个案裁判类型主要是依据人民法院所要解决的具体问题的内容来确定的几种裁决方式,如判决、裁定、决定等。在这里作为一个建构概念的个案裁判类型抑或裁判类型(裁判类型都是个案中的裁判类型)是与构成要件要素密切关联的一个概念,是法条上构成要件要素的司法适用结果。构成要件要素文本概念是立法的产物,构成要件要素裁判类型则是司法的产品。

从法条中构成要件要素的事实范型转换成裁判中构成要件要素的裁判类型的过程,就是在规范与事实之间进行"符合性"判断的过程。基于法条中构成要件要素的事实范型与具体案件事实中的相关事实因素在对接、匹配过程中有可能出现的各种不同情况,以及是基于概念思维的"符合性"判断还是基于类型思维的"符合性"判断、是基于演绎推理的"符合性"判断还是基于类比推理的"符合性"判断、是基于"符合性"解释的判断还是基于"符合性"论证的判断等可能产生的不同结果,可以将构成要件要素的裁判类型从不同的角度进行分类:简单的裁判类型与复杂的裁判类型;核心概念的裁判类型与边缘概念的裁判类型;法定的裁判类型与推定的裁判类型;客观要素的裁判类型与主观要素的裁判类型;违法的裁判类型与责任的裁判类型;积极的裁判类型与消极的裁判类型;等等。我们知道,文本意义上的构成要件要素是《刑法》分则规范中最小的也是最基本的概念单位,这些要素归集成构成要件,犯罪构成要件是认定犯罪的法律标准,也是判断一个具体行为事实是否构成犯罪以及构成何罪的事实范型,每一个案件的裁判事实都由该案所涉犯罪的构成要件要素的裁判类型排列组合而成,由法定构成要件及要素组合而成的事实范型在"决定"个案裁判事实形成的同时也一并"决定"了该裁判事实的合法性存在与合法性性质,进而导出裁判结论。构成要件由构成要件要素排列组合而成,裁判结论是构成要件排列组合的结果。构成要件要素裁判类型概念在司法裁判中的价值和意义也由此展开。

构成要件要素裁判类型是刑法规范适用结果的最初级单位。所有的刑法适用活动都是从法定(法定明确与法定隐含)的构成要件要素与具体案件的相关事实要素进行"符合性"对接、匹配开始的。这一过程是已被抽象为文本概念的构成要件要素回归生活事实现实再具象化的过程,也是司法裁判过程中的基于案件事实的裁判需要进行"找法"与"造法"过程的开始,是实现并完成使"规范成为'符合存在的',案件成为'符合规范的'"的基础。只有将构成要件要素与具体案件相关事实要素相对接、匹配,才会出现法律解释的需要和发现漏洞需要填补的可能。已被抽象为文本概念的构成要件要素经由与具体案件事实中相关事实要素的“符合性”对接、匹配,才会由抽象变为具体,由模糊趋向明确,逐步确定规范对事实的“涵摄量”与“涵摄幅度”,衍生出一个个以裁判类型为载体的法律适用经验规则。同时,使抽象的构成要件要素转化成具象化的裁判类型;具象化的裁判类型形塑案件事实,使其符合构成要件格式化的要求。最终,形成了规范的构成要件与具体的案件事实的彼此对应。

构成要件要素裁判类型是构成要件司法适用结果的最小结构单位,但其在一定程度上决定了最终的裁判结果。如同构成要件要素的集合构成或组成构成要件一样,构成要件要素裁判类型的集合构成或组成构成要件的裁判类型,各个构成要件裁判类型的“集合”就是裁判结论。构成要件的裁判类型如何“集合”即如何排列组合,如是四要件的组合排列方式还是三阶层的组合排列方式抑或其他组合排列方式,决定了裁判结论如何得出以及有可能会得出不一样的裁判结论。

构成要件要素裁判类型是一个开放的结构,也是法律司法运作过程中的一个变量。一方面,同一法域构成要件要素的司法适用不仅需要法解释,还需要法创造,不同的解释与创造导致的其回归生活事实现实再具象化的裁判类型就会有差异;另一方面,不同法域如行政法抑或民法等规定的相关法律事项的构成要件要素的文本概念所表征的事实范型,与刑法构成要件要素的文本概念所表征的事实范型之间发生重合交叉时,就会发生在同一个案件事实中,不同法域的构成要件要素文本概念所表征的事实范型指向同一个裁判类型的问题,如何界定这一裁判类型的性质就成了可能有各种不同答案的问题。而且,构成要件要素在司法适用过程中还必须是与时俱进的,因为法律表征的是死板的过去,生活展现的是鲜活的现在。也正是由于这样一个过程,构成要件要素裁判类型就成了法律的司法运作过程中一个的变量,其结果是不断衍生出一个个以裁判类型为载体的司法经验规则,这些司法经验规则通过学理的教义“再造”以“法官法”的形式又源源不断地再加入构成要件要素的司法适用过程,如此循环、轮回,法律便获得了成长的动力和源泉。

(七)符合性判断

符合性一般指事物或现象符合既定标准或规范的特质。在实际应用中,符合性意味着某事物满足特定的要求或规则,没有与之相冲突的元素,即某种事物、状态或行为与既定的标准、规范或要求一致的程度。符合性判断就是对事物或现象之间的这种符合性是否存在以及存在程度的断定。将这一概念应用到法律的司法适用过程中,就是具体案件事实与法律规范规定的事实范型是否一致的断定。司法裁判的过程实际上就是断定规范与事实之间是否存在符合性以及何种程度、何种形式、何种性质的符合性的过程,这也是所有法律实践活动的核心问题。

符合性也是刑法教义学三阶层犯罪论体系的核心概念之一,在三阶层犯罪论体系中,符合性主要是指"构成要件符合性",符合性判断就是行为是否符合犯罪构成要件的断定,它是犯罪成立的一个条件,行为符合构成要件后还要进行实质的违法性要件和有责性要件的判断。某一行为成立某一犯罪,首先需要符合《刑法》分则规定的具体犯罪构成要件,行为符合该罪的构成要件就具备了该罪的构成要件该当性,其次要进行违法性、有责性的判断。构成要件的符合性与违法性以及有责性构成了三阶层犯罪论体系。本文集中涉及的符合性判断或构成要件符合性判断主要是指一般法律司法适用意义上的规范与事实之间抑或大前提与小前提之间的符合性判断,即便涉及刑法规范适用也不完全等同于三阶层犯罪论体系中的符合性判断,更多的是司法过程中规范与事实之间法律适用"逻辑"、规律或现象的反映。具体而言就是:三层递进、双向循环的符合性判断,一主多辅、各方参与的符合性判断,多维并存、方法多样的符合性判断。

1. 三层递进、双向循环的符合性判断

法律司法适用意义上的规范与事实之间抑或大前提与小前提之间的三层递进符合性判断主要包括三个方面。首先是"碎片化"的符合性判断,即从规范所表征的法条意义上的事实范型中抽象出来的构成要件要素,与组成具体案件生活事实的最小事实要素单位之间分别进行的一个个"碎片化"的符合性判断。这一过程就是已被抽象为文本概念的构成要件要素回归生活事实现实再具象化的过程,也是司法裁判过程中的基于案件事实的裁判需要进行"找法"与"造法"过程的开始,是能否做到"规范成为'符合存在的',案件成为'符合规范的'"的基础,即对构成要件要素能否对接、确认到案件生活事实中与法律规范相关的事实要素,以及案件生活事实中的事实要素能否对接、匹配到法律规范中相关构成要件要素的判断。其次是"类型化"的符合性判断,即从规范所表征的法条意义上的事实范型中抽象出来的构成要件与组成具体案件生活事实的相关事实要素之间进行的体系性的、格式化的符合性判断。它表现为在已被抽象为文本概念的构成要件要素回归生活事实现实再具象化为一个个积极或消极的裁判类型的基础上，依据不同犯罪论体系对构成要件符合性判断的要求以及逻辑顺序，无论是按照三阶层的犯罪论体系还是四要件的犯罪论体系，对这些裁判类型进行"体系性"的排列组合，看其能否形成"规范成为'符合存在的'，案件成为'符合规范的'"基本雏形，即通过构成要件形塑案件生活事实并将其格式化成何种案件法律事实类型的判断。最后是"整体性"的符合性判断，即依据构成要件符合性判断的要求以及逻辑顺序将被排列组合好了的裁判类型分别集合成具体案件的裁判规范与裁判事实，通过裁判规范与裁判事实之间的双向、互动、全面的符合性论证，以判断其在整体上（在不悖法秩序的统一与事实认定的合常理性上）是否已经达到了"规范成为'符合存在的'，案件成为'符合规范的'"双向标准的要求，进而得出裁判结论。

需要强调的是，无论是"碎片化"的符合性判断，还是"类型化"的符合性判断抑或"整体性"的符合性判断，不管在判断的哪个层级上都表现为一种双向循环的符合性判断。首先，与符合性一般指事物或现象符合既定标准或规范的特质的单向符合性不同，法律适用中的符合性判断是规范与事实之间抑或大前提与小前提之间彼此互为判断标准的双向符合性判断。在抽象与具体之间，互为映射、互相补正，通过在互构中对事物本质——当为与存在之间的"协调者"的共同追求，超越了应然与实然的屏障，也就是所谓"规范成为'符合存在的'，案件成为'符合规范的'"。彼此之间符合性判断的过程也是互相建构的过程，并在互相建构中发现各自的存在、含义、边界及意义。其次，二者互为符合性判断标准的判断是通过互相向彼此流动、循环往复实现的，即恩吉施提出的"目光不断往返于事实与规范之间"的"目光来回顾盼"的形象说法。符合性判断不仅是一个法律判断，还是一个事实判断；抑或不仅是一个事实判断，还是一个法律判断。每一次循环往复的过程都是规范与事实向对方走近一步的过程，都是司法裁判能否实现"规范成为'符合存在的'，案件成为'符合规范的'"目标的实际行动反映。

2. 一主多辅、各方参与的符合性判断

如果说三阶层的犯罪论体系中规范与事实之间抑或大前提与小前提之间的符合性判断可以剥离开进行判断的"现实场景"，进行纯粹纸面上的实践演习，法律司法适用意义上的规范与事实之间抑或大前提与小前提之间的这种符合性判断,就实际发生在鲜活的"现实场景"中。与三阶层犯罪论体系中的符合性判断相比,它的"现实场景"中,最鲜明的特点就是一主多辅、各方参与,即一方为主决断、多方参与辅助。首先,这种符合性判断是法律针对具体个案的一种司法裁判行为,这种行为被限定在一个特别的场域——司法场域并在一个具体的案件结构中进行。司法场域竞争的在裁判具体案件上的法律垄断决定权,实际上就是规范与事实之间是否存在符合性的判断权。司法场域行动者的主要部分是由法律职业群体构成的,其在司法场域中的位置是根据其在该场域中所拥有的权利或权力资本被预设并被分层的,法官居于核心层,其他行动者依次居于外围层。这就决定了法官独享这种符合性判断的最终决定权。尽管不同法官自身拥有的各资本形态的资本总量以及资本能量的大小不同,会体现在对法律结构相同的案件(不存在案件社会结构相同的案件)作出的符合性判断会有所不同,这也恰恰说明了通过相关法律程序的层层设置、相关构成要件符合性判断的逻辑要求及逻辑顺序的犯罪论体系模型设计,来限制法官独享这种权力的绝对必要性。其次,司法场域的行动者,就我国刑事司法场域的行动者而言,从显性层面看,除了法官之外,主要由检察官、律师、刑事诉讼中的当事人等构成。法学教授等法学理论教研人员一般只能是司法场域的隐形行动者。由于他们在司法场域中也都被预设了位置,当然也就享有去竞争这种作为法律垄断决定权的规范与事实之间是否存在符合性的判断权力或权利的资格。其所享有的这种权力或权利的权重,即对法官符合性判断最终决定权的影响力的大小,在一般情况下与其在刑事司法场域中拥有的权利或权力资本的多少成正比关系。

3. 多维并存、方法多样的符合性判断

法律司法适用意义上的规范与事实之间抑或大前提与小前提之间的符合性判断,在具体案件裁判的"现实场景"中如何展开?首先,就是这种符合性判断是多路径、多视角、多维度的,不是只有涵摄这一种方法,而是一个方法的工具箱,一套方法论体系。在具体的符合性判断过程中,选择适用何种方法,取决于需要法官裁判的案件类型。不同的案件类型就会采用不同的符合性判断思维;采用不同的符合性判断思维,就会选择不同的符合性判断方法;选择不同的符合性判断方法,就会呈现出不同的符合性判断逻辑顺序。在某些特殊案件场合,选择的思维、方法以及逻辑判断顺序不同最终有可能会产生不同的裁判结果,故符合性判断不仅需要解释的符合性判断,更需要论证的符合性判断,以在规范与事实之间抑或大前提与小前提之间搭起合理、合法、正当的符合性判断桥梁。而刑事裁判中的符合性判断,由于罪刑法定原则的制约,是所有司法裁判中最严格的符合性判断。符合性判断的这一特质,适用于上述三层递进符合性判断的任一层级,在不同的层级,甚至同一层级涉及不同的构成要件要素与具体案件中的相关事实要素的符合性判断,可能会适用不同的符合判断方法。其次,针对不同的案件类型选用不同的符合性判断工具。依据构成要件要素与具体案件中事实要素之间"匹配度"的情况,可以将待决案件分为"完全匹配或完全不匹配型案件"、"部分匹配型案件"以及"基本匹配型案件"三种类型。"完全匹配或完全不匹配型案件"的符合性判断是基于概念思维的演绎推理逻辑涵摄模式,可称为"非此即彼"的涵摄模式。要么"是",要么"不是",要么"符合",要么"不符合",不论采用哪种犯罪论体系的构成要件逻辑顺序模型进行符合性判断,基本上都可以做到事实判断先于价值判断、客观判断先于主观判断、形式判断先于实质判断、违法判断先于责任判断。这也决定了在有关规范与事实之间是否匹配的符合性判断中,能够排斥渗入价值选择、情感偏好、目的导向或者利益衡量等非刑法规范因素。它是一种形式的符合性判断、法内的符合性判断、解释性的符合性判断。"部分匹配型案件"的符合性判断是基于类型思维的类比推理归类等置模式,以规范与事实彼此间的"或多或少"的类比判断代替"非此即彼"的涵摄判断,即从事物本质意义上判断规范意义上的构成要件或要素,与具体案件相关事实要素之间是否存在由于可以归属于"同一类型"而被视为"等置"。规范与事实之间就不再是一种逻辑涵摄关系,而是在一定的价值导引下,以一种或高或低的程度,将它们进行比对式"归类",使之"彼此密切"或"彼此区隔"。也正因如此,此时的符合性判断不再是一种只要具备该规范概念中事实范型的全部构成要件要素的事实,就可被涵摄于该规范之下的"精准的"形式逻辑推理意义上的符合性判断,而是一种由于规范与事实之间在本质上存在归类可能而被"等置"的"模糊的"类比逻辑推理意义上的符合性判断。这种判断模式,即便是采用三阶层犯罪论体系的构成要件逻辑顺序模型进行符合性判断,也很难完全做到事实判断先于价值判断、客观判断先于主观判断、形式判断先于实质判断、违法判断先于责任判断。这也决定了在有关规范与事实之间是否匹配的符合性判断中,价值选择、情感偏好、目的导向或者利益衡量等非刑法规范因素必然渗透其中,甚至有可能使刑事裁判脱逸至刑法规范之外,而构成对罪刑法定原则、刑事法治的破坏。这是一种实质判断附随形式判断介入判断过程的符合性判断、法外因素附随法内因素介入判断过程的符合性判断,因此是需要警惕并需要对判断过程进行严格法律论证的符合性判断。"基本匹配型案件"的符合性判断是介于上述二者之间的符合性判断。根据"基本匹配"的程度,可以或左或右地适用不同的判断模式。事实上,即便是同一种案件类型,在有些情况下,也不见得就只能适用一种符合性判断模式,更多的是要根据裁判实际需要混而用之。所以,从司法实际现状看,基于类型思维的类比推理归类等置模式的符合性判断往往会被基于概念思维的演绎推理逻辑涵摄模式遮蔽,法官也常常将一种本属正当的类比推理归类等置模式的符合性判断论证宣称为一个事实上不能维持的演绎推理逻辑涵摄模式的符合性判断,似乎只有后者才具有真正的科学性,才能保证符合性判断的客观与公正。

四、概念建构之展望

(一)"爱恨交加"的法社会学与法教义学

"法"或"法律"是人类社会最重要的社会存在之一。法学作为研究人类行为和社会现象的科学,是一门社会科学或法律社会科学,但不是"一门"学科,而是由多门与"法"有关的学科组成的一个学科群,法教义学和法社会学都是这个学科群中的重要组成部分。"法教义学是人文科学和文本科学(Buchwissenschaft),它始终以注释解读为方法,以意义理解为目标,而法社会学以法律现实的认知为导向,采用的是观察和实验的经验性方法。因为法教义学也决不会对法律现实视而不见,另一方面,法社会学也不乏对文本的理解性分析。"[①]故"没有社会学的教义学是空洞的,没有教义学的社会学是盲目的"[②]。不管是法教义学还是法社会学,对法学学科群而言它们都是不可或缺的。尽管"当下的社会学与法学的关系在我看来可以说是某种爱恨交加,引力和斥力的作用共同拉扯着这一天平——双方都承认合作的必要性,但是却又都没有逾越中间的鸿沟,而是在各自的学科阵营内固守一方"[③]。"而且至今,德国的法社会学研究基本上都没有与法教义学相关联。即便是法社会学研究领先于我们

---

① [德]托马斯·莱塞尔:《法社会学基本问题》,王亚飞译,法律出版社2014年版,第98页。

② [德]赫尔曼·康特洛维茨:《为法律科学而斗争:法理论论文选》,雷磊、姚远译,商务印书馆2022年版,第155页。

③ [德]托马斯·莱塞尔:《法社会学基本问题》,王亚飞译,法律出版社2014年版,第93页。

的美国，也没能成功地在两个领域之间架起令人满意的桥梁。"①但社会学思维对法学的影响，以及方法上可靠的事实认知对于法律实践各领域的必要性已不再受到严厉质疑，并得以贯彻。法社会学基础也成了法教义学文献固定的组成部分。② 苏力教授也认为：在未来中国法学中起主导作用的更可能是诠释法学和社科法学。③ 但是，这两派在社会中所起到的作用是不同的。对于法治和法学的发展来说，它们的功能是互补的，尽管它们之间不无可能产生激烈的，有时甚至是意气化的争论。④ 如果我们简单回眸一下百年来它们之间的"爱恨交加"，会是怎样？

首先，我们看到的是法社会学思维对法教义学的影响越来越大。部门法教义学出身的格雷、博登海默、魏德士、默勒斯等在法教义学方法论中关于"法律

---

① [德]托马斯·莱塞尔：《法社会学基本问题》，王亚飞译，法律出版社2014年版，第78页。

② 参见[德]托马斯·莱塞尔：《法社会学基本问题》，王亚飞译，法律出版社2014年版，第2页。

③ "社科法学"一词始见于苏力教授在2001年发表的《也许正在发生——中国当代法学发展的一个概览》(《比较法研究》2001年第3期)一文。苏力教授将其界定为："社科法学是针对一切与法律有关的现象和问题的研究，既包括法律制度研究，立法和立法效果的研究，也包括法教义学关注的法律适用和解释，主张运用一切有解释力且简明的经验研究方法，集中关注专业领域的问题(内在视角)，同时注意利用其他可获得的社会科学研究成果，也包括常识(外在视角)。社科法学关注的法律适用者或解释者不局限于法官，常常也包括一切相关案例或纠纷的裁断者，有法院，也有其他适用解释法律并作出决定的行政机构决策者，如证监会、银监会、专利局、反垄断部门、环保局等。就此而言，社科法学与法教义学的关注领域有重叠，却不重合。"苏力：《中国法学研究格局的流变》，载《法商研究》2014年第5期。2014年5月在中南财经政法大学举办的"社科法学与法教义学的对话会"后，这一概念在我国法学界被广泛使用。对此，笔者赞同车浩教授的观点，即"社科法学"是一个需要被严格限定才有价值的概念。其本质上是一种社会科学的专门形式，可以被认为是在法教义学之外，与法史学、法哲学等并存的基础法学的一种研究范式。参见车浩：《法教义学与社会科学——以刑法学为例的展开》，载《中国法律评论》2021年第5期。在此基础上，鉴于当下我国法学界对这一概念的使用现状，笔者倾向于将"社科法学"这一概念纳入与法哲学、法教义学相对应的广义上的法社会学研究范式的范畴，即狭义的"社科法学"概念；但更倾向于"社科法学"是法教义学、法社会学、法哲学以及法史学等的上位概念，"社科法学"是属，法教义学、法社会学等是种，法教义学、法社会学等皆属于"社科法学"，即广义的"社科法学"概念。大致上认可这一表达——"为了因应最新变化，也为了形成更多共识，推动学术共同体的形成，我们将社科法学再还原称为'法律的社会科学研究'(简称法社会科学、法社科)"，"是跨学科领域(field)，不是学科(discipline)概念"(侯猛：《法社会科学：研究传统与知识体系》，北京大学出版社2024年版，第6页)，以及"法学的发展是一个从法教义学到社科法学、不断进化与开放的知识累积过程，推动了法学的学术扩张与理论更迭。随着社会科学方法在法学研究中的广泛应用，法学与其他社会科学形成交叉研究，由此拓宽了法学学科的边界，使法学知识融入社会科学知识之中，为法学的发展提供了广阔的空间"(陈兴良：《法学的学科性质及其刑法方法论》，载《社会科学》2024年第10期)。简单起见，本文集中使用的"社科法学"概念是狭义的，与法社会学以及法律社会学表达同一个意义，根据语境有时会混用。

④ 参见苏力：《也许正在发生——中国当代法学发展的一个概览》，载《比较法研究》2001年第3期。

渊源"的研究,[①]打开了法教义学原本封闭的藩篱,有效拉近了法教义学中的"法"和法社会学中的"法",如"行动中的法"[②]、"活法"[③]等的距离,使如德国的罗克辛教授等人能够将刑事政策纳入刑法教义学知识论体系进而提出"体系性整体方案"[④],并通过这一"建立在刑事政策基础上的刑法体系方案"[⑤],"使刑法教义学和刑事政策从李斯特时代的外在关系变成一种内在的关系"[⑥]。"刑法上的不法包括了构成要件和违法性这两个犯罪阶层……'不法'需要从刑法的刑事政策性任务中导引得出教义学上的各种结论"[⑦],跨越了李斯特鸿沟,"移除了'刑事政策与刑法体系'两者中间的那堵墙"[⑧]。博登海默在其《法理学:法律哲学与法律方法》一书中关于"价值判断在法律中的作用"[⑨]以及"司法过程中的技术"[⑩]等论述;拉伦茨在其《法学方法论》一书中关于"法学中的价值导向思维"[⑪]、"制定法的解释"[⑫]、"法官进行法续造的方法"[⑬]等论述;默勒斯在其

---

① 参见[美]约翰·奇普曼·格雷:《法律的性质与渊源》,马驰译,中国政法大学出版社2012年版,第131~263页;[美]E.博登海默:《法理学:法律哲学与法律方法》,邓正来译,中国政法大学出版社1999年版,第413~483页;[德]魏德士:《法理学》,丁晓春、吴越译,法律出版社2005年版,第98~123页;[德]托马斯·M.J.默勒斯:《法学方法论》(第4版),杜志浩译,北京大学出版社2022年版,第63~171页。

② [美]罗斯科·庞德:《文本中的法与行动中的法》,御风译,载葛洪义主编:《法律方法与法律思维》第5辑,法律出版社2008年版。

③ [奥]欧根·埃利希:《法社会学原理》,舒国滢译,中国大百科全书出版社2009年版,第545页。

④ [德]克劳斯·罗克辛:《刑事政策与刑法体系》(第2版),蔡桂生译,中国人民大学出版社2011年版,封底页。

⑤ [德]克劳斯·罗克辛:《德国刑法学总论》(第1卷),王世洲译,法律出版社2005年版,中文版序言。

⑥ 陈兴良:《刑法教义学与刑事政策的关系:从李斯特鸿沟到罗克辛贯通 中国语境下的展开》,载《中外法学》2013年第5期。

⑦ [德]克劳斯·罗克辛:《刑事政策与刑法体系》(第2版),蔡桂生译,中国人民大学出版社2011年版,中文版序言第2页。

⑧ [德]克劳斯·罗克辛:《刑事政策与刑法体系》(第2版),蔡桂生译,中国人民大学出版社2011年版,封底页。

⑨ [美]E.博登海默:《法理学:法律哲学与法律方法》,邓正来译,中国政法大学出版社1999年版,第502~504页。

⑩ [美]E.博登海默:《法理学:法律哲学与法律方法》,邓正来译,中国政法大学出版社1999年版,第516~567页。

⑪ [德]卡尔·拉伦茨:《法学方法论》(全本·第6版),黄家镇译,商务印书馆2020年版,第276~294页。

⑫ [德]卡尔·拉伦茨:《法学方法论》(全本·第6版),黄家镇译,商务印书馆2020年版,第393~459页。

⑬ [德]卡尔·拉伦茨:《法学方法论》(全本·第6版),黄家镇译,商务印书馆2020年版,第460~547页。

《法学方法论》一书中搭建和勾勒的100多种法学论证模型中,许多模型以适恰的口径妥善综合了经济学、政策(治)学、社会学、哲学的资源和技术,如以"后果主义论证"为口径引入了经济学衡量方法等。[①] 所有这些法教义学方法论上的探索都无疑为法教义学打破现有知识论体系的自足性障碍,接纳法社会学开放性思维提供了可选择的路径和视角。除此之外,法教义学者也认识到,如果我们把法律的任务不仅仅设定为追求永恒的正义,也包括解决日常的社会张力和冲突,那么我们就必须保证在社会形塑技术方面应该接受受过训练的社会学家们参与其中。[②] "因为社会学经验以及理论性社会分析的成果在法律形成过程中的必要性不亚于教义法学。"[③]"法社会学不仅由于其对法学的必不可少性而具有价值,而且其本身(像任何学科一样)也具有价值。"[④]由此,我们也看到了:"自1960年代以来,美国的法学界内,以'法律与××'为题的学科以及这些学科的研究成果急剧增加……如今,美国最有影响的法学家,如果从引证率来看,几乎全是一些'混血儿',而不是传统的法条主义法学家。在著名的法律评论杂志上,法条主义的研究已经相对少见,其学术影响已经大大弱化。"[⑤]"已经较少见到纯粹的判例法学论文,而更多的是强调社会科学方法的运用,或注重对判例的社会情境的考察。"[⑥]

其次,我们看到的是法学思维[⑦]对法社会学问题研究的影响。迄今为止最有影响力的法社会学大家,他们的"出身"几乎都来自法学,或者说狭义的法学——规范法学或法教义学。运用法学思维对社会学问题的研究在他们的著述中随处可见,他们基于法学思维建构的社会学理论分析模型,往往又回过头来用于研究法律问题。如韦伯在其社会学理论中提出的一些重要的方法论

① [德]托马斯·M.J.默勒斯:《法学方法论》(第4版),杜志浩译,北京大学出版社2022年版,第4页。

② 参见[德]托马斯·莱塞尔:《法社会学基本问题》,王亚飞译,法律出版社2014年版,第94页。

③ [德]托马斯·莱塞尔:《法社会学基本问题》,王亚飞译,法律出版社2014年版,第107页。

④ [德]赫尔曼·康特洛维茨:《为法律科学而斗争:法理论论文选》,雷磊、姚远译,商务印书馆2022年版,第161页。

⑤ 苏力:《也许正在发生——中国当代法学发展的一个概览》,载《比较法研究》2001年第3期。

⑥ 侯猛:《法社会科学:研究传统与知识体系》,北京大学出版社2024年版,第20页。

⑦ 我们知道一个完整的法学思维过程通常是三个层级:首先是"分离提取",即从社会事实中分离提取一些典型的规范性因素出来;其次是"概括抽象",对这些分离提取出来规范性因素进行逻辑上的整理、加工,从中概括出一般性的概念、类型、原则,再把这些概念、类型、原则整合为一个内部逻辑自洽一致的规则体系;最后是"具体适用",将这些概念、类型、原则回归到某一具体的社会生活事实状态中去,并在它们二者之间建立起关联关系后,依据前者对后者作出这样或那样的"法律上"的判断。

概念,比如"理解"(verstehen)、"价值无涉"(wertfreiheit)和"理想类型"(idealtypus)等都来自其"法律家"思维方式孕育出来的"独创性"学术贡献。[①]"韦伯对来自法学领域的这些概念进行了理论上的改造,使之服务于他研究'社会现实'的目的,从而发展出一套前所未有的系统研究方法。当他借助这套方法回过头来研究法律时,便给法学研究带来了一种方法论上的创新。"[②]例如,众所周知的"理想类型"是韦伯方法论中的一个核心概念,是他借以建构其社会理论的基础工具。在《经济与社会》一书中,他运用"理想类型"分析工具分析了借由"一般化"(generalization)和"体系化"(systematization)而构筑起来的法律科学的世界。[③] 从他的分析中我们发现,法学思维实际上并不是试图去认知"真实"的客观世界,而恰恰相反,它试图通过人类的主观建构活动赋予客观世界以"意义"。还有韦伯的"理性"理论,尤其是他对法律的形式理性和实质理性抑或价值理性的划分,反映了法学思维的特征,对法教义学的研究也产生了深远影响。又如,卢曼的社会系统理论。[④] "这种一般性的社会学理论也适用于法律系统的情况。法律系统是一个规范上封闭的系统(ein normativ geschlossenes System; a normatively closed system)。它通过对自身内部的一些要素赋予法律特性而将其作为法律上相关的统一体而产生出来。"[⑤]"而同时,法律系统还是一个认知上开放的系统(ein kognitiv offenes System; a cognitively open system)。尽管其具有封闭性,而实际上也正是由于其封闭性,法律系统始终会面对其环境。因此,在一个更大的意义上,它可以因此产生学习能力,不过总是与其规范性封闭的自我生产的统一性相联系"[⑥],即法律系统是"规范上封

---

① 有关马克斯·韦伯的法社会学理论介绍,主要转引自郑戈教授的《法学是一门社会科学吗?》一书中的"第三部分 马克斯·韦伯与法律的社会理论"。

② 郑戈:《法学是一门社会科学吗?》,法律出版社 2022 年版,第 170 页。

③ 在这个世界中,人们借助一些抽象化和一般化的概念来把握世界的复杂性,把事实分为与"法律有关的"和"与法律无关的",并且通过"意义阐释"的方法把这些事实建构为法律上成立的"证据"。同时,法律科学还会借助演绎推理的方法在"证据命题"("事实命题")和"法律命题"之间建立一种关系,从而推导出一个法律结论。参见郑戈:《法学是一门社会科学吗?》,法律出版社 2022 年版,第 181 页。

④ 卢曼的社会系统理论是影响力巨大的现代社会学理论之一。其在批判帕森斯社会系统理论的基础上,将由智利生物学家马图拉纳(Maturana)和瓦芮拉(Valera)首创的关于生命系统自我再生系统理论移植到社会学中,将"沟通"(而非"人"或者"行动")看作社会系统的基本要素。认为社会系统是一种在一个封闭循环的过程中不断地由沟通制造出沟通的自我制造系统,它既具有(操作上的)封闭性、又具有(对于环境的)开放性的特点。参见邓伟志主编:《社会学辞典》,上海辞书出版社 2009 版,第 77 页。

⑤ [德]尼克拉斯·卢曼:《法社会学》,宾凯、赵春燕译,上海人民出版社 2013 年版,第 425 页。

⑥ [德]尼克拉斯·卢曼:《法社会学》,宾凯、赵春燕译,上海人民出版社 2013 年版,第 426 页。

闭和认知上开放”[①]。

(二)“一枚硬币”两面共同协作的合力点

实际上,无论是韦伯还是卢曼最终都没有彻底打破两个学科间的藩篱,反而在两个学科之间建立起了难以逾越的高墙。[②] 韦伯在逻辑和认知理论上对“实然”和“应然”、规范研究和经验研究的区分,以及卢曼在作为自参照和自创生社会系统的法社会学和法教义学之间的划分,都使用了二分法的模型并因此倾向于强调两个学科之间的分野和对立。事实上若我们放眼现实,也不得不承认:法社会学和法教义学常常据远而居,追寻着它们各自的研究趣旨,遵循着它们各自的论证模式。[③] 但不可否认,“正如我们已经看到的,法社会学和法教义学在专门研究领域中的相互沟通与合作是完全可能的,也是完全富有成果的。概念和理论的差异设下了绊脚石,却阻止不了它”[④]。“学者之间的论战归根结底多为争风,鲜关真理。最终,找到实实在在的合作形式,为着社会利益将两个学科的经验彼此联系起来的时刻即将到来。”[⑤]

对此,笔者认可莱塞尔的观点,即“法社会学与法教义学皆是广义法学的一部分。不能将它们理解为两个彼此分离的学科。在这一点上,不可以附和如马克斯·韦伯和尼克拉斯·卢曼的观点。它们就像是一枚硬币的两面。在认识法律的时候,要共同协作、互相补充”[⑥]。但问题是:它们“在认识法律的时候”可以“共同协作、互相补充”的“合力点”或“抓手”在哪里呢?

法社会学与法教义学虽都可称为广义上法学的一部分,但无论是上述卢曼总结的法社会学经验研究的三种进路,还是美国法社会学家布莱克总结的法教义学与法社会学之间的六点差异,都可以看出法社会学与法教义学在知识论体系和方法论体系方面都是明显不同的两套系统、两个学科。就研究对象而言,虽然在“规范”这一区域有“属地”“叠合”,但在对“规范”的认知上主要还是差异和区别,即规范是开放的还是封闭的。“规范”就是那枚“硬币”,一面是法社会学的无限开放,另一面是法教义学的严格封闭(尤其是刑法规范)。主张封闭

① [德]尼克拉斯·卢曼:《法社会学》,宾凯、赵春燕译,上海人民出版社 2013 年版,第 426 页。
② 参见[德]托马斯·莱塞尔:《法社会学基本问题》,王亚飞译,法律出版社 2014 年版,第 119 页。
③ 参见[德]托马斯·莱塞尔:《法社会学基本问题》,王亚飞译,法律出版社 2014 年版,第 119 页。
④ [德]托马斯·莱塞尔:《法社会学基本问题》,王亚飞译,法律出版社 2014 年版,第 124 页。
⑤ [德]托马斯·莱塞尔:《法社会学基本问题》,王亚飞译,法律出版社 2014 年版,第 94 页。
⑥ [德]托马斯·莱塞尔:《法社会学基本问题》,王亚飞译,法律出版社 2014 年版,第 125 页。

的法教义学只关注"规范"在"当下"的"是与非"问题该如何解决,[①]而主张开放的法社会学除了关注一下"当下"的"是与非"外,更多的是关注这个"规范""是从何处来、又向何处去"的成长变换过程,二者之间的主要竞争与合作都由此展开——无论是在知识体系方面还是在方法论体系方面。

法教义学需要通过一套体系完备、结构清晰、逻辑严密自洽的知识论体系以指导、影响司法实践能在有限的时间里有效率地处理"当下"的"是与非",其优势主要在知识论体系上;法社会学由于直接承继了社会学的理论分析工具,加之它需要通过建构构造宏大或具有科学品味的方法论体系去整合"过去"、"现在"与"未来",其优势主要在方法论体系上。故法教义学更多的是需要从法社会学那里学习如何开疆拓土,通过方法论体系的演进进一步拓展知识论体系的空间、板块;而法社会学更多的是需要从法教义学那里习得知识收纳、存放、整理的秘诀,以进一步完善自己知识论体系内部的逻辑构造、结构安排。由于它们终归还是在知识论体系和方法论体系上都明显不同的两套系统、两个学科,"法社会学要做的是那些法教义学所不涉及的"[②];而法教义学要做的也是那些法社会学所不能及的,[③]就不可避免。

如何打通这二者之间知识与方法上的壁垒,实现自由贯通、双向往来、互相交流、取长补短,这也是笔者这些年来一直在思考琢磨的问题。笔者尝试在兼顾法社会学与法教义学两套话语体系和思维体系的基础上,以上述概念为分析工具,将这一重大问题研究聚焦于二者共有的"属地""叠合"点上——规范的实践运作过程,这也是笔者认为的二者"在认识法律的时候"可以"共同协作、互相补充"的"合力点"或"抓手"。由此,笔者的研究一方面关注了"规范"在实践的"当下"是如何解决"是与非"问题的;另一方面则是关注了"规范"是如何超越实践的"当下""从何处来、又向何处去"的成长变换过程。故这一研究就法

---

① "韦伯并不关注解释和适用生效法律的规范性问题和教义问题,即法律人通常的视角,他的兴趣在于那些推动形成了特定的法学思维方式、法律题材的划分、具体的法律制度以及法律程序……换句话说,韦伯所关注的并非是与非,而是从何处来、向何处去。"[德]托马斯·莱塞尔:《法社会学基本问题》,王亚飞译,法律出版社 2014 年版,第 44 页。

② [德]托马斯·莱塞尔:《法社会学基本问题》,王亚飞译,法律出版社 2014 年版,第 12 页。

③ 直到今天仍有像卢曼这样伟大的人物如此强调两个学科之间的距离。他描述道,法社会学只能从外部观察法律,却绝不可能对存疑的法律问题的决断有任何贡献。See Luhmann, *Die soziologische Beobachtung des Rechts*, 1986, S. 19 ff. 转引自[德]托马斯·莱塞尔:《法社会学基本问题》,王亚飞译,法律出版社 2014 年版,第 97 页。

社会学的视角而言，可以被看作对作为部门法社会学刑法社会学的一些基础理论问题的研究；而就法教义学的视角而言，也可以被看作对作为部门法教义学刑法教义学的方法论由法律解释方法论如何进一步向法律适用方法论延伸拓展问题的初步研究尝试。① 仅从上述刑法社会学问题研究过程中建构的核心概念和一般概念中，就应该可以观察到这一点。

遗憾的是，由于各种原因和条件的影响，笔者对这一规范成长过程的关注只是提出了一个简单粗放的初步分析框架和若干个具有一定逻辑关联度的概念分析工具，尚缺乏精准细致尤其是针对具体问题的实证分析，而这显然也是笔者对这一问题进行的研究的一个短板，当然也可以看作未来再努力尝试的目标。

---

① 笔者认为在法学方法论中，应该区分法律解释的方法论与法律适用的方法论。法律解释是法律适用的前提和基础，法律适用是法律解释的方向和目的。法律解释针对法条文本，法律适用针对个案事实。没有法律解释，法律适用就无法进行；没有法律适用，法律解释只是语言游戏。法律解释的方法论与法律适用的方法论有交叉重合，但更多的是差异区别。法律解释的方法论基本上可以等同于作为一种方法论体系的法教义学方法论，故法教义学作为一种知识论体系而言又称为规范法学，作为一种方法论体系而言亦可称为法解释学。法律适用方法论面对的主要是法律实践问题，而法律的实践不仅是法教义学重点关注的领域，也是法社会学必须关注的项目，故法律适用的方法论虽然既涉及法教义学方法论又涉及法社会学方法论，但更主要的还是法社会学的方法论，因为它归根结底是一项法律社会实践活动逻辑的表达。

目录

第一编　刑法的社会学研究方法探索

第二编　社会学视野中的刑事司法现象研究

第四编　犯罪构成论的社会学视角检视

第五编　死刑改革与死刑裁量的变量因素研究

第六编　具体犯罪的社会学方法研究尝试

第一编

刑法的社会学研究方法探索

社会学视阈中的刑法研究范式*

目　次

在我国传统的刑法研究中,刑法被视为一幅静止的画面,即把刑法作为一个封闭的知识系统,以刑法规范为核心,

---

* 原载赵秉志主编:《刑法论丛》第12卷,法律出版社2007年版,第1~18页。此文相关内容略加增删后收入拙著《在规范与事实之间——社会学视域下的刑法运作实践研究》一书中的"引论　刑法的社会学研究路径"部分,法律出版社2008年版,第1~19页。

围绕着刑法规范所涉及的犯罪与刑罚问题进行条文解释或法理论证。罪与非罪、此罪彼罪、一罪数罪、构成要件、动机目的、定罪情节、量刑情节、刑罚裁量、累犯自首、减刑假释等法言法语构成了刑法研究的专业范式,忽略了刑法所具有的动态流向性特点,故缺少对刑法运作过程中所隐含的丰富深刻、不同层次的法律或社会问题的关注,常常把刑法运作状态描绘成刑法适用的结果状态。这种片面追求刑法规范的注释或注解,侧重对刑法适用结果的定性分析,忽视刑法在适用过程中与各种社会现象之间的客观关联性的研究方法,使刑法研究的思想之源、生命之源枯竭了。在当前剧烈的社会变迁及社会转型情势下,“社会”维度已被越来越多地引入法研究的视域甚或成为一种基本分析方法,刑法研究应如何应对这一由社会变革引发的研究方法革新的挑战?如果仍然在传统的思维空间和刑法规范内徘徊,继续与社会生活脱节或试图超越社会生活做纯刑法规范的研究,显然不适应已经变化了的社会现实对刑法研究方法的需求。

我国刑法的研究方法需要与时俱进,在保留传统研究范式的基础上,应尝试新的研究范式,要冲破专注刑法规范研究的藩篱,在刑法研究的深度和广度上寻找突破点,从而能把刑法研究引入到更深、更广的知识体系当中。本书试图在此作一点尝试性研究,拟把刑法研究纳入到社会学的研究视野当中,就刑法研究的方法问题进行一些建设性的探讨。

一、刑法研究的三种范式

作为法的一种部门法律,刑法也应该是一种“形式、价值和事实的特殊结合”①,刑法研究如同一般法的研究一样,“任何人都不可能根据某个单一的绝对的因素或原因去解释法律制度”②。这是因为法律“是一个带有许多大厅、房间、凹角、拐角的大厦,在同一时间里想用同一盏探照灯,照亮每一房间、凹角和拐角是极为困难的,尤其是当技术知识和经验受到局限的情况下,照明系统不适当或至少不完备时,情形就更如此了”③。我国著名学者储槐植教授在其《刑

---

① Hall, *Living Law of Democratic Society*, Bobbs-Merrill, 1948, p. 131. 转引自吕世伦主编:《现代西方法学流派》(下卷),中国大百科全书出版社 2000 年版,第 597 页。

② [美]E. 博登海默:《法理学:法律哲学与法律方法》,邓正来译,中国政法大学出版社 1999 年版,第 199 页。

③ [美]E. 博登海默:《法理学:法律哲学与法律方法》,邓正来译,中国政法大学出版社 1999 年版,第 198 页。

法研究的思路》一文中指出,“愚以为刑法研究的基本思路是多方位立体思维。具体说来,从刑法之外研究刑法,这涉及研究的广度,在刑法之上研究刑法,这涉及深度,在刑法之中研究刑法,这是起点和归宿”①。从不同的视角进行研究,基于不同的理论指导和分析工具,运用不同的研究范式,形成的应该是各种不同而又彼此关联(或者说彼此之间互相开放)的刑法学知识体系。

(一)刑法作为一种规范形式的研究

刑法首先是一种规范形式。在刑法之中研究刑法,就是以刑法规范为主要研究对象的研究范式,由此形成了理论刑法学和注释刑法学,或统称为规范刑法学。规范刑法学以论证刑法原理、解释刑法条文为主要知识表现形态,当然,两者关注的重点有所不同,理论刑法学关注的是刑法规范的原理,注释刑法学关注的是刑法规范的内容。前者的研究对象侧重于理论,法理优先于法条,法理是法条存在的根据,法理可以对法条进行评判,并对隐含在法条背后的刑法法理予以揭示和洞察。后者的研究对象则侧重于法条,坚守的是“法律不是嘲笑的对象”②而是被研究、被阐释,甚至被信仰的对象,并通过解释,使刑法规范的内容被理解、遵守、适用。

规范刑法学作为一种以刑法规范为主要研究对象的学科,其研究的理论基础主要源于分析主义法学。③“分析主义法学的核心就是对法律进行一种实证的分析,或者说,对一个国家制定法的客观分析。”④“注重于现实法律规则或规

---

① 储槐植:《刑事一体化》,法律出版社2004年版,第226页。

② 张明楷:《刑法格言的展开》(第2版),法律出版社2003年版,第1页。

③ 在部分西方法理学文献中,会出现“分析主义法学”和“分析法学”、“分析实证主义法学”、“法律实证主义”、“新分析法学”相互通用的情况。一般可以作这样的界定,“分析法学”更多的是指19世纪由边沁和奥斯丁所创立的法律命令说,他们在法律研究的方法方面,采取一种分析的方法,总结出法律制度的一般概念、范畴和原则,将研究的范围严格限定在一个国家的实在法。“分析实证主义法学”是“实证主义法学”的一部分,“实证主义”的概念来源于孔德,把孔德的实证主义运用到法律领域,便有了实证主义法学。“实证主义法学”是一个非常宽泛的概念,它既包括对于制定法的实证分析,即所谓的分析法学,又包括对于法律历史的实证分析,即所谓的历史法学,还包括对于法律在社会中的实证分析,即所谓的社会学法学。“法律实证主义”是“实证主义法学”的另一种表达方式,广义的法律实证主义与实证主义法学同义,狭义的法律实证主义特指分析实证主义法学,包括了自奥斯丁到哈特、拉兹、麦考密克的法律理论。“新分析法学”泛指20世纪对奥斯丁分析法学的最新发展,包括了哈特的法律规则理论和凯尔森的法律规范理论。参见吕世伦主编:《现代西方法学流派》(上卷),中国大百科全书出版社2000年版,第143~144页。笔者笔下的分析主义法学泛指源于边沁和奥斯丁以及到哈特、凯尔森直到拉兹、麦考密克等的分析法学传统,是作为一个广义上的概念使用的。

④ 吕世伦主编:《现代西方法学流派》(上卷),中国大百科全书出版社2000年版,第143页。

范本身的研究,即注重对概念、原则的明确性和条理化、系统化的研究”[1],其代表人物主要是奥斯丁、凯尔森、哈特、拉兹、麦考密克和魏因贝格尔。我们可以把他们的主要观点总结为,奥斯丁的“法律命令”、凯尔森的“纯粹法学”、哈特的“法律规则”、拉兹的“法律制度”、麦考密克和魏因贝格尔的“制度法学”。奥斯丁基于他的法律是主权者的一种以制裁作为后盾的命令,严格区分道德和法律,主张“恶法亦法”,主张研究“法律的实然”;[2]凯尔森纯粹法学的研究对象是法律规范,即一个国家具体的实在法,其核心是主张从结构上研究法律,研究法律的一般概念、原则和原理,而不是从心理上和经济上论证法律的作用,也不是从政治上和伦理上评价法律的价值;[3]哈特针对奥斯丁的法律命令说提出了他的法律规则论,认为法律是两种规则的结合,第一性规则是设定义务的规则,是原始的小型社会的法律规则,第二性规则是授予权利的规则,由承认规则、改变规则和审判规则构成,但哈特仍然认为,法律和道德有一定的联系,不过没有必然的联系,法学的研究对象应该限定在实在法;[4]拉兹在研究奥斯丁、凯尔森、哈特的理论的基础上提出了法律制度的分析及法律制度的结构问题,他认为,要分析一种法律制度,需要从事四个方面的工作,一是法律制度的存在问题,二是法律制度的确认问题,三是法律制度的结构问题,四是法律制度的内容问题,研究的重点当然是法律结构,为此,他提出了关于法律结构的十二个命题,并从分析实证主义的角度研究了诸如法治、法律作用、法官的地位等自然法学和社会法学传统领域的研究问题;[5]麦考密克和魏因贝格尔的制度法学得益于语义学和信息论以及有关的自然科学成果,其二人在凯尔森、哈特、拉兹的分析法学理论的基础上认为,可以用一个规范语句来表达的规范是法律的规范,其他形式的实践资料或者信息,包括目标陈述、价值准则和选择标准,都属于法律的范围,并反复强调,法律的和其他社会的事实是属于制度的事实的东西,从而扩展了分析法学研究对象的范围。[6]

受分析主义法学理论的影响,以刑法规范为主要研究对象的规范刑法学,

---

① 何勤华主编:《西方法学流派撮要》,中国政法大学出版社 2003 年版,第 75 页。
② 参见吕世伦主编:《现代西方法学流派》(上卷),中国大百科全书出版社 2000 年版,第 150 页。
③ 参见吕世伦主编:《现代西方法学流派》(上卷),中国大百科全书出版社 2000 年版,第 151 页。
④ 参见吕世伦主编:《现代西方法学流派》(上卷),中国大百科全书出版社 2000 年版,第 152 页。
⑤ 参见徐爱国:《分析法学》,法律出版社 2005 年版,第 15 页。
⑥ 参见徐爱国:《分析法学》,法律出版社 2005 年版,第 134 ~ 143 页。

其学科研究方法主要是实证分析的方法，即有关刑法规范的实证分析。这种实证分析具有以下几个特点：①将刑法研究囿于现行的刑法条文规范当中，把刑法作为一个静态的封闭体系看待，且这个体系可以不利用其他学科中的任何东西作为它的前提。②不关心或尽量排斥对刑法规范的价值评判，在研究中尽量贯彻价值无涉和情感中立的原则。③凭借理性、逻辑和经验事实推导出研究结论，且以定性分析为主要研究方法。④研究结论是解释性的、研究目的是功利性的。我国目前绝大部分的教材和专著均体现了这一研究范式。

（二）刑法作为一种价值形态的研究

刑法也是一种价值形态。在刑法之上研究刑法，就是以刑法的价值形态作为主要研究对象的研究范式，由此形成了刑法哲学。刑法哲学由于必须要回答为什么人类社会要有刑法或刑罚、国家凭什么持有刑罚权、国家行使这一权力又得到谁的允许等这样一些处于刑法背后的支撑刑法的基础要素或者根基的问题，①因而刑法哲学实际上就是以论证刑法存在的合理性、刑罚权来源的正当性以及刑法或刑罚运行的合法性等涉及刑法价值问题为主要知识表现形态的学科。

刑法哲学研究的理论基础主要源于自然法学。自然法学既是一种学术思潮又是一种法律研究方法，其根本宗旨在于强调法的价值取向，强调法的公平、正义、理性，强调人定法（实在法或实然法）与自然法（应然法）的关系，即人定法服从自然法，服从公平、正义等根本理念。自然法学的发展历史经历了古希腊罗马时期、中世纪神学主义时期、近代理性主义时期以及现代复兴自然法时期。古代自然法学认为，国家和法律纯属自然现象，自然是不可侵犯的，人必须"和自然相一致地生活"，这种观点具有朴素直观的自然主义思想。中世纪自然法理论充满了神学色彩，认为自然法是从神意出发并以神意为归宿，如阿奎那把法分为永恒法、自然法、人定法和神法（《圣经》）四种。② 近代自然法学，又称古典自然法学。排除了古代自然法学的素朴和中世纪自然法理论的蒙昧后的古典自然法学充满了理性的光辉，先后提出了诸如理性主义、自然状态论、国家契约论、法治主义等极具号召力、震撼力、感染力的思想。③ 现代自然法学，又称

① 参见［日］西原春夫：《刑法的根基与哲学》，顾肖荣等译，法律出版社2004年版，第1页。
② 参见鄂振辉：《自然法学》，法律出版社2005年版，第1～2页。
③ 参见吕世伦主编：《现代西方法学流派》（上卷），中国大百科全书出版社2000年版，第6～7页。

复兴自然法学。现代自然法学是以研究价值为核心的法律学说,强调实在法的研究离不开法律的价值学说,法律的基本价值是制定和适用法律的基础,必须加强对正义、善与道德等基本概念的研究。[①]

受自然法学理论的影响,以刑法的价值形态作为主要研究对象的刑法哲学其学科研究方法主要是价值分析方法,即对作为一个国家重要的部门法律的刑法进行价值分析。[②] 这种价值分析具有以下几个特点:①以人们的理想追求和主体意识为基础,从刑法存在的合理性、刑罚权来源的正当性以及刑法或刑罚运行的合法性出发,分析论证应该制定和存在什么样的刑法,并以此为进路推进应然刑法的实然化。②以自然法中的理性、公平、正义、自由、平等、安全、人权等抽象理念作为价值评判标准,对人定法即现行刑法规范的价值进行逻辑上的定性分析。③应然刑法随着人们认知能力的提高,人类的人性和理性越能在其中得到详尽的揭示,对实然刑法的价值分析也会随之发生变化。④研究结论以逻辑意义上的理念为主要形态,具有思辨性,研究目的是反思性的、批判性的。陈兴良教授的《刑法哲学》一书,填补了我国刑法在这一研究领域的空白,并成为这一研究领域的经典代表作品。

(三)刑法作为一种事实状态的研究

刑法还是一种事实状态。在刑法之外研究刑法,就是以刑法存在的社会事实作为主要研究对象的研究范式,而由此形成的应该是刑法社会学。"反映作为社会因素的刑事法律现象的知识体系,形成了起着局部社会学理论作用的刑法社会学。刑法社会学的出发点,应当根据形成它的社会来评判法,而且还可以根据社会建立起来的法来评判社会。"[③]可见,刑法社会学应该是以研究"刑法和社会的关系",[④]具体而言就是"刑事法律规范发挥社会功能的过程,或者

---

① 参见鄂振辉:《自然法学》,法律出版社 2005 年版,第 3 页。

② 如同科学主义研究方法的核心是实证分析一样,人文主义研究方法的核心是价值分析。人类生活是具有价值和意义的追求过程,而这种人生的意义和价值追求,通过以科学主义为基础的实证分析是无法真正理解的,只有通过人文主义的价值分析,并运用理解和移情等方法,才能通过内部达至人的心理深处和意义世界。所以,价值分析方法不是关于世界的本性(是什么)的研究方法,而是关于世界的最佳的生活方式(应如何)的研究方法。

③ [苏联]Л. И. 斯皮里多诺夫:《刑法社会学》,陈明华等译,群众出版社 1989 年版,第 12 页。

④ 参见许发民:《刑法的社会学分析》,法律出版社 2003 年版,第 3 页。

说作用的社会结构”,[①]以及“刑法规范作用的社会结果,即它们的效益”[②]为知识表现形态的学科。

刑法社会学研究的理论基础主要源于社会学法学或法律社会学(以下简称法社会学)。[③] 如同自然法学一样,社会学法学既是一种学术思潮也是一种法律研究方法,但它不像自然法学一样有自己相对独立的知识体系。美国学者特雷瓦诺在《法社会学》一书中对法社会学这样定义:“社会学法学或法律社会学,是一般社会学领域内的一个特别学术分支,它致力于弄清和解释法律与社会之间的关系,法律制度(秩序或体系)的社会组织形式,所有与法律制度及其外在表现人物(政治官员、律师、法官、立法者等)之间发生的社会互动,以及人们给予法律现实以何等意义等问题的学科。法律社会学不是一个自成体系的知识领域,它同法理学、犯罪学、法人类学、越轨社会学、政治社会学以及其他相关领域有着若干共同的知识背景。”[④]与自然法学和分析法学不同,社会学法学从一开始便存在两个既有联系又有区别的理论形态或历史源流,或称社会学法学的两翼。一翼来自法学,其代表人物从埃里希、耶林、庞德、卢埃林、弗兰克到塞尔兹尼克、弗里德曼等人,这些人物都是法学家,虽然受到社会学的强烈影响,但是其理论在传统上仍应归属法学理论的范畴。另一翼来自社会学,从孔德到斯宾塞、韦伯、迪尔凯姆以及帕森斯、默顿等人,这些人物都是社会学家,以社会学的视角研究法律问题,故其理论在传统上仍应归属社会学理论的范畴。[⑤] 而现今的法社会学实际上是这两翼的合流。

法社会学理论的基本倾向是从社会现实的视角来观察法律现象。美国学者艾尔文将战后西方的法社会学理论归纳为十二个方面。[⑥]

---

① [苏联]Л. И. 斯皮里多诺夫:《刑法社会学》,陈明华等译,群众出版社 1989 年版,第 13 页。

② [苏联]Л. И. 斯皮里多诺夫:《刑法社会学》,陈明华等译,群众出版社 1989 年版,第 14 页。

③ 社会学法学或法律社会学从含义上来看是有一定区别的。一般而言,社会学法学是指与自然法学、分析法学两大法学派别并驾齐驱的一个法学流派,而法律社会学主要是指社会学中的一个分支学科。前者着重探讨法律规则的内容,后者着重探讨社会法律事实。实际上,二者有许多共同之处,都注重以社会学的观点、方法研究法律学现象、法律的实际效果。因此,大多数学者对这两个概念并不作严格区分。笔者亦采取大多数学者做法,对此不作严格区分,在某些特定语境下有可能混用。

④ A. Jayier Trevino, *the Sociology of Law: Classical and Contemporary Perspectives*, St. Martin's Press,1990, p. 6 – 7. 转引自孙文恺:《社会学法学》,法律出版社 2005 年版,第 3 页。

⑤ 参见朱景文:《现代西方法社会学》,法律出版社 1994 年版,第 14 ~ 15 页。

⑥ Irwin, *A Sociological Evaluation of the Development of Sociology of Law*, Vantage Press, 1986, p. 128 – 129. 转引自朱景文:《现代西方法社会学》,法律出版社 1994 年版,第 20 ~ 21 页。

1. 强调对法律体系的结构因素及它们与其他结构因素和功能之间关系的经验研究。

2. 研究静态的、往往是过时的法律体系与不断变化的社会结构之间的关系，以便确定法律体系怎样受到社会变化的影响，又怎样影响社会变化。

3. 必须把法律体系因素和社会结构因素结合起来，研究他们怎样产生社会变化。

4. 必须研究其他的社会结构因素对法律体系的影响。

5. 强调关于法的社会舆论和知识，研究他们怎样影响法律体系和立法改革。

6. 社会学法学要和其他学科配合，计算和预测立法改革的可能结果，并对立法者提出建议。

7. 研究对律师的现在和未来的培训和法官与律师的背景，特别是研究律师在西方工业化社会和发展的社会中所起的作用有什么不同，他们怎样能同其他人在这一领域中共同工作。

8. 比较不同社会法律体系合法的组成因素的实际结构，它们是否具有一致性。

9. 集中研究同法的创制、实用、解释、管理和执行相关的那些人的行为，他们实际做什么，由于这样的行为和法律本身使社会发生了什么情况，比较社会群体和社会制度所具有的法律价值和规范。

10. 社会工程。

11. 法社会政策。

12. 对法院所发生的情况及原因的研究。

尽管法社会学理论研究由来已久，但对刑法社会学的研究相对比较迟缓，国外的研究状况由于目前尚未作系统研究，因而不能作总结性评价，在我国虽不能说是空白，但最多也只能说是刚刚起步，故对其研究方法的分析更多的是应然的预想，而不是实然的总结。受法社会学理论的影响，把刑法作为一种社会事实进行研究的刑法社会学，其研究方法主要是实证分析的方法，这种实证分析方法相对于规范刑法学的有关刑法规范的实证分析，应该具有以下几个特点：①刑法已穿越规范的屏障，被作为一种社会事实纳入到社会现象的视阈中进行研究。刑法已不可能作为封闭的自给自足知识体系存在，它必须和各种社会现象发生关联互动。②研究行动中的刑法。③重视刑法运作功能及效果的研究。④研究的方法论上主要是功能主义、结构主义、行为主义、现象学、系统论等。研究的技术性方法上主要是统计方法、文献方法、社会调查方法等。⑤研究结论是描述性的,研究目的是功利性的。

从上述分析可以看出,我们对刑法问题的研究可以从三个不同的视角展开,基于不同的理论指导和分析工具,运用不同的研究范式,分别形成的规范刑法学、刑法哲学和刑法社会学,它们共同形成了虽各不相同但又彼此关联(或者说彼此之间互相开放)的刑法学知识体系。

二、法社会学对刑法研究的影响

(一)促成犯罪学与刑法学二者的分离

西方法社会学理论的研究由来已久。尽管法社会学较之自然法学和分析法学起步较晚,但已与自然法学和分析法学并称为西方三大法学流派。

在西方,首先将犯罪、刑事责任、刑罚问题纳入法社会学研究范畴的应该是刑事人类学派和刑事社会学派,或统称为刑事实证学派。这两个学派的产生具有划时代的意义,引起了刑法研究方法上的一场革命。在这之前,刑事古典学派对犯罪与刑罚问题的研究主要局限在刑法规范的范围里,且主要强调对犯罪行为的研究,在研究方法上表现为追求理性思辨、脱离实践的个案研究,不免使对犯罪的研究流于空泛的哲理论证。刑事人类学派的代表人物龙勃罗梭运用实证主义的方法论,从观察和测量入手,通过犯罪人病理解剖的研究,提出了犯罪人的概念,其"《犯罪人论》一书使刑法理论根本为之一变"。[①] 将犯罪、刑事责任、刑罚问题与社会紧密相连,进行实证分析研究的还有从刑事人类学派分化出来并建立在刑事人类学派基础上的刑事社会学派,其代表人物菲利大力倡导用观察和实验的方法,从社会学的角度,研究犯罪问题。[②] 菲利通过对犯罪的社会学分析,提出了著名的"犯罪饱和论"。刑事实证学派通过对犯罪的实证分

---

① 刁荣华主编:《现代刑法基本问题》,台北,汉林出版社 1981 年版,第 10 页。转引自许发民:《刑法的社会学分析》,法律出版社 2003 年版,第 15 页。

② 菲利指出:"在我看来,一般社会学只能对社会生活做出比较一般和更普遍的推动。在这一背景下,社会学的几个分支学科,都是在对各种不同的社会情况进行专门研究的基础上建立起来的。用这种方法,通过在研究个人和集体生活中的一般准则之后研究人类正常社会行为的特殊准则,我们可以建立政治社会学、经济社会学、法律社会学。因此,基于这样一个目标,运用这样一个方法,通过研究人类中异常的和反社会的行为,换句话说,通过研究犯罪和罪犯,我们可以建立起犯罪社会学。"参见[意]恩里科·菲利:《犯罪社会学》,郭建安译,中国人民公安大学出版社 1990 年版,第 2 页。

析,推翻了刑事古典学派有关在刑罚存在根据问题上的道义责任论,提出了以防卫社会为目的的社会责任论,对罪犯适用刑罚的根据不在是现实的人的犯罪行为,而是人的可能实施犯罪的心理倾向即人身危险性(但对于这种人身危险性的认识,刑事人类学派和刑事社会学派侧重点有所不同,刑事人类学派侧重于从人的生物特征方面进行阐发,刑事社会学派则侧重于从人的社会特征方面进行阐发),从而引发了刑罚模式的改革和刑法研究重心的转移。犯罪预防理论得到了空前的重视,围绕着犯罪预防而建立起来的犯罪社会学和刑事政策学亦得到了空前的繁荣和发展,并逐渐从刑法学科中分离出来,成为独立的学科研究门类,直到今天,依然在持续这样一种研究格局。将犯罪与刑罚问题纳入法社会学研究范畴,促成了犯罪社会学和刑事政策学的成熟与独立,却并未形成真正具有独立学科意义上的刑法社会学。尽管几乎所有著名的法社会学家在其论著中都会涉及刑法问题,主要是有关犯罪、刑事责任和刑罚的社会学视角的分析和论述,但却是片段的,非系统性的,且往往是以一般法社会学为分析视角,而不是以刑法社会学为分析视角。①

(二)关注审判过程的行为与刑事政策

值得注意的是,20 世纪 50 年代至 70 年代以实证主义为基础的行为科学作为一种方法论被引入法社会学研究领域,并在美国兴起以实用主义为特征的行为主义法学思潮之后,法行为的研究得到了进一步的加强,诸如唐·布莱克的《社会学视野中的司法》《法律的运作行为》、格伦登·舒伯特的《司法行为》《司法心态》《司法行为的定量分析》等一大批有关法行为问题研究的论著相继问世。在这些论著当中,使用最多的是“法行为”“法律行为”“法律运作”“司法行为”等表现法律动感形态的概念或词汇。在行为主义法学的理论中,布莱克的行为理论侧重研究法律和社会生活各方面的关系,并强调:“法律存在于可以观

---

① 据笔者目前所掌握的资料,苏联的 Л. И. 斯皮里多诺夫所著的《刑法社会学》(群众出版社 1989 年版)是目前翻译过来的唯一一本以刑法社会学命名并相对比较系统的以社会学的分析视角研究刑法问题的专著。全书分刑法社会学及其对象、社会关系是刑事法律保护的客体、犯罪社会学、刑事法律的社会制约性、刑事法律禁止作用的社会结构、刑事法律禁止和个人、刑事法律禁止作用的社会—心理学结构、适用刑法规范的社会学、研究刑事法律规范效益的方法论基础共九章内容。从书中章目所列内容,我们就可以看出,尽管作者已把刑法纳入整个社会关系系统中进行考察研究,但由于受规范刑法学研究范式的影响,对刑法在社会关系中作为一种社会事实的静态现象的研究明显多于刑法在社会关系中作为一种社会事实的动态运作的研究,从内容上,各章节之间也缺乏关联性和系统性,故从严格意义上说,这本论著还不能成为刑法社会学作为一门学科诞生的标志性著作。

察到的行为之中,而不是存在于规则之中。虽然在法学语言和日常语言中,规则或规范的语言被广泛的使用,但从社会学的观点来看,法律不是律师们认为有效的或有约束力的箴规,而是可以观察到的法官、警察、检察官或行政官员的安排。"①舒伯特则侧重于以行为科学观点,特别是社会心理学观点分析法官的行为,关注实际的司法运作过程中的诸问题,认为司法运作过程中的法官的自由裁量是一个极其复杂的问题,行为主义学者需要设法说明这一问题,从而提出了关于审判过程和司法政策制定的行为主义理论。② 如何在刑法的研究中反映这一现象,法社会学视域中的行为科学对刑法研究有何种影响,就成为一个我们必然会关注和思考的问题。

(三)激发社会学视角的刑法问题研究

在我国,法社会学的研究,实际上从 19 世纪末 20 世纪初西方社会学传入我国就已经开始,并陆续问世了一批在今天依然颇具分量的专著。例如,张知本的《社会法律学》、严景耀的《中国的犯罪问题与社会变迁的关系》、瞿同祖的《中国法律与中国社会》、李达的《法理学大纲》讲义和费孝通的《乡土中国》。我国社会学法学或法律社会学研究的真正开始,应该在 20 世纪 80 年代末,至 20 世纪 90 年代中后期形成勃兴阵势。当法律在应对社会转型中频发的各种社会问题显得力不从心的时候,"社会"维度被越来越多地纳入法学研究的视域甚至已成为一种基本分析方法。比较有代表性的著作有:王子琳和张文显的《法律社会学》、郑永流等的《农民法律意识与农村法律发展》、朱景文的《现代西方法社会学》及《比较法社会学的框架和方法——法制化、本土化和全球化》、夏勇等的《走向权利的时代:中国公民权利发展研究》、赵震江的《法律社会学》、苏力的《送法下乡:中国基层司法制度研究》、田成有的《乡土社会中的民间法》等。这些著作的相继问世,标志着我国法社会学的研究已经进入了一个新的发展阶段。

然而,一个值得注意的现象是,部门法学并没有随着一般法社会学研究的勃勃生机而跟进,似乎尚在观望过程中。在这个过程中,刑法学的研究依然显示着它在各部门法中的显赫身份,呈现一派繁荣景象,但此时,除绝大多数学者

① D. Black, *the Boundaries of Legal Sociology*, Yale Law Journal, Vol. 81, p. 1086(1972). 转引自何勤华主编:《西方法学流派撮要》,中国政法大学出版社 2003 年版,第 307 页。

② 参见何勤华主编:《西方法学流派撮要》,中国政法大学出版社 2003 年版,第 319 ~ 322 页。

仍旧继续在刑法规范的园地里辛苦劳作外,已有部分著名学者开始调整自己的研究方向,如陈兴良教授的《刑法哲学》。而刑法社会学却没有随着一般法社会学研究的热潮涌动而受到关注,有关刑法社会学的研究大多是零散的非系统性的,其中影响力较大的应该是许发民博士的《刑法的社会学分析》及《刑法的社会文化分析》,以及杜宇博士的《重拾一种被放逐的知识传统:刑法视域中"习惯法"的初步考察》等。从已经公开发表的成果(包括许发民博士的《刑法的社会学分析》)看,我国目前有关刑法社会学的研究,可以概括为以下几个特点:①刑法社会学尚未形成一门有着自己确定的研究对象和范围、相对独立成熟的研究方法、明确的知识体系结构的独立学科,在研究的问题上依然与刑法哲学、规范刑法学、犯罪学、刑事政策学甚至与刑事证据学混杂在一起。②在研究方法上,刑法社会学深受刑法哲学和规范刑法学研究范式的影响。以许发民博士的《刑法的社会学分析》一书为例,全书共分为刑法的社会学分析、刑法基本原则的社会根据、犯罪界定的社会根据、犯罪构成的社会根据、刑罚的社会根据、刑罚的社会功能六章,从上述内容我们就可以看出,尽管该书强调了刑法与社会各现象的密切联系,但仍然未能脱离围绕刑法规范这一要素展开研究的范式,过多的价值评判又似侵入了刑法哲学的研究领地。在具体研究方法上,以定性分析为主,且几乎未使用任何社会学研究方法的具体方法和技术。③在研究问题的选择上,以相对静态的刑法问题为主,缺少对行动中的刑法问题的关注。

三、社会学范式中的刑法研究

综上所述,将刑法的基本问题(犯罪、刑事责任、刑罚)纳入法社会学研究范畴,引起刑法研究方法上的一场革命的最终结果是成就了犯罪社会学,催生了刑事政策学,使它们得以从刑法学科中分离出来,成为独立的学科研究门类,并不断得到发展,使之在今天已成为可以与刑法学并驾齐驱的学科门类。而我国目前刑法学研究的主流范式依旧是悠然地固守着规范的藩篱,进行着就刑法而刑法的静态研究,即刑法学依然是以刑法规范为主要研究对象的规范刑法学。如果我们将社会学的研究方法纳入刑法研究过程中,会给刑法的研究带来什么样的变化呢?

(一)研究方法的革新

"观察优于想象",社会学视域中的刑法研究将采取以实证分析为主、以价值分析为辅的研究方法。

这里的实证分析的研究方法,应该在以下三个层面上使用:①使用实证分析研究方法中的具有方法论意义的理论模型,主要是功能主义、结构主义、行为主义、现象学、系统论等。②使用实证分析研究方法中的基本分析方法,如角色分析方法、组织分析方法、规范分析方法、制度分析方法、经济分析方法、比较分析方法等。③使用实证分析研究方法中的技术性分析方法,主要是文献研究方法(包括统计资料分析、二次分析、内容分析、历史比较分析)和调查研究方法(包括问卷法、访谈法)等。

需加以注意的是,实证分析方法在对问题的研究上存在着明显的认识局限性:①"实证的"首先意味着必须是"现实的",一切知识必须以被观察到的事实为出发点。②"实证的"意味着必须是"有用的",反对以知识去满足人的无用、空泛的好奇心,知识必须探求实在,以有益于我们个人和集体生活的不断改善。③"实证的"也意味着必须是"确实的",反对对那些不着边际的悬而未决的问题作抽象议论,而致力于个人的以及人类精神的一致。④"实证的"也意味着"精确的",反对超越实在现象的性质所允许的正确度去谈论事物,而提倡观点的"明晰性"与"坚固性"。⑤"实证的"还必须意味着"积极的"或"建设的",反对否定现实的破坏倾向,而以建设为目的。⑥"实证的"最后还意味着"相对的",因为人们对现象的研究要受到内在状况和外在状况的制约,所以总是具有相对意义。因此,通过实证分析方法只能认识事物的现象,不能认识事物的本质;只能对具体的经验对象进行描述,不能对非经验的知识领域作出评价,且不能在经验世界中找到价值判断的认识事物的方法,很容易形成研究形式上的肆意。故,如果仅用实证分析方法研究问题,特别是有关刑法的一些基本问题,在方法论上显然是存在缺陷的。所以,在涉及有关刑法的价值基础以及价值目标等问题时,还是会采用价值分析方法,通过概念、判断、推理等进行逻辑意义上的分析与研究。

(二)研究范围的扩张

如果我们把社会学的研究方法纳入对刑法问题的研究当中,会使刑法学的研究对象发生较大变化,刑法学的研究范围将不再局限于由"刑法及其所规定的犯罪、刑事责任和刑罚"所架构的规范体系,而可延伸至被作为一种社会事实纳入社会现象的视阈中的刑法。刑法研究将会穿越规范研究的屏障,更多地去关注刑法和社会之间的关系以及由此衍生的各种刑法社会问题。在刑法与各种社会现象之间的关联互动中,刑法学的研究范围将会得到最大限度的扩张。

由于刑法学研究对象的限制以及研究方法的单一,我国有关刑法社会学的研究不仅无法与规范刑法学及刑法哲学的研究相比,也无法与犯罪社会学及刑事政策学的研究相比,虽不能说是空白,但最多也只能说是刚刚起步。刑法学的研究范围的这种扩张,不仅有助于刑法研究方法上的社会学研究范式的形成,也会为刑法社会学最终能作为一门独立的学科从刑法学中独立出来奠定基础。

(三)研究重点的转移

"行动中的刑法"问题将成为刑法学研究的重点。"行动中的刑法"问题,既不是对刑法规范原理的理论说明或刑法条文的含义注释问题,也不是对应然或实然的刑法的价值分析问题,而是刑法在社会运作实践过程中,由于与其他社会现象互动而产生的各种问题。

"运作"一词,在不同的语境中含义尽管不尽相同,但其在一般意义上的含义主要是指(组织、机构等)进行工作、开展活动。刑法的运作,概言之,就是刑法作为一种刑事法律规范的适用、发现、创造行为。这种刑事法律规范的适用、发现、创造行为是通过作为规范的刑法与作为事实的案件之间的对话完成的,谁是对话的操纵者,谁是对话的影响者,这种对话是在何种时空内进行的,又是如何进行的,等等,这一切构成了对话的过程,而这个过程是作为一种社会事实存在于社会现象当中的,表现为"每一个具体案件的判决都是抽象的法律规则在具体事实中的'适用'"①。因此,刑法的运作实践过程首先是一个社会行为过程,是动态而非静态的;其次是一个各种社会因子参与互动的过程,有冲突博弈也有协作均衡;最后是一个必然产生某种社会效果的过程,有既定目标也有价值追求。刑法的运作实践过程是通过在刑法规范与案件事实之间的互相建构完成的。这个过程作为一种社会现象精彩而又纷呈,我们需要去发现,去了解,去认识,并期待掌握它的规律。

对刑法运作实践问题的研究,会使我们关注到很多曾经被我们忽略的一些

---

① [德]马克斯·韦伯:《论经济与社会中的法律》,张乃根译,中国大百科全书出版社 1998 年版,第 25 页。

理论问题和实践问题,例如,①刑法的运作是社会控制的最后法律控制手段,却也是最有力、最典型、最直观、最有效的社会控制手段。②基于自然法中的理性、公平、正义、自由、平等、安全、人权等抽象理念而衍生出来的公正性原则、谦抑性原则、人道性原则是刑法的运作的价值基础。③刑法的运作实践过程是一个开放的社会控制系统工程。刑事法律规范与犯罪事实是刑法运作的基本因素,它们之间的互动构成了刑法的运作实践的主线。刑事政策、社会道德、宗教信仰、社会习惯以及社会舆论等,作为参与刑法实践过程的规范性社会控制因素,通过对刑事法律规范的直接或间接作用,对刑法的运作过程产生影响。它们之间以及它们与刑事法律规范之间的价值冲突与妥协,将直接或间接影响刑法运作效果。④应当重视与刑法运作过程相关联的各社会行动者或社会主体(包括社会组织和社会个体)因素对刑法运作过程的影响,他们之间或它们之间以及他们和它们彼此之间在权力(或权利)制衡与资源配置的博弈互动中影响着刑法的运作过程。⑤刑法运作的形式具有多样性。从运作的法律形式看,可以分为形式合法性运作与形式非合法性运作;从运作的终极价值看,可以分为实质合理性运作与实质非合理性运作;从运作的表现形态看,可以分为显性运作与隐性运作。各种不同运作情形之间的排列组合,不仅显示着刑法运作样态的复杂性,也将对刑法运作的最终效果产生重大影响。⑥应当建立刑法运作效果的分析评价体系。以刑法运作的价值取向为视角,分析刑法运作的社会效果;以刑法运作的法律形式为视角,分析刑法运作的法律效果;以刑法运作的经济分析为视角,分析刑法运作的效率与效益;等等。

我国刑法规范研究路径检视与反思*

目　次

* 原载赵秉志主编：《刑法论丛》第27卷，法律出版社2011年版，第70～110页。此文相关内容略加增删后收录于拙著《在遵从与超越之间——社会学视域下刑法裁判规范实践建构研究》一书"引论　我国刑法规范研究路径检视与反思"部分，法律出版社2012年版，第1～43页。

一、前言

规范是法律科学最基本的概念,围绕着法规范的研究构成了法律科学研究的本体。检视刑法规范的研究现状,用“三种研究范式、两条研究路径”基本上就能勾勒出刑法规范研究现象的大致图景。

(一)三种研究范式

就法学研究方法而言,在当代西方法学世界,尽管法学流派纷呈,但真正能主导法学者,仍然是自然—价值法学、社会—实证法学、规范—分析法学三种方法。① 自然—价值方法,关乎规范作为一种价值形态的研究,“表达着法律的合法与非法问题,体现着规范分析的价值之维”;②社会—实证方法,关乎规范作为一种事实状态的研究,“关注的是法律的调整与效果问题,它是规范分析方法中的事实之维”;③规范—分析方法,关乎规范作为一种规范形式的研究,“其本质是权利与义务分析方法,所要解决的是法律中的权利与义务问题,因此可以把它视为规范分析方法中的技术之维”。④ 当然,这三种研究方法并非截然对立,水火不容。法律毕竟是“形式、价值和事实的特殊综合”⑤。“我们的历史经验告诉我们,任何人都不可能根据某个单一的绝对的因素或原因去解释法律制度”,⑥这是因为法律“是一个带有许多大厅、房间、凹角、拐角的大厦,在同一时间里想用同一盏探照灯,照亮每一房间、凹角和拐角是极为困难的,尤其是当技术知识和经验受到局限的情况下,照明系统不适当或至少不完备时,情形就更如此了”⑦。

将上述三种研究方法具体应用于刑法学的研究,也就形成了刑法学的三种研究范式。⑧

---

① “现代西方法理学虽然派别繁多,但主要是新自然法学、新分析实证主义法学和法律社会学。”参见沈宗灵:《现代西方法理学》,北京大学出版社 1992 年版,第 24 页。

② 谢晖:《论规范分析方法》,载《中国法学》2009 年第 2 期。

③ 谢晖:《论规范分析方法》,载《中国法学》2009 年第 2 期。

④ 谢晖:《论规范分析方法》,载《中国法学》2009 年第 2 期。

⑤ Hall, *Living Law of Democratic Society*, Bobbs-Merrill, 1948, p. 131. 转引自吕世伦主编:《现代西方法学流派》(下卷),中国大百科全书出版社 2000 年版,第 597 页。

⑥ [美]E. 博登海默:《法理学:法律哲学与法律方法》,邓正来译,中国政法大学出版社 2004 年版,第 218 页。

⑦ [美]E. 博登海默:《法理学:法律哲学与法律方法》,邓正来译,中国政法大学出版社 2004 年版,第 217 页。

⑧ 参见张心向:《社会学视阈中的刑法研究范式》,载赵秉志主编:《刑法论丛》第 12 卷,法律出版社 2007 年版。

第一,作为一种价值形态的研究,即以刑法的价值为主要研究对象的范式,由此形成了刑法哲学。刑法哲学是围绕论证刑法存在的合理性、刑罚权来源的正当性以及刑法或刑罚运行的合法性等刑法价值问题所展开的研究。

第二,作为一种规范形式的研究,即以刑法规范本身为研究对象的范式,由此形成了理论刑法学和注释刑法学,或统称为规范刑法学。[①] 规范刑法学以论证刑法原理、解释刑法条文为主要知识表现形态,当然,两者关注的重点有所不同,理论刑法学关注的是刑法规范中的原理,注释刑法学关注的是刑法规范中的条文。

第三,作为一种事实状态的研究,即以刑法存在的社会事实作为主要研究对象的范式,而由此形成刑法社会学。刑法社会学关注的主要是"刑法和社会的关系"[②],具体而言就是"刑事法律规范发挥社会功能的过程,或者说作用的社会结构"[③],以及"刑法规范作用的社会结果,即它们的效益"[④]。

(二)两条研究路径

如果我们从宏观上基于上述三种研究方法而建构的刑法学三种研究范式来检视刑法规范的研究路径,就会发现,静态研究与动态研究构成了研究现象的主要图景。

以规范—分析为代表的研究方法,遵循的主要是法规范的静态研究理路,即规范的本体实证研究——"分析和剖析实在法律制度"[⑤],故又被称作法律实证主义。这种研究方法"把某种特定的法律制度作为其出发点,并主要通过归纳方法从该法律制度中提取一些基本的观念、概念和特点,将它们同其他法律制度中的基本

---

① 或者说刑法教义学或刑法信条学的研究范式。刑法教义学或刑法信条学均为舶来品。"法教义学是以实证法,即实在法规范为研究客体,以通过法律语句阐述法律意蕴为使命的一种法律技术方法。""规范刑法学在某种意义更应当是刑法教义学","其基础和界限源自刑法法规、致力于研究法规范的概念内容和结构,将法律素材编排成一个体系,并试图寻找概念构成和系统学的新的方法"。参见陈兴良:《刑法教义学方法论》,载《法学研究》2005 年第 2 期。"刑法信条学是研究刑法领域中各种法律规定和各种学术观点的解释、体系化和进一步发展的学科。" Roxin, Strafrecht Allgemeiner Teil, Band I, 1997, S. 145. 转引自王世洲:《刑法方法理论的若干基本问题》,载《法学研究》2005 年第 5 期。笔者认为,如果将刑法教义学或刑法信条学纳入中国语境解读,基本上可以理解为规范刑法学。

② 许发民:《刑法的社会学分析》,法律出版社 2003 年版,第 3 页。

③ [苏联]Л. И. 斯皮里多诺夫:《刑法社会学》,陈明华等译,群众出版社 1989 年版,第 13 页。

④ [苏联]Л. И. 斯皮里多诺夫:《刑法社会学》,陈明华等译,群众出版社 1989 年版,第 14 页。

⑤ "法律实证主义者认为,只有实在法才是法律,而所谓实在法,在他们看来,就是国家确立的规范。"[美]E. 博登海默:《法理学:法律哲学与法律方法》,邓正来译,中国政法大学出版社 2004 年版,第 122 页。

观念、概念和特点进行比较,以确定某些共同的因素"[①],其所主要关注的显然是"分析法律术语、探究法律命题在逻辑上的相互关系"[②],将规范置于一个静态环境中进行分析、研究、考证。所以作为规范—分析方法意义上的对象的规范,显然是指立法建构规制的规范形态——文本规范。

以社会—实证为代表的研究方法,遵循的主要是法规范的动态研究理路,即规范的社会实证研究——"考察和检测法的实际运行、法的实际效力、实际作用和实际效果"[③],故又被称作法律现实主义。这种研究方法认为"法律只是一组事实而不是一种规则体系,亦即是一种活的制度,而不是一套规范……法官、律师、警察、监狱官员实际上在法律中的所作所为,实质上就是法律本身"[④],其所关注的主要是"司法过程",一个发现法律并创造法律的过程[⑤],将规范置于一个动态环境中进行分析、研究、考证。所以作为社会—实证方法意义上的对象的规范,显然是指司法裁判过程的规范形态——裁判规范。

以自然—价值为代表的研究方法,从静、动态两种研究的视域看,实际上并没有形成自己独立的研究理路,其对法规范的研究始终游离在静态路径与动态路径之间,或者说既进行静态研究又进行动态研究。因为其主要是"以自然法作为评判实在法的基本尺度,因而其研究方法常被人们称为'价值分析方法'"[⑥],认为"自然法是一种适用于所有人(包括立法者和其他人)的永恒规则"[⑦],"让渡给政治国家的只是实施自然法的权利"[⑧]。所以,"由人们构成的社

---

① [美]E. 博登海默:《法理学:法律哲学与法律方法》,邓正来译,中国政法大学出版社 2004 年版,第 123 页。

② [美]E. 博登海默:《法理学:法律哲学与法律方法》,邓正来译,中国政法大学出版社 2004 年版,第 123 页。

③ 张文显:《二十世纪西方法哲学思潮研究》,法律出版社 1996 年版,第 110 页。

④ [美]E. 博登海默:《法理学:法律哲学与法律方法》,邓正来译,中国政法大学出版社 2004 年版,第 163 页。

⑤ "我已经渐渐懂得:司法过程的最高境界并不是发现法律,而是创造法律;所有的怀疑和担忧,都是心灵努力的组成部分,是死亡的折磨和诞生的煎熬的组成部分,在这里面,一些曾经为自己时代服务过的原则死亡了,而一些新的原则诞生了。"参见[美]本杰明·卡多佐:《司法过程的性质》,苏力译,商务印书馆 1998 年版,第 105 页。

⑥ 胡玉鸿:《西方三大法学流派方法论检讨》,载《比较法研究》2005 年第 2 期。

⑦ Locke, Two Treatises of Civil Government, Aldine Press, 1924, ch. xi, sec. 135. 转引自[美]E. 博登海默:《法理学:法律哲学与法律方法》,邓正来译,中国政法大学出版社 2004 年版,第 59 ~ 60 页。

⑧ [美]E. 博登海默:《法理学:法律哲学与法律方法》,邓正来译,中国政法大学出版社 2004 年版,第 60 页。

会或由人们成立的立法机关的权力绝对不能超越公益的范围"[①]。"每个人都承认,与自然法相矛盾的国家法乃是恶法,甚至不配称之为法律。"[②]自然法先于实在法并且高于实在法,故而在制定法的场合自然法本身可以用来填补法律的空白;在执法、司法的场合,自然法的价值分析或者说价值判断可以确立法律责任的基础。[③]"价值实证就是要通过实证去发现立法中的高尚价值表达与司法实践的事实情形之间的耦合或背离。"[④]这必然导致其对法规范的研究始终游离在静态路径与动态路径之间,当以自然法作为价值尺度评判制定法的创制及文本时,遵循的主要是法规范的静态研究理路;当以自然法作为价值尺度评判制定法的实践运作时,遵循的主要是法规范的动态研究理路。

刑法规范的研究路径也不例外。规范刑法学范式下的研究,遵循的主要是刑法规范的静态研究理路(但不排斥某些情形下的动态研究);刑法社会学范式下的研究,遵循的主要是刑法规范的动态研究理路(但不排斥某些情形下的静态研究);刑法哲学范式下的研究则是游离在静态路径与动态路径之间,或者说基于具体研究对象或研究目的需要,既进行着静态研究又进行着动态研究。

二、刑法规范之静态研究路径

刑法规范的静态研究,主要是围绕着作为制定法的刑法文本规范的条文解读及类型建构展开。以规范—分析为主要研究方法,体现了规范刑法学的研究范式。其具体研究范畴主要包括三个方面。

(一)刑法条文之语词解读[⑤]

众所周知,在西方近代法学的初期,法学主要是以注释罗马法为核心的所谓法律注释体系,由此产生了著名的注释法学派。可以说罗马注释法学的起

---

① Locke, Two Treatises of Civil Government, Aldine Press, 1924, ch. ix, sec. 131. 转引自[美]E. 博登海默:《法理学:法律哲学与法律方法》,邓正来译,中国政法大学出版社2004年版,第60页。

② 达班(Jean Dabin,1889~1971年。比利时法学家,比利时新托马斯主义法学派代表人物)语。Jean Dabin, *General Theory of Law*, in The Legal Philosophies of Lask, Radbruch and Dabin, Harvard University Press, 1950, p. 425. 转引自[美]E. 博登海默:《法理学:法律哲学与法律方法》,邓正来译,中国政法大学出版社2004年版,第190页。

③ 参见胡玉鸿:《西方三大法学流派方法论检讨》,载《比较法研究》2005年第2期。

④ 谢晖:《论规范分析方法》,载《中国法学》2009年第2期。

⑤ 笔者认为,对刑法规范的条文解读,一种是基于刑法文本的纯粹语词概念意义的解读,属于刑法规范的研究范畴;另一种是基于具体案件的刑法规范适用意义上的解读,属于刑法规范的运作过程。这里论及的"刑法规范之条文解读",属于第一种解读,即研究范畴意义上的解读。第二种解读,将在下文内容中论及。

点,就是规范—分析法学的源头。[①] 所以,“寻求法律规范的字面意义以及字面意义背后可能存在的隐含意义”[②]以及“对法律规范这种语言现象所进行的语义分析和逻辑分析”[③]是规范—分析法学的一个重要侧面。受这一法学研究方法,以及我国古代传统注疏律学的影响,从条文注释视角对我国刑法规范进行解读,一直是我国刑法学研究的显著特点。在我国 1979 年刑法生效期间(改革开放法治建设的前半期),基于这一研究方法而形成的注释刑法学,一直居于刑法规范研究的首要地位。对刑法规范的研究,尽管不像 11 世纪到 13 世纪的波伦亚注释法学派的创始人伊纳留士及其门徒对《国法大全》的语词和条文所进行的解释那样,[④]但也主要是围绕着对刑法条文语词的解读而展开。

“法律的专业语言,不是一种科学语言,因为它的语法及语意不是建立在一种清楚的规则之上。”[⑤]然而,“法律是透过语言被带出的”[⑥],“语言是法律发生作用的媒介。这种媒介的性质对法律目标的实现和实现程度有着重要的影响”[⑦]。刑法规范通过精练而非简单的语词描述犯罪构成要件和犯罪量刑情节,每一个构成要件和量刑情节所描述的都是一种有关定罪或量刑的格式化类型,但其中囊括着千变万化却不离其宗的案件事实。然而,刑法语词在表述这种特有的要件或情节内容时,一方面,出于语言表达和刑法规范功能本身的需要,必须以日常用语为基础。这是因为刑法通过语词传递正义价值、告知国民国家刑罚权与国民自由之间的界限。刑法必须能够让一般国民具有可预测性,而对于一般国民来说,一部可预测性的刑法离不开日常的语词。刑法规范出于这种功能需要而采纳了大量的日常用语,但日常语言的非单一性及流动性,使其在保证了语言的动态性以及涵盖的多面性的同时,“由于缺乏精确性,也因此隐藏了

① 相关内容分析,详见吕世伦主编:《现代西方法学流派》(上卷),中国大百科全书出版社 2000 年版,第 146~150 页。

② 谢晖:《论规范分析方法》,载《中国法学》2009 年第 2 期。

③ 谢晖:《论规范分析的三种实证方法》,载《江海学刊》2008 年第 5 期。

④ “这种解释是在《国法大全》原稿上,把词语的解释注在该词语的下面或者两行之间,把条文或者原则的注释注到该条文的旁边和页的四周,这种方法后来被称为条文注释。”参见吕世伦主编:《现代西方法学流派》(上卷),中国大百科全书出版社 2000 年版,第 148 页。

⑤ [德]考夫曼:《法律哲学》,刘幸义等译,法律出版社 2004 年版,第 174 页。

⑥ [德]考夫曼:《法律哲学》,刘幸义等译,法律出版社 2004 年版,第 169 页。

⑦ [美]布赖恩 · 比克斯:《法律、语言与法律的确定性》,邱昭继译,法律出版社 2007 年版,第 1 页。

一种危险,也就是说它会将事物模糊化,或者伪造"[①]。刑法规范也就因此继承了日常用语的不准确性、多义性以及开放性的特征。以《刑法》(1997 年修订)第 264 条规定的盗窃罪为例,在《刑法》(1997 年修订)第 264 条规定的盗窃罪中,就使用了诸如"公私财物""金融机构"等日常语言。另一方面,基于刑事立法的规范性要求,刑法语词又不能完全等同于日常用语,在很多情况下,必须把日常用语切换成刑法规范语言才能进入刑法。由于表达刑法构成要件或要素内容语词的意义取决于其在描述不法类型和实现规范目的的意义脉络中所扮演的角色,因此,当日常用语演变为刑法规范的语词时,其内涵与外延就会根据具体规范目的和整个刑法意义脉络要求,作出相应的调整和限制。一是比日常生活用语的外延狭窄,如《刑法》(1997 年修订)第 264 条规定的"珍贵文物",主要系指国家一、二级文物,不包括国家三级及三级以下级别的文物。[②] 二是比日常生活用语的外延要宽泛,如《刑法》(1997 年修订)第 264 条规定的作为盗窃罪犯罪对象的"公私财物",一般包括两种形态:其一,指有体财物,基本上相当于日常生活用语中的财物;其二,指无体财物,包括电力、煤气、天然气、通信号码等,[③]这一点是日常生活用语中的财物一般所不具备的含义。三是同一语词与日常生活用语,内涵可能完全不一样。作为刑法规范的语词不同于日常用语内涵的根据源于其在不法类型描述中的意义,如《刑法》(1997 年修订)第 264 条规定的"盗窃金融机构"中的"金融机构",其内涵非指日常生活用语中作为一种组织形态的"金融机构",而是指"金融机构的经营资金、有价证券和客户的资金等,如储户的存款、债券、其他款物,企业的结算资金、股票"[④]。这是因为法律语言具有两个符号侧面,一是日常用语,二是规范语言。尽管规范语言极大地受日常用语影响,但毕竟它是日常语言的再加工,而不是日常语言本身。"否则,专门的法律职业者就没有存在的必要了,'法言法语'这样的说法也就没有存在的意义了。"[⑤]因此,尽管对刑法文本条文的解读,也许只是一种初期或者说

---

① [德]考夫曼:《法律哲学》,刘幸义等译,法律出版社 2004 年版,第 177 页。

② 参见最高人民法院《关于审理盗窃案件具体应用法律若干问题的解释》(法释〔1998〕4 号)第 9 条规定,该解释已于 2013 年 4 月被废止。

③ 参见最高人民法院《关于审理盗窃案件具体应用法律若干问题的解释》(法释〔1998〕4 号)第 1 条、第 5 条规定,该解释已于 2013 年 4 月被废止。

④ 最高人民法院《关于审理盗窃案件具体应用法律若干问题的解释》(法释〔1998〕4 号)第 8 条规定,该解释已于 2013 年 4 月被废止。

⑤ 谢晖:《论规范分析的三种实证方法》,载《江海学刊》2008 年第 5 期。

是简单的规范知识加工,但如果没有这种加工,即不对刑法条文中涉及的相关语词的含义进行解读,刑法就无法被合理地理解,更不能被妥当地适用。特别是在规范的初创期,这种针对条文语词的解读,无论是对规范的理解还是对规范的适用,都具有十分重大的意义。

(二)刑法理论之模型创建[①]

从语词上解释法律规范,注释法学研究方法的局限性是不言而喻的,后被从结构上研究法律规范的分析法学所超越,是法律科学发展的必然趋势。如同注释法学只是规范—分析法学的起点或源头,最终被分析法学所取代一样,伴随1997年《刑法》的制定过程及开始生效,我国关于刑法规范的研究方法也在悄然发生着变化。比较对1979年《刑法》与对1997年《刑法》的研究,如果说对1979年《刑法》的研究深受注释法学的影响而使注释刑法学一直居于刑法规范研究首要地位的话,而对1997年《刑法》的研究则深受分析法学的影响,理论刑法学的地位开始上升并有渐渐取代注释刑法学而居于刑法规范研究首要地位的趋势,[②]在如何研究刑法规范的问题上,规范刑法学内部已经发生且还在进行着研究方法的转型与变革。[③] 这种转型与变革的理论基础主要源于规范—分析法学。这是因为,规范—分析法学的"注重于现实法律规则或规范本身的研究,即注重对概念、原则的明确性和条理化、系统化的研究"[④],最能契合刑法规范类型化研究的需要。

---

① 笔者认为,如同刑法规范的条文解读存在文本解读与实践解读一样,刑法理论的模型建构也同样存在理论创建与实践建构两个层面:理论创建属于刑法规范的研究范畴;实践建构属于刑法规范的运作过程。这里论及的"刑法理论之模型创建",属于理论意义的建构;实践意义的建构,将在下文内容中论及。

② 也有观点认为:"以超越实定法规范并以探寻刑法的本原性和终极性价值为目标的理论刑法学研究方法,产生了一批科研成果,这标志着我国传统的以注释刑法学为主的研究格局已被打破,注释刑法学与理论刑法学并存共荣的新格局逐渐形成。"参见高铭暄、赵秉志:《改革开放三十年的刑法学研究》,载《中国刑事法杂志》2009年第3期。其中,体系性的论著,如陈兴良教授的《本体刑法学》(商务印书馆2001年版)、《陈兴良刑法学教科书之规范刑法学》(中国政法大学出版社2003年版)及张明楷教授的《刑法学》(第3版)(法律出版社2007年版)等;专题性的论著,如赵秉志教授的《刑法基本理论专题研究》(法律出版社2005年版)、《犯罪未遂形态研究》(第2版)(中国人民大学出版社2008年版)及李海东博士的《刑法原理入门(犯罪论基础)》(法律出版社1998年版)等,都是这种悄然渐变中的标志性著作。

③ "进入20世纪90年代后期和21世纪初期,我国刑法学面临着重大的学术转型,这就是李海东博士所说的刑法的规范学建立。"参见陈兴良:《转型与变革:刑法学的一种知识论考察》,载《华东政法学院学报》2006年第3期。

④ 何勤华主编:《西方法学流派撮要》,中国政法大学出版社2003年版,第75页。

刑法规范实际上是围绕着罪体与刑体而构建的各种抽象的概念类型,是关于各种不法类型的描述。与其他部门法相比,刑法更是追求精致、精当、精炼、精密、精妙、精深的规范模型的法律。这种刑法规范之美不在于其语词之华丽或凝练,而在于其格式化的规范类型而呈现出的某种优雅的简约之美、逻辑之美。刑法规范概念是通过语词表达的,语词是刑法规范的外在表现形式,而人类语词本身具有先天的局限性,这不仅表现在语词的具体含义取决于其使用的具体语境,它是语境的一种功能;①而且表现在任何语词包括法律语词本身都不是精密的表意工具。正如博登海默指出,法律概念是人类语言的产物而非自然客体的产物,然而我们语言的丰富程度和精妙程度还不足以反映自然现象在种类上的无限性、自然要素的组合与变化以及一个事物向另一个事物的逐渐演变过程,而这些演变则具有着如我们所理解的那种客观现实的特性。② 哈特则进一步指出:语言具有空缺结构(open texture)的特征,每一个字、词组和命题在其核心范围内具有明确无疑的意思,但随着由核心向边缘的扩展,语言会变得越来越不确定,在一些边缘地带,语言则根本是不确定的。换言之,任何词汇的含义都可粗略分为两部分,一是主要的、稳定的核心含义;二是相对模糊的边缘含义。例如,“车”的典型的、清晰的中心含义是自行推动的、能够载人并在路上开动的交通工具,但是玩具车、自行车甚至用来作广告道具的汽车是否属于车的概念则不是很清楚。③ 所以,“任何规则无论怎样加以精确描述,总会遇到关于某些情况是否属于其规定范围的问题”④。波斯纳则认为法律文本存在着“内部含糊”和“外部含糊”:前者是指由于法律用语本身的歧义、模糊、评价特性等而产生的模糊,后者是指由于语境因素的变化而使原本清楚的法律用语变得模糊。⑤ 例如,《刑法》第264条规定的“盗窃”这一概念,就显然存在这样的问题。“盗窃”一词,一般系指“用不合法的手段秘密地取得”⑥。“秘密窃取”是“盗

---

① 参见张志铭:《法律解释操作分析》,中国政法大学出版社1999年版,第128页。

② 参见[美]E.博登海默:《法理学:法律哲学与法律方法》,邓正来译,中国政法大学出版社2004年版,第503页。

③ 参见[英]哈特:《法律的概念》,张文显、郑成良等译,中国大百科全书出版社1996年版,第124~128页。

④ [英]H.L.A.哈特:《法律推理问题》,刘星译,载《法学译丛》1991年第5期。

⑤ 参见[美]波斯纳:《法理学问题》,苏力译,中国政法大学出版社1994年版,第344页。

⑥ 中国社会科学院语言研究所词典编辑室编:《现代汉语词典》(第5版),商务印书馆2005年版,第280页。

窃"概念的核心含义,随着由该核心向边缘的扩展,问题就发生了,即"公开盗窃"是否属于"盗窃"的范畴,由于概念模糊而导致的争议由此产生。① 如果"公开盗窃"属于"盗窃"的范畴,该如何界定盗窃与抢夺及侵占的区别? 如果"公开盗窃"不属于"盗窃"的范畴,又该如何对"公开盗窃"行为定性? 这样的问题,仅仅通过解释概念是无法解决的。所以,从基于刑法文本规范语词的概念分析到基于这种概念分析而进行罪体与刑体的类型性建构,刑法规范的研究必然要经历从注释规范到分析规范的转型,必然要经历从规范的概念类型分析到规范的理论模型建构。所以,如果说在刑法规范注释研究的视野中,充满着由组成刑法规范的语词而呈现出的零散无序的有关犯罪成立要件的要素内容及量刑标准情节的要素内容的话,那么,在刑法规范理论研究的论域中,充满着的则是基于组成刑法规范的语词的概念分析而建构起来的逻辑严密的有关犯罪成立要件及量刑要件的精致、精妙、精美的格式类型(模型)。②

作为以现实制定法为研究对象的有关刑法规范的概念分析与类型建构,一般基于两个视角展开:一是对作为规范本身,亦即按照一定的逻辑对作为刑法

---

① 参见张明楷:《刑法学》(第3版),法律出版社2007年版,第727页。

② 何谓概念,何谓类型,如何界定二者的区别,依然是个见仁见智的问题。"法律概念可以是被视为是用来以一种简略的方式辨识那些具有相同或共同要素的典型情形的工作性工具。"参见[美]E.博登海默:《法理学:法律哲学与法律方法》,邓正来译,中国政法大学出版社2004年版,第501页。"由于法律概念是人类语言的产物而非自然客体的产物"(上书第501页),"我们语言的丰富程度和精妙程度还不足以反映自然现象在种类上的无限性、自然要素的组合与变化以及一个事物向另一个事物的逐渐演变过程"(上书第503页),但是,"概念乃是解决法律问题所必需的和不可缺少的工具。没有限定严格的概念,我们便不能清楚地和理性地思考法律问题。没有概念,我们便无法将我们对法律的思考转变为语言,也无法以一种可理解的方式把这些思考传达给他人。如果我们试图完全否弃概念,那么整个法律大厦就将化为灰烬"(上书第504页)。由于"一个概念的中心含义也许是清楚的或明确的,但当我们离开该中心时它就趋于变得模糊不清了"(上书第505页),所以,"当人们形构和界定法律概念之时,他们通常考虑的是那些能够说明某个特定概念的最为典型的情形,而不会严肃考虑那些难以确定的两可性情形"(上书第505页)。"虽然法律中适用的大多数概念具有一个稳定的意义内核,但同时也具有一个'边缘领域'。如何给一个概念的适用范围划定界限呢? 在'边缘领域'内部,也只能通过解释才可确定其界限。在许多情况下,法律看上去是给某个概念下了定义,但实际上只是对某种类型进行了限定。"参见[德]卡尔·拉伦茨:《德国民法通论》(上册),王晓晔等译,法律出版社2003年版,第102页。基于上述分析,笔者认为,在有关刑法规范的研究论域中:(1)规范语词不等于规范概念,但语词是概念的载体。(2)规范概念不等于规范类型,但概念是类型的母体;相对于类型,概念是抽象的,相对于概念,类型是具体的;概念可通过类型被具体化,类型可通过概念被抽象化;基于概念可以演绎出类型,基于类型能够归纳出概念;概念的概念是封闭式结构,类型的概念是开放式结构。(3)没有概念的类型与没有类型的概念都是不可想象的,但概念与类型并不是总能界分的。(4)就作为制定法的法律规范本身而言,严格区分其中的概念和类型是非常困难的,在很多语境中往往表现为既是概念又是类型,或者说既是类型又是概念。在这个问题上,以描述一个个不法类型为主要规范结构形式的刑法规范表现尤甚。

法条内容组成部分的概念进行分析、对类型进行建构,这种分析与建构往往以解读文本法条为主,带有更多的注释法学的色彩,属于注释刑法学的研究视域;二是在对现实规范的概念或类型进行解构的基础上,再按照一定的逻辑或理论分析工具重新解读或建构现实规范中的概念或类型,这种分析与建构往往是基于理论上的维度,带有更多的分析法学的色彩,属于理论刑法学的研究视域。也正是在这一研究层面上,先由刑法规范衍生出来的一系列概念或类型,再由这一系列概念或类型推演出刑法规范的内在精神,给刑法规范的研究带来了前所未有的活力和美感,刑法的精致、精当、精炼、精密、精妙、精深才有可能被彰显。

根据美国哥伦比亚大学教授乔治·P. 弗莱彻先生的研究:"在刑法中不可回避的概念至少有十二对。这就是:实体和程序,刑罚和处遇,主体和客体,人为原因和自然事件,犯罪和犯罪人,犯罪和辩护,故意和过失,正当防卫和紧急避险,有关的错误和无关的错误,未遂和既遂,实行和共谋,正义和合法性。"①"从英美刑法的观点看来,这十二对概念的确对英美刑法有着基础性的意义。在民法法系中,关于概念的讨论更是刑法研究中的重要内容。例如,德国慕尼黑大学教授罗克辛先生在他著名的《德国刑法学总论》(第一卷)中,就讨论了大大小小两千多个概念。"②

综观新中国涉及刑法规范理论视域的研究,由于"并无更多本土资源可供采用"③,有关刑法的研究前期深受苏联刑法学的影响,在近十几年以来,则深受英美特别是德日刑法研究范式的影响。如此一来,充斥于我国刑法规范本身或规范理论中的大大小小、不胜计数的概念或类型大多具有明显的外来符号特征,一是洋为中用型,二是拿来即用型。这其中最典型的当属犯罪构成。

犯罪构成实际上是一个在多向度延伸、多层面存在的概念形态。犯罪构成既是我国刑法中的一个规范概念类型,又是我国刑法理论中的一个理论建构模型,还是我国刑事司法中的一种实践裁判模式。④

---

① [美]乔治·P. 弗莱彻:《刑法的基本概念》,王世洲等译,中国政法大学出版社 2004 年版,"追求理想的刑法(主译者序)"第 2 页。

② 王世洲:《刑法方法理论的若干基本问题》,载《法学研究》2005 年第 5 期。

③ 陈兴良:《转型与变革:刑法学的一种知识论考察》,载《华东政法学院学报》2006 年第 3 期。

④ 当然,"关于犯罪构成的概念,在中国刑法学界并不是没有争议,除我们所坚持的作为通说的'法律说'之外,关于犯罪构成的概念至少还有'罪状说'、'概念说'、'理论说'、'事实说'、'法律+理论说'以及'法定说+事实说'等诸多学说。"参见赵秉志、王志祥:《中国犯罪构成理论的发展历程与未来走向》,载赵秉志主编:《刑法论丛》第 19 卷,法律出版社 2009 年版。

从作为一种规范的概念类型看,犯罪构成就是刑法规范规定的犯罪成立条件。[①] 刑法规范在具体规定犯罪成立条件时,根据罪刑法定原则的要求,是需要具体描述的,刑法规定了多少种犯罪,必然就存在多少种描述以及采用多少种或者何种方式进行描述的问题,所以,犯罪构成对犯罪成立条件的描述是被规范格式类型化的,犯罪构成就是刑法规范关于犯罪成立条件的规定,是刑法规范中的一个概念类型。最典型的就是《刑法》分则的规定,如上述《刑法》第264条关于盗窃罪成立条件的规定,就是法定盗窃罪的犯罪构成。在这个层面上,各国刑法中的犯罪构成具有共同性,即犯罪构成作为一种刑法规范概念形式的共同性,差异性主要表现在对"犯罪构成"描述的技巧使用及技术处理上。

从作为一种规范的理论模型看,犯罪构成就是刑法规范关于描述犯罪成立条件的理论分析工具。如何对刑法规范依据罪刑法定原则的要求而描述的若干犯罪类型进行解读,显然只有语词注释是不够的,还需要进行规范分析。这也是规范分析法学对注释法学的必然超越。犯罪构成理论实际上就是通过对刑法条文中的概念或类型的解构,在此基础上建构的有关如何解读刑法规范关于描述犯罪成立条件的一种模型理论。从这个意义看,犯罪构成不过就是一个分析犯罪成立条件的理论模型而已。从国际化的视野看,主要有三种:(1)英美两层次模型。英美犯罪构成理论结构是由犯罪本体要件(刑事责任基础)和法律辩护事由(责任充足条件)对合而成的双层次的结构体系。[②] (2)德日三阶层模型。"德日犯罪构成理论结构是由构成要件的符合性、违法性和有责性组合而成的三阶层的结构体系。"[③](3)中俄四要件模型。"中俄犯罪构成理论结构是由客体要件、客观要件、主体要件和主观要件等四方面组合而成的对称性的结构体系。"[④]在当下的我国,中俄四要件模型作为洋为中用型,依然占据通说的地位,但德日三阶层模型作为拿来即用型,近几年开始受到相当一部分专家学者的青睐与痴迷。[⑤] 特别是"《2009年国家司法考试大纲》将犯罪构成理论体系

---

① 关于"犯罪构成""犯罪成立""构成要件"等相关语词及概念的辨析,参见赵秉志、王志祥:《中国犯罪构成理论的发展历程与未来走向》,载赵秉志主编:《刑法论丛》第19卷,法律出版社2009年版。

② 参见储槐植、高维俭:《犯罪构成理论结构比较论略》,载《现代法学》2009年第6期。

③ 储槐植、高维俭:《犯罪构成理论结构比较论略》,载《现代法学》2009年第6期。

④ 储槐植、高维俭:《犯罪构成理论结构比较论略》,载《现代法学》2009年第6期。

⑤ 有的学者主张在吸收德日犯罪论体系的基础上重构中国的犯罪构成理论(参见周光权:《刑法总论》,中国人民大学出版社2007年版,第104页);还有的学者甚至主张彻底放弃中国现行的犯罪构成理论,径直引进德日的"三阶层"犯罪论体系(参见陈兴良主编:《刑法学》,复旦大学出版社2003年版,"序言"第1页)。详细的内容,参见赵秉志、王志祥:《中国犯罪构成理论的发展历程与未来走向》,载赵秉志主编:《刑法论丛》第19卷,法律出版社2009年版。

由我国目前通行的‘苏式四要件的犯罪构成理论’学说改变为德日尤其是日本的‘三阶层式的构成要件’学说，对当前我国刑法学的通说以及教学提出了挑战”[①]，使本来就引人注目的犯罪构成刹那间变成了刑法理论研究中最热门、最震撼的问题。[②] 其只不过就是一种规范概念类型抑或一种理论分析工具的犯罪构成，何以能让如此多的刑法学人都为之痴迷不舍、为之苦思冥想、为之奋笔疾书，其魅力固然有其理论的炫目与精妙，“犯罪构成理论是刑法基本理论领域中的一个最重要的部分。在现代刑法理论中，它作为理论的基石、核心和灵魂而为人们所熟知，唯有以其为基础现代刑法理论方得以构筑成型”[③]。但笔者以为，除此之外，其必然地会关涉刑事法治的实践运作，这才是犯罪构成的核心价值之所在。刑法规范归根结底是一种实践性规范，所有解读刑法规范的理论分析工具的价值绝不会仅仅停留在文本上，而更多的是被适用在刑法规范的实践运作过程中，为刑法文本规范与实践具体案件之间提供有效对接的桥梁或纽带。所以，从这个意义上说，犯罪构成是刑事司法中的一种裁判模式，决定着刑事司法裁判结果的命运。

（三）刑法规范之价值审视[④]

如果说刑法规范的文本条文解读与理论类型建构所立足的理论分析工具是规范—分析法学，彰显的是刑法规范的工具理性，那么刑法规范的价值审视所立足的理论分析工具就是自然—价值法学，彰显的就是刑法规范的价值理性。二者都是静态视域下对刑法规范的阅读与考量。

规范不仅仅是语词、概念、类型。著名思想家密尔就曾写下过这样一段名

---

① 杨兴培：《犯罪构成的中国春秋——兼论旧模式的终结和新模式的探索》，载《法学》2009 年第 9 期。

② 参见李洁教授将这种研究现状总结为“三大模式八种路径”。具体参见李洁：《犯罪构成理论体系设定需要厘清的基本问题》，载《湖北警官学院学报》2007 年第 1 期。

③ 赵秉志、王志祥：《中国犯罪构成理论的发展历程与未来走向》，载赵秉志主编：《刑法论丛》第 19 卷，法律出版社 2009 年版。

④ “在法学领域当中，价值分析一方面指向立法过程中如何通过权利义务的分配，以确保人类德性（如诚实信用、善良风俗等）能够在人们交往的规范世界中得到弘扬；另一方面则是指向司法过程中如何通过判决保障社会基本道德准则能够进一步得到彰显。”参见谢晖：《论规范分析的三种实证方法》，载《江海学刊》2008 年第 5 期。笔者认为，如同刑法规范的条文解读与类型建构存在文本或理论与实践两个层面一样，刑法规范的价值审视也同样存在文本或理论与实践两个层面，文本或理论审视属于刑法规范的研究范畴；实践审视属于刑法规范的运作过程。这里论及的“刑法规范之价值审视”，属于前者；实践意义的审视，将在下文内容中论及。

言:"没有哪个词像'Law'这个词那样经常地与'自然'连在一起使用;Law 这个词有两种不同的含义,其中的一种含义所表示的是'是什么',另一种含义所表示的是'应当是什么',我们常常谈到万有引力定律、运动三定律、化合物的定比定律、有机体的生命律等,所有这些所表示的是'是什么'。我们也常常谈到刑法、民法、名誉法、诚实法、公平法等;所有这些涉及的是'应当是什么',或某个关于'应当是'。"①显然,在密尔关于法的概念里,"法"不仅是"规范","法"也是"自然","规范的法"和"自然的法"共同构成了法律秩序赖以存立的正当基础和理由。如果说"规范的法"表现为语词、概念、类型的话,那么"自然的法"则表现为事物共存的本质、人类共同的本性、普遍的自然法则(或规律)。法律是二者的和谐与统一。对此,古罗马时期的西塞罗曾经有一段脍炙人口的名言,这就是:"真正的法律是与本性相合的正确的理性;它是普遍适用的、不变的和永恒的;它以其指令提出义务,并以其禁令来避免做坏事……罗马和雅典将不会有不同的法律,也不会有现在与将来不同的法律,而只有一种永恒、不变并将对一切民族和一切时代有效的法律……"②尽管"法律始终是一种一般性的陈述"(亚里士多德语)③,但法律始终也"是一种衡量正义与不正义的标准"(西塞罗语)④。超越历史的时空,法律所渐变的是规范的形式,不变的是自然的灵魂。如果说规范—分析法学解读的是法律的规范表征的话,自然—价值法学探究的就是法律的自然奥秘。⑤ 因此,规范决不仅是语词、概念、类型,而是"以

---

① [英]J. S. 密尔:《论自然》,鲁旭东译,载吴国盛主编:《自然哲学》第 2 辑,中国社会科学出版社 1996 年版,第 535 页。

② [古罗马]西塞罗:《国家篇 法律篇》,沈叔平、苏力译,商务印书馆 1999 年版,第 101 页。

③ Aristotle, the Nicomachean Ethics, Heinemann, 1926, Bk, v. x. 4. [美]E. 博登海默:《法理学:法律哲学与法律方法》,邓正来译,中国政法大学出版社 2004 年版,第 248 页。

④ Cicero, De Re Publica, De Legibus, Heinemann, 1928, Bk, I. vi. 19. [美]E. 博登海默:《法理学:法律哲学与法律方法》,邓正来译,中国政法大学出版社 2004 年版,第 248 页。

⑤ 这种法律的自然奥秘,也就是法的价值意蕴。西方的法理学家大多将法的价值归结为自由、秩序、公正、效益。英国法学家彼得·斯坦和约翰·香德认为,一切法学家都只不过是用各种各样的方式,描述法律能够在什么程度上实现社会秩序、公平、个人自由这些基本价值而已。参见[英]彼得·斯坦、[英]约翰·香德:《西方社会的法律价值》,王献平译,中国人民公安大学出版社 1990 年版,第 35 页。美国著名法理学家 E. 博登海默认为,法律的价值在于法的正义和法的秩序两大要素的综合,秩序是法律的形式,正义是法律的内容。法律旨在创立一种正义的社会秩序。参见[美]E. 博登海默:《法理学:法律哲学与法律方法》,邓正来译,中国政法大学出版社 2004 年版,第 330 ~ 339 页。我国法理学界对法律价值基本上也作了如是的界说,认为法律的价值主要在于秩序价值、自由价值、效益价值、正义价值。卓泽渊教授在此基础上,又增加了或表述为生命价值、平等价值、人权价值、公正价值、人的全面发展价值。参见卓泽渊:《法的价值论》(第 2 版),法律出版社 2006 年版,第 237 ~ 461 页。总之,这是一个见仁见智的问题。

人们的利益为纽带,以权利和义务分配为核心,以维护利益竞争关系中人们的交往秩序为宗旨,以社会正义的实现为目的”①的一种价值实在,倘若没有人们对这种价值事实的追问,以法律为核心的制度事实及其命题就会成为空中楼阁。

刑法规范的价值审视,就是对刑法规范价值意蕴的追问。② 这种追问一般在三个层面上展开:什么是刑法规范的核心价值?刑法规范的文本条文解读与理论类型建构如何能够体现这种核心价值?刑法规范的实践运作过程是否彰显了这种核心价值?这一切显然围绕着由公正性和谦抑性构成的刑法价值的核心——正义展开。③ 尽管“正义有着一张普洛透斯似的脸,变幻无常,随时可呈不同形状并具有极不相同的面貌”④,但这种在刑法背后预设刑法的终极价值,以用来反对国家所制定的“恶的刑法”,可以使人们从刑法的应然品性本身来探讨刑法规范问题,彰显了规范研究中的批判性与反思性。

三、刑法规范之动态研究路径

刑法规范的动态研究,主要围绕着刑法文本规范的实践运作过程展开,即主要关注的是刑事司法过程中的刑法规范形态——刑法裁判规范,以社会—实证为主要研究方法,体现的主要是刑法社会学的研究范式。如果说规范的规范—分析,作为一种规范的规范实证研究,是将规范置于学术研究场域中分析、

---

① 谢晖:《论规范分析的三种实证方法》,载《江海学刊》2008 年第 5 期。

② 对刑法规范价值意蕴的追问,属于刑法哲学的研究范畴。“当代中国刑法哲学的勃兴,肇始于中国刑法理论界对作为刑法调整对象的犯罪与刑罚辩证关系的审视,以及由此而产生的对刑法学体系的改造、完善与重构问题的深入思考……在研究方法上实现了由传统刑法学以注释刑法条文规范或者以对刑法条文规范的合理性进行简单评析的方法,向以思辨性研究为基本模式的飞跃和转变。”参见赵秉志、魏昌东:《当代中国刑法哲学研究述评》,载《中国法学》2006 年第 1 期。陈兴良教授的《刑法哲学》《刑法的人性基础》《刑法价值构造》是当代中国刑法哲学研究方面的代表性著作。

③ 这依然是一个见仁见智的问题,“形成了‘三价值说’、‘二价值说’与‘双层价值’的观点分歧”。参见赵秉志、魏昌东:《当代中国刑法哲学研究述评》,载《中国法学》2006 年第 1 期。笔者认为,刑法价值作为法律价值的分野,从逻辑上分析,刑法价值不仅同样具有法律价值的一般意义上的外部社会价值,还应有刑法价值自己本身所具有的内部自身价值,这就是刑法的公正价值和谦抑价值。陈兴良教授在其“所塑造的一个刑法的理想国”——《刑法的价值构造》一书中,建构了刑法价值三角,这就是刑法的公正价值、谦抑价值以及人道价值。笔者深以为然,但总感到人道价值是一个依附于人性而存在的更高的价值形态,人道的价值内涵必然会在刑法的公正价值、谦抑价值中得以体现,故认为刑法价值应是由互为条件又互为结果的公正价值和谦抑价值作为不同的价值侧面而共同构成的。

④ [美]E. 博登海默:《法理学:法律哲学与法律方法》,邓正来译,中国政法大学出版社 2004 年版,第 261 页。

解读、提炼,追求的是一种表现为法律技术诀窍的纯粹法学品格,可以不涉其他;那么,规范的社会—实证,作为一种规范的社会实证研究,是将规范置于社会实践场域中考察、检讨、验证,呈现的是一种表现为社会控制现象的社会法学品性,因而必须融贯社会。

刑法规范的动态研究,作为一种针对实践中刑法规范运作的现象描述和问题检视,一般在三个层面上展开。

(一)规范语义之事实建构

"普遍性或潜在的普遍性是许多法律语言的重要特征,它意味着法律是否能运用于特殊事实的重要元素。每一事实的情形是独特的,所以不可避免地存在着法律普遍性与特别事实的紧张。"①由于"每一个具体案件的判决都是抽象的法律规则在具体事实中的'适用'"②,只有把普遍的规范与特殊的事实有机地连接在一起,法律的实践才得以进行。也就是说,正是由于刑法文本规范与具体案件事实"纠缠"在了一起,才有了规范的实践运作过程。刑法规范和案件事实之间的互相建构关系,构成了刑法运作实践之本体。③

从规范的视角看,刑法规范被案件事实所建构。一方面,通过具体案件事实去发现法律。只有通过具体的案件事实,去识别、解释刑法规范的意义后,才能将其内涵及外延明确化并加以适用,这种对规范的遵从,是通过个案裁判中规范的具体适用实现的;另一方面,通过具体案件事实去创造法律。司法过程是寻找正当的个案裁判行动,并通过这一行动去发现针对个案的最合理的解决方式。作为超越刑法规范的创造形式,无论是对规范的漏洞填补,还是对规范的空缺续造,都是与特定的案件事实相关的司法行为,因为只有将刑法规范置于具体案件事实之中,其漏洞与空缺才会有被填补和续造的需要。④

从事实的视角看,案件事实被刑法规范所建构。刑法运作过程中的案件事实,并不是原汁原味的案件原始事实,而是被规范裁剪过的法律事实。一方面,

---

① John H. Farrar & Anthory M. Dugdale, *Introduction to Legal Method*, Sweet & Maxwell, 1977, p. 73. 转引自杨建军:《法律事实与法律方法》,载《山东大学学报(哲学社会科学版)》2005 年第 5 期。

② [德]马克斯·韦伯:《论经济与社会中的法律》,张乃根译,中国大百科全书出版社 1998 年版,第 25 页。

③ 参见张心向:《在规范与事实之间——社会学视域下的刑法运作实践研究》,法律出版社 2008 年版,第 30 页。

④ 参见张心向:《在规范与事实之间——社会学视域下的刑法运作实践研究》,法律出版社 2008 年版,第 31 ~ 32 页。

案件事实被程序依据刑法规范加工，即被证据并依据一定的证据规则证明确立的与犯罪构成要件相关的事实。另一方面，被证明确立的案件事实，无一不是与刑法规范规定的特定犯罪构成要件相关并被依据规范要件整理过的事实，即案件事实被按照构成要件的类型要求加以相应的格式化，以使之能够满足构成要件涵摄或归类的框架要求。①

案件事实之所以能够建构刑法规范，是因为刑法文本规范的语词概念含义，是在具体案件事实的情境中被解读的，并通过这种解读，逐渐被具体化、明确化、格式化、类型化。

罪刑法定原则视域下的刑法规范的具体与明确，从规范文本层面上讲应该是存在的，但当法条规定遇到案件事实，即当考虑某一法条是否适用于解决某一特定案件时，规范文字本身的疑义也就产生了。② 这是因为，无论我们的词汇多么详尽完善、多么具有识别力，现实中始终有一些为严格和明确的语言分类所无能为力的细微差异与不规则情形。③ 加之法律文本所使用的语词具有日常用语性，往往具有一定的概括性或抽象性，在一定程度上形成了具有弹性的表达方式，它的“可能意义在一定的波段宽度之间摇摆不定……即使是较为明确的概念，也常常包含着一些本身欠缺明确界限的要素”④。因此，适用法律时，对法律文本进行解释，确定其具体的含义，就成为适用法律的一个不可或缺的过程。在实际的案件审理中，法官对具体要适用的法条不进行解释即予以适用的情形在客观上几乎是不可能的，而这种法官作出的解释显然就不再是纯粹的一般规范语义的解读。这种基于裁决目的并针对所裁判的具体案件事实所作出的解释，即将刑法规范纳入具体案件事实的情境中解读其含义，构成了裁判过程的一部分，具有了司法的能动性。这是因为“同样的词对不同的人会有不同的含义”⑤。在不同的生活事实情境中，即使是对同一法条含义的理解，也会发生变化。“大部分的法律都是经过不断的司法裁判过程才具体化，才获得最清

---

① 参见张心向：《在规范与事实之间——社会学视域下的刑法运作实践研究》，法律出版社 2008 年版，第 32 ~33 页。

② 参见张心向：《论个案事实在刑法规范解释中的作用——以〈刑法〉第 263 条规定的“入户抢劫”为分析视角》，载《法学杂志》2009 年第 1 期。

③ 参见[美]E. 博登海默：《法理学：法律哲学与法律方法》，邓正来译，中国政法大学出版社 2004 年版，第 503 页。

④ [德]卡尔·拉伦茨：《法学方法论》，陈爱娥译，商务印书馆 2003 年版，第 193 页。

⑤ [德]伯恩·魏德士：《法理学》，丁小春、吴越译，法律出版社 2003 年版，第 75 页。

晰的形象,然后才适用于个案,许多法条事实上是藉裁判才成为现行法的一部分。"[①]裁判永远是针对个案的裁判,规范在个案中的解读才具效力。刑法规范中的语词、概念就是在日复一日、年复一年的不计其数的个案裁判过程中被法官纳入具体的案件事实中去解读,以确定其所规定的抽象规范意义上的概念事实在实际案例事实中的意义,即让刑法规范走出抽象文字的藩篱,迈入具体案件的围网,从而将规范中的概念事实与案例中的生活事实对接起来,完成案件的裁判。最典型的就是曾引起广泛关注而至今仍有多视角研究价值的"许霆案"[②],正是由于《刑法》(2005 年修正)第 264 条"盗窃""盗窃金融机构"这一语词或概念被纳入到"许霆案"的案件事实中被"再认识",以及《刑法》第 63 条第 2 款中的"特殊减轻"在"许霆案"的案件事实中被赋予了一种"新的理解",该案最终才得以"裁判下去"。

所以,刑法规范中的语词、概念的解读,都是在"本案中"的意义解读,是基于"本案"案件事实这一特定情境下的理解,"没有一个解释可以主张它是终局并且——可以适用于任何时间的——'绝对正确的'解释。它绝对不可能是终局的解释,因为生活关系如此多样,根本不能一览无遗,再者,生活关系也一直在变化之中,因此,规范适用者必须一再面对新问题"[③]。因此,"一个制定法的解释一定不必永远保持相同。谈论什么某个排他性的正确解释,一个将从这个制定法的一开始到其结束都是正确的含义,这是彻底错误的"[④]。如果生活事实发生了变化,导致相关的案件事实发生变化,对这些语词、概念的理解自然也会发生变化,因而,仅依靠法官在裁判活动中,通过个案事实确定的规范概念、语词在实际案例事实中的意义不仅是相对的,还往往是零乱的、不成体系的,它散见于浩如烟海的案例卷宗中甚至于思维缜密的法官大脑中。一定条件下、一段时间里,刑法概念语词含义的相对具体化、明确化、格式化、类型化,实际上是由刑法学家

① [德]卡尔·拉伦茨:《法学方法论》,陈爱娥译,商务印书馆 2003 年版,"导读"第 20 页。

② 2006 年 4 月 21 日,许霆使用自己的真实身份和自己的余额为 176.97 元的银行卡,公开在广州一台自动取款机取钱,取款机出现故障,取 1000 元卡里才扣 1 元,许霆于是分 171 次提取了 17.5 万元,潜逃 1 年被抓获。许霆终审被以盗窃罪,判处有期徒刑 5 年,并处罚金 2 万元。参见广东省高级人民法院刑事裁定书,(2008)粤高法刑一终字第 170 号。

③ [德]卡尔·拉伦茨:《法学方法论》,陈爱娥译,商务印书馆 2003 年版,第 195 页。

④ Kohler, *Judicial Interpretation of Enacted Law*, in Science of Legal Method, translation by Bruncken & Register, Riverdale Press, 1917, p. 192. 转引自[美]本杰明·卡多佐:《司法过程的性质》,苏力译,商务印书馆 2013 年版,第 50 页。

们完成的,是学者们在法官已经完成裁判的大量案例(作为文献资料)的基础上通过分析、归纳而得出的结果。这种对刑法概念语词含义的研究具有较强的社会实证性,社会是发展的、案件是流动的,由于这种研究的材料直接来自实践裁判过程,研究的结果又是实践裁判过程最真实的脉动反应,所以,这种研究的结论往往又会或者说更容易被反刍到再次的实践裁判过程中去,重要概念的意义与范围一旦定型,就会促使法院按照他们认为这一特殊法律概念的逻辑性质与要件为新案例制作判决,实现了学者解读与法官裁判的互动、理论研究与实践检验的互动。正是在这一学者与法官的互动过程中,刑法概念语词之含义逐渐并持续地被情境性地具体化、明确化、格式化、类型化,在一桩桩个案裁判的"规范发现→选择与缺失→创造"过程中,不断进行着刑法规范的实践再构与生命轮回。

(二)规范理论之实践构造

刑法规范和案件事实之间的互相建构关系,构成了刑法运作实践之本体。刑法规范和案件事实之间的互相建构的过程,就是刑事司法裁判的过程。如果说,刑法概念语词之含义在这个过程中逐渐并持续被情境性地具体化、明确化、格式化、类型化,演绎的是一幕幕刑法规范的实践再构与生命轮回的精彩剧目,那么,在这个基于规范与事实的互动而进行的裁判过程中被创造出来的,关于如何或怎样让那些刑法规范的概念语词被情境性地具体化、明确化、格式化、类型化的分析工具——刑法理论,就是这一幕幕精彩剧目里的最华丽、最动人的演绎。

刑法规范理论的实践构造,是在具体案件的裁判过程逐渐形成并逐渐完善的。各种刑法理论模型的建构,与刑法规范语词含义的解读一样,归根到底是裁判实践的产物,就如同期待可能性理论源自德意志帝国法院 1897 年 3 月 27 日对"癖马案"的判例、[①]确定过失责任程度的重要理论—信赖原则源自德意志

---

① "案情是:被告人是一位驾驶马车的人,使用一匹常用尾巴绕缰绳妨害驾驭的烈马驾驶马车。一次驾驶时,该马癖性发作,将尾绕缰用力下压,经极力制御无效,马惊驰,致使一行人受伤。被告人知道此马的恶癖,害怕发生事故,事前曾向雇主提出换马,雇主不许,仍让其使用该马,他担心如不服从会被解雇,只好服从继续使用该马,以致发生伤人事故。该案检察官以被告驾车之马惊驰、撞人致伤构成过失伤害罪提起公诉,原审法院判决无罪,检察官复以原判不当为由抗诉于帝国法院,帝国法院审理驳回抗诉。其驳回的理由谓:'肯定基于违反义务之过失责任(不注意之责任),如仅凭被告曾认识驾驭有恶癖之马或将伤及行人一点者,则不能谓为得当;更应以被告当时是否得以基于其认识,而向雇主提出拒绝驾驭此有恶癖之马一点为必要条件。然而,吾人果能期待被告不顾自己职位之得失,而违反雇主之命令拒绝驾驭该有恶癖之马乎?此种期待,恐事实上不可能也。因此,本案被告不应负过失之责任。'"参见洪福增:《刑法之理论与实践》,刑事法杂志社 1988 年版,第 93 页。转引自马克昌:《德、日刑法理论中的期待可能性》,载《武汉大学学报(社会科学版)》2002 年第 1 期。

帝国法院1935年12月9日的判决①。刑法理论不是法学家在书房里制造出来的自娱自乐的纯粹法律技术游戏,而是基于如何在裁判中更合理地适用刑法规范的需要而产生、发展并逐渐完善的,司法裁判的过程既是刑法理论创造的动力,又是刑法理论产生的源泉,还是刑法理论验证的基地。刑法规范理论之实践构造,往往经过这样的三个阶段,即案例判决—理论模型—裁判思维,以犯罪构成为例来说明:

"犯罪构成实际上是一个在多向度延伸,多层面存在的概念形态。犯罪构成既是我国刑法中的一个规范概念类型,又是我国刑法理论中的一个理论建构模型,还是我国刑事司法中的一种实践裁判模式。"作为一种刑法理论的犯罪构成,其实质就是一种为分析解读刑法规范以及司法裁判如何适用刑法规范而建构的理论模型。这种理论是根植于司法裁判的过程而产生,随着现代刑事司法的建立、发展、进步,并在刑法学家们的不断努力下而逐渐形成、完善起来的。它经历了从中世纪意大利纠问式诉讼程序中使用的一个概念到20世纪初德国刑法学家将其运用到实体法中来方才真正形成构成要件理论的漫长过程。②

只要有刑事法典,就会有刑事司法,也就必然有刑事裁判,不管有没有犯罪构成要件的理论,在裁判中都要就案件具体事实与规范抽象概念事实之间的符合或不符合进行分析描述,以求妥当对接或合理排除,这是与司法制度、裁判模式密切相连的行为过程,所以不同的司法制度、裁判模式下在裁判过程会有不同的分析描述、不同的出入罪考量模式,就成为一种必然。这些隐含于浩如烟海的判例中的犯罪认定或排除的智慧,被构造成一种理论模型,是刑法学家们归纳、抽象、提炼的杰作,所以产生、形成什么类型的犯罪构成理论,不仅受制于一国司法制度、裁判模式,还受制于该国的文化传统及思维习惯。当下三种主要理论模型,即英美两层次模型、德日三阶层模型、中俄四要件模型所呈现出来的不同的理论特点和文化品位,无不是根植于其特有的司法裁判制度及固有的民族

---

① "信赖原则是在若干先驱判例的基础上逐渐在德国判例中占取稳固地位的,其中突出的体现是1935年12月9日帝国法院的判决(RG ST70—71)。该判决对于电车司机撞倒突然从电车修筑区跳到车轨上的行人一案,认为行为人不构成过失。其理由是,机动车驾驶人没有'考虑到一切不注意行为'顾虑的必要,只要他有'对所有事情进行合理考虑而可能预见的不注意行为加以注意'的念头,就是已尽了注意义务。"参见[日]西原春夫:《日本刑事法的形成与特色》,李海东等译,法律出版社(中国)、成文堂(日本国)出版社1997年版,第263页。

② 相关具体内容,参见马克昌:《比较刑法原理:外国刑法学总论》,武汉大学出版社2002年版,第109~123页;肖中华:《犯罪构成及其关系论》,中国人民大学出版社2000年版,第2~28页。

文化传统的产物[①],并随着其根植的土壤的变化而不断地被调整、修正、成长。

当司法实践中裁判的某种考量,被学者们建构成某种理论的模型后,往往被反过来用于对"裁判的某种考量"进行再"考量",即评价与矫正,这种循环往复、无穷无尽过程的结果就是,学者的理论模型渐变成了法官裁判的一种思维定式。法官基于这种裁判思维的裁判过程,又成了验证学者理论模型合理性与妥当性的"试金石"。学者的理论模型在法官裁判的过程中,不断地被修正、完善。一般的刑法理论模型,如不作为犯罪、间接正犯等,对法官裁判思维的影响往往是局部性的一般问题,而犯罪构成理论作为刑法"理论的基石、核心和灵魂"[②],对法官裁判思维的影响往往是全局性的重大问题,涉及刑事法治的正义。在我国犯罪构成理论的研究呈白热化状态下,纵有我国犯罪构成理论模型自身的逻辑是否自洽或构型是否合理等纯学术争议问题,但最重要的还是源于此,即我国犯罪构成理论在我国刑事司法裁判中的表现是否精彩。"近年来,理论界对犯罪论体系、刑法学体系的争论十分激烈,而实务界却反应冷淡,我想一个重要原因恐怕就在于实务工作者并未感觉到四要件犯罪构成理论成为司法中的障碍吧!"[③]"实务界普遍的观点是四要件犯罪构成理论方便、实用。目前尚未见到有实务界的人士明确提出,由于运用四要件犯罪构成理论,导致重大冤案、错案的发生。"[④]所以,我国犯罪构成理论今后的命运走向不管有多少种模式、多少条路径[⑤],都不应是优先思考的问题。建构什么样的犯罪构成理论模型是重要的,但不是最重要的;最重要的是什么样的犯罪构成理论模型能够为司法裁判提供一种便捷、实用、精确、有效的裁判思维模式,以保证能公正、效率地裁决案件,彰显刑事法治的正义。"犯罪构成理论的优劣不能仅由理论研究工作者所定夺,还要取决于司法实务工作者的反应和评价。"[⑥]这也许就是中国犯

---

① 相关具体内容,参见储槐植、高维俭:《犯罪构成理论结构比较论略》,载《现代法学》2009 年第 6 期。

② 赵秉志、王志祥:《中国犯罪构成理论的发展历程与未来走向》,载赵秉志主编:《刑法论丛》第 19 卷,法律出版社 2009 年版。

③ 高铭暄:《论四要件犯罪构成理论的合理性暨对中国刑法学体系的坚持》,载《中国法学》2009 年第 2 期。

④ 高铭暄:《论四要件犯罪构成理论的合理性暨对中国刑法学体系的坚持》,载《中国法学》2009 年第 2 期。

⑤ 李洁教授总结为"三大模式八种路径"。具体参见李洁:《犯罪构成理论体系设定需要厘清的基本问题》,载《湖北警官学院学报》2007 年第 1 期。

⑥ 赵秉志、王志祥:《中国犯罪构成理论的发展历程与未来走向》,载赵秉志主编:《刑法论丛》第 19 卷,法律出版社 2009 年版。

罪构成理论未来的完善路径与发展走向。①

基于司法裁判的过程,从那些浩如烟海的判例中归纳、抽象、提炼出智慧的裁判思想,形成理论模型,反刍到刑法规范的再裁判适用中验证,不断往复以至渐近完美、精致,这种具有较强的社会实证性的研究范式,是刑法规范动态研究的重要方面,也是我国目前刑法理论研究最薄弱的环节。如果说在刑法规范语义之实践解读研究方面还有一定成就的话,那么在刑法规范理论之实践构造研究方面,则刚刚起步。究其原因:一是当下人们大多已不习惯进行社会实证性研究;二是崇洋媚外,德日刑法理论的严密与精细、英美刑法理论的简洁与实用,常常让我们"爱不释手";三是我国人文社会科学,如哲学、社会学等理论研究相对薄弱,刑法理论研究缺乏相关学科的理论支撑与价值支持。所以,目前我国刑法理论的研究,总的来说呈现出重静态理论研究、轻动态实践研究,重外国理论研究、轻本土问题研究的现状,也就不足为怪了。这就造成了就总体上而言,我国刑法学者较之德日英美刑法学者,在通过司法裁判过程提炼、抽象、归纳刑法理论的社会实证研究能力方面,相对较弱。所以,陈兴良教授提出了刑法学的"转型与变革"②、周光权教授提出了"刑法学的突围"③。由此可见,如何进行刑法理论

① 这是因为,犯罪构成理论的主要功能除了"瞻前",还有"顾后"。所谓"瞻前",就是如何为从文本语词上解读刑法规范描述的犯罪成立要件,提供最佳的理论分析工具。所以,在这个层面上,我们看到的犯罪构成理论模型往往既是遵从规范的犯罪构成,又是超越规范的犯罪构成;既表征出规范的犯罪构成法定内容,又不拘泥于规范的犯罪构成要件形式。没有一个犯罪构成理论模型与其作为规范的犯罪构成规定,在成立犯罪的要件或条件上彼此可以是相互对号入座的,这也是作为规范的犯罪构成与作为理论的犯罪构成的区别之所在。所谓"顾后",就是如何为司法实践中适用刑法规范描述的犯罪成立要件,提供最佳的裁判理论工具。所以,在这个层面上,我们看到的犯罪构成理论模型往往既来自实践并被发展的实践不断建构,又回归实践并在指导实践中不断完善;既能为刑法文本规范对接具体案件事实提供理论分析工具,又能为具体案件事实适用刑法文本规范提供裁判理论指导。没有一个既存的犯罪构成理论模型是完全符合刑事裁判实践需要的,否则理论就没有了发展的动力与源泉。犯罪构成理论模型只是为刑事司法裁判提供一个"套路",至于刑事司法裁判过程是不是完全遵循这一"套路",完全取决于这个"套路"能否有效满足案件裁判的需要。可见,在犯罪构成理论功能的"瞻前与顾后"问题上,中俄、德日、英美模型具有共同性,没有谁是最完美的,只有谁在发挥自己的功能上表现得更好,而"表现得更好",显然并不仅仅取决于犯罪构成理论模型本身的"学术潜质"或"理论素养",能否契合文本解读的需求与案件裁判的需要,当然也是考量的重要指标。这也是犯罪构成理论模型之多、研究之热的一个重要原因。从另一个方面看,上述三种理论模型实际上既可以相互解读彼此刑法规范所描述的犯罪成立要件,也可以相互作为彼此刑事司法案件裁判的指导理论。对此,彼此都可以对之采用"拿来主义"的态度,这也就是理论模型之所以被称为分析工具的意义之所在,亦即犯罪构成理论模型作为一种理论分析工具所具有的普适性价值。所以,当下我国犯罪构成理论争论的问题不是哪种模型最好的问题,而是哪种模型最适合我们的选择性困惑问题。

② 陈兴良:《转型与变革:刑法学的一种知识论考察》,载《华东政法学院学报》2006 年第 3 期。

③ 周光权:《刑法学的向度》,中国政法大学出版社 2004 年版,第 11 页。

研究,不是向左抑或向右那么简单的问题。

(三)规范价值之社会重构

“法律的最高目标和终极目的乃是实现正义。”①然而这一最高目标和终极目的达致,却是极其困难的。确定法律的价值是痛苦的选择,实现法律的价值是艰难的博弈。刑法的公正和谦抑价值作为一种抽象价值理念的实现与彰显,如果仅仅被蕴含在文本规范中,尽管从不同的视角和立场出发,对此含义会有不同的见解,但这并不是一件极其困难的事情,困难的是如何在刑法规范的实践运作当中通过价值判断与取舍,让刑法的公正和谦抑价值作为一种现实的事实,使之完美地具体化、践行化。所以,“价值实证就是要通过实证去发现立法中的高尚价值表达与司法实践的事实情形之间的耦合或背离”②。然而,“历史经验告诉我们,任何人都不可能根据某个单一的、绝对的因素或原因去解释法律制度。一系列社会的、经济的、心理的、历史的和文化的因素以及一系列价值判断,都在影响着和决定着立法和司法”③,故而这种“立法中的高尚价值表达与司法实践的事实情形之间的耦合或背离”的考量,必然会被纳入社会的维度思考。

社会发展的流变性,对追求稳定性的法律从来就是一种挑战。这种矛盾紧张的关系,使法律从生效的那一刻起,就已经滞后了,而且是越来越滞后。再高超的立法技术也无法逾越动与静的层界。呆板的法律在灵动的社会万象面前难免无奈。关于规范在变动不居的社会中如何获得与时俱进的活力,长期的裁判实践经历,让霍姆斯大法官得出了这样的结论:“法律的生命始终不是逻辑,而是经验。可感知的时代必要性、盛行的道德理论和政治理论、公共政策的直觉知识(无论是公开宣称的还是意识的),甚至法官及其同胞所共有的偏见等等,所有这一切在确定支配人们所应依据的规则时,比演绎推理具有更大的作用。法律所体现的乃是一个民族经历的诸多世纪的发展历史,因此不能认为它只包括数学教科书中的规则和定理。”④

---

① [美]E.博登海默:《法理学:法律哲学与法律方法》,邓正来译,中国政法大学出版社2004年版,第215页。

② 谢晖:《论规范分析方法》,载《中国法学》2009年第2期。

③ [美]E.博登海默:《法理学:法律哲学与法律方法》,邓正来译,中国政法大学出版社2004年版,第218页。

④ [美]E.博登海默:《法理学:法律哲学与法律方法》,邓正来译,中国政法大学出版社2004年版,第160页。

"司法过程就是一种需要技巧的艺术——公正地追求好的艺术——而且,正是法律实施过程中公正原则和好的原则的相互作用赋予了法律秩序以道德的内容(且不用说在制定法律时道德观念的影响)。"①刑法的公正和谦抑价值作为一种抽象的价值理念,对其具体内容的感知和体会是在刑法规范的适用过程中实现和完成的,并被社会的政治、经济、道德、文化等填充与重构。这一填充与重构是通过法官裁判过程中的价值衡量来进行的,法官总是能够灵活地把这种价值衡量融贯在裁判过程中的规范适用技巧上,并尽可能地将规范在立法中预设的价值完美地彰显在具体案件的裁判行为中。一方面,通过刑事司法过程中的价值判断,完成对刑法核心价值的社会实践重构;另一方面,通过刑事司法过程中的逻辑推理,实现对刑法核心价值的法律秩序评判。

以"许霆案"的裁判过程为例。"许霆案"的裁判过程,跨越了"从无期徒刑到5年有期徒刑"②,犹如从地狱到天堂般的尺度。在这一漫长而又穷尽了除再审外的所有审判程序的裁判过程中,刑法的公正与谦抑价值被作了"许霆案式"的解读,而这一解读是通过用裁判过程中的价值判断去影响裁判过程中的逻辑推理完成的。"发生在中国当下社会情境中的许霆案承载了太多社会多元价值的诉求……这都是法官在寻找、选择裁判该案的法律规范时,首先必须要思考的问题……许霆案的原一审与重审之间,案件事实还是那个案件事实,刑法规范还是那个刑法规范,法院还是那个法院,然而裁判结果已不是那个裁判结果。从无期徒刑到5年有期徒刑,犹如从地狱瞬间升至天堂。其原因何在?'正是在重审要设法纠偏的目的指引下,重审法官能动地开始了对许霆轻判的论证。重审轻判5年主要是基于以下两点考虑:一是与有预谋、有准备的盗窃犯罪相比,许霆的主观恶性相对较小;二是与采取破坏性手段盗取钱财相比,许霆的犯罪情节相对较轻。这种有利被告的思路当然是正确的,不幸的是,原审法官并没有站在这样的高度来思考问题。'正是因为原一审后,法院通过权衡、取舍各种利益诉求,明确了该案裁判的新的价值目标,原一审与重审在裁判价值追求上发生了变化,导致了刑法规范选择适用上的变化,即重审启用了刑法典第63

① [英]W. D. 拉蒙特:《价值判断》,中国人民大学出版社1992年版,第333页。

② 广东省广州市中级人民法院刑事判决书,(2008)穗中法刑二重字第2号;中华人民共和国最高人民法院,(2008)刑核字第18号刑事裁定书。

条第 2 款,才造成了裁判结果之间如此大的落差。”①在该案裁判过程中,是由于“启用了刑法典第 63 条第 2 款”而彰显了刑法的公正与谦抑价值,还是由于刑法的公正与谦抑价值而“启用了刑法典第 63 条第 2 款”,在“许霆案”中已不重要。重要的是“许霆案”裁判中彰显的刑法公正与谦抑价值,与启用《刑法》第 63 条第 2 款联系在了一起。更值得注意的是,广东省高级人民法院(2008)粤高法刑一终字第 170 号刑事裁定书,以“许霆恶意侵犯公共财产所有权的行为具有严重的社会危害性”“上诉人许霆恶意取款的行为具有刑事违法性,符合盗窃罪的犯罪构成要件”“许霆的恶意取款行为具有应受刑罚处罚性”的裁判理由,完成了裁判“许霆案”的逻辑推理,实现了对刑法公正与谦抑价值在“许霆案”中的法律秩序评判。当然,最精彩的还是该裁定书对该案裁判的总结:“对于本案的量刑,既要考虑到许霆行为具有严重的社会危害性,构成了盗窃罪,属于盗窃金融机构,数额特别巨大,又要充分考虑到许霆犯罪的偶然性及特殊性,对其在法定刑以下量刑既符合刑法关于罪责刑相适应的原则,又充分体现了法律效果与社会效果的统一。我国是适用成文法的国家,成文法始终存在一定的滞后性,无法包罗所有的犯罪现象和犯罪特征,很多酌定从严、从宽的量刑情节无法在已存的法律中规定,所以对被告人量刑既要考虑到法定情节,又要考虑到酌定情节及个案的特殊情况,只有将二者结合起来,综观全案妥善处理,才能最大限度地发挥条文法的优越性,弥补条文法的滞后性,充分体现法律效果与社会效果的统一。”②由此看来,刑法公正与谦抑价值在“许霆案”的裁判过程中似乎被完美地具体化、践行化。刑法价值意义的彰显,永远是个案裁判中社会建构的结果,个案裁判中彰显的刑法正义价值,才是看得见的价值。价值是抽象的,更是具体的。

四、结语

赵秉志教授曾针对 2009 年十大刑事案件做过经典点评。③ 在赵教授点评

---

① 赵秉志、张心向:《刑事裁判不确定性现象解读——对“许霆案”的重新解读》,载《法学》2008 年第 8 期。

② 广东省高级人民法院刑事裁定书,(2008)粤高法刑一终字第 170 号。

③ “陈同海特大受贿案彰显死刑改革态度与决心”“开平案主犯在美被判刑开创异地追诉外逃贪官先例”“梁丽捡巨额金首饰案最终处理检验司法者智慧”“邓玉娇刺杀基层官员案妥善释放民意不满应深思”“习水官员嫖宿幼女案保护幼童又不牺牲基本原则”“法大学生杀害老师案为死刑改革提供绝好注脚”“孙伟铭醉酒肇事案有必要增设‘危险驾驶罪’”“汉中韩兴昌网络诽谤案能不能公诉成最棘手问题”“江苏盐城水污染案是污染环境还是投放危险物质”“云南‘躲猫猫’案件未决犯监管体系存在诸多问题”。参见蒋安杰、徐伟:《著名刑法学专家赵秉志点评 2009 年十大刑事案件》,载《法制日报》2010 年 1 月 5 日,第 10 版。

的十大案件中,至少有"梁丽捡巨额金首饰案""习水官员嫖宿幼女案""孙伟铭醉酒肇事案""汉中韩兴昌网络诽谤案""江苏盐城水污染案",这5起案件主要是由于涉及刑法相关规范在这些案件的裁决过程该如何适用,或者说如何在现有的刑法规范框架内裁判这些案件的问题,而成了2009年具有重大法律及社会影响力的刑事案件。2010年,赵秉志教授又点评了当年最具社会影响力的八大刑事案件,①其中至少有"黄某裕操纵市场案""平顶山'9·8'矿难案""南京副教授聚众淫乱案",这3起也同样由于涉及上述相关刑法规范适用问题,而成了2010年具有重大法律及社会影响力的刑事案件,同时赵教授在点评中提出了由于这些典型案件而"倒逼刑法规范完善"的观点。实际上这类案件裁判上的困境,在给普通社会大众带来"法律空白盼弥补"期待的同时,也给刑法理论工作者带来深深的反思:从1997年刑法生效到现在,不过就二十几年的时间,刑法修正案已经达至十余个,刑法规范的数量正在以前所未有的速度增长着、膨胀着,为什么仍不能有效解决司法实践中发生的各种具体案件?刑法规范研究方法论方面是否存在欠缺,从而使我们在解释刑法规范适用目前所面临的这种困惑现象时感到力难从心?在刑法规范的研究过程中,是否忽视了"社会"的符号,从而让人们感觉到刑法规范在与社会现实的"兼容"方面不能很好匹配?

通过对刑法规范研究范式与路径的检视,可以反思我们在刑法规范研究过程中或存的不足。

(一)研究范式多样并存

刑法规范研究范式是否应该多种并存?杰罗米·霍尔提出了"整合的法理学"(integrative jurisprudence)概念,并指出:"'以单一因素去阐明复杂现象的谬误',尤其是那种试图将法学理论中的价值因素、事实因素和形式因素彼此孤立起来的企图。"②"随着我们知识范围的扩大,我们必须建构一种能够充分利用

① "赵作海死而复生冤案　掀革新司法理念""高潮文强庇护黑恶落马　彰显打黑除恶决心""黄某裕操纵市场案　原罪源于制度夹缝""平顶山'9·8'矿难案　开矿难刑事治理新篇""肖传国雇凶伤人案　明镜高悬难释悬疑""董珊珊受虐待致死　引发惩治家暴之争""南京副教授聚众淫乱案　划界个人自由公共利益""黄松有贪污受贿案　惩治腐败没有死角"。参见蒋安杰:《著名刑法学专家赵秉志点评2010年八大刑事案件　热点案件倒逼刑法规范完善》,载《法制日报》2010年12月29日,第5版。

② [美]E.博登海默:《法理学:法律哲学与法律方法》,邓正来译,中国政法大学出版社2004年版,第217页。

人们过去所做的一切知识贡献的综合法理学(synthetic jurisprudence),尽管我们最终仍可能发现,我们所描述的法律制度的整体图式必定也是不全面的。"①但毫无疑问,综合方法或多种范式并存无疑是最好的研究方法,这对法规范的研究尤为重要。当然,对法规范的不同研究方法以及由此而形成的不同研究范式,归根到底都受制于社会变革或社会变迁的需求。纵观当代西方法学世界各法学流派形成、发展、衰败的学术史,无一不是与时代脉动相系。②当社会的政治、经济、文化制度及价值体系发生变化的时候,法规范研究的重点必然随之调整,在具体的研究范式上也会相应地表现出不同的样态。各种不同研究流派的潮起潮落,各种不同研究方法的争奇斗艳,无一不是这种客观情势的反应。

长期以来,基于我国刑事法制创制的需要,我国刑法学研究偏重立法中心主义立场。"立法中心主义研究范式的实质是站在立法者的立场上看法律"③,必然侧重于法律文本规范的研究。这是因为,"从法律的最主要形式看,法律是规则体系,因而许多学者围绕着规则的生成研究法律,认为法律是国家制定和认可的行为规范,如果没有国家立法机关的制定和认可,就没有法律规范。这实际上是站在立法者的立场、从完善法律规范的角度研究法律。这种研究忽略了法律向判决的转换过程,忽略了法律与其他社会现象的联系"④。立法中心主义在刑法规范研究领域的表现,就是"批判刑法规范"模式⑤,这种研究以刑法文本规范为中心展开,主要表现为以规范—分析法学为主要理论基础的规范刑法学研究范式和以自然—价值法学为主要理论基础的刑法哲学研究范式。其中,规范刑法学研究范式占据绝对统治地位或者说是我国刑法规范研究的主要

① [美]E. 博登海默:《法理学:法律哲学与法律方法》,邓正来译,中国政法大学出版社2004年版,第217页。

② 以古典自然法哲学的发展为例。"古典自然法哲学的发展,或许可以分为三个时段。这三个时段与这一时期的社会、经济和知识的发展阶段大体同步。"具体参见[美]E. 博登海默:《法理学:法律哲学与法律方法》,邓正来译,中国政法大学出版社2004年版,第43~44页。相关内容还可参见吕世伦主编:《现代西方法学流派》(上卷、下卷),中国大百科全书出版社2000年版;沈宗灵:《现代西方法理学》,北京大学出版社1992年版;张文显:《二十世纪西方法哲学思潮研究》,法律出版社2006年版。

③ 喻中:《从立法中心主义转向司法中心主义?——关于几种"中心主义"研究范式的反思、延伸与比较》,载《法商研究》2008年第1期。

④ 陈金钊:《法学的特点与研究的转向》,载《求是学刊》2003年第2期。

⑤ "长期以来,在我国刑法学研究中,有一种相当明显的学术倾向即喜好批判刑法而不是合理解释刑法,这突出地表现在,事先未对刑法规范作出妥当合理的解释,就指出刑法规定的缺陷,然后提出修改完善刑法的建议……这不仅不利于树立刑法的权威和提高刑法解释的能力,而且也会给刑事司法实践中适用刑法带来困惑。"参见赵秉志:《中国刑法学研究的现状与未来》,载《学术交流》2009年第1期。

范式,而刑法哲学研究范式也开始被学界所认可。与规范刑法学研究范式相契合的静态研究理路也就自然成了我国刑法规范研究的主要路径。

当下我国社会变迁及社会转型所引起的社会巨变,标志着我国正在进入"风险社会"。社会发展进程呈现出的跳跃性、风险性和不可预测性,以及因而导致的司法裁判中的无所适从感及不稳定感表现得非常明显①,社会变动不居的特征被深深地烙在规范实践的过程当中。随着改革开放 30 多年的法治建设,基础法律制度的创制已基本完成。当我们已不太可能以大量的立、改、废,让社会变迁的符号更多地融入法律规范内容中去的时候,"立法中心主义正在悄无声息地慢慢向司法中心主义过渡"②。司法中心主义的实质乃是着眼于司法者的立场,关注的领域是成文法律如何转化成为司法判决。③ 从研究的内容来看,研究者关注法官的活动,关注成文法向判决转换的过程与方法。研究内容不再仅是关于"法律的思考",而且还是"依据法律的思考",同时注意分析在个案中正义与法律、法律与社会、法官与法律、正义与社会的关系等。从研究方法上看,注重如何把普适性的规范与个案结合,达到构造裁判规范的目的。从研究目的来看,研究成果不是为了完善立法,而主要是为解决"法律问题"和"事实纠纷"寻求方法或答案,即主要是为法律能够应用提供理论指南。④ 这是因为,"在现代法律科学中,最重要的推进也许就是从以分析性态度转向以功能性态度对待法律"⑤。"着重点已经从戒律的内容转向实践中戒律的效力,从救济是否存在转向为实现该戒律的设计目的而设立的救济能否获得以及是否有效。"⑥这种研究以刑法文本规范在司法过程中的适用样态或现象为中心展开,主要表现为以社会—实证法学为主要理论基础的刑法社会学研究范式。目前这种刑法规范的研究范式显然已开始萌动,与刑法社会学研究范式相契合的动态研究理路也就成了我国刑法规范研究将要开拓的路径。

---

① 参见赵秉志、张心向:《刑事裁判不确定性现象解读——对"许霆案"的重新解读》,载《法学》2008 年第 8 期。

② 赵秉志、张心向:《法官角色视野下的裁判理性》,载《法律科学》2009 年第 5 期。

③ 参见喻中:《从立法中心主义转向司法中心主义?——关于几种"中心主义"研究范式的反思、延伸与比较》,载《法商研究》2008 年第 1 期。

④ 陈金钊:《法学的特点与研究的转向》,载《求是学刊》2003 年第 2 期。

⑤ [美]本杰明·卡多佐:《司法过程的性质》,苏力译,商务印书馆 1998 年版,第 43 页。

⑥ [美]本杰明·卡多佐:《司法过程的性质》,苏力译,商务印书馆 1998 年版,第 43 页。

(二)研究视角多种选择

刑法规范研究视角是否应该有多种选择?刑法规范的样态实际上具有多样性,文本规范仅仅是其表征形式之一。

刑法规范是刑事法律科学的核心概念,但对其的研究并未引起学者们足够的重视。[①] 并且,其研究大都局限于概念解读的范畴。[②] 究其原因:一是侧重明晰刑法规范与其他相关规范的逻辑关系,规范—社会规范—法律规范—刑法规范,构成了研究刑法规范的基本逻辑脉络;二是注重对刑法规范概念本质属性的分析,忽略了刑法规范在司法过程中适用样态或现象的研究。刑法规范的研究被"文本化""静态化"了。

当我们将刑法规范作为一种社会现象考察时,就会发现刑法规范实际上具有两种不同的形式侧面,一是被立法程序创制的刑法规范——刑法文本规范;二是被司法过程建构的刑法规范——刑法裁判规范。刑法裁判规范是与刑法文本规范相对应的一种规范形态,刑法文本规范作为以法条文本为载体的规范形态,是一种预设性的概念规范、一种立法意义上的静态规范形态,由一组文字或语词基于一定的价值目标按照一定的逻辑关系建构起来的概念规范。其作为法治理念和立法技术的混合物,彰显的是一种抽象的价值评判和语言艺术。价值、语词、预设三个关键词构成了刑法文本规范的基本品性,即法条规制性;刑法裁判规范作为以裁判行为为载体的规范形态,是一种即时性的实践规范、一种司法意义上的动态规范形态,是司法过程中基于刑法文本规范与具体个案事实之间的互动而建构起来的实践性规范。其作为针对具体个案的裁判依据,彰显的是一种具体案件中的利益取舍和裁判技能。互构、取舍、即时三个关键词构成了刑法裁判规范的基本品性,即实践建构性。

---

① 翻遍手边的刑法教科书,一个值得注意的现象就是,几乎所有的刑法教科书都未设有"刑法规范"相关问题的专门论述,笔者从而产生了一个疑问:"刑法规范"到底还是不是规范刑法学抑或刑法教义学应该研究的一个问题?就我国当前学界的情况而言,有关"刑法规范"问题研究的专著,也是凤毛麟角,也许是笔者的涉猎疏漏,目前仅读到两本,一本是刘志远博士 2003 年由中国方正出版社出版的《二重性视角下的刑法规范》一书,另一本是杨凯博士 2004 年由法律出版社出版的《刑法规范的结构与配置》一书;有关"刑法规范"问题研究的论文,也相对少见。截至 2010 年 8 月 1 日,以检索项"题名"、检索词"刑法规范"在中国知网搜索出论文共计 160 篇,而真正以"刑法规范"为研究对象的论文,应该不足 50 篇。

② 据黄明儒教授在其《也论刑法规范的概念》一文中统计,中国学者加上少数日本学者,有关刑法规范概念的观点有七种之多。分别是:行为规范论、社会规范论、罪刑规范论、刑罚规范包含论、二重规范论、三重规范论、多层次定义论。参见黄明儒:《也论刑法规范的概念》,载《佛山科学技术学院学报(社会科学版)》2008 年第 5 期。

对刑法裁判规范的研究,亦即对“裁判中的刑法规范”的研究,关注的重心是刑法规范的社会运作现象,通过对刑法规范研究被“文本化”、被“静态化”的超越,尝试刑法规范研究的“实践化”“动态化”。刑法裁判规范作为刑法文本规范的实践再加工产品——一种特殊的刑法规范,是在被事实解构的规范与被规范结构的事实互动中生成的刑法规范;是在制定法法源与非制定法法源的对垒博弈中生成的刑法规范;是在裁判普适性与裁判个别化的往返流转中生成的刑法规范。刑法规范的这种实践性品格,在“文本化”“静态化”的研究范式中,被我们在不经意间忽略了。去了解考察刑法规范的这种实践品性,实际上是对“已存在的”捡拾。这是一种由于“回过头来反思到出发点”,①而“朝向事物本身”,②从而发现了曾经被我们“悬置”③了的东西。这由此给我们带来了一系列所必需关注的研究领域,如“裁判中的刑法规范”与“文本中的刑法规范”是什么关系?“裁判中的刑法规范”是如何建构生成的,其合理性何在?“裁判中的刑法规范”取代“文本中的刑法规范”,作为刑事司法裁判的大前提,是否有悖现代刑事法治理念?等等。要回答解释这些问题,刑法规范研究的内容不可避免地会受到社会“深情”的关注。

---

① “回过头来反思到出发点”,并不是回溯事物或事件的历史发展轨迹,而是胡塞尔针对人们始终受到近代自然主义的科学思维习惯的纠缠,习惯于“直向思维”“外向性思维”的特点,而提出的有些类似小孩子的直观感,建立一种可直观性、可体验性,即“明证性”的理论。参见邓晓芒:《胡塞尔现象学导引》,载《中州学刊》1996 年第 6 期。

② “朝向事物本身”又称“回到事情本身”,即回到直接自明、不可怀疑的东西,是胡塞尔为现象学的方法提出的一个基本原则。他认为:“合理地或科学地判断事物,这意味朝向事物本身(sich nach den Sachen selbst richten),也即从言谈和意见回到事物本身,追问它的自身给与(Selbstgegebenheit),并清除一切不合事理的先入之见。”“朝向事物本身”是现象学的一个口号。它意味着现象学要从事物本身出发寻求真理。为此,要对事物本身进行如实描述,要去除各种各样的偏见和成见,要把原先已经形成的各种观点和评价放在括号中悬置起来,并时刻提防自己作出超越事物本身的各种判断,即要进行“现象学的还原”。参见张庆熊:《“朝向事物本身”与“实事求是”——对现象学和唯物论的基本原则的反思》,载《哲学研究》2008 年第 10 期。

③ “悬置”(epochè),即一般“现象学还原”。胡塞尔认为要返回到明证性,第一步便是对一切事物的存在进行“悬置”,将其放入“括号”中存而不论(加括号)。即用“悬置”概念把对世界实在的信念放入括号内存而不论,“被悬置的东西并未被否定,而只是被看作处于‘事情本身’之外,为了事情的纯粹性而不必谈或不应混入”,并以此作为克服自然观点错误(自然观点的根本错误是混淆自然科学对象和社会科学对象之间的本质差异)的手段。胡塞尔的悬置则是最普遍、最彻底的,一切事情的存在都在被悬置之列。舒茨借用了胡塞尔的这一概念,提出“自然态度的悬置”。但其用意不同于胡塞尔,即并不是把对外部世界及其客体的信念存而不论,而是把对这个世界的怀疑“悬置”起来存而不论,以便社会科学研究者更接近于生活世界本初的、最高的实在,从而理解这个由多重实在组成的日常世界的意义结构。本文使用的“悬置”一词,是舒茨意义上的“悬置”概念。参见邓晓芒:《胡塞尔现象学导引》,载《中州学刊》1996 年第 6 期。

"在当代以及任何其他的时代,法的发展重心既不在于立法、也不在于法学或司法判决,而在于社会本身。"①这是因为,"真正的问题不是去研究人类怎样服从规则——事情并非这么简单,真正的问题是规则应如何去适应人类生活。"②从这个意义上说,我们不仅要重视"静态化""文本化"视角下的刑法文本规范研究,更要关注"动态化""实践化"视角下的刑法裁判规范研究。

刑法规范只有在"社会实践"之大舞台中行动起来,才能更多地获取继续生长的能量。

① [奥]欧根·埃利希:《法社会学原理》,舒国滢译,中国大百科全书出版社2009年版,作者序。
② [英]马林诺夫斯基:《原始社会的犯罪与习俗》,原江译,云南人民出版社2002年版,第83页。

刑法教义学与刑法社会学的冲突与融合*

目　次

* 原载《政治与法律》2022 年第 8 期(中国人民大学复印报刊资料《刑事法学》2022 年第 11 期全文转载)。本文的学术灵感及写作动力来源于 2021 年 10 月 24 日由南开大学法学院主办的"刑法教义学与刑法社会学的对话——阿里女员工被性侵案九人谈"的学术对话活动。在此,向当时参加本次对话活动的华东政法大学刑事法学院马寅翔副教授、中国人民公安大学法学院宋维彬副教授、中央民族大学法学院邵六益助理教授、天津市高级人民法院张爱晓法官、天津市人民检察院陆旭检察官,以及本校同仁王彬副教授、邹兵建副教授、隗佳助理教授所给予的学术启发,由衷致谢。

一、问题的提起

借用德国法社会学家赫尔曼·康托罗维奇[①]的“没有社会学的教义学是空洞的,没有教义学的社会学是盲目的”的表述,[②]我们可以表述为:“没有刑法社会学的刑法教义学是空洞的,没有刑法教义学的刑法社会学是盲目的。”“它们就像是一枚硬币的两面。在认识法律的时候,要共同协作、互相补充。”[③]尽管法学理论及知识充满了各种差异性,但一般认为,“在当代西方法学世界,尽管法学流派纷呈,但真正能主导法学者,仍然是自然—价值法学、社会—实证法学、规范—分析法学”[④]。也就是自然法学、法社会学和规范法学(法教义学)。与自然法学超凡脱俗的姿态相比,法社会学和规范法学一直处于争夺“法”世界话语主宰权的境地。尽管如此,规范法学与法社会学却是分别作为构成法律理论研究的重要学术传统之一而存在着。

就“作为法学研究对象的‘法理’”[⑤]而言,“我们可以简约地称之为‘法律规范/法律规整之理’”[⑥]。由于“法”的叙述对象——法律规范、法律事实、实在法、自然法、共同法、特别法、习惯法、科学法、部门法、国内法、国家法、外国法等的不同;叙说进路——哲学的、社会学的、语言学的、经济学的、心理学的、历史学的等的不同;叙述方式——意识形态的、形而上学的、经验观察—实证的、规范—实践的、逻辑—概念分析的等的不同,且都是复数的,那么,作为法学或法律知识共同体共同参与和创造出来的法学知识的样态不仅在表面上看也是复数的,而且从内容看也是不同的,如法史学、法哲学、法社会学、法经济学、法人类学、比较法学、立法学以及法政策学等知识门类,它们之间充满了差异性法学知识的存在,[⑦]并由此

---

① 赫尔曼·康托罗维奇(Kantorouicz, Hermann, 1877 年 11 月 18 日 ~ 1940 年 2 月 12 日),德国法学家,倡导社会学法学派,社会学法学派和自由法学派在欧洲的主要代表之一。参见舒国滢:《法学的知识谱系》(下),商务印书馆 2021 年版,第 1027 页。

② 参见[德]托马斯·莱塞尔:《法社会学基本问题》,王亚飞译,法律出版社 2014 年版,第 98 页。

③ [德]托马斯·莱塞尔:《法社会学基本问题》,王亚飞译,法律出版社 2014 年版,第 125 页。

④ 谢晖:《论规范分析的三种实证方法》,载《江海学刊》2008 年第 5 期。

⑤ 舒国滢:《法学的知识谱系》(下),商务印书馆 2021 年版,第 1558 页。

⑥ 舒国滢:《法学的知识谱系》(下),商务印书馆 2021 年版,第 1574 ~ 1575 页。

⑦ 参见舒国滢:《法学的知识谱系》(下),商务印书馆 2021 年版,第 1161 ~ 1162 页。

形成了不同的法学知识形态、类型以及方法论。[①] 由此看来，无论过去还是现在，尽管人们对“法”的研究视角、进路、方式或价值取向等均有所不同，但法学主要作为一门规范性科学是基本共识，故“法学就其根本来说是教义学的”[②]。其作为“主要将法置于规范性视角之下并由此探究规范之‘意义’的学问”[③]。规范这一范畴构成了法学研究的核心要素。“规范”是法学研究的主要对象，“规范性”是法学研究的基本立场。而“法教义学就是分析性的和规范性的学问”[④]。亦即在法学在不同历史发展时期呈现出的不同知识形态体系和研究方法类型的浩瀚星海中，法教义学无疑是其中最耀眼的那颗星。法教义学作为一定历史时期形塑的作品、一种知识体系类型的呈现、一类学术研究标签的载体，构成了法学知识谱系中的核心部分。而刑法教义学其实就是规范刑法学[⑤]的高级知识体系形态，其是由注释刑法学、理论刑法学一步步成长、发展、壮大而来的，其对体系性的追求使其超越了注释刑法学，其对实践性的执着使其激活了理论刑法学。[⑥] 而刑法教义学本身亦具有一体两面的特点，其存在本体就是规范刑法学本身，其研究方法属于刑法解释学的范畴。[⑦]

---

① 博登海默梳理的法学知识论体系有：古希腊和古罗马的法律理论、中世纪的法律哲学、古典时代的自然法、德国的先验唯心主义、历史法学与进化论法、功利主义、分析实证主义、社会学法学和法律现实主义、自然法的复兴和价值取向法理学。参见［美］E. 博登海默：《法理学：法律哲学与法律方法》，邓正来译，中国政法大学出版社 2004 年版。拉伦茨梳理的法学方法论有：萨维尼的方法论、19 世纪的“概念法学”（包括普赫塔之“概念谱系”、“自然历史方法”、制定法实证主义、“客观”解释理论等）、实证主义科学概念影响下的法理论与方法论（包括实用主义法学、早期的利益法学、法社会学等）、20 世纪上半叶法哲学对实证主义的背离（包括“法科学理论”、现象学的法学理论等）、当代的方法论论争（包括从“利益法学”到“价值评判法学”、超越实在法的价值标准问题、制定法约束与涵摄模式等）。参见［德］卡尔·拉伦茨：《法学方法论》（全本·第 6 版），黄家镇译，商务印书馆 2020 年版。

② 舒国滢：《法学的知识谱系》（下），商务印书馆 2021 年版，第 1621 页。

③ ［德］卡尔·拉伦茨：《法学方法论》（全本·第 6 版），黄家镇译，商务印书馆 2020 年版，第 253 页。

④ 舒国滢：《法学的知识谱系》（下），商务印书馆 2021 年版，第 1623 页。

⑤ “规范法学，其实就是法教义学。”参见陈兴良：《法学知识的演进与分化——以社科法学与法教义学为视角》，载《中国法律评论》2021 年第 4 期。

⑥ 在陈兴良教授有关刑法教义学的研究谱系中，在教义刑法学名称正式化之前，其曾经还使用过“叙述刑法学”“注释（诠释）刑法学”“本体刑法学”“规范刑法学”“刑法信条学”等一系列名称。直至在 2010 年出版的《教义刑法学》一书的“代序”中，他才明确地提出了“走向教义学的刑法学”这一命题。其在《注释刑法学经由刑法哲学抵达教义刑法学》（《中外法学》2019 年第 3 期）一文中，系统回顾并阐释了自己在教义刑法学问题上的研究过程，认为其对于刑法学问题的研究已经经由“刑法哲学”的引导，由传统的注释刑法学和规范刑法学走向了教义刑法学。

⑦ “刑法教义学就是刑法解释学，不要试图在刑法解释学之外再建立一门刑法教义学。不管是使用刑法教义学的概念还是使用刑法解释学的概念，解释学永远是刑法学的本体。”参见张明楷：《也论刑法教义学的立场　与冯军教授商榷》，载《中外法学》2014 年第 2 期。

与刑法教义学相比,刑法社会学尚未形成一门有着自己确定的研究对象和范围、相对独立成熟的研究方法、完整明确的知识体系结构的独立学科。当下是作为一种以社会学理论或方法研究刑法问题或现象的范式而存在。①

首先,法社会学的理论源流②要比法教义学复杂得多,其不仅兼具社会学和法学不同的理论气质,且同时深受二者的影响。一方面是以社会学的观点、方法着重研究、探讨法律的社会事实、社会现象、社会功能等,因而其理论在传统上仍应归属社会学理论的范畴;另一方面也和法教义学一样,由于在针对"法"的叙述对象、叙说进路以及叙述方式等方面有别其他,而由此形成的一种知识形态、类型以及方法论,即作为法学知识论体系及方法论体系在发展进程中一定历史时期形塑的作品、一种知识体系类型的呈现、一类学术研究标签的载体而存在。故就这个意义而言,如同相对于法教义学,刑法教义学无疑是其一个部门法学一样,相对于法社会学,刑法社会学也应该可以作为它的一个部门法学而存在。③

其次,在西方首先将犯罪、刑事责任、刑罚问题纳入社会学研究范畴的应被统称为刑事实证学派的刑事人类学派和刑事社会学派后,虽然发生了刑法研究方法论的变革和刑罚模式的改革和刑法研究重心的转移,但并未形成真正具有独立学科意义的刑法社会学。虽然几乎所有著名的社会学及法社会学家在其论著中一般都会涉及对刑法中有关犯罪、刑事责任和刑罚等现象或问题的观

---

① 参见张心向:《社会学视阈中的刑法研究范式》,载赵秉志主编:《刑法论丛》第 12 卷,法律出版社 2007 年版,第 1 页。

② 法社会学的理论源流复杂于法教义学。首先,法社会学有法律社会学(sociology of law)和社会学法学(sociological jurisprudence)之分。前者主要系指社会学中的一个分支学科,在社会学的范围内使用,着重探讨的是社会法律事实。后者一般是指与自然法学、规范分析法学两大法学派别并驾齐驱的一个法学流派,着重探讨的是法律规则的内容。其共同之处是都注重以社会学的观点、方法研究法律现象、法律的实际效果。其次,有研究群体专业出发点之分。法社会学从一开始便存在着两个既有联系又有区别的理论形态或历史源流,或称法社会学的两翼。一翼来自法学,其代表人物从埃利希、耶林、庞德、卢埃林、弗兰克直到塞尔兹尼克、弗里德曼等人,这些人物都是法学家,但受到社会学的强烈影响,故其理论在传统上仍应归属法学理论的范畴。另一翼来自社会学,从孔德一直到斯宾塞、韦伯、迪尔凯姆以及帕森斯、默顿等人,这些人物都是社会学家,以社会学的视角研究法律问题,故其理论在传统上仍应归属社会学理论的范畴。如今的法社会学实际上是这两翼的合流。参见朱景文:《现代西方法社会学》,法律出版社 1994 年版,第 14 ~ 15 页。基于此,大多数学者对法律社会学、社会学法学抑或法社会学的概念使用并不作严格区分,笔者亦采取大多数学者做法,对此不作严格区分,在某些特定语境下有可能混用,并一律简称为"法社会学"。

③ "法律社会学在研究刑法时,主要研究刑法在现实社会中的具体实施状况、刑法的功能和效果等等。法律社会学在这个领域的研究活动构成了它的一个分支——刑法社会学。"参见赵震江主编:《法律社会学》,北京大学出版社 1998 年版,第 104 页。

察、分析和描述，但这些观察分析和描述往往是碎片化的、非体系性的，且社会学及法社会学家往往是以一般社会学理论为分析视角有选择地分析个别现象或解读相关疑难案例，①而不是围绕着刑法相关问题或现象展开相对全面、系统的社会学分析与研究。②

再次，在我国当下影响力最大的运用社科法学③的理论与方法解读刑事案件裁判问题以及刑事司法疑难问题的法理学学者是苏力教授，其关于"许霆案""药家鑫案"等具有重大社会影响力案件的社科法学解读，令刑法学者耳目一新；④运用社科法学（主要是法经济学）的分析、解读刑法相关理论问题及刑事疑难案例最多的法理学学者是桑本谦教授，尤其是其对近年来发生的热点案例（如"王斌余案""邱兴华案""彭宇案""许霆案""梁丽案""李昌奎案"等）中涉及的备受争议的疑难法律问题的法经济学解读⑤，以明显与刑法学者不一样的"腔调"深度介入了规范刑法学研究的领域。刑法学学者中明确宣示以社会学

---

① 在我国，如苏力教授在其《是非与曲直——个案中的法理》（北京大学出版社 2019 年版）一书中，对"许霆案""药家鑫案"等案件的社科法学的分析；以及桑本谦教授在其《理论法学的迷雾：以轰动案例为素材》（增订版）（法律出版社 2015 年版）一书中，对"王斌余案""邱兴华案""彭宇案""许霆案""梁丽案""李昌奎案"等的社科法学（主要是法经济学）的分析。

② 据笔者目前所掌握的资料，苏联的 Л. И. 斯皮里多诺夫的《刑法社会学》（群众出版社 1989 年版），是目前翻译过来的唯一一本以"刑法社会学"命名，并相对系统的以社会学的分析视角研究刑法问题的专著。但从作者对刑法社会学的学科定位、研究对象的界定，以及内容安排、各章节之间的关联性和系统性等方面来看，这本论著从严格意义上说，还不能成为作为一门学科诞生的刑法社会学标志性著作（参见［苏联］Л. И. 斯皮里多诺夫：《刑法社会学》，陈明华等译，群众出版社 1989 年版，目录部分及第 11～16 页）。其他相关资料可参见张心向：《社会学视阈中的刑法学研究范式》，载赵秉志主编：《刑法论丛》第 12 卷，法律出版社 2007 年版，汪明亮：《刑法社会学基本理论构建》，载《贵州大学学报（社会科学版）》2021 年第 1 期。

③ 笔者赞同车浩教授的观点，即"社科法学"是一个需要被严格限定才有价值的概念。其本质上是一种社会科学的专门形式，可以被认为是在法教义学之外，与法史学、法哲学等并存的基础法学的一种研究范式（参见车浩：《法教义学与社会科学——以刑法学为例的展开》，载《中国法律评论》2021 年第 5 期）。在此基础上，笔者更倾向于将其纳入广义上的法社会学或社会学法学研究范式的范畴。本书中的社科法学与法社会学表达的是同一个概念，根据语境有时会混用。

④ 参见苏力：《法条主义、民意与难办案件》，载《中外法学》2009 年第 1 期；朱苏力：《从药家鑫案看刑罚的殃及效果和罪责自负——纪念〈法学〉复刊 30 周年·名家论坛（一）》，载《法学》2011 年第 6 期；苏力：《轰动性案件的明智法律应对——以药家鑫案审理与辩护为例》，载《河北法学》2019 年第 6 期；等等。

⑤ 参见桑本谦：《传统刑法学理论的尴尬（Ⅰ）——面对许霆案》，载《广东商学院学报》2009 年第 5 期；桑本谦：《传统刑法学理论的尴尬（Ⅱ）——面对梁丽案》，载《广东商学院学报》2009 年第 5 期；桑本谦：《疑案判决的经济学原则分析》，载《中国社会科学》2008 年第 4 期；桑本谦：《法律论证：一个关于司法过程的理论神话——以王斌余案检验阿列克西法律论证理论》，载《中国法学》2007 年第 3 期；桑本谦：《"标杆"？还是"警示牌"？——解读云南省高院改判李昌奎案引发的舆论风暴》，载陈兴良主编：《刑事法判解》第 12 卷，人民法院出版社 2012 年版。

的理论、方法或视角研究刑法问题或现象的主要著作有：许发民教授的《刑法的社会学分析》（法律出版社 2003 年版）及《刑法的社会文化分析》（武汉大学出版社 2004 年版）、杜宇教授的《重拾一种被放逐的知识传统：刑法视域中“习惯法”的初步考察》（北京大学出版社 2005 年版）、汪明亮教授的《定罪量刑社会学模式》（中国人民公安大学出版社 2007 年版）、白建军教授的《刑法规律与量刑实践：刑法现象的大样本考察》（北京大学出版社 2011 年版）、胡昌明博士的《社会结构对法官裁判的影响：以 1060 个刑事判决为样本》（社会科学文献出版社 2015 年版），以及笔者的《在规范与事实之间——社会学视域下的刑法运作实践研究》（法律出版社 2008 年版）和《在遵从与超越之间——社会学视域下刑法裁判规范实践建构研究》（法律出版社 2012 年版）等。另外，陈兴良教授认为，像何荣功教授的《自由秩序与自由刑法理论》（北京大学出版社 2013 年版），劳东燕教授的《功能主义的刑法解释》（中国人民大学出版社 2020 年版），刘艳红教授的《实质刑法观》（中国人民大学出版社 2009 年版）、《实质犯罪论》（中国人民大学出版社 2014 年版）和《实质出罪论》（中国人民大学出版社 2020 年版）三部曲，这些著作要么是将社科法学方法与刑法教义学方法结合起来的研究，要么是包含了部分社科法学的内容。[①] 除此之外，还有以白建军教授为代表的刑法学学者基于显性或隐性的社会学分析视角、要素或方法研究刑法问题或现象的若干论文。[②] 由此可见，刑法社会学在当下仅是作为一种以社会学的理论或方法研究刑法问题或现象的方法或范式而存在。

最后，刑法教义学与刑法社会学的对立与冲突，基本是“横看成岭侧成峰，远近高低各不同”的研究视角差异带来的。这种差异主要表现在作为规范学的

---

① 参见陈兴良：《法学知识的演进与分化——以社科法学与法教义学为视角》，载《中国法律评论》2021 年第 4 期。

② 如白建军：《中国民众刑法偏好研究》，载《中国社会科学》2017 年第 1 期；白建军：《基于法官集体经验的量刑预测研究》，载《法学研究》2016 年第 6 期；白建军：《论具体犯罪概念的经验概括》，载《中国法学》2013 年第 6 期；白建军：《司法潜见对定罪过程的影响》，载《中国社会科学》2013 年第 1 期；白建军：《刑事政策的运作规律》，载《中外法学》2004 年第 5 期；阴建峰：《刑事裁判的刑法社会学解读——以许霆案为视角》，载赵秉志主编：《刑法论丛》第 18 卷，法律出版社 2009 年版；江溯：《社会学视野下的刑罚：刑罚社会学研究》，载陈兴良主编：《刑事法评论》第 23 卷，北京大学出版社 2008 年版；马荣春：《法外知识与实践刑法观——刑法社会学的一个话题》，载《法治研究》2016 年第 6 期；等等。更多的相关论文或资料梳理可参见汪明亮：《刑法社会学基本理论构建》，载《贵州大学学报（社会科学版）》2021 年第 1 期；孙超然：《刑法的社会学研究范式梳理》，载《法治研究》2013 年第 8 期。

刑法教义学与作为事实学的刑法社会学如何看待"刑法"的问题,[①]即刑法到底是一种规范还是一种事实;以及如何"解释"刑法的问题,即刑法解释到底是一种规范的逻辑解释还是一种现象的经验解释。

刑法教义学与刑法社会学之间互相妥协与融合的必然则是由于刑法归根结底是一种应用法、实践法。无论是在刑法教义学中作为一种法律规范条文的刑法,还是在刑法社会学中作为一种社会事实现象的刑法;无论是对刑法进行一种规范的逻辑解释,还是进行一种现象的经验解释,其核心问题都是如何面对刑法的司法实践适用或运作。刑法教义学以法条司法实践适用为导向的逻辑解释研究与刑法社会学以刑法实践运作规律为目标的经验总结研究,使得二者必然会在刑法的"实践"这个场域中"相遇",彼此之间的妥协与融合就成了一种不可避免的存在。

二、刑法教义学与刑法社会学的对立与冲突

刑法教义学与刑法社会学的对立与冲突,主要表现为本体论意义上的刑法是规范还是事实与方法论意义上的刑法解释是规范的逻辑解释还是现象的经验解释的研究视角差异。

(一)是规范还是事实

刑法教义学与刑法社会学的对立与冲突,首先表现在作为规范学的刑法教义学与作为事实学的刑法社会学如何看待"刑法"的问题上,即刑法到底是一种规范还是一种事实。

刑法教义学以文本规范即现行刑法法条研究为本体。刑法教义学的基础和界限均源自刑法,刑法教义学主要致力于研究刑法规范的概念内容和结构。[②] 如果没有成文的、有效的现行刑法,刑法教义学就成了无源之水、无本之木。[③] 因而"刑法教义学者最主要的任务就是解释法律文本……也就是使法

① 张明楷教授认为,广义刑法学包括事实学与规范学两大类别,刑法解释学或教义学属于规范学,事实学就是社科法学。参见张明楷:《中国刑法学的发展方向》,载《中国社会科学报》2021 年 10 月 27 日,第 4 版。

② 参见陈兴良:《刑法教义学的发展脉络——纪念 1997 年刑法颁布二十周年》,载《政治与法律》2017 年第 3 期。

③ 参见陈兴良:《刑法教义学的发展脉络——纪念 1997 年刑法颁布二十周年》,载《政治与法律》2017 年第 3 期。

律文本——在此也包括刑法沟通过程中所运用的任何符号与概念——能够被理解。”[①]当然,“刑法教义学作为一种超越刑法法条的知识形态,具有对刑法法条的解释功能、塑造功能和统合功能”[②]。刑法作为其中的基本框架与脉络,通过法教义学的“努力”使之形成一个有血有肉的刑法理论体系。故刑法教义学不仅彰显了对法条的尊崇,同时也“包含了一种对待刑法法条的宗教信仰般的学术情怀”[③]。

刑法社会学以行动中的刑法研究为本体。“行动中的刑法”是相对于“文本中的刑法”而言的,这一概念源于欧根·埃利希的“活法”、[④]罗斯科·庞德的“行动中的法”、[⑤]卡尔·尼克森·卢埃林的“现实规则”[⑥]等法社会学家们有关“法”的经典论述中。法社会学研究的“法律”是将其作为一种社会事实的存在而被置于宏大的社会场景下供观察的一种社会现象,由此得出“法条根本没有意图去呈现一幅法律状态的完整图景”[⑦]。即法不仅指条文意义上的法律规则,也指在社会中实际运行的规则,即法律并非仅仅限于封闭的、逻辑的、概念的规则体系,还包括原则、政策、习惯、判例等复杂的构成要素。表现为法实际运作过程的法律行为、法律实施、法律实现也构成了法的组成部分。

在将社会学话语体系中存在的这个作为一种社会事实现象的“法”“落实”

---

① [西]里卡多·罗伯斯·普拉纳斯:《刑法教义学的本质》,张志钢译,载《中国政法大学学报》2020年第6期。

② 陈兴良:《刑法法理的三重语境》,载《中国法律评论》2019年第3期。

③ 陈兴良:《刑法教义学彰显对法条的尊崇》,载《检察日报》2014年7月31日,第3版。

④ 按照埃利希的观点:“活法不是在法条中确定的法,而是支配生活本身的法。这种法的认识来源首先是现代的法律文件,其次是对生活、商业、习惯和惯例以及所有联合体的切身观察,这些事项既可能是法律所认可的,也可能是法律所忽视和疏忽的,甚至是法律所反对的。”参见[奥]欧根·埃利希:《法社会学原理》,舒国滢译,中国大百科全书出版社2009年版,第545页。诸如习惯、风俗、礼仪等,它们是社会现实中的“活法”,是事实上的真正法律,是人类社会法律秩序的基础。并且,“一般而言,法律以外的伦理规范、习俗规范和礼仪规范很容易成为法律规范,以至于在大多数情况下作出区分是根本不可能的”。参见[奥]欧根·埃利希:《法社会学原理》,舒国滢译,中国大百科全书出版社2009年版,第135页。

⑤ 庞德“行动中的法”是相对于“文本上的法”而言的。实际上其并未给予“行动中的法”以定义,而是认为:“如果我们仔细观察,文本中的法律和行动中的法律之间的区别,声称要规制人际关系的规则与实际上已经约束着人际关系的规则之间的区别是非常明显的。我们会发现,现在法律理论和司法实践之间的差异是真实而深刻的。”参见[美]罗斯科·庞德:《文本中的法与行动中的法》,御风译,载葛洪义主编:《法律方法与法律思维》第5辑,法律出版社2008年版。

⑥ 卢埃林的“现实规则”,是相对于“纸面规则”而言的。他认为,所谓纸面规则,是指在现实中没有可观察到的对应物的规则。具体是指传统上被当作法律规则的东西,也就是书本上所说的“法律”;所谓的“现实规则”,是指在现实中存在对应物的规则,亦即被人们实际遵守了的规则,或者被法律官员有意识地实施了的规则。参见孙新强:《卢埃林现实主义法理学思想》,载《法制与社会发展》2009年第4期。

⑦ [奥]欧根·埃利希:《法社会学原理》,舒国滢译,中国大百科全书出版社2009年版,第540页。

到我国刑法社会学研究领域的过程中，各学者的研究呈现出了不同的研究进路。如在许发民教授的研究中，尽管强调了“刑法是一种法律社会现象”[①]，但其研究的主要是刑法与社会各种现象的密切联系以及这些社会现象对刑法的影响，而不是作为法律现象的刑法本身；[②]在汪明亮教授的研究中，重点关注了各种社会因素在刑事案件的裁判中对定罪量刑的影响；[③]在杜宇教授的研究中，对习惯法作为刑事立法的间接法源的功能以及在刑事司法中处理婚姻家庭、精神信仰、生产生活、纠纷救济等领域案件的真实存在予以了考察与确认；[④]在笔者的研究中，社会学视域中的刑法规范被以“刑法裁判规范”的身份置于核心地位，笔者认为如果从“生成结构主义”的视角观察，作为一种事实现象的刑法规范实际上是一种“被建构的结构”和“建构中的结构”，具有两种不同的形式侧面：一是被立法程序创制的刑法规范——刑法文本规范；二是被司法过程建构的刑法规范——刑法裁判规范。刑法裁判规范是刑法文本规范在司法实践中的“再加工产品”，在规范与事实的互相型构中借助价值判断与逻辑推理完成其证立过程。[⑤] 另外，苏力教授关于案件社会结构因素在刑法适用过程中对具体案件裁判结果的影响的研究；[⑥]桑本谦教授对相关刑法相关理论问题及刑事疑难案例的法经济学分析与解读；[⑦]白建军教授的关于刑法适用现象问题的大样本的实证研究，如刑事政策、司法潜见、法官的集体经验和民众偏好等在刑事司

---

① 许发民：《刑法社会学分析的对象及其意义》，载《现代法学》2002 年第 4 期。

② 参见许发民：《刑法的社会学分析》，法律出版社 2003 年版；许发民：《刑法的社会文化分析》，武汉大学出版社 2004 年版。

③ 参见汪明亮：《论定罪量刑的社会学模式》，载《现代法学》2009 年第 5 期；汪明亮：《论定罪量刑中的法官情感》，载《甘肃政法学院学报》2004 年第 6 期。

④ 参见杜宇：《作为间接法源的习惯法——刑法视域下习惯法立法机能之开辟》，载《现代法学》2004 年第 6 期；杜宇：《刑事制定法视域中的习惯法——一种被压制的知识传统》，载《法商研究》2004 年第 6 期；杜宇：《当代刑法实践中的习惯法——一种真实而有力的存在》，载《中外法学》2005 年第 1 期。

⑤ 参见张心向：《在遵从与超越之间——社会学视域下刑法裁判规范实践建构研究》，法律出版社 2012 年版。

⑥ 参见苏力：《轰动性案件的明智法律应对——以药家鑫案审理与辩护为例》，载《河北法学》2019 年第 6 期；苏力：《法条主义、民意与难办案件》，载《中外法学》2009 年第 9 期。

⑦ 参见桑本谦：《传统刑法学理论的尴尬（Ⅰ）——面对许霆案》，载《广东商学院学报》2009 年第 5 期；桑本谦：《传统刑法学理论的尴尬（Ⅱ）——面对梁丽案》，载《广东商学院学报》2009 年第 5 期；桑本谦：《疑案判决的经济学原则分析》，载《中国社会科学》2008 年第 4 期；桑本谦：《法律论证：一个关于司法过程的理论神话——以王斌余案检验阿列克西法律论证理论》，载《中国法学》2007 年第 3 期；桑本谦：《“标杆”？还是“警示牌”？——解读云南省高院改判李昌奎案引发的舆论风暴》，载陈兴良主编：《刑事法判解》第 12 卷，人民法院出版社 2012 年版。

法裁判中对定罪量刑的影响等,[①]都是对行动中的刑法事实现象研究的重要理论贡献。由此可见,尽管我国刑法社会学对刑法作为一种事实形态的研究,还比较碎片、零星,也可以说仅仅是凸显了一种立场、形成了一个雏形,但其对刑法规范的“事实”视角研究明显不同于刑法教义学的“文本”视角研究,还是显而易见的。

(二)是规范的逻辑解释还是现象的经验解释

刑法教义学与刑法社会学的对立与冲突,还表现在作为规范学的刑法教义学与作为事实学的刑法社会学如何“解释”刑法的问题,即刑法解释到底是一种规范的逻辑解释,还是一种现象的经验解释。

基于刑法是一种规范的立场,刑法教义学以法律逻辑解释为方法解释刑法文本法条。在教义学研究中包括语义解释、逻辑解释、历史解释和体系解释的法规范解释是刑法规范研究的最重要方法,[②]而其中逻辑解释是刑法教义学方法论的核心。“法教义学的主要使命就在于为法的适用提供某种法律规则,因此需要对法律概念的分析,而且也包括对各种不同规范和原则之逻辑关系的考察。”[③]借此,人们得以敏锐地去发现在整个刑法规范体系中各法条之间的联系和区别,并通过对它们的解释来揭示刑法规范整体的内部和谐,进而对整个刑法知识进行体系化整理,形成源于刑法规范但又超越刑法规范的教义规则。这种逻辑解释的方法论,“包括形式逻辑方法和实体逻辑方法。在认定犯罪的时候,要进行形式逻辑判断和实体逻辑判断。形式逻辑的判断侧重于对法条的形式特征的界定,尤其是涉及对法条之间逻辑关系的确定。而实体逻辑的判断则偏向于对法条的实质内容的界定,尤其是对法条的内容进行价值考量”[④]。为此,就需要建立一种符合规范的可检测的三阶段解释步骤:[⑤]首先是基于先见进行理解;其次用实践理性衡量理解的妥当性;最后是检验这种妥当的理解是否

---

① 参见白建军:《中国民众刑法偏好研究》,载《中国社会科学》2017 年第 1 期;白建军:《基于法官集体经验的量刑预测研究》,载《法学研究》2016 年第 6 期;白建军:《论具体犯罪概念的经验概括》,载《中国法学》2013 年第 6 期;白建军:《司法潜见对定罪过程的影响》,载《中国社会科学》2013 年第 1 期;白建军:《刑事政策的运作规律》,载《中外法学》2004 年第 5 期。

② 参见陈兴良:《刑法教义学方法论》,载《法学研究》2005 年第 2 期。

③ 陈兴良:《刑法教义学方法论》,载《法学研究》2005 年第 2 期。

④ 陈兴良:《刑法教义学的逻辑方法:形式逻辑与实体逻辑》,载《政法论坛》2017 年第 5 期。

⑤ 参见冯军:《刑法教义学的立场和方法》,载《中外法学》2014 年第 1 期。

具有法律上的根据,进而在教义规则与刑法规范之间形成被喻为“缠绕在树木上的藤蔓”那样的独特的共生关系。① 也就是说,以刑法规范为根据或逻辑前提,运用法律逻辑解释方法将刑法概念、原则、规则、理论等知识,有效、有机、有序组织利用起来,形成具有逻辑关联的刑法知识结构体系,使之可以仅从抽象的法律规定中就能推导出可适用于个案的规则,从而为司法的具体裁判决定提供教义上的支持。

基于刑法是一种事实的立场,刑法社会学以观察分析和经验归纳为解释刑法的方法解释刑法存在现象。法社会学的研究方法所秉承的主要是社会学的现象观察、实验研究、文献分析、田野调查等实证及文献研究方法,更强调对社会现实的观察与理解以及人类直觉与日常决策在法律建构过程中的重要地位,即力图运用社会学的方法进行观察分析或借助工具进行测量以经验现象面目出现的“法以及法与社会的关联,如法的社会作用、法的社会效果、社会对法的塑造、法对社会的塑造等”②,并由此形成经验法社会学和社会理论法学两种不同的研究路径。经验法社会学主要采取统计、调查、实验乃至当前流行的大数据分析等方法,观察、描述、解剖特定时空范围内的法律实践活动,强调社会环境因素对于法律运行的影响和法的社会实效,③并揭示出它们之间的因果关系或关联度,以此为基础提出解决问题的方案;而社会理论法学以社会理论作为论证资源,更加注重在一定的理论框架下去观察法律现象、理论内含的反思机制以及“宏观”理论的建构和运用,并表现出从法律规范向法律运作转移、从法律价值向法律功能转移的研究趋势。④ 如果说经验法社会学强调“定量”研究方法的话,那么理论法社会学无疑是更强调“定性”的研究方法了。当下我国刑法社会学的研究也呈现出了经验法社会学和社会理论法学两种不同的研究方法和进路。上述白建军教授将大样本的定量分析方法应用到刑法适用现象问题的研究上、汪明亮教授关于定罪量刑社会学模式的研究,以及胡昌明博士的社会结构对法官裁判的影响的研究也体现了这种研究模式的方法和进路;而许发民教授的关于刑法的社会学分析以及社会文化分

---

① 参见车浩:《理解当代中国刑法教义学》,载《中外法学》2017 年第 6 期。

② 陈柏峰:《社科法学及其功用》,载《法商研究》2014 年第 5 期。

③ 参见雷磊:《法社会学与规范性问题的关联方式 力量与限度》,载《中外法学》2021 年第 6 期。

④ 参见陆宇峰:《社会理论法学:定位、功能与前景》,载《清华法学》2017 年第 2 期。

析、杜宇教授的关于刑法视域中"习惯法"的初步考察,以及笔者基于布迪厄社会实践理论对刑法运作实践及刑法裁判规范实践建构问题的研究,都体现了社会理论法学研究的方法和进路。当然,最典型的还是苏力教授和桑本谦教授运用社会学(包括法经济学)的现象观察与变量分析方法对疑难刑事案件裁判过程所作的分析与解读。但无论哪种研究进路,研究的目的是共同的,就是如何才能更全面地认识和解释作为一种社会现象的刑法以及刑法在现实社会中的运作规律。

三、刑法教义学与刑法社会学的妥协与融合

无论是在刑法教义学中作为一种法律规范条文的刑法,还是在刑法社会学中作为一种社会事实现象的刑法;也无论是刑法教义学基于逻辑的规则提炼,还是刑法社会学基于经验的规律总结,其核心问题都是如何面对刑法的司法实践适用或运作。也正是在刑法的司法适用或实践运作过程中,刑法教义学与刑法社会学彼此之间的妥协与融合才成为一种无可回避的现实,这主要表现在以下三个相互关联的刑法实践情境中。

(一)在文本规范与裁判规范[①]之间

文本中的刑法(刑法的文本规范)与行动中的刑法(刑法的裁判规范)分别是刑法教义学与刑法社会学作为一门学科研究的起点和核心。文本规范是裁判规范的重要构造要素之一(不是唯一),裁判规范是文本规范的一种特殊存在的现象。

① 何为刑法上的"裁判规范",主要存在着两种不同概念:一种概念是相对于行为规范而言的裁判规范,即裁判规范是刑法条文中的一种规范类型。作为以法条文本为存在载体的刑法规范,就其规范的类型形式而言,主要就是行为规范和裁判规范。另一种概念是相对于刑法文本规范而言的裁判规范,存在于刑法的司法适用或运作过程中。就刑法的现实存在形态来看,一是作为立法规制的刑法存在——法律条文—文本规范—法条立法意义上的刑法规范存在现象;二是作为司法适用的刑法存在——适用现象—裁判规范—法条适用意义上的刑法规范存在现象。后者作为法条适用意义上的刑法规范存在现象的"裁判规范",在不同学者的研究中有不同的称谓,如欧根·埃利希的"活法"以及"特殊种类的法律规范"、卡尔·尼克森·卢埃林的"现实规则"、拉伦茨的"个案裁判基准的规范(裁判规范)"、米勒的"法官塑造出来的规范"、考夫曼的"具体的真实的法"、哈特的"审判规则"等就属于这种规范类型。在我国,除有裁判规范的称谓外,还有如审判规范或审判规则、个案规范或个别规范、裁判准据或裁判规则等称谓。参见张心向:《在遵从与超越之间——社会学视域下刑法裁判规范实践建构研究》,法律出版社2012年版,第45~73页。笔者所述的裁判规范是指相对于文本规范而言的法条适用意义上的裁判规范。

刑法文本规范,简单地说就是刑法条文,主要由语词、概念、类型构成。[①] 规范刑法学对刑法文本规范的研究,与此相对应的分别形成了主要针对语词进行"解释"的注释刑法学、主要针对概念进行"解释"的理论刑法学以及主要针对类型进行"解释"的教义刑法学(或刑法教义学)三种刑法知识类型。当然这三者并不是绝对区隔,而是紧密关联、层级递进的:①语词"解释",主要是针对法条字面含义的解释,是一种初期或者说是简单的规范知识加工,属于在纯粹立法语境中对规范语言的逻辑解释。②概念"解释",首先按照一定的语言逻辑对作为刑法法条内容组成部分的概念进行分析、提炼、归纳、总结,形成法律上的概念;在此基础上再按照一定的理论分析工具和法律逻辑重新解读现实规范中概念的意义,形成一个个理论上的概念。也就是说,先由刑法规范"衍生"出来的一系列法律上的概念;再由这一系列概念"推演"或"抽象"出既体现刑法规范的内在精神与价值但又超越刑法法条羁绊的理论上的概念类型;[②]最后又反过来将这些概念类型作为一种分析工具或理论模型"回归"到对法律上的概念的再解释中,由此形成一个概念解释的循环。概念"解释",将对刑法文本规范的解释向更高的解释层级上推进了一步,也可以认为是刑法知识体系从注释刑法学到理论刑法学的一次转型。③类型"解释"是在语词"解释"和概念"解释"的基础上,将对刑法文本规范的解释层级又向前推进了一步,由法条含义语境解释演进到了法条适用情境解释,也可以认为是刑法知识体系从理论刑法学到教义刑法学的又一次转型。这主要表现为在司法适用的具体情境中解释刑法文本规范,即将具体的案件事实纳入了对相关规范条文的解释当中,通过法律逻辑把规范与事实"连接"起来,将法条中抽象的文本概念通过案件事实"解释"成了一个个具体的裁判类型。如在众所周知的赵春华非法持有枪支案中的

---

① 构成法条基本要素的语词、概念、类型该如何理解,依然还是个见仁见智的问题。笔者认为:(1)规范语词不等于规范概念,但语词是概念的载体。(2)规范概念不等于规范类型,但概念是类型的母体;相对于类型,概念是抽象的,相对于概念,类型是具体的;概念可通过类型被具体化,类型可通过概念被抽象化;基于概念可以演绎出类型,基于类型能够归纳出概念。(3)严格区分法条中的语词与概念及语词与类型是相对容易的,但严格区分法条中的概念和类型是非常困难的,在很多语词表达的语境中往往表现为既是概念又是类型。在这个问题上,以描述一个个不法类型为主要规范结构形态的刑法文本规范尤甚。参见张心向:《我国刑法规范研究路径检视与反思》,载赵秉志主编:《刑法论丛》第 27 卷,法律出版社 2011 年版。

② 如实体和程序、刑罚和处遇、主体和客体、人为原因和自然事件、犯罪和犯罪人、犯罪和辩护、故意和过失、正当防卫和紧急避险、有关的错误和无关的错误、未遂和既遂、实行和共谋、正义和合法性。参见[美]乔治·P. 弗莱彻:《刑法的基本概念》,王世洲等译,中国政法大学出版社 2004 年版,第 2 页。

“玩具气枪”可否解释成其就是“枪支”其中的一种裁判类型；在王鹏非法出售珍贵、濒危野生动物案中的“家养鹦鹉”可否解释成其就是“野生动物”其中的一种裁判类型；在陆勇销售假药案中的“格列卫”可否解释成其就是“假药”其中的一种裁判类型。抑或赵春华案中的“玩具气枪”、王鹏案中的“家养鹦鹉”、陆勇案中的“格列卫”，可否能被作为刑法规范概念的“枪支”“野生动物”“假药”涵摄，进而与刑法规定的“枪支”“野生动物”“假药”的事实范型相“对接”。①

裁判规范，在刑法社会学的研究视域中不是一种既存的刑法规范类型，而是一种刑法规范存在现象。具体而言，就是刑法作为刑事案件裁判大前提时的存在样态，是对刑法司法适用现象的一种规范形态表达。在刑法教义学看来，基于罪刑法定原则的限制，作为大前提裁判规范的内部构造从形式上看只能是由语词、概念、类型等构成的刑法文本规范，存在样态也只能是刑法法条。但在刑法社会学看来，裁判规范的内部构造却是丰富多彩的，一切能够拘束或影响裁判过程或结果的真实存在的因素都有可能成为这个大前提的构造材料，也就是说构造这一裁判规范的“法源”丰富而多样。除刑法之外，宪法和相关行政法律规范等非直接援引性质的但具有相对法律拘束力的制定法法源（或正式法源），还有虽不具有法律拘束力但具有裁判影响力的非制定法法源（非正式法源），如“正义标准、推理和思考事物本质（natura rerum）的原则、衡平法、公共政策、道德信念、社会倾向和习惯法”②；法官法、法学家法以及自然法等；③学说、注释书、教科书、团体协议、交易惯例、法律惯例等；④文化传统、公众舆论、司法习惯、地方性知识、乡土民情等，都是构造裁判规范不可或缺的“法源”材料，⑤它们在刑法的适用或运作过程中通过“努力”可以“依附”或“寄存”到刑法法条之中，而成为裁判大前提的有机组成部分。这显而易见的主要发生在刑法文本规范类型“解释”的情境中。

---

① 参见张心向：《构成要件要素：从文本概念到裁判类型》，载《东方法学》2020 年第 1 期。

② 参见［美］E. 博登海默：《法理学：法律哲学与法律方法》，邓正来译，中国政法大学出版社 2004 年版，第 430 页。

③ 参见［德］魏德士：《法理学》，吴越、丁晓春译，法律出版社 2005 年版，第 98 ~ 99 页。

④ 参见［日］大木雅夫：《比较法》，范愉译，法律出版社 1999 年版，第 92 页。

⑤ 参见张心向：《在遵从与超越之间——社会学视域下刑法裁判规范实践建构研究》，法律出版社 2012 年版，第 92 ~ 184 页。

"法律浩如烟海,漏洞却依旧多于牛毛!"[①]与通过语词"解释"或简单的概念"解释"就能顺利完成规范与事实"对接"的刑法司法适用情境相比,在法律条文规定模糊或存在漏洞的情况下,文本概念中的事实范型与该事实范型相"对应"的案件"事实场景"之间在"对接"时会存在多个需要比对的相似选项,其裁判类型是复杂的且存在多种不确定情形。此时,类型"解释"中的刑法规范,在文本概念与裁判类型之间该如何"对接",往往会超越纯粹语义及概念解释意义上的法律适用,而成为一种更深层、更广泛甚至更长远考量的社会控制行动,[②]从而使非刑法性质的"法源"作为一种在如何选择适用法律时的一种结果导向的价值补充(或价值考量)进入裁判过程,进而使之获得了可以"依附"或"寄存"的机会,如上述所例举的几个案例还有众所周知的"许霆案"中的情形。这也由此为刑法教义学如何在刑法适用过程中提炼规则、抽象教义及刑法社会学如何在刑法运作过程中观察现象、总结经验并促进刑法在社会变革与发展的过程中"与时俱进"地成长,提供了深厚的沃土与丰富的源泉。

(二)在案件法律结构与案件社会结构之间

刑法教义学分析研究刑法规范在司法实践中如何被具体适用的客观基础是案件的法律结构;刑法社会学观察研究刑法规范在司法实践中是如何进行运作的客观基础是案件的社会结构,而案件结构的构造则是由案件法律结构与案件社会结构构成的二元组合。

从案件法律结构的构造形式看,刑法规范与案件事实构成了刑事案件法律结构的两大核心要素。基于罪刑法定原则的限制,刑法规范与案件事实是案件进入刑事裁判过程的唯一因素。案件事实作为小前提是进行裁判活动的基础和逻辑起点,需要法官等法律职业者先去面对、判断、认定以及认识其法律属性;刑法规范是在案件事实被确认的基础上,为进行逻辑推理所必须要寻找、发现、创造的大前提,是进行裁判活动的依据和逻辑前提。"每一个具体案件的判决都是抽象的法律规则在具体事实中的'适用'。"[③]这也是以实践为导向的刑法教义学解释刑法规范司法适用的主要场域,即在将法条中抽象的文本概念通

① [德]尤利乌斯·冯·基尔希曼:《作为科学的法学的无价值性——在柏林法学会的演讲》,赵阳译,商务印书馆2016年版,第8页。

② 参见张心向:《构成要件要素:从文本概念到裁判类型》,载《东方法学》2020年第1期。

③ [德]马克斯·韦伯:《论经济与社会中的法律》,张乃根译,中国大百科全书出版社1998年版,第25页。

过案件事实“解释”成具体裁判类型的过程中提炼规则、抽象教义。

首先是基于逻辑涵摄在通过具体案件事实去发现法律的过程中提炼规则、抽象教义。法律的发现过程是一种在事实中对规范再认识，以及在规范中对事实再认识的过程。只有通过具体的案件事实，去识别、解释刑法规范的意义后，才能将其内涵及外延明确化并加以适用，即刑法规范通过个案事实由抽象变为具体、由模糊趋向明确，逐步确定规范对事实的涵摄范围，并通过个案事实衍生出规范适用的裁判类型或经验规则。这一方面使抽象的刑法规范经由案件事实解释成为具体化的裁判类型，另一方面又将具体的案件事实经由刑法规范解释成为符合规范格式化要求的案情要素，从而形成构成要件类型与案件事实要素的彼此对应。“规范成为‘符合存在的’，案件成为‘符合规范的’。”①

其次是基于价值补充（或价值考量）在通过具体案件事实去创造法律的过程中提炼规则、抽象教义。司法过程的法律创造与法律发现一样，都是正当的个案裁判行动，并试图通过这一行动发现针对个案的最合理、最妥当的解决方案。一是规范漏洞填补。规范漏洞主要是指个别法条规定有疏漏不周延现象。填补漏洞的手段主要是类比推理。一般表现为把一条法律规则扩大适用于并不为该规则的语词或概念所涉及但却被认为属于构成该规则或概念之基础的社会伦理规范或思考事物本质的原则、习惯、政策等范围内的事实情形，即根据两个或两个以上的事物在某些属性上相同，从而推出它们在其他属性上也相同，即“相同事物相同对待”。如相对于组织女性向男性卖淫构成我国刑法中的组织卖淫罪，组织男性向同性卖淫的行为也应构成我国刑法中的组织卖淫罪。②二是规范空缺续造。规范空缺是指刑法条文规定本身就存在不完整现象。也就是说，对于已经规定在刑法中的犯罪类型，欠缺对整个构成要件或要素详细而无遗漏地记述，导致由于构成要件或要素过于抽象难以确定其意义而使规范中的事实范型与具体的案件事实无法实现一一对应，如不纯正不作为犯罪中不作为的刑事违法性、过失犯罪如何通过对注意义务的确定来解决过失犯的刑事责任等，这些都是无法通过规范与事实一一对应的符合性判断来得出结论的。这种规范空缺的续造主要是通过构造裁判规范不可或缺的非刑法规范因素的

---

① ［德］亚图·考夫曼：《法律哲学》，刘幸义等译，台北，五南图书出版公司2000年版，第237页。

② 参见江苏省南京市秦淮区人民法院刑事判决书，（2004）秦刑初字第11号；江苏省南京市中级人民法院刑事裁定书，（2004）宁刑终第122号。

各种“法源”材料等直接进行价值补充去完成的,如不纯正不作为故意杀人罪的认定。

案件社会结构,简单地说就是案件在社会空间中的位置和方向的几何排列以及涉案各社会因素之间相互关联的方式,是当代著名的社会学家布莱克[①]纯粹法社会学理论分析案件裁判现象的“实践”应用,试图“从法律条文主义搞不清的地方寻找规律”[②]。布莱克在通过对法社会现象的田野观察,并基于大量案例的实证考察,认为除涉及法律规定和逻辑之外,“每一案件还有其社会特征:谁控告谁?谁处理这一案件?还有谁与案件有关?每一案件至少包括对立的双方(原告或受害人,以及被告),并且可能还包括,一方或双方的支持者(如律师和友好的证人)及第三方(如法官或陪审团)。这些人的社会性质构成了案件的社会结构”[③]。也就是说,每一个案件都是在特定社会空间中发生的,都存在着与之相应的分层、形态、文化、组织性和社会控制等各种社会因素,[④]案件的处理也会随着这些社会因素的不同而变化,导致了“法律上相同的案件——关于同样的问题、拥有同样的证据支持,常常得到不同的处理……换句话说,法律是可变的。它因案件的不同而不同”[⑤]。

“法律不仅仅是规则和逻辑,它也有人性。离开了社会环境,法律将是不可理解的。”[⑥]而“现代法学忽略了案件各方的社会特征”[⑦]。也就是说,这种案件的社会结构作为一种隐性的存在,在现代法学中一直处于被疏忽的状态,案件结构的构造实际上是法律结构和社会结构的二元组合。而从司法裁判的过程或形式上看,案件社会结构内部各因素可以间接影响裁判结果,但本身不能直接导致案件裁判结论的得出;案件裁判结论是案件法律结构内部规范与事实之

① 唐·布莱克(Donald J. Black,1941~)是美国当代著名的社会学家,社会法学派和行为主义法学派代表人物之一。

② [美]唐·布莱克:《社会学视野中的司法》,郭星华等译,法律出版社2002年版,第108页。

③ [美]唐·布莱克:《社会学视野中的司法》,郭星华等译,法律出版社2002年版,第5页。

④ “分层是社会生活的纵向方面,是对诸如土地或水的获得、食物以及金钱等生存条件的任何不均等的分配。形态是社会生活的横向方面,是人们相互间关系的分配,包括他们的分工、结合和亲近。文化是社会生活的符号方面,如宗教、装饰和民间传说等。组织性是社会生活的组合方面,或集体行动的能力。社会控制是社会生活的规范方面,它是对不轨行为的界定和反应,如禁止、谴责、惩罚和赔偿。”参见[美]唐纳德·J.布莱克:《法律的运作行为》,唐越、苏力译,中国政法大学出版社2004年版,第1~2页。

⑤ [美]唐·布莱克:《社会学视野中的司法》,郭星华等译,法律出版社2002年版,第4页。

⑥ [美]唐·布莱克:《社会学视野中的司法》,郭星华等译,法律出版社2002年版,“序言”。

⑦ [美]唐·布莱克:《社会学视野中的司法》,郭星华等译,法律出版社2002年版,第104页。

间逻辑运作的结果，而规范与事实之间如何进行"逻辑"地运作，特别是在刑法条文规定存在模糊、漏洞、空缺的情况下，规范与事实之间不能"唯一"或"有效"地进行"对接"，[①]而需要借助"经验"的价值补充来确定其中之一作为"选项"的时候，案件社会结构"进入"案件法律结构就获得了机会。也就是说，当法律条文本身决定不了案件的时候，正是每个案件相应的社会特征决定了案件的最终处理结果。[②]

一般刑事案件社会结构的基础是案件中的被告人方与被害人方、[③]双方各自的支持者、作为裁判者的第三方以及他们相应的社会身份或特质。尽管"从技术角度来说，这些问题都是与法律无关的"[④]，但被告人、被害人双方的基本社会特质决定或影响着一方或双方支持者的社会特质及影响力。社会地位或威望高、社会影响力大的律师、证人以及其他社会支持力量（公众舆论、媒体、权力等）分别加入案件中被告人、被害人的双方或一方，都会在一定程度上改变双方之间博弈的力量对比。如我国著名的张文中案和聂树斌案，正是由于其具有重大专业和社会影响力的律师以及坚持不懈的家人、媒体、社会舆论等各种社会因素多少年持续不断地介入、关注、执着，增加了支持被告人方的力量，最终才都得以"平反昭雪"。[⑤] 实际上每个类似这样的案件背后都有这样一个类似故事。这是因为，被告人、被害人双方的社会特质以及一方或双方支持者的社会特质等，最终都会聚集到对裁判者（第三方）会产生多大影响力以及裁判者（第三方）自由裁量权该如何行使上，即案件社会结构中相关社会因素会影响裁判者的裁判"前见"。"人类的头脑，即使在婴儿时期，也不是一张白纸，我们生来

---

① 如司法实践中生产、销售性药类、保健食品类、减肥产品类、美容产品类等"物质类型"，所"对应"的刑法规定的构成要件要素事实范型不仅有"药品"，还有"有毒、有害食品""伪劣产品""不符合安全标准的食品"等各种不同的事实范型，或者说作为这些案件事实要素的性药类、保健食品类、减肥产品类、美容产品类等若干"物质类型"应该"对应"哪一构成要件要素事实范型，在刑法上是缺乏明确、清晰的规定，抑或即便是有规定，选项也不是唯一的。参见张心向：《构成要件要素：从文本概念到裁判类型》，载《东方法学》2020 年第 1 期。

② 参见[美]唐·布莱克：《社会学视野中的司法》，郭星华等译，法律出版社 2002 年版，第 114 页。

③ 社会学意义上的被告人方与被害人方是广义上的，更多的是彼此作为产生社会冲突和纠纷的相对方来理解和使用的。

④ [美]唐·布莱克：《社会学视野中的司法》，郭星华等译，法律出版社 2002 年版，第 104 页。

⑤ 相关内容，参见赵秉志、左坚卫编著：《民营企业产权保护第一案：张文中案件的参与暨思考》，法律出版社 2019 年版；胡云腾、最高人民法院司法案例研究院编：《记载中国法治进程之典型案件 聂树斌案》，人民法院出版社 2019 年版。

就有倾向"[①],"喜爱和厌恶、偏好和偏见、本能、情感、习惯和信念的复合体,这一切构成一个具体的人,而无论这个人是诉讼者还是法官"[②]。而裁判"前见"作为裁判者的一种"隐性知识"[③],影响着裁判者基于得出某种裁判结果的需要而如何"逻辑"地运作规范与事实之间的"关系"。也正是在这种有目的、有导向的"逻辑"运作中,案件社会结构的"欲求"借助案件的法律结构得到了"回应"。[④] 这一现象如今在抽象教义所提炼的刑法适用规则或类型中已有所反映,[⑤]而在具体的司法实践过程中却是一直如此。

(三)在法理学模式与社会学模式之间[⑥]

案件法律结构与社会结构的二元并存,决定了刑法规范在具体司法适用或运作过程中,不仅存在(显性存在)基于案件法律结构的法理学模式(抑或法学模式),也存在(隐性存在)基于案件社会结构的社会学模式。刑法教义学在法理学模式中通过逻辑提炼规则,刑法社会学在社会学模式中根据经验总结规律。而法理学模式与社会学模式在整个刑法规范的司法适用或运作过程中,均不可或缺。

法理学模式的核心是法条与逻辑。"法理学模式视法律为逻辑过程。对每

---

① [美]杰罗姆·弗兰克:《法律与现代精神》,刘楠、王竹译,法律出版社2020年版,第12页。

② [美]本杰明·卡多佐:《司法过程的性质》,苏力译,商务印书馆1998年版,第105页。

③ 自英国科学家、哲学家波兰尼提出了"显性知识"和"隐性知识"的知识形态分类之后,我们对那些可以意会但难以言说的隐性知识终于有了一个概念认识。其关于隐性知识的著名命题之一是:"我们知晓的比我们能够说出的多。"See Polanyi, *The Tacit Dimension*, 1983.

④ 如众所周知的"许霆案""药家鑫案""李昌奎案""张文中案""聂树斌案"等具有重大社会影响力的案件的裁判过程,大多如此。

⑤ 车浩教授在《情人勒索"分手费",刑法管不管?》(载微信公众号"中国法律评论"2021年12月31日)一文中,结合相关案例至少提炼出了两条教义规则。(1)存在债务是排除"非法占有目的"的一个重要事由。理由:情人之间存在同居等情形,建立了一种"类婚姻"的非婚姻关系,而且在这种关系中,一方不对等地接受了另一方的照顾或付出,由此形成了某种事实上的"感情债",那么,在这种关系结束时,另一方提出"分手费"等索财要求,可以排除敲诈勒索罪中的"非法占有目的"。(2)某些合法行为(如公布双方关系以及合影照片等信息)也可以作为威胁对方索要财物的手段。理由:这里存在一个价值导向和社会效果的问题。如果放纵和容忍这种卑劣的行为,就会激励各种形式的告密者,将与他人的社交信息视作获利工具。这会导致巨大的社会负面效果,进而逐渐摧毁社会共同体的信任基础。因此,敲诈勒索罪中作为威胁手段的恶害性质,不必非得是不法行为,以合法行为相威胁的亦可。可见,提炼的规则来源于案件的法律结构,提炼的理由却根基于案件的社会结构。

⑥ 相对于一直存在并占据统治地位的法律的法理学模式,法律的社会学模式与案件的社会结构一样,也是布莱克将其纯粹法社会学理论应用于分析司法裁判现象时提出的一个概念,并从焦点(法律条文/社会结构)、过程(逻辑/行为)、范围(普适的/可变的)、视角(参与者/观察者)、目的(实践/科学)、目标(作出决定/提供解释)六个方面界定了这两种模式之间的不同及各自分析、处理问题的路径。参见[美]唐·布莱克:《社会学视野中的司法》,郭星华等译,法律出版社2002年版,第17页。

一案件的评估都是对法律条文的运用,而且逻辑决定结果。”[①]在法理学模式中,刑法如何解释适用完全基于逻辑,刑法的适用过程就是逻辑推理的过程。主张法条是案件唯一的裁判根据,限制经验等非法律规范因素在裁判案件中的作用,通过法条与事实之间的逻辑推理对案件作出裁判决定,即“法律规则提供大前提,案件事实提供小前提,而司法决定就是结论”[②]。在抽象性规则与具体事件之间建立起了有说服力的联系。[③] 但这种演绎推理本身却存在着不可克服的缺陷,它只能保证论证过程的合逻辑性,却无法保证加入这一论证过程的大、小前提的真实性。因为这里前提的真实性显然并不是通过逻辑本身提供的,而是通过经验获得的,故逻辑过程的真实不能完全决定所得出结论的真实。“在逻辑形式的背后,存在着相互竞争的立法理由的相对价值和重要意义的判断,通常是一种无以言表且毫无意识的判断,这是实际存在的然而却是整个诉讼程序的根源和命脉之所在,你们可以赋予任何一个结论以某种逻辑形式。”[④]

社会学模式的核心是变量与经验。“社会学的模式将我们的注意力集中到了案件的社会结构上”,[⑤]这是因为“法社会学注意到了社会异质性的作用,并把它对于案件处理的影响作了详细的阐释”[⑥]。“在社会学模式中,并不认为法律是逻辑的。法律所述是人们实际上如何行动。”[⑦]故社会学模式是一种结果导向的模式,先有“裁判结论”,再行“逆推试错”,“试错的过程产生判决。试错的过程决定着它们再造自身的权利”[⑧]。特别是“当事实和法律因素不确定时,法官就常常会从他直觉地认为公平的解决方案出发,只是到了司法决定的形式起草阶段才使用三段论推理。我们可以称之为倒置的三段论,‘上升式的’或‘逆退式的’三段论。此时法官就会运用其选择前提的自由,以制作出能够证明已定结论的三段论”[⑨]。在社会学模式中依据价值理念、社会经验、传统习俗等处

① [美]唐·布莱克:《社会学视野中的司法》,郭星华等译,法律出版社2002年版,第16页。
② [美]理查德·波斯纳:《法官如何思考》,苏力译,北京大学出版社2009年版,第38~39页。
③ 参见[美]魏德士:《法理学》,丁小春、吴越译,法律出版社2003年版,第309页。
④ [美]霍姆斯:《法律的生命在于经验——霍姆斯法学文集》,明辉译,清华大学出版社2007年版,第217页。
⑤ [美]唐·布莱克:《社会学视野中的司法》,郭星华等译,法律出版社2002年版,第16页。
⑥ [美]唐·布莱克:《社会学视野中的司法》,郭星华等译,法律出版社2002年版,第108页。
⑦ [美]唐·布莱克:《社会学视野中的司法》,郭星华等译,法律出版社2002年版,第16页。
⑧ [美]本杰明·内森·卡多佐:《法律的生长》,刘培峰等译,贵州人民出版社2003年版,第28页。
⑨ [法]雅克·盖斯旦、[法]吉勒·古博:《法国民法总论》,陈鹏等译,法律出版社2004年版,第40~41页。

理案件比遵循逻辑更被重视，带有社会特质性的非法律规范因素在一定程度上影响着法官定罪量刑自由裁量权的行使。[①] 这里需要特别关注的是，如果用这种超越规范与逻辑的社会学模式径行决定裁判结果的话，不仅严重背离了罪刑法定原则，而且与现代法治形式主义的价值追求也格格不入。尽管"法律蕴含着一个国家数个世纪发展的故事，我们不能像对待仅仅包含定理和推论的数学教科书一样对待它"[②]，但在"教科书"规定的动作要领范围内操作，还是我们义无反顾必须要坚持的底线。

毫无疑问，"法理学模式仍在法律界人士和教育者的观念和著述中占主导地位"[③]，"法官也例行公事地运用法理学模式，因为他们根据法律如何能够逻辑地应用于案件的事实来形成他们的决定。律师和法官都不明确地将案件的社会结构作为与处理案件的过程有关的内容对待，并且他们甚至不提及有关人员的社会特征"[④]。但"法律条文提供了法律的语言，而案件的社会结构提供了语言表达的语法"[⑤]却是司法活动的现实，二者对彼此都是不可或缺。"法理学模式是实用的，它所关注的是应该如何做出决定。社会学模式是科学的，它所关注的是针对案件的决定实际上是如何做出的。法理学模式用于做出决定。社会学模式用于做出解释。"[⑥]

在法理学模式中通过逻辑提炼刑法文本规范司法适用的规则、教义并应用到具体案件的裁判过程中，是法律实践行动中的常规操作。不仅如我国大量的刑事司法解释等规范性文件中涉及的具体法律适用规定，以及最高人民法院刑事审判庭编著的《刑事审判参考》中的案例裁判要旨等大多源于此，而且针对某个、某些、某类案例的刑法教义学研究，还在源源不断地提供各刑法法条应该如何被适用的"教义"。这种通过逻辑提炼刑法文本规范司法适用的规则的方法，综上所述主要有两种：一是基于逻辑涵摄通过在具体案件事实去发现法律的过程中提炼规则、抽象教义。主要是在规范有相对明确规定的情况下，通过确定

---

① 汪明亮教授曾就是否存在定罪量刑的社会学模式进行过实证研究。其以上海、江苏、广东、山东、安徽、江苏、陕西、山西等省市的各级人民法院刑庭法官为调查对象进行书面问卷调查，调查结果显示：带有社会特质性的案件社会结构因素在一定程度上影响着法官定罪量刑自由裁量权的行使。参见汪明亮：《论定罪量刑的社会学模式》，载《现代法学》2009 年第 5 期。

② ［美］小奥利弗·温德尔·霍姆斯：《普通法》，冉昊、姚中秋译，中国政法大学出版社 2006 年版，第 1 页。

③ ［美］唐·布莱克：《社会学视野中的司法》，郭星华等译，法律出版社 2002 年版，第 16 页。

④ ［美］唐·布莱克：《社会学视野中的司法》，郭星华等译，法律出版社 2002 年版，第 18 页。

⑤ ［美］唐·布莱克：《社会学视野中的司法》，郭星华等译，法律出版社 2002 年版，第 16 页。

⑥ ［美］唐·布莱克：《社会学视野中的司法》，郭星华等译，法律出版社 2002 年版，第 16 页。

刑法规范对案件事实的涵摄范围,“衍生”出规范适用的裁判类型或经验规则。二是基于价值补充(或价值考量)通过在具体案件事实去创造法律的过程中提炼规则、抽象教义。主要是在规范存在漏洞或空缺而导致逻辑涵摄失灵的情况下,通过类比操作及价值因素的补充(或价值考量)把规范与事实关联起来,并由此“创造”出规范适用的裁判类型或经验规则。前者是在规范与事实之间的形式逻辑运作中提炼规则教义,后者是在规范与事实之间的实体逻辑运作中提炼规则教义。[①] 这是因为,“在概念和体系构成方面,刑法教义学不仅需要形式上的法学逻辑,因为形式逻辑只提出了法学的一般规则,而且还需要一个从被保护的法益角度提出论据的实体上的逻辑,并因此而对制定和论证法规范起到推进作用,实体逻辑包含了从价值体系中引导出来的实体裁判的理由,此等裁决从司法公正的角度和刑事政策的目的性方面看,内容是正确的,或者至少是可以证明是正确的”[②]。形式上的逻辑侧重于对法条的形式特征的界定,尤其是涉及对法条之间逻辑关系的确定;实体上的逻辑则偏向于对法条的实质内容的界定,尤其是对法条的内容进行价值考量。这里的“形式上的逻辑”毫无疑问就是法理学模式,而“实体上的逻辑”实际上或本质上是社会学模式。

在社会学模式中通过现象总结社会因素影响刑事司法裁判的经验并应用到具体案件的裁判过程中,是法律实践行动中的非常规操作,但却是毋庸置疑的事实存在。这一方式不仅在刑事司法解释等规范性文件以及《刑事审判参考》中同样存在,[③]而且在包括刑法社会学在内的法社会学的研究中,通过观察各种非刑法规范性质的社会因素对具体案件裁判过程及结果的影响,提炼、归

① 实体逻辑方法涉及对法条内容的价值判断,并由此确定保护法益的内容。在这个意义上说,实体逻辑方法要比形式逻辑方法更为重要。如果放弃这种实体逻辑的判断,就会发生形式主义或者法条主义的判决结果,由此将会与社会生活常识相抵触。参见陈兴良:《刑法教义学的逻辑方法:形式逻辑与实体逻辑》,载《政法论坛》2017 年第 5 期。

② [德]汉斯·海因里希·耶赛克、[德]托马斯·魏根特:《德国刑法教科书》,徐久生译,中国法制出版社 2009 年版,第 54 页。

③ 在我国刑事司法解释中,一般都是通过把各种非刑法规范性质的社会因素,如刑事政策、社会伦理、道德信念、文化传统、公众舆论、司法习惯、乡土民情以及习惯法等纳入到“酌定情节”的范畴去影响刑事司法裁判。如“对因婚姻家庭、邻里纠纷等民间矛盾引发的案件,要慎重适用死刑”“被告人积极赔偿被害人经济损失、真诚悔罪的;被害方谅解的,等等。除犯罪情节特别恶劣、犯罪后果特别严重、人身危险性极大的被告人外,一般可考虑不判处死刑立即执行”(参见《关于审理故意杀人、故意伤害案件正确适用死刑问题的指导意见》)。再如,因为“被告人与被害人属于共同生活的家庭成员,无论其进入被害人的居室是否得到被害人的同意,都不属于非法侵入;同时,从我国的传统伦理道德观念来看,无论子女是否成年或者与父母分开另住,子女进入父母的卧室或者住宅,都是正常的”。故“子女进入父母居室内抢劫的不属于‘入户抢劫’”。参见最高人民法院刑事审判第一庭、最高人民法院刑事审判第二庭编:《刑事审判参考》总第 21 辑,法律出版社 2001 年版,第 22 页。

纳、总结出带有规律性的变量因素,进而用于解决一些具体疑难刑事案件,也具有不可低估的价值和意义。即便受罪刑法定原则的制约,社会学的变量与经验分析模式仍然为法理学的法条与逻辑分析模式提供了一套法律适用逻辑背后的“逻辑”套路。社会学模式将可以观察到的变量经过经验评估转化成一种“法源材料”,通过裁判者的裁判“前见”,以价值补充(或价值考量)的方式介入法理学模式的法条逻辑解释中去形成裁判规范,并由此获得了加入案件“裁判”过程的机会。[①] 但社会学模式毕竟不能直接输出裁判产品,如桑本谦教授主张的基于法经济学以“变量评估替代要件识别”来破解刑事司法的“定性难题”[②]的表述,实际上应该是以“变量评估‘解读’要件识别”,抑或通过法经济学的变量评估来识别出犯罪构成要件或要素的深层法律意义,以解决刑事司法的“定性难题”。朱苏力教授在关于药家鑫一案的评述中基于案件社会结构提出了“即使死刑罪有应得,但当罪犯是独生子女时,在某些案件中,可略微减轻罪犯的惩罚”[③]观点以及他认为的导致药家鑫最后被判处死刑立即执行的几点原因(变量因素):(1)不实信息流传造成了对药家鑫案不利的社会舆论;(2)药家鑫案的辩护律师辩护策略失当,只谈法条,忽视其他;(3)中级人民法院设计的陪审团和问卷调查是一个败笔;(4)一审法院没有力促达成刑事和解协议。[④] 这些影响药家鑫案裁判的原因或变量,再加上我国限制死刑适用的刑事政策等,对于决定药家鑫案最终如何裁判无疑是重要的因素,但无论如何也不能由此直接作为依据得出裁判结论。“变量评估”在任何情况下都不能直接替代“要件识别”。药家鑫案中的所有这些非刑法规范性质的因素或变量,只能作为如何解读“罪行极其严重”以及“如果不是必须立即执行”等死刑相关条文以及自首等规定在药家鑫案中的规范意义的价值评判基础,从而以一种法源类型或材料与刑法文本规范一起形成案件的裁判规范,最终才能加入裁判过程并获得裁判权

---

① 对此,笔者在《死刑案件裁判中非刑法规范因素考量》(《中外法学》2012 年第 5 期,第 1021 ~ 1045 页)一文中,有较详细的分析描述。汪明亮教授在其《论定罪量刑的社会学模式》(《现代法学》2009 年第 5 期)和《死刑量刑法理学模式与社会学模式》(《北大法律评论》2005 年第 1 期)两篇论文中,也有部分分析描述。

② 参见桑本谦:《从要件识别到变量评估:刑事司法如何破解“定性难题”》,载《交大法学》2020 年第 1 期。

③ 朱苏力:《从药家鑫案看刑罚的殃及效果和罪责自负——纪念〈法学〉复刊 30 周年 · 名家论坛(一)》,载《法学》2011 年第 6 期。

④ 参见苏力:《轰动性案件的明智法律应对——以药家鑫案审理与辩护为例》,载《河北法学》2019 年第 6 期。

重。当然,具体的裁判过程必然还是法理学模式的,且必须是逻辑的并以法律的名义。非刑法规范因素虽被刑法规范规定所遮蔽,但其一直潜隐在裁判过程中,通过解读刑法文本规范的一般规定在具体案件裁判中所具有的特定意义来“暗度陈仓”,以实现其裁判价值。可见,真正用于裁判具体案件的规范,实际上是刑法规范规定条款与非刑法规范因素在特定案件事实中的有机融合。刑法教义学从中提炼的是教义与规则,刑法社会学从中总结的是经验与规律。

另外,基于罪刑法定现代刑事法治的基本要求,社会学模式融入法理学模式是需要有“仪式”感的,这个必不可少的“仪式”围绕着法律的逻辑解释而展开,即作为沟通与关联刑法教义学的逻辑与法条和刑法社会学的经验与变量之间桥梁的法律论证或证立,以实现理性与经验、规则与智慧的融合。[①] 鉴于篇幅所限,笔者于此不再赘述。

四、结语

“规范研究关注文本中的法律(law in text),是在尊重现有法律体系和法律秩序的前提下对法律文本进行解释和适用。经验研究关注情境中的法律(law in context)或通常所说的行动中的法律(law in action),从而拓展了法律研究的时空范围。”[②]作为法教义学的法律规范研究与作为法社会学的法律经验研究从来就不是二元对立的关系,而是彼此可以互动、互补、互构,并由此提升了各自的知识竞争力和强化了作为一种学科体系的存在感。刑法教义学与刑法社会学亦然。无论它们是各自作为一种知识论体系,还是各自作为一种方法论体系,对立与冲突更多的是基于一种理论视域研究的需要而做出的一种命题假设,但并非本就如此。当它们分别穿越各自纯粹理论的藩篱,来到法律实践行动的场域,呈现出来的场景却是彼此妥协与融合的“难分难舍”。因为无论从哪个视角来研究法律,对“法律是一种形式、价值和事实的特殊综合”[③]这一论断,都不可能做到视而不见、听而不闻。一方面,规范刑法学从注释刑法学到理论刑法学再到教义刑法学(刑法教义学)一路坎坷走来,不断更新迭代、不断发展壮大的过程,实际上也是不断向实践开放、开放、再开放的过程,同时也是不断

---

① 参见陈金钊:《对“许霆案”的方法论诠释》,载《公民与法(法学版)》2009 年第 2 期。

② 侯猛:《法律的经验研究范式:以规范研究为参照》,载《学术月刊》2021 年第 3 期。

③ 转引自吕世伦主编:《现代西方法学流派》(上卷),中国大百科全书出版社 2000 年版,第 595 页。

地吸收、接纳、融合法社会学、法经济学、法人类学等社科法学有关刑法问题研究的知识、经验、方法的过程，尤其是在面对疑难刑事案件法条失灵、捉襟见肘的时候，其解决问题的对策方案，更深受左右，借力良多；另一方面，法社会学（包括法经济学等）针对法律的运行过程、法律的影响、法律与社会规范的关系等的相关现象、变量、经验、规律等问题的研究也从宏观层面的抽象理论叙事，越来越趋向微观层面的具体就事论事，而在刑法社会学领域影响越来越大的则是对刑事疑难案件的个案化研究。如此，刑法规范就成了一个必须要面对的重要变量。作为刑法规范的变量与作为其他非刑法规范因素的变量，在具体的刑法行动场景中面对面的能量博弈或影响力竞争就变得不可避免，特别是在涉及处理具有重大社会影响力的疑难刑事案件时，在到底应该"听谁的"的问题上表现的就更加突出。一个比较有趣的现象就是，刑法教义学总的来说以一种包容的心态、建构的模式接纳了法社会学经验研究的介入（也许被认为这是不得已而为之）；而包括刑法社会学在内的法社会学总的来说则是以一种怀疑的心态、解构的模式接受了刑法教义学规范研究的加入，为此，还提出了"以变量评估替代要件识别"[①]"以'后果为锚'取代'主客观相统一'"的主张，[②]以及"独生子女免死"的量刑规则，[③]以宣示"规范"在法社会学中的地位并不是那么高高在上、独一无二的。

法教义学与法社会学各自对法律的"实践逻辑"的探索一直在路上。刑法教义学与刑法社会学亦然。到底是谁掌握了刑法"实践逻辑"最终的话语权？抑或刑法的"实践逻辑"到底是什么？这些问题有答案，又没有答案。但相比较而言，刑法教义学能够提供出一整套全面、系统、普适、清晰、实用、可操作的关于刑法实践的知识解决方案或版本（尽管存在些许瑕疵），而包括刑法社会学在内的法社会学却不能，这应该是一个基本共识。另外，我们可能又会不禁惊艳于包括刑法社会学在内的法社会学关于刑法实践经验的研究，在刑法教义学遭遇疑难案件不知所措时，果断出手、挺身相助而绽放出的智慧之光。法社会学的"变量评估"[④]为刑法教义学更符合日常生活经验和人类公平直觉地解读构

---

① 参见桑本谦：《如何完善刑事立法：从要件识别到变量评估（续）》，载《政法论丛》2021 年第 2 期。

② 参见桑本谦：《法律教义是怎样产生的——基于后果主义视角的分析》，载《法学家》2019 年第 4 期。

③ 参见朱苏力：《从药家鑫案看刑罚的殃及效果和罪责自负——纪念〈法学〉复刊 30 周年 · 名学论坛（一）》，载《法学》2011 年第 6 期；苏力：《轰动性案件的明智法律应对——以药家鑫案审理与辩护为例》，载《河北法学》2019 年第 6 期。

④ 即"定罪量刑需要考虑破案率、作案成功率等决定刑罚威慑水平和犯罪预期损失的各种变量"。参见桑本谦：《从要件识别到变量评估：刑事司法如何破解"定性难题"》，载《交大法学》2020 年第 1 期。

成要件要素提供了“底气”;“后果为锚”观念的“客观统一主观”,消解了刑法中的道德色彩,为刑法教义学背后的逻辑法律决策提供了一种功能解释的路径;①而有关“独生子女免死”一类的量刑规则,更多的是警醒刑法教义学在提炼刑法适用规则、教义时,不要忘了将“天理”与“人情”融入“国法”以及让“政治效果”与“社会效果”融入“法律效果”的不可或缺。如此等等。法社会学有关刑法行动中经验与变量的研究所绽放出的智慧之光,无疑是璀璨而又夺目的,其对刑法教义学到底该如何提炼刑法适用过程中的规则、教义提供了充分的底层逻辑支撑,以“随风潜入夜,润物细无声”的姿态滋养了刑法教义学规则、教义等生成的土壤,娓娓地道出了刑法在司法适用或实践行动中所需要确定的意义性质与范畴的规范性话语表达,以及刑法到底是从何处而来的谜底,并在从中归纳、总结或检验、修正属于它自己那份特有的不同于刑法教义学的“规则”(经验)、“教义”(规律)。

刑法教义学为体,刑法社会学为用。②

① 参见桑本谦:《法律教义是怎样产生的——基于后果主义视角的分析》,载《法学家》2019 年第 4 期。

② 参见苏永钦:《法学为体,社科为用——大陆法系国家需要的社科法学》,载《中国法律评论》2021 年第 4 期。

第二编

社会学视野中的刑事司法现象研究

我国能动司法实践状况考察与分析

——基于刑事司法的视角*

目　次

一、前言

一般认为,司法能动主义的理论基础主要是社会学法学

---

* 中国法学会2012年度部级法学研究课题结项报告,立项编号CLS(2012)D216。课题组成员:刘风景、王强军、孙超然。本研究报告系初次公开发表。

和现实主义法学,属于社会实证法学研究的范畴。其实践渊源最早发端于美国的司法审查制度,首创于著名的 Marbury v. Madison 案。然而在至今 200 多年的风云变幻中,备受批评的司法能动主义却是个不确定的概念。当然,能动司法一直作为对克制司法的反动而存在,却是没有多少争议的事实。近现代以来,围绕着司法裁判是能动还是克制而展开的博弈从未停止过,作为无须再实证的事实也已基本上被认同。由于主张能动司法还是克制司法是社会实证法学与规范分析法学的主要分歧点之一,研究成果当然也就汗牛充栋了。无论是霍姆斯的"经验—逻辑理论",还是波斯纳的"实用主义—法条主义理论",实际上都是基于对是能动司法还是克制司法的实践状况考察与分析后而得出的结论,当然其价值取向基本上都是能动主义的,但如何才能做到这种能动性的司法裁判,两位大师仅指明了方向,并未提供具体的方法与路径。

在我国,为适应时代变化、回应社会需求,2008 年 12 月最高人民法院在其制定的《关于为维护国家金融安全和经济全面协调可持续发展提供司法保障和法律服务的若干意见》中将能动司法理念首次规定在规范性法律文件中。2009 年 8 月在针对新时期人民法院工作面临的形式和任务时,时任最高人民法院院长王胜俊在宁夏、河北、江苏等地调研时期明确提出了"能动司法"的理念。①

无论我国理论界如何主张,毋庸置疑的是,我国司法过程一直都是以能动主义为发展主线。刑事司法裁判也不例外,但如何从刑事司法实践的视角研究司法的能动性抑或司法能动与司法克制之间的关系,学界研究是仍有不足的。目前,大多数研究基本上仍停留在解决刑事司法与罪刑法定原则之间的关系上,其问题核心是能动刑事司法是否是对罪刑法定原则的背离。但是,刑事司法是否只能克制不可能动? 本选题"我国能动司法实践状况考察与分析——基于刑事司法为视角"的研究,基于对我国刑事司法实践状况的考察,就能动刑事司法的方法与路径进行了分析论证。笔者认为,既然刑事司法的能动性不可避免,如何通过一定的方法与路径让这种"能动"受到罪刑法定原则的制约,以保

① "2009 年 8 月,最高人民法院院长王胜俊在江苏法院调研并与人大代表、政协委员座谈时强调,能动司法是人民法院服务经济社会发展大局的必然选择,坚持能动司法,是人民法院为大局服务、为人民司法的时代要求。这一新的司法理念的提出,顺应了新的历史时期党和国家对法院工作的新要求和人民群众对法院工作的新期盼,为人民法院努力践行科学发展观,实现人民法院科学发展指明了方向。"参见姚茂常、严继橙、高勇军:《基层法院能动司法的表现形式与保障方式探讨》,载《人民法院报》2010 年 9 月 1 日,第 5 版。

障刑事司法的安全性,才是亟待解决的理论与实践问题。

二、司法能动主义的溯源与"移植"

(一)司法能动主义的实践溯源

1. 美国最高法院中的司法能动主义

发轫于美国司法系统对"宪法至上"的反思,司法能动主义的提出伴随对其宪法的最初设计进行回应反馈。[①] "司法能动主义"作为概念第一次使用,是由一位非法律界人士 Arthur Schlesinger 于 1947 年 1 月在美国《财富》(Fortune)杂志上发表的题为《最高法院:1947》一文中提出。该文作者认为,1947 年的美国高院,有 4 位法官是司法能动主义者:Black、Douglas、Frank Murphy 和 Wiley B. Rutledge;还有 3 位法官是自我克制主义者:Felix Frankfurther、Robert H. Jackson 和 Harold H. Burton;同时还有 2 位法官保持着中立的路线:Fred M. Vinson 和 Stanley Reed。虽然对法官的立场作了分类,不过当时 Schlesinger 并没有对司法能动主义的概念予以清晰界定,既没有具体阐述何种情形属于司法能动主义,也没有判定司法能动主义的性质。[②]

历史上,美国最高法院第一次对国会法案的否决发生在首席大法官 John Marshall 治下的 Marbury v. Madison 案。部分学者认为,这一案件极其强烈地体现了司法能动主义,而该案的大法官则是开美国能动司法观之先河的人。1803 年,William Marbury 向最高法院提起初始诉讼(original suit),要求法院对时任国务卿 James Madison 颁发强制令(writs of mandamus)以任命 Marbury 为地方执法官。法院认为原告具备这种行使委托的权利,同时有权以令状(writ)的形式要求 Madison 国务卿给予其这种授权,因而国会拒绝送达委任令给他侵犯了 Marbury 的权利。于是,问题就变为在宪法的规制下,最高法院是否有权限颁发此种令状。根据美国《司法法(1789)》的规定,联邦最高法院有权"在法律原则和惯例所允许的情况下,向任何指定法庭或依美国授权获取公职者提出强制令"。由此,该法规赋予了最高法院给国务卿颁发强制令的权力。问题是

---

① 参见徐霄飞:《"司法能动主义"的兴起与扩散——以"司法能动主义"内涵的探寻与厘清为核心》,载《政治与法律》2013 年第 4 期。

② See Keenan D. Kmiec, *the Origin and Current Meanings of "Judicial Activism"*, California Law Review, Vol. 92, No. 5, p. 1446 - 1449 (2004).

该法条与当时的宪法发生了冲突。当时的美国《宪法》宣称:“在涉及大使级、部长级、领事级和其他存在政党的州的案件中最高法院具有初始管辖权;在此外其他案件中,最高法院具有上诉管辖权。”基于此,大法官在 Marbury v. Madison 的案件中指出法院并不具有管辖权,因为 Marbury 并非大使级、部长级、领事级的官员,其提出的初始诉讼不归最高法院管辖,并否定了其要求最高法院颁发强制令的诉求。在这个案件中,美国《司法法(1789)》与美国《宪法》首次产生了明显的冲突,作为司法机构的最高法院与作为立法机构的国会亦发生了迥异的分歧。从结论上看,最高法院胜利了,这是司法机构的完美胜出。然而该案判决的问题是,当时美国《宪法》并没有赋予司法机构有权力声明某一国会法案违宪;亦没有认为宪法的司法视角优于宪法的立法视角和行政视角。那么,首席大法官 John Marshall 依赖什么样的法律确信来生成自己的判决?是基于所谓司法能动主义么?那他又是否可以被称为“司法能动主义之父”呢?答案是否定的。Marshall 法官只是单纯地依赖宪法的原旨进行了判决:他所作的并不是因为“能动”而使美国《司法法(1789)》无效,而只是单纯地指出,宪法并没有支持美国《司法法(1789)》的所有条文规则合宪有效,而在存在法律空白的情况下,他只得遵照宪法的原旨。Marshall 法官依赖的是逻辑和对宪法文本至上的保守维护,并没有基于当时社会环境和政治环境进行分析,继而作出某种倾向性的解释。① 虽然司法审查滥觞于此案,然最高法院出台的理念并不是基于能动的司法观,甚至可以说,只是对宪法文本至上的保守克制的维护。故 Marbury v. Madison 案并不能视为美国司法能动主义下的第一案。

那么随后的案件是否可以体现出司法能动主义在美国最高法院中的主流地位呢?以 1857 年的 Scotty v. Sandford 案为例。② 该案中,Dred Scott 的妻子和两个孩子在圣路易斯联邦法院起诉 John F. A. Sandford,声称由于自己是密苏里州的公民而 Sandford 是纽约市民,法院存在联邦多样性管辖权(federal diversity jurisdiction)。另外,Scott 认为因为自己具有市民权,而被告将其按照奴隶来对待,是对其固有权利的侵犯。Scott 是一位黑人,而他的主人 John Emerson 医生(一位美国军医)在 1834 年的时候带着 Scott 从密苏里州出发来

① 参见张嘉尹:《司法院大法官释宪制度的历史发展与宪法基础》,载廖福特主编:《宪法解释之理论与实务》第 8 辑,台北,新学林出版股份有限公司 2014 年版。

② Dred Scott v. Sandford,60 U. S. 393 (1857).

到伊利诺伊州的阿姆斯特朗要塞(Fort Armstrong)并在此驻扎。Scott一直在这里待到了1836年,直到他和主人一同前往明尼苏达州的斯内领要塞(Fort Snelling)并在此地与其主人的另一位女性奴隶结婚产子。当时,依据宪法规定,奴隶制在伊利诺伊州是违法的;而依据"密苏里协定",奴隶制在明尼苏达州也是违法的。是故,Scott一家认为自己是自由民。1838年,Scott被带至杰佛逊营(一个位于圣路易斯的兵站)。Scott在此地向州巡回法院提起动议来确认自己的自由。圣路易斯法院认为,Scott的居所位于一片自由的土壤上,而这正赋予了其寻求的自由。可惜的是,当此案被上诉至密苏里州最高法院的时候,前述判决被推翻并且确认了Scott的奴隶身份。与此同时,Scott的原主人Emerson医生将他及其家人转卖给了纽约的John F. A. Sandford。案件重新由圣路易斯法院审理,只是被告在这时被换成Sandford。1854年5月15日,在审判即将开始之前,陪审团就认为Scott一家是被告Sandford的合法财产,并且该院拒绝展开新的审判。后来,Scott将案件推向了美国最高法院,然而,时任首席法官Robert B. Taney坚持判决该案中并不存在联邦多样性管辖权,因为Scott一家并不是密苏里州公民而只是"寻常商品";同时,基于宪法的规定,"密苏里协定"①(声称原告一家是美利坚合众国合法市民)违宪,因为该协定影响了Sandford防止政府侵蚀其"私人动产"的保护权利。他说:"即使Scott曾被带至伊利诺伊州,他依旧没有自由的权利。同时,由于他在被当作奴隶的情形下,重新进入密苏里州而非伊利诺伊州。依密苏里州的法律,Scott一家并不是自由的,只是其主人的工具。"对该案如果我们看得稍微深入点就是美国最高法院的终局选择同时推翻了宪法赋予的伊利诺伊州的司法权限以及"密苏里协定"的有效性。尽管从案件裁决的表象看去,这形似是一种法官依赖自我的判断而非对法律原旨的恪守,但是从案件存在的环境内质去理解,这不过是一个保守的法官附和当时社会大潮流而做出的妥协,仍然是一次对先例和传统的尊崇。这次审判依旧不能算作司法能动主义的胜利。

2. 对司法能动主义实践的反思

上述两个案件发生在美国诞生之初,一案让人们认识到了违宪审查的可

---

① "密苏里协定"(Missouri Compromise),也被称作"密苏里妥协",是1820年的一项法案,其承认密苏里州为蓄奴州,并承认缅因州为自由州,同时宣布路易斯安那领土其余地区在北纬36°30′以上的奴隶制为非法,参见美国国家档案馆网站,https://www. archives. gov/milestone-documents/missouri-compromise。

能,另一案给美国带来了痛苦的内战。但效果仅止于此,两案存在的先例并不能说明所谓“司法能动主义”已经被孕育。在美国立国后的很长一段时间里,司法能动主义其实并没有趁上述两案之势蓬勃发展,相反,它的盛行是有时间断层的。有学者总结道,20 世纪以来美国存在三次大的司法能动主义浪潮,分别是 1905 ~ 1937 年的“洛克纳时代”,其间法庭曾判决 14 部国会法案违宪,更有无数的州立法案被宣布违宪;1953 ~ 1969 年的“沃伦法院”时期,其间有 13 部国会法案被判决违宪,而坚定的司法能动主义者、肯尼迪遇刺案调查委员会主席、米兰达规则的创制者大法官 Earl Warren 的役期正是从 1953 年至 1969 年;以及“2000 年布什诉戈尔案所引发的司法能动主义时代”。① 自 1920 年至 1970 年的半个世纪里,美国最高法院的法官们在进行自我对法律的解释和认定时是存在一定有趣的规律的:当案件是由个人与政府相对抗,案件中个人自由行动的权利受到了政府力量的阻碍时,对宪法文本持宽松主义的法官们通常会站在个人一边;当案件是由大公司或大型经济体与政府相对抗时,这些法官们又会站在政府这边来共同努力约束大公司或大型经济体的商业权利;而自我克制主义(保守主义)的法官们则在每次的对抗中,选择了与前者不同的姿态和站位。一时间,自由主义或者对宪法文本持宽松主义的法官,被扣上了“司法能动主义者”的帽子。对其不甚感冒的学者则将“司法能动主义”这一概念彻底摒弃,认为只是对非保守主义者们一种轻蔑的称谓,抑或一种政治倾向,而非法律概念。

我国多数学者在提及司法能动主义时,总是会优先谈到美国,继而提及违宪审查,随后论说 Marbury v. Madison 案。本文重新分析两个案件的审理过程,并不是想论证司法能动主义的起点为何,只是想在追问司法能动主义的创造国究竟是如何审视该司法理念的同时,试图回答违宪审查和司法能动主义之间是否存在必然的逻辑依赖关系。要回答上文的问题,前提条件是回答能动的司法观到底是什么。正如一名以色列学者所称的,定义“司法能动主义”的困难,与一位美国法官所言的鉴定淫秽物品的困难很类似,即“鉴定何为淫秽物品的唯一途径就是让我看到它”②。但是,我们是否可以去仔细分析当何种客观手

---

① 参见李桂林:《司法能动主义及其实行条件——基于美国司法能动主义的考察》,载《华东政法大学学报》2010 年第 1 期;程汉大:《司法克制、能动与民主——美国司法审查理论与实践透析》,载《清华法学》2010 年第 6 期。

② Zeev Segal, *Judicial Activism Vis-À-Vis Judicial Restraint: An Isarael Viewpoint*, Tulsa Law Review, Vol. 47, p. 320(2013).

段出现时,我们可以明确司法能动主义开始发挥干预作用?《美国最高法院法律评论》(Supreme Court Review)的特邀评论员 Sheldon Whitehouse 认为有五种特征可以追寻[①]:第一,具有司法能动主义的法庭,并不太会遵守由州或联邦立法所作出的决定。相反,它会通过司法判决强行表露出自己的政策倾向。因此,经常推翻立法是司法能动主义的特征之一。第二,具有司法能动主义的最高法院,通常会破坏自身成员并不喜欢的先例的效力。这与遵循先例的美国司法教义有鲜明的对立。第三,奉行司法能动主义的法庭,不愿意在自身成员间达成广泛共识,而更倾向于作出 5∶4 的判决。第四,就审判结果来看,司法能动主义会驱使法庭导向一种可预见的审判模式,且这种审判模式与法庭的意识形态的偏好一致。第五,对于司法克制主义者来说,判决的达成是有规则和原则的。比如尽可能地避免宪法性问题、不对案件事实的实然存在展开探索、恪守于既有的案件事实。也有某些美国学者认为,司法能动主义是那些法庭在新案件中创制了新法律规则的司法过程。[②] 理查德·波斯纳认为,如果我们不仅仅把司法能动主义泛化为表达否定的术语,那这一概念就应当界定为法院以损及其他国家权力为代价来扩展司法机关权力的司法过程。[③] 司法能动主义是一个负荷沉重的术语,承载着多重含义,具有多种表现形态,但核心构成是司法机构不顺从其他政府部门的行为和态度取向。[④] 就像在前文分析的两个美国早期的案件中,在法律的条文典籍中不存在相关规定的情况下,法官如何寻找依据来赋予某项训令合宪性,又或者如何确认一个人是自由民或者奴隶?在有限的司法手段之下,留给法官的只有对现有法律进行解释,探寻隐藏在律典背后潜在的合理论断,并且在更多时候法官可以做到的至多只是找寻到某种模糊的倾向性。这种依赖法官自我经验而产生的解释过程,从法律体系内来看,会对法律自身的稳定性和可预测性产生影响;从法律体系外的权力分配层面看,必然会对立法、行政权力进行压缩。而这种依赖个人判断的司法理念和这种对其他平级权力机构的权限压缩,就形成了一种否定、对抗、能动的司法观。从法律概念

① See Sheldon Whitehouse, *Five Red Flags of Judicial Activism*, Trial, p. 48 – 49 (2011).

② See Tom Campbell, *Prescriptive Legal Positivism*: *Law*, *Rights and Democracy*, UCL Press, 2004, p. 279.

③ See Richard A. Posner, *Not A Suicide Pact*: *The Constitution in a Time of National Emergency*, Oxford University Press, 2006, p. 26 – 27.

④ 参见徐霄飞:《"司法能动主义"的兴起与扩散——以"司法能动主义"内涵的探寻与厘清为核心》,载《政治与法律》2013 年第 4 期。

的内涵来看,司法能动主义掩盖着两组深层次的对立关系。第一,自由主义的司法观和保守主义的司法观之间的对峙。洛克在其《政府论》“论奴隶制与自然的自由”一章中指出:“人的自然自由,就是不受人间任何上级权力的约束,不处在人们的意志或立法权之下,只以自然法则作为他的准绳。处在社会中的人的自由,就是除经人们同意在国家内所建立的立法权以外,不受其他任何立法权的支配;除立法机关根据对它的委托所制定的法律以外,不受任何意志的统辖或任何法律的约束。”①站在自由主义法学的角度去认识这一概念,大力鼓吹以自然法学为价值追求,依据公正、合理原则,自行判断案件中当事人的行为、自行选择并自由作出司法决定。这就是一种与保守主义相对应的原始的司法能动。第二,政策行政的手段与法律的手段之间的对峙。法院运用司法权力的能力或效能是衡量司法能动主义的核心要素。当法院的司法判决同政府其他主要决策者的法律政策发生冲突时,这个法院就是能动的,而那些接受认可这些政策的法院则是克制的、不能动的。其中法院推翻立法部门的立法行为,是一种高强度的司法能动主义;同时,法院推翻行政机关的行政行为,或是推翻地方政府的立法或行政规章行为,也构成司法能动主义,只不过能动性相对较弱而已。②

3. 克制的司法能动主义的实践孕育

司法的克制与能动,在某种程度上可以被认为是在程序与实体(多为对既行法律、法规的解释和适用)层面,法律从业者们遵法守恒或依策激进的偏好选择。不审慎的司法能动会让法律变成个人审判偏爱之下的牺牲品。③ 这是 Alex M. Cameron 在其著作《不受法律约束的权力》(*Power Without Law*)一书中对司法能动主义在加拿大践行实效的评价。一个仅仅以结论和效果为目的的司法能动主义,会逐渐模糊法律和政策之间的界限,同样,也会混淆法官和立法机构二者之间的角色。④ 在这位作者的眼中,司法能动主义的审判路径对法治的内核是有敌意的,借此会制造出一种不受法律约束的权力。1999 年,加拿大最高法院判决了一个颇有代表性的案件 R. v. Marshall (No. 1)。⑤ 1993 年夏天,

---

① [英]洛克:《政府论》(下篇),叶启芳、瞿菊农译,商务印书馆 1997 年版,第 16 页。

② 参见[英]洛克:《政府论》(下篇),叶启芳、瞿菊农译,商务印书馆 1997 年版,第 11 页。

③ see Alex M. Cameron, *Power Without Law: The Supreme Court of Canada, the Marshall Decisions, and the Failure of Judicial Activism*, McGill-Queen's University Press, 2009, p. 9 – 15.

④ Diana Ginn, *Book Review: Power Without Law: The Supreme Court of Canada, the Marshall Decisions, and the Failure of Judicial Activism*, Ottawa Law Review, Vol. 42, p. 181 – 187 (2010).

⑤ R. v. Marshall, [1999] 3 S. C. R. 456.

来自布雷顿角岛的米克马克人 Donald Marshall Jr. 在新斯科舍省的一座海港捕获了总重达 486 磅的电鳗,并通过贩卖这些电鳗获得了接近 800 美元的收入。Donald Marshall Jr. 的这种行为符合了商业性渔业的构成要件,同时因为他并没有合法的许可证,又是在休渔期进行捕捞且使用了非法的渔网进行作业,他的行为已然触犯了加拿大《联邦渔业法案》的规定。Donald Marshall Jr. 声称自己拥有所谓"条约权力"进行捕捞且这种权力废除了《联邦渔业法案》对自己的效力。在一审、新斯科舍省上诉法庭的上诉审中,Donald Marshall Jr. 都没有获得法院的支持,而当案件被推进到加拿大最高法院时,Marshall 被无罪释放。法院多数主张基于 1760 年政府与原住民们签订的《和平与友好条约(1760)》,该条约赋予居住在加拿大海滨省份的原住民拥有一种条约权力:允许他们通过狩猎,捕鱼和采集获取生产物,并有权出售这些物品以换取条约中规定的"必需品",事后这种"必需品"被解释为"适度的生活保障"。条约全文并未对交易权有任何更为详细的参考说明,故该案中加拿大最高法院的多数法官认为这种交易权存在于谈判达成的口头协定中,而不是在条约的成文规定中体现;尽管该条约明文规定,米克马克人只可以在政府建立的交易所进行前述交易行为。口头协定,是一种非成文的规定,签订这份协定的历史背景是,米克马克人与法国人的联盟在 1760 年前后已然走向崩溃,而英国殖民军队已获得压倒性的优势,当时许多的部族酋长主动请求英国政府的怜悯。是故,很多学者认为《和平与友好条约(1760)》不可能是一份平等的约定,能赋予原住民多少权利暂且不说,一项可以损害大英联邦立法尊严的交易权,是断然不会被接受的。[①] 并且条约的 1752 年版本明确设立了相关条文,支持了这种观点。然而 Bennie 大法官的决定却是取决于其对历史事实的分析,且其对上述事实的评价和初审法官所描述的历史事实是矛盾的,其有选择性地忽略了 1752 年版本中的成文证据,而这一行为应引起高度注意。依照惯例,加拿大最高法院的法官本应很少干涉事实问题的判断,但 Bennie 法官实际上推翻了初审法官对于事实问题的判决——这当然与他作为最高法院法官的角色不相匹配。根据今天审判阶段民众与主流感官中的同情心和感性的"公平",他臆造出了在 1760 年条约中存在有效的口头约定来支持 Marshall 的交易权。[②]

① Diana Ginn, *Book Review: Power Without Law: The Supreme Court of Canada, the Marshall Decisions, and the Failure of Judicial Activism*, Ottawa Law Review, Vol. 42, p. 181 – 187(2010).

② See Alex M. Cameron, *Power Without Law: The Supreme Court of Canada, the Marshall Decisions, and the Failure of Judicial Activism*, McGill-Queen's University Press, 2009, p. 51 – 70.

一般认为,一位好的法官应该在其审判等司法行为中体现出各种层面的司法限制;不能在审判时抱有立法的目的,更不能利用自己的法官地位抬高自己的理念,使之成为法律。法官存在的意义就是审判,他可以融合自己的经验在立法赋予的有效权限内进行自由的裁量,但是,他绝对不能把自己看作一位立法者,更不可以认为自己是政府公职人员,而只是以一种公共服务的态度去完成属于自己的司法使命,即按法律依据去审判,明确司法的目的和自我的职责,绝不擅自僭越由社会契约分配好的权力界限。克制的司法能动主义,就是要去修正基于普通法创制法律的传统而带来的将法官与立法者的身份错位的这种不良倾向。

(二)中国"移植"与实践土壤

1."中国式"的司法能动

从法社会学的视角来观察我国古代的法律传统和现代的司法制度建设历程,可以发现"能动司法"现象的出现要远远早于该理念的提出。早在西周时期,在法律制度并不完备的条件下,就有"三刺"之法,即狱官遇到重大疑难案件时,经询问群臣、群吏、国人三方面意见后才能决定判处罪犯死刑。[①] 至汉代,发展出了"春秋决狱",即引入"春秋之义",将其作为具有优先适用性并意在替代汉代法制既有诸法律原则的非实定法律原则。[②] 新民主主义革命时期,中国共产党在陕甘宁边区大力推行"马锡五审判方式",其核心是走群众路线,做好调解工作,这一审判方式有下列特点:一是实事求是,深入农村,调查案情,了解案情,摒弃主观主义审判作风;二是依靠群众,尊重群众意见,教育群众,依法合理处理案件;三是消除"衙门"方法,实行审判与调解相结合,司法机关与群众共同处理案件;四是全心全意为群众服务,实行简便利民的诉讼手续,审判案件不拘形式。[③] 上述这些并不刻意依赖文本,而是发挥司法人员的自我能动性进行裁量审判,在某种程度上都可以被认为是司法能动主义的体现。基于普通

---

① 参见程政举:《先秦和秦汉的集体审判制度考论》,载《法学》2011 年第 9 期。《周礼·小司寇》曾记载,"以三刺断庶民狱讼之中,一曰讯群臣,二曰讯群吏,三曰讯万民"。参见(清)王先谦:《尚书孔传参正》(下册),何晋校,中华书局 2011 年版,第 947 页。

② 参见杜军强:《汉代春秋决狱的法理构造——以"春秋之义"的法源地位分析为中心》,载《清华法学》2021 年第 1 期。

③ 参见张晋藩:《中国法制通史》(第 10 卷),法律出版社 1999 年版,第 475~477 页。

法土壤而孕育的“司法能动主义”，与普通法背景下的法官习惯和法律传统有很大关系。澳大利亚荣誉大法官 Michael Kirby 曾指出：“普通法的理念就好像孔夫子的教义，因为都是让有德行的人来主持正义，而并不刻板依赖法律规范。”[①]没有普通法体系，本来难以定义的司法能动主义就更容易被混淆，更不用说把握它的内涵。自我国司法界 2009 年提出了能动司法的概念之后，对其的普遍讨论，有学者持观望态度，认为我国司法土壤对能动司法的践行尚有未竟的基础建设需要完成；[②]有学者认为我国的能动司法不具有美国司法体系般完善的自给环路，或称司法能动毒性的“解毒机制”。[③] 其实，这种判断只是给普通法环境下的司法能动主义与我国能动司法的理念画上了一个未必谨慎的等号。

当代中国司法机关由人民代表大会产生，对其负责受其监督。我国《宪法》第 3 条第 3 款规定：“国家行政机关、审判机关、检察机关都由人民代表大会产生，对它负责，受它监督。”我国政治体制的构造，是我国司法体系各项制度设计理念的基础。从我国宪法的规定来看，民主集中制是民主基础上的集中和集中指导下的民主相结合的制度，是我国各级政党、国家机关和人民团体的根本组织原则。我国的司法系统是统一在党的领导之下的。一方面，司法决策需要与党的步调相协调；另一方面，目前我国的财政分配由国家统筹和管理，各级法院保持日常运行的费用、机构设置的费用和审判维护等费用均直接来自相应级别政府的财政收入。当代中国的司法机关除承担法律职能之外，还承担着某些政治、经济和社会职能，司法裁判应当寻求法律效果、政治效果和社会效果的三合一。2009 年 3 月 10 日，时任最高人民法院院长王胜俊向第十一届全国人大第二次会议作法院工作报告时，从政策规划、和谐社会理念、执政为民等角度来阐述能动司法，希望司法能为保增长、保民生、保稳定的大局作出应有的贡献。[④] 有学者指出：“从司法性质上，强调司法的主动

---

① Michael Kirby, *Judicial Activism v. Strict Constructionism*, NTU Law Review, Vol. 8(1), p. 208 – 210.

② 如陈金钊教授认为，“在规则还没有权威地位的时候我们就倡导司法能动主义，这只会动摇法制的根基”。参见陈金钊：《法官司法缘何要奉行克制主义》，载《扬州大学学报（人文社会科学版）》2008 年第 1 期。

③ 参见李可、陈笑：《司法能动主义之内在悖论及其消解机制》，载《云南大学学报（法学版）》2013 年第 1 期。

④ 参见郭桢：《最高人民法院工作报告（2009 年）》，载中国政府网，https://www.gov.cn/test/2009-03/17/content_1261386.htm，最后访问时间：2024 年 8 月 7 日。

性,有别于原来强调司法的中立和被动性。从司法队伍建设上,在强调法官业务素质的同时,更加强调政治素质。从司法工作方式上,从强调过去的法庭庭审、坐堂审案,强调'以事实为根据,以法律为准绳',到现在强调高度重视运用调解手段化解矛盾纠纷,并完善多元纠纷解决机制。"[①]在本土化的语境下,如何界定司法能动?我国学者认为,司法能动至少包括:①审判权及判决所作用的范围及其社会功能(裁判者的个案裁判是否试图形成社会政策)上的能动主义(以美国最高法院的司法能动主义为代表);②国家通过司法权对社会进行干预实施社会政策和政治功能的工具性能动主义(以大陆法系国家政策实施性司法为代表);③案件管辖方面的能动主义(如扩大主管范围、取消立案限制、巡回审判、集团诉讼、公益诉讼等);④庭审风格中的司法能动主义(职权管理、释明权、法官调解等);⑤司法机关以审判外的方式参与社会治理,对社会机制进行管理和促进,承担社会责任的能动主义。[②] 与司法能动主义在美国等一些国家不同,我国的能动司法并不是为了对现有的法院、法官的审判倾向进行分类,更不是以司法审查为目标,与保守主义者进行抗衡;它是一种整合性的司法政策手段,体现着我国司法追求的社会效用和法律效果。正如我国学者所指出的那样,本土语境中的能动司法表现为社会学司法方法,其内涵包括法律效果考量与社会效果考量。[③] 法律效果考量是指使判决结果能够因遵循法律而得到社会普遍认同,直接反映法律对社会的控制力度。社会效果考量则指回应社会司法需求,通过执行政策等将法律规则的有效性与公众司法需求度紧密联系,寻找平衡利益格局,解决社会利益冲突的最佳分配方案。可见,我国的能动司法虽然与美国能动司法相似,但美国的能动司法是以法官造法与违宪审查为手段的司法权扩张,并带有一定攫取立法权与行政权之嫌,这与我国的能动司法是完全不同的,因此也有人把中国的能动司法称作"积极司法"。[④]

---

① 杨建军:《"司法能动"在中国的展开》,载《法律科学(西北政法大学学报)》2010 年第 1 期。

② 参见范愉:《诉前调解与法院的社会责任 从司法社会化到司法能动主义》,载《法律适用》2007 年第 11 期。

③ 参见关倩:《法官视角中的能动司法》,载《法律科学(西北政法大学学报)》2012 年第 1 期。

④ 有学者认为,能动司法或司法能动主义源自美国司法理论和实践,因而具有其固有的语境和语义,更应该用"积极司法"说明中国司法的功能形态。参见张志铭:《中国司法的功能形态:能动司法还是积极司法?》,载《中国人民大学学报》2009 年第 6 期。

2. 司法能动在我国的实践土壤

司法实践需要以已经具备的历史条件为基础,并借鉴有关的历史经验。当代中国司法既是历史的产物,也是历史研究的一部分。中国司法形成和转变的历史,就在于其与现实有着复杂的关联,可以为现实提供资鉴。通过历史能够清晰地观照当代中国司法的现实。[①] 目前,司法能动在我国的实践土壤是一个颇具热议的问题。费孝通先生认为传统中国社会是一个"差序结构"的熟人社会,在这一格局中的社会是"一根根私人联系所构成的网络"[②]。梁漱溟先生认为传统中国社会是一个伦理社会。[③] 贺雪峰教授基于农村社会存在自然村和行政村之分的事实指出,农村社会出现一种熟人社会和半熟人社会并存的局面。[④] 在本质上,熟人社会(伦理社会)表现为人与人之间关系的远近亲疏在人的行为选择、利益协调和秩序维系中的首要地位。当下中国社会转型就是熟人社会(关系至上社会)向陌生人社会的转型,这种人际关系结构转型绝不是后者对前者的取代,而是二者的并存。而且,陌生人的社会关系结构犹如社会契约一样,都是一种社会关系的假定,它们从来就没有真正成为任何社会的全部事实。或者说,完全的陌生人社会根本没有出现过,更未曾成为过人们之间关系的唯一模式。由此可见,中国当下人际社会关系结构是一种以熟人社会模式为支配、以市民社会为发展方向、熟人社会与陌生人社会互动并存的一种社会人际关系结构,亦即"双面社会"。[⑤]

在传统的乡土社会中,我国的司法审判角色是与行政官员或士绅阶层相融合的,立法机构也受到传统儒家文化和封建皇权的影响。国人耳闻目睹的司法实践在程朱理学之后,就一直与皇权官吏的行政手腕相捆绑。集权与儒学是乡土文化浓郁的旧中国社会司法践行的土壤。普天之下莫非王土,率土之滨莫非王臣。法官是臣,亦是王的臣。自秦以来,县始终是中国古代的基层行政单位,但同时也是最基层的司法机构。县官既是行政官也是司法官。尽管不同朝代

---

① 参见高其才:《乡土社会、伦理传统、法治实践与能动司法》,载《哈尔滨工业大学学报(社会科学版)》2012 年第 3 期。

② 费孝通:《乡土中国》,北京大学出版社 2018 年版,第 56 页。

③ 参见梁漱溟:《中国文化要义》,上海人民出版社 2005 年版,第 70 页。

④ 参见贺雪峰:《新乡土中国》,北京大学出版社 2013 年版,第 20 页。

⑤ 参见杨清望:《我国的社会现状与能动司法模式的建构》,载《中南大学学报(社会科学版)》2012 年第 1 期。

县职官的名称、辖区范围和人口多少多有变化，县的属官也有所不同，有些属官负责司法事务，例如唐代县令之下多有属官，也有负责司法审判的司法佐二至六人，县官不负责侦讯、勘验、预审等事务，但仍然要负责坐堂裁判；宋代县官则要亲自勘验、审讯和判决；明代县官的辅佐官减少，知县要承担“听狱讼”等事务，且须“躬亲履职”。这使得至少在县一级的基层政权上体现为行政和司法官的合一，①从而成就了司法系统的依附性与工具性。乡土社会的土壤中孕育出的司法理念，多半与施政理念融为一体，而这组合之后略显庞杂却行之有效的治国理念，就是纲纪人伦。费孝通先生认为这样的中国是一个“无法而惟礼”的社会，就如《论语·颜渊》所记，子曰：“听讼，吾犹人也。必也使无讼乎？”天下独尊之术认为，断狱并不能服众，杀人也未必止讼。国人从来就不是一个好诉的民族，祖先们认为，给予我们的社会一个颇具德行的圣人，教化我们用礼仪和道德融洽人与人之间的交流与关系，这远比诉讼法律来的彻底。这种礼制愿景已然随着时代消失在时间之中，但是千年的习惯就像是永远的诅咒，亘古地埋藏在一个民族的血脉之中。为什么当下的中国，作为成文法系的国度，却如此轻易甚至迫切地接纳了发端自判例法系的能动司法主义？理由就在于，无论学习何种现代法律机制，中华法系的传统自始至终都是在寻求社会平衡的效果，追求社会效益、政治效益以及个人效益的和谐。某种程度上讲，中华法系的司法实践核心就是协调二字，而中国式的衡平很大程度上追求的不是司法的衡平而是人际社会的衡平。换句话说，中国土壤下的司法实践，就是保守克制主义与能动主义之间的博弈。仔细观察我国晚近十几年所有见诸媒体的具有一定的重大法治及社会影响力的案件，就会发现，法官裁判这些案件的整个过程，实际上一直都处于是能动裁判还是克制裁判的纠结之中，而最终的裁判结果却始终是功利主义目的导向的“实用主义”的，被简称为“案结事了”。在裁判的能动与克制之间，遵循的是一种实证的审判决策理论，这种裁判表现为既不是沿用纯粹的经验主义或实用主义的裁判模式，也不是沿用纯粹的逻辑主义或法条主义的裁判模式，而是逻辑与经验、法条主义与实用主义关系模式的一种重构。

---

① 参见张勇：《中国古代司法官责任制度及其法文化分析》，中国政法大学2002年博士学位论文，第6页。

三、能动刑事司法实践考察与分析

(一)能动刑事司法实践宏观分析

以下4个表格(表2-1-1至表2-1-4)试图从宏观的角度分析“能动司法”理念官方化前后,我国刑事裁判发生何种变化以及能动司法理念的实际效果。

表2-1-1　2008年全国法院审理刑事案件被告人判决生效情况

单位:人

本期生效判决被告人处理情况	宣告无罪	免予刑事处罚	给予刑事处罚					
			5年以上至死刑	5年以下有期徒刑	拘役	有期徒刑、拘役缓刑	管制	单处附加刑
人数	1373	17, 312	159, 020	463, 166	73, 183	249, 111	18, 065	27, 447
给予刑事处罚的人数:989, 992　总人数:1, 008, 677								

表2-1-2　2009年全国法院审理刑事案件被告人判决生效情况

单位:人

本期生效判决被告人处理情况	宣告无罪	免予刑事处罚	给予刑事处罚					
			5年以上至死刑	5年以下有期徒刑	拘役	有期徒刑、拘役缓刑	管制	单处附加刑
人数	1206	17, 223	162, 675	459, 621	66, 125	250, 635	16, 833	23, 554
给予刑事处罚的人数:979, 443　总人数:997, 872								

表2-1-3　2010年全国法院审理刑事案件被告人判决生效情况

单位:人

本期生效判决被告人处理情况	宣告无罪	免予刑事处罚	给予刑事处罚				
			5年以上至死刑	5年以下有期徒刑	拘役	有期徒刑、拘役缓刑	管制
人数	999	17, 957	159, 261	461, 523	63, 848	265, 230	16, 171
给予刑事处罚的人数:988, 463　总人数:1, 007, 419							

表 2-1-4　2011 年全国法院审理刑事案件被告人判决生效情况

单位：人

本期生效判决被告人处理情况	宣告无罪	免予刑事处罚	给予刑事处罚						
			5年以上至死刑	3年以上不满5年	3年以下有期徒刑	拘役	有期徒刑、拘役缓刑	管制	单处附加刑
人数	891	18,291	149,452	95,043	365,037	76,683	309,297	14,829	22,125
给予刑事处罚的人数：1,032,466　　总人数：1,051,638									

资料来源：最高人民法院公报网。2008～2011 年数据分别参见最高人民法院公报网［https://www.court.gov.cn/fabu/xiangqing/140.html(2008 年)；https://www.court.gov.cn/fabu/xiangqing/666.html(2009 年)；http://gongbao.court.gov.cn/Details/3a82b22d6c8acbf96732d4e61e2a3c.html(2010 年)；http://gongbao.court.gov.cn/Details/a870810bf0c5835ba4f08b1ae3dfef.html(2011 年)］。

首先，从宣告无罪的人数上看，数据呈递减趋势。一般而言，作为特殊年份的 2009 年（“能动司法理念”由最高人民法院推广的起点）应该是一个数据上的拐点（无论是低谷值还是峰值），但在这组数据中并未体现。从无罪人数占判决生效总人数的比例上看，2008 年 0.14%，2009 年 0.12%，2010 年 0.10%，2011 年 0.08%，趋势上依旧未形成拐点。由现有数据我们可以暂时认定，能动司法理念的提出，对刑事裁判过程中行为的违法性认定影响不大。

其次，从刑事处罚的给予和免除来看，2009 年形成了拐点：给予刑事处罚人数较 2008 年为 -10,549 人，较 2010 年为 -9020 人，较 2011 年为 -53,023 人；免于刑事处罚人数较 2008 年为 -89 人，较 2010 年为 -734 人，较 2011 年为 -1058 人。虽然形成了拐点，但是我们是否可以认定能动司法理念对刑事裁判过程中行为的责任认定有影响呢？答案是否定的。理由是，从给予刑事处罚人数占判决生效总人数的比例上看，2008 年为 98.15%，2009 年为 98.15%，2010 年为 98.12%，2011 年为 98.18%，趋势上并未形成拐点。那为何会存在拐点现象？理由在于，从生效判决的人数上看，2009 年同样较 2008 年与 2010 年、2011 年低，基数本身较小（较 2008 年为 -10,805，较 2010 年为 -9547，较 2011 年为 -53,766）。

值得注意的是，在判决在有期徒刑 5 年以上（含无期徒刑、死刑）或以下的数据组中产生了较为有趣的现象。为了方便阐述，单独抽出相关数据进行说明。

从表 2-1-5 中不难发现，5 年以上有期徒刑（含无期徒刑、死刑）等量刑较重的判决在2009年达到数据组中的峰值(较2008年为+3655,较2010年为+3414,较2011年为+13,223),而5年以下有期徒刑等量刑较轻的判决则在同一年达到了低谷值(较2008年为-3545,较2010年为-1902,较2011年为-459)。另外,从表2-1-1至表2-1-4可知,2009年是生效判决人数最少的一年,则说明这种数据的变化不是因为判决基数变化产生的影响,而是存有其他影响因素。是故,我们可以暂时认定“能动司法”裁判理念的提出一方面遏制了本应上升的判决为重刑的案件数量,另一方面控制了本应下降的判决为轻刑的案件数量,即“能动司法”裁判理念的提出对刑事裁判实践过程中量刑轻重的控制具有较大影响。

表2-1-5　判决在有期徒刑5年以上(含无期徒刑、死刑)或以下数据统计

年份/年	5年以上有期徒刑(含无期徒刑、死刑)/人	5年以下有期徒刑/人
2008	159,020	463,166
2009	162,675	459,621
2010	159,261	461,523
2011	149,452	460,080

总体来看,上述数据初步证明了司法能动主义的作用力主要存在于量刑幅度的控制上。但因为数据的整体走向趋势并未改变,其反映的现象我们暂时可以推测为以下三点:①刑事司法能动裁判理念的作用存在并不明显,或者受到其他干扰因素,比如刑事政策等;②对刑事司法能动裁判理念的推广仍然处在试水阶段,多数法官在其审判过程中还不能熟练地适用司法能动主义;③能动主义早就蕴含在我国司法裁判的理念体系中,可以说是已成为一种裁判习惯,其效果的不明显,不是因为没有效果,而是因为我们并未经历法条主义的洗礼,“能动司法主义”的提出不能称为革新而只是为我们现行裁判模式的一种正名。

为了更加明确上述三种推论中哪种立场更为可靠,我们对2008~2012年人民法院受理的案件中作出假释、减刑判决的案件统计数据进行分析。选取这组数据的理由是,一方面这组数据可以体现出法官量刑的轻重选择趋势;另一方面,减刑一般需要法定、酌定量刑情节的存在,而学界普遍认为,量刑情节的判断体现出法官对其自由裁量权的使用和限制。① 因此,这组数据可以从另一个侧面探究能动司法理念在我国刑事裁判实践过程中体现出何种作用以及其作用力的大小,并回应上文提出的三种假设。

以年份为单位进行总体分析。观察图 2-1-1,可以发现,假释案件的数量自 2008 年起到 2012 年一直在提升,各年增长率分别是 8.03%、9.23%、19.76%、9.84%,其中增长率变化比较突然的是 2011 年;减刑案件的数量在 2009 年形成拐点,之后稳步提升,各年增长率分别是 -4.31%、9.04%、9.20%、5.41%。从假释、减刑两组数据的变化趋势来推测,"能动主义"理念对假释案件的裁判影响不明显,而对减刑案件的影响是存在的。从各自数据的增长率变化来看,假释案件的拐点在 2011 年,减刑案件的拐点有两个,2009 年和 2011 年(一个是增长率的谷底,一个增长率的峰值),如此推测的结论有两个:(1)能动主义的作用力效果并不是判决中唯一的影响因素;(2)能动主义的效果在裁判实践中量刑情节判断上的作用并不明显。

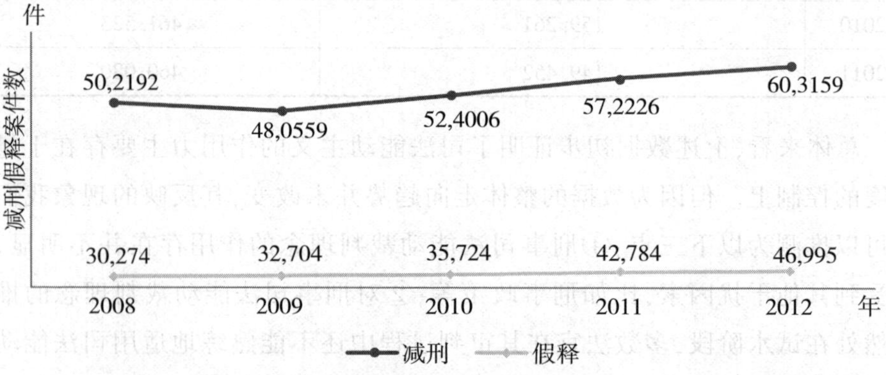

图 2-1-1 2008~2012 年减刑假释案件统计

资料来源:最高人民法院公报网。其中 2008~2012 年分别参见最高人民法院公报网站[http://gongbao.court.gov.cn/Details/1387a39eb10a886fc87cafaa8ab26f.html(2008 年);http://gongbao.court.gov.cn/Details/ff04437c0ee2798097031c34314d07.html(2009 年);http://gongbao.court.gov.cn/Details/3a82b22d6c8acbf96732d4e61e2a3c.html(2010 年);http://gongbao.court.gov.cn/Details/a870810bf0c5835ba4f08b1ae3dfef.html(2011 年);http://gongbao.court.gov.cn/Details/845e61faec8aaf0fa47ac8247ab80a.html(2012 年)]。

① 参见戴锐:《自首心理与量刑——关于自首制度的法律心理学沉思》,载《政法学刊》2005 年第 5 期;韩武卫:《刑事案件量刑情节分类》,载《黑龙江省政法管理干部学院学报》2001 年第 2 期;宋建华:《论法官量刑时应重视酌定量刑情节》,载《法律适用》2008 年第 8 期。

为了辨识上述命题假设的真伪,我们同样以减刑、假释案件为对象,但是以时间单位更为细致的数据组进行分析。

粗略浏览表2-1-6至表2-1-11可以得出:2012年1~9月三个季度中,减刑案件的数量持续增长,但同比增长率逐季度降低;假释案件的数量持续增长,同比增长率亦逐季度增长。两类数据的峰值和谷底值均出现在第一季度,并且假释的第一季度同比增长率为负值。2013年1~9月三个季度中,减刑案件的数量持续增长,但同比增长率逐季度降低;假释案件的数量持续增长,其同比增长率则逐季度降低。两类数据的峰值和谷底值均出现在第一季度,并且减刑的第三季度同比增长率为负值。仔细分析各组数据可以发现,就减刑案件的数量变化来看,2012年第二季度较第一季度增长率为132.77%,第三季度较第二季度增长率为52.76%;2013年则为112.99%、49.30%。就假释案件的数量变化来看,2012年第二季度较第一季度增长率为108.53%,第三季度较第二季度增长率为48.35%;2013年则为96.01%、43.62%。无论是减刑案件还是假释案件的数量,其同比增长率变化趋势的不同,可以基于人民法院受理案件的年度差异而产生;而比较同年度不同季度的增长率变化,竟然可以得到(2.52:1、2.29:1;2.24:1、2.20:1)一组十分类似的比例数据。也就是说,司法能动主义对刑事司法裁判实践中的减刑、假释等裁决结果并不具有直接的影响。相反,为什么在每年的第一季度都会有大量的减刑和假释案件发生,而随后的几个季度其增长率都会降低?笔者认为,作为贯彻于刑事裁判行为始终的能动主义理念,其效果不应该是这种季度性波动,而应该更倾向与一种持续的平缓的效果,是故,表2-1-6至表2-1-11说明的只能是对刑事政策或社情民意(每年的第一季度中有我国一年中最重要的节日——春节)的回应,而不是能动主义的效果,抑或刑事政策或社情民意对司法过程的影响实际上就是能动主义司法的体现。

表2-1-6　2012年1~3月人民法院办理减刑假释案件情况

案件类型	收案		结案	
	本期/件	同比/%	本期/件	同比/%
减刑	114,146	13.94	114,146	13.94
假释	10,096	-3.32	10,096	-3.32

表 2－1－7　2012 年 1～6 月人民法院办理减刑假释案件情况

案件类型	收案		结案	
	本期/件	同比/%	本期/件	同比/%
减刑	265,697	10.11	265,697	10.11
假释	21,053	6.74	21,053	6.74

表 2－1－8　2012 年 1～9 月人民法院办理减刑假释案件情况

案件类型	收案		结案	
	本期/件	同比/%	本期/件	同比/%
减刑	405,887	8.19	405,887	8.19
假释	31,233	8.71	31,233	8.71

表 2－1－9　2013 年 1～3 月人民法院办理减刑假释案件情况

案件类型	收案		结案	
	本期/件	同比/%	本期/件	同比/%
减刑	126,865	10.82	126,865	10.82
假释	11,780	16.77	11,780	16.77

表 2－1－10　2013 年 1～6 月人民法院办理减刑假释案件情况

案件类型	收案		结案	
	本期/件	同比/%	本期/件	同比/%
减刑	270,216	0.74	270,216	0.74
假释	23,090	9.63	23,090	9.63

表 2－1－11　2013 年 1～9 月人民法院办理减刑假释案件情况

案件类型	收案		结案	
	本期/件	同比/%	本期/件	同比/%
减刑	403,422	－1.76	403,422	－1.76
假释	33,161	6.14	33,161	6.14

资料来源：《中国法律年鉴（2013 年）》《中国法律年鉴（2014 年）》以及最高人民法院网站（https://www.court.gov.cn/fabu/gengduo/21_5.html）。其中，2012 年 1～3 月数据，参见最高人民法院网站（https://www.court.gov.cn/qwfb/sfsj/201212/P020121224546372012784.xls）；2012 年 1～6 月数据参见最高人民法院网站（https://www.court.gov.cn/qwfb/sfsj/201312/P020131213452169403936.xls）；

2012年1～9月数据，参见最高人民法院网站（https://www.court.gov.cn/qwfb/sfsj/201212/P020121224547831165640.xls）；2013年1～3月数据，参见最高人民法院网站（https://www.court.gov.cn/fabu/xiangqing/5930.html）；2013年1～6月数据，参见最高人民法院网站（https://www.court.gov.cn/fabu/xiangqing/5938.html）；2013年1～9月数据，参见最高人民法院网站（https://www.court.gov.cn/fabu/xiangqing/5946.html）。2012年全年数据，参见中国法律年鉴编辑部主编：《中国法律年鉴（2013年）》，中国法律年鉴出版社2013年版，第1210页。2013年全年数据，参见中国法律年鉴编辑部主编：《中国法律年鉴（2014年）》，中国法律年鉴出版社2014年版，第1133页。

对人民法院审理案件状况的宏观分析，让我们对能动司法的效果产生疑问。宏观来看，能动司法主义提倡前后，我国刑事裁判实践在对犯罪行为的责任、违法性认识上，并未体现出受到某种强烈的影响；在量刑轻重的选择上，能动司法主义确实具有相对的作用，但在量刑情节的判断上，刑事政策等的影响力又掩盖了能动司法主义所产生的效果。那么这是否可以认为能动主义在我国刑事裁判实践过程中是被排除了的呢？答案是否定的。我国法治进程与其他法系国家的法治发展路径是不同的。无论从法律的文化背景、政治土壤还是社会环境，我国法治并未经历严格而彻底的“法条主义”的洗礼。一般而论，有关法律存在意义的理念大抵可以经由天赋权利的保护、社会结构的形成手段转而进入公民权利的协调、社会进程的控制手段，当然，其间对其的理解存在着重叠和反复。然而，作为法律存在意义的认识，我国自古就形成以“王器”“御术”为核心而展现出的广泛的实用主义色彩以及人们对法律的工具性认识。我们认为，虽然“能动司法”作为概念，在我国法律理论的组成中属于舶来品，但作为一种司法实践的态度却是我国司法实践过程的固有特质。所以，不是刑事能动司法裁判不能发挥效果，而是我们已然在未大肆提倡其理念之初就在使用这一工具，亦即能动主义的司法影子在我国的刑事司法过程中一直就不曾消遁过。

（二）能动刑事司法实践微观分析

通过对刑事裁判实践状况的宏观分析，笔者认为，我国刑事裁判中一直呈现着能动主义的诉求和特点。这一命题体现在裁判实践状况的微观层面，即具体案件的裁判实践状况，又是如何呢？我们选取了目前国内的诸多著名案件的判决进行剖析，看看可否在微观层面上进一步印证这一现象的存在。

以“肖某灵以危险方法危害公共安全案”（以下简称“肖案”）为例。[①] 将该案案件事实与当时的刑法规定在形式上比对，就会发现：当时在法律适用上碰

---

① 参见肖某灵以危险方法危害公共安全案，上海市第二中级人民法院（2001）沪二中刑初字第132号刑事判决书。

到的问题是，与该案关联度最密切的两个法条，一个是《刑法》第114条“以其他危险方法”危害公共安全罪的规定，另一个是《刑法》第290条聚众扰乱社会秩序罪的规定，适用于该案均存在障碍。适用前者的障碍是，肖某灵明知自己投寄的是食品干燥剂，而不是真正的炭疽杆菌，不存在危及不特定多数人的生命、健康安全，或者公私财产安全的危害故意和现实可能。而且，就一般人的认识角度而言，采用投寄虚假炭疽杆菌的方法所实施的危害社会的行为，不具有与放火、决水、爆炸、投毒等相同或者相当的危险性，与采用放火、决水、爆炸、投毒等危险方法的行为根本不能相提并论。同时，由于食品干燥剂是无毒无害物品，因此，其行为也不具有引起危害公共安全的现实可能，它充其量不过是一种危害社会管理秩序的违法行为；适用后者的障碍是，聚众扰乱社会秩序罪的犯罪构成要求“情节严重，致使工作、生产、营业、教学、科研无法进行，造成严重损失”，并且行为人必须是聚众行为中的“首要分子”。很显然，肖某灵的行为基本上不符合该条规定的构成要件，不能以聚众扰乱社会秩序罪定罪量刑。值得特别关注的是该案的案发时间，是2001年美国“9·11”恐怖袭击事件发生之后不久，同时美国国内又接二连三地受到炭疽杆菌邮件的侵扰，全球都深陷在恐怖不安的气氛中。恰在此时，“肖某灵通过新闻得知炭疽杆菌是一种白色粉末的病菌，国外已经发生因接触夹有炭疽杆菌的邮件而致人死亡的事件，因此，认为社会公众对收到类似的邮件会产生恐慌心理”①，故而为之。所以，“上海市第二中级人民法院对本案审理后认为，被告人肖某灵通过向政府新闻单位投寄装有虚假炭疽杆菌信件的方式，以达到制造恐怖气氛的目的，造成公众心理恐慌，危害公共安全，其行为构成了以危险方法危害公共安全罪”②。如果从裁判的逻辑推理上分析，显然存在两个明显的疑点：“（1）既然法院认为投寄虚假炭疽杆菌邮件是‘危害社会稳定’的行为，却为何以危害公共安全的罪名加以处罚？在此，我们似乎可以合理地认为，法院眼中的‘社会稳定’更接近于‘公共安全’而不是‘社会秩序’；但是，我们却无法看清‘社会稳定’是如何过渡到‘公共安全’的。某些危害公共安全的犯罪当然也有可能危害‘社会稳定’，然而，我们却很难说危害‘社会稳定’的行为一定危害公共安全——除非将‘公共安全’的内涵

---

① 参见肖某灵以危险方法危害公共安全案，上海市第二中级人民法院（2001）沪二中刑初字第132号刑事判决书。

② 参见肖某灵以危险方法危害公共安全案，上海市第二中级人民法院（2001）沪二中刑初字第132号刑事判决书。

作无限制的扩大。(2)既然法院以危害公共安全的罪名处罚肖某灵投寄虚假的炭疽杆菌的行为,却为什么不说这种行为‘危害公共安全’而独言其‘危害社会稳定’?如果这种行为仅仅危害了‘社会稳定’而并没有危害公共安全,那么,法院又怎能出于‘保障国家安全、社会公共安全和人民人身财产安全’的目的而对其治罪?如前所述,投寄虚假的炭疽杆菌的行为虽然‘危害社会稳定’,却并不能危害公共安全,更不可能危害‘国家安全’。如果认为处罚此类行为可以‘保障国家安全、社会公共安全和人民人身财产安全’,我们是否可以套用同样的逻辑,认为处罚盗窃犯罪可以达到‘保护公民生命、健康安全’的目的?这种目的与手段的南辕北辙,实在难以解释。”①所以,“肖案”判决一出,理论界哗然,已近口诛笔伐的地步。

以“药家鑫故意杀人案”为例。② 某种程度上讲,这个案件是伦理和“民意”的胜利,至于在刑事司法实践中的地位则是乏善可陈。对民众心理的迎合和对结果主义的追求,导致了法官在案件裁决过程中忽视了重要的量刑情节要件;而借用法律武器实施道德制裁,则是扭曲能动主义的遗憾结果。具体来看,该案件法律结构的规范事实有几个关键词:自首、罪行极其严重、死刑;而其法律结构的生活事实的关键词则只有一个:社会反应。鉴于这个案件的热度,我们在此对案件过程不做重复描述,仅就上述几个关键词进行剖析。“自首”是刑法典中关于刑罚具体运用的概念,按照现行《刑法》第67条第1款如实“供述自己的罪行的”被认定为自首,而其效果则是“可以从轻或者减轻处罚”。另外,按照2010年发布的最高人民法院《关于处理自首和立功若干具体问题的意见》中第8条“关于对自首、立功的被告人的处罚”第1款规定,“对具有自首、立功情节的被告人是否从宽处罚、从宽处罚的幅度,应当考虑其犯罪事实、犯罪性质、犯罪情节、危害后果、社会影响、被告人的主观恶性和人身危险性……”。在该案中,药家鑫的自首可以说是该案得以快速解决的最重要因素,无论是作案方式还是作案工具,均因为自首情节的出现而得到解决。检方提出的证人证言有11项,其中第1项至第7项的证言只是证明了存在某女性死者,系交通肇事后死亡。尤其是证人证言的第5项:“证人张凯、白婷的证言分别证实:他们夫妻二

① 周少华:《罪刑法定在刑事司法中的命运——由一则案例引出的法律思考》,载《法学研究》2003年第2期。

② 参见药家鑫故意杀人案,陕西省西安市中级人民法院(2011)西刑一初字第68号刑事判决书。

人在西安外国语大学清真餐厅经营汤菜生意,从2010年9月1日雇同村亲戚张妙帮忙,每月给张妙开700元工资。10月20日晚11点左右收摊,他们骑三轮车、张妙骑电动车跟在后边一前一后出了西大校门,出校门后第一个路口他们就拐进了康都村,张妙朝北直行走了。次日凌晨3时许,民警用张妙的手机给白婷打电话,说张妙在西北大学西围墙外的路上出事了,他们当时就意识到坏了。因为他们在康都村办完事回来途中,见西北大学围墙外有警车,地上还躺着个人,通完电话他们就想到那个人是张妙,随后与张妙的父亲一同到案发现场,见到张妙平时身上装着的诺基亚手机和一只没有表链的手表。"①这段证言的存在一方面与该案中的故意杀人行为相关要件的证明性关联度不高并且与其他证言重复,另一方面也无益于认定该案的量刑情节。"700元、诺基亚手机"这些只是在告诉人们被害人的生活水平不高,而"一只没有表链的手表""吓坏了""出事了"等字眼在没有被告人自首的条件下,作为证据存在的价值几乎为零。但是,从社会效果上看,这些证言的存在却可以给民众造成被害人身世可怜而为衬托与被告人经济收入悬殊差异的说辞打好铺垫。至于证言第8项、第9项与其说是证言,不如说是被告人自首行为中的一部分。在整个检方提供的证人证言中,利于案件侦破或者说唯一证明被告人故意杀人情节的就是证言第10项、第11项的自首供述。至于证据,庭审质证中提出证据共7项。②其中,第1项至第3项、第5项证明了犯罪事实的存在,并不能证明该犯罪事实与被告人有关,第4项证明了被告人的自首情节的存在,第6项、第7项证明了被告人供述的真实性与自首情节的成立,同时基于被告人自首供述,将犯罪事实与被告人联系在一起。综合分析庭审中检方提供的证据,试想如果除去被告人供述的部分,该案件是否能够如此顺利地进入司法程序并获得结果?就检方的控诉而言,被告人自首的供述是支持其成立的唯一证据。那么,基于一个合理的能动司法观,基于对自首存在于刑法中价值的尊重,法官做出适当的减轻或者从轻的判决应该是一个可能性较高的预测。然而事实却是"被告人药家鑫作案后虽有自首情节并当庭认罪,但综观本案,药家鑫在开车将被害人张妙撞伤后,不但不施救,反而因怕被害人看见其车牌号而杀人灭口,犯罪动机极其卑劣,主观恶性极深;被告人药家鑫持尖刀在被害人前胸、后背等部位连捅数刀,

① 参见药家鑫故意杀人案,陕西省西安市中级人民法院(2011)西刑一初字第68号刑事判决书。
② 参见药家鑫故意杀人案,陕西省西安市中级人民法院(2011)西刑一初字第68号刑事判决书。

致被害人当场死亡，犯罪手段特别残忍，情节特别恶劣，罪行极其严重；被告人药家鑫仅因一般的交通事故就杀人灭口，丧失人性，人身危险性极大，依法仍应严惩，故药家鑫的辩护律师所提对药家鑫从轻处罚的辩护意见不予采纳”①。且不说“犯罪动机”并没有在刑法和相关解释中作为自首情节的相关因素一起考虑，单从这句“仅因一般的交通事故就杀人灭口，丧失人性”就可以看出，这已然超出了法律结构中规范事实的认定。至于“犯罪手段特别残忍”，被告人使用的作案工具只是刀具；而“主观恶性极深”“人身危险性极大”这种字眼的出现，一方面，法庭没有给出明确的解释；另一方面，法院、检察院也没有搜寻相关的证据以佐证。笔者在此无意将药家鑫与其他犯罪分子进行人性或者恶性上的比较，但仅就司法程序内而言，被告人实施主要犯罪行为后仍然有其他两次的交通肇事行为，司法人员是否以公正的心态对被告人当时的身心、精神状态作出鉴定并提供报告？报复心理、社会舆论压力、伦理上的正义而非刑法规范，是法官作出如此极刑判决的唯一理由。

以“邓玉娇故意伤害案”为例。② 从该案的社会氛围看，“邓玉娇案”是体现中国民众法治意识提高的典型案件，在该案中民众参与程度极高。“邓玉娇案”在网上公布后，在社会上激起了千层巨浪，成了众人瞩目的焦点，参与讨论的人员从普通大众到新闻记者、从律师到法学家。在此案发展进程中各种猜测、疑问、评论接踵而至，直至最终判决结果公布，民众都表现出了极大热情，甚至有人为此而创造大量的文学曲艺作品，也有人为此建立专门的网站。③ 从该案的案件事实来看，该案被告人声称是自己是在遭受强奸（强奸威胁）下的正当防卫行为，而法庭却在获悉这种抗辩后，将这一事实描述为被要求“提供异性洗浴服务”④和受到“无理纠缠、拉扯推搡、言行侮辱等不法侵害”⑤而不做任何证据搜寻和辨认。甚至还有学者提出“在邓玉娇一案的庭审过程中，公诉方和辩护方提交的全部为书面证词，包括证人证言，没有证人出庭”⑥。法庭这样做的理由无法探寻，但可以明确的是该案公诉方的控诉罪名是故意伤害罪下的防卫过

① 参见药家鑫故意杀人案，陕西省西安市中级人民法院（2011）西刑一初字第68号刑事判决书。
② 参见邓玉娇故意伤害案，湖北省巴东县人民法院（2009）巴刑初字第82号刑事判决书。
③ 参见罗智敏：《从邓玉娇案看民众“干预”司法的若干问题》，载《比较法研究》2009年第6期。
④ 邓玉娇故意伤害案，湖北省巴东县人民法院（2009）巴刑初字第82号刑事判决书。
⑤ 邓玉娇故意伤害案，湖北省巴东县人民法院（2009）巴刑初字第82号刑事判决书。
⑥ 罗智敏：《从邓玉娇案看民众“干预”司法的若干问题》，载《比较法研究》2009年第6期。

当,而如果质证强奸罪的存在,防卫过当的说辞则会受到影响。也许在这种罪名的冲突下,法官宁可为了法庭和司法程序的整体性而选择相信公诉机关的陈述,对一个洗浴中心服务人员的可信度则怀揣质疑。矛盾的是,法庭一方面接纳该案法医的鉴定结果,认为被告人邓玉娇系“心境障碍(双相),属部分(限定)刑事责任能力人”,在最后的判决中提出被告人“实施的反击行为具有防卫性质。但明显超过了必要限度,属于防卫过当,邓玉娇的行为构成犯罪”[①];另一方面又说“鉴于邓玉娇是部分刑事责任能力人。并具有防卫过当和自首等法定从轻、减轻或者免除处罚情节,可以对邓玉娇免除处罚”[②]。法庭认定被告人部分刑事责任能力以明确其行为的有责性,指出其应当受到处罚。但同时法庭又希望能够不对被告人作出实质性惩罚决定以应对民意指责。如果诚如该案中14个证据指出的那样,被告人的确在拒绝提供服务的前提下对消费者实施了故意伤害的行为,那么,牵强地否定正当防卫,并在提出防卫过当和自首减轻情节之后使被告人免于刑事处罚,则是伦理正义对法律正义的又一次利用和超越。在此案判决书的最后,法庭提出“邓玉娇的辩护人提出如果认定邓玉娇构成犯罪,应当对其免于刑事处罚的辩护意见成立,本院予以采纳”[③]。正当防卫是阻却犯罪的,构成犯罪就是说明邓玉娇的行为应当受到一个罪名及其构成要件的规制,而不是量刑幅度问题,辩护意见的说辞实际是在暗指可以依据对被告人的刑罚力度来选择定罪;遗憾的是,在不存在辩诉交易程序的我国,法院接纳了此种行为。

以“许霆案”为例。[④] 如果仅从《刑法》(2006年修正)第264条的规定与“许霆案”的案件事实比对情形来看,尽管不能做到完全匹配,但除了在“秘密手段”及“金融机构”问题上可能有不同理解,完全可以通过一般文义解释将其涵摄在《刑法》(2006年修正)第264条规定的内容当中。最初一审判决许霆的行为属于盗窃金融机构,按照《刑法》第63条1款的规定,亦不具备法定的减轻处罚情节,而应当在法定刑以下判处刑罚,故依法判处法定刑中最低的无期徒刑,从规范与事实在形式上的关系上看,应该没有多少可指摘的地方。为何判决一出,却出乎意料地引起了热烈讨论。经过多次审判,最终法院启用《刑法》第63

① 参见邓玉娇故意伤害案,湖北省巴东县人民法院(2009)巴刑初字第82号刑事判决书。

② 邓玉娇故意伤害案,湖北省巴东县人民法院(2009)巴刑初字第82号刑事判决书。

③ 邓玉娇故意伤害案,湖北省巴东县人民法院(2009)巴刑初字第82号刑事判决书。

④ 参见许霆盗窃案,广东省高级人民法院(2008)粤高法刑一终字第170号刑事判决书。

条第 2 款一改一审的无期徒刑判决,转而减轻处罚从轻判处有期徒刑 5 年,方才使该案尘埃落定。回过头来反思该案,实际上一开始对许霆的行为定盗窃罪并不成问题,真正成问题的是在量刑方面。之所以有这么多人替许霆开脱,是因为刑罚过重,在老百姓的意识里,如果盗窃金融机构的刑罚与无期徒刑及死刑画等号,就等于与罪大恶极画等号,必然就无法接受盗窃金融机构这个罪名、更无法接受对于这种形式的盗窃可以判处无期徒刑的做法,这实际上是很容易理解的。首先,恶意提款必须以柜员机的故障为前提,而这种故障是很少见的,在银行尽到足够注意义务的条件下完全有可能避免,因此刑罚威慑对这类行为的现实意义不大。重点应放在预防柜员机出错上面,而不是威慑储户。否则一旦出现恶意提兑,银行就可以从柜员机制造商和储户方面获得双倍赔偿,这等于是鼓励银行的不良行为。其次,利用柜员机的故障实施盗窃,其犯罪意愿大大弱于普通盗窃,因而主观恶性也非常低,成文法规定的极刑根本无法让人接受。最后,该案如果完全按照成文法规定的量刑,就挑战了法律的公平底线。公众对许霆表示同情,很大程度上是对银行积怨的爆发,因为银行单方面规定了许多不公平的服务条款,虽然基于技术上的原因,许多条款不得不如此规定,但如果对公众的要求更为严苛,那么法律的公平性就荡然无存了。这样,刑法条文的规定与大众道德情感之间就产生了冲突。如果不是媒体的参与,许霆很可能会成为机械的"罪刑法定原则"的又一个牺牲品。

以"马尧海聚众淫乱案"为例。[①] 马尧海聚众淫乱案件之所以成为关注的焦点,其核心问题就是关于其聚众淫乱行为的社会危害评价,社会各界有不同的声音发出。代表性的且有影响力的是,部分社会学家基于自己的价值判断不仅认为该行为没有社会危害,而且认为公民在隐私的场所自愿施行性活动的权利应当受到宪法保护,它没有伤害任何人。换偶活动是公民中极少数人喜爱的性活动方式,个人的性行为方式属于其人权的一部分,一个进步的社会不应去干涉私人性生活的自主选择。[②] 一方面,基于刑法的可预测性要求,社会危害性的基础是社会大众的心理感受与认可,脱离社会大众社会危害事实感受的社会危害性是不存在的;另一方面,基于刑法的安全性要求,作为一个立法主体,用

---

① 参见马尧海聚众淫乱案,江苏省南京市秦淮区人民法院(2010)秦刑初字第 66 号刑事判决书。

② 曾鸣:《南京副教授涉嫌聚众淫乱案将于 4 月 7 日开审》,载中国法院网 2010 年 4 月 2 日,https://www.chinacourt.org/article/detail/2010/04/id/402208.shtml。

自己的价值判断标准对某一种行为是否具有社会危害及其社会危害程度作出评判而得出一种主观反映评价，又有其相对不受社会大众感受干预的独立性。可以看出该案的裁判过程，实际上就是这两种不同的社会危害评价模式，即"非规范性的事实评价"与"规范性的法律评价"相互博弈的过程。如果规范性的社会危害法律评价超越了非规范性的社会危害的事实评价，案件的裁决结果就必然会脱离社会公众对刑法可预测性的预期；如果非规范性的社会危害事实评价左右了规范性的社会危害法律评价，案件的裁决结果就必然会背离社会公众对刑法的安全性的期待。刑事案件的司法裁判过程，就是思考如何让这两种不同的社会危害评价模式通过相互博弈实现完美对接的过程，从而达致案件裁决的社会效果与法律效果的完美统一。"马尧海聚众淫乱案"的裁判者显然没有对这一行为的两种不同的社会危害评价模式进行相互博弈，并将其再现在对马尧海聚众淫乱行为的裁决结果上。马尧海最终被南京市秦淮区人民法院以聚众淫乱罪从重处罚，判处有期徒刑3年又6个月。这一判决结果从规范的角度也许并无明显瑕疵，只是法官更多地考量了社会危害的规范性法律评价，但这种评价显然超出了一般社会大众的预期。

由上述案例分析可见，通过对刑事裁判实践状况的宏观分析得出的我国刑事裁判中一直呈现着能动主义的诉求的结论，在我国裁判实践的微观层面同样可以得到验证，裁判结果或量刑需要有可能影响裁判行为并倒逼定罪，具体体现为以下两个方面的特点：

第一，裁判结果逆向制约裁判行为。不同的法律条文有不同的规定，而适用不同的规定就会产生不同的判决结果，选择哪个条文最为恰当，一般取决于刑法就该罪所设定的犯罪构成要件事实与待裁决的案件事实之间的关联度的强弱，也就是相似度的强弱。同样具有关联关系的情况下，关联度最强的法条，应该就是适用最恰当的法条。但影响这些关联度认定的因素除了规范之外，还有许多非规范因素的存在，其中结果主义的影响更是不可小觑。能动主义理念要求法官管理自身在裁判过程中不同方向的张力，在强行出罪与勉强入罪之间挣扎，一方面要顾虑对社会秩序的维护，另一方面则要担心会对法理规则产生困扰。

第二，量刑需要影响定罪选择。刑法条文存在漏洞或空缺，使待决案件的生活事实与刑法文本规范事实之间存在对接缝隙，对此，需要在它们之间进行织补勾连。这种勾连不仅需要在刑法文本规范外纳入其他的制定法法源，也需要一些非制定法法源进行辅助。在这种情况下,通过价值判断,将各类型法源纳入到对相关刑法条文的解读当中,考虑对犯罪人进行惩罚的需要程度和力度,而不是主要基于犯罪行为的相关法定构成要件或要素,在若干个关联法条中作出适用哪个来定罪的选择。

四、能动刑事司法裁判的中国进路

(一)刑事司法过程的能动与克制

能动的法律适用与克制的法律适用之间的博弈一直随着司法过程的始终,刑事司法也不例外。

1. 不同裁判理念之间的能动与克制

能动的法律适用与克制的法律适用之间的博弈首先是一种不同裁判理念上的博弈。在影响判决结果的诸多缘由中,裁判理念的差异很大程度上左右了司法裁判行为的最终走向。当下司法裁判行为的取向一般是围绕着能动裁判和克制裁判而展开。近现代特别是现代以来的司法裁判中,司法能动裁判与司法克制裁判之间的博弈也从未停止过,这既是现实主义法学与规范分析法学的主要分歧点之一,也是两种不同的法律观,即实用主义法律观与形式主义法律观在司法裁判过程中的分别体现。上述两种法律观的对立可以体现在很多方面,而最为标志性的则是实用主义的理念和法条主义的理念之间的争鸣。

实用主义的理念很大程度上归功于大法官霍姆斯为了反对适用纯粹逻辑的方法来构建法律学说而进行的毕生努力,他认为"在法律发展中唯一发挥作用的力量是逻辑"是一种错误的观念,"一般命题不能决定具体案件。结果更多地取决于判断力和敏锐的直觉而不是清晰的大前提"①,并且"法律的生命不在于逻辑,而在于经验。对时代需要的感知,流行的道德和政治理论,对公共政策的直觉,不管你承认与否,甚至法官和他的同胞所共有偏见对人们决定是否遵守规则所起的作用都远远大于三段论。法律包含了一个民族许多世纪的发展历史。它不能被当作由公理和推论组成的数学书"②。在写于 1897 年的《法律

---

① [美]小奥利弗·温德尔·霍姆斯:《普通法》,冉昊、姚中秋译,中国政法大学出版社 2006 年版,第 7 页。

② [美]小奥利弗·温德尔·霍姆斯:《普通法》,冉昊、姚中秋译,中国政法大学出版社 2006 年版,第 7 页。

的道路》中,霍姆斯写道:“在合乎逻辑的形式的背后,存在着对于相互竞争的立法根据的相对价值和重要性的判断,这个判断常常是一个无从言喻且未自觉意识到的判断,这是真实存在的,而且还正是整个程序的根基和关键……我认为法官并未充分认识到他们有责任权衡社会利益的利弊得失。”①这种对社会利益的权衡,就是一种价值判断。

在刑事裁判实践中,尽管价值判断的渗透程度不同,但却广泛存在。霍姆斯站在司法实践的角度,通过法官的直觉和大量案件裁判的经验累积,意识到在司法裁判过程之中,价值判断的实证存在以及这样的存在会对旧法律体系内部产生巨大的意识形态上的影响。然而,“每个人说的实用主义意思不一样,因为不存在一种教义化的实用主义概念”②。一般来说,在法律研究、实践领域,实用主义概念的使用往往包含如下意识形态倾向:首先,拒绝概念主义和本质主义,即忽视精确概念的搭建、放弃关于本质内涵的终极讨论;其次,秉持实践主义和工具主义,与第一种倾向联合理解即是实用主义关注事物存在的效用价值以及实践可行性、效率和经济性,而对事物存在的本质、结构、内在逻辑等相关自我属性并不执着探寻。总的来说,实用主义的核心是解决问题的进路设计:它的着眼点是未来每个时刻的新问题、特点是动态化;它虽然尊重先例,并刻意强调连续性在进路设计中的重要性,但仅限于连续性具有实践解决问题的价值。在法律实践中,实用主义强调社会的高于自然的。③ 对法律原则的信仰、对司法判例的恪守只是一时的策略手段,而非必须依循的义务;而逻辑推理、演绎甚或是科学本身,只是一种用来达到社会目的的使用工具。这种积存于我们脑中的根基性知识或者专业训练下的常识,只是形成了一种思维过程的参照系,在法律实践中就是裁判规范的参照基础。我们选择贴合参照系的事实来表述“真理”或者法律中的“正义”;而参照系是运动的、开放的,在理想模式下是自我生长的,当旧有事实无法再次被剪裁贴合新进的参照系时,曾经的“真理”或“正义”就会发生争议,或者被取代。如果在刑事司法裁判中法律适用的能动性在实用主义的理念下被过分放大,那将是十分危险的。

形式主义法律思想继承的是英国的传统,其浓厚的法条主义色彩表现在笃

---

① [美]奥利弗·温德尔·霍姆斯:《法律的道路》,李俊晔译,中国法制出版社2018年版,第42页。

② [美]理查德·A.波斯纳:《超越法律》,苏力译,中国政法大学出版社2001年版,第4页。

③ 参见杨清望:《我国的社会现状与能动司法模式的建构》,载《中南大学学报(社会科学版)》2012年第1期。

信法律是由远离和原则组成的科学，而法律的资源存在于且只限于既有的判例中，法律推理的目的就是要使用逻辑演绎的手段通过旧有判决获得抽象的法律原则，同时把这些原则在后世的司法判决中贯彻下来，断不可轻易更迭。

19 世纪以后，英美两国的法律思考是以法律形式主义亦即法条主义为主流的，而其中的代表人物就是哈佛大学法学院院长兰德尔（C. C. Langdell，1826～1906 年）。兰德尔的法律理论主要是受到当时自然科学和唯科学主义思潮的影响，认为任何特定领域的知识都可以构建成由相互关联的、逻辑上可证明的基础原则所支配的科学。① 概括地说，形式主义法律思想有两个重要的特质，一方面，把法律看成数学一样，只考察概念之间的联系，而忽视了解概念与事实之间的联结，就像基于勾股定理，数学家们并不需要对每一个直角三角形进行研究，就可以确定其三边的关系。另一方面，每个司法行为都是一个建立在对原始法律资料的崇拜之上，由纯粹演绎推理构成的判断的结果，是古老的三段论刻板的复写，并不在意对大前提自身实践可能、成本以及社会价值加以考虑。

但实际上这个方法不可能成功。② 因为这样做的结果其实只是让判决看起来客观，而实际上未必客观，一方面，如果是在一个社会急剧变化的背景下，以往的概念和理论就有可能无法直接运用到新的事实中。法官无法通过直接使用逻辑推理进行判决，而必须对事实进行分析，作出自己的经验判断。③ 另一方面，演绎推理确有它的缺陷，三段论本身无法保证前提的真实性。演绎推理是逻辑推理的重要形式，甚至在历史上有很长一段时间人们都只承认演绎推理的可靠性；而且即使是在现在，尽管大多数人承认还存在诸如归纳和类比这些推理形式，但相比较而言，演绎推理还是相对可靠的。因为只要前提真实，推理不违反逻辑规则，演绎推理的结论就是可靠的。而其他两种类型的结论的可靠性就不那么有保障。因而，人们推崇演绎推理可以理解。但这种信赖的问题就在于前提的真实性不能通过逻辑本身提供，而是需要由经验来决定，因此，逻辑本身其实不能完全决定结论的真假。亦如古老的三段论“所有的人都会死，苏格拉底是人，所以，苏格拉底会死”，“这一论证的有效性——而不是结论的真实与

---

① See Neil Duxbury, *Patterns of American Jurisprudence*, Oxford University Press, 2001, p. 10－14.

② 参见张心向：《在遵从与超越之间——社会学视域下刑法裁判规范实践建构研究》，法律出版社 2012 年版，第 228 页。

③ 参见张芝梅：《法律中的逻辑与经验——对霍姆斯的一个命题的解读》，载《福建师范大学学报（哲学社会科学版）》2004 年第 1 期。

否,结论真实与否取决于大小前提是否真实——看上去令人完全信服。但这只是因为这个结论,即苏格拉底会死,是包含在大前提对‘人’的界定中了。这个前提实际说的只是:这里有一个贴了标签‘人’的箱子,箱子里有一些东西,其中每一个都‘会死’。小前提则告诉我们,箱子里的东西都有一个名字牌,其中有一个牌子上写的是‘苏格拉底’。当我们把苏格拉底拿出箱子时,我们就知道他是会死的,因为箱子里唯一有的东西都是会死的。因此,我们拿出来的东西是我们预先放进去的东西”①。也就是说,三段论本身只能保证论证过程的合逻辑性,而无法保证前提的真实性,因为前提的真实性是通过经验获得的。如果在刑事司法裁判中法律适用的克制性在形式主义的理念下被过分放大,许多裁判就无法进行下去。

2. 不同案件类型之间的能动与克制

不同案件之间是存在结构性差异的,对这种结构性的直观描述就是常规案件与疑难案件的区分:比如我国一些著名刑事科研机构正在进行着的对一些较难判决或具备独特社会影响之案件的研究遴选、存储和分类。② 在刑事案件的裁判过程中,造成案件产生结构型差异的根源在于“罪刑法定”(nullum crimensine lege,nulla poena sine lege)这一刑法根基性原则。我国《刑法》第3条规定:“法律明文规定为犯罪行为的,依照法律定罪处刑;法律没有明文规定为犯罪行为的,不得定罪处刑。”一方面强调了犯罪及其刑罚的法定性,夯实了法律的权威和国家强制处罚权;另一方面则保护非罪行为的自由性,即对国家刑罚权的限制,保障了公民的权利和自由。基于罪刑法定原则,又发展出了诸如“排斥习惯法”“刑法无溯及力”“禁止类推”“否定不定期刑”“否定绝对的定期刑”等裁断理念。禁止法官在裁断刑事案件时作出不符合罪刑法定原则的解释,限制私主体使用私力救济的范围,是刑事案件裁判区别民事等案件裁判的最大特点。对这些原则的守成和超越,产生了案件的结构性差异。

卡多佐在《司法过程的性质》一书中,曾将普通法传统下法官日常处理的案

① [美]理查德·A.波斯纳:《法理学问题》,苏力译,中国政法大学出版社2002年版,第49页。

② 如中国人民大学刑事法律科学研究中心就曾对我国2009年至2013年刑事案件中以“受关注度”为评断标准进行了多次网络调查研究和统计。2010年数据,参见中国刑事法律网(https://www.criminallaw.com.cn/article/?id=5435);2011年数据,参见中国刑事法律网(https://www.criminallaw.com.cn/article/?id=6611);2012年数据,参见中国刑事法律网(https://www.criminallaw.com.cn/article/?id=8362)。

件简要归纳为三类:第一类,案件的事实与规则均甚简明,"争议的中心非法律规则而只是对事实如何适用法律规则的案件"[①],这些"案件只有一条路,一种选择……它们堆积成山,令人乏味"[②]。第二类,事实是明晰的,"规则也是确定的,只是规则的适用令人怀疑"[③]。"当然,这些案件以及其他一些类似的案件常常在法官当中引发不同的意见。然而,不论结果如何,却未触动法理。"[④]第三类,案件的数量很少,但"这些案件的决定对未来很有价值,它们将推进或延滞法律的发展"[⑤]。"这些案件就是司法过程中创造性因素发现自己的机遇和力量的案件"[⑥],为法官"提供了真正的选择机会——不是一个非此即彼的选择:一个选择被人们认为几乎理所当然的正确,另一个则理所当然的错误;而是一个经过周密权衡的选择,其一经宣告,一种新的正确和一种新的错误(标准)由此产生。当然……权衡不是基于突发奇想,而是出于理智"[⑦]。法官"可以找到言之成理的或者相当有说服力的理由来支持这一结论或者另一种结论。在这里,开始起作用的就是对判决的平衡,是对类比、逻辑、效用和公道等考虑因素的检验和分类整理"[⑧]。

正如上文提到的,我国的主流案件的类型为简单案件和疑难案件。简单案件,就是对查明的案件事实有明确的法律条文可以适用,大前提清楚明晰、小前提确定明了,法官可以直接运用三段式的逻辑方法就可得出结论。[⑨] 不难看出,简单案件正是卡多佐笔下的第一类案件,也即案件事实与刑法规范完全匹配的案件(以下简称完全匹配型案件)。这种案件的大小前提匹配唯一且明确,案件事实与刑法条文的契合程度接近完全状态。博登海默评价道:"当某核心含义清楚明了的规范可明确适用于某个案件的事实时,司法审判就不再需要价值判

---

① [美]本杰明·卡多佐:《司法过程的性质》,苏力译,商务印书馆 2011 年版,第 102 页。

② [美]本杰明·N. 卡多佐:《法律的成长 法律科学的悖论》,董炯、彭冰译,中国法制出版社 2002 年版,第 34 ~ 35 页。

③ [美]本杰明·卡多佐:《司法过程的性质》,苏力译,商务印书馆 2011 年版,第 100 页。

④ [美]本杰明·卡多佐:《司法过程的性质》,苏力译,商务印书馆 2011 年版,第 100 页。

⑤ [美]本杰明·卡多佐:《司法过程的性质》,苏力译,商务印书馆 2011 年版,第 100 页。

⑥ [美]本杰明·卡多佐:《司法过程的性质》,苏力译,商务印书馆 2011 年版,第 100 页。

⑦ [美]本杰明·卡多佐:《司法过程的性质》,苏力译,商务印书馆 2011 年版,第 35 页。

⑧ [美]本杰明·卡多佐:《司法过程的性质》,苏力译,商务印书馆 2011 年版,第 100 页。

⑨ 参见张心向:《在遵从与超越之间——社会学视域下刑法裁判规范实践建构研究》,法律出版社 2012 年版,第 352 页。

断了。”[①]“即使当某法律规定的含义和适用范围不甚明确的时候，价值论方面的考虑也未必就会成为阐述和解释过程中的一部分。”[②]换句话说，在完全匹配型案件中，只需要进行法律系统内部的逻辑关联和判断，就可以作出正确的裁决，而利益判断、价值衡量等法律系统外部的判断手段则没有存在和适用之必要。笔者认为，事实与规范契合度高，逻辑判断直观并不代表案件的裁判过程中可以缺少价值论和利益观的考虑。很大程度上，案件事实和法律规范的匹配契合与整个社会在一定时期内的集体认知相关，在时下整个社群的价值取向呈现出同一趋势和统一状态时，二者的匹配度极易达到峰值。这一时期社群成员价值判断结果一致程度高，甚至形成了某种习惯和常识；利益衡量隐藏在了司法裁判的过程中，甚或“被淡化成了一种潜意识而没有了存在感”[③]。由于作为这种利益衡量的依据，就基本价值系统而言，立法的价值蕴含与司法的价值取向具有完全一致性；就主要规范体系而言，依据的主要是刑法文本规范，不存在其他法源因素的介入考量，用于案件裁判的规范就是刑法文本规范本身。[④] 司法裁判过程也因为完全匹配型案件的结构性特点呈现出判决的法条主义立场。此类结构型案件是司法实践中的数量极大部分，裁判亦较为格式化，故对于这种完全匹配型案件简单案件的裁判，机械“克制”就好，无须人为“能动”。

疑难案件，其案件的类型及内涵，我国学术界有不同的界定，郑金虎博士将其概括为三种类型：[⑤]有关案件事实方面的疑难案件、有关法律规则方面的疑难案件、有关案件事实与法律规则结合方面的疑难案件。在裁判有关案件事实方面存在疑难的案件中，法官面对的是争议难点主要存在于事实认定且既有证据事实的证明力度不足以解决存有争议的案件。此类案件常常会引发程序正义与实质正义的讨论，法官虽然能够依据既有证据材料按照特定的证据规则作出裁断，但是对于事实不明的部分，法官则无能为力。这种案件的裁判结果往往

---

① ［美］E. 博登海默：《法理学：法律哲学与法律方法》，邓正来译，中国政法大学出版社 2004 年版，第 502 页。

② ［美］E. 博登海默：《法理学：法律哲学与法律方法》，邓正来译，中国政法大学出版社 2004 年版，第 502 页。

③ 参见张心向：《在遵从与超越之间——社会学视域下刑法裁判规范实践建构研究》，法律出版社 2012 年版，第 355 页。

④ 参见张心向：《死刑案件裁判中非刑法规范因素考量》，载《中外法学》2012 年第 5 期。

⑤ 郑金虎：《司法过程中的利益衡量研究》，山东大学 2010 年博士学位论文，第 109～110 页。

存在对事实还原的不完整性,仅仅是程序意义上的判决正确。在裁判有关法律规则方面存在疑难的案件中,作为逻辑推理大前提的法律规则出现内在的矛盾;或者法律规则含有内容上的不确定状态,致使法官可以作出多种解释和认定;或者不同法律规则之间存在矛盾,致使法官作出的判决会因为对不同法律规则的选择而产生不同的判决结果;或者法律规则自身还有漏洞,“关于某一法律问题,法律依其内在目的及规范计划,应有所规定,而未设规定。法律漏洞的基本特征在于违反计划”①。在裁判有关案件事实和法律规则结合方面存在疑难的案件中,僵化的文本主义会导致法律上的合法结果产生对常识常理、道德伦理方面的冲击,造成波斯纳提出的“外部含混”状态②,这种状态产生的原因在于法律本身具有的滞后性与高速发展的现代社会事实契合度并不完美的现象。法官适用的法律规则在抽象法理上是正确的,同时规则描述的行为与裁判行为最为接近,只是该法律规则诞生的语境与裁判时下的社会环境并不一致,强行适用的结果在很大程度上背离了所属社群的思维定式。

笔者认为,在疑难案件中无论对案件结构作出何种区分,抛开程序问题,留给刑法自身需要解决的问题只有一个,即法律规范与案件事实在形式上的对应关系问题,并由此决定着案件适用法律的难易度、法官自由裁量的空间大小,以及价值判断在案件裁判过程中的权重,是故,疑难刑事案件类型实际上也就两类③:①案件事实与刑法条文基本匹配型(以下简称基本匹配型案件);②案件事实与刑法条文部分匹配型(以下简称部分匹配型案件)。

基本匹配型案件与有关法律规则方面的疑难案件的结构型类似,其特点在于对法律规范的解释具有多样化可能;条文的适用也“存在着构成要件的全部或部分重合,因此,同一案件事实可以被多数法条指涉”④;甚至法律体系自身针对该案件事实存在疏漏或者立法时的蓄意模糊。在这类案件裁判过程中,大前提的确立,即裁判规范的建构是案件裁判的核心,其在建构过程中,除刑法文本规范外,不仅需要其他的制定法法源,也需要一些非制定法法源掺入进来发挥

---

① 王泽鉴:《法律思维与民法实例:请求权基础理论体系》,中国政法大学出版社 2001 年版,第 251 页。

② 参见[美]理查德·A.波斯纳:《法理学问题》,苏力译,中国政法大学出版社 2002 年版,第 332 页。

③ 参见张心向:《在遵从与超越之间——社会学视域下刑法裁判规范实践建构研究》,法律出版社 2012 年版,第 354~365 页。

④ [德]卡尔·拉伦茨:《法学方法论》,陈爱娥译,商务印书馆 2003 年版,第 146 页。

作用。我们认为,在基本匹配型案件的裁判规范建构过程中,利益衡量可以依托各类型法源,对刑法文本规范进行价值补充。例如可以将行为的社会危害程度作为参考的标准之一,在刑法规定模糊时,对出罪、入罪的倾向性进行合理判定与解释;也可以以违法行为与刑法语言核心意义区的距离作为评价参照,对距离较远的侧重考虑刑法的自由保障功能作出罪解释,而对距离较近的侧重考虑刑法的秩序保护功能作入罪解释;在条文彼此冲突或有漏洞存在的场合,应偏重于考虑刑法的人权保障价值,作出有利于被告人的裁判解释。利益衡量的这种价值补充,主要是通过各种法律解释的方法,把刑法文本规范之外的法源整合融入刑法规范当中作为刑法文本规范的补充,把案件事实与刑法条文基本匹配变为刑法规范与案件事实的完全匹配。① 此类结构型案件虽只占了司法实践中的一小部分,但在裁判过程中却总体上是克制的同时呈现出了一定的能动性。

部分匹配型案件与有关案件事实与法律规则结合方面的疑难案件类似,这类案件往往触及法理,或者挑战了旧有法律体系中的权威,或者试图革新并建立法理学意义上的高地。卡多佐认为,此类案件为法官"提供了真正的选择机会——不是一个非此即彼的选择:一个选择被人们认为几乎理所当然的正确,另一个则理所当然的错误;而是一个经过周密权衡的选择,其一经宣告,一种新的正确和一种新的错误(标准)即由此产生"。② 笔者认为,部分匹配型案件还可以分为两种情形:③第一种类型,案件事实与刑法条文形式要件上大部分匹配,只是严格比照法律条文进行机械适用,会产生政治、道德或文化三者与法律之间的内在冲突;而松散比照法律条文进行自由解释,又存在破坏罪刑法定原则的风险。第二种类型,案件事实与刑法条文在形式要件上仅小部分匹配,强行出罪裁判,不利于社会秩序的维护,且有损刑法的预防作用;而勉强入罪,则不能解决事实与规范的匹配契合,造成法律条文、规则和法理的困境。这类案件在司法实践中出现的概率极小,也可以说不容易碰到,但在裁判过程中表现出的能动大于克制则是必须要给予高度关注的,如上述肖某灵以危险方法危害

---

① 参见张心向:《死刑案件裁判中非刑法规范因素考量》,载《中外法学》2012 年第 5 期。

② 参见张心向:《在遵从与超越之间——社会学视域下刑法裁判规范实践建构研究》,法律出版社 2012 年版,第 104 页。

③ 参见张心向:《在遵从与超越之间——社会学视域下刑法裁判规范实践建构研究》,法律出版社 2012 年版,第 359 ~361 页。

公共安全案。

3. 法官裁判过程中的能动与克制

法官构成了法律的一部分,他们是法律由精神王国进入现实王国控制社会生活关系的大门。法律借助于法官而降临尘世[①]。正因如此,德沃金将法院视为法律帝国的首都,法官则是法律帝国的王侯将相。它意味着在法律制度与具体案件之间,必须以法官为中介,来沟通法律规范与社会生活的联系,法律的文本规范是通过法官基于案件事实的解构后重构为裁判规范来实现法律世界与生活世界的对接的。[②] 在这样一种神圣而符号化的抽象对接中,形而上的法学理论通常将法官的社会性格剔除,而无限放大其职能身份。实则这种对接是真实的社会行为,如果将法官置于社会大系统的动态运行中考察其裁判行为,就会发现,法官并不是纯粹的法律意义的裁判者,其在裁决案件过程中,除了受制于法律规范,还经常受到其他方面的影响,如权力部门的影响、行政部门的影响、法院系统的影响、文化传统的影响、社会舆论的影响等。法官的多元角色期待使其裁判行为受到多重外在约束,极易造成与案件有关的法律适用只是裁判的一个重要依据而不是唯一依据。[③]

在我国,法官处于各种社会关系网络(场域)的交叉点上,并与周围有着复杂的人际关系。由于"场域"会限制话语,人们的言行也总是会受到他所在"场域"隐含的规则的制约;这样,在不同的时间、不同的场合,法官占据着不同的社会位置,因而也就会有不同的角色期待和角色要求;当然,随着客观"场域"的不断变化,法官的角色期待和角色要求也会随之发生改变,这样,在不同的时间、不同的人际关系中,法官总是会不断地转换他所扮演的社会角色,践行着其开放性的角色特征。[④] 首先,法官是法律执业者,被赋予国家审判权,并被期待其裁判行为可以展现出必要的技术性和专业性。其次,法官是政治权力的所有者,在享受权力带来的优越感、尊严和权威的同时,被要求付出的代价就是"案件的审理过程中具有政治意识和大局意识,即在任何情况下、任何时候,都要服

① 参见[德]拉德布鲁赫:《法学导论》,米健、朱林译,中国大百科全书出版社 1997 年版,第 100 页。

② 参见赵秉志、张心向:《法官角色视野下的裁判理性——以 2005"中国法官十杰"先进事迹介绍为分析范本》,载《法律科学(西北政法大学学报)》2009 年第 5 期。

③ 参见赵秉志、张心向:《法官角色视野下的裁判理性——以 2005"中国法官十杰"先进事迹介绍为分析范本》,载《法律科学(西北政法大学学报)》2009 年第 5 期。

④ 参见赵秉志、张心向:《法官角色视野下的裁判理性——以 2005"中国法官十杰"先进事迹介绍为分析范本》,载《法律科学(西北政法大学学报)》2009 年第 5 期。

从于党和国家的工作大局。具体表现为法官的司法行为要为党和国家的中心工作服务。司法为政治服务是司法工作的一贯原则，司法是宣传和落实党的路线、方针和政策的重要途径，司法工作是紧密围绕党的中心工作而展开，党在各个时期的中心工作，就是人民司法机关服务的具体的、主要的对象。这就意味着司法不仅是一个运用法律解决纠纷的过程，同时也是党的政策贯彻落实的过程。因此，司法不仅要考虑法律，而且要注意政策。审判不但要解决纠纷，而且要注重社会效果，即要有利于改革，有利于社会稳定，有利于经济发展"[①]。最后，法官是社会生活的参与者。社会生活的细胞是家庭活动、社群活动。作为诸多参与者中的一份子，其行为被烙上了鲜明的家庭惯习和社群特征。法官的政治生活会被制度环境约束，而职业性格会被从业经历、执业实践所熏陶，但是，在剥离这些背后，作为揭开法律面纱的人，法官的心理负荷极限、性格倾向和道德感则在很大程度受控于家庭、社群生活过程中得到的满足感，而这种满足感，在人类产生社群行为开始，就是以个体能否得到社群认可而作为判断标准。换句话说，法官心目中的理想化裁决要同时具备职业满足感、政治成就感和社会认同感。法官的"角色丛"存在模式，使其裁判行为会因同一主体上的多种角色冲突而引发裁决可预测性的模糊化；而且角色承担分身越多，发生冲突的概率就越大，这种模糊化程度就越高。作为职业法官，其与裁判行为的指导基准——法律规范，在与来自其他角色规范，如权力结构规范、文化规范与社会生活规范之间遭遇冲突后，就可能成为仅是法官裁决案件时考虑的主要因素而非唯一因素，甚或沦为次要因素。[②] 因而，法官就特定案件在案件事实的认定和法律规范的选择方面所给出的裁判结果，实际上是多重角色规范较量、博弈的结果。正是在应对这种复杂多元的评价标准中，法官糅合出而不是挑选出最优化的裁判理性，以此为基点进行的裁判行为，就往往体现出了具体案件裁判过程中是选择克制还是选择能动的差异。

另外，法官本身的司法能力对其在裁判过程中是能动的还是克制的，也是一个重要影响变量。对此，我们可以关注一个特殊的法律渊源：立法史。立法史在美国是非常受重视的一种内部法律资料，细致地记录了法案诞生的前后相

---

① 赵秉志、张心向：《法官角色视野下的裁判理性——以2005"中国法官十杰"先进事迹介绍为分析范本》，载《法律科学（西北政法大学学报）》2009年第5期。

② 参见赵秉志、张心向：《法官角色视野下的裁判理性——以2005"中国法官十杰"先进事迹介绍为分析范本》，载《法律科学（西北政法大学学报）》2009年第5期。

关权力关系之间(法院、司法部、国会、总统、民权机构、市民等)的角力,翔实地收录了法律规范的产生过程中的各方资料。例如,美国《1980 年难民法》(Refugee Act of 1980)的立法史有 2112 页;美国《1992 年能源政策法》(Energy Policy Act of 1992)的立法史达到了 4999 页;而美国《1990 年清洁空气法案修正案》(Clean Air Act Amendments of 1990)的立法史竟有 10,878 页。[①] 之所以称立法史为特殊的法律渊源是因为基于法条主义和实用主义之间的冲突,立法史地位并没有在美国得到官方认可,但其展现出的有关争议法条订立之处的立法意图却又在实践过程中成为各方主体支持自己观点的有力佐证。有关立法史法源地位争论的案例中,最为著名的要数联邦最高法院 1892 年就"圣三一教堂诉合众国案"(Holy Trinity v. United States,以下简称圣三一案)。[②] 当然我们在这里并不是要讨论法源组成的问题,而是通过法官对法源的取舍,尝试分析复杂案件中,法官在能动与克制之间的取舍对其裁决的影响。

圣三一案涉及美国《1885 年外籍合同劳工法》(Alien Contract Labor Act Of 1885),该法规定在美国帮助外来移民依据合同从事"任何种类的劳动或者服务"是非法行为,文本中仅仅规定"职业演员、艺术家、演讲家或者歌唱家","私人秘书""仅受雇作为私人或者家庭佣工的人"作为例外条款。1887 年,纽约圣三一教堂安排一位居住在英格兰的圣公会牧师到纽约担任教区长一职。[③] 根据上述条款,美国政府起诉这家教堂并对其实施了民事制裁。然而时任联邦最高法院大法官 David Brewer 认为,即使教堂的行为落入了相关的字面规定中,该制定法也不应被解释为禁止这种行为——这主要是因为国会立法的意图只是将此制定法适用于那些旨在输入体力劳动者的合同,而无意将此延及"脑力劳动者"。这次判决中,首先,David Brewer 法官是一位福音派基督徒,而他的父亲正是一位牧师。[④] 这位法官在意见中提出,美国国会不可能打算去禁止一个基督教牧师依据合同的移民行为。毫无疑问,法官的社会性格参与了裁断过程,并且在一定程度上限制了其司法能力。其次,从最高法院获得的仅有的两

① 参见[美]阿德里安·沃缪勒:《不确定状态下的裁判:法律解释的制度理论》,梁迎修、孟庆友译,北京大学出版社 2011 年版,第 121 页。

② 参见[美]阿德里安·沃缪勒:《不确定状态下的裁判:法律解释的制度理论》,梁迎修、孟庆友译,北京大学出版社 2011 年版,第 94 页。

③ Church of the Holy Trinity v. United States,143 U. S. 457 (1892).

④ 参见[美]阿德里安·沃缪勒:《不确定状态下的裁判:法律解释的制度理论》,梁迎修、孟庆友译,北京大学出版社 2011 年版,第 98 页。

份立法史信息中,一份出自众议院劳工委,一份出自参议院教育与劳工委员会。这两份信息中,一份概括地指出,美国并不打算延揽底层的劳工进入或移民美国;另一份虽然指出委员会乐意对“外国劳工”这个词的范围作出解释,但同样在报告中指出基于议会的“时间日程较紧凑”,所以“没有做出任何修改”就提交了法案。① 在一种法律信息获取十分不完善的情况下,联邦最高法院作出了推翻文本主义的裁断。这是错误的。在该案中,司法能力受限体现在如下几个方面:第一,法院在获取立法信息时,过多地依赖第三方机构,并且未对第三方机构信息来源的权威作出查证和说明。第二,法官的认知能力受到干扰。从社会学的角度看,决策者倾向去高估最生动、最显著或者最容易获得的信息。法官亦是如此,并且依赖于其职业性格,往往会赋予那些材料决定性的权重,是故,在社会影响较为鲜明、舆论冲击较为强烈的案件中,法官的认知能力会被少数在规范意义上并不重要的证据、法律信息所遮蔽,继而对案件的判决造成扭曲。第三,司法惯性或者倾向性。David Brewer 法官在圣三一案给出的意见中,部分只能算作是自我价值的追求,其对“美国基督教遗产的热心和片面陈述”②是完全与司法无关的陈述,这种陈述放置在判决书中,会对司法中立的精神产生消极的影响。

(二)能动刑事司法裁判进路设计

1. 整合裁判理念对司法能动主义进行限制

在司法裁判的实践中,裁判主体是否一定处在两极分化的态势中,或者坚定地捍卫法律形式主义完美逻辑,或者执拗于法律实用主义的效果?在分析二者的理论区别之间,我们可以先审视一个真实的历史事件。1987 年,美国总统里根提名任命联邦上诉法官、原耶鲁大学法学教授罗伯特·鲍克为最高法院法官。鲍克是一位著名的保守主义者,以尖锐抨击隐私权、民权立法并反对最高法院取缔避孕禁令以及废止华盛顿特区公立学校种族隔离的各个判决而著称。反对者们发动了一场声势浩大的反对鲍克运动,此时参议院司法委员会也召集了一次关于鲍克任命的听证会。耶鲁大学法学教授乔治·普莱斯特在听证会

---

① 参见[美]阿德里安·沃缪勒:《不确定状态下的裁判:法律解释的制度理论》,梁迎修、孟庆友译,北京大学出版社 2011 年版,第 99~100 页。

② [美]阿德里安·沃缪勒:《不确定状态下的裁判:法律解释的制度理论》,梁迎修、孟庆友译,北京大学出版社 2011 年版,第 116 页。

上为鲍克作证,普莱斯特提出观点,认为鲍克的学术作品观点尖锐,但是这些学术上的品性与鲍克作为法官的品性是毫无关系的。按照普莱斯特所提出的理由,此二者的不同在于学者和法官的角色差异。法官必须心态开放、中庸且尊重过往的权威。然而,自第二次世界大战以来,现代法律学术的形态已经发生了深刻的变化,那些逐鹿于法学学术前沿的学者们自觉地接受了自然科学的研究和治学风格,而这些社会学研究态度是与法学理论体系的传统相背离的,与司法实践的内在信仰也有很大色差。罗伯特·鲍克是具有双重身份的,可以说他是对立理念的混合体。在对普莱斯特的诸多证言中,有一句是十分精准的:"尽管最重要的,我想,是人们可以说鲍克法官的判决意见书本身完全未曾展示出他的学术造诣。根据鲍克法官所做的判决书,不会有任何一个美国的名牌法学院聘任他。尽管我推崇他的学术著述,他以往的学术著述,且尽管我支持他受任最高法院,但他放弃了他那大刀阔斧和极端化的学风而转采审慎累积式的方法去思考法律,因而如果他还想再做耶鲁法学院教授的话,我认为他已经不够格了。"①作为法官,判决时应当思虑保守、循规蹈矩,而作为法律研究者则视上述品格为自身治学的毒害物,力求与社会实证价值、利益衡量、政治决策等其他理论接轨,写实地再现司法裁判行为。这种超越与恪守、实用与文本的理念冲突,引领了不同法律实践与研究主体路线迥异却又目的统一的思考模式。

波斯纳在总结了美国联邦上诉法院和最高法院的裁判行为后提出论断:"特别是非常规的案件,在美国,在上诉审,在联邦最高法院,法条主义决策材料常常得不出可接受的答案,因此会出现一个开放领域。但职责要求法官决定,法官不得不相当多地依赖其他传统非法律的材料和信息,包括个人的政治看法、政策判断乃至个人特性。结果是,法官的决策不仅不符合法条主义模式,而且司法判决中还充满了政治以及其他许多东西,乃至是'政治的'(political)。"②"开放领域"概念的提出,表现出波斯纳对案件结构性的认识,也从侧面说明了在司法裁判领域实用主义作用的体现很大程度上只是在具有复杂结构型的案件上,如前文分析的基本匹配型案件以及部分匹配型案件特别是

---

① [美]戴维·鲁本:《法律现代主义》,苏亦工译,中国政法大学出版社2004年版,第1页。

② 参见苏力:《经验地理解法官的思维和行为——波斯纳〈法官如何思考〉译后》,载《北方法学》2009年第1期。

部分匹配型案件;而对于完全匹配型的简单案件,相信如果我们刻意为了实用主义理念的贯彻而奢侈地在日常裁判中引用大量的利益衡量和价值判断,反倒会降低司法裁判的效率和结果,故而更应该按照法条主义格式裁判。其实无论是霍姆斯、卡多佐还是波斯纳,其实用主义的司法理念往往并不排斥在裁判过程中对法律形式主义理念中有效的部分进行借用。纯粹的形式主义是排他的,而实用主义则具有包含的属性。“能动和克制的区别更多只是一个程度不一而非性质不同的问题”①,即“是法官在进行自由裁量时享有多大的自由或者受到的限制的程度的问题。”②这也是即便是美国这样的所谓法治国家,司法也经常在能动与克制之间来回摇摆、此消彼长的主要原因。③

在刑事司法裁判中,尽管能动主义与克制主义的此消彼长是动态的,但克制依然是司法活动的主流,而能动只能起到辅助的作用;强调对判例或法条已明确的含义,法官只是在认同意义上解释;主张对模糊性的法条含义,应该保持克制,在充分论证的基础上创造性地运用;认为在一般情况下,不能超出法条规定所推导出来的可能范围,应符合一般判断力所可能达到的理解,至少应避免违宪和违法。④ 然而,虽然罪刑法定原则不允许刑事裁判之手伸向“法”的藩篱之外去采摘鲜果,但并不意味着我们不可以改变一下丈量藩篱的尺度,藩篱的面积扩大了,我们就可以把更多的生长各种鲜果之树,圈划于藩篱之内。

我们认为,目前国内提倡的司法过程中的司法能动内容及价值目标不适宜刑事裁判,能动性刑事裁判的提法,有可能带来某种负面影响,故时机尚不成熟。不仅尚缺乏可以实行能动性司法裁判的现实条件,即司法精英的存在、社会对通过司法完善国家的法制体系有高度的期待、通过案件的审理所产生的对普遍规则的要求,⑤而且在我国目前守法传统还没有形成的情况下,采用存在分歧的“司法能动”或“实用主义”概念表达刑事裁判问题,就应格外慎重。“为了

---

① [美]克里斯托弗·沃尔夫:《司法能动主义——自由的保障还是安全的威胁?》,黄金荣译,中国政法大学出版社2004年版,第3页。

② 参见吴英姿:《司法的限度:在司法能动与司法克制之间》,载《法学研究》2009年第5期;[美]克里斯托弗·沃尔夫:《司法能动主义——自由的保障还是安全的威胁?》,黄金荣译,中国政法大学出版社2004年版,第3页。

③ 参见张心向:《在遵从与超越之间——社会学视域下刑法裁判规范实践建构研究》,法律出版社2012年版,第256页。

④ 参见[日]曾根威彦:《刑法学基础》,黎宏译,法律出版社2005年版,第24页。

⑤ 参见信春鹰:《司法能动主义的时代到来了吗?》,载信春鹰编:《公法》第3卷,法律出版社2001年版。

树立法律的权威,在法制建设初级阶段法官必须奉行司法克制主义"[①]这种提法,对刑事裁判尤为重要。这就是缘何在"许霆案"中,刑法学人一致坚守裁判的法条主义底线,而拒绝做其他的裁判考量,因为"这种制度安排在当代中国行不通,很危险。行不通在于它与当代中国的法治主流意识形态(法条主义)无法兼容,特别是违反了罪刑法定的刑法教义。其次,实际更重要的是,法官对刑事被告有如此大的裁量权,实在危险。法官量刑会显得很专断;宽大的量刑幅度可能'造租',给法官和刑事辩护律师,创造太大的受贿行贿的可能和激励。在当代中国,这一定会变成现实"[②]。

2. 区别不同类型案件建构刑事裁判规范

法律是一种现实的社会事业,是维护、实现或者阻碍某种社会利益的工具。在这个意义上,将道德和政治理论、公共政策等元素注入当下案件裁判的逻辑体系中,将司法过程中的考量角度由逻辑推理转向社会政策的角度,由机械适用法律教条转向灵活应对社会问题,由法律内部因素的"画地为牢"转向外部社会因素的"统筹兼顾",由追求完全理性的形式正义转向追求实际效用的实践正义,[③]则可以使传统的形式裁判具有能动的效果,并使我们可以从中找寻刑法能动司法裁判的规范,以期更合理地预测这种裁判行为的结果。不同裁判理念指导下的法官,在面对骤然放置在其面前的案件事实,假设不存在其他张力的左右,裁判行为的进路是截然不同的。

实用主义的审判,是一种以裁判后果为导向的审判,法官往往以对判决后果的考量与权衡来取代对于法律规则的严格适用,即以判决可能导致的结果为依据而非绝对按照制定法规则来决定裁判的内容。[④]在处理案件时,法官会对摆在其面前的各种可供选择的裁判规则所可能造成的后果予以审慎考量,权衡利弊,[⑤]以求裁判利益最大化。也就是在案件正式进入"裁判的轨道"之前,首先对案件有一个基本的价值判断,以确定裁判该案的价值诉求,这在当下的案件裁判中主要表现为"事了",或者称为"了事"更恰当。这样,整个司法裁判过

---

① 陈金钊:《法官司法的克制主义姿态及其范围》,载陈金钊、谢晖编:《法律方法》第7卷,山东人民出版社2008年版。

② 苏力:《法条主义、民意与难办案件》,载《中外法学》2009年第1期。

③ 参见秦策:《霍姆斯法官"经验"概念的方法论解读》,载《法律适用》2006年第11期。

④ 参见赵秉志、张心向:《刑事裁判功利性现象研究——兼论刑法规范的司法适用》,载赵秉志主编:《刑法论丛》第31卷,法律出版社2012年版。

⑤ 参见[英]尼尔·麦考密克:《法律推理与法律理论》,姜峰译,法律出版社2005年版,第125页。

程会呈现出“三段论的倒置”现象。先有“裁判结论”,再行“逆推试错”,“试错的过程产生判决。试错的过程决定着它们再造自身的权利”。[①] 特别是“当事实和法律因素不确定时,法官就常常会从他直觉地认为公平的解决方案出发,只是到了司法决定的形式起草阶段才使用三段论推理。我们可以称之为倒置的三段论,‘上升式的’或‘逆退式的’三段论。此时法官就会运用其选择前提的自由,以制作出能够证明已定结论的三段论”[②]。实用主义的裁断在应对本文提出的部分匹配型案件和基本匹配型案件中可以产生许多积极的影响,而其中最为重要的就是对法律条文所蕴含的价值判断在当下案件事实中进行重新解读并由此建构裁判行为之规范,在裁判过程中更好地建构大、小前提,将法律规范与案件事实相契合,对裁判行为进行优选指导。在这样的过程中,司法裁判中的价值判断内化为一种裁判行为本能,潜行在裁判结论的证立过程中,通过对裁判大、小前提的实践建构,左右着裁判结论的证成;司法裁判中的逻辑推理外化为一种裁判技术手段,显行在裁判结论的证立过程中,通过对裁判大、小前提的实践建构,决定着裁判结论的证成,二者之间密不可分。[③] 这一切都是通过裁判规范[④]的建构过程完成的。

刑法裁判规范的建构过程,就是刑法文本规范与案件生活事实之间的联结和互构的过程。有学者认为,司法裁判中规范与事实的关系模式可概括为以下四种:推论关系、归类与涵摄关系、等置关系、评价关系。[⑤] 笔者认为,裁判中的规范与事实实际上分属于不同的存在层面,即分属于应然层面与实然层面、价值层面与事实层面:规范与事实之间能够“推论”,是以规范与事实之间存在涵摄关系为前提的;同样规范与事实之间能够“等置”,则是以规范与事实之间存在归类之可能为前提的,而“评价”必然始终伴随渗透于涵摄—推论关系与归类—等置关系的建构过程中,否则彼此间的“推论”与“等置”就无法完成。[⑥] 规

① 参见[美]本杰明·内森·卡多佐:《法律的生长》,刘培峰等译,贵州人民出版社 2003 年版,第 28 页。

② [法]雅克·盖斯旦、[法]吉勒·古博:《法国民法总论》,陈鹏等译,法律出版社 2004 年版,第 40 ~ 41 页。

③ 参见张心向:《死刑案件裁判中非刑法规范因素考量》,载《中外法学》2012 年第 5 期。

④ 参见张心向:《在遵从与超越之间——社会学视域下刑法裁判规范实践建构研究》,法律出版社 2012 年版,第 44 页。

⑤ 参见杨建军:《司法裁判中法律事实与法律规范的关系》,载《法制与社会发展》2007 年第 2 期。

⑥ 参见张心向:《在遵从与超越之间——社会学视域下刑法裁判规范实践建构研究》,法律出版社 2012 年版,第 389 ~ 391 页。

范与事实之间存在完全或基本上匹配关系的,其裁判规范的建构往往比较简单,一般适用涵摄—推论模式即可;而规范与事实之间存在部分或基本上匹配关系的,其裁判规范的建构往往比较复杂,必须适用归类—等置模式,当然这也并非绝对。规范与事实之间涵摄—推论关系的建立,主要是通过演绎推理完成的,而归类—等置关系的建立,则往往有赖于类比推理才能完成,二者又恰恰反映了刑事司法裁判中概念与类型两种不同的思维形式,当然由此建构的裁判规范的类型也会有所不同。如何互构,以及通过互构形成何种类型的裁判规范,则取决于二者之间在形式上的对应关系,即匹配关系或匹配度。①

完全匹配型案件往往会形成一种简单裁判规范。这种裁判规范的建构遵循的是概念思维模式。基于单一文本规范与简单案件事实互构基础上形成的一种裁判规范类型,通过基于规范的案件事实格式化与基于事实的规范概念语义解释,即可在规范与事实之间建立起某种逻辑涵摄关系,形成裁判规范对于裁判事实在概念内容上的涵摄包容状态。这样,在简单裁判规范的建构中,刑法文本规范与案件生活事实之间必然会呈现出典型的三段论即演绎推理形式,或者说运用演绎推理方法,在一般情况下就能够完全确立并证成裁判规范。②一般而言,刑事裁判中的演绎推理是分三个步骤进行的:第一步,基于案件生活事实,寻找适用于待决案件的刑法文本规范,从而为演绎推理确定大前提。第二步,加工形成案件事实,为演绎推理提供小前提。第三步,便是依据大、小前提推出结论。这种裁断模式高效而严格遵循罪刑法定主义,是故为形式主义法学理论所推崇。在简单裁判规范中,价值判断由于集体意识的绝对统一而成为隐性存在。

基本匹配型案件和部分匹配性案件则会形成一种复杂裁判规范。这种裁判规范的建构遵循的是类型思维模式。相比简单的裁判规范,复杂裁判规范是在复数文本规范与复杂案件事实互构基础上形成的一种裁判规范类型:制定法法源以及非制定法法源在建构的过程中博弈衡平;从规范与事实的关系视角看,二者之间存在模糊、漏洞、空缺关系,仅仅通过基于规范的案件事实格式整理与基于事实的规范概念语义解释,在彼此之间,即在文本规范与案件事实之间尚不能建立起某种有机的逻辑联系,其解读已经超出了概念思维的能力所

① 参见张心向:《在遵从与超越之间——社会学视域下刑法裁判规范实践建构研究》,法律出版社2012年版,第387页。

② 参见张心向:《在遵从与超越之间——社会学视域下刑法裁判规范实践建构研究》,法律出版社2012年版,第390~391页。

及,而必须借助于类型思维方能实现。[1] 类型思维在司法裁判过程中,集中体现为类比推理。类比推理"是从特殊到特殊的推理,在技术上有别于从特殊到一般的推理。从至少两个实体中做类比就是要找出它们之间的一个或多个相似点。就是主张与一系列法律案情相应的法律结果也适用于另外一系列不同的法律案情,因为这两组法律案情之间有相似性。通过类比,我们可以推论出一个具有某种属性的案例也有其他属性"[2]。其步骤有三:首先是要识别一个权威性的基点,如判例或者法规。其次是描述基点和目标案件之间在事实上的异同部分。换句话说,就是把作为基点的文本规范概念事实与待决案件生活事实在形式特征上互相比对。[3] 最后是分析第二个步骤中异同部分的辨识度,确定异化部分占主导还是共性部分更能标识目标案件事实的特征。这一步骤是类比推理的价值判断,因为在认定异化部分和共性部分二者中谁的辨识度高,需要对法律规范的意旨进行整体判断,而这里就需要发挥价值判断的作用。

五、结语

刑事司法裁判实践状况的考察表明,司法能动主义应用在我国刑事审判的效果并未如部分理论文献描述的那般"理想"。面对目前我国刑事裁判领域内"能动"之风过盛的态势,我们必须要强化刑法的安全性意识,强调以契合规范为原则的司法理念,控制以结案效率为导向的表面意义上的"司法能动主义"在我国刑事司法实践中的蔓延。通过对与能动刑事司法相适应的刑法规范司法适用方法及刑事裁判中规范适用路径的研究,笔者认为在司法实践中直接作为案件裁判大前提的刑法规范是刑法裁判规范而非刑法文本规范,刑法裁判规范作为刑法文本规范在司法实践过程中的再加工产品,是案件裁判过程中基于刑法文本规范与具体个案事实之间的互动而建构起来的实践性规范;而能动司法在我国刑事司法领域的进路就是建构这样一种刑事裁判规范。笔者认为,这种建构可以实现一种被限制的能动司法主义,寻求客观性和主观性之间的平衡,在规范目

---

① 参见张心向:《在遵从与超越之间——社会学视域下刑法裁判规范实践建构研究》,法律出版社 2012 年版,第 399 页。

② [美]鲁格罗·亚狄瑟:《法律的逻辑——法官写给法律人的逻辑指引》,唐欣伟译,法律出版社 2007 年版,第 110 页。

③ 参见张心向:《在遵从与超越之间——社会学视域下刑法裁判规范实践建构研究》,法律出版社 2012 年版,第 404 页。

的和社会目的之间进行合理博弈，一方面解决具体案件裁判过程中所要求的刑法规范必须“契合”案件事实的实践变通性问题；另一方面，满足了刑法规范基于安全性的要求而必须保持普遍和稳定的确定性问题，为规范走向实践过程中产生的矛盾冲突留存足够的磨合和缓冲地带。

刑事案件结构问题研究*

目　次

---

* 2016 年天津市哲学社会科学规划项目结项报告，项目编码：TJFX16—001。课题组成员：郝红鹰、杨晨、李鹏、雷娜、孙树光。本研究报告系初次公开发表。

一、前言

“案件结构”一词源于当代著名的社会学家布莱克[1]的案件社会学理论。在布莱克的案件社会学理论中,“案件结构”主要是指“案件的社会结构”,不涉及相关法律层面上的问题。他认为,每个案件除涉及法律的规定和逻辑之外,还具有各自不同的社会结构,即案件在社会空间中的位置和方向:谁与谁发生冲突、第三方是谁、案件参与者之间的社会距离有多远。这些与案件相关的人各自所具有的社会特质构成了案件的社会结构。这导致“法律上相同的案件——关于同样的问题、拥有同样的证据支持,常常得到不同的处理”。[2] 布莱克由此认为:“每一个案件都是社会地位和关系的复杂结构。近年来,我们所积累的大量证据表明,这一结构对于在法律技术特征上彼此相同的案件的法律变异是关键的。我们已经发现,案件的社会结构可以预测和解释案件的处理方法。”[3]但这一理论自布氏创立以来在法学领域却没有引起一定的关注,国外尚未有可信的资料统计,就国内而言,这方面的研究几乎都没有被展开并被深入探讨过,有影响的成果也相对屈指可数。但随着当下我国改革深化,社会矛盾日趋尖锐,反映在案件结构中的因素也日益复杂,司法审判活动尤其是刑事司法裁判活动面临一系列前所未遇的难题和困惑,这一理论价值开始凸显。特别是案件结构因素对重大司法理论以及案例指导制度、量刑指导意见、类案检索机制等制度有何影响,已成了当前亟待研究解决的问题,这也构成了本课题研究的学术价值及应用价值之所在。

二、刑事案件结构的基本理论

(一)布莱克案件社会学

如何像研究自然现象那样研究法律现象,是布莱克在其社会科学的学术研究生涯中一直追求但又难以企及的目标。布莱克希望自己的理论能够为分析、解释和预测法律变化提供一整套科学、客观的方法论,而其纯粹法社会学的研

---

① 唐·布莱克(Donald J. Black,1941~),美国当代著名社会学家,亦是社会法学派和行为主义法学派代表人物之一。其代表作有《法律的运作行为》、《执法的边界:警察惯常的行为方式》、《通往社会控制的一般理论》、《社会学视野中的司法》和《正义的纯粹社会学》(原书名《正确与错误的社会结构》)等。

② 参见[美]唐·布莱克:《社会学视野中的司法》,郭星华等译,法律出版社2002年版,第4页。

③ [美]唐·布莱克:《社会学视野中的司法》,郭星华等译,法律出版社2002年版,第6页。

究恰恰就是在这方面的积极探索。他认为自己的法社会学之所以是纯粹的而不同于其他法社会学,就在于它不对法律政策进行评价,只对表现为行为体系的法律生活进行科学的分析,预测和解释各种法律行为现象。法律是可以观察到的社会现象,是法官、警察、检察官或行政官员的一系列行为,而不仅仅是规则。法律像经验世界的其他事物一样可以用科学的方法来进行研究。[①] 这是因为,"社会生活栖息于自身的世界即社会空间之中。这一空间由人们的互动本身所产生。它是多维的,包括纵向空间(社会分层)、横向空间(社会形态学)、符号空间(文化)、社团空间(组织)及规范空间(社会控制)。它具有多样的分层(如财富、因循性或权力的层级)、多样的方向(如从一个层级向上或向下流动到另一层级)以及多样的距离(如关系、文化或功能的紧密程度)。因此,社会生活的每种形式与其他任何事物相比,皆具有多维的位置和方向——更高或更低,向上或向下,更近或更远。每种事物都可通过几何学来表现。且每一种环境中社会空间的形状——其社会结构——预测并解释了每种社会生活形式的运作行为。"[②]

为了比较直观、系统地理解布莱克纯粹法社会学理论,我们可以将其概括为以下几个命题。[③]

1. 法与分层的关系命题。主要包括:法与分层成正比;法与等级成正比;向下的法和垂直距离成正比,向上的法与垂直距离成反比;向下的法多于向上的法。

分层,是指社会生活的纵向结构,代表贫富程度、权势程度的等级。分层越多,社会等级越多,需要国家予以控制的内容越多,法就越多,因此法与分层、与等级成正比。随着社会等级的增多,必然会出现较高等级与较低等级的差异,不同等级的人们之间存在的等级差异就是垂直距离。垂直距离决定了不同等级的人之间犯罪严重性的大小,较低等级的人向上对较高等级的人犯罪,其严重性与双方财富差异程度成正比;反之,较高等级的人向下对较低等级的人犯

① 参见胡震、韩秀桃:《行为主义法学》,法律出版社 2008 年版,第 74 页。

② [美]唐纳德·布莱克:《正义的纯粹社会学》,徐昕、田璐译,浙江人民出版社 2009 年版,"修订版序"第 9~10 页。

③ 参见吕世伦、邹列强:《唐·布莱克的纯粹法社会学》,载《法律科学(西北政法学院学报)》1992 年第 4 期;朱景文:《论布莱克的纯粹法社会学》,载《当代法学》1993 年第 3 期;朱景文:《论布莱克的纯粹法社会学(续)》,载《当代法学》1993 年第 4 期。

罪,严重性与双方财富差异程度成反比。在垂直距离不变的情况下,较低等级更容易在与较高等级的纠纷对抗中受到政府的控制,因而获得不利结果,也即向下的法多于向上的法。

2. 法与形态的关系命题。主要包括:法与分化呈曲线形态;法与距离呈曲线形态;法与结合度成正比;离心的法多于向心的法;离心的法和辐射距离成正比,向心的法和辐射距离成反比。

所谓形态,即社会生活的横向结构,分化即劳动分工,关系距离则指人们相互参与彼此生活的程度。在横向结构不变的情况下,社会功能的分化程度、关系距离与法呈曲线形态,在人们互相依赖又有选择余地的陌生人之间,法最多;反之,过远或过近的关系距离、过于粗放或过于精细的社会分化对法的需求都会大大降低。结合度,即人们参与社会生活的程度,取决于其所处地位,把社会生活比喻为一个圆,越接近圆心的人,地位越显要,结合度越大,越容易受到制度保护;反之,越接近边缘的人,地位越卑微,结合度越小,其行为越容易受到制度控制,因此离心的法多于向心的法。位置不同的两人之间的结合度差别被称为辐射距离,中心人起诉边缘人的可能性,随着他们之间辐射距离的增加而增加,胜诉的可能性也增加,成正比关系。边缘人起诉中心人的可能性,随着他们之间辐射距离的增加而减小,胜诉的可能性也减小,呈反比关系。

3. 法与文化的关系命题。主要包括:法与文化成正比,文化薄弱的地方法少,文化繁荣的地方法多;法的文化方向和越轨行为的文化方向相反;法与传统性(文化地位)成正比。

文化系指社会生活的符号方面,是有关真、善、美、传统、知识、教养等的表现形式。法与文化的关系主要体现在两个方面,一是文化较少的人对文化较多人的犯罪,其严重程度随着他们文化数量差别的增加而增加;反之,即文化较多的人对文化较少人的犯罪,其严重程度随着他们之间文化数量的差别的增加而减小。二是传统性较少的人对传统性较多的人犯罪,其严重程度随着他们文化频率差别的增加而增加,反之,其严重程度随着他们文化频率差别的增加而减小。也就是说,有知识有文化的人更容易受到法的保护,文化地位越高法的保护就越多,反之就越少,即法和罪犯的传统性成反比,和受害人的传统性成正比。

4. 法与组织的关系命题。主要包括:社会的组织越发展、越复杂、越多样化越需要制度的控制,因而法就越多,法与组织成正比;指向较少组织的法多于指向较多组织的法；指向较少组织的法与组织距离（人们或团体的组织地位的差别）成正比，指向较多组织的法和组织距离成反比。

组织是社会生活的结合方面，即集体行动的能力。一个组织或团体的地位越高，一个人同组织或团体的关系越紧密，越受制度的保护，亦即较少组织的人或团体对较多组织的人或团体的犯罪，比相反方向同样的犯罪更为严重。

5. 法与体面的关系命题。主要包括：法的保护与体面成正比；指向较少体面的法多于指向较多体面的法；指向较少体面的法和规范距离（体面的差别程度）成正比，指向较多体面的法与规范距离成反比。

体面即一个人受他人尊敬的程度，从其按规范（社会控制）要求行为中体现，也即体面是一种规范地位。一个人要遵循的规范越多就越不体面，规范越多就意味着社会控制越多，社会控制越多，法则越多，指向较少体面的法就多于指向较多体面的法。相对体面的人控告不体面的人的情形比相反的情况要多，就是说罪犯越体面，指向（处罚）他的法就越少，反之，受害人越体面，指向（保护）他的法就越多。

综上所述，因法的作用方向与越轨方向相反，所以在作用方向确定之后，关系距离、文化距离、组织距离、体面距离与法的关系，实际上取决于争议两方的地位差异：距离越大，对于上位者越有利；距离越小则对下位者越有利，也即从上位者指向下位者的法与关系距离、文化距离、组织距离、体面距离越大，上位者越容易受到制度保护；而从下位者指向上位者的法与这四种距离越大，下位者越不容易受到制度保护。

上述布莱克纯粹法社会学理论的若干命题，在其对案件社会结构的研究中得到了充分体现。“纯粹法社会学的核心是案件的几何排列，或者用本书的语言说是案件的社会结构。”①所谓案件的社会结构，简单地说就是案件在社会空间中的位置和方向，具体系指一个案件发生和处理过程中各种社会关系因素及其在量上的比较与博弈状态。“谁与谁发生冲突；谁会作为第三方参与冲突，如律师、证人和法官。这些参与者之间的社会距离有多大？谁的社会地位高，谁的社会地位低？案件的命运取决于它的几何排列。”②案件社会学主要阐明案件

① ［美］唐·布莱克：《社会学视野中的司法》，郭星华等译，法律出版社2002年版，“中文版序言”第1页。

② ［美］唐·布莱克：《社会学视野中的司法》，郭星华等译，法律出版社2002年版，第1～2页。

的社会结构以及案件的社会结构是如何预测和解释案件是怎样被处理的，它着重考虑案件对立各方的社会特征，故截然不同于那种把法律描述为条文的逻辑运用决定着案件处理结果的法学模式，由此提出了除现代法学划分法律的两个实体性和程序性维度以外的第三个维度——社会学维度。①

尽管布莱克这一案件社会学理论，在美国本土曾产生过激烈争论，支持者众多，反对者的声音也不少。② 如有观点认为，布莱克有关法律变化的定量分析和预测的许多命题要么不能证伪，要么存在若干例外挑战或者动摇了他的一些命题。但布莱克的案件社会学理论为像研究自然现象那样研究法律现象提供的一整套用以分析、解释和预测法律变化的客观而又方便适用的方法论，是新颖的、具有创造性的。特别是他分析的各种社会因素对司法裁判的影响，揭示了司法运作过程中一直被隐匿却又不可避免存在的客观事实，提醒人们可以不再局限于纯粹法条主义的机械性研究，而应更多地去关注法律在社会实际生活中究竟是如何运作、又是如何发挥作用的。

（二）关于案件社会结构

综上所述，所谓案件社会结构，简单地说就是案件在社会空间中的位置和方向，具体系指一个案件发生和处理过程中各种社会关系因素及其在量上的比较与博弈状态。布莱克认为："除了法律的技术性特征——法律准则具体应用于实际案件中的过程之外，每一案件还有其社会特征：谁控告谁？谁处理这一案件？还有谁与案件有关？每一案件至少包括对立的双方（原告或受害人，以及被告），并且可能还包括一方或双方的支持者（如律师和友好的证人）及第三方（如法官或陪审团）。这些人的社会性质构成了案件的社会结构。"③而且"无数研究都表明，法律上相同的案件——关于同样的问题，拥有同样的证据支持，常常得到不同的处理。人们可能会也可能不会去找警察或律师；如果他们找了警察或律师，可能会也可能不会导致一场诉讼；有的被告输了，而有的被告赢了；判决和民事赔偿办法各不相同；有的败诉者会上诉，有的则不会，等等。换句话说，法律是可变的。它因案件的不同而不同。它是因情况而定的"④。导致

① 参见［美］唐·布莱克：《社会学视野中的司法》，郭星华等译，法律出版社2002年版，第105页。
② 参见胡震、韩秀桃：《行为主义法学》，法律出版社2008年版，第74～82页。
③ ［美］唐·布莱克：《社会学视野中的司法》，郭星华等译，法律出版社2002年版，第5页。
④ ［美］唐·布莱克：《社会学视野中的司法》，郭星华等译，法律出版社2002年版，第4页。

这种法律的社会现象产生的是案件所涉规范与事实之外的因素,即案件的社会结构。

1. 对立的双方

案件社会结构中对立的双方,在刑事案件中主要就是加害方和被害方抑或被告人方与被害人方。对立双方的社会异质性、种族相关性以及文化差异、关系疏密等因素的存在均会导致在适用法律过程中差异现象的产生。

人的社会地位是存在差别的。如财富、教育水平、受尊重程度、社会参与程度等的不同,会导致在适用法律过程中产生差异待遇,即法律歧视现象的产生。布莱克通过研究发现,“许多社会和历史时期的大量证据显示,被告的社会地位本身很少或者不能告知我们案件将被如何处理。我们必须同时考虑对立双方相对的社会地位。这样会发现,主要是在其较高的社会地位造成超过对手社会地位的优势时,与较高社会地位相联系的优势才会表现出来;而主要是在其较低下的社会地位造成低于对手社会地位的劣势时,与较低社会地位相联系的劣势才会表现出来。事实上,与社会地位低的被告被社会地位同样低的受害者指控相比,社会地位高的被告被另一个社会地位同样高的受害者指控时,会受到更严厉的处理”①。例如,现代美国在 20 世纪 70 年代的 5 年中,在佛罗里达州、佐治亚州、得克萨斯州和俄亥俄州,白人被认定杀死白人而被判处死刑的可能性是黑人被认定杀死黑人而被判处死刑的 5 倍还多。当社会地位低的人侵犯了其同类时,所有已知的法律体系都倾向于相对宽大。② 但如果一个人侵犯的是比自己社会地位高或低的人时,法律却明显地呈现出另一种处理模式,即当一个黑人被认定杀死了一个白人时,他被判极刑的可能性往往会大于任何其他种族组合的情况。在俄亥俄州,它比黑人被认定杀死黑人而被判极刑的可能性高出 15 倍;在佐治亚州高出 30 倍;在佛罗里达州高出 40 倍;在得克萨斯州高出 90 倍。③ 但当一个白人被认定杀死了一个黑人时,他被判极刑的可能性几乎为零;俄亥俄州在所研究的 5 年中所有 47 名被认定杀死黑人的白人无一被判处极刑;佐治亚州 71 人中有 2 人被判处极刑;佛罗里达州 80 人中无一被判处极刑;得克萨斯州 143 人中有 1 人被判处极刑。④ 这极其明显地体现了“下行的极

---

① [美]唐·布莱克:《社会学视野中的司法》,郭星华等译,法律出版社 2002 年版,第 7 页。
② 参见[美]唐·布莱克:《社会学视野中的司法》,郭星华等译,法律出版社 2002 年版,第 7 页。
③ 参见[美]唐·布莱克:《社会学视野中的司法》,郭星华等译,法律出版社 2002 年版,第 8 页。
④ 参见[美]唐·布莱克:《社会学视野中的司法》,郭星华等译,法律出版社 2002 年版,第 8 页。

刑(罪犯的社会地位低于受害者)的极高可能性和上行的极刑(罪犯的社会地位高于受害者)极低可能性之间的对比。这也阐明了世界各地及贯穿历史的一条法律行为的原理:下行的法律严于上行的法律"①。

另外,被告人方与被害人方之间的关系亲疏程度,即关系距离的不同,也会导致在适用法律过程中的差异待遇。"例如,在 20 世纪 70 年代后期的美国,那些被认定杀了陌生人的罪犯比被认定杀死了亲戚、朋友或熟人的罪犯被判处极刑的可能性要大。在佛罗里达州,陌生人谋杀者被判处极刑的可能性高出了 4 倍,在伊利诺斯州高出了 6 倍,在佐治亚州高出了 10 倍。"②

然而还需要关注的是,"双方的地位与他们的亲密程度并不是与法律变数有关的社会因素的全部内容。具有重要意义的还有对手之间的文化距离、他们的相互依赖程度、他们是个人还是组织、得到法律之外的选择的范围以及其他变数……只有当已知对立双方的社会性质时,才能够预测案件的处理"③。

2. 一方或双方的支持者

案件社会结构中一方或双方的支持者,在刑事案件中主要就是检察官、被告人与被害人的律师或代理人、证人以及其他公开其倾向立场的旁观者或支持者。"案件的社会结构不只取决于谁控告谁,也取决于谁支持谁,以及谁是干预的第三方。与控辩双方的社会特征一样,律师、证人、公开其偏向立场的感兴趣的旁观者等支持者及其社会特征具有同样的影响模式。"④其中作为对立双方的各自律师的社会特质对案件裁决结果影响最大。

以律师为例。一个律师的社会地位有高有低。一些律师比另一些富有,更好的文化教育背景,在种族方面更保守或相反,更融入社区,更值得尊重等。社会地位越高的律师,对案件裁判的影响力就越大,对其当事人就越有利。尽管律师不能帮助当事人消除与社会地位优越者相抗衡的全部不利因素,但也可以由此提升地位较低一方当事人的社会地位,而使司法机关对案件处理均质化和平等化一些。故而当事人由律师代理打官司可以提高取胜机会,特别是那些社会地位低的贫穷的黑人,与那些富有的公司以及社会地位高者相比,由于律师的支持而使其社会特质发生变化而从中受益就更多,后者却是凭借自己本身的

---

① [美]唐·布莱克:《社会学视野中的司法》,郭星华等译,法律出版社 2002 年版,第 8 页。

② [美]唐·布莱克:《社会学视野中的司法》,郭星华等译,法律出版社 2002 年版,第 9~10 页。

③ [美]唐·布莱克:《社会学视野中的司法》,郭星华等译,法律出版社 2002 年版,第 10 页。

④ [美]唐·布莱克:《社会学视野中的司法》,郭星华等译,法律出版社 2002 年版,第 10 页。

头衔就能占尽优势。但问题往往是穷人更请不起律师或更请不起社会地位高的律师。另外,律师还可能显著地改变案件的某些社会结构。就对立双方各自的律师来说,就其根本立场——“收当事人的钱消当事人的灾”而言是一致的。“因为他们都是律师,他们有共同的联接纽带。因此,一般来说,当爆发冲突时,律师们一般会缩小陌生人以及其他在社会上敌对的人之间的社会距离,这降低了社会距离大的人们将法律运用到极限的倾向,增加了谈判和解的可能性。”①

3. 第三方

案件社会结构中的第三方,在刑事案件中主要就是法官、陪审员等,他们作为案件的裁判者,构成了案件社会结构的另一个重要组成部分,其对上述人等所具有的不同社会结构的认知,以及法官、陪审员在案件中不同的价值及情感倾向也造就了案件的不同处理结果。“谁是法官？谁是检察官？谁是警官？谁是陪审员？他们是男人还是女人、老人还是年轻人、已婚还是未婚、富有还是贫穷、白人还是黑人,是英格兰人、爱尔兰人、犹太人还是西班牙裔或葡萄牙裔？法官在此案之前是否认识当事人或律师？这是案件社会结构的另一个组成部分:尽管社会学的研究更多地关注对立的双方,而不是第三者(或支持者),但是什么人处理案件也会影响到案件的处理方式。”②一般来说,第三方的社会地位与案件处理结果的权威性成正比,即与对立的双方以及他们各自的支持者的社会地位相比,第三方的社会地位越高,其行为越容易表现出更大的权威性。“拥有权威的法官和陪审员更倾向于选择一个获胜方,而不是寻求折衷的方式并给各方一些利益,他们更墨守法规——更倾向于套用法律条文而不考虑其后果,并且更具有处罚性和强制性……权威性低的法官更为宽容,而且一般不会做出完全有利于一方的判决。”③

实际上基于不同的国家、不同的社会制度、不同的历史文化传统等而形成的案件社会结构因素未必完全相同,如美国的种族歧视问题。布莱克通过分析案件社会结构中的各种因素,旨在揭示除法律的技术性特征——法律准则具体应用于实际案件中的过程之外,还有其他被我们忽视的各种带有社会特质的非

① [美]唐·布莱克:《社会学视野中的司法》,郭星华等译,法律出版社2002年版,第11页。
② [美]唐·布莱克:《社会学视野中的司法》,郭星华等译,法律出版社2002年版,第12页。
③ [美]唐·布莱克:《社会学视野中的司法》,郭星华等译,法律出版社2002年版,第12页。

法律规范因素介入并深刻影响着案件的裁判过程和裁判结论，这样一种法律的社会现象的存在。尽管布莱克并未进一步研究这些影响裁判的非规范因素，如博登海默认为的"正义标准、推理和思考事物本质（natura rerum）的原则、衡平法、公共政策、道德信念、社会倾向和习惯法"①；庞德认为的宗教信仰、道德和哲学的观点、科学探讨等；②魏德士认为的法官法、法学家法以及自然法等；③大木雅夫认为的学说、注释书、教科书、团体协议、交易惯例、法律惯例等；④黄茂荣认为的学说及国际法等。⑤ 但这些非规范因素本身就是案件对立的双方、彼此的律师及其支持者以及案件裁判者社会特质的组成部分，并通过他们带入对该案件事实如何适用规范的解读，进而最终影响案件的裁判结论。尽管这一现象是隐秘的，但也应该引起我们的充分关注。

三、刑事案件结构的二元互构

（一）案件社会结构与法律结构的二元性

布莱克案件社会学理论研究探讨的主要是案件结构社会性一面，故而案件结构在布莱克案件社会学理论中仅是指案件的社会结构。但就法学上一般意义而言，"案件结构"主要还是指案件的法律结构，其法律性的一面是最基本的面相。对此，布莱克亦有表述："现代法学区分了法律的两个维度：第一个维度是实体的，包括它的内容和目标。什么样的行为被禁止和限制？某具体条文的目的是什么？第二个维度是程序的，具体规定法律规则如何被制定和实施。什么决定其真实性？诉讼如何开始？什么时候证据可以在法庭上作为呈堂证供？但是，就像不同的案件在实体上和程序上是不同的一样，案件在社会意义上也是不同的：谁起诉谁、谁支持谁、谁裁决谁的案件。法律的第三个维度就是社会学的维度。"⑥"它截然不同于那种把法律描述为条文的逻辑运用决定着案件处理结果的法学模式。现代法学忽略了案件各方的社会特征。例如，对于杀人事

① ［美］E. 博登海默：《法理学：法律哲学与法律方法》，邓正来译，中国政法大学出版社 2004 年版，第 430 页。

② 参见［美］罗科斯·庞德：《法理学》（第 3 卷），廖德宇译，法律出版社 2007 年版，第 384～386 页。

③ 参见［德］魏德士：《法理学》，吴越、丁晓春译，法律出版社 2005 年版，第 98～99 页。

④ 参见［日］大木雅夫：《比较法》，范愉译，法律出版社 1999 年版，第 92 页。

⑤ 参见黄茂荣：《法学方法与现代民法》（第 5 版），法律出版社 2007 年版，第 14～15 页。

⑥ ［美］唐·布莱克：《社会学视野中的司法》，郭星华等译，法律出版社 2002 年版，第 105 页。

件,从法学角度来看,谁杀了谁与法律是毫不相干的。从受害人和被告人之间关系来看,谁富贵,谁贫穷;谁是黑人,谁是白人;谁是政府官员,谁是流浪者;谁是社区的领导,谁是默默无闻者;他们是否是夫妻,是否是朋友,是否是邻居,是否是陌生人,这些与法律都是没有关系的。从技术角度来说,这些问题都是与法律无关的,刑法学的著作、论文甚至对这些影响因素根本就不提及。"①应该说,案件的社会结构作为一种隐性的存在在现代法学中一直处于被疏忽的状态,但这也由此说明了作为显性存在的案件法律结构在整个案件结构中的核心地位。布莱克案件社会学理论的贡献就在于明确指出了案件社会结构作为案件结构另一翼的存在,即案件结构并不仅仅只有显性的、人们习以为常的法律结构,也存在隐性的、人们尚未认识其在案件裁判中具有重要价值的社会结构。案件结构具有法律结构与社会结构的二元性。

作为刑事案件的法律结构又同时表现为两种结构形式,一个是案件的刑事实体法律结构,另一个是案件的刑事程序法律结构,但这两种法律结构在刑事案件的裁判过程中是交互影响、难以界分的,但无论是实体法律结构还是程序法律结构,都与刑法规范与案件事实以及彼此之间的关系如何构建有关,即刑法规范、案件事实,构成了刑事案件法律结构的两种核心要素。基于罪刑法定原则的限制与制约,规范与事实是案件进入裁判过程的"唯二因素",规范形成大前提,事实形成小前提,基于三段论的逻辑推导出裁判结论,无涉其他,对具体案件的研究也主要是围绕着相关规范和事实展开。布莱克案件社会学理论最杰出的贡献,就在于唤醒了我们进一步思考,这些在法学上已经被视为理所当然且习以为常的"常识性认知"是否符合客观真实存在的情形,是否就是不再需要去进一步研究、论证的真理。布莱克至少告诉了我们,案件结构实际上是二元的,除了法律性的一面之外,还存在社会性的一面。尽管案件结构法律性的一面是最基本的面相,而案件的法律结构又是案件结构的核心。但我们为了"预测和解释案件的处理方法"②,应尤为关注其社会性的一面,即案件的社会结构。

相对于分析法学只注重法的形式分析,割断法与社会、道德等现实的联系;自然法学不是从法赖以存在的社会现实物质生活条件中,寻找法律发展的根

① [美]唐·布莱克:《社会学视野中的司法》,郭星华等译,法律出版社 2002 年版,第 104 页。
② [美]唐·布莱克:《社会学视野中的司法》,郭星华等译,法律出版社 2002 年版,第 6 页。

源,只是把法与抽象的价值观念相联系,社会法学的出现尽管是对分析法学和自然法学理论片面性的反思,但由于布莱克用于分析案件社会结构的纯粹法社会学理论,是以实证主义哲学为基础,以本质与现象、价值与事实、“应然的法”与“实然的法”的二元对立为特征,故他在批判分析法学、自然法学脱离社会现实的片面性时却又陷入了另一种片面性。实际上我们对法律现实的研究既不可能脱离价值判断,即研究者的世界观、价值观对研究过程及研究对象选择本身的影响,也不可能脱离规范分析,即对法律规范内容、结构、形式、解释等的研究。① 故布莱克虽然敏感地感觉到案件裁判过程中各种具有社会特质的非法律因素对案件最终裁判结果的影响,但这些属于案件社会结构的因素,在一个法治国家里毕竟不能直接成为得出案件裁判结论的“冠冕堂皇”的事由。它们是如何加入案件裁判过程,又是如何影响案件裁判结果的,应该如何将这种影响限制在罪刑法定的红线之内,由于其在其纯粹法社会学理论并没有涉及对案件法律结构问题的研究,也就没有进一步再研究案件社会结构因素与案件法律结构因素之间的关系,作为社会学家的布莱克当然也就没有或不能给出路径或答案,最终只是提出了旨在消减这种司法差别待遇的诸如“法律合作社团”、“法律的非社会特征化”和“社会的非法律化”等一系列改革建议方案而已。② 显然这不是一个“纯粹”的法社会学就能完全回答并解决的问题。

笔者认为,这毫无疑问地与案件法律结构有关,更主要的是与案件的社会结构与法律结构之间存在的互相建构的关系相关。一方面,在整个司法裁判中案件的社会结构会在一定程度上影响案件的法律结构,而案件的法律结构作为案件裁判结论的前提,直接导致案件裁判结果的得出;另一方面,某些案件的裁判结论可能会引发对案件法律结构的再审视,而对案件法律结构的再审视,在一定程度上会导致案件社会结构发生变化。案件社会结构的变化,又会一定程度上在案件的法律结构中显现出来并进一步影响裁判结果,由此形成一个互相建构的循环。也就是说,司法裁判结论既不是单纯的案件社会结构作用的结果,也不是单纯的案件法律结构作用的结果,而是案件社会结构与案件法律结构之间互相建构共同作用的结果。现实中的案件结构因素远远超过布莱克的“案件结构”概念所涵指因素的范畴,案件结构是一个由社会因素和法律因素共

① 参见朱景文:《论布莱克的纯粹法社会学(续)》,载《当代法学》1993 年第 4 期。

② 参见[美]唐·布莱克:《社会学视野中的司法》,郭星华等译,法律出版社 2002 年版,第 43 ~ 102 页。

同构造的动态的、变动的、开放的建构性组织结构。在彼此的互构中,确定案件社会结构对案件法律结构的形塑边界,以及案件法律结构对案件社会结构的束缚尺度。

(二)案件社会结构与法律结构的互构性

刑事案件的社会结构与法律结构之间的互构,主要是指各自的内部互构,即法律结构中的刑法规范与案件事实之间的互构、案件的社会结构中的被告被害双方与双方的支持者以及第三方即裁判者之间的互构;以及彼此之间的外部互构,即案件的社会结构与法律结构二者之间的互构。

1. 刑事案件法律结构内部因素的互构

刑事案件法律结构的基本因素是刑法规范与案件事实,其内部结构是二者之间的互构关系。司法裁判的过程实际就是规范与事实之间不断建构的过程。这是因为所有的法律运作问题不外乎是"法律规范与案件事实"以及它们彼此之间的关系问题。事实问题是法律推理的小前提和进行裁判活动的基础和逻辑起点,是法官等法律职业者在处理具体个案时首先要去面对、发现、建构、认定、判断以及认识其法律属性的问题。规范问题是案件事实被建构过程中,为进行法律推理所必需要寻找、发现、创造、解释的大前提,是进行裁判活动的依据。从事实视角观察法律问题,会发现原本看似系统的完美的法条与规范,往往难以对多变的案件事实实现完全有效的调控;从规范视角观察事实问题,会发现实际生活中发生的事实是如此的杂乱无序,如果不进行梳理,有效的规范推理就无从下手。由于每一个具体案件的判决都是抽象的法律规则在具体事实中的适用,因而只有把普遍的规范与特殊的事实有机地连接在一起,裁判的过程才得以展开和进行,而这就需要规范和事实之间的互构。

(1)刑法规范被案件事实所解构①

刑法规范是需要发现和创造的。刑法语言在表述其特有的构成要件时,即以日常用语为基础,又不同于日常用语。刑法概念是通过词语表达的。但我们语言的丰富和精确程度还不足以反映自然及社会现象在种类上的无限性、各种要素之间的排列组合与变化以及一个事物在向另外一个事物的逐渐演变过程中呈现出的各种不同姿态。"任何规则无论怎样加以精确描述,总

---

① 参见张心向:《在规范与事实之间——社会学视域下刑法运作实践研究》,法律出版社 2008 年版,第 51~135 页。

会遇到关于某些情况是否属于其规定范围的问题。”[①]刑法规范中的构成要件，实际是具体犯罪行为的格式类型化，是规范千变万化但不离其宗的案件事实蓝本。作为一个规范意义上的概念事实，是“一种将社会生活中出现的事实加以类型化的观念形象，并且将其抽象为法律上的概念”[②]，而不是具体案件的案件事实。规范意义上的构成要件概念所涵摄的具体案件事实特征只有经过合理寻找，才能适用于具体个案。

首先是通过具体案件事实去发现法律。法律的发现过程是一种在事实中对规范再认识以及在规范中对事实再认识的过程。只有通过个案事实去识别、理解刑法条文概念的意义，才能将其概念内涵及外延明确化并加以适用。也就是说，刑法规范通过个案事实由抽象变为具体、由模糊趋向明确、逐步确定规范对事实的涵摄量，并通过个案事实衍生出规范适用的经验规则。一方面使抽象的法律规范经由解释成为具体化的构成要件要素，另一方面要将具体的案例事实经抽象整理成为类型化的案情。形成构成要件与案件事实的彼此对应，使“规范成为‘符合存在的’，案件成为‘符合规范的’。并且逐步地规范变成较具体的、较接近现实的，案件变成轮廓较清楚的，成为类型”[③]。

其次是通过具体案件事实去创造法律。司法过程的法律创造与法律发现一样，都是寻找正当的个案裁判行动，并试图通过这一行动发现针对个案的最合理的解决方案。一是规范漏洞填补：规范漏洞主要是指个别法条存在的疏忽遗漏不周全现象。填补漏洞的方法也许会有很多，但类推适用则是最重要的手段。类推适用，亦可称为类比推理。主要表现为可以把一条法律规则扩张适用于一种并不为该规则语义所涵摄的、但却可以被认为属丁构成该规则之基础的价值或原则范围内的事实情形，即根据两个或两个以上的事物在某些属性上相同，从而推出他们在其他属性上也相同的推理方法。类推的实质是“相同事物相同对待”，因此是一种符合正义原则的思维方式，也是人类认识事物不可缺少的方式，是人类基本的思维规律之一。就刑法类推适用而言，也是一种遵循人类基本思维规律来理解刑法规范应有含义的思维活动。二是规范空缺续造：规范漏洞与规范空缺实际上并无本质的区别。前者一般为立法者“无意的沉默”；

---

① [英]H. L. A. 哈特：《法律推理问题》，刘星译，载《法学译丛》1991年第5期。

② [日]小野清一郎：《犯罪构成要件理论》，王泰译，中国人民公安大学出版社2004年版，第11页。

③ [德]亚图·考夫曼：《法律哲学》，刘幸义等译，台北，五南图书出版公司2000年版，第93～11页。

后者则有“有意的沉默”之嫌,即是指刑法规范本身就存在不完整现象。也就是说,对于已经规定在刑法中的犯罪类型来说,欠缺对整个构成要件详细而无遗的记述,导致构成要件过于抽象难以确定其意义而使规范事实与具体的案件事实无法实现一一对应,如不纯正不作为犯罪。与此相适应的法律创造过程与手段也会有所差别,如果说法律漏洞的填补更多的是靠类推适用完成,那么法律空缺的续造则主要靠价值补充才能实现。作为对刑法规范的超越的刑法规范创造形式,无论是规范的漏洞填补,还是规范的空缺续造,都是特定的个案情境下的司法行为,与特定的案件事实相关,因为只有将刑法规范置于具体的案件事实之中,其漏洞与空缺才会有被填补和续造的需要。

(2)案件事实被刑法规范所建构①

从程序法的视角看,案件事实是被证据证明存在的生活事实。生活事实成为裁判事实的前提,是“已被证明的事实”。能否获得证据证明、获得了什么样的证据证明以及证据是如何证明的等事项决定了案件的哪些生活事实能够成为裁判事实,以及成为什么样的裁判事实。所以,证据、证据形式、证据能力、证明责任、证明标准、证明对象、非法证据排除等事项决定着生活事实之所以能够成为裁判事实的真实性、可靠性、正当性及合法性。

从实体法的视角看,案件事实是被规范修剪整理的法律事实。案件事实既是被证据证明存在的生活事实,同时也是被法律规范修剪整理过的法律事实,这些被规范修剪的法律事实中的绝大部分会成为案件的裁判事实。案件事实既存在于生活事实之中,也存在于法律事实之中;既存在于规范的法律事实之中,也存在于裁判的法律事实之中。案件的裁判事实实际上是法律规范适用的一种结果,是一种被作为制度的法律规范裁剪整理后形成的格式化事实。

从裁判者的视角看,案件最终所裁判的事实存在于裁判者的叙事构造之中。只有通过裁判者的叙事构造案件事实才能被具象并具体地呈现出来。案件裁判事实的形成不仅需要借助制度的渠道,更需要借助叙事的力量。司法裁判中的事实建构同时也是一种修辞过程中的叙事,一般通过法内叙事及法外叙事完成。根据法律实体规范和程序规范对裁判事实进行认定的过程,称之为法内叙事。法外叙事并不是在法律语境下的叙事,而是试图将事件还原至一个具

① 参见张心向:《案件事实对法律规范之建构探微——以刑法规范为分析视角》,载赵秉志主编:《刑法论丛》第14卷,法律出版社2008年版。

体的经验的社会语境和文化语境中,将案件事实放置到一个由道德、舆论和情感构筑的生活世界中来叙述,从而让案件事实释放出别样的意义。

(3)规范与事实互构的关系结构

刑事裁判结论从形式上看就是法律规范与案件事实互构的结果。这种规范与事实互构的关系结构一般可归结为四种模式:推论模式、涵摄归类模式、等置模式、价值评价模式。[①] 就实际而言,无论是推论模式、涵摄归类模式、等置模式还是价值评价模式,每一种互构关系在司法裁判中都存在,即都存在于对法律规范是否契合案件事实的判断过程中。推论关系确保了推理形式的正确性,而价值评价则保障了推理的实质合理性,归类与涵摄关系重点关注的是法律推

---

① 推论关系理论认为,事实与规范相结合三段论的推理模式是由两个严格分立的、时间先后相继的行为(先客观中立地认定事实,再不带政治立场地寻找法律),然后以推论的方式作出判断。推论过程的完成首先要确立规则(多数是法律规则或原则,少数是道德或宗教原则),并且规则还应涵盖到其后的具体行为或事实;其次是事实,法官对案件事实的陈述应该能够证明自己的结论;最后是通过判断事实在规范中的重要程度,即判断案件事实是否符合法律规定并作出判决。司法判断过程中运用的推论工具就是三段论,推论的过程与方法就是从已知的大前提(法律规则)和小前提(法律事实)出发,将事实与规范结合起来,并通过推论必然地推导出结论的过程。归类与涵摄关系理论认为,法官适用法律,是先进行涵摄或归类,后进行推论。首先依照法律,判断作为案件事实的生活事实是否可归属于特定法律中的制度类型事实,即是否符合法定的事实构成,如果符合,才能将案件事实与法律法规规定的法律后果之间进行"链接",即对当事人之间的权利义务进行分配或裁决当事人胜诉或败诉。在事实认定中,法官的通常活动就是:从当事人所陈述的生活事实中为法院找到一个法定的事实构成,换言之将有争议的某个事实涵摄(归纳、吸纳)到事实构成之下,如果这种涵摄是可能的话,那么就可以直接得出该法律规范的法律后果。在将法律规范适用于某一事实的时候,如果该事实完全满足该规范所规定的法定的事实构成,人们就称之为生活事实被涵摄于该规范之下,即将案件事实归属于一法规范的构成要件之下。等置关系理论认为,法律中的判断模式主要有两类即推论模式与等置模式,推论模式之不能,在于事实与规范之二分特点,事实要回答的是"真"或"假"的问题,属于知识范畴,而法律则要回答的是公正与否等法律意见问题,属于价值问题,从"是"中推导不出"应当"来。所谓等置模式,是指在法律适用中,沟通实然的个案事实与应然的法律规范,最重要的是形成法律判断,因为法律应用活动的主要特点就是判断,判断的方法与模式是将个案与制定法规范进行等置,即发现事实与规范意义的同一性。因为"当为"与"实存"、"价值"与"事实"并非截然分割的两个领域,而是不可分割的结构交织,在法律规范制定以前它们已经相互连接,所以在适用过程中,需将两者相互适应,使二者彼此相协调。司法裁判是先将事实与规范进行等置,再进行法律推论。评价关系理论认为,可以运用价值对事实进行评价。法律事实与法律价值虽然不可能绝对分离,但是从一定意义上说,二者毕竟属于相对独立的认识领域,至少从法律事实的认定与评价的不同阶段来说,二者是各有侧重的认识活动,前阶段注重"事实是什么"的认定,其后则侧重于对已经认定的事实进行法律评价。从论述的逻辑上看,即使不能截然二分,也可以通过相对的分离叙述而更恰当地分别阐明事实认定与价值评价问题。法律适用从形式上看是逻辑三段论,但从实质上看则是对推理的大小前提进行评价,法律发现或对裁判的正当化的重心均在于价值判断上,源于法律是一个复杂系统,一个由概念、行为、价值相连的系统,法律规范自身也承载着一个社会的价值追求。单纯依靠涵摄方法不可能将事实归摄于法律规范构成要件之下,事实上,当我们将该当构成要件的案件事实理解为法律构成要件所指涉的事实时,已经带有价值判断的性质,或者,其本身已然是一种评价性质的归类行为。参见杨建军:《司法裁判中法律事实与法律规范的关系》,载《法制与社会发展》2007 年第 2 期。

理大小前提的结合问题,而等置关系似乎可以作为衡量归类或涵摄是否妥当的一个检测器。最终判断的结果就是通过对契合案件事实的法律规范的选择,达到对案件事实的规范格式化。也就是说,作为演绎推理中大前提的刑法规范只有通过具体的案件事实,去识别、解释刑法条文的意义后,才能将其内涵及外延明确化并加以适用,由模糊趋向明确、在与案件事实的互相建构中被演变成刑事裁判规范后,才能成为逻辑推理的大前提;作为演绎推理中小前提的案件事实,不管在何种情况下,都将无法摆脱被刑法规范格式化之命运。进入演绎推理中的案件事实,都会被格式化为与刑法所预先设定的定罪事实模型(犯罪构成要件或要素事实)和量刑事实模型(结果事实、行为事实或情节事实)相类似的事实类型,而成为一种规范性事实,参与到演绎推理的过程中来。[①]

(4)规范与事实互构的媒介桥梁

"犯罪构成"既是刑法文本中的一种规范类型,又是刑法理论中的一个建构模型,还是刑事司法中的一种裁判模式,实际上是一个在多向度延伸、多层面存在的具有三维立体结构的概念形态。[②] 刑事案件的裁判过程,从形式上看就是具体案件事实与刑法文本规范在互相建构中进行对接、匹配的"符合性"判断过程。通过规范去整理事实,通过事实去解释规范,是司法裁判的本体。犯罪构成论作为一种基于刑法规定而在理论上创设的概念模型,为刑法条文中规定的各种各样散乱无序的有关成立各犯罪所必须具备的条件或要素,描绘出了一个清晰的轮廓形象,从而为裁判过程中规范与事实之间如何进行对接、匹配提供了一个直观的"导引图像"。

首先,犯罪构成论是刑法规范与案件事实之间互构的"规范样本"。一是引导正在裁判的案件如何寻找可适用的法条。一方面要对当下案件相关事实与刑法规定的构成要件或要素之间是否存在符合关系进行判断;另一方面又要对刑法规定的某一或某几个罪的构成要件或要素可否适用于当下案件的相关事实作出判断。如此循环往复,往复循环,直至对案件事实是否符合刑法规定、刑法规定是否适用于当下案件事实作出最终判断。二是提示正在裁判的案件如何发现并弥补规范漏洞。刑法在用犯罪构成要件对案件事实进行抽象类型化

---

① 参见张心向:《在遵从与超越之间——社会学视域下刑法裁判规范实践建构研究》,法律出版社2012年版,第265~266页。

② 张心向:《犯罪构成之三维形态解读——基于现象学社会学的思考》,载《法学杂志》2011年第4期。

的过程中存在疏漏是正常的。一方面是与构成要件的要素缺失或过于限制有关;另一方面是与刑法规范本身的不完整性有关。不管出现哪种情况都会使待决案件事实与刑法规定要件之间存在对接缝隙,从而造成构成要件的规范事实与具体发生的案件事实之间无法实现正常对接。法官在个案审理过程中如何弥补刑法规范中的漏洞,其最主要的方法就是通过具体案件的事实去解读或解释规范中相关犯罪的犯罪构成要件或要素,以识别、明确并补充其在本案中的意义。这既是一个将与本案有关的犯罪构成要件或要素内涵及外延明确化并加以适用的过程,也是一个通过本案事实去创设缺失的犯罪构成要件或要素的过程。

其次,犯罪构成论是案件事实与刑法规范之间互构的"事实模板"。一是引领正在裁判的案件应该对哪些事实进行程序性证立,即如何在散乱的生活事实堆砌中捡拾那些可以成为案件事实的一片片"碎片",并把它们勾连整理成"型",而如何对既往事实进行整理加工,司法人员依靠的是经验与逻辑,依据的则是犯罪构成。也就是说,在这个过程中犯罪构成论模型发挥了引领、指导的作用,表现为案件事实大多是被证据并依据一定的证据规则证明确立的、并与刑法规定特定犯罪的构成要件或要素相关的事实。能够成为刑事司法中裁判"对象"的那个案件事实,都是在散乱的生活事实的"碎片"基础上"重构"的事实,而能够引领司法人员把这些"碎片"勾连、拼凑在一起的是犯罪构成论。二是指导正在裁判的案件如何对事实进行格式化整理。它表现为通过规范的犯罪构成中规定的成立犯罪的法定要件和排除犯罪的特定事项,对具体案件的生活事实要素进行相应地类型化、格式化剪裁、整理,以使其能够满足法定构成要件涵摄或归类的框架要求。为司法人员进行这种格式化整理提供模板的就是犯罪构成论。当然,不同的犯罪构成论模型,如德日三阶层犯罪构成论模型、英美两层次犯罪构成论模型与我国的四要件犯罪构成论模型,在引领司法人员对案件事实整理的格式上可能会存在一定的差异。

2. 刑事案件社会结构内部因素的互构

案件社会结构因素实际上是一个开放的概念,包括且不限于布莱克认为的三种因素,即对立的双方(原告或受害人以及被告)、一方或双方的支持者(如律师、友好的证人),以及第三方(如法官或陪审团),他们的社会特质构成了案件的社会结构。[①] 仅就这三种因素而言,它们之间是什么关系,相互之间会产生哪

---

① [美]唐·布莱克:《社会学视野中的司法》,郭星华等译,法律出版社2002年版,第5页。

些影响,导致案件社会结构发生什么变化,这些变化最终又是如何在司法裁判上显现出来,是加大还是缩小了司法歧视或差别待遇?如此等等问题,布莱克在其案件社会学理论中仅有简单描述却无明确答案。

首先,刑事案件社会结构的基础是案件中被告被害双方的基本社会特质,即社会身份特征,一般情况下是相对稳定的因素,故往往是作为案件社会结构中另外两种因素的自变量存在,即"从受害人和被告人之间关系来看,谁富贵,谁贫穷;谁是黑人,谁是白人;谁是政府官员,谁是流浪者;谁是社区的领导,谁是默默无闻者;他们是否是夫妻,是否是朋友,是否是邻居,是否是陌生人……"①,每个国家或不同的司法地域都还可以根据自己本土的实际情况列举出很多类似社会特质不同的人(或组织),如在我国,不存在种族问题,但在被告人与被害人之间可能会存在"本地人与外地人的关系""社会名流与无名之辈的关系""熟人与陌生人的关系"等。并非总是"下行的"就会被司法歧视,而"上行的"就会被司法优待。谁会被司法优待谁会被司法歧视,取决于在具体的当下案件社会结构的种种因素中双方的"博弈"结果。"从技术角度来说,这些问题都是与法律无关的。"②

其次,被告被害双方的基本社会特质决定或影响着一方或双方支持者的社会特质及影响力;一方或双方的支持者的社会特质又在一定程度上影响或改变着对立双方的部分社会特质。如上所述,"律师、证人,公开其偏向立场的感兴趣的旁观者等支持者及其社会特征具有同样的影响模式"③。社会地位和威望高、社会影响力大的律师、证人以及其他支持者加入案件中被告被害双方或一方,或者相反,都会在一定程度上改变双方之间博弈的力量对比。被告或被害方由律师代理诉讼可以提高取胜概率,特别是那些社会地位低的人,由于律师的支持而使其社会特质发生变化并从中受益的就更多了。"律师的介入可能在一定程度上平衡了控辩双方之间的优劣势,缩短或者加大他们的社会距离,从而改变了冲突的结果。"④但问题往往是社会地位低的人请不起在一定程度上能提升其社会地位的律师。

最后,被告被害双方的基本社会特质以及一方或双方支持者的社会特质等最终都会汇集到对裁判方到底能产生多大致使案件裁判上行或下行的影响力

---

① [美]唐·布莱克:《社会学视野中的司法》,郭星华等译,法律出版社2002年版,第104页。
② [美]唐·布莱克:《社会学视野中的司法》,郭星华等译,法律出版社2002年版,第104页。
③ [美]唐·布莱克:《社会学视野中的司法》,郭星华等译,法律出版社2002年版,第10页。
④ [美]唐·布莱克:《社会学视野中的司法》,郭星华等译,法律出版社2002年版,第104页。

上面。如被告被害双方或一方或双方支持者与裁判方的关系。一般认为，案件的任何一方均会从与裁判者有亲戚或其他亲近关系中获得利益。所以如果他们与法官、陪审员和其他裁判方存在如家庭成员关系、亲友关系或生意合作伙伴关系等密切关系时，一般情况下裁判方必须回避。但常见的往往并不是通常必须回避的情形，如双方中其中一方是本地人而另一方为外地人；或者一方的律师与法官熟识，而另一方的律师与法官根本不认识。“一项最近的研究表明，在一个小镇的法庭上，一个外乡人起诉陪审团所熟悉的人，几乎没有取胜的机会。身为一个陌生人，可能同贫穷和黑人一样，是个非常不利的因素。”①如此情形不胜枚举，故布莱克最后提出了通过“法庭的非社会特征化”“电子司法”等司法改革措施来减少被告被害双方的基本社会特质以及一方或双方支持者的社会特质对法官、陪审团等第三方裁判案件的影响。

3. 社会结构与法律结构之间的互构

案件社会结构内部各因素之间的互构是不能直接导致案件裁判结论的出现，只有案件法律结构内部规范与事实之间的互构，才可以直接导致案件裁判结论的得出。但规范与事实在互构过程中，为了弥补规范与事实之间的“缝隙”，实现二者之间的“符合”或“匹配”，规范经过了从文本规范到裁判规范的过程，事实经过了从生活事实到法律事实再到裁判事实的过程，故而最终导致何种裁判结论的得出，存在一定的不确定性。正是这种不确定性给案件社会结构与法律结构彼此之间的“侵入”与“反击”提供了机会，也正是因为案件社会结构与案件法律结构内部本身也存在互构关系，才使案件社会结构与案件法律结构之间的互构有了源源不断的内在生命力。

(1)加害方与被害方非法定要素特征对案件法律结构的影响

加害方与被害方在大多数的公诉案件中即为案件中所涉及的被告人与被害人，其自身所具有的地位属于社会结构中的一大要素，有先赋地位与自致地位之别，分别对应于先赋社会结构因素与自致社会结构因素，两者中一个是以出生为基础，包括自身所享有的物质条件或继承父或母的社会地位，以种族、民族、年龄、籍贯、性别等因素为代表；另一个则为后天获得的社会地位，以经济情况、受教育程度、工作状况等因素为代表。② 我国刑法虽贯彻罪刑平等原则，但

① [美]唐·布莱克：《社会学视野中的司法》，郭星华等译，法律出版社2002年版，第13页。

② 参见胡昌明：《社会结构对法官裁判的影响：以1060个刑事判决为样本》，社会科学文献出版社2015年版，第53页。

由于相对平等的提倡，并不妨碍其将加害方与被害方所涉及的社会结构因素纳入刑法文本规范之中。其中，刑法文本规范中将加害方的某些社会结构因素作为法定因素予以规定，起到保护弱势个体地位的效果。如《刑法》第 17 条规定的对刑事责任年龄、第 18 条规定的特殊人员的刑事责任能力、第 19 条规定的又聋又哑的人或盲人犯罪的刑事责任、第 49 条对于死刑适用对象的限制规定等。这些条款以法定形式对于加害方所涉及的部分社会结构因素予以确认并加以明确规定，直接对行为人的定罪量刑产生直接影响。不仅如此，当加害方与被害方除法定因素之外的其他社会结构因素被裁判者所感知时，亦会在刑事司法裁判过程中对裁判者的裁判尤其是具有自由裁量权限的量刑幅度产生影响。

就加害方而言，早有学者曾以盗窃罪为研究样本，根据实证分析得出相应的结论，诸如以被告人的性别为考量，女性的刑罚强度显著低于男性；以被告人的年龄为考量，18 岁以下的未成年人与 55 岁以上的老年人较青壮年的刑罚强度要低等。[①] 另外，在一些引起广泛关注的热点案件中亦会发现这些非刑法规范因素在裁判者进行定罪量刑考量时的身影。

就被害方而言，被害人因素在一定程度上可以左右对被告人的定罪量刑。基于罪刑法定的要求，除刑法中明确规定某罪的犯罪对象是特殊对象，作为特殊犯罪对象的被害人具备法定情形的情况下，会影响或决定对被告人的定罪量刑之外，被害人的其他社会特质由于不是犯罪或量刑的构成要件或要素，不会对被告人的定罪量刑产生影响。但就从我国具体的裁判过程来看，这一罪刑法定的基本限制在某些特殊情形下，可能会被“灵活运用”。如刑事诉讼法关于“刑事和解”的规定，[②]在裁判过程中对于被害方态度的考量，尤其在涉及死刑的案件中尤为突出。[③] 在涉及死刑的案件中，被害人所遭受的侵害居于首位，也是加害方行为的社会危害性及其程度的体现，不管是谅解、宽恕还是要求严惩，被害方的态度理应纳入酌定量刑情节中予以考虑。审判实践中裁判者对被害

---

① 参见胡昌明：《被告人身份差异对量刑的影响：基于 1060 份刑事判决的实证分析》，载《清华法学》2018 年第 4 期。

② 《刑事诉讼法》第 288 条规定，犯罪嫌疑人、被告人真诚悔罪，通过向被害人赔偿损失、赔礼道歉等方式获得被害人谅解，被害人自愿和解的，双方当事人可以和解。《刑事诉讼法》第 290 条规定：“对于达成和解协议的案件，公安机关可以向人民检察院提出从宽处理的建议。人民检察院可以向人民法院提出从宽处罚的建议；对于犯罪情节轻微，不需要判处刑罚的，可以作出不起诉的决定。人民法院可以依法对被告人从宽处罚。”

③ 参见张心向：《死刑案件裁判中非刑法规范因素考量》，载《中外法学》2012 年第 5 期。

方谅解的充分考量有利于缓和矛盾、加强对被害方的保护与利益恢复,具有积极意义。但对于被害方要求严惩的考量却不能一味地予以过分迁就。在2011年最高人民法院发布的指导性案例第4号王某才故意杀人案的裁判要点中出现"被害人亲属要求严惩的"字样,裁判者最终的裁判结论屈从于被害方的态度,仿佛只要"态度强硬、表现激烈"就能够比默不作声的被害方得到更多的好处,[①]其所传递出的信息较为负面,实际上是存在问题的。司法实务中,由于被害方要求严惩的不在少数。一般来说,能够接受加害方的经济赔偿并谅解加害方的,往往是本身经济条件不好或者是相对贫穷的人,而能够给予被害方经济赔偿并得到其谅解的加害方,往往是本身经济条件较好或者是相对富裕的人。这并不是说受贫穷或富裕决定的被害方对加害方的态度,就是裁判的唯一考量,但这是一个裁判者在适用刑法进行定罪量刑的整个过程中不能回避且必须直面的重要法外因素,对此应抱有审慎的态度将其作为酌定量刑情节之一予以考量,不能因为其单方的压力造成原本裁判结论的改变,更不能突破刑法基本原则超越规范与事实进行裁判。

(2)律师介入与学者关注对案件法律结构的影响

①律师介入对案件法律结构的影响。一个对社会学知识一无所知的律师是没有竞争力的。[②] 一个好的律师在是一个优秀的法律学家的同时,还必须是一个杰出的社会学家。这是因为,律师们都深知,"即使是法官和律师在法庭上一直都以法律为准则,仅仅凭法律条文本身也是不能决定和解释案件是如何被处理的。相似案件的处理方式也不尽然是一样的。只有当案件在法律技术上、社会结构上都相似的时候,案件的处理方式才会相似"[③]。所以,尽可能地调整、改变案件的社会结构,以使案件在事实认定与法律适用方面有利于自己所辩护或代理的一方当事人,是每个律师都必须要面对的一项非法律技术性质,然而又属于律师业务内容的重要工作。律师主要是通过其持有的文化资本、社会资本、经济资本介入案件裁判过程对案件法律结构产生影响。[④]

首先,律师通过司法场域文化资本对法官的裁决施加影响。律师依法所享

---

① 参见陈兴良主编:《中国案例指导制度研究》,北京大学出版社2014年版,第178~179页。

② 参见[美]唐·布莱克:《社会学视野中的司法》,郭星华等译,法律出版社2002年版,第40页。

③ [美]唐·布莱克:《社会学视野中的司法》,郭星华等译,法律出版社2002年版,第107页。

④ 参见张心向:《论场域资本运作对刑事司法的影响——以布迪厄资本理论为分析视角》,载《南开学报(哲学社会科学版)》2009年第2期。

有的辩护权、良好的法学专业教育出身以及娴熟的法律专业技能构成了律师在司法场域中持有的核心文化资本。在刑事司法场域中,公诉人、辩护人、法官共同构成一种特殊的“三角架构”网络关系,在这个三角架构网中,公诉人行使检察权,是为了法律监督和查明被告人和犯罪事实,但在实践中则多注重被告人有罪、罪重的方面。辩护律师行使辩护权,是为了确保被告人的合法权益不受侵害,因此在辩护中着重于被告人无罪、罪轻的方面。法官则要在中立、全面地把握案件事实和相关法律的基础上作出公正的裁判。公诉人的所有公诉意见、辩护人的所有辩护意见,最终都只有在法官采纳的情况下才能转化为裁判结果考量要素。最终能否对一个案件作出公正的裁判,不仅取决于法官的能力和智慧,而且取决于公诉人和辩护人为法官提供的“素材”内容是否全面、逻辑是否严密、论证是否合理。因此,从法官的角度而言,审判中需要有与指控相平衡的辩护。要使控、辩双方能够展开充分的对抗、辩论,实现控辩平衡,就必须注意维护辩护人的独立诉讼主体地位和各项合法权益。公诉机关背后是强大的国家机器,而被告人背后往往只有作为个体的家庭、亲友。如此不均衡的力量对比,只有借助辩护人才能得到一定程度的矫正。辩护人尤其是具有专业知识和技能的辩护律师参与刑事审判,在辩护中通过会见被告人、与被告人通信、阅卷等活动,收集案件信息,全面熟悉案情;充分运用法律的规定,行使调查取证权;在庭审中提供合法、合理、全面的辩护意见,成为法官裁决案件过程的“决策参与者”,努力在案件事实的认定和法律规范的适用方面影响法官,促成对被告人更有利的裁判结果。

以“赵春华案”为例,在一审中,其辩护人对于其成立非法持有枪支罪没有异议,故仅就其具备坦白、认罪、初犯、犯罪情节较轻等法定以及酌定从轻处罚的情节进行辩护,并未对该案证据及罪名是否成立进行深入挖掘,因此一审法院对赵春华作出有期徒刑 3 年 6 个月的判决。[①] 在二审中,两位辩护人面对与一审相同的证据,从取证程序、涉案证物的认定、鉴定机构的资质及被告人赵春华的主观认识等几个方面提出了无罪的辩护意见,最终虽未被法院采纳,但也引起了社会公众对该案及“枪形物”的热议,亦就被告人赵春华主观恶性较小这一案件细节提醒了办案法官。考虑到该案的具体情节及社会舆论,二审法院作

---

① 参见赵春华非法持有枪支案,天津市河北区人民法院(2016)津 0105 号刑初 442 号刑事判决书。

出了“判三缓三”的终审判决，[①]法理与情理得以两全，客观方面符合现行法律对于非法持有枪支罪的相关规定，主观方面既考虑到赵春华持有枪支仅为支摊谋生的意图，又照顾到公众对于案件本身的困惑和对赵春华遭遇的同情，合法合理合情。

其次，律师通过其自身的社会资本对法官的裁决施加影响。律师和法官同属司法场域中的法律职业行动者，从各自所带的文化符号看属于同质群体。彼此容易产生亲朋、同学、师生、曾经同事等错综复杂的人情关系，律师基于职业的需要往往会进一步将这种关系转变为在体制上得到保障的权力关系，即场域关系网络资本。由于社会资本只有在社会交往互动中才能产生，所以制度化关系网络的确立和维持必须以稳固的物质性交换和符号性交换为基础，如礼物、金钱、言语、尊重、服从等，将这种关系不断转换为稳定的权力关系，并通过彼此之间的认可和交换，不断地再生产。这就造成一些律师在代理诉讼委托辩护时，首先考虑的不是事实与法律，而是如何利用与司法人员的人情关系，要求法官在对案件事实的确认与法律规范的适用方面做出于己方有利的裁决。在实践中，难免有一些法官会碍于人情留给这些律师一些面子，从而对案件裁决的确定性和公正性带来消极影响。

最后，律师通过其自身的经济资本对法官的裁决施加影响。现行司法体制下同为司法场域行动者的律师与法官各自拥有的各场域资本形态，具有天然的互补性，法官体制性的“权力符号资本”与律师“物质性的经济资本”形成了彼此的强烈吸引和需求。这为部分律师利用经济资本置换或交换法官的权力符号资本，分割、蚕食法官在案件事实认定与法律规范适用方面的最终话语权，寻求有利于自己一方的案件裁判结果提供了客观条件。“从目前反映出来的情况看，有的法官为了获取个人利益，违反规定为当事人推荐、介绍律师作为其代理人、辩护人，或者为律师介绍代理、辩护等法律服务业务，或者暗示当事人更换承办案件的律师；有的律师以给法官回扣、提成等为交换条件，明示或者暗示法官违反规定为其介绍代理、辩护等法律服务业务；有的法官利用职务便利，索取或变相索取、接受当事人及其委托律师的各种贿赂；或为法官提供其他不当利益，甚至假借法官的名义以贿赂法官为由向当事人索取财物或者其他利益，严

---

① 参见赵春华非法持有、私藏枪支、弹药案，天津市第一中级人民法院（2017）津01号刑终41号刑事判决书。

重侵害当事人的合法权益，损害法官的声誉，亵渎法律职业的庄严和神圣。”[①]

②学者关注对案件法律结构的影响。就法学学者、教授等法学理论教研人员而言，从显性层面上看，除部分兼职从事律师职业的人员外，司法场域的法律实际运作中并没有赋予他们以固定的位置，所以，他们对刑事司法活动的影响往往是间接的，即以其专业知识及学术威望，也就是说，主要是其持有的文化资本，通过附随场域其他显性行动者来影响刑事司法活动。由于法学教学和理论研究人员在司法场域所持有的文化资本（无论是个体化的文化资本还是体制化的文化资本）都是场域其他行动者所无法相比的，因此，即使是由于兼职从事律师职业而在司法场域拥有了固定位置的部分法学教授等法学理论教研人员，相对于其他一般专职律师，他们也更愿意以其持有的文化资本而不是经济资本或社会资本直接对案件事实认定与法律规范适用方面产生影响，而对于其他在司法场域的法律实际运作中无固定位置的人员，他们往往通过就具体案件出具专家法律意见书，以期在案件的事实认定和法律适用方面产生影响。

司法实践中，专家出具法律意见书的情形一般有两种：一种是由司法机关邀请法学专家对特定案件进行论证并出具法律论证意见书；另一种是由当事人邀请专家论证案件，当事人一般会将专家的法律意见书在案件审理过程中提交给法官。

由于成文法律本身的局限性和社会的变动性，生活中常常会发生一些疑难案件，如“王力军无证收购玉米案”[②]“陆勇销售假药案”[③]“赵春华非法持有枪支案”[④]“赵宇正当防卫案”[⑤]，对这些案件的定性在普通公众甚至法学专家之间也往往存在很大的分歧，缺乏共识。法官为了解决这些案件常常需要创造性地进行“司法”。为了使裁判更加科学合理，司法机关经常会从法学专家那里寻求智慧支援。目前许多司法机关都设有专家咨询委员会，聘请一些知名法学专家出

---

① 孙长山：《为了司法公正的共同追求——解读〈最高人民法院、司法部关于规范法官和律师相互关系维护司法公正的若干规定〉》，载《中国司法》2004 年第 5 期。

② 参见王力军非法经营案，内蒙古自治区巴彦淖尔盟中级人民法院（2017）内 08 刑再 1 号刑事判决书。

③ 参见陆勇销售假药案，湖南省沅江市人民检察院沅检公刑不诉（2015）1 号不起诉决定书。

④ 参见赵春华非法持有枪支案，天津市第一中级人民法院（2017）津 01 刑终 41 号刑事判决书。

⑤ 该案最终被检察院认定为正当防卫，依法作出不起诉决定，并被收入 2020 年 9 月 3 日最高人民法院、最高人民检察院、公安部发布的《关于依法适用正当防卫制度的指导意见》的七个典型案例之中。参见《两高一部今日发布〈关于依法适用正当防卫制度的指导意见〉（全文 + 典型案例）》，载搜狐网，https://www.sohu.com/a/416559214_120052448，最后访问时间：2024 年 8 月 7 日。

任委员,当遇到疑难、新类型或有重大影响的案件时,邀请和组织这些专家进行论证,出具专家意见书,为审理案件提供参考。

一般而言,法学教授等法学理论教研人员以专家法律意见书为载体形态,对法官在案件事实和法律适用方面施加影响,归根结底还是以其在司法场域所持有的强势文化资本对其他行动者,特别是对法官进行的一种文化资本施压,其耀眼的名望、学识、地位等,对某些本就缺失文化资本的法官构成了一种难以抗衡的威慑。他们出具的专家意见书,不仅可能会对法官甚至会对公诉人造成某种微妙的心理影响,如法官在作出裁判时会更加谨慎;公诉人也会面临较大的压力,在制作起诉书时不得不多费思量。这样,法官的立场可能就会出现某种微妙的变化,既要充分考虑公诉方的意见,也不能不注意吸收专家法律意见书中的合理成分,否则,一旦裁判结果与专家法律意见书反差太大,法官既可能承担法律责任,也容易招致社会舆论的批评。较为可能的、稳妥的办法是,有限吸纳控、辩双方的意见,从而在某种程度上改变控辩双方在案件事实认定和法律适用方面话语权重的力量对比结构。在司法实践中,一般来说,专家的名望、学识、地位越高,即文化资本总量越大,其法律意见书的权重就越重,对法院、法官的影响力就越大,二者成正比关系。

(3)公众舆论引发的社会效应对案件法律结构的影响

不得不承认,刑事司法裁判中公众舆论对裁判者的影响还是较为突出的。当然现实中将舆论与民意等同、将裁判者未按照舆论导向进行的裁判认定成违背民意的裁判是有失偏颇的。作为人民共同的意见和愿望的民意,与作为社会公众的言论的舆论之间存在很大的区别:民意是对民众内心的一种确认,但并不一定会以公开的方式被感知;公众利用媒体等途径自由表达的观点在一定时间范围内形成较有影响力的舆论却未必是民意的体现。故公众舆论作为一种以一般公众朴素的情感与常识为基础,常伴有固执、偏见等的社会认知,对事物的认识、判断很难达到准确、客观、专业、全面,往往具有非理性、情绪化、不可控性等情况,容易被煽动、误导与利用。但对于最具有强制力与威慑力的刑法来说,社会公众对舆论如何认知对于刑法规范的遵守有密切相关的影响力。首先是惩罚的效用,公众由于惧怕刑法的惩罚而去遵守法律;其次是社会的一致性,公众遵守刑法是希望自己保持与其他社会群体人员的一致性;最后是内心的认同,公众遵守刑法规范单靠国家强制力的威慑远远不够,更应当依靠公众的自主行为、自觉遵守,因其合法、合理使公众产生内心的认同。最后一种方式是最理想也是最有效的使刑法规范发挥效用的方式。可见,公众的认同度由于涉及对法官日后裁决的可接受度,故而常常为法官所重视。

现实生活中媒体作为公众舆论的公开表达者与引导舆论的领头者而存在。尤其在当下,随着作为真实社会自然延伸的网络世界迅猛发展,自媒体与传统媒体一起在现实生活中对司法与公众舆论之间的关系发挥着重要的影响。以电视、报纸、广播、新闻网站为标志的传统媒体固然具有一定的优势地位,具有自媒体所无法比拟的权威性与话语权,但自媒体作为依托于互联网技术而形成的新兴媒体其影响同样不容小觑,其并不像传统媒体那般具有严格的制度规定,普通个人通过个人主页、微信、微博等自我平台途径就可以发布相关消息,且传播路径较传统媒体更为宽泛。近年来出现的诸如“王力军无证收购玉米案”①“陆勇销售假药案”②“赵春华非法持有枪支案”③“赵宇正当防卫案”④等案件最终能够得以较为完满的裁判结论,其中舆论的高度关注及其与司法力量之间的互动不无关系。公众监督犹如悬在裁判者头上的“达摩克利斯之剑”,可以有效地避免“暗箱”操作,有助于实现公正,但需要警惕的是舆论审判。

一般而言,舆论公开状态与影响效果取决于其可观察性程度⑤,而以媒体为代表的平台具有即时性的特征,很多时候会出现媒体报道事实抢先于司法程序的现象,即媒体在裁判者进行事实认定之前对在审案件进行带有片面性地事实披露与主观臆断性地渲染评论,且为了受众的最大化,往往采用较为夸张的用词,以尽量抢夺公众的注意力。另外,也不排除相关媒体人由于知识、素质方面的差异,片面不实地撰写带有倾向性的报道。在信息过载的互联网舆论场,未曾谋面的“吃瓜”者往往更愿意去相信更为贴近于自身的事实,不自觉地将自身予以代入,这种情况属于人之常情,但所谓“乱花渐欲迷人眼”,没有人能够保证自己所见的一定为“真”,更何况“横看成岭侧成峰”,事实本身是一个多面立体

---

① 参见王力军非法经营案,内蒙古自治区巴彦淖尔盟中级人民法院(2017)内 08 刑再 1 号刑事判决书。

② 参见陆勇销售假药案,湖南省沅江市人民检察院沅检公刑不诉(2015)1 号不起诉决定书。

③ 参见赵春华非法持有枪支案,天津市第一中级人民法院(2017)津 01 刑终 41 号刑事判决书。

④ 该案最终被检察院认定为正当防卫,依法作出不起诉决定,并被收入 2020 年 9 月 3 日最高人民法院、最高人民检察院、公安部发布的《关于依法适用正当防卫制度的指导意见》的七个典型案例之中。参见《两高一部今日发布〈关于依法适用正当防卫制度的指导意见〉(全文 + 典型案例)》,载搜狐网,https://www.sohu.com/a/416559214_120052448,最后访问时间:2024 年 8 月 7 日。

⑤ [美]罗伯特·K. 默顿:《社会理论和社会结构》,唐少杰、齐心等译,译林出版社 2015 年版,第 547 页。

造型,单从其中的一个侧面或一个事实碎片往往难以全面了解事实真相。

随着案件信息公开程度的不断加深以及信息传播媒介的迅猛发展,获取信息的渠道日益便捷、公众对与自身利益相关案件的参与度不断提高,在案件裁判的过程中始终会伴随不同的声音,其本来属于一种正常现象。作为享有独立裁判权的裁判者本应在独立判断基础之上正确吸纳相关舆论意见。但审判实践中,舆论日渐成为评价选择的重要参考点,刑事司法裁判现在更容易受到公众情绪变化的影响①,甚至很多裁判者出现对于舆论畏首畏尾、唯舆论至上等现象②。

故而裁判者如何避免舆论非正当化的压力,依法独立行使法官审判权至关重要。法官既要重视舆论导向、及时回应民意,又应起到良好的引导作用。通过增加有相关专业知识的专家作为陪审员,在庭审中发挥专业技能,可以减少民众对于司法的猜忌;同时法官应当改变司法裁判文书固有的事实、证据、法条的简单堆积模式,将其自由心证的过程叙明公众,尤其是对控辩双方意见采纳与否及其理由作出详尽的解释,真正使公众对由此得出的审判结果心悦诚服。另外,随着互联网的普及,网络舆论的声势不容小觑。利用网络这一开放平台,网络用户可以以公众舆论的方式与官方在网络上进行沟通对话。法官同样可以利用网络平台与公众进行良性互动,并且加以引导,促进法律在实际生活中的有效实施。但在当下的审判实践中依然存在一些裁判者因盲目地附和舆论而得出违背刑法基本原则的裁判结论。

(4)案件裁判者的裁判理念对案件法律结构的影响

无论从哪个视角看司法运作过程,法官和法院都是当然的裁判行为主体。③"法律由精神王国进入现实王国控制社会生活关系的大门。法律借助法官而降临尘世。"④正因如此,德沃金认为"法院是法律帝国的首都,法官是帝国的王侯"⑤,法院和法官构成了既存或现行法律的一部分。它意味着在法律制度与具体案件之间,必须以法官的裁判行为为中介,来沟通法律规范与社会生活的实

① David Garland, *The Culture of Control: Crime and Social Order in Contemporary Society*, Unicersity of Chicago Press, 2002, p. 172.

② 参见蓝蓝:《舆论裹挟下的司法:应对与反思》,载中国行为法学会司法行为研究会、天津大学法学院编:《构建法律职业共同体研究》,中国法制出版社2016年版。

③ 参见陈瑞华:《司法权的性质——以刑事司法为范例的分析》,载《法学研究》2000年第5期。

④ [德]拉德布鲁赫:《法学导论》,米健、朱林译,中国大百科全书出版社1997年版,第100页。

⑤ [美]德沃金:《法律帝国》,李常青译,中国大百科全书出版社1996年版,第361页。

际关联。法律的文本规范也正是通过法官基于案件事实的解构后重构为裁判规范来实现法律世界与生活世界的对接的。[①] 案件各种形形色色的非法律规范因素最终能否进入裁判过程,并对裁判结果产生现实的影响,取决于作为裁判者的法官的裁判理念是克制的还是能动的,也就是说,无论是法条主义的还是实用主义的,抑或是逻辑的还是经验的;还是在这二者之间?这直接决定了案件社会结构因素对案件法律结构因素影响的广度和深度,法官的裁判理念则深深地扎根于法官的角色丛或角色体系之中。[②]

如果将法官置于社会大系统的运行中考察,就会发现,法官并不是纯粹的法律意义的裁判者。首先,"法官角色"实际上是一个复杂的角色丛。法官在社会关系网络中,无论从应然的角度看还是从实然的角度看,他都已经承担了或必须还要承担更多的社会角色,世界上任何一个国家的法官都是大致如此。当然,我国法官或许还有一些更加特殊、更为复杂的地方。他们总是处在各种社会关系网络的交叉点上,并与周围有着多重身份关系。他们一方面是职业法律人,另一方面又是政治权力人和社会文化人。法官本身就是一个多重角色的承载者与集合体。不同的角色,有不同的角色规范期待,承载着不同的角色要求,这就决定了法官的裁判理念及理性不可避免地会受制于法官的角色丛。法官的裁判思维必然是多向度性的思维,裁判行为必然是多兼顾性的行为,体现了多元与融合的裁判理性。其次,法官角色间经常存在冲突或错位,这必然会对法官的裁判理念及理性产生影响,这是因为,法官角色的多元集合性,使每一种角色对法官自由裁量权的行使都有特定的期待,既然法官是各种角色的承担者,那就意味着法官对每一种角色都不能摒弃,都必须尽到应有的义务,担负起责任。那么,基于同一主体的多元角色若想同时都在法官行使自由裁量权时发挥作用,发生冲突就不可避免,而且担当的角色越多,冲突的概率当然就越大。这就使得与职业法官审判案件最密切的基本角色规范——法律规范,在与来自其他角色规范,如权力规范、文化规范与社会生活规范之间遭遇冲突后,就可能成为仅是法官裁决案件时考虑的主要因素而非唯一因素,有时也许连主要因素都排不上。因而,法官就特定案件在案件事实的认定和法律规范的选择方面所

---

① 张心向:《案件事实对法律规范之建构探微——以刑法规范为分析视角》,载赵秉志主编:《刑法论丛》第14卷,法律出版社2008年版。

② 赵秉志、张心向:《法官角色视野下的裁判理性——以2005"中国法官十杰"先进事迹介绍为分析范本》,载《法律科学(西北政法大学学报)》2009年第5期。

做出的裁判结果,实际上是多重角色规范较量、博弈的结果。法官最终的裁判行为必然是一个基于多种角色期待下思考的“理性”选择行为。最后,我国法官的角色转换是混沌、模糊而难以纯粹的。不可能做到一走进法庭就能在心理上确认自己将要扮演的法官角色而摒弃“前见”,完成角色转换迅速回归本原角色。即便是在进行本原角色表演时,也是既不得不面对既有的社会体制与文化,又不得不考虑整个法律及其运作机制政治化的倾向。因为不能拒绝裁判,怎样才能更现实地履行自己的法定责任,在现有的体制状况下他们唯一能够选择的是,既能解决了纠纷又不损害到自己利益的功利性做法,不会在乎自己到底是以何种角色进行裁判,是不是一个纯粹中立的裁判者。他们往往会放下相对中立的态度,采取更积极、更“具有管理性”的立场。法官非司法者的一些角色因素自然就会掺和到司法者的角色因素当中,并在司法者角色的基础上,以一个综合性的角色进入司法场域。换言之,整个司法裁判的过程,实质上就是一个法官既要在多重夹缝中艰难穿行、抉择,又要时刻保持头脑清醒以便解决案件的过程;是一个法官调动一切知识资源,力图在现有的制度框架中不但要解决纠纷,而且还是要圆满地解决纠纷的过程。司法裁判的最终结果,必然就是法官的多元角色规范相互博弈、较量、平衡的结果。换言之,最终选择的那个裁判结果,无疑会是法官认为最合乎情理的、并考虑了所有能想到的事情的决定。[①] 这当然既考虑了法律效果、政治效果,也考虑了社会效果。因而法官为“超越法律”所做的努力能够促成法官在既定的条件下将其能动作用发挥到极致。在不同的情境系统中,他们都能成功地利用自身所承担的社会角色集合中的优势因素,同时又尽可能摆脱角色集合中不利因素的束缚,或者将这些因素带来的不利影响统摄于其意志之下,使其为自己工作的完成贡献力量,进而掌握案件处理的主动权,以求能够顺利地完成他们的法律任务、政治任务、社会任务。

四、刑事案件结构与裁判模式

案件社会结构与法律结构两种结构形态的并存,决定了司法过程中的案件裁判,不仅存在基于案件法律结构而进行裁判的法律模式抑或法学模式,也存在基于案件社会结构而进行裁判的社会模式抑或社会学模式。这两种裁判模

① 参见[美]理查德·A. 波斯纳:《法律、实用主义与民主》,凌斌、李国庆译,中国政法大学出版社2005年版,第19页。

式之间既背离又契合。

（一）案件法律结构与法律裁判模式

法律裁判模式抑或法学裁判模式是在规范与事实之间基于逻辑推理而进行的裁判模式。法律适用过程就是逻辑运作过程。对每一个案件事实的评估都是对法律条文的运用，并通过逻辑运行决定裁判结果。法律从一个案件到另一个案件是不变的，法律以相同的方式适用于所有案件，相同的事实会有相同的结论，其所关注是案件应该如何通过法条对事实的逻辑运作作出裁判决定。所以法律裁判模式就是关于规范、事实与逻辑的裁判，逻辑主义抑或法条主义模式在这一裁判模式中居于核心地位，呈现的是一种司法的克制。由案件法律结构决定的法律裁判模式具有以下特点：①

首先，主张法条是案件唯一的裁判依据，崇尚"规则"优先的形式主义裁判。当实质正义与形式正义在个案裁判中发生矛盾时，优先考量对法条忠诚的形式要求。

法律裁判模式的主要表现就是法条主义的裁判，而"法条主义被认为是一种司法行为的实证理论，它假定，司法决定都是由'法律'（the law）确定，而这个法律被理解为在正宗法律材料——诸如宪法和制定法文本以及同一或某高层级法院先前的判例——中表达的，或是可以通过逻辑操作从这些材料中衍生出来的一整套已有规则"②。故而在法条主义裁判中必须严格遵守"法律"的字面含义。因为"在法条主义者看来，法律是一个知识和技巧都自给自足的领地"③。案件的司法裁判结果都是当然从既有且自给自足的法律中获得，而不包含也不应该包含法官个人的主观性因素。从整体上看，通过司法三段论获得必然结果的过程即为裁判结果，而裁判过程是一个"法律的统治而非人的统治"的过程。如在"天价葡萄案"④中，如果严格按照法条字面含义，"天价葡萄案"完

① 参见赵秉志、张心向：《刑事裁判功利性现象研究——兼论刑法规范的司法适用》，载赵秉志主编：《刑法论丛》第31卷，法律出版社2012年版。

② ［美］理查德·波斯纳：《法官如何思考》，苏力译，北京大学出版社2009年版，第38页。

③ ［美］理查德·波斯纳：《法官如何思考》，苏力译，北京大学出版社2009年版，第7页。

④ 基本案情如下：2003年8月，4名外地来京民工，进入北京农林科学院林业果树研究所葡萄研究园内偷摘葡萄约47斤。殊不知此葡萄系科研新品种，民工的行为导致研究所研究数据断裂。北京物价部门对被偷的葡萄评估金额为1.122万元。此后，4名民工中除一人年仅16周岁且"情节显著轻微"被拘留外，其余三人被批捕。最终，葡萄的价值回落到376元，3名民工被无罪释放。此案发生后，对于民工们的行为是否构成盗窃罪，盗窃数额又应如何确定等种种争论，随之产生。此外，葡萄价格鉴定的程序、依据、主体，以及鉴定的公正性也受到质疑。

全可以定盗窃罪,并按照《刑法》关于盗窃罪的规定及相关司法解释规定的数额幅度量刑。上述"赵春华涉枪案"一审法院以非法持有枪支罪判处赵某华有期徒刑3年6个月,也是完全符合《刑法》及相关规范性规定的。

实际上,在绝大多数常规案件中,是可以"用法条主义方法最不含混地处理"[①],而不会让人们感觉到法条在适用相关案件事实方面有问题。但在另外一些案件中,"法条主义者承认,他们的方法不是每次都奏效……在许多上诉到上诉法院的案件中,法条主义方法都失败了,而这些恰恰是对法律进一步发展影响最大的案件。这里有太多笼统的制定法以及更为笼统的宪法规定、制定法的空隙和前后矛盾、公然的裁量地带、过时且冲突的先例以及事实困境(aporias)"[②]。当"法律命题内容太简单,法律文字含义无法告诉法官在未来案件中如何行动"[③],即法律都"用完了"的时候,法官又该怎么办?例如,德国曾发生过是否可以把盐酸看作"武器"的"盐酸案"。当然,德国联邦法院在最终的裁判中作出了肯定性的决定。[④] 类似案件裁判过程中的问题,在我国也屡见不鲜,如著名的"李某组织男性从事同性性交易案"。[⑤] 在一般的卖淫案件中,"卖淫"仅指异性之间发生的性交易行为,尤指女性向男性提供的性服务,而在该案中则相反。如果从通常意义上且仅从法条字面意义看该案是否属于"卖淫"毫无疑问是存在异义的,但就《刑法》所规定的组织卖淫行为中的"卖淫"的本质特征看,只要以营利为目的,向他人出卖肉体均属于卖淫。至于提供者与接受者的性别,即是男性还是女性,是异性还是同性,均不是判断二者之间交易行为是否构成卖淫所要考虑的规范因素。这是因为无论女性卖淫还是男性卖淫、向异性卖淫还是向同性卖淫,从交易行为本质上看并没有什么区别,均属于违反基本伦理道德规范,败坏社会良好风尚的行为。故而以组织卖淫罪追究组织同性卖淫的行为人的刑事责任,完全符合组织卖淫罪的法律精神。这类案件的如此裁判,显然不是法条主义的胜利,而是对法条主义的"超越"。也正是因为这种"超越",裁判的正义价值才得以彰显。

---

① [美]理查德·波斯纳:《法官如何思考》,苏力译,北京大学出版社2009年版,第43页。

② [美]理查德·波斯纳:《法官如何思考》,苏力译,北京大学出版社2009年版,第44页。

③ [美]理查德·波斯纳:《法官如何思考》,苏力译,北京大学出版社2009年版,第105页。

④ [德]考夫曼:《法律哲学》,刘幸义等译,法律出版社2004年版,第107页。

⑤ 参见李某组织卖淫案,江苏省南京市秦淮区人民法院(2004)秦刑初字第11号刑事判决书;江苏省南京市中级人民法院(2004)宁刑终第122号刑事裁定书。

其次，依据逻辑裁判案件并限制经验等非法律规范因素在裁判案件中的作用。法条主义的裁判，实际上就是机械化、简单化地处理法律规范及其适用问题。司法的过程类似自动售货机的售货过程，法律规范是事先放进售货机的待售货物，往里面投进硬币（案件事实及相关证据材料），出货口就会出来那个你想要的货物（案件的判决结论），“理想的法条主义决定是三段论的产品”①。法律规范提供的是大前提，案件事实提供的是小前提，司法过程决定是裁判结论。

所以，法条主义的案件裁判实际上就是一种有关逻辑的游戏。司法裁判中的逻辑推理，主要是指形式逻辑推理。通过逻辑推理去消弭抽象法律规范与具体案件事实之间的隔阂和冲突，便于在两者之间完成对接和匹配（“在抽象性规则与具体事件之间建立起有说服力的联系”②），并基于罪刑法定原则对法官自由裁量权进行严格限制的要求，通过这一逻辑形式也限制并排斥了经验等非规范要素在案件裁判中的作用。对此，贝卡里亚曾指出：“法官对任何案件都应进行三段论式的逻辑推理。大前提是一般法律，小前提是行为是否符合法律，结论是自由或者刑罚”。③

但三段论式的逻辑推理本身却存在不可克服的缺陷，即无法保证逻辑前提的真实性。三段论式的逻辑推理作为逻辑推理的重要形式，在很长一段历史时期内人们都只承认它的可靠性。尽管还存在如归纳和类比等推理形式，但相比之下，演绎推理还是最可靠的。因为只要法律规范与案件事实即大、小前提真实，推理符合一般逻辑思维，推导出的结论就是可靠的。故而法条主义裁判优先推崇三段论式的逻辑推理是可以理解的。但问题是这一前提的真实性却不能通过逻辑本身提供，而是需要由经验来决定的。三段论本身只能保证论证过程的合逻辑性，而无法保证前提的真实性，前提的真实性是通过经验获得的。“在逻辑形式的背后，存在着相互竞争的立法理由的相对价值和重要意义的判断，通常是一种无以言表且毫无意识的判断，这是实际存在的然而却是整个诉讼程序的根源和命脉之所在，你们可以赋予任何一个结论以某种逻辑形式。”④霍姆斯由此认为，“一个时代为人们感受到的需求、主流道德和政治理论、对公

---

① [美]理查德·波斯纳：《法官如何思考》，苏力译，北京大学出版社 2009 年版，第 38 ~ 39 页。

② [德]伯恩·魏德士：《法理学》，丁小春、吴越译，法律出版社 2003 年版，第 309 页。

③ [意]贝卡里亚：《论犯罪与刑罚》，黄风译，中国法制出版社 2002 年版，第 13 页。

④ [美]霍姆斯：《法律的生命在于经验——霍姆斯法学文集》，明辉译，清华大学出版社 2007 年版，第 217 页。

共政策的直觉——无论是公开宣布的还是下意识的,甚至是法官与其同胞们所共有的偏见,在决定赖以治理人们的规则方面的作用都比三段论推理大得多"[①]。所以,法条主义裁判,基于对规则的崇尚抑或纯洁的需要,依据逻辑裁判案件并限制经验等非法律规范因素在裁判案件中的作用,在裁判中当实质正义与形式正义发生矛盾的情况下,可能会坚守案件裁判的形式正义,但也由此可能会影响实质正义的彰显。如上述"赵春华涉枪案"的一审判决。从逻辑的角度看虽不能称之完美,但亦可谓尚可。之所以裁判结论一出,舆论哗然而群起攻之,恐怕就是这样一个原因,不符合一般大众朴素的正义心理预期。

(二)案件社会结构与社会裁判模式

社会裁判模式抑或社会学裁判模式是根据非法律规范因素对案件的基于价值判断而进行的"裁判"模式。"法社会学注意到了社会异质性的作用,并把它对于案件处理的影响作了详细的阐释。"[②]比如,"从受害人和被告人之间关系来看,谁富贵,谁贫穷;谁是黑人,谁是白人;谁是政府官员,谁是流浪者;谁是社区的领导,谁是默默无闻者;他们是否是夫妻,是否是朋友,是否是邻居,是否是陌生人,这些与法律都是没有关系的"[③]。但他们"可以预测和解释案件的处理方法"[④],即在社会裁判模式中,并不认为法律适用是逻辑的运作过程,法律所关注的是人们实际上如何去行动,如何去解决纠纷,故法律是可变的,它随着案件中各方社会特征的不同而不同。"只有当案件在法律技术上、社会结构上都相似的时候,案件的处理方式才相似。"[⑤]所以社会裁判模式就是超越规范、事实与逻辑的裁判,经验主义抑或实用主义模式在这一裁判模式中居于核心地位,呈现的主要是一种司法的能动。由案件社会结构决定的社会裁判模式具有以下特点:[⑥]

首先,社会裁判模式是结果导向的裁判,即根据裁判结论需要来考量法律规范在具体案件的裁判中该如何被适用。这种以裁判后果为导向的社会裁判

---

① [美]小奥利弗·温德尔·霍姆斯:《普通法》,冉昊、姚中秋译,中国政法大学出版社2006年版,第1页。

② [美]唐·布莱克:《社会学视野中的司法》,郭星华等译,法律出版社2002年版,第108页。

③ [美]唐·布莱克:《社会学视野中的司法》,郭星华等译,法律出版社2002年版,第104页。

④ [美]唐·布莱克:《社会学视野中的司法》,郭星华等译,法律出版社2002年版,第6页。

⑤ [美]唐·布莱克:《社会学视野中的司法》,郭星华等译,法律出版社2002年版,第107页。

⑥ 参见赵秉志、张心向:《刑事裁判功利性现象研究——兼论刑法规范的司法适用》,载赵秉志主编:《刑法论丛》第31卷,法律出版社2012年版。

模式,往往是以判决可能导致的结果为依据而非绝对按照制定法规则来决定裁判内容。法官以对裁判结果的考量与权衡取代对于法律规范的严格适用,亦即,在案件正式进入"裁判的轨道"之前,先对案件进行一个基本的价值判断,以确定裁判该案的价值诉求。之后,法官会对案件可能涉及的各种可供选择的裁判适用规则以及适用该规则可能造成的后果一一予以审慎考量,权衡利弊,①以达到裁判目的。这样,整个司法裁判过程会呈现出"三段论的倒置"现象。先有"裁判结论",再行"逆推试错","试错的过程产生判决。试错的过程决定着它们再造自身的权利"②。特别是"当事实和法律因素不确定时,法官就常常会从他直觉认为公平的解决方案出发,只是到了司法决定的形式起草阶段才会使用三段论推理。我们可以称之为倒置的三段论,'上升式的'或'逆推式的'三段论。此时法官就会运用其先前选择前提的自由,以制作出能够证明已定结论的三段论"③,以刑制罪或以需要的裁判结果倒逼相应的裁判行为。

其次,依据价值理念、经验常识等裁判案件比遵循逻辑裁判案件更被重视。社会裁判模式强调价值理念、经验常识等在具体案件裁判中的意义。对此霍姆斯亦有论断:"法律的生命不是逻辑,而是经验。一个时代为人们感受到的需求、主流道德和政治理论、对公共政策的直觉——无论是公开宣布的还是下意识的,甚至是法官与其同胞们所共有的偏见,在决定赖以治理人们的规则方面的作用都比三段论推理大得多。"④在这种裁判模式中,依据经验裁判案件比遵循逻辑裁判案件更被重视。也就是霍姆斯始终认为的在裁判过程中起重要作用的往往不是逻辑和规则,而是经验。这里的经验既包括政策、政治道德理论的考虑,也包括个人的偏见或直觉。法官在裁判中往往不是刻板地适用规则,而是最大限度地权衡社会利益,以作出最妥当的裁判。这也体现了实用主义裁判的特点:逻辑不能解决一切,逻辑不是推动法律发展的唯一力量,强调对法律的灵活适用。因为法律不是专供大家欣赏的艺术品,而是用于司法裁判过程的消费品,是用来解决问题、了断纠纷的。真正解决问题的做法显然不是对形式

---

① 参见[英]尼尔·麦考密克:《法律推理与法律理论》,姜峰译,法律出版社2005年版,第125页。

② [美]本杰明·内森·卡多佐:《法律的生长》,刘培峰、刘骁军译,贵州人民出版社2003年版,第28页。

③ [法]雅克·盖斯旦、[法]吉勒·古博:《法国民法总论》,陈鹏等译,法律出版社2004年版,第40~41页。

④ [美]小奥利弗·温德尔·霍姆斯:《普通法》,冉昊、姚中秋译,中国政法大学出版社2006年版,第1页。

主义的东西进行生搬硬套，而是具体案件具体分析，同时考虑案件的不同社会情境、发生的不同时期以及不同社会利益在案件中的价值诉求，进而作出一个相对合理的判决。

最后，带有社会特质性的非法律规范因素在一定程度上影响着法官定罪量刑自由裁量权的行使。诸如文化传统、道德习惯、社情舆论、司法经验、专家意见、领导指示、加害方与被害方身份符号等非刑法规范因素会实实在在地介入案件的裁判过程之中，并对案件的最终裁判结果产生一定程度的影响。[①]

（三）不同裁判模式之间对立与契合

上述可见，由案件法律结构决定的法律裁判模式是一种基于法条主义的逻辑推理裁判；而由案件社会结构决定的社会裁判模式是一种基于实用主义的价值判断裁判。这两种裁判模式在司法运行中实际上是既对立又契合的。

从刑事法律的实践运作过程看，呈现社会裁判模式的价值判断是刑法运作的实质内容，而呈现法律裁判模式的逻辑推理是刑法运作的形式表现；刑法运作中的价值判断以逻辑推理为依附，刑法运作中的逻辑推理以价值判断为基础；价值判断以衡量与取舍冲突与博弈着的各种社会利益为核心，逻辑推理以规范为起点再回到规范为目标；价值判断需要逻辑推理验证其判断的合理性，逻辑推理需要价值判断提供其推理的目的性。可见，价值判断体现了社会价值、社会知识、社会阅历、实践积累，积淀的是司法的经验；逻辑推理代表了法律命题、法律训练、法律技巧、法律思维，积淀的是司法的逻辑。这种经验与逻辑是交互且互相建构的。[②]

价值判断是以案件社会结构为基础的一种社会裁判模式。司法裁判中的价值判断实际上是围绕着基于社会基本价值和一般价值而建构的司法价值目标，而展开的一种在抽象意义上有关人类精神追求的考量与权衡，体现的是在超验层面多个价值间比较衡量的选择与取舍，尽管不会直接涉及具体权利或利益的选择判断，却是引领对具体权利或利益进行选择判断的路径和方向。所以，司法裁判中的价值判断是裁判行为的一种本能表现，潜隐在裁判结论的证立过程中，通过对裁判大、小前提的实践建构，左右着裁判结论的证成，如果在

① 参见汪明亮：《论定罪量刑的社会学模式》，载《现代法学》2009年第5期。

② 参见张心向：《在规范与事实之间——社会学视域下刑法运作实践研究》，法律出版社2008年版，第397页。

民商事裁判或部分行政裁判中一般可表现为一种利益衡量的话，那么，在刑事裁判中则主要表现为危害衡量。也就是说，通过对行为所针对的刑法保护法益的加害程度及加害性质的衡量与判断，在刑事诉讼所涉及的两对价值范畴（自由与秩序、公正与功利）之间寻求平衡、达至共赢。当然，社会危害衡量作为一种刑事裁判中的价值判断，不可避免地需要理论分析工具的支撑，社会危害性理论核心价值就在于此，离开了社会危害价值判断的刑事司法裁判，就等于失去了裁判的目的和方向；没有社会危害性理论支撑的社会危害价值判断，就等于迷失了裁判的目标和向度。在刑事司法裁判中，对行为的危害衡量是价值判断的核心。这种危害衡量是在一般社会生活意义上对行为是否危害社会以及危害程度的基本价值判断，不是刑法规范意义上的有关定罪量刑的逻辑推理。所以，其主要功能是为刑事裁判过程中的裁判规范及裁判事实的建构提供价值定位，也就是为裁判规范法源之间如何整合配置提供价值引导，完成社会主流价值及刑法核心价值在具体案件裁判中的实践重构。所以，对行为社会危害的衡量不是法律规范意义上的精准量度，而是社会生活意义上的模糊评估，是对行为是否具有社会危害以及危害程度的价值判断，而不是将其与犯罪构成要件进行逻辑比对。对行为社会危害的衡量作为一种社会生活意义上的价值判断，既超越刑法规范又在一定意义上被刑法规范所约束。正是通过危害衡量这样一个基本价值判断，即对行为社会危害有无以及轻重的衡量，将这些看似散乱实则应有序的法源材料，在契合具体案件事实的基础上，为人们确立了一个案件裁判规范建构的基本框架及基本材料范畴。由此可见，案件裁判中以行为的社会危害衡量为核心的价值判断，尽管受案件法律结构的影响，但归根到底还是以案件社会结构为基础的一种社会裁判模式。

逻辑推理实际上是以案件法律结构为基础的一种法律裁判模式。如何建构具体案件的裁判大前提——裁判规范，则有赖于作为法律技术或技能的逻辑推理，也就是说，让非法律规范因素通过价值判断合理地融入法律规范，也就是说，如何合理地将刑法文本规范与其他非法律规范因素的结合证成刑法裁判规范（刑事司法裁判的大前提），主要显性的路径就是通过逻辑的建构。“法律的生命始终不是逻辑，而是经验。可感知的时代必要性、盛行的道德理论和政治理论、公共政策的直觉知识（无论是公开宣称的还是意识的），甚至法官及其同胞所共有的偏见，等等，所有这一切在确定支配人们所应依据的规则时，比演绎推理具有更大的作用。”[①]但这些“非法律的因素”，必须有一个充分合理的理由进入“法律”才符合现代法治的要求。尽管符合逻辑的不一定都是合理的，但合理的一定是符合逻辑的。

刑事裁判的合法性、正当性等价值判断，必须借助理性思维的逻辑推理活动呈现，也只有借助理性的逻辑推理活动所展现出来的法官对案件的裁判理由和裁判结论才具有合法性与正当性。也就是说，在案件裁判中一定会受到案件社会结构中非法律规范因素的影响，社会裁判模式的价值判断构成了支撑法律运行的实质内容，但从形式上看其归根结底还必须是以案件法律结构为基础的一种法律裁判模式。故由案件法律结构决定的法律裁判模式与由案件社会结构决定的社会裁判模式，二者之间的背离是外在的、表面的，而契合是内在的、本质的。

五、刑事案件结构与案判关系

(一)刑事案件结构中的案与判对应关系

1. 相关观点梳理

司法裁判中关于“案”和“判”之间是何种对应性关系，抑或司法裁判中“案”和“判”之间具体呈现出了何种关系现象，在我国理论研究和司法实务中除使用“同案同判”一词之外，还有其他的用语，如“同案不同判”“同案异判”“类案同判”“类案不同判”“类案类判”“类案不类判”等。据知网不完全统计，[②]自2003年以来，以涉及案判对应性关系的相关搜索词“同案同判”“同案不同判”“同案异判”“类案同判”“类案不同判”“类案类判”“类案不类判”为篇名核心词的文章共百余篇，其研究内容主要集中在以下三个方面：

(1)从案判对应性关系的内涵解读视角进行研究，如陈杭平着重从司法技术的角度来探讨如何对于具有可比性的“案”进行判断与识别，并提出其并不能直接被界定，而需要在诉讼中根据个案进行逐一地甄别、判断；[③]陈景辉以案判对应性关系存在“强主张与弱主张”基本性质为视角进行展开，认为该要求并非

① [美]E. 博登海默：《法理学：法律哲学与法律方法》，邓正来译，中国政法大学出版社2004年版，第160页。

② 搜索时间截至2020年12月15日。

③ 参见陈杭平：《论“同案不同判”的产生与识别》，载《当代法学》2012年第5期。

一项具有强制性的法律义务；[①]张骐从案判对应性关系的表述用语入手，主张应当使用“类似案件类似审判”一词来代替“同案同判”给人所造成的歧义感，并肯定其作出一项基本原则的地位与权威性；[②]张超从案判对应性关系的价值视角进行展开，认为其虽然具有价值吸引性，但只是法官的一项初始性义务，并不能等同于裁判的正确性；[③]周少华从具有可比性的“案”与“判”的各自内涵角度出发，从表述用语的概念本身展开分析，指出理想状态下的同案同判并不存在，只会造成对于差异化判决的过分夸大与误读，司法实务中真正要解决的问题是类似案件没有得到类似处理的情况，[④]并从刑事角度结合刑事司法裁判的特殊性进一步论证形式化的“同案同判”在实践中缺乏工具性价值；[⑤]孙海波针对周少华等学者所持的怀疑论进行一一反驳，认为案判对应性关系并非虚构神话，作为一项法律原则予以运行有赖于一系列制度性的保障，[⑥]并指出案判对应性关系这一司法要求作为一项不得随意放弃的法律义务而存在，揭示其相应的地位与性质。[⑦]

(2)从案判对应性关系的现实困境视角进行研究，如白建军利用定性与定量相结合的实证分析方法，将同一罪名项下的具体个案信息换算成诸多具有可比性的量值，将对于案判对应性关系的考察转变为对于“等量等罚”的判断，使判断的过程可视化、透明化。强调用事实说明事实，根据具体数值的分析向公众展示司法实践中所出现的背离现象，并提出了相应的对策建议；而后在其著作中将其观点进一步予以延伸，指出在案判对应性关系中具有可比性的“案”具有综合性，须将案件所涉法律信息转换为具有数量关系的数值从而获得相互之间的可比性；[⑧]崔剑平分别论述了造成背离现象出现的一般原因与根本原因，并从裁判者角度出发进行思考，得出使裁判者能够绝对同质化与相对同质化的相关措施，以促进案判对应性关系的实现；[⑨]李红海认为导致背离案判对应性关系

① 参见陈景辉：《同案同判：法律义务还是道德要求》，载《中国法学》2013年第3期。
② 参见张骐：《论类似案件应当类似审判》，载《环球法律评论》2014年第3期。
③ 参见张超：《论“同案同判”的证立及其限度》，载《法律科学(西北政法大学学报)》2015年第1期。
④ 参见周少华：《同案同判：一个虚构的法治神话》，载《法学》2015年第11期。
⑤ 参见周少华：《刑事案件“同案同判”的理性审视》，载《法商研究》2020年第3期。
⑥ 参见孙海波：《“同案同判”：并非虚构的法治神话》，载《法学家》2019年第5期。
⑦ 参见孙海波：《类似案件应类似审判吗?》，载《法制与社会发展》2019年第3期。
⑧ 参见白建军：《公正底线：刑事司法公正性实证研究》，北京大学出版社2008年版。
⑨ 参见崔剑平：《同案不同判原因及对策研究》，载《东方法学》2012年第4期。

的要求进行裁判的根本原因在于裁判者并未形成一个共同体,即未分享一套共同的价值观与法律技术、案例指导制度只能在一定程度上指导司法实践活动,若想真正实现案判对应性关系还需要通过对现实中的个案进行释法说理;[①]周艳、向明从裁判背离案判对应性关系的原因角度出发,探讨如何通过案例指导制度的优势来解决此问题。[②]

(3)从案判对应性关系的司法实现视角进行研究,如陈增宝、李安认为裁判所要求的稳定性、客观性、趋同性等特征是遵循践行法治原则的应然表现,需要通过在案件事实的收集与保存、法律文本规范的完善、法律职业共同体的高度同质、典型案例的指导等方面不断予以加强,努力克服人为不确定性因素,才能使其予以实现;[③]郝方昉认为把握案判对应性关系实现的关键在于如何对可予以对比的"案"进行甄别,判例法国家的案件区别技术值得予以借鉴,并通过选取一具体犯罪行为为实例进行分析来说明其具体的识别方法,提出建构适合于我国司法实务的识别方法;[④]兰荣杰认为需要从实体与程序双重方面共同作用才能实现案判对应性关系的要求,实体方面包括不断完善法律规则以及改进案例指导制度等措施,程序方面的努力则应将关注点重点放在案件事实的发现以及裁判者在在审案件与规范或先例之间进行不断往返的过程之中;[⑤]李立霞以实证角度来分析裁判背离案判对应性关系的原因并提出具体的方案以求效果的实现;[⑥]陈紊、刘宇琼主要针对案判对应性关系要求所可能遇到的区域性障碍提出跨区域协同治理的措施来促进案判对应性关系的实现。[⑦]

2. 案判对应关系的二维结构

(1)外部对应关系与内部对应关系

我国《刑法》第4条规定:"对任何人犯罪,在适用法律上一律平等。不允许

① 参见李红海:《司法统一视野中的案例指导制度》,载陈兴良主编:《中国案例指导制度研究》,北京大学出版社2014年版。

② 参见周艳、向明:《论"同案不同判"的成因及对策》,载《经济与社会发展》2015年第2期。

③ 参见陈增宝、李安:《裁判的形成——法官断案的心理机制》,法律出版社2007年版,第165~205页。

④ 参见郝方昉:《同案同判与案件区别技术——以"所有权人非法取回被扣押之财产的行为定性"为例》,载《人民司法》2011年第19期。

⑤ 参见兰荣杰:《程序视野中的"同案同判"——以量刑为切入点》,载《当代法学》2013年第4期。

⑥ 参见李立霞:《刑事"类案不同判"问题量刑研究》,载《中州大学学报》2014年第5期。

⑦ 参见陈紊、刘宇琼:《"同案同判"的涵摄与超越——兼论区域法律统一适用与司法协同治理》,载《山东社会科学》2020年第3期。

任何人有超越法律的特权”,即适用刑法人人平等原则。第5条规定:“刑罚的轻重,应当与犯罪分子所犯罪行和承担的刑事责任相适应”,即罪责刑相适应原则。上述原则都是对案判对应性关系的原则性规定。适用刑法人人平等原则是对案判对应性关系外在形式的具体要求,即案与案之间“同案同判”或“类案类判”;罪责刑相适应原则是对案判对应性关系内在本质的抽象概括,亦即在每一个具体的案件中应该罪、责、刑相适应。前者是外在比对下的案判对应,后者是内在均衡的案判对应。案判对应是一种二维结构关系。鉴于单个案件案判之间只存在均衡问题,不存在比对问题,故而对案判对应关系的研究如上所述大都局限在外在维度,即案与案之间外在比对下的案判对应结构关系,即案与判“外在类同”的价值诉求,并未同时将案与判“内在均衡”的价值诉求一并纳入。

在刑事裁判领域,如果我们抛开案与案之间存在的“同案同判”“同案不同判”“同案异判”“类案同判”“类案不同判”“类案类判”“类案不类判”等现象,单纯从实体正义的实现角度考量“案”与“判”,若从单个案件的个案视角来观察其判罚结果的正义与否,很多情况下其实并无固定性的统一参考标准,而作为正义核心的平等价值却可以适时地对其起到一定的助推作用,从案件与案件之间的对比视角来观察,即从诸多具有可比性的多个案件所对应的裁判输出入手来考量在审案件的判罚结果情况。这种由“案”到“判”所应当具有的一致性的对应关系,表现为稳定的裁判输出——具有相同情况的案件事实对应一致性的刑法评价,而不同情况的案件事实对应具有相同比例区别的刑法评价。此种意义上的对应关系,在结果上表现为什么样的案件事实应当对应什么样的裁判输出。质言之,当在审案件的构成事实[①]与量刑事实具有可比性时,先前的法律处置结果将会被予以重复;若两个对比案件有所区别时,差异化的裁判输出亦具有合理性,后者实际上是为前者所暗含的应然之义。也就是说,不同案件之间的案与判之间客观上存在某种对应性关系,这也是其内在均衡案判对应关系的外在要求或表现。

(2)法律结构上的对应关系与社会结构上的对应关系

一般而言,案判对应性关系中的“案”的字面含义为“涉及法律的事件”,在

① 构成事实是指符合构成要件的事实,其与构成要件是不同的,构成要件是某种规范性的模型,而构成事实是符合上述规范性的模型。参见陈兴良:《教义刑法学》(第3版),中国人民大学出版社2017年版,第157~159页。

司法审判中既可作为一个整体概念,指代进入诉讼程序中的刑事案件;又可作为一个基础内容的体现,指代刑事案件所涉及的相关事实。在后者意义上,其所指代的案件事实是司法工作者处理具体个案的核心。其中,事实的发现是刑事诉讼的目标,事实的形成则是司法裁判活动的基础。“案件事实”一词广见于文本规范之中,但对其予以能够被普遍接受的确切定义却是十分困难的。基于研究需要,将其限定在一定范围之内却是可能的,故案件事实一般可以指代司法裁判中依证据法则建构的有关具体个案发生所涉及的具有法律意义的事实。刑事司法裁判过程中的“案”——具体个案的案件事实因与规范发生互动,在由开放到逐步封闭的精细化过程中,不同阶段呈现出不同的表象与存在形式。在形成过程中因控、辩、审三方、刑法文本规范、证据资料等各种因素的作用而导致最终建构出的用以裁判的事实出现偏差是客观存在的。案件事实对于一个在审案件而言居于首要地位,是进行后续定罪量刑的前提基础。审判实践中的具体个案在事实层面虽然具有动态性与个案性特征,但所具有的共性在于事实本身并非以单一固定样态存在,而是处于不断变化之中。在案件事实形成过程中都将经历生活事实、法律事实与裁判事实三种事实样态,也就是说,通过一系列的逻辑演化与蜕变后,事实由司法审判之前的作为存在的事实真相与作为命题的原初表达到进入刑事审判过程之后,经过格式类型化最终形成司法三段论中的小前提即刑事裁判事实。由于事实真相的不可复刻性,司法过程中难以对客观存在的原始事实真相予以完整呈现,裁判者所认识的案件事实真相具有有限性,但对事实真相最大限度地予以复原一直是司法裁判中所不懈追求的目标。由于作为原初表达的生活事实杂乱无章、规范事实构成复杂、程序规范诸多限制以及建构过程中诸多障碍性因素的存在,致使裁判者在对在审案件的案件事实进行建构、在法律真实与客观真实之间进行权衡的过程中充满了不确定。裁判者作为司法实践中案件的最终决策者,对在审案件裁判事实的建构起着决定性的作用。由此可见,案判对应性关系中的“案”并不仅仅是案件法律结构中的“案”,也包括案件社会结构中的“案”。基于罪刑法定原则的要求,当然所呈现出的现象是从社会结构中的“案”不断到法律结构中的“案”的进化过程。案件社会结构中的“案”的要素在这个过程中不断地被过滤掉。故在对不同案件的案件事实进行比对的情况下,更多的是法律结构上的比对,而不是案件社会结构上的比对。

一般而言,案判对应性关系中的“判”的字面含义包括作为动词的“评定”

与作为名词的“裁决结果”。相对应地，在刑事司法裁判中“判”既可指动态的裁判过程，又可指静态的裁判结果。前者是在审案件所需要经历的程序、阶段，服务于后者；后者是经过前者所自然达到的一种最后状态，反映前者。从某种意义上来说，裁判过程包含或高于最终得出的裁判结果。刑事司法审判包括实体性裁判与程序性裁判两大类裁判形态，其中的程序性裁判主要是对案件中的程序性争议进行的裁判活动，并不解决行为人的刑事责任问题，[①]只有实体性裁判才是裁判者在司法实务中需要解决的实质性争议问题。刑事案件的司法裁判过程是事实与规范相互解构与重新建构的过程，裁判者在经过认定事实与法律发现环节后，对案件事实是否符合规范事实进行归摄，而后获得相应地法律效果，[②]集中体现在实体性裁判过程之中。故裁判一般是在案件的法律结构内进行的，对应的是法律裁判模式，在此模式之下，事实与规范之间通过规范的寻找、比对，完成规范和事实的匹配过程生成结论。但由于生活事实的鲜活性与制定法的局限性之间存在不可调和的矛盾，规范与事实之间逻辑涵摄式的适用会存在匹配例外的案件，单纯在法律结构中依靠逻辑运作无法对一些事实与规范之间不能完全匹配的案件进行解决，需要裁判者在自由裁量空间范围内运用价值判断来填补事实与规范之间的缝隙。填补材料即为社会结构中的非刑法规范因素的介入。案件社会结构对应于社会裁判模式的存在就不可避免。裁判者在此模式之下，通过对非刑法规范因素的考量来建构适合于个案的裁判事实与裁判规范。其介入的方法路径即为裁判者价值判断的运用。在二元裁判模式之下，由于裁判者在将文本规范与具体在审案件事实进行匹配对接的过程之中所运用的价值判断不同，最终建构出不同的裁判规范并得出不同的裁判结论。由此可见，案判对应性关系中的“判”并不仅仅是法律裁判模式中的“判”，也包括社会裁判模式中的“判”。基于罪刑法定原则的要求，当然所呈现出的现象从表面上看是法律裁判模式中的“判”，社会裁判模式中的“判”在这个过程中不断地被隐藏起来了。故在对不同案件的“判”进行比对的情况下，更多的是法律裁判模式上“判”的比对，而不是社会裁判模式上的“判”的比对。

司法裁判中案与判之间应该存在并实际呈现出何种对应性关系，是关乎法律适用是否人人平等以及裁判结果是否公平正义的最核心问题。作为社会学

---

① 参见陈瑞华：《刑事证据法的理论问题》(第2版)，法律出版2018年版，第42～54页。

② 参见杨仁寿：《法学方法论》(第2版)，中国政法大学出版社2013年版，第35～36页。

家的布莱克正是因为注意到了"法律上相同的案件——关于同样的问题、拥有同样的证据支持,常常得到不同的处理"①。故而,布莱克通过其案件社会学理论研究揭示了这一现象以及导致这一现象的背后的社会因素,得出了"每一个案件都是社会地位和关系的复杂结构。近年来,我们所积累的大量证据表明,这一结构对于在法律技术特征上彼此相同的案件的法律变异是关键的"②的结论,并由此呼吁通过一系列司法制度改革来解决这一法律适用不公的问题。

"法律条文提供了法律的语言,而案件的社会结构提供了语言表达的语法。"③也就是说,基于案件法律结构的法律裁判模式与基于案件社会结构的社会裁判模式在刑事裁判中实际上是无法截然分开的,或者说纯粹的法律裁判模式与纯粹的社会裁判模式都是不存在的,或至少可以说现代法治绝不会容忍脱离法律裁判模式的纯粹社会裁判模式的存在。这是因为,任何一个案件都会存在一个社会结构以及一个法律结构,而案件裁判不能重复,只能一次。④ 罪刑法定原则下的裁判必须且只能以法律的名义,而以法律的名义裁判的是实实在在地发生在市井社会生活中的某个场景。综上所述,由案件法律结构决定的法律裁判模式是一种基于法条主义的逻辑推理裁判;由案件社会结构决定的社会裁判模式是一种基于实用主义的价值判断裁判。法律裁判模式是显性的,社会裁判模式是隐性的。隐性的社会裁判模式为显性的法律裁判模式提供社会基础的支撑;显性的法律裁判模式为隐性的社会裁判模式提供外在合法的形式,二者既对立又契合,都具有不可或缺的裁判功能。故而就案判外部对应关系而言,"案"与"案"的比对不仅有案件法律结构的比对,还应该有社会结构的比对;"判"与"判"的比对不仅有法律模式裁判结果的比对,还应该有社会模式裁判评价的比对。也就是说,这种不同案件"案"与"判"之间亦存在对应关系的二维结构,只有同时对这二者进行比对,才能最大限度地接近案判内部对应关系的均衡。不过,实际上,如果说不同案件的案件法律结构之间以及法律模式的裁判结果之间还有有限可比对性的话,不同案件的案件社会结构之间以及社会模式的裁判评价之间根本就没有可比对性。这毫无疑问会对"案"与"判"对应关系的比对和判断带来现实的挑战。

---

① [美]唐·布莱克:《社会学视野中的司法》,郭星华等译,法律出版社2002年版,第4页。
② [美]唐·布莱克:《社会学视野中的司法》,郭星华等译,法律出版社2002年版,第6页。
③ [美]唐·布莱克:《社会学视野中的司法》,郭星华等译,法律出版社2002年版,第16页。
④ 参见张心向:《死刑案件裁判中非刑法规范因素考量》,载《中外法学》2012年第5期。

3. 案与判对应差异化存在之合理性

案件社会结构种各种非规范因素及案件社会裁判模式的存在,进一步加深了我们对刑事案件中所存在的类似案件获得差异化判决之存在合理性的认知。这并非与案判之间所应当具有的对应性关系相冲突。具体而言,具有合理性的差异化判决类型可分为时间地域型与超出案判对应范围型。

首先,案判对应性关系对于时空范围存有限制,强调横向同时期的案件与裁判之间的对应性关系,允许时间或地域型的"背离"。在审判实践中,案判之间的对应性关系并非一成不变,作为参考的已决案件的裁判规则除要满足不能违反法律的明文规定、基于合法合理理由作出之外,还应当满足适用于当下的在审案件并无不合时宜的情况,在审案件的裁判者才能依据识别出的相同先决案件中的裁判规则作出裁判结论。从"案"到"判"在特定的时空范围内是否存在所谓的"标准答案",对于此问题的回答是肯定的。但是由于现实中客观发生案件的复杂性,裁判者不可能对每一个所涉及的法律争议焦点问题均能够获得标准答案,需要裁判者个别予以甄别,且不应当毫无区分地径直适用于当下的在审案件,即案判之间所应当具有的映射关系并非等同于唯一正解,法律评价的不同若依法作出且得以合理论证,应当获得其正当性。另外,我国地域宽广、地区经济发展差异明显,针对各地在部分犯罪的具体法律适用中规定不同的起刑点数额也是一种规范平等的体现;且由于司法政策的改变,相应的案判对应性关系亦会随之予以更新、修正。

其次,案判对应性关系自身内部对于"案"与"判"有自身所涵摄的范围,并非指向全部案件事实与刑罚裁判结论。司法实务中,很多涉案人及作为既非涉案人亦非专业法律人的公众大多仅从宣告刑这一单独结果来判断具有相同或相近案件事实要素的案件是否得以同"判",并不会抑或不愿去仔细甄别案件之间具体的案件事实要素,就草率地得出司法不公的结论。此种做法实际上是不妥的,其已然超出案判对应性关系中"案"与"判"的范围。对案判对应性关系的恪守并非与刑罚个别化相冲突。除非经过类似于刑事指导性案例等形式的确认,大量存在于司法实务中、未被权威机构确认、在裁判文书中形成的案判对应性关系并非固定不变,应允许更强的压倒性理由的出现,经过裁判者的合理论证对案判对应性关系予以背离。正如莱昂斯在论述司法判例时提及案判对应性关系问题,他认为遵循先例是由于恪守案判对应性关系要求的内在需要所致,其一直被认为是正义内容中最重要的部分,但其只是一种形式正义,作为保持裁判稳定性的一种限制性要求而施加于裁判者身上。在司法实践中若裁判者严格依法裁判,虽未能做到表面上的案判对应性关系,但所作出的裁决也应当具有法律效力,值得被予以尊重。①

一纸裁判文书所充当的角色与其影响性,不仅及于涉案人,有些情况甚至裁判者本身亦始料未及,远远不只是对于某一要素事实的法律评价说了"是"或"不是"。作为裁判者应当遵守的一项司法义务,是对案判对应性的恪守。在特定的时空范围内应当满足案判对应性的映射要求,不可以被随意弃用,以增加裁判结论的确定性与公正性。但是这并不意味着案判之间已然存在的映射关系具有唯一性、固定性,在特殊的情况之下,亦允许例外的存在或将案判之间的映射关系彻底予以改变,当然这可以通过最高司法机关的确认,抑或裁判者的充分合理论证予以完成。

(二)司法改革措施对案判对应关系探索

随着现代社会中公众的法律意识逐渐提高,对于司法公正的要求逐步由模糊笼统向具体精准转变。随着办案机关对相关案件所涉信息的主动公开披露、互联网交流平台的普及以及相关媒介的迅速发展,裁判文书正以前所未有的速度公之于众,大大降低了公众比对成本,背离案判对应性关系进行裁判的现象逐步进入公众视野,引起广泛地关注,仿佛一时之间,案件裁判是否恪守案与判的对应性要求俨然成为衡量司法裁判是否公正的代名词。而在司法责任制改革的大背景之下,审判权的下沉与分散行使无疑会增加适法不统一的风险,尤其在关乎犯罪嫌疑人人身自由甚至生杀大权的刑事裁判领域。伴随着某些刑事热点案件的不断涌现,裁判背离案判对应性关系的现象逐渐引起社会公众对于司法不公的热议与讨论,其所造成的影响可想而知,所引起的绝不仅仅是个别涉案犯罪嫌疑人及其家人对于裁判结论的不满与愤怒,更使司法机关的信誉扫地,社会公众陷入对司法权威的怀疑与自身合法权益可能会被不时侵害的担忧之中。司法机关逐渐意识到单纯依靠原有的举措并不能有效地达到统一司法的效果,需要继续探索与实践其他更为高效实用地司法举措。为了进一步统一法律适用,解决实践中所出现的裁判适用难题实现案判之间的对应性,司法机关开始将目光转向人工智能,希冀以其自身无个人偏好、高效等特性与法律

① David Lyons, *Formal Justice and Judicial Precedent*, Vanderbilt Law Review, Vol. 38, No. 3, p. 495 – 512(1985).

发生关联,来重构法律所内涵的公正价值。作为司法改革的重要内容,司法实务中的司法机关通过创设刑事案例指导制度、进行量刑规范化改革、建立强制类案检索机制与法律适用分歧解决机制等诸多举措,以求满足案判对应关系中的"外在类同"及"内在均衡"的正义要求,解决司法裁判中频繁出现的难题。

1. 案例指导制度与案判对应关系

(1)指导性案例为案判对应关系提供范本

在案例指导制度创设之前,最高人民法院在统一司法适用方面主要是通过个案批复的方式予以实现,但由于报送案例层级的局限性,最高人民法院的批复仅局限于高级人民法院的报批事项;且具有一定的针对性,只针对请求报批的事项予以回复,受送报人的意识影响较大,因此很难达到预期的统一司法效果。为了进一步统一司法尺度与裁判标准,随着案例工作的空前发展,2010 年我国正式建立案例指导制度。于是,最高人民法院、最高人民检察院与各级公安机关相继发布各自的指导性案例来指导司法实践活动。其中,最高人民法院发布的指导性案例对于司法实务中的裁判者而言,属于具有权威性的"应当参照"的案例范围,为裁判者增设了一项强制性的注意义务。而且最高司法机关建立案例指导制度具有明确的问题意识,在《〈最高人民法院关于案例指导工作的规定〉实施细则》第 1 条即开宗明义表明创设案例指导制度是为了统一法律适用、维护司法公正。面对司法实务中出现的同等情况不同对待的司法乱象、裁判者专业性的不平衡与价值判断的分歧导致其对于裁判尺度的把握不一、公众对于平等对待诉求的日益高涨,出台具有权威性的指导性案例无疑是解决司法乱象最为直接及有效的方法之一。通过指导性案例的发布来达到规范裁判者自由裁量的目的,同时亦能起到补充文本规范的目的,使裁判者通过对指导性案例的参考来把握裁判的标准与尺度,避免裁判案件出现面临被改判或发回的风险。

我国的案例指导制度并非陡然而生,其经过了探索、确立与发展的一系列过程。首先,起步探索阶段是从新中国成立至 1985 年《最高人民法院公报》的创刊之前,但此阶段所公布的案例均以法院内部文件形式予以下发,且具有不定期性;其次,确立阶段是从 1985 年《最高人民法院公报》的创刊至 2010 年《关于案例指导工作的规定》,此阶段由于发布的指导性案例开始面向公众,公开化与透明度得以大幅提升,且大部分案例实现定期发布,较之以前在案例的选择与发布程序方面更为规范;最后,深入发展阶段是从 2010 年至今,通过明确指导性案例的推选、发布与适用，将其作为一项正式制度予以确立，后在2015年通过《〈最高人民法院关于案例指导工作的规定〉实施细则》的出台进一步予以细化，并在2018年最高人民法院发布的《关于加强和规范裁判文书释法说理的指导意见》（以下简称《裁判文书释法说理的指导意见》）中被明确成为目前唯一一种可以在裁判文书的裁判理由中用以释法说理的案例类型。① 此阶段中案例实现全面公开，且案例质量因甄选发布程序的进一步规范而有所提高。

自2011年12月20日最高人民法院发布第一批指导性案例以来，截至2020年10月，最高人民法院已陆续发布25批、共计143例指导性案例。其中，刑事指导性案例作为指导性案例中的重要部分，不仅要满足指导性案例的一般形成条件，同时又要受刑法基本原则特别是罪刑法定原则的严格制约。在所公布的指导性案例中刑事指导性案例共21例，②在数量上是继民事类、行政类之后第三类，约占总指导性案例的14.69%。自2011年以来，每年发布1~3批不等，以2018年发布三批共7个案例居首。发布的刑事指导性案例中，6例涉及妨害社会管理秩序罪，5例涉及破坏社会主义市场经济秩序罪，3例涉及侵犯公民人身权利、民主权利罪，3例涉及侵犯财产罪，2例涉及危害公共安全罪，2例贪污贿赂罪共六大类，共计18种罪名，所涉案由除2018年第20批5个案例外在各年份呈现零散性分布。其中以破坏计算机信息系统罪为首占3例，以开设赌场罪、故意杀人罪次之各占2例，其余案由各1例。刑事指导性案例从来源地的分布来看，除最高人民法院1例外，以浙江省居首共5例，江苏省次之共3例，山东省与上海市分别有2例，黑龙江省、河南省、四川省、北京市、内蒙古自治区、湖南省、陕西省、江西省各1例；从审理法院来看，以基层、中级法院为主，各占7例，由高级法院审理的案例为6例，最高人民法院审理的案例为1例；从裁判文书的类型来看，判决书最多，占14例，裁定书为7例。截至2019年12月

---

① 《裁判文书释法说理的指导意见》于2018年6月1日发布，并于2018年6月13日生效。其中，第13条规定："除依据法律法规、司法解释的规定外，法官可以运用下列论据论证裁判理由，以提高裁判结论的正当性和可接受性：最高人民法院发布的指导性案例；最高人民法院发布的非司法解释类审判业务规范性文件；公理、情理、经验法则、交易惯例、民间规约、职业伦理；立法说明等立法材料；采取历史、体系、比较等法律解释方法时使用的材料；法理及通行学术观点；与法律、司法解释等规范性法律文件不相冲突的其他论据。"

② 刑事指导性案例是在刑事司法活动过程中产生的包括刑法适用与刑事程序法适用的指导性案例，此处仅指刑事实体法方面适用的指导性案例，并未包括刑事诉讼法方面适用的指导性案例第63号"徐某富强制医疗案"。

31日已有18例指导性案例被应用于司法实践中所出现的84例案例之中,[①]如同徒法不足以自行,指导性案例的生命力同样在于司法实务中的实践适用。

当然,关于刑事案例指导制度的功能定位仍然是一个无法回避的基础性问题,对指导性案例的效力及参照方式具有决定性的作用。一直以来,学界对此有不同的争论,存在判例发展说、司法解释说与法律适用说。[②] 判例发展说认为应当借鉴大陆法系国家的判例制度构建中国的判例制度,将当前的案例指导制度作为一种过渡,并用蝉的蜕变将案例指导制度形象地比喻为判例制度的幼虫阶段,[③]最终获得正式法源地位;司法解释说认为直接赋予案例以法源地位不具有现实可行性,应将其作为一种司法解释的形式,采取"曲线救国"的方式实现其拘束力;法律适用说则认为我国当下所推行的案例指导制度与英美法系的判例法以及大陆法系的判例制度均不相同,其是具有中国特色的法官适法机制。笔者赞同最后一种观点,判例发展说稍显激进,且遭受的阻力巨大;而司法解释说的观点虽稍显缓和,但其毕竟与司法解释的成文化条款模式及其具有的法律拘束力不同,且较之司法解释,指导性案例更具规范性、针对性、及时性的特征。因此,将案例指导制度定位于法律适用机制与我国的司法现状更为吻合。大陆法系与英美法系国家的判例所具有的拘束力并非来源于权威机构的预设,而是依靠判例本身的事实拘束力而延续成的一种司法传统,因此盲目地将拘束力予以人为规设很可能会对司法权威及公信力带来伤害,案例是否得以遵循应当将其放到司法实践中接受洗礼与考验。当然,案例指导制度并未赋予法官造法之功能这一点并不妨碍指导性案例本身在法律适用过程中对于裁判规则的生成,从而达到统一法律适用的目的。

有学者曾通过分析中国裁判文书网中的真实案例对刑事指导性案例在司法实务中的裁判援引状况进行过实证研究,[④]发现刑事指导性案例在司法实务中的一些实然运行状况。首先,随着刑事指导性案例的公布与案例指导制度的运行,案例在刑事诉讼庭审中的受重视程度得以显著提升,除裁判者的主动援

---

① 参见郭叶、孙妹:《最高人民法院指导性案例2019年度司法应用报告》,载《中国应用法学》2020年第3期。

② 参见左卫民、陈明国主编:《中国特色案例指导制度研究》,北京大学出版社2014年版,第135~137页。

③ 参见张骐:《论实现案例指导制度向判例制度转型的五个问题》,载於兴中主编:《钱塘法律评论》2019年第1卷,知识产权出版社2019年版。

④ 参见雷娜:《刑事指导性案例裁判援引的考察与反思》,载《政法学刊》2020年第1期。

引外，公诉方与被告方亦通过援引案例的方式主张或补强自身的论证理由，其中尤以被告辩护人提出援引案例占比为首，表明公众以及司法工作者已然接受将指导性案例作为论证理由的有益补充；其次，最高人民法院所发布的绝大部分刑事指导性案例均在实务中被援引，且被援引的次数逐年增加，裁判者对于被援引的指导性案例的参照范围并非局限于与指导性案例同一案由、援引对象并非局限于指导性案例的裁判要点部分，加之有些案例的援引频率相对较高，表明裁判者并非单纯局限于同一案由进行搜寻与参照、具有一定的灵活性，且刑事指导性案例的援引质量呈现逐步提升状态；最后，无论是裁判者主动抑或被动援引，裁判者最终获得与指导性案例价值指引一致的案例数量逐年增长，表明刑事指导性案例为司法裁判中恪守案判对应性起到一定的范本作用，使得统一司法适用的制度创设初衷在一定程度上得以实现。

(2)刑事案例指导制度运行的司法参照缺漏

第一，刑事指导性案例司法运行之"忧"。刑事案例指导制度自第一批指导性案例发布之日起至今在司法实践中运行已近 10 年，在此期间刑事案例指导制度对于统一法律适用所起到的促进作用是毋庸置疑的，当然也不乏各种问题的存在，也即刑事指导性案例在裁判援引过程中亦存在隐忧之处。

首先，与被告方对于案例援引高涨的积极性形成强烈反差的是指导性案例在刑事司法裁判中的低援引率[①]以及各方的选择性援引。被告方作为与控诉方相比较为弱势的一方，是自己最佳利益的判断者，尤其是被告人的辩护人，为了作无罪或罪轻辩护往往会采用寻找在审案件的上级或同级法院较为权威的已决案例特别是指导性案例的方式来支持己方主张。但司法实务中却存在大量援引权威机构或具有影响力的个人所发布或编纂的典型案例与参考案例的情况，且其占比更比指导性案例的援引率要略胜一筹。被告方往往选择对自己有利的案例特别是有利于己方主张的指导性案例进行援引，裁判方却往往选择与自己的"裁判观点"一致的案例进行援引，即便是指导性案例，如果与自己的"裁判观点"不一致，也可能不援引而选择忽略。

其次，尽管 2015 年出台的《〈最高人民法院关于案例指导工作的规定〉实施细则》已明确裁判者在审理在审案件过程中负有查证指导性案例的义务，对于

① 参见雷娜：《刑事指导性案例裁判援引的考察与反思》，载《政法学刊》2020 年第 1 期。

被动援引形式所提出的援引要求负有“强制回应义务”,[①]但司法实务中很多裁判者并未养成查询指导性案例的习惯,对于被动援引形式出现的援引要求亦未能进行有效的回应,有的仅以一句简单的“与本案事实不符”或“与本案不具有相关性”加以拒绝,有的甚至对其置之不理、不加以回应,并未就在审案件与指导性案例在案件事实方面的相同或相异点展开具体的比对分析,亦未对不予以援引的原因予以清晰说明。[②]

最后,在对刑事指导性案例予以援引参照中亦存在诸多的不规范现象,有些案件中是裁判者担心自己的援引会成为攻击或防御的箭靶,并未在裁判文书中将指导性案例予以显现,只是轻描淡写地一句“根据最高人民法院发布的指导性案例”作为参照表达;有些案件虽然最终的刑法评价与被动援引的指导性案例的价值指向一致,但裁判者并未就是否援引参照予以明示;另外,亦存在指导性案例的援引用语混乱的问题,除刑事案例指导制度中所称的指导性案例之外,司法实务中很多裁判者援引最高人民法院发布的其他典型案例、最高人民法院的刑事审判庭发布的案例[③]或其他途径的案例均冠以“指导性案例”的名号,易引起公众的误解与效力的误读;且很多裁判者对于援引指导性案例的形式亦存在不规范的问题,有的未列明编号和裁判要点,有的只列明其一,有的则需要根据援引案情进行自行判断,极大地降低了正义的透明度。实际上,造成刑事指导性案例在司法实践中运行不畅的原因既有指导性案例自身问题,亦有效力实现机制方面的问题。[④]

第二,内部“供给不足”阻隔规模效应。指导性案例的裁判援引效果不佳根本原因当属指导性案例自身内容的指导力不足、说服力较弱。刑事指导性案例若要在与裁判者的互动中得以发展与延续,需要具备能够为裁判者提供明确的

① 2015年5月公布施行的《〈最高人民法院关于案例指导工作的规定〉实施细则》第11条规定:“在办理案件过程中,案件承办人员应当查询相关指导性案例。在裁判文书中引述相关指导性案例的,应在裁判理由部分引述指导性案例的编号和裁判要点。公诉机关、案件当事人及其辩护人、诉讼代理人引述指导性案例作为控(诉)辩理由的,案件承办人员应当在裁判理由中回应是否参照了该指导性案例并说明理由。”

② 参见雷娜:《刑事指导性案例裁判援引的考察与反思》,载《政法学刊》2020年第1期。

③ 主要为最高人民法院发布的《人民法院充分发挥审判职能作用保护产权和企业家合法权益典型案例(第二批)》、最高人民法院刑事审判庭主办的《刑事审判参考》中的案例、当地检察院发布的案例、《最高人民法院公报》《人民法院报》《人民司法》登载的案例,以及《最高人民法院自首、立功司法解释案例指导与理解适用》(法律出版社2012年版)一书中的案例。

④ 参见雷娜:《刑事指导性案例裁判援引的考察与反思》,载《政法学刊》2020年第1期。

裁判规则、充分的说理论证的能力。可供参照的案例规模与案例质量直接决定了指导性案例在审判实务中的影响力,[①]尽管指导性案例的强制参照力依然存在诸多争议,但是依据制度所获得的说服力的巩固还是应当以案例自身的质量能够经得起实践检验为标准,使裁判者内化为一种习惯。

司法实务中刑事指导性案例所出现的低援引率很大程度上根源于指导性案例本身指导内容的不足,案例规模近 10 年仅有 20 余件,与 2019 年我国刑事一审审结的 129.7 万余件[②]的案件相比明显不足以指导司法实践,且很多指导性案例并未提供有效的裁判规则,裁判者可以直接援用文本规范进行适用法律,无须案例的参与,更毋宁说有的案例自身存在有待商榷之处。很多指导性案例处于搁置状态,从未在司法实务中被裁判者所援引,使本就稀缺的刑事指导性案例的指导作用的发挥更加雪上加霜,实际发挥效用的案例屈指可数。司法实务中,正是由于指导案例自身内容未能提供充足的裁判规则以供参考适用,致使实践操作中刑事指导性案例只能发挥极为有限的作用。

首先,有的案例未能提供有益的裁判规则。案例指导制度本是应当通过指导性案例的发布,为司法实践提供裁判规则以弥补法律和司法解释的不足。但在现有的刑事指导案例中,有的案例并不存在司法实务中的操作障碍,例如指导性案例第 71 号、第 87 号[③]等。有的指导性案例(诸如指导性案例第 3 号、第 11 号、第 12 号、第 14 号、第 28 号[④]等案例)均是对相关司法解释的重申,未能对规范适用提供有益的裁判规则。实际上,指导性案例的选取条件已在《关于案例指导工作的规定》[⑤]中予以明晰,在考虑指导性案例的功能价值时,要注重其在法律适用以及法律解释上的疑难及争议性。否则,挑选在司法实践中所谓社会公众所广泛关注,但不存在适用障碍的案例,注重的是宣誓性、宣传性或单纯

---

① 参见郭兰君:《刑事指导性案例"应当参照"的困境与出路——以刑事法律适用的统一性为思考方向》,载《海峡法学》2016 年第 1 期。

② 《2019 年全国法院司法统计公报》,载《中华人民共和国最高人民法院公报》2020 年第 7 期。

③ 指导性案例第 71 号毛某文拒不执行判决、裁定案;指导性案例第 87 号郭某升、郭某峰、孙某标假冒注册商标罪。

④ 指导性案例第 3 号潘某梅、陈某受贿案;指导性案例第 11 号杨某虎等贪污案;指导性案例第 12 号李某故意杀人案;指导性案例第 14 号董某某、宋某某抢劫案;指导性案例第 28 号胡某金拒不支付劳动报酬案。

⑤ 2010 年最高人民法院下发的《关于案例指导工作的规定》第 2 条规定:"本规定所称指导性案例,是指裁判已经发生法律效力,并符合以下条件的案例:(一)社会广泛关注的;(二)法律规定比较原则的;(三)具有典型性的;(四)疑难复杂或者新类型的;(五)其他具有指导作用的案例。"

对于司法解释的重申根本无法发挥出指导性案例应有的价值与作用。

其次,有的案例内容本身所传达的内容值得商榷。例如指导性案例第4号"王某才故意杀人案"是针对判处死缓同时决定限制减刑的案例,但是对于案例中被告人犯罪行为本身是否应当被判处死刑的问题则存在较大的争议。同时,在裁判要点中有关于"被害人亲属不予谅解,要求严惩"等字样,向社会传递出一种负面信息。具有同样问题的还有指导性案例第12号"李某故意杀人案"在裁判要点中有"被告人亲属主动协助抓捕归案,并积极赔偿"的表述,仿佛被害人家属与被告人家属的态度这一隶属案件社会结构的非刑法规范因素可以左右裁判者的裁判思维,影响罪刑均衡原则的适用,容易造成不良的影响与后果。

第三,外部"渠道匮乏"阻碍效用发挥。除指导性案例自身原因外,导致其在司法实践中运行不畅的原因亦包括指导性案例在参照方法、监督制约等效力实现机制方面的匮乏。案例指导制度的效力被规定为"应当参照",看似前后矛盾的模糊性表达恰好彰显出指导性案例所处的尴尬情境。若不对其加以"应当"强制力的约束,则该制度形同虚设,无法达到预期的设立目的;若将其赋予正式的法律效力,则相当于创设了指导性案例的正式法源地位,司法权僭越立法权易被人诟病。于是,最高人民法院采用了前刚后柔的"应当参照",既回避敏感问题、又增设一定的强制性,希冀指导性案例在司法实践中有所作为,但是这种做法在运用过程中势必要付出一定的代价。一项新设立的制度要想予以良性运行,外部辅助措施是不可或缺的重要部分。正是刑事案例指导制度在效力实现机制方面的不明确性,致使制度的有效运行大打折扣。

首先,指导性案例的公布是为了简化裁判者司法裁判中的价值判断过程,给出适合个案的裁判规则的标准答案,拥有最终援引参照决定权的裁判者只需要通过事实比对对号入座即可提高司法效率。但事实运作并非如此,在成文法传统下,裁判者习惯于根据个人经验直接寻找可以适用的文本规范,尚未形成利用指导性案例来强化论证说理的裁判习惯;更何况,对于指导性案例的援引而言需要裁判者运用相应的方法使手中的在审案件与具有固定组成模式的指导性案例所涉及的案件事实之间产生关联,提取有效的信息使其能够为自身所用。刑事案例指导制度虽然对裁判者规定了"应当"参照的刚性要求,但并未对操作技术上的如何进行参照予以具体明确。面对究竟何为类似案件、如何进行比对以及如何进行援引参照等一系列司法适用技术难题,裁判者往往处于一团迷雾之中,很多便采取了较为隐晦的做法,不予以明确说明或回应。

其次,建立案例指导制度之初虽然明确规定了"应当参照"的强制义务,但裁判者在将在审案件与指导性案例进行比对过程中,无论是从具体细节事实的列举与比对,还是所占比重的权衡,无不充斥着裁判者的自由裁量身影。关于指导性案例在诉讼辩论中能否作为证据的地位问题依然存在争议,实际上指导性案例很难被纳入当前证据序列之中,且其亦不具备证据的证明目的,当事人出示指导性案例并非要证明自身的案件事实,只是希望裁判者对于指导性案例予以遵照作出对己有利的裁判,因此裁判者对于指导性案例的援引应当属于其适用法律的一部分,对于被动援引应当作出是否采纳的回应。[①] 但司法实务中,在裁判者应当参照而未参照的实然情况发生时,指导性案例的模糊地位致其并不能成为上诉或再审的理由;[②]且最高司法机关仅在《〈最高人民法院关于案例指导工作的规定〉实施细则》第 14 条中规定了较为模糊性的奖励机制,[③]并未建立明确的奖惩机制及评估检查机制,对于违反案例指导制度规则的裁判行为致裁判结论与指导性案例的价值指向相差甚远、有失公正的后果并未规定相应的司法责任的承担,指导性案例的应当参照力形同虚设。

综上所述,罪刑法定原则的司法化落实离不开裁判规则的统一,在司法解释难以有效满足案判对应关系中的"外在类同"及"内在均衡"的正义要求的情况下,探索新的司法举措就迫在眉睫。刑事案例指导制度作为一种具体法律适用过程中的解释机制,通过司法实践中所发生的真实个案,生动有效地展示法律适用过程,能够为裁判者提供针对个案的、直接的裁判规则适用于手中的在审案件之中,是实现案判对应性关系的不可或缺的途径之一。但由于案例指导制度中提供的作为"比对标准"的"类案",只是仅提供案件法律结构而过滤掉了案件社会结构的"类案";同时只是仅提供案件法律裁判模式而隐藏起了案件社会裁判模式的"类案",这就导致了案例指导制度会过分关注案判对应关系中"外在类同"的价值诉求,而有可能忽视案判对应关系中"内在均衡"的价值诉求,而在案判对应关系中这两种价值诉求都是司法正义不可或缺的部分。案例指导制度在司法裁判中的贯彻没有达到预期的效果,除指导性案例自身内容的

① 参见周光权:《刑事案例指导制度的发展方向》,载《中国法律评论》2014 年第 3 期。

② 参见王利明:《我国案例指导制度若干问题研究》,载《法学》2012 年第 1 期。

③ 在 2015 年 5 月公布施行的《〈最高人民法院关于案例指导工作的规定〉实施细则》第 14 条规定:"各级人民法院对于案例指导工作中做出突出成绩的单位和个人,应当依照《中华人民共和国法官法》等规定给予奖励。"

供给不足、无法提供足够的参照样本,加之裁判说理的欠缺、援引不规范、缺乏相应的效力实现机制等问题的存在之外,在甄选"比对标准"的"类案"时,忽略在提供案件法律结构的同时也提供相应的案件社会结构;在提供案件法律裁判模式的裁判结论的同时也提供相应的案件社会裁判模式的裁判评价,恐怕也是一个问题。

2. 量刑规范化改革与案判对应关系

(1)量刑规范化为案判对应关系提供标准

一直以来,我国的司法实务中裁判者在量刑过程中由于相关程序与方法等方面的空白而拥有较大的量刑裁量空间。在审判实践中裁判者大多遵循概括式的量刑模式凭借个人对于文本规范的理解与审判经验综合考虑具体个案的案件事实对于刑罚裁量予以综合估值,一步完成从应然的法定刑到实然的宣告刑之间的跨越。实践操作中裁判者面对大量的案件事实行使自由裁量,难免在刑种的选择与刑度的定量上出现量刑不均衡的问题。虽然最终的刑罚点均落脚在法定的量刑区间范围之内,属于依法作出的判决结果,但差距悬殊的量刑结果很难"服众",况且概括式的量刑模式很难对其予以规范化,因其缺乏科学规范的量刑方法以及公开透明的量刑程序,导致公众在面对量刑偏差时出现对于司法量刑不公的怀疑与谴责。

为了规范裁判者的量刑过程,统一裁判者的裁量尺度,改变过去长期存在的重定罪轻量刑、概括式的量刑模式,努力向规范化、精细化方向转变,最高人民法院从2005年"二五"改革纲要提出纲领性动员①到2008年开始在部分地区进行试点积累经验,再到2009年"三五"改革纲要②将其列为深化司法改革的十项任务之一,明确从实体与程序两方面着手提出具体改革目标,最高司法机关将量刑规范化工作逐步付诸实践,并于2014年1月1日在全国范围内正式开始

---

① 2005年,根据党的十六大提出的积极、稳妥推进司法体制改革的要求,最高人民法院制定了《人民法院第二个五年改革纲要(2004—2008)》,其中第11条规定"贯彻罪刑相适应原则,制定故意杀人、抢劫、故意伤害、毒品等犯罪适用死刑的指导意见,确保死刑正确适用。研究制定关于其他犯罪的量刑指导意见,并健全和完善相对独立的量刑程序",被认为是最高人民法院着手进行量刑规范化改革的文件依据和纲领性动员。参见刘军:《罪刑均衡的理论基础与动态实现》,法律出版社2018年版,第3页。

② 2009年《人民法院第三个五年改革纲要(2009—2013)》"2. 改革和完善刑事审判制度"中规定,规范自由裁量权,将量刑纳入法庭审理程序,研究制定《人民法院量刑程序指导意见》。"11. 建立和完善依法从严惩处的审判制度与工作机制"中规定,适应新形势下依法打击严重犯罪的需要,适时制定从严惩处严重犯罪的司法政策,完善有关犯罪的定罪量刑标准。

实施。[①] 尤其随着信息化技术的迅猛发展,人工智能与法律相结合,利用人工智能(Artificial Intelligence,AI)辅助办案成为司法实务中的新热点。各地法院纷纷探索投入相关智能系统的研究与开发之中,亦为量刑规范化改革带来新的契机与挑战。其中,实体与程序协调并进主要是借司法程序之保障作用来规范裁判者的自由裁量,完成文本规范中原则性规定与在审案件中具体的案件事实之间的有效衔接,保证量刑过程中作为实体正义前提的程序正义的实现;规则与技术相互结合主要是借信息科技之推动作用来约束裁判者的自由裁量,尽量去除裁判过程中裁判者的个人偏见,提高量刑效率与公正性。

司法实践中旨在防止裁判者自由裁量恣意性的量刑规范化改革在实体方面的阶段性成果主要表现为量刑指导意见的发布及各地具体实施细则的运行、人工智能辅助下自动量刑系统的建设。两者的行进路径有所区别,前者是通过制定规范性的量刑方法及限缩性的量刑尺度为裁判者的裁量尺度划定边界;后者则是将人工智能与量刑规范相结合,通过将量刑文本规范中的相关规则与方法输入量刑系统中,为裁判者提供技术支持。[②] 但两者设立的初衷具有一致性,都是为了提高司法效率、促进量刑公正,防止个别裁判者的恣意妄为,非理性状态之下作出偏离较大的判决结论而影响涉案人的实体权利。量刑规范化改革作为提高裁判者审判质量、维护司法权威的重要举措而被予以全面推行。

第一,量刑指导意见标准作用的发挥。量刑规范化改革在实体方面的阶段性成果之一即为量刑指导意见的出台与施行。自 2010 年 9 月最高人民法院发布《人民法院量刑指导意见(试行)》(以下简称 2010 年《量刑指导意见(试行)》)对常见的 15 种犯罪应判处有期徒刑以下的案件予以适用伊始,历经 2013 年最高人民法院《关于常见犯罪的量刑指导意见》(以下简称 2013 年《量刑指导意见》)以及 2017 年 3 月的修订版(以下简称 2017 年《量刑指导意见》),后其量刑指导的范围予以扩大于 2017 年 5 月发布了《最高人民法院关于常见犯罪的量刑指导意见(二)(试行)》(以下简称《量刑指导意见(二)》)。[③] 各地

---

① 在 2013 年 12 月 23 日最高人民法院发布的《关于实施量刑规范化工作的通知》中有明确规定。

② 参见张勇:《人工智能辅助办案与量刑规范化》,载姚建龙总主编、彭文华主编:《人工智能的刑法规制及其相关法律问题》,中国政法大学出版社 2019 年版。

③ 2010 年 9 月 13 日最高人民法院发布《量刑指导意见(试行)》并于 2010 年 10 月 1 日生效;2013 年 12 月 23 日最高人民法院发布《量刑指导意见》,并于 2014 年 1 月 1 日生效;2017 年 3 月 9 日《量刑指导意见》,并于 2017 年 4 月 1 日生效;后在 2017 年 5 月 1 日最高人民法院发布《量刑指导意见(二)》并于当天生效。

法院根据地区情况制定各自的实施细则予以施行。指导意见主要针对裁判者长期以来在量刑过程中缺乏规范性的问题,创造性地提出三步走的量刑方法与量刑步骤,通过统一裁判者的量刑思维来增加量刑的透明度;并且通过量化的方式来对具体量刑情节的调节幅度作出规定,增加量刑的统一性,为裁判者的量刑过程提供指引。

从规范性文件历经几次修订的修订内容可以看出最高司法机关对于量刑规范化指导方针方面的一些变化。首先,2013 年之后正式出台的指导意见相较之 2010 年《量刑指导意见(试行)》更加注重罪刑均衡原则的贯彻,明确规定"确保罪责刑相适应"。[①] 质言之,对于量刑情节所规定的量化幅度仅具有相对意义,量刑过程并非简单的数字运算,在量化的同时亦需要综合评判的介入。量化分析并非否定裁判者能够量刑裁量,而是将其圈入规范框架之下予以行使,确保量刑统一与刑罚的个别化,更好地实现公正量刑。其次,量刑指导意见中所规定的量刑的基本方法由 2010 年《量刑指导意见(试行)》尚未明确规定,到 2013 年《量刑指导意见》规定了"定性分析的基础上,结合定量分析",再到 2017 年《量刑指导意见》规定的"以定性分析为主,定量分析为辅",明确了量刑时的主次关系,通过量刑基本方法的明确有效地避免裁判者在司法裁判过程中所出现的"本末倒置"的情况。最后,量刑指导意见所辐射的范围由 2010 年《量刑指导意见(试行)》中的"适用于有期徒刑以下的案件",到 2013 年《量刑指导意见》中的"仅规范上列 15 种犯罪判处有期徒刑、拘役的案件",再到 2017 年《量刑指导意见》在上述规定外,增加了"其他判处有期徒刑、拘役的案件,可以参照适用",使量刑指导意见的覆盖范围不仅止于已规范的二十三类犯罪中被判处有期徒刑、拘役的案件,辐射案件适用范围进一步予以扩大。

量刑指导意见由自下而上的探索形成到自上而下的出台施行,对审判实践中的裁判者提出了较高的要求。作为决定他人命运的裁判者不仅需要准确查明在审案件的案件事实,而且还需要依照文本规范予以认定与处罚。对裁判者而言,在量刑活动中量刑指导意见的施行为裁判者提供一个予以参考的标准。标准作用的发挥不仅需要裁判者规范化精细化的量刑思维的养成,改变之前的

① 2013 年 12 月 23 日,最高人民法院发布《关于常见犯罪的量刑指导意见》,其在第 3 条常见量刑情节的适用中规定,"具体确定各个量刑情节的调节比例时,应当综合平衡调节幅度与实际增减刑罚量的关系,确保罪责刑相适应"。

量刑模式;还需要裁判者具备娴熟的量刑技术,可以对量刑指导意见中所规定的量刑方法、量刑步骤、量刑情节的考量予以规范执行。裁判者通过独立的量刑程序来保证量刑过程的公开与透明,同时通过对于量刑事实的精细化注重,有助于增强被告人退赃退赔的主动性,缓解与被害人之间的矛盾,使自己经手的案件成为法律效果与社会效果经得起考验、易被认同的公正判决。量刑指导意见,通过其标准作用的发挥指导裁判者进行规范量刑,从而达到减少裁判恣意,实现量刑公正的效果。

第二,自动量刑系统标准作用的发挥。量刑规范化改革在实体方面的另一阶段性成果则为人工智能辅助下的自动量刑系统,其形成路径主要有两种,一种是 AI 机器学习,能够自动从数据中提取信息,通过归纳同类案件的量刑规律,智能生成相应的算法;①另一种是将量刑规则转换成算法。显然前者由于受到技术与数据样本的双重障碍实施起来非常困难,以目前的技术水平很难达到;后者较前者稍显容易,且在现实中已有相应的司法实践,从山东省淄博地方法院2006 年研制的规范量刑软件管理系统到个别法院试点运行的类似系统②再到"206 系统"的智能量刑建议等。因其在审判实践的用户体验方面具有高速便捷、形式公正等特性可以有效地防止裁判者的裁量恣意与司法腐败,有助于达到量刑统一的实践效果。

事实上,在西方社会的司法实践领域,相关的智能系统多在律师群体中拥有无限的市场。一般而言,律师通常在提供法律服务时被要求对结果进行预测,用以衡量相关人的成本与收益之比,以利于明智地采取下一步行动、增加胜诉的概率,同时有利于提高整个诉讼制度的效率。在过去律师对于结果的预测主要是根据个人的实践经验或参考同等情况的已决个案予以预测,但因其信息来源、经验价值的有限性等问题无法满足委托人的预测需求。随着信息科技的发展,以数据分析为需求的人工智能系统开始在法律领域发挥作用,亦为律师行业提供有益助力。虽然普通民众更愿意相信有血有肉的裁判者所具有的公信力,但在我国由于背离案判对应性现象的频发以及裁判说理性的不足,而人工智能系统因已提前录入信息在司法适用中缺少一些价值偏好、具有较高稳定性的特性,依靠人工智能

---

① Yann LeCun, Yoshua Bengio & Geoffrey Hinton, *Deep Learning*, Nature 521, p. 436 - 444(2015).

② 《大数据人工智能助力司法改革 海南法院年深化量刑规范化改革》,载中国新闻网,http://www.chinanews.com/gn/2017/07-25/8287028.shtml,最后访问时间:2024 年 8 月 7 日。

进行断案对公众的诱惑力极大,公众更愿意相信人工智能依靠算法而得出的裁判结论,因为其至少能够保证法律面前人人平等,达到所谓的"形式正义"。

但在伦理层面自动量刑系统的运行始终存在一定的障碍。理想状态之下,自动量刑系统通过大量样本的学习,最后得出具体的量刑结果输出,其在输出之前已然考虑到了既往所有相关案例所涉及的相关事实因素,不夸张地说,有些是人脑也不一定都能予以考虑的。通过自动量刑可以极大地提升裁判者的裁判效率,甚至最大限度地去除人为个体的主观参与而提升裁判的公正性。①于是有人认为,法律 AI 在某种程度上可以超越作为自然人的裁判者,为了实现公平,可以独立完成审判工作,使司法审判转化为自动贩售机的模式。先不论目前及今后较长一段时间之内,自动量刑系统无法做到如此完美。假使法律 AI 的发展已然可以胜任该项工作,自动量刑系统具备完全取代裁判者位置的能力,当系统拥有决定被告人人身自由甚至生杀予夺的权利时,涉及的绝不仅仅是一个技术问题,同时还将涉及另一个最为根本的哲学命题——机器审判人类或者算法决策者审判人类,其正当性争议将远胜于对于量刑裁量尺度统一的纠结。其实,裁判者所作出的裁判结论及最后的宣告刑虽然是根据具体案件事实以刑法文本规范为准绳而作出,但裁判过程中的价值判断是存在感性因素在其中的,对于合理的民众诉求予以尊重,实现法律效果与社会效果的实现。自动量刑系统侧重于量刑结果的数字化而非裁判结果的合理性,冰冷的自动量刑系统虽然具有一流的算法却无法具备人性的温度。② 只有裁判者作为有七情六欲之人,才能结合量刑事实的运用,作出符合人性的判断,并得到公众的认同。③

更何况现实是人工智能系统并非无所不能,在当下无法保证其内部算法与数据的绝对精确性与合理性的前提之下,尚不足以支撑其作出独立的司法判断。正如美国著名的法学家卡多佐所言:"法官的工作也并非草率和机械。会有需要填补的空白,也会有需要澄清的疑问和含混,还会有需要淡化——如果不是回避的话——的难点和错误。"④裁判者所拥有的自由裁量虽存在滥用的风险,但其存在本身却是不可或缺的。奉行绝对平等的人工智能在没有任何裁量调和的情况之下,是根本无法适应现实生活的复杂状况的,靠人工智能算出的

① 参见杨延超:《机器人法:构建人类未来新秩序》,法律出版社 2019 年版,第 116 页。

② 参见倪震:《量刑改革时代人工智能泛化之批判》,载《人民论坛 · 学术前沿》2020 年第 7 期。

③ 参见周光权:《刑法客观主义与方法论》,法律出版社 2013 年版,第 260 页。

④ [美]本杰明 · 卡多佐:《司法过程的性质》,苏力译,商务印书馆 2013 年版,第 4 页。

刑罚正义难免有具体化不足之虞。① 案判对应性的实现虽然可以借助一定的技术手段,但其只能作为一种参考,无法取代裁判者的自由裁量,解决公众的担忧应从裁判者个人职业素养的提高与相关制度的约束监督入手,而非简单地将审判权交到冰冷的系统手中。质言之,人工智能的作用只能叠加、用以提高司法效率,在司法裁判过程中起到辅助办案的作用,缓解目前我国"案多人少"的现实困境,但却无法取代裁判者的地位。更毋宁说系统大数据的完整性与真实性、算法的智能性及精确性等技术问题有待解决,在相对长的一段时间内,法律AI仍将处于弱人工智能时代,只能作为辅助办案的手段予以存在。因此,司法实务中所存在的自动量刑只能称为预测量刑,借助系统的运算最终达到预测量刑的结果输出,辅助裁判者进行量刑活动。

(2)量刑规范化改革运行的司法适用局限

量刑规范化实体性改革自量刑指导意见的出台至今在司法实践中推行已逾10年,经过不断的探索、试点与实践在规范裁判者量刑思维、维护量刑公正方面取得了很大的成效。但随着改革的深入推进,无论是量刑指导意见抑或人工智能辅助下的自动量刑系统,均暴露出一定的问题有待予以改进与完善。

第一,量刑指导意见的适用局限。量刑指导意见提出"三步走"量刑方法,即规定将量刑过程从确定量刑起点开始、到基准刑、再到宣告刑,分别按步骤逐步完成,一定程度上能够防止裁判者根据个人经验臆想刑罚量刑,在客观上起到抑制裁判结果出现明显差距的局面。但其规范内容在司法实务中的适用依然存在一定的局限性,影响其作为标准作用的发挥。

首先,量刑指导意见在规范范围与量刑方法的预设上存在缺陷。在规范范围方面,我国刑法文本规范中罪名众多,仅对二十三类犯罪进行规范,且仅适用于其中的拘役及有期徒刑的案件,在一定程度上缺乏普适性。虽然在2017年《量刑指导意见》附则中规定其他判处拘役及有期徒刑的案件可以予以比照适用,但会导致出现各地法院制定实施细则所涵摄的罪名种类不同,很可能会使有些地区的被告人丧失享受量刑规范化方案的权利,造成对待上的不平等现象。在规范方法上,量刑指导意见对具有多个量刑情节的案件规定了"同加逆

---

① 参见[美]肯尼斯·卡尔普·戴维斯:《裁量正义:一项初步的研究》,毕洪海译,商务印书馆2009年版,第56页。

减”的方法来调节基准刑，并通过列举的方式规定了相应的优先顺序。[①] 问题在于，在列举了一系列总则中所规定的从宽情节之后用了“等”字，其外延范围界限可能存在歧义，即是否包括分则中所规定的从宽情节，是否包括酌定的从宽量刑情节，不无疑问；[②]且在同一案件中既存在法定从严又存在酌定从宽与从严情节时具体如何进行适用亦未予以明确，在司法实践中裁判者对其认识不同裁量结果亦存在差别。

其次，量刑指导意见在酌定量刑情节的设置上存在欠缺。在量刑情节的规范方面，尽管量刑指导意见对于影响量刑的法定量刑情节与实践中可能涉及的主要酌定量刑情节进行了精细化规定，但司法中的案件情况各异，涉及的酌定量刑情节远远不止于已列举项目，做到穷尽是困难且不可能的。一般在《刑法》中明确规定的法定量刑情节，裁判者在裁判时是必须予以考量的，而对酌定量刑情节仅规定为参考，可以考量也可以不考量。但指导意见却将《刑法》条文中并未出现的酌定量刑情节作为必须予以使用的情节予以列明，有违背罪刑法定原则之嫌。与其存在同样问题的还有对于诸多量刑情节所规定的调节刑期的比例问题，百分数的调节比例缘何而来，其正当性与合理性同样存疑。

最后，量刑指导意见的强制性对裁判者的审判实践易形成执念。不少公众认为司法实践中所出现的背离案判对应性的现象是由于量刑缺乏规范性所导致的量刑不均衡，可以通过对其的统一规范予以克服。通过将体现社会危害性与人身危险性的具体情节统一规定于量刑规则之中，裁判者予以参照，进行量刑才能避免出现背离案判对应性进行裁判的问题。裁判者亦存在此种思维，量刑指导意见的出台与施行改变了裁判者一直以来的裁判思维，很多裁判者为了达到所谓的量刑公正而严格按照量刑指导意见中的具体内容予以执行，片面追求量化结果而往往忽略了案件的实质合理性，使量刑过程转向了过于依赖逻辑推理的极端。这实际上具有极大的误导性，是将量刑规范化与量刑统一予以混淆，量刑规范化除需要对包括量刑方法、步骤在内的量刑规则予以统一之外，还

---

① 最高人民法院发布的2017年《量刑指导意见》在“二、量刑的基本方法 2. 调节基准刑的方法(2)”中规定：“具有多个量刑情节的，一般根据各个量刑情节的调节比例，采用同向相加、逆向相减的方法调节基准刑；具有未成年人犯罪、老年人犯罪、限制行为能力的精神病人犯罪、又聋又哑的人或者盲人犯罪，防卫过当、避险过当、犯罪预备、犯罪未遂、犯罪中止、从犯、胁从犯和教唆犯等量刑情节的，先适用该量刑情节对基准刑进行调节，在此基础上，再适用其他量刑情节进行调节。”

② 参见徐宗胜：《量刑基准与规范化量刑方法研究》，载赵秉志主编：《刑法论丛》第58卷，法律出版社2019年版。

应当包括刑罚的个别化,否则易形成生搬硬套、机械量刑,使裁判者拘泥于指导意见中量刑情节的考量而忽略个案中具有特殊性的量刑因素,抹杀个案的实质正义、造成实质上的量刑不公。

第二,自动量刑系统的运行局限。自动量刑系统是借助信息化科技的发展与刑法相结合用以提升审判能力现代化的产物,其应用前景与发挥效用令人期待。但就目前的弱人工智能时代,自动量刑系统在司法实践中运行由于在技术需求与制度制约层面依然存在一定的局限性,从而影响其作为标准作用的发挥。

首先,自动量刑系统在技术层面所依据的算法尚且无法做到合理且高效。在当下弱人工智能时代,自动量刑系统主要需要解决的是量刑智能算法的科学有效性。其一,由于司法实务中所存在的刑事案件量刑事实千姿百态,而不同量刑事实有时会指向同一个量刑情节。不同的人对于所涉及的量刑事实在书写方面的表述不一,加之语言文字的修辞表达的多样性,法言法语尚且存在不同的表达方式,更毋宁说一些非正式性的表达。因此,单纯依靠 AI 的智能提取,很难满足实际要求,需要大量的人工予以参与。其二,涉及量刑情节的量刑事实在数量上需要将案例中的海量信息进行录入、分类、加工等,尚无法做到全样本收录。更何况量刑情节中的酌定量刑情节具有无限性的特点,很难穷尽方式予以分列明晰。质言之,自动量刑系统尚不能对所可能涉及的量刑事实做出全面、客观的收录,更毋宁说对其予以深度加工。在有限的情况之下予以运行势必会产生量刑过于僵化的问题。其三,量刑过程本身并非仅考量被告人的社会危害性,还应当将其人身危险性一并纳入其中;不仅需要考虑刑法文本规范内的诸多要素,有时一些法外因素亦应予以综合考量。作为一项复杂过程的司法活动,量刑过程往往是一个综合考量的过程,而这些影响具体个案的法外因素往往因案而异,很难用较为固定的数据信息予以记录。①

其次,自动量刑系统在制度层面缺乏对其中"算法黑箱"②的相关约束与监督机制。人类编写算法,将其输入系统之中,裁判者利用自动量刑系统输入相应的数据信息之后,系统算法运行却将裁判者排除出循环之外而引发一系列动

---

① 参见朱晖、刘晨晖:《大数据在同案审判中的应用研究》,载《新时代的案例研究与案例法学研究:中国法学会案例法学研究会学术年会优秀论文集》第 1 辑,法律出版社 2020 年版。

② "算法黑箱"是指一个系统,该系统只能得到其输入值与输出值而不知其内部结构,并且可能会受到外界因素的干扰。参见周佑勇、王禄生等:《智能时代的法律变革》,法律出版社 2020 年版,第 212 页。

作,最终得出的是一个裁判结果,而非具体的运算流程。[①] 而且即使流程予以公开展示也是代码形式,很难被裁判者所掌握,更毋宁说对于涉案当事人,因此自动量刑系统因其决策、运行的不透明性问题给裁判文书的说理带来障碍,很难符合司法公开所应当具有的说服力要求,构成对涉诉当事人知情权与抗辩权的侵犯。尤其是在司法责任制改革当下,裁判者需对案件终身负责,在难以保证算法绝对正确的弱人工智能时代,系统难免出现错误,对因此被实质影响到的被告人而言,是关于人身自由甚至生死攸关的问题,这种错误出现后的追责问题难免出现推诿现象。[②] 通过人工智能构建的自动量刑系统虽然少一些价值偏好,具有较高的稳定性,但这并不是绝对的。技术的介入可以为司法审判提供便利,但同样需要相关的制度予以约束与监督,否则 AI 技术本身的算法的隐蔽性很容易由于程序的设计者、输入者等的独裁或疏忽而出现算法偏见[③]造成不当使用甚至滥用。有必要通过公布算法输出原理及一系列的约束监督机制来对算法过程予以公开来保证其输出结论的合理性。

综上所述,量刑规范化改革作为改变传统量刑模式、合理限缩裁判者自由裁量的一项新举措,对裁判者改变量刑思维与量刑方法,促进量刑过程的规范化、透明化起到积极的促进作用,旨在解决案判对应关系中的"内在均衡"的正义要求。但无论是量刑指导意见对于量刑过程的规范抑或人工智能辅助下的自动量刑系统的建设与应用,所意欲达到的量刑统一效果并非等同于司法裁判所要求与追求的量刑均衡、量刑的科技化并非等同于量刑的科学化,实现了形式正义未必等同于个案的实质正义,不可对其极端依赖。此外,无论是量刑指导意见还是人工智能辅助下的自动量刑系统,其制定或构建的基础或基点均来自基于案件法律结构的法学裁判模式得出的结论,虽然量刑指导意见在酌定量刑情节中考量了一些常见的法律规范之外的案件社会结构因素,但这与现实世界发生的案件的鲜活性相比是远远不够的,不足以应对基于案件社会结构的社会裁判模式对案件进行裁判评价的肆意与无序。故对于量刑规范化改革而言,

---

① 参见[美]皮埃罗·斯加鲁菲:《智能的本质:人工智能与机器人领域的 64 个大问题》,任莉、张建宇译,人民邮电出版社 2017 年版,第 169 页。

② 参见张雨昕:《人工智能司法应用若干问题》,载《人民法治》2019 年第 6 期。

③ 算法偏见(algorithm of prejudice)在现阶段并无统一的说法,概括来说就是作为人工智能系统核心的算法在深度学习的过程中,由于初始算法、样本数据、歧视模仿或者其他原因所形成的思维处理惯性,进而导致人工智能系统在真实运行的过程中出现有偏向性的举措或选择。参见周佑勇、王禄生等:《智能时代的法律变革》,法律出版社 2020 年版,第 201 ~ 203 页。

其定位仅能是规范裁判者量刑的一种约束框架，主要是通过量刑方法的规范来推动裁判者量刑思维的科学化转向，而非机械地依靠单纯的量化进行对号入座。更毋宁说量刑指导意见与自动量刑系统尚处于初级阶段，只能充当一种工具作用，并不能完全替代裁判者的主体性思考，[①]更不能取代裁判者成为量刑规范化改革的执行者。

3. 类案检索制度与案判对应关系

(1)类案检索制度为案判对应关系提供便利

随着信息化技术的发展，大数据思维与技术的介入使刑事司法审判更加的公开、透明，为类案检索制度的创设提供基础性条件。实际上，类案检索对于裁判者而言并不陌生，在此前的裁判过程中裁判者一直存在自发地对类案进行检索以寻求裁判思路、对自身价值判断予以确认，只是之前行为为裁判者个人行为，并未公开以制度的形式予以倡导。依托裁判文书的大数据平台所构建的类案检索制度，为裁判者的自发行为在检索范围、参照效力层级等方面提供了细则规定，使检索过程更为规范，保障检索结果的参照力。通过对强制性要求进行类案检索可以防止出现裁判者盲目自信或办人情案、金钱案不顾裁判尺度的统一性而径行裁判的现象，同时有助于裁判者形成统一的裁判规则共识，达到进一步落实案例指导制度及发挥其他具有相对权威性典型案例的指导效果；法律适用分歧解决机制的建立作为类案检索制度运行的后续保障机制予以存在，以期能够在不同层级、不同地域法院实现适法与裁判尺度统一，为法律适用的稳定性提供助力。

最高司法机关通过一系列规范性文件确立了类案与关联案件检索制度及发现生效判决之间存在法律适用分歧时的后续处理办法，并将其予以规范化、制度化。对于类案检索制度而言，由最早的“类案参考”[②]到“类案与关联案件强制检索机制”[③]的提出，再到将其作为裁判中的一个必要流程，对该制度的依

① 参见张勇：《人工智能辅助办案与量刑规范化的实现路径》，载《上海政法学院学报（法治论丛）》2019年第2期。

② 2015年9月21日最高人民法院发布《关于完善人民法院司法责任制的若干意见》第8条第2款规定：“建立审判业务法律研讨机制，通过类案参考、案例评析等方式统一裁判尺度。”

③ 2017年4月12日最高人民法院发布《关于落实司法责任制完善审判监督管理机制的意见（试行）》第6条第1款规定：“各级人民法院应当充分发挥专业法官会议、审判委员会总结审判经验、统一裁判标准的作用，在完善类案参考、裁判指引等工作机制的基础上，建立类案及关联案件强制检索机制，确保类案裁判标准统一、法律适用统一。”

托平台及检索后结果的处理作出细化规定[①],而后在2020年7月最高人民法院通过专项发布类案检索的指导意见的方式,将该制度的相关内容予以进一步规范化。鉴于当前指导性案例所存在的有效裁判规则供给不足与司法实践中所已然存在的对于其他权威性案例的援引现状,在充分考虑类案检索制度的应用前景的情况下,指导意见对于检索范围予以明确,不只局限于对于指导性案例的检索,亦涉及与在审案件同类型的典型案例、参考性案例等[②]。裁判者可以在较为丰富的同类型已决案件中去寻找对争议焦点论证更为充分的案例,有效地弥补指导性案例在规则供给方面的部分缺陷。对于法律适用分歧解决机制而言,最高人民法院在2019年10月通过发布《关于建立法律适用分歧解决机制的实施办法》规定了最高人民法院本级生效裁判之间存在法律适用分歧的解决办法;[③]而后在2020年7月发布了《关于深化司法责任制综合配套改革的实施意见》,其中就法院内部各组织之间的法律适用分歧提出了具体的改革措施,并且明确倡导各级法院积极参与建立自身的法律适用分歧解决机制,[④]为地方法

---

① 2017年7月25日最高人民法院发布《最高人民法院司法责任制实施意见(试行)》第39条规定:"承办法官在审理案件时,均应依托办案平台、档案系统、中国裁判文书网、法信、智审等,对本院已审结或正在审理的类案与关联案件进行全面检索,制作类案与关联案件检索报告。检索类案与关联案件有困难的,可交由审判管理办公室协同有关审判业务庭室、研究室及信息中心共同研究提出建议。"第40条规定:"经检索类案与关联案件,有下列情形的,承办法官应当按照以下规定办理:(1)拟作出的裁判结果与本院同类生效案件裁判尺度一致的,在合议庭评议中作出说明后即可制作、签署裁判文书;(2)在办理新类型案件中,拟作出的裁判结果将形成新的裁判尺度的,应当提交专业法官会议讨论,由院庭长决定或建议提交审判委员会讨论;(3)拟作出的裁判结果将改变本院同类生效案件裁判尺度的,应当报请庭长召集专业法官会议研究,就相关法律适用问题进行梳理后,呈报院长提交审判委员会讨论;(4)发现本院同类生效案件裁判尺度存在重大差异的,报请庭长研究后通报审判管理办公室,由审判管理办公室配合相关审判业务庭室对法律适用问题进行梳理后,呈报院长提交审判委员会讨论。"

② 2020年7月15日最高人民法院公布《关于统一法律适用加强类案检索的指导意见(试行)》并于2020年7月31日生效。其中,第4条规定:"类案检索范围一般包括:(一)最高人民法院发布的指导性案例;(二)最高人民法院发布的典型案例及裁判生效的案件;(三)本省(自治区、直辖市)高级人民法院发布的参考性案例及裁判生效的案件;(四)上一级人民法院及本院裁判生效的案件。除指导性案例以外,优先检索近三年的案例或者案件;已经在前一顺位中检索到类案的,可以不再进行检索。"

③ 2019年10月11日最高人民法院发布《关于建立法律适用分歧解决机制的实施办法》并于2019年10月28日生效。其中,第2条规定:"最高人民法院各业务部门、各高级人民法院、各专门人民法院在案件审理与执行过程中,发现存在以下情形的,应当向审管办提出法律适用分歧解决申请:(一)最高人民法院生效裁判之间存在法律适用分歧的;(二)在审案件作出的裁判结果可能与最高人民法院生效裁判确定的法律适用原则或者标准存在分歧的。"

④ 2020年7月31日最高人民法院发布《关于深化司法责任制综合配套改革的实施意见》并于2020年8月4日生效。其中,第9条规定:"完善统一法律适用机制。进一步完善关联案件和类案检索机制、专业法官会议机制和审判委员会制度,确保各项机制有机衔接、形成合力。通过类案检索初步过滤、专业法官会议研究咨询、审判委员会讨论决定,有效解决审判组织内部、不同审判组织以及院庭长与审判组织之间的分歧,促进法律适用标准统一……各级人民法院应当建立务实管用的法律适用分歧解决机制,探索建立当事人和其他诉讼参与人反映法律适用不一致问题的渠道,配套完善监测、反馈和公开机制……"

院预留探索空间;后又在2020年9月发布《关于完善统一法律适用标准工作机制的意见》,其中强调除进一步健全最高人民法院法律适用分歧解决机制外,将法律适用分歧解决机制适用范围进一步扩展到高级人民法院,解决本辖区范围内法律适用不统一的问题。①

最高司法机关构建类案检索及其关联机制并非一时兴起而为之,该制度的出台既是大势所趋亦是司法责任制改革的必然举措,其背后存在着多方面的动因凝聚。首先,该制度的运行需要法律AI的参与,在智慧法院建设的大背景之下,类案检索制度正是法律大数据与人工智能相互融合的一次有益的尝试的产物;其次,该制度并非新创,其有着良好的基础,在该制度正式出台之前司法实务中不仅很多律师会将同级或上级法院涉及同等案件事实的对己方有利的已决案件拿到法庭上供裁判者予以参考,希冀裁判者作出利己判决,而且亦有很多裁判者当遇到在审案件适用文本规范缺乏统一裁判规则时会采用该方法予以参考;最后,类案检索制度的出台与案例指导制度形成互补关系,前者需要后者提供燃料,后者需要前者提供动力。类案检索中的"案"相较指导性案例中的"案"范围更为宽泛,不仅包括指导性案例,还包括最高人民法院、本省高级人民法院及上一级人民法院的其他案件,有效弥补指导性案例的裁判规则供给不足的缺陷,两者运行轨迹一个自下而上、一个自上而下相互结合共同发挥作用。于是,最高司法机关在"三和动因"共同作用下"因时而进"出台该制度及其关联机制,以期在司法实践中发挥规范裁判尺度的作用。类案检索机制实际上是案例指导制度的"扩展版"。

现实生活中,随着类案检索的衍生产品不断涌现、各种智能检索平台的问世,既体现出类案检索的日益便捷性,又体现出该制度出台之需求性。② 类案检索工具作用的发挥可通过作用的场景及作用的方式两个方面予以体现。

一方面,在司法实务中,类案检索可在案件被审理的不同时间点予以运用参考,发挥作用的空间很大。通过类案检索不仅可以达到法律适用与裁判尺度

① 2020年9月14日最高人民法院发布《关于完善统一法律适用标准工作机制的意见》。其中,第9条规定:"建立高级人民法院法律适用分歧解决机制。各高级人民法院应当参照最高人民法院做法,建立本辖区法律适用分歧解决机制,研究解决本院及辖区内法院案件审理中的法律适用分歧。各中级、基层人民法院发现法律适用标准不统一问题,经研究无法达成一致意见的,应当层报高级人民法院,超出高级人民法院辖区范围的,应当及时报送最高人民法院研究解决。"

② 北京市三中院课题组等:《类案检索报告制作和运用机制研究》,载《法律适用》2020年第12期。

统一的效果,而且可以帮助裁判者在作出裁判结论之前形成内心确信,就争议焦点、案件事实证据资料等方面为裁判者提供参考作用。具体而言,类案检索可在庭前准备、审理阶段及结案阶段的整个审案裁判过程对裁判者发挥十分重要的工具性作用。

在庭前准备阶段,为了庭审的流畅与有效进行,裁判者可利用类案检索查找到相关的法律争议焦点及审判思路,围绕焦点展开庭审。面对文本规范的沉疴痼疾与案件事实的复杂多样,司法实践中两者并不能做到完全匹配,尤其是人工智能时代的到来为社会带来便利的同时增加了数不尽的新危险源,裁判者在面对新型案件层出不穷的情况,在不得拒绝裁判的原则之下,裁判者在适用法律的过程中难免出现两难。从类案中寻求解案思路与适用的文本规范不失为一种好方法,可以有效地缩短裁判者在在审案件中的纠结过程,提高司法效率。

在案件的审理阶段,类案检索可以为裁判者提供裁判参考,裁判者可以根据庭审中所认证的事实要素在大数据样本案例中进行寻找,获得可行的文本规范与裁判经验,增加内心确信。随着司法责任制改革的步伐推进,作为员额制的裁判者对待在审案件越发谨慎,对于审理案件裁判结果的追求不仅停留在合法层面,更加注重对于裁判一致性与合理性层面的关注。相较于传统的经验式或零散化的个案搜寻,裁判者可以通过类案检索的方式寻找出同等情况之下的生效判决,为在审案件的事实认定与法律适用提供证据性支撑。

在案件的结案阶段,裁判者需要通过撰写裁判文书的方式将庭审过程与庭审结果一锤定音,确认被告人在刑罚方面的定性与定量结果。裁判者可以通过类案检索再次匹配同等情况的已决案例,对于拟决裁判结果进行比对,防止出现较大的偏差。同时,类案检索制度的出台为相关类案赋予强制检索性,对于作出裁判结论的裁判者而言,其身份具有双重性,不仅是检索者,也是已决类案的提供者。通过赋予类案检索及关联机制的强制性,可以有效地对裁判者的自由裁量起到约束作用,提升司法的公信力。

另一方面,在司法实务中,法律 AI 赋能下的类案检索发挥作用的方式多样。不仅包括智慧法院建设过程中法院内设系统所进行的类案推送的被动检索模式,而且包括裁判者利用不断添加关键词的方式进行检索的主动检索模式。

最高人民法院在 2018 年年初推出的类案智能推送系统已在审判实践中予

以应用,通过将电子化的相关文书予以标签化后嵌入系统中,按照提前所设定的信息类别,与数据库中的案例标签进行比对,而后直接输出带有定制信息的结果。主动检索相较于类案推送而言,实施步骤更为复杂。在类案推送中,裁判者通过输入信息,系统会自动完成匹配展现结果,后再通过裁判者对于输出结果的反馈予以修正。期间的筛选、判断、取舍过程由系统自动完成。而在主动检索中,裁判者通过输入信息获得输出结果后,需要手动予以筛选、判断、取舍最后获得满足需求的信息。但相对应地,从机械回应到人为操作,变被动为主动,从目前的信息化技术水平而言裁判者能够获取到更能满足需求的输出结果。①

裁判者可以通过类案检索发挥的工具作用助力案件审判过程。质言之,裁判者或根据强制检索的案件类型主动检索,或根据智能推送站在"前人的肩膀"之上,从类似案件中获得裁判思路的整理与裁判结论的参考。需要明确的是,虽然类案检索及关联机制对于裁判者的审判过程可以提供参考,但并不意味着裁判者必须遵从已决案件,裁判者还是需要有自己独立的价值判断与利益权衡,需要根据具体个案的实际情况、产生背景等因素予以具体问题具体分析。当出现具体个案的差异点足够重要抑或检索结果所显示的已决案件裁判结论存在问题或已不适用于当下背景时,应当允许偏离已决案件的裁判结论,但前提是需要给予合理充分的理由论证。

(2)类案检索制度的司法应用限度

类案检索及其关联机制是法律与 AI 技术之间的融合,因而需要将刑事裁判案例中所涉及的诸多案件信息作为一个个数据予以录入编辑,但由于现阶段 AI 技术所提供的技术支持依然处于初级阶段,缺乏对于相关法律信息的深度加工能力,加之该制度在制约监督机制方面的缺漏,导致类案检索制度及其关联机制在司法实务中的运行应用依然存在一定的限度性。

第一,现有技术层面的应用障碍。新兴科技与法律的融合所形成的类案检索作为一项新设立的制度,能够被裁判者所接受并经过长期践行而内化为一种裁判思维与习惯,取决于检索系统能否高速有效地满足裁判者对于检索的实际需求。目前裁判者对于检索系统的过高期许与检索系统本身技术水平所体现

① 参见陈琨:《类案推送嵌入"智慧法院"办案场景的原理和路径》,载《中国应用法学》2018 年第 4 期。

出的检索结果在关联度与权威性方面的不足形成较为明显的差距。质言之,在技术性层面类案检索制度的运行存在一定的障碍导致客观上难以胜任设立之预期,难以得到有效推广并予以发展。实际上,该制度的有效运行需要以法律AI为依托,而AI技术是由算法、深度学习与大数据三大基本要素组成。[①] 现阶段的弱人工智能技术与理想状态下的类案检索的实现还有一定的距离。

首先,无论是图文识别的类案推送还是关键词输入的主动检索,现有的类案检索平台主要是采用标签化的搜索方式。现有的图文识别往往很难识别出在审案件实质方面的问题与争议焦点等内容,且对于输入的文书要求法言法语程度较高,否则难以识别。而对于主动检索而言,通过标签的增加而逐步限缩搜索范围,最后呈现检索结果。实践中,此种搜索方式对于搜索者标签取舍的能力要求较高,且现有模式中可供检索的标签偏少,很难实现精准定位与匹配。很多时候裁判者仅对在审案件中的某一个法律争议焦点不甚明了需要予以参考时,依靠此标签进行检索,往往搜出的案例浩如烟海,难以满足裁判者的实际需要;又或者由于裁判者对于标签设置的标准过高而导致搜索不到可供参考的案例。质言之,人工智能与法律结合的特殊性,使类案智能系统无法在短时间内较好地满足裁判者在审判实务中的实际需求,使裁判者的检索工作陷入僵局。

其次,类案检索的数据库范围不仅包括指导性案例,而且包括最高人民法院、本省高级人民法院及上一级人民法院的其他裁判文书,这些案例被中国裁判文书网、审判案例数据库等收录。数据库中有效数据是制度运行的灵魂,虽然我国裁判文书上网公开取得了一定的成果,使法院系统的“富矿”案例资源有待予以开发,[②]但是也暴露出资源本身所固有的问题,与数据库建设所要求的全面、准确等要求相距甚远。具体来说,主要体现在数据库中所收录的案例存在数量与质量的诸多问题,在数量上从法律文书的公布数量与实际结案数量之间的差距可知现在依然有大量的裁判文书由于某种原因没有上网公开,因此,缺乏客观全面的数据必然降低数据库相应的参照度。另外,系统对于进入数据库中的已决案例的信息提取基于识别,而识别的基础是裁判者在裁判文书中的规

---

① 参见刘宪权:《人工智能时代的刑法观》,上海人民出版社 2019 年版,第 9 ~ 10 页。

② 参见朱彬彬、祝兴栋:《类案推送的精细化:问题、成因与改进——以刑事类案推送为例》,载《法律适用(司法案例)》2018 年第 20 期。

范化表述,由于现阶段裁判文书的质量良莠不齐,很多裁判文书在论证说理方面较为简单,缺乏参考价值,因此相关数据有待人工予以“清洗”,很难提供一个高标准的参考样本。尤其是对于一些新类型的案例而言,由于本身规范性文件的匮乏,加之案例的稀缺,判决之间存在较大差异在所难免,很难对在审案件的裁判者提供有价值性的参考。质言之,裁判者通过一系列的检索最后呈现出的裁判文书或审判观点不一或裁判尺度不一,需要裁判者再次予以逐一甄别,未能提供便利却无形地增加了对裁判者的干扰。

最后,AI 的优势清晰可见,在一定范围之内为了追求效率能够为公众所接受,但人工智能的格式化预设操作也会导致一种机械、僵化的绝对化对待,从而丧失了个案之中的正义性。裁判者的司法裁判过程并非机械地将案件事实与规范事实进行逐一适配,然后根据三段论判断,得出裁判结论,而是需要对生活事实的准确提取与对人身危险性的深度理解。人工智能通过系统的自动筛选,会过滤掉一些看似不相关的信息,而这些信息有可能正是区别在审案件与已决他案的重要参考。智能系统也可能仅根据指控罪名予以类案推送,而遗漏掉具体案件事实所可能涉及的其他相关罪名,致使裁判者接受到的推送具有片面性。质言之,智能系统的过滤筛选是根据所输入的数据与算法而决定的,而这些信息毕竟是人为设计与输入的,存在算法规则与程序的可靠性问题,需要面对数据迭代、标签优化等不断循环过程。

第二,现有制度规制的应用缺陷。在长期的司法实践中,通过对已决类案进行检索从而获得审判帮助毕竟是裁判者的个人行为,并未上升至规范化的制度层面。审判实务中亦有很多的裁判者执念于对于文本规范与自身审判经验的依赖,并据此产生对于被告人行为的定性评价及以此为基础的最终判罚结果。新事物与新制度的“落地开花”——若想被裁判者所广泛接纳并予以适时运用,依然需要相应的制度层面的规制予以约束。但现实是类案检索及其关联机制除在技术层面上存在应用局限外,在制度层面同样存在一定的缺漏致使该制度在司法实践中的运行亦存在一定的障碍。

首先,类案检索及其关联机制在内容的规范设定上不够完备,缺乏可操作性。最高人民法院所出台的一系列规范性文件仅对类案检索之后的操作步骤进行了规定,但并未就如何进行类案检索进行具体细致的规定,使其欠缺一定的实践指导性。类案检索制度的创立本应当成为裁判者的得力助手,尤其对于一些习惯于传统方式审案的裁判者而言,作为一个新进创设的制度,缺少具体的操作步骤,无疑是对裁判者施以的一种负担。目前检索平台的多源性,其内含的案例资源并不完全相同,加之类案检索并未建立一个统一的操作平台,致使审判实践中裁判者采用不同的检索平台会出现不同的检索结果。另外,对于系统的完善有赖于反馈机制的运行。类案检索制度的运行缺乏司法实务中裁判者的有效反馈,致使其无法在系统研发与使用体验之间有效地沟通往返,也是制度在技术层面的一大缺漏,影响其自身系统的改进与完善。

其次,类案检索及其关联机制在运行的监督机制上不够完备,缺乏制约性。对于类案检索及其关联机制在审判实践中的运行由于缺乏必要的监督制约机制,很可能出现两个极端。一个可能的极端是规范性文件虽然对类案规定了“强制”检索,但并未对不履行检索义务者施加相应责任,这种“强制”在司法实务中形同虚设。另一个可能的极端则是规范性文件规定了类案检索后发现法律适用不一的一系列流程。质言之,裁判者对于类案检索结果具有回应的义务,需要一系列的流程方可作出不同裁判。在大数据系统中存在良莠不齐的裁判文书的当下,司法实务中的裁判者很可能就会动摇自身内心的确信盲目选择在先的裁判规则,而忽略了个案的实质正义与裁判规则的正当性纠偏。在内部如何通过相应的规则制定来保证院长、庭长的监督管理权发挥整体调控与纠错作用,在外部如何保证涉案人或普通公众监督权的有效行使等这些系统化规则的缺失,致使对于此类问题缺乏内外部相应的监督防范机制。

综上所述,类案检索制度及其关联机制作为司法责任制下审判过程中所设立的一种统一裁判尺度的新方法,对裁判者拓宽裁判思路、准确定位规范、统一裁判标准起到积极的助推作用,也是实现案判对应性关系的不可或缺的途径之一。

同时,如同案例指导制度中提供的作为“比对标准”的“类案”一样,能够检索的只是仅提供案件法律结构而过滤掉了案件社会结构的“类案”,以及仅提供案件法律裁判模式而隐藏起了案件社会裁判模式的“类案”,这就导致了类案检索制度与案例指导制度一样会过分关注案判对应关系中“外在类同”的价值诉求,而有可能忽视案判对应关系中“内在均衡”的价值诉求,而在案判对应关系中这两种价值诉求都是司法正义的不可或缺。所幸类案检索制度还处于“幼稚”阶段,当下的“司法定位”仅是裁判者进行司法判断的一种新型的辅助方法,主要是为裁判者的裁判过程提供便利。无论从自身算法到数据库数据、从检索方法再到约束机制等,未来的成长空间都巨大。在以后能够检索到的作为“比对标准”的“类案”中,除提供案件法律结构之外也提供相应的案件社会结构、在提供案件法律裁判模式的裁判结论的同时也提供相应的案件社会裁判模式的裁判评价,应该成为一个可以完善的选项。

(三)案件结构对案判对应关系的影响

刑事案件结构中的案件社会结构各因素的存在,增加了案判对应关系的复杂性和不确定性。尽管通过不断地探索与试点,最高司法机关逐步推行一系列司法改革措施并将其运用到司法实践中用以指导与辅助裁判者进行定罪量刑的裁判活动。但所谓“实践出真知”,理论法则须经过审判实践的检验,在发现相关司法改革举措在司法实务中取得一定成效、对于案判对应关系的实现起到一定的促进作用的同时,也应当意识到由于自身内容与制约机制方面的不足,相关的司法改革举措并未真正如预期般发挥如此巨大的作用,各制度的相关方面亦有待予以完善。出现背离案判对应关系裁判的现象,其背后的原因极其复杂,很难通过简单的制度设计在短时间内予以彻底根除。化解背离案判对应性的困境并非案例指导制度、量刑规范化改革、类案检索及其相关机制的运行所能完全承担,只能在一定程度上对于背离现象予以缓解。故而,基于刑事案件结构来看待案判对应关系,应注意以下几点:

第一,对案判对应性关系的要求不得违背罪刑法定原则,要严格依“法”裁判、避免盲目适用以及避免案件社会结构对司法裁量的过度影响。罪刑法定原则作为刑事领域原则中的原则,只有在司法实践中予以贯彻,才不至沦为一纸具文。我国毕竟非判例法国家,裁判者在面对在审案件时,依“法”裁判依然是首要任务,且贯穿始终——以刑法文本规范作为裁判的主要依据。只有当刑法文本规范对在审案件中的事实要素认定与裁量并无明确条款予以适用时,裁判者方可借助对案判对应性的恪守要求进行搜寻比对予以适用。案判对应性关系可向上追溯至法律平等原则,对于裁判内容正确性的要求首先为合法性要求,其优先于法律平等原则。司法实践中,裁判者在恪守案判对应性要求选择适用同等案件之前应当先在刑法文本规范中予以考量,避免不加质疑地予以盲目适用。

第二,对案判对应性关系的要求不得违背罪刑均衡原则,裁判可以适度考量案件社会结构因素,但不可恣意逾越。一则,案判对应性的要求更多地强调在空间维度上的平等。当随着社会的发展,原先所形成的案判对应性关系已不再适应当下法律状况的前提下,裁判者不仅有权利,更是有义务去改变过去存在的裁判规则。裁判者在刑法文本规范无明确规定,需要借助案判对应性来确定裁判规则时,避免不加怀疑地盲目崇拜,敢于在裁判文书中将相应的理由予以阐明。当然,这些被改变的案判对应性关系并非在其作出的时候就得不到支持,而是随着法环境的改变需要基于新的视角去构建案判之间新的对应性关系。二则,对于超出案判对应范围的过度苛求实质上是对具体在审案件刑罚个别化的一种无视。刑罚个别化是从刑罚的特殊预防角度出发,要求进行量刑考虑时应当考量被告人的人身危险性大小,旨在关联被告人与刑罚之间所具有的等价关系①,要求对被告人处以与其人身危险性相当的刑罚。但其并非对罪刑均衡原则的一种否定,而是罪刑均衡原则的应然之义,两者并非矛盾关系,真正价值便在于促使个案实质正义的实现。刑事文本规范只是对于一般正义的体现,但由于文本规范不可避免的局限性,其并不能直接应用于具体的在审案件。质言之,一般正义并不能当然地转化为个案正义,需要裁判者能动地将文本规范进行合理解释来使个案正义得以实现。但对于刑罚个别化的要求并非毫无边界,需要遵从罪刑均衡的一般原则,以犯罪的社会危害性为主要依据。一味地追求案判对应性关系的实现而超出对应范围的要求致其机械化适用,必会使裁判者在裁判过程中忽略掉被告人的特殊性、漠视刑罚个别化、简单地认为犯多大罪就应当判多重的刑。

第三,过度苛求案判对应性关系具有极其恶劣的负面影响,一方面,过度苛求案判对应性会割裂形式正义与实质正义之间的联系。案判对应性关系的提出本质上是为了防止裁判者的自由擅断、保障人权,符合形式正义的要求。但现实生活中每一个具体在审案件各不相同,即使具有相同的定罪事实,也会存在表征被告人身危险性的诸多量刑事实方面的差异。裁判者的裁判过程是将一般性的刑法文本规范适用于个案之中,实现个案的实质正义。质言之,裁判者既要考虑到形式正义的要求,同时又要兼顾具体个案的特殊情况,即既要以案件法律结构为基准裁量罪刑关系,又要兼顾案件社会结构因素对裁量罪刑关系的影响,确保个案实质正义的实现。随着社会的发展,实质正义会不断地被重复,这种个别性就会转变为一般性,久而久之转化为一种形式正义,延续法的确定性指引价值。若过度强调案判对应性的要求,而不顾具体个案的差异超出

① 参见陈兴良:《刑法适用总论》(上卷)(第3版),中国人民大学出版社2017年版,第53~56页。

对应范围予以适用,势必会抹杀实质正义,与案判对应性关系提出之初衷背道而驰。另一方面,过度苛求案判对应性关系与裁判的功能价值相冲突。裁判者所进行的裁判活动具有判断功能与解决纠纷功能。① 判断功能与裁判者的裁判活动相伴而生,判断指向明确既可为公众提供行为上的指引,同时又为司法机关树立应有的权威形象。刑事裁判过程中,无论是被告人抑或被害人都不可能获得双赢,势必有一方承受不利判断。虽然国家强制力能够保证裁判者裁判的落实,使其产生负有法律效力的约束力,但其并非一种最佳选择,仍然要靠公众的自觉遵守来实现法律的指引作用。而公众自觉遵守的前提是该判决建立在合法合理的基础之上,公众对于裁判者行为与权威的普遍认同与肯定。解决纠纷功能则体现在刑事裁判的终局性方面,无论是被告人还是被害人通过裁判者的裁判固化社会关系,对于相关当事人而言此事"到此为止",使相关涉案人的生活得以继续,避免缠诉现象的出现。

第四,过度苛求案判对应性关系致其超出对应范围而机械化地予以适用,虽然在短时间范围内,从表面上提高了司法效率,但其或因违背罪刑法定、或因忽略个案正义而导致量刑失衡,都会在一定程度上降低公众对于司法机关权威地位的认同感,甚至增加对社会不满的负面情绪,滋生报复社会的不安定因素,从而加大社会治理的成本,为社会秩序等方面埋下隐患,因此,对于案判对应性的追求不可盲目为之。质言之,对于表征罪刑平等的案判对应性的遵从是罪刑法定、罪刑均衡原则在司法实践中实现的完美图景,通过案判对应性的要求既可以达到统一法律解释的效果,同时又可以防止司法腐败、"暗箱"操作,实现司法适法的公正性,但裁判者在进行司法审判的过程中却不能为了实现所谓"绝对地同'判'"而不顾文本规范自身内容或个案正义的要求而恣意运用自由裁量予以机械适用,使案判对应性的遵从成为附加在裁判者身上的一副沉重的"枷锁"或其恣意行使自由裁量的一副伪装的"面具"。裁判者在进行司法实践活动的过程中应当严格遵守罪刑法定原则与罪刑均衡原则,将其作为一条不可逾越的警戒线,避免对案判对应性关系的恪守绝对化与万能化。

① 参见陈绍松:《司法裁判的合理可接受性》,中国政法大学出版社 2017 年版,第 104 页。

六、结语

研究案件结构是为了“可以预测和解释案件的处理方法”①,亦即解释“案”与“判”之间的对应性逻辑或规律,并试图预见案件的裁判在多大程度上能够做到平衡与均衡,即公平与正义。布氏理论从行为主义法学的角度对法律生活进行科学分析,观察法律的运行状态与法律行为参与人的行为,并根据社会生活的各种形式预测并解释其运作逻辑与规律。但对案件裁判过程中各种具有社会特质的非法律因素是如何加入案件的裁判过程,又是如何影响案件的裁判结果的,由于其并没有进一步研究案件社会结构因素与案件法律结构因素之间的关系,以及基于案件法律结构而进行裁判的法律模式和基于案件社会结构而进行裁判的社会模式之间既背离又契合的关系,作为社会学家的布莱克也就没有给出路径或答案。只是提出了旨在消减这种司法差别待遇的,如“法律的非社会特征化”“社会的非法律化”“法律合作社团”等一系列改革建议方案。近几年我国提出的一系列司法改革措施,如案例指导制度、量刑规范化改革、类案检索等制度,以及理论研究和司法实践中频繁出现的“同案同判”“类案同判”“同案异判”等讨论也是对这一问题的回应。但能否在一定程度上解决这一问题,还有待进一步观察。

在当前的司法责任制改革的大背景之下,结合人工智能、大数据等科技工具,司法机关在司法实务中创设了案例指导制度、进行量刑规范化改革并建立强制类案检索制度等法律适用分歧解决机制。它们虽为我国刑事案件审判工作带来了助力与方便,但在上述所研究的案件结构理论的视角下考量,其制度在解决这一问题上的缺陷仍然值得关注。

第一,针对案例指导制度运行中存在的被告人援引较少、裁判者未能有效履行“强制回应”义务,采用隐晦做法阻碍案例指导制度的效力实现的问题。最高人民法院简化裁判者价值判断的出发点是好的,但应了解价值判断与法律规范的形成过程不同,价值判断更多依赖于经验而非逻辑,从一定意义上讲,就裁判的作出而言,逻辑推理只是辅助,只能保证结果符合逻辑,核心仍在价值判断,因此规范自由裁量权不能仅将希望寄托于案例指导制度。

第二,在量刑规范化改革中,针对量刑指导意见的标准化问题,其普适性、

---

① [美]唐·布莱克:《社会学视野中的司法》,郭星华等译,法律出版社 2002 年版,第 6 页。

实践性与强制性均应立足于司法实践,以实践案例的有效反馈来助力量刑标准化工作的推进。针对自动量刑系统的运行局限,一方面,算法层面可以继续加强,亦可根据我国法治建设未来发展方向着重培养相关专业的复合型人才,通过专业结合的方式推进法治建设的进程并促进法律制度的完善,为我国的法治建设准备一套强有力的"组合拳",如计算机与法律的结合、生物与法律的结合、医学与法律的结合等,在法律思维的层面打通专业壁垒,提高案件事实向法律事实转化的速率与质量。另一方面,约束与监管的职责可以交给法官来做,即人工智能负责根据输入的案件事实与法律规定给出判决,判决的下达与执行仍需要法官亲自完成。可以类比法律职业资格考试改卷的模式进行:先由人工智能对案件进行事实筛选与法律适用,再由经办法官把关审查;如果经办法官认为需要修改即写明修改理由与依据,提交审判委员会或者所在庭庭长,由上一层讨论决定。案件细节方面,可以直接将该细节输入系统,搜寻并明确先例中的适用逻辑与依据。为了便于经办法官监督,也可在编写程序时增设"推理过程"选项,将人工智能系统的推理过程清晰呈现于裁判者眼前,应当可以在一定程度上减少算法偏见与系统的不当使用,以减少司法人员的适法恣意。

第三,类案检索机制是近年来在我国司法系统中大力推行的关联案件检索制度,类案检索机制在裁判过程中给裁判者提供了极大的便利,融合了法律大数据与人工智能的先进技术为裁判者带来大量可参考印证的先例,填补了案例指导制度的一些疏漏使其可适用范围进一步增大,灵活多变的应用场景与方式使其具有极强的可塑性——不仅强化了裁判者对于自身所作裁判的终局确信,还大大扩展了裁判者在整个裁判过程中的视野。虽然在使用过程中还存在着诸多问题(技术层面存在诸如标签化搜索很难实现精准定位与匹配,数据库资料来源难以统一、难以精准适用等各方面的问题;还包括人工智能系统本身的格式化预设所导致的机械与僵化使智能系统的筛选结果可靠性降低的问题;制度的应用中也存在规定不完善、缺乏可操作性、缺乏监督机制等问题),但并不能因此放弃"治疗"。

毋庸置疑的是案例指导制度、量刑标准化改革以及类案检索机制可以使原本封闭在个案中的案件事实与刑法条文各自产生不同的信息流,一方面为裁判者解决类似案件提供参考与依据,使他们能更理性地作出裁判、更确信地使用法律;另一方面赋予刑事案件以适当的灵活性,使规范与事实的符合性判断得以更准确适用于纷杂的生活事实。刑事案件结构的核心问题就在于裁判者对于裁判方式的选择与衡量，无论是崇尚规则的法律裁判模式还是结果导向的社会裁判模式，都必然存在其自身局限。选择从案件结构的视角就刑事案件裁判的实践现状与制度对策进行探讨，或许能够为刑事案件的“可以预测和解释案件的处理方法”、如何裁判才能做到“案”与“判”之间外在平衡与内在均衡的对应性达致公平与正义抑或无限接近公平与正义提供一个不一样的思路。

刑事裁判功利性现象研究

——兼论刑法规范的司法适用*

目　次

一、前言

在当今我国刑事法治生态中,不能忽视的一个现象就是

---

* 原载赵秉志主编:《刑法论丛》第31卷,法律出版社2012年版,第81~120页。与赵秉志教授合著。

刑事裁判功利性色彩的日益浓厚。其突出表现就是在裁判过程中追求“案结事了”的裁判结果,或者说强调“法律效果与社会效果的统一”,而这逐渐或正在成为中国司法的一道独特的风景线。①

自2009年起,赵秉志教授已连续三年在《法制日报》等报刊上针对当年发生的具有重大法律及社会影响力并对我国刑事法治建设进程产生显著影响的刑事案件进行点评。2009年点评了十大案件,得出的结论是“中国刑事司法更加理性趋向成熟”;②2010年点评了八大刑事案件,得出的结论是“热点案件倒逼刑法规范完善”;③2011年又点评了十大刑事案件,与前两年相比,2011年所点评的十大刑事案件最明显的特点是更加关注裁判法律效果与社会效果的平衡,比较典型的案例如“河南瘦肉精案:严惩犯罪　关怀民生”“药家鑫故意杀人案:司法应理性面对公共舆论”“李昌奎故意杀人、强奸案:重塑死刑的‘标杆’”“河南天价过路费案:司法裁判与公众认同的撕裂与缝合”等。④

如果再进一步仔细考察上述几年这些重大刑事案件,除去某些明显属于社会政治及刑事法治敏感性案件,如众所周知的“陈同海特大受贿案”“开平案主犯在美被判刑案”“赵作海死而复生冤案”“文强庇护黑恶落马案”等案件外,剩下的案件从表面上看,几乎都是由于涉及刑法相关规范在这些案件的裁决过程中该如何适用,或者说如何在现有的刑法规范框架内裁判这些案件的问题,而成了当年最具重大法律及社会影响力的刑事案件。从1997年《刑法》生效到现在(2012年),不过就十几年的时间,我国刑法修正案已达至8个,刑法规范的数量正在以前所未有的速度增长着、膨胀着,却仍不能有效解决司法实践中发生的各种具体案件,刑法似乎正在遭遇着前所未有的“风险”与“尴尬”。是刑

① 关于如何看待“这道风景线”,笔者曾在《当今中国法官角色视野下的裁判理性》一文中指出:当今我国司法裁判行为,从“了断纠纷”开始,到“案结事了”结束,裁判的最高境界是法律效果与社会效果的有机统一,而非过分在乎能否呈现完美的“规则之治”。这一裁判现象彰显了一种在东方与西方法律文化之间穿行超越的裁判理性,表现为裁判文化的融合;揭露了一种仍在传统模式与现代模式之间彷徨徘徊的裁判理性,表现为裁判方式的转变;昭示了一种正艰难地在工具理性与价值理性之间选择取舍的裁判理性,表现为裁判价值的重构。参见赵秉志、张心向:《法官角色视野下的裁判理性——以2005“中国法官十杰”先进事迹介绍为分析范本》,载《法律科学(西北政法大学学报)》2009年第5期。

② 参见蒋安杰、徐伟:《著名刑法学专家赵秉志点评2009年十大刑事案件》,载《法制日报》2010年1月5日,第10版。

③ 参见蒋安杰:《著名刑法学家赵秉志点评2010年八大刑事案件　热点案件倒逼刑法规范完善》,载《法制资讯》2011年第1期。

④ 参见《中国审判》编辑部:《〈中国审判〉2011年20大案》,载《中国审判》2012年第1期。

法规范在立法创制环节中就存在问题,还是纯粹地在司法适用环节上存在问题,抑或在二者之间的互动环节中存在问题?当我们试图在理论上深度思考这些问题的时候,却渐渐发现在这种刑法规范司法适用过程中的各种矛盾与冲突问题日趋激烈现象的背后,所隐含的问题固然多种多样,但刑事裁判功利性的价值追求,却是让我们不得不深思又不得不面对的一个最现实的问题。

包括上述这几年所点评案件在内的刑事裁判中的个案裁判,实际上都是带有明确功利性追求的裁判,裁判目的主要是通过解决具体现实问题去维护社会一般正义价值,而不会是仅仅考虑完成案件裁判维护抽象的司法正义,从而表现为一种“通过法律的社会控制”(罗斯科·庞德语)。刑事裁判中个案裁判的这种功利性追求,要求刑法规范必须具有契合具体案件事实的实践变通性,与刑法规范基于安全性的要求而必须具备的普遍而稳定的确定性之间的矛盾不可避免。如何结合刑法规范的司法适用,去认识刑事案件裁判过程中为何追求功利性裁判结果、应该追求何种功利性裁判结果以及如何追求功利性裁判结果,就成为笔者拟思考、探讨的主要问题。笔者也希冀通过对这一问题的研究,为当下我国刑事司法实践中刑法规范适用的伦理问题,提供一个哲学意义上的思考视角。

二、裁判功利性追求的实质

(一)西方功利主义思想考察

众所周知,近代以来功利主义是占据西方道德和政治哲学主导地位的理论之一。功利主义的基本立场是:任何行为,包括立法、司法以及公共政策等的最终判定标准,是其在行为之后可能达到的功利水平。换言之,凡是能够最大限度地促进最大功利之发生的行为,就是一个妥当的行为;反之,则是失当的行为。一切举措都应该通过功利原则进行最大限度的检验。具体说来,就在于看其是否指向了社会整体功利的最大化,也就是人们俗称的是否谋求了“最大多数人的最大幸福”。功利主义的代表人物虽有若干,但“我们必须将关注点集中在杰里米·边沁(Jeremy Bentham,1748~1832年)和约翰·斯图亚特·穆勒(John Stuart Mill,1806~1873年)的著述上”。[①] 边沁将功利定义为:有这样一

① [美]E.博登海默:《法理学:法律哲学与法律方法》,邓正来译,中国政法大学出版社2004年版,第109页。

种原则,即根据每一种行为本身是能够增加还是减少与其利益相关当事人的幸福这样一种趋向,来决定赞成还是反对这种行为。其中最大多数人的最大幸福乃是判断是非的标准。具体到法律的意义,他指出:法律的全部作用可归结为下述四个方面:供给口粮、达到富裕、促进平等和维护安全。在这四个方面中,安全是主要的和基本的目标,平等是仅次于安全的目标。① "穆勒在解决法律哲学的一个主要问题时所采取的研究进路与边沁不同,这个问题就是应当给予正义观念以多大的重要性。"②边沁将正义完全置于功利的命令之下,而穆勒认为正义的标准应当建立在功利之上。穆勒在其《功利主义》一书的第五章"正义与功利"中,从安全、权利、正义感、平等、利益的角度对正义与功利的关系进行了分析。最后,他指出:"司法中的第一美德,公正,作为一种正义义务成为履行其他正义义务的必要条件,部分原因便是基于上述内容。"③当然,他依然没有回答对于功利主义无视牺牲少数人的利益来成全大多数人利益的批评。这也是功利主义一直以来遭受的最大诘难,即功利主义者在追求社会最大福祉的同时,有可能会忽视社会中个体的正当权益,进而会损害到个体的正当利益。所以,罗尔斯对功利主义的批判正是围绕正义原则的论证以及如何分配社会正义而展开的。

罗尔斯认为,功利主义功利原则的诉求是整体性推理方式,其目标是社会整体功利的最大化。所以,从原则上来讲,当侵犯个体的平等自由和权利可以使社会功利最大化时,人们可以这样做;当限制一些人的平等机会能够更好地维系社会的稳定,并因此而有利于整个社会的总体利益时,也会赞成这样的行为,而不会认为这有什么不正当。在罗尔斯看来,功利主义是将应用于个体的理性抉择原则应用于整个社会的选择。这样一种推理方式忽略了个体之间的分离性(separateness)与独特性(distinctiveness)事实。④ 因为我们知道,个人在追求其利益的过程中都必然面临着权衡利弊得失的问题。为了追求

① 参见[美]E. 博登海默:《法理学:法律哲学与法律方法》,邓正来译,中国政法大学出版社 2004 年版,第 110 ~ 111 页。

② [美]E. 博登海默:《法理学:法律哲学与法律方法》,邓正来译,中国政法大学出版社 2004 年版,第 113 页。

③ [英]约翰 · 斯图亚特 · 穆勒:《功利主义【全新译本】》,叶建新译,中国大百科全书出版社 2009 年版,第 100 页。

④ John Rawls, *A Theory of Justice*, Harvard University Press, 1971, p. 24. 转引自杨伟清:《罗尔斯正义理论中正当优先于善的三种模式》,载《哲学动态》2007 年第 5 期。

利益的最大化,为了使其理性的生活计划能得到充分的实现,人们可能会牺牲当前的欲望和偏好,牺牲当前短暂利益而追求未来的长远利益。功利主义者据此就得出这样的结论:既然个体为了实现利益的最大化,可以就当前的利益和损失与未来的利益和损失进行权衡和置换,那么,整个社会为了实现功利的最大化,同样也可以对不同个体的利益和损失进行权衡,为了实现多数人的最大利益而牺牲少数人的利益。但个体之间的交易毕竟不同于个体内部的交易。如果应用这一功利原则去进行社会决策,由于一切都要取决于极不确定的功利计算,个体的平等自由和权利就可能无法稳固地确立起来。

为此,罗尔斯在《正义论》中提出了两个正义原则:"第一个正义原则:每个人对所有人拥有的最广泛平等的基本自由体系相容的类似自由体系都应有一种平等的权利。第二个正义原则:社会和经济不平等应这样安排,使它们:(1)在与正义的储存原则一致的情况下,适合于最少受惠者的最大利益;并且,(2)依系于在机会公平平等的条件下职务和地位向所有人开放。"①

第一个正义原则规定和保障人们的各项基本平等自由,第二个正义原则规定在正义社会中人们应该平等地享有各项基本自由。罗尔斯在两个正义原则的安排上,特别强调第一个正义原则相对于第二个正义原则的优先性,即只有在满足了所有人的基本平等自由之后,才能涉及社会利益和机会的分配。不能因为较大的经济利益而侵害到公民上述基本权利和自由。所以,罗尔斯作为公平的正义理论并不追求总体功利的最大化,而是要为社会基本结构的设计和制定提供一种公平合理的方案。通过将个体的平等权利和自由嵌入该理论的两个正义原则之中,并赋予它们至上的优先性,作为公平的正义理论就可以稳固地保障个体的平等权利不会受制于总体的功利算计,个体的平等权利和自由就被确定下来。可见,罗尔斯对正义的选择也超越不了以对社会各种基本利益的分配为前提,也正因如此,罗尔斯"可能不是一位功利主义者,但是《正义论》的理论则是功利主义的"②。这正如当代著名政治哲学家威尔·金里卡(Will Kymlicka)所言,"功利主义在我们的社会里是一个不言而喻的背景,其他理论不得不在这个背景下出场和论证"。③

---

① [英]约翰·罗尔斯:《正义论》,何怀宏、何包钢、廖申白译,中国社会科学出版社1988年版,第292页。

② [加]J. 纳维森:《罗尔斯与功利主义》,姚大志译,载《世界哲学》2011年第1期。

③ [加]威尔·金里卡:《当代政治哲学》(上册),刘莘译,上海三联书店2004年版,第20页。

(二)裁判功利的正义性追求

我们知道,裁判正义是案件裁判中的终极价值追求,刑事案件裁判中的功利性追求,说到底就是如何在裁判过程中实现案件裁判的正义价值。在当下我国司法界,裁判功利的正义性追求就是表现为在“案结事了”的各个裁判环节,如何分配案件裁判中的“利益”才是正义的:是以牺牲个案裁判中的“小利益”,来成全满足社会需求的“大利益”;还是优先考虑个案裁判中的“小利益”,而后再考量社会“大利益”的需求?抑或还有其他分配方式?功利主义的正义观不同,分配“利益”的程序或方法就不同,从而导致案件裁判过程中刑法规范适用的价值判断目的与逻辑推理方法也就不同,最终裁判的结果就有可能大相径庭,刑法规范在司法适用过程中的各种矛盾与冲突问题也就由此产生。比较典型的就是“李昌奎故意杀人、强奸案”。[①] 该案的二审结果与再审结果,生死两重天,如果说在二审中云南省高级人民法院表现为“是以牺牲个案裁判中的‘小利益’,来成全满足社会需求的‘大利益’”的话,那么,在再审中则是“优先考虑个案裁判中的‘小利益’,而后再考量社会‘大利益’的需求”。经过这一“折腾”,最直接的结果,就是不仅使司法的权威与公信力荡然扫地,也严重损害了司法正义。这让我们不得不、又不能不去思考刑事司法裁判在追求功利性裁判价值的同时,应该如何坚守裁判的道德伦理问题,抑或坚守何种裁判的道德伦理问题,这本身就属于裁判功利的组成部分。

既然裁判正义是刑事案件裁判中的终极价值追求,案件裁判中的功利性追求又不可避免,那么,要研究的问题也就简化为:在刑事司法裁判过程中,追求何种功利,才是“正义”的?

三、功利性裁判的两种模式

网络媒体的迅猛发展,为我们观察、研究一些司法裁判现象提供了一些素材和途径。如果仔细观察晚近十几年,包括本文第一作者赵秉志教授点评案件在内的所有见诸媒体的具有一定重大法治及社会影响力的案件,就会发现,法官在刑事案件裁判过程中,这种功利主义的裁判主要呈现出两种模式:一种是

---

① 参见李昌奎故意杀人、强奸案,云南省高级人民法院(2010)云高法终字第1314号刑事判决书;李昌奎案,云南省高级人民法院(2011)云高刑监字第68号再审决定书。

行为功利主义裁判,另一种是规则功利主义裁判。[①]

(一)行为功利主义裁判

行为功利主义认为"功利"是判定行为正确与否的唯一标准,即根据行为自身所产生结果的好与坏来判定行为的对与错。假设甲需要在 A 和 B 两种不同的行为之间进行选择,如果 A 与 B 相比能产生更好的结果,那么甲选择 A 就是正确的,选择 B 就是错误的。在行为功利主义看来,道德规范只是一种经验法则,如果这种规范对某种具体行为来说能够符合功利最大化的要求,人们就要遵守它;相反,如果其不符合功利最大化的要求,人们就可以违反它。[②] 所以,行为功利主义认为,任何行为都要以功利最大化的实现为直接目的,个人利益只是社会利益的一部分,其可以为了社会利益最大化而损害某些个人的利益,而唯一重要的就是功利最大化,这样作为正义最重要基础的个人就没有任何独立的价值,权利、平等和分配正义原则本身也就没有了任何独立的地位。对于行为功利主义来说,正义原则应该是"实验性的"和"经验性的",[③]它与其他经验法则一样,本身没有任何独立的价值,其之所以重要只是因为它是功利最大化原则的必然要求而已。

这种行为功利主义理论的评价方法是依据行为本身所产生后果的善与恶来判断道德行为的有效性,追求在每一种环境条件下所能产生的最大快乐。它只考虑一个行为的直接效用,着重用行为的直接效用来判定人的行为的正当性,而没有考虑这个行为是否符合道德准则或法律准则而对社会带来的利益总量的增减。它因过多考虑事实后果,强调情境特殊性,而反对规则的普遍约束力,具有一种实用主义的倾向。所以,在刑事司法裁判中,行为功利主义的裁判多表现出重视经验的实用主义裁判特点。为此,我们将行为功利主义价值观下的实用主义裁判,归结为以下几个特点。

1. 以裁判结论需求来考量法律规范在具体案件的裁判中该如何适用。实

① 这主要以"是否主张把功利最大化当作功利主义理论的直接要求,即在任何时候、对任何行为和原则都要求实行功利最大化"为标准划分。行为功利主义主张对功利追求最大化;规则功利主义并不主张直接追求功利最大化,而应该在追求功利最大化的过程中受到合理性的限制,其关注的重点是如何在这种合理性限制的基础上更好地追求功利最大化。

② 参见晋运锋:《当代西方功利主义研究述评》,载《哲学动态》2010 年第 10 期。

③ J. J. C. Smart, *Distributive Justice and Utilitarianism*, in John Arthur and William H. Shaw eds., Justice and Economic Distribution, Prentice-Hall, 1991, p. 108. 中文文献,参见晋运锋:《当代功利主义正义观研究》,吉林大学 2011 年博士学位论文。

用主义的审判,是一种以裁判后果为导向的审判,法官往往以对判决后果的考量与权衡来取代对于法律规则的严格适用,即以判决可能导致的结果为依据而非绝对按照制定法规则来决定裁判的内容。在处理案件时,法官会对摆在其面前的各种可供选择的裁判规则所可能造成的后果予以审慎考量,权衡利弊,[①]以求裁判利益最大化。也就是说,在案件正式进入"裁判的轨道"之前,首先对案件有一个基本的价值判断,以确定裁判该案的价值诉求,这在当下的案件裁判中主要表现为"事了",抑或称之为"了事"或许更恰当。这样,整个司法裁判过程会呈现出"三段论的倒置"现象。先有"裁判结论",再行"逆推试错","试错的过程产生判决。试错的过程决定着它们再造自身的权利"[②]。特别是"当事实和法律因素不确定时,法官就常常会从他直觉地认为公平的解决方案出发,只是到了司法决定的形式起草阶段才使用三段论推理。我们可以称之为倒置的三段论,'上升式的'或'逆退式的'三段论。此时法官就会运用其选择前提的自由,以制作出能够证明已定结论的三段论"[③]。众所周知,近几年陆续发生的北京"天价葡萄案"、广州"许霆案"[④]以及众多的非典型性类型案件的裁判过程,几乎都是这种裁判现象的实证。

其实"天价葡萄案"的案情并不复杂。2003 年 8 月,4 名外地来北京的民工,进入北京农林科学院林业果树研究所葡萄研究园内偷摘葡萄约 47 斤。殊不知此葡萄系科研新品种,民工的行为导致研究所研究数据断裂。北京物价部门对被偷的葡萄评估金额为 11,220 元。据此,当时 4 名民工中除一人因年仅 16 周岁且"情节显著轻微"被拘留外,其余三人均被批准逮捕。

首先,该案中 4 名民工选择深夜,利用无人看护之机,翻墙进入葡萄园内偷摘葡萄,行为性质显然是"偷",在这一点上,他们实施行为时,很显然是完全具备了《刑法》上所要求的盗窃罪的"明知"要素,即行为人明知自己行为具有违法性质;其次,盗窃罪主要是数额犯,在通常情况下盗窃财物的数额达到一定标准才构成犯罪。该案的犯罪对象是处于科研试验阶段的非商品,其数额价值自

---

① 参见[英]尼尔·麦考密克:《法律推理与法律理论》,姜峰译,法律出版社 2005 年版,第 125 页。

② [美]本杰明·内森·卡多佐:《法律的生长》,刘培峰、刘骁军译,贵州人民出版社 2003 年版,第 28 页。

③ [法]雅克·盖斯旦、[法]吉勒·古博:《法国民法总论》,陈鹏等译,法律出版社 2004 年版,第 40 ~ 41 页。

④ 参见广东省广州市中级人民法院刑事判决书,(2008)穗中法刑二重字第 2 号。

然不同于一般普通物品,"天价"葡萄最初定价为11,220元,是由北京市物价局对包括研究人员的工资、农林化肥价格、水电费价格等内容调查取证后评估得出的结论,应该说是有一定道理的。关键是如果本案的盗窃数额就是11,220元,就属于数额巨大,视情节犯罪嫌疑人有可能被判处3~10年有期徒刑。然而,无论是该案行为人还是一般百姓,都难以从心理上认同这个结论。因为从道德的视角看,行为人的行为无非一种小偷小摸的行为,并没有想到自己偷吃偷摘的竟然是"天价葡萄",竟然和自家的黄牛、四轮车等价值相当。以47斤葡萄对"民工"如此定罪量刑,让人产生一种是否公正的疑惑,从而促使人们开始思考刑法上的条文是否切实地保护了人民也保障了人权,即实现了正义的问题。于是,就有了北京市物价局的再次估价,最终认定被偷葡萄的价值为376元,据此,3名被逮捕的民工被无罪释放。道德的困惑迎刃而解,而把裁判的困惑留给了法官。这样以裁判结论需求去考量法律规范的选择适用,是否属于"正义之裁判"?

广州"许霆案"也是一样,最初一审判决许霆行为属于盗窃金融机构,且数额特别巨大。按照当时《刑法》第63条第1款的规定,亦不具备法定的减轻处罚情节,而不能在法定刑以下判处刑罚。所以,依法判处法定最低的无期徒刑,从纯粹案件裁判中刑法规范适用的角度看,该案应该没有多少可圈可点的地方。为何判决一出,却出乎意料地在社会上引起了轩然大波?现在想来,实际上从一开始,对"许霆案"定盗窃罪就不成问题,真正成问题的是在量刑上。之所以有这么多人替许霆开脱,是因为他们感觉刑罚过重。因为在老百姓的意识里,如果盗窃金融机构与无期徒刑及死刑画等号,就等于与罪大恶极画等号,必然就无法接受盗窃金融机构这个"罪行"、更无法接受以这样一种形式盗窃就可以判处无期徒刑,这实际上也很容易理解。首先,恶意提款必须以柜员机故障为前提,而这种故障很少发生,在银行尽到足够注意义务的条件下甚至有可能完全避免,因此,刑罚威慑对这类行为的现实意义不大。法律的重点应放在预防柜员机出错上面,而不是威慑储户。其次,利用柜员机"疯狂"实施盗窃,行为人的犯罪意念大大弱于普通盗窃,因而其主观恶性也非常低,如以法律所规定的极刑裁判,根本无法让人接受。最后,这种完全按照成文法规定的量刑,挑战了法律公平的底线。公众对许霆表示同情,很大程度上是对银行积怨的爆发,认为银行可以单方面规定许多不公平的服务条款强迫百姓接受,自己出错而"将错就错"的百姓却要付出如此重罚代价,法律的公平性就值得被怀疑了。这样,刑法条文的规定与大众道德情感之间就产生了冲突。如果不是不得不经过多次审判,先决定“轻判该案”,就不会有启用当时《刑法》第 63 条第 2 款的结果,许霆也就不会有只是被从轻判处有期徒刑 5 年这样的结果了。

2. 在个案裁判中,当实质正义与形式正义发生矛盾时,优先考量社会利益的实质要求。行为功利主义是一种情境功利主义,是根据行为自身所产生的好或者坏的效果,来判断行为的善与恶。与该问题相关的一个最著名的例子,就是 H. J. 麦克洛斯基(H. J. McCloskey)对作为一个功利主义者的法官可能会诬陷一个无辜者的批评。[①] 他假设一个小镇上的法官只能诬陷一个作为替罪羊的无辜者并致使其死亡,才能阻止一场严重骚乱的发生,而在这场骚乱中,成千上百的人将会被杀死。如果这个法官是一个行为功利主义者,则对于杀害非常多的人来说,诬陷并致使一个无辜者死亡的做法就是合理的。在我国也有一个类似案例,就是“肖某灵以危险方法危害公共安全案”(以下简称“肖案”)。[②]“肖案”在当时碰到的最大问题就是应该如何适用刑法规范:一个是《刑法》第 114 条以危险方法危害公共安全罪的规定;另一个是《刑法》第 290 条聚众扰乱社会秩序罪的规定。两个法条适用于“肖案”均存在障碍。适用前者的障碍是,肖某灵明知自己投寄的是食品干燥剂,而不是真正的炭疽杆菌,不存在危及不特定多数人的生命、健康安全、或者公私财产安全的现实可能,更不可能与放火、决水、爆炸、投毒[③]等危险方法的性质相当,它充其量不过是一种危害社会管理秩序的违法行为;适用后者存在的障碍是,聚众扰乱社会秩序罪,其构成要件要求“情节严重,致使工作、生产、营业、教学、科研无法进行,造成严重损失”,并且必须是聚众行为中的“首要分子”。很显然,肖某灵的行为基本上不符合该条规定的构成要件,不能以聚众扰乱社会秩序罪定罪量刑。

问题出在“肖案”的案发时间。当时是 2001 年 10 月,美国“9 · 11”恐怖袭击事件发生之后不久,同时美国国内又接二连三地受到炭疽杆菌邮件的侵扰,全球都深陷在恐怖不安的气氛中。恰在此时,“肖某灵通过新闻得知炭疽杆菌是一种白色粉末的病菌,国外已经发生因接触夹有炭疽杆菌的邮件而致人死亡

---

① H. J. McCloskey, *A Non-Utilitarian Approach to Punishment*, in Michael D. Bayles (ed.), Contempoary Utilitarianism, Peter Smith, 1978, p. 248 – 249. 转引自晋运锋:《当代功利主义正义观研究》,吉林大学 2011 年博士学位论文,第 5 页。

② 参见上海市第二中级人民法院刑事判决书,(2001)沪二中刑初字第 132 号。

③ 当时《刑法修正案(三)》尚未颁布。

的事件,因此,认为社会公众对收到类似的邮件会产生恐慌心理"①。肖某灵故而为之。所以,"上海市第二中级人民法院对本案审理后认为,被告人肖某灵通过向政府新闻单位投寄装有虚假炭疽杆菌信件的方式,以达到制造恐怖气氛的目的,造成公众心理恐慌,危害公共安全,其行为构成了以危险方法危害公共安全罪"②。这种明显以社会利益优先考量取代个案正义要求的做法,使得"肖案"判决一出,理论界哗然,已近口诛笔伐的地步。③ 而2011年云南省高级人民法院关于"李昌奎故意杀人、强奸案"的二审判决,又何尝不是如此呢! 如何理解"罪行极其严重"以及"如果不是必须立即执行"等刑法条文的规定,不能因为"最高人民法院要求,对该种类型案件,适用死刑要十分慎重。这是对'宽严相济'刑事政策的贯彻",④就可以与"与我国传统'杀人偿命'理念有着一定的差异"⑤。也不能仅就为了让"李昌奎不死"更符合我国目前限制并减少死刑实际适用的政策需要,就视个案的裁判正义于不顾,而作出超出中国社会普通大众常规思维的理解。

3. 依据经验裁判案件比遵循逻辑裁判案件更被重视。基于行为功利主义的实用主义裁判强调经验在具体案件裁判中的意义。正如霍姆斯在其《普通法》开篇中所言:"法律的生命不是逻辑,而是经验。一个时代为人们感受到的需求、主流道德和政治理论、对公共政策的直觉——无论是公开宣布的还是下意识的,甚至是法官与其同胞们所共有的偏见,在决定赖以治理人们的规则方面的作用都比三段论推理大得多。法律蕴含着一个国家数个世纪发展的故事,我们不能像对待仅仅包含定理和推论的数学教科书一样对待它。"⑥正是由于霍姆斯的这一论断,使他在很多场合被贴上了"反逻辑"的标签,但实际上似乎并

① 参见上海市第二中级人民法院刑事判决书,(2001)沪二中刑初字第132号。

② 参见上海市第二中级人民法院刑事判决书,(2001)沪二中刑初字第132号。

③ "肖案"后,《刑法修正案(三)》第1条将《刑法》第114条规定的"投毒"改为"投放毒害性、放射性、传染病病原体等物质"。这说明,《刑法》第114条规定的"其他危险方法"不包含"以传染病病原体的方法"。同时,《刑法修正案(三)》第8条规定:"刑法第二百九十一条后增加一条,作为第二百九十一条之一:'投放虚假的爆炸性、毒害性、放射性、传染病病原体等物质,或者编造爆炸威胁、生化威胁、放射威胁等恐怖信息,或者明知是编造的恐怖信息而故意传播,严重扰乱社会秩序的,处五年以下有期徒刑、拘役或者管制,造成严重后果的,处五年以上有期徒刑。'"应该说,被告人肖某灵的行为完全符合这条规定。这也从另一个方面说明了"肖案"当时裁判所存在的问题。

④ 时任云南省高级人民法院副院长赵建生就李昌奎案二审判决所作的解释。

⑤ 时任云南省高级人民法院副院长赵建生就李昌奎案二审判决所作的解释。

⑥ [美]小奥利弗·温德尔·霍姆斯:《普通法》,冉昊、姚中秋译,中国政法大学出版社2006年版,第1页。

非如此,霍姆斯在其许多论述中还是经常强调逻辑在司法裁判中的重要性的。如其在《法律的道路》一文中,他从不同层面分析了逻辑因素对于法律活动的不可或缺性,认为我们思考宇宙的条件就是它能够以理性的方式来被加以思考。从这个意义上说,法律和其他所有事物一样,确实是一种逻辑的发展。① 尽管如此,在行为功利主义的裁判中,依据经验裁判案件比遵循逻辑裁判案件更被重视,却是不容置疑的。无论是上述的“天价葡萄案”“许霆案”,还是“肖某灵以危险方法危害公共安全案”“李昌奎故意杀人、强奸案”的裁判过程,实际上都彰显了这样一种裁判道德诉求,这也就是霍姆斯始终认为的在裁判过程中起最重要作用的不是逻辑和规则,而是经验,这包括政策的考虑、政治道德理论、个人的偏见还有直觉。法官在裁判中不应刻板地适用规则,而应权衡社会利益,以作出最佳裁判。这也体现了实用主义裁判的特点:逻辑不能解决一切,逻辑不是推动法律发展的唯一力量。强调对法律的灵活适用。因为法律不是专供大家欣赏的艺术品,而是用于司法裁判过程的消费品,是用来解决问题、了断纠纷的。真正能够解决问题的做法不是对其做形式主义的生搬硬套,而应具体分析每个案件在事实方面的细微差别,同时考虑不同时期、不同社会利益的价值诉求,只有这样才能作出一个相对合理的判决。

(二)规则功利主义裁判

“一个规则功利主义者认为正确的行为是被道德规范所允许的行为,这种道德规范对主体所属的社会来说是最优的。一种最优的规范是被设计成最大化福利或善(因此,是功利)的。”②这种最优的道德规范作为一种“理想的道德规范”需要满足如下四个条件:(1)理想的道德规范必然足够简单,以至于能够被社会中绝大多数人所掌握;(2)要确定哪种道德规范是理想的,必须以社会的制度背景为基础,并且应该从长远的和整个社会的角度来判定道德规范的功利大小;(3)在遵守理想的道德规范时允许特例的出现,因为在某些特殊的情况下,遵守理想的道德规范对整体的功利会造成极大的损害,这时再极端地遵守这些规范会与功利主义的初衷相违背;(4)要使理想的道德规范变成我们现实

---

① 参见[美]霍姆斯:《法律的生命在于经验:霍姆斯文集》,明辉译,清华大学出版社 2007 年版,第 207 页。

② Richard B. Brandt, *The Real and Problems of Utilitarianism*, The Hastings Center Report, Vol. 13, No. 2, p. 38(1993). 转引自晋运锋:《当代西方功利主义研究述评》,载《哲学动态》2010 年第 10 期。

中所遵守的道德规则,不仅要求道德以利益来积极地培养人们对这些规范的遵守,而且要求道德以惩罚来消极地防止人们对这些规范的违背。[①]

所以,规则功利主义的评价方法是通过判断一个行为是否符合理想的道德规则,来衡量其功利大小的。也就是说,它是从那种对规则的遵从中可产生的对社会最大功利的行为,而不是依据一个具体行为所能产生的对个人有利或不利的后果,来判断是否增加了社会的最大利益。这样,规则功利主义在司法裁判中所考虑的就是被选用的裁判规则将导致的逻辑后果,必须是形式正义原则的体现。这个逻辑后果,也即任何深谋远虑的法官必须审视当下裁决可能蕴含的各种情形,他所关心的不是谁在事实上能否胜诉,而是从规则的角度看他是否应该胜诉。[②] 所以,在刑事司法裁判中,规则功利主义的裁判多具有法条主义的裁判气质。为此,我们将规则功利主义价值观下的法条主义裁判,归结为以下几个特点。

1. 主张以纯粹法条裁判案件,崇尚"规则"优先的形式主义裁判。规则功利主义认为,即使某种具体遵守规范的行为有损功利最大化,但是从总体和长远来看,这种行为仍然是与功利最大化的要求相符合的。[③] 规则功利主义的核心是规则崇尚,在司法裁判中就必然表现为法条崇尚。"法条主义被认为是一种司法行为的实证理论,它假定,司法决定都是由'法律'(the law)确定,而这个法律被理解为一套在正宗法律材料——诸如宪法和制定法文本以及同一或某更高层级法院先前的判例——中表达的,或是可以通过逻辑操作从这些材料中衍生出来的一整套已有的规则。"[④]所以,法条主义裁判严格遵守着"法律"的字面含义,"在法条主义者看来,法律是一个知识和技巧都自给自足的领地"[⑤]。所有的司法裁判结果都是从既有的、自给自足的法律中获得的,而不是、也不应该包含法官的个人因素。因此,这种司法裁判结果从整体上看是一个通过三段论而获得必然结果的过程,是一个"法律的统治而非人的统治"的过程。试想一下上述"天价葡萄案",还有"许霆案",如果严格按照法条字面含义,即《刑法》关

---

① Richard B. Brandt, *Morality, Utilitarianism, and Rights*, Cambridge University Press, 1992, p. 119. 转引自晋运锋:《当代西方功利主义研究述评》,载《哲学动态》2010 年第 10 期。

② 参见[英]尼尔·麦考密克:《法律推理与法律理论》,姜峰译,法律出版社 2005 年版,第 77 页。

③ Robin Barrow, *Utilitarianism: A Contemporary Statement*, Edward Elgar, 1991, p. 115. 转引自晋运锋:《当代西方功利主义研究述评》,载《哲学动态》2010 年第 10 期。

④ [美]理查德·波斯纳:《法官如何思考》,苏力译,北京大学出版社 2009 年版,第 38 页。

⑤ [美]理查德·波斯纳:《法官如何思考》,苏力译,北京大学出版社 2009 年版,第 7 页。

于盗窃罪的规定及相关司法解释裁判将会是什么结论,也很难说就是“功利”的结果。实际上“许霆案”原一审的裁判结果,[①]就是这种纯粹法条主义裁判的最好的例证。

另外,虽然在大多数常规案件中,可以“用法条主义方法最不含混地处理”[②],但在另一些案件中,“法条主义者承认,他们的方法不是每次都奏效……在许多上诉到上诉法院的案件中,法条主义方法都失败了,而这些恰恰是对法律进一步发展影响最大的案件。这里有太多的制定法以及更为笼统的宪法规定、制定法的空隙和前后矛盾、公然的裁量地带、过时且冲突的先例以及事实困境(aporias)”[③]。当“法律命题内容太简单,法律文字含义无法告诉法官在未来案件中如何行动”[④],即“法律”都用完了的时候,法官又该怎么办?在这个问题上,德国曾发生过能否把盐酸看作“武器”的“盐酸案”。当然,德国联邦法院最终的裁判中是将盐酸视为了“武器”。[⑤] 类似的案件裁判过程中的问题,在我国也屡见不鲜。如著名的“李某组织男性从事同性性交易案”。[⑥] 一般卖淫案件中,“卖淫”系指异性之间的性交易,尤其是指女性向男性提供性服务,而本案则是男性向同性提供性服务,如果仅从法条的字面意义看是否属于“卖淫”不无疑问,但刑法所规定的卖淫的本质特征在于,其是以营利为目的,向不特定的人出卖肉体的行为。至于行为人的性别是男是女,以及其对象是异性还是同性,均不是判断、决定行为人的行为是否构成卖淫所要考虑的因素。之所以这样理解,是因为无论是女性卖淫还是男性卖淫,无论是向异性卖淫还是向同性卖淫,均违反了基本伦理道德规范,败坏了社会良好风尚。从此角度看,向异性卖淫与向同性卖淫,并无本质区别。所以,以组织卖淫罪追究组织同性卖淫的行为人的刑事责任,并不违背而是完全符合《刑法》有关卖淫嫖娼犯罪规定的立法精神。这类案件的如此裁判,显然不是法条主义的胜利,而是对法条主义的“超越”。也正是因为这种“超越”,才将裁判的正义价值彰显并使裁判的最大功利得以实现。

---

① 参见广东省广东市中级人民法院刑事判决书,(2007)穗中法刑二初字第196号。

② [美]理查德·波斯纳:《法官如何思考》,苏力译,北京大学出版社2009年版,第43页。

③ [美]理查德·波斯纳:《法官如何思考》,苏力译,北京大学出版社2009年版,第44页。

④ [美]理查德·波斯纳:《法官如何思考》,苏力译,北京大学出版社2009年版,第105页。

⑤ 参见[德]考夫曼:《法律哲学》,刘幸义等译,法律出版社2004年版,第107页。

⑥ 参见江苏省南京市秦淮区人民法院刑事判决书,(2004)秦刑初字第11号;江苏省南京市中级人民法院刑事裁定书,(2004)宁刑终第122号。

2. 在个案裁判中当实质正义与形式正义发生矛盾时,优先考量对法条忠诚的形式要求。相同案件作相同裁判,是崇尚法条的规则功利主义在司法裁判中的必然追求。极端情况下允许发生"违反规范"的例外裁判,也是对规则裁判的一种变通,实际上是出于对"长远的和整个社会利益"的考量。

规则功利主义认为我们不应该直接在功利最大化的基础之上选择某种行为,而应该在某种最优的道德规范之上选择行为。又由于最优的道德规范是以长远的和整个社会的利益为基础的,所以,当与这种功利最大化的"长远的和整个社会的利益"要求相违背的极端情况发生时,就应该允许可以违反规则的例外情形存在。但这种违反规则的例外情形与上述行为功利主义处理方式有着明显的区别。

仍以上述列举的 H. J. 麦克洛斯基的案例为例。规则功利主义认为,法官裁判案件的基础是作为实践中的法律制度而非直接的功利最大化,法律制度只有秉承裁判必须符合正义的原则才可以使整个社会获得长期的功利最大化。冤枉一个无辜者所得到的功利虽然可能没有让成千上百的人被杀害所获得的功利大,但这并不能成为法官冤枉无辜者的理由。因为对于规则功利主义来说,法官裁判的准据是法律规范,而不是直接的功利。所谓规则功利主义允许例外情况的发生,实际上是作为对于规则的限制而存在的,即作为法官他不能单纯地基于功利最大化的理由来冤枉一个无辜者,而是应该首先对社会规范本身加以限制或修改,然后遵守这种经过限制或修改后的社会规范来对待特例。

尽管例外的情况比较少见,并且存在着有损于目前或当下功利的情况,法官还是应该遵守这种规范,因为从长远功利来看,这种遵从规范所产生的功利,必然要大于他这次直接违背规范而依据当下功利裁判所产生的功利。规则功利主义追求的是长远的功利最大化,而不是行为功利主义所认为的那种具体行为的功利最大化。所以,即使某种具体遵守规范的行为有损功利最大化,但是从总体和长远来看,这种行为仍然是与功利最大化的要求相一致。所以,如果基于规则功利主义的道德诉求裁判"肖某灵以危险方法危害公共安全案",有可能将是另外一种裁判结果,抑或仅仅是一种治安处罚。而"李昌奎故意杀人、强奸案",二审或许就会结案,也就不会发生需要启动再审程序的情形。但这又有谁能做到毫无疑问地就可以否认,这不是一种功利最大化的裁判呢?

3. 依据逻辑裁判案件并限制经验在裁判案件中的作用。由上述可见,法条主义的裁判,就是对法规范及其适用过于机械和简单化的处理。司法的过程,就类似街头的自动售货机(比喻法及其适用)那样:你往里面投进硬币(案件事实及其证据材料),下面就会出来一个你想要的那听饮料来(案件的判决结论)。波斯纳因而指出:“理想的法条主义决定是三段论的产品。法律规则提供大前提,案件事实提供小前提,而司法决定就是结论。”①

所以,法条主义的案件裁判实际上就是一种有关逻辑的游戏。司法裁判中的逻辑推理,主要是指形式逻辑推理,它包括演绎推理、归纳推理和类比推理。通过逻辑推理去消除抽象刑法规范与具体案件事实之间的隔阂和摩擦,以实现两者之间的对接和匹配,从而“在抽象性规则与具体事件之间建立起有说服力的联系”②。基于罪刑法定原则下对法官的裁量权加以严格限制的刑法理念,在上述各种形式的逻辑推理中,刑事司法中引入的主要是演绎的三段论推理。对此,贝卡里亚曾指出:“法官对任何案件都应进行三段论式的逻辑推理。大前提是一般法律,小前提是行为是否符合法律,结论是自由或者刑罚”。③ 这也是规则功利主义价值观下的法条主义裁判的主要逻辑形式,并通过这一逻辑形式限制并排斥经验在案件裁判中的作用。

但演绎推理本身却存在不可克服的缺陷,即无法保证前提的真实性。演绎推理作为逻辑推理的重要形式,在历史上有很长一段时间人们都只承认它的可靠性;而且即使是在现在,尽管大多数人承认还存在诸如归纳和类比这些推理形式,但相较而言,演绎推理还是相对可靠的。因为只要大、小前提,即法律规范与案件事实真实,推理不违反逻辑思维,结论就是可靠的。而其他两种类型的结论的可靠性就不那么有保障。因而规则功利主义裁判推崇演绎推理是可以理解的。但问题是这一前提的真实性却不能通过逻辑本身提供,而是需要由经验来决定。因此,逻辑本身其实不能完全决定结论的真假。亦如古老的三段论:“所有的人都会死;苏格拉底是人;因此苏格拉底会死”,“这一论证的有效性——而不是结论的真实与否,结论真实与否取决于大小前提是否真实——看上去令人完全信服。但这只是因为这个结论,即苏格拉底会死,是包含在大前提对‘人’的界定中了。这个前提实际说的只是:这里有一个贴了标签‘人’的箱子,箱子里有一些东西,其中每一个都‘会死’。小前提则告诉我们,箱子里的

① [美]理查德·波斯纳:《法官如何思考》,苏力译,北京大学出版社2009年版,第38~39页。
② [德]伯恩·魏德士:《法理学》,丁小春、吴越译,法律出版社2003年版,第309页。
③ [意]贝卡里亚:《论犯罪与刑罚》,黄风译,中国法制出版社2002年版,第13页。

东西都有个名字牌，其中有一个牌子上写的是‘苏格拉底’。当我们把苏格拉底拿出箱子时，我们就知道他是会死的，因为箱子里唯一有的东西都是会死的。因此，我们拿出来的不过是我们预先放进去的东西。”①也就是说，三段论本身只能保证论证过程的合逻辑性，而无法保证前提的真实性，因为前提的真实性是通过经验获得的。这也就是霍姆斯为什么会认为“对时代需要的感知，流行的道德和政治理论，对公共政策的直觉，不管你承认与否，甚至法官和他的同胞所共有的偏见对人们决定是否遵守规则所起的作用都远远大于三段论”。因为，“在逻辑形式的背后，存在着相互竞争的立法理由的相对价值和重要意义的判断，通常是一种无以言表且毫无意识的判断，这是实际存在的，然而却是整个诉讼程序的根源和命脉之所在，你们可以赋予任何一个结论以某种逻辑形式”②。所以，规则功利主义价值观下的法条主义裁判，基于对规则的崇尚抑或纯洁的需要，依据逻辑裁判案件并限制经验在裁判案件中的作用，在裁判中当实质正义与形式正义发生矛盾的情况下，可能会坚守案件裁判的形式正义，这符合了规则功利主义所追求的功利，但由此可能会影响实质正义的彰显。像上述的“许霆案”原一审以及“李昌奎故意杀人、强奸案”原二审，从逻辑的角度看虽不能称之完美，但亦可谓之尚可。之所以裁判结论一出，舆论哗然而群起攻之，恐怕就是这样一个原因，不符合大众正义的功利之心理。由此，我们是否可以这样认为：一个正义的裁判所需要的是，应该是让经验指明方向，由逻辑提供路径。纯粹地偏颇任何一方，都有可能会影响正义之声的圆满表达。

四、功利性裁判的路径探索

刑事司法裁判中的功利性追求不可避免。行为功利主义的裁判也好，规则功利主义的裁判也罢，都在追求裁判功利的最大化。然而，裁判正义才是刑事案件裁判中的终极价值追求，也是裁判功利最大化的目标。面对这种最大化的目标，在当下的司法裁判过程中“案结”与“事了”不能两全，“法律效果”与“社会效果”不能有机统一的情况下，是优先追求“案结”还是追求“事了”，是优先追求“法律效果”还是追求“社会效果”，行为功利主义与规则功利主义则分别

---

① [美]理查德·A. 波斯纳：《法理学问题》，苏力译，中国政法大学出版社 2002 年版，第 49 页。

② [美]霍姆斯：《法律的生命在于经验——霍姆斯法学文集》，明辉译，清华大学出版社 2007 年版，第 217 页。

给出了不同的答案。由此看来,行为功利主义裁判与规则功利主义裁判,实际上是在两种不同的利益观下追求裁判正义的两种不同的裁判模式,它们围绕着当下利益与长远利益、直接利益与间接利益、具体利益与抽象利益展开,并在逻辑与经验、法条主义与实用主义、形式正义与实质正义之间互相纠缠。这如同行为功利主义与规则功利主义作为两种功利主义理论本身并没有优劣之分一样,行为功利主义的裁判与规则功利主义的裁判,在刑事司法中追求裁判的功利性结果,应亦是无好坏之分。

(一)规则功利主义与行为功利主义不同利益诉求整合

由上述分析可见,如同在伦理学领域,不管是行为功利主义还是规则功利主义都有不可克服的缺陷,将哪种理论贯彻到底都会产生消极影响一样。无论是行为功利主义的裁判,还是规则功利主义的裁判,如果绝对采用其中任何一种裁判模式,都会有损正义的尊严与完美,这也是近年来刑法规范在司法适用过程中的各种矛盾与冲突的日趋激烈的重要原因之一。问题是该如何破解这一难题?对此,英国当代著名道德学家 R. M. 黑尔(R. M. Hare)提出的双层功利主义理论,在如何整合规则功利主义与行为功利主义、通过实现二者的和谐与统一以克服它们各自的缺陷方面,倒是可以为我们提供一个思考破解这一难题的视角。

黑尔双层功利主义理论的出发点是普遍规定主义。黑尔认为,从道德语言学的角度来看,道德判断应该是普遍规定主义的,即"普遍主义(道德判断是可普遍化的这一观点)和规定主义(道德判断无论如何在典型用法中是规定性的这一观点)的结合"①。基于这种道德判断的普遍性和规定性的逻辑性质,黑尔提出了他的"双层功利主义理论"。他把道德思维分为两个层面,即直觉的层面和批判的层面。"直觉的层面",应用于实际的道德思考,在这个层面上,行为者可以很好地遵守现实中我们所遇到的各种规则,并且可以培养出一些遵守这些规则的倾向和情感。② 由于不同的道德原则之间可能存在冲突,有些冲突在直觉层面上是不可解决的,例如,如何看待善意的谎言,这就要求诉诸另一层面,即"批判的层面"。用于反思第一个层面上的一般的道德原则,通过对事实知识

① R. M. Hare, *Freedom and Reason*, Claredon Press, 1963, p. 16. 转引自杨志华:《元伦理学的终结——黑尔伦理学思想研究》,中央编译出版社 2009 年版,第 61 页。

② 参见晋运锋:《当代功利主义正义观研究》,吉林大学 2011 年博士学位论文,第 100 页。

的充分掌握,行为者能够获得不偏不倚的普遍(universal)原则,并且能够依据这种普遍的原则综合考虑和比较直觉层面上的各种一般的道德原则所具有的功利大小,进而选择出可接受的功利最大化的原则,并通过个体的教育和自我教育来使这种道德原则在直觉层面发挥指导具体行为的作用。[①] 在黑尔看来,直觉思维可以提供与人们在历史生活中所形成的规则和惯例相符的直觉原则,这是规则功利主义模式。然而,在日常道德规则相互冲突的情况下,原则的选择、对道德冲突的消解则必须在批判思维层面进行,这是行为功利主义模式。"故此,两种功利主义可以在它们各自的层面中共存:批判思维者以行为功利主义或特定性规则功利主义的方式来考虑事情;而在此基础上,他选取一般性的初步原则,以在直觉层面,按一般性规则功利主义的方式来运用它们。"[②]黑尔通过这两个层面,以调和行为功利主义与规则功利主义之间的冲突和矛盾,让二者实现融合。正如黑尔自己所言:"大部分对于行为功利主义及规则功利主义的争论,忽略了道德思维中批判层面和直觉层面的不同。一旦区分开不同的层面,就可以获得一种结合两类功利主义之优点的形式。"[③]

在此基础上,黑尔提出了如何区分功利主义的形式正义与实质正义问题。形式正义不包含实质性的道德内容,而只是一种形式性的要求,即"同样的情况应当同样对待,而不应该歧视"和"对所有人的利益都给予同样的关切和尊重"[④]。形式正义是一种逻辑性的原则,是各种道德原则都应该具备的普遍性要求,属于直觉的层面。但这种形式正义并不能满足我们对于正义的所有要求,因为即使满足了这种形式正义的要求,还是有可能会存在一些实质的不正义,如提倡把额外特权赋予白人的种族主义者也可能会坚持说他们自己遵守了这种形式正义的要求。所以,还需要一种比形式正义具有更多实质内容的正义原则,即实质正义。实质正义包含了实质的道德内容,如权力、机会和财富等,属

① 参见晋运锋:《当代功利主义正义观研究》,吉林大学 2011 年博士学位论文,第 101 页。

② R. M. Hare, *Moral Thinking: Its Levels, Methods and Point*, Claredon Press, 1981, p. 43. 转引自吴映平:《黑尔之功利主义观述评——超越行为功利主义与规则功利主义之争》,载《武汉理工大学学报(社会科学版)》2008 年第 2 期。

③ R. M. Hare, *Moral Thinking: Its Levels, Methods and Point*, Claredon Press, 1981, p. 43. 转引自吴映平:《黑尔之功利主义观述评——超越行为功利主义与规则功利主义之争》,载《武汉理工大学学报(社会科学版)》2008 年第 2 期。

④ R. M. Hare, *Essays on Political Morality*, Claredon Press, 1989, p. 183 – 184. 转引自晋运锋:《当代功利主义正义观研究》,吉林大学 2011 年博士学位论文,第 102 页。

于批判的层面。由于实质正义的内容是实质的道德要求,而人们之间的道德要求可能是相互冲突的,所以就需要用实质的正义原则来处理这些冲突。当不同的正义原则之间相互冲突时,我们就需要基于可接受的功利大小的考虑来决定哪一种原则具有优先性。虽然可以在直觉的层面上来捍卫这些正义原则,但是,“它们的证明是功利主义的”①。也就是说,正义在批判的层面上可以被功利大小的考虑所压倒。

(二)逻辑与经验、法条主义与实用主义关系模式重构

从上述黑尔双层功利主义理论的视角看,即被整合了的行为功利主义与规则功利主义,能够使案件裁判在形式正义与实质正义之间做到最大限度的契合,以实现裁判功利追求的最大化。如果用时下流行的司法裁判术语表达的话,就是通过使裁判行为在能动与克制之间达致平衡,而使裁判结论在法律效果与社会效果之间相互契合。笔者认为,具体而言,双层功利主义在案件裁判中的价值追求,可以使强调逻辑的法条主义与重视经验的实用主义,在具体案件的裁判过程中进行“和弦”表演,而不是“独奏”演出。逻辑与经验之间的关系就表现为:法律的生命不仅是逻辑的,也是经验的。适用法律裁判的过程不仅是“逻辑”的“运用”过程,也是“经验”的“作用”过程。真正有效的法律是逻辑与经验共舞的结果。法律不仅仅是立法既定的规则,更是一种司法实践的建构。案件裁判正是在这种“经验”的被“克制”与“逻辑”的被“能动”中,使裁判中的各种冲突利益达致平衡。这样一来,法条主义与实用主义之间的关系就会呈现出:“法条主义”并不必然反对“实用主义”,而是“实用主义”的一个选项。“实用主义”通过对“法条主义”的整合,使案件裁判在“实用主义”裁判的被“克制”与“法条主义”裁判的被“能动”中追求司法功利的最大化,使案件裁判尽最大可能地做到既“案结”又“事了”,实现“法律效果”与“社会效果”的有机统一。

但具体到刑事案件裁判的功利性价值追求(刑事裁判所要追求司法功利的最大化),在裁判的“能动”与“克制”之间,必须坚守裁判“克制”的优先选择,采用灵活的法条主义裁判模式,即被实用主义“整合”的法条主义,这也是刑事裁判的最低道德要求。简言之,有以下三点理由。

首先,罪刑法定原则是不允许刑事裁判之手伸向“法”的藩篱之外去采摘鲜

---

① R. M. Hare, *Moral Thinking: Its Levels, Methods and Point*, Claredon Press, 1981, p. 162. 转引自晋运锋:《当代功利主义正义观研究》,吉林大学 2011 年博士学位论文,第 103 页。

果。罪刑法定原则作为现代刑事法治的基本理念,尽管从其被确立为刑法的基本原则以来的刑事裁判的运作情况来看,在最初的罪刑法定原则下刑法机械适用作为一种乌托邦式的设想,以最初设想在实践中的行不通而告终,但特定历史背景下的设想和立法以及司法环节的努力却造就了一个特定的严格法制时代,这在大陆法系与英美法系均无例外,对于欧美走向法治功不可没。到今天,由严格法制下禁止法官解释刑法到逐渐承认法官刑法解释权,罪刑法定由绝对走向相对,现代各国不论立法上是否承认法官的刑法解释权,事实上学理和司法实务界均承认这种法官的刑法解释,也就是法官可以能动适用《刑法》,这对于保证刑事裁判公正性具有重要意义。当然在形式上,罪刑法定原则中的"法"依然是刑事裁判不可逾越的藩篱。在我国,从对近几年典型案件适用刑法规范的热议中,所暴露出来的"法律学人与法律实践人共享的形式主义法律观"①就是一个明显的例证,即刑事裁判必须以"法"的名义,法条主义依然根深蒂固。"严格的规则主义、法条主义、罪刑法定因此成为中国当代法学界、法律界和法律教育界的主流和主导法治意识形态。"②

其次,灵活的法条主义裁判模式,既能限制实用主义裁判或经验裁判的肆意性,又能彰显刑事裁判所需要的表征符号,契合刑事裁判所需要的工具及价值理性。特别是当遭遇疑难刑事案件的裁判时更是如此。罪刑法定原则虽然不允许刑事裁判之手伸向"法"的藩篱之外去采摘鲜果,但并不意味着我们不可以改变一下丈量藩篱的尺度,藩篱的面积扩大了,我们就可以把更多的生长各种鲜果之树,圈划于藩篱之内。"我将论证,在难办案件中,法官无论怎样决定都必须并首先做出一连串政治性判断,即使裁判者完全没有自觉的政治考量……在许霆案件中就是,该行为该不该处罚,现有处罚是否过重,该如何化解相关难题等;这都不是可以依据明确规则做出的判断。真正的和经验的司法研究不可能也不应当回避、或以法条主义技能来包装这类判断,相反应充分理解这一判断的实际发生和限度。"③如何面对这一问题,一方面,依据要裁判的案件事实,解读罪刑法定中的这个"法"字,是仅指成文的制定法,还是还包括政策、政治、道德等;另一方面,通过法律论证及逻辑推理方法,将这种"法"解读方式赋予合

---

① 参见蔡宏伟:《"许霆案"与中国法律的形式主义困境——兼论波斯纳的法律活动理论》,载《法制与社会发展》2008 年第 5 期。

② 苏力:《法条主义、民意与难办案件》,载《中外法学》2009 年第 1 期。

③ 苏力:《法条主义、民意与难办案件》,载《中外法学》2009 年第 1 期。

理性和正当性,从而保证刑事裁判之手依然是在藩篱之内采摘。

最后,我国目前提倡的司法过程中的司法能动内容及价值目标,不适宜实用主义或经验的能动刑事裁判的提法,因为这有可能带来某种负面影响,且当下时机尚不成熟。这不仅是因为我国目前尚缺乏可以进行这种司法裁判的现实条件,即司法精英的存在;社会对通过司法完善国家的法制体系有高度的期待;通过案件的审理所产生的对普遍规则的要求,①而且在我国目前守法传统还没有形成的情况下,采用仍有分歧的"经验"或"实用主义"为符号表征的司法能动概念表达刑事裁判问题,就应格外慎重。"为了树立法律的权威,在法制建设初级阶段法官必须奉行司法克制主义。"②这种提法,对刑事裁判尤为重要。这就是缘何在当下许多典型案件的法律适用问题上,刑法学人一致坚守裁判的法条主义或逻辑底线,而拒绝做其他的裁判考量,因为"这种制度安排在当代中国行不通,很危险。行不通在于它与当代中国的法治主流意识形态——法条主义——无法兼容,特别是违反了罪刑法定的刑法教义。其次,实际更重要的是,法官对刑事被告有如此大的裁量权,实在危险。法官量刑会显得很专断;宽大的量刑幅度可能'造租',给法官和刑事辩护律师,创造太大的受贿行贿的可能和激励。在当代中国,这一定会变成现实"③。

实际上,上述理由几乎可以讲是不证自明的,关键是在具体案件的裁判中如何为"实践"这种灵活的法条主义裁判模式指明刑法规范适用的路径,也就是说,这种体现整合了的规则功利主义与行为功利主义的双层功利主义价值诉求的裁判模式,在案件裁量过程中,应如何适用刑法规范,才能使刑事案件的裁判实现功利亦即正义的最大化。

(三)案件裁判中"功利性"适用刑法规范方法与技能

笔者认为,何以可能在案件裁判中"功利性"地适用刑法规范,并把这种"功利性"的适用"演变"成一种"适用规则",是解决在具体案件裁判过程中所要求的刑法规范必须具有"契合"案件事实的实践变通性,与刑法规范基于安全性的要求而必须具备普遍而稳定的确定性之间矛盾的重要环节;同时,也是灵活的

① 参见信春鹰:《司法能动主义的时代到来了吗?》,载信春鹰编:《公法》第3卷,法律出版社2001年版。

② 陈金钊:《法官司法的克制主义姿态及其范围》,载陈金钊、谢晖主编:《法律方法》第7卷,山东人民出版社2008年版。

③ 苏力:《法条主义、民意与难办案件》,载《中外法学》2009年第1期。

法条主义裁判模式是否能够得以“实践”的前提条件。这里主要涉及两个问题：一个是如何界定刑法规范的概念；另一个是如何选择刑法规范适用的路径。

1. 引入刑法裁判规范的概念①

刑法规范虽然是刑事法律科学的核心概念，但对其研究则并未引起学者们的足够重视。而且，研究大都局限于概念解读的范畴。② “一是侧重明晰刑法规范与其他相关规范的逻辑关系，规范—社会规范—法律规范—刑法规范，构成了研究刑法规范的基本逻辑脉络；二是注重刑法规范概念本质属性的分析，一般不涉及对刑法规范现象特征的描述，遗忘或忽略了刑法规范在司法过程中适用样态或现象的研究。”③如果我们从“生成结构主义”④的视角观察，刑法规范实际上是一种“被建构的结构”和“建构中的结构”，具有两种不同的形式侧面：一是被立法程序创制的刑法规范——刑法文本规范；二是被司法过程建构的刑法规范——刑法裁判规范。刑法裁判规范与刑法文本规范是两种彼此相对应的规范存在形态，刑法文本规范作为以法条文本为载体的规范形态，是一种预设性的立法意义上的静态规范，由一组文字或语词基于一定的价值目标按照一定的逻辑关系建构起来的概念性规范，其作为法治理念和立法技术的混合物，彰显的是一种抽象的价值评判和语言艺术。其突出的品性就是立法规制性；刑法裁判规范是刑法文本规范在司法实践过程中的再加工产品。作为以裁判行为为载体的规范形态，是一种个案意义上的、并存在于司法过程中的动态规范，即案件裁判过程中基于刑法文本规范与具体个案事实之间的互动而建构起来的实践性规范。其作为针对具体个案的裁判依据，彰显的是一种具体案件裁判

---

① 关于刑法裁判规范的概念及相关问题，参见张心向：《在遵从与超越之间——社会学视域下刑法裁判规范实践建构研究》，法律出版社2012年版。

② 据黄明儒教授在其《也论刑法规范的概念》一文中统计，中国学者结合少数日本学者，有关刑法规范概念的观点有七种之多，分别是行为规范论、社会规范论、罪刑规范论、刑罚规范包含论、二重规范论、三重规范论、多层次定义论。参见黄明儒：《也论刑法规范的概念》，载《佛山科学技术学院学报（社会科学版）》2008年第5期。

③ 张心向：《我国刑法规范研究路径检视与反思》，载赵秉志主编：《刑法论丛》第27卷，法律出版社2011年版。

④ 生成结构主义，又称建构主义的结构论或结构主义的建构论，是布迪厄为超越主观主义和客观主义、社会物理学与社会现象学、结构必然性和个体能动性、机械决定论和目的论等之间的截然对立而创设的一种理论模型。生成结构主义用公式表示，就是“惯习×资本+场域=实践”。布迪厄的生成结构主义强调了实践之维的重要意义，通过构建场域、惯习、资本、实践等关系性的概念及彼此结构图式，构建了其独特的社会实践理论（social praxeology）。有关布迪厄的社会实践理论的解读，参见张心向：《在规范与事实之间——社会学视域下的刑法运作实践研究》，法律出版社2008年版，第20~29页。

过程中的利益取舍和裁判技能。其突出的品性就是司法建构性。[①] 所以,“刑法规范从其存在形式看,呈现两个不同的形式侧面,一个是‘体’态,即以法条文本为载体的文本规范形态;另一个是‘用’态,即依附于司法裁判行为而存在的裁判规范形态。‘体’是规范之应然符号,而‘用’则是规范之实然本性。没有符号之‘体’,‘用’就没有了借口;没有本性之‘用’,‘体’就没有了功能”[②]。作为刑法规范之“用”的裁判规范,具有以下存在样态:

首先,表现为具体案件事实与特定刑法条文之间关系的“解释”结论。任何刑事司法裁判都是一个基于具体个案事实解释特定刑法条款以及基于特定刑法条款解释具体案件事实的过程,没有对个案事实的解释,就无从与大前提对接,没有对刑法条文的解释,也无从与小前提对应,没有这种解释,大小前提就无法产生关联关系,裁判也就无从进行。正如德国学者 Germann 所言,“事实上法律之规范内容待法院之解释适用,而具体化、而生活化。因此,法院的裁判不论其是仅为法律解释,或进一步涉及法律补充,事实上最后皆赋予法律以与时推移的生命。结果,法院裁判工作的重点越来越多地从单纯依据法源适用法律,移至法的发现”。[③] 任何法律规范一般都不会自动和直接作用于案件,实际作用于个案的规范包含着法官(在许多情况下还包含当事人)的创造性劳动,事实与规范通过法官提出的各种阐释性命题相衔接,形成裁判前提,进而才能最终得出裁判结论。

其次,反映了非刑法规范元素补白填充刑法文本规范空隙的实际情况。非刑法规范法源,如“活法”“行动中的法”“现实规则”等,在刑法裁判规范的形成过程中,随着有关具体案件事实与特定刑法法条关系的解释融入案件裁判场域,在案件的裁决过程中发挥法律效能作用。所以,最终形成的裁判规范往往不是依据单一的刑法文本规范形成,而是在一定的裁判价值判断导引下,由不同性质的社会生活规范、规则(包括公平正义观念)、法理学说、善良风俗、舆情民意、习惯以及国家政策等大量非刑法制定法源因素推导、组合而成的。所以,相对于最终形成的刑法裁判规范,刑法文本规范也仅仅是作为中间性、过渡性的重要论证材料,亦即刑法裁判规范的法源之一而已。

最后,体现为某一具体案件的实质性裁判理由。所谓实质性裁判理由是指

---

① 参见张心向:《刑法裁判规范之品性——基于司法实践建构的视野》,载《天津法学》2011 年第 2 期。

② 张心向:《刑法裁判规范之品性——基于司法实践建构的视野》,载《天津法学》2011 年第 2 期。

③ O. A. Germann, Probleme und Metheoden der Rechtsfindung, Verlag Stämpfli & Cie, 1967, S. 275. 转引自黄茂荣:《法学方法与现代民法》(第 5 版),法律出版社 2007 年版,第 7 页。

对案件事实认定及适用法律等相关事项作出结论性评判的根据。刑法裁判规范虽名为"规范",在内容和要素上与刑法文本规范相同,否则无法作为推理的大前提推导出一定的裁判结论,但是它毕竟不是文本意义的刑法规范。一方面,裁判规范在效力上,特别是在成文法国家,"其拘束力仍依附在制定法上"①;另一方面,裁判规范在"言说对象"上,是特定案件的"规范与事实",目的在于完成具体案件的裁决。裁判规范的这一特点使其在表达方式上不能采取像一般刑法规范那种简约的模式,解释事实与法律的方式及内容必须服从于完成案件的裁判需要。按照季卫东教授的说法:"如果法律解释学不能最终落实到判决理由上,那么一切便成为空谈。"②为此,在裁判规范的表达上必须结合特定案件的事实,系统地说明裁判规范的内容,充分论证裁判规范的合法性、合理性和正当性,详细论证裁判规范的证成过程,使由刑法文本规范衍生出的刑法裁判规范具有与刑法文本规范同样的权威性。

这样一来,具体案件裁判过程中刑法裁判规范的生成过程,实际上就是刑法文本规范的适用过程,或者说,刑法文本规范的适用过程,实际上也是刑法裁判规范的生成过程。裁判规范这一概念的引入使刑法规范的适用获得了灵动的力量,超越了文本的僵化,从而具备了实践变通性的可能。

2. 刑法规范适用的路径

如果不把刑法解释视为裁判行为组成部分的话,那么,刑法解释就是一种静态的法条解读,而刑法适用则是一种动态的裁判活动。刑法解释关注的是"方法",刑法适用关注的是"路径"。所以,案件裁判过程中刑法规范的适用方法,尽管与刑法解释方法有一定的关联,但主要还是刑法实践运作的"套路"或"规则"问题。笔者认为,这种运作的"套路"或"规则"在两翼展开,一是"批判层面"上的价值判断,二是"直觉层面"上的逻辑推理。价值判断是刑法规范适用的实质内容,逻辑推理是刑法规范适用的形式表现,即价值判断以逻辑推理为依附,逻辑推理以价值判断为基础。"逻辑中充满着经验,而经验又要受逻辑的检验。"③体现

① Dahm, Deutsches Recht, Kohlhammer, 1963, S. 35 f. 转引自黄茂荣:《法学方法与现代民法》(第5版),法律出版社2007年版,第8页。

② 季卫东:《法治秩序的构建》,中国政法大学出版社1999年版,第144页。

③ [美]斯科特·布鲁尔:《从霍姆斯的道路通往逻辑形式的法理学》,载[美]斯蒂文·J.伯顿主编:《法律的道路及其影响:小奥利弗·温德尔·霍姆斯的遗产》,张芝梅、陈绪刚译,北京大学出版社2005年版,第123页。

的是双层功利主义价值诉求的裁判模式。

其一，通过价值判断的路径适用刑法规范，主要表现为案件裁判过程中的危害衡量，①即对行为所针对的刑法保护法益的加害程度及加害性质的分析与判断，这种危害衡量不是刑法规范意义上的有关定罪量刑的逻辑证明，而是在一般社会生活意义上对行为是否危害社会以及危害程度的基本价值判断，所以，其主要功能是为刑事裁判过程中的裁判规范建构提供价值定位，也就是为裁判规范的各种法源材料之间如何进行整合配置提供价值引导，完成社会主流价值及刑法核心价值在具体案件裁判中的实践重构。所以，对行为社会危害的衡量不是法律规范意义上的精准量度，而是社会生活意义上的模糊评估；不是将其与犯罪构成要件以及要素进行的"形式比对"，而是对行为是否具有社会危害以及危害程度的"实质判断"。其作为一种社会生活意义上的价值判断，既超越刑法规范又在一定意义上被刑法规范所约束。正是通过危害衡量这样一个基本价值判断，即对行为社会危害有无以及轻重的衡量，将这些看似散乱实则应有序的法源材料，在契合具体案件事实的基础上，为我们确立一个案件裁判规范的基本框架及基本材料范畴。所以，危害衡量往往既是一种刑事裁判中的价值判断，同时也是一种刑事案件的裁判技能，具有裁判功能效应，在刑法规范的适用过程中发挥着不可或缺的作用。

危害衡量作为一种刑事裁判中的价值判断，在具体衡量过程中一方面会受

---

① 一般认为，司法过程中如何进行价值的权衡、比较和选择，最简单、最现实的方法就是利益衡量，即在具体案件所涉及的各种利益关系中进行利益衡量，利益衡量也因此成了价值判断的常用方法。但笔者认为，由于司法裁判中的价值判断实际上是围绕着基于社会基本价值和一般价值而建构的司法价值目标而展开的一种在抽象意义上有关人类精神追求的考量与权衡，体现了在超验层面多个价值间比较衡量的选择与取舍。在不同的法域涉及价值选择取舍的内容尽管不尽相同，但一般都不会直接涉及具体权利或利益的选择判断，却是引领对具体权利或利益进行选择判断的路径和方向。所以，司法裁判中的价值判断不能等同于利益衡量，或者说利益衡量只是价值判断的一个侧面。利益衡量作为民事裁判特有的方法，它主要适用于民事裁判过程中，最多再适用于行政裁判，而很难完全适用于刑事裁判，因为刑事裁判的核心不是关于该不该以及该如何保护谁的权益的利益衡量，而是关于该不该以及该如何处罚谁的行为（当然包括行为者的权益）的危害衡量，即与法益相关的危害程度与性质的衡量。虽然其中有利益衡量的成分，但与民事裁判或行政裁判中的利益衡量的方式明显有别。所以，价值判断在不同性质的法域裁判中的表现是不一样的，如果在民商事裁判或一部分行政裁判中一般可表现为一种利益衡量的话，那么，在刑事裁判中则主要表现为危害衡量，即通过对行为所针对的刑法保护法益的加害程度及加害性质的衡量与判断，在刑事诉讼所涉及的两对价值范畴（自由与秩序、公正与功利）之间寻求平衡、达致共赢。

到司法裁判中价值判断的一些特征的制约;[①]另一方面不可避免地需要理论分析工具的支撑,而社会危害性理论的核心价值就在于此。

以"南京某副教授聚众淫乱案"裁判过程为例。[②] 副教授马某海聚众淫乱案件之所以成为被人们广为关注的焦点,其核心点就是其聚众淫乱行为的社会危害评价。一方面是南京市秦淮区人民法院"以马某海对自己行为的社会危害性和违法性始终缺乏清醒的认识",以聚众淫乱罪从重处罚,判处有期徒刑3年零6个月;[③]另一方面,马某海的辩护人以"马某海等人的活动不涉及金钱交易,也具有封闭性和隐蔽性,故而纯属私权范畴"[④],为马某海作无罪辩护;而"在保守人士看来,事情正好相反,他们认为全社会所有的人都是换偶行为的潜在受害者,因为它违反并败坏了旨在维护日常生活中稳定联系和风尚习俗的交往规则。"[⑤]可见,各方据理力争的并不是马某海的行为是否符合犯罪构成的形式要件,而是行为对社会公共秩序危害的程度,社会是不是足以容忍以及能否给予宽容,影响着最终对刑法规范的选择适用。事实上,"许霆案"的裁判过程,也具有同样的特点,只不过社会对许霆一个涉世未深的青年摔倒在了金钱的诱惑面前,选择了宽容;而对一个已过不惑之年,而应作为道德楷模的知识精英的背德行为,选择了唾弃。这表征在我国当下社会转型加剧、社会利益多元、社会诉求复杂,特别是在保护社会公共利益的同时,如何还能兼顾保障个体自由的权利的情况下,其在罪刑法定的警戒内,能够灵活地依附于司法裁判中的危害衡量,展现其出罪与入罪的双向功能,已经成为或正在成为司法实践中裁量疑难刑事案件不可或缺的重要分析依据。

其二,通过逻辑推理适用刑法规范,主要表现为案件裁判过程中的法律技能。如何建构具体案件的裁判规范,则有赖于作为法律技术的逻辑推理,即让非制定法因素通过价值判断合理地融入制定法,也就是说,如何合理地将刑法文本规范与非制定法因素结合去证成刑法裁判规范,即刑事司法裁判的大前提,主要显性的路径就是通过逻辑的建构。正如前述霍姆斯在《普通法》开篇中

---

① "首先,价值判断具有主观性与不确定性;其次,价值判断具有客观性与确定性。"相关内容,参见张心向:《在规范与事实之间——社会学视域下的刑法运作实践研究》,法律出版社2008年版,第330~346页。

② 参见江苏省南京市秦淮区人民法院刑事判决书,(2010)秦刑初字第66号。

③ 参见江苏省南京市秦淮区人民法院刑事判决书,(2010)秦刑初字第66号。

④ 舒圣祥:《该依法的依法,该修法的修法》,载《法制日报》2010年5月21日,第3版。

⑤ 舒圣祥:《该依法的依法,该修法的修法》,载《法制日报》2010年5月21日,第3版。

所言:“一个时代为人们感受到的需求、主流道德和政治理论、对公共政策的直觉——无论是公开宣布的还是下意识的,甚至是法官与其同胞们所共有的偏见,在决定赖以治理人们的规则方面的作用都比三段论推理大得多。”但这些“非法律的因素”,必须有一个充分合理的理由进入“法律”才是正当的、并符合现代法治的要求。尽管符合逻辑的不一定都是合理的,但合理的一定是符合逻辑的。

对于具体案件事实与刑法条文规定完全匹配的简单案件而言,刑法规范的适用也相对比较简单。因为从法源的视角看,案件裁判规范从形式上几乎可以等同于刑法文本规范,法源材料主要是刑法性质的制定法法源,从规范与事实的关系视角看,通过基于规范的案件事实格式整理与基于事实的规范概念语义解释,在彼此之间,即在文本规范与案件事实之间就能建立起某种逻辑涵摄关系,形成裁判规范对于裁判事实在概念内容上的“非此即彼”的封闭的单一涵摄关系,要么“符合”,要么“不符合”,没有第三种现象,而且条文规定的价值蕴涵与案件裁判的价值取向完全一致。也就是说,案件事实只要具备了规范规定的全部构成要素的事实,就会被涵摄于该规范之下,简单的概念思维就足以能够完成逻辑推理的过程,从而缺少了或者说不需要明确的目的性引导,价值判断在这类案件的裁判过程中被最大限度地屏蔽而不容易被感知。

对于具体案件事实与刑法条文规定基本上匹配或部分匹配的复杂案件而言,刑法规范的适用相对就比较复杂或者说有时会变得异常复杂。从法源的视角看,案件的裁判规范法源材料不仅仅是刑法文本规范,还包括其他制定法法源材料以及非制定法法源材料;从规范与事实的关系视角看,二者之间存在模糊、漏洞、空缺关系,仅仅通过基于规范的案件事实格式整理与基于事实的规范概念语义解释,在彼此之间,即在文本规范与案件事实之间尚不能建立起某种有机的逻辑联系,如三段论推理中大、小前提之间“非此即彼”的涵摄关系。规范与事实之间复杂程度的解读,已经超出了概念思维的能力所及,而必须借助类型思维方能明了清晰。

类型思维作为一种开放式思维,超越概念思维的自我封闭。其思维类型的层级性、类型边界的模糊性、类型构成要素的不固定性等特征,为裁判过程中复杂的条文规定与复杂的案件事实之间的对接,拓展了可以进行比对的波幅宽度,即彼此可以对接的疆域在类型思维下被拓宽了:一是可以最大限度地包容社会生活中规范与事实之间的千变万化、多姿多彩的关系形态;二是兼顾规范概念的模糊地带和空洞区域,在概念的核心向边缘依次延伸、分层级的流动思考中依次、依层去解构事实,同时事实亦可依次、依层去解构规范。如此一来,规范与事实之间建构起彼此关系的"类型谱系"或"类型系列群"。即使规范与事实的关系再复杂、再模糊,也大多能够在组成事实的基本要素与规范的构成要件之间找到比对的切入点。在这里,类型成为一种介于"文本规范与案件事实"之间的关联纽结,成为抽象与具体、普遍与特殊的中间点。它可以有效地包容事物的多样形态,以及类型间的流动过渡以及边界的模糊性,使其可以涵盖生活事件的过渡形式、混合形态以及各种以新形态出现的变化。在概念的模糊地带和空洞区域,能够把规范的某些要件与事实的某些要素关联起来,思考的是作为事物被抽象概念化的规范基础的"事物之本质"①。由于"事物本质"与外在类型有着内在的勾连,它们之间构成了某种"神"与"形"的联系。只有从"事物本质"出发进行思考,才能将规范与事实拉入同一个层面,才可同时处于事实与价值之中。没有"事物本质",个别事物之间便无法建立起价值性的连接,从而无法形成类型;没有"类型",事物间的价值关联便难以获得直观的载体形式,从而无法被现实地把握。以事物本质为评判价值,衡量待决案件事实可否归类于相应规范类型,正是在类型思维的这一环节,其他制定法法源材料以及非制定法法源材料通过价值评价而得以渗入,这样,规范与事实之间就不再是一种逻辑涵摄关系。我们只能在一定的社会共享价值导引下,以一种较高或较低的程度,将它们进行比对式"归类",使之"彼此密切"或"彼此区隔"。也因此,裁判中的类型思维不再是一种只要具备该规范概念的全部构成要素的事实,均可被涵摄于该规范之下的"精准的"形式逻辑思维,而是一种由于规范与事实之间存在归类可能而被"等置"的"模糊的"类比逻辑思维。这样,在复杂

---

① 何谓"事物本质",尽管各家说法不同,但意思却基本相同:在拉德布鲁赫(Radbruch)看来,"事物本质"是"生活关系的意义"。此种意义是"在存在中现实化的当为,在现实中显现的价值";在迈霍菲尔(W. Maihofer)看来,"事物本质"是"存在与当为间的桥梁",它同时是"既存事物与负有任务事物的建构";在斯特拉腾韦特(G. Stratenwerth)看来,"事物本质"或"事物的逻辑结构"均是在某种特定观点下被凸显为重要的存在事实,它涉及"某一特定价值观点与对应事物间无法解开的关系";在拉伦茨(Larenz)看来,"事物本质"意味着"同时是一个存有论与规范的构成要件:一种在存在意义中所具有的以及在存在中或多或少一直被现实化的当为""一种在现存事物中负有任务的事物"。所以,一般而言,"事物本质"无非是一种特殊中的普遍、事实中的价值的现象。一方面,它并不是偶然性的现实或个别性的事物,而是某种重复出现的关系,即类型性的生活关系;另一方面,它兼跨事实与价值、存在与当为等不同领域,是从反复出现的事实中所抽象出的特定的意涵或价值观点。参见杜宇:《刑法解释的另一种路径:以"合类型性"为中心》,载《中国法学》2010 年第 5 期。

案件的裁判过程中,刑法条文规定与案件生活事实之间必然会呈现出类比推理形式,或者只有借助类比推理方法才能够进行裁判。同时,在裁判过程中,价值导向的思考方式得以确立,价值、目的或者利益等主观因素的观念得以渗入,同时面向生活现实开放的弹性思维,有利于使稳定、滞后的法律规范适应复杂多样的生活事实,并为案件裁判更理性地取舍、安排各种法源资料奠定了方法论的基础。尽管从司法的实际状态看,这种基于类型思维将大、小前提间通过类比归类式思考建构的等置关系,往往被概念式思维中大、小前提之间的包容涵摄关系所遮蔽,或碍于罪刑法定的形式要求,不被认可或不便承认,但实际上正是类型思维的这种特性,才使复杂案件的裁判能够进行下去。如上述所提及的德国曾发生过的能否把盐酸看作"武器"的"盐酸案",我国的"男性向同性卖淫"是否属于"卖淫"的"李宁组织男性从事同性性交易案",实际上都是比较典型的基于类型思维裁判的案件。

如此看来,通过建构刑法裁判规范这一概念,借助价值判断与逻辑推理的双向交互运作去完成其证立的过程,实际上就是刑法规范在案件裁判过程中得以"功利性"适用的过程。由此才能发现,刑法规范在司法适用中被法官"刻意掩饰"起来的裁判案件的真正依据及论证过程,通过实用主义整合的法条主义(灵活的法条主义裁判模式),何以可能做到让刑事裁判符合"道德"地去追求司法功利的最大化才可以被洞悉。具体而言,就是让刑法裁判规范作为一种"中介",去分别牵手强调逻辑与形式正义的法条主义与重视经验与实质正义的实用主义,成为在规则功利主义与行为功利主义不同裁判模式之间的博弈制衡器,从而让刑事裁判无论是从"直觉的层面"还是从"批判的层面",都必须在被这样圈定的道德藩篱中,去追求契合裁判正义价值的最大功利,并在能动与克制的平衡中,做到既"案结"又"事了",达致裁判法律效果与社会效果的完美契合。

五、结语

司法裁判从来就是一种"通过法律的社会控制",具有形塑社会的功能。刑事裁判功利性的价值追求,是当下我国法官面对社会转型引发的社会矛盾加剧及社会利益激烈冲突的情形,在塑造社会过程中平衡自身能动性与克制性的一种必然选择,是现代刑事法治语境下法官角色认同背后的重要支撑力量。这种功利性价值追求的实质是在日复一日、年复一年的形形色色的案件裁判中如何分配"社会正义",而不仅仅是分配"法律正义"。这些年来,每年发生的绝大多数所谓"重大刑事案件",从表面上看,涉及的几乎都是刑法相关规范在这些案件的裁决过程该如何适用,或者说如何在现有的刑法规范框架内裁判这些案件的法律适用问题,但最后却成了当年发生的具有重大法律及社会影响力并对我国刑事法治建设进程产生显著影响的刑事案件。究其原因,尽管不否认有些案件的确存在某些刑法规范适用方面的问题,但是促使其成为"重大刑事案件"的主要原因,显然还是由于案件裁判中的"正义分配"让人们"感觉"到了明显的"不正义"所致。

如此相似的情形,每年都会在刑事裁判的剧场中频繁演出。笔者对这一裁判现象的认识与反思,也经历了从"中国刑事司法更加理性趋向成熟""热点案件倒逼刑法规范完善"到"更加关注裁判法律效果与社会效果的平衡"的过程。这种认识的渐变,如果仅停留在案件裁判过程中刑法规范适用的种种理论问题纷争上,而不透过这一现象去洞察其背后所隐含的正义分配方面的种种现实问题,是不可能达到的。然刑事裁判中正义的分配,应该是有规则的。这种规则,尽管不可能用刑法规范司法适用的"套路"全部涵括,但只有通过刑法规范的司法适用去分配正义才是正义的,这是现代刑事法治不能逾越的藩篱。所以,在刑事案件的裁判过程中,基于刑法规范的司法适用的"套路",并运用一定的方法与技巧,合理而正当地分配"法律正义"与"社会正义",就成了为刑事裁判功利性追求而界划的道德红线。

法治是规则之治,不是法条之治。规则可以涵括法条,但法条不能等同规则。规则的内涵远远深刻、丰富于法条,法条只是规则的"法源"之一,不是规则的全部。规则的正当性不仅根植于它形成的权威性,也受制于它证成的合理性。必须加以强调的是,刑事裁判的目的虽然具有不可避免的功利性追求,但是只有裁判的过程也是合乎"规则"的,刑事裁判的目的才能实现真正意义上的裁判功利性,正义的价值才能得到最大限度的彰显。因为现代法治作为一种规则之治一直都是我们最崇高的精神支柱和道德信仰,也是我们追求的最大功利。

刑事裁判不确定性现象解读

——对“许霆案”的重新解读*

目　　次

一、问题的提出

毫无疑问，“从无期徒刑到5年有期徒刑”犹如从地狱到

---

* 原载《法学》2008年第8期。与赵秉志教授合著。

天堂,“许霆案”[①]一审与发回重审的裁判结果竟存在如此大的落差,这一裁判过程已成为当今人们最为关注的司法现象之一。该案随着二审判决维持原判的宣布,目前已基本上尘埃落定。[②] 在案件审理过程中,对于案件最终如何裁判,大家热烈关注并予以种种猜测。在若干个备选的裁判结论中,法官当然只能选择其中的一个;或许法官另外还有若干个备选的裁判结论,但他们也只能选择其中的一个。也就是说,不管备选的裁判结论有多少,法院最终的裁判结论只能是一个。从这个角度讲,法院最终如何裁决该案并不是最重要的,重要的是如何解读这种司法裁判现象,也就是说,人们应如何认识刑事司法裁判结论在形成过程中所具有的这种不可避免的模糊性和不确定性。

从人类实践发展的历史来看,确定性是人类追求的目标,因为它是消除人类认识心理焦虑的坚固磐石。只有在确定性的基石上,我们才会对我们的行为及其实现目标得到完全的确认。但当人类社会进入 20 世纪之后,尤其是当科学的触角扩展到接近光速的宇宙世界,深入原子、原子核内部的微观世界以及宏观世界中牛顿力学所不能解释的非线性可积系统的领域之时,首先是爱因斯坦的“狭义相对论”挑战了关于事物确实可知的定论。1927 年海森堡的不确定性原理又使客观性概念和因果概念受到冲击。其次是玻尔的互补性原则进一步动摇了传统的决定论世界观。1931 年数学家哥德尔提出的“不完全性定理原则”则推进了这一认识。这使我们看到的大量现象不再是简单的而是复杂的,事物的运动轨迹主要不是表现为确定性而是不确定性。“我们对自然的看法正经历着一个根本性的转变,即转向多样性、暂时性和复杂性。”“我们正越来越多地觉察到这样的事实,即在所有的层次上,从基本粒子到宇宙学,随机性和不可逆性起着越来越大的作用。”“我们发现我们自己处在一个可逆性和决定性只适用于有限的简单情况,而不可逆性和随机性却占据统治地位的世界之中。”[③]一言以蔽之,我们对宇宙世界的看法正在从传统的决定论、确定性观念转向非决定论和不确定性的观念。当我们将研究的视线从自然界转入人类社会领域之

---

① 2006 年 4 月 21 日,许霆使用自己的真实身份、利用自己的工资卡、公开在广州一台自动取款机取钱,取款机出现故障,取 1000 元卡里才扣 1 元,许霆于是分 171 次提取了 17.5 万元,潜逃一年被抓获。参见广东省广州市中级人民法院刑事判决书,(2008)穗中法刑二重字第 2 号。

② 由于本案系适用《刑法》第 63 条第 2 款的特别减轻处罚,依法还要报请最高人民法院核准后才能生效。

③ [比利时]伊·普里戈金、[法]伊·斯唐热:《从混沌到有序:人与自然的新对话》,曾庆宏、沈小峰译,上海译文出版社 1987 年版,第 26、27、40 页。

后,我们所面对的是更加动荡不羁、生动不息的人文社会景象,过去那种在自然科学研究中的确定性信念和追求正在遭受着严重的侵蚀,社会领域更是呈现色彩斑斓的复杂而充满着不确定性。这种不确定性的根源,一方面来自人类的参与,各种具有不同动机、不同目的和不同条件的个体相互作用而形成复杂的社会关系;另一方面又由于每一个人是具有"有限理性"的个体,他或她无法以自身有限的能力获取外部复杂系统的完全信息,复杂系统的变化对于有限理性的个体来说就具有不确定性。因此,不确定性广泛地存在于我们的日常生活和科学理论的结构之中。美国科学家亨利 · N. 波拉克在其著作《不确定的科学与不确定的世界》中的观点具有相当的代表性。波拉克的观点可以归结为以下四个方面:①

1. 不确定性总是伴随着我们,它决不可能从我们的生活(无论是个人还是社会整体)中完全消除。由于不确定性的存在,我们对过去的理解和对未来的预测总是模模糊糊。

2. 因为不确定性永远不会消失,对于未来的决定,无论其大小,总是在缺乏确定性的情况下作出的。在作决定之前一直等到不确定性完全消除是对现状的含蓄支持,常常是维持现状的一个借口。

3. 预测长期的未来是一件危险的事情,很少能作出与现实非常接近的预言。随着未来的逐渐展开,需要做"中期方向修正"以便考虑新信息和新发展。

4. 不确定性,远非前进的障碍,它实际上是创造性的刺激因素和重要组成部分。

在法律是否具备确定性问题上的研究,亦可谓由来已久。正如罗斯科 · 庞德的所指出那样:"法律必须稳定,但又不能静止不变。因此,所有的法律思想力图协调稳定必要性与变化必要性这两种彼此冲突的要求……更为具体地讲,有关稳定必要性与变化必要性之间的协调问题,从某个方面来看,变成了一个在规则与自由裁量权之间进行调适的问题,变成了一个在根据确定的规则(或至多根据从严密确定的前提所做出的严格推论)执行法律与根据多少受过训练的有经验的司法人员的直觉进行司法之间调适的问题。无论从哪个角度看,法

① 参见[美]亨利 · N. 波拉克:《不确定的科学与不确定的世界》,李萍萍译,上海科技教育出版社2005年版,第3页。

律科学中几乎所有争论不休的问题都可以被证明是上述两个问题的不同方面。"①理查德·A.波斯纳则进一步指出:"在两千多年里,法理学领域里一直有两个截然不同,尽管是复杂多样的群体在激战。一派主张,法律不仅仅是政治,认为在精明强干的法官手中,至少某些时候,在稳定条件下,即使对最疑难的法律问题,也会得出正确的法律答案。而另一派则认为,法律彻头彻尾的就是政治,认为法官行使着广泛的裁量权。"②这实际上也是围绕着法律是确定的还是不确定的问题而展开的。

法律确定性的内涵是:人们通过诉讼过程就某一案件事实能够得到相对稳定的裁判结论,并对该法律后果具有可预见性。它的外延包括法律规范文本本身的确定性和裁判过程中事实及规范的确定性,也就是说,如果一项裁判结果是在人们根据事实与文本作出判断的合理期待范围内,那么这就表明法律是有确定性的。因此,在法律的确定与不确定性问题上,首先涉及的是法律文本规范的确定与否问题,其次是法律运作过程中形成的裁判结论能否具有稳定性及可预测性问题。

在西方法学界,崇尚法律的确定性是一个悠久的传统。早在古希腊的亚里士多德就提出了法律的确定性。他认为,法律的确定性能够排除法律适用过程中非理性因素的干扰。"法律恰恰正是完全没有感情的;人类的本性(灵魂)便谁都难免有感情。"③19世纪,理性主义法律思潮在西方法学界占据着主流地位。19世纪五六十年代盛行的概念法学强调司法的绝对确定性,绝对地排斥法官的主观判断,过分夸大法律语言的作用,以法律严格、细致的规定包容客观世界的一切可能,法官的判案是法律概念条文计算的过程。概念法学强调法律体系具有"逻辑的自足性",对于法律的解释,则偏重于形式逻辑的操作,排除法官对具体案件的利益衡量和目的考虑。但后来的自由法学、美国现实主义法学、后现代主义法学和美国批判法律研究运动都认为法律是不确定的,司法也是充满变化的不可预测的过程。

自由法学承认客观世界具有一定程度的不可预测性和人的理智预测能力的有限性,强调法官有依具体情况解释法律的权力。例如,埃利希认为,成文法

---

① [美]罗斯科·庞德:《法律史解释》,邓正来译,中国法制出版社2002年版,第2页。
② [美]理查德·A.波斯纳:《法理学问题》,苏力译,中国政法大学出版社2002年版,第32页。
③ [古希腊]亚里士多德:《政治学》,吴寿彭译,商务印书馆1997年版,第163页。

因为立法者疏忽或情势变更必然存在漏洞，法官应自由探寻活的法律作为补救。主张扩大法官的自由裁量权，允许法官可以根据正义原则和习惯自由地创制法律规则。[①] 埃利希对“技术主义的判决方法”进行抨击，说这种传统方法总想消灭法官在判决里的个性，但在司法审判中，个性因素总是有的。因此，重要的问题在于保证法官个性的发展到足以使他能够负责处理这些职能。[②]

现实主义法学的代表人物霍姆斯有一句著名的法学格言：“法律的生命不是逻辑而是经验。”现实主义法学的另一大师庞德也认为，法律有“书本中的法”与“行动中的法”之分，对于书面法律规则必须分情况加以适用，以保证每个案件都能正当地、合理地获得解决。现实主义法学的另一位代表人物弗兰克认为，法律的确定性是一个“基本法律神话”，它源于儿童的“恋父情结”，并从审判过程中的法官个性和司法立法的角度说明了司法的不确定性。[③]

20 世纪 60 年代末以来，批判法学在美国法学界兴起，在法律是否具有确定性的问题上，更强调法律运行中的不确定性和不一致性。批判法学从法律规则的非确定性和事实的非确定性两个方面，论证了法律推理的非确定性。在法律规则的非确定性上，认为法律规则的非确定性表现为两个方面：第一，任何一个争端都可能有两个相互矛盾的法律原理及体现它们的规则或判例调整，某一案件适用于这一法律规则还是那一法律规则是非确定的，完全是法官任意选择的产物；第二，同一法律原理、规则或判例，由于法官的解释不同，在不同的社会环境中完全可以为不同的立场进行辩护。因此，法律原理本身的含义是非确定的，它是法官解释的产物。[④] 在事实的非确定性上，认为无论是法律原理、规则还是判例，对某一问题的规定通常都是原则的、广泛的，两个案件在各个方面完全相同的情况几乎不存在，总是存在这样或那样的差别。这就给法官解释法律，决定一个案件的法律原理是否适用于另一个案件留下了很大的自由裁量权。前一个案件的规则不可能简单地适用于新的案件中，而法官在解释前一个案件的规则是否适用于新的案件时，遇到的不仅是规则的选择问题，而且是关

---

① 参见张文显：《二十世纪西方法哲学思潮研究》，法律出版社 1996 年版，第 131 页。

② 参见张宏生、谷春德主编，史彤彪等编撰：《西方法律思想史》，北京大学出版社 1990 年版，第 398 页。

③ 参见朱景文主编：《对西方法律传统的挑战——美国批判法律研究运动》，中国检察出版社 1996 年版，第 26 ~ 27 页。

④ 参见朱景文主编：《对西方法律传统的挑战——美国批判法律研究运动》，中国检察出版社 1996 年版，第 349 页。

于事实关联选择。这种选择同规则的选择一样,绝不是客观的、确定的,而是主观的。法官在判决过程中既可以倾向于个人主义,又可以倾向于利他主义,因而会导致不确定性的结果,①也就是说,法律推理的大前提和小前提都是非确定的,某一案件究竟适用什么法律规则,确定哪些事实,都不是客观决定的,而是法官或陪审员选择和认定的,是人的选择的产物,无客观性可言,判决的结果依司法人员的选择为转移,必然是非确定的。西方的现实主义法学和批判法学把司法的不确定性推向了极致。

当下,我国社会变迁及社会转型所引起的社会巨变,标志着我国正在进入"风险社会",②因社会发展进程所呈现出的跳跃性、风险性和不可预测性而导致的刑事司法裁判的不稳定性从来没有像今天这样表现得如此明显,这是因为"在这个变动不居的社会里,刑法有理由也应当随之变动而变动。但是,这种变动却不能以采取猛烈的兴废方式进行,而应以一种悄无声息的、渐进的方式进行"③。这种刑法渐变的征象,首先显现在了刑事司法裁判的不确定性上。当我们在这样一个时代背景下研究我国司法裁判现象的时候,也许是机缘巧合,我们发现"许霆案"当仁不让地成了这一特定社会历史背景司法裁判现象的一项极佳研究标本。

二、关于"许霆案"的裁判规范

(一)刑法规范的特点

1. 文本规范的特点

刑法语言在表述其特有的构成要件时,既以日常用语为基础,又不同于日常用语。这就使刑法语言在继承了日常用语的不准确性、多义性以及开放性特征的同时,基于刑事立法的规范性要求,又必须把日常用语切换成刑法规范语

① 参见朱景文主编:《对西方法律传统的挑战——美国批判法律研究运动》,中国检察出版社 1996 年版,第 351 ~353 页。

② 1986 年,德国社会学家乌尔里希·贝克在自己的论著中第一次提出"风险社会"的概念,立即引发了学术界和大众媒介的高度关注和激烈讨论。贝克及后来的吉登斯、卢曼、拉什等学者们对当今社会这一整体特征具有洞察力的揭示与把握,使风险话语不但获得了令人尊重的科学理性地位,而且越来越广泛地影响着公共事务的进程,凸显出极其重要的理论与实践意义。参见夏玉珍、吴娅丹:《中国正进入风险社会时代》,载《甘肃社会科学》2007 年第 1 期。

③ [德]乌尔斯·金德霍伊泽尔:《安全刑法:风险社会的刑法危险》,刘国良编译,载《马克思主义与现实》2005 年第 3 期。

言方可使用。因此,当日常语言演变为构成要件的语言时,其内涵与外延就会根据具体的规范目的和整个刑法的意义脉络要求,作出相应的调整和限制:一是构成要件语言比日常生活语言的外延狭窄。例如,日常用语中的"黑社会性质的组织"比《刑法》第294条第1款中的"黑社会性质的组织"的外延要宽泛很多。前者意指一切犯罪团伙,后者则要求有严密的组织形式和经济实力等。二是构成要件语言比日常生活语言的外延要宽泛。例如"拐卖"一词,在日常用语中仅指拐骗、贩卖。但在刑法中,根据《刑法》第240条的规定,"拐卖"的意义除拐骗、贩卖外,还包括以出卖为目的的绑架、收买、接送、中转的行为。三是构成要件语言和日常生活语言同一,但二者的内涵和外延可能完全不一样。如我国《刑法》第114条与第115条规定的以危险方法危害公共安全的犯罪的"危险方法",首先是指放火、决水、爆炸、投放危险物质四种法定的危险方法,其次是指虽然法律并未明确规定,但在司法习惯上已经约定俗成地认为除上述四种法定危险方法之外,在危害性质上与其相当的其他危险方法。可见刑法中的"危险方法"与日常语言中"危险方法"的内涵完全不同,当然二者的外延也有很大区别。

刑法概念是通过语词表达的,语词是刑法规范的外在表现形式,而人类语词本身又具有先天的局限性,这不仅表现在语词的具体含义取决于其使用的具体语境,它是语境的一种功能;[①]而且表现在任何语词包括法律语词本身都不是精密的表意工具。美国法学家博登海默指出,法律概念是人类语言的产物而非自然客体的产物,然而我们语言的丰富程度和精妙程度还不足以反映自然现象在种类上的无限性、自然要素的组合与变化,以及一个事物向另一个事物的逐渐演变过程。就是说无论我们的词汇是多么详尽完善、多么具有识别力,现实中始终有一些为严格和明确的语言分类所无能为力的细微差异与不规则情形。[②] 英国学者哈特进一步指出:语言具有空缺结构(open texture)的特征,每一个字、词组和命题在其核心范围内具有明确无疑的意思,但随着由核心向边缘的扩展,语言会变得越来越不确定,在一些边缘地带,语言则根本是不确定的。换言之,任何词汇的含义都可粗略分为两部分:一是主要的、稳定的核心含义,

① 参见张志铭:《法律解释操作分析》,中国政法大学出版社1999年版,第128页。

② 参见[美]E.博登海默:《法理学:法律哲学与法律方法》,邓正来译,中国政法大学出版社1999年版,第486页。

二是相对模糊的边缘含义。例如“车”典型的、清晰的中心含义是自行推动的、能够载人并在路上开动的交通工具，但是玩具车、自行车甚至用来做广告道具的汽车是否属于车的概念则不是很清楚。[①] 基于此，哈特认为：“任何规则无论怎样加以精确描述，总会遇到关于某些情况是否属于其规定范围的问题。”[②]在法律语言不确定的地方，对法律条文的解释和适用也不存在绝对或唯一正确的答案，解释者或法官拥有自由裁量权，他们需要在多种可能的解释和推理结论中作出选择，甚至可以扮演创建新规范的角色。[③] 美国法学家波斯纳认为，法律文本存在“内部含糊”和“外部含糊”：前者是指由于法律用语本身的歧义、模糊、评价特性等而产生的模糊；后者是指由于语境因素的变化而使原本清楚的法律用语变得模糊。[④] 中国法理学者苏力认为，语言的意义是人赋予的，语义会发生流变，既有“历时性流变”，即同一语词在一个历史时期中被普遍认可的意义在另一个时期会消失或变更，也有“共时性流变”，即同一社会中的不同语言共同体对同一语词有时会有不同的理解，从而难以确定语词的“平义”或普通含义。[⑤] 当然，在有些情况下，立法者如认为有必要，完全可能通过艰苦的努力、缜密的思考、冗长的定义，在许多对他们可能的理解中选择一种以定义规范的形式确定其为立法者所理解的含义，并使之具有法律的约束力，就是说，使刑法规范具有明确性。但立法者没有这样做，这样做在技术上是困难的，[⑥]因为“当人们着手使某一术语更加精确时，结果发现，他用来消除所论及的模糊性的那个

---

① 参见[英]哈特：《法律的概念》，张文显、郑成良等译，中国大百科全书出版社 1996 年版，第 124～128 页。

② [英]H. L. A. 哈特：《法律推理问题》，刘星译，载《法学译丛》1991 年第 5 期。

③ 哈特认为：“有时，对于一种表达方式来说，明确的标准情况或范例与那些成问题的情况相比，两者间的差别仅仅是程度不同而已。”为此，他举了一个形象而有趣的例子：一个男士，其头亮而光，他显然属于秃头之列；另一位头发蓬乱，则他显然不是秃头；但问题在于第三个人只是在头顶的周边有些稀稀拉拉的头发，如果他是否算秃头这一问题被认为是重要的或者有任何实际结果取决于此的话，那么这个问题就可能被无限期地争论下去。参见[英]哈特：《法律的概念》，张文显、郑成良等译，中国大百科全书出版社 1996 年版，第 124 页。

④ 内部含糊的例子：一个法律禁止进口植物果实、不禁止进口蔬菜。有人进口番茄，于是发生了番茄是植物果实还是蔬菜的问题。[Nix v. Hedden, 149U. S. 304 (1893)] 外部含糊的例子：美国宪法规定，国会有权建立陆军和海军，而没有提空军，但法律实践中都把这一条款理解为有权建立包括空军和其他必需的武装力量；美国宪法第一修正案中的“新闻界”一词原来仅指报业，后来出现了广播、电台，其外延也随之扩大。这些变化都不是法律用语本身发生了变化，而是人们对这些用语的理解发生了变化。参见[美]波斯纳：《法理学问题》，苏力译，中国政法大学出版社 1994 年版，第 344～347 页。

⑤ 参见苏力：《解释的难题：对几种法律文本解释方法的追问》，载《中国社会科学》1997 年第 4 期。

⑥ 参见徐国栋：《民法基本原则解释——成文法局限性之克服》，中国政法大学出版社 1992 年版，第 24 页。

术语本身又是模糊的,因此,消除一个给定术语的模糊性,这是一个不切实际的目标,我们所希望做到的,至多是渐渐地接近于消除模糊性"①。一言以蔽之,语词本身的模糊性决定了法律概念模糊的必然性,进而导致了由一组法律概念按照特定的逻辑结构创制的法律规范的不确定性。

2. 犯罪构成要件的特点

我国刑法规范中的构成要件明显具有以下几个特点:

(1)我国刑法规范中的构成要件,实际上是具体犯罪行为的格式类型化。我国刑法规范中的犯罪构成要件,在成立犯罪的评价问题上都处于同一层面。也就是说,在判断行为成立犯罪时,根据我国的犯罪论体系,并不是先评价行为在形式上是否符合构成要件,然后再评价该构成要件的行为是否具有实质的违法性,最后再从责任的层面考虑行为人主观上是否具有故意、过失以及是否具有期待可能性,而是把行为符合构成要件作为行为成立犯罪的唯一基础和全部条件。可以看出,我国刑法规范中的构成要件实际上是关于犯罪类型的一种法定界定模式,它重在指引人们在对个案案件事实进行构成要件的符合性判断时,不仅要注意客观的行为与结果,而且还应该重视行为的实质违法性以及行为人的主观方面,也就是人们一直所倡导的主客观相统一。同时,我国刑法规范中的构成要件还包含实质违法性的内容,而不仅仅指行为在形式上确立符合构成要件的规定。行为之所以成立犯罪并让行为人因此承担刑事责任,并不仅仅在于行为在形式上满足构成要件的规定,而在于行为具有相当的社会危害性,达到了应受刑罚处罚的程度。

(2)构成要件是一个规范意义上的概念事实,而不是具体案件的案件事实。构成要件是"一种将社会生活中出现的事实加以类型化的观念形象,并且将其抽象为法律上的概念",②但已经对事实加以类型化了的构成要件与具体事实本身是内涵完全不同的两个层面。尽管规范构成要件是案件事实的类型化,尽管典型的案件事实可以涵摄于构成要件之下,但类型理论表明,具有相同本质的事物都可以被划归为一个类型。过去发生的典型案件并不一定排斥今天发生的不典型的案件,而且即使是过去发生的典型案件,不过是较为明显地体现了

---

① [美]威廉·阿尔斯顿:《语言哲学》,牟博、刘鸿辉译,生活·读书·新知三联书店 1988 年版,第 206 页。

② [日]小野清一郎:《犯罪构成要件理论》,王泰译,中国人民公安大学出版社 2004 年版,第 11 页。

规范的目的和构成要件的特征,而未必是规范目的和构成要件的完整体现。因此,行为是否成立犯罪,关键还是应该看今天所发生的案件能否为已经对以前具体事实类型化了的构成要件所涵括。

(3)规范意义上的构成要件所涵摄的具体案件事实特征只有经过合理寻找,才能适用于具体个案。作为刑法规定的法律概念,作为犯罪事实类型化了的构成要件,形式上未免是抽象的,再加上构成要件本身所蕴涵的规范因素、语言功能的限制,以及刑法的内在和谐与目的,使构成要件的内涵并不是一眼就可以看透的。具体个案证明存在的案件事实与具体各罪的构成要件的规范案件事实之间是否符合,既需要用规范要件事实对个案案件事实进行筛选,使"事实"完成从生活事实到程序意义上的证明事实、再到构成要件意义上的法律事实的转变,也需要使法律规范事实进入个案案件事实,去获得色彩和生命。因此,寻找、选择个案适用的刑法规范的过程,实际上就是案件事实对刑法规范的实践建构过程。

(二)裁判规范的建构

上述可见,刑法文本规范的适用过程,首先是从如何发现刑法规范,即如何寻找、选择适合当下案件的裁判规范开始的。综上所述,在以成文的制定法为主要法律渊源的国家,相对于具体个案而言,刑法规范是预设的,刑法各罪规定的构成要件事实是一个规范意义上的概念事实,而不是具体案件的案件事实。因此,罪刑法定原则下的刑法规范的明确性,这只是相对于文本规范而言的,而当刑法文本规范遭遇到具体案件事实时却往往是模糊的。这是因为每一个案件事实一般都面临两个或两个以上的关联规范可能被适用的情形。由于每一个裁判结论的得出,无论是有罪判决还是无罪判决,无论是重罪判决还是轻罪判决,无不是以一个或几个法律规范为依据得出的,法官必须在现有法律所能提供的文本规范中寻找、选择适合当下案件裁判的规范。法官能否找到、法官如何选择,法官最终会选择哪个或哪些文本规范作为当下案件的裁判规范,不仅对案件的利害关系人、案件的旁观者,有时甚至对处在案件裁判过程中的法官本人,都会存在或至少在一段时间内会存在一种模糊不清的感觉。在寻找、选择"许霆案"的裁判规范过程中,由于该案事实的新类型性,使这种案件事实类型与现有的相关文本规范之间尚未形成自然"链接"态势,这种感觉就会愈加强烈。

在“许霆案”裁判规范的寻找、选择过程中,与“许霆案”案件事实在定罪及量刑方面联系最紧密的关联法条,至少涉及《刑法》第13条、第14条、第63条、第170条、第196条、第264条、第266条,在第264条中又涉及是普通盗窃还是盗窃金融机构的问题。需要在上述关联法条中通过各关联法条所设定的犯罪构成要件事实与“许霆案”案件事实之间进行交互比对,判断出哪个法条中的犯罪构成要件事实与“许霆案”案件事实是最相类似的。

在这个问题上,就案件的定性而言,至少有两类代表性的主张,其中还有若干种不同的主张。

两种观点主要是无罪的观点和有罪的观点,即涉及是否选择适用《刑法》第13条的问题。

无罪论的观点约有以下八种具体主张:

一是不当得利说,即认为许霆的行为属于不当得利,故不构成犯罪。二是无效交易说,认为许霆的行为只是一个民法意义上的“无效交易”行为,他从ATM中取出的17.5万元是“无效交易”的后果,因此许霆的行为不应在刑法调整范围内。三是银行过错说,即以银行的过错否定许霆行为的有罪性。四是没有实施合法行为的可能性说,即认为在许霆所处的情境(当ATM吐出1000元而只在账户上扣除1元钱)下,没有实施合法行为的可能性,因此他的行为不构成犯罪。[①] 五是许霆行为难以模仿说,即认为许霆遇到的情况是一个概率非常小的事件,其行为缺乏可模仿性,因此应当认定许霆无罪。六是刑法谦抑说,即认为“许霆案”能用民法解决,就不要再动用刑法来解决,以体现出刑法的谦抑性。七是刑罚目的说,即认为即使不对许霆治罪也可达到特殊预防和一般预防的刑罚目的,既然如此何必治罪呢?[②] 八是罪刑法定说,即认为对许霆以盗窃定罪,实际上是类推定罪。因为许霆的行为与传统的盗窃行为有质的区别。既然许霆的行为与盗窃有质的区别,那就不是盗窃。把不是盗窃的行为类推成盗窃行为,然后适用盗窃罪的刑法条文定罪,显然违反了罪刑法定原则。因而主张对许霆不应治罪。[③] 无罪论观点的核心是许霆和银行之间的纠纷应受民法调整,“许霆的行为是民法上的不当得利,因该不当得利行为所取得财产的返还问

① 苏沉:《我们应否需要水浒语境下的正义》,载《人民法院报》2008年1月17日,第5版。
② 侯国云、么惠君:《许霆取款行为不应以犯罪论处》,载《法制日报》2008年1月20日,第14版。
③ 侯国云、么惠君:《许霆取款行为不应以犯罪论处》,载《法制日报》2008年1月20日,第14版。

题,应通过民事诉讼程序解决”①,不属于刑事犯罪。

有罪论的观点主要涉及是选择适用《刑法》第170条、第196条、第266条,还是第264条的问题。大体上有以下四种具体主张:

一是成立侵占罪。认为自动柜员机出错,把1元的取款信息误读为“1000元”,这是一种计算机信息的“遗忘或遗漏”。这时持卡人利用自己银行卡取款,就是一种恶意占有银行柜员机“遗漏”保管财物的行为过程。由于许霆并没有积极地将17.5万元归还银行,客观上形成了拒不返还,显然应成立侵占罪。

二是成立信用卡诈骗罪。认为许霆持有的借记卡,由于他取款的ATM(可称为虚拟银行)因程序上的故障原因,而被授予了透支功能和透支数额。许霆在“虚拟银行”的错误授权下,连续不断地以非法占有为目的,在“虚拟银行”内取款,在银行的催收下仍不予归还透支款,其行为主观方面和客观方面完全符合恶意透支行为,应成立信用卡诈骗罪。②

三是成立诈骗罪。认为ATM实际上就是柜员制度中的负责存取款的自动柜员(机器人),由于ATM完全代行了银行柜员的职能,许霆利用信用卡从ATM上非法套取钱款,本质上就是对银行柜员的欺骗,故许霆的行为应成立诈骗罪。③

四是成立盗窃罪。“许霆案”重审判决书认为:“被告人许霆以非法占有为目的,采用秘密手段窃取银行经营资金的行为,已构成盗窃罪。”④由于“自动柜员机是银行对外提供给客户自助金融服务的专有设备,机内储存的资金是金融机构的经营资金”⑤,故“许霆的行为属于盗窃金融机构”⑥。当然,这并不能因此阻止相当一部分网友甚至包括部分专家学者,对此继续持保留意见,甚至连广东省高级人民院院长都称“许霆案”难以认定为盗窃金融机构。⑦

就案件的量刑而言,主要涉及能否适用《刑法》第63条第2款的问题。这

① 参见广东省广州市中级人民法院刑事判决书,(2008)穗中法刑二重字第2号。

② 夏祖珠:《许霆案构成信用卡诈骗罪》,载法律教育网,http://www.chinalawedu.com/huangye/viewArticle.asp? id=2996,最后访问时间:2008年1月8日。

③ 谢望原:《许霆案深层解读——无情的法律与理性的诠释》,中国人民公安大学出版社2008年版。

④ 参见广东省广州市中级人民法院刑事判决书,(2008)穗中法刑二重字第2号。

⑤ 参见广东省广州市中级人民法院刑事判决书,(2008)穗中法刑二重字第2号。

⑥ 参见广东省广州市中级人民法院刑事判决书,(2008)穗中法刑二重字第2号。

⑦ 夏令等:《广东省高院院长称许霆案难界定为盗窃金融机构》,载网易新闻网,http://news.163.com/08/0118/04/42F9VSUD0001124J.html,最后访问时间:2008年1月18日。

主要涉及对特殊减轻的理解，是理解为对判处法定最低刑仍然明显过重的所有案件，都可以适用特殊减轻，还是特殊减轻规定只适用于涉及政治、外交等事关国家利益的案件。“鉴于许霆是在发现银行自动柜员机出现异常后产生犯意，采用持卡窃取金融机构经营资金的手段，其行为与有预谋或者采取破坏手段盗窃金融机构的犯罪有所不同；从案发具有一定偶然性看，许霆犯罪的主观恶性尚不是很大。根据本案具体的犯罪事实、犯罪情节和对于社会的危害程度，对许霆可在法定刑以下判处刑罚。”①“许霆案”重审判决显然选择了前者即能够适用《刑法》第63条第2款的理解。

可见，在“许霆案”的裁判过程中，由于该案事实的新类型性，与文本上的刑法规范已经预设的各罪规定的格式化构成要件概念事实之间，不可能有机地自然“链接”，故仅就裁判规范的寻找、选择，就是一个异常复杂、模糊的过程。能否在“许霆案”案件事实与刑法文本规范事实之间进行比照、对接，如何比照、对接，进而找到“许霆案”的裁判依据，这里实际上存在一个或许被我们忽略的现象，这就是刑法文本规范在司法适用过程中被二次建构的问题，即只有被特定的案件事实建构过的刑法文本规范，才能成为当下案件的裁判规范。建构适合当下案件的裁判规范，是司法官法律技能的重要组成部分，这就需要进行判断的法律职业者的视界在生活事实和法规范之间往返流转。在这一过程中，随着生活事实的逐渐确定和法规范意义的逐渐明确，最初感知的事实被不断修正，初步发现的法规范也可能被证明不适用于当下案件的处理而被其他的规范所代替。寻找、选择当下案件裁判规范的过程，既是一个不断试错的过程，同时也是一个规范和事实之间不断互相建构的过程。正是在这个过程中，实现了文本规范向裁判规范的转化，即通过法官在审理刑事案件过程中，将特定的刑法文本规范逐渐形塑成其基于与某一类型或与某些特定的案件事实相关的如何进行具体适用的经验、技巧、规则等，也就是将刑法文本规范在当下案件事实情境中具体形态化，该刑法规范才能用于该案件的裁决活动。从“许霆案”重审判决书的说理部分，我们能够清楚地感知到这一过程的存在。法院最终认定许霆的行为成立属于盗窃金融机构的盗窃罪，并适用《刑法》第63条第2款处罚，与其说是法院在众多的相关关联法条中，认为《刑法》第264条和第63条第2款规定的规范事实与“许霆案”的案件事实最相类似而选择适用，倒不如说是《刑

---

① 参见广东省广州市中级人民法院刑事判决书，(2008)穗中法刑二重字第2号。

法》第264条和第63条第2款在“许霆案”中获得了新的裁判适用类型。

三、关于“许霆案”的裁判场域

司法裁判活动实际上是被限制在一个特定的场域——司法场域之中的。这个场域充满着竞争法律裁决话语权的争斗，一方面表现为场域内法律职业群体之间围绕着案件事实与法律适用的、并表现为符号资本的案件裁决话语权的争夺；另一方面表现为经济场域、文化场域、学术场域、权力场域等因素利用与司法场域之间的关联关系，进入司法场域，争夺案件的法律适用话语权及裁决权。这种案件话语权的争夺场景在“许霆案”的裁决过程中，可谓异常的精彩纷呈。

(一)公众舆论进入案件裁决场域，争夺“许霆案”裁判话语权

就公众舆论对案件裁决过程的影响而言，主要表现为案件裁判过程中，公众舆论导向往往会使法官在案件事实认定及规范适用方面举棋不定，而出现案件反复裁判现象。公众舆论作为群众对国家政治、政府决策、公共问题和对负责处理这些政策和问题的人所公开表示的意见，自然是法官必须重视的舆论导向。因为一方面，法院不能置社会舆论于不顾，否则极可能处于社会矛盾的中心，而这与法院的社会角色不相称；另一方面，公众舆论的背后是人类的欲望、希望和要求，它们通过人类本身使人类感到它们的存在，并使它们呈现在司法过程中。法院通过舆论来了解社会大众对某种利益的观感、看法、从而决定其在案件中的利益平衡与取舍，以使判决在大体上与人们的需求合拍。[①] 一般说来，公众舆论诉诸一般公民的情感和常识，具有浓重的道德色彩。所以，面对某些案件激愤的情绪往往淹没了理性的思考；道德的判断往往代替了法律的分析；惩罚的愿望往往压倒了正当程序的要求。这就容易给法官以先入之见，使法官对案情的认识和对法律的理解发生偏差，影响法官在案件裁决过程中的价值判断的合理性，造成法官屈于舆论压力、民愤左右司法的后果。

迄今为止，从来还没有哪一起案件的裁决，像“许霆案”一样如此深深地吸引着公众的持续性关注。“许霆案”一经媒体曝光，“媒体审判”“舆论审判”“许霆案”，就成为了一大引人注目的社会现象，网络、媒体几乎是毫无顾忌地传达

---

① 胡玉鸿：《利益衡量与“社会需求”——诉讼过程的动态分析之一》，载《法商研究(中南政法学院学报)》2001年第3期。

着各方的意见，针对原一审判决的无期徒刑结果，反对、怀疑的意见居多数。

“正如全国人大代表、广州市律师协会秘书长陈舒在旁听判决后所指出的，‘许霆案’有这样的结果，应该感谢媒体。正是因为媒体对案件的及时报道和约请专家对案件的理性讨论，加上现代网络为民意表达提供了较好的平台，使大众对一审后的畸重判决所普遍表达出的吃惊，能被包括二审法院、人大代表、政协委员等感受到。”①“公众舆论的持续关注，让‘许霆案’引起从最高法到全国法律工作者的高度重视，直接促成了‘许霆案’的发回重审，也才有了许霆由无期改判为五年的结果。”②

从这一角度看，公众舆论再次展示了自己在促进社会公平、正义等方面所具有的强大力量，而司法对民意表现出的尊重，无疑也是一种进步的表现，但随之而来的声音却是有关舆论对司法干预的不断怀疑。

“法院判决的依据是法律，如果仅仅因为社会舆论的呼声而改判显然是不合适的。在‘许霆案’中，既然原审的定罪和量刑都得到了认可，为什么不维持原判？难道仅仅因为舆论反对之声强烈，为平息公众舆论，就可以损害法律的严肃性和公正性吗？在许霆之前，也曾发生过类似案件。云南一个叫何某的人因同样原因被判处无期徒刑。那么，这些与‘许霆案’类似的案件是不是都有必要发回重审呢？如果其他案件不重审，仅将‘许霆案’作为个案处理，是否符合公平原则？”③“所以，舆论之所以给人以干涉了司法的印象，不是舆论的问题，而是司法的问题。在这种情况下，舆论看上去是干涉了司法的独立性，取得了一个能够交代得过去的结果，其实却是一种双输的格局。舆论与媒体输在——改变了结果，但没有改变导致原来那个能够判许霆无期徒刑的原因；司法输在了没有坚持使用现有的、已经生效的法律，而任意改变了法律，‘特案特办’正好为司法不独立做了一个注解”。④“在一个更深远的领域导致了人们对于司法本身的不信任。我们知道，法律最重要的作用之一就是能够告诉人们，如果你如何做了，将要付出什么样的代价。这种可预期性才能真正有威慑力。一旦人

① 刘仁文：《为什么许霆被轻判更得民心?》，载中国新闻网，https://www.chinanews.com/gn/news/2008/04-02/1209350.shtml，最后访问时间：2008年4月2日。

② 窦含章：《许霆案改判留下三个遗憾》，载《中国证券报》2008年4月2日，A04版。

③ 窦含章：《许霆案改判留下三个遗憾》，载《中国证券报》2008年4月2日，A04版。

④ 五岳散人：《许霆的轻判，媒体与司法的“双输”》，载凤凰网，https://news.ifeng.com/opinion/200804/0402_23_472721.shtml，最后访问时间：2008年4月2日。

们知道在法律层面上总是有例外发生的时候,司法的可预期性就荡然无存。"①

可见,公众舆论进入案件裁决场域,争夺话语权在带来正面影响的同时,也会带来负面影响,但无论是正面影响还是负面影响,最直接的影响是在一定程度上左右着法院在众多与当下裁决案件相关联的法条中的目的性选择,从而增加了司法裁判的不确定性及不可预测性。

(二)专家学者进入案件裁决场域,争夺"许霆案"裁判话语权

以高校教授、著名律师为主体的专家学者与法官、检察官一样同属职业法律人或一个法律共同体,其本身对案件裁量活动施加影响,归根到底还是以其在司法场域所持有的强势文化资本对法官、检察官进行的一种文化压迫,其耀眼的名望、学识、地位等,对我国本就缺少文化资本的法官、检察官构成了一种无法抗衡的威慑,从而在某种程度会改变案件裁量过程中的力量结构。

专家学者对案件裁判活动的介入,通常是以向法院或主审法官提供当下裁决案件的法律论证意见书的方式进行的;而对"许霆案"的介入是以公众舆论的形式通过网络、媒体进行的,其显赫的专业资格、尊贵的学术身份对案件产生的话语影响力是普通民众所望尘莫及的。只要是冠以某资深教授认为、某著名律师认为或某些专家、教授、律师等直接以本人名义发表自己的观点,都会引起法院及参与案件审理的法官更多的关注。

"许霆案"原一审对许霆以盗窃金融机构的盗窃罪而判处无期徒刑后,不仅普通公众哗然,专家学者也对此观点众说纷纭而纷纷借助媒体、网络发表自己的见解。

侯国云教授认为:"许霆在 ATM 机里提取现金的行为……是利用自己真实的信用卡,在公共场合,并采取合法的手段提取的……既是公开提取,当然不是盗窃。"②"我认为许霆的行为既不是不当得利,也不是盗窃,而是一种全新的行为。"③

2008 年 1 月 8 日,北京 8 名律师联名上书全国人大和最高人民法院,递交了一份《关于刑法及其法律适用若干问题亟待修改》的公民建议书,认为"许霆

---

① 五岳散人:《许霆的轻判,媒体与司法的"双输"》,载凤凰网,https://news.ifeng.com/opinion/200804/0402_23_472721.shtml,最后访问时间:2008 年 4 月 2 日。

② 侯国云、么惠君:《许霆取款行为不应以犯罪论处》,载《法制日报》2008 年 1 月 20 日,第 14 版。

③ 侯国云:《许霆案是刑法中未规定的全新行为》,载中国新闻网,http://www.chinanews.com.cn/sh/news/2008/02-03/1156197.shtml,最后访问时间:2008 年 2 月 3 日。

案”适用的法律依据量刑幅度太僵硬,出现了刑罚断档现象,造成了适用刑罚上的不衔接。

“许霆案”重审对许霆仍以盗窃金融机构的盗窃罪,但被判处5年有期徒刑。此后,在公众纷纷表达各自对此见解的喧哗中,最响亮的依然是专家、学者的声音。

陈兴良教授认为:“许霆的行为构成盗窃罪,从我国目前的刑法理论来分析,应该是正确的判断。关键问题是对许霆的量刑过重,难以为公众所接受……对于‘许霆案’应当考虑适用特殊减轻……我个人倾向于对判处法定最低刑仍然明显过重的案件适用特殊减轻,而不是特殊减轻规定只适用于涉及政治、外交等情况的案件……由此可以减轻许霆的责任。”①

张明楷教授认为:“从立法论上来说,量刑畸重缘于过重的法定刑。但是,一方面,不能因为判处无期徒刑过重,就否认许霆的行为属于盗窃金融机构。另一方面,既然判处无期徒刑过重,就必须合理运用刑法的相关规定,对许霆判处低于无期徒刑的刑罚。对此,有两个可供选择的途径:(1)适用《刑法》第63条第2款减轻处罚。在适用该款时,应依法定程序先作出减轻处罚的判决,然后逐级上报至最高人民法院核准。(2)认定许霆的行为属于盗窃金融机构,但不认为其盗窃数额特别巨大……许霆的行为属于盗窃金融机构,但可以判处低于无期徒刑的刑罚。”②

尽管当时“许霆案”尚在二审过程中,实际上某些专家学者已经在抢占“许霆案”二审裁判话语权的制高点,并为二审的裁判确定基调。尽管时任广州市中级人民法院院长吴树坚一再强调:“任何法学家都只是某个领域的专家,他们的意见未必就是正确的。”③“重审‘许霆案’……是完全走了正常的法律程序,这是一件很正常的事情,并不是什么特殊的事情。”但专家学者的观点对法院特别是主审法官裁判案件的一定程度的影响无疑是客观存在的,“许霆案”从原一审到发回重审的过程就是最客观、最现实的佐证。这种影响力往往和专家的学养水平、名望地位及法官的职业素质、专业技能息息相关,专家的学养水平、名望地位越高,影响力就越大;法官的职业素质、专业技能越高,影响力就越小。

---

① 陈兴良:《许霆案的法理分析》,载《人民法院报》2008年4月1日,第5版。

② 张明楷:《许霆案的定罪与量刑》,载《人民法院报》2008年4月1日,第5版。

③ 张强等:《广州中院院长谈“许霆案”法学家意见未必正确》,载新华网,http://news.xinhuanet.com/legal/2008-02/19/content_7627655.htm,最后访问时间:2008年2月19日。

这种影响力的核心同样是会在一定程度上左右着法院在众多的与当下裁决案件相关联的法条中的目的性选择，从而增加了司法裁决的不确定性及不可预测性。

（三）司法官员进入案件裁决场域，争夺“许霆案”裁判话语权

司法裁判场域实际上是最容易受到权力和政治场域的运作逻辑影响的地方。换言之，很难使司法的运作完全排除政治和权力因素的干预。任何法官实际上也都无法主张自己所从事的只是中立的科学活动而不是一种本质上的政治或权力活动。[①] 就目前中国的司法及其管理体制而言，中国目前的法院仍然强调对个体法官的控制与管理，进而使法官个体的独立人格和主体意识以及积极性都淹没在法院的集体意志之中，[②]实行的仍是法院独立审判而不是法官独立审判制。法官行使审判权要受到法院内部组织的层层制约，不仅重大、疑难、复杂案件的裁判，要报请审判委员会集体讨论决定，而且，在法院的审判管理上，各地各级法院普遍实行的是与行政系统相同的按官阶而不是以审级来分配权力和权利的“下级服从上级”的行政层级制，从而形成了“法官之上还有法官”的格局。这样，为了尽量减少“错案”，不仅下一审级的法院或法官经常会向上一审级的法院和法官“请示”如何判案，而且上一审级的法院也常常对下一审级的法院正在审理的案件下达如何裁判的“指示”。

在“许霆案”该如何进行司法裁判的喧嚣声中，有两个声音格外引起人们的关注。

一个是2008年3月十一届全国人大一次会议期间作为全国人大代表的时任最高人民法院副院长姜兴长大法官的声音：“全国人大代表、最高人民法院副院长姜兴长在接受记者采访时表示，‘许霆案’属于恶性取款，定罪判刑是应该的，但这是一个特殊的盗窃案件，判处盗窃金融机构罪显然不合适，应该综合考虑法律效果和社会效果。他透露，‘许霆案’判决结果最早将于月底知晓。”[③]“姜兴长说，‘许霆案’已经引起最高人民法院关注，从目前的情况来

① 参见[美]理查德·A. 波斯纳：《法律、实用主义与民主》，凌斌、李国庆译，中国政法大学出版社2005年版，第58页。

② 参见苏力：《论法院的审判职能与行政管理》，载《中外法学》1999年第5期。

③ 参见《最高法副院长：许霆案一审量刑过重》，载新浪网，http://news.sina.com.cn/c/2008-03-11/071413552963s.shtml，最后访问时间：2008年3月11日。

看,‘许霆案’属于恶性取款,数额巨大,定罪是应该的……”①至于量刑,“姜兴长说,《刑法》第63条规定:犯罪分子具有减轻处罚情节的,应当在法定刑以下判处刑罚。犯罪分子虽然不具有减轻处罚情节,但是根据案件的特殊情况,经最高人民法院核准,也可以在法定刑以下判处刑罚。这意味着,广州市中级人民法院的判决和裁定,只有经过最高人民法院核准后,才能发生法律效力并交付执行”②。

另一个是2008年1月时任广东省高级人民法院院长吕伯涛大法官的声音:“‘许霆案’有三点值得大家探讨。第一,许霆盗窃了很多钱,但他算不算盗窃金融机构呢?ATM究竟算不算金融机构,我国的法律、司法解释中,都没有说明这一点……第二,盗窃是不经他人允许拿走他人东西。但假如ATM不出错,许霆就拿不到钱。许霆错在哪里?错在明知ATM出错了,他还连续多次拿钱。第三,法官审案都要有适用的法律条文。但是,法律条文的制定不可能完全预见未来,所以这个案件才出现了新的问题。”③“‘许霆案’发回重审,就是为了让大家来讨论这个问题。听取多方意见,以期最后寻找出一个合法、合情、合理的解决方法。这是追求法律效果和社会效果的统一,也是实事求是、构建和谐社会的要求。”④

由于这两个声音均在“许霆案”原一审判决作出后发出,而且都表示“‘许霆案’一审确实存在问题”,这表明这一案件的裁决即使在法院系统尤其在上级法院也还存在争议,尽管还不能说这两位大法官的言论就是导致“许霆案”发回重审及重审裁判结果的原因。当然,对这两位上级法院大法官在此案审理过程中发表上述言论是否妥当,是否不恰当地对下级法院的审理造成压力或影响,也可以有见仁见智的进一步探讨。

---

① 参见《最高法副院长:许霆案一审量刑过重》,载新浪网,http://news.sina.com.cn/c/2008-03-11/071413552963s.shtml,最后访问时间:2008年3月11日。

② 参见《最高法副院长:许霆案一审量刑过重》,载新浪网,http://news.sina.com.cn/c/2008-03-11/071413552963s.shtml,最后访问时间:2008年3月11日。

③ 方夷敏等:《广东省高院院长谈许霆案:公众讨论不应针对法官道德》,载新浪网,http://news.sina.com.cn/c/2008-01-18/034214769320.shtml,最后访问时间:2008年1月18日。

④ 方夷敏等:《广东省高院院长谈许霆案:公众讨论不应针对法官道德》,载新浪网,http://news.sina.com.cn/c/2008-01-18/034214769320.shtml,最后访问时间:2008年1月18日。

四、关于"许霆案"的裁判技能

司法过程中的裁判技能就如同蝴蝶两只美丽的翅膀,是双翼的。一翼是裁判过程中的价值判断,另一翼是裁判过程中的逻辑推理,两翼比翼齐飞。

价值判断是司法裁判的实质内容;逻辑推理是司法裁判的形式表现。司法裁判中的价值判断以逻辑推理为依附;司法裁判中的逻辑推理以价值判断为基础。价值判断以衡量和取舍冲突与博弈着的各种社会利益为核心;逻辑推理以规范为起点再回到规范为目标。价值判断需要逻辑推理验证其判断的合理性;逻辑推理需要价值判断提供其推理的目的性。价值判断体现了社会价值、社会诉求、社会知识、社会阅历,积淀的是司法的经验心得,逻辑推理代表了法律命题、法律训练、法律技能、法律思维,积累的是司法的逻辑技巧。"逻辑中充满着经验,而经验又要受逻辑的检验。"①正如美国资深法官、美国第三巡回上诉法院前院长鲁格罗·亚狄瑟所言:"'履行式话语'(performative utterance)不仅具有表意功能,而且本身就有作用。由于司法判决符合这个描述,我们可以说,法庭公开其得出结论的过程和结论本身一样重要。如果我们评估一个判决不是根据'正确'或'错误',也不是根据对这个结果主观的同意或不同意,而是根据对彼此冲突的社会利益进行审慎而无私的权衡,那么'履行式话语'就包括以逻辑的形式呈现而为社会所接受的解释。"②裁判的合法性、正当性,必须借助理性思维的逻辑推理活动,只有借助理性的逻辑推理,才能把法官的裁判理由和裁判结论的合法性与正当性充分展示出来。也就是说,"法律适用是 个基于逻辑形式而为的评价,此乃是 ·种论证,即以必要充分的理由构成去支持其所做成法律上的判断。法学上的论证是一种规范的论证,不在于证明真理的存在,而在于证明某种法律规范适用的妥当与正确……论证系对某种判断加以正当化的过程"③。

"许霆案"无论是原一审、二审,还是重审,对审理案件法官的司法裁判技能

---

① [美]斯科特·布鲁尔:《从霍姆斯的道路通往逻辑形式的法理学》,载[美]斯蒂文·J.伯顿主编:《法律的道路及其影响:小奥利弗·温德尔·霍姆斯的遗产》,张芝梅、陈绪刚译,北京大学出版社2005年版,第123页。

② [美]鲁格罗·亚狄瑟:《法律的逻辑——法官写给法律人的逻辑指引》,唐欣伟译,法律出版社2007年版,第80页。

③ 王泽鉴:《法律思维与民法实例:请求权基础理论体系》,中国政法大学出版社2001年版,第210页。

都是一个巨大的检验。

(一)价值判断

在“许霆案”中,面对该案中众多的甚至彼此冲突的社会利益诉求,如何通过价值判断,明确该案裁判的实质或灵魂,这是“许霆案”司法裁判是否具有实质合理性首先要解决的问题。

价值判断是“有关人的活动目的”的判断,泛指对是非、善恶、有用与否等进行评价的准则或尺度。① “不仅指根据所选择的价值标准衡量利益的结果,而且也指对特定评价标准的选择。”②

司法过程中的价值判断,是一种司法行为的本能表现。整个司法活动的过程实际上也是一个若干价值判断交替或同步进行的过程。诚如日本学者川岛武宜所指出的,“我们经常可以看到,有许多案件仅依法律条文的字句进行逻辑推论是无法解决的。为什么会产生这种现象呢?因为条文中使用的概念通常由内容(含义)不甚明确的日常用语所构成。即使赋予某一技术概念以特有的含义,亦无法覆盖具体生活中的方方面面。在这种情况下,仅依条文的字句进行逻辑推理是不可能导出审判的结论的。它要求,法官在具体的事件中必须依据各种事实关系与条文规定的内容进行对照,自己去做出价值判断”。③

作为一种司法经验的价值判断,是司法场域中法律共同体个人的“性情倾向系统”,体现的是个体的认知、感知和行动图式,带有鲜明的主观性特征。在司法过程中,司法官的个性、情感、偏好等自身价值因素构成了其对于特定案件的事实状态和适用规范所进行的价值判断的基础。

现实主义法学家奥利芬特认为:“法官处理案件过程中不论是对结果的决定,还是对判决得出的方法,都可以凭借自己的直觉进行选择。”④哈特森对此亦言:“当遇到棘手的或错综复杂的案件时,我便使我的想象力开始活动,冥思苦想各种线索,静心等待感觉的出现,直觉的意识突然闪现出思想的火花,

---

① 沈宗灵:《现代西方法理学》,北京大学出版社 1992 年版,第 437 页。

② [英]迪亚斯:《法律的概念与价值》,黄文艺译,张文显校,载张文显、李步云主编:《法理学论丛》第 2 卷,法律出版社 2000 年版。

③ [日]川岛武宜:《现代化与法》,申政武等译,中国政法大学出版社 2004 年版,第 243 页。

④ 付池斌:《现代主义法学》,法律出版社 2005 年版,第 16 页。

一刹那就使问题和要得出的结论联系在一起了。”①

当然，作为一种司法经验的价值判断，不仅是个体的认知、感知和行动图式，同时“它也是社会的、集体的”“是社会性地体现在身体中的”②，不可能仅是判断主体的纯主观的肆意的个人妄为。由于司法官个人的价值偏好不可避免地会受司法场域价值系统的影响，实际上其个人的价值偏好，往往是被场域价值系统形塑过的个人价值偏好，因此，司法官的价值判断必然会受到社会公众价值观的限制。换言之，司法官的对事实的认定及规范的适用一般是从社会公众的一般价值理念出发，以社会公众的价值理念作为判断的基础，因而价值判断又带有客观性特征。然而在基于公众价值系统所进行的价值判断中，可供选择和遵从的价值却是多元的，③甚至彼此之间充满了矛盾。“法律价值判断究竟是如何进行的呢？法律价值判断是如何避开与法律价值体系之间的矛盾、或在不使其发生矛盾的状况下实施的呢？此外，如何才能确定法律价值判断与社会关系的现实相符合呢？这些问题看上去非常简单，但实际上是极其困难的。因为在一个法律价值体系之中，存在着各种各样必须遵从的法律价值。当遵从其中之一的法律价值（例如，个人的财产权、个人的基本人权等）时，往往会与其他的法律价值（例如，交易界的整体利益、‘公共福利’等）发生冲突（从眼前来看可能被判断为不当的情况，若从长远的角度来看则可能是非常正确的）。因为现实中的社会关系是非常复杂的，某一法律价值判断将与其他什么样的法律价值发生冲突，事前并不清楚，某一法律价值判断与对其他问题所做的法律价值判断是否矛盾事前也不清楚。”④因此，在价值判断过程中如何进行价值的权衡、比较和选择，就成了价值判断的 个重要方面，而在具体案件所涉及的各种利

① 付池斌：《现代主义法学》，法律出版社2005年版，第16~17页。

② ［法］皮埃尔·布迪厄、［美］华康德：《实践与反思——反思社会学导引》，李猛、李康译，中央编译出版社2004年版，第170页。

③ 一是即使是对诸如秩序、自由、平等、人权、正义等基本价值，人们也有不同的理解。至于在整个价值体系问题上，人们的认识分歧就更大。二是价值判断中，人们面对的可供抉择的价值是哪一些，只有在具体的案件情境之下，才可以具体地了解，难以抽象地一概而论。在不同的案件情境之下，供人们选择的价值范围也是不同的，因而就无法制定一个定则随处使用。三是每一个价值都有其被遵从的根据和道理。对不同的价值进行比对、鉴别，并有选择地运用，恰如“熊掌”与“鱼”均人之所欲也。要有所取舍，何其困难是无法想见的。四是每一个价值，每一个在法的价值判断中需要使用的价值，它与整个人类，与整个国家法的价值体系之间的关系如何，以及如何协调他们之间的关系，也是艰难的问题。五是法的价值与社会关系之间的关系，也需要判断。参见卓泽渊：《法的价值论》（第2版），法律出版社2006年版，第581页。

④ ［日］川岛武宜：《现代化与法》，申政武等译，中国政法大学出版社2004年版，第248页。

益关系中如何进行利益衡量,①也就成了这一问题的核心所在。

发生在中国当下社会情境中的"许霆案"承载了太多社会多元价值的诉求。案件当事人许霆和银行的利益诉求;社会公众的利益诉求;法律共同体的利益诉求;政治权力的利益诉求;道德的利益诉求;刑法价值目标的利益诉求;社会价值目标的利益诉求等,这都是法官在寻找、选择裁判该案的法律规范时,首先必须要思考的问题。也就是说,法官不是先寻找本案应适用的法律规范,而是综合把握本案的实质,结合与本案相关联的社会环境、各方利益诉求、社会价值观念等,对各方的利害关系作比较权衡,对相关利益进行取舍,先作出哪一方应当受保护的判断,再去选择适用相应的法律规范,或者说二者是同步进行的。"许霆案"的原一审与重审之间,案件事实还是那个案件事实,刑法规范还是那个刑法规范,法院还是那个法院,然而裁判结果已不是那个裁判结果。从无期徒刑到5年有期徒刑其原因何在?"正是在重审要设法纠偏的目的指引下,重审法官能动地开始了对许霆轻判的论证。重审轻判五年主要是基于以下两点考虑:一是与有预谋、有准备的盗窃犯罪相比,许霆的主观恶性相对较小;二是与采取破坏性手段盗取钱财相比,许霆的犯罪情节相对较轻。这种有利于被告的思路当然是正确的,不幸的是,原审法官并没有站在这样的高度来思考问题。"②正是因为原一审后,法院通过权衡、取舍各种利益诉求,明确了该案裁判的新的价值目标,原一审与重审在裁判价值追求上发生了变化,导致了

---

① 利益衡量理论作为法学方法论的一种,源自德意志法学家赫克创立的利益法学。在赫克之后,诸多的法学家对利益衡量理论进行了系统探讨。其中,日本的加藤一郎和星野英一教授对利益衡量理论的发展贡献至巨。加藤一郎在批判概念法学各种弊端的基础上于20世纪60年代提出,在处理两种利益之间的冲突时,强调用实质判断的方法来判断哪一种利益更应受到保护。具体到法官在应用利益衡量的方法进行判决时,不是急于翻阅法规去寻找本案应适用的法律规则,而是通过利益衡量方法,综合把握本案的实质,结合社会环境、经济状况、价值观念等,对双方当事人的利益关系作比较衡量,作出本案当事人哪一方应当受保护的判断,然后再从法律条文中寻找根据,以便使结论正当化或合理化。但何谓利益衡量,我国学者杨仁寿认为:"法官在阐释法律时,应摆脱逻辑的机械规则之束缚,而探求立法者于制定法律衡量各种利益所为之取舍,若立法者本身对各种利益业已衡量而加取舍,则法义甚明,只有一种解释之可能性,自须尊重法条之文字,若有许多解释可能性时,法官自须衡量现行环境及各种利益之变化,以探求立法者处于今日立法时,所可能表示之意思,而加取舍,斯即利益衡量。换言之,利益衡量乃在发现立法者对各种问题或利害冲突,表现在法律秩序内,由法律秩序可观察而得之立法者的价值判断。"参见杨仁寿:《法学方法论》,中国政法大学出版社1999年版,第175~176页。德国学者卡尔·拉伦茨则认为,一旦利益冲突发生,"司法裁判根据它在具体情况下赋予各该法益的'重要性',来从事权利或法益的'衡量'"。参见[德]卡尔·拉伦茨:《法学方法论》,陈爱娥译,台北,五南图书出版公司1996年版,第313页。

② 刘仁文:《许霆案的轻判是如何实现的?》,载新浪网,http://news. sina. com. cn/o/2008-04-02/023213670562s. shtml。

刑法规范选择适用上的变化，即重审启用了《刑法》第63条第2款，才造成了裁判结果之间有如此大的落差。

（二）逻辑推理

在明确"许霆案"裁判的价值目标后，面对若干个与当下案件存在关联关系的法条，如何通过逻辑推理，寻找、选择最适用于当下案件的条款，这是"许霆案"司法裁判是否具有形式合理性必须要解决的问题。

1. 如何基于"许霆案"的案件事实，建构适用于"许霆案"的裁判规范

综上所述，刑法规范概念普遍具有模糊或抽象特点，刑法规范结构呈现漏洞或空缺现象在所难免，直接用刑法规范作为逻辑推理的大前提去裁决某一具体的案件事实，显然是比较困难的。在这中间，即在一般刑法规范与特殊案件事实之间，或在抽象的已被类型化了的刑法规范与具体的具有鲜明个性特点的案件事实之间，客观上必然会存在一个能够将二者进行"链接"的环节，这是因为现实生活中的各种刑事案件并不按立法者所设计的犯罪构成模式去发生，以至于经常出现体现刑事案件共性的刑法条文与充满个性的具体刑事案件不能完全吻合的现象。尽管"当为与实存，规范与规范所指涉的事实，并非处于严格的对立关系"①，但"对许多案件来说，完全依法是无法判决的。法官等在进行审判活动时的正确作法，只能是通过法律又超越法律"②。正如米勒一再强调的，规定在法律中的规范（规范文本）并非最终个案裁判基准的规范（裁判规范），前者只是法官形成后者的出发点而已。③ 不难窥见，当刑法文本规范通常不能完全地直接地满足审判需要时，不能拒绝裁判的法官自然会形成某种直接作为当下案件据以裁判的即时性判断，即创制适合当下案件裁判的规范。刑法文本规范仅是法官所依据的裁判准据之一，换言之，刑法规范本身所能直接发挥的强制力是有限的，刑法规范应有的更多的强制力却需要法官通过其他途径，即主要是通过创制刑法裁判规范，才能得以完成。所以，刑法规范适用的过程就是刑法文本规范具体化、践行化的过程。作为刑法文本规范具体化、践行化之结果形态的刑事裁判规范，在法官头脑中从产生到最终确立是一个非常复杂的过程，这不光因为裁判规范本身是针对千差万别的个案事实，还因为它产

---

① ［德］卡尔·拉伦茨：《法学方法论》，陈爱娥译，商务印书馆2003年版，第13页。

② 陈金钊：《法律解释的哲理》，山东人民出版社1999年版，第231页。

③ 参见［德］卡尔·拉伦茨：《法学方法论》，陈爱娥译，商务印书馆2003年版，第13页。

生于素质、知识、经验、技能、品德有相当差异的不同法官的大脑中。因此,刑事裁判规范的生成过程,实际上是在一定的社会核心价值目标导演下,法官携规范与事实共舞一曲的过程;其生成表象实际上是法官基于特定案件事实对文本规范的诠释结果。

在这个过程中,一方面,要通过刑法规范识别,寻找关联法条,或者当一个案件面临两个或两个以上的规范可能被适用的情形时,在其中进行选择关联度最密切的法条,即哪个是与当下裁决案件事实最相类似的条款,以及通过刑法规范解释,使刑法规范通过个案事实由抽象变为具体,由模糊趋向明确,并通过个案事实逐步确定规范对事实的涵摄量,由此衍生出规范适用的经验规则,进而"发现"与特定案件事实相关的正当的"个案裁判规范"。另一方面,要把当下需要裁判的个案事实与规定特定犯罪的犯罪构成要件的规范事实联系起来,既要从案件到规范,又要从规范到案件,对两者进行比较、分析、权衡。对于案件事实,要以可能适用的刑法规范为指导进行分析;反之,对于刑法规范,要通过特定个案或者案件类型进行解释,形成构成要件与案例事实的彼此对应。为了使法律满足一个处在永久运动中的社会的所有新的需要,法官在面对某种崭新的生活事实,同时根据正义理念认为有必要对之进行刑法规制时,总是将这种生活事实与刑法规范相适应,一方面使抽象的法律规范经由解释成为具体化的构成要件;另一方面,要将具体的案例事实经由结构化成为类型化的案情,形成构成要件与案例事实的彼此对应。通过从案件到规范,又从规范到案件,对两者进行比较、分析、权衡。① 于是,"规范成为'符合存在的',案件成为'符合规范的'。并且逐步地规范变成较具体的、较接近现实的,案件变成轮廓较清楚的,成为类型。"②"只有在规范与生活事实、应然与实然,彼此互相时应时,才产生实际的法律:法律是应然与实然的对应。"③这个"实际的法律"就是刑法规范通过个案事实衍生出规范适用的经验规则,或者将其称为裁判规范。刑法适用过程中的形形色色、各种各样而又难以厘清的经验规则,既是对刑法规范的解释结果,又是对案件事实不断进行类型抽象的外在表现。正是这些潜行在刑法规范适用过程中的经验规则,使相对静止的刑法规范与不断变化的生活事实在

① 参见张明楷:《从生活事实中发现法》,载《法律适用》2004 年第 6 期。

② 参见[德]亚图·考夫曼:《法律哲学》,刘幸义等译,台北,五南图书出版公司 2000 年版,第 93-11 页。

③ [德]亚图·考夫曼:《法律哲学》,刘幸义等译,台北,五南图书出版公司 2000 年版,第 148 页。

不断冲突当中总能找到解决矛盾的切入点,延续着刑法的生命,即逐渐形成针对案件法律事实的刑事裁判规范。“大部分的法律都是经过不断的司法裁判过程才具体化,才获得最清晰的形象,然后才适用于个案,许多法条事实上是借裁判才成为现行法的一部分”①,从而保证了刑法的正常适用。

刑事裁判规范的建构过程,是法官案件裁决中的法律思维过程。毫无疑问,这个过程是隐秘的。“许霆案”的这一过程也不例外。我们在重审的判决书中是不会看到建构“许霆案”裁判规范的思维过程的,我们能够看到的是这一思维过程的结果。即在与“许霆案”案件事实在定罪及量刑方面存在关联关系的《刑法》第13条、第14条、第63条、第170条、第196条、第264条、第266条中,选择适用了第63条第2款和第264条,并创制了该两条新的适用类型,或者说《刑法》第63条第2款和第264条在“许霆案”中形成了新的裁判规范。

(1)“利用自动柜员机系统异常之机,自以为银行工作人员不会及时发现,非法获取银行资金”②,属于“盗窃公私财物”。

(2)“自动柜员机是银行对外提供客户自助金融服务的专有设备,机内储存的资金是金融机构的经营资金”③,属于“金融机构”。

(3)“许霆是在发现银行自动柜员机出现异常后产生犯意,采用持卡窃取金融机构经营资金的手段,其行为与有预谋或者采取破坏手段盗窃金融机构的犯罪有所不同;从案发具有一定偶然性看,许霆犯罪的主观恶性尚不是很大。根据本案具体的犯罪事实、犯罪情节和对于社会的危害程度,对许霆可在法定刑以下判处刑罚。”④也就是说,在发现银行自动柜员机出现异常后产生犯意,并采用持卡窃取金融机构经营资金、且行为是偶发性的,可以认为属于《刑法》第63条第2款规定的“犯罪分子虽然不具有本法规定的减轻处罚情节,但是根据案件的特殊情况,经最高人民法院核准,也可以在法定刑以下判处刑罚”的情形。

2. 如何将“许霆案”的裁判规范建构过程,通过法律适用而逻辑、技巧地表达出来

司法裁判过程,是一个三段论的推理过程,必然涉及三个层面,其一,小前提的建构,即将案件的生活事实,建构成案件的法律事实;其二,大前提的建构,

① [德]卡尔·拉伦茨:《法学方法论》,陈爱娥译,商务印书馆2003年版,第20页。
② 参见广东省广州市中级人民法院刑事判决书,(2008)穗中法刑二重字第2号。
③ 参见广东省广州市中级人民法院刑事判决书,(2008)穗中法刑二重字第2号。
④ 参见广东省广州市中级人民法院刑事判决书,(2008)穗中法刑二重字第2号。

即将文本中的刑法规范,建构成裁判中的刑法规范;其三,裁判结论的推导,将案件的法律事实与案件的裁判规范交互融合,向人们宣示一种合理与正当。可见,司法裁判过程除对案件事实部分的认定外,最重要的就是解释与说理,即对这个案件事实为什么最适合适用这条法律规范的规定以及这条法律规范为什么可以适用于对这个案件事实的裁决进行解释和说理。也就是说,法官将案件裁判结论的合法性、正当性,借助理性思维的逻辑推理活动,通过判决书这种客观外在表现形式充分展示出来。

从"许霆案"的重审判决书来看,这一点确实让人有点失望。

幸好一些刑法专家学者,在对"许霆案"重审判决结果进行评价的同时,也对判决书的这一明显不足进行了"补充说理",具体如下。

陈兴良教授针对判决采用了《刑法》第63条第2款,认为:"适用特殊减轻的理由有三:一是银行明显存在过错。这一过错虽然不能成为许霆无罪的理由,却可以成为适用特殊减轻的根据。二是违法程度较轻。许霆是利用自动取款机的故障而窃取财物,这和采用破坏自动取款机甚至非法潜入金融机构的盗窃行为相比,客观违法程度较轻。三是责任程度较轻。银行的过错产生了巨大的金钱诱惑,从而诱发了许霆的犯罪。从期待可能性上来说,由于存在自动取款机故障这一附随状况而使期待可能性程度有所降低,由此可以减轻许霆的责任。"①

张明楷教授针对判决书对许霆盗窃金融机构的认定,认为:"刑法第二百六十四条所规定的'盗窃金融机构',显然是指盗窃金融机构的经营资金、有价证券和客户资金等。一方面,盗窃金融机构的汽车、电脑等财物的,不属于盗窃金融机构。另一方面,金融机构经营资金的存放地点、存放状态,不影响对金融机构经营资金的认定。ATM内的现金,明显属于金融机构的经营资金……许霆并没有盗窃ATM,而是盗窃了ATM中的现金,ATM中的现金是银行的经营资金,银行属于金融机构,故许霆盗窃了金融机构的经营资金。"②

尽管裁判的合理与正当与否不是以专家学者的认可或批评为标准的,但专家学者的认可或批评,至少能为我们思考"许霆案"在审判中应如何适用刑法,提供一个有益的视角。正如刘仁文研究员针对"许霆案"所言:"我们的社会正

① 陈兴良:《许霆案的法理分析》,载《人民法院报》2008年4月1日,第5版。
② 张明楷:《许霆案的定罪与量刑》,载《人民法院报》2008年4月1日,第5版。

变得越来越复杂，而法律的适用并非简单地对号入座，而要在充满迷途和荆棘的丛林中寻找妥当的路径，这无疑给法官提出了更高的要求，需要综合运用价值、方法、法律、情理、良知、勇气等多种因素，使自己的推理和结论不仅符合法律的形式，而且符合法律的精神和目的。"①

五、结语

综上分析，笔者认为，"许霆案"给予我们的最大启示之一就是：既然刑事司法裁判结论在形成过程中具有不可避免的模糊性和不可确定性，是我们必须要面对的一种客观现象，那我们所能做的当然就只能是在追求司法裁判合理性（包括刑法适用的实质合理性和形式合理性）的同时，让刑事司法裁判结论在形成中尽可能地去接近确定性和可预测性。

① 刘仁文：《为什么许霆被轻判更得民心？》，载中国新闻网，https://www.chinanews.com/gn/news/2008/04-02/1209350.shtml，最后访问时间：2008年4月2日。

法官角色视野下的裁判理性*

——以2005“中国法官十杰”先进事迹介绍为分析范本**

目　　次

---

* 原载《法律科学（西北政法大学学报）》2009 年第 5 期，与赵秉志教授合著。本文被中国人民大学书报资料中心《法学文摘》2010 年第 1 期及复印报刊资料《法理学、法史学》2010 年第 1 期全文转载。“理性”一词见仁见智。人们一般在“作为认识论的理性”“作为本体论的理性”“作为实践论的理性”三个层面上使用“理性”一词。参见张智辉：《刑法理性论》，北京大学出版社 2006 年版，第 18 ~ 24 页。笔者所指涉的裁判理性是在“作为实践论的理性”层面上使用“理性”一词的，并且倾向认为“理性是一个价值术语，它常喻示：‘应当’。即在某种情况下，一个人应当做什么。一个作了适应社会选择的人会被看成具有理性，而未作这种选择的人会被视为非理性”。参见［美］查理德·霍金斯、［美］杰弗里·P. 阿尔珀特：《美国监狱制度——刑罚与正义》，孙晓雳、林遐译，中国人民公安大学出版社 1991 年版，第 68 页。

** 参见孙晓光：《2005 中国法官十杰评选揭晓》，载新浪网，http://www.sina.com.cn/o/2006-02-27/0830831041s.shtml，最后访问时间：2006 年 2 月 27 日。荣获“2005 中国法官十杰”称号的是：黑龙江省宁安市人民法院东京城人民法庭审判员金桂兰、广东省佛山市中级人民法院民一庭副庭长黄学军、北京市朝阳区人民法院民二庭副庭长钟蔚莉、吉林省延吉市人民法院刑庭副庭长费云龙、山东省冠县人民法院定远寨人民法庭庭长李昆仑、河北省秦皇岛市中级人民法院刑一庭副庭长赵爱彬、福建省莆田市秀屿区人民法院副院长姚丽青、解放军军事法院北京军区天津军事法院院长杜建军、上海市第二中级人民法院民一庭审判员袁月全、江西省高安市人民法院新街人民法庭庭长刘晓金。

(二)法官的角色类型
(三)结论——何以影响裁判理性
三、法官角色失调与裁判理性
(一)法官的角色冲突
(二)法官的角色不清
(三)结论——何以影响裁判理性
四、法官角色转换与裁判理性
(一)角色转换的自然性
(二)法官角色转换过程
(三)结论——何以影响裁判理性
五、结语

一、前言

中国改革开放法治建设已经走过了不平凡的30年,法治建设的重心也悄悄开始由立法制度构建向司法制度构建转移。法治就其本意而言,是一种规则之治、制度之治,法治建设的目的是实现"法的统治而非人的统治"。因此,如何建构科学、公正、规范的司法制度,法官问题就成为这一法治建设的核心问题之一。法官在司法体制中扮演何种角色、居于何种地位、是否存在角色失调、能否合理地进行角色转换,决定了其在司法过程中是否具有裁判理性或具有何种裁判理性,从而才能够客观、公正地进行理性裁判,这也就从根本上涉及了法治能否真正实现的问题。

法官构成了法律的一部分。"法律由精神王国进入现实王国控制社会生活关系的大门。法律借助法官而降临尘世。"①正因如此,德沃金将法院视为法律帝国的首都,法官则是法律帝国的王侯。它意味着在法律制度与具体案件之间,必须以法官为中介,来沟通法律规范与社会生活的实际关联。法律的文本规范也正是通过法官基于案件事实的解构后重构为裁判规范来实现法律世界与生活世界的对接的。② 然而,如果将法官置于社会大系统的动态运行中考察

---

① [德]拉德布鲁赫:《法学导论》,米健、朱林译,中国大百科全书出版社1997年版,第100页。

② 参见张心向:《案件事实对法律规范之建构探微——以刑法规范为分析视角》,载赵秉志主编:《刑法论丛》第14卷,法律出版社2008年版。

其裁判行为的时候,就会发现,法官并不是纯粹的法律意义的裁判者。法官在裁决案件过程中,除受制于法律规范外,还经常受到来自其他多方面的影响,诸如权力部门的影响、行政部门的影响、法院系统的影响、文化传统的影响、社会舆论的影响等。法官的多元角色期待使其裁判行为会受到多重外在约束,极易造成与案件有关的法律适用只是裁判的一个重要依据而不是唯一依据。笔者试图在上述视角下检讨我国法官的裁判理性问题,以期对我国正在走向法治的司法制度建构有所裨益。

二、法官的角色丛[①]与裁判理性

何谓法官的角色,法官在社会关系网络中都扮演哪些角色呢?

(一)法官角色集合性

时任以色列最高法院院长阿哈隆·巴拉克(Aharon Barak)在 2002 年 3 月 17 日于耶鲁撒冷召开的"司法培训国际论坛第一次会议"开幕式上作的《法官的角色》[②]的演讲,以法哲学的思辨阐述了现代司法的基本理念及其任职法官 20 余年的感悟,并对法官角色集合性特点进行了解读:

"请允许我根据自己在最高法院任职法官 23 年多的经验,发表一些意见。我的信仰是,法官的职责是保护个人免受政府滥用权力的侵害,以及促进公民权和市民权。在履行职责时,法院必然不可避免地与其他机关发生冲突,在越来越多的政治问题表现为法律问题并提交法院裁决的现代社会,尤其是在对其他机关的司法审查的范围比过去更宽的当今,更是如此。

"法官应反映其所生活的民主社会的基本价值。当然,法官是其时代的产物,是由其所处的时代和所生活的社会造就的。客观性并不将其与所处环境割裂开来。其目标是允许法官表述其国家的深层价值。为做到这些,法官应反思历史,而不是心血来潮。法官应遵行基本价值,即使这些价值与公共观点的'风

---

① 所谓角色丛或角色库,就是个人所承担的角色的总和,指多种角色集中于一个人身上的现象。每个人在社会生活中具有多重社会地位,需要充当多种角色。因此,社会生活中的每个人都是角色的复合体即角色丛。角色丛体现了人们广泛的社会交往和复杂的社会关系。个人活动的内容越丰富,他充当的角色就越多,角色丛也就越复杂多样。参见童星主编:《现代社会学理论新编》,南京大学出版社 2003 年版,第 93 页。

② [以]阿哈隆·巴拉克:《法官的角色》,孔祥俊译,载《法律适用(国家法官学院学报)》2002 年第 6 期。

向'不和谐。

“法官应对传统具有敏感性。传统意味着历史感,传统意味着重视先例,传统意味着共识,传统意味着古今见识的融合,它意味着不同时代人之间的对话。

“法官应承担弥合生活与法律之间的缝隙的职责,在变革与维持现状的需要之间做出适当的平衡。

“法官的职责是实现社会与个人、公共需要与个人权利之间的微妙平衡。并且,当天平处于微妙的平衡时,法官应给予最重要的价值之一——正义特殊的倾斜。法官应践行正义。”

法官的角色是什么或什么是法官的角色,不同的分析进路得出的答案必定会有所差异。但又不可否认,当我们平时称呼法官的时候,事实上我们在很大程度上仅仅只是把“法官”这个语词作为一种职业(比如,“法律规范的适用者”)、一种身份(比如“司法者”),甚至是用一个符号来指称。这几乎使我们淡忘了“法官”这一指称在现实社会中所同时承担的各种不同角色以及因而同时具有的不同属性。

从阿哈隆·巴拉克院长的演讲中,可以得知,法官角色本身就是一个角色丛,体现了角色集合性特点。法官在社会关系网络中,无论是从应然的角度看还是从实然的角度看,他都已经承担了或必须还要承担更多的各种社会角色,而这一点对世界任何一个国家的法官都是如此。当然,中国语境下的法官或许还会有一些更加特殊、更为复杂的地方。他们总是处于各种社会关系网络(各场域的交叉连接点上),并与周围有着复杂的人际关系。然而,场域会限制话语,且人们的言行也总是会受到他所在场域隐含的规则的制约。如此一来,在不同的时间、不同的场合,由于法官占据着不同的社会位置,他自然也就会具备不同的角色期待和角色要求。当然,随着客观场域的不断变化,法官的角色期待和角色要求也会随之发生改变。如此,在不同的时间、不同的人际关系中,法官总是会不断地转换他所扮演的社会角色,践行着其开放性的角色特征。

(二)法官的角色类型

1. 职业法律人

作为职业法律人的法官,这是法官的本原角色,也是法官在司法场域中扮演的最主要的角色。职业法律人法官,是指法官以行使国家审判权为专门职业,并具备独特的职业意识、职业技能、职业地位。法官职业角色的基本特征有学者归纳为：同质化、专业化、技术化、独立性、中立性、消极性。① 所以，法官的职业角色功能便是：执行法律、解决纠纷、实现社会正义。

从2005年“中国法官十杰”的先进事迹介绍就可以看出，法官的职业事迹(法官的专业性、技术性事迹介绍)是第一位的：

如姚丽青法官，“从事民事审判的几年里，她每年审结的案件数量都名列全市法院前茅。仅1997年至2000年，她就办结各类案件800多件，4年完成了10多年的办案任务，其中1999年一年审结各类案件219件，是当年岗位责任制指标的3.8倍，创造了莆田市法院系统个人审结案件的最高记录。她审理的近千件案件没有一起超审限，没有一起被发回重审，没有一起被认定为错案”②。

再如，黄学军法官，“1988年到广东省佛山市中级人民法院工作，凭着厚实的理论功底和娴熟的办案技巧在审判岗位上实现了一次次的自我跨越，结案率始终名列前茅。2005年，黄学军在担任副庭长并主持全面工作后，全年自己审结案件96件、审批案件421件，成为庭领导中办审案件最多的一个。经她审理的2000多起案件，无一超审限，无一改判发回重审，无一件错案”③。

2. 政治权力人

作为政治权力人的法官，这是法官在司法场域和政治场域的交汇处扮演的一个重要角色。政治权力人法官，是指法官在案件的审理过程中具有政治意识和大局意识，即在任何情况下、任何时候，都要服从于党和国家的工作大局。具体表现为法官的司法行为要为党和国家的中心工作服务。司法为政治服务是司法工作的一贯原则，司法是宣传和落实党的路线、方针和政策的重要途径，司法工作是紧密围绕党的中心工作而展开，党在各个时期的中心工作，就是人民司法机关服务的具体的、主要的对象。这就意味着司法不仅是一个运用法律解决纠纷的过程，同时也是党的政策贯彻落实的过程。因此，司法不仅要考虑法律，而且要注意政策。审判不但要解决纠纷，而且要注重社会效果，即要有利于改革；有利于社会稳定；有利于经济发展。这一点，从2005年“中国法官十杰”的先进事迹介绍中也可以看出：

---

① 参见吕忠梅：《法官职业化的基本特征》，载《人民司法》2003年第2期。

② 孙晓光：《2005中国法官十杰评选揭晓》，载新浪网，http://www.sina.com.cn/o/2006-02-27/0830831041s.shtml，最后访问时间：2006年2月27日。

③ 孙晓光：《2005中国法官十杰评选揭晓》，载新浪网，http://www.sina.com.cn/o/2006-02-27/0830831041s.shtml，最后访问时间：2006年2月27日。

如金桂兰法官,"长年的法庭工作,使金桂兰认识到,调解是消除双方积怨、化解矛盾纠纷的一种有效办案方式,虽然有时调解一起案件要比判决费时费力,但是对当事人来说,调解不但可以促使当事人自动履行义务,还能化解矛盾,控制上访,减轻诉累。为此,对每一起案件,金桂兰都做耐心细致的调解工作。在她审结的1050起案件中,有90%的案件都是以调解方式结案,没有重审改判案件,没有超审限案件,没有上访缠诉案件"①。

再如,李昆仑法官,"11年来,她牺牲了无数节假日和休息时间,办案高达2100多件,平均不到2天就办结一起案件,一月内结案率达到70%以上,所办案件无一上诉、无一矛盾激化、无一上访缠诉、无一错判超期,为辖区社会的稳定和谐与人民群众的安居乐业做出了突出贡献"②。

3.社会文化人

作为社会文化人的法官,这是法官作为一般的社会个体在一般社会场域中生存的人本角色。社会文化人法官,首先是指法官是生活在社会中的一群自然人,有与常人相同的生活需要;也有血缘、婚姻等构成的亲情关系。此时的法官角色期待来自社会生活,法官所遵循的角色规范是社会生存与家庭需要对他的要求,这些正常的生活需要与家族利益也是法官在审判时不得不考虑的因素。其次是指法官总是生活在特定时空的社会共同体之中,因此特定的社会文化氛围对法官也会提出相应的角色期待。也就是说,法官总是在一定的文化背景下行使审判权,一方面,传统的文化观念、伦理价值积淀为法官的价值观和法律意识,影响他的审判行为;另一方面,法官的审判过程和结果要接受现实社会的评判,符合当时社会主导文化价值取向的审判才会获得广泛的社会支持,法官的审判行为才有存在的合理性。此时的法官角色期待来自社会文化价值,法官所遵循的角色规范是我国社会现阶段的传统、习俗、伦理等,他所关注的是他的审判能否得到社会公众的认可、社会公众对其审判结果的是否普遍赞同等。这种社会文化传统的舆论导向与压力是中国法官在审判过程中不得不考虑的重要因素。这一点,从2005年"中国法官十杰"的先进事迹介绍中也能够看出:

如金桂兰法官,"自从到法庭工作后,一周难得回家一次。家搬到牡丹江之

① 孙晓光:《2005中国法官十杰评选揭晓》,载新浪网,http://www.sina.com.cn/o/2006-02-27/0830831041s.shtml,最后访问时间:2006年2月27日。

② 孙晓光:《2005中国法官十杰评选揭晓》,载新浪网,http://www.sina.com.cn/o/2006-02-27/0830831041s.shtml,最后访问时间:2006年2月27日。

后,她更是十天半个月回不去一次。作为妻子,她很少有机会陪爱人说说话,或者给爱人做点事。作为母亲,她虽然很爱自己的儿子,但她一忙起来,很少能顾得上儿子。一次,因处理一起经济纠纷案件,情况紧急,她下午便到吉林取证,回来时已是深夜,到家她才想起忘了给孩子钥匙,找了很长时间,才在弟弟家找到儿子。看到儿子睡梦中还在抽泣的样子,她流泪了”①。

再如,刘晓金法官,“经常翻山越岭把法庭开到田间地头、当事人家中,只要是群众需要,无论刮风下雨,不论白天晚上,随叫随到;他耐心为群众解难事、诚恳办实事,对急办及当事人距法庭较远的案件,实行快立案、快审理、快裁判、快执行,提高了办案效率,减轻了当事人的诉累;对孤寡老人和困难当事人,他常掏钱帮助、慰问,实施司法救助;他为人热情,处事公道,断案注重以案释法、以情感人、以理服人,使输赢双方皆服,在当地党政组织及人民群众中具有很好的口碑,因此,他工作的法庭所在地群众一遇到纠纷难断事,首先想到的就是请他出面协调,群众亲切地称他为‘母舅’”②。

(三)结论——何以影响裁判理性

法官本身就是一个多重角色的承载者与集合体。法官不同的角色,有不同的角色期待,承载着不同的角色规范要求,这就决定了法官的裁判理性不可避免地会受制于法官的角色丛。法官的裁判思维必然是多向度性的思维,裁判行为必然是多重兼顾的行为,体现了多元与融合的裁判理性。

三、法官角色失调与裁判理性

法官角色多元集合性的直接后果就是,法官在各角色的扮演中常会产生矛盾,造成角色冲突或角色错位,从而对具体案件的理性裁判带来影响。

(一)法官的角色冲突③

法官的角色冲突主要表现为法官作为职业法律人角色与政治权力人角色及社会文化人角色之间的矛盾、对立和抵触。

① 孙晓光:《2005 中国法官十杰评选揭晓》,载新浪网,http://www.sina.com.cn/o/2006-02-27/0830831041s.shtml,最后访问时间:2006 年 2 月 27 日。

② 孙晓光:《2005 中国法官十杰评选揭晓》,载新浪网,http://www.sina.com.cn/o/2006-02-27/0830831041s.shtml,最后访问时间:2006 年 2 月 27 日。

③ 角色冲突,是指在社会角色的扮演中,在角色之间或角色内部发生了矛盾、对立和抵触,妨碍了角色扮演的顺利进行。参见童星主编:《现代社会学理论新编》,南京大学出版社 2003 年版,第 94 页。

1. 职业法律人法官与政治权力人法官之间的角色冲突

法官是国家司法机构中的人员，其权力最大范围也仅局限于司法。无论在何种社会制度中，执掌行政权的政府总是居于国家权力的重要和核心地位，政府的政治权威从来都是以整个国度为其空间的。① 这就使它常常并不只停留于对司法过程的简单评判和监督上，而是通过种种方式尽可能把自己的要求变为现实，从而在一定程度上改变司法行为及其过程。这样，一方面，法官的司法角色要求其中立裁判排除干扰；另一方面，他在司法机构中的职务角色却决定了在某些情况下不得不服从于行政机构的意旨而作出不那么自由的裁量。

从法院内部的工作机制看，由于我国司法体系在制度设计上本身就有行政化因素，所以，中国目前实行的仍然是法院独立审判而不是法官独立审判制，强调对个体法官的控制与管理。我国法官法完全套用了行政上的等级而把法官划分为四等十二级，这使法院的院长、副院长、庭长、副庭长不仅是行政[illegible]的头衔，而且在实际上还掌握案件的最终决定权，法官行使审判权要受到法院内部组织的层层制约。合议庭和独任法官对案件作出的处理决定只是参考性的，必须送所在审判庭的庭长、副庭长审批，之后还要送院长、副院长审核，庭长、院长可能同意他们的意见，也可能修改甚至全盘推翻合议庭的意见。法官在法院系统中的这种地位，也都会在一定程度上决定着法官在个案审判过程中的角色具体分工和权责。

从法院外部的运行体制看，中国地方法院的财政由地方各级行政机关控制，法院本身没有独立的财权，法院的办公设施、办案经费、法官的工资福利往往取决于地方政府给予的经费。法官的人事权由地方权力机关掌管，在我国由于地方党委实际上拥有对地方法院院长的推荐权以及其他法官的任命和晋升的最初决定权，而只有被选任后才能扮演职业法律人角色成为法官。若法官在其裁判过程中不将选任他的机构的意志考虑在内，则可能会面临被罢免或弹劾的危险后果。例如，河南省洛阳市中级人民法院经济审判庭法官李慧娟因一份判决书而被免职并调离审判岗位事件。② 这会在一定程度上影响法官司法角色功能的充分发挥，极可能使法官在裁量时"自由"的程度大大减低。

---

① 秦策：《法官角色冲突的社会学分析——对司法不公现象的理性思考》，载《南京师大学报（社会科学版）》1999 年第 2 期。

② 参见《洛阳女法官到最高院讨说法》，载新浪网，http://news. sina. com. cn/o/2003 - 11 - 28/10161208202s. shtml。

2. 职业法律人法官与社会文化人法官之间的角色冲突

法官是生活在社会中的一群自然人,他们与普通社会人一样,也生活在血缘、亲情、友情等构成的人情网、关系网中。当法官的社会人角色与法官法律人角色发生冲突,法官必然会陷入一个是秉公执法还是照顾亲友关系的两难境地。作为一个自然人,他也需要亲情、友情的温暖,因而在情法面前,经过权衡利弊后,他有可能放弃法律的原则而顺从亲情、友情关系的要求,为徇个人的私情、私利,天平倾斜,枉法裁判。其中,最有代表性的是法官在案件裁判过程中与律师关系的处理。律师和法官同属司法场域中的法律职业人,从各自所带的文化符号看属于同质群体,彼此之间容易产生亲朋、同学、曾经同事等错综复杂的人情关系。一些律师在代理诉讼时,首先考虑的不是事实与法律,而是如何利用与司法人员的人情关系,要求法官在对案件事实的确认与法律规范的适用方面作出于己方有利的裁决。在推崇人情世故的中国,难免有一些法官会碍于人情留给这些律师一些面子,从而对案件裁决的确定性和公正性带来消极影响。为此,最高人民法院、司法部曾专门联合制定了法发〔2004〕9 号文件,即最高人民法院、司法部《关于印发〈关于规范法官和律师相互关系维护司法公正的若干规定〉的通知》,其中第 2 条明确规定:"法官应当严格依法办案,不受当事人及其委托的律师利用各种关系、以不正当方式对案件审判进行的干涉或者施加的影响。律师在代理案件之前及其代理过程中,不得向当事人宣称自己与受理案件法院的法官具有亲朋、同学、师生、曾经同事等关系,并不得利用这种关系或者以法律禁止的其他形式干涉或者影响案件的审判。"这也从一个侧面反映了法官与律师之间的人情互动对公正司法、理性裁判所带来的负面影响的严重程度。

法官是生活在一定社会文化中的行为个体,如同任何个体自然人一样,从头到脚无不被他生活国度的(无论是历史传统的还是现代时尚的)文化所影响。法官身上所显现的文化符号具有鲜明的时空性。众所周知,我国的传统法律文化是法律道德化与道德法律化的人情人治文化,即缺少严格依事实和法律作出判决的法治传统。法官既然生活在一定的法律文化环境之中,他就不可能不考虑整个法律文化共同体对其裁判行为的结果的接受和评价。裁判的道德、习俗基础常常成为法官判案时考虑的因素之一。在一定意义上说,道德与习俗比法律规则更容易得到社会认可。因此,在严格依法裁判有可能与道德和习俗相悖时,法官不可能无视道德和习俗的存在,通过对法律规范在一定程度上的变通甚至牺牲以保证裁判得到广泛的社会赞同。

公众舆论倾向是法官在审判过程中不得不考虑的另一重要因素。“没有一个全民的制度能够抵挡舆论间歇性的进攻;没有任何人的任何判断不在它的威胁或要求面前战战兢兢、结结巴巴。”①法官在没有充分信心能够使公众舆论发生逆转的情况下,不会把自己的判决建立在与公众舆论完全相反的基础上。当公众舆论的要求与裁判案件有关的法律规定相悖,彼此之间发生偏离时,就可能导致法官放弃对法律规范的恪守,以求得到社会公众舆论的支持。

(二)法官的角色不清②

法官角色冲突的直接后果是法官对自身的角色认同发生困惑而导致角色不清或角色错位。法官的角色不清主要表现为社会公众对法官的角色期待标准不一以及法官本身对自己扮演的角色行为规范不清楚。不知道法官应该做什么,不应该做什么。

如黄学军法官,是法官,还是行政官?是依法裁决诉讼案件,还是合理解决社会问题?

“2002 年 12 月底,在酒吧当服务员的李某下班骑摩托车回家途中发生交通事故,下肢瘫痪,经法医鉴定为二级伤残。车祸发生后,老板陆续主动承担了医疗费等 7.8 万元,2004 年 7 月后,老板便不再支付任何费用。李某没有任何经济来源,仍需专人护理和抚养孩子,万般无奈起诉到了法院,要求酒吧承担民事赔偿责任。一审中被告辩称双方属于劳动争议,应遵循先仲裁后起诉的程序,而且即使申请仲裁也已过时效,所以李某的请求不能得到法律保护。一审法院裁定驳回原告的起诉。走投无路的李某抱着最后一线希望提出上诉。二审开庭时,她被年过六旬的老父抬进了法庭,啼哭不止。”③

“黄学军深知被上诉人的抗辩理由不无道理,可是李某的伤害已经造成,酒吧老板的行为是不是有规避法律之嫌?当天晚上,她和书记员找到了酒吧老

① [法]加布里埃尔·塔尔德、[美]特里·N.克拉克编:《传播与社会影响》,何道宽译,中国人民大学出版社 2005 年版,第 230 页。

② 角色不清指社会大众或角色的扮演者对于某一角色的行为标准不清楚,不知道这一角色应该做什么、不应该做什么和怎样去做。参见童星主编:《现代社会学理论新编》,南京大学出版社 2003 年版,第 95 页。

③ 孙晓光:《2005 中国法官十杰评选揭晓》,载新浪网,http://www.sina.com.cn/o/2006-02-27/0830831041s.shtml,最后访问时间:2006 年 2 月 27 日。

板,从法理讲到具体伤害的事实,讲明法律的缺憾并不等于责任人能规避责任的道理,终于在连续三晚的长谈之后,老板被感动了,‘你们这样为当事人奔波,确实不易!’老板主动表示愿意调解,一次性赔偿李某3万元。”①

黄学军法官的工作方式、思维方式以及责任范围显然已经远远超过了法官的工作方式、思维方式以及责任范围,而明显具有了政府行政官员的色彩。

再如,费云龙法官,是法官,还是教官?是单纯依法给予被告人以公正裁判后就完成了法官的工作,还是要继续对所裁判的罪犯尽一般社会教养的责任?

“2003年,费云龙审理了一起未成年人张某抢夺案件。张某是某高中在校学生,平时学习成绩不错,但一时失足而犯罪。费云龙对被告人依法单处罚金后,积极与张某所在学校以及其父母联系,使张某重新返校学习,并配合家长做好张某的帮教工作,经常给张某打电话,每三个月写一封信,鼓励张某。张某受到了感动,学习更加努力,2004年终于考入了吉林省的一所大学。”②

费云龙法官扮演了一个“治病救人”“诲人不倦”的教师角色。法官关心的不仅是案件的审理,更关心的是人的“挽救”。

在这里,法官是什么?抑或法官应该做什么?或许已成了一个连法官自己都时常困惑不清,也懒得去弄清楚抑或根本就没有必要去弄清楚的问题。

(三)结论——何以影响裁判理性

法官角色间冲突或错位,实际上是一种社会常态,必然会对法官的裁判理性产生影响,但我们关注的不是这种影响的存在,而是这种影响的程度及功能(正功能还是负功能抑或兼而有之)。

法官角色多元集合性,使每一种角色对法官自由裁量权的行使都有特定的期待,既然法官是每一种角色的承担者,那就意味着法官对每一种角色都不能摒弃,都必须尽到应有的义务,负起应有的责任。那么,在同一主体身上的多种角色若想同时都在法官自由裁量时发挥作用,就不可能不发生冲突,而且角色担当越多,发生冲突的概率就越大。这就使当职业法官的基本角色规范(法律规范)与其他角色规范(诸如权力结构规范、文化规范与社会生活规范)之间遭

---

① 孙晓光:《2005中国法官十杰评选揭晓》,载新浪网,http://www.sina.com.cn/o/2006-02-27/0830831041s.shtml,最后访问时间:2006年2月27日。

② 孙晓光:《2005中国法官十杰评选揭晓》,载新浪网,http://www.sina.com.cn/o/2006-02-27/0830831041s.shtml,最后访问时间:2006年2月27日。

遇冲突时,法律规范可能成为仅是法官裁决案件时考虑的主要因素而非唯一因素,有时也许连主要因素都排不上。因而,法官就特定案件在案件事实的认定和法律规范的选择方面所得出的裁判结果,实际上是多重角色规范较量、博弈的结果。法官最终的裁判行为必然是一个基于多种思考下的理性选择行为。问题是法官的这种理性裁判与法官的应然的裁判理性之间是不是具有一致性?

所以,当下中国法官角色失调导致的角色冲突或角色不清所引发的问题,显然绝不仅仅是其在裁判过程中是要么选择"规则之治",要么选择"解决纠纷"就能解决的问题,而是经常会纠缠于非格式化的现实与格式化的裁判选择之间。基层社会中的很多纠纷实际上是无法与格式化的现代法律一一对应的,有的时候即使经过了一定的格式过程,也很难把它纳入规范化的现代法律体系之中。① 这样,一方面,是为了解决纠纷而适用乡土社会的不成文规则,还是创设新的规则来适用眼下的纠纷,反正法官不能拒绝裁判;另一方面,即使法官选择"解决纠纷",同样也会面临是满足当事人双方的复仇感情这一情感,还是满足合法性这一国家正义的难题;还有,在规则的适用上,如果现行的法律本身就存在许多不公平与不公正的规定,那么法官又该如何来选择呢,是牺牲实质正义来支持程序正义,还是规避法律转而认同社区情感?所有这些,都是摆在法官面前急需抉择的问题。毕竟在一个乡土化与差序格局并存的基层社会,大量纠纷的解决在事实上会牵涉每一个案件相关人员及生活圈子的利益分配。作为个人,法官也属于这个基层社会系统中的一员。一旦他背离了这个系统的运作机制,他就很难生存下去。因此,法官在处理案件时,往往都是在直面现实的前提下不断往返、流转于规范和事实之间,进而形成自己的裁判意见,并尽量使该意见在民众中获得合理性认同。因而任何具体做法的选择,其逻辑导向都不是规则性的,而是功利性的。最终整个案件处理过程所表征出来的,其实是一种具有浓郁的实用主义或者工具主义色彩的案件摆平技能展示,但人们又很难否定这不是法官基于多种因素思考下的理性裁判,而谴责其背离了应然的裁判理性。

四、法官角色转换与裁判理性

法官在角色扮演中常常出现的角色冲突或角色不清,与其本身的角色转换

① 参见苏力:《二十世纪中国的现代化和法治》,载《法学研究》1998 年第 1 期。

意识及角色转换能力有关。法官在多元角色下,能否基于不同的场域时空关系网络的需求,理性地进行角色之间的调整、转换,对具体案件能否进行正当、合理、规范地裁判至关重要。

(一)角色转换的自然性

综上所述,在现实社会里,法官角色事实上是一个角色丛。他会同时受到多种社会角色规范的调整与制约。作为职业法律人的法官和作为政治权力人的法官以及作为社会文化人的法官,仅是法官多重角色中的三种最为基本的角色。法官所承担的这些社会角色规范与法官的"职业法律人"的角色要求之间,在特定的社会背景下,既可能会存在一定的重合、交叠,也可能是互相冲突的、矛盾的甚至完全背离的。为此,法官又必须尽可能多地排除这些角色集合中的矛盾因素,并重组角色集合中的有益部分,进而在此基础上以一个综合性的角色展现在人们的面前。换言之,在具体的现实生活中,在不同的时间、不同的场合,法官所占据的社会位置以及他所拥有的角色规范和角色期待都是不相同的。随着客观情境的不断变化,法官的角色期待和角色规范也会随之而发生改变。这样的结果是在不同的人际关系中,法官总是会不断地转换他所扮演的社会角色,力求以不同的姿态、不同的语言,对待不同的对象、处理不同的事情。因此,法官在不同的场域时空关系网络中,根据不同场景不断进行角色转换、调整,就成了司法活动中每天都在上演的剧目,表现为一个法官角色扮演者不间断地对其所处以及其所必须回应的社会情景系统做角色转换。在角色、场域、情境的不断变化、转换中表演。对于作为表演者的法官而言,这种表演不论成功还是失败,只是每天必须上演的剧目而已。但对于具体案件的裁量活动而言,这无疑会直接产生重要影响。

(二)法官角色转换过程

职业法律人是法官在司法场域扮演的具有规定性特点的本原角色,这一角色从表面上看,一般是在作为司法场域的物质载体之一——法庭上上演。

在当今中国,无论是独任制还是合议制,司法审判权的行使,都必须是在法庭这样一个特定的空间中并以一定的形式进行的。为此,审判自然也就被看成是只有法官与诉讼当事人参与的、在一个封闭的审理空间——法庭或审判厅里进行的活动。又由于"法庭是一个间隔的、不透明的空间,——一个规限的空间。法庭建筑的'墙体'分割出了'剧场之内'与'剧场之外',阻隔了剧场内外的活动的直接交流……它自然就阻隔庭审活动与庭外活动,也限定了'诉讼参与人'与一般的'旁听人'之间的角色及活动的界限,以防止法庭之外和之内的各种'嘴杂的声音'对庭审活动可能造成的干扰"[①]。同时,通过参加诉讼的各成员在法庭空间上的布局,程式化的礼仪和举止,客套的言语和进行交流沟通的独特的语言风格,专门化的法庭装饰和法官服饰(如法袍)乃至法庭道具(如法锤)等,这可以使法官通过这样一个外显空间的过渡,在心理上对自己此时所要扮演的角色进行定位,并在此基础上去完成一个具有物质载体形式的法官角色转换过程,即伴随法官所处的社会空间由日常的生活领域向司法场域转换,法官的角色也完成了由"非司法者"向"司法者"的转换。

然而,这只是凭借物理意义上的表象对法官角色转换过程的想象描述。实际上的情况又如何呢?

根据布迪厄的场域理论,"从分析的角度看,一个场域可以定义为在各种位置之间存在的客观关系的一个网络,或者一个构型"[②]。"一个场域的结构可以被看作不同位置之间的客观关系的空间,这些位置是根据他们在争夺各种权力或资本的分配中所处的地位决定的。"[③]权力关系,恰恰在很大程度上又依赖一定的仪式或礼仪来彰显、维持和确保沟通。但彰显、维持和确保沟通的只是这种场域关系网络的外在征象,而不是其本身。司法权力的运作同样也有一个独特的关系网络,即司法场域。这是一个竞争垄断案件事实认定和规范适用选择的话语霸权或决定权的场所;一个围绕直接利害相关人的直接冲突并使之转化为由法律规制的法律职业者通过代理行为进行的辩论而组织起来的社会空间。[④] 抑或说,一个将案件事实"转译"成法律事实、将日常语言"切换"为法言法语的空间。

同时,任何场域的关系网络都不可能是纯而又纯的,都会是与其他场域的关系网络相交叉、相重叠的。司法场域实际上又是最容易受到权力和政治场域

---

① 舒国滢:《从司法的广场化到司法的剧场化——一个符号学的视角》,载《政法论坛》1999 年第 3 期。

② [法]皮埃尔·布迪厄、[美]华康德:《实践与反思——反思社会学导引》,李猛、李康译,中央编译出版社 2004 年版,第 134 页。

③ [法]皮埃尔·布迪厄、[美]华康德:《实践与反思——反思社会学导引》,李猛、李康译,中央编译出版社 2004 年版,第 155 页。

④ 参见[法]皮埃尔·布迪厄:《法律的力量:迈向司法场域的社会学》,强世功译,载法思网,http://www.law-thinker.com/show.asp? id =22651,最后访问时间:2024 年 8 月 7 日。

的运作逻辑的影响的。[①] 换言之,要使司法的运作完全排除政治和权力的因素,无异于天方夜谭。以福柯"权力的眼睛"来审视司法及其程序,我们就能更清楚地看到,就司法知识而言,不仅是其生产与再生产的机制和过程,而且就司法知识本身而言,政治权力也并不是缺席的,它们总是与知识交织在一起的。这样,就不可能存在没有权力的知识,同样也不可能存在某种不拥有特殊知识的政治权力。[②] 特别是在当下中国司法与权力界分还相当模糊、还未能完全从政治的母体中脱离出来,以及整个社会的政治化与国家化程度又还相当高的情况下,法官就不可能是法庭权力结构以及审判活动的中心,而任何法官实际上也都无法主张自己所从事的只是中立的科学活动而不是一种本质上的政治或权力活动。[③]

另外,法官总是在特定的社会制度与文化的背景下行使裁判权。这样,作为社会及文化场域中的一分子,法官司法审判行为的选择无疑又必须适当地尊重特定社会特定时期普遍流行的文化传统和价值观念,审判也必须在一定程度上参照并汲取与法律精神不相违背的、当地有关的习俗和伦理价值,进而使得裁判的结果与当下社会公众主导的文化价值相一致,至少不能偏离得太远以至于影响到了社会大众对审判结果的普遍认可和接受。毕竟"社会赞同是人们在社会交往中所取得的基本报酬。在许多场合下,它比某种物质财富更重要"[④]。也正是因为如此,社会文化传统的舆论导向和社会大众的舆论压力,也将成为法官在司法审判过程中所必须要考虑的因素。即使对于法官来说,有时社会中绝大多数人的信念可能是错误的,甚至是无稽之谈的,但他也必须予以适当的尊重,毕竟这就是作为法律运作之前提条件之一的一种社会事实。[⑤]

(三)结论——何以影响裁判理性

中国法官的角色转换是混沌、模糊而难以纯粹的。当下中国的法官,绝对不可能一走进法庭这一物理意义上的司法场域就能在心理上确认自己将要扮

---

① 参见[法]皮埃尔·布迪厄:《法律的力量:迈向司法场域的社会学》,强世功译,载法思网,http://www.law-thinker.com/show.asp? id=22651,最后访问时间:2024 年 8 月 7 日。

② 参见[法]福柯:《真理与司法形式》,强世功、孙小佳译,载陈兴良主编:《刑事法评论》第 15 卷,中国政法大学出版社 2004 年版。

③ 参见[美]理查德·A. 波斯纳:《法律、实用主义与民主》,凌斌、李国庆译,中国政法大学出版社 2005 年版,第 58 页。

④ Robert Paul Wolf, *The Rule of Law*, Simon and Schuster, 1971, p. 19.

⑤ 参见[美]理查德·A. 波斯纳:《性与理性》,苏力译,中国政法大学出版社 2002 年版,第 425 页。

演的法官角色,并摒弃前见,完成角色转换,回归本原角色。

法官在进行角色表演时,既不得不面对既有的社会体制和社会文化,又不得不考虑整个法律及其运作机制已经政治化的体制惯性。如何才能更好地推进问题的解决,毕竟解决纠纷是他们的法定工作,法官不得拒绝裁判,不能逃避责任,也无处可推卸责任。他们唯一能够决定的是他们在现有的体制状况下,如何做到既能解决纠纷,又不损害到自己的利益。他们不会在乎自己是否扮演着一个纯粹消极且中立的裁判者角色,而是会放下相对中立的态度,采取更积极、更"具有管理性"的立场。法官非司法者的一些角色因素自然就会掺和到司法者的角色因素当中,并在司法者角色的基础上,以一个综合性的角色进入司法场域。换言之,整个司法裁判的过程,实质上就是一个法官既要在多重夹缝中艰难穿行、抉择,又要"时刻保持头脑清醒以便对付或凑合过去"①的过程;是一个法官调动一切知识资源,力图在现有的制度框架中不但要解决纠纷,而且还是要圆满地解决纠纷的过程。这样,司法裁判的最终结果,必然就是法官的多重角色规范相互较量、整合,进而在一个特定的"场域"中进行理性选择的结果。换言之,法官最终选择的裁判结果,无疑会是一个最合乎情理的并考虑了所有事情的决定。② 这当然既考虑了法律效果,也考虑了社会效果,至于这两者是否一致,是否存在冲突,这是其后再思考的问题。当下是先完成案件裁判,而又不能给自己带来后续麻烦,如缠讼、上访等。

值得注意的是,当下中国的法官已经习惯了司法场域中的这种角色混沌不清的现状。即使身处司法场域,法官也不急于对自己进行角色定位,而是会根据案件的实际需求对具体的社会情境做地道的角色回应,并在角色塑造的过程中,参照他所处的社会情境系统的具体要求,并尽可能多地排除其角色集合中的矛盾因素,同时汲取并重组他所承担的其他社会角色中的有利因素,进而在此基础上以一个综合性的角色(我们通常所说的"多面手")进入司法。这一点从上述2005年"中国法官十杰"的先进事迹介绍中,我们可以清楚地看出,每一位"十杰法官"都是"多面手"。无论是刘晓金法官,还是金桂兰法官,抑或黄学军法官、费云龙法官,他们所扮演的角色显然都已超出了司法场域法官的本原

---

① [美]理查德·A. 波斯纳:《超越法律》,苏力译,中国政法大学出版社2001年版,第463~464页。

② 参见[美]理查德·A. 波斯纳:《法律、实用主义与民主》,凌斌、李国庆译,中国政法大学出版社2005年版,第19页。

角色,法官为"超越法律"所做的努力能够促成法官在既定的条件下将其能动作用发挥到极致。在不同的情境系统中,他们都能成功地利用自身所承担的社会角色集合中的优势因素,同时又尽可能摆脱角色集合中不利因素的束缚,或者将这些因素带来的不利影响统摄于其意志之下,使其为自己工作的完成贡献力量,进而掌握案件处理的主动权,从而顺利地完成他们的社会任务。他们或是基于常识,基于直觉,或是基于自己所在的岗位、职责和具体的社会与社区环境,或是基于具体案件的当事人、自己多年的司法经验,以及基于这些因素的混合去完成他们的任务。同时,他们也关注具体问题的解决以及具体结果的正当性(如是否合天理、符人情)和形式的合法性(如是否与正式的法律权力结构体系相兼容),进而随时塑造相应的情境角色,尽最大可能利用自己所能够利用的资源。

这也进一步说明,我们中国的法官有着非同寻常的角色转换能力。虽然这种转换已不再是一个规范意义上的、单一地由"非司法者"角色向"司法者"角色的转换,而是一个基于法官司法者角色基础上的、不同社会角色之间的相互转换,但最终所有符合特定社会情境系统的、法官的各种角色因素,都会在司法者这个角色的基础上被重新组合起来,进而参与到司法过程之中。这样,在不同的时间、不同的人际关系中,法官总是会不断地转换他所扮演的社会角色,力求以不同的姿态、不同的语言,顺利地对接不同的对象、成功地处理不同的事情。正是随着法官所处的社会情境系统的不断变化,法官的角色也会随之发生变化。由于司法审判的最终结果必须在特定的场域中生产出来,这样,在伴随着法官的角色以及其所处的社会情境由日常的生活空间向特定的司法场域的双重或多重转换的不知不觉中,一些制度性的因素,如司法审判中的一些程序性因素,可能会被忽略或简化掉,也就是说,那些与特定社会情境要求不符合的、角色丛中的矛盾性因素会被非制度化,进而被排除出司法的运作机制;而一些非制度化的因素,如社会舆论、特定社会中的某些道德、规则或习俗,也即那些与特定情境要求相符合的其他社会角色中的有利因素,又会被制度化地纳入司法的运作机制,这往往会导致在一些司法裁决中法律不可能会是唯一的、有时甚至还不可能是最主要、最具决定性的因素。

因此,我国司法场域中法官角色带有如此明显的情境性的、即兴性的、非职业性的、非规范性的角色转换现象,使司法裁判特别是刑事司法裁判中的法律的安全性及可预测性不得不面临严峻挑战。尽管这种法官在司法运作过程中由于角色转换的非规范性而可能导致裁判非理性现象,但从当下我国司法场域的实际情形看,颇有不得已而为之的味道,也很难由此说其在这种情形下就没有理性的裁判,因为一时间它毕竟还是不可能从根本上就能改变的司法现象;但如果由此而谓之这种情形下的裁判就具有一定的合理性,恐怕也很难作出这种肯定性评判。只是这种角色转换现象可能会给我国司法裁判结论形成的确定性及可预测性带来一定程度的负面影响,是我们不得不高度警惕的现象。

五、结语

概览我国当今以“了断纠纷”展开,以“案结事了”结束为主要特征的司法裁判现象,很容易使我们对这种司法裁判现象是否存在裁判理性产生怀疑。这正如哲学上由于对理性本身是否存在的困惑而出现了诸如“非理性”“有限理性”概念挑战理性概念一样,①也许会出现以“裁判的非理性”或“裁判理性的有限性”替代裁判理性的假说。当然,这既涉及对概念本身含义的认识,也涉及对概念是在应然层面解读还是在实然层面解读。笔者认为,思考这个问题的关键不在于概念上的文字游戏或解读技巧,而在于问题置身的语境或视域,只有在当下中国法官角色语境下认识、界定裁判理性,对这个问题的检讨以及由此对我国司法制度的建构与完善才有直接的现实意义。这是因为,无论是裁判的形式理性,还是裁判的实质理性,从一般理性的意义上看都离不开作出这种裁判时所处的社会情境。

我国法官角色视野下的裁判行为,围绕着“了断纠纷”展开,努力以“案结事了”结束,裁判的最高境界是法律效果与社会效果的有机统一,而不过分在乎是不是能够呈现完美的“规则之制”“制度之制”。这一裁判现象所折射出的裁判理性,首先彰显了一种正在东方与西方法律文化之间穿行超越的裁判理性,表现为裁判文化的融合;其次揭露了一种仍在传统模式与现代模式之间彷徨徘徊的裁判理性,表现为裁判方式的转变;最后昭示了一种正艰难地在工具理性与价值理性之间选择取舍的裁判理性,表现为裁判价值的重构。当下如何检讨这样一种裁判理性,解构、重构抑或超越?这显然不是一个简单的要么左或要么

---

① 参见李容华:《有限理性及其法律适用》,知识产权出版社 2007 年版,第 12 ~ 25 页。

右或者是向左或向右，抑或超越左与右的问题；①也不是能够用或对或错、或好或不好就可以简单给予评价的问题；更不是一个用或者坚守或者放弃抑或扬弃就可以简单加以决定的问题。因为我们还在迷茫、困惑，什么才是最适合我们的，我们到底最需要什么！法治是需要一个漫长的过程的，而当下我们才仅仅是刚刚上路。

法治承载着中国的未来和希望。在我国改革开放法治建设已经走过了30年，立法中心主义正在悄无声息地慢慢向司法中心主义过渡之际，我们不仅应当正视这一裁判现象，还应当客观地认识、看待这一裁判现象背后所折射出的这种明显根植于中国社会情境的裁判理性。这无疑会对我国司法制度如何进行建构、完善并进而达致法治的境域带来一定的启示。

① 参见[英]安东尼·吉登斯：《超越左和右——激进政治的未来》，李惠斌、杨雪冬译，社会科学文献出版社2003年版，第1页。

论场域资本运作对刑事司法的影响

——以布迪厄资本理论为分析视角*

目　次

皮埃尔·布迪厄（Pierre Bourdieu，1930～2002 年）是当今社会学界倍受关注的大师。在其实践理论体系中，有一些贯穿性的核心概念。其中，从外部揭示行动者在社会空间所占据的位置的“场域”，即实践空间，回答的是行动者在哪里

---

* 原载《南开学报（哲学社会科学版）》2009 年第 2 期。

实践的问题;从内部揭示构建行动者和各种性情倾向的“惯习”,即实践逻辑,回答的是行动者如何实践的问题;以及行动者行动的动力资源的“资本”,即实践工具,回答的是行动者用什么实践的问题,这是三个最核心的概念。

布迪厄认为,资本是一个在特定的场域里有效的资源,它使个体或群体获得因参与场域并在其中竞争而形成的特殊利益。资本和场域是密不可分的。一种特定的资本总是在一定的场域中才是有效的,它既是场域中各种斗争的焦点,又是斗争所用的工具。布迪厄语境下的资本表现为三种基本类型:经济资本、文化资本、社会资本。后来,布迪厄又特别添加了符号资本,且每一种资本可以转化和再生产出另一种资本。布迪厄的这一资本理论在我国已被渗透到了人类学、社会学、教育学、历史学、语言学、哲学、美学和文学等领域的应用研究当中,并取得了丰硕的研究成果,而在法学研究中目前还尚未涉及。笔者拟以布迪厄资本理论为分析视角,就场域资本运作对刑事司法活动的影响进行分析探讨,以期对我国的刑事司法实践有所裨益。

一、司法场域的特点

刑事司法实践活动实际上被限定在一个特定的场域(刑事司法场域)之中。这一场域是在与权力和社会的关联关系中建构起来的。

(一)司法场域是建构性空间

司法场域是一个“可以通过其自己的具体运作逻辑生产和再生产出这个司法体”[①],并具有相对自主性的由各种客观关系组成的建构性空间。

第一,司法场域与社会其他场域,如经济场域、文化场域、学术场域、传媒场域、权力场域等之间存在复杂的关联关系。一方面,它们之间的界限不容许任何先验的回答且只能通过经验研究才能确定;另一方面,其他场域还可以通过空间上的转换,如把司法场域外因素转换成司法场域内因素、把日常用语切换成法律用语等进入司法场域,这使其他场域往往能够较少受限制地影响或左右刑事司法过程及效果。“和其他场域相比,比如艺术场域、文学场域甚至科学场域,司法场域的自主程度比较低,不过它同样有助于维持符号秩序,因此也有助于维持社会秩序本身。外在的变迁更为直接地反映在司法场域中,而司法场域

① [法]布迪厄:《法律的力量——迈向司法场域的社会学》,强世功译,载《北大法律评论》1999年第2期。

内部的冲突更直接地由外在的力量所决定。"[①]因此,"我们必须考虑司法场域与权力场域之间,以及司法场域通过权力场域与整个社会场域之间的全部的客观关系。这意味着司法行动所特有的目的、具体效果是在这种关系的世界中确定的"[②]。

第二,司法场域内的各行动主体(包括个体和组织)之间,各客体对象之间以及主体与客体之间亦构成了复杂的关系网络。由于某种法定的身份或职业的资格,一些行动者进入了司法场域。就社会组织而言,如人民法院、人民检察院、立法机关、行政机关、执政党组织等;就社会个体而言,如法官、检察官、律师、犯罪嫌疑人、被害人、证人、鉴定人、专家等,它们或他们的存在以及彼此之间建构的关系网络,使刑事法律有了得以实践的主体;司法场域内固有的刑事司法价值、原则、规范、判决先例、案件事实以及它们之间的联系,使刑事法律具备了实践的内容;实践主体与实践内容之间的融合,使刑事司法选择了实践的目标,并通过自身特有的实践逻辑,在司法场域的关系网络中运行。

(二)司法场域有特定的规则

司法场域有着不同于社会其他场域,如经济场域、文化场域、学术场域、权力场域等的逻辑、规则和常规。

第一,进入司法场域的行动者被规制了某种资格或身份。只有具备了被规制的某种资格或身份的主体,才能进入司法场域,找到自己的游戏位置,并接受这个场域的游戏规则。"法律为法律行动者赋予了可靠的认同、赋予了身份,而且更主要的是赋予了一系列权力(或资格能力),这些都是社会认可的,因而也是生产性的。这种赋予的途径就是对运用这些权力的权利进行分配:通过程度的设定(比如学术程度、职业程度)和资格证明的颁发(职业专业化的资格证明、患有疾病的证明、无行为能力的证明)。"[③]

第二,司法场域有自己特定的语言符号和语言惯习。与其他场域的语言不同,司法语言极其清楚地揭示出司法场域的运作逻辑中所蕴含的占用效果

---

① [法]布迪厄:《法律的力量——迈向司法场域的社会学》,强世功译,载《北大法律评论》1999年第2期。

② [法]布迪厄:《法律的力量——迈向司法场域的社会学》,强世功译,载《北大法律评论》1999年第2期。

③ [法]布迪厄:《法律的力量——迈向司法场域的社会学》,强世功译,载《北大法律评论》1999年第2期。

(appropriation effect)。这种语言将直接取自日常语言的要素与日常语言所陌生的要素结合在一起。但它具有一种实现非个人性和中立性的修辞手法所具有的所有标志,因而具有特定的语言程序。其对法律文本的解读,是一种占用潜藏于文本之内的符号权力的方式。不同于文学阐释学或哲学阐释学,对法律文本的解释实践本身并不是目的。相反,对法律文本的解释直接针对一种实践目标(practical object),并打算用来决定一些实践效果。因此,对法律文本的控制就是解释斗争中所赢得的奖品。①

(三)司法场域是竞争的场所

司法场域特定的权力关系,为场域提供了结构并安排场域内发生的竞争性斗争(更准确地说,是关于资格能力的冲突),所以,司法场域是竞争垄断法律决定权的场所。

第一,司法场域的争斗者主要由法律职业群体构成,即法官、检察官、律师及法学理论教研人员。除此之外,还有一部分非职业、非正式群体,即司法场域的利害关系人群体,如民事诉讼中的当事人及第三人、刑事诉讼中的当事人等。

第二,在司法场域内发生争斗的行动者之间的直接对抗,使他们之间相互竞争对法律资源之使用权的控制,"他们都拥有某种技术性的资格能力(technical competence),这种能力不可避免地是社会性的,而且实质上就在于由社会所认可的解释一整套文本的能力(capacity),这一文本确认了一个正确的或合法化了的社会世界之图景"②。

可见,司法场域的行动者在司法场域中的位置是被预设的,并与其在该场域中所拥有的权利或权力资本有关。场域中各种位置的占据者利用种种策略来保证或改善他们在场域中的位置,不断在场域中就垄断法律的决定权展开争斗。同时,司法场域的行动者在司法场域中是被分层的,这种分层由行动者在该场域的位置决定,并与其在该场域中所拥有的权利或权力资本量的多少成正比。法官居于核心层,其他行动者依次居于外围层。

① 参见[法]布迪厄:《法律的力量——迈向司法场域的社会学》,强世功译,载《北大法律评论》1999年第2期。

② [法]布迪厄:《法律的力量——迈向司法场域的社会学》,强世功译,载《北大法律评论》1999年第2期。

二、司法场域资本形态

布迪厄从来不把场域看成是静止不动的空间,因为场域中存在积极活动的各种力量,它们之间的不断"博弈"不仅使场域充满活力,而且使一个场域类似于一种"游戏"。布迪厄认为:"作为包含各种隐而未发的力量和正在活动的力量的空间,场域同时也是一个争夺的空间,这些争夺旨在继续或变更场域中这些力量的构型。"①那么,是什么使行动者展开博弈,使场域充满斗争、充满力量呢?是资本,即"在场域中活跃的力量是那些用来定义各种'资本'的东西"②。"资本是积累的劳动""资本是一种铭写在客体或主体的结构中的力量,它也是一种强调社会世界的内在规律的原则。"③一个人拥有资本的数量和类型决定了他在社会空间的位置,也就决定了他的权力:"资本……意味着对于某一(在某种给定契机中)场域的权力,以及,说得更确切一点,对于过去劳动积累的产物的权力(尤其是生产工具的总和),因而,也是对于旨在确保商品特殊范畴的生产手段的权力,最后,还是对于一系列收益或者利润的权力。"④由于现代化社会出现了各种劳动分工,它们形式不同但具有根本的同质性。它们的主体可以凭借自己资本的占有,获取社会报酬与社会身份;不同资本之间可以互相转换,从而在形式上形成主体的社会群体。"在某一个特定的时刻,资本的不同类型和分布结构,在时间上体现了社会界的内在结构,即包含在这个现实世界中的一套强制性因素,后者以一种持久的方式掌控了资本所产生的影响,并决定了实践能否成功。"⑤依据布迪厄使用的"资本"概念,"资本"在意义上接近于"权力"(依赖掌握某种资源而拥有),表现为三种基本类型:经济资本(财富、产权)、文化资本(文凭、知识)和社会资本(社会关系、信任)。后来,布迪厄又特

① [法]皮埃尔·布迪厄、[美]华康德:《实践与反思——反思社会学导引》,李猛、李康译,中央编译出版社 2004 年版,第 139 页。

② 李全生:《布迪厄场域理论简析》,载《烟台大学学报(哲学社会科学版)》2002 年第 2 期。

③ [法]布尔迪厄:《文化资本与社会炼金术:布尔迪厄访谈录》,包亚明译,上海人民出版社 1997 年版,第 190 页。

④ 朱国华:《习性与资本:略论布迪厄的主要概念工具》(上),载《东南大学学报(哲学社会科学版)》2004 年第 1 期。

⑤ [法]布尔迪厄:《文化资本与社会炼金术:布尔迪厄访谈录》,包亚明译,上海人民出版社 1997 年版,第 190 页。

别添加了相对于“物质”而言的符号资本(荣誉、声望),①既作为知识的工具,同时也是支配的手段。布迪厄是在隐喻的意义上使用非经济资本概念,一方面承认社会空间中不同场域的自主性,另一方面指出经济与非经济空间的简单划分是不准确的。人们倾向于认为在经济场域中,个人追求金钱物质利益,而在非经济场域中,每个人的行为是非功利性的,与经济行为大相径庭。布迪厄认为这是一种虚构的神话,实际的情形是,行为者在不同的场域追逐着不同的符号资本,在这方面,所谓非利益的或者超功利的公正是不存在的。所以,只有引进资本的所有形式,而不只是被经济理论所承认的那一种形式,才能解释社会世界的结构和作用。②

这些各种形式的资本同样也活跃在刑事司法场域,不仅成为刑事司法过程中竞争的目标,同时也构成了刑事司法过程中竞争的手段。刑事司法场域中行动者对场域资本的竞争,是围绕着案件事实与法律适用的话语权的争夺展开的。有关案件事实与法律适用的话语权几乎承载了布迪厄所定义的所有资本形态。

(一)文化资本形态下的话语权

文化资本视角下的案件事实与法律适用的话语权,表现为司法场域行动者在对其所拥有的文化资本的使用或消费过程中,就有关案件事实的确认与法律规范适用方面的主导权或支配权。司法场域行动者所具有的文化资本与话语权重呈正比关系,行动者在彼此之间的互动过程中持有的文化资本越多,其话语权就越重。

文化资本,是指一种被视为正统的文化趣味、消费方式、文化能力和教育资历等标志行动者的社会身份的价值形式,如学术资历。它并不完全具有经济资本那样的基本特征,并不是真正意义上的资本,而只是体现了与经济资本的相似性。布迪厄将文化资本分为个体化文化资本、客观化文化资本和体制化文化资本。刑事司法场域中文化资本的状态不同,对案件事实的认定和法律适用的影响力也就不同。

① “符号资本是任何种类资本的这样一种形式:当它通过感知范畴被感知的时候。这些感知范畴是对于若干区分或对立的具体化的结果,这些区分或对立铭刻在资本的各种种类的分配结构之中(强/弱,大/小,富/贫,文/野)。”参见朱国华:《习性与资本:略论布迪厄的主要概念工具》(上),载《东南大学学报(哲学社会科学版)》2004年第1期。

② 李全生:《布迪厄的文化资本理论》,载《东方论坛(青岛大学学报)》2003年第1期。

第一,文化资本作为一种个体化资本形态以精神和身体的持久"性情"形式存在于司法场域的法律职业群体行动者身上。其表现为在法律职业群体行动者身上所蕴含的法律修养、法律素质、法律水平以及法律技能等。它是法律职业群体长期积累的结果,也是体现在他们身上的文化资本纯精神性状态。如果仅仅是拥有这种"文化"而没有任何形式的文化产品和合法的学术资格,即在没有得到体制化的承认之前,那只能是拥有文化资本符号。但这种文化资本形态在刑事司法场域中却具有重要的资本价值作用,如行动者有关案件事实的确认与法律规范的适用的语言交换活动和过程中的法言法语能力。社会中的语言交换活动和过程,并不只是人与人之间的观念沟通或信息交流,而是权力斗争脉络的实施信道,也是人与人之间相互进行力量较量、竞争和协调的中间环节。在人们的语言交往中,人们所完成的,并不只是语言文字符号及其意义方面的交换,而是不同的个人、团体、阶级和群体之间的社会地位和社会势力的交流、调整、比较和竞争,也是他们所握有的权力、资源、能力及社会影响的权衡过程。一部分行动者的语言,通过这种语言交换活动和过程,被确认为"合法性语言"或"正当化语言",并获得了语言的支配性地位。当然,任何一种语言,其正当性地位的取得,要经历非常复杂曲折的权力较量和竞争过程。只有在社会权力的占有方面,具有优势的个人、集团和团体,其语言论述及其运用效果,才能在语言交换的竞争中,有希望获得正当化的资格和合法地位。

刑事司法场域中的语言交换,是围绕着案件事实的确认与法律规范的适用展开的,这种已由日常生活语言被切换成为法言法语的话语符号资本,承载着场域行动者在语言交换过程中的各种语言因素,其中包括对于语言的掌握的准确程度、语言的灵活使用能力、语言表达的逻辑、语言运用的心态和惯习以及语言使用的风格等,同时还包含一系列与行动者的社会地位和社会历史经历有密切关系的东西,而这些在场域行动者对案件话语权的争夺过程中,都将迸发出力量。这种力量的光辉,在案件的庭审过程中,尤其是在控辩双方的质证及辩论以及法官对案件事实的认定和法律适用的选择理由的说明过程中,最为灿烂夺目。

第二,文化资本作为一种体制化资本状态,以一种客观化的形式(如司法考试资格证书、某种学术资格证书等形式)赋予给法律职业群体行动者一种原始性财产。这种客观化、体制化使不同文化资本形态之间的差异得以产生,即使自学者的文化资本与那种得到合法保障的、其资格获得学术上或通过考试认可的文化资本之间的差异得以产生。自学者的文化资本随时都会受到被体制认可的文化资本的挑战。那种在体制上得到认可的文化资本,由于获得了学术资格、职业资格或文化能力的证书,在形式上则可独立于承担资本的个人,这种证书赋予了拥有者一种文化的、约定俗成的、经久不变的、有合法保障的资本价值。这就使被体制化的文化资本形态与未被体制化的文化资本形态在对案件事实的认定和法律适用方面必然会呈现出不同的权重。被体制化的文化资本往往拥有更多的话语力量。

司法场域行动者在其所拥有的文化资本的资本数量不同,以及其所拥有的文化资本的资本形态的不同,其在使用或消费过程中,就有关案件事实的确认与法律规范的适用方面的主导权或支配权的权重就会有所差异。拥有的文化资本的资本数量越多,特别是被体制化的文化资本的资本量越多,在有关案件事实的确认与法律规范的适用方面的主导权或支配权的权重就越大;反之,权重就越小。

(二)社会资本形态下的话语权

社会资本视角下的案件事实与法律适用的话语权,表现为司法场域内行动者之间彼此关联以及司法场域内行动者与司法场域外行动者彼此关联过程中,通过相互之间交换彼此所持有的不同形态的资本,而形成的就有关案件事实的确认与法律规范的适用方面的主导权或支配权。

社会资本是在社会关系网络中存在的一种资本形态。关系网络具有集体性和制度性的基本属性。其中,集体性是指社会资本赋予关系网络中的每一个人一种集体拥有的资本,一个人拥有社会资本的多少既取决于他可以有效调动的关系网络的规模,也取决于与这些网络相关的各种人拥有的资本(经济、文化、符号)的数量;制度性是指行动者在交往中采取特定的策略来确定或再生产某些社会关系,把偶然的关系(如邻里关系、同事关系甚至亲戚关系)转变为选择性的持久关系,这种关系既可以满足行动者主观上的需要,又可以进一步转变为在体制上得到保障的权力关系。同时,社会资本只有在社会交往互动中才能产生,这些交往活动本身要花费时间和精力,要直接或间接地花费经济成本,所以制度化关系网络的确立和维持必须以稳固的物质性交换和符号性交换为基础。如同在经济活动中一样,交换在社会网络的形成中起着关键的作用,处于特定社会体制中的行动者通过各种交换活动,如礼物、金钱、言语、尊重、服从等,将偶然性的关系不断转换为稳定的权力关系,并通过彼此之间的承认和合法化,进行不断地再生产。"社会资本,这种资本在社会联系中形成,在一定条件下也可以转化成经济资本,它是以某种社会地位头衔被制度化的。"①

刑事司法场域中的社会资本对案件事实的认定和法律适用的影响主要有以下两种情形:

第一,场域内关系网络资本,这种资本作为场域内行动者的共有资本,分属于不同的行动者分别持有,不同的行动者的资本持有量的多少与行动者在场域关系网络中的地位权重相关,一般呈正比关系。行动者在场域关系网络中的地位,有体制化影响,也有个体化影响。那些不间断地努力于场域社交活动并精于各种资本之间的整合技巧的行动者,往往能获得更多的场域关系网络资本,并由此形成"马太效应",而这往往与行动者的身份是法官、检察官还是律师抑或其他无关。当然,拥有场域内关系网络体制化资本多的,比拥有非体制化资本多的,在有关案件事实的确认与法律规范的适用方面,往往能够获得更多的主导权或支配权。

第二,非刑事司法场域的其他社会场域关系网络资本侵入刑事司法场域,通过附随刑事司法场域内各形态资本或行动者,或与场域内资本进行资本置换或交换,在场域内建构新的关系网络,形成准场域内关系网络资本。这种资本作为非场域内行动者的共有资本,是场域外行动者介于场域内有关案件的权力(或权利)或资本竞争的武器,进而成为一种影响案件裁决结果的非司法因素。

(三)经济资本形态下的话语权

经济资本视角下的案件事实与法律适用的话语权,表现为司法场域内行动者直接通过其拥有的经济资本与其他形态资本的交换,将经济资本置换成文化资本、社会资本或其他资本符号,间接影响或左右有关案件事实确认与法律规范适用的主导权或支配权。

在刑事司法场域中,资本与权力是密切联系在一起的。一个人拥有资本的数量和类型决定了他在该场域的位置,也就决定了他的权力。司法场域的非经济场域性,决定了最大限度追逐经济利益、实现经济利益的最大化,不应成为场域的主要游戏规则。然而,个人追求金钱物质利益,并非仅在经济场域中,行动

---

① [法]布尔迪厄:《文化资本与社会炼金术:布尔迪厄访谈录》,包亚明译,上海人民出版社1997年版,第192页。

者在不同的场域追逐着不同的符号资本,并最终实现其他形态资本向经济资本的转换。所以,刑事司法场域中的经济资本具有“隐蔽与秘密”功能,行动者通过将其拥有的经济资本与其他形态资本的交换,将经济资本置换成文化资本、社会资本或其他资本符号,竞争案件事实与法律适用方面的话语权。行动者在进行文化资本或社会资本的投资、积累和持有过程中所表现出来的一种“虚假的非功利性”,掩盖了其自身可以与经济资本进行相互转换的功能,也就是说,“从物质性‘经济’资本演化而来并以一种虚假的面目出现的象征资本(文化资本),按照它可以在何种程度上掩盖其自身是一种源自‘物质’形态资本的事实,并且此后也能够继续掩盖这一事实,创造着一种固有的效用”[①]。通过这种“伪装的非功利性”,人们对刑事司法场域中的经济资本的投资效用产生了误认。实际上,经济资本的“暴政”无所不在,刑事司法场域亦概莫能外。

三、司法场域资本运作及其影响

司法场域行动者对刑事司法过程的影响,是在对场域权力或权利资本进行不断地争夺、交换、整合过程中实现的。其影响的大小,在一般情况下与其在刑事司法场域中所拥有的权力或权利资本的多少呈正比关系,不仅与自身所拥有的资本总量的多少有关,还与其运作既有资本的能量(根据案件需要对各种有形无形的资本进行整合,包括争夺、交换、置换等的有机整合,形成一种表现为符号资本形态的资本能量)有关。资本权重越重,资本能量越大,对于案件事实的确认与法律规范的适用方面的话语权就越重。

在刑事司法过程中,在案件事实的确认与法律规范的适用方面有最终话语权的,毫无疑问是法官。相对于场域其他行动者,法官在刑事司法场域中拥有最多的是被包括在文化资本和社会资本之内的体制化资本,亦即国家往往通过立法的形式或其他国家强制手段赋予法官这个职业以原始性的资本。这种体制化资本是法官在案件事实的确认与法律规范的适用方面有最终话语权的基础,也是影响刑事司法活动的核心资本形态。场域其他行动者往往通过其自身所拥有的各种不同形态的资本,与这种体制化资本进行争夺、交换、置换等,分割或蚕食这种体制化资本,争夺案件事实的确认与法律规范的适用方面的话语

---

① 朱伟珏:《“资本”的一种非经济学解读——布迪厄“文化资本”的概念》,载《社会科学》2005年第6期。

权,进而影响刑事司法活动。因此,在刑事司法场域的行动者中,对刑事司法过程产生决定性影响的是法官,其他行动者对刑事司法过程的影响,往往是借助法官的影响力进行的。

(一)法官资本形态及其影响

法官自身拥有的各资本形态的资本总量的多少以及资本能量的大小,在具体的刑事司法过程中,会对案件事实的确认与法律规范的适用产生不同的影响。一般表现为,法官的文化资本越多,对案件事实的确认与法律规范的适用产生的积极影响就越大,消极影响就越小;法官的经济资本越少,对案件事实的确认与法律规范的适用产生的积极影响就越小,消极影响就越大;法官的社会资本越多,对案件事实的确认与法律规范的适用产生的积极影响就越小,消极影响就越大。所以,英美法系、大陆法系的绝大多数国家,在法官制度的设计方面就充分考虑这一因素,通过对法官所拥有的司法场域资本,无论是资本总量还是资本形态进行均衡性控制,保证法官自由裁量权的独立性、正当性、中立性以及案件裁判结果的公正性、可预见性、确定性。

与英美法系、大陆法系的绝大多数国家的法官相比,我国法官现存状况是其所拥有的司法场域资本无论是资本总量还是资本形态均处于失衡状态。其一,部分法官胜任工作所需要的基本文化资本欠缺,表现为法官职业群体在总体上缺少良好的法律专业训练及娴熟运用法律的能力和技巧,并欠缺能够证明自己法律专业水平的、在体制上得到认可的学术资格、职业资格或教育学历证书等。其二,部分法官体面生存所需要的基本经济资本欠缺,表现为法官职业群体在总体上的收入水平及相关经济待遇与其职业地位错位。其三,部分法官满足工作所需要的必要社会资本过剩,表现为:一是部分法官的社会关系网络庞杂,几乎涉及司法场域内外各社会场域的结构和权力关系,并由此获得大量的集体性社会资本;二是部分法官的社会头衔,在司法场域中的显赫位置,使司法场域中大量制度性的表现权力资本符号的社会资本被法官所掌控,这种具有代理性质的功能,保证了司法场域社会资本的集中,反过来又使法官可以有效地运用和调配这些场域集体性社会资本去巩固和维护网络和团体的存在。

我国法官在司法场域中的这种资本结构形态,是法官出于自身资本平衡的某种天然性需要。在与其他司法场域行动者的资本互动过程中,法官往往处于消极被动地位,不仅影响法官自由裁量权的独立、正当地行使,同时也对法官在案件事实的确认与法律规范的适用方面能否公正、可预见及相对确定产生了消极影响。

（二）法官与其他行动者之间的资本运作及其影响

刑事司法场域其他行动者拥有的各资本形态的资本总量的多少以及资本能量的大小，在与法官资本的互动过程中，会对案件事实的确认与法律规范的适用产生不同的影响，这其中既有积极影响，也有消极影响。

按一般经济学原理，你身边存在的资源决定你可能做什么，你所拥有的资源决定你可以做什么，而你对资源的整合利用决定你最终成为什么。在这一原理的作用下，每一个个体都在努力地获取和组合新的资源，不断进行资源整合，以满足自己不同的生存需求。从管理学的视角看，资源整合在战略思维的层面上，就是要实现资源配置的帕累托最优状态。[①]

在刑事司法场域内行动着的法官在对自身所拥有的资本进行整合或配置时，实际上也同样追求帕累托最优状态，并通过对场域资本的争夺、交换、置换，以期个人资本呈均衡性状态，进而实现自身的帕累托最优状态。然而，这种不同形态资本之间的争夺、交换、置换，法官在自有资本之间只能完成一部分。如投入一定的经济资本，如学费，可获得表现为法律专业学历证书或某种资格认定证书的文化资本；花费一定的经济资本，如请客、送礼用于社会交往，可获得表现为社会关系网络中的集体性质的社会资本。更多的不同形态资本之间的争夺、交换、置换，则需要进一步与其他行动者（主要是同一司法场域的行动者，即检察官、律师、案件当事人及法学教学和理论研究人员等）在围绕着案件事实的确认与法律规范的适用进行的互动过程中才能完成。

1. 检察官与法官之间的资本运作

检察官通过与法官在司法场域进行不同形态资本之间的争夺、交换、置换等互动行为，对案件事实的确认与法律规范的适用产生影响。

由于检察官在司法场域中拥有的各资本形态的资本总量情况与法官基本

---

① 帕累托最优是以提出这个概念的意大利经济学家维弗雷多·帕累托的名字命名的。维弗雷多·帕累托在其关于经济效率和收入分配的研究中使用了这个概念。帕累托最优是指资源分配的一种理想状态，假定固有的一群人和可分配的资源，从一种分配状态到另一种状态的变化中，在没有使任何人境况变坏的前提下，使得至少一个人变得更好，这就是帕累托改进或帕累托最优化。帕累托最优是公平与效率的“理想王国”。一般来说，达到帕累托最优时，会同时满足以下三个条件：交换最优、生产最优、产品混合最优。

属同一状况，法官的稀缺资本往往也是检察官的稀缺资本，法官的过剩资本往往也是检察官的过剩资本，所以，检察官与法官之间的资本运作，从表面形态上看，一般会表现为，彼此的具有体制性的文化资本与社会资本之间的竞争与博弈，其实质是检察官的检察权与法官的审判权之间的竞争与博弈。这种竞争与博弈一般表现为在一些边缘刑事案件，检察院和法院两家在案件事实的确认与法律规范的适用方面的裁量权以及相应的话语权的争夺，从而对案件事实确认与法律规范适用的确定性方面产生影响。尽管在刑事司法场域的行动者中，对刑事司法活动产生决定性影响的是法官，在一般刑事案件中对案件事实的确认与法律规范的适用有最终裁决权的也是法官，但在某些具体案件中，如果检察官持有的场域资本，特别是文化资本与社会资本对法官持有资本构成了强有力的挑战，检察官在案件事实的确认与法律规范的适用方面的权重就会增加，反之，权重就会减轻。

2. 律师与法官之间的资本运作

律师通过与法官在司法场域进行不同形态资本之间的争夺、交换、置换等互动行为，对案件事实的确认与法律规范的适用产生影响。

一个对社会学知识一无所知的律师是没有竞争力的。[①] 一个好的律师在是一个优秀的法律学家的同时，还必须是一个杰出的社会学家。当然，他还会是一个精明的经济学家。这是因为，律师们都深知，“即使是法官和律师在法庭上一直都以法律为准则，仅仅凭法律条文本身也是不能决定和解释案件是如何被处理的。相似案件的处理方式也不尽然是一样的。只有当案件在法律技术上、社会结构上都相似的时候，案件的处理方式才会相似”[②]。所以，尽可能地调整、改变案件的社会结构，以使案件在事实认定与法律适用方面有利于自己所辩护或代理的一方当事人，是每个律师都必须要面对的一项非法律技术性质，然而又属于律师业务内容的重要工作。由于这一工作只有在司法场域内运作才能完成，作为场域职业行动者的律师通过其自身所拥有的各种不同形态的资本，与场域其他资本进行争夺、交换、置换等，分割、蚕食、争夺案件事实的确认与法律规范的适用方面的话语权，进而影响案件的最终裁决结果，以有利于自己及其所辩护或代理的一方当事人，就必然成了律师的一种具有职业特点的行为。

---

① 参见[美]唐·布莱克：《社会学视野中的司法》，郭星华等译，法律出版社2002年版，第40页。

② [美]唐·布莱克：《社会学视野中的司法》，郭星华等译，法律出版社2002年版，第107页。

我国现行司法体制下的同为司法场域行动者的律师与法官,在共有场域某些体制性资本(如某些形态的文化资本)的同时,又各自拥有不同形态的场域资本。其中形成了强烈对比并具有天然的互补性的是法官的体制性的权力符号资本与律师的物质性的经济资本。"最高人民法院副院长万鄂湘委员说,一个班的同学,可能由于选择工作的不同,收入高低相差100倍。学法律的大学生首选律师,其次是大公司,最后才是法官。"①这就为律师与法官在司法场域中彼此之间的资本运作基调奠定了基础,即彼此的不同质资本之间的交换、置换多于同质资本之间抢夺、竞争,这必然会使法官与律师之间的资本运作,在存在积极运作或良性运作态势的同时,也会存在或者说更多地会存在消极运作或恶性运作态势。

(1)律师通过司法场域文化资本对法官的裁决施加影响

律师依法所享有的辩护权、良好的法学专业教育出身以及娴熟的法律专业技能,构成了律师在司法场域中持有的核心文化资本。在刑事司法场域中,公诉人、辩护人、法官共同构成一种特殊的"三角架构"网络关系。在这个"三角架构"网中,公诉人行使检察权,是为了法律监督和查明犯罪人和犯罪事实,但在实践中则多注重被告人有罪、罪重的方面。辩护律师行使辩护权,是为了确保被告人的合法权益不受侵害,因此在辩护中着重被告人无罪、罪轻的方面。法官则要在中立、全面地把握案件事实和相关法律的基础上作出公正的裁判。公诉人的所有公诉意见、辩护人的所有辩护意见,最终都只有在法官采纳的情况下才能转化为裁判结果。一个案件最终能否作出公正的裁判,不仅取决于法官的能力和智慧,还取决于公诉人和辩护人为法官提供的"素材"内容是否全面、逻辑是否严密、论证是否合理。因此,从法官的角度而言,审判中需要有与指控相平衡的辩护。要使控、辩双方能够展开充分的对抗、辩论,实现控辩平衡,就必须注意维护辩护人的独立诉讼主体地位和各项合法权益。公诉机关背后是强大的国家机器,而被告人背后则只有作为个体的家庭、亲友。如此不均衡的力量对比,只有借助辩护人才能得到一定程度的矫正。辩护人(尤其是具有专业知识和技能的辩护律师)参与刑事审判,是实现控、辩平衡,促进法官查明案件事实、作出正确裁判的有效途径。

---

① 石洪涛:《近年法官流失过万 委员感慨学法律的大学生不愿当法官》,载北方网,http://news.enorth.com.cn/system/2005/03/11/000981902.shtml,最后访问时间:2005年3月11日。

辩护律师在辩护中，通过会见被告人、与被告人通信、阅卷等活动，收集案件信息，全面熟悉案情；充分运用法律的规定，行使调查取证权；在庭审中提供合法、合理、全面的辩护意见，成为法官裁决案件过程的“决策参与者”，努力在案件事实的认定和法律规范的适用方面影响法官，促成对被告人更有利的裁判结果。

(2)律师通过其自身的社会资本对法官的裁决施加影响

律师和法官同属司法场域中的法律职业行动者，从各自所带的文化符号看属于同质群体，彼此之间容易产生亲朋、同学、师生、曾经同事等错综复杂的人情关系。律师基于职业的需要往往会进一步将这种关系转变为在体制上得到保障的权力关系，即场域关系网络资本。由于社会资本只有在社会交往互动中才能产生，所以制度化关系网络的确立和维持必须以稳固的物质性交换和符号性交换为基础，如礼物、金钱、言语、尊重、服从等，将这种关系不断转换为稳定的权力关系，并通过彼此之间的承认和合法化，进行不断地再生产。这就造成一些律师在代理诉讼委托辩护时，首先考虑的不是事实与法律，而是如何利用与司法人员的人情关系，要求法官在对案件事实的确认与法律规范的适用方面作出于己方有利的裁决。

(3)律师通过其自身的经济资本对法官的裁决施加影响

综上所述，我国现行司法体制下的同为司法场域行动者的律师与法官，各自拥有的各场域资本形态具有天然的互补性，法官的体制性的权力符号资本与律师的物质性的经济资本形成了彼此的强烈需求。这为律师利用经济资本置换或交换法官的权力符号资本，分割、蚕食法官在案件事实的确认与法律规范的适用方面的最终话语权，寻求有利于自己一方的案件裁判结果提供了客观条件。“从目前反映出来的情况看，有的法官为了获取个人利益，违反规定为当事人推荐、介绍律师作为其代理人、辩护人，或者为律师介绍代理、辩护等法律服务业务，或者暗示当事人更换承办案件的律师；有的律师以给法官回扣、提成等为交换条件，明示或者暗示法官违反规定为其介绍代理、辩护等法律服务业务；有的法官利用职务便利，索取、变相索取或者接受当事人及其委托律师贿赂的财物或其他利益；有的律师以各种方式直接或变相贿赂法官，或为法官提供其他不当利益，甚至假借法官的名义以贿赂法官为由向当事人索取财物或者其他利益，严重侵害当事人的合法权益，损害法官的声誉，亵渎法律职业的庄严和神圣。”①

3. 法学教学和理论研究人员与法官之间的资本运作

法学教学和理论研究人员主要是运用其在司法场域所持有的文化资本对刑事司法实践活动产生影响。

就法学教授等法学理论教研人员而言,从显性层面上看,除部分兼职从事律师职业的人员外,司法场域的法律实际运作中并没有赋予他们以固定的位置,他们只能是司法场域的隐形行动者。所以,他们对刑事司法活动的影响往往是间接的,即以其专业知识及学术威望,也就是说主要是其持有的文化资本,通过附随场域其他显形行动者来影响刑事司法活动。由于法学教学和理论研究人员在司法场域所持有的(无论是个体化的还是体制化的)文化资本都是场域其他行动者所无法相比的,因此,即使是因兼职从事律师职业而在司法场域拥有了固定位置的部分法学教授等法学理论教研人员,相对于其他一般专职律师,他们也更愿意以其持有的文化资本而不是经济资本或社会资本,直接对案件事实的确认与法律规范的适用方面产生影响,而对于其他在司法场域的法律实际运作中无固定的位置的人员来说,他们往往通过就具体案件出具专家法律意见书,以期在案件的事实认定和法律适用方面产生影响。

司法实践中,专家出具法律意见书的情形一般有两种:一种是由司法机关邀请法学专家对特定案件进行论证并出具法律论证意见书;另一种是由当事人邀请专家论证案件,当事人一般会将专家的法律意见书在案件审理过程中提交给法官。

由于成文法律本身的局限性和社会的变动性,生活中常常会发生一些疑难案件,如家喻户晓的“黑哨案”、“刘海洋泼熊案”,以及“民工偷吃天价葡萄案”等。对这些案件的定性在普通公众甚至法学专家之间也往往存在着很大的分歧,缺乏共识。法官解决这些案件常常需要创造性地进行司法。为了使判决更加科学合理,司法机关经常会从法学专家那里寻求智慧支援。目前许多司法机关都设有专家咨询委员会,聘请一些知名法学专家出任委员。当遇到疑难、新类型或有重大影响的案件时,就邀请和组织这些专家进行论证,出具专家意见书,为审理案件提供参考。

① 孙长山:《为了司法公正的共同追求——解读〈最高人民法院、司法部关于规范法官和律师相互关系维护司法公正的若干规定〉》,载《中国司法》2004 年第 5 期。

应该说专家的法律意见书,既不具有诉讼证据能力,也不是证据,而是法学专家、学者对案件如何处理(包括案件事实的认定和法律适用问题)提出的一种学理意见或者专业咨询意见。它对案件的审理仅具有一种参考作用,并不具有法律上的约束力。那么,不具有法律上的约束力的专家法律意见书,是如何能够对法官在就有关案件的事实认定和法律适用方面产生影响呢?

浙江省高级人民法院研究室曾就"专家法律意见书"对审判工作的影响这一课题进行了调研,共发放调查问卷300份。其中的200份在全省法院系统发放,旨在了解专家法律意见书对各级法官的心理影响;另外的100份向律师、法学教授、机关干部等对司法活动比较熟悉的各界人士发放,试图了解法院系统外对这一现象的看法。① 通过调查得知,有将近20%的专家法律意见书最终被法院采纳,应该说专家法律意见书对法官裁决具体案件的影响是客观存在的。至于这种影响是正面为主还是负面为主,则往往取决于以下两个因素:一是专家意见书的"供给质量"是否客观公正,二是法官是否有足够的判断力和独立的品格。② 部分专家意见书之所以最终能被法官在裁决案件时采用,则取决于以下四种因素:(1)专业因素。由于参加论证的专家通常在部门法学领域有一定的造诣,有的还是学术权威,其所签署的意见理论性较强,其对某些疑难法律问题的见解一般会引起法官的注意和重视。(2)人际因素。法学专家一般都资历深、阅历广、威望高,有的甚至与主审法官或法院领导之间具有同学或师生关系。(3)权力因素。参加论证会的许多专家本身就是兼职官员,他们的意见对法官的压力、影响力是比较显见的。(4)媒体因素。作为一种诉讼策略,有的当事人在向法院递交专家法律意见书的同时也交给媒体,并通过媒体对专家意见的报道引导对己方有利的社会舆论,从而达到影响法官裁判的目的。③

可见,法学教授等法学理论教研人员通过以专家法律意见书为载体形态,对法官在案件事实和法律适用方面施加影响,归根结底还是以其在司法场域所持有的强势文化资本对其他行动者,特别是对法官进行的一种文化资本侵略,

---

① 参见浙江省高级人民法院研究室:《"专家法律意见书"对审判工作的影响》,载《法律适用》2003年第10期。

② 参见浙江省高级人民法院研究室:《"专家法律意见书"对审判工作的影响》,载《法律适用》2003年第10期。

③ 参见浙江省高级人民法院研究室:《"专家法律意见书"对审判工作的影响》,载《法律适用》2003年第10期。

其耀眼的名望、学识、地位等，对本就缺失文化资本的法官构成了一种无法抗衡的威慑。他们出具的专家意见书，不仅对法官甚至对公诉人都会产生某种微妙的心理影响：法官在作出裁判时会更加谨慎；公诉人也会面临较大的压力，甚至动摇其自信心，在制作公诉词时不得不多费思量。这样，法官的立场就会出现某种微妙的变化：既要充分考虑公诉方的意见，也不能不注意吸收专家法律意见书中的合理成分，否则，裁判结果与专家法律意见书反差太大，既可能承担法律责任，也容易招致社会舆论的批评。较为可能的、稳妥的办法是：有限吸纳控、辩双方的意见，进而从某种程度上改变控辩双方在案件事实认定和法律适用方面的话语权重的力量结构。在司法实践中，一般来说，专家的名望、学识、地位越高，即文化资本总量越大，其法律意见书的权重就越重，对法院、法官的影响力就越大，二者成正比关系。

第三编

规范与事实互构中的刑法规范解释

"裁判中的刑法规范"之品性

——基于实践建构的视野*

目 次

* 2009年度中国法学会部级法学研究课题。立项编号:CLS-C0938。课题原名称:《刑事裁判规范实践建构理性研究》。

"一个规范不是一个物质实体,不是借助于观察设备就能直接或间接观察到的某种东西。"

——[德]胡塞尔

一、前言

(一)问题缘起

赵秉志教授曾针对2009年十大刑事案件做过经典点评。[①] 在赵教授点评的十大案件中,至少有梁某捡巨额金首饰案、习水官员嫖宿幼女案、孙某铭醉酒肇事案、汉中韩某昌网络诽谤案、江苏盐城水污染案五起案件主要是由于涉及刑法相关规范在这些案件的裁决过程该如何适用,或者说如何在现有的刑法规范框架内裁判这些案件的问题,而成了2009年具有重大法律及社会影响力的刑事案件。这类案件裁判上的困境,在给普通社会大众带来"法律空白盼弥补"期待的同时,给我们刑法理论工作者带来的则是深深的反思:是我们的刑法在立法环节上出了问题,还是在司法过程中出了问题?作为立法文本规范的刑法与作为司法裁判规范的刑法,是不是同一个刑法规范?我们在刑法规范研究方法论方面是否存在欠缺,而使我们在解释刑法规范适用目前所面临的这种困惑现象时,力难从心?

(二)刑法规范研究方法概评

检视刑法规范研究方法,三种范式、[②]两条路径基本上就能勾勒出其大致的图景。

三种范式:以刑法价值为主要研究对象的范式;以刑法规范本身为研究对

① 陈某海特大受贿案彰显死刑改革态度与决心,开平案主犯在美被判刑开创异地追诉外逃贪官先例,梁某捡巨额金首饰案最终处理检验司法者智慧,邓某娇刺杀基层官员案妥善释放民意不满应深思,习水官员嫖宿幼女案保护幼童又不牺牲基本原则,法大学生杀害老师案为死刑改革提供绝好注脚,孙某铭醉酒肇事案有必要增设"危险驾驶罪",汉中韩某昌网络诽谤案能不能公诉成最棘手问题,江苏盐城水污染案是污染环境还是投放危险物质,云南"躲猫猫"案件未决犯监管体系存诸多问题。具体内容,参见蒋安杰、徐伟:《著名刑法学家赵秉志点评2009年十大刑事案件》,载《法制日报》2010年1月5日,第10版。

② 参见张心向:《社会学视阈中的刑法研究范式》,载赵秉志主编:《刑法论丛》第12卷,法律出版社2007年版。

象的范式;以刑法社会存在事实为主要研究对象的范式。[①]

两条路径:其一,以刑法规范本身为研究对象的范式,主要遵循的是刑法规范静态研究理路(但并不绝对排斥某些情形下的动态研究),即规范本体的实证研究——"分析和剖析实在法律制度"[②]。其所主要关注的是"分析法律术语、探究法律命题在逻辑上的相互关系"[③],并将规范置于一个静态环境中进行分析、研究、考证。所以,作为这种范式研究对象的规范,一般是指立法规制的规范形态。其二,以刑法存在事实为主要研究对象的范式,主要遵循的是刑法规范动态研究理路(但并不绝对排斥某些情形下的静态研究),即规范的社会实证研究——"考察和检测法的实际运行、法的实际效力、实际作用和实际效果"[④]。该路径认为"法律只是一组事实而不是一种规则体系,亦即是一种活的制度……法官、律师、警察、监狱官员实际上在法律中的所作所为,实质上就是法律本身"[⑤]。其所关注的主要是"司法过程"——一个发现法律并创造法律的过程[⑥],并将规范置于一个动态环境中进行分析、研究、考证。所以,作为这种范式研究对象的规范,一般是指司法裁判过程中的规范形态。以刑法价值为主要研究对象的范式,从静、动态两种研究视域看,其始终游离在静态路径与动态路径

① 这三种范式分别形成了属于自然价值法学范畴的刑法哲学、属于规范分析法学范畴的理论刑法学和注释刑法学(或统称为规范刑法学),以及属于社会实证法学范畴的刑法社会学。参见张心向:《社会学视阈中的刑法研究范式》,载赵秉志主编:《刑法论丛》第12卷,法律出版社2007年版。就规范研究的方法而言,在当代西方法学世界,尽管法学流派纷呈,但真正能主导法学者,仍然是自然—价值法学、社会—实证法学、规范—分析法学三种方法。我国刑法规范的研究现状,应该说是基本顺应了这样一种潮流,但在侧重点上有所不同。

② "法律实证主义者认为,只有实在法才是法律,而所谓实在法,在他们看来,就是国家确立的规范。"参见[美]E. 博登海默:《法理学:法律哲学与法律方法》,邓正来译,中国政法大学出版社2004年版,第122页。

③ Julius Stone, *The Province and Function of Law*, Harvard University Press, 1961, p. 31. 转引自[美]E. 博登海默:《法理学:法律哲学与法律方法》,邓正来译,中国政法大学出版社2004年版,第123页。

④ 张文显:《二十世纪西方法哲学思潮研究》,法律出版社1996年版,第110页。转引自胡玉鸿:《西方三大法学流派方法论检讨》,载《比较法研究》2005年第2期。

⑤ [美]E. 博登海默:《法理学:法律哲学与法律方法》,邓正来译,中国政法大学出版社2004年版,第163页。

⑥ "我已经渐渐懂得:司法过程的最高境界并不是发现法律,而是创造法律;所有的怀疑和担忧,都是心灵努力的组成部分,是死亡的折磨和诞生的煎熬的组成部分,在这里面,一些曾经为自己时代服务过的原则死亡了,而一些新的原则诞生了。"参见[美]本杰明·卡多佐:《司法过程的性质》,苏力译,商务印书馆1998年版,第105页。

之间。由于其主要是“以自然法作为评判实在法的基本尺度”①,在制定法的场合自然法本身可以用来填补法律的空白;在执法、司法的场合,自然法的价值分析或者说价值判断可以确立法律责任的基础。② 以此“去发现立法中的高尚价值表达与司法实践的事实情形之间的耦合或背离”③。

实践建构视野下“裁判中的刑法规范”研究,主要缘由于上述困惑,而尝试换一个视角看刑法。作为一种基于刑法社会学范式的研究,遵循的是刑法规范的动态研究理路,将主要围绕着刑法文本规范在刑事司法裁判过程中的存在形态——“裁判中的刑法”现象,亦即刑法裁判规范展开。而其在司法过程中所呈现的品格特点,则成为这一研究领域中最基础性的研究。

二、刑法裁判规范之含义界定

(一)观点述评

何为裁判规范?学者一般都是在何种语境下使用“裁判规范”一词?其含义何在?④ 代表性的表述概要如下:

欧根·埃利希在其《法社会学原理》一书中,专设第六章论述了“裁判规范”问题。他指出,判决所根据的裁判规范总是表现为更高的力量和智慧的灵感,在较为低级的发展阶段,它甚至是一种来自神性的顿悟。裁判规范像所有的社会规范一样是一种行为规则,但确实只为法院适用,它至少主要不是一种

① 胡玉鸿:《西方三大法学流派方法论检讨》,载《比较法研究》2005 年第 2 期。

② 参见胡玉鸿:《西方三大法学流派方法论检讨》,载《比较法研究》2005 年第 2 期。

③ 谢晖:《论规范分析方法》,载《中国法学》2009 年第 2 期。

④ 学者在表达裁判规范这一概念的意义时,除使用裁判规范的称谓外,还有另外一些指称,主要有法律规范(或法律规则)、审判规范(或审判规则)、个案规范(或个别规范)、裁判准据、裁判规则等。相对而言,裁判规范是使用比较普遍的一个术语。笔者认为,“裁判规范”作为使用比较普遍的一个术语,用来表达裁判规范所指涉的这种规范现象或事实,是相对最贴切的。理由有三:一是裁判规范归根到底是法官据以裁决案件的法律规范,这种法律规范在法官裁决案件过程中所表征出来的各种形式,如上述规则、准据等,只是这种规范形态的外在,表达这种规范功能(裁判准据)或内在要素(如裁判规则)等的事实现象,不能用形式来指称本质。二是就裁判规范是一种法律规范而言,它毕竟是表现为特殊种类的法律规范,显然不能用一般法律规范指称,否则不足以表现其特殊性的一面;但如果用个别法律规范或个别规范指称,则容易被误认为仅仅适用于个别的案件,而对其他案件没有辐射作用,从而对作为一种特殊的法律规范的“规范性”价值产生误解。三是裁判规范作为法官在审判案件时,直接据以得出裁判结果的大前提,并不涵括法官在审判过程中必须遵循的诉讼程序规范和审判活动的具体操作规范。“审判规范”这一概念显然是包括程序性的审判操作规范的,而这里的裁判规范则是实体法意义上的规范,其只可归类为实体规范。

为在日常生活中活动的人设定的规则,而是为对他人的行为进行裁判的人设定的规则。因此,就裁判规范是一种法律规范而言,它表现为特殊种类的法律规范,区别于包含一般行为规则的法律规范。[①]

卡尔·拉伦茨在其《法学方法论》一书中,有多处以"个案裁判基准的规范(裁判规范)"[②]"等着被塑造出来的法规范"[③]"在作用中的法"[④]"个案规范"[⑤]等用语表述裁判规范问题。在具体论及裁判规范时,他认为,"每个法秩序都包含一些——要求受其规整之人,应依其规定而为行为的——规则。假使这些规则同时是裁判规范,则有权就争端的解决为裁判者亦须依此为判断。大部分的法规则都同时是国民的行为规范及法院或机关的判断规范"[⑥]。

同时,拉伦茨在其《法学方法论》一书中,还对弗里德里希·米勒有关裁判规范的观点,做了比较详细的叙述。"米勒认为,当为与实存,规范与规范所指涉的事实,并非处于严格的对立关系。他探讨'针对个案来具体化规范的一般结构',对他而言,'具体化'不仅指既存规范压缩,使它'更具体'些,而是一种求得——作为该当案件裁判基准的——规范的努力过程。用米勒自己的话来说:'这个概念不是描述,将既存一般性的法规范局限到特定个案的过程,毋宁想指称,在解决某特定案件的范围内,创造出一项一般性法规范的程序'。米勒一再强调,规定在法律中的规范(规范文本)并非最终个案裁判基准的规范(裁判规范),前者只是法官形成后者的出发点而已。裁判本身不得抵触规范文本;换言之,规范文本系具体化规范的界限。"[⑦]

亚图·考夫曼在其《类推与「事物本质」——兼论类型理论》一书中,将裁判规范称之为"真实的法"。他指出:"如同制定法只能考虑到拟规范之可能的生活事实而具体化,法也只能考虑到拟判决之现实的生活事实而实在化。规范作为一种应然,根本无法从自身产生真实的法,它必须加入存在。只有在规范与具体的生活事实、当为与存在,相互对应时才能产生真实的法。或者简言之:

---

① [奥]欧根·埃利希:《法社会学原理》,舒国滢译,中国大百科全书出版社 2009 年版,第 127 页。
② [德]卡尔·拉伦茨:《法学方法论》,陈爱娥译,商务印书馆 2003 年版,第 13 页。
③ [德]卡尔·拉伦茨:《法学方法论》,陈爱娥译,商务印书馆 2003 年版,第 13 页。
④ [德]卡尔·拉伦茨:《法学方法论》,陈爱娥译,商务印书馆 2003 年版,第 20 页。
⑤ [德]卡尔·拉伦茨:《法学方法论》,陈爱娥译,商务印书馆 2003 年版,第 21 页。
⑥ [德]卡尔·拉伦茨:《法学方法论》,陈爱娥译,商务印书馆 2003 年版,第 132 页。
⑦ [德]卡尔·拉伦茨:《法学方法论》,陈爱娥译,商务印书馆 2003 年版,第 13 页。

法是当为与存在的对应。”[①]“在当为与存在间、在规范与生活事实间对应的统一性,就是具体的、真实的法。”[②]

哈特在其《法律的概念》一书中,谈到了“审判规则”这一概念。哈特的法律规则说,主要由第一性规则和第二性规则构成。“基本规则或第一性规则要求人们做一定的行为或禁止人们去做一定的行为;第二性规则是附属性的,它引入新的规则,以废除、修改旧的规则,决定他们的范围和运作的方式。第一性规则设定义务,第二性规则授予权力。”[③]由于第一性规则存在着“不确定性”“静态性”“无效性”的缺陷,[④]“其补救的办法就在于以不同种类的第二性规则来补充第一性的义务规则”[⑤],即分别用承认规则、改变规则、审判规则来弥补第一性规则的缺陷。[⑥] 其中,审判规则“除确认谁去审判外,这些规则也将规定审判应当遵循的程序”[⑦],并与其他第二性规则有着密切的联系。在一定程序上讲,“授予审判权的规则也是一个承认规则,它通过法院的判决认定第一性规则,而这些判决也就成了法律的‘渊源’”[⑧]。

凯尔森在其《法与国家的一般理论》一书中,在“司法行为作为个别规范的创造”及“司法行为作为创造法律过程中的一个层次”[⑨]的问题论述中,曾提到“个别规范”这一概念。他认为:“作为法律的适用来说,传统学说主要考虑的是司法判决、法院的功能。当法院在解决双方当事人之间争端或在判处被控告人刑罚时,的确适用着制定法或习惯法的一般规范。但与此同时,法院也创造了规定对一定的人执行一定制裁的个别规范。这一个别规范与一般规范的关系正如宪法和法律的关系。”[⑩]“从动态观点来看,司法判决所创造的个别规范,就

---

① [德]亚图·考夫曼:《类推与「事物本质」——兼论类型理论》,吴从周译,台北,学林文化事业有限公司1999年版,第41页。

② [德]亚图·考夫曼:《类推与「事物本质」——兼论类型理论》,吴从周译,台北,学林文化事业有限公司1999年版,第42页。

③ 吕世伦主编:《现代西方法学流派》(上卷),中国大百科全书出版社2000年版,第215页。

④ 关于第一性规则的“不确定性”“静态性”“无效性”的缺陷,参见[英]哈特:《法律的概念》,张文显、郑成良等译,中国大百科全书出版社1996年版,第93~95页。

⑤ [英]哈特:《法律的概念》,张文显、郑成良等译,中国大百科全书出版社1996年版,第95页。

⑥ 参见[英]哈特:《法律的概念》,张文显、郑成良等译,中国大百科全书出版社1996年版,第95~98页。

⑦ [英]哈特:《法律的概念》,张文显、郑成良等译,中国大百科全书出版社1996年版,第98页。

⑧ [英]哈特:《法律的概念》,张文显、郑成良等译,中国大百科全书出版社1996年版,第98页。

⑨ [奥]凯尔森:《法与国家的一般理论》,沈宗灵译,中国大百科全书出版社1996年版,第152页。

⑩ [奥]凯尔森:《法与国家的一般理论》,沈宗灵译,中国大百科全书出版社1996年版,第152页。

是在从第一个宪法的成立开始,继之以立法和习惯并导致司法判决这一过程中的一个层次。这一过程因对个别制裁的执行而趋于完成。制定法和习惯法可谓只是半制成品,它们只有通过司法判决及其执行才趋于结束。法律由此继续不断地重新创造着自己的这一过程,从一般与抽象走向个别与具体。它是一个不断增加个别化和抽象化的过程。"[①]"司法判决的个别规范是抽象的一般规范的必要的个别化和具体化。"[②]

黄茂荣教授认为:"法条或法律规定之意旨,若在要求受规范之人取向于它们而为行为,则它们便是行为规范(Verhaltensnormen);法条或法律规定之意旨,若在要求裁判法律上争端之人或机关,以它们为裁判之标准进行裁判则它们便是裁判规范(Entscheidungsnormen)。"[③]

张文显教授认为裁判规范就是裁判或审判规则。"它指示司法机关依照法定程序执行审判职能。我国人民法院组织法和诉讼法有关证据的收集、验证和使用,审判程序,国家强制力的使用等规定都属于此类规则。"[④]

陈金钊教授认为,裁判规范和审判操作规范共同构成审判规范。其中,裁判规范是指法官等法律职业群体在诉讼活动中根据法律规定和案件的具体情况所构建的一种适用于具体案件的个别规范;审判操作规范,是指以法官为核心的职业群体必须遵循的诉讼程序规范和审判活动的具体操作规范。他提出,"审判规范是一种针对具体案件的裁判理由,是一种个别规范,这种规范是与法官等的举止息息相关的规范,这种规范的实际效力通常与法官等解释主体间的信息交流有关,是一种解释性的规范。从理论上讲,它是法官判案的直接依据,它由两部分组成:诉讼程序规范和裁判规范"[⑤]。

吴庆宝法官认为,"成文法律是关于事物和行为的共性规律,它与具体案件相遇,必须经过法官的审慎思维才能发现针对个案的裁判规范"。"法官应当是法律精神的倡导者,法官所发现的法律是判案的直接依据,可称其为裁判规范,而裁判规范与立法者用成文法所表述的法律规范是有区别的,裁判规范一方面来自成文法规范,但其中又包含着法官发现法律的过程与结果,因此,可称其为

① [奥]凯尔森:《法与国家的一般理论》,沈宗灵译,中国大百科全书出版社1996年版,第152页。
② [奥]凯尔森:《法与国家的一般理论》,沈宗灵译,中国大百科全书出版社1996年版,第153页。
③ 黄茂荣:《法学方法与现代民法》,法律出版社2007年版,第141页。
④ 张文显主编:《马克思主义法理学》,吉林大学出版社1993年版,第170页。
⑤ 陈金钊:《论审判规范》,载《比较法研究》1999年第Z1期。

成文法规范与法官裁判过程中发现法律相结合的结果。”①

赵耀彤法官认为，“裁判规范是法官在审理案件过程中形成的以解决诉争纠纷为目的的在法官心目中形成的法律规范的具体化形态。这种规范产生在‘作为连接法律规范与法律事实中介环节的审判’过程中，属于‘作为中介的法’”②。

刘成安博士在其博士学位论文《论裁判规则——以法官适用法律的方法为视角》中使用了裁判规则的概念，并指出：“本文所言之裁判规则，是指在诉讼活动中用于解决案件争议问题的规则，即法官处理同类纠纷问题所适用的判案标准。”③

唐仲清博士认为：“法律规范对法官裁判具有先决强制力，对裁判内容作出事先的限定，但法律规范无法为法官提供审判所需的更为详尽的裁判信息；在法官并不习惯对法律规范作出解释然后才适用法律的司法背景下，法官须努力让法律规范转换为直接导引裁判结论的‘裁判准据’……裁判准据大致包括两个要素：对个案的事实认定；依据其他社会规范对案件事实及所据法规范所作之阐释。”④

从上述各方论述中可以看出，除黄茂荣教授及张文显教授，是从制定法的静态视角，认为裁判规范是法律文本规范中的作为法院裁判案件之准据的一种规范类型或者说与行为规范相对的具有裁判功能的一种法律文本规范外，绝大部分学者均从适用法的动态视角，解读、论述裁判规范。

（二）含义界定

具体到何谓刑法裁判规范，实际上这一概念通常在两种语境中被使用：

一是刑法文本中的裁判规范，即在刑法文本规范分类中，作为一种文本规范类型，使用了“裁判规范”这一概念。反映的是基于刑法文本规范的功能而进行的规范分类结果。这是因为，刑法文本规范作为罪刑法定主义最直接的产物，其存在的核心意义在于，它既能为人们提供应如何行动即如何有效履行禁止性或者命令性义务的准则；又能为司法人员提供如何认定犯罪和追究刑事责

---

① 吴庆宝：《法官裁判的规范性——以民事法官裁判为视角》，载《法律适用》2007年第9期。

② 赵耀彤：《论裁判规范》，载陈金钊、谢晖主编：《法律方法》第6卷，山东人民出版社2007年版。

③ 刘成安：《论裁判规则——以法官适用法律的方法为视角》，山东大学2009年博士学位论文，第18页。

④ 唐仲清：《从法律规范到裁判准据》，载《辽东学院学报（社会科学版）》2007年第1期。

任的司法行动指南。所以,刑法文本规范的功能。概言之,无非就是大众行为模式功能和司法裁判准据功能。基于这个角度,刑法文本规范中的规范分类,主要就是两类,简言之就是行为规范和裁判规范。所以,将"刑法裁判规范"作为刑法行为规范相对应的一个概念,即"刑法文本规范中具有裁判功能的规范"或者说"具有裁判性质的刑法文本规范"①,是一种刑法规范静态研究理路的解读。

二是刑法适用中的裁判规范。裁判规范是相对于文本规范而使用的,与文本规范概念相对应的一个概念。也就是说,从规范生成建构的不同方式上来界分刑法规范:被立法程序建构生成的刑法规范,谓之刑法文本规范;被司法过程建构生成的刑法规范,谓之刑法裁判规范。所以,这里的"裁判规范"含义是"被刑事司法过程建构生成的直接应用于案件裁判的刑法规范"或者"具有裁判性质的刑法文本规范的实践建构形态"。

本文对刑法裁判规范的含义界定,一是基于刑法规范存在被立法程序建构的刑法规范和被司法过程建构的刑法规范,具有两种不同的形式侧面;二是赞同绝大部分学者从适用法的动态视角,解读、论述裁判规范的观点,认为刑法裁判规范是与刑法文本规范相对应的一种规范形态。刑法文本规范作为以法条文本为载体的规范形态,是一种预设性的概念规范、一种立法意义上的静态规范形态,由一组文字或语词基于一定的价值目标按照一定的逻辑关系建构起来的概念规范,其作为法治理念和立法技术的混合物,彰显的是一种抽象的价值评判和语言艺术。价值、语词、预设三个关键词构成了刑法文本规范的基本品性,即法条规制性。刑法裁判规范作为以裁判行为为载体的规范形态,是一种即时性的实践规范、一种司法意义上的动态规范形态,是司法过程中基于刑法文本规范与具体个案事实之间的互动而建构起来的实践性规范。其作为针对具体个案的裁判依据,彰显的是一种具体案件的利益取舍和裁判技能。互构、取舍、即时三个关键词构成了刑法裁判规范的基本品性,即实践建构性。

---

① 刘志远博士指出:"刑法规范的二重性,是指刑法规范既是面向裁判者的裁判规范,又是面向一般人的行为规范。刑法规范同时兼具裁判规范和行为规范两重属性。作为裁判规范,刑法规范为裁判者的裁判活动提供行为模式;作为行为规范,刑法规范又为社会大众的活动提供行为模式。"参见刘志远:《二重性视角下的刑法规范》,中国方正出版社 2003 年版,第 111 页。笔者对刘博士的这一观点甚为赞赏,作为刑法规范两种规范类型的行为规范与裁判规范,从规范形式上看,不过是两种规范类型而已,而从规范的性质上看,反映的是刑法规范的两种属性,即作为大众行为模式的行为规范性及作为司法裁判准据的裁判规范性。

三、刑法裁判规范之实践品性

刑法规范是一种彻底的裁判规范。① 裁判规范作为刑事司法裁判的大前提,必然是一种刑法规范,具有刑法规范属性。② 这是因为,刑法规范从其存在形式看,呈现出两个形式侧面,一个是“体”态,即以法条文本为载体的文本规范形态;另一个是“用”态,即依附于司法裁判行为而存在的裁判规范形态。“体”是规范之应然符号,而“用”则是规范之实然本性。没有符号之“体”,“用”就没有了理由;没有本性之“用”,“体”就没有了功能。这里的“体”与“用”实际上也可以用“毛”和“皮”的关系喻之:“体”为“毛”,“用”为“皮”。“体”和“用”与“毛”和“皮”本为一体,难分难舍,将其割裂实则是人为的,人为割裂的目的是不让它们互相障目,更清楚而近距离地观察它们的本然及彼此之间的关系。

相较于刑法文本规范静态的法条规制性特征,刑法裁判规范的突出品性就是其动态的实践建构性特征。

(一)裁判规范是规范与事实间互构之结果

刑法裁判规范是刑法文本规范的实践再加工产品,是在被事实解构的规范与被规范结构的事实互动中生成的刑法规范。只是刑法规范的这种实践性品格,在刑法规范静态研究的范式中,被我们不经意间忽略了。

普遍性或潜在的普遍性是许多法律语言的重要特征,它意味着法律是否能运用于特殊事实的重要元素。每一事实的情形是独特的,所以不可避免地存在着法律普遍性与特别事实的紧张。③ 由于“每一个具体案件的判决都是抽象的法律规则在具体事实中的‘适用’”④,因而只有把普遍的规范与特殊的事实有机地连接在一起,法律的实践才得以进行。正是由于刑法文本规范与具体案件

---

① 参见刘志远:《二重性视角下的刑法规范》,中国方正出版社2003年版,第111页。

② 那种认为裁判规范不是或者不完全是法律规范的观点,如本文上述所列举的吴庆宝法官、刘成安博士、唐仲清博士等人的观点,笔者认为是值得商榷的。这等于认为,司法的裁判可以不以法律规范为大前提,如果这样解读裁判规范,那将是极其危险的,特别是对刑事裁判而言。相比而言,凯尔森、拉伦茨、米勒、考夫曼等在上述表述中所主张的观点,如“裁判本身不得抵触规范文本”、“规范文本系具体化规范的界限”、“个别规范与一般规范的关系正如宪法和法律的关系”等,则是值得推崇的。

③ John H. Farrar & Anthony M. Dugdale, *Introduction Legal Method*, Sweet & Maxwell, 1984, p. 73. 转引自杨建军:《法律事实与法律方法》,载《山东大学学报(哲学社会科学版)》2005年第5期。

④ [德]马克斯·韦伯:《论经济与社会中的法律》,张乃根译,中国大百科全书出版社1998年版,第25页。

事实"纠缠"在一起,才有了刑法规范的实践运作过程。①

从事实的视角看,刑法规范是被事实解构的规范。一方面,通过具体案件事实去发现法律。只有通过具体的案件事实,去识别、解读刑法规范的意义后,才能将其内涵及外延明确化并加以适用,这种对规范的遵从,是通过个案裁判中规范的具体适用实现的。另一方面,通过具体案件事实去创造法律。司法过程是寻找正当的个案裁判行动,并通过这一行动去发现针对个案的最合理的解决方式。作为超越刑法规范的创造形式,无论是规范的漏洞填补,还是规范的空缺续造,都是与特定的案件事实相关的司法行为,因为只有将刑法规范置于具体案件事实之中,其漏洞与空缺才会有被填补和续造的需要。②

从规范的视角看,案件事实是被规范结构的事实。刑法运作过程中的案件事实,并不是原汁原味的案件原始事实,而是被规范裁剪过的法律事实。一方面,案件事实被程序依据刑法规范加工,即被证据并依据一定的证据规则证明确立的与犯罪构成要件相关的事实;另一方面,被证明确立的案件事实,无一不是与刑法规范规定的特定犯罪构成要件相关并被依据规范要件整理过的事实,即案件事实被依据构成要件的类型要求加以相应的格式化,以使之能够满足构成要件归类或涵摄的框架要求。③

案件事实何以能够解构刑法规范?刑法文本规范的语词概念含义,何以是在具体案件事实的情境中被解读的,并通过这种解读,逐渐被具体化、明确化、格式化、类型化?刑法规范在司法实践中何以变成了被案件事实解构的结构?

裁判中的刑法规范,不仅是一个规范问题,还是一个事实问题。罪刑法定原则视域下刑法规范的具体与明确,从规范层面上讲应该是存在的,但当法条规定遭遇案件事实,即当考虑某一法条是否适用于解决某一特定案件时,规范文字本身的疑义也就产生了。④ 这是因为,无论我们的词汇是多么详尽完善、多么具有识别力,现实中始终有一些为严格和明确的语言分类所无能为力的细微

---

① 参见张心向:《在规范与事实之间——社会学视域下的刑法运作实践研究》,法律出版社 2008 年版,第 30 页。

② 参见张心向:《在规范与事实之间——社会学视域下的刑法运作实践研究》,法律出版社 2008 年版,第 31 ~ 32 页。

③ 参见张心向:《在规范与事实之间——社会学视域下的刑法运作实践研究》,法律出版社 2008 年版,第 32 ~ 33 页。

④ 参见张心向:《论个案事实在刑法规范解释中的作用——以〈刑法〉第 263 条规定的"入户抢劫"为分析视角》,载《法学杂志》2009 年第 1 期。

差异与不规则情形。[①] 此外,法律文本所使用的语词有日常用语性,往往具有一定的概括性或抽象性,一定程度上形成了具有弹性的表达方式,它的"可能意义在一定的波段宽度之间摇摆不定……即使是较为明确的概念,也常常包含着一些本身欠缺明确界限的要素"[②]。因此,适用法律时,必须对法律文本进行解释,确定其具体的含义,这是适用法律的一个不可或缺的过程。在实际的案件审理中,法官对具体要适用的法条不进行解释即予以适用的情形在客观上几乎是不可能的,而这种解释显然就不再是纯粹的一般规范语义的解读。这种基于裁决目的,针对所裁判的具体案件事实的解释,即将刑法规范纳入到具体案件事实的情境中解读其含义,就构成了裁判过程的一部分,而具有了司法的能动性。这是因为"同样的词对不同的人会有不同的含义"[③]。在不同的生活事实情境中,即使是对同一法条含义的理解,也会发生变化。"大部分的法律都是经过不断的司法裁判过程才具体化,才获得最清晰的形象,然后才适用于个案,许多法条事实上是借裁判才成为现行法的一部分。"[④]裁判永远是针对个案的裁判,规范在个案中解读才具效力。最典型的就是曾引起广泛关注而至今仍有多视角研究价值的许霆案[⑤]。正是由于《刑法》第 264 条中的"盗窃""盗窃金融机构"这一语词或概念被纳入许霆案的案件事实中被"再认识",以及对《刑法》第 63 条第 2 款中的"特殊情况"在许霆案的案件事实中被赋予了一种"新的理解",该案才得以"裁判下去",并完成最终的裁判。[⑥]

所以,刑法规范中的语词、概念的解读,都是在"本案中"的意义解读,是基于本案案件事实这一特定情境下的理解,"没有一个解释可以主张它是终局并且——可以适用于任何时间的——'绝对正确的'解释。它绝对不可能是终局的解释,因为生活关系如此多样,根本不能一览无遗,再者,生活关系也一直在

① 参见[美]E. 博登海默:《法理学:法律哲学与法律方法》,邓正来译,中国政法大学出版社 2004 年版,第 503 页。

② [德]卡尔·拉伦茨:《法学方法论》,陈爱娥译,商务印书馆 2003 年版,第 193 页。

③ [德]伯恩·魏德士:《法理学》,丁小春、吴越译,法律出版社 2003 年版,第 75 页。

④ [德]卡尔·拉伦茨:《法学方法论》,陈爱娥译,商务印书馆 2003 年版,第 20 页。

⑤ 2006 年 4 月 21 日,许霆使用自己的真实身份和自己的余额为 176.97 元的银行卡、公开在广州一台自动取款机取钱,取款机出现故障,取 1000 元卡里才扣 1 元,许霆于是分 171 次提取了 17.5 万元,潜逃一年被抓获。许霆终审被以盗窃罪,判处有期徒刑 5 年,并处罚金 2 万元。参见广东省高级人民法院刑事裁定书,(2008)粤高法刑一终字第 170 号。

⑥ 参见赵秉志、张心向:《刑事裁判不确定性现象解读——对"许霆案"的重新解读》,载《法学》2008 年第 8 期。

变化之中,因此,规范适用者必须一再面对新问题"①。因此,"一个制定法的解释一定不必永远保持相同。谈论什么某个排他性的正确解释,一个将从这个制定法的一开始到其结束都是正确的含义,这是彻底错误的"②。如果生活事实发生了变化,导致相关的案件事实发生变化,对这些语词、概念的理解自然也会发生变化。

(二)裁判规范是各种法源相互博弈之结局

刑法裁判规范是刑法文本规范的实践建构形态,刑法文本规范在被实践的再加工过程中,正是由于被整合、融贯了另外一些它无法拒绝的东西,而完成了存在形态,即由文本规范到裁判规范的转化,实现了由僵化到灵动的转型。

刑法裁判规范的制定法法源(正式法源),主要是包括刑法典、单行刑法规范、附属刑法规范在内的刑法文本规范、与刑法文本规范相关的规范解释性文件,以及现行有效的、所有成文形式的法律。根据《立法法》的规定,我国的制定法包括宪法、法律、行政法规、军事法规、地方性法规、自治条例和单行条例。此外,中央政府部门与地方政府制定的部门规章和地方政府规章虽然是作为审判的"参照",但其在司法实务中得到法官的充分尊重,实际上也成了裁判规范的制定法法源。刑法裁判规范的非制定法法源(非正式法源),在裁判规范的生成过程中,是极其重要的一种参入因素,③但对其范围的界定则是一件极其困难的事情。博登海默认为:"尽管无需对非正式渊源作详尽无遗的列举,但我们仍将非正式渊源分为下述一些种类:正义标准、推理和思考事物本质(natura rerum)的原则、衡平法、公共政策、道德信念、社会倾向和习惯法。"④对于制定法法源与非制定法法源在司法框架中的关系,博登海默指出:"当一种正式的权威性的法律渊源就某个法律问题提供了一个明确的答案时,那么在绝大多数情形下,就不需要亦不应当再诉诸法律的非正式渊源。在某些罕见和极端的情形中,亦即

---

① [德]卡尔·拉伦茨:《法学方法论》,陈爱娥译,商务印书馆 2003 年版,第 195 页。

② Kohler, *Judicial Interpretation of Enacted Law*, in Science of Legal Method, translations by Bruncken & Register, Riverdale Press, 1917, p. 192. 转引自[美]本杰明·卡多佐:《司法过程的性质》,苏力译,商务印书馆 1998 年版,第 50 页。

③ "法律实证主义的基本错误之一,乃是它将其有关法律渊源的理论完全或几乎完全局限于被我们所称之为的法律正式渊源的范围之中。"参见[美]E. 博登海默:《法理学:法律哲学与法律方法》,邓正来译,中国政法大学出版社 2004 年版,第 457 页。

④ [美]E. 博登海默:《法理学:法律哲学与法律方法》,邓正来译,中国政法大学出版社 2004 年版,第 430 页。

在适用某种正式法律渊源会与正义及公平的基本要求、强制性要求和占支配地位的要求发生冲突的情形下，当然也有必要允许例外。当一项正式法律文献表现出可能会产生两种解释的模棱两可性和不确定性——事实往往如此——的时候，就应当诉诸非正式渊源，以求获得一种最利于实现理性与正义的解决方法。另外，当正式渊源完全不能为案件解决提供审判规则时，依靠非正式渊源也就理所当然地成为一种强制性的途径。”①博登海默进一步为这些非制定法法源按下列顺序进行了等级排列：正义之标准；理性与事物本质；个别衡平法；公共政策、道德信念与社会倾向；习惯法。同时，他还对这些非制定法法源对司法裁判的影响力进行了分析。② 当然，这些非制定法法源，在我国以其对司法裁判的影响力而决定的在裁判规范的生成建构中（一是与制定法法源相比所占的权重或比例；二是自身同其他非制定法法源相比所占的权重或比例），自然也还有一些中国国情特色，如长官意志、刑事政策等。这恰恰又是无法进行实证性研究的事实。

但有一点是可以观察到的，即刑法裁判规范是制定法法源与非制定法法源在刑法实践的舞台上的对垒博弈中生成构建起来的。一方面，罪刑法定主义原则的形式理性决定了只有具有文本形式的制定法法源才有资格作为裁判的大前提，非制定法法源直接作为裁判的大前提有悖罪刑法定原则的形式理性，制定法法源排斥非制定法法源对其领地的入侵，是一种必然的本能反应；另一方面，制定法法源作为一种文本规范，在与案件事实对接过程中有其固有的缺陷，如概念的抽象与模糊、规范的漏洞与空缺，如果没有非制定法法源对其的补救，就无法彰显罪刑法定原则的实质理性，接纳非制定法法源进入自己的领地，就成了不得已而为之的无奈之举，但不是敞开大门欢迎。这样，哪些非制定法法源可以进来、进来多少、介入的程度，就成了制定法法源与非制定法法源围绕如何建构司法裁判的大前提以及建构何种大前提而展开的一场对垒博弈。符合制定法法源要求的非制定法因素进入了制定法法源的领地，与制定法融贯一起生成了一个新的结构——司法裁判的大前提，这时的大前提显然已不是作为文本规范意义上的大前提，而是变成了裁判规范意义上的大前提。制定法法源与

① [美]E. 博登海默：《法理学：法律哲学与法律方法》，邓正来译，中国政法大学出版社 2004 年版，第 430 页。

② 参见[美]E. 博登海默：《法理学：法律哲学与法律方法》，邓正来译，中国政法大学出版社 2004 年版，第 457 ~ 500 页。

非制定法法源在真刀真枪但又悄无声息的对搏争斗中建构了裁判的大前提,实现了由文本规范到裁判规范的惊鸿转身。大前提依然是刑法规范,但此时的刑法规范——刑法裁判规范,已非彼时的刑法规范——刑法文本规范。这里隐含着一个裁判规范生成建构的重大问题,即这种类似“暗度陈仓”的做法,其合理性何在?

以我国社会危害性理论为例。魏德士及黄茂荣虽然明确将“法学家法”[①]或“学说”[②]排斥在制定法法源之外,但同时认为“法学理论虽不是法律渊源,但它对一切领域的规范制作却有着举足轻重的意义”[③]。“非学说本身创造了法,而是学说发现了法。”[④]博登海默在上述非制定法法源的等级排序列单中,也未涉及法学理论问题。但笔者看到了另外一份清单,这就是埃利希的清单,在关于“法条的形成”的若干因素中,他提到了“法学著作者和教师的法学家法”[⑤],并指出:“法学家试图作为鉴定专家、教师、著作者、司法判决的评论者来影响法官;他要么为个案寻找裁判规范,要么运用历史上已有的法学技术确立应为法官在个案中用作指导的一般原则。”[⑥]但这种“科学的重要性同制定法和法官的重要性成反比。法官的地位愈高,则他愈加热衷于保护自己的独立性,而立法愈有无限权威,愈加包罗万象,它将留给法学家的空间就愈少”[⑦]。目前就从我国的刑事司法实践的现状看,笔者认为刑法理论,特别是我国刑法理论中的社会危害性理论及犯罪构成理论,作为一种非制定法法源因素对于刑法裁判规范的生成建构,依然具有重大影响。“近年来,理论界对犯罪论体系、刑法学体系的争论十分激烈,而实务界却反应冷淡,我想一个重要原因恐怕就在于实务工作者并未感觉到四要件犯罪构成理论成为司法中的障碍吧!”[⑧]“实务界普遍的观点是四要件犯罪构成理论方便、实用。目前尚未见到有实务界的人士明确提

---

① [德]魏德士:《法理学》,吴越、丁晓春译,法律出版社 2005 年版,第 113 页。

② 黄茂荣:《法学方法与现代民法》,法律出版社 2007 年版,第 14 页。

③ [德]魏德士:《法理学》,吴越、丁晓春译,法律出版社 2005 年版,第 114 页。

④ 黄茂荣:《法学方法与现代民法》,法律出版社 2007 年版,第 15 页。

⑤ [奥]欧根·埃利希:《法社会学原理》,舒国滢译,中国大百科全书出版社 2009 年版,第 191 页。

⑥ [奥]欧根·埃利希:《法社会学原理》,舒国滢译,中国大百科全书出版社 2009 年版,第 192 页。

⑦ [奥]欧根·埃利希:《法社会学原理》,舒国滢译,中国大百科全书出版社 2009 年版,第 192 页。

⑧ 高铭暄:《论四要件犯罪构成理论的合理性暨对中国刑法学体系的坚持》,载《中国法学》2009 年第 2 期。

出,由于运用四要件犯罪构成理论,导致重大冤案、错案的发生。”①

我国社会危害性理论对于刑法裁判规范生成建构的影响,最经典的表现是在许霆案的裁判过程中。② 正是被社会危害性理论解读过的《刑法》第264条的规定,建构了许霆案裁判的大前提,才使许霆案在经过了漫长而又几乎穷尽了除再审外的所有审判程序后,终得以顺利裁决。广东省高级人民法院(2008)粤高法刑一终字第170号刑事裁定书,以“许霆恶意侵犯公共财产所有权的行为具有严重的社会危害性”,“上诉人许霆恶意取款的行为具有刑事违法性,符合盗窃罪的犯罪构成要件”,“许霆的恶意取款行为具有应受刑罚处罚性”的裁判理由,完成了裁判许霆案的逻辑推理,实现了对刑法公正与谦抑价值在许霆案中的法律秩序评判。当然,最精彩的还是该裁定书对该案裁判的总结,即“对于本案的量刑,既要考虑到许霆行为具有严重的社会危害性,构成了盗窃罪,属于盗窃金融机构,数额特别巨大,又要充分考虑到许霆犯罪的偶然性及特殊性,对其在法定刑以下量刑既符合刑法关于罪责刑相适应的原则,又充分体现了法律效果与社会效果的统一。我国是适用成文法的国家,成文法始终存在一定的滞后性,无法包罗所有的犯罪现象和犯罪特征,很多酌定从严、从宽的量刑情节无法在已存的法律中规定。所以对被告人量刑既要考虑到法定情节,又要考虑到酌定情节及个案的特殊情况,只有将二者结合起来,综观全案妥善处理,才能最大限度地发挥条文法的优越性,弥补条文法的滞后性,充分体现法律效果与社会效果的统一”。

当然,并非所有案件都像许霆案这么典型。但通过许霆案,我们可以明显地洞悉到非制定法法源合理地实现“暗度陈仓”的路径。这涉及司法裁判的技能,也就是司法裁判中如何进行价值判断与逻辑推理的问题。“发生在中国当下社会情境中的许霆案承载了太多社会多元价值的诉求。案件当事人许霆和银行的利益诉求;社会公众的利益诉求,法律共同体的利益诉求;政治权力的利益诉求;道德的利益诉求;刑法价值目标的利益诉求;社会价值目标的利益诉求;等等,这都是法官在寻找、选择裁判该案的法律规范时,首先必须要思考的问题。即不是先寻找本案应适用的法律规范,而是综合把握本案的实质,结合

① 高铭暄:《论四要件犯罪构成理论的合理性暨对中国刑法学体系的坚持》,载《中国法学》2009年第2期。

② 我国刑法的社会危害性理论实际上是根植于司法裁判的过程而产生的,是我国实践裁判过程最真实的脉动反应,所以,这种研究理论往往又会或者说更容易被反刍到再次的实践裁判过程中去。

与本案相关联的社会环境、各方利益诉求、社会价值观念等,对各方的利害关系作比较权衡,对相关利益进行取舍,先做出哪一方应当受保护的判断,再去选择适用相应的法律规范,或者说二者是同步进行的。许霆案的原一审与重审之间,案件事实还是那个案件事实,刑法规范还是那个刑法规范,法院还是那个法院,然而裁判结果已不是那个裁判结果。从无期徒刑到5年有期徒刑,犹如从地狱瞬间升至天堂。其原因何在?'正是在重审要设法纠偏的目的指引下,重审法官能动地开始了对许霆轻判的论证。重审轻判五年主要是基于以下两点考虑:一是与有预谋、有准备的盗窃犯罪相比,许霆的主观恶性相对较小;二是与采取破坏性手段盗取钱财相比,许霆的犯罪情节相对较轻。这种有利被告的思路当然是正确的,不幸的是,原审法官并没有站在这样的高度来思考问题。'[①]正是因为原一审后,法院通过权衡、取舍各种利益诉求,明确了该案裁判的新的价值目标,原一审与重审在裁判价值追求上发生了变化,导致了刑法规范选择适用上的变化,即重审启用了刑法典第63条2款,才造成了裁判结果之间如此大的落差。"[②]

"司法过程中的裁判技能就如同蝴蝶两只美丽的翅膀,是双翼的。一翼是裁判过程中的价值判断,一翼是裁判过程中的逻辑推理,两翼比翼齐飞。"[③]"价值判断是司法裁判的实质内容;逻辑推理是司法裁判的形式表现。司法裁判中的价值判断以逻辑推理为依附;司法裁判中的逻辑推理以价值判断为基础。价值判断以衡量和取舍冲突与博弈着的各种社会利益为核心;逻辑推理从以规范为起点再回到规范为目标;价值判断需要逻辑推理验证其判断的合理性,逻辑推理需要价值判断提供其推理的目的性。"[④]如何让非制定法因素合理地融入制定法,或者说如何合理地使刑法文本规范与非制定法因素相结合并证成刑法裁判规范(刑事司法裁判的大前提),主要显性的路径就是通过逻辑的建构,而不只是规范的解释。规范解释只有依附逻辑建构才具有合理性。"法律的生命始

① 刘仁文:《许霆案的轻判是如何实现的?》,载新浪网2008年4月2日,http://news.sina.com.cn/o/2008-04-02/023213670562s.shtml。

② 赵秉志、张心向:《刑事裁判不确定性现象解读——对"许霆案"的重新解读》,载《法学》2008年第8期。

③ 赵秉志、张心向:《刑事裁判不确定性现象解读——对"许霆案"的重新解读》,载《法学》2008年第8期。

④ 赵秉志、张心向:《刑事裁判不确定性现象解读——对"许霆案"的重新解读》,载《法学》2008年第8期。

终不是逻辑,而是经验。可感知的时代必要性、盛行的道德理论和政治理论、公共政策的直觉知识(无论是公开宣称的还是意识的),甚至法官及其同胞所共有的偏见等等,所有这一切在确定支配人们所应依据的规则时,比演绎推理具有更大的作用。"①但这些"非法律的因素",必须有一个充分合理的理由进入"法律"才符合现代法治的要求。尽管符合逻辑的不一定都是合理的,但合理的一定是符合逻辑的。这也就是这几年我国法理学研究领域一直持续热议的法律思维与法律方法论的问题。遗憾的是,刑法学在这个问题的研究上,依然还在解释的方法上纠结。

还有一个值得注意的问题,就是刑法裁判规范生成过程中作为操盘手的法官的价值与意义。刑法裁判规范的建构,是法官行使自由裁量权的重要环节。实际上无论是文本规范与案件事实的互构,还是在制定法与非制定法的博弈中,导演者都是法官。"以米勒的见解,裁判始终是以法官塑造出来的规范为基础,因此,所有法院适用的法规范都是'法官法'。"②法官构成了刑法裁判规范的一部分,是法律帝国的王侯将相。

(三)裁判规范是案件裁判过程生成之结论

裁判必须以法律的名义,这是罪刑法定原则最基本的要求。刑法裁判规范作为个案裁判的大前提,相对于刑法文本规范作为裁决所有案件的制定法依据而言,永远是个案中的裁判规范。因为无论是文本规范与案件事实的互构,还是制定法与非制定法的博弈,都是发生在特定案件裁判场域的特定结构现象。每个案件的案件结构变量是不同的,③由此形成的裁判规范不可能一样。也就是说,文本规范是普适的,但裁判规范是个别的,裁判永远是以法律的名义裁判,但在法律的名义下会有法律规范不同的结构组合。

首先,刑法文本规范中的语词、概念的解读,都是在"本案中"的意义解读,是基于本案案件事实这一特定情境下的理解,因为没有一个解释可以主张它是终局并且可以适用于任何时间的"绝对正确的"解释。生活关系如此多样而又如此多变,生活事实的样态就不可能固定,规范适用者必须一再面对新问题,就

① [美]E. 博登海默:《法理学:法律哲学与法律方法》,邓正来译,中国政法大学出版社2004年版,第160页。

② [德]卡尔·拉伦茨:《法学方法论》,陈爱娥译,商务印书馆2003年版,第14页。

③ 这涉及布莱克"案例社会学"中的案件结构理论。案件事实中的相关人物身份背景、案件发生的社会背景、处理案件的法官、律师以及他们的社会影响力等都构成案件结构的变量。

成了一种必然。如上述的许霆案,正是由于《刑法》第264条"盗窃""盗窃金融机构"这一语词或概念被纳入许霆案的案件事实中"解读",以及对《刑法》第63条第2款中的"特殊情况"在许霆案的案件事实中被赋予了一种"新的理解",才建构起该案裁判的大前提,该案才得以"裁判下去"。之所以这样,道理很简单,刑法中的"盗窃""盗窃金融机构"等概念、术语,在其他案件中的解读意义,与许霆案的案件结构"不相容",常规解读或其他案件中的理解,不适用于本案,故裁判受阻,在所难免。

但这并不意味着,具备普适性的文本规范语词、概念的解读就不存在或就没有任何价值意义。由于"每一个具体案件的判决都是抽象的法律规则在具体事实中的'适用'"[①],刑法文本规范中的语词、概念就是在这样日复一日、年复一年的不计其数的个案裁判过程中,不断被法官纳入具体的案件事实中去解读,以确定其所规定的抽象的规范意义上的概念事实在实际案例事实中的意义,并通过这种基于个案事实的解读,规范语词含义由抽象变为具体、由模糊趋向明确;规范涵摄内容逐步被量化细化;规范适用规则不断衍生、确立、修正。[②]由于仅仅基于法官的裁判活动,通过个案事实去确定规范概念、语词在实际案例事实中的意义不仅是相对的,而且往往是零乱的,不成体系的。所以,在一定条件下、一段时间里,刑法概念语词含义的相对具体化、明确化、格式化、类型化,实际上是由刑法学家完成的,是学者在作为文献资料的法官已经完成裁判的大量案例的基础上,通过分析、归纳而得出的具有相对普适性的裁判规则。由于这种研究的原材料直接来自实践裁判过程,研究的结果又是实践裁判过程最真实的脉动反应,所以,这种研究的结论往往又会或者说更容易被反刍到再次的实践裁判过程中去,"重要概念的意义与范围一旦定型之后,就会促使法院按照他们认为这一特殊法律概念的逻辑性质与要件为新案例制作判决"。实现了学者解读与法官裁判的互动,在这个过程中这些相对具备普适性的裁判规则,以一种非制定法法源的形式再次加入对待定案件适用规范的解读过程中。正是在这一学者与法官的互动过程中,刑法概念语词之含义逐渐并持续地在个案中被情境性地具体化、明确化、格式化、类型化,在一桩桩个案裁判的规范发

---

① [德]马克斯·韦伯:《论经济与社会中的法律》,张乃根译,中国大百科全书出版社1998年版,第25页。

② 参见张心向:《论个案事实在刑法规范解释中的作用——以〈刑法〉第263条规定的"入户抢劫"为分析视角》,载《法学杂志》2009年第1期。

现—选择与缺失—创造中，不断进行着刑法规范的实践再构与生命轮回。

其次，制定法因素与非制定法因素在融合建构裁判规范中的比例或权重的大小以及非制定法因素中哪些具体因素能够参入这种建构，在不同的个案中会有不同的排列组合方式。也就是说，制定法因素与非制定法因素共同建构裁判规范是具有普适性的裁判现象，而它们之间如何合作则是个别化的裁判现象。这也就是为什么说："一般而言，法律原则本身不足以预测或解释案件是如何处理。"①"法律上相同的案件——关于同样的问题、拥有同样的证据支持，常常得到不同的处理。"②仍以许霆案的裁判过程为例来说明。

司法裁判活动实际上是被限制在一个特定的场域——司法场域之中的。这个场域充满着竞争法律裁决话语权的争斗。一方面表现为场域内法律职业群体之间围绕着案件事实与法律适用的，并表现为符号资本的案件裁决话语权的争夺；另一方面表现为经济场域、文化场域、学术场域、权力场域等因素利用其与司法场域之间的关联关系，进入司法场域，并争夺案件的法律适用话语权及裁决权。③

在许霆案的裁判过程中，一是公众舆论进入了案件裁决场域，争夺许霆案裁判话语权。"许霆案一经媒体曝光，'媒体审判'、'舆论审判'许霆案，就成为了一大引人注目的社会现象，网络、媒体几乎是毫无顾忌地传达着各方的意见，针对原一审判决的无期徒刑的结果，反对、质疑的意见居多数。"④二是专家学者进入了案件裁决场域，争夺许霆案裁判话语权。"许霆案原一审对许霆以盗窃金融机构的盗窃罪而判处无期徒刑后，不仅普通公众哗然，专家学者也对此观点纷纭而纷纷借助媒体、网络发表自己的见解。"⑤专家学者以其在司法场域所持有的强势文化资本，即耀眼的名望、学识、地位等，对我国法官进行文化挤压，并对其构成了一种难以抗衡的威慑。三是司法官员进入案件裁决场域，争夺许

① [美]唐·布莱克：《社会学视野中的司法》，郭星华等译，法律出版社2002年版，第4页。

② [美]唐·布莱克：《社会学视野中的司法》，郭星华等译，法律出版社2002年版，第4页。

③ 参见张心向：《在规范与事实之间——社会学视域下的刑法运作实践研究》，法律出版社2008年版，第35～36页。

④ 赵秉志、张心向：《刑事裁判不确定性现象解读——对"许霆案"的重新解读》，载《法学》2008年第8期。

⑤ 赵秉志、张心向：《刑事裁判不确定性现象解读——对"许霆案"的重新解读》，载《法学》2008年第8期。

霆案裁判话语权。[1] 当法律与权力界分还相当模糊、司法还未能完全从政治的母体中脱离出来的时候,这对正在裁判中的案件的影响力是显而易见的。这三种非制定法法源因素进入许霆案的裁判过程,是许霆案所特有的。从表面上看,它们改变了许霆案的案件结构。从本质看,改变的是许霆案中作为制定法的刑法文本规范与作为这些非制定法因素力量对比的结构,并最终影响了它们之间博弈的结果,即裁判规范中它们之间排列组合方式的变化。为什么"许霆案的原一审与重审之间,案件事实还是那个案件事实,刑法规范还是那个刑法规范,法院还是那个法院,然而裁判结果已不是那个裁判结果"[2]? 原因很简单,作为裁判大前提的裁判规范的内部结构变了,裁判结果必然发生变化,这是符合逻辑的一种合理变化。从这个视角看,许霆是幸运的,通过改变案件结构,改变了自己的命运。

相比之下,云南版"许霆案"中的何鹏,[3]就没有那么幸运了,因为他当时未曾尝试过改变自己的案件结构;但他又是幸运的,正是由于许霆案的裁判结果改变了他裁判后的案件结构,才得以由因犯盗窃罪被判无期徒刑改为 8 年 6 个月有期徒刑[4],并能提前出狱。

"法律是可变的。它因案件的不同而不同。"[5]法律又是不变的,它一直都居于案件裁判大前提的位置。

四、结语

实践建构视野下"裁判中的刑法规范"之品性研究,在让我们换一个角度去认识刑法规范的同时,能否以此就可消解我国刑法规范适用目前所面临的困惑呢? 回答是否定的,它仅仅是提供了一个新的观察问题的视角而已。但由此给我们带来的几点反思,笔者认为,对我国刑法规范的研究还是有一定的积极

---

① 参见赵秉志、张心向:《刑事裁判不确定性现象解读——对"许霆案"的重新解读》,载《法学》2008 年第 8 期。

② 赵秉志、张心向:《刑事裁判不确定性现象解读——对"许霆案"的重新解读》,载《法学》2008 年第 8 期。

③ 参见《云南版许霆案改判获最高法院核准 16 日将出狱》,载凤凰网,http://news.ifeng.com/mainland/201001/0115_17_1512354.shtml。

④ 参见《云南版许霆案当事人今获释 父母订 30 桌酒席接风》,载新浪网,http://news.Sina.com.cn/s/2010-01-16/115119482042.shtml。

⑤ [美]唐·布莱克:《社会学视野中的司法》,郭星华等译,法律出版社 2002 年版,第 4 页。

意义。

(一)刑法规范研究范式是否应该有所改变

长期以来,我国刑法学研究偏重立法中心主义立场。“立法中心主义研究范式的实质是站在立法者的立场上看法律”①,必然侧重于对法律文本规范的研究。这是因为,“从法律的最主要形式看,法律是规则体系,因而许多学者围绕着规则的生成研究法律,认为法律是国家制定和认可的行为规范,如果没有国家立法机关的制定和认可,就没有法律规范。这实际上是站在立法者的立场、从完善法律规范的角度研究法律。这种研究忽略了法律向判决的转换过程,忽略了法律与其他社会现象的联系”②。

司法中心主义研究范式的实质乃是着眼于司法者的立场,关注的领域是成文法律是如何转化成为司法判决。③ 从研究的内容来看,研究者关注法官的活动;关注成文法向判决转换的过程与方法。法律研究不再仅是关于“法律的思考”,而是“依据法律的思考”。注意分析在个案中正义与法律、法律与社会、法官与法律、正义与社会的关系等;从研究方法来看,注重如何把普适性的规范与个案结合,达到构造裁判规范的目的;从研究目的来看,研究成果不是为了完善立法,主要是为解决“法律问题”和“事实纠纷”寻求方法或答案,即主要是为法律能够应用提供理论指南。④ 这是因为,“在现代法律科学中,最重要的推进也许就是从以分析性态度转向以功能性态度对待法律”⑤。“着重点已经从戒律的内容转向实践中戒律的效力,从救济是否存在为实现该戒律的设计目的而设立的救济能否获得以及是否有效。”⑥随着“我国改革开放法治建设已经走过了30年,立法中心主义正在悄无声息地慢慢向司法中心主义过渡”⑦,法学研究者的立场是否也应该开始附随转向?我们是否需要从立法中心主义研究范式向司法中

① 喻中:《从立法中心主义转向司法中心主义?——关于几种“中心主义”研究范式的反思、延伸与比较》,载《法商研究》2008年第1期。

② 陈金钊:《法学的特点与研究的转向》,载《求是学刊》2003年第2期。

③ 参见喻中:《从立法中心主义转向司法中心主义?——关于几种“中心主义”研究范式的反思、延伸与比较》,载《法商研究》2008年第1期。

④ 参见陈金钊:《法学的特点与研究的转向》,载《求是学刊》2003年第2期。

⑤ [美]本杰明·卡多佐:《司法过程的性质》,苏力译,商务印书馆1998年版,第44页。

⑥ [美]本杰明·卡多佐:《司法过程的性质》,苏力译,商务印书馆1998年版,第44页。

⑦ 赵秉志、张心向:《法官角色视野下的裁判理性——以2005“中国法官十杰”先进事迹介绍为分析范本》,载《法律科学(西北政法大学学报)》2009年第5期。

心主义研究范式转变，或者是否应该开始重视司法中心主义范式的研究？

(二)刑法规范研究路径是否应该多条并行

受规范分析主义法学的影响，长期以来，我国刑法学的研究从最初注重注释法学的分野，到现在注重理论法学的分野，形成了以解释法典条文到论证法律原理为主要知识形态的规范刑法学研究范式。"分析主义法学的核心就是对法律进行一种实证的分析，或者说，对一个国家制定法的客观分析。"[①]分析中心主义研究范式"注重于现实法律规则或规范本身的研究，即注重对概念、原则的明确性和条理化、系统化的研究"[②]，走的是与立法中心主义研究范式相契合的静态研究法规范的路径。当下我国社会变迁及社会转型所引起的社会巨变，标志着我国正在进入"风险社会"，因社会发展进程呈现出的跳跃性、风险性和不可预测性而导致的司法裁判中的无所适从感及不稳定感从来没有像今天这样表现得如此明显，[③]社会变动不居的特征被深深地烙印在规范实践的过程当中。在我们不可能以大量的废、改、立，让社会变迁的符号更多地融入法律规范内容中去的时候，尝试走与司法中心主义研究范式相契合的动态研究法规范的路径，让社会变迁及社会转型的脉动在司法裁判的过程中彰显跳跃，在降低制度成本的同时，又能提升司法水准，能否成为我们刑法规范研究的一种理性选择，值得深思。

(三)刑法规范研究内容是否应该关联社会

刑法规范是刑事法律科学的核心概念，但对其研究并未引起学者们足够的重视。[④] 并且，其研究大多局限于概念解读的范畴。[⑤] 一是侧重明晰刑法规范

---

① 吕世伦主编：《现代西方法学流派》(上卷)，中国大百科全书出版社2000年版，第143页。

② 何勤华主编：《西方法学流派撮要》，中国政法大学出版社2003年版，第75页。

③ 参见赵秉志、张心向：《刑事裁判不确定性现象解读——对"许霆案"的重新解读》，载《法学》2008年第8期。

④ 翻遍手边的刑法教科书，一个值得注意的现象就是，几乎所有的刑法教科书都未设有"刑法规范"相关问题的专门论述，从而不禁令人产生了一个怀疑，"刑法规范"是不是刑法教义学应该研究的问题。就我国当前学界的情况而言，有关"刑法规范"问题研究的专著，也是凤毛麟角，也许是本人的涉猎疏漏，目前仅读两本，一本是刘志远博士2003年由中国方正出版社出版的《二重性视角下的刑法规范》一书，另一本是杨凯博士2004年由法律出版社出版的《刑法规范的结构与配置》一书；有关"刑法规范"问题研究的论文，也相对少见。截至2010年8月1日，以检索项"题名"、检索词"刑法规范"在中国知网的搜索结果是，论文共计160篇，而真正以"刑法规范"为研究对象的论文，应该不足50篇。

⑤ 据黄明儒教授在其《也论刑法规范的概念》一文中统计，中国学者结合少数日本学者，有关刑法规范概念的观点有七种之多，分别是行为规范论、社会规范论、罪刑规范论、刑罚规范包含论、二重规范论、三重规范论、多层次定义论。参见黄明儒：《也论刑法规范的概念》，载《佛山科学技术学院学报(社会科学版)》2008年第5期。

与其他相关规范的逻辑关系,规范—社会(或行为)规范—法律规范—刑法规范,构成了研究刑法规范的基本逻辑脉络;二是注重对刑法规范概念本质属性的分析,忽略了对刑法规范社会现象特征的描述。刑法规范的研究被“文本化”、被“静态化”了。

“裁判中的刑法规范”研究,关注的是刑法规范的社会运作现象,是对刑法规范研究被“文本化”、被“静态化”的超越。刑法裁判规范作为刑法文本规范的实践再加工产品——一种特殊的刑法规范,是在被事实解构的规范与被规范结构的事实互动中生成的刑法规范;在制定法法源与非制定法法源的对垒博弈中生成的刑法规范;在裁判普适性与裁判个别化的往返流转中生成的刑法规范。刑法规范的这种实践性品格,在“文本化”“静态化”的研究范式中,被我们在不经意间忽略了。研究刑法规范的实践品性,实际上是对存在的捡拾,是一种由于“回过头来反思到出发点”,而“朝向了事物本身”,从而发现了曾经被我们“悬置”了的东西。这由此给我们带来了一系列亟待解决的问题,如“裁判中的刑法规范”与“文本中的刑法规范”的关系如何?“裁判中的刑法规范”是如何建构生成的?其合理性何在?“裁判中的刑法规范”以类似“暗度陈仓”的做法,取代“文本中的刑法规范”,作为刑事司法裁判的大前提,是否有悖现代刑事法治理念?要回答解释这些问题,刑法规范研究的内容何以可能拒绝得了社会“深情”的关注。

“在当代以及任何其他的时代,法的发展重心既不在于立法、也不在于法学或司法判决,而在于社会本身。”①

① [奥]欧根·埃利希:《法社会学原理》,舒国滢译,中国大百科全书出版社2009年版,“作者序”。

案件事实对法律规范之建构探微

——以刑法规范为分析视角*

目　次

案件事实对法律规范的建构，是一种法律运作实践现象。由于法律运作的某种实践图式，既具有生成的自发性，又是事先被设定好了的，加入了这一实践就意味着对这种实

---

* 原载赵秉志主编：《刑法论丛》第14卷，法律出版社2008年版，第148～182页。

践逻辑的遵循。法律运作的实践过程是规范与事实之间不断地互相建构才得以进行的。这是因为所有的法律实践问题不外乎是“法律事实与法律规范”两大范畴(围绕事实与规范展开),而事实与规范又不能截然分开,没有规范的法律实践与没有事实的法律实践同样是不可想象的。事实问题是法律推理的小前提和进行裁判活动的基础和逻辑起点,是法官等法律职业者在处理具体个案时首先要去面对、发现、建构、认定、判断以及认识其法律属性的问题。规范问题是法律事实被建构后,为进行法律推理所必须要寻找、发现、创造的大前提,是进行裁判活动的依据。① 从事实视角观察法律问题,会发现原本看似系统完美的法条与规范,往往难以完全有效调控多变的生活事实;从规范视角观察事实问题,会发现实际生活中发生的事实是如此地杂乱无序,如果不进行梳理,有效的规范调控就无从下手,这表明规范与事实之间存在内在张力,需要外在调适。“普遍性或潜在的普遍性是许多法律语言的重要特征,它意味着法律是否能运用于特殊事实的重要元素。每一事实的情形是独特的,所以不可避免地存在着法律普遍性与特别事实的紧张。”②由于“每一个具体案件的判决都是抽象的法律规则在具体事实中的‘适用’”③,因而,只有把普遍的规范与特殊的事实有机地连接在一起,法律的实践才得以进行,而这就需要规范和事实之间的协商与互动。所以,处在实践过程中的法律规范,显然已不是单纯的法律规范,而是被案件事实不断建构着的法律规范。正是由于不同的案件事实对法律规范的持续性建构,法律的生命才得以存续、延绵。

一、规范之特点

(一)语词特点

罪刑法定原则下的刑法规范应该是明确的,然而刑法文本规范在遭遇具体案件事实时充满了不确定性,却是无法回避的客观现实。这是因为,刑法规范所设定的犯罪构成要件是由精练而非简单的语词组成,每一个构成要件所描述

① 参见杨建军:《法律事实与法律方法》,载《山东大学学报(哲学社会科学版)》2005 年第 5 期。

② John H. Farrar & Anthory M. Dugdale, *Introduction to Legal Method*, Sweet & Maxwell, 1984, p. 73. 中文文献,参见杨建军:《法律事实与法律方法》,载《山东大学学报(哲学社会科学版)》2005 年第 5 期。

③ [德]马克斯·韦伯:《论经济与社会中的法律》,张乃根译,中国大百科全书出版社 1998 年版,第 25 页。

的都是一个不法的类型,其中囊括着千变万化但不离其宗的案件事实。然而,刑法语词在表述其特有的构成要件时,一方面,是以日常用语为基础的,日常语言具有多义性,在保证了语言的动态性以及涵盖的多面性的同时,也使其缺乏精确性,因此隐藏了一种危险,它容易将事物模糊化,或者说伪造。[①] 这显然对于凝结了人类价值与智慧结晶的法律是一种束缚。刑法规范采纳了大量的日常用语,因此也就继承了日常用语的不准确性、多义性以及开放性的特征。刑法采纳非单义性日常用语的根源,在于语词和刑法规范的功能本身。正如再美丽的诗篇也是用语词凝结的一样,再完美的法律意义也只能在语词中建构。刑法通过自己的语词传递正义价值、告知国民国家刑罚权与国民自由广泛的界限。因此,刑法必须能够让一般国民可以预测。对于一般国民来说,一部具备可预测性的刑法离不开日常的语词。另一方面,基于刑事立法的规范性要求,刑法语词又不能完全等同于日常用语,在很多情况下,必须把日常用语转换成刑法规范语言。由于表达刑法构成要件语词的意义取决于其在描述不法类型和实现规范目的的意义脉络中所扮演的角色,因此,当日常用语演变为构成要件的语词时,其内涵与外延就会根据具体的规范目的和整个刑法的意义脉络要求,作出相应的调整和限制。一是构成要件语词比日常生活用语的外延狭窄。例如,日常用语中的"黑社会性质的组织"比《刑法》第 294 条第 1 款中的"黑社会性质的组织"的外延要宽泛很多。二是构成要件语词比日常生活用语的外延要宽泛。例如"拐卖"一词,在日常用语中仅指拐骗、贩卖。但在刑法中,根据《刑法》第 240 条的规定,"拐卖"的意义除了拐骗、贩卖外,还包括以出卖为目的的绑架、收买、接受、中转行为。三是构成要件语词与日常生活用语的表述相同,但内涵可能完全不一样。构成要件的同一语词不同于日常用语内涵的根据仍然在于其在不法类型描述中的意义。如我国《刑法》第 114 条与第 115 条规定的以危险方法危害公共安全犯罪的"危险方法",首先是指放火、决水、爆炸、投放危险物质四种法定的危险方法,其次是指虽然法律并未明确规定,但在司法习惯上已经约定俗成的除上述四种法定危险方法之外,在危害性质上与其相当的其他危险方法。与日常语言中"危险方法"的内涵完全不同,当然外延也有很大区别。

---

① 参见[德]考夫曼:《法律哲学》,刘幸义等译,法律出版社 2004 年版,第 177 页。

（二）概念特点

刑法概念是通过语词表达的，语词是刑法规范的外在表现形式，而人类语词本身具有先天的局限性，这不仅表现在语词的具体含义取决于其使用的具体语境，它是语境的一种功能；[①]而且表现在任何语词包括法律语词本身都不是精密的表意工具。博登海默指出，由于法律概念是人类语言的产物而非自然客体的产物，然而我们语言的丰富程度和精妙程度还不足以反映自然现象在种类上的无限性、自然要素的组合与变化以及一个事物向另一个事物的逐渐演变过程，而这些演变则具有如我们所理解的那种客观现实的特性。也就是说，无论我们的词汇是多么详尽完善、多么具有识别力，现实中始终有一些为严格和明确的语言分类所无能为力的细微差异与不规则情形。[②] 英国学者哈特进一步指出：语言具有空缺结构（open texture）的特征，每一个字、词组和命题在其核心范围内具有明确无疑的意思，但随着由核心向边缘的扩展，语言会变得越来越不确定，在一些边缘地带，语言则根本是不确定的。换言之，任何词汇的含义都可粗略分为两部分，一是主要的、稳定的核心含义，二是相对模糊的边缘含义。例如“车”的典型的、清晰的中心含义是自行推动的、能够载人并在路上开动的交通工具，但是玩具车、自行车甚至用作广告道具的汽车是否属于车的概念则不是很清楚。[③] 基于此，哈特认为：“任何规则无论怎样加以精确描述，总会遇到关于某些情况是否属于其规定范围的问题。”[④]在法律语言不确定的地方，对法律条文的解释和适用也不存在绝对或唯一正确的答案，解释者或法官拥有自由裁量权，需要在多种可能的解释和推理结论中作出选择，甚至可以扮演创建新规范的角色。[⑤] 波斯纳认为，法律文本存在“内部含糊”和“外部含糊”：前者是指

① 参见张志铭：《法律解释操作分析》，中国政法大学出版社1999年版，第128页。

② 参见［美］E. 博登海默：《法理学：法律哲学与法律方法》，邓正来译，中国政法大学出版社1999年版，第486页。

③ 参见［英］哈特：《法律的概念》，张文显、郑成良等译，中国大百科全书出版社1996年版，第124～128页。

④ ［英］H. L. A. 哈特：《法律推理问题》，刘星译，载《法学译丛》1991年第5期。

⑤ 哈特认为：“有时，对于一种表达方式来说，明确的标准情况或范例与那些成问题的情况相比，两者间的差别仅仅是程度不同而已。”为此，他举了一个形象而有趣的例子：一位男士，其头亮而光，他显然属于秃头之列；另一位头发蓬乱，则他显然不是秃头；但问题在于第三个人只是在头顶的周边有些稀稀拉拉的头发，如果他是否算秃头被认为是重要的或者有任何实际结果取决于此的话，那么这个问题就可能无限期地争论下去。参见［英］哈特：《法律的概念》，张文显、郑成良等译，中国大百科全书出版社1996年版，第124页以下。

由于法律用语本身的歧义、模糊、评价特性等而产生的模糊;后者是指由于语境因素的变化而使原本清楚的法律用语变得模糊。[①] 苏力教授认为,语言的意义是人赋予的,语义会发生流变,既有"历时性流变",即同一语词在一个历史时期中被普遍认可的意义在另一个时期会消失或变更,也有"共时性流变",即同一社会中的不同语言共同体对同一语词有时会有不同的理解,从而难以确定语词的"平义"或普通含义。[②] 当然,在有些情况下,立法者如认为有必要,完全可能通过艰苦的努力、缜密的思考、冗长的定义,在许多对他们可能的理解中选择一种以定义规范的形式确定其为立法者所理解的含义,并使之具有法律的约束力,也就是说,使刑法规范具有明确性。但立法者没有这样做,这样做在技术上是困难的[③],因为"当人们着手使某一术语更加精确时,结果发现,他用来消除所论及的模糊性的那个术语本身又是模糊的,因此,消除一个既定术语的模糊性,这是一个不切实际的目标,我们所希望做到的,至多是渐渐地接近于消除模糊性"[④]。从根本上讲,法律话语没有绝对的确定的意义与永恒的客观有效性。一言以蔽之,语词本身的模糊性决定了法律概念模糊的必然性,进而导致了由一组法律概念按照特定的逻辑结构创制的法律规范的不确定性。

另外,通过语词表达的一定的刑法概念总是为刑法具体构成要件的目的服务的。刑法语词的意义离不开构成要件的具体目的、规范的语境以及整个意义脉络。不同的构成要件之间即使使用了同一个刑法术语,其意义未必是相同的。这是因为:一是刑法语词本身的局限性。刑法用语既要精炼,又要表意,对于类似性质或同性质的行为可能在立法上使用同一用语。但即使是同一语词,运用在同一部刑法中,其语意也可能会有所不同。如《刑法》分则中涉及"暴力"一词的条款就有很多,含义却不尽相同。二是同一个刑法语词在构成要件

---

① 内部含糊的例子:一个法律禁止进口植物果实,不禁止进口蔬菜,有人进口番茄,于是发生了番茄是植物果实还是蔬菜的问题。(Nix v. Hedden,149U. S. 304 (1893) 外部含糊的例子:美国宪法规定,国会有权建立陆军和海军,而没有提空军,但法律实践中都把这一条款理解为有权建立包括空军和其他必需的武装力量;美国《宪法第一修正案》中的"新闻界"一词原来仅指报业,后来出现了广播、电台,其外延也随之扩大。这些变化都不是法律用语本身发生了变化,而是人们对这些用语的理解发生了变化。参见[美]波斯纳:《法理学问题》,苏力译,中国政法大学出版社 1994 年版,第 344 页以下。

② 参见苏力:《解释的难题:对几种法律文本解释方法的追问》,载《中国社会科学》1997 年第 4 期。

③ 参见徐国栋:《民法基本原则解释——成文法局限性之克服》,中国政法大学出版社 1992 年版,第 24 页。

④ [美]威廉·阿尔斯顿:《语言哲学》,牟博、刘鸿辉译,生活·读书·新知三联书店 1988 年版,第 206 页。

中反映的可能只是行为社会危害性的一部分。在不同的构成要件中,除了相同的刑法语词外,还有其他的构成要素。所有的构成要素的有机结合方可能完整地反映行为的危害程度。所以,有时相同的刑法语词在不同的语境中,反映的行为的社会危害性的程度是不一样的。例如,在盗窃罪、诈骗罪、敲诈勒索罪、故意毁坏财物罪中,《刑法》都规定了"数额较大"是成立犯罪的起点,但由于《刑法》除了规定"数额较大"这一构成要素外,还规定了成立犯罪的其他条件。只有在不同的语境中,才能确定"数额较大"的具体内涵。这无形中又加重了刑法规范的不确定程度。

(三)犯罪构成要件特点

我国刑法中的犯罪构成理论,是主客观相统一的犯罪构成理论,刑法规范对犯罪构成要件的设定就有主客观要件之分。某一行为如果构成犯罪,必须在主客观方面同时符合具体构成要件的规定;反过来说,如果某一行为在主客观方面都符合构成要件的规定,行为即成立犯罪。因此,我国刑法规范中的构成要件明显具有以下几个特点:

第一,我国刑法规范的构成要件,实际是具体犯罪行为的格式类型化。根据我国犯罪构成理论,在判断行为是否成立犯罪时,并不是先评价行为在形式上是否符合构成要件,然后再评价该构成要件的行为是否具有实质的违法性,最后再从责任的层面考虑行为人主观上是否具有故意、过失以及是否具有期待可能性。根据我国刑法的规定,行为符合构成要件是行为成立犯罪的唯一基础和全部条件。因此,我国刑法规范中的构成要件实际上是犯罪类型的一种界定模式,重在指引人们在对个案案件事实进行构成要件的符合性判断时,不仅要注意客观的行为与结果,而且还应该重视行为的实质违法性以及行为人的主观方面,也就是我们平时所倡导的主客观相统一。同时,我国刑法规范中的构成要件还包含实质违法性的内容,而非仅指行为在形式上符合构成要件的规定,即行为之所以成立犯罪并让行为人因此承担刑事责任,并不仅仅在于行为在形式上满足构成要件的规定,还在于行为具有相当的社会危害性,且达到了应受刑事处罚的程度。

第二,构成要件是一个规范意义上的概念事实,而不是具体案件的案件事实。刑法规范是通过规定犯罪构成要件来对案件事实作法律类型化。构成要件是一个规范意义上的概念,而不是具体的事实。因此,行为构成犯罪的评价标准是刑法规定的构成要件,而不是具体的案件事实,即使是以前案例中曾经出现过的典型事实。尽管构成要件是"一种将社会生活中出现的事实加以类型化的观念形象,并且将其抽象为法律上的概念"①,但已经对事实加以类型化了的构成要件与具体事实本身是内涵完全不同的两个层面。尽管构成要件是案件事实的类型化,也尽管典型的案件事实可以涵摄于构成要件之下,但类型理论表明,具有相同本质的事物都可以划归为一个类型。过去发生的典型案件并不一定排斥今天发生的不典型的案件。并且,即使是过去发生的典型案件,也不过是较为明显地体现了规范的目的和构成要件的特征而已,其未必就是规范目的和构成要件的完整体现。因此,行为是否成立犯罪,关键还是应该看今天所发生的案件能否为已经对以前具体事实类型化了的构成要件所涵括。

第三,规范意义上的构成要件所涵摄的具体案件事实特征只有经过合理寻找,才能适用于具体个案。作为犯罪事实类型化了的构成要件,其在形式上未免是抽象的,再加上构成要件本身所蕴涵的规范性因素、语言功能的限制,以及刑法的内在和谐与目的,使构成要件的内涵并不是一眼就可以透视的。具体个案证明存在的案件事实与具体各罪构成要件的规范案件事实之间是否符合,既需要用规范要件事实对个案案件事实进行筛选,使"事实"完成从生活事实到程序意义上的证明事实、再到构成要件意义上的法律事实的转变,也需要使法律规范事实进入个案案件事实,去获得色彩和生命。因此,寻找(包括发现和创造)个案适用的刑法规范的过程,实际上就是案件事实对刑法规范的实践建构过程。

二、建构之路径

(一)规范之发现

如何发现适用个案裁判的法律规范?在现代法律方法论的集大成者、德国著名法哲学家考夫曼的法律发现理论诞生之前,无论是概念法学派还是自由法学派,它们都将法律发现看作是,可以没有个案事实参与其中的、单纯对法律规范本身意义进行理解的过程,是一个封闭进行的过程。考夫曼以对哲学诠释学

---

① [日]小野清一郎:《犯罪构成要件理论》,王泰译,中国人民公安大学出版社2004年版,第11页。

的透彻把握为前提,对法律发现过程的真相作了深刻理解。他认为法律发现过程“一方面针对规范调适生活事实,另一方面针对生活事实调适规范”①。

在成文法规范向个案裁判规范的转化中,不能回避的是事实必然参与其中。并且,恰恰是事实才能赋予规范以意义。个案裁判规范发现的过程是一种使生活事实与规范相互对应的过程,是一种调适、同化的过程。这一过程从两方面进行:一方面,生活事实必须与规范产生关系,必须符合规范,即将具体拟判决的案件与法律规范的构成要件加以比较,用规范对案件事实进行筛选,使“事实”完成从生活事实到证明事实、再到法律事实的转变。在这一过程中,规范是实现这种转变的前提。另一方面,规范也必须与生活事实进入一种关系,必须符合事实,也就是以事实为出发点,对规范进行解释,以探求规范的法律意义。②

因此,法官发现法律是一种定格在法律与个案的互动关系中,为个案判决寻求正当性、合法性的活动。“大部分的法律都是经过不断的司法裁判过程才具体化,才获得最清晰的形象,然后才适用于个案,许多法条事实上是藉裁判才成为现行法的一部分。”③法律的发现过程是一种在事实中对规范再认识以及在规范中对事实再认识的过程。这个过程被称为规范与事实“等置”的过程。④其实质上表现为一种互动的复杂结构。这种结构包括创造性的、辩证的或许还有动议性的因素,任何情况下都不会仅只有形式逻辑的因素,法官从来都不是仅依据法律引出其裁判,而是始终以一种确定的先入之见,即由传统和情境确定的成见来形成其判断。不仅抽象的法律理念不是现实意义中的法,而且已被普遍化、具体化制定出来、被形式化表达出来的制定法也不是现实意义中的法,二者相对于法律判决而言都只是法的可能性。具体的、真实的法只能从具体的生活关系中得出。也就是说,只有在规范与具体的生活事实、当为与存在相互对应、交互作用时,才能产生具体、真实的“法”。因而,发现法律的过程,就是需作出判断的法律职业者的视界在生活事实和法规范之间流转的过程。在这一

---

① [德]亚图·考夫曼:《类推与「事物本质」——兼论类型理论》,吴从周译,台北,学林文化事业有限公司1999年版,第91页。

② 参见[德]亚图·考夫曼:《类推与「事物本质」——兼论类型理论》,吴从周译,台北,学林文化事业有限公司1999年版,第11页。

③ [德]卡尔·拉伦茨:《法学方法论》,陈爱娥译,商务印书馆2003年版,第20页。

④ 参见[德]亚图·考夫曼:《类推与「事物本质」——兼论类型理论》,吴从周译,台北,学林文化事业有限公司1999年版,第11页。

过程中,随着生活事实的逐渐确定和法规范意义的明确,最初感知的事实被不断修正,初步发现的法规范也可能因被证明不适用于当下案件的处理而被其他的规范代替,法律发现的过程就是一个不断试错的过程。所谓"法律发现"活动,"发现"的是与特定案件事实相关的正当的"个案裁判规范",这才是具体的、真实的"法"。

刑事案件裁决过程中刑法规范的发现活动,一般是通过规范识别完成的。所谓刑法规范识别,是指在现行刑法规范就涉及具体案件事实有规定的情况下,当法官面对要解决的案件时,从现行法规范的体系中找出相关的法律规范,即关联法条,或者当一个案件存在两个或两个以上的规范可能被适用的情形时,在其中选择关联度最密切的法条的活动,目的在于为妥当地解决纠纷、处理案件寻找和选择最为合适的规范。

在以成文的制定法为主要法律渊源的国家,相对于具体个案而言,刑法规范是预设的,刑法各罪规定的构成要件事实是一个规范意义上的概念事实,而不是具体案件的案件事实。刑事案件裁决过程的刑法发现活动,往往是从基于案件事实寻找相对应的刑法规范开始的,当然这一过程是逐步进行的,具体而言:

首先是关联法条的识别。关联法条是指那些与待判决的个案事实在定罪及量刑方面联系最紧密的一个或几个法条。

定罪方面关联法条的识别活动主要是将被转化成案件法律事实的格式化事实与相关法条规定的犯罪构成要件事实进行比对,使刑法规范中的犯罪构成要件事实与个案事实之间彼此对应,找出与本案事实联系最紧密的法条。以李某贵故意伤害案[①]为例来说明。

该案的基本案情是:1998 年 2 月 1 日晚 10 时许,被告人李某贵的胞兄李某军在本组村民郭某某家中喝酒时,因故与村民温某某发生口角,被温某某打了一拳。李某军便回家叫来李某贵帮其打架。李某贵随李某军来到郭某某家后,在门口捡了两块砖头,进入房间看到温某某手握一空酒瓶时,便将自己手中的一块砖向温某某扔去,砸在温某某的脸上,致温某某受轻微伤。此时,郭某某将李某贵拦住,并向其说明先前是因李某军的过错,温某某才打了李某军。李某

① 参见"李某贵故意伤害案",载最高人民法院公报网,http://gongbao. court. gov. cn/Details/437d1b59d613 0c3156379e3b27731c. html,最后访问时间:2024 年 8 月 28 日。

贵听后,便斥责李某军:“都是你的错,你还不赶快回家。”此时李某军已醉酒,不听劝说,仍与人争吵。李某贵便将手中的另一块砖向李某军扔去,打在李某军头上。之后,李某贵等人即搀扶着李某军回家休息。次日晨7时许,发现李某军已经死于家中。法医鉴定,李某军因受钝器作用,致急性硬脑膜下血肿,引起呼吸衰竭而死亡。上述事实,有物证、证人证言、法医鉴定意见及被告人李某贵的供述与辩解证实。另外,被告人李某贵所在村的村民委员会致函司法机关,反映李某贵过去一直表现良好。李某贵被逮捕后,其父因心脏病发作而死亡,家中只剩下一个心智发育不全的母亲和一个正在读书的未成年弟弟,生活确有困难,建议对李某贵从宽处罚。

该案的法律事实是:①定罪事实方面。行为客体:李某军的生命权。客观方面。由于李某军不听李某贵劝说,仍与人争吵。李某贵便将手中的另一块砖向李某军扔去,打在李某军头上。之后,李某贵等人即搀扶着李某军回家休息。未再发生其他打击行为。次日晨7时许,发现李某军已经死于家中。法医鉴定,李某军因受钝器作用,致急性硬脑膜下血肿,引起呼吸衰竭而死亡。李某贵的打击行为与李某军的死亡结果之间具有因果关系。行为主体:李某贵,男,成年人,精神正常。主观方面:由于李某军不听李某贵劝说,仍与人争吵。李某贵便将手中的另一块砖向李某军扔去,打在李某军头上。之后,李某贵等人即搀扶着李某军回家休息。次日晨7时许,发现李某军已经死于家中。故推定其在主观上,打击李某军的行为是故意的,但不希望李某军死亡。②量刑事实方面。被告人李某贵所在村的村民委员会致函司法机关,反映李某贵过去一直表现良好。李某贵被逮捕后,其父因心脏病发作而死亡,家中只剩下一个心智发育不全的母亲和一个正在读书的未成年弟弟,生活确有困难,建议对李某贵从宽处罚。

通过与该案事实进行比对,笔者发现现行刑法规范中在定罪方面与该案事实联系最紧密的法条共有5条,即《刑法》第14条、第15条、第232条、第233条、第234条。前述5条法条共涉及三个罪名,分别是故意杀人罪、过失致人死亡罪及故意伤害罪,而李某贵的行为显然只能符合其中一个罪名,哪个罪名最为恰当,则取决于刑法就该罪所设定的犯罪构成要件事实与本案的法律事实之间关联度的强弱。在同样具有关联关系的情况下,关联度最强的法条,应该就是适用最恰当的法条。

通过与该案事实进行比对,笔者发现现行刑法规范中在量刑方面与该案事实联系最紧密的法条，除上述与定罪相关的《刑法》第232条、第233条及第234条外，还有《刑法》第63条、第72条。

其次是关联法条与待判决的个案事实之间的关联度的强弱的识别。关联度强弱的识别主要涉及定罪事实。关联法条与待判决的个案事实之间的关联度的强弱的识别，主要是通过在关联法条所设定的犯罪构成要件事实与待判决的个案事实之间进行交互比对，以识别出哪个法条中的犯罪构成要件事实与待判决的个案事实是最相类似的方法进行的，仍以李某贵故意伤害案为例来说明。

将该案的法律事实与《刑法》第232条、第233条及第234条所分别涉及的故意杀人罪、过失致人死亡罪及故意伤害罪规定的犯罪构成要件事实分别进行比对，就会发现在上述的三个关联法条中，《刑法》第234条所规定的故意伤害罪的犯罪构成要件事实与本案事实之间最相类似。这是因为，被告人李某贵得知其兄李某军酒后滋事，便斥责李某军并让其回家。由于李某军不回，李某贵在气愤之下将手中砖块向李某军掷去，致李某军头部受伤，回家后不久死亡。虽然致李某军死亡的后果不是李某贵希望发生的，但是这种有目标的伤害行为，显然是故意行为。李某贵在持砖掷向李某军之前，对这种行为会发生伤害李某军的后果，应当是明知的。由于其在气愤之中，便对伤害后果的发生采取了放任的态度。故其主观上有伤害李某军的故意。本案被告人李某贵在掷砖时，应当预见可能会发生致李某军死亡的危害结果，由于其在气愤之中而对此结果的发生没有预见。也就是说，李某军因受伤害死亡之结果，肯定不在被告人李某贵的意料之中，故其对李某军死亡的结果具有疏忽大意的过失心理态度。这是该案事实既不同于《刑法》第232条故意杀人罪的犯罪构成要件事实，也不同于《刑法》第233条过失致人死亡罪的犯罪构成要件事实的关键之所在。相较之下，该案事实比较符合《刑法》第234条所规定的故意伤害罪的犯罪构成要件事实，亦即该案事实与《刑法》第234条所规定的故意伤害罪的犯罪构成要件事实之间的关联度最强，因此，对李某贵适用《刑法》第234条以故意伤害（致人死亡）罪定罪应该是比较妥当的。鉴于李某贵犯罪后能如实供述自己的犯罪事实，认罪态度好，根据本案的特殊情况，该案被害人在案件起因上有一定过错，李某贵是在劝阻被害人停止酒后滋事而遭被害人拒绝的情况下作案，故意伤害的手段、情节一般，主观上对伤害结果所持的放任态度情节轻微，且犯罪后真诚悔罪，综观其犯罪的主观恶性和社会危害性，符合《刑法》第63条第2款规定的“特殊情况”。李某贵不具有法定减轻处罚情节,法院对其适用《刑法》第63条第2款的规定在法定刑以下判刑并且适用缓刑。

最后是与待判决的个案事实存在关联关系的各关联法条之间冲突情况下的法条识别。“很多法条的构成要件彼此会全部或部分重合,因此,同一案件事实可以被多数法条指涉。”①这就造成与待判决的个案事实存在关联关系的各关联法条之间在适用方面有可能产生冲突,这种冲突一方面可能是由待判决的个案事实引起的,如个案事实属于想象竞合犯、牵连犯或吸收犯情形,涉及相关联的法条一般会有若干条,除对于法律有明文规定的,依法律规定处理,不存在选择适用问题外,对于法律没有明文规定的,只能选择适用其中的一条,这就存在着如何在这些与个案事实存在关联关系的若干法条中识别其中一条的问题。另一方面也可能是由刑法规范的规定引起,如法条竞合的情形。与待判决的个案事实存在关联关系的法条,由于与其他法条之间存在竞合关系,而使个案事实与这些与原关联法条有竞合关系的法条之间也产生了关联关系。由于也只能选择适用其中的一条,这也就导致了如何在这些与个案事实存在关联关系的若干法条中识别其中一条的问题。这种各关联法条之间存在冲突情况下的法条识别,一般遵循刑法适用规则,对于第一种情形,一般采取重法条优于轻法条的适用原则,选择适用重法条;对于第二种情形,可依据不同情况,分别采用特别法条优于普通法条或重法条优于轻法条的适用原则,选择适用特别法条或重法条。

(二)规范之创造

关于是否认可案件裁决过程中的法律创造,美国法学家庞德认为:“这既是因为人们认为法学家和法官只能发现法律而不能创造法律,也是因为基于社会利益保障。稳定性和可预测性要求使法官或法学家适用法律时,要根据众所周知的技巧,根据现有的前提进行推理;第二个因素是努力使法律表达人们向往的永恒不变的理想。”②但美国大法官卡多佐对此研究的结论似乎是创造性的。“随着岁月的流逝,随着我越来越多地反思司法过程的性质,我已经变得甘心于这种不确定性了,因为我已经渐渐理解它是不可避免的。我已经渐渐懂得:司

---

① [德]卡尔·拉伦茨:《法学方法论》,陈爱娥译,商务印书馆2003年版,第146页。
② [美]罗斯科·庞德:《普通法的精神》,唐前宏等译,法律出版社2001年版,第8页。

法过程的最高境界并不是发现法律，而是创造法律。”[1]当然，我们必须承认，法官造法是与人类关于法律的普适化方向相背离的，只要存在法治，就必然要求法律效力的普遍性。人类不可能回归到一事一法的个别调整阶段。但是，我们不能否认法官在司法过程中的法律创造性。这与法律发现一样，也是法官开展其司法工作的必要前提，都是寻找正当的个案裁判行动，并试图通过这一行动发现针对个案的最合理解决方式。因此，作为对刑法规范的超越的刑法规范的创造形式，都只能是特定的个案情境下的司法行为，与特定的案件事实相关，因为只有将刑法规范置于具体的案件事实之中，规范才有被创造的需要。

规范需要创造的直接原因是规范存在漏洞。正如伯恩·魏德士所言：“没有漏洞的法律秩序是不存在的。19世纪盛行的法典化思想为此伤透脑筋。长期以来，这一点已成为公认的事实：在变化迅疾的社会中不断地出现亟待解决的新的法律问题，而其中有许多都是法律没有做出规定的。”[2]卡尔·拉伦茨也认为：“把注意力集中在法实务的法学，其首要任务在于从事法律解释，但其任务不仅止于此。大家日益承认，无论如何审慎从事法律，其仍然不能对所有——属于该法律规整范围，并且需要规整的——提供答案，换言之，法律必然有漏洞。”[3]拉伦茨还分析了法律漏洞，“就特定类型事件，法律欠缺——依其目的本应包含之——适用规则时，即有‘开放的’漏洞存在。就此类事件，法律虽然含有得以适用的规则，惟该规则——在评价上并未虑及此类事件的性质，因此，依其意义及目的而言——对此类事件并不适宜，于此即有‘隐藏的’漏洞存在”[4]。面对法律漏洞，法官的任务就是设法去补上漏洞。由于漏洞补充是在法律规则出现空白时才使用的法律方法。按法治理论的要求，司法权对法官来说是一种被动的判断权，而对公民来说则是当权利受损害后的一种具体救济权力。公民只要表达了请求司法救济的愿望，那么，法官就不能以法无明文规定为理由拒绝审判案件。这就出现了在法律出现空缺后法官该怎么审案的问题。从现在的法学理论来看，法官这时可以行使有限的自由裁量权，对法律进行创造性运用，即出现针对个案的法官造法。我国法治理论对法官造法的理论总体持的是一种否定的态度，但实际情况是，拥有规范性法律解释权的最高人民法

---

① ［美］本杰明·卡多佐：《司法过程的性质》，苏力译，商务印书馆2013年版，第101页。

② ［德］伯恩·魏德士：《法理学》，丁小春、吴越译，法律出版社2003年版，第353页。

③ ［德］卡尔·拉伦茨：《法学方法论》，陈爱娥译，商务印书馆2003年版，第246页。

④ ［德］卡尔·拉伦茨：《法学方法论》，陈爱娥译，商务印书馆2003年版，第250页。

院和审案法官,却不时在进行造法的活动。我们必须承认,共性的法律不可能预料到每一个具体案件的所有情况,成文法律也不可能涵盖所有类型的案件。所以,面对复杂的具体案件,成文法出现空缺结构或漏洞是非常正常的现象。法官针对个案创造性地运用法律,在一定意义上就意味着立法者所创设的法律权威的失落。借助法律漏洞理论发现的法命题,其被适用的原因不在于它是由有权立法者所制定,而在于法院认为其是"正确的"。

法官在个案审理过程中如何填补法律上的漏洞?我国学者杨仁寿先生认为,漏洞补充的方法可分为:类推适用、目的性限缩、目的性扩张、创造性补充四种方法;[①]按梁慧星先生的说法,它包括依习惯补充、类推适用、目的性扩张、目的性限缩、反对解释、比较法的补充、直接适用诚信原则和直接创设法律规范等。[②] 还有的学者认为,法律漏洞填补的方法一般会与对"漏洞"的认识与分类相关,因法律漏洞的种类有所不同,司法实务对法律漏洞进行填补的方法,大体可以采取依习惯补充、依法理补充、类推适用、创造性补充、依政策五种方法。[③]笔者认为,法律漏洞的实际情形不同,漏洞补充的方法也会有所不同。依据拉伦茨关于法律漏洞的类型之划分,"开放的漏洞"一般为立法者"无意的沉默","隐藏的漏洞"则有"有意的沉默"之嫌。与此相适应的法律创造过程与手段也会有所差别,对"开放的漏洞"的填补更多的是靠类推适用完成,而对"隐藏的漏洞"的填补则主要靠价值补充才能完成。当然这也与刑法规范自身固有的特点有关。犯罪构成要件对案件事实进行类型化的过程中存在疏漏是正常的。构成要件的规范事实与具体发生的案件事实之间无法实现正常对接而使刑法规范呈现出的疏漏,一是与构成要件的要素缺失或过于限制有关。在构成要件理论上,构成要件要素是构成要件的下位概念和组成部分。任何具体的犯罪构成要件都是客体要件、客观要件、主体要件和主观要件的有机统一。再往下分,各具体的构成要件都是由不同的要素组成。这些要素,在刑法理论上被称为构成要件要素。例如,犯罪的客观要件包括行为、结果、行为对象等客观要素;犯罪的主体要件包括年龄、辨认和控制能力、特殊的身份等主体要素;犯罪的主观要件包括故意、过失、动机、目的等主观要素。这些要素组成了犯罪构成要件的规

① 参见杨仁寿:《法学方法论》,中国政法大学出版社 1999 年版,第 98 页以下。

② 参见梁慧星:《民法解释学》,载《黄河口司法》2001 年第 3 期。

③ 参见刘治斌:《司法过程中的法律发现及其方法论析》,载《法律科学(西北政法学院学报)》2006 年第 1 期。

范事实因素,如其在设定过程中出现要素疏漏或被过于限制,就会使具体发生的案件事实与构成要件的规范事实之间不能适应,而无法对接。在这种情况下,形成拉伦茨所认为的"开放的漏洞"。二是与刑法规范本身的不完整性有关。也就是说,对于已经规定在刑法中的犯罪类型来说,欠缺对构成要件详细而无遗的记述,导致构成要件过于抽象、难以确定其意义,从而使规范事实与具体的案件事实无法实现一一对应,[①]如不纯正不作为犯罪。在这种情况下,形成了拉伦茨所认为的"隐藏的漏洞"。

1. 类推适用[②]与"开放的漏洞"填补

"类推适用,是指将法律针对某构成要件(A)或多数彼此相类的构成要件而赋予之规则,转用于法律所未规定而与前述构成要件相类的构成要件(B)。转用的基础在于:二构成要件——在与法律评价有关的重要观点上——彼此相类,因此,二者应作相同的评价。易言之,其系基于正义的要求——同类事物应作相同处理。"[③]

这是因为,由于很少发生完全相同的案件,也就很少存在完全相同的案件事实。法官在个案审理过程中,将不同的案件事实与同一个法律规范进行交互对接,是案件处理过程中的常态。即使这样,所呈现的对接状态也不会完全相同,从大类上讲,可能有法律存在漏洞和法律不存在漏洞两种情况。如果每种情况再细分,则就成了见仁见智的问题了。但有一点应该是可以肯定的,这就是在法律存在漏洞的场合,将法律规范置于不同的案件事实之中所呈现的漏洞也许会不完全相同,但一定会有相似性。这是因为每个具体案件的案件事实虽然不会完全相同,但案件事实的相似性却是经常存在且是毋庸质疑的。因此,在法律存在漏洞的情况下,尽管也许会有很多填补漏洞的方法,但类推适用或类推解释无疑是最重要的手段。

---

① 参见刘艳红:《开放的犯罪构成要件理论研究》,中国政法大学出版社 2002 年版,第 152 ~ 153 页。

② 1997 年《刑法》修订之前,我国刑法学界一般将类推、刑事类推、类推适用、司法类推等作为同一概念使用,其具体内容是指对于刑法上没有明文规定的危害行为,比照刑法上类似的条文定罪判刑的刑法制度。类推解释则被视为法律解释的一种方法,指对刑法条文未明确加以规定的某一事项,在不与该条文立法精神相违背的前提下,作超出原规定事项的解释。参见马克昌、杨春洗、吕继贵主编:《刑法学全书》,上海科学技术文献出版社 1993 年版,第 23、45 页。笔者认为,类推或类推适用、类推解释或类比推理之间尽管有所分野,但无本质区别,故笔者在具体使用这些概念时,不再加以区别。

③ [德]卡尔·拉伦茨:《法学方法论》,陈爱娥译,商务印书馆 2003 年版,第 258 页。

但是,对刑法不能进行类推适用是罪刑法定原则的最低要求,赞成禁止类推的人在大陆法系国家刑法理论界占绝对主导地位。尽管几乎在每个国家中都有相当权威的刑法学者对禁止刑法中的类推持保留态度,但类推适用在主张罪刑法定的国家至少从形式上看一般是被禁止的。

实际上,对于开放的漏洞,即法律应该规定某种类型而无意中没有规定的,通过类推适用的方法进行漏洞补充,则是一种常见的司法行为。类推实际上就是对于法律没有规定的事项,比附援引与其性质相类似之规定进行解释,这是一种单纯的推理方法——类比推理的方法,即根据两个或两个以上的事物在某些属性上相同,从而推出他们在其他属性上也相同的推理方法。[①]

类推的实质是"相同事物相同对待",因此是一种符合正义原则的思维方式,它也是人类认识事物不可缺少的方式,是人类基本的思维规律之一。因此,在刑法领域中禁止类推这种理解刑法的思维方式是根本不可能的。考夫曼则指出:"法的现实性原本是根基于一种类推,因此法律认识一直是类推性的认识。法原本即带有类推的性质。"[②]当然,每个法的适用或法律发现,依其本质而言既非纯形式的逻辑推论,亦非单纯的涵摄,而是一种类推的过程。因此,解释与类推并无任何性质上的区别或本质上的差异,只有程度上的不同而已。刑法上罪刑法定主义中的禁止类推原则,既然以法律解释与类推间有区别和界定之可能为前提,而二者间并不具有"原本性质上的区别",因此,刑法上根本或从来不曾有过严格的禁止类推,亦即禁止任何一种创设或加重刑罚的类推。[③] 可见,严格的禁止类推实际上只是纸上谈兵,[④]类推解释也是对刑法条文可能含义的解释,是发现"潜在的法"的方法。这是因为"事实上,解释与类推在逻辑上并非相互可分离的,因为解释必须以'类推'操作"[⑤]。尤其是类推解释与扩张解释在本质上是无法区别的,类推解释与扩张解释的区别也就是毫厘之差,其区别

---

① 参见王洪主编:《法律逻辑学》,中国政法大学出版社 2001 年版,第 160 页。

② [德]亚图·考夫曼:《类推与「事物本质」——兼论类型理论》,吴从周译,台北,学林文化事业有限公司 1999 年版,第 45 页。

③ 参见[德]亚图·考夫曼:《类推与「事物本质」——兼论类型理论》,吴从周译,台北,学林文化事业有限公司 1999 年版,第 12 页。

④ 参见[德]亚图·考夫曼:《类推与「事物本质」——兼论类型理论》,吴从周译,台北,学林文化事业有限公司 1999 年版,第 153 页。

⑤ [德]亚图·考夫曼:《类推与「事物本质」——兼论类型理论》,吴从周译,台北,学林文化事业有限公司 1999 年版,第 151 页。

的标准也就是想法的不同,类推解释实际上就是与之相类似的“扩张解释”。这种方法为刑法以外的所有的法律部门(包括比刑法更加重视文字,且具有更大的保障公民自由功能的宪法)所认可,如果只在刑法领域中禁止它,这就成为令人惊讶的矛盾了。[①] 由此看来,很多类推解释实际上被以扩张解释的名义掩盖了。同样的案例在日本属于扩张解释,甚至文义解释,在德国就属于类推解释。例如关于盗窃电力是否属于盗窃财物罪的争论。有时,同样的解释结论既可以以类推解释的方式得到,也可以以扩张解释的方式得到。例如,国民时期,1935年上字第1670号判例称:“烟灰含有鸦片余质,仍可吸食抵瘾,纵仅出售烟灰,亦无解于贩卖鸦片之罪责。”如果把这个解释理解为禁止贩卖鸦片是为了禁止人民吸食能使人成瘾的毒品,而贩卖烟灰能否属于贩卖鸦片,端视二者本质有无不同。经过分析,鸦片烟灰亦能“吸食抵瘾”,故贩卖鸦片与贩卖鸦片烟灰本质相同,都属于立法者拟禁止之不法类型,故亦应以贩卖鸦片罪处罚。按照考夫曼的观点,这样的解释其实就是类推解释,其解释依据是贩卖鸦片和贩卖鸦片烟灰具有相似性。对于这个解释,杨仁寿则认为,法院是将鸦片之内涵,析为“可吸食抵瘾”,遂将“刑法”及“戡乱时期肃清烟毒条例”上之“鸦片”,作扩张解释,认为亦包括“烟灰”在内。他还因此提出“进行扩张解释,必先析其文义之内涵”[②]。从这个例子可以看出:扩张解释的依据其实也是事物之间的相似性。再如,如果因为在价值方面电力和财物具有相似性,因此认为电力属于财物,那就是扩张解释,是可以接受的;如果认为盗窃电力和盗窃其他有形财物属于同一不法类型,那么使用类推解释方法,将盗窃电力认定为属于盗窃财物,也是可以接受的;如果因为电力和财物具有相似性,因此对盗窃电力的行为可以比照盗窃财物处罚,就是类推解释,是不可接受的,但其实二者的结论是一样的。所以,要讨论扩张解释与类推解释的区分,首先要解决的问题是,以什么标准来认定解释结论。如果认为应当以立法者立法当时的想法为标准来认定,那么任何扩张解释都不可能存在,而且还可能包括连某些文义所能涵盖的解释。例如,如果以立法者当时能想到的交通工具为限,那么磁悬浮列车、电动汽车肇事,就不能算是交通肇事。如果以立法者当时想到的凶器为限,那么携带SARS病毒抢夺的、

① 参见[日]木村龟二主编:《刑法学词典》,顾肖荣、郑树周等译校,上海翻译出版公司1991年版,第83页。

② 杨仁寿:《法学方法论》,中国政法大学出版社1999年版,第110~111页。

携带炭疽病菌抢夺的,都不能算是抢劫。因此,法律解释不能单纯以立法者立法时的意图为准,而只能以法律本身表现出来的含义为准,即应采取客观解释理论的观点。

类推作为人类基本的思维规律之一,在实际生活中,我们只要仔细注意,即可发现无论在实际上或理论上,类推之方法适用于人类生活的各个领域。就刑法类推适用而言,也是一种遵循人类基本思维规律来理解刑法规范应有含义的思维活动。所以,对于刑法适用,类推解释的结果一般情况下会具有相对的稳定性,且在人们的主观意料之中。但超出常规思维的类推适用情形,有时也会发生。尽管只是刑法适用中的个案,①但它确实会使人们对通过诉讼过程就某一案件事实是否能够得到相对稳定的裁判结论,并对该法律后果能否具有可预见性,不能不产生某种怀疑。这也就是使用类推适用填补规范漏洞在刑法伦理上存在的最大问题,即有可能对刑法规范的安全性带来不安,而影响刑法运作过程中裁判结论形成的确定性及可预测性。

2. 价值补充与"隐藏的漏洞"填补

我国刑法规范中的"隐藏的漏洞",与我国刑法的犯罪构成要件的设定中存在开放的构成要件有关。构成要件规定的不完整性以及由此导致的违法性征表机能失效,进一步要求法官进行价值补充判断,是开放的构成要件的本质特征。开放性的犯罪构成要件,作为一种违法类型的构成要件,其并不能通过其类型性为我们认识行为的违法性提供充分根据,在某些时候,还要求我们必须在构成要件要素之外寻找有助于违法性判断的要素,或者凭借超法规的违法阻

---

① 肖某灵以危险方法危害公共安全案。基本案情:2001 年 10 月间,被告人肖某灵通过新闻得知炭疽杆菌是一种白色粉末的病菌,国外已经发生因接触夹有炭疽杆菌的邮件而致人死亡的事件,因此,认为社会公众对收到类似的邮件会产生恐慌心理。同年 10 月 18 日,肖某灵将家中粉末状的食品干燥剂装人两个信封内,在收件人一栏上书写了"上海市政府"和"东方路 2000 号"(上海东方电视台)后,乘车至本市(上海市)闵行区莘庄镇,将上述信件分别邮寄给上海市人民政府某领导和上海东方电视台新闻中心陈某。同年 10 月 19 日、20 日,上海市人民政府信访办公室工作人员陆某等人及上海东方电视台陈某在拆阅上述夹带有白色粉末的信件后,精神上高度紧张,同时引起周围人们的恐慌。相关部门采取大量措施后,才逐渐消除了人们的恐慌心理。判决要旨:上海市第二中级人民法院对本案审理后认为,被告人肖某灵通过向政府、新闻单位投寄装有虚假炭疽杆菌信件的方式,以达到制造恐怖气氛的目的,造成公众心理恐慌,危害公共安全,其行为构成了以危险方法危害公共安全罪,公诉机关指控的罪名成立。上海市第二中级人民法院于 2001 年 12 月 18 日以(2001)沪二中刑初字第 132 号刑事判决书对肖某灵作出有罪判决,认定其行为触犯了《刑法》第 114 条的规定,构成以危险方法危害公共安全罪,判处有期徒刑 4 年。在法定上诉期间,被告人肖某灵未提起上诉。参见游伟、谢锡美:《"罪刑法定"原则如何坚守——全国首例投寄虚假炭疽恐吓邮件案定性研究》,载游伟主编:《华东刑事司法评论》第 3 卷,法律出版社 2003 年版。

却事由,或者通过特殊的违法要素,或通过被遗漏的构成要件要素,来帮助判断行为违法性之有无。① 这就要求法官必须根据一定的价值判断补充构成要件所欠缺的违法性要素,允许由法官对这些犯罪的构成要件要素进行补充,重新产生新的构成要件,以实现对犯罪的处罚。

德日刑法理论一般认为,不纯正不作为犯、过失犯,是典型的开放性构成要件。如在不纯正不作为犯中,不作为人应负的作为义务就属于立法者没能通过对构成要件要素的描述予以规定的部分,即使行为该当于构成要件,也不能表征违法性。由此,在不纯正不作为犯的情形下,法官必须积极查明不作为人的作为义务,以帮助判断行为的违法性。例如,当以不作为的方式实施杀人罪时,必须发生了侵害他人生命法益的后果,否则不构成不纯正不作为的杀人罪。但是,由于“刑法对各种之罪多依作为而规定,至于与其相当之不作为犯则不设明文,而有待于审判者个别认定”②,因此,对于不纯正不作为犯中的作为义务,如行为人是否有防止他人死亡的义务的认定,是由法官积极查明确定的。这种情形在我国刑法中也同样存在,即通过规定作为的犯罪类型事实“涵摄”不作为的犯罪类型事实,使不纯正不作为犯罪的具体案件事实与犯罪类型规范事实之间无法实现正常对接,并由此导致相应部分的刑法规范的漏洞产生。

以故意杀人罪为例。《刑法》第 232 条规定:“故意杀人的,处死刑、无期徒刑或者十年以上有期徒刑;情节较轻的,处三年以上十年以下有期徒刑。”这实际上是有关作为的故意杀人罪的规定,这一规定是从规范的角度去涵摄以作为的任何手段剥夺他人生命的案件事实。同时,这一规定还隐含着有关不作为的故意杀人罪的规定,如何从作为的故意杀人罪的规定中“解读”出不作为的故意杀人罪的构成要件事实,如果仅从该罪所设定的犯罪构成要件所规定的规范事实分析,也许能“解读”出发生了侵害他人生命法益的结果,但无法“解读”出行为人为什么会有为他人生命必须作为的义务、需要履行何种作为义务以及为什么不履行刑法规范未规定的义务会构成刑事违法。由于“刑法对各种之罪多依作为而规定,至于与其相当之不作为犯则不设明文,而有待于审判者个别认定”③,因此,对于诸如不作为的故意杀人罪的不纯正不作为犯的认定,只能是通

① 参见刘艳红:《论大陆法系违法性判断理论的缺陷及弥补》,载《法商研究(中南政法学院学报)》2001 年第 4 期。

② 韩忠谟:《刑法原理》,1981 年自版发行,第 101 页。

③ 韩忠谟:《刑法原理》,1981 年自版发行,第 101 页。

过刑法理论加以确定。这样,如何确定不纯正不作为犯的范围就成为一个重要问题,即如何将作为义务与违法性连接起来,就成了法官在处理这类案件时必须首先解决的问题。

以李某波故意杀人案①为例来说明。1993 年 3 月,刚满 20 岁的李某波和女青年项某临相识并相恋,不久项某临就怀孕。同年 6 月,李某波提出要跟项某临分手并要项某临去医院做流产手术,项某临坚决不同意,几次欲跳楼自杀。同年 9 月 5 日中午李某波回到宿舍,见项某临在房里,就发生了争吵,项某临喝下了事先准备好的一瓶敌敌畏。此时,李某波非但没有及时救人,反而一走了之,临走时怕被人知道,还将房门关上。当天下午,项某临被人发现,并送往医院,但因救治无效死亡。2000 年 4 月 9 日,浙江省金华市中级人民法院依法对李某波故意杀人案作出终审判决。因"见死不救"导致被害人死亡的李某波被以故意杀人罪判处有期徒刑 5 年。

从刑法对故意杀人罪的规定来看,其所规定的故意杀人罪所能涵摄的规范事实,与上述案例中的案件事实之间显然存在巨大差异,无法实现正常对接,故在处理该案时,不能直接适用故意杀人罪的条款而不作任何的加工。

首先要解决的问题是,如何确定行为人不履行道德义务的行为具有刑法上的违法性?再举例来说,当一对恋爱同居的男女在家中,其中女方自杀或者由于其他原因生命危在旦夕,但男方却没有去救助。这种情形下,因为男方具有道德上的救助义务,有可能构成不作为的故意杀人罪。但问题在于,如果此时他们隔壁的邻居也看到了女方的处境,难道我们就能说这位邻居没有救助的义务吗?可以说,她的男友和邻居都有道德上的救助义务,为什么男友的不救助行为就可以构成刑法上的不作为的故意杀人罪,而邻居的行为则不构成刑法上的故意杀人罪呢?如果是女方的妹妹或其他亲属见到这种情形也不救助呢?能否成立不作为的故意杀人罪呢?这说明,在具有道德上的救助义务的情况下,何种人的道德上的义务可以成为刑法上的不作为故意杀人罪的义务的来源是值得我们思考的。另外,如果是一对恋人,男方在女方遭遇他人强奸的时候,自己却没有履行救助义务,也没有向相关机关报案,那他是否构成强奸罪呢?结论显然是否定的。但为什么强奸罪不能由不作为构成,而故意杀人罪可以由

① 参见邵红英、大立:《未婚同居,见死不救,不作为也是故意杀人》,载《检察日报》2000 年 5 月 24 日,第 7 版。

不作为构成？从刑法规范的角度出发，应当是可以肯定强奸罪的不作为犯的。但问题在于，在何种程度上肯定强奸罪的不作为犯的救助义务？恋爱中的男方对于其女友的生命有救助的义务，如果没有实施救助而造成被害人死亡，成立刑法中的故意杀人罪。同样，在其女友遭受强奸的情况下，也应该说具有道德上的救助义务，但在司法实践中却不能转化成法律上，特别是强奸罪的救助义务。也就是说，同样的道德上的救助义务，在具体犯罪的认定上，转化的程度并不完全相同，这是我们需要考虑的一个问题。如果这个范围界定得过于宽泛的话，可能会导致法秩序的进一步混乱；如果界定得过窄的话，则可能会不利于对受害人的保护。这一法律漏洞，恰恰是法官需要通过智慧去解决的问题。

"填补开放的漏洞，通常是以类推适用，或回归法律所包含的原则之方式行之。"[①]填补隐藏的漏洞，则需"添加——合于意义要求的——限制。借此，因字义过宽而适用范围过大的法定规则，其将被限制于仅适用于——依法律规整目的或其意义脉络——宜于适用的范围，质言之，其适用范围即被'限缩'"[②]。所以，以价值补充填补"隐藏的漏洞"，往往是通过目的限缩性解释方法完成的。如果说类推适用"系基于正义的要求——同类事物应作相同处理"[③]。"那么，目的论限缩的正当理由，即在于下述正义的命令：不同类的事物应作不同的处理，质言之，应依评价作必要的区分。"[④]

不纯正不作为犯罪刑法规范漏洞填补的核心问题是不纯正不作为犯的刑事违法性及可罚性问题。纯正不作为犯是一种犯罪的规范形态，而不纯正不作为犯则是犯罪的事实形态。在规范视野里，刑法中规定的犯罪只有纯正不作为犯和作为犯两种。不纯正不作为犯正是以不作为形式构成的"作为犯"，本质上，它是"作为犯"的一种事实状态。换言之，不纯正不作为犯符合的并不是自身的构成要件，而是作为犯的构成要件。因此，要以作为犯的构成要件处罚不纯正不作为犯，就必须解决两者的等置问题（Gleichstellungsproblem），合理限定不纯正不作为犯的成立范围，使它能与作为犯在法律上等而视之。也就是说，以不作为方式构成的犯罪事实与以作为方式构成的犯罪事实在违法价值上相

① ［德］卡尔·拉伦茨：《法学方法论》，陈爱娥译，商务印书馆2003年版，第258页。
② ［德］卡尔·拉伦茨：《法学方法论》，陈爱娥译，商务印书馆2003年版，第267页。
③ ［德］卡尔·拉伦茨：《法学方法论》，陈爱娥译，商务印书馆2003年版，第258页。
④ ［德］卡尔·拉伦茨：《法学方法论》，陈爱娥译，商务印书馆2003年版，第268页。

等。[①] 这一问题解决的前提条件，是如何确定不纯正不作为犯的作为义务的范围，即作为义务来源的确定。这往往需要法官根据具体案件的实际情形，将未规定在条文之中的作为义务予以补充之后，不作为人不作为行为的违法性才能最后确定。也就是说，不纯正不作为犯的作为义务往往是具体案件事实中的作为义务。尽管刑法理论上，将作为义务来源概括为，法律明文规定的作为义务、职务或业务上的要求、契约或法律行为引起的作为义务、先行行为引起的作为义务、道德上的义务等，但这些义务的具体内容只有在具体的案件情形中才能确定。例如，我国刑法理论对道德上的义务作为不作为犯罪的作为义务来源是持否定态度的。但在实践中，一般都认为恋爱中的恋人、同居的男女等，彼此在道德上互相负有救助的义务，如果一方在他人遭遇生命危险的时候，可以实施救助行为却不去救助从而造成被害人死亡，一般认为会构成不作为的故意杀人罪，如上述李某波故意杀人案。这是因为刑法并没有明确规定不纯正的不作为犯的义务来源，除上述列举的义务来源之外，还可能存在其他的义务来源。问题在于，上述义务是否都可以转化成刑法上的义务，或者说任何人的上述义务是否都可以转化成刑法上的义务呢？这就需要解释为什么上述诸多在法律上没有规定的义务可以转化成刑法上的不作为的作为义务，以及为什么“他的”不作为能够构成犯罪，而其他人的不作为却不会构成犯罪。这一法律规范漏洞的填补，是法官通过作为犯与不作为犯两者在价值上的等置（Gleichstellung）才得以完成的，即以不作为方式构成的犯罪事实与通过作为方式构成的犯罪事实在违法价值上相等，进而确定不作为犯在价值上的违法性。[②]

法官在对具体案件进行具体的等价评判时，一般会考虑诸如，社会的道德水准、社会的经济发展水平、救助方的救助能力、救助人与被救助人的关系、作为义务紧迫性、不作为人的主观方面、被害人被救助成功的可能性以及以社会的一般观念来评价作为的可能性等几类因素。随着时代的不断发展，这些判断还会发生变化。“不作为犯的作为义务是受时代思想和历史背景所影响的不断变化的相对性概念，在不同的历史时代和不同地域，其内容是不同的。”[③]但由于不纯正不作为犯的构成要件属开放性的构成要件，过度扩张对不纯正不作为犯

① 参见刘士心：《不纯正不作为犯的等价性问题研究》，载《法商研究》2004 年第 3 期。

② 参见刘士心：《不纯正不作为犯的等价性问题研究》，载《法商研究》2004 年第 3 期。

③ 黎宏：《不作为犯研究》，武汉大学出版社 1997 年版，第 166 页。

的认定不利于保障人权,与我国现有的刑事政策也是相违背的。因此,法官在实践中对不纯正不作为犯罪规范进行漏洞填补时,对行为人作为义务的认定采取一种限缩而不是扩张的态度,就成为一种必然的价值选择。

三、建构之结果

法律运作实践中的案件事实对法律规范的建构,无论是规范发现还是规范创造,都是通过对规范进行解释的方法完成的。法律解释在法律运作过程中起着桥梁和纽带作用。法律解释不仅是为了理解法律规范,其最根本的目的是解决具体案件,找到可资适用的法律规范。所以,法律解释必须以个案为基础,并且针对具体的个案事实。只有将法律规范与具体的某一个案事实相结合,即必须用法律裁决某一个案时,才会出现法律解释的问题。对于具体的法律条文而言,只有与具体的个案事实有关的部分才是重要的。

(一)规范语词含义趋向明确

刑法规范的语词含义通过个案事实由抽象变为具体,由模糊趋向明确。罪刑法定要求下的刑法规范的具体与明确从规范层面上讲也许是存在的,但当法条规定遭遇案件事实,即当考虑某一法条是否适用于解决某一特定案件时,规范文字本身的疑义也就产生了。因为法律文本所使用的语言往往具有一定的概括性或抽象性,在一定程度上形成了具有弹性的表达方式,它的“可能意义在一定的波段宽度之间摇摆不定”,就是那些相对较为明确的概念,也常常包含着一些本身欠缺明确界限的要素。[①] 因此,适用法律前,对法律文本进行解释,确定其具体的含义,就成为适用法律的一个不可或缺的过程。在实际的案件审理中,法官对具体要适用的法条不进行解释即予以适用的情形在客观上几乎是不可能的。这是因为,语言是不准确的,常常包含一些可能被误解的因素。刑法大多使用普通用语,同样不准确和容易产生歧义。例如,刑法用语即使核心意义清楚,但向边缘扩展时,会导致外延模糊;至于如何确定外延,并不能从用语本身找到答案。许多刑法用语本身具有多义性,从用语本身无法确定应当采用哪一种或哪几种含义。这表明了,仅仅通过文字的客观含义并不能揭示出刑法条文的真实含义。也正因如此,“同样的词对不同的人会有不同的含义”[②]。在

① 参见[德]卡尔·拉伦茨:《法学方法论》,陈爱娥译,商务印书馆2003年版,第193页。

② [德]伯恩·魏德士:《法理学》,丁小春、吴越译,法律出版社2003年版,第75页。

不同的生活事实情境中，即使是对同一法条含义的理解，也会发生变化。只有将规范纳入具体的案件事实中理解，才能将抽象的规范具体化，模糊的规范明确化。

以《刑法》第263条第1项规定的“入户抢劫”为例。理解“入户抢劫”的关键，是关于“入户”的理解。从规范层面看，“入户”一词词义，既具体又明确。但一旦进入具体案件，则立即变得既不具体又不明确，如魏培明等抢劫案。[①] 该案裁决的核心是进入经营与居住两用房屋抢劫是属于入户抢劫还是属于进店抢劫。单纯从文字意义上看，“入户”与“进店”各自所具有的含义及特征，一般不会产生混淆，即使从刑法规范意义上看，“入户抢劫”与“进店抢劫”之间的区别也是非常明显的，但当这一刑法规定进入具体案件事实时，在对其所涵摄事实意义的理解上，却突然产生了巨大的分歧，原本明确具体的法条，立刻变得模棱两可，不知所云何意。如何理解刑法规定的“入户抢劫”，任何抽象意义上的界定都难以解决具体案件中的问题，唯有将这一规定纳入当下案件事实中去理解，才能确定其所涵摄事实的意义。尽管上海市各级法院及检察院对该案是否属于“入户抢劫”的分析意见并不一致，但所有的理解都是“入户抢劫”在该案中的理解，是基于该案案件事实这一特定情境下的理解，并通过这一理解使“入户抢劫”的规定，在涉及是“入户抢劫”还是“进店抢劫”的界定方面变得具体明确起来。

(二)规范涵摄内容逐步量化

刑法规范通过个案事实逐步确定规范对事实的涵摄量。“一个词的通常的意义是在逐渐发展的，在事实的不断出现中形成的。因此，当一个看来是属于某一词的意义范围内的事物出现时，它好像就被自然而然地收纳进去了。这个词语的词义会逐渐伸展、逐渐扩张，直到人们根据事物本身的性质将应归入这个词名下的各种事实、各种概念都包含了进去。”[②]所以，“人们可以这样形象地说：概念就像挂衣钩，不同的时代挂上由时代精神所设计的不同的‘时装’。词

---

① 一审案号：(2002)嘉刑初字第180号。二审案号：(2002)沪二中刑终字第511号。再审案号：(2003)沪高刑再终字第4号。参见最高人民法院刑事审判第二庭：《本案不属于“入户抢劫”——魏培明等抢劫案》，载法律资讯网2004年12月8日，http://www.dyzxw.org/html/article/200509/01/19077.shtml。

② [法]基佐：《欧洲文明史——自罗马帝国败落起到法国革命》，程洪逵、沅芷译，商务印书馆1998年版，第7页。

语的表面含义是持久的，但潮流（概念内容）在不断变化”[①]。如上述“入户抢劫”中的“户”。从“户”字的词义上看，《辞海》对“户”的解释是：“本为单扇的门，引申为出入口的通称，如门户；窗户。也指虫鸟的巢穴”；“人家”。《现代汉语词典》对“户”的解释则是：“门、人家、住户。”因此，“户”在这里是指“人家”，即私人住宅之意。当然，对于住宅的形式不能仅仅限定为一人居住或者家庭居住的住宅，它还应包括供多人居住的住宅，如单位的集体宿舍、学校的学生宿舍等；不能仅指固定于土地上的供人居住的建筑，还应包括以船为家的渔民作捕鱼和居住用的船只，牧民放牧时作为居住用的帐篷等。对于上述魏培明等抢劫案中的兼具经营和居住两种功能的场所是否应认定为刑法意义上的“户”，则应依据“户”的基本特征和案件的客观情况，具体分析、判定。对于正在经营中的场所，即使其中可能有供家庭生活使用的设施和长期居住的人员，由于其对外界开放，行为人可不经主人允许即进入室内，尚未处于与外界相对隔离的状态，不具有相对封闭性的特征，不宜认定为“户”；对于在白天营业间歇时，行为人以购物为名非法进入屋内实施抢劫的，一般也不宜认定为入户抢劫；对于夜间受害人已停止营业、且已转为家庭生活状态的，无论行为人是非法强行进入还是假借购物的名义骗开户门实施抢劫，其行为均符合“入户”的特征，应认定为入户抢劫。当然，对“户”的这种理解是通过一个个具体的个案事实逐步确立起来的，但需要注意的是，“没有一个解释可以主张它是终局并且——可以适用于任何时间的——‘绝对正确的’解释。它绝对不可能是终局的解释，因为生活关系如此多样，根本不能一览无遗，再者，生活关系也一直在变化之中，因此，规范适用者必须一再面对新问题”[②]。因此，“一个制定法的解释一定不必永远保持相同。谈论什么某个排他性的正确解释，一个将从这个制定法的一开始到其结束都是正确的含义，这是彻底错误的”[③]。如果生活事实发生了变化，导致相关的案件事实发生变化，对“户”的理解自然也会发生变化，所以，通过个案事实逐步确定规范对事实的涵摄量永远是相对的。

---

① ［德］伯恩·魏德士：《法理学》，丁小春、吴越译，法律出版社2003年版，第80页。

② ［德］卡尔·拉伦茨：《法学方法论》，陈爱娥译，商务印书馆2003年版，第195页。

③ Kohler, *Judicial Interpretation of Enacted Law*, in Science of Legal Method, translations by Bruncken & Register, Riverdale Press, 1917, p. 192. 转引自［美］本杰明·卡多佐：《司法过程的性质》，苏力译，商务印书馆1998年版，第51～52页。

(三)规范适用规则不断确立

刑法规范通过个案事实不断衍生出规范适用的经验规则。哈特认为,任何语言包括法律语言都不是精密的表意工具,都具有一种“空缺结构”:每一个字、词组和命题在其“核心范围”内具有明确无疑的意思,但随着由核心向边缘的扩展,语言会变得越来越不确定,在一些“边缘地带”,语言则根本是不确定的。因此,在法律语言不确定的地方,对法律条文的解释和适用也不存在绝对或唯一正确的答案,解释者或法官拥有自由裁量权,需要在多种可能的解释和推理结论中做出选择,甚至可以扮演创建新规范的角色。① 波斯纳认为,法律文本存在着“内部含糊”和“外部含糊”:前者是指由于法律用语本身的歧义、模糊、评价特性等而产生的模糊;后者是指由于语境因素的变化而使原本清楚的法律用语变得模糊。② 刑法分则条文并非界定具体犯罪的定义,而是以抽象性、一般性的用语描述具体犯罪类型。刑法分则所描述的犯罪类型是开放的,它虽然有一个固定的核心,但没有固定的界限。即便是立法者当初根本没有想象到的事实,经过解释也可能完全涵摄在刑法规范中,或者相反。因为“立法者难以预见到社会生活中涌现出来的大量错综复杂的、各种各样的情况”③。为了使法律满足一个处在永久运动中的社会的所有新的需要,法官在面对某种崭新的生活事实,同时根据正义理念认为有必要对之进行刑法规制时,总是将这种生活事实与刑法规范相对应,现实的生活事实成为推动法官反复斟酌刑法用语真实含义的最大动因。换言之,法官的目光应不断地往返于刑法规范与生活事实之间,使刑法规范与生活事实交互作用,从而发现法律、作出判决。具体来说,法官必须对刑法规范与案例事实交互地分析处理,一方面使抽象的法律规范经由解释成为具体化的构成要件,另一方面则要将具体的案例事实经由结构化成为类型化的案情。正是在事物的本质或规范的目的这一点上,形成构成要件与案例事实之间的彼此对应。通过从案件到规范,又从规范到案件,对两者进行比较、分析、权衡,④于是,“规范成为‘符合存在的’,案件成为‘符合规范的’”。并且,规

① 参见[英]哈特:《法律的概念》,张文显、郑成良等译,中国大百科全书出版社 1996 年版,第 124 页以下。

② 参见[美]波斯纳:《法理学问题》,苏力译,中国政法大学出版社 1994 年版,第 334 页以下。

③ [法]亨利·莱维·布律尔:《法律社会学》,许钧译,上海人民出版社 1987 年版,第 63 页。

④ 参见张明楷:《从生活事实中发现法》,载《法律适用》2004 年第 6 期。

范逐渐变成较具体的、较接近现实的,案件逐渐变成轮廓较清楚的,成为类型。[①]也就是说,一方面要将生活事实与规范相拉近,另一方面将规范与生活事实相拉近。两者是一种同时且连续发展的由事实自我开放的向规范前进和规范向事实前进。只有在规范与生活事实、应然与实然,彼此互相对应时,才产生实际的法律:法律是应然与实然的对应。[②] 这个“实际的法律”就是刑法规范通过个案事实衍生出规范适用的经验规则,或者将其称之为裁判规范。刑法适用过程中的形形色色、各种各样而又难以理清的经验规则,既是对刑法规范的解释结果,又是对案件事实不断进行类型抽象的外在表现。正是这些潜行在刑法规范适用过程中的经验规则,使裁判者在相对静止的刑法规范与不断变化的生活事实不断发生冲突时中总能找到解决矛盾的切入点,延续着刑法的生命,从而保证了刑法的正常运作。

仍以《刑法》第263条第1项规定的“入户抢劫”为例。刑事司法实践中,涉及“入户抢劫”的相关案例很多,案件事实类型各异,除上述列举的抢劫经营与居住两用的场所外,还有诸如,在居民住宅(包括住室和宅院)抢劫;在学生及单位职工宿舍抢劫;在宾馆房间及值班宿舍抢劫;在国家机关、企事业单位、人民团体、社会团体的办公场所抢劫;在渔民捕鱼和居住用的船只及牧民放牧时作为居住用的帐篷内抢劫,更有一离奇案例是发生在墓地的抢劫,这些案例事实类型也都涉及能否认定为“入户抢劫”的问题。如被害人丙是一农民,丙以祖传贵重饰物作为父亲的陪葬物予以掩埋,为保护陪葬物,丙特在其父坟墓周围圈起百平方米左右荒地,筑设围墙,围墙内靠坟墓的北面又建起一间房屋,丙偶在该房屋内居住。某日深夜,行为人丁潜入丙父的墓地挖掘陪葬物,因挖掘声响惊醒丙而被丙发觉,丙走出房屋制止丁,丁用铁镐猛击丙的头部致丙当场死亡,丁劫得陪葬物后逃离现场。在这起案件中,丁虽然没有进入丙的房屋,但是已经进入丙家围墙之内,在围墙之内由于盗窃行为被发现而对被害人当场使用暴力,可否认定为“入户抢劫”?能否将此类案件认定为“入户抢劫”,涉及了对“入户抢劫”这一刑法规定的认识问题。

刑法之所以将“入户抢劫”明确规定为应当判处10年以上有期徒刑、无期

---

① 参见[德]亚图·考夫曼:《法律哲学》,刘幸义等译,台北,五南图书出版公司2000年版,第237页。

② 参见[德]亚图·考夫曼:《法律哲学》,刘幸义等译,台北,五南图书出版公司2000年版,第148页。

徒刑或者死刑的情形,目的在于更加有力地保护公民的居住安全、人身安全,体现从严惩治严重危及公民居住安全、人身安全的抢劫犯罪。“户”的通常含义就是指“人家”,刑法规定的是“入户抢劫”而没有规定“入室抢劫”,显然是取“户”字的严格意义,不能随意扩大。“户”应具备两个特征,一是私人生活领域;二是该领域与外界的相对隔离性,即非公共性场所。入户侵害时,被害人往往处于势单力薄、孤立无援的境地,因不敢反抗或反抗力度不够,使行为人容易得逞。这也是加重情节的客观依据。因此,“入户抢劫”应当理解为进入私人住宅抢劫,即“户”只要具有家庭生活用途的性质,其形式均在所不问,既无论其是长期生活还是临时或暂时生活所用,也不论是自有房屋还是租用房屋。但不应包括学生宿舍、宾馆房间及值班宿舍等场所,更不应包括国家机关、企事业单位、人民团体、社会团体的办公场所,公众生产、生活的封闭性场所。对于司法实践中逐渐形成的对“入户抢劫”的这种经验性认识,2000 年 11 月最高人民法院《关于审理抢劫案件具体应用法律若干问题的解释》第 1 条以司法解释的形式给予了认可,对“入户抢劫”作了这样的解释性规定:“刑法第二百六十三条第(一)项规定的‘入户抢劫’,是指为实施抢劫行为而进入他人生活的与外界相对隔离的住所,包括封闭的院落、牧民的帐篷、渔民作为家庭生活场所的渔船、为生活租用的房屋等进行抢劫的行为。对于入户盗窃,因被发现而当场使用暴力或者以暴力相威胁的行为,应当认定为入户抢劫。”

可见,在对诸如上述这些各种各样涉及“入户抢劫”的案件事实不断进行类型化的过程,是对“入户抢劫”这一刑法规定所涵摄的事实不断认识的过程,同时也是如何适用“入户抢劫”这一刑法规范的经验规则不断形成的过程。当然,它还将是随着生活事实的不断变化,导致对“入户抢劫”这一刑法规定的再认识,并对已经形成的经验规则继续进行修正的过程。这一点对于需要通过案件事实进行创造性建构的刑法规范(如不纯正不作为犯罪、过失犯罪等开放性犯罪构成要件类型)而言,尤为重要。

目的性限缩与空缺刑法规范的创造性适用

——以不作为的故意杀人罪为分析视角*

目　次

一、构成要件类型化疏漏

正如伯恩·魏德士所言,司法过程的功能分为三个领域:①解释和适用关于待决案件的现行法律规定,这里的法官是在"有思考地服从"法律;②法官认为存在漏洞并对这种"漏洞认定"进行证明,最后对漏洞进行填补;③法官对现行法律规定"拒绝服从",法院通过法官自己评价来排斥和替代法律评价。①

首先,司法过程的首要行动就是法律发现。当然,这里的法律指的是针对个案的法律,即我们把法律发现聚焦在如

* 原载《中国刑事法杂志》2008 年第 5 期。中国人民大学复印报刊资料《刑事法学》2009 年第 1 期全文转载。

① 参见[德]伯恩·魏德士:《法理学》,丁小春、吴越译,法律出版社 2003 年版,第 360 页。

何寻找正当的个案裁判依据,发现针对个案的解决方式,而不是由立法机关创立的体系性法律。由于成文法中不可能直接规定解决个案纠纷的详细法律,故成文法律中也就没有与个案完全吻合的现成法律,共性的法律与个案结合,必须有法官等主动性、能动性的发挥,没有法官等的谨慎思维,反映事物共性的法律不可能与具有个性特点的案件自动结合。法官往往通过法律规范识别及法律规范解释,进行这一法律发现的过程。当然,“法之发现不仅仅是一种被动的推论行为,而是一种构建行为”①。

其次,就是司法过程的法律创造问题。关于是否认可法官创造法律,美国法学家庞德说:“这既是因为人们认为法学家和法官只能发现法律而不能创造法,也是因为基于社会利益保障。稳定性和可预测性要求使法官或法学家适用法律时,要根据众所周知的技巧,根据现有的前提进行推理;第二个因素是努力使法律表达人们向往的永恒不变的理想。”②但对司法过程的性质,美国大法官卡多佐的研究结论似乎是创造性的。他认为,“随着岁月的流逝,随着我越来越多地反思司法过程的性质,我已经变得甘心于这种不确定性了,因为我已经渐渐理解它是不可避免的。我已经渐渐懂得,司法过程的最高境界并不是发现法律,而是创造法律,所有的怀疑和担忧,希望和畏惧都是心灵努力的组成部分。在这里面,一些曾经为自己时代服务过的原则死亡了,而一些新的原则诞生了”③。但我们应清楚地意识到,卡多佐法官所处的美国法治已经走过了形式主义法学的初级阶段,先例的拘束力原则以及对成文法的严格解释原则已经成为法官生活的一部分。在我国,大部分法官还没有经过概念法学的严格训练,距离高水平的法官造法阶段还有相当的差距。另外,即使走过了法律形式主义的初级阶段,法官造法也是与人类关于法律的普适化方向相背离的,只要存在法治,就必然要求法律效力的普遍性。人类不可能回归到一事一法的个别调整阶段。但是,我们并不能因此否认法官在司法过程中的法律创造,这与法律发现一样,也是法官开展其司法工作的必要前提。这是因为:

1.刑法规范是通过规定犯罪构成要件来对案件事实进行法律类型化的。

---

① [德]阿图尔·考夫曼、[德]温弗里德·哈斯默尔主编:《当代法哲学和法律理论导论》,郑永流译,法律出版社2002年版,第146页。

② [美]罗斯科·庞德:《普通法的精神》,唐前宏、廖湘文、高雪原译,法律出版社2001年版,第8页。

③ [美]本杰明·卡多佐:《司法过程的性质》,苏力译,商务印书馆2013年版,第101页。

构成要件是一个规范意义上的概念,而不是具体的事实。因此,行为构成犯罪的评价标准是刑法规定的构成要件,而不是具体的案件事实,即使是以前案例中曾经出现过的典型事实。尽管构成要件是"一种将社会生活中出现的事实加以类型化的观念形象,并且将其抽象为法律上的概念"①,但已经对事实加以类型化了的构成要件与具体事实本身是内涵完全不同的两个层面。尽管构成要件是案件事实的类型化,也尽管典型的案件事实可以涵摄于构成要件之下,但类型理论表明,具有相同本质的事物都可以划归为一个类型。过去发生的典型案件并不一定排斥今天发生的不典型的案件,而且即使是过去发生的典型案件,不过是较为明显地体现了规范的目的和构成要件的特征,其未必是规范目的和构成要件的完整体现。因此,行为是否成立犯罪,关键还是应该看今天所发生的案件能否为已经对以前具体事实类型化了的构成要件所涵括。

2. 犯罪构成要件对案件事实进行类型化的过程中存在疏漏或漏洞是正常的。一般情况下,作为犯罪事实类型化了的构成要件,其在形式上未免是抽象的,再加上构成要件本身所蕴涵的规范的因素以及语言功能的限制,以及刑法的内在和谐与目的,使构成要件的内涵并不是一眼就可以透视的,必须通过解释来明确构成要件的规范性意义,并由此而使构成要件的抽象性、形式性向具体性、实体性靠近。② 也就是说,构成要件的规范意义是需要合理解释才能"悟"出的。至于未被构成要件类型化的案件事实,则很难通过对其规范意义的正常解释,而使构成要件的抽象性、形式性向具体性、实体性靠近,构成要件的规范事实与具体发生的案件事实之间无法实现正常对接。也就是说,如果仅对构成要件的规范意义进行常规解释,无法"悟"出其应当涵摄的意义。这也就是漏洞概念的重要性:"只有当法律有'漏洞'存在时,才承认法官有法的续造权限。"③

3. 构成要件的规范事实与具体发生的案件事实之间无法实现正常对接而使刑法规范呈现出的疏漏,一是与构成要件的要素缺失或过于限制有关。在构成要件理论上,构成要件要素是构成要件的下位概念和组成部分。任何具体的

---

① [日]小野清一郎:《犯罪构成要件理论》,王泰译,中国人民公安大学出版社 2004 年版,第 11 页。

② 参见[日]小野清一郎:《犯罪构成要件理论》,王泰译,中国人民公安大学出版社 2004 年版,第 13 页。

③ [德]卡尔·拉伦茨:《法学方法论》,陈爱娥译,商务印书馆 2003 年版,第 247 页。

犯罪构成要件都是客体要件、客观要件、主体要件和主观要件的有机统一。再往下分,各具体的构成要件都是由不同的要素组成。这些要素,在刑法理论上被称为构成要件要素。例如,犯罪的客观要件包括行为、结果、行为对象等客观要素;犯罪的主体要件包括年龄、辨认和控制能力、特殊的身份等主体要素;犯罪的主观要件包括故意、过失、动机、目的等主观要素。这些要素组成了犯罪构成要件的规范事实因素,如其在设定过程中出现要素疏漏或被过于限制,就会使具体发生的案件事实与构成要件的规范事实之间不能适应,而无法对接。在这种情况下,形成卡尔·拉伦茨所认为的"开放的漏洞"。[①] 二是与刑法规范本身的不完整性有关,即对于已经规定在刑法中的犯罪类型来说,欠缺对构成要件详细而无遗的记述,导致构成要件过于抽象难以确定其意义从而使规范事实与具体的案件事实无法实现一一对应,[②]如不纯正不作为犯罪、过失犯罪等。在这种情况下,形成卡尔·拉伦茨所认为的"隐藏的漏洞"。[③]

对于"开放的漏洞",即法律应该规定某种类型而无意中没有规定的,即作为一种"无意的沉默",一般可通过类推适用的方法进行漏洞补充,诚如卡尔·拉伦茨所言:"填补开放的漏洞,通常是以类推适用,或回归法律所包含的原则之方式行之……类推适用系指:将法律针对某构成要件(A)或多数彼此相类的构成要件而赋予之规则,转用于法律所未规定而与前述构成要件相类的构成要件(B)。转用的基础在于:二构成要件——在与法律评价有关的重要观点上——彼此相类,因此,二者应作相同的评价。易言之,系基于正义的要求——同类事物应作相同处理。"[④]

依法律规范意旨,原应就某类型消极地设定限制,而未设限制,即构成隐藏的漏洞。[⑤] 由于"漏洞存在于限制的欠缺"[⑥],与其说是规范漏洞,倒不如说是规范空缺,与"开放的漏洞"这种"无意的沉默"相比,有"有意的沉默"之嫌,故笔者将"隐藏的漏洞"视为一种规范的有意空缺,并将由此形成的规范视为空缺性刑法规范。填补"隐藏的漏洞","通常借'目的论限缩'的方式创造出欠缺的限

---

① 参见[德]卡尔·拉伦茨:《法学方法论》,陈爱娥译,商务印书馆2003年版,第254页。

② 参见刘艳红:《开放的犯罪构成要件理论研究》,中国政法大学出版社2002年版,第152~153页。

③ 参见[德]卡尔·拉伦茨:《法学方法论》,陈爱娥译,商务印书馆2003年版,第254页。

④ [德]卡尔·拉伦茨:《法学方法论》,陈爱娥译,商务印书馆2003年版,第258页。

⑤ 参见杨仁寿:《法学方法论》,中国政法大学出版社1999年版,第200页。

⑥ 参见[德]卡尔·拉伦茨:《法学方法论》,陈爱娥译,商务印书馆2003年版,第254页。

制规定,借此以填补此类漏洞”[①]。笔者将拟以不纯正不作为的故意杀人罪为分析视角,仅就如何通过目的性限缩[②]对空缺性刑法规范进行价值补充,从而探讨对空缺性刑法规范的创造性适用。

二、空缺刑法规范之存在

大量存在于我国刑法中的空缺刑法规范,与我国刑法犯罪构成要件的设定中存在开放的构成要件有关。[③]

根据大陆法系犯罪论体系,犯罪是该当于构成要件、违法且有责的行为。事实中发生的行为与刑法规定的行为构成要件相吻合时,即具备构成要件该当性;具备了构成要件该当性的行为原则上就可以推断是违法的,如无违法阻却事由,违法性即可认定。但是,德国学者威尔哲尔(Hans Welzel)对此有不同见解。他提出,刑法中的构成要件可分为封闭的与开放的两种。在封闭的构成要件情况下,构成要件具有违法性征表机能,行为具备构成要件该当性且无违法阻却事由即能认定其违法。譬如,德国《刑法》第223条规定:“行为人身体上乱待他人或者损害他人健康的,处五年以下的自由刑或者金钱刑。”如果有人出于故意,伤害了他人身体健康,就意味着该人的行为满足了构成要件;如果没有德国刑法规定的违法阻却事由,该人的行为即可认定违法。此时,构成要件征表违法性,判定构成要件符合性的法官不需要再为判定行为违法而寻找其他条件,他只需要说明这不符合违法阻却事由即可。此情形下的构成要件即为封闭的构成要件(geschlossene Tatbestände)。另外一些情况下,由于立法者未能详尽地规定被禁止行为的各构成要素,构成要件并无违法征表机能,有构成要件该当性,但不能征表违法性。这样,仅确定无违法阻却事由,还不能认定行为的违法性,还需要法官积极查明是否存在某些能够说明违法性的构成要件要素,以确定行为的违法性。这样的构成要件就是开放的构成要件(Offene Tatbestände),[④]也被称

---

① 参见[德]卡尔·拉伦茨:《法学方法论》,陈爱娥译,商务印书馆2003年版,第255页。

② “目的性限缩系指对法律文义所涵盖的某一类型,由于立法者之疏忽,未将之排除在外,为贯彻规范意旨,乃将统一类型排除在法律适用范围之外漏洞补充方法而言。”参见杨仁寿:《法学方法论》,中国政法大学出版社1999年版,第152页。

③ 参见刘艳红:《开放的犯罪构成要件理论研究》,中国政法大学出版社2002年版,第152~158页。

④ Vgl. Hans Welzel,Das Deutsche Strafrecht,1969,S. 131 f. 中文文献,参见刘艳红:《开放的犯罪构成要件理论之提倡》,载《环球法律评论》2003年第3期。

作“被展开的构成要件”①。

德日刑法理论一般认为,不纯正不作为犯、过失犯,是典型的开放性构成要件。不纯正不作为犯中,不作为人应负的作为义务就属于立法者没能通过对构成要件要素的描述予以规定的部分,即使行为该当于构成要件,也不能表征违法性。由此,在不纯正不作为犯的情形下,法官必须对不作为人的作为义务积极查明,以帮助判断行为的违法性。过失犯也是如此。过失犯的违法性根据在于违反注意义务及发生构成要件所规定的结果这两个要素,而过失犯的注意义务在立法上是欠缺的,这决定了它同样属于开放的构成要件,需要法官适用时对这一欠缺部分予以补充。总之,不纯正不作为犯的构成要件及过失犯的构成要件,是有代表性的以补充为必要的构成要件,对于超出立法技术限度的那一部分,就只能在一定的范围内用“解释论”来补充法定构成要件。

开放的构成要件需要补充的部分,一般是违法性的价值判断要素。开放性的犯罪构成要件,作为一种违法类型的构成要件,由于并不能通过其类型性为我们认识行为的违法性提供充分根据,在某些时候,还要求我们必须在构成要件要素之外寻找有助于违法性判断的要素,或者凭借超法规的违法阻却事由,或者通过特殊的违法要素,或通过被遗漏的构成要件要素,来帮助判断行为违法性之有无。② 这就要求法官必须根据一定的价值判断补充构成要件所欠缺的违法性要素,允许由法官对这些犯罪的构成要件要素进行补充,重新产生新的构成要件,以实现对诸如不纯正不作为犯及过失犯之类的犯罪的处罚。

由于我国与大陆法系刑法的犯罪论体系在实质内容上是基本相同的,这种情况在我国刑法中也就同样存在。③ 也就是说,我国刑法在犯罪构成的设定上也同样存在因构成要件规定的不完整性而导致的违法性判断上的非自足性,④使相应部分的刑法规范出现空缺,而进一步要求法官必须进行价值补充判断。这种空缺性刑法规范,导致在不纯正不作为犯罪的具体认定中呈现为:通过规定作为的犯罪类型事实“涵摄”不作为的犯罪类型事实,使不纯正不作为犯罪的

---

① [日]福田平、[日]大塚仁编:《日本刑法总论讲义》,李乔等译,辽宁人民出版社 1986 年版,第 87 页。

② 参见刘艳红:《论大陆法系违法性判断理论的缺陷及弥补》,载《法商研究(中南政法学院学报)》2001 年第 4 期。

③ 参见刘艳红:《开放的犯罪构成要件理论研究》,中国政法大学出版社 2002 年版,第 146 页。

④ 参见刘艳红:《开放的犯罪构成要件理论研究》,中国政法大学出版社 2002 年版,第 152 ~ 156 页。

具体案件事实与犯罪类型规范事实之间无法实现正常对接。

以故意杀人罪为例。《刑法》第232条规定:"故意杀人的,处死刑、无期徒刑或者十年以上有期徒刑;情节较轻的,处三年以上十年以下有期徒刑。"这实际上是有关作为的故意杀人罪的规定,这一规定是从规范的角度去涵摄通过所有的作为的手段剥夺他人生命的案件事实。同时,这一规定还隐含着有关不作为的故意杀人罪的规定。如何从作为的故意杀人罪的规定中"解读"出不作为的故意杀人罪的构成要件事实呢?如果仅从该罪所设定的犯罪构成要件所规定的规范事实分析,也许能"解读"出发生了侵害他人生命法益的结果,但无法"解读"出行为人为什么会有为他人生命必须作为的义务、需要履行何种作为义务以及为什么不履行刑法规范并没有规定的义务就会构成刑事违法。由于"刑法对各种之罪多依作为而规定,至于与其相当之不作为犯则不设明文,而有待于审判者个别认定"[①],因此,对于诸如不作为的故意杀人罪的不纯正不作为犯的认定,只能通过相关刑法理论加以确定。这样,如何确定不纯正不作为犯的范围,即如何将作为义务与违法性连接起来,就成为一个在规范空缺且相当不确定的情况下,法官在处理这类案件时必须首先解决的问题。

案例一:李某波故意杀人案[②]

1993年3月,刚满20岁的李某波和女青年项某临相识并相恋,不久项某临就怀孕。同年6月,李某波提出要跟项某临分手并要项某临去医院做流产手术,项某临坚决不同意,几次欲跳楼自杀。同年9月5日中午李某波回到宿舍,见项某临在房里,就发生了争吵,项某临喝下了事先准备好的一瓶敌敌畏。此时,李某波非但没有及时救人,反而一走了之,临走时怕被人知道,还将房门关上。当天下午,项某临被人发现,并送往医院,但因救治无效死亡。2000年4月9日,浙江省金华市中级人民法院依法对李某波故意杀人案作出终审判决。因"见死不救"导致被害人死亡的李某波被以故意杀人罪判处有期徒刑5年。

案例二:王某全故意杀人案[③]

2000年4月25日,天津市西青区王稳庄居民王某全与妻子王某洁因家务

---

① 韩忠谟:《刑法原理》,1981年自版发行,第101页。

② 参见邵红英、大立:《未婚同居,见死不救,不作为也是故意杀人》,载《检察日报》2000年5月24日,第7版。

③ 参见刘荣庆、陈彦、孙水根:《吵架了,就可以不管妻子了吗?》,载《检察日报》2002年4月30日,第7版。

事发生争吵,王某洁气愤地跳进污水河中寻短见。王某全见状也跳进河中进行劝说,王某洁不从,王某全随即独自回到岸上扬长而去。随后,王某全先到亲戚家中讲了王某洁跳河的事,又给派出所打了电话。当公安民警和他的亲戚赶到河边时,时间已经过了近一个小时,王某洁已经死去。2001年,天津市西青区人民法院审理后认为,被告人王某全与王某洁是夫妻关系,负有特定义务,王某洁在河中,被告人王某全明知可能发生的危害结果,却采取漠不关心的态度,放任结果发生,其行为已经构成(间接)故意杀人罪,鉴于其犯罪后有自首情节,遂判处王某全有期徒刑6年。

案例三:吴某故意杀人案①

吴某在旅游风景区经营水上脚踏船旅游业务。1998年5月30日早上6时,吴某的脚踏船出租处接待了6名游客,吴某的女儿将3条脚踏船租给了他们。7时许,因风太大,当地旅游部门通知吴某停止租船业务。八九点钟的时候,吴某发现6名游客驶出了警戒线,便乘4人脚踏船追上他们进行警告,并与其中4人换船后独自回岸边。此时,风速加大,6名游客中的4人乘坐的大船被风吹到湖对岸脱险,但小船上的2人下落不明。岸上的人发现情况后找到吴某要求救助,但吴某没有采取任何营救措施。当晚,在湖东岸发现两名失踪者的尸体,一审法院以"过失致人死亡罪"判处吴某有期徒刑6年,赔偿两游客家属经济损失各33,034元。吴某不服判决上诉到哈尔滨市中级人民法院,哈尔滨市中级人民法院认为,吴某将船出租给游客后,就产生了在他们遇险时的救助义务,而吴某明知游客遇险,却没有履行义务,丧失了救助游客的宝贵时间,其行为是不作为的"故意犯罪",原审法院判决不妥,应改判,因吴某积极赔付被害人家属的经济损失各40,000元,可从轻处罚。终审法院以"故意杀人罪"判处吴某有期徒刑3年,宣告缓刑3年。

从刑法对故意杀人罪的规定来看,其所规定的故意杀人罪所能涵摄的规范事实,与上述三案例中的案件事实之间显然存在巨大差异,无法实现正常对接,故在处理该三案件时,不能直接适用故意杀人罪的条款而不作任何加工。

对于案例一而言,首先要解决的问题是,如何确定行为人不履行道德义务的行为就具有了刑法上的违法性。为什么当一对恋爱中的男女在家中,其中女方自杀或者由于其他原因生命危在旦夕,男方就具有道德上的救助义务,不救

① 参见王刚、韩云鹏:《船主见死不救被判故意杀人》,载《哈尔滨日报》2002年5月11日,第6版。

助就有可能构成不作为的故意杀人罪？如果此时他们隔壁的邻居也看到这位女方的处境，难道就可以说这个邻居没有道德上的救助义务吗？实际上，她的男友和邻居都有道德上的救助义务，问题是为什么男友的不救助行为就可以构成刑法上的不作为的故意杀人罪，而邻居的行为则不构成刑法上的故意杀人罪呢？如果是这位女士的妹妹或其他亲属见到这种情形也不救助呢？能否成立不作为的故意杀人罪呢？这说明，在具有道德上的救助义务的情况下，何种人的道德上的义务可以成为刑法上的不作为的故意杀人罪的义务的来源并没有一个确定的范围。另外，如果是一对恋人，男方在女方遭遇他人强奸的时候，自己却没有履行救助义务，也没有向相关机关报案，是否构成强奸罪呢？结论显然是否定的。但为什么强奸罪不能由不作为构成，而故意杀人罪可以由不作为构成？从刑法规范的角度出发，应当是可以肯定强奸罪的不作为犯的。但问题在于，在何种程度上肯定强奸罪的不作为犯的救助义务。恋爱中的男方对于其女友的生命有救助的义务，如果没有实施救助而造成被害人死亡，成立刑法中的故意杀人罪。同样，在其女友遭受强奸的情况下，也应该说具有道德上的救助义务，但在司法实践中却不能转化成法律上，特别是强奸罪的救助义务。也就是说，同样的道德上的救助义务，具体的犯罪的认定上的转化程度并不完全相同，这说明何种性质的义务，在何种情况下能够成为刑法上的义务来源，实际上也没有一个确定的范围。如果这个范围界定得过于宽泛的话，可能会导致法秩序的进一步混乱；如果界定得过窄的话，则可能会不利于对受害人的保护。这一刑法规范空缺，恰恰是法官需要通过智慧必须去填补的问题。

对于案例二而言，首先要解决的问题是，王某全对其妻的自杀行为是否存在防止结果发生的作为义务，如果有这种作为义务，那么其发生的根据是什么？为什么不履行这种作为义务具有了刑法上的违法性？婚姻法明文规定的夫妻间的相互扶养义务是否当然包括相互救助义务？如果包括，这种法律义务是否必须经过刑法认可？从我国现行刑事法律看，没有关于夫妻之间具有相互救助义务的明文规定，如果把“婚姻法对夫妻之间扶养义务的规定”理解为夫妻之间具有刑法意义上的法律救助义务，那么，因为没有得到刑法规范的确认，根据罪刑法定原则，仅有“婚姻法对夫妻之间扶养义务的规定”，这是否可以成为被告人不负有刑法意义上的救助义务的抗辩理由？

对于案例三而言，首先要解决的问题是，尽管基于合同可以引起合同法上的义务，但合同法上的义务如何转化为刑法意义上的义务，合同法上的义务能否转化成刑法上的不作为的故意杀人罪的义务来源，以及在多大程度上转化成刑法上的故意杀人罪的义务的来源，而这恰恰是刑法没有规定的。

三、目的性限缩与规范空缺之填补

诚如拉伦茨所言，填补隐藏的漏洞，须“添加——合于意义要求的——限制。借此，因字义过宽而适用范围过大的法定规则，其将被限制于仅适用于——依法律规整目的或其意义脉络——宜于适用的范围，质言之，其适用范围即被‘限缩’”①。这种“目的论限缩的正当理由，即在于下述正义的命令：不同类的事物应作不同的处理，质言之，应依评价作必要的区分”②。

那么，如何运用目的性限缩实现对刑法相关规范空缺的填补，以完成对空缺刑法规范的创造性适用？笔者在此继续以不纯正不作为的故意杀人罪为范本加以分析。

不纯正不作为犯罪刑法规范空缺填补的核心问题是不纯正不作为犯的刑事违法性及可罚性问题。

现代大陆法系刑法学认为，纯正不作为犯和不纯正不作为犯具有不同的法律意义：纯正不作为犯是一种犯罪的规范形态，而不纯正不作为犯则是犯罪的事实形态。在规范视野里，刑法中规定的犯罪只有纯正不作为犯和作为犯两种。对于纯正不作为犯，刑法分则条文以不作为为标本规定其类型性，法律预定这种犯罪只能以不作为方式实施，而不能以作为的方式构成。对于作为犯，刑法分则条文以作为为标本规定其类型性，这种犯罪通常以作为方式实施，但也可以以不作为方式构成。不纯正不作为犯正是以不作为方式构成的“作为犯”，本质上，它是“作为犯”的一种事实状态。换言之，不纯正不作为犯符合的并不是自身的构成要件，而是作为犯的构成要件。不作为与作为的事实结构不同，不作为以违反作为义务为基本内容。由于刑法中没有对作为义务的种类和范围作出规定，加之对同一义务的违反往往随案情不同而产生不同的危害后果，这就必然造成不纯正不作为犯内涵模糊，外延宽泛，界限不清。因此，要以作为犯的构成要件处罚不纯正不作为犯，就必须解决两者的等置问题（Gleichstellungsproblem），即合理限定不纯正不作为犯的成立范围，使它能与作为犯在法律上等而视之。也就是

---

① ［德］卡尔·拉伦茨：《法学方法论》，陈爱娥译，商务印书馆2003年版，第267页。
② ［德］卡尔·拉伦茨：《法学方法论》，陈爱娥译，商务印书馆2003年版，第268页。

说,以不作为方式构成的犯罪事实与通过作为方式构成的犯罪事实在违法价值上相等。① 这一问题解决的前提条件,是确定不纯正不作为犯的作为义务的范围,即确定作为义务来源。

"在不真正不作为犯的情形中,把不作为人的所有情况都比较详细具体地规定在构成要件中是不可能的。关于这部分内容以没有规定的构成要件来加以补充,这并不是由于解释上的困难才这样做,而是由事物本身性质决定的。"② 因此我们不得不承认,在对不纯正不作为犯进行处罚时,必然要由法官将未规定在条文之中的作为义务予以补充,经过补充,才能最后确定不作为人不作为行为的违法性。法官如何对这一刑法规范没有规定的义务加以补充,首先受刑法理论研究成果的影响,而最终的作为义务的确定,则往往是由具体案件的实际情形决定的。也就是说,不纯正不作为犯的作为义务往往是具体案件事实中的作为义务。这种作为义务,目前就刑法理论的通说而言,主要有四种:

首先,关于法律明文规定的作为义务。法律明文规定的作为义务是不纯正不作为犯义务来源的主要渠道之一,也是罪刑法定主义的具体体现。但法律明文规定的义务是否仅限于刑法中的义务?通说认为法律明文规定的义务不仅限于刑法明文规定的义务,还包括民法、行政法等其他法律部门明文规定的义务。如上述王某全故意杀人案中王某全所涉及的作为义务。关键是违反民法、行政法等法律明文规定义务的行为,应该在何种程度上成为刑法上的义务来源。

其次,关于职务或业务上的要求。从事某项工作的人其职务和业务本身要求他负有某种积极作为的义务。由于职务或业务上的要求所涉及的往往是相关行政法规范所规定的义务,③这种行政规范上的义务在何种程度上成为刑法上的义务来源,特别是成为不作为的故意杀人罪的来源,是值得关注的。例如,根据《执业医师法》的规定,医生具有救死扶伤的义务。问题在于,这种义务能否成为刑法规定的义务,在多大程度上能够成为刑法规定的不作为的故意杀人罪的义务的来源。当一个人生命危急被送往医院抢救的时候,医生故意不履行

① 参见刘士心:《不纯正不作为犯的等价性问题研究》,载《法商研究》2004 年第 3 期。

② [日]日高义博:《不作为犯的理论》,王树平译,中国人民公安大学出版社 1992 年版,第 13 页;许玉秀:《当代刑法思潮》,中国民主法制出版社 2005 年版,第 619 页。

③ 法律明文规定的义务与职务或业务上的义务在很多情况下,会存在竞合问题。重要的职务或业务上的义务往往也是受法律规制的义务。

救助义务导致其死亡,此种情形下导致病人死亡,一般可以认定医生构成不作为的故意杀人罪;如果一个病人在生命危急的情况下,被送往医院,但由于无钱治疗,交不起住院费,医生对之不救助的话,医生是否构成刑法上的不作为的故意杀人罪,也就是说,医生的义务来源是否要求以病人的付费为前提,即是否要求以成立合同关系为前提。由此可以看出,虽然医生具有救助病人的义务,但如何确定医生的救助义务何时、在何种情况下成为刑法中的不作为故意杀人罪的作为义务,不能不说是一个很难作出判断的问题,具有很大的不确定性。

再次,关于契约或法律行为引起的作为义务。契约或法律行为往往具体设立了双方的权利义务,因此可以产生作为义务。如果因不履行该义务而给刑法所保护的法益造成严重损害,可能成立不作为犯罪,如受雇保姆有照顾婴儿的义务。不容否认,基于合同当然可以引起合同法上的义务,但合同法上的义务能否转化成刑法上的作为义务或不作为的故意杀人罪的义务来源以及在多大程度上可以转化成刑法上的故意杀人罪的义务的来源,并不能一概而论。

最后,关于先行行为引起的作为义务。先行行为引起的作为义务指因自己的行为导致发生一定危害结果的危险而产生的采取积极行动防止危害结果现实发生的义务。先行行为所引起的义务可以成为不作为的故意杀人罪的作为义务来源,这是大多数国家刑法理论都已经肯定的。但实践中先行行为的范围如何界定?是否所有的先行行为都可以导致不作为的故意杀人罪的作为义务?如何认定先行行为在何种情形下能够导致不作为故意杀人罪的义务?也是需要具体案件具体分析的问题。

另外,还有道德上的义务。我国刑法理论上对道德上的义务作为不作为犯罪的作为义务来源是持否定态度的。但在实践中,一般都认为恋爱中的恋人、同居的男女等,彼此在道德上互相负有救助的义务,如果一方在他人遭遇生命危险的时候,可以实施救助行为而不去救助而造成被害人死亡的情况下,一般认为构成不作为的故意杀人罪。如上述李某波故意杀人案。关键问题在于,道德上的义务较之前述法律上的义务,其更不具有明确性,因此,如何确定行为人的道德义务可以成为法律上的义务便成为难题。

由此可见,因为对于不纯正不作为犯的义务来源刑法并没有作明确规定,所以除上述列举的义务来源之外,还可能存在其他的义务来源,用列举的方式来说明不作为的故意杀人罪的义务来源也是不全面的。除上述所列举义务之外,还会有其他的义务来源,如按照某些传统习惯应当承担的特定作为义务等。

在特殊场合下,公共秩序和社会公德要求履行的特定义务,也是不作为犯的义务来源,审判实践中也确实存在对不防止前恋人自杀的男子的不作为以故意杀人罪论处的案例。① 但问题在于,上述义务是否都可以转化成刑法上的义务,或者说任何人的上述义务是否都可以转化成刑法上的义务呢?因此,在弄清楚了不作为的义务来源的范围的基础之上,有必要在这些义务中具体确定谁的义务能够成为不作为的故意杀人罪的义务来源,或者说这些作为义务是否具有作为的可能性。正如有学者指出:"作为的可能性并不当然包括于作为义务之中。作为义务是指具有防止一定结果之发生的义务,它是根据法律、职责等要求而产生的,而作为的可能性,是指以本人的能力为标准而认定的行为人具有的作为能力,因此,在有些情况下,两者并非一致。如铁路扳道工根据其职责要求,在列车开来时有扳道的义务,但如果此时他被匪徒绑架则无法履行这一义务,即不具有作为可能性。"②这就需要解释为什么上述诸多在法律上并没有规定的义务,也可以转化成刑法上的不作为的故意杀人罪的作为义务,为什么"他的"不作为能够构成犯罪,而其他人的却不会呢?这一刑法规范空缺的填补,是法官通过作为犯与不作为犯两者在价值上的等置(Gleichstellung),即合理限定不纯正不作为犯的成立范围,使它能与作为犯在法律上等而视之,即以不作为方式构成的犯罪事实与通过作为方式构成的犯罪事实在违法价值上相等,进而才能确定不作为犯在价值上的违法性。③

不纯正不作为犯要与作为犯在法律上等置,应当具备两方面条件:①不作为事实结构要素齐备;②不作为与作为犯罪价值上相等。前者为事实判断,后者为价值判断。事实判断是一种形式的判断,为价值判断提供物质对象;价值判断则具有实质的内容,最终决定不纯正不作为犯的可罚性。等价性判断把一些不符合实质条件的不作为事件排除在不纯正不作为犯之外,从而起到限制处罚范围,维护罪刑法定原则的作用。等价性是一切不纯正不作为犯罪必须具备的内在品性,只有通过等价性,才能实质地限制作为义务的成立范围,求得不纯正不作为犯与作为犯的等价。④

法官应如何进行不纯正不作为犯与作为犯的等价判断呢?也就是说,如何

---

① 参见马克昌主编:《犯罪通论》,武汉大学出版社 1991 年版,第 172 页。

② 熊选国:《刑法中行为论》,人民法院出版社 1992 年版,第 158 页。

③ 参见刘士心:《不纯正不作为犯的等价性问题研究》,载《法商研究》2004 年第 3 期。

④ 参见刘士心:《不纯正不作为犯的等价性问题研究》,载《法商研究》2004 年第 3 期。

将上述的所谓道德的义务、其他法律的义务等转化成刑法上的不作为故意杀人罪的义务,并且在认定这些义务可以转化为刑法上的作为义务后,又如何认定行为人是否具有履行义务的能力呢?确定不纯正不作为犯的等价性,固然离不开对作为义务范围的合理圈定,但是必须明确,确定作为义务本身并不是目的,它只是解决等价性问题的一个环节,只有找到不纯正不作为犯和作为犯等价的媒介,才能最终解决不纯正不作为犯的处罚问题。由于"不作为的等价性是一个综合评价的要素,须以各种犯罪所包含的危害性质和违法特征为判断基础,而就特定情况下的不作为与通常实现该种犯罪的作为相比较,以判断该不作为是否与作为的价值相当"①,因此,法官在对具体案件进行具体的等价评判时,一般会考虑以下几类因素:

1. 社会的道德水准。当社会的道德水准较高时,我们可以将刑法之外的其他法律上的救助义务和道德上的救助义务乃至其他的义务在更大的程度上转化为刑法上的义务。但当社会环境中道德水准普遍偏低时,刑法之外的其他法律上的救助义务和道德上的救助义务转化为刑法上的义务的程度就低,因为在这种道德水准较低的情形下,不履行救助义务的人占多数,如果将这些人都定故意杀人罪,这显然不符合人们的法感情,也有悖于法秩序。这一角度也说明了道德对法律适用的影响。

2. 社会的经济发展水平。如医院的"见死不救"。目前实践中对于医院的这种"见死不救"的做法并没有处以法律上的责任,更不用说对具体负责的医生科以刑法上的不作为的故意杀人罪。这是因为,在医院自身的生存都需要靠赚取医药费维持的情况下,如果所有的病危的病人被放在医院门口,在其没有交纳费用的情况下医院都有义务去救助的话,医院的救助义务太宽了。倘若医院切实履行这种救助义务的话,医院的生存将会成为问题,最终医院的救死扶伤义务更是无法履行。

3. 救助方的救助能力。综上所述,共同生活的恋人、夫妻,都有救助的义务,至少是道德上的救助义务。但法不能强人所难,如果救助方的救助能力有限的话,则不能强求。也就是说,义务人"必须具有作为能力,而对防止构成要件该当结果之发生,具有事实可能性者,其不作为始具不法质量,而有构成不纯

① 洪福增:《刑法理论之基础》,台北,刑事法杂志社 1977 年版,第 218 页。

正不作为犯之可能”[①]。

4. 救助人与被救助人的关系。救助人与被救助人的关系的不同也决定了救助人的救助义务能否转化成刑法上的故意杀人罪的义务来源,或者说在多大程度上转化为刑法上的不作为故意杀人罪的义务来源。如果救助人与被救助人关系密切,诸如夫妻、恋人、好朋友,或者受害人对施救人的依赖程度较高,那么其救助的义务转化为刑法中不作为的故意杀人罪的作为义务的程度就高。

5. 救助义务不仅是有无的问题,还涉及程度的问题。作为义务的强弱与不作为所构成之罪的轻重,应是成正比的。过路人发现火灾不灭火的行为,之所以不构成犯罪,实质上是因为其作为义务弱因而导致行为的社会危害性轻;消防队员发现火灾不灭火的行为,之所以构成犯罪,实际上是因为其作为义务强因而导致行为的社会危害性重。[②] 不同人的不作为,由于其作为义务的强弱不同,在很大程度上决定了罪与非罪、此罪与彼罪的认定。

6. 作为义务紧迫性的问题。父母对未成年的子女有抚养的义务,当父母不履行抚养义务时,刑法对此种行为规定了遗弃罪。但问题在于,如果这种抚养的义务具有紧迫性时,行为人没有去履行抚养义务的话,则可能构成不作为的故意杀人罪,即这种抚养义务就可能转化为刑法上的不作为的故意杀人罪的义务来源。按我国刑法的规定,如果不是具有紧迫性的义务的情况下,则不宜认定为故意杀人罪。

7. 考虑不作为人的主观方面。也就是说,通过行为人的主观方面的情况来判定不作为和作为是否等价。这种观点主要见于日本的判例,如认为成立不作为的放火罪,仅有相当于放火罪的故意的认识还不够,必须具有“积极利用已经发生的火灾”的目的。[③]

8. 被害人被救助成功的可能性。当受害人生命处于垂危之际,义务人即使实施救助行为,也没有可能救助生命或者救助可能性极低时,也不能认为行为人没有实施救助行为构成了不作为的故意杀人罪。

9. 以社会的一般观念来评价作为的可能性。即使作为义务可以转化为刑法上的义务,但如果行为人不具有作为的可能性的话,也不能认定该行为构成

---

① 林山田:《刑法通论》(下册),北京大学出版社 2012 年版,第 154 页。

② 参见张明楷:《论不作为杀人罪——兼论遗弃罪的本质》,载陈兴良主编:《刑事法评论》第 3 卷,中国政法大学出版社 1999 年版。

③ 参见黎宏:《不作为犯研究》,武汉大学出版社 1997 年版,第 111 ~ 113 页。

不作为的故意杀人罪。正如日本学者大谷实所指出的:“作为的可能性,是作为构成要件要素的作为义务的基础,因此,必须以一般人或社会的一般观念为基准进行判断。”①

10. 基于犯罪性质的不同,应对不纯正不作为犯进行具体判断。基于犯罪性质的不同,对于不作为犯罪的认定也就不同,例如,丈夫见妻子被他人抢劫、抢夺、盗窃而不实施救助,很可能不构成犯罪,但若见妻子被他人杀害而不实施救助,恐怕有可能要定不作为的故意杀人罪,当然,也可能考虑定遗弃罪。

在司法实践中,法官在对不纯正不作为犯罪进行规范填补时,除考虑上述因素有无外,还涉及程度问题。随着时代的不断发展,这些判断还会发生变化。“不作为犯的作为义务是受时代思想和历史背景所影响的不断变化的相对性概念,在不同的历史时代和不同地域,其内容是不同的。”②“不作为犯罪的义务不仅是一种作为义务,而且是一种特定的义务,并且是基于某种特定的条件而产生,随着条件的改变而变化的。”③在我国,随着社会成员协作的加强,随着经济体制改革的深入,社会形态每时每刻无不在变化之中,不作为犯罪特定义务的范围也不是固定不变的,而会有逐步扩大的趋势。但由于不纯正不作为犯的构成要件属开放性的构成要件,在具体认定时不像作为犯或纯正不作为犯那么明确,过度扩张对不纯正不作为犯的认定不利于保障人权,与我国现有的刑事政策也是相违背的。因此,法官在实践中对不纯正不作为犯罪进行规范补充时,对于行为人的作为义务的认定采取的是限缩而非扩张的态度,就成为一种必然的价值选择。

---

① [日]大谷实:《刑法总论》,黎宏译,法律出版社2003年版,第115页。

② 黎宏:《不作为犯研究》,武汉大学出版社1997年版,第166页。

③ 陈兴良:《论不作为犯罪之作为义务》,载陈兴良主编:《刑事法评论》第3卷,中国政法大学出版社1999年版。

第四编

犯罪构成论的社会学视角检视

犯罪构成之三维形态解读

——基于现象学社会学的思考*

目　次

一、问题之提出

何为犯罪构成？关于犯罪构成的概念。中国刑法学关于犯罪构成的通行定义是：犯罪构成是刑法所规定的，体

* 原载《法学杂志》2011年第4期，第62～67页。

现和决定一行为的社会危害性及其程度,而为该行为成立犯罪所必需的一系列主客观要件的有机统一整体。根据这一经典定义,犯罪构成具有以下三个基本特征:其一,犯罪构成具有法律实定性;其二,犯罪构成具有价值承载性;其三,犯罪构成具有有机统一性。① 然而,日常生活世界中的一切,从本质上看都是具有主体间性的。犯罪构成也不例外。犯罪构成是学者们建构久远的一个概念形态,而如今学者们在回答什么是犯罪构成抑或犯罪构成到底是什么的时候,却不约而同地深陷困惑之中(尽管有上述通行定义),对犯罪构成的解读充满了多样性。"关于犯罪构成的概念,在中国刑法学界并不是没有争议,除我们所坚持的作为通说的'法律说'之外,关于犯罪构成的概念至少还有'罪状说'、'概念说'、'理论说'、'事实说'、'法律+理论说'以及'法定说+事实说'等诸多学说。"②"对犯罪构成可以从不同角度进行分类。"③联系国内外刑法理论,犯罪构成的分类通常如下:基本的犯罪构成与修正的犯罪构成;关闭的犯罪构成与开放的犯罪构成;单一的犯罪构成与复杂的犯罪构成;普通的、加重的以及减轻的犯罪构成。④ 要回答犯罪构成到底是什么,显然需要我们"回过头来反思到出发点"⑤,即如果将犯罪构成"朝向事物本身"⑥会如何?将之"还原"于本体会是一个什么样的概念形态?我们在对犯罪构成的认识中,

---

① 参见高铭暄:《关于中国刑法学犯罪构成理论的思考》,载《法学》2010年第2期。

② 赵秉志、王志祥:《中国犯罪构成理论的发展历程与未来走向》,载赵秉志主编:《刑法论丛》第19卷,法律出版社2009年版。

③ 张明楷:《刑法学》(第3版),法律出版社2007年版,第104页。

④ 参见张明楷:《刑法学》(第3版),法律出版社2007年版,第104~106页。

⑤ "回过头来反思到出发点",并不是回溯事物或事件的历史发展轨迹,而是胡塞尔针对人们始终受到近代自然主义的科学思维习惯的纠缠,习惯于"直向思维""外向性思维"的特点,而提出的有些类似小孩子的直观感,建立一种可直观性、可体验性,即"明证性"的理论。参见邓晓芒:《胡塞尔现象学导引》,载《中州学刊》1996年第6期。

⑥ "朝向事物本身"又称"回到事情本身",即回到直接自明、不可怀疑的东西,是胡塞尔为现象学的方法提出的一个基本原则。他认为:"合理地或科学地判断事物,这意味朝向事物本身(sich nach den Sachen selbst richten),也即从言谈和意见回到事物本身,追问它的自身给与(Selbstgegebenheit),并清除一切不合事理的先入之见。""朝向事物本身"是现象学的一个口号。它意味着现象学要从事物本身出发寻求真理。为此,要对事物本身进行如实描述,要去除各种各样的偏见和成见,要把原先已经形成的各种观点和评价放在括号中悬置起来,并时刻提防自己作出超越事物本身的各种判断,即要进行"现象学的还原"。参见张庆熊:《"朝向事物本身"与"实事求是"——对现象学和唯物论的基本原则的反思》,载《哲学研究》2008年第10期。

"悬置"[①]了什么？笔者拟将犯罪构成问题置于现象学社会学的视域研究检视，以期求得其本来的意义与原形。

二、犯罪构成的法律之维

法律之维意义上的犯罪构成，其实质就是一种刑法规定的规范类型，彰显的是犯罪构成的刑法法定性。[②]

从作为一种法律规范类型看，犯罪构成就是刑法规范规定的犯罪成立或成立犯罪的一系列条件或曰要素。刑法规范在具体规定犯罪成立条件时，根据罪刑法定原则的要求，是需要具体描述的。刑法规定了多少种犯罪，必然就存在多少次或多少遍描述，而如何对这些犯罪进行描述以及采用何种方式进行描述，则是需要程式要求的。所以，犯罪构成对犯罪成立条件的描述往往是被规范格式类型化的，犯罪构成就是隐含在刑法规范条文中的关于犯罪成立条件的一种规定模式，是刑法规范中的一个概念类型。从现象上看，犯罪构成主要表现为通过罪状承载的确定犯罪成立基本标准或规格的刑法规范，并具有一般刑法规范的功能，但在立法描述形式上，相比其他一般刑法规范则呈现出某种格式类型化特征（特别是在刑法分则的条文中）。

（一）犯罪构成共同要件规定与个别要件规定

犯罪构成分别被规定在刑法总则与刑法分则的条文中。构成犯罪成立的共同要件被规定在刑法总则规范中，构成犯罪成立的个别要件被规定在刑法分则规范中。这业已基本上成为各国刑法典通行的立法惯例。

以我国刑法典为例：《刑法》总则关于犯罪构成共同要件的规定，主要体现

① "悬置"（epochè），即一般"现象学还原"。胡塞尔认为要返回到明证性，第一步便是对一切事物的存在进行"悬置"，将其放入"括号"中存而不论（加括号），即用"悬置"概念把对世界实在的信念放入括号内存而不论，"被悬置的东西并未被否定，而只是被看作处于'事情本身'之外，为了事情的纯粹性而不必谈或不应混入"（参见邓晓芒：《胡塞尔现象学导引》，载《中州学刊》1996年第6期），并以此作为克服自然观点错误（自然观点的根本错误是混淆自然科学对象和社会科学对象之间的本质差异）的手段。胡塞尔的悬置则是最普遍、最彻底的，一切事情的存在都在被悬置之列。舒茨借用了胡塞尔的这一概念，提出"自然态度的悬置"。但其用意不同于胡塞尔，即并不是把对外部世界及其客体的信念存而不论，而是把对这个世界的怀疑"悬置"起来存而不论，以便社会科学研究者更接近于生活世界本初的、最高的实在，从而理解这个由多重实在组成的日常世界的意义结构。笔者所使用的"悬置"一词，是舒茨意义上的"悬置"概念。

② 在这个层面上，各国刑法中的犯罪构成是具有共同性的，即犯罪构成作为刑法规范的共同性，差异性主要表现在对"犯罪构成"描述的技巧使用及技术处理上，但这不涉及犯罪构成的法定性问题。

在第二章犯罪部分,包括了从《刑法》第13条到第21条以及第30条、第31条的规定,涉及了侵害法益、罪过、行为、主体等内容,集合了一般犯罪形态犯罪成立的共同要件及排除条件。其中《刑法》第13条、[①]第14条、第15条、第17条、第18条(第2、3、4款)、第19条、第20条(第2款)、第21条(第2款)、第30条、第31条,主要规定了犯罪成立的共同要件或称能够构成犯罪成立的基本条件;第13条、[②]第16条、第18条(第1款)、第20条(第1、3款)、第21条(第1、3款),主要规定了犯罪成立的排除条件或称能够排除犯罪成立的特别事项。除此之外,《刑法》第22条至第29条的规定,所涉及的内容构成了特殊犯罪形态,即犯罪未完成形态及共同犯罪形态犯罪成立的共同要件。所以,刑法总则规定的犯罪构成基本上都是有关构成犯罪成立的共同要件或排除犯罪成立的特别事项。规定构成犯罪成立的共同要件是犯罪构成法定性的常态,而规定排除犯罪成立的特别事项则是犯罪构成法定性的例外。[③]

刑法分则关于犯罪构成个别要件的规定,相比总则犯罪构成共同要件规定的复杂抽象而言,则简单具体得多。一是内容规定单一,只规定一般犯罪形态中构成个别犯罪成立的个别要件,不涉及特殊犯罪形态中构成个别犯罪成立的特殊要件及排除个别犯罪成立的特别事项;二是格式统一简约,犯罪构成表现为通过罪状承载的确定个别犯罪成立基本标准或规格的刑法规范。"罪状是具体犯罪构成的'住所',犯罪构成是罪状描述的对象,任何一个犯罪构成都必须有特定的罪状加以规定。"[④]或许可以这样表述为,具体个罪的犯罪构成是身体,罪状就是穿在身体上的衣服,衣服与身体可以浑然一体,但却不能彼此混同。[⑤]而且,体型不同,对服装款式的要求亦有所区别。我国刑法对具体个罪犯罪构成的描述方式可以分为四种情况,即简单罪状、叙明罪状、引证罪状、空白罪状,

---

① 《刑法》第13条中的"一切危害国家主权、领土完整和安全,分裂国家、颠覆人民民主专政的政权和推翻社会主义制度,破坏社会秩序和经济秩序,侵犯国有财产或者劳动群众集体所有的财产,侵犯公民私人所有的财产,侵犯公民的人身权利、民主权利和其他权利,以及其他危害社会的行为,依照法律应当受刑罚处罚的,都是犯罪"部分。

② 《刑法》第13条中的"……但是情节显著轻微危害不大的,不认为是犯罪"部分。

③ 任何事物内部从其本性而言,实际上都具有互相对立的两面共同存续或互相融合性,犯罪构成当然也不会例外。犯罪构成不仅是入罪的衡量标准,也是出罪的衡量标准。

④ 陈兴良主编:《刑法各论的一般理论》,内蒙古大学出版社1992年版,第178页。

⑤ "罪状在刑法条文中只是犯罪构成及其要件的一种表现形式,而不可能替代犯罪构成本身。"参见肖中华:《我国刑法中犯罪构成概念的再探讨——为犯罪构成"法定说"所作的论证》,载《法学评论》1999年第5期。

通过这四种描述方式,分别对所规定的各种犯罪的犯罪成立要件进行了具体描述。每种不同的罪状如同不同款式的衣服,分别适合不同体型的犯罪构成描述要求。[①]

(二)犯罪构成描述规定与评价规定

如何在刑法中规定犯罪构成共同要件及犯罪构成个别要件,主要是如何通过立法技术彰显罪刑法定原则的问题。也就是说,如何将日常生活语言切换成法律语言,并力求以明确的方式、严密的逻辑、准确的描述,来表达成立犯罪或成立某罪所需要具备的基本要件,以及排除成立犯罪的特别事项。如何对这些成立犯罪的基本要件以及排除犯罪的特别事项加以规制,刑法是通过对犯罪构成的描述规定与评价规定来体现的。

"法律是透过语言被带出的。"[②]然而,"法律的专业语言,不是一种科学语言,因为它的语法及语意不是建立在一种清楚的规则之上"[③]。刑法对犯罪构成的描述规定,即是通过对语言的组织运用,对成立犯罪或成立某罪所需要具备的基本要件,以及排除成立犯罪的特别事项所涉及的诸要件要素或事项明细,尽可能"以明确的方式、严密的逻辑、准确的描述"进行法典化记述。如我国《刑法》第264条有关盗窃罪的规定,从法典化记述的角度看,将构成盗窃罪成立的基本要件表述得既清楚又明确,因为这是罪刑法定原则的基本要求,这种描述性或记述性规定,显然主要表现为语言现象或表达技巧问题,从这一侧面看,刑法对犯罪构成的规定,是纯粹的且类型化的有关犯罪成立或排除犯罪成立基本事实的描述。

由于"语言是法律发生作用的媒介。这种媒介的性质对法律目标的实现和实现程度有着重要的影响"[④]。刑法对犯罪构成的规定仅是一种纯粹的、作为一种语言现象或表达技巧的描述性规定,显然是不可能的。规范不是因为语言而成为规范,规范的意义在于通过语言而承载的评价。刑法对犯罪构成的评价规

① 通过简单罪状描述,如《刑法》第232条故意杀人罪的规定;通过叙明罪状描述,如《刑法》第182条操纵证券、期货市场罪的规定;通过引证罪状描述,如《刑法》第124条破坏广播电视设施、公用电信设施罪的规定;通过空白罪状描述,如《刑法》第340条非法捕捞水产品罪的规定。参见高铭暄、马克昌主编:《刑法学》(第3版),北京大学出版社、高等教育出版社2007年版,第357~358页。

② [德]考夫曼:《法律哲学》,刘幸义等译,法律出版社2004年版,第169页。

③ [德]考夫曼:《法律哲学》,刘幸义等译,法律出版社2004年版,第174页。

④ [美]布赖恩·比克斯:《法律、语言与法律的确定性》,邱昭继译,法律出版社2007年版,第1页。

定,是隐含在犯罪构成的描述规定中的,有关犯罪行为违法性评价和责任性评价的法典化记述。又如,我国《刑法》第264条有关盗窃罪的规定,在将构成盗窃罪成立的基本要件表述得既清楚又明确的语词中,隐含着刑法对构成盗窃罪的要件事实的价值评判。“盗窃公私财物,数额较大的,或者多次盗窃……”规定,实际上在描述构成盗窃罪的要件事实[如“盗窃”(隐含着故意未经他人同意而擅自取走)、“公私财物”(隐含着擅自取走的不是自己的财物而侵犯了他人的财产权)、“数额较大的,或者多次盗窃”(隐含着擅自取走的他人财物之数量多少会影响取走行为的性质)等事实]的同时,也对所描述的这些事实背后所隐含的违法和责任进行了评价。所以,从刑法条文有关犯罪构成规定的实际现象上看,刑法规范对犯罪构成的描述规定与评价规定,或者说事实描述与价值评判是纠缠在一起的。

三、犯罪构成的理论之维

理论之维意义上的犯罪构成,其实质就是一种为分析解读规范的犯罪构成以及司法裁判如何适用规范的犯罪构成而建构的理论模型,①彰显的是犯罪构成的理论工具性。

从作为一种理论建构模型看,犯罪构成就是关于规范的犯罪构成的理论分析工具,以及指引刑事实践如何将规范的犯罪构成适用于具体案件裁判过程的司法裁判方法。如何对刑法规范依据罪刑法定原则的要求而描述的若干种犯罪类型进行解读以更好地适用于司法实践,显然只有机械而个别的语词注释是不够的,还需要具有整体性且有逻辑的规范分析。“犯罪构成理论,(就)是对刑法规定的犯罪成立必须具备的基本条件进行系统归纳和分类的结果。”②但它是根植于司法裁判的过程而产生的,伴随着现代刑事司法的建立、发展、进步,并在刑法学家们的不断努力下而逐渐形成、完善起来的。经历了从中世纪意大利纠问式诉讼程序中使用的一个概念到20世纪初德国刑法学家将其运用到实体

---

① 冯亚东教授、胡东飞博士在其《犯罪构成模型论》(《法学研究》2004年第1期,第72~81页)一文中,提出了“犯罪构成是由立法者和刑法理论家在各自的工作领域而分别就同一事物所建构的模型说明”的观点。笔者使用的“犯罪构成模型”的含义与上述观点略有不同,本文的“犯罪构成模型”仅指作为一种理论分析工具的犯罪构成理论模型。作为一种刑法条文内容的犯罪构成不是一种模型,而是一种规范格式。

② 陈忠林:《现行犯罪构成理论共性比较》,载《现代法学》2010年第1期。

法中来方才真正形成构成要件理论的漫长过程。[①] 所以,犯罪构成理论不仅是通过对刑法规范规定的成立犯罪或排除犯罪的一系列条件或曰要素所涉及概念或类型的解构,[②]并在此基础上建构起来的有关如何解读刑法规范描述的犯罪成立要件的一种模型理论,而且还是指引刑事司法实践如何将刑法规范规定的成立犯罪或排除犯罪的一系列条件或曰要素,适用于具体案件裁判过程的司法裁判方法。

(一)犯罪构成理论模型概览

当今相对具有理论影响力的犯罪构成理论模型,主要有三个:①英美两层次模型。"英美犯罪构成理论结构是由犯罪本体要件(即刑事责任基础)和法律辩护事由(即责任充足条件)对合而成的双层次的结构体系。"[③]②德日三阶层模型。"德日犯罪构成理论结构是由构成要件的符合性、违法性和有责性组合而成的三阶层的结构体系。"[④]③中俄四要件模型。"中俄犯罪构成理论结构是由客体要件、客观要件、主体要件和主观要件等四方面组合而成的对称性的结构体系。"[⑤]当下,虽然中俄四要件模型在我国依然占据通说的地位,[⑥]但德日三阶层模型近几年开始受到相当一部分专家学者的青睐与痴迷。[⑦] 在我国当下犯

① 相关具体内容,参见马克昌:《比较刑法原理:外国刑法学总论》,武汉大学出版社 2002 年版,第 109~123 页;肖中华:《犯罪构成及其关系论》,中国人民大学出版社 2000 年版,第 2~28 页。

② 解构主义在 20 世纪 60 年代缘起于法国,解构主义领袖雅克·德里达不满于西方几千年来贯穿至今的哲学思想,对那种传统的毋庸置疑的哲学信念发起挑战,对自柏拉图以来的西方形而上学传统大加责难。解构主义及解构主义者主张打破现有的包括社会道德秩序、婚姻秩序、伦理道德规范以及个人意识上的秩序在内的单元化秩序,再创造更为合理的秩序。解构分析的主要方法是去看一个文本中的二元对立(如男性与女性、同性恋与异性恋),并且呈现出这两个对立的面,在事实上是互相流动并不可能完全分离的,而非两个严格划分开来的类别。通常结论就是,这些分类实际上不是以任何固定或绝对的形式存在着的。在这种解构模式基础上建构的概念或类型,大多具有对合性。

③ 储槐植、高维俭:《犯罪构成理论结构比较论略》,载《现代法学》2009 年第 6 期。

④ 储槐植、高维俭:《犯罪构成理论结构比较论略》,载《现代法学》2009 年第 6 期。

⑤ 储槐植、高维俭:《犯罪构成理论结构比较论略》,载《现代法学》2009 年第 6 期。

⑥ 这其中又可分为若干种不同的理论模型,在此不再细述。

⑦ 有的学者主张在吸收德日犯罪论体系的基础上重构中国的犯罪构成理论(参见周光权:《刑法总论》,中国人民大学出版社 2007 年版,第 104 页);有的学者甚至主张彻底放弃中国现行的犯罪构成理论,径直引进德日的"三阶层"犯罪论体系(参见陈兴良主编:《刑法学》,复旦大学出版社 2003 年版,"序言"第 1 页)。以上内容引自赵秉志、王志祥:《中国犯罪构成理论的发展历程与未来走向》,载赵秉志主编:《刑法论丛》第 19 卷,法律出版社 2009 年版。还有的学者"坚持一种渐进式探索的学术进路",在"将传统的四要件的犯罪构成体系改为三要件的犯罪构成体系"的基础上,"将犯罪构成的共同要件确定为两个:一是客观构成要件,二是主观构成要件。前者是违法构成要件,后者是责任构成要件"[参见张明楷:《刑法学》(第 3 版),法律出版社 2007 年版]。以上内容引自陈兴良:《构成要件的理论考察》,载《清华法学》2008 年第 1 期。

罪构成作为一种理论模型该何去何从的选择路径上,存在三种去向:维持、改良与重构。①

(二)犯罪构成理论功能叙述

犯罪构成理论的主要功能就是“瞻前与顾后”。②

所谓“瞻前”,就是如何为文本语词上解读刑法规范描述的犯罪成立要件,提供最佳的理论分析工具。所以,在这个层面上,我们看到的犯罪构成理论模型往往既是遵从规范的犯罪构成,又是超越规范的犯罪构成;既表征出规范的犯罪构成法定内容,又不拘泥于规范的犯罪构成要件形式。没有一个犯罪构成理论模型与其作为规范的犯罪构成规定,在成立犯罪的要件或条件上彼此可以是相互对号入座的,这也是作为规范的犯罪构成与作为理论的犯罪构成的区别之所在。③

所谓“顾后”,就是如何为司法实践中适用刑法规范描述的犯罪成立要件,提供最佳的裁判理论工具。所以,在这个层面上,我们看到的犯罪构成理论模型往往既来自实践并被发展的实践不断建构,又回归实践并在指导实践中不断完善;既能为刑法文本规范对接具体案件事实提供理论分析工具,又能为具体案件事实适用刑法文本规范提供裁判理论指导。没有一个既存的犯罪构成理论模型是完全符合刑事裁判实践需要的,否则理论就没有了发展的动力与源泉。犯罪构成理论模型只是为刑事司法裁判提供一个套路,至于刑事司法裁判过程是不是完全遵循这一套路,完全取决于这个套路是否能有效满足案件裁判

---

① 维持论:在对待我国现有的四要件犯罪论体系问题上,相当多的学者主张维持现状。但近年来,这一主张受到了来自改良论和重构论的有力挑战,正逐渐丧失强大的影响力;改良论:认为我国现有的犯罪构成理论存在一定的问题,但是这些问题并不是实质性、根本性的,可以通过一些局部的调整来加以改进,从而“我国犯罪构成理论不必重构”;重构论:认为我国现有的犯罪构成理论存在根本性的问题,局部的修修补补无济于事,必须对现有的理论体系进行重构,而重构的标本固然有多种选择,德、日的阶层式犯罪论体系则是较为理想的选择。参见付立庆:《犯罪构成理论体系改造研究的现场叙事——兼对一种改良论主张的若干评论》,载《法律科学(西北政法大学学报)》2009 年第 2 期。

② 关于犯罪构成的功能,冯亚东教授认为,“犯罪构成作为理论模型具有三大认知功能——进行条件列示、作出语义阐释和提供路径导向”。参见冯亚东:《犯罪构成功能论》,载《清华法学》2007 年第 2 期。

③ 作为规范的犯罪构成与作为理论的犯罪构成之间的区别,李洁教授在其《法律的犯罪构成与犯罪构成理论》一文中有很精辟的分析。具体内容,参见李洁:《法律的犯罪构成与犯罪构成理论》,载《法学研究》1999 年第 5 期。

的需要。①

可见,从犯罪构成理论功能的“瞻前与顾后”方面看,中俄四要件模型、德日三阶层模型、英美两层次模型具有共同性,没有谁是最完美的,只有谁在发挥自己的功能上表现得更好,而“表现得更好”,显然并不仅仅取决于犯罪构成理论模型本身的“学术潜质”或“理论素养”,能否契合文本解读的需求与案件裁判的需要,当然也是考量的重要指标。这也是犯罪构成理论模型之多、研究之热的一个重要原因。从另一个方面看,上述三种理论模型实际上,既可以相互解读彼此刑法规范所描述的犯罪成立要件,也可以相互作为彼此刑事司法案件裁判的指导理论。对此,彼此都可以对之采用拿来主义的态度,这也就是理论模型之所以被称为分析工具的意义之所在,亦即犯罪构成理论模型作为一种理论分析工具所具有的普适性价值。所以,我国犯罪构成理论争论不是关于哪种模型最好的问题,而是关于哪种模型最适合我国的选择性困惑问题。

四、犯罪构成的实践之维

实践之维意义上的犯罪构成,其实质就是一种刑事司法实践中具体案件事实如何适用刑法文本规范的裁判模式,彰显的是犯罪构成的实践裁判性。

从作为一种刑事司法裁判的方法看,犯罪构成就是连接刑法文本规范和具体案件事实之间的“媒介”或“桥梁”,为刑事司法提供了一种如何将具体案件事实与抽象文本规范进行对接,进而完成案件裁决过程的裁判模式。刑法归根结底是一种实践法,犯罪构成规范类型的意义以及犯罪构成理论模型的价值绝不会仅仅停留在文本或解读文本上,而它们更多的是被适用于刑法规范的实践运作过程中,进而形成犯罪构成的“实践套路”或“裁判套路”。

(一)犯罪构成裁判模式样态

犯罪构成作为一个概念形态,是以不同的表征样态存在于不同层面上的。

① 陈忠林教授曾说过:“在谈到即使在德国,司法实践中也不可能用‘三阶层’理论来认定犯罪时,我国台湾地区学者林东茂给我打了一个比喻。他说:‘三阶层’理论好比练武术时的武术套路,司法实践认定犯罪则是武林高手之间的实战;练习武术时应该按套路进行,但到江湖实战交手的时候,恐怕就谁也顾不上套路,只能见招拆招了。林东茂教授的这个比喻本意想说明这个理论的合理性。但我总觉得,这个比喻再好不过地说明了这样一个事实:司法实践要按照现有犯罪构成理论的逻辑顺序来认定犯罪,是根本不可能的!”参见陈忠林:《现行犯罪构成理论共性比较》,载《现代法学》2010 年第 1 期。笔者对陈忠林教授的这一见解甚为赞赏,故这里使用了“套路”一词。

法律之维的犯罪构成表征样态是刑法条文；理论之维的犯罪构成表征样态是构建模型；实践之维的犯罪构成表征样态是裁判惯习，①这种裁判惯习是通过司法过程中规范与事实之间的互构而表征的一种裁判思维与裁判操作模式。

司法裁判的入罪出罪过程，就是作为规范的犯罪构成（犯罪成立的法定要件）与作为事实的案件要素（具体案件的生活事实）通过互相建构对接成功或对接失败的过程。对接成功则成立犯罪，对接失败则排除犯罪。对接的规则或套路（作为刑事司法裁判思维与裁判操作的裁判惯习）存在于三段论逻辑推理大、小前提的建构与生成中，反映的是犯罪构成的裁判模式。

大前提建构与生成中的犯罪构成，表现为通过具体案件事实，去解读规范的犯罪构成中规定的成立犯罪的法定要件和排除犯罪的特定事项，以识别、明确其在本案中的意义；小前提建构与生成中的犯罪构成，表现为通过规范的犯罪构成中规定的成立犯罪的法定要件和排除犯罪的特定事项，对具体案件的生活事实要素进行相应的类型化、格式化剪裁、整理，以使其满足法定构成要件归类或涵摄的框架要求。可见，大、小前提建构与生成中的犯罪构成，首先具有对向共生性，案件裁判过程中的大、小前提是彼此建构，同时生成的；其次具有比对连接性，大、小前提建构与生成的过程也是彼此间对接成功或失败的入罪或出罪的裁判过程。

这一裁判过程实际上是一个“类型与被类型”的过程，即生活的案件事实被规范的犯罪构成要件类型与规范的犯罪构成要件被生活的案件事实再类型的过程。关于如何“类型与被类型”，作为一种理论分析工具的犯罪构成理论模型发挥了一定的指引作用，但因为这种“类型与被类型”是超越理论层面的“规范与事实”之间的互构，所以，这种“类型与被类型”不是或者说主要不是犯罪构成

---

① 惯习（habitus）是布迪厄实践社会学中的一个重要概念。何为“惯习”？“惯习这个概念最主要的是确立了一种立场（或者，如果你愿意，也可以说是确立了一种科学惯习），即一种明确地建构和理解具有其特定‘逻辑’（包括暂时性的）的实践活动的方法……在我对这一观念的使用和前人的各种用法之间，有着明显的差别。我说的是惯习（habitus），而不是习惯（habit），就是说，是深刻地存在性情倾向系统中的、作为一种技艺（art）存在的生成性（即使不说是创造性的）能力，是完完全全从实践操持（practical mastery）的意义上来讲的，尤其是把它看作某种创造性艺术（arsinveniendi）。”参见［法］皮埃尔·布迪厄、［美］华康德：《实践与反思：反思社会学导引》，李猛、李康译，中央编译出版社2004年版，第164～165页。这表明，布迪厄社会实践理论中的惯习，至少涵括以下几层意思：（1）惯习“是持久的可转移的禀性系统”。（2）惯习是与客观结构紧密相连的主观性结构。（3）惯习既具有个体性又具有集体性。（4）惯习具有历史性、开放性和能动性。具体内容，参见张心向：《在规范与事实之间——社会学视域下的刑法运作实践研究》，法律出版社2008年版，第314～317页。

理论模型的实践过程，实践的主体是“规范与事实”，理论模型由于和这一“规范与事实”之间分别存在某种上述“瞻前与顾后”的关联性，而被牵入这一实践过程中。因此，案件裁判过程中的犯罪构成，不是或者说主要不是按照理论的犯罪构成模型运作，[1]而有其自己的实践运作模式就成了一种必然会存在的现象。

所以，实践之维意义上的犯罪构成，作为一种裁判思维与裁判操作模式：①是以规范的犯罪构成（犯罪成立的法定要件）与作为事实的案件要素（具体案件的生活事实）为基础建构的有关具体个案成立犯罪或排除犯罪的一种模式。由于每个个案涉及的“规范与事实”有所不同，以及不同的裁判主体对这一“规范与事实”的解读也有一定差异，实践的犯罪构成模式会因个案不同而有所区隔，犯罪构成的规范类型与理论模型仅是提供了一个大致模糊的框架。②案件中的成立犯罪要件与排除犯罪的事项，同时建构，交互形塑，也就是说，既是成立犯罪的构成，也是排除犯罪的构成。③案件中的成立犯罪的违法要件与成立犯罪的责任要件，同时建构，交互形塑，也就是说，既是违法的犯罪构成，也是责任的犯罪构成。④案件中的成立犯罪的事实（形式）要件与成立犯罪的价值（实质）要件，同时建构，交互形塑，既是事实（形式）的犯罪构成，也是价值（实质）的犯罪构成。实践之维意义上的犯罪构成，作为规范与事实博弈对抗的游戏模式，其关注的显然不是亦如犯罪构成理论模型建构的平面性抑或层阶性问题，而是彼此通过对抗博弈，即在彼此互构形塑中能不能对接得上的问题。至于先从哪里开始对接，绝不会是理论模型说了算的，而是取决于具体案件的实际情况和刑法规范的立法状况以及裁判者的价值判断。

犯罪构成从法律到理论再到实践，其表征样态不断地被抽象化，从实践到理论再到法律，其表征样态又不断地被具体化。这大概就是犯罪构成的概念类型在不同场域的不断变异而给人们带来的最大困惑，同时也是它的最大魅力之所在吧！

（二）犯罪构成裁判模式功能

犯罪构成裁判模式的功能，就是将以静态形式存在的规范犯罪构成与主要以静态形式存在的理论犯罪构成动态化，使规范与理论在实践中获得继续生长的力量，具体表现为：

---

① 这也就是为什么作为记载描述裁判过程并由此得出裁判结论的判决书，在犯罪成立与否的问题上，很少有依据犯罪构成理论模型的逻辑结构进行论证的原因。

第一,弥补规范的犯罪构成要件或要素缺失。[①] 通过具体案件事实去解读规范的犯罪构成中成立犯罪的法定要件和排除犯罪的特定事项,以识别、明确其在本案中的意义的过程,就是将与本案有关的犯罪构成要件内涵及外延明确化并加以适用的过程,也是通过本案事实去创设缺失犯罪构成要件的过程。司法过程是寻找正当的个案裁判行动,并通过这一行动去发现针对个案的最合理的解决方式。作为超越刑法规范而创设的缺失犯罪构成要件,无论是对规范的构成要件的漏洞填补,还是对规范的构成要件空缺续造,都是与本案的案件事实相关的司法行为,因为只有将规范的犯罪构成要件置于具体案件事实之中,犯罪构成要件的漏洞与空缺才会有被填补和续造的需要。

第二,弥补理论的犯罪构成模型的实践理性不足。作为一种理论分析工具的犯罪构成,往往会较多地关注模型构建的精美与精致,在不经意间忽略了其应有的实践理性。除英美两层次模型理论(其"以排除合法辩护的形式来充实刑事责任条件,完成独特的犯罪构成模式,反映犯罪构成是动态的'定罪过程',而不仅仅是静态的'犯罪规格'"[②],因而具有"显著的实践性、简便性与动态性"[③])之外,德日三阶层模型、中俄四要件模型理论,实践理性均显不足。陈忠林教授从"基本逻辑、基本立场、基本前提方面的错误"[④]三个方面指出了这种不足。就基本逻辑的错误而言,"如果严格按照现有犯罪构成理论体系本身的逻辑,司法实践根本就不可能认定犯罪"。就基本立场的错误而言,"这些理论都是站在刑事诉讼法的立场上,而不是站在刑法的立场上来考虑认定犯罪的逻辑顺序问题"。就基本前提方面的错误而言,"到目前为止的所有犯罪构成理论,没有一个是建立在对行为及其构成要素的正确认识之上的"[⑤]。所以,陈忠林教授最后得出的结论就是:"司法实践要按照现有犯罪构成理论的逻辑顺序来认定犯罪,是根本不可能的!"[⑥]各犯罪构成模型理论的这

---

① 规范的犯罪构成,"立法者有些情况下只是凭着大体的感觉做出大体的规定,其具体的内容尚待于生活自然而然地将它展现,有待于法官和法学家们去努力地挖掘"。参见冯亚东:《刑法的哲学与伦理学——犯罪概念研究》,天地出版社1996年版,第136页。

② 储槐植:《美国刑法》(第3版),北京大学出版社2005年版,第36页。

③ 储槐植、高维俭:《犯罪构成理论结构比较论略》,载《现代法学》2009年第6期。

④ 陈忠林:《现行犯罪构成理论共性比较》,载《现代法学》2010年第1期。

⑤ 陈忠林:《现行犯罪构成理论共性比较》,载《现代法学》2010年第1期。

⑥ 陈忠林:《现行犯罪构成理论共性比较》,载《现代法学》2010年第1期。

些缺陷,[1]显然是由犯罪构成的“实践套路”或“裁判套路”来弥补的,否则,刑事裁判的过程显然就只有停滞了。

第三,形塑规范与事实互构中的犯罪构成实践模板。刑事司法实践中,围绕着以规范的犯罪构成(犯罪成立的法定要件)与作为事实的案件要素(具体案件的生活事实)之间的互构为中心而展开的裁判活动,具体化于一个个特定个案的裁判过程,呈现的是一种针对个案裁判的犯罪构成司法建构。如果将这些个案裁判的犯罪构成司法建构的日积月累的结果,即通过法官将犯罪构成的规范规定,在一定的犯罪构成理论指导下,在审理刑事案件过程中逐渐形成的其基于与某一类型或与某些特定的案件事实相关的如何进行具体适用的经验、技巧、规则等,无论采取何种形式记录或整理加以固定化,就形成了一种既不同于犯罪构成的规范类型,也不同于犯罪构成的理论模型的犯罪构成的实践模板。这一实践模板构成了作为一种裁判思维与裁判操作模式的实践之维意义上的犯罪构成的载体。

五、问题之总结

何为犯罪构成?犯罪构成实际上既是刑法文本中的一个法律规范类型,又是刑法理论中的一个理论建构模型,还是刑事司法中的一种实践裁判模式。由于对这一概念形态认识的主体间性不可避免,对犯罪构成概念的众说纷纭也就成为意料中的必然,但我们切不可就此莫衷一是。当我们“回过头来反思到出发点”,将犯罪构成“朝向事物本身”,并将之“还原”于本体之概念形态的时候,显露在我们面前的犯罪构成则是一个在多向度延伸、多层面存在的具有三维立体之美的概念形态。在以往的观察研究中,这一概念形态中的一个存在维度,即实践维度中犯罪构成的裁判模式,显然被我们“悬置”了,这也就是为什么在前述“问题之提出”部分,有关“犯罪构成概念”的界定以及“犯罪构成分类”,总给人以逻辑迷茫之感,把在不同维度或层面存在的概念现象,硬是置放在一个维度或层面,难免不会拥挤,而陡生茫然不知向何处去的困惑。

---

① 一般认为,我国刑法学体系整体(包括犯罪构成理论)“都是立足于静态描述犯罪,缺乏动态性地研究认定犯罪、归结责任、量定刑罚的相关理论内容”。参见高铭暄:《论四要件犯罪构成理论的合理性暨对中国刑法学体系的坚持》,载《中国法学》2009 年第 2 期。实际上,即便是德日犯罪构成理论,也仅是侧重于理论思维过程意义上的动态性,而不重视诉讼实践过程(控辩对抗)意义上的动态性。参见储槐植、高维俭:《犯罪构成理论结构比较论略》,载《现代法学》2009 年第 6 期。

从现象上明晰犯罪构成是一个以法律规范类型、理论建构模型、实践裁判模式三维立体结构形态存在的概念，一是可以超越目前犯罪构成问题研究中这三维的彼此纠结，让不同样态的犯罪构成在不同的维度或层面展现其不同的表征形态及价值功能；二是可以形象地研究犯罪构成这三种形态的彼此之间的互动关系，实现犯罪构成由相对的静态存在向相对的动态存在转型，让犯罪构成能更多地在实践过程中获得继续生长的力量。

犯罪构成不仅是逻辑的，也是经验的。

规范、理论、实践：犯罪构成之三维解构及互动问题研究

——以犯罪构成论在刑事裁判规范建构中的具体应用为视角*

目　次

* 天津市社会科学2010年度规划项目，项目编码：TJFX10。项目主要参加者：刘士心、杨文革、李颖、王强军。

五、结语

一、前言

何为犯罪构成？“关于犯罪构成的概念。中国刑法学关于犯罪构成的通行定义是：犯罪构成是刑法所规定的，体现和决定一行为的社会危害性及其程度，而为该行为成立犯罪所必需的一系列主客观要件的有机统一整体。根据这一经典定义，犯罪构成具有以下三个基本特征：其一，犯罪构成具有法律实定性……其二，犯罪构成具有价值承载性……其三，犯罪构成具有有机统一性……”[①]然而，日常生活世界中的一切，从本质上看都是具有主体间性的。犯罪构成也不例外。犯罪构成是学者建构久远的一个概念形态，而如今学者在回答什么是犯罪构成抑或犯罪构成到底是什么的时候，尽管有上述通行定义，却都不约而同地深陷困惑之中。对犯罪构成的解读充满了多样性。“关于犯罪构成的概念，在中国刑法学界并不是没有争议，除我们所坚持的作为通说的‘法律说’之外，关于犯罪构成的概念至少还有‘罪状说’、‘概念说’、‘理论说’、‘事实说’、‘法律＋理论说’以及‘法定说＋事实说’等诸多学说。”[②]“对犯罪构成可以从不同角度进行分类。”[③]联系国内外刑法理论，犯罪构成的分类通常如下：基本的犯罪构成与修正的犯罪构成；关闭的犯罪构成与开放的犯罪构成；单一的犯罪构成与复杂的犯罪构成；普通的、加重的以及减轻的犯罪构成。[④] 要回答犯罪构成到底是什么，显然需要我们“回过头来反思到出发点”，即如果将犯罪构成“朝向事物本身”会如何？将之“还原”于本体会是一个什么样的概念形态？我们在对犯罪构成的认识中，“悬置”了什么？[⑤]

进一步追问这些问题，我们就会发现：犯罪构成实际上既是刑法文本中的一个法律规范类型，又是刑法理论中的一个理论建构模型，还是刑事司法中的一种裁判实践模式，是一个在多向度延伸、多层面存在的具有三维立体之美的

---

① 高铭暄：《关于中国刑法学犯罪构成理论的思考》，载《法学》2010 年第 2 期。

② 赵秉志、王志祥：《中国犯罪构成理论的发展历程与未来走向》，载赵秉志主编：《刑法论丛》第 19 卷，法律出版社 2009 年版。

③ 张明楷：《刑法学》（第 3 版），法律出版社 2007 年版，第 104 页。

④ 参见张明楷：《刑法学》（第 3 版），法律出版社 2007 年版，第 104～106 页。

⑤ 参见张心向：《犯罪构成之三维形态解读——基于现象学社会学的思考》，载《法学杂志》2011 年第 4 期。

概念形态。[①] 在以往的观察研究中,这一概念形态中的一个存在维度,即实践维度中犯罪构成的裁判模式,显然被我们"悬置"了。从现象上明晰犯罪构成是一个以法律规范类型、理论模型、裁判模式三维立体结构形态存在的概念,一是可以超越目前犯罪构成问题研究中这三维的彼此纠结,让不同样态的犯罪构成在不同的维度或层面展现其不同的表征形态及价值功能;二是可以形象地研究犯罪构成这三种形态的彼此之间的互动关系,实现犯罪构成由相对的静态存在向相对的动态存在转型,让犯罪构成能更多地在实践的过程中获得继续生长的力量。对此,本研究报告拟在主持人原研究成果"犯罪构成之三维形态解读——基于现象学社会学的思考"[②]的基础上,围绕着刑事裁判中裁判规范的实践建构过程,进一步拓展对这一问题的应用性研究。

二、刑事裁判的两种思维模式

刑事司法裁判之思维模式,是概念思维还是类型思维,抑或两种思维兼而存之?

(一)概念与类型之间的关系

"概念"作为传统的认识世界的范畴,自19世纪以来,受到了来自"类型"的挑战。"类型作为一个范畴,在人文社会科学的研究中,日益得到人们的青睐。马克斯·韦伯将其引入社会学中,用来分析统治的类型;在心理学领域,荣格借助类型方法,对心理类型学说做出了重要贡献;而历史学家汤因也曾将人类的全部历史划分为26个文明类型;甚至在生物学、解剖学等自然科学学科中,也时常发现类型思考的踪影。"[③]"当抽象——一般概念及其逻辑体系不足以掌握某生活现象或意义脉络的多样表现形态时,大家首先会想到的补助思考形式是'类型'。"[④]这是因为"类型或者以此种方式,或者以彼种方式,或者同时以此种或彼种方式,较概念为具体"[⑤]。但界定何谓概念、何谓类型,却是一件极其困难

① 参见张心向:《犯罪构成之三维形态解读——基于现象学社会学的思考》,载《法学杂志》2011年第4期。

② 张心向:《犯罪构成之三维形态解读——基于现象学社会学的思考》,载《法学杂志》2011年第4期。

③ 梁迎修:《类型思维及其在法学中的应用——法学方法论的视角》,载《学习与探索》2008年第1期。

④ [德]卡尔·拉伦茨:《法学方法论》,陈爱娥译,商务印书馆2003年版,第337页。

⑤ [德]卡尔·拉伦茨:《法学方法论》,陈爱娥译,商务印书馆2003年版,第337页。

的事情。所以,人们往往就不再界定,而是常常引用康德的一句名言来表达概念与类型的关系,即概念没有类型是空洞的,类型没有概念是盲目的。

德国学者考夫曼在《法律哲学》一书中,将概念与类型之间的关系概括为以下几种情况:概念的可定义性与类型的不可定义性但可描述性;概念的封闭性与类型的开放性;概念的区隔性与类型的涵摄性。考夫曼认为,类型是建立在一般及特别间的中间高度,它是一种相对具体,一种在事物中的普遍性。类型与抽象一般概念相异,一般概念,透过一个有限数量独立的"特征"被加以"定义"(被限制),并因此——依康德的意思,与直观相对。类型在它与真实接近以及可直观性、有对象性来看,是相对的不可以被定义,而只能被"描述"。它虽然有一个确定的核心,但却没有确定的界限,以至于对于一个类型存在的特征"轮廓"或多或少有所缺少。这却会造成对于一定事实类型化的困难。概念(在这里一直被理解为抽象的一般概念)作为一种种类概念或分类概念是封闭的,而类型则是开放的。概念只认识一种区隔性的思考,而类型(次序概念、功能概念和意义概念)则相反地让自己在"或多或少"多样的真实中存在。①

法律亦是语言的艺术。当概念、类型与语词结合形成法律语言时,会是怎样?

"立法者的任务是对类型加以描述。而在此抽象的概念对于法律的建立就非常重要。概念给法律形式及保证的法律安定性,但是要将类型精确地描述是不可能的,描述只能够尽量靠近类型,它无法对最细微的细节加以掌握。"②"因为类型较抽象定义的概念在内容上更丰富、更人文、更有意义、更可直观性。由此可以看清法永远无法与法律相一致,因为它无法让自己在它具体内容上,在法律的观念中被包含。"③所以,"法律概念可以是被视为是用来以一种简略的方式辨识那些具有相同或共同要素的典型情形的工作性工具"④。"由于法律概念是人类语言的产物而非自然客体的产物"⑤,"我们语言的丰富程度和精妙程度还不足以反映自然现象在种类上的无限性、自然要素的组合与变化以及一

① 参见[德]考夫曼:《法律哲学》,刘幸义等译,法律出版社 2004 年版,第 192 页。

② [德]考夫曼:《法律哲学》,刘幸义等译,法律出版社 2004 年版,第 192 页。

③ [德]考夫曼:《法律哲学》,刘幸义等译,法律出版社 2004 年版,第 192 页。

④ [美]E. 博登海默:《法理学:法律哲学与法律方法》,邓正来译,中国政法大学出版社 2004 年版,第 501 页。

⑤ [美]E. 博登海默:《法理学:法律哲学与法律方法》,邓正来译,中国政法大学出版社 2004 年版,第 501 页。

个事物向另一个事物的逐渐演变过程”[1]。但是,“概念乃是解决法律问题所必需的和不可缺少的工具。没有限定严格的概念,我们便不能清楚地和理性地思考法律问题。没有概念,我们便无法将我们对法律的思考转变为语言,也无法以一种可理解的方式把这些思考传达给他人。如果我们试图完全否弃概念,那么整个法律大厦就将化为灰烬”[2]。由于“一个概念的中心含义也许是清楚的或明确的,但当我们离开该中心时它就趋于变得模糊不清了”[3],所以,“当人们形构和界定法律概念之时,他们通常考虑的是那些能够说明某个特定概念的最为典型的情形,而不会严肃考虑那些难以确定的两可性情形”[4]。

基于上述分析,笔者认为,在有关刑法规范的研究论域中:①规范语词不等于规范概念,但语词是概念的载体。②规范概念不等于规范类型,但概念是类型的母体;概念相对于类型是抽象的,类型相对于概念则是具体的;概念可通过类型被具体化,类型可通过概念被抽象化;基于概念可以演绎出类型,基于类型能够归纳出概念;概念组织是封闭式结构,类型组织是开放式结构。③概念借助语词描述类型;类型通过语词表达概念。④没有概念的类型与没有类型的概念都是不可想象的,但概念与类型并不是总能界分的。⑤就作为制定法的法律规范本身而言,严格区分其中的概念和类型是非常困难的,在很多语境中往往表现为既是概念又是类型,或者说既是类型又是概念。

(二)类型思维与概念思维之比较

有学者经过研究,认为类型思维至少涉及以下四个方面的关系:[5]第一,多数现象所具备的一种基本形式——作为一个种类或分类的本质形态;第二,典型——作为特殊个体的模范;第三,统一的建筑蓝图——作为各式各样个别形体的统一模型;第四,一种完全形态——作为较不明显的中间形态或过渡形态

① [美]E. 博登海默:《法理学:法律哲学与法律方法》,邓正来译,中国政法大学出版社 2004 年版,第 503 页。

② [美]E. 博登海默:《法理学:法律哲学与法律方法》,邓正来译,中国政法大学出版社 2004 年版,第 504 页。

③ [美]E. 博登海默:《法理学:法律哲学与法律方法》,邓正来译,中国政法大学出版社 2004 年版,第 505 页。

④ [美]E. 博登海默:《法理学:法律哲学与法律方法》,邓正来译,中国政法大学出版社 2004 年版,第 505 页。

⑤ 参见吴从周:《论法学上之“类型思维”》,载杨日然教授纪念论文集编辑委员会:《法理学论丛——纪念杨日然教授》,台北,月旦出版股份有限公司 1997 年版,第 299 ~ 303 页。

的标准。概念思维则是通过对事物本质的诠释和特征的描述表现,其目的是用语言将某一事物固定下来,从而使该事物区别于其他事物。可见,固定和区分是概念思维的基本特征。那么,类型思维与概念思维有何不同?一般认为,类型具有开放性(Offenheit)、意义性(Sinnhaftigkeit)、整体性(Ganzheitlichkeit)、直观性(Anschaulichkeit)特点。① 就具体而言:

首先,类型思维是一种开放式思维,具体表现在三个方面:②第一,类型的层级性,亦即一个类型之内可能会具有无数的层级依序排列。所以,类型思维不像概念思维是"非此即彼"式的,而是"或多或少"式的,即某特定类型中所包含的各个事例,依其具备核心特征的强弱不同,表现出层级性。如关于是不是"男人"或"女人"的思考是概念性思考,而关于有没有"男人味"或"女人味"的思考就是类型性思考。第二,类型边界的模糊性。正如拉伦茨所言:"一种类型相较于其他可比较的类型,并非界限固定;相反的,它仿佛是流动的:经由不同的强调重点的移动及特征的变化,它便转向另一类型。"③也就是说,概念是一种分离式思维,概念界限明确,相互分离;而类型是一种类比式思维,类型间界限模糊,且相互交融。第三,类型构成要素的不固定性。归属某类型的对象无须具备某些不可或缺的因素,而只需在整体上符合类型的外表图像即可,而概念则具有封闭性,须具备该概念的所有特征,才可归属于该抽象概念之下。

其次,类型思维是一种评价式思维。尽管类型与类型之间在过渡阶段缺乏明确的界限,从某一类型到另一类型显示出流动过渡的外表,但毕竟不同类型之间还是有区别的。那么,究竟是什么决定了不同类型之间的区别?当类型并非由固定的、绝对必要的要素构成,而是由不同要素弹性组合(其中欠缺若干要素而不影响类型构成)而成时,是什么建构了类型独特的整体图像?是类型的意义性。德国学者施特拉克认为:"是意义或者说是评价的观点,指出了法律上类型构筑的建构性因素;在此,经验的诸表象在一个规范性的尺度下被'总括视之'。"④"没

① Vgl. Leenen, Typus und Rechtsfindung, 1971, S. 34. 转引自齐文远、苏彩霞:《刑法中的类型思维之提倡》,载《法律科学(西北政法大学学报)》2010 年第 1 期。

② 参见吴从周:《论法学上之"类型思维"》,载杨日然教授纪念论文集编辑委员会:《法理学论丛——纪念杨日然教授》,台北,月旦出版股份有限公司 1997 年版,第 319 页。

③ Larenz, *Typologisches Rechtsdenkens*, in ARSP 34, 1940/1941, S. 20 – 21. 转引自吴从周:《类型思维与法学方法》,台湾大学法律研究所 1993 年硕士学位论文,第 29 页。

④ 林立:《法学方法论与德沃金》,中国政法大学出版社 2002 年版,第 128 页。

有重要性评价观点,类型无法被想象。"①类型之间因其所表达的意义和由此意义所决定的整体形象不同,而显现出差别。当我们判断某一对象归属某种类型时,必须借助于某种评价性观点进行价值判断,确定该对象是否与该类型具有相同意义性。相反,对于抽象概念思维而言,不需要进行价值评价,只要进行逻辑推论(涵摄)即可。

再次,类型思维是一种整体式思维。类型首先是一种具有弹性要素的有机组合、一种有意义的结构性整体。在该结构整体中,每一要素皆被联系于一个意义中心或精神核心,其功能与意义必须从整体出发,才能加以确定;同时,类型还是组成类型各要素之间相互依赖的有机组合,正是透过此种要素之间相互对流式的补充和限制的联系方式才得以认识整体。与类型的这种整体性相比,形成概念的要素虽非随意地并列存在,但它只是由要素累积性地连结成为"要素综合",该概念的意义范围原则上并不依赖于各个要素彼此之间的共同协力合作。

最后,类型思维是一种直观式思维。类型的意义性,决定了其无法用一个或固定几个具体的、容易被确定的必要构成要件来界定类型,各式各样的特征组合都可能从整体上表现出此种意义性。如何把握类型的意义性,只能诉诸直观感觉。正如学者林立所言:"对这个意义性,吾人的把握乃是诉诸一种'对意义性的直观',即我们无法靠着去看到并数出一个事物中拥有必要的构成要件特征来说'此物属于某一类型';而是去'直观'到一件事物其组合所'散发'、'营造'、'体现'的某种意义,来判别其所应归属的类型。所以我们的直觉宛如是对一个'图像'的把握,即一事物的所有元素作为一个'有机的组合结构体',仿似化为一'意义的图像'而被直觉地把握到;甚至我们在面对同样可以散发出这种'意义'的诸事例中,也直觉地把握、感知其程度上之比较级差别。"②而对概念的把握显然不需要此种直观,只需判断某一对象是否具备该概念所必不可少的全部要素即可。

由此可见,如果将类型思维与概念思维这两种不同的思维模式引入司法裁判过程,其结果就是法适用思维中必然会出现的由以注释概念含义为核心的逻辑涵摄思维模式,到以建构规范类型为核心的类比推理思维模式的转变。

---

① 吴从周:《论法学上之"类型思维"》,载杨日然教授纪念论文集编辑委员会:《法理学论丛——纪念杨日然教授》,台北,月旦出版股份有限公司 1997 年版,第 322 页。

② 林立:《法学方法论与德沃金》,中国政法大学出版社 2002 年版,第 129 页。

(三)从注释概念含义到建构规范类型

1. 以注释概念含义为核心的逻辑涵摄思维模式的法律适用缺陷

上述可见,概念思维用于法律的研究与应用,产生了注释法学或概念法学的思维方式。它强调法学概念的意义必须固定不变和保持法律体系的逻辑严密性,并将三段论式的演绎法作为其最主要的研究和分析手段。在把此种研究和分析手段运用于法律实践的过程中,它还附带地形成了以成文法为唯一法律渊源并反对在法律解释的过程中渗入价值、目的或利益等主观因素的观念。所以,我们长久以来所追求的规则之治,其实正是一种概念之治、一种形式理性的统治。因为这种形式化的法律具有极大的客观性、安定性与可预测性,因而能最好地限制国家权力和保障人权。概念思维的逻辑出发点是:如果制定法的"意义"尚需要法官来赋予,那么天赋的人权随时有被侵害的危险。"司法形式主义使法律制度可以像技术性的理性机器那样运行,因而,它能保证个人或团体在相对广泛的自由制度里活动,并使之可预料自己行为的法律后果。"①

可见,概念思维在司法裁判中,特别是在针对大前提的建构中,其功能主要是根据裁判案件事实的需要,通过基于规范的案件事实解释与基于事实的规范概念注释,在它们之间,即在文本规范与案件事实之间建立起某种逻辑涵摄关系,形成裁判规范对于裁判事实在概念内容上的涵摄包容状态。这种思维方式是单一的,其最大优点在于它能够较好地保持法律的稳定性和安全性。在法律关系比较简单、社会关系相对稳定的环境下,概念思维确实有其存在的土壤和实际需求。但随着社会关系形态的不断变化,新的生产关系、法律关系以及新兴的价值观念不断涌现,概念思维先天固有的局限性也就非常明显地暴露了出来,特别是作为司法裁判中概念思维表现形态的逻辑涵摄式思维,②其缺陷尤为

---

① [德]马克斯·韦伯:《论经济与社会中的法律》,[英]埃德华·希尔斯、[英]马克斯·莱因斯坦英译,张乃根译,中国大百科全书出版社 1998 年版,第 226~228 页。

② 逻辑学将涵摄推论理解为:"将外延较窄的概念划归外延较宽的概念之下,易言之,将前者涵摄于后者之下的一种推演……然而,作为法律适用基础的逻辑涵摄,并不是将外延较窄的概念涵摄于较宽的概念之下,毋宁是将事实涵摄于法律描述的构成要件之下,至少看来如此。"参见[德]卡尔·拉伦茨:《法学方法论》,陈爱娥译,商务印书馆 2003 年版,第 152 页。在司法裁判中规范与事实之间要形成涵摄,即要满足逻辑涵摄推理,需要具备以下条件:其一,必须以所有要素都可以被穷尽地定义为前提。其二,必须以法律规范或构成要件的意义清晰为前提。其三,必须以对事实进行必要加工为前提。事实如果不经过必要的加工,就无法被构成要件所涵摄。其四,必须以规范前提与事实的完全一致为前提。其五,规范与事实的对接绝非简单地推论,而是隐含着价值判断甚至是决断。参见杜宇:《刑法解释的另一种路径:以"合类型性"为中心》,载《中国法学》2010 年第 5 期。

明显。

首先,概念思维中的法律规范与案件事实之间的关系模式是封闭的单一涵摄模式,不足于涵括社会生活中规范与事实之间的千变万化、多姿多彩的关系形态。

概念是通过穷尽地列举所有特征来严格地定义。在对象与概念的关系上,只有两种可能性:要么对象充分地、逐一地满足所有特征,因而可以将对象涵摄于特定概念之下;要么对象在任意一个特征无法满足时,就无法被涵摄于该概念之下,便整个地、绝对地被排除在该概念之外。换言之,对象不是具备规定特征而得以适用该概念,就是不具备规定特征而不能适用该概念,绝无第三种中间可能。

在对象与概念的关系上,如果对象能够被概念涵摄,两者即被视为“同一”,如果对象不能被概念涵摄,两者即被视为“相异”。在此对象与彼对象的关系上,如果都能涵摄于特定概念之下,就被完全等同;如果此对象能够涵摄而彼对象不能涵摄,则被完全区别对待。质言之,在概念的世界中,只有“同”与“不同”,没有“类似性”可言。对此种逻辑形式,我们可称之为“非此即彼”的涵摄模式。在逻辑学上,这是一种典型的“单值逻辑”。要么“是”,要么“不是”;要么“符合”,要么“不符合”;要么“白”,要么“黑”。[①]

在这种思维方式下,“当经验所呈现给我们的对象特征,系经由可能的中间形态,不断连续排列且毫无明确界限地相互连接着时,科学的概念却欲依其功能描绘呆板固定的形式,而在流动过渡的地带划分明确的界限,因而导致根本无法适当地描述那些含有各种连续性的经验”[②]。“在这两种极端的可能性之间,存在着许多的中间层级。亦即,通常一种特征系以或多或少之程度归于某一现象。因此,以分类性概念来描述科学研究的经验现象,必然会对经验对象之层级性特征施加暴力。”[③]就裁判中的案件事实与法律规范的关系而言,这种情形尤甚,除规范与事实之间“完全匹配型案件”外,还存在着大量的“基本匹配型案件”及“部分匹配型案件”,[④]如果纯粹地基于这种概念思维方式,将会对这

---

① 参见杜宇:《“类型”作为刑法上之独立思维形式——兼及概念思维的反思与定位》,载陈兴良主编:《刑事法评论》第 26 卷,北京大学出版社 2010 年版。

② 吴从周:《类型思维与法学方法》,台北,台湾大学法律研究所 1993 年硕士学位论文,第 26 页。

③ 吴从周:《类型思维与法学方法》,台北,台湾大学法律研究所 1993 年硕士学位论文,第 26 页。

④ 关于“完全匹配型案件”“基本匹配型案件”“部分匹配型案件”的分类标准及类型样态,请参见张心向:《在遵从与超越之间——社会学视域下刑法裁判规范实践建构研究》,法律出版社 2012 年版,第 350 ~ 365 页。

些案件的处理,带来极大的困惑。

其次,概念思维中的"概念",是将抽象化思维的结果通过语言这一载体表达出来,而"法律是透过语言被带出的"①。语言与概念之间的空隙,在法律中必然存在,而导致在某些案件的裁判中具体案件事实与抽象文本规范之间,无法在语言表达的概念中找到恰当的对接点,而使规范不能完成对事实的涵摄。

一是概念思维下难以建立完美无缺的法律体系。概念法学极为推崇概念思维方式,期望借助于抽象化作业得出的概念为基石,去建构一个完美的法律体系——将大量彼此不同,而且本身又极度复杂的生活事件,以明确的形式予以归类,用清晰易辨的要素加以描述,并赋予其法律意义上"相同"者同样的法律效果。由于构成要件由抽象概念来表达,因此,只要案件事实具备概念的要素,法官即可毫不费力地将之涵摄于构成要件之下,并赋予其相应的法律后果。因而法官在裁判案件时仅仅通过形式逻辑的演绎,就可以为现实中所有的案件裁判提供正确答案。然而,我们语言的丰富程度和精妙程度还不足以反映自然现象在种类上的无限性和自然要素的组合与变化以及一个事物向另一个事物的逐渐演变过程。而且当人们形构和界定法律概念之时,他们通常考虑的是那些能够说明某个特定概念的最为典型的情形,而不会严肃考虑那些难以确定的两可性情形。也就是说,语言所能尽力表达的仅仅是概念的中心区域部分事物特征,在概念的边缘部分,再精妙的语言也无能为力,这一点,哈特早就已经说得很清楚了。所以,案件事实与法律规范对接发生在概念的中心地带,或许是很容易的,但如果发生在概念的边缘地带,以概念思维模式,就将无法应对。

二是概念思维易导致过度抽象的法律概念产生。"语言上的极端精确,其只能以内容及意义上的极端空洞为代价。"②法律语言越追求表达概念的精确化,法律概念就会越显示出意义上的空洞化。这是因为,"形成抽象概念,特别是那些抽象程度日益升高的概念,虽则很可以帮助提纲挈领(因为借助它们可以赋予大量极度不同的现象相同的名称,并作相同形式的规整),然而这些概念的抽象程度越高,内容就越空洞。为提纲挈领所付出的代价是:由——作为规整之基础的——价值标准及法律原则所生的意义脉络不复可见,而其正系理解

① [德]考夫曼:《法律哲学》,刘幸义等译,法律出版社2004年版,第169页。
② [德]卡尔·拉伦茨:《法学方法论》,陈爱娥译,商务印书馆2003年版,第17页。

规整所必要者”[①]。其结果是，“极端的抽象化经常切断意义关联，因最高概念的空洞性，其常不复能表达出根本的意义脉络，因此，抽象化常导致荒谬的结论”[②]。这是因为，抽象概念中的要素经常不能涵盖根据法律目的应包含的全部案件，或者反而将不应包含的案件涵盖进来。如果严格按照涵摄进行作业，则得出的结论有时可能会十分荒诞，从而抵触了法秩序的评价标准。在这个问题上，德国曾发生过能否把盐酸看作“武器”的盐酸案，[③]我国曾发生过自动取款机(ATM)是否属于“金融机构”的许霆案。实际上类似的问题在案件裁判过程中还很多。对于盐酸案，德国联邦法院最终的裁判中是将盐酸视为了“武器”，而对于许霆案广东省高级人民法院也在终审裁定中认定 ATM 属于“金融机构”。但这不是概念思维的裁判结果。因为如果是基于概念思维，其裁判结果可能正好相反，即会得出盐酸不能等同于“武器”、ATM 也不属于“金融机构”的结论。

最后，概念思维对隔绝与分离的追求，导致法律概念往往都是彼此独立的个体结构，以碎片式拼凑的方法来认识事物、认识社会，无法结构式、整体地把握生活事实，进而导致在案件的裁判中规范与事实的对接缺少了目的性的引导，使规范对事实的涵摄仅仅是一种形式要件上的满足。

概念思维坚持的是一种形式逻辑。也就是说，只要具备该概念的全部要素的事物，均可被涵摄于该概念之下。如此一来，在概念思维中，规范中所隐含的价值判断基本上被形式逻辑遮蔽。如何为妥当评价的问题，被如何为适度涵摄的问题替换，规范评价与目的论的生存空间被形式逻辑彻底榨干。当然，这并不是说，在概念形成的过程中不存在价值与目的之思考，而是说，一旦概念形成并被体系固化，价值观点就在概念要素的判断中“编码式”地被考虑，而在概念判断中，不允许再回溯至其背后的价值观点，不允许以所谓“目的论”的思考来突破概念形式的外衣。[④] 裁判完全抛开对规整背后的评价观点的“审视”，变成了对纯粹外在形式的“凝视”。这在典型的案件中或许还可以得出令人满意的结论，但是在一些疑难、复杂的案件中，其结论的客观性、合理性、公正性恐怕就

① [德]卡尔·拉伦茨：《法学方法论》，陈爱娥译，商务印书馆 2003 年版，第 332 页。

② [德]卡尔·拉伦茨：《法学方法论》，陈爱娥译，商务印书馆 2003 年版，第 333 页。

③ 参见[德]考夫曼：《法律哲学》，刘幸义等译，法律出版社 2004 年版，第 107 页。

④ 参见杜宇：《刑法体系构建的三种思路——兼论“类型”的体系形成功能》，载《浙江社会科学》2009 年第 7 期。

要大打折扣了。

可见,司法裁判中的概念思维,这种围绕着注释概念而展开的有关规范与事实之间的逻辑涵摄思维模式,在法律规范与案件事实“完全匹配型案件”的裁判中具有简洁、明晰、一目了然的优势。由于这种思维模式,完全排斥渗入价值、目的或者利益等主观因素的观念,把法律文本规范视为固定不变的大前提,在“基本匹配型案件”及“部分匹配型案件”的裁判中,如上所述的缺陷将逐渐明显显现,在“完全匹配型案件”裁判中所体现的形式理性的思维优势,在此却成了一种思维缺陷,从而导致在某些案件的裁判中丧失了对实质理性的应有考量。故而类型思维作为在一定程度上可以弥补概念思维缺陷的思维模式自然而然地就进入了司法裁判的视域,并引起人们的高度关注,而成为当今司法裁判中最为重要的一种裁判思维模式。

2. 以建构规范类型为核心的类比推理思维模式的法律适用优势

上述可见,类型思维用于法律的研究与应用,产生了规范分析法学及社会实证法学的思维方式。这种思维方式具有循环性和双向性特点。一方面,它是对抽象概念的进一步区分和演绎,表现为一种具体化的精细性。另一方面,它更是对生活要素和具体个案的提炼和归纳,表现为一种概括式的抽象化。这种中心明确、外延不加固定的相对包容性思维,比较适合于巨变时代社会中不断发展变化的各种情况。因而它不仅可以作为概念思维的辅助工具,在法律适用中,更是主导裁判者思维的一种思维方式。在很多情况下,法官都是透过法律概念去发现法律所欲规范的生活类型。而且,法官裁判的正当性与否,很大程度上取决于他能否准确把握法律所欲规整的生活类型。“法律上的类型是法律理念与生活事实的这个中间点,所有的法律思维最后都围绕在这个中间点上:亦即,它是规范正义与事物正义的中间点。它同时是暂时性现象的模范以及永恒性理念的模仿。它接收来自二者的光芒,因而一方面在内容上比理念要来的丰富而直观,另一方面在效力、思想与恒久性上胜过现象……立法者的任务便是去描述各种类型。而法官必须在法律规定的类型中把握生活事实。”①

类型思维在司法裁判中,特别是在针对大前提的建构中,其主要功能是基于裁判案件事实的需要,通过文本规范与案件事实的往返比对、反复校验,运用

① [德]亚图·考夫曼:《类推与「事物本质」——兼论类型理论》,吴从周译,台北,学林文化事业有限公司1999年版,第113~115页。

类比推理逻辑在规范与事实之间建构起彼此对应的类型关系,即在裁判规范与裁判事实之间形成一种推定等置状态。这种以建构规范类型为核心的类比推理思维模式,可以有效弥补以注释概念含义为核心的逻辑涵摄思维模式在法律适用中的缺陷。

首先,类型思维中的规范与事实之间的关系模式是开放的双向循环类比模式,可以最大限度地包容社会生活中规范与事实之间的千变万化、多姿多彩的关系形态。

法律文本规范形成的首要步骤是从纷繁复杂的社会事实中抽象出一定的事实类型,而在这一过程中最关键的乃是对组成要素的发掘,以及对组成要素间关系的恰当把握。在抽象出一定的事实类型之后,接下来便是在经验类型的基础上进一步予以法价值的加工,以便形成规范类型。这是一个逐步将"生活类型"转化为"规范类型"的过程,也是一个"法类型"的构建过程。在这一过程中,立法者不但要思考如何将纷繁杂乱的生活事实要素转化成规整且有秩序的法律构成要件,将"生活事实间的协作"转化为"法律要件间的合作",而且还必须在"实存"的前提下考量"当为",在"经验"的基础上加入"逻辑"。直言之,立法者必须基于规范性的特点来对生活事实的类型进行选择、加工和调整,并在这个过程中注入"价值"。正如考夫曼所言,"立法的成功与失败,端赖立法者能否正确地掌握类型"。[①] 而司法的过程则正好相反,"立法者试着尽可能精确地在概念中掌握典型的生活事实,惟判决则必须重新去打开显得过分被界定(被定义)的这些概念,以便能正确地评价生活现实;然而,透过系争概念被给予一个新的'被修正过的'定义(而这个定义,又因为生活现象的多样性,也只能多多少少满足一段长时间),又开始了一个重新循环的过程,一个永无止境的过程"[②]。所以,要想最大限度地包容社会生活中规范与事实之间的千变万化、多姿多彩的关系形态,司法裁判的思维必须是双向互动的,让文本规范向案件事实开放,使案件事实向文本规范开放,通过一个中间媒介,将两个被分离的不同层面的"客观存在物"关联在一起。这种思维就是类型化思维,这个媒介便是"类型"。类型成为一种介于"文本规范与案件事实"之间的联系,成为抽象与

① [德]亚图·考夫曼:《类推与「事物本质」——兼论类型理论》,吴从周译,台北,学林文化事业有限公司1999年版,第115页。

② 吴从周:《论法学上之"类型思维"》,载杨日然教授纪念论文集编辑委员会:《法理学论丛——纪念杨日然教授》,台北,月旦出版股份有限公司1997年版,第32页。

具体、普遍与特殊的中间点。作为一种“中介媒体”,“类型”不但能巧妙地将“文本规范”与“案件事实”联系到一起,而且“类型”由于其自身固有的“中等抽象程度”,也成为整个层阶体系中的一环。由此,体系呈现层次清晰的三层结构:文本规范、“类型”、案件事实。“类型”不但是整个体系中一个非常重要的实体层次,而且更构成了整个体系得以成立和沟通的连接要素和过渡安排。从文本规范到“类型”的思考,是一种演绎和细化的思考,是对抽象或空洞化的文本规范的进一步加工,并基于一定的价值需要为其提供实在的生活内容支撑。这在一定程度上可以回避有时仅使用法律概念来解释案件事实的“不着边际”之感;而从案件事实到“类型”的思考,则是归纳和概括的思考。案件的生活事实是断裂和缺乏意义联系的,它们只是一些孤零零散落的原子和碎片,需要逻辑线索和意义脉络的贯连。通过对具体个案的观察,以法理念及法目的为导向,对散乱事实予以价值性和规范性的加工,抽取和提炼出案件事实类型的基本轮廓,并将其事实要素与规范要件相对接,便形成了裁判意义上的案件事实类型。这个“类型”的外在表现载体,便是裁判规范与裁判事实,它们是这种类型思维的建构物。这种建构物可以有效地包容事物的多样形态,以及类型间的流动过渡以及边界的模糊性使其可以涵盖生活事件的过渡形式、混合形态以及各种以新形态出现的变化。这样,规范与事实之间就不再是一种逻辑涵摄关系,我们只能以一种较高或较低的程度,将它们进行比对式“归类”,使之“彼此密切”或“彼此区隔”。也因此,类型不再是一种“精确的”形式逻辑思维。类型具有模糊的外形和开放的结构,由于无法被精确地把握,它得以在面对社会生活的千变万化、多姿多彩时包容而自信。

其次,类型思维会兼顾法律概念的模糊地带和空洞区域,会从核心向边缘依次延伸、分层级地作流动性思考,建构起一种“类型谱系”或“类型系列群”。因此,即便裁判过程中某些案件事实是非典型的,法官在借助于某种整体性评价观点进行价值判断的基础上,也大多能够在组成事实的基本要素与规范的构成要件之间找到比对的切入点,以彼此间的“或多或少”的类型判断代替“非此即彼”的概念判断,从而缓解了裁判过程中普遍性规范与个别化事实之间的在很多情形下难以涵摄的紧张关系。它表现为:尽管类型本身已是一种体系建构,但通过建构“类型系列”,还可扩充构造类型中已经开始的体系形成工作。由于类型之间呈现出一种流动的过渡,因而若干个相近的类型就会呈现为体系状的“类型谱系”或“类型系列群”,从而增加了规范与事实各要素之间比对的波幅宽度,规范也就可以更多地融入生活事实要素,生活事实可以更多地从规范中找到与自己对应的因子。

在概念的模糊地带和空洞区域,能够把规范的某些要件与事实的某些要素关联起来思考的是作为事物被抽象概念化的规范基础之类型——事物之本质,①只有从“事物本质”出发进行思考,才可同时处于事实与价值之中,因为“事物本质”与外在类型有着内在的勾连。它们之间构成了某种“神”“形”关系。没有“事物本质”,个别事物之间便无法建立起价值性的连接,从而无由形成类型;没有“类型”,事物间的价值关联便难以获得直观的载体形式,从而无法被现实地把握。也就是说,要回溯到规范类型背后的意义核心,洞悉规范的本质,考察待决案件事实与规范类型所欲规整之典型事实在要素组合上或契合或背离,以事物本质为评判价值,衡量待决案件事实可否归类于规范类型。上述德国盐酸案中,德国联邦法院最终的裁判中是将盐酸视为了“武器”;在我国的许霆案中,广东省高级人民法院终审裁定中认定 ATM 属于“金融机构”。在规范的要件——“武器”与事实的要素——“盐酸”之间,以及在规范的要件——“金融机构”与事实的要素“ATM”之间,建立起某种关联关系的不是概念,而是作为“武器”及“金融机构”这种概念背后所隐含的这类事物的本质,而“盐酸”与“ATM”作为案件事实要素,基于一般生活经验判断,在案件的情境中符合这种事物的本质特征。

拉德布鲁赫曾言:“生活现象的认识只是一种流动的过渡,但概念却强硬地要在这些过渡中划分出一条明确的界限。在生活现象仅仅显得‘或多或少’的模糊地带,概念却要求必须做出‘非此即彼’的判断,因此,传统的概念式思维足

① 何谓“事物本质”,尽管各家说法不同,但意思却基本相同:在拉德布鲁赫(Radbruch)看来,“事物本质”是“生活关系的意义”。此种意义是“在存在中现实化的当为,在现实中显现的价值”;在迈霍菲尔(W. Maihofer)看来,“事物本质”是“存在与当为间的桥梁”,它同时是“既存事物与负有任务事物的建构”;在斯特拉腾韦特(G. Stratenwerth)看来,“事物本质”或“事物的逻辑结构”均是在某种特定观点下被凸显为重要的存在事实,它涉及“某一特定价值观点与对应事物间无法解开的关系”;在拉伦茨(Larenz)看来,“事物本质”意味着“同时是一个存有论与规范的构成要件:一种在存在意义中所具有的以及在存在中或多或少一直被现实化的当为”“一种在现存事物中负有任务的事物”。所以,一般而言,“事物本质”无非是一种特殊中的普遍、事实中的价值的现象。一方面,它并不是偶然性的现实或个别性的事物,而是某种重复出现的关系,即类型性的生活关系;另一方面,它兼跨事实与价值、存在与当为等不同领域,是从反复出现的事实中所抽象出的特定的意涵或价值观点。参见杜宇:《刑法解释的另一种路径:以“合类型性”为中心》,载《中国法学》2010 年第 5 期。

以瓦解并败坏生活现象的整体性。"[①]类型思维这种对事物本质的思考,可以在概念的模糊地带和空洞区域,建构层级不同的"类型谱系"或"类型系列群",通过"在事物中以灵智的慧眼穿过外表之相而把握'事物本然之理'"[②],去挖掘法律冷漠僵硬外表下的温情柔性,得到与生活贴切的裁判,拒绝荒谬结论的发生。

最后,类型思维结构性地思考裁判中的规范与事实以及它们之间的关系,这样既注意了它们各自的构成或组成要素,又关注了要素之间的组合能否体现出一种"整体图像",从而最大限度地保证了规范的相对确定性和稳定性,以及事实的相对固定性和明确性。当然,这一切离不开建构类型的评价标准或观点。

综上所述,类型是一种弹性要素的有机组合、一种有意义的结构性整体。在该结构整体中,每一要素皆被联系于一个意义中心或精神核心,其功能与意义必须从整体出发,才能加以确定;同时,类型还是组成类型各要素之间相互依赖的有机组合,正是透过此种要素之间相互对流式的补充和限制的联系方式才得以认识整体。所以,要素既是组成类型之部分,亦是决定类型功能与性质的关键所在。要素是类型中格外动态的、具有丰富可塑性的成分。如果其中原本若干要素消退,同时又有新的要素加入或居于重要地位,一种类型会交错地过渡到另一种类型。如果不限制类型思维的这种结构性思考模式,有可能会造成裁判中的规范与事实处于一种不能确定或固定的游离状态。这里面临的问题就是,"当类型呈现出不同要素的弹性组合状态,因而并不存在绝对必要的、不可舍弃的要素时,'类型',仍然得以维持的关键是什么"[③],以及"在对象能否归属于特定类型的判断中,是何种终局性的标准决定了类型的归属"[④](也就是说,类型得以维持的基础是什么)。前一问题,乃着眼于类型要素的组合关系;后一问题,则立足于对象与类型的归属关系。

依据拉伦茨所言,特定类型性的维持,其基础在于由要素以不同数目或强

---

① G. Radbruch, Klassenbegriffe und Ordnungsbegriffe im Rechtsdenken, 1938, S. 46. 转引自吴从周:《论法学上之"类型思维"》,载杨日然教授纪念论文集编辑委员会:《法理学论丛——纪念杨日然教授》,台北,月旦出版股份有限公司1997年版,第32页。

② 林立:《法学方法论与德沃金》,中国政法大学出版社2002年版,第138页。

③ 杜宇:《"类型"作为刑法上之独立思维形式——兼及概念思维的反思与定位》,载陈兴良主编:《刑事法评论》第26卷,北京大学出版社2010年版。

④ 杜宇:《"类型"作为刑法上之独立思维形式——兼及概念思维的反思与定位》,载陈兴良主编:《刑事法评论》第26卷,北京大学出版社2010年版。

度相结合所呈现出来的"整体图像"。同时,也正是此种"整体图像",在要素能否归属到特定类型的判断中,起着决定性的作用。也就是说,某一对象是否应归列于某一类型中,并非根据该对象是否包含了所有被视为无法放弃的特征来决定,而是取决于:是否被视为典型的重要特征以某种数目与强度存在,使得该对象在"整体上"符合类型的外表图像。在评述特定契约是否归属于特定契约类型时,他进一步指出,重要的倒不是个别特征的逐一吻合,具有决定性的毋宁是"整体形象"。①

规范类型主要是针对典型事实拟制的。所以,一般而言,典型事实是处于类型核心地带的事实,具有类型完全的特征;非典型事实由于处于类型的边缘区域,尽管其可能在某些特征上有所欠缺,或可能在特征的组合方式上有别于典型事实,但这丝毫不会改变其"整体形象",也不会影响其对特定类型的归属性。因此,类型外延的大致轮廓并非由典型事实所限定,而更多的是由边缘事实所形塑。由于类型内的事实乃呈现出某种连续性的排列状态,处于一种流动的过渡之中。所谓典型事实与非典型事实之分只是一种大致的、观念上的区分,相互间并没有绝然的界限。如果当非典型事实不断向边缘处扩散,以致跨入到另一类型的疆域内时,就无法再归入原本之规范类型。

问题是何种标准决定了类型的界限,是否仅仅是事物的"整体图像"?"整体图像"是一种客观建构还是一种主观建构?毫无疑问,"整体图像"相对于认识主体而言,首先是一种客观自在物,是客观生活经验的积淀之果,具有客观特质。但当非典型事实偏离典型事实时,即体现规范类型特定要素的因子逐渐弱化,或各要素组合结构形态或程度不足以体现规范类型特质,在对这一事实是否能归列于某一类型的判断中,"最为重要的标准,既非要素的表现程度,也非要素的组合形态,而是该对象是否在整体上符合类型的图像。进一步地,对于建构和维持类型的'整体形象'而言,评价性的观点可谓起到了关键作用"②。所以,从这个角度而言,"整体图像"又是一种主观建构物,是认识主体的主观评价的结果。正是在一定的评价观点之下,不同对象才得以结合为一个整体,在价值上被统一把握,并得以摆脱其形式上的差异与束缚,取得某种意义上的连

① 参见[德]卡尔·拉伦茨:《法学方法论》,陈爱娥译,商务印书馆2003年版,第343页。
② 杜宇:《刑法解释的另一种路径:以"合类型性"为中心》,载《中国法学》2010年第5期。

接。因此,是否能在特定的评价观点下被等置处理,就成为所有问题的核心。①

可见,司法裁判中的类型思维,使概念思维中规范与事实之间原本封闭、僵化、断裂的呆板涵摄关系,由于需要归类而必须彼此间对向开放、核心向边缘流动、整体与部分间协商,而获得了某种灵动的活力。这样在大前提的建构中,价值导向的思考方式得以确立,价值、目的或者利益等主观因素的观念得以渗入,同时面向生活现实开放的弹性思维,有利于使稳定、滞后的法律规范适应复杂多样的生活事实,为裁判规范建构中更理性地取舍、安排各种法源资料奠定了方法论的基础。当然,相对于概念思维,类型思维不仅在处理法律规范与案件事实"完全匹配型案件"时,轻车熟路,在"基本匹配型案件"及"部分匹配型案件"的裁判中,也会得心应手。从司法的实际状态看,类型思维类比归类式的思考往往被概念式的包容涵摄遮蔽。法官常常将一种本属正当的类型式论证宣称为一个事实上不能维持的概念式涵摄,似乎只有后者才具有真正的科学性,才能保证裁判的客观与公正,但实际上正是类型思维的这种特性,才使其在应对复杂案件的裁判时多了一份从容与淡定。

三、刑事裁判规范的逻辑证成

(一)裁判规范逻辑证成的模式

刑法裁判规范的建构过程,就是刑法文本规范与案件生活事实之间的互构过程。如何互构,以及通过互构形成何种类型的裁判规范,则取决于二者之间在形式上的对应关系,即匹配关系或匹配度。

郑永流教授认为,规范与事实之间适应与否及适应程度,大体包括五种情形:②①事实与规范关系相适应。它指对至今查明的事实有明确的规范标准可应用。②事实与规范关系相对适应。它意谓规范总体明确,但存在一定扩张或缩小及自由裁量的例外。③事实与规范关系不相适应。它指法律有规定,但存在较大扩张或缩小及自由裁量的例外。④事实缺乏规范标准。这是指事实要么属于法外调整范围,要么法律应作规定而未作规定,需法官创造法律。⑤事实与规范关系形式相适应实质不适应,如适用形式合理的法律会达到不能忍受的实质不公的程度,即依据形式推理得出的结果严重违背法律价值。如果将上

① 参见杜宇:《刑法解释的另一种路径:以"合类型性"为中心》,载《中国法学》2010年第5期。

② 参见郑永流:《法律判断大小前提的建构及其方法》,载《法学研究》2006年第4期。

述郑永流教授归纳的规范与事实之间关系的这五种情形,置于刑事案件的裁判中再进一步归纳分析,无非就是上述三种情形:一曰案件事实与刑法条文完全匹配型,即“完全匹配型案件”,这相当于上述郑永流教授认为的第一种情形;二曰案件事实与刑法条文基本匹配型,即“基本匹配型案件”,这相当于上述郑永流教授认为的第二种情形;三曰案件事实与刑法条文部分匹配型,即“部分匹配型案件”,这相当于上述郑永流教授认为的第三种、第五种情形。而郑永流教授认为的第四种情形,由于在形式上是绝对有悖罪刑法定原则的,所以在刑事案件的裁判过程中,比较鲜见。关系类型不同,彼此间互构模式也会有所不同,有学者认为,司法裁判中规范与事实的关系模式可概括为以下四种,推论关系、归类与涵摄关系、等置关系、评价关系。①

推论关系理论认为,事实与规范相结合三段论的推理模式是指先实施两个严格分立的、时间先后相继的行为(先客观中立地认定事实,再不带政治立场地寻找法律),然后以推论的方式作出判断。推论过程的完成首先要确立规则(多数是法律规则或原则,少数是道德或宗教原则),并且规则还应涵盖到其后的具体行为或事实;其次是事实,法官对案件事实的陈述应该能够证明自己的结论;最后是判断事实在规范中的重要程度,即判断案件事实是否符合法律规定,并作出判决。司法判断过程中运用的推论工具就是三段论,推论的过程与方法就是从已知的大前提(法律规则、法律原则)和小前提(法律事实)出发,将事实与规范结合起来,并通过推论推导出结论的过程。

归类与涵摄关系理论认为,法官适用法律,是先进行涵摄或归类,后进行推论。首先依照法律,判断作为案件事实的生活事实是否可归属于特定法律中的制度类型事实(是否符合法定的事实构成),如果符合,才能将案件事实与法律法规规定的法律后果之间进行“链接”,即对当事人之间的权利义务进行分配或裁决当事人胜诉或败诉。在事实认定中,法官的通常活动就是:从当事人所陈述的生活事实中找到一个法定的事实构成。换言之,法院将有争议的某个事实涵摄(归纳、吸纳)到法定的事实构成之下,如果这种涵摄是可能的话,那么就可以直接适用该法律规范的法律后果。在将法律规范适用于某一事实的时候,如果该事实完全满足该规范所规定的法定的事实构成,人们就称之为生活事实被涵摄于该规范之下,即将案件事实归属于一法规范的构成要件之下。

---

① 参见杨建军:《司法裁判中法律事实与法律规范的关系》,载《法制与社会发展》2007年第2期。

等置关系理论认为,法律中的判断模式主要有两类,即推论模式与等置模式。推论模式之不能,在于事实与规范之二分特点,事实要回答的是“真”或“假”的问题,属于知识范畴,而法律则要回答的是公正与否等法律意见问题,属于价值问题,从“是”中推导不出“应当”来。所谓等置模式,是指在法律适用中,沟通实然的个案事实与应然的法律规范,最重要的是形成法律判断,因为法律应用活动的主要特点就是判断,判断的方法与模式是将个案与制定法规范进行等置,即发现事实与规范意义的同一性。因为“当为”与“实存”、“价值”与“事实”并非截然分割的两个领域,而是不可分割的交织结构,在法律规范制定以前它们已经相互连接,所以在适用过程中,需将两者相互适应,使二者彼此相协调。司法裁判是先将事实与规范进行等置,再进行法律推论。

评价关系理论认为,可以运用价值对事实进行评价。法律事实与法律价值虽然不可能绝对分离,但是从一定意义上说,二者毕竟属于相对独立的认识领域,至少从法律事实的认定与评价的不同阶段来说,二者是各有侧重的认识活动,前阶段注重“事实是什么”的认定,其后则侧重于对已经认定的事实进行法律评价。从论述的逻辑上看,即使不能截然二分,也可以通过相对的分离叙述而更恰当地分别阐明事实认定与价值评价问题。法律适用从形式上看是逻辑三段论,但从实质上看则是对推理的大小前提进行评价,法律发现或对裁判的正当化的重心均在于价值判断上,源于法律是一个复杂系统,一个由概念、行为、价值相连的系统,法律规范自身也承载着一个社会的价值追求。单纯依靠涵摄方法不可能将事实归摄于法律规范构成要件之下。事实上,当我们将某种案件事实理解为该当法律构成要件所指涉的事实时,已经带有价值判断的性质,或者,其本身已然是一种评价性质的归类行为。

笔者认为,裁判中的规范与事实实际上分属于不同的存在层面,即分属于应然层面与实然层面、价值层面与事实层面。规范与事实之间能够“推论”,是以规范与事实之间存在涵摄关系为前提的;同样规范与事实之间能够“等置”,则是以规范与事实之间存在归类之可能为前提的,而“评价”必然始终伴随渗透于涵摄—推论关系与归类—等置关系的建构过程中。否则,彼此间的“推论”与“等置”就无法完成。规范与事实之间存在完全或基本上匹配关系的,裁判规范的建构往往比较简单,一般适用涵摄—推论模式即可;而规范与事实之间存在部分或基本上匹配关系的,裁判规范的建构往往比较复杂,必须适用归类—等置模式方可,当然这也并非绝对。规范与事实之间涵摄—推论关系的建立,主要是通过演绎推理完成的,而归类—等置关系的建立,则往往有赖于类比推理才能完成,二者又恰恰反映了刑事司法裁判中概念与类型两种不同的思维形式,当然由此建构的裁判规范的类型也会有所不同。

(二)简单裁判规范的逻辑证成

1.适用的思维方式——概念思维

简单裁判规范的建构遵循的是概念思维模式。这是因为,简单的裁判规范是在简单文本规范与简单案件事实互构基础上形成的一种裁判规范类型。从法源的视角看,简单的刑法裁判规范从形式上几乎可以等同于刑法文本规范,即其在建构过程中,法源材料主要是具备刑法规范性质的制定法法源,建构材质相对比较单纯。从规范与事实的关系视角看,通过基于规范的案件事实格式整理与基于事实的规范概念语义解释,在彼此之间,即在文本规范与案件事实之间就能建立起某种逻辑涵摄关系,形成裁判规范对于裁判事实在概念内容上的涵摄包容状态。特点是,不仅规范概念清晰具体,而且案件事实典型确定。所以,在规范与事实的关系上,如果事实能够被规范涵摄,两者即被视为"同一";如果事实不能被规范涵摄,两者即被视为"相异"。在规范与事实之间,只有"同"与"不同",没有"类似性"可言,由此形成了一种"非此即彼"的逻辑涵摄模式,要么"符合",要么"不符合",没有其他第三种现象,二者之间构成了封闭的单一涵摄关系。由于在案件的裁判过程中规范与事实的对接容易满足形式要件(只要具备该规范概念的全部构成要素的事实,均可被涵摄于该规范之下,而缺少了或者说不需要明确的目的性的引导),价值判断在这类裁判规范的建构过程中被最大限度地屏蔽而不容易被感知。这样,在简单裁判规范的建构中,刑法文本规范与案件生活事实之间必然会呈现出典型的三段论即演绎推理形式,或者说运用演绎推理方法在一般情况下就能够完全确立并证成裁判规范。

2.适用的逻辑方法——演绎推理

在大陆法传统中,基于对罪刑法定原则的推崇,演绎推理一直被奉为刑事司法的主导裁判方法,它被期望在帮助法官推导刑事判决的同时,又能限制法官恣意。"为了清扫法官的恣意裁判,同时亦为了使得法律推理具有科学客观性之品格,法官在判案时被要求排除个人情感与意志因素,通过一种不具个人色彩的、必然的推理方式来达到唯一正确的判决,形式逻辑三段论满足了这一要求”[①],而且“演绎形式的法律推理与从制定法出发的推理联系最为密切”[②],所以大陆法系法学家普遍把演绎推理奉为法律推理之核心方法,希冀能通过演绎推理来限制法官恣意,以保障刑事裁判的客观性。演绎推理是概念思维范式在司法裁判中的典型应用。

在演绎推理的三段论式裁判中,关键是大、小前提的建构,裁判结论是在大、小前提基础上的逻辑推论结果,即大、小前提之间存在何种关系,由此推导出的结论才具有逻辑上的合理性及裁判上的合法性。从大前提即裁判规范的建构视角看:

首先,刑法规范从概念上能够对案件事实形成涵摄可能。

郑永流教授对 Subsumtion 一词进行过考察,认为 Subsumtion 源于拉丁文 Subsumere(“置于……之下”)。中文译著中对其译名并不一致,译作“涵摄”“归摄”“归入”等。它是指把某东西置于另一东西之下,“归入”之译名反映了此含义。如《布莱克法律词典》对 Subsumtion 的动词形式 Subsume 解释为:对某一个案受制于某一般原则进行决断,将个案置于某一宽泛规则之下。[③] 所以,在司法裁判中涵摄关系的基本逻辑结构一般可以理解为:“将外延较窄的概念划归外延较宽的概念之下,易言之,将前者涵摄于后者之下的一种推演。然而,作为法律适用基础的逻辑涵摄,并不是将外延较窄的概念涵摄于较宽的概念之下,毋宁是将事实涵摄于法律描述的构成要件之下,至少看来如此。”[④]其具体逻辑涵摄的操作过程或“涵摄模型”可演示为:法律规范往往是这样被表达的,即凡符合构成要件 T,那么就应当赋予法律效果 R。只要构成要件 T 在某具体案件事实 S 中被实现,对 S 就应该赋予其法效果 R。假使特定案件事实 S 在逻辑上看来是 T 的一个“事例”,就可以认定构成要件 T 已经在 S 中被实现。因此,如果要知道对某案件事实应赋予如何的法律效果,就必须审查是否应该把这个案件事实看成构成要件 T 的一个“事例”,而因此可以归属于其下。如果这样,就可以由下列形式的三段论法推得法律效果:

---

① 朱庆育:《意思表示解释理论——精神科学视域中的私法推理理论》,中国政法大学出版社 2004 年版,第 22 页。

② [美]史蒂文·J. 伯顿:《法律和法律推理导论》,张志铭、解兴权译,中国政法大学出版社 1998 年版,第 50 页。

③ 参见焦宝乾:《三段论推理在法律论证中的作用探讨》,载《法制与社会发展》2007 年第 1 期。

④ [德]卡尔·拉伦茨:《法学方法论》,陈爱娥译,商务印书馆 2003 年版,第 152 页。

假使任何一个案件事实实现 T，则应赋予其法律效果 R（大前提）。

特定案件事实 S 实现 T。质言之，其系 T 的一个"事例"（小前提）。

对 S 应赋予法律效果 R（结论）。

一般把这个过程称为司法逻辑三段论的"涵摄"，其核心部分是一种逻辑的推论。推论模式可以概括如下：

T 借助要素 a、b、c 而被穷尽描述。

S 具有 a、b、c 等要素。

因此 S 是 T 的一个事例。

以抢劫罪为例。

以暴力、胁迫或者其他方法抢劫公私财物的，构成抢劫罪。

被告人实施了以暴力、胁迫或者其他方法抢劫公私财物的行为。

被告人构成抢劫罪——应当被"处三年以上十年以下有期徒刑，并处罚金"或应当被"处十年以上有期徒刑、无期徒刑或者死刑，并处罚金或者没收财产"。

在这个涵摄模型中关键性的因素是：大前提中的暴力、胁迫或者其他方法作为抢劫罪犯罪构成客观方面要件的行为要素，是一种抽象意义上的概念事实，而小前提中的"暴力、胁迫或者其他方法"，则是一种具体案件中的生活事实，表现形态五花八门、千奇百怪。在两者的比对过程中，案件生活事实中典型的"暴力、胁迫或者其他方法"，才会被规范中的"暴力、胁迫或者其他方法"涵摄。非典型的，即游离在"暴力、胁迫或者其他方法"核心概念边缘处的行为，如利用他人与包暂时分离的瞬间，以将门突然锁上的方法造成他人与包分离于门内与门外，使他人不能有效监管自己的包，而趁机将包抢走的，是否属于抢劫罪中的"暴力、胁迫或者其他方法"，或者说抢劫罪中的"暴力、胁迫或者其他方法"能否"涵摄"该案中的"这种抢包行为"，显然就不那么容易地得出结论。

所以，一方面，如果作为大前提的刑法规范概念模糊或抽象、部分刑法规范结构存在漏洞或空缺或刑法规范彼此之间存在矛盾或冲突现象；另一方面，作为小前提的案件事实为非典型性的案件事实，即不是精确地"按照刑法规定的构成要件或要素"发生的案件事实。也就是说，如果司法裁判中的大、小前提内部"不和谐"或彼此间"不和谐"，仅仅依靠演绎推理，就无法建构其有效的裁判规范，当然也就不能推导出合法并且合理的裁判结论。

其次，刑法规范能够与案件事实之间形成涵摄关系。

概念上存在涵摄可能，只是为演绎推理提供一种现实操作的基础，认为似乎只要大前提与小前提有涵摄关系,就可以必然推出结论,这只是看到了问题的表面,而核心或根本的问题是二者如何建立起这种涵摄关系。因为作为大前提的刑法文本规范提供的是价值判断的问题,其中不可能得出“是”什么的事实问题。相反,从案件生活事实的经验范畴也得不出“应该”怎么的价值判断,两者间性质不同,不存在着直接的逻辑推导关系,不能直接将案件生活事实涵摄于刑法文本规范之下,而必须在刑法文本规范与案件生活事实之间建立一个可以连接两者之间的“中转站”,才能使得概念上的涵摄变为现实中的涵摄。那么,这个“中转站”是如何建立的呢?

一般而言,刑事司法裁判中的演绎推理是分三个步骤进行的:

第一步是基于案件生活事实,寻找适用于待决案件的刑法文本规范,从而为演绎推理确定大前提。当法官对案件有了初步了解之后,他首先要做的就是寻找到能够适用于案件的刑法规范。这就是现代法学方法论上所称之找法活动,即在规范地处理一个具体案件时找寻所谓的“大前提”的活动。

第二步是形成案件事实,为演绎推理提供小前提。当法官初次接触案件时,案件生活事实表现为各种各样的证据,而且可能很凌乱,包含了很多根本没有法律意义的情节,而具有法律意义的情节可能反而没有被提供,而且整个案件事实是用普通的日常语言来表述的。这时的案件事实还不能成为演绎推理的小前提。为了使之成为演绎推理的小前提,法官必须对案件事实根据刑法规定的要件进行加工处理,除去不必要的情节,确定有法律意义的情节都有相应的证据证明,并对之进行刑法意义上的评价,用刑法语言表述出来。

第三步便是依据大、小前提推出结论。在进行上述刑法文本规范与案件生活事实的互构过程中,实际上大、小前提的内容已经发生了变化,刑法文本规范被案件生活事实解构后重构为裁判规范,案件生活事实被刑法文本规范结构后建构为裁判事实,接下来就要对两者的相互关系作出判断:如果作为小前提的裁判事实能纳入大前提的裁判规范之中,大前提中的法律后果就适用于该案;反之,就不适用。这显然不仅是逻辑推导的结论,也是价值判断的结果。如在上述三段论推理中,法官想要得出“被告人的行为构成抢劫罪”和被告人应当被“处三年以上十年以下有期徒刑,并处罚金”或应当被“处十年以上有期徒刑、无期徒刑或者死刑,并处罚金或者没收财产”的结论,必须充分证明案件事实中被告人的行为确实符合刑法规定的抢劫罪的犯罪构成要件以及特别规定的相应量刑条件,完成二者的对接匹配。

所以,从表面形式上看,演绎推理符合罪刑法定的定罪量刑以成文刑法规范为依据的要求,为罪刑法定主义的司法理念提供了得以实现的司法通道。同时,三段论的合理性还在于这种推理形式能够说明判决中的司法推理过程是由逻辑过程推导出来的,而非法官在运用自身的思考方式进行判断。① 法律如果要受人尊重,就必须提出理由,而法律论证要被人接受,就必须符合逻辑思考的规范。人们相信通过三段论可以推导出法律的正确答案,三段论推理依据系列前提和逻辑联系,得出了一个无可辩驳的结论,故三段论推理被认为具有合法性、合理性与客观性。但人们忽略了推理过程中的"中转站",即裁判规范与裁判事实的作用,是它们的存在使"价值与事实""应然与实然"不同层面之间的涵摄成为可能,并从概念意义上的涵摄转型到现实意义上的涵摄。其中,价值判断还是发挥作用了的,只是由于这类案件涉及的规范概念清晰具体,待决案件事实典型确定,不仅立法的价值蕴涵与司法的价值取向完全一致,而且依据的主要是刑法文本规范,不存在或较少存在其他法源因素的介入考量,刑法裁判规范与刑法文本规范基本上处于重叠状态,裁判过程中表现为一种对法条的绝对忠诚。这种情形下规范与事实的对接容易满足演绎推理的形式要件的要求,故价值判断在这类裁判规范的建构过程中被最大限度地屏蔽而不容易被感知。如果不是这样,如上述例举的将人与包先强行通过外力分离,然后再取得他人之包的行为,是否成立抢劫罪,推论显然就不会这么简单了。

3. 存在的案件类型——"完全匹配型"

显然,简单的裁判规范一般只会存在于如上所述的案件事实与刑法条文完全匹配型的案件的裁判过程中。如卡多佐在《司法过程的性质》一书中所描绘的第一类案件,案件事实与规则均甚简明,"争议的中心并非法律规则而只是对事实如何适用法律规则的案件"②,这些"案件只有一条路,一种选择……它们堆积成山,令人乏味"③或者说是我国学界以及实务部门一般习惯上认为的简单案件,即对查明的案件事实有明确的法律条文可适用,条文清楚明晰,事实确定明了,并且从一般概念内容及意义看,确定的案件事实被清楚的法律规范所明确涵摄,法官直接运用三段论式的逻辑方法就可得出结论。由于这类案件在刑

① See Eva Steiner, *French Legal Method*, Oxford University Press, 2002, p. 133.

② [美]本杰明·卡多佐:《司法过程的性质》,苏力译,商务印书馆 2013 年版,第 99 页。

③ [美]本杰明·N. 卡多佐:《法律的成长 法律科学的悖论》,董炯、彭冰译,中国法制出版社 2002 年版,第 34 ~ 35 页。

事司法裁判中占据了绝大多数,属于日常批发式的案件,且“堆积成山,令人乏味”,裁判这类案件就成了日复一日的工匠式机械劳作,而麻木了积极适用法律的感觉。具体而言,一是在裁判案件的过程中,往往感觉不到裁判规范与裁判事实的存在,刑法文本规范与刑法裁判规范、案件生活事实与案件裁判事实由于在形式上过于一致而发生重叠;二是文本规范的价值蕴涵与裁判规范的价值取向完全一致,而使裁判中的价值判断处于一种“无觉”状态。如此一来,演绎推理在裁判这类案件中的价值得到了最大限度的发挥,而成为经典式法律推理模式。

(三)复杂裁判规范的逻辑证成

1. 适用的思维形式——类型思维

复杂裁判规范的建构遵循的是类型思维模式。这是因为,相比简单的裁判规范,复杂裁判规范是在复杂的文本规范与复杂的案件事实互构基础上形成的一种裁判规范类型。从法源的视角看,复杂的刑法裁判规范法源材料不仅仅是刑法文本规范,还包括其他制定法法源材料以及非制定法法源材料,刑法文本规范只是其一,不是唯一,建构材料比较丰富而繁杂;从规范与事实的关系视角看,二者之间存在模糊、漏洞、空缺关系,仅仅通过基于规范的案件事实格式整理与基于事实的规范概念语义解释,在彼此之间,即在文本规范与案件事实之间尚不能建立起某种有机的逻辑联系,如三段论推理中大、小前提之间“非此即彼”的涵摄关系。对规范与事实之间复杂程度的解读,已经超出了概念思维的能力所及,而必须借助于类型思维方能拨雾见日。

类型思维超越概念思维的自我封闭,作为一种开放式思维,其思维类型的层级性、类型边界的模糊性、类型构成要素的不固定性等特征,为裁判过程中复杂的文本规范与复杂的案件事实之间的对接,拓展了可供比对的波幅宽度,即彼此可以对接的场域在类型思维下被拓宽了,一是可以最大限度地包容社会生活中规范与事实之间的千变万化、多姿多彩的关系形态,二是兼顾规范概念的模糊地带和空洞区域,在概念的核心向边缘依次延伸、分层级的流动思考中依次、依层去建构事实,同时事实亦可依“次”、依“层”去解构规范。这样一来,规范与事实之间建构起彼此关系的“类型谱系”或“类型系列群”,即使规范与事实的关系再复杂、再模糊,也大多能够在组成事实的基本要素与规范的构成要件之间找到比对的切入点。在这里,类型成为一种介于“文本规范与案件事实”

之间的关联纽带,成为抽象与具体、普遍与特殊的中间点。它可以有效地包容事物的多样形态和类型间的流动过渡以及边界的模糊性,使其可以涵盖生活事件的过渡形式、混合形态以及各种以新形态出现的变化。在概念的模糊地带和空洞区域,能够把规范的某些要件与事实的某些要素关联起来,思考的是作为事物被抽象概念化的规范基础的"事物之本质",只有从"事物本质"出发进行思考,将规范与事实拉入同一个层面,才可同时处于事实与价值之中,因为"事物本质"与外在类型有着内在的勾连。它们之间构成了某种"神""形"关系。没有"事物本质",个别事物之间便无法建立起具有价值性的连接,从而无法形成类型;没有"类型",事物间的价值关联便难以获得直观的载体形式,从而无法被现实地把握。以事物本质为评判价值,衡量待决案件事实可否归类于相应规范类型,正是在类型思维的这一环节,其他制定法法源材料以及非制定法法源材料通过价值评价而得以渗入。这样,规范与事实之间就不再是一种逻辑涵摄关系,我们只能在一定的价值导引下,以一种较高或较低的程度,将它们进行比对式"归类",使之"彼此密切"或"彼此区隔"。也因此,裁判中的类型思维不再是一种只要具备该规范概念的全部构成要素的事实,均可被涵摄于该规范之下的"精准的"形式逻辑思维,而是一种由于规范与事实之间存在归类可能而被"等置"的"模糊的"类比逻辑思维。这样,在复杂裁判规范的建构中,刑法文本规范与案件生活事实之间必然会呈现出类比推理形式,或者说复杂的裁判规范的建构在一般情况下,只有借助于类比推理方法才能够被确立并证成。在这种模式的建构中,价值导向的思考方式得以确立,价值、目的或者利益等主观因素的观念得以渗入。同时,面向生活现实开放的弹性思维,有利于使稳定、滞后的法律规范适应复杂多样的生活事实,并为裁判规范建构中更理性地取舍、安排各种法源资料奠定了方法论的基础。尽管从司法的实际状态看,这种基于类型思维将大、小前提间通过类比归类式思考建构的等置关系,往往被概念式思维中大、小前提之间的包容涵摄关系遮蔽,或碍于罪刑法定的形式要求而不被认可或不便承认,但实际上正是类型思维的这种特性,才使复杂的裁判规范得以证立。对于案件事实与刑法条文基本匹配型案件以及案件事实与刑法条文部分匹配型案件而言,只有借助类型思维,法院才得以完成裁判。

2. 适用的逻辑方法——类比推理

(1)类比推理的特点及其步骤

相比大陆法系中由于成文法的缘故而使演绎推理受到推崇,英美法系却因

“遵循先例”的原则而使类比推理得到重视。[①] 类比推理“是从特殊到特殊的推理,在技术上有别于从特殊到一般的推理。从至少两个实体中做类比就是要找出它们之间的一个或多个相似点。就是主张与一系列法律案情相应的法律结果也适用于另外一系列不同的法律案情,因为这两组法律案情之间有相似性。通过类比,我们可以推论出一个具有某种属性的案例也有其他属性”[②]。

类比推理是从两个事物 A 和 B 有若干共同属性,并且 A 还有其他属性,进而推出 B 也有这样属性的推理。类比推理的基本模式可表述如下:

A 事物具有属性 a、b、c、d;

B 事物具有属性 a、b、c;

所以 B 事物具有属性 d。

在这个公式中,A、B 指两个不同的事物对象。如果 A 对象有属性 a、b、c、d,B 对象也有属性 a、b、c,那么就可以推出 B 对象也有属性 d。d 称之为推出属性。类比的法律推理相对于一般的类比推理而言,会较多地受到法律制约,其法理依据是“等者等之”,即“相同之案应相同处理”的公平、平等原则。一般而言,其形式可大致概括为以下两种:

X 规则适用于 A 案件;

B 案件在实质上与 A 案件类似;

所以,X 规则也可适用于 B 案件。[③]

或:

具有约束力的先例 X 具有 a、b、c……n 属性,并且适用 R 法律原则;

经识别,待处理的 Y 案件也具有 a、b、c……n 属性;

所以,Y 案也应适用 R 法律原则。

---

① 我们应该注意的是,虽然如此,但在英美法系中,类比推理只是在形式上表现为先例的直接约束力,从表面上看似乎是案例到案例的类比。不过,如果运用比较法的眼光,就会发现判例法中所谓案例到案例的推理归根结底还是普通法规则和原则的运用,它们只不过借助判例的外衣形式,所以,演绎推理在英美法系中同样也受到重视。在司法裁判中运用类比推理的这个问题上,英美法系与大陆法系的区别在于,英美法系先由直观性判例建构抽象性规则,再由“被抽象为规则的案例事实”与案件生活事实类比,抑或二者同步进行;大陆法系则先有抽象规范概念具体规范类型,再由这些具体规范类型事实与案件生活事实类比,抑或二者同步进行。

② [美]鲁格罗·亚狄瑟:《法律的逻辑——法官写给法律人的逻辑指引》,唐欣伟译,法律出版社 2007 年版,第 110 页。

③ 参见沈宗灵:《法律推理与法律适用》,载《法学》1988 年第 5 期。

可见,应用于法律推理,类比推理具有以下主要特点:①

首先是从个案到个案的推理。类比推理是在两个或两类对象之间具有一定相似性的基础上进行的,是从个案到个案的一种独立的推理方式。无论据以类比的原型是单一的还是多数的,类比推理都是以类比原型和需要认识的对象之间的相似性为基础,强调对过去的尊重和服从,试图以过去的成功经验来解决当前的问题。所以,当前问题和过去事件具有相似性是类比推理的关键。寻找相似性的基本方法是比较。通过比较两个对象,经过理性分析,从而得出结论。如同一棵大树没有两片完全相同的叶子一样,"绝对不存在任何两个案件在所有的方面都相同"。所以,说两个案件相同,并不是说每个方面两者都是相同的,而只是说其中大多数或者说所有相关的方面是相同的。这样,法官就必须结合自己的经验判断出两个案件的相关方面到底是相似还是相异的。

其次是需要法官根据联想和经验进行推理。类比推理不是纯逻辑的思维,任何有价值的类比推理都与联想和经验分不开。人们之所以能根据两类事物或两个对象的某些属性相同或相似,就推知它们的另一属性也相同或相似,是产生于联想、想象等非逻辑思维因素基础上的。这种非逻辑思维因素并非自然而然地发生,它必须依赖于经验知识和科学知识的积累。"在认识客观事物的过程中,要能发现并抓住两个对象之间的相似性,并在它们之间进行类比,就必须在已有知识的基础上,借助于丰富的想象和联想才能实现。"②

最后是推导结论具有或然性的推理。类比推理并不是单纯的逻辑运作,相反,它是一种扩展性的认识活动。它根据两个或两类对象的某些属性相同,就推知其另一个属性也相同。显然,结论中的知识是前提中没有提供的,超出了前提已知的范围。仅仅根据两个或两类事物的某些属性相同或相似,就推知它们的另一个属性也相同或相似。但事实上它们的另一个属性可能根本就不相同,或者即使相同也只是偶然的巧合。因此,类比推理的根据是不充分的,它只是一种或然性推理。它不能保证在前提真的情况下结论必然真,前提的真实性只不过给我们提供了一些使我们相信其结论可能为真的理由,推理本身对结论不具有完全有效的证明力。

---

① 参见张心向:《在规范与事实之间——社会学视域下的刑法运作实践研究》,法律出版社2008年版,第413~416页。

② 雍琦:《法律逻辑学》,法律出版社2004年版,第289页。

所以,类比推理明显不同于从一般法律规范到具体案件然后再推出结论的演绎推理,而是从案件出发的推理形式,通过对判例的技术分析在判例与问题案件之间寻找一种实质的、相关的联系与区别,再按照一定的类比规则,从形式上推导出待决案件结论的过程。其中,类比规则或步骤对于最终得出的类比结论,就显得尤为重要。类比推理在司法裁判中的运用过程通常包括以下三个步骤:①

第一个步骤是识别一个具有权威性的基点。这个基点可以是法律明文规定的事项或者是具有权威性的判例。这实际上就是基于案件生活事实在文本规范中找法的过程。

第二个步骤是描述基点和目标案件之间在事实上的相同点和不同点。也就是说,将两个问题放在一起,寻找它们的相同点和不同点,只有通过比较和对比识别出所有看似有理的相同点和不同点后,才能对相同点还是不同点哪个更为重要,作出一个恰当的判断。当一个描述基点的事实情况与一个目标案件的事实情况相似到要求有同样的结果时,那么我们就要求依照判例或基点;否则,我们就要求区别判例或基点。这实际上就是把作为基点的文本规范概念事实与待决案件生活事实在形式特征上互相比对。

第三个步骤是对相同点和不同点的重要程度进行判断。判断重要程度,即判断是事实上的相同点重要,还是不同点更为重要,并因此决定是依照基点还是区别基点。这实际上就是依据法律目的进行判断的过程。

类比推理的适用过程表明了类比推理包含了形式规则和价值判断。其中,第一个步骤和第二个步骤是类比推理的形式规则,它们主要是根据类比推理的逻辑形式进行的;第三个步骤是类比推理的价值判断,因为在认定相同点或不同点谁更重要时,需要对法律规范的意旨进行整体性的综合考量,这是一个十分复杂的分析、比较、判断的过程。在这个过程中,法官个人的职业素养以及经验起着至关重要的作用,他必须始终遵循平等原则的要求,运用专业知识和经验,对是否相似作出最终认定。

(2)类比推理在裁判规范建构中的应用

类比推理在裁判规范建构中的应用,就是为刑法文本规范与案件生活事实

---

① 参见[美]史蒂文·J.伯顿:《法律和法律推理导论》,张志铭、解兴权译,中国政法大学出版社1998年版,第89页。

之间如何进行勾连比对提供方法论。以考夫曼对著名德国盐酸案的分析为例:①

X携带盐酸泼洒在一名女会计的脸上,进而抢走她的钱包。在德国联邦法院的判决中,所涉及的问题是:X是否犯了加重抢劫罪。根据行为当时有效的德国《刑法》第250条的规定,加重抢劫罪的构成是:"当行为人……携带武器实施强盗行为,而以武力或以武力胁迫,防止或压制他人反抗时"。因而,必须判断该案中使用的盐酸是否是一种武器。德国联邦法院肯定了这一点,并且引起了广泛的争议,直到后来立法者将德国《刑法》第250条修订为"携带武器或其他器械或方法实施强盗行为……"。那么,德国联邦法院是怎样将盐酸与武器等同处置的呢?照字面及可能的字义是不行的。体系解释也得不出这种结论,因为法律秩序中(德国《武器法》)没有任何一处将化学药品视为武器。事实上,德国联邦法院作出盐酸是武器的结论正是通过类比推理获得的:从抽象普遍的武器概念作为一种以攻击或防御为目的的技术工具可知,"武器"的类型是"武器本身有一些带来危险的成分"。然后,确定两个事实:

F1:步枪、手枪、大炮都是危险的,

它们都是武器,

这种武器比F2的"武器"更为众所周知;

F2:盐酸以这种方式使用(携带实施强盗)是危险的,

但这种"武器"不比F1的武器更为众所周知,所以它是否是一种武器尚有疑问;

需要对F1和F2往返比较,在比较中,

确立一个比较点R:所有的武器都是危险的;

最后得出结论:盐酸在"这种方式下使用"就是武器。

在案件事实与规范规定的归类比对过程中完成"等置",案件与规范是相互加工整理成型的。规范规定成为"符合存在的",案件事实成为"符合规范的"。并且规范规定逐渐变成比较具体的、接近现实的,案件事实逐渐变成轮廓比较清楚的,成为类型。类比是循环地进行的,它同时在案件、规范和结论中进行。在这个过程中,裁决盐酸案的裁判规范是这样建构起来的,即所有的武器都是危险的,步枪、手枪、大炮都是危险的,盐酸以"这种方式使用"是危险的。因此,

---

① 参见[德]考夫曼:《法律哲学》,刘幸义等译,法律出版社2004年版,第129~129页。

尽管盐酸是否在此是一种武器尚有疑问,尽管步枪、手枪、大炮这些武器的特性比盐酸的特性更为众人所知,但还是可以进行一种等同处理,即盐酸在此使用具有武器的危险特性,可以认为是一种武器。也就是说,虽然刑法典公布时还未曾出现盐酸这种“腐蚀性的化学药剂”,但是,作为一种能够“用以杀害及伤害人的东西”,盐酸在“生活事实”的本质上与传统概念下的“武器”并无两样,因而可以视为“武器”。

姜福东博士认为考夫曼在这个案件的分析中,犯了一个逻辑上的错误。他指出:“所有的武器都是危险的,并不能反过来说:所有危险的东西就一定是武器。的确,步枪、手枪、大炮是武器,它们都是危险的,其特性也是众所周知的。但是,这并不能推出:盐酸案中行为人使用的‘盐酸’就是武器,尽管其使用的方式同样是危险的。”①同时姜福东博士还认为,在这个问题上,朱庆育由于受到了考夫曼的误导而认为的:“枪”是不是“武器”,关键不在于“枪”本身,而在于“枪”被用于何种场合。如果“枪”被用于展览、玩耍,它与“武器”有何关联?进一步说,没有任何东西天然就是“武器”,同样,也没有任何东西必然不是“武器”。能否构成法律上的“武器”取决于待判断的东西是否在特定场合用于“武器”之途,也是“十分荒谬的认识”。②

在“盐酸在这种方式下使用可否视为武器”的问题上,存在两种截然不同的看法,由此引发的争议从德国蔓延到中国,从过去持续到现在。之所以如此,是因为类似问题在刑法文本规范与具体案件事实对接过程中遭遇的困惑最多,且往往判断不同,由此推导出的最终的裁判结论就会大相径庭。

那么,刑事司法裁判中,运用类比推理建构裁判规范,该如何操作,其逻辑合理性何在?

一是运用类比推理建构的裁判规范,是在复杂的文本规范与复杂的案件事实互构基础上形成的一种裁判规范类型。由于二者之间存在模糊、漏洞、空缺关系,通过基于规范的案件事实格式整理与基于事实的规范概念语义解释,在彼此之间不能建立起三段论推理中大、小前提之间“非此即彼”的涵摄关系,而不得已将它们进行比对式“归类”,使之“彼此密切”或“彼此区隔”,

---

① 姜福东:《类推的误用,抑或哲学诠释学之谬——考夫曼类推思维观批判》,载《环球法律评论》2010年第5期。

② 参见姜福东:《类推的误用,抑或哲学诠释学之谬——考夫曼类推思维观批判》,载《环球法律评论》2010年第5期。

进而以一种较高或较低的程度在规范与事实之间建构起一种因规范与事实之间存在归类可能而被“等置”的逻辑关系。

二是运用类比推理建构裁判规范体现的是一种类型思维。首先将与待裁判案件事实B相关联的规范概念事实A,细化成若干个构成要素M1、M2、M3、M4、M5,案件B内含有M2、M3、M4、M6、M7五点要素,相互比较就可发现A、B中有M2、M3、M4三点共同要素。如果说这三点要素在法律评价上对A、B均有重大意义,则可以将A、B归为同类。在上述著名德国盐酸案中,考夫曼的分析是典型的基于类型思维的类比推理;而认为考夫曼在这个案件的分析中,犯了一个逻辑上的错误的姜福东博士的分析,则是典型的基于概念思维的演绎推理,当然最终无法形成“携带武器或其他器械或方法实施强盗行为”这一规范概念事实对“携带盐酸泼洒在一名女会计的脸上,进而抢走她的钱包”这一案件生活事实的涵摄。如姜福东博士指出:众所周知,“枪”与“武器”是一种属种关系。“枪”是“武器”的种概念,“武器”是“枪”的属概念。被用于展览、玩耍的“枪”,也仍然没有超出“武器”这个属概念的外延范围,它为什么就不能算是“武器”呢?[①] 所以,基于这样一种封闭的概念思维模式,盐酸不仅在这种方式下使用不能视为武器,在任何形式下使用都不可能被视为武器。盐酸就是盐酸,武器就是武器,因为单纯从概念的内涵及外延上看,二者之间确实没有任何关联,不可能形成三段论式的逻辑涵摄关系。但如果从类型思维的角度看,就得出了考夫曼的上述分析结论。所以,运用类比推理建构裁判规范体现的是一种类型思维,不是概念思维,相应地在这种思维下的规范与事实的关系,也不是演绎推理中的大、小前提的关系,即不存在彼此之间的涵摄关系,存在的是一种等置逻辑关系,即彼此之间可以在形式上被归属同类,而在价值上被认可等置。

三是运用类比推理建构裁判规范的核心是规范中概念事实与案件中的生活事实在属性特征上的“相似性”判断。法律类比推理的合理性基础乃系公平、平等原则理念指导下“相似之案件,应为相同之处理”的法理。待决案件与法律已规整之“类型案件”的相似性问题是类比推理能否进行、推理充分与否和裁判

---

① 参见姜福东:《类推的误用,抑或哲学诠释学之谬——考夫曼类推思维观批判》,载《环球法律评论》2010年第5期。

结论允当与否的重要基础和前提。[①] 对于何谓“相似性”以及如何判断“相似性”,学者间的认识并不是一致的、统一的,存在分歧和争议。

德国学者关于“相似性”的认识主要有以下三种不同见解:[②]第一,构成要件相似说。该说以构成要件之间的比较为基础,如果法定案件类型与系争案件类型的相同内涵特征在法律评价上对两个案件来说都具有重大意义,则可认定两案具有相似性。在德国此说为通说。第二,实质一致说。该说认为,相似性的认定应视法定案件类型与待决案件事实间是否具有实质一致而定。但是,该说并未提出妥当认定何谓实质一致的标准。第三,同一思想基础说。该说认为,在思想基础上,如果系争案件事实与法定案件类型事实间具有“同一利益状态”或同具“基本思想”,则可认定二者间具有相似性。

德国法学家拉伦茨持第一种观点,他认为:“二案件事实彼此相类似,此意指:两者在若干观点上一致,其余则否。假使在所有可能的角度上,两者均一致,则两者根本就是相同的。有关的案件事实既不能相同,也不能绝对不同,他们必须恰好在与法评价有关的重要观点上相互一致。事实是否如此,不能仅凭一致及不一致等逻辑学上的基本范畴来决定,毋宁必须先澄清:在法定规则中表现出来的评价之决定性观点何在。接着是积极地确定:在所有这些观点上,待判的案件事实与法律上已规定者均相一致;然后是消极地确定:两者间的不同之处不足以排斥此等法定评价。因此,法学上的类推适用无论如何都是一种评价性的思考过程,而非仅形式逻辑的思考操作。法定构成要件中,哪些要素对于法定评价具有重要性,其原因何在,要答复这些问题就必须回归到该法律规整的目的、基本思想,质言之,法律的理由上来探讨。”[③]笔者赞同这种观点,即构成要件相似说,并认为:

第一,确定“相似性”比对的基点,即基于案件生活事实在文本规范中寻找

---

① 如德国法学家恩吉施认为,相似性是类比推理的支点,类比推理能否站得住脚取决于对相似性的认识如何,相似性终止之处,就是类比推理终结之时。参见[德]卡尔·恩吉施:《法律思维导论》,郑永流译,法律出版社2004年版,第178~180页。德国法学家魏德士认为,在类比推理中,“法律适用者的出发点是,待决利益状态与法律已规定的某个利益状态非常相似,以致立法对没有规定的事实情况也会作出相应的规定”。参见[德]魏德士:《法理学》,丁晓春、吴越译,法律出版社2005年版,第371页。英国法学家麦考密克则认为,推理的充分与否,依赖于新案件中的事实与先例中的有效事实的相似程度,而正是先例中的有效事实,构成了裁判规则和原则的合理基础。参见[英]尼尔·麦考密克:《法律推理与法律理论》,姜峰译,法律出版社2005年版,第188页。

② 参见黄建辉:《法律漏洞·类推适用》,台北,蔚理法律出版社1988年版,第110~112页。

③ [德]卡尔·拉伦茨:《法学方法论》,陈爱娥译,商务印书馆2003年版,第258页。

大致对应的抽象概念事实,从而建构起裁判规范的基础框架。

怎样才能获取“相似性”比对的基点,也就是所谓的“原型案件”呢?伯顿对此认为:“至少有7个背景因素可能包含着有用的基点:(1)制定法文字的通常含义;(2)适用同一制定法规则的司法判例;(3)无争议的假设案件;(4)由同一制定法中其他一些规则所支配的案件或情况;(5)与制定法相联系的历史事件或情况;(6)与法律制定同时期的经济和社会实践;以及(7)立法史。”①

就大陆法传统而言,最根本的“基点”,一般还是文本规范规定的犯罪成立要件的情形。从类型思维意义上,将规范概念核心到边缘依次建构起系列性的,从最为典型到比较典型,再到还算典型的若干规范事实类型,以及社会生活事实中经常存在及教材、学术论著中经常被列举的某些用来说明上述若干规范事实类型假设案件,往往成为法官头脑中既存的最常用的比对媒介。在刑法典规定的犯罪中,大多数都是普通犯罪,发生概率很高,无论在法官的头脑中还是在普通民众的头脑中,都能想象出这些犯罪的典型情况,比如杀人罪、盗窃罪、贩卖毒品罪等。所以,法官完全可以“凭借想象提出一些没有疑义的假设案件,由这些案件出发进行类比推理”②。刑法规范“本身可能暗示的那些假想性情境与当下个案间的比较”③是类比推理的有效方法。此外,我国最高人民法院和上级人民法院的标杆性案例,通常被当作比对的作为规范事实类型的具体现实模板(“原型案例”)而成为类比推理最权威的基点。各级人民法院的案例在我国并不具备形式上的法律效力,但最高人民法院的案例、上级法院或本院曾经的案例(成功或被认为是成功的)事实上会对待决的案件产生影响。最近,人民法院开始实行案例指导制度,凡是被社会广泛关注的、法律规定比较原则的、具有典型性的、疑难复杂或者新类型的以及其他具有指导作用的裁判已经发生法律效力的案例,都有可能被确定为指导性案例。④ 这实际上“就是要把那些具有

① [美]史蒂文·J.伯顿:《法律和法律推理导论》,张志铭、解兴权译,中国政法大学出版社1998年版,第89页。

② [美]史蒂文·J.伯顿:《法律和法律推理导论》,张志铭、解兴权译,中国政法大学出版社1998年版,第83页。

③ [美]艾德华·H.列维:《法律推理引论》,庄重译,中国政法大学出版社2002年版,第17页。

④ 参见最高人民法院《关于案例指导工作的规定》(2010年11月26日发布并施行,法发〔2010〕51号)第2条规定:“本规定所称指导性案例,是指裁判已经发生法律效力,并符合以下条件的案例:(一)社会广泛关注的;(二)法律规定比较原则的;(三)具有典型性的;(四)疑难复杂或者新类型的;(五)其他具有指导作用的案例。”

独特价值的案例发现出来、公布出来、树立起来、推广开来,充分发挥这些案例独特的启示、指引、示范和规范功能,让广大法官能够及时注意到这些案例,及时学习借鉴这些案例所体现的裁判方法和法律思维,并参照指导性案例的做法,公正高效地处理案件"①。归根结底,就是为法官基于案件生活事实在文本规范中寻找大致对应的抽象概念事实,提供现实形象的"具体类型模板"或"原型"。

第二,比对"原型"与待决案件是否"相似",以确定二者在基本事实构成要素方面能否对接以及在多大程度上可以对接。

"世界上找不到两片相同的树叶"(哲学家莱布尼茨的名言),但我们经常会发现两片相似的树叶。如何判断"原型"与待决案件是否"相似",找出它们之间的相同点和不同点。这种比较不是抽象意义上的,就定罪推理而言,首先是以某一个特定的犯罪构成为基点,主要是判断待决案件事实与原型案件事实是否符合同一个犯罪构成所设定的犯罪构成要件,以判断它们在构成要件上有哪些相同点和不同点。以李某组织同性卖淫案②为例,李某组织男性从事同性性交易案中,组织男性从事同性性交易的行为最有可能被认定的罪名是组织卖淫罪,但组织卖淫罪的典型情形是组织他人向异性卖淫,尤其以组织女性向男性卖淫为典型。把本案和组织卖淫罪的典型案件相比较可以发现,在构成要件的其他方面两者没有什么区别,不同的地方在于组织的是男性卖淫还是女性卖淫,组织的是同性之间的性交易还是异性之间的性交易。再作进一步比较可以发现,两者在性交易这一点上是相同的,不同的只是卖淫主体和交易对象。其次是通过比较待决案件与作为比对媒介的原型案件之间的相同点和不同点,以决定在某种情形下两种情况间在事实上是相同点更多一些,还是不同点更多一些,以最终判断作为小前提的待决案件事实与作为大前提的并已适用于原型案件的特定犯罪的犯罪构成规范要件事实之间的关联程度(两者的相同点重要还是不同点重要),以判定两者是否具有刑法意义上的"类似性"。而且,还需确定

---

① 蒋安杰:《最高人民法院研究室主任胡云腾——人民法院案例指导制度的构建》,载《法制资讯》2011 年第 1 期。

② 2003 年 1 月至同年 8 月,被告人李某以营利为目的,先后伙同刘某、冷某等人经预谋后,采取张贴广告、登报的方式招聘"公关先生",制定公关人员管理制度,指使刘某、冷某对"公关先生"进行管理,并在其经营的"金麒麟"、"廊桥"以及"正麒"酒吧内将"公关先生"介绍给同性嫖客,由同性嫖客带到南京市"新富城"大酒店的桑拿浴室、包间等处从事同性卖淫活动。参见最高人民法院刑事审判第一庭、第二庭编:《刑事审判参考》(总第 38 集),法律出版社 2004 年版,第 137 页。

这种“类似性”到底达到什么程度才可以把待决案件按照典型案件中的罪名来定罪而不至于违反罪刑法定原则。这显然既是一个事实判断,又是一个价值判断,其中既有形式判断,又有实质判断。“系争案件与法律所规定的案件类型之间是否具有类似性的判定,正是从这些众多因素进行综合判定的作业。”①这其中罪刑法定原则是判断类似性的基本理念和最高标准。仍以上述李某组织同性卖淫案为例。一般组织卖淫案件中,“卖淫”系指异性之间的性交易,尤其是指女性向男性提供性服务,而本案则是男性向同性提供性服务,是否属于“卖淫”不无疑问。所以,组织同性卖淫的行为是否构成组织卖淫罪,关键在于如何解读卖淫。也就是说,卖淫是否包括同性之间的性交易。刑法所规定的卖淫的本质特征在于,其是以营利为目的,向不特定的人出卖肉体的行为。至于行为人的性别是男是女,以及其对象是异性还是同性,均不是判断、决定行为人的行为是否构成卖淫所要考虑的因素。之所以这样理解,是因为无论是女性卖淫还是男性卖淫,无论是向异性卖淫还是向同性卖淫,均违反了基本伦理道德规范,毒害了社会风气,败坏了社会良好风尚。从此角度看,向异性卖淫与向同性卖淫,并无本质区别。所以,以组织卖淫罪追究组织同性卖淫的行为人的刑事责任,并不违背而完全符合刑法有关卖淫嫖娼犯罪规定的立法精神。在此价值判断的基础上,法官使用了类比推理的方法来对“卖淫”进行解释。法官首先把“女性卖淫”和“男性卖淫”、“同性卖淫”和“异性卖淫”进行比较,经过比较发现,它们之间存在同性与异性的区别,又存在性交易的共同点;其次,从刑法有关卖淫嫖娼犯罪规定的立法精神来考察它们之间的相同点和不同点,判断相同点与不同点的重要程度;最后,法官认为,对于刑法精神来说,同性与异性的区别并不重要,重要的是性交易本身,因此,男性向同性卖淫也是刑法中的“卖淫”,组织男性向同性卖淫的行为构成组织卖淫罪。在该案中,刑法规定的组织卖淫罪是一个犯罪类型,组织女性向异性卖淫是该犯罪类型的典型情形,而法官面对的却是组织男性向同性卖淫这样一种非典型情形。由于这种非典型情形处于组织卖淫罪这个犯罪类型的边缘地带,判断其能否被纳入该犯罪类型并非易事,仅凭对“卖淫”的文义解释或凭经验难以作出判断。可以看到,法官巧妙使用了类比推理的方法来进行判断。虽然待决案件是非典型案件,处于犯罪类型的边缘地带,但组织卖淫罪这个犯罪类型具有非常典型的案件,即组织女

① 屈茂辉:《类推适用的私法价值与司法运用》,载《法学研究》2005 年第 1 期。

性向异性卖淫,那么,就可以把待决案件和典型案件进行类比,区别出它们之间的相同点和不同点,再从刑法规定组织卖淫罪的目的来判断相同点重要还是不同点重要,如果相同点重要,那么就说明待决案件和典型案件之间在刑法意义上具有相当程度的相似性,就可以把待决案件归类于该犯罪类型,反之则予以否决。也就是说,通过把待决案件和拟适用之刑法规范所描述的典型案件进行类比来判断待决案件是否应当被适用于该刑法规范。①

第三,判断"相似性"存在的价值基础是同类事物具有共同的本质特征,或事物间所共有的某些共同属性决定了它们尽管不是同一事物,但属同类事物。规范中的概念事实与案件中的生活事实,在构成要件要素上具有某些"相似性"而被归属"同类型"的价值基础,是二者之间所体现出的事物本质相同。世界上虽然找不到两片相同的树叶,但找到两片相似的树叶还是比较容易的,重要的是我们必须在都是"树叶"的前提下,寻找两片"相似的东西"。这蕴含着三个层面的问题:

一是能够放在一起比对的事物,从直观上看二者在形式上具有相似性,运用事物在表面特征上的相似性来判断待决案件的事实特征与规范中的概念事实是否具有相似性,也就是对二者在构成要件要素上具有哪些"相似之处"作出判断。如上述之所以将李某组织同性卖淫案中的事实要素与一般组织卖淫案件中的"卖淫"构成要件进行比对,而没有将该案与其他相关规范中规定的概念事实比对,就是因为从直观上看二者在构成要件要素上有某些相似之处。

二是能够放在一起比对的事物,在本质上属于同类事物。"原型"事实与待决案件事实具有相同的本质属性,这就是对刑法所保护的同一性质法益的加害性,或许加害的形式有所不同,但加害的法益的性质及其程度是相同的,这是为何仅仅在形式上具有某些构成要素上的相似性但还属于不同"事物"的"原型"事实与待决案件事实,能够放在一起比对的价值基础。上述无论是考夫曼分析的德国著名盐酸案,还是我国的李某组织同性卖淫案,其分析路径莫过如此。就盐酸案而言,比对的基础是作为一种能够"用以杀害及伤害人的东西","盐酸在这种方式下使用"在本质上与传统概念下的"武器在这种方式下使用"并无两样,都加害了同一性质的法益,因而"在这种方式使用下的盐酸"可以视同"武

① 参见张心向:《在规范与事实之间——社会学视域下的刑法运作实践研究》,法律出版社 2008 年版,第 418 ~ 419 页。

器”;就李某组织同性卖淫案而言,是因为无论是组织女性卖淫还是组织男性卖淫,无论是向异性卖淫还是向同性卖淫,均违反了基本伦理道德规范,毒害社会风气,败坏社会良好风尚,二者加害的法益性质是相同的,所以,向异性卖淫与向同性卖淫,并无本质区别。

三是能够把不同的事物放在一起比对,取决于我们比对的目的。“原型”事实与待决案件事实间的相似点与不同点的区分,只是我们判断相似性问题的事实基础,而彼此之间是相似点重要还是区别点更重要,则取决于我们为之设定的法律标准。如同伯顿认为的,规则、判例和原则、政策等都可以充当产生法律理由的法律标准,在判断彼此间重要程度时,这些不同的法律标准可以竞争,甚至相互结合起来,法官们通过在“原型”事实与待决案件事实具体情境中的权衡而得出最终的判断结论。在判断它们之间重要程度的过程中,尽管规则、判例和原则、政策所发挥的作用是不同的,但是,这些不同类型的法律标准都服从、服务于法律目的。因此,从最终意义上来说,重要程度的判断取决于相关法律要干什么这一问题。①

3. 存在的案件类型——基本及部分匹配型

显然,复杂的裁判规范一般会存在于如上所述的案件事实与刑法条文基本匹配及部分匹配型案件的裁判过程中。其中,“基本匹配型案件”类似于“卡多佐类型”中的第二种类型;②“部分匹配型案件”类似于“卡多佐类型”中的第三种类型。③

---

① 参见[美]史蒂文·J. 伯顿:《法律和法律推理导论》,张志铭、解兴权译,中国政法大学出版社1998年版,第109~117页。

② 这类案件的事实是明晰的,“规则也是确定的,只是规则的适用令人怀疑……当然,这些案件以及其他一些类似的案件常常在法官当中引发不同的意见。然而,不论结果如何,却未触动法理。”参见[美]本杰明·卡多佐:《司法过程的性质》,苏力译,商务印书馆2013年版,第100页。

③ 这类案件的数量很少,但“这些案件的决定对未来很有价值,它们将推进或延滞法律的发展”。“这些案件就是司法过程中创造性因素发现自己的机遇和力量的案件”([美]本杰明·卡多佐:《司法过程的性质》,苏力译,商务印书馆2013年版,第100页),为法官“提供了真正的选择机会——不是一个非此即彼的选择:一个选择被人们认为几乎理所当然的正确,另一个则理所当然的错误;而是一个经过周密权衡的选择,其一经宣告,一种新的正确和一种新的错误(标准)即由此产生。当然……权衡不是基于突发奇想,而是出于理智”。参见[美]本杰明·N. 卡多佐:《法律的成长 法律科学的悖论》,董炯、彭冰译,中国法制出版社2002年版,第35页。法官“可以找到言之成理的或者相当有说服力的理由来支持这一种结论或者另一种结论。在这里,开始起作用的就是对判决的平衡,是对类比、逻辑、效用和公道等考虑因素的检验和分类整理”。参见[美]本杰明·卡多佐:《司法过程的性质》,苏力译,商务印书馆2013年版,第100页。

(1)“基本匹配型案件”中的裁判规范建构

在这种类型的案件中,就待决案件的生活事实与刑法文本规范事实在对接过程的情形而言,可以概括为以下几种情况:

一是刑法条文语词或概念含义模糊、抽象,在与具体案件事实对接时可以得出多个解读结果。解读结果不同,作为大前提的裁判规范就不同,当然裁判结论就不会一样。如魏培明等抢劫案①,核心问题是如何在该案中解读“户”,上海市人民检察院与上海市高级人民法院对案件性质认识的分歧,也在于此。

二审裁定发生法律效力后,上海市人民检察院抗诉理由为:第一,三被告人在经“踩点”确认被害人夫妇晚间宿于店内后,选择深夜作案,且在被害人停止营业之际闯入行劫,表明主观上具有“入户抢劫”的故意,其所实施的抢劫行为指向“户”也是不容置疑的。第二,被害人拉下卷帘门的行为表明,此时的芳芳商店已从具有公开性的营业场所,转为与外界相对隔离的家庭生活场所,且客观上被害人妻女已经上床并入睡,故三原审被告人所侵犯的场所已完全具有“户”的生活功能和特征。第三,三原审被告人以虚假的借口,趁被害人不备而闯入店内,具有非法侵入性,在侵入后,又强行拉下卷帘门,在使之与外界隔离的情况下,对被害人使用了暴力进行抢劫,而且还进入内侧卧室劫得900余元。其行为不仅侵犯了公民个人的人身安全,而且还危及公民的家庭财产和安全,其客观行为和实际危害均符合“入户抢劫”的特征。②

上海市高级人民法院认为检察机关的抗诉理由不能成立:第一,芳芳商店的外在形式是公开营业的商店。该店有工商机关核发的营业执照,证实此处不是住宅,而是营业场所。第二,现场勘查笔录和照片反映的芳芳商店的内部陈

① 基本案情:2002年3月19日,被告人魏培明和岳雷、岳向海经事先预谋伺机抢劫位于上海市嘉定区马陆镇石岗村的芳芳商店,并为此准备了仿真玩具手枪、封箱胶带、尼龙绳和三棱刮刀等犯罪工具。当晚11时30分许,三名被告人乘店内无顾客之机,携带上述犯罪工具进入商店,用仿真玩具手枪、三棱刀顶住店主陈云飞头部及胸部进行威胁,并强行将商店卷帘门拉上。后三人用透明封箱带捆住陈,封住其嘴巴和眼睛,随即被告人魏培明从该店营业箱内劫得现金450元。被告人岳向海持三棱刮刀冲入商店的内侧卧室,对睡在床上的陈妻黄益芳进行威胁,逼其交出钱款,从而在陈云飞的衣服口袋内及衣橱顶部劫得现金人民币900余元。被告人魏培明、岳向海被接警赶到的民警当场抓获,被告人岳雷逃跑,次日凌晨被抓获归案。一审案号:(2002)嘉刑初字第180号;二审案号:(2002)沪二中刑终字第511号;再审案号:(2003)沪高刑再终字第4号。具体内容,参见最高人民法院刑事审判第二庭:《本案不属于“入户抢劫”——魏培明等抢劫案》,载法律资讯网2004年12月8日,http://www.dyzxw.org/html/article/200509/01/19077.shtml。

② 具体请参见魏培明等抢劫案,上海市高级人民法院(2003)沪高刑再终字第4号刑事裁定书。

设,为三间店面房连成一体,当中没有明确的隔离,其中两间分别用于放置货架或作为门市,另一间内有一张床,液化气灶具,同时也堆放货物(内有数袋大米、货架、冰柜),店内的生活区域与营业场所没有明确的分隔,生活功能和营业功能的区分亦不明显。第三,刑法意义上的户是指公民的私人住宅,即公民以居住、生活为目的,与外界相对隔离的场所。最高人民法院《关于审理抢劫案件具体应用法律若干问题的解释》第1条规定,户为"他人生活的与外界相对隔离的住所,包括封闭的院落、牧民的帐篷、渔民作为家庭生活场所的渔船、为生活租用的房屋等"。根据该解释的精神,作为刑法意义上的户,应当以生活为目的或主要以生活为目的而设立,对以其他目的,比如生产、经营、学习而设立的场所一般不能认定为户。很明显芳芳商店是以营业为目的而非以生活为目的所开设,其作为公开营业场所,不是刑法意义上的户。同时,也不具有"户"之相对封闭性的特征。第四,本案事实表明,在被告人实施抢劫时,芳芳商店还在营业之中。店主陈某飞夫妇陈述,抢劫当时,芳芳商店还未完全关门,卷帘门没有关闭。当魏培明等三人以购物为名进店后,陈又重新开始营业。此节事实证实,芳芳商店在被抢时仍处于公开营业的状态。被告人拉下商店的卷帘门,是为方便作案而实施的行为,商店的营业性质不因被告人有无拉下卷帘门而发生改变。行为人针对的犯罪目标是商店,是为抢商店的营业款而实施犯罪,其犯罪意图和指向明确。而且,三人所抢钱款中确有一部分为营业款。检察机关抗诉提出被告人经踩点确认被害人晚间宿于店内,没有证据证实。本案没有证据表明三人事先知道有人晚间宿于店中的情况。第五,被害人的卧室仍然是商店的一部分,总体上还没有形成户所要求的空间相对封闭的状态,故不能以进入内室抢劫就认定为入户抢劫。因此,被告人魏培明、岳向海、岳雷共谋抢劫,共同实施暴力威胁的手段进行抢劫,其行为均已构成抢劫罪。根据本案事实,尚不能认定三名被告人为"入户抢劫"。①

可见,如何在该案中解读"户"的含义,直接涉及裁判该案大前提的裁判规范确定,也就是对于"芳芳商店"是否属于"户"的认定,上海市人民检察院解读的结果是,"芳芳商店"属于"户",得出的结论当然就是魏培明等人的抢劫构成入户抢劫;上海市高级人民法院解读的结果是,"芳芳商店"不属于"户",得出的结论当然就是魏培明等人的抢劫不成立入户抢劫。作为大前提的裁判规范

① 具体请参见魏培明等抢劫案,上海市高级人民法院(2003)沪高刑再终字第4号刑事裁定书。

不同,推导出的结论当然就不会一致。①

二是刑法条文之间存在矛盾冲突,“很多法条的构成要件彼此会全部或部分重合,因此,同一案件事实可以被多数法条指涉”②。在这类案件中,不同的法律条文有不同的规定,而适用不同的规定就会产生不同的判决结果。法官选择适用不同的条文,就会导致不同的裁判规范的产生,当然也就会有不同的裁判结果。当然选择哪个条文最为恰当,一般取决于刑法就该罪所设定的犯罪构成要件事实与待裁决的案件事实之间的关联度的强弱,也就是相似度的强弱。同样具有关联关系的情况下,关联度最强的法条,应该就是适用最恰当的法条。如刘某洋泼洒硫酸伤害黑熊案,③该案在裁判过程中主要有两种意见:④一种意见认为刘的行为构成“非法杀害珍贵、濒危野生动物罪”⑤,另一种意见认为构成“故意毁坏公私财物罪”⑥。刘某洋的行为能否构成非法杀害珍贵、濒危野生动物罪,关键取决于对“杀害”这个词语的理解,即“泼洒硫酸”是否构成“杀害”的一种行为类型;而是否构成故意毁坏公私财物罪,关键是看动物是否属于“财物”的范畴,即该案中的“动物”,可否理解为是与设备、房舍等其他财物性质相同的“东西”。如果法官基于“如果动物园里连动物都不是财物,那还有什么是财物?或者说动物园里最主要的财富就是动物”的判断理解法条,把该案中的“动物”等置于“财物”,就会选择《刑法》第275条“故意毁坏公私财物罪”裁决

---

① 上海市人民检察院与上海市高级人民法院对案件性质认识之所以有如此大的分歧,主要是各自基于不同的思维模式解读“户”。其中,上海市人民检察院对“户”的解读属于类型思维,而上海市高级人民法院对“户”的解读属于概念思维。哪种思维模式对“户”的解读更“合法”,受制于解读者对该法条精神的把握。笔者认为,在该案中如何解读“户”,运用类型思维似乎更加妥当。

② [德]卡尔·拉伦茨:《法学方法论》,陈爱娥译,商务印书馆2003年版,第146页。

③ 基本案情:2002年1—2月,清华大学机电系学生刘某洋,先后两次在北京动物园熊山黑熊、棕熊展区,分别将事先准备的氢氧化钠(俗称“火碱”)溶液、硫酸溶液,向上述展区内的黑熊和棕熊进行投喂、倾倒,致使3只黑熊、2只棕熊(均属国家二级保护动物)受到不同程度的损伤,给北京动物园造成了一定的经济损失。具体请参见杨文学、刘燕晨:《北京西城法院受理清华学生刘海洋硫酸伤熊案件》,载中国新闻网2003年3月27日,https://www.chinanews.com/n/2003-03-27/26/288103.html。

④ 除该两种观点外,还有应构成“破坏生产经营罪”“寻衅滋事罪”及不构成犯罪三种观点。参见《刘海洋硫酸泼熊案如何定性?》,载百度文库网2010年8月5日,http://wenku.baidu.com/view/035604010202074 0be1e9b71.html。

⑤ 我国《刑法》第341条第1款规定:“非法猎捕、杀害国家重点保护的珍贵、濒危野生动物的,或者非法收购、运输、出售国家重点保护的珍贵、濒危野生动物及其制品的,处五年以下有期徒刑或者拘役,并处罚金;情节严重的,处五年以上十年以下有期徒刑,并处罚金;情节特别严重的,处十年以上有期徒刑,并处罚金或者没收财产。”

⑥ 我国《刑法》第275条规定:“故意毁坏公私财物,数额较大或者有其他严重情节的,处三年以下有期徒刑、拘役或者罚金;数额巨大或者有其他特别严重情节的,处三年以上七年以下有期徒刑。”

该案；如果法官认为，“动物园的黑熊是野生动物而非财物”，以及“用硫酸泼洒黑熊是一种针对黑熊的杀害行为”的判断理解法条，就会选择《刑法》第341条“非法杀害珍贵、濒危野生动物罪”裁决该案。《刑法》第275条与第341条到底哪一条规定的构成要件事实与刘某洋用硫酸泼洒黑熊的案件事实构成因素更为相似，选择的结果就直接决定了如何建构裁判该案的裁判规范。

三是刑法条文存在漏洞或空缺，使待决案件的生活事实与刑法文本规范事实之间存在对接缝隙，需要在它们之间进行织补勾连。只有这样，才能建构起裁判待决案件的大前提。

没有漏洞或空缺的法律是不存在的，刑法规范的漏洞或空缺亦在所难免。刑法规范用犯罪构成要件来对案件事实进行类型化的过程中存在疏漏是正常的。

一方面，这与构成要件的要素缺失或过于限制有关。在构成要件理论上，构成要件要素是构成要件的下位概念和组成部分。任何具体的犯罪构成要件再往下分，都是由不同的构成要件要素组成。例如，犯罪的客观要件包括行为、结果、行为对象等客观要素；犯罪的主体要件包括年龄、辨认和控制能力、特殊的身份等主体要素；犯罪的主观要件包括故意、过失、动机、目的等主观要素。这些要素组成了犯罪构成要件的规范事实因素，如其在设定过程中出现要素疏漏或被过于限制，就会使具体发生的案件事实与构成要件的规范事实之间不能适应而无法对接。在这种情况下，就形成上述拉伦茨所认为的“开放的漏洞”。对于这种由于在规范与事实对接中出现的犯罪构成要件的要素缺失或过于限制而造成的“开放的漏洞”，法官在个案审理过程中应如何填补？方法很多，且见仁见智，笔者认为织补勾连这种漏洞的主要方法是类比推理，辅之以价值判断。通过类比推理，辅之以价值判断，织补勾连待决案件的生活事实与刑法文本规范事实之间的规范漏洞建构裁判规范。最典型的现象是，刑法规范中的“轻重相举以明重轻”以及“轻重相同举一反三”。

“轻重相举以明重轻”，是指“入罪举轻以明重”及“出罪举重以明轻”。轻重相举在我国形成于唐朝，成熟于明清。《唐律疏议 · 名例律》中规定：“诸断罪而无正条，其应出罪者，则举重以明轻；其应入罪者，则举轻以明重”；《大明律 · 名例》中规定：“凡律令该载不尽事理，若断罪而无正条者，引律比附”；《大清律例》中规定：“凡律令该载不尽事理，若断罪而无正条者，援引他律比附，应加应减，定拟罪名，议定奏闻”。“入罪举轻以明重”，是指M行为是否构成犯罪刑法没有明文规定,而刑法A条款将比M行为轻的N行为规定为犯罪,那么就采取"举轻以明重"的方法认为M行为也可适用A条款裁判;"出罪举重以明轻"是指A行为是否构成犯罪刑法没有明文规定,而刑法也没有将比A更严重的B行为规定为犯罪的条款,那么就采取"举重以明轻"的方法认为A行为可以适用裁判B行为的条款裁判。此两种情形在案件生活事实与刑法文本规范对接过程中比比皆是,屡见不鲜。这种漏洞主要是由于在立法过程中为了条文的简约而省略了一些可以预见到的犯罪构成要件的某些要素内容造成的,一般在规范适用过程中不会引起太多的困惑,故在此不再赘述。

在待决案件的生活事实与刑法文本规范事实对接过程中,比较麻烦的是"轻重相同举一反三"的情形。以具体事实试举两例:[①]

第一,枪支被抢之后没有报告,结果被他人利用造成严重后果的行为,是否构成《刑法》第129条所规定的丢失枪支不报告罪呢?在这里,成为问题的是枪支被抢走的状态,是否属于《刑法》第129条所说的"丢失"。从"丢失"的通常字面意思是"遗失"来理解,是难以回答的。但从"丢失"的实质层面上来对这个问题进行考察,就会发现,枪支"被抢"之后不报告造成严重后果所产生的恶劣影响,与"丢失"之后不报告造成严重后果所产生的恶劣影响,并没有本质的差别,即只要是枪支处于失控状态,不管是什么原因造成的,都应当说是有害社会的行为,从而确认该行为的社会危害性。然后再考虑"被抢而失去"和"遗失"之间的类似性,"遗失",一般来说,包含两方面的内容,即不小心和失去控制,其中的关键内容是"失去控制",而造成失控的原因(不小心)则不重要。换言之,"被抢而失去"和"遗失"之间,在失去控制的状态上是一致的,二者之间具有类似性,只是在失去的原因上稍有差别。从枪支被抢走之后所造成的严重后果以及"丢失"的实质内容就是"失去控制"的角度来看,由于难以抗拒的原因而丢失枪支的场合,也可以理解为"丢失"。这种理解或许已经超出了"丢失"的通常意义,但是,得出这种结论并没有超过一般人的预测,不会让人大吃一惊。

第二,通过计算机技术窃取他人密码,非法开拆、删除他人电子邮件,是否构成侵犯通信自由罪?在这里的问题是,"电子邮件"是否属于《刑法》第252条当中所说的"信件"呢?我国现行《刑法》第252条所规定的侵犯通信自由罪,其

① 参见黎宏:《"禁止类推解释"之质疑》,载《法学评论》2008年第5期。

条文完全沿用了1979年《刑法》第149条的规定,该罪的客观要件是"隐匿、毁弃或者非法开拆他人信件"。这里的"信件",在1979年《刑法》制定的时候,其含义无疑是指"书信和递送的文件、印刷品",其除了属于"传递信息的载体"之外,还具有"纸质"和"有形"的特征。但在当今电子信息化时代,用户之间通过电子邮箱发出或者收到的信息已经成为非常寻常的事情,这种通过互联网传递的电子邮件虽然不具有纸质和有形的特征,但同样具备传统信件所说的"传递信息载体"的特征。因此,撇开"信件"的传统意义,从"传递信息载体"这个角度来说,电子邮件和传统的书信之间应当说具有类似性。因此,电子邮件可以说属于《刑法》第252条所说的"信件",窃取他人密码,非法开拆、删除他人电子邮件也是侵犯他人通信自由的行为。同样的道理,当科技发展到了今天,人们已经习惯于用手机短信交流的时候,"手机短信"也应当属于"信件"之一种,情节严重的利用手机病毒程序、间谍程序等方式删除、破坏、非法获取他人手机中的短信的行为,必要时也可以作为侵犯通信自由罪处理。

另一方面,还与刑法规范本身的不完整性有关。对于已经规定在刑法中的犯罪类型来说,欠缺对构成要件详细而无遗的记述,导致构成要件过于抽象难以确定其意义,从而使规范事实与具体的案件事实无法实现一一对应,[①]如不纯正不作为犯罪。在这种情况下,形成了拉伦茨所认为的"隐藏的漏洞",也即"规范空缺",由此造成了构成要件的规范事实与具体发生的案件事实之间无法实现正常对接。法官在个案审理过程中如何填补这种空缺?方法也很多,且见仁见智,笔者认为织补勾连这种空缺的主要方法则主要是价值判断,辅之以类比推理。通过价值判断,辅之以类比推理,织补勾连待决案件的生活事实与刑法文本规范事实之间的规范空缺建构裁判规范。最典型的现象是,不纯正不作为犯及过失犯的刑法规范适用。

大量存在于我国刑法中的空缺刑法规范,与我国刑法犯罪构成要件的设定中存在开放的构成要件有关。[②] 以不纯正不作为犯、过失犯为例,不纯正不作为犯中,不作为人应负的作为义务就属于立法者没能通过对构成要件要素的描述予以规定的部分,即使行为该当于构成要件,也不能表征违法性。由此,在不纯

① 参见刘艳红:《开放的犯罪构成要件理论研究》,中国政法大学出版社2002年版,第152~153页。

② 参见刘艳红:《开放的犯罪构成要件理论研究》,中国政法大学出版社2002年版,第152~158页。

正不作为犯的情形下,法官必须积极查明不作为人的作为义务,以帮助判断行为的违法性。过失犯也是如此。过失犯的违法性根据在于违反注意义务及发生构成要件所规定的结果这两个要素,而过失犯的注意义务在立法上是欠缺的,这决定了它同样属于开放的构成要件,需要法官适用时对这一欠缺部分予以补充。总之,不纯正不作为犯的构成要件及过失犯的构成要件,是有代表性的以补充为必要的构成要件。对于超出立法技术限度的那一部分,就只能在一定的范围内用"填充"的方法来补充法定构成要件。需要补充的部分,一般是违法性的价值判断要素。

以不纯正不作为故意杀人罪的裁判规范建构为例。《刑法》第232条规定:"故意杀人的,处死刑、无期徒刑或者十年以上有期徒刑;情节较轻的,处三年以上十年以下有期徒刑。"这实际上是有关作为的故意杀人罪的规定,这一规定是从规范的角度去涵摄通过所有的作为的手段剥夺他人生命的案件事实。同时,这一规定还隐含着有关不作为的故意杀人罪的规定。如何从作为的故意杀人罪的规定中"解读"出不作为的故意杀人罪的构成要件事实呢?如果仅从该罪所设定的犯罪构成要件所规定的规范事实分析,也许能"解读"出发生了侵害他人生命法益的结果,但无法"解读"出行为人为什么会有为他人生命必须作为的义务、需要履行何种作为义务以及为什么不履行刑法规范并没有规定的义务就会构成刑事违法。由于"刑法对各种之罪多依作为而规定,至于与其相当之不作为犯则不设明文,而有待于审判者个别认定"①,因此,对于诸如不作为的故意杀人罪的不纯正不作为犯的认定,只能是通过相关刑法理论加以确定。这样,如何确定不纯正不作为犯的范围,即如何将作为义务与违法性连接起来,就成为一个在规范空缺且相当不确定的情况下,法官在处理这类案件时必须首先解决的问题。

以李某波故意杀人案②为例,该案的基本案情如下:1993年3月,刚满20岁的李某波和女青年项某临相识并相恋,不久项某临就怀孕。同年6月,李某波提出要跟项某临分手并要项某临去医院做流产手术,项某临坚决不同意,几次欲跳楼自杀。同年9月5日中午,李某波回到宿舍,见项某临在房里,就发生了

---

① 韩忠谟:《刑法原理》,1981年自版发行,第101页。

② 参见邵红英、大立:《未婚同居,见死不救,不作为也是故意杀人》,载《检察日报》2000年5月24日,第7版。

争吵,项某临喝下了事先准备好的一瓶敌敌畏。此时,李某波非但没有及时救人,反而一走了之,临走时怕被人知道,还将房门关上。当天下午,项某临被人发现,并被送往医院,但因救治无效死亡。2000 年 4 月 9 日,浙江省金华市中级人民法院依法对李某波故意杀人案作出终审判决。因“见死不救”导致被害人死亡的李某波被以故意杀人罪判处有期徒刑 5 年。

该案能否直接适用《刑法》第 232 条的规定,首先要解决的问题显然不是该案中李某波的这种“故意杀人”,与《刑法》第 232 条规定的故意杀人罪的“原型”案件类型在形式上是否具有“相似性”,因为二者虽可归类但明显有别。毋宁说,首先要解决的问题是,李某波不履行救助项某临生命义务的“不作为”是否具有刑法上的违法性。但是,我国刑法恰恰没有明确规定不纯正的不作为犯的作为义务,以致理论上争议不休。该案中如何确定行为人不履行道德义务的行为具有刑法上的违法性?为什么当一对恋爱中的男女在家中,其中女方自杀或者由于其他原因生命危在旦夕,男方就具有道德上的救助义务,不救助就有可能构成不作为的故意杀人罪;而如果此时他们隔壁的邻居也看了女方的处境,难道就可以说这个邻居没有道德上的救助义务吗?实际上,她的男友和邻居都有道德上的救助义务。问题在于,为什么男友的不救助行为就可以构成刑法上的不作为的故意杀人罪,而邻居的行为则不构成刑法上的故意杀人罪。如果是这位女士的妹妹或其他亲属见到这种情形也不救助呢?能否成立不作为的故意杀人罪呢?这说明,在具有道德上的救助义务的情况下,何种人的道德上的义务可以成为刑法上的不作为的故意杀人罪的义务的来源并没有一个确定的范围。另外,如果是一对恋人,男方在女方遭遇他人强奸的时候,自己却没有履行救助义务,也没有向相关机关报案,是否构成强奸罪呢?结论显然是否定的。但为什么强奸罪不能由不作为构成,而故意杀人罪可以由不作为构成。从刑法规范的角度出发,应当可以肯定强奸罪的不作为犯。但问题在于,在何种程度上肯定强奸罪的不作为犯的救助义务。恋爱中的男方对于其女友的生命有救助的义务,如果没有实施救助而造成被害人死亡,成立刑法中的故意杀人罪;同样,在其女友遭受强奸的情况下,也应该说具有道德上的救助义务,但在司法实践中却不能转化成法律上,特别是强奸罪的救助义务。也就是说,同样的道德上的救助义务,在具体的犯罪的认定上的转化的程度并不完全相同。这说明了何种性质的义务,在何种情况下能够成为成刑法上的义务来源,实际上也没有一个确定的范围。如果这个范围界定得过于宽泛的话,可能会导致法秩序的进一步混乱,如果界定得过窄的话,则可能会不利于对受害人的保护。可见,这里需要填补刑法规范空缺的,显然主要已不是犯罪构成要件要素中的事实性要素,而是违法性的价值判断要素,即判断不作为与作为在犯罪价值上是否相等。“不作为的等价性是一个综合评价的要素,须以各种犯罪所包含的危害性质和违法特征为判断基础,而就特定情况下的不作为与通常实现该种犯罪的作为相比较,以判断该不作为是否与作为的价值相当。”①

如何对不作为犯进行等价性判断,笔者主张,由于不纯正不作为犯的构成要件属开放性的构成要件,在具体认定时不像作为犯或纯正不作为犯那么明确,过度扩张对不纯正不作为犯的认定不利于保障人权,与我国现有的刑事政策也是相悖的。因此,实践中对不纯正不作为犯罪进行规范补充时,对于行为人的作为义务的认定采取的是限缩而不是扩张的态度,就成为一种必然的价值选择。②

(2)“部分匹配型案件”中的裁判规范建构

“部分匹配型案件”与上述“基本匹配型案件”在裁判规范建构方面应该说没有什么本质的区别。与“完全匹配型案件”相比,这两类案件在裁判规范的建构过程中,除刑法文本规范外,不仅需要其他的制定法法源,如相关宪法规定,空白刑法规范需要相关行政法规范的补充,还需要一些非制定法法源渗入进来发挥作用,如刑事政策的价值引领、法学家的理论指导等。危害衡量作为一种价值判断,依托各类型法源,通过类比推理渗透其中。特别是在“部分匹配型案件”中,由于案件事实与刑法条文在形式上仅仅是部分匹配,如果仅依据刑法条文根本就不能得出妥当、合理的裁判结论。所以,在这类案件的裁判中如果不是通过危害衡量的价值判断更多地融入裁判所需的其他制定法以及非制定法法源,来建构适合本案裁判的规范依据,裁判就无法进行下去。但由于这两类案件在待决案件的生活事实与刑法文本规范事实对接过程中“量”上有差异,即在“多大范围内或多大程度上”可以对接的差异。由此就带来了这样一个问题:逻辑推理与价值判断在这两类案件中配比的规律性变化,即待决案件的生活事实与刑法文本规范事实能够对接的范围越宽或程度越深,裁判过程中逻辑推理

① 洪福增:《刑法理论之基础》,台北,刑事法杂志社1977年版,第218页。

② 参见张心向:《目的性限缩与空缺刑法规范的创造性适用——以不作为的故意杀人罪为分析视角》,载《中国刑事法杂志》2008年第5期。

的作用就越大,价值判断的作用就越小;反之亦然。

案件事实与刑法条文的部分匹配,就意味着还有相当一部分不匹配的情形存在,而且这种不匹配不仅仅是形式意义上的,而且还往往含有某些实质内容方面的纠结。所以,在"部分匹配型案件"中,不仅可供选择的裁判大前提绝对不是唯一的,而且彼此之间也往往不会意思相近或相似,在其中选择一个相对合理的答案,就意味着对其他答案的背离或否定。因而这类案件中的裁判规范建构,是所有案件类型中最难的。

"部分匹配型案件"主要表现为两种情形:

第一种情形,待决案件事实与刑法条文形式要件上大部分匹配,如果不依法论处,就会有悖罪刑法定的形式要求;但如果严格依法论处,就会表现出强烈的政治、道德或文化与法律之间的内在冲突。

仍以许霆案为例。[①] 如果仅从《刑法》第 264 条的规定与许霆案案件事实比对情形来看,尽管不能做到完全匹配,但除在"秘密手段"及"金融机构"问题上尚有不同理解,完全可以通过一般文义解释就能将其涵摄在《刑法》第 264 条规定的内容当中。最初一审法院判决许霆的行为属于盗窃金融机构,按照《刑法》第 63 条第 1 款的规定,许霆亦不具备法定的减轻处罚情节,而应当在法定刑以下判处刑罚。所以,依法判处法定最低的无期徒刑,从规范与事实在形式上的关系上看,应该没有多少可圈可点的地方。判决一出,却出乎意料地引起了轩然大波。经过多次审判,终审法院最终启用了《刑法》第 63 条第 2 款,一改一审法院的无期徒刑判决,一下子从轻判处许霆有期徒刑 5 年,方才使该案尘埃落定。

现在回过头来反思该案,实际上,从一开始,对许霆定盗窃罪就不成问题,真正成问题的是在量刑方面。之所以有这么多人替许霆开脱,是因为刑罚过重。在老百姓的意识里,如果盗窃金融机构与无期徒刑及死刑画等号,就等于与罪大恶极画等号,必然就无法接受盗窃金融机构这个罪名、更无法接受以这样一种形式盗窃就可以判处无期徒刑,这实际上是很容易理解的。首先,恶意提款必须以自动取款机(ATM)的故障为前提,而这种故障是很少见的,在银行尽到足够责任的条件下甚至有可能完全避免,因此,刑罚威慑对这类行为的现实意义不大。法律的重点应放在预防 ATM 出错上面,而不是威慑储户。否则,

---

① 参见广东省广州市中级人民法院刑事判决书,(2008)穗中法刑二重字第 2 号。

一旦出现恶意提兑,银行就可以从ATM制造商和储户方面获得双倍赔偿,这等于是鼓励银行的不良行为。其次,利用ATM“疯狂”实施盗窃,犯罪意向大大弱于普通盗窃,因而其主观恶性也非常低,成文法规定的极刑根本无法让人接受。最后,这种完全按照成文法规定量刑,挑战了法律的公平底线。公众对许霆表示同情,很大程度上是对银行积怨的爆发,因为银行单方面规定了许多不公平的服务条款。虽然基于技术上的原因,许多条款不得不如此规定,但如果“只许州官放火,不许百姓点灯”,那么法律的公平性就荡然无存了。这样,刑法条文的规定与大众道德情感之间就产生了冲突。如果不是媒体的参与,许霆很可能会成为机械的“罪刑法定原则”的牺牲品。

可见,在这类案件裁判过程中,大前提的确立,即裁判规范的建构不是要不要超越法条形式主义的樊篱问题,而是要不要对法律条文所蕴含的价值取向在当下案件事实中进行重新解读,建构起裁判该案的价值目标的问题。所以,这类案件裁判过程中确立大前提的原则,是达致法律形式与裁判价值的平衡,强调任何一方都可能导致裁判失当。

第二种情形,案件事实与刑法条文形式要件上小部分匹配,如果依法不论处,就可能导致对严重危害社会行为的姑息放纵;如果依法勉强论处,就会表现出明显的事实与法条或事实与规则或事实与法理之间的外在矛盾,一言以蔽之,就是有可能违背罪刑法定原则。

仍以肖某灵以危险方法危害公共安全案为例。[①] 将该案案件事实与当时的刑法规定在形式上比对,就会发现,当时在法律适用上碰到的问题是,与该案关联度最密切的两个法条,一个是《刑法》第114条以危险方法危害公共安全罪的规定,另一个是《刑法》第290条聚众扰乱社会秩序罪的规定。这两个法条适用该案均存在障碍。适用前者的障碍是,肖某灵明知自己投寄的是食品干燥剂,而不是真正的炭疽杆菌,不存在危及不特定多数人的生命、健康安全,或者公私财产安全损害的现实可能。而且,从一般人的认识角度而言,采用投寄虚假炭疽杆菌的方法所实施的危害社会的行为,不具有与放火、决水、爆炸等相同或者相当的危险性,与采用放火、决水、爆炸、投毒等危险方法的行为根本不能相提并论。同时,由于食品干燥剂是无毒无害物品,因此,其行为也不具有引起危害公共安全的现实可能,它充其量是一种危害社会管理秩序的违法行为。适用后

---

① 参见上海市第二中级人民法院刑事判决书,(2001)沪二中刑初字第132号。

者存在的障碍是,聚众扰乱社会秩序罪的犯罪构成要求"情节严重,致使工作、生产、营业和教学、科研无法进行,造成严重损失",并且必须是聚众行为中的"首要分子"。很显然,肖某灵的行为基本上不符合该条规定的构成要件,不能以聚众扰乱社会秩序罪定罪量刑。

值得特别关注的是该案的案发时间,是2001年10月,美国"9·11恐怖袭击事件"发生之后不久,同时美国国内又接二连三地受到炭疽杆菌邮件的侵扰,全球都深陷在恐怖不安的气氛中。恰在此时,"肖某灵通过新闻得知炭疽杆菌是一种白色粉末的病菌,国外已经发生因接触夹有炭疽杆菌的邮件而致人死亡的事件,因此,认为社会公众对收到类似的邮件会产生恐慌心理"①,故而为之。所以,"上海市第二中级人民法院对本案审理后认为,被告人肖某灵通过向政府新闻单位投寄装有虚假炭疽杆菌信件的方式,以达到制造恐怖气氛的目的,造成公众心理恐慌,危害公共安全,其行为构成了以危险方法危害公共安全罪"②。如果从裁判的逻辑推理上分析,显然存在两个明显的疑点:"(1)既然法院认为投寄虚假炭疽杆菌邮件是'危害社会稳定'的行为,却为何以危害公共安全的罪名加以处罚?在此,我们似乎可以合理地认为,法院眼中的'社会稳定'更接近于'公共安全'而不是'社会秩序';但是,我们却无法看清'社会稳定'是如何过渡到'公共安全'的。某些危害公共安全的犯罪当然也有可能危害'社会稳定',然而,我们却很难说危害'社会稳定'的行为一定危害公共安全——除非将'公共安全'的内涵作无限制的扩大。(2)既然法院以危害公共安全的罪名处罚肖某灵投寄虚假的炭疽杆菌的行为,却为什么不说这种行为'危害公共安全'而独言其'危害社会稳定'?如果这种行为仅仅危害了'社会稳定'而并没有危害公共安全,那么,法院又怎能出于'保障国家安全、社会公共安全和人民人身财产安全'的目的而对其治罪?如上所言,投寄虚假的炭疽杆菌的行为虽然'危害社会稳定',却并不能危害公共安全,更不可能危害'国家安全'。如果认为处罚此类行为可以'保障国家安全、社会公共安全和人民人身财产安全',我们是否可以套用同样的逻辑,认为处罚盗窃犯罪可以达到'保护公民生命、健康安全'的目的?这种目的与手段的南辕北辙,实在难以解释。"③所以,该案判决一

---

① 上海市第二中级人民法院刑事判决书,(2001)沪二中刑初字第132号。

② 上海市第二中级人民法院刑事判决书,(2001)沪二中刑初字第132号。

③ 周少华:《罪刑法定在刑事司法中的命运——由一则案例引出的法律思考》,载《法学研究》2003年第2期。

出，理论界哗然。

可见，在这类案件裁判过程中，大前提的确立，即裁判规范的建构不是要不要超越法条形式主义的樊篱问题，而是如何超越才能既符合罪刑法定形式理性的最低要求，又体现出当下案件裁判的实质合理性。

卡多佐法官就其在办理疑难案件中的心路历程，有一段精彩的描述："奇怪的是，有时候最为艰难的案件一开始常常为顾虑缠绕，最终它却消失了，而且消失得无影无踪……我不能说服任何一个与我意见相左的人；然而，无论别人怎么想，对我而言，历尽艰辛达成的那个判决是唯一可能的结果，这种确信带来的安宁包容并最终消灭了先前的顾虑。"①卡多佐由此得出了这样的结论："这些案件的决定对未来很有价值，它们将推进或延滞法律的发展。"②在我国也是如此，许霆案后，《刑法修正案（八）》将《刑法》第63条第1款修改为："犯罪分子具有本法规定的减轻处罚情节的，应当在法定刑以下判处刑罚；本法规定有数个量刑幅度的，应当在法定量刑幅度的下一个量刑幅度内判处刑罚。"对减轻处罚的幅度进行了量化，防止类似许霆案判决中的由法定最低刑的无期徒刑，直接减轻判处5年有期徒刑，犹如地狱到天堂的距离。肖某灵以危险方法危害公共安全案后，《刑法修正案（三）》第1条将原《刑法》第114条规定的"投毒"改为"投放毒害性、放射性、传染病病原体等物质"。这说明，原《刑法》第114条规定的"其他危险方法"是不包含"投放传染病病原体物质的方法"的，同时《刑法修正案（三）》第8条规定："刑法第二百九十一条后增加一条，作为第二百九十一条之一：'投放虚假的爆炸性、毒害性、放射性、传染病病原体等物质，或者编造爆炸威胁、生化威胁、放射威胁等恐怖信息，或者明知是编造的恐怖信息而故意传播，严重扰乱社会秩序的，处五年以下有期徒刑、拘役或者管制；造成严重后果的，处五年以上有期徒刑。'"应该说，被告人肖某灵的行为是完全符合这条规定的。

四、犯罪构成在刑事裁判规范建构中的应用

裁判规范的建构离不开犯罪构成。犯罪构成为裁判规范建构提供材料、模板及思路。正如笔者一再强调的："犯罪构成实际上既是刑法文本中的一个法

---

① ［美］本杰明·N.卡多佐：《法律的成长　法律科学的悖论》，董炯、彭冰译，中国法制出版社2002年版，第144页。

② ［美］本杰明·卡多佐：《司法过程的性质》，苏力译，商务印书馆2013年版，第100页。

律规范类型,又是刑法理论中的一个理论建构模型,还是刑事司法中的一种实践裁判模式,是一个在多向度延伸、多层面存在的具有三维立体之美的概念形态。"[①]从作为一种法律规范来看,犯罪构成就是刑法规范规定的犯罪成立或成立犯罪的一系列条件或曰要素,它为裁判规范的建构提供法源材料;从作为一种理论模型来看,犯罪构成就是关于规范的犯罪构成的理论分析工具,以及指引刑事实践如何将规范的犯罪构成适用于具体案件裁判过程的司法裁判方法,为裁判规范的建构提供模板框架;从作为一种裁判模式来看,犯罪构成就是连接刑法文本规范和具体案件事实之间的"媒介"或"桥梁",为刑事司法提供了一种如何将具体案件事实与抽象文本规范进行对接,进而完成案件裁决过程的裁判模式,为裁判规范的建构提供思维路径。

(一)作为法律规范的犯罪构成与裁判规范的建构

作为法律规范的犯罪构成,其实质就是一种规定有关犯罪成立要件的规范形式,彰显的是犯罪构成的刑法法定性。但在裁判规范的建构过程中,其规范表征形式是一种概念,还是一种类型,抑或类型的概念化或是被类型化的概念,或许会有不同看法。

1. 作为法律规范的犯罪构成是概念抑或类型

从上述类型的特征可以看出,类型较概念更具体而接近于现实,能掌握具体事物的丰富内涵与意义关联。同时,类型又与具体事物不同,它是透过直观的抽象作用抽取具体事物之共同特征而形成的,只出现过一次的东西绝非典型的事物。所以,类型可作为法律理念与生活事实的中间点。当立法者透过一个主观建构过程,意欲形成一个抽象的法律规范时,浮现在脑海中的并不是过分空洞的法律理念,也不是经常反复的生活事实,而是一个类型的图像,或者确切地说,是一个"典型案例"的图像,即反复出现的生活类型充当了立法的"导引图像"。正如拉德布鲁赫所言,"立法者并不通观所有案例的整体性,也不满足于非直观之思维方式的抽象普遍性。浮现在立法者脑海中的系典型的个别案例,系最常出现或最引人注目的案例"。[②] 立法者的任务便是描述这种类型,并透过

① 张心向:《犯罪构成之三维形态解读——基于现象学社会学的思考》,载《法学杂志》2011 年第 4 期。

② G. Radbruch, Klassenbegriffe und Ordnungsbegriffe im Rechtsdenken, in Arthur Kaufmann (Hrsg.), Gustav Radbruch Gesamtausgabe, Band 3, 1990, S. 69.

对这种类型的描述，将法律理念中所内涵的价值转变为制定法规范借以实现到具体生活之中。

然而，在具体的立法过程中，一方面，由于类型的层级连续性与无限开放性，以及法律条文本身的有限性，事实上，我们在立法技术上并不可能完全列举类型特征以达到精确掌握该类型的程度。再加上法律稳定性、明确性及可预测性的要求，立法在外在形式结构上，不得不借助具有明确性、封闭性特征的抽象概念来形成构成要件，这样就出现了类型的"抽象概念化"。另一方面，在某些情况下，如果将生活类型抽象概念化，将导致生活类型中的大多数案件事实难以被涵摄到构成要件中，立法者也会放弃对生活事实所做的抽象概念化，而是选择类型描述的方式，借着提出一些例示的特征或事例来描述案件事实。① 这样，在法条中就会出现与抽象概念迥然相异的"类型概念"。当然，类型与概念也并非截然对立，二者之间仍有一些流动空间，一方面穷尽列举之要素欲描写的概念，有时可以包含一种具有如同类型的"开放性要素"；另一方面，除象征性的因素之外，通过确定若干不可或缺的要素，类型也可以接近概念。②

文本规范中的犯罪构成，确切地说是犯罪成立要件，就是这样一种有关犯罪成立条件的规范类型或规范概念，有时表现为概念化的类型，有时表现为类型化的概念。所以，从生活事实看，犯罪本身是一种类型性的存在，各种犯罪都是一种犯罪类型。但构成要件不能直接等同于犯罪类型。尽管从刑法规范的角度看，构成要件类型在很大程度上决定着犯罪最终的类型归属，但不能因此得出，犯罪构成要件就等于犯罪类型。正如贝林指出的：每个法定构成要件肯定表现为一个"类型"，如"杀人"类型、"窃取他人财物"类型等。但是，并不是意味着这种——纯粹"构成要件"的——类型与犯罪类型是一样的。二者明显不同，构成要件类型绝不可以被理解为犯罪类型的组成部分，而应被理解为观念形象（Vorstellungsgebild），其只能是规律性的、有助于理解的东西，逻辑上先于其所属的犯罪类型而存在。③ 所以，文本规范犯罪构成要件所具有的这种有时表现为概念化的类型，有时又表现为类型化的概念的"类型性特征"，既为裁

---

① 参见［德］亚图·考夫曼：《类推与「事物本质」——兼论类型理论》，吴从周译，台北，学林文化事业有限公司1999年版，第117～118页。

② 参见［德］卡尔·拉伦茨：《法学方法论》，陈爱娥译，商务印书馆2003年版，第101～102页。

③ 参见［德］恩施特·贝林：《构成要件理论》，王安异译，中国人民公安大学出版社2006年版，第6～7页。

判中犯罪认定提供了一个基本框架，又使构成要件要素有了归属“场所”。

2. 作为法律规范的构成要件的规范形式

从作为一种法律规范形式看，构成要件就是刑法规范规定的犯罪成立或成立犯罪的一系列条件或要素。刑法规范在具体规定犯罪成立条件时，根据罪刑法定原则的要求，是需要具体描述的。刑法规定了多少种犯罪，必然就存在多少次或多少遍描述。如何对这些犯罪进行描述以及采用何种方式进行描述，则是需要程式化要求的。所以，犯罪构成对犯罪成立条件的描述往往是被规范格式类型化的，犯罪构成就是隐含在刑法规范条文中的关于犯罪成立条件的一种规定模式，是一个概念，而构成要件才是规范内容。从现象上看，构成要件主要表现为通过罪状承载的确定犯罪成立基本标准或规格的刑法规范，并具有一般刑法规范的功能，但在立法描述形式上，相比其他一般刑法规范则呈现出某种格式化特征。

第一，共同要件规定与个别要件规定。犯罪构成要件分别被规定在刑法总则与刑法分则的条文中。构成犯罪成立的共同要件被规定在刑法总则规范中，构成犯罪成立的个别要件被规定在刑法分则规范中。这业已基本上成为各国刑法典通行的立法惯例。刑法总则一般是关于犯罪构成共同要件的规定。刑法总则规定的犯罪构成基本上都是有关构成犯罪成立的共同要件或排除犯罪成立的特别事项。规定构成犯罪成立的共同要件是犯罪构成法定性的常态，而规定排除犯罪成立的特别事项则是犯罪构成法定性的例外；①刑法分则一般是关于犯罪构成个别要件的规定，相比总则犯罪构成共同要件规定的复杂抽象而言，则简单具体得多。一是内容规定单一，只规定一般犯罪形态中构成个别犯罪成立的个别要件，一般不涉及特殊犯罪形态中构成个别犯罪成立的特殊要件及排除个别犯罪成立的特别事项；②二是格式统一简约，犯罪构成表现为通过罪状承载的确定个别犯罪成立基本标准或规格的刑法规范。“罪状是具体犯罪构成的‘住所’，犯罪构成是罪状描述的对象，任何一个犯罪构成都必须有特定的罪状加以规定。”③或许可以这样表述为，具体个罪的犯罪构成是身体，罪状就是

① 任何事物内部从其本性而言，实际上都具有互相对立的两面共同存续或互相融合性，犯罪构成当然也不会例外。犯罪构成不仅是入罪的衡量标准，也是出罪的衡量标准。

② 《刑法》第 389 条第 3 款规定：“因被勒索给予国家工作人员以财物，没有获得不正当利益的，不是行贿。”其属于例外地排除受贿罪成立的特别事项规定。

③ 陈兴良主编：《刑法各论的一般理论》，内蒙古大学出版社 1992 年版，第 178 页。

穿在身体上的衣服,衣服与身体可以浑然一体,但却不能彼此混同。[①] 而且体型不同,对服装款式的要求亦有所区别。我国刑法对具体个罪犯罪罪构成的描述方式可以分为四种情况,即简单罪状、叙明罪状、引证罪状、空白罪状。我国刑法通过这四种描述方式,分别对所规定的各种犯罪的犯罪成立要件进行了具体描述。每种不同的罪状如同不同款式的衣服,分别适合不同体型的犯罪构成描述要求。[②]

第二,刑法通过犯罪构成的描述性规定与评价性规定对成立犯罪的基本要件以及排除犯罪的特别事项进行规制。构成要件的描述性规定与评价性规定如何在刑法中设置犯罪构成共同要件及犯罪构成个别要件,是如何通过立法技术彰显罪刑法定原则的问题。也就是说,如何将日常生活语言切换成法律语言,并力求以明确的方式、严密的逻辑、准确的描述,来表达成立犯罪或成立某罪所需要具备的基本要件,以及排除成立犯罪的特别事项。"法律是透过语言被带出的。"[③]然而,"法律的专业语言,不是一种科学语言,因为它的语法及语意不是建立在一种清楚的规则之上"[④]。刑法对犯罪构成的描述规定,是通过对语言的组织运用,对成立犯罪或成立某罪所需要具备的基本要件,以及排除成立犯罪的特别事项所涉及的诸要件要素或事项明细,以明确的方式、严密的逻辑、准确的描述,所进行的法典化记述。如我国《刑法》第264条有关盗窃罪的规定,从法典化记述的角度看,将构成盗窃罪成立的基本要件表述得既清楚又明确,因为这是罪刑法定原则的基本要求。这种描述性或记述性规定,显然主要表现为语言现象或表达技巧问题。从这一方面看,刑法对犯罪构成的规定,是纯粹的且类型化的有关犯罪成立或排除犯罪成立基本事实的描述;另一方面,因为"语言是法律发生作用的媒介。这种媒介的性质对法律目标的实现和实现程度有着重要的影响"[⑤],所以,刑法对犯罪构成的规定仅是一种纯粹的、作

---

① "罪状在刑法条文中只是犯罪构成及其要件的一种表现形式,而不可能替代犯罪构成本身。"参见肖中华:《我国刑法中犯罪构成概念的再探讨——为犯罪构成"法定说"所作的论证》,载《法学评论》1999年第5期。

② 通过简单罪状描述,如《刑法》第232条故意杀人罪的规定;通过叙明罪状描述,如《刑法》第182条操纵证券、期货市场罪的规定;通过引证罪状描述,如《刑法》第124条破坏广播电视设施、公用电信设施罪的规定;通过空白罪状描述,如《刑法》第340条非法捕捞水产品罪的规定。参见高铭暄、马克昌主编:《刑法学》(第3版),北京大学出版社、高等教育出版社2007年版,第357~358页。

③ [德]考夫曼:《法律哲学》,刘幸义等译,法律出版社2004年版,第169页。

④ [德]考夫曼:《法律哲学》,刘幸义等译,法律出版社2004年版,第174页。

⑤ [美]布赖恩·比克斯:《法律、语言与法律的确定性》,邱昭继译,法律出版社2007年版,第1页。

为一种语言现象或表达技巧的描述性规定,显然是不可能的事情。规范不是因为语言而成为规范,规范的意义在于通过语言而承载的评价。刑法对犯罪构成的评价规定,是隐含在犯罪构成的描述规定中的有关犯罪行为违法性评价和责任性评价的法典化记述。还如我国《刑法》第264条有关盗窃罪的规定,在如何将构成盗窃罪成立的基本要件表述得既清楚又明确的语词中,隐含着刑法对构成盗窃罪的要件事实的价值评判。"盗窃公私财物,数额较大的,或者多次盗窃……"规定,实际上在描述构成盗窃罪的要件事实,如"盗窃"(隐含着故意未经他人同意而擅自取走)、"公私财物"(隐含着擅自取走的不是自己的财物而侵犯他人的财产权)、"数额较大的,或者多次盗窃"(隐含着擅自取走的他人财物之数量多少会影响取走行为的性质)等的同时,也对所描述的这些事实背后所隐含的违法和责任进行了评价。可见,通过构成要件描述的不法类型,同时承载着对生活事实加以类型化后给予不法的否定评价。"刑事立法是直接宣告违法性的,它根据构成要件的规定,设定了特殊的被类型化了的不法。"①所以,从刑法条文有关犯罪构成规定的实际现象上看,刑法规范对犯罪构成要件的描述规定与评价规定(或者说事实描述与价值评判)是纠缠在一起的。

(二)作为理论模型的犯罪构成与裁判规范的建构

1. 作为理论模型的犯罪构成在裁判规范建构过程中的功能

裁判规范的建构过程,实际上就是生活中的具体案件事实与刑法文本规范中的犯罪成立要件或要素的对接匹配过程。案件事实与犯罪构成(规范类型的犯罪构成)之间的符合性判断都涵括了哪些要件或要素,又如何能将这些犯罪成立要件或要素与当下正处于裁判过程中的案件事实对接匹配,这是作为理论模型的犯罪构成在刑法裁判规范建构过程中的主要功能体现。

"立法者试着尽可能精确地在概念中掌握典型的生活事实,惟判决则必须重新去打开显得过分被界定(被定义)的这些概念,以便能正确地评价生活现实;然而,透过系争概念被给予一个新的'被修正过的'定义(而这个定义,又因为生活现象的多样性,也只能多多少少满足一长段时间),又开始了一个重新循环的过程,一个永无止境的过程。"②这种不断将法律规范事实还原于案件生活

① [日]小野清一郎:《犯罪构成要件理论》,王泰译,中国人民公安大学出版社2004年版,第26页。

② 吴从周:《论法学上之"类型思维"》,载杨日然教授纪念论文集编辑委员会:《法理学论丛——纪念杨日然教授》,台北,月旦出版股份有限公司1997年版,第32页。

事实,或将案件生活事实整理成法律规范事实,并在二者之间建立起某种关联关系,循环往复,是刑事裁判的本体并贯穿于裁判的整个过程。能够将二者勾连在一起的就是作为一种理论模型的犯罪构成。这是因为犯罪构成理论具有"瞻前与顾后"的功能。抑或说,犯罪构成理论模型的主要功能就是"瞻前与顾后"。①

所谓"瞻前",就是如何为文本语词上解读刑法规范描述的犯罪成立要件,提供最佳的理论分析工具。所以,在这个层面上,我们看到的犯罪构成理论模型往往是,既遵从规范的犯罪构成,又超越规范的犯罪构成;既表征出规范的犯罪构成法定内容,又不拘泥于规范的犯罪构成要件形式。没有一个犯罪构成理论模型与其作为规范的犯罪构成规定,在成立犯罪的要件或条件上彼此可以是相互对号入座的,这也是作为规范的犯罪构成与作为理论的犯罪构成的区别之所在。②

所谓"顾后",就是如何为司法实践中适用刑法规范描述的犯罪成立要件,提供最佳的裁判理论工具。所以,在这个层面上,我们看到的犯罪构成理论模型往往是,既来自实践并被发展的实践不断建构,又回归实践并在指导实践中不断完善;既能为刑法文本规范对接具体案件事实提供理论分析工具,又能为具体案件事实适用刑法文本规范提供裁判理论指导。没有一个既存的犯罪构成理论模型是完全符合刑事裁判实践需要的,否则理论就没有了发展的动力与源泉。犯罪构成理论模型只是为刑事司法裁判提供一个套路,至于刑事司法裁判过程是否完全遵循这一套路,完全取决于这个套路能否有效满足案件裁判的需要。③

---

① 关于犯罪构成的功能,冯亚东教授认为,"犯罪构成作为理论模型具有三大认知功能——进行条件列示、作出语义阐释和提供路径导向"。参见冯亚东:《犯罪构成功能论》,载《清华法学》2007 年第 2 期。

② 对于作为规范的犯罪构成与作为理论的犯罪构成之间的区别,李洁教授作出了极为精辟的分析。具体内容,参见李洁:《法律的犯罪构成与犯罪构成理论》,载《法学研究》1999 年第 5 期。

③ 陈忠林教授曾说过:"在谈到即使在德国,司法实践中也不可能用'三阶层'理论来认定犯罪时,我国台湾地区学者林东茂给我打了一个比喻。他说:'三阶层'理论好比练武术时的武术套路,司法实践认定犯罪则是武林高手之间的实战;练习武术时应该按套路进行,但到江湖实战交手的时候,恐怕就谁也顾不上套路,只能见招拆招了。林东茂教授的这个比喻本意想说明这个理论的合理性。但我总觉得,这个比喻再好不过地说明了这样一个事实:司法实践要按照现有犯罪构成理论的逻辑顺序来认定犯罪,是根本不可能的!"参见陈忠林:《现行犯罪构成理论共性比较》,载《现代法学》2010 年第 1 期。笔者对陈忠林教授的这一见解甚为赞赏,故这里使用了"套路"一词。

作为一种理论模型的犯罪构成是如何将规范类型还原于生活类型的呢?这就是规范与事实在构成要件的框架内互相型构。它为进入裁判过程的文本规范与案件事实提供了彼此比照匹配的模板。如上所述,在“完全匹配型案件”的裁判中,犯罪构成这一模板,使刑法规范类型(或概念)与案件生活类型(或概念)之间建立起了一种逻辑涵摄关系;在“基本匹配型案件”及“部分匹配型案件”的裁判中,犯罪构成这一模板,使刑法规范类型(或概念)与案件生活类型(或概念)之间建立起了一种类比等置关系。在这同时,也完成了由理论模型的犯罪构成到裁判模式的犯罪构成的存在形态的转换。犯罪构成理论模型为裁判过程中的概念思维到类型思维的过渡提供了理论基础及可能的路径,而犯罪构成裁判模式则标志着裁判过程中的概念思维到类型思维的真正转型。

2. 作为理论模型的犯罪构成为裁判规范建构提供模板框架

如上所述,从作为一种理论模型看,犯罪构成就是关于刑法规范规定的犯罪成立要件的理论分析工具,以及指引刑事实践如何将规范规定的犯罪成立要件适用于具体案件裁判过程的司法裁判方法。也就是说,犯罪构成不仅是通过对刑法规范规定的成立犯罪或排除犯罪的一系列条件或要素所涉及概念或类型的解构,并在此基础上建构起来的有关如何解读刑法规范描述的犯罪成立要件的一种模型理论,而且还是指引刑事司法实践如何将刑法规范规定的成立犯罪或排除犯罪的一系列条件或要素,适用于具体案件裁判过程的司法裁判方法。

犯罪构成理论是对刑法规定的犯罪成立必须具备的基本条件进行系统归纳和分类的结果,①当今世界相对具有理论影响力的理论模型,主要有三个:①英美两层次模型。“英美犯罪构成理论结构是由犯罪本体要件(刑事责任基础)和法律辩护事由(责任充足条件)对合而成的双层次的结构体系。”②②德日三阶层模型。“德日犯罪构成理论结构是由构成要件的符合性、违法性和有责性组合而成的三阶层的结构体系。”③③中俄四要件模型。“中俄犯罪构成理论结构是由客体要件、客观要件、主体要件和主观要件等四方面组合而成的对称性的结构体系。”④当下,虽然中俄四要件模型在我国依然占据通说的地位,⑤但德日三

① 参见陈忠林:《现行犯罪构成理论共性比较》,载《现代法学》2010 年第 1 期。
② 储槐植、高维俭:《犯罪构成理论结构比较论略》,载《现代法学》2009 年第 6 期。
③ 储槐植、高维俭:《犯罪构成理论结构比较论略》,载《现代法学》2009 年第 6 期。
④ 储槐植、高维俭:《犯罪构成理论结构比较论略》,载《现代法学》2009 年第 6 期。
⑤ 这其中又可分为若干种不同的理论模型,在此不再细述。

阶层模型近几年来开始受到相当一部分专家学者的青睐与痴迷。[①] 但不管是哪种理论模型,其所要解决的核心问题实际上都是一致的,一是成立犯罪需要哪些要件或要素,二是这些要件或要素之间是如何进行排列组合的,从而才能为刑法裁判规范的建构提供模板框架。

(1)成立犯罪需要要件或要素

英美刑法中,犯罪构成要素表示的是犯罪的成立条件。在英美刑法理论中,关于犯罪构成要素,存在三要素说和两要素说之间的争论。三要素说认为,犯罪的成立只有在行为人具备犯罪行为(actus reus)和犯罪意图(mens rea),同时缺乏辩护理由的情况下构成犯罪。其中的犯罪行为包括作为、不作为、持有或者事态等,犯罪意图则表示行为人的行为在应受谴责的条件下实施。缺乏辩护理由从反面说明行为人在具备犯罪行为和犯罪意图的前提下,必须排除合法辩护事由的存在才能成立犯罪。两要素说则认为应当从本体意义上理解犯罪构成要素,即只包括犯罪行为和犯罪心态。[②] 尽管对犯罪构成要素存在不同观点,但是一般都认为犯罪意图与犯罪行为是犯罪成立不可缺少的要素。另外,对于结果犯而言,因果关系(causation)也是犯罪的构成要素。同时,合法辩护事由也对理解英美刑法中的犯罪构成要素具有重要意义。[③] 对何谓构成要件、何谓构成要件要素的概念以及二者的关系的专述,在英美刑法专著中并不多见,重点是对具体构成要件要素内容的分析与论述。也就是说,英美刑法并不是特别关注构成要件与构成要件要素概念以及它们的界分。

对这个问题研究较多的应该是以德日为代表的大陆刑法理论。“自 1906 年贝林提出构成要件的理论以来,直至今日,无论是德国刑法学还是日本刑法

---

① 有的学者主张在吸收德日犯罪论体系的基础上重构中国的犯罪构成理论(参见周光权:《刑法总论》,中国人民大学出版社 2007 年版,第 104 页);有的学者甚至主张彻底放弃中国现行的犯罪构成理论,径直引进德日的“三阶层”犯罪论体系(参见陈兴良主编:《刑法学》,复旦大学出版社 2003 年版,“序言”第 1 页)。以上内容参见赵秉志、王志祥:《中国犯罪构成理论的发展历程与未来走向》,载赵秉志主编:《刑法论丛》第 19 卷,法律出版社 2009 年版。还有的学者“坚持一种渐进式探索的学术进路”,在“将传统的四要件的犯罪构成体系改为三要件的犯罪构成体系”的基础上,“将犯罪构成的共同要件确定为两个:一是客观构成要件,二是主观构成要件。前者是违法构成要件,后者是责任构成要件”[参见张明楷:《刑法学》(第 3 版),法律出版社 2007 年版]。以上内容引自陈兴良:《构成要件的理论考察》,载《清华法学》2008 年第 1 期。

② 参见赵秉志主编:《英美刑法学》(第 2 版),科学出版社 2010 年版,第 36 页。

③ 参见赵秉志主编:《英美刑法学》(第 2 版),科学出版社 2010 年版,第 36 页。

学，都围绕着构成要件的概念及其机能展开了争论。”①但现在看来，日本学者似乎对这一问题更感兴趣，特别是对构成要件要素，除代表性著作小野清一郎的《犯罪构成要件理论》(中国人民公安大学出版社 2004 年版)外，在一般教科书或其他相关问题的专著中，往往会设专章或专题对这一问题作专门论述。② 鉴于这个问题并不是轻易能够说得清楚的问题，加之这也不是本报告所要重点研究探讨的问题，故概览上述各学者的主要观点，结合我国刑法中的犯罪构成的语境，关于作为理论模型的犯罪构成，在解决成立犯罪需要哪些要件或要素的问题上，③笔者认为：

其一，作为一种基于刑法规范规定而在理论上创设的一个抽象概念或分析工具的犯罪构成要件或要素，就是为文本规范中规定的各种各样的散乱而碎片化的有关成立犯罪所必须具备的条件，提供一种相对清晰的类型轮廓，以便于人们对规范的解读和适用。

首先，它是人们认识犯罪或认定犯罪的“导引图像”，或者说“是一种观念指导形象”④，为犯罪提供一个外在的轮廓或构型。例如，贝林曾经形象地把构成要件比喻为一个钩子，指出：法官通过构成要件相当于手持有了一把钩子，他可

---

① [日]西原春夫：《犯罪实行行为论》，戴波、江溯译，北京大学出版社 2006 年版，第 25 页。

② 如大塚仁的《刑法概说(总论)》(中国人民大学出版社 2003 年版)、西田典之的《日本刑法总论》(中国人民大学出版社 2007 年版)、大谷实的《刑法讲义总论》(新版第 2 版)(中国人民大学出版社 2007 年版)、西原春夫的《犯罪实行行为论》(北京大学出版社 2006 年版)等，就连黎宏教授的《日本刑法精义》(第 2 版)(法律出版社 2008 年版)，书中都用相当的篇幅对日本刑法理论中有关构成要件以及构成要件要素问题做了比较全面的介绍。在我国学者中比较详细论述这个问题的当属张明楷教授。张明楷教授在其《犯罪构成体系与构成要件要素》一书的下篇中，对构成要件要素作了详细而全面的论述。

③ 确切地说，在当今世界相对具有理论影响力的三个犯罪构成的理论模型中，英美两层次模型和德日三阶层模型中，只有“构成要件或要素”这一概念，而无“犯罪构成”的概念，犯罪构成的概念只存在于中俄四要件模型中。所以，在我国刑法理论中，一般要区分犯罪构成和构成要件两个不同的概念。根据通说，犯罪构成是刑法规定的，反映某一行为的社会危害性及其程度，而为该行为成立犯罪所必须具备的一切客观要件和主观要件的有机整体；而犯罪构成要件是指犯罪的组成部分，要件的有机统一形成犯罪构成。尽管有学者认为，“四要件是没有构成要件的犯罪构成”(参见陈兴良：《四要件：没有构成要件的犯罪构成》，载《法学家》2010 年第 1 期)，但在我国的实际运用中，特别是司法实践中，两者并没有实质性区别。尽管笔者也承认“犯罪构成”与“构成要件”是两个不同的概念，前者强调的是成立犯罪所必须具备的主客观要件的有机整体，即某一行为如果构成犯罪，必须在主客观方面同时符合具体构成要件的规定。反过来说，如果某一行为在主客观方面都符合构成要件的规定，行为即成立犯罪；而后者强调的是构成犯罪的组成部分，行为符合构成要件只是构成犯罪的首要条件而不是全部条件。也就是说，如果是将其分别置于我国刑法理论与大陆法系的刑法理论的不同语境中，这种区别就更加明显。但实质上，如果仅从我国刑法理论的语境及司法实际运用的角度来说将两者在同一意义上使用也并没有什么不妥。因此，如果没有特别说明，笔者对犯罪构成与构成要件的使用基本上是在同一意义上使用。

④ 陈兴良：《构成要件：犯罪论体系核心概念的反拨与再造》，载《法学研究》2011 年第 2 期。

以把案件悬挂在这样一个钩子上面。[①] 之所以可以把案件挂在这个钩子上，当然不会仅仅是因为这个钩子是作为"是一种观念指导形象"的构成要件，更是因为这个构成要件上承载着或隐含着刑法规范对犯罪的拟制，只是通过这个"钩子"，可以让人们直观、形象地认识到犯罪到底是什么样态，以便将现实生活中的案件事实与规范中的概念事实比对匹配，从而完成对案件的裁判。

其次，它是对犯罪的一种概念化的抽象性类型，而不是指刑法规范中的具体犯罪类型。它既源于规范中的犯罪类型，又为人们对规范中的犯罪类型的解读和适用提供观念形象。刑法规范中的犯罪是一种类型性建构，各种犯罪本身就是各种各样的类型。正如上述贝林指出的：每个法定构成要件肯定表现为一个"类型"，如"杀人"类型、"窃取他人财物"类型等。但是，并不是意味着这种——纯粹"构成要件"的——类型与犯罪类型是一样的。二者明显不同，构成要件类型绝不可以被理解为犯罪类型的组成部分，而应被理解为观念形象（Vorstellungsgebild），其只能是规律性的、有助于理解的东西，逻辑上先于其所属的犯罪类型而存在。[②] 陈兴良教授据此认为："贝林强调构成要件是一种类型，犯罪是一种类型性行为，认为'类型性'是犯罪的一个概念性要素。我认为，这里的类型，实际上就是一种模型，它是一种立体的、抽象的实体性概念。将刑法分则对具体犯罪的特征的文字性描述，转化为具有实体性的构成要件，从而使犯罪更加容易把握和判断，这就是构成要件所具有的特殊功能。"[③]笔者对这种观点是赞成的，但陈教授同时认为："在贝林看来，构成要件类型，在很大程度上决定着犯罪类型，因而构成要件是前置于犯罪类型而存在的。"[④]笔者对这种观点却不敢苟同。笔者认为，贝林所认为的构成要件"在逻辑上先于其所属的犯罪类型而存在"，并不是指构成要件类型决定着犯罪类型，并前置于犯罪类型而存在，而是指当作为"观念形象"的构成要件这个钩子产生后，人们会自然地把案件往这个钩子上挂，并通过这个钩子的"导引"寻找与案件契合的规范中的犯罪类型，这也就是所谓的"构成要件在逻辑上先于其所属的犯罪类型而存

---

① 参见[德]恩施特·贝林：《构成要件理论》，王安异译，中国人民公安大学出版社 2006 年版，第 30 页。

② 参见[德]恩施特·贝林：《构成要件理论》，王安异译，中国人民公安大学出版社 2006 年版，第 6 ~ 7 页。

③ 陈兴良：《构成要件论：从贝林到特拉伊宁》，载《比较法研究》2011 年第 4 期。

④ 陈兴良：《构成要件：犯罪论体系核心概念的反拨与再造》，载《法学研究》2011 年第 2 期。

在”。之所以如此,是因为这个作为钩子的构成要件来源于对刑法规范中各种犯罪类型的高度抽象,上面承载着或隐含着刑法规范对各种犯罪的类型性拟制,如果追根溯源的话,应该是规范中的犯罪类型决定着构成要件类型,规范中的犯罪类型前置于构成要件类型而存在。完全脱离规范中的犯罪类型而存在的犯罪构成要件类型是不可想象的,也是没有任何实际价值的,有可能沦为刑法学者手中“悲哀的玩具”。①

其二,构成要件与构成要件要素,都是我们解读和适用刑法规范中规定的犯罪成立条件所不可或缺的概念或工具。但“在我国传统的犯罪构成理论中,只有‘犯罪构成要件’的概念,而没有‘犯罪构成要件要素’的概念”②。不过,犯罪构成要件要素是客观存在的。只不过把构成要件与构成要件内部组成因素的“要素”等同起来,并未再加以细化,在我国刑法学界已习以为常罢了。

首先,构成要件要素,是指作为犯罪构成要件内部组成因素的、组成犯罪构成这一主客观要件有机整体的最基本单位。犯罪构成要件则是以行为的若干方面为视角,由构成要件要素集合而成的、居于犯罪构成要件要素上一层次的单元或集合体。③ 从彼此之间的逻辑关系上看,构成要件要素全部外延包含于构成要件的外延之中,并且构成要件要素的全部外延仅仅是构成要件的外延的一部分。同时,构成要件是构成要件要素的集合体,也是构成要件要素的上位概念,即构成要件的外延包含着构成要件要素的全部外延,并且犯罪构成要件要素的全部外延仅仅是犯罪构成要件外延的一部分。构成要件和构成要件要素之间,有着“属种关系”。在这里似乎也可以借鉴陈兴良教授在比喻构成要件和犯罪成立其他要件的关系时,使用的“骨架与血肉论”,即构成要件是犯罪的骨架,构成要件要素是犯罪的血肉。对于生命来说,骨架与血肉同样重要:没有骨架,血肉无以依存;没有血肉,骨架无以获生。但从逻辑关系上来说,总是先有骨架才有血肉的存在。在这个意义上说,骨架是容器,血肉是内容物;骨架是载体,血肉是承载物。可以有“没有内容物的容器”或者“没有承载物的载体”,却断然没有“没有容器的内容物”或者“没有载体的承载物”。④

其次,构成要件勾勒的只是不法和责任的类型,一个犯罪的简单轮廓,而充实

① 参见[日]西原春夫:《犯罪实行行为论》,戴波、江溯译,北京大学出版社2006年版,第25页。

② 肖中华:《犯罪构成中的要件要素及犯罪形态》,载《法学》2005年第4期。

③ 参见肖中华:《犯罪构成中的要件要素及犯罪形态》,载《法学》2005年第4期。

④ 参见陈兴良:《构成要件论:从贝林到特拉伊宁》,载《比较法研究》2011年第4期。

这种轮廓的,使之具有犯罪整体形象的是具体的构成要件要素。事实上,正是由于构成要件要素对构成要件的填充功能,才使构成要件丰满并生动起来。犯罪的整体形象才得以确立。所以,对文本规范中规定的各种各样的散乱而碎片化的有关成立犯罪所必须具备的条件的解读和适用,所面临的首要问题,并不是如何认识各种犯罪类型的构成要件,而是如何认识各种犯罪类型的构成要件要素。

由此可见,构成要件要素对刑法裁判规范的建构,具有不可或缺的重要价值。如何在理论上建构构成要件要素的模型,并能以此去发现、解读散见并被隐匿于规范中的成立犯罪所必须具备的各种要素或条件,以实现将生活中个别案件事实与规范中一般抽象事实,更准确、更妥当、更合理的对接匹配,进而完成案件的裁判,应该是当下我国刑法理论研究亟待解决的问题。特别是在当前法律形式主义在司法实践中肆虐,司法者大多不注重研究构成要件要素的理论,对于表述构成要件要素的规范多半仅限于文义解析的情况下,此问题解决的迫切性尤甚。

"一般来说,行为(包括行为本身以及行为的状况和条件)、行为对象(行为客体)、结果、因果关系等都是构成要件要素,此外,故意、过失、目的、内心倾向等也被部分学者归入构成要件要素。对于构成要件要素,可以根据不同的标准进行不同的分类。"①在如何对待构成要件要素的问题上,结合本研究报告的需要,笔者认为,通过构成要件要素理论去分清甄别规范中哪些犯罪成立条件的规定是记述的构成要件要素,哪些是规范的构成要件要素,②哪些是成文的构成要件要素,哪些是不成文的构成要件要素,③对裁判规范的建构有至关重

---

① 张明楷:《犯罪构成体系与构成要件要素》,北京大学出版社 2010 年版,第 117 页。

② 所谓记述的构成要件要素,是指在构成要件要素存在与否的认定上,不需要加入价值判断,仅凭法官的解释或认识活动就能确定的要素。如故意杀人罪中的"杀"的行为,"人"的概念,根据大致的事实认识活动就能认定。所谓规范的构成要件要素,是指在构成要件要素存在与否的认定上,必须经过法官的是否应当如此的规范价值评价才能确定的构成要件要素。如强制猥亵、侮辱妇女罪中的"猥亵""侮辱",司法人员并不能够通过感觉就可以理解"猥亵""侮辱"的规范意义,也很难通过感觉就可以判断客观事实是否符合这些要素。对这些要素的内涵,只能进行精神上的理解,需要司法人员作出规范的、评价的价值判断才能认定。参见黎宏:《日本刑法精义》(第 2 版),法律出版社 2008 年版,第 79 页。

③ 成文的构成要件要素,是指刑法明文规定的构成要件要素。例如,《刑法》第 284 条规定:"非法使用窃听、窃照专用器材,造成严重后果的,处二年以下有期徒刑、拘役或者管制",其中"非法使用窃听、窃照专用器材""造成严重后果的"就属于非法使用窃听、窃照专用器材罪中的成文的构成要件要素。不成文的构成要件要素,是指刑法条文表面上没有明文规定,但根据在历史中形成的刑法观念、刑法条文之间的相互关系以及刑法条文对相关要素的描述所确定的,成立犯罪所必须的要素。参见张明楷:《犯罪构成体系与构成要件要素》,北京大学出版社 2010 年版,第 120 页。

要的影响。另外,张明楷教授提出的"整体的评价要素"①以及"表面的构成要件要素"②的概念,也是在裁判规范建构过程中不能忽视的问题。鉴于这个问题并不是本报告研究的主题,故在此不再多叙。

(2)要件或要素的确定与排列

犯罪成立既需要构成要件也需要构成要件要素,但到底需要哪些要件或要素,它们之间又该如何排列组合,如何对散见并被隐匿于规范中的那些成立犯罪所必须具备的各种要件或要素进行高度概括、提炼成一种工具性的"导引图像",或者说是"观念指导形象",应该说是犯罪构成理论的核心任务与主要价值之所在,百年纷争、世纪纠结,莫不在此。这显然也不是一个能够轻易说清楚的问题,加之这也不是本报告所要重点研究探讨的问题。结合本报告研究的需要,对作为理论模型的犯罪构成,在解决成立犯罪需要哪些要件或要素以及它们之间如何进行排列组合的问题上,笔者认为:

其一,成立犯罪到底需要哪些要件或要素,取决于构成要件的类型。尽管构成要件是对散见并被隐匿于规范中的那些成立犯罪所必须具备的各种要件或要素进行高度概括、提炼成的一种工具性的"导引图像",或者说是"观念指导形象",但同样受制于"横看成岭侧成峰,远近高低各不同"的视角限制或观念影响,形成不同的理论模型,就在所难免。所以才会有英美两层次模型、德日三阶层模型、中俄四要件模型等,其中又有若干界分。在不同的犯罪构成理论模型中,构成要件的类型实际上是有所不同的。以日本刑法理论为例,日本刑法理论中构成要件的类型,主要有三种:一是构成要件是行为类型;二是构成要件是违法行为类型;三是构成要件是违法、有责行为的类型。③ 在不同的类型中,构成要件的个数与内容是不一样的,当然机能也会有所区别。构成要件是行为类型说主张,认为构成要件纯粹是客观的、无价值、记叙性的东西,构成要件符合性和犯罪的本质无关,或者说,符合构成要件仅仅是确定了评价对象,和对对象的评价无关,因而不会考虑主观的规范的要素。④ 构成要件是违法行为类型说主张,构成要件是具备违法性的行为类型,是违法类型的体现,只要不具备排除违法性事由,就大致可以说,符合构成要件的行为是违法行为,即主张在值得处罚的违

① 张明楷:《犯罪构成体系与构成要件要素》,北京大学出版社 2010 年版,第 228~254 页。

② 张明楷:《犯罪构成体系与构成要件要素》,北京大学出版社 2010 年版,第 225~278 页。

③ 参见黎宏:《日本刑法精义》(第 2 版),法律出版社 2008 年版,第 75~78 页。

④ 参见黎宏:《日本刑法精义》(第 2 版),法律出版社 2008 年版,第 75~76 页。

法行为的范围之内把握构成要件。[①] 构成要件是违法、有责行为的类型说主张，构成要件不仅是违法类型，也是责任类型。如小野清一郎认为："构成要件可以说是不法类型，可它不仅仅是违法类型，同时也是责任类型，是违法并且有责的行为之类型，又是它的法律定型；在这个意义上，它是不法类型，也是犯罪类型。这就是我的构成要件论中的一个根本主张。"[②]

根据我国刑法理论的通说，犯罪构成是刑法规定的，反映某一行为的社会危害性及其程度，而为该行为成立犯罪所必须具备的一切客观要件和主观要件的有机整体。犯罪构成要件是指犯罪的组成部分，要件的有机统一形成犯罪构成。但在实际运用中，表现为行为符合构成要件，是行为成立犯罪的唯一基础和全部条件。因此，应该说我国刑法理论上的构成要件可以界定为一种犯罪的类型，重在指引人们进行构成要件符合性判断时，不仅要注意客观的行为与结果，而且还应该重视行为的实质违法性以及行为人的主观方面，也就是我们平时所倡导的主客观相统一。同时，我国刑法理论上的构成要件包含实质违法性的内容，而不仅仅指行为在形式上符合构成要件的规定。行为之所以成立犯罪并让行为人因此承担刑事责任，并不仅仅在于行为在形式上满足构成要件的规定，而在于行为具有相当的社会危害性，达到了应受刑事处罚的程度，即行为符合构成要件是行为成立犯罪和追究刑事责任的唯一依据。[③] 所以，我国刑法理论上的这种构成要件既可以被界定为一种犯罪的类型，实际上也可称其为一种违法、有责的类型。

如上所述，构成要件要素是各构成要件内部组成因素的最基本单位。成立犯罪到底需要哪些要素，当然也受制于构成要件的类型。不同类型中构成要件的个数与内容不一样，就意味着构成要件要素的个数与内容不一样，而且所发挥的机能也会有区别。如张明楷教授强调他的基本观点是，"犯罪构成是违法有责型，犯罪构成必须包括表明违法性的要素与表明有责性的要素；行为、结果等客观要素，当然是违法要素；但故意、过失这种主观要素不是表明违法性的要素，而是表明有责性的要素；责任年龄、责任能力以及违法性认识的可能性，也

---

① 参见黎宏：《日本刑法精义》（第2版），法律出版社2008年版，第76页。

② ［日］小野清一郎：《犯罪构成要件理论》，王泰译，中国人民公安大学出版社2004年版，第33页。

③ 参见吴学斌：《刑法适用方法的基本准则——构成要件符合性判断研究》，中国人民公安大学出版社2008年版，第85～87页。

是责任要素;期待可能性是责任要素”[①]。所以,在张明楷教授那里,客观(违法)的构成要件,包括了行为主体、行为、行为对象、结果、因果关系等客观构成要件要素以及正当防卫、紧急避险等违法性阻却事由;主观(责任)的构成要件,包括了故意、过失、目的与动机等主观构成要件要素以及责任能力、违法性认识的可能性、期待可能性等有责性阻却事由。[②] 我国通说的犯罪构成是一切客观要件和主观要件的有机整体,而且是行为成立犯罪和追究刑事责任的唯一依据。如上所述,这种犯罪构成既可以被界定为一种犯罪的类型,实际上也可称其为一种违法、有责的类型。犯罪客体要件与犯罪客观方面要件合并为“客观要件”,犯罪主体要件与犯罪主观方面要件合并为“主观要件”。不同的犯罪构成要件项下,有不同的构成要件要素的组合,[③]与张明楷教授的观点既有相同之点,也有差异之处,这主要是犯罪论体系建构的理论基础存在差异所致。我国传统的犯罪论体系,是以客观与主观为支柱建立起来,而张明楷教授则是以违法与有责为支柱建构其犯罪论体系。[④] 另外,在对待行为无价值和结果无价值理论的态度上,我国传统的犯罪论体系与张明楷教授的观点也存在差异,这就直接导致了在成立犯罪到底需要哪些要件或要素以及如何配置的问题上,难以协同。

其二,除了成立犯罪所需要的那些要件或要素之外,它们之间如何进行排列组合,也是犯罪构成理论断然不能回避的问题。因为这一问题涉及了裁判规范建构的起点、终点以及各要素之间的协调平衡关系(采用何种理论分析工具,直接关系到为将规范的犯罪成立要件适用于具体案件裁判过程,提供何种具体的司法裁判方法),所以,在裁判规范的建构过程中,如何妥善处理这一问题,就显得尤为重要。

但很令人遗憾,如上所述,在成立犯罪到底需要哪些要件或要素的问题上,尚很难有明确统一的标准答案,更何况是关于这些不确定的要件或要素之间如何排列组合的问题。

即便是在如今的德国刑法理论中依然存在这个问题。西原春夫在总结德

---

① 张明楷:《犯罪构成体系与构成要件要素》,北京大学出版社 2010 年版,第 125 页。

② 参见张明楷:《刑法学》(第 3 版),法律出版社 2007 年版,“目录”部分。

③ 具体内容,参见高铭暄、马克昌主编:《刑法学》(第 4 版),北京大学出版社、高等教育出版社 2010 年版,“目录”部分。

④ 参见张明楷:《犯罪构成体系与构成要件要素》,北京大学出版社 2010 年版,第 33 页。

国构成要件论的发展方向时指出：第二次世界大战前所关注的问题是，是否可以将所谓的主观违法性要素、规范性要素作为构成要件要素。在如今大趋势对此已持肯定态度，对构成要件已作为违法类型来把握的情况下，关注更进一步的问题，即是否可以将故意、过失导入构成要件之中；即使承认规范性构成要件要素的存在，应当如何考虑构成要件的符合性与违法性之间的区别；是否可以将违法阻却事由作为消极的构成要件要素来把握。①

那么，日本刑法理论中又如何呢？在构成要件类型的问题上，西原春夫的主张与上述三种日本刑法理论中主要类型不同，他主张行为、违法、责任的体系，②进而在要件或要素之间如何进行排列组合的问题上，就有自己的一套见解。主张："在这种人类的行为中，成为犯罪的是违法的行为。为了判断行为的违法性，在判断之前，判断者的头脑中必须具有作为违法行为类型的构成要件。但是，由于构成要件的要素中也包含规范性要素，所以，只要是关于规范性要素，构成要件符合性的判断与违法性的判断就会重复（犯罪认定的第二阶段）。但是，由此还没有确定违法性。即使存在符合构成要件的行为，如果特别存在违法阻却事由（正当事由），就仍然不是违法（犯罪认定的第三阶段）。这样，在肯定行为的违法性的场合，接着就要进行该违法行为能否被归属于行为者的责任之判断，即进行有责性的判断（犯罪认定的第四阶段）。在肯定了有责性时，就全部满足了犯罪的成立要件，这样的行为就被称为犯罪。"③

这个问题，在我国刑法理论中已不再是"一枝独秀"，而是渐现"百花齐放"。且不谈陈兴良教授的罪体—罪责以及罪体—罪责—罪量体系、张明楷教授的二阶层体系、周光权教授的新三阶层体系、曲新久教授的双层次二元结构体系④等不同模型中的成立犯罪所需要的要件或要素本身就不尽相同，它们之间如何进行排列组合更何谈一致，就是在传统的四要件理论体系内部也纷争不断，观点各异。比较有代表性的就是赵秉志教授关于犯罪构成共同要件逻辑顺

---

① 参见［日］西原春夫：《犯罪实行行为论》，戴波、江溯译，北京大学出版社2006年版，第35页。

② 参见［日］西原春夫：《犯罪实行行为论》，戴波、江溯译，北京大学出版社2006年版，第46页。

③ ［日］西原春夫：《构成要件的概念与构成要件的理论》，陈家林译，载《法律科学（西北政法学院学报）》2007年第5期。

④ 各体系的主要内容，参见付立庆《犯罪构成理论——比较研究与路径选择》（法律出版社2010年版）一书中的相关部分。

序的观点。我国传统的犯罪构成理论，对于犯罪构成的共同要件，是按照犯罪客体、犯罪客观方面、犯罪主体、犯罪主观方面来排列的。对此，赵秉志教授认为，传统观点对犯罪构成四个共同要件的排列，基本上是以认定犯罪的过程为依据，这种思维方法固然有其合理性，但却不能自圆其说，也不够深刻、不够全面。赵秉志教授进而主张犯罪构成各要件之间，应以内在逻辑关系作为犯罪构成共同要件排列的标准。据此，赵秉志教授以行为发展之内在逻辑为依据，将犯罪构成共同要件按照如下顺序排列：犯罪主体、犯罪主观方面、犯罪客观方面、犯罪客体。赵秉志教授认为，这一排列能鲜明地反映犯罪行为自身的发展规律和构成要件之间的逻辑关系。① 同时，赵教授指出："以认定与处理犯罪之过程为依据所排列的犯罪构成要件逻辑顺序，为司法实务人员提供了具体的操作规程，因而具有重要的理论指导意义。而以犯罪行为本体之发展规律为依据所排列的犯罪构成要件逻辑顺序，则并未仅仅拘泥于司法实务层面，而是进一步探求实务操作规程背后所蕴涵的内在逻辑，更为深入地揭示了犯罪构成诸要件之间支配与被支配的关系，从而更有助于深化理论研究，推动司法活动的公正化、科学化和合理化进程。这两个标准从不同角度、不同侧面论述了犯罪构成四要件之间的排列逻辑，因而具有不同的功用。两者可谓并行不悖，具有彼此不可替代之作用。"②

综上所述，笔者认为，成立犯罪到底需要哪些要件或要素，它们之间如何进行排列组合，由于受制于构成要件的类型，而构成要件的类型显然又是一种主观建构，当然就无法避免"横看成岭侧成峰，远近高低各不同"的结果。即便是同一种类型，如果其建构的理论基础不同，也存在明显差别。所以，这个问题，很难有明确统一的标准答案。如果必须要有答案，既然构成要件或要素以及它们之间的排序，是对散见并被隐匿于规范中的那些成立犯罪所必须具备的各种要件或要素，进行高度概括、提炼而成的一种工具性的"导引图像"，或者说是"观念指导形象"，当然就是谁反过来又能为解读刑法规范描述的犯罪成立要

① 首先，犯罪是人的行为，没有符合主体要件的人，犯罪便失去了根本的前提——实施者，犯罪主观要件必然也不具备，这样不管客观上有什么严重损害社会的事实发生，也不会有主客观要件统一的定罪；其次，符合主体条件的人具有故意或者过失危害社会的心理态度；再次，符合主体条件的人在这种心理态度支配下去实施一定的有害于社会的行为（客观方面），还可能产生某种结果；最后，这种主客观相统一的危害行为的实施进而侵犯到某种客体即合法权益，而客体体现了行为对具体社会关系的侵害。参见赵秉志：《论犯罪构成要件的逻辑顺序》，载《政法论坛》2003 年第 6 期。

② 赵秉志：《论犯罪构成要件的逻辑顺序》，载《政法论坛》2003 年第 6 期。

件,提供最佳的理论分析工具,并对规范的实践适用提供最佳操作套路,谁就是答案。在这个问题上,裁判规范建构过程中的被"导引",也绝对是功利主义的。另外,英美刑法中,犯罪构成要素表示的就是犯罪的成立条件,不管是三要素说还是两要素说,在刑法理论中简单而实用地处理这一问题,与将构成要件的概念沦为德国和日本刑法学的"悲哀的玩具"[①]相比,更值得我们借鉴。

同时,笔者认为,在犯罪构成作为一种理论模型的方面看,中俄四要件模型、德日三阶层模型、英美两层次模型以及其他各种形形色色的模型均具有共同性,没有谁是最完美的,只有谁在发挥自己的功能上表现得更好,而"表现得更好",显然并不仅仅取决于犯罪构成理论模型本身的"学术潜质"或"理论素养"。能否契合文本解读的需求与案件裁判的需要,当然也是考量的重要指标。这也是犯罪构成理论模型之多、研究之热的一个重要原因。从另一个方面看,上述三种主要理论模型实际上,既可以相互解读彼此刑法规范所描述的犯罪成立要件,也可以相互作为彼此刑事司法案件裁判的指导理论。对此,彼此都可以对之采用拿来主义的态度,这也就是理论模型之所以被称为分析工具的意义之所在,亦即犯罪构成理论模型作为一种理论分析工具所具有的普适性价值。所以,当下我国犯罪构成理论争论的不是哪种模型最好的问题,而是哪种模型最适合解决我们的选择性困惑问题。[②]

(三)作为裁判模式的犯罪构成与裁判规范的建构

1. 作为裁判模式的犯罪构成在裁判规范建构过程中的意义

提供案件事实与犯罪构成(规范类型的犯罪构成)的符合性判断的起点或排序从哪里开始、在哪里结束、都经过哪些必备的过程,进而完成案件事实与刑法规范的匹配对接,完成整个案件裁判的全过程,这样一套科学、规范的裁判思维方式,是作为裁判模式的犯罪构成在刑法裁判规范建构过程中的主要价值所在。

如上所述,犯罪构成作为一个概念形态,是以不同的表征样态存在于不同层面上的。法律之维的犯罪构成表征样态是刑法条文;理论之维的犯罪构成表

① [日]西原春夫:《犯罪实行行为论》,戴波、江溯译,北京大学出版社2006年版,第25页。

② 参见张心向:《犯罪构成之三维形态解读——基于现象学社会学的思考》,载《法学杂志》2011年第4期。

征样态是构建模型;实践之维的犯罪构成表征样态是裁判惯习,①这种裁判惯习是通过司法过程中规范与事实之间的互构而表征的一种裁判思维与裁判操作模式。

司法裁判的入罪出罪过程,就是作为规范的犯罪构成(犯罪成立的法定要件)与作为事实的案件要素(具体案件的生活事实)通过互相建构对接成功或对接失败的过程。对接成功则成立犯罪,对接失败则排除犯罪。对接的规则或套路作为刑事司法裁判思维与裁判操作的裁判惯习,存在于三段论逻辑推理大、小前提的建构与生成中,反映的是犯罪构成的裁判模式。

大前提建构与生成中的犯罪构成,表现为通过具体案件事实,去解读规范的犯罪构成中规定的成立犯罪的法定要件和排除犯罪的特定事项,以识别、明确其在本案中的意义;小前提建构与生成中的犯罪构成,表现为通过规范的犯罪构成中规定的成立犯罪的法定要件和排除犯罪的特定事项,对具体案件的生活事实要素进行相应的类型化、格式化剪裁、整理,以使其满足法定构成要件归类或涵摄的框架要求。可见,大、小前提建构与生成中的犯罪构成,首先具有对向共生性,案件裁判过程中的大、小前提是彼此建构,同时生成的;其次具有比对连接性,大、小前提建构与生成的过程也是彼此间对接成功或失败的入罪或出罪的裁判过程。

这一裁判过程实际上是一个"类型与被类型"的过程,即生活的案件事实被规范的犯罪构成要件类型与规范的犯罪构成要件被生活的案件事实再类型的过程。关于如何"类型与被类型",作为一种理论分析工具的犯罪构成理论模型发挥了一定的指引作用,但因为这种"类型与被类型"是超越理论层面的"规范与事实"之间的互构,所以,这种"类型与被类型",不是或者说主要不是犯罪构

① 惯习(habitus)是布迪厄实践社会学中的一个重要概念。何为"惯习"?"惯习这个概念最主要的是确立了一种立场(或者,如果你愿意,也可以说是确立了一种科学惯习),即一种明确地建构和理解具有其特定'逻辑'(包括暂时性的)的实践活动的方法……在我对这一观念的使用和前人的各种用法之间,有着明显的差别。我说的是惯习(habitus),而不是习惯(habit),就是说,是深刻地存在性情倾向系统中的、作为一种技艺(art)存在的生成性(即使不说是创造性的)能力,是完完全全从实践操持(practical mastery)的意义上来讲的,尤其是把它看作某种创造性艺术(arsinveniendi)。"参见[法]皮埃尔·布迪厄、[美]华康德:《实践与反思——反思社会学导引》,李猛、李康译,中央编译出版社2004年版,第164~165页。这表明,布迪厄社会实践理论中的惯习,至少涵括以下几层意思:(1)惯习"是持久的可转移的禀性系统"。(2)惯习是与客观结构紧密相连的主观性结构。(3)惯习既具有个体性又具有集体性。(4)惯习具有历史性、开放性和能动性。具体内容可参见张心向:《在规范与事实之间——社会学视域下的刑法运作实践研究》,法律出版社2008年版,第314~317页。

成理论模型的实践过程。实践的主体是“规范与事实”,理论模型由于和这一“规范与事实”之间分别存在某种上述“瞻前与顾后”的关联性,而被牵入这一实践过程。因此,尽管不同模型构造的犯罪构成理论为案件裁判过程中的犯罪构成提供了框架或模板,但案件具体的裁判过程不是或者说主要不是按照理论的犯罪构成模型运作,[①]而有其自己的实践运作模式就成了一种必然会存在的现象。

所以,实践之维意义上的犯罪构成,作为一种裁判思维与裁判操作模式,①是以规范的犯罪构成(犯罪成立的法定要件)与作为事实的案件要素(具体案件的生活事实)为基础建构的有关具体个案成立犯罪或排除犯罪的一种模式。由于每个个案涉及的“规范与事实”有所不同,以及不同的裁判主体对这一“规范与事实”的解读也有一定差异,实践的犯罪构成模式会因个案不同而有所区隔,犯罪构成的规范类型与理论模型仅是提供了一个大致模糊的框架。②案件中的成立犯罪要件与排除犯罪的事项,同时建构,交互形塑,亦即,既是成立犯罪的构成,也是排除犯罪的构成。③案件中的成立犯罪的违法要件与成立犯罪的责任要件,同时建构,交互形塑。也就是说,既是违法的犯罪构成,也是责任的犯罪构成。④案件中的成立犯罪的事实(形式)要件与成立犯罪的价值(实质)要件,同时建构,交互形塑。既是事实(形式)的犯罪构成,也是价值(实质)的犯罪构成。实践之维意义上的犯罪构成,作为规范与事实博弈对抗的游戏模式,关注的显然不是犯罪构成理论模型建构的平面性抑或层阶性问题,而是彼此通过对抗博弈(在彼此互构形塑中)能不能对接得上的问题。至于先从这儿对接,后从那儿接,绝不会是理论模型说了算的,而是取决于具体案件的实际情况和刑法规范的立法状况以及裁判者的价值判断。

犯罪构成裁判模式的这种实践套路,一是可以弥补规范的犯罪构成要件或要素缺失。[②] 通过具体案件事实去解读规范的犯罪构成中成立犯罪的法定要件和排除犯罪的特定事项,以识别、明确其在本案中的意义的过程,就是将与本案有关的犯罪构成要件内涵及外延明确化并加以适用的过程,也是通过本案事实

---

① 这也就是为什么作为记载描述裁判过程并由此得出裁判结论的判决书,在犯罪成立与否的问题上,很少有依据犯罪构成理论模型的逻辑结构进行论证的原因。

② 规范的犯罪构成,“立法者有些情况下只是凭着大体的感觉做出大体的规定,其具体的内容尚待于生活自然而然地将它展现,有待于法官和法学家们去努力地挖掘”。参见冯亚东:《刑法的哲学与伦理学:犯罪概念研究》,天地出版社 1996 年版,第 136 页。

去创设缺失犯罪构成要件的过程。司法过程是寻找正当的个案裁判行动,并通过这一行动去发现针对个案的最合理的解决方式。作为超越刑法规范而创设的缺失犯罪构成要件,无论是对规范的构成要件的漏洞填补,还是对规范的构成要件空缺续造,都是与本案的案件事实相关的司法行为,因为只有将规范的犯罪构成要件置于具体案件事实之中,犯罪构成要件的漏洞与空缺才会有被填补和续造的需要。二是可以弥补理论的犯罪构成模型的实践理性不足。作为一种理论分析工具的犯罪构成,往往会较多地关注模型构建的精美与精致,在不经意间忽略了其应有的实践理性。除英美两层次模型理论,"以排除合法辩护的形式来充实刑事责任条件,完成独特的犯罪构成模式,反映犯罪构成是动态的'定罪过程',而不仅仅是静态的'犯罪规格'"[①],因而具有"显著的实践性、简便性与动态性"[②]之外,德日三阶层模型、中俄四要件模型理论,实践理性均显不足。陈忠林教授从"基本逻辑、基本立场、基本前提方面的错误"[③]三个方面指出了这种不足。就基本逻辑的错误而言,"如果严格按照现有犯罪构成理论体系本身的逻辑,司法实践根本就不可能认定犯罪"。就基本立场的错误而言,"这些理论都是站在刑事诉讼法的立场上,而不是站在刑法的立场上来考虑认定犯罪的逻辑顺序问题"。就基本前提的错误而言,"到目前为止的所有犯罪构成理论,没有一个是建立在对行为及其构成要素的正确认识之上的"[④]。所以,陈忠林教授最后得出的结论是:"司法实践要按照现有犯罪构成理论的逻辑顺序来认定犯罪,是根本不可能的!"[⑤]各犯罪构成模型理论的这些缺陷,[⑥]显然是由犯罪构成的"实践套路"或"裁判套路"来弥补的,否则,刑事裁判的过程显然就会停滞。

2. 作为裁判模式的犯罪构成在裁判规范建构过程中的应用

(1)构成要件或要素在裁判过程中的一般操作顺序

构成要件或要素在裁判过程中的一般操作顺序如何,是否受犯罪构成理论

---

① 储槐植:《美国刑法》(第3版),北京大学出版社2005年版,第36页。

② 储槐植、高维俭:《犯罪构成理论结构比较论略》,载《现代法学》2009年第6期。

③ 陈忠林:《现行犯罪构成理论共性比较》,载《现代法学》2010年第1期。

④ 陈忠林:《现行犯罪构成理论共性比较》,载《现代法学》2010年第1期。

⑤ 陈忠林:《现行犯罪构成理论共性比较》,载《现代法学》2010年第1期。

⑥ 一般认为,我国刑法学体系整体,包括犯罪构成理论"都是立足于静态描述犯罪,缺乏动态性地研究认定犯罪、归结责任、量定刑罚的相关理论内容"。参见高铭暄:《论四要件犯罪构成理论的合理性暨对中国刑法学体系的坚持》,载《中国法学》2009年第2期。实际上,即便是德日犯罪构成理论,也仅是侧重于理论思维过程意义上的动态性,而不重视诉讼实践过程(控辩对抗)意义上的动态性。参见储槐植、高维俭:《犯罪构成理论结构比较论略》,载《现代法学》2009年第6期。

模型中构成要件或要素内在逻辑结构顺序的影响？有学者对两大法系犯罪构成排列顺序的共同特点，作了以下几个方面的总结：①

一是逐步限缩的从一般到个别的排列。在构成要件符合性层次进行的是抽象的、类型性的一般评价，在这个阶段构成要件的评价对象可以是所有行为。在违法性层次进行的是客观的具体的评价，在责任层次进行的是主观的、具体的评价。

二是从原则到例外的排列。构成要件是作为犯罪行为认定的原则而存在，而违法性和责任是作为这个原则的例外而存在，行为符合构成要件，如果不具有排除违法性和责任的例外事由，则行为就构成犯罪；反之，如果行为具备违法性和责任的例外事由，即便符合构成要件也不构成犯罪。

三是从事实评价到价值评价的排列。无论是大陆法系还是英美法系，构成要件的排列都是依据从事实到价值的顺序，将事实的因素排在犯罪评价的首位可以为进入犯罪评价的行为设定客观的标准，而价值的因素则是在客观范围内的主观价值判断。

四是从客观要素到主观要素的排列。客观要素具有确定性（明确性）、统一性的特性，以客观要素为基础可以限制法官的裁判行为，同时可以对公民进行守法的呼吁，而主观要素是以客观要素为基础，在犯罪的认定中是从违法（客观）到责任（主观）的顺序进行的。

五是从行为到行为人的排列顺序。对于犯罪的认定从行为着手是刑法现代化的一个表现。只有在身份社会对犯罪的认定才会从行为人入手，因为在身份社会是因人定罪，而现代社会中在刑法面前人人平等，对于犯罪的认定当然应该从行为入手。另外，从无罪推定原则来说，犯罪者应该是最后确定的因素。

按照我国传统的犯罪构成理论的通说，犯罪构成的排列顺序基本上是以认定犯罪的过程为依据的。② 对此，笔者认为：构成要件或要素在裁判思维的一般操作模式，受犯罪构成理论模型中构成要件或要素之间逻辑顺序或位阶排列的影响，但又不会绝对受制于这种影响，而是既遵从又超越。

如上所述，在不同的犯罪构成模型中，构成要件或要素既有相同，又有不同

---

① 参见王充：《从理论向实践的回归——论我国犯罪构成中构成要件的排列顺序》，载《法制与社会发展》2003 年第 3 期。

② 参见赵秉志：《论犯罪构成要件的逻辑顺序》，载《政法论坛》2003 年第 6 期。

的表现内容和形式。这些构成要件或要素在被纳入裁判思维的过程中,逐渐形成一种裁判惯习。刑事裁判思维中,各犯罪构成理论模型的导引作用,主要体现在以规范的犯罪构成(犯罪成立的法定要件)与作为事实的案件要素(具体案件的生活事实)为基础建构的对接关系结构中,形成的有关具体个案成立犯罪或排除犯罪的一种操作模式。也就是说,作为规范的犯罪构成(犯罪成立的法定要件)与作为事实的案件要素(具体案件的生活事实)通过互相建构而对接成功或对接失败的一套思维操作路径。由于对接成功则成立犯罪,对接失败则排除犯罪,所以,从裁判思维的形式上看,主要是将作为具体案件事实的各相关要素分别与刑法规范中成立犯罪的法定要件和排除犯罪的特定事项进行对接匹配,进而完成案件的出罪与入罪裁判。由于每个个案涉及的"规范与事实"不同,以及不同的裁判主体对这一"规范与事实"的"解读"也有一定差异,尽管这种实践的犯罪构成模式会因个案不同而有所区隔,但主要可归结为对下列两对存在对向关系的要件或要素与作为具体案件的生活事实要素如何对接处理的逻辑顺序上。

第一,作为规范的事实要件或要素和作为规范的价值要件或要素与作为具体案件的生活事实要素对接处理的逻辑顺序。

陈兴良教授认为,在定罪活动中,既存在事实判断又存在价值判断。应该说,这两种判断是有所不同的:事实是一个有没有的问题,而价值是一个评价问题。在大陆法系犯罪构成理论中,构成要件该当性属于事实的范畴,包括行为事实与心理事实。违法性是对行为事实的价值评价,有责性是对心理事实的规范评价。在这种情况下,定罪就可以分为两个逻辑层次:一是事实认定,二是价值评价。价值评价必须严格建立在事实基础之上,因而事实判断必然先于价值判断。①

案件裁判过程中果真如此吗?事实与价值关系的二元论是当代西方自由主义的元哲学基础,这种二元论有着重要的哲学方法论意义。一般认为,在西方哲学史中,18 世纪英国哲学家休谟最先提出了事实与价值二者的关系问题。休谟认为,从"事实"命题中推论不出"价值"命题,从"是"与"不是"的事实命题中不能推论出"应当"或者"不应当"的结论来。也就是说,我们从事实命题中推论不出价值命题来,不能从抽象的理性原则出发来论证价值规范,寻求其合

① 参见陈兴良:《定罪的四个基本规则》,载《检察日报》2009 年 11 月 5 日,第 3 版。

法性。这种观点在赋予了人们以自由选择的能力,在元哲学的地基上论证了价值多元论的合理性的同时,也有致命的弱点:“这种二元论必然导致价值观上的无标准、无核心、无权威,甚至以边缘颠覆中心的相对主义、怀疑主义、虚无主义。”①无可否认,近现代事实优先的价值取向带来了物质的繁荣,但其负面影响也是不容忽视的。“20 世纪的生活在其主要方面都具体地和戏剧性地重新表现了 18 世纪的哲学。”②20 世纪人类实践,诸如经济危机、科技霸权、世界大战、地区冲突、核威胁、恐怖主义,直至日渐严峻的生态危机等,都是这种事实优先酿造的现代性苦果之一。也就是说,令人担忧的不是事实与价值二分的事实本身,而是这一分裂所带来的危及人类持久生存的一系列问题。正如希拉里·普特南在《事实与价值二分法的崩溃》中所说:在我们的时代,事实判断与价值判断之间的差别是什么的问题并不是一个象牙塔里的问题,可以说是一个生死攸关的问题。③ 所以,对事实与价值严格二分的消解成为现代社会一个至关重要的问题。20 世纪中期,从麦金太尔、普特南等人对事实与价值内在关系的反思,到 80 年代哈贝马斯和罗尔斯围绕着正义问题展开的关于事实与价值、共识与真理关系问题的论战,都在致力于事实与价值严格二分的反驳和消解,而美国哲学家普特南就是这一哲学思潮中颇有深度和代表性的人物。普特南把他的哲学批判与具体科学结合起来,以深入具体科学内部的方式揭示了事实与价值二分法的困境和实际后果。对于广泛渗入到各门科学中的事实与价值二分法,纯哲学上的元批判往往显得力不从心,普特南以归谬的形式表明:事实不是纯客观的,价值(不论伦理价值还是认知价值)也不是纯主观的,它们之间没有绝对的界限,从而宣告了事实与价值二分法的崩溃。④

在人文社会活动领域,事实与价值尤难以二分,其原因有以下几个方面:

首先,人文社会科学领域面对的事实是社会性事实。这类事实只有在由社会规范构成的系统内才能存在,这是社会性事实和自然事实的一个重要区别。自然事实不依赖于社会的制度、规定、规范而存在,如月亮引起潮汐,它完全不

① 贾中海、董岩:《波普尔的事实与价值二元论与当代自由主义》,载《学习与探索》2011 年第 2 期。

② [美]A. 麦金太尔:《德性之后》,龚群、戴扬毅等译,中国社会科学出版社 1995 年版,第 109 页。

③ 参见[美]希拉里·普特南:《事实与价值二分法的崩溃》,应奇译,东方出版社 2006 年版,第 2 页。

④ 参见丛杭青、程晓东:《论普特南对事实与价值二分法的批判》,载《自然辩证法研究》2007 年第 4 期。

依赖于我们的态度。但是对于社会事实来说，我们对待这种现象的态度就部分地构成了事实本身。[①] 比如，“日本和中国在20世纪30年代进行过一场战争”[②]这一陈述没有涉及价值评价，但是如果以这种方式去叙述历史，中国人是否相信这就是真实的历史？省去了“侵略”这个既包含对当年日本军国主义者集体行为描述，又包含了对这种行为评价的词语，显然是不恰当的。

其次，“事实”通常指陈述为真的命题，在一定意义上，说明事实需要借助语言，语言部分地构成了事实的因素。反客观主义的社会理论家艾伦·西库雷尔曾指出：“语言的结构和使用影响着人们解释和描述世界的方式。”[③]不同语境下语言的使用包含了人们在思考或观察世界的方法上的差别，也蕴含了人们在世界观、价值观上的差别，所以事实与价值的纠缠不可避免。

最后，人文社会活动领域的事实与观察者、研究者的意向性相关，而且对事实的观察和力求正确地加以陈述总是会受到文化的、政治的、心理的各种因素的影响。观察者、研究者的意向性使事实成为选择的事实。我们在决定什么是、什么不是事实的科学探究活动中就已经预设了种种价值。主体的选择使事实本身一开始就取决于主体自身的价值立场。我们选择要弄清什么样的社会事实有时也暗示了我们自身的价值立场。韦伯就曾指出，在我们的科学领域内个人的世界观甚至习惯于不断地影响科学论证。[④]

那么，如何建构司法裁判中事实判断与价值判断的关系呢？其一，司法裁判中事实判断与价值判断的关系是个实践问题，而非理论问题，应当遵循实践的逻辑轨迹运作，而非遵循理论设定的逻辑建构。马克思指出：“凡是把理论引向神秘主义的神秘东西，都能在人的实践中以及对这个实践的理解中得到合理的解决。”[⑤]事实与价值的关系问题，本来就不是一个能在象牙塔里得到解决的纯理论问题。马克思从实践入手，在承认事实与价值的区别前提下，把人的价

---

① 参见[美]约翰·R. 塞尔：《社会实在的建构》，李步楼译，上海人民出版社2008年版，第31页。

② 杨曾宪：《从科学事实“是”中推不出价值“应该”来——试修正“休谟法则”》，载《东南学术》2004年第1期。

③ Aaron v. Cicourel, Method and Measurement in Sociology, Free Press of Golencoe, 1964, s. 1. 转引自[加拿大]弗兰克·库宁汉：《社会科学的困惑：客观性》，肖俊明、施以平译，社会科学文献出版社1992年版，第67页。

④ 参见[德]马克斯·韦伯：《社会科学方法论》，韩水法、莫茜译，中央编译出版社1999年版，第6页。

⑤ 中共中央马克思恩格斯列宁斯大林著作编译局编译：《马克思恩格斯选集》（第1卷），人民出版社1995年版，第56页。

值判断置于具体实践活动这一事实之中,使实践成为价值判断的现实基础。实践何以能沟通事实与价值?马克思指出了其中的奥妙,人的活动与动物的本能活动不同之处就在于:动物只能按照它所属的那个种的尺度活动,它无意识地适应于自然的状态;而人的活动则具有两个尺度,一是受到自然规律的限制,二是人自身的主体尺度。人在实践活动中所体现出来的合规律性与合目的性的统一,使事实与价值得到了沟通。所以,从实践的角度看,裁判案件时,作为规范的事实要件或要素和作为规范的价值要件或要素与作为具体案件的生活事实要素,在对接过程中,事实判断必然先于价值判断,价值评价必须严格建立在事实基础之上,这一假设的逻辑顺序在理论上也许是合逻辑的,但是否能成为实践的逻辑运作规则,则取决于其是否合乎司法实践自身的规律性与目的性,而我们知道司法裁判的"核心逻辑"是功利主义的,即在司法裁判中追求司法功利的最大化。其二,司法裁判中事实判断与价值判断的关系是互相依存的关系,也就是普特南反复强调的"事实与价值的缠结"①,离开事实基础的价值判断与脱离价值导引的事实判断都是不可想象的。司法人员在处理具体案件时,都是在审查事实的同时进行着价值和规范的判断。例如,在杀人案件中,司法人员在审查杀人事实的时候,肯定会同时思考这种杀人行为是否是一种正当行为;即便是承认构成要件只是单纯形式的行为事实类型,但同时也无法否认这其中同样存在诸如所谓的"猥亵""强奸""他人财物"等表述一定价值判断的规范性要素。但强调事实与价值之间存在着内在的关联,并不是要把事实与价值混为一谈。事实与价值具有各自不同的特性。事实强调客观性,而价值表达的是主体的态度、情感、理想、信仰、道德原则、意图等,但同时事实与价值之间又不是彼此隔离的关系,而是相互属于、相互开放的互融状态,这种互融状态是一个意义滋生的开放境域,使事实与价值在此交汇。所以,从实践的角度看,把作为规范的事实要件或要素和作为规范的价值要件或要素与作为具体案件的生活事实要素,在对接过程中清晰地进行逻辑分层,是比较困难的。在裁判过程中,要先做什么,后做什么,取决于案件裁判的目的需要,而不是理论假设的逻辑顺序。

第二,客观要件或要素和主观要件或要素与作为具体案件的生活事实要素对接处理的逻辑顺序。

---

① [美]希拉里·普特南:《事实与价值二分法的崩溃》,应奇译,东方出版社2006年版,第37页。

在成立犯罪所需要的诸要件或要素中,既包括客观要件或要素又包括主观要件或要素,这是各犯罪构成理论共有的特征,但在成立犯罪到底需要哪些要件或要素,以及这些要件或要素如何排列组合,则取决于构成要件的类型。客观要件或要素和主观要件或要素与作为具体案件的生活事实要素,在刑事司法裁判中如何对接,逻辑顺序如何,不同的理论模型有不同的主张。

相比德日刑法阶层性犯罪构成模型,我国传统的犯罪构成模型是一种要件耦合式的犯罪构成体系架构,各要件之间的组合具有等价性,在理论上这种各个要件间一损俱损、一荣俱荣的平面关系,使之在司法裁判的运用中,即便有理论上的客体、客观方面、主体、主观方面的顺序排列要求,但在这种平面四要件体系中,无论如何排列,似乎这四个要件之间都不存在逻辑上的位阶关系,行为是否成立犯罪是整体一次性完成判断的,而缺乏判断上的层次性。故有学者认为,“我国刑法中犯罪构成要件的排列顺序,只是一个理论表述问题。至于在犯罪认定的司法过程中,是否一定按照这一顺序进行判断则无特殊要求。换言之,在定罪活动中,各个犯罪构成要件之间的位阶关系是根本不存在的。一般是按照人们的思维习惯,哪一个要件有,先肯定哪一个要件。因此,定罪过程是一个寻找犯罪构成要件的过程。如果犯罪构成四个要件都找到了,犯罪就足以成立。如果犯罪构成要件不齐备,除非犯罪的未完成形态,否则不构成犯罪,定罪过程即告终止”①。反观德日三阶层模型,则“是从客观要素到主观要素的排列。客观要素具有确定性(明确性)、统一性的特性,以客观要素为基础可以限制法官的裁判行为,同时可以对公民进行守法的呼吁,而主观要素是以客观要素为基础,在犯罪的认定中是从违法(客观)到责任(主观)的顺序进行的”②。姑且不论德日三阶层模型在司法裁判的具体运用中,是否实际做到了这一点,③陈兴良教授同样认为,犯罪成立条件既包括客观条件,也包括主观条件,应当先进行客观判断才能保证定罪活动的准确进行。陈兴良教授还通过一个案例来说明这个问题。王某以虚假身份证明到某服装公司应聘驾驶员,上班第一天在出车途中借机将车开走,占为己有。其后,王某以相同手段占有三家公司的小

---

① 陈兴良:《论犯罪构成要件的位阶关系》,载《法学》2005 年第 4 期。

② 王充:《从理论向实践的回归——论我国犯罪构成中构成要件的排列顺序》,载《法制与社会发展》2003 年第 3 期。

③ 有学者认为,“三阶层体系下客观判断与主观判断相混淆的问题同样严重”。具体内容,参见缑泽昆:《三阶层犯罪构成体系:一个域外经验的反思与质疑》,载《现代法学》2010 年第 2 期。

轿车,非法所得小轿车数额在10万元至20万元不等。按照陈兴良教授的观点,如果先对王某的行为进行主观判断,即王某非法占有的目的产生于获取驾驶员职务之前,其带着骗走财物的故意,然后又实施了虚构事实、隐瞒真相,使被害人陷入错误认识的客观行为,因此王某的行为应当认定为诈骗罪;如果先做客观判断,即虽然王某的应聘行为中存在欺诈,但是王某的应聘行为不属于诈骗罪的构成要件该当行为,也不应该在这个阶段探讨王某的主观罪过的内容,利用其作为驾驶员的职务便利从而占有公司财物的行为才是嫌疑人王某的构成要件该当行为,这就决定了王某的行为是职务侵占行为而不是诈骗行为。前者是一种错误的"主观判断优先于客观判断"的做法,而后者由于先进行客观判断,然后再进行主观判断,采取"客观判断优先于主观判断"的做法,得出犯罪嫌疑人王某的行为应该构成职务侵占罪而不是诈骗罪的结论才是正确的。① 陈兴良教授指出:"在司法过程当中,这种错误十分常见。"②在这里,姑且不谈王某的行为应该构成职务侵占罪还是诈骗罪的结论的孰是孰非,但涉及这样两个问题需要弄清楚:一是王某以虚假的身份证应聘成功的行为为什么不属于诈骗罪的构成要件该当行为?因为王某故意采取虚假身份证应聘的行为,完全可能成为其诈骗行为的一部分,完全可能符合诈骗罪的构成要件行为。二是为什么"构成要件行为是利用其作为驾驶员的职务便利从而占有公司财物的行为,这样一个客观要件就决定了该行为是职务侵占行为而不是诈骗行为"?如果对此仅就这一客观要件进行判断,何以就能排除王某盗窃、诈骗的可能。甚至王某的家中有急事,王某只是在未来得及告知公司的情况下将车开回老家而已。又或者王某原本患有精神病,在驾车后精神病突发在丧失辨认和控制能力的情况下将车开走逃遁?从理论上说上述种种可能性都是存在的。"客观行为不依赖主观故意而存在。但是主观故意却是依附于客观行为而存在的。"③这一命题是存在着可以商榷的余地的。

可见,客观要件或要素和主观要件或要素与作为具体案件的生活事实要素,在刑事司法裁判中如何对接,逻辑顺序如何,是一个比较复杂的过程,是一个从客观到主观,再从主观到客观的辩证的过程。从诉讼的角度看,根据已经

---

① 参见陈兴良:《定罪的四个基本规则》,载《检察日报》2009年11月5日,第3版。
② 陈兴良:《定罪的四个基本规则》,载《检察日报》2009年11月5日,第3版。
③ 陈兴良:《定罪的四个基本规则》,载《检察日报》2009年11月5日,第3版。

查明的客观证据,推定和查明行为人主观罪过的具体内容是定罪活动的第一个环节。第二个环节是在查明主观罪过的基础上寻找最适当的法律条文和罪名最终确定行为人具体触犯何种犯罪。在通过客观证据推定和查明行为人主观罪过具体的内容的基础上,寻找适当罪名的过程就是一个从主观到客观的判断过程,只要将主观罪过的内容查明,并且也只有将主观罪过的内容查明,犯罪行为的客观性质才能确定下来。主观要件的查明同时也就意味着行为的客观性质、客体要件才能被确定和查明。例如,甲向乙开枪射击,如果查清了甲是为了剥夺乙的生命,甲的射击行为才能被确定为"杀人"行为,也只有查清了甲的目的是剥夺乙的生命,甲主观上明知乙是一个有生命的人并且打算剥夺乙的生命,乙才具有了故意杀人罪的犯罪客体的意义,因此主观要件的确定也就决定了客观要件、客体要件的确定。由于主体要件是确定行为人主观罪过的前提条件,主观要件的证实必然意味着主体要件的该当,因此通过主观要件确定客观要件、客体要件的过程又是一个从主观到客观的过程。只有通过这个过程,犯罪的四个构成要件的内容才得以最终全部确定,罪名也因此得以最终确定。因此,如同上述把作为规范的事实要件或要素和作为规范的价值要件或要素与作为具体案件的生活事实要素,在对接过程中清晰地进行逻辑分层是比较困难的一样,客观要件或要素和主观要件或要素与作为具体案件的生活事实要素,在刑事司法裁判中的对接过程,既包含客观先于主观的过程,也包含主观先于客观的过程,简单地认为客观必须先于主观或者主观必须后于客观都是片面的。在裁判过程中,要先做什么,后做什么,也取决于案件裁判的目的需要,而不是理论假设的逻辑顺序。没有逻辑顺序的绝对妥当合理,只有对功利裁判效果的不懈追求。因为即便是在德日三阶层模型中,在司法裁判中亦未能很好地解决这一问题。其客观违法与主观责任的区分,也仅仅是在形式上将犯罪成立的客观要素排列在主观责任要素之前。因为按德日刑法理论的通说,构成要件是违法的实质根据,构成要件具有违法的推定机能,同时,构成要件中又必须包含主观的要素,作为构成要件内容的违法要素便自然而然地成为违法的根据,因此,三阶层体系无法彻底摆脱主观的违法性理论,也正是主观违法性理论将客观违法判断混入了主观责任要素。

(2)构成要件或要素与具体案件生活事实要素的对接思维模式

规范与事实在犯罪构成要件的框架内互相型构,是刑事裁判的过程的最重要环节,犯罪构成模型为进入裁判过程的文本规范与案件事实提供了彼此比照匹配的模板。如上所述,在“完全匹配型案件”的裁判中,通过犯罪构成这一模板,刑法规范类型(或概念)与案件生活类型(或概念)之间建立起了一种逻辑涵摄关系;在“基本匹配型案件”及“部分匹配型案件”的裁判中,通过犯罪构成这一模板,刑法规范类型(或概念)与案件生活类型(或概念)之间建立起了一种类比等置关系。所以,基于概念思维,通过演绎推理,在构成要件或要素与具体案件生活事实要素之间建立起逻辑涵摄关系,和基于类型思维,通过类比推理在构成要件或要素与具体案件生活事实要素之间建立起等置逻辑关系,就是犯罪构成作为连接刑法文本规范和具体案件事实之间的“媒介”或“桥梁”,为刑事司法提供了一种思维模式或路径,以便将具体案件事实与抽象文本规范进行对接,完成裁判规范的建构,进而完成整个案件的裁决。鉴于该问题在上文中已作了详细论述,在此不再赘述。

五、结语

“犯罪构成”实际上既是刑法文本中的一种规范类型,又是刑法理论中的一个建构模型,还是刑事司法中的一种裁判模式,是一个在多向度延伸、多层面存在的具有三维立体结构的概念形态。① “法律之维意义上的犯罪构成,其实质就是一种刑法规定的规范类型,彰显的是犯罪构成的法律规定性。理论之维意义上的犯罪构成,其实质就是一种为如何解读规范的犯罪构成以及司法裁判如何适用规范的犯罪构成而建构的理论模型,彰显的是犯罪构成的理论工具性。实践之维意义上的犯罪构成,其实质就是一种刑事司法实践中具体案件事实是如何适用刑法文本规范的裁判模式,彰显的是犯罪构成的实践裁判性。”②观察、反思犯罪构成论既往的研究历史,就不难发现,从最初只重视作为一种规范类型的犯罪构成的法律规定性问题,到很长一段时间来更关注作为一种理论模型的犯罪构成论的种种理论问题,“犯罪构成”的另一个存在维度,即实践维度中的作为一种裁判模式的犯罪构成论,显然被我们长久地“悬置”了。③ 当下,应该

① 参见张心向:《犯罪构成之三维形态解读——基于现象学社会学的思考》,载《法学杂志》2011 年第 4 期。

② 张心向:《犯罪构成之三维形态解读——基于现象学社会学的思考》,载《法学杂志》2011 年第 4 期。

③ “悬置”(epochè),即一般“现象学还原”。胡塞尔认为要返回到明证性,第一步便是对一切事物的存在进行“悬置”,将其放入“括号”中存而不论(加括号)。也就是说,用“悬置”概念把对世界实在的信念放入括号内存而不论,“被悬置的东西并未被否定,而只是被看作处于‘事情本身’之外,为了事情的纯粹性而不必谈或不应混入”。参见邓晓芒:《胡塞尔现象学导引》,载《中州学刊》1996 年第 6 期。

是到了必须强调实践维度中的犯罪构成论问题研究的时候了,其主要原因就是实践维度中的犯罪构成论,作为引导案件生活事实与刑法文本规范如何进行连接的"桥梁",成为一种刑事司法裁判中实际存在的方法论,而如何运用好这一刑事司法裁判的方法论,不仅是关涉刑事法治的重大问题,也是有效防止错案、避免冤案的重要手段。从云南杜培武案、辽宁李化伟案、湖北佘祥林案、河北李久明案、湖南滕兴善案、黑龙江石东玉案,到河南张海生案、王俊超案、赵作海案以及浙江张高平、张辉叔侄案等,这些典型冤错案件无不激起公众对司法公正性和正义性的强烈质疑。此时,"从程序法、证据学以及司法改革的角度切入错案防止问题是必要的,而实体法也应该为减少错案贡献自身力量"①。

规范与事实之间的"符合性"判断是刑事裁判的核心问题,而导引这种规范与事实之间如何进行"符合性"判断的,是作为一种刑事司法裁判模式的犯罪构成在刑事裁判思维中的主要价值之所在。尽管不同的理论模型,为刑法规定的犯罪构成要件或要素与案件事实要素之间如何进行"符合性"判断,所提供的"符合性"判断形式,在不同的刑事裁判思维中还存在一定的差异,但在如何使刑事裁判过程更符合司法裁判规律,保障刑法安全,制约司法恣意,防止错案、避免冤案,彰显司法的公正性和正义性上,都有着共同的价值追求。这也是本研究报告之所以以犯罪构成在刑事裁判规范建构中的具体应用为视角,对犯罪构成从规范、理论、实践三个维度进行解构分析及互动研究的主要价值之所在。

① 周光权:《刑法方法论与司法逻辑》,载《现代法学》2012 年第 5 期。

刑事裁判思维中的犯罪构成论

——一种方法论意义上的思考*

目　次

---

* 原载《东方法学》2014 年第 6 期，第 2～17 页。中国人民大学复印报刊资料《刑事法学》2015 年第 2 期全文转载。

一、前言

概言之,在刑法规范与案件事实之间进行“符合性”判断是刑事裁判的核心问题,而导引规范与事实之间如何进行“符合性”判断,则是犯罪构成论在刑事裁判思维中的主要价值之所在。如果再进一步观察、思考这一问题,就会发现,犯罪构成论(作为一套有关犯罪的认知体系和评判体系,并在裁判实践中逐渐形成的一套如何将具体案件事实与抽象文本规范进行对接、匹配,进而完成案件裁决过程的操作模式)在不同的裁判思维类型中,所发挥的“导引图像”作用侧面实际上是不完全相同的。这由此对学界就犯罪构成论的各种模型以及“符合性”判断的性质及顺序问题带来了一些理论上的困惑与纷争。笔者拟就这一问题,从司法裁判方法论的视角,略做探讨,并以此就教于方家。

二、刑事案件裁判的两种思维类型①

“思维类型”问题,在哲学、心理学的研究论域依然是一个见仁见智的问题。② 但无论是概念思维还是类型思维,作为两种重要的法律思维类型而存在却是毋庸置疑的,在刑事裁判中亦概莫能外。

概念思维作为一种传统思维形式,通过对事物本质的诠释和特征的描述,用语言将某一事物固定下来,从而使该事物区别于其他事物,所以,固定和区分构成了其基本的思维特征。类型思维相对就复杂一些,至少涉及四个方面的关系:第一,多数现象所具备的一种基本形式——作为一个种类或分类的本质形态;第二,典型——作为特殊个体的模范;第三,统一的建筑蓝图——作为各式各样个别形体的统一模型;第四,一种完全形态——作为较不明显的中间形态或过渡形态的标准。③ 那么,概念思维与类型思维有何不同?

(一)封闭式思维与开放式思维

概念思维是一种封闭式思维,类型思维是一种开放式思维。具体表现在三

---

① 笔者参考了拙著《在遵从与超越之间——社会学视域下刑法裁判规范实践建构研究》(法律出版社 2012 年版)一书的部分相关内容。

② 参见李祖扬、汪天文:《思维类型辨析》,载《南开学报(哲学社会科学版)》2007 年第 1 期。

③ 参见吴从周:《论法学上之“类型思维”》,载杨日然教授纪念论文集编辑委员会:《法理学论丛——纪念杨日然教授》,台北,月旦出版股份有限公司 1997 年版,第 299 ~ 303 页。

个方面:[1]第一,是否具有层级性。也就是说,一个类型之内可能会具有无数的层级依序排列。所以,类型思维不像概念思维是"非此即彼"式的,而是"或多或少"式的。某特定类型中所包含的各个事例,依其所具备的核心特征强弱不同,会表现出层级性。比如,关于是不是"男人"或"女人"的思考是概念性思考,而关于有没有"男人味"或"女人味"的思考就是类型性思考;再如,关于"某物"是不是"财物"的思考是概念性思考,而关于是否属于"财产性利益"的思考就是类型性思考。第二,是否具有模糊性。"一种类型相较于其他可比较的类型,并非是界限固定的;相反的,它仿佛是流动的:经由不同的强调重点的移动及特征的变化,它便转向另一类型。"[2]相比概念间界限明确,且相互分离,类型间界限模糊,且相互交融。第三,构成要素是否具备不固定性。归属某类型的对象无须具备某些不可或缺的因素,而只需在整体上符合类型的外表图像即可,而概念则具有封闭性,须具备该概念的所有特征,才可归属于该抽象概念之下。

(二)判断式思维与评价式思维

概念思维是一种判断式思维,类型思维是一种评价式思维。尽管类型与类型之间在过渡阶段缺乏明确的界限,只能显示出从某一类型到另一类型流动过渡的外表,但毕竟不同类型之间还是有区别的。那么,究竟是什么决定了不同类型之间的区别?是意义性。德国学者施特拉克认为:"意义或者说是评价的观点指出了法律上类型构筑的建构性因素;在此,经验的诸表象在一个规范性的尺度下的观点被'总括视之'。"[3]"没有重要性评价观点,类型无法被想象。"[4]类型之间因其所表达的意义和由此意义所决定的整体形象不同,而显现出差别。当我们判断某一对象是否归属某种类型时,必须借助于某种评价性观点进行价值判断,以确定该对象是否与该类型具有相同意义性。对于概念思维而言,不需要进行价值评价,只要进行逻辑推论(涵摄)即可。

(三)片段式思维与整体式思维

概念思维是一种片段式思维,类型思维是一种整体式思维。这是因为类型

---

① 参见吴从周:《论法学上之"类型思维"》,载杨日然教授纪念论文集编辑委员会:《法理学论丛——纪念杨日然教授》,台北,月旦出版股份有限公司1997年版,第319页。

② [德]卡尔·拉伦茨:《法学方法论》,陈爱娥译,商务印书馆2003年版,第345页。

③ Vgl. Detlef Leenen, Typus und Rechtsfindung, 1971, S. 43. 转引自林立:《法学方法论与德沃金》,中国政法大学出版社2002年版,第128页。

④ 吴从周:《论法学上之"类型思维"》,载杨日然教授纪念论文集编辑委员会:《法理学论丛——纪念杨日然教授》,台北,月旦出版股份有限公司1997年版,第322页。

首先是一种组成类型各要素之间相互依赖且具有弹性要素的有机组合，一种有意义的结构性整体。在该结构整体中，每一要素皆被联系于一个意义中心或精神核心，其功能与意义必须从整体出发，才能加以确定。与类型的这种整体性相比，概念的意义范围原则上并不依赖于各个要素彼此之间的共同协力合作，就可以彼此区隔或断裂。

（四）抽象式思维与直观式思维

概念思维是一种抽象式思维，类型思维是一种直观式思维。类型的意义性，决定了其无法用一个或固定几个具体的、容易被确定的必要构成要件来界定，各式各样的特征组合都可能从整体上表现出此种意义性。如何把握类型的意义性，只能诉诸直观感觉。正如学者林立所言："对这个意义性，吾人的把握乃是诉诸一种'对意义性的直观'，即我们无法靠着去看到并数出一个事物中拥有必要的构成要件特征来说'此物属于某一类型'；而是去'直观'到一件事物其组合所'散发'、'营造'、'体现'的某种意义，来判别其所应归属的类型。所以我们的直觉宛如是对一个'图像'的把握，即一事物的所有元素作为一个'有机的组合结构体'，仿似化为一个'意义的图像'而被直觉地把握到；甚至我们在面对同样可以散发出这种'意义'的诸事例中，也直觉地把握、感知其程度上之比较级差别。"①相反，对概念的把握显然不需要此种直观，只需判断某一对象是否具备该概念所必不可少的全部要素即可。

三、犯罪构成论在裁判思维中的作用

刑事案件的裁判过程，就是具体案件事实与刑法文本规范在互相建构中进行对接、匹配的"符合性"判断过程。让事实融入规范进行整理，让规范进入事实完成读解，构成了司法裁判的本体。犯罪构成论作为一种基于刑法规范规定而在理论上创设的一个概念模型或分析工具，为文本规范中规定的各种各样散乱而碎片化的有关成立犯罪所必须具备的条件，描绘出了一种相对清晰的类型轮廓，从而为裁判过程中规范与事实的对接、匹配提供一个直观的"导引图像"。

（一）刑法规范与案件事实之间互构的"规范样本"

刑事司法中的犯罪构成论是作为一种刑法规范与案件事实之间互构的"规

---

① 林立：《法学方法论与德沃金》，中国政法大学出版社2002年版，第129页。

范样本"而存在于裁判思维中的。

找法抑或确定刑法规范的含义是刑事司法裁判过程的一个重要环节，其目的是为具体案件的裁判找到可资适用的那个条款。由于"每一个具体案件的判决都是抽象的法律规则在具体事实中的'适用'"①，所以，只有与那个具体个案事实有关的那部分条文才是最重要的，而对这部分条文含义的解读、确定，必然就会有个案事实参与其中并产生影响。在这个过程中，犯罪构成论所发挥的"导引图像"作用，就是为通过案件事实确定的规范含义如何表征，进而为刑法规定的犯罪构成要件在司法裁判中如何与具体案件进行对接、匹配提供一套格式化样本，具体表现为两个方面：

其一，引导正在裁判的案件如何寻找可适用的法条。刑法条文关于犯罪的规定，是通过有关成立犯罪或排除犯罪的一系列条件来表达的，但刑法对这一系列条件的描述往往是被格式类型化的，犯罪构成作为隐含在刑法条文中有关犯罪成立条件的一种规定模式以及刑法规范中的一个概念类型，为裁判中如何认定犯罪提供了一个基本法律框架。不过，构成要件是一个规范意义上的概念事实，亦即"一种将社会生活中出现的事实加以类型化的观念形象，并且将其抽象为法律上的概念"②，其与具体案件事实本身是内涵完全不同的两个层面。判断行为是否成立犯罪，关键看今天所发生的案件事实能否为已经被先前类型化了的构成要件所"涵摄"或"等置"。具体案件事实能否被规范意义上的构成要件所"涵摄"或"等置"，是需要进行循环式论证才能确定的，即法官一方面要对当下案件事实是否符合刑法规定的犯罪构成要件进行判断，另一方面又要对刑法规定的可能适用于当下案件事实的某一或某几个罪的构成要件是否契合该案件事实作出判断。如此循环往复，直至"案件事实"最终被刑法规定的犯罪构成要件所确认或排除。规范意义上的犯罪构成要件能否与具体案件事实情形相匹配，是需要一番寻找才能发现的。这是因为，刑法规定的法律概念，是被类型化了的犯罪事实构成要件，形式上未免是抽象的，再加上构成要件本身所蕴涵的规范的因素、语言功能的限制，以及刑法的内在和谐与目的，使构成要件的内涵并不是一眼就可以被透视的。具体个案被证明存在的案件事实与具体各

① [德]马克斯·韦伯:《论经济与社会中的法律》，张乃根译，中国大百科全书出版社 1998 年版，第 25 页。

② [日]小野清一郎:《犯罪构成要件理论》，王泰译，中国人民公安大学出版社 2004 年版，第 11 页。

罪构成要件的规范事实之间是否符合,既需要用规范要件事实对个案案件事实进行筛选,使"事实"完成从零乱无序的生活事实到程序意义上的证明事实,再到构成要件意义上的法律事实的转变,也需要使法律规范事实进入个案案件事实,去完成含义解读进而获得鲜活的形象。因此,寻找个案适用的刑法规范的过程,就是在犯罪构成论引领下寻找与该案事实相匹配的那个具体犯罪的犯罪构成要件的过程。

其二,提示正在裁判的案件如何发现并弥补规范漏洞。没有漏洞的法律是不存在的,刑法规范漏洞亦在所难免。刑法在用犯罪构成要件对案件事实进行抽象类型化的过程中存在疏漏是正常的。这一方面是与构成要件的要素缺失或过于限制有关。在构成要件理论上,构成要件要素是构成要件的下位概念和组成部分。任何具体的犯罪构成要件再往下分,都是由不同的构成要件要素组成。例如,犯罪的客观要件包括行为、结果、行为对象、行为主体等客观要素;犯罪的主观要件包括故意、过失、动机、目的等主观要素。这些要素组成了犯罪构成要件的规范事实因素,如果在立法设定过程中出现某些要素疏漏或被过于限制,就会使具体发生的案件事实与构成要件的规范事实之间不能适应,而无法对接。另一方面是与刑法规范本身的不完整性有关。对于已经规定在刑法中的犯罪类型来说,欠缺对构成要件详细、具体的描述,①导致构成要件过于抽象难以确定其意义,从而使规范事实与具体案件事实无法实现一一对应,如不纯正不作为犯罪。不管出现哪一种情况,都会使待决案件的生活事实与刑法文本规范事实之间存在对接缝隙,从而导致构成要件的规范事实与具体发生的案件事实之间无法实现正常对接。

法官在个案审理过程中弥补刑法规范中的漏洞的最主要的方法就是通过具体案件的事实去解读或解释规范中相关犯罪的犯罪构成要件或要素,以识别、明确并填补其在本案中的意义。这既是一个将与本案有关的犯罪构成要件或要素内涵及外延明确化并加以适用的过程,也是一个通过本案事实去创设缺失犯罪构成要件或要素的过程。司法过程是寻找正当的个案裁判的行动,通过这一行动,可以发现针对个案的最合理解决方式。这种对规范中构成要件的漏洞填补(作为一种创设被缺失了的犯罪构成要件的形式),是一种与本案案件事

① 参见刘艳红:《开放的犯罪构成要件理论研究》,中国政法大学出版社2002年版,第152~153页。

实相关的司法行为,因为只有将规范中的犯罪构成要件置于具体的案件事实之中,犯罪构成要件的漏洞才会有被填补的需要。正是在这其中,犯罪构成论以其在司法裁判中独有的"图像导引"功能,为织补勾连这些漏洞提供了最直观、最便捷、最实用的方法论上的指导。

(二)案件事实与刑法规范之间互构的"事实模板"

刑事司法中的犯罪构成论不仅作为一种刑法规范与案件事实之间互构的"规范样本"存在于裁判思维中,同时还作为一种互构的"事实模板",存在于裁判思维中。

刑事司法中裁判的那个案件事实实际上已不是实际发生过的那个"原汁原味"的案件事实,而是依据程序法的要求,并在刑法所规定的犯罪构成要件或要素事实的导引下,对案件生活事实与案件社会结构因素①重新解构后的一种再建构的结构。其作为以案件生活事实与案件社会结构因素为事实认知蓝本而被"发现"出来,并被"认定"为是"真实"的案件事实的那个事实,只能是无限接近真实案件事实的一种法律意义上的裁判事实,而不可能是原始案件生活事实本身。犯罪构成论为这个案件事实的建构提供了一个可以对应、比照的操作模板,具体表现为两个方面:

其一,引领正在裁判的案件应该对哪些事实进行程序性证立。案件事实的证明确立,即从案件的原始事实到陈述事实,是在刑事诉讼中进行的。在刑事诉讼中实际确立起来的案件事实通常是一种由法律规则、法律制度及法律程序认可的事实,是一种客观事实与法官主观认识统一的、且大体上接近案件原始真相但又很难与案件原始真相完全一致的事实。这主要是因为对案件事实真相的认识是一种回溯性认识,认识的客体是过去已经发生过的具体事件,而这是不可能通过科学实践来证明的,司法人员只能运用证据以"推论"的方式对诉讼中的争议事实加以"追溯"或"再现"。如何在散乱的生活事实堆砌中捡拾那部分可以成为案件事实的"碎片",并把它们勾连织补成"型"?这就不可避免地要受到各种主客观因素的影响,其结果往往是司法人员依靠经验与逻辑去对既往事实进行整理加

① "案件结构"一词主要源于布莱克创立的案件社会学理论。布莱克作为一名社会学家,其所称的"案件结构",主要是指"案件的社会结构"。他认为,每个案件除了涉及法律规定和逻辑之外,都具有它各自不同的社会结构,即案件在社会空间中的位置和方向:谁与谁发生冲突、第三方是谁、案件参与者之间的社会距离有多大?这些人的社会性质构成了案件的社会结构。参见[美]唐·布莱克:《社会学视野中的司法》,郭星华等译,法律出版社2002年版,第5页。

工。也就是在这个过程中犯罪构成论模型发挥了引领、指导的作用,表现为案件事实大多是被证据并依据一定的证据规则证明确立的,并与刑法规定特定犯罪的构成要件或要素相关的事实,如被侵害法益、行为人及行为人所实施危害社会的具体犯罪行为以及与行为相关的各项客观事实(如犯罪的时间、地点、方法、手段、危害结果等),犯罪嫌疑人或被告人的主观心理状态(如有无故意或过失,犯罪的动机、目的等)。这些事实构成了案件法律事实的关键和核心部分。除此之外,当然还包括是否足以排除行为的违法性、可罚性和行为人刑事责任的诸事实,以及影响量刑轻重的各种情节等。由此可见,能够成为刑事司法中裁判"对象"的那个案件事实,都是在散乱的生活事实的"碎片"基础上"重构"的事实,而能够引领司法人员把这些"碎片"勾连、拼凑在一起的则是犯罪构成论。

其二,指导正在裁判的案件如何对事实进行格式化整理。在刑事诉讼中被证明确立的案件事实,一方面是被证据并依据一定的证据规则证明确立的,并与刑法规定特定犯罪的构成要件或要素相关的事实。另一方面,这些事实会被依据构成要件或要素的要求进行格式化整理,即表现为通过规范的犯罪构成中规定的成立犯罪的法定要件和排除犯罪的特定事项,对具体案件的生活事实要素进行相应的类型化、格式化剪裁、整理,以使其能够满足法定构成要件涵摄或归类的框架要求。为司法人员进行这种格式化整理提供模板的就是犯罪构成论。当然,不同的犯罪构成论模型,在引领司法人员对案件事实整理的格式上可能会存在一定的差异。

我们知道,刑法规范是通过自身设定的犯罪构成要件对犯罪事实进行类型化的,犯罪构成论则为这种类型化整理提供了理论分析工具。但不同的犯罪构成论体系构成要件模型是不尽相同的。其中,以德日为代表的三阶层犯罪构成体系,由于其构成要件由该当性、违法性和有责性构成,这三者之间又是一种递进式的逻辑关系,即构成要件的该当性、违法性和有责性三者之间环环相扣、层次递进。所以,按照这一理论模型,对行为认定为犯罪的案件事实类型化的整理必然依次是:构成要件该当性的相关事实,为犯罪成立提供行为客观事实基础;违法性的相关事实,为排除正当防卫等违法阻却事由提供事实依据;有责性的相关事实,为追求刑事责任提供主观事实根据。英美法系的犯罪构成论体系则是一种双层次结构,本体要件与合法抗辩形成犯罪认定的两个层次,按照这一理论模型,对某一行为认定为犯罪的案件事实类型化的整理,就演变成了"双层次平衡"案件事实类型模式。一方面是"实体意义上的犯罪要件又被称为犯罪本体要件,包括犯罪行为和犯罪意图”①。另一方面是“诉讼意义上的犯罪要件又被称为责任充足要件,是指合法抗辩事由,包括可得宽恕的事由和正当化事由两类”②。但无论是依据德日刑法三阶层犯罪构成模型和英美刑法双层次犯罪构成模型整理案件事实,从模型的沙盘推演上看,有一点二者是共同的,这就是“先整理客观要件或要素后整理主观要件或要素”,这不仅是两大法系犯罪构成要件的排列顺序,同时也是两大法系犯罪构成模型对犯罪事实进行格式化整理的大致路径。

相比德日刑法三阶层犯罪构成模型和英美刑法双层次犯罪构成模型,我国传统的犯罪构成模型是一种要件耦合式的犯罪构成体系架构。从理论模型的构造上看,即便是有客体、客观方面、主体、主观方面抑或主体、主观方面、客体、客观方面③等不同顺序排列要求,但在这种平面四要件体系中,无论如何排列,似乎这四个要件之间都不存在逻辑上的位阶关系,各要件之间的组合具有等价性而缺乏层次性,彼此之间是一种平面关系而非阶梯关系。所以,依据我国犯罪构成论模型整合的案件事实也就往往表现为平摊的四大块事实,即客体事实、客观方面事实、主体事实、主观方面事实。

四、刑事裁判思维中的“符合性”判断

刑事案件的裁判过程,就是将具体案件事实与刑法文本规范进行对接、匹配的“符合性”判断过程。然而,“案件与规范只是方法过程中的‘原始材料’,二者是在不同的范畴领域中,未经加工处理根本不能相互归类。规范属于抽象普通定义的当为,案件随着它无尽的众多事实则属于未经细分、无定形的存在”④。关于如何让它们彼此“对应”,使刑法规范成为“符合存在的”、案件事实成为“符合规范的”,犯罪构成论在不同的裁判思维类型中所发挥的“导引图像”作用还是有所不同的。

(一)不同思维类型中“符合性”判断的逻辑形式

1. 概念思维中“符合性”判断的逻辑形式

概念思维中的“符合性”判断主要是借助演绎推理的逻辑涵摄完成的,即通

① 周光权:《犯罪论体系的改造》,中国法制出版社 2009 年版,第 27 页。

② 周光权:《犯罪论体系的改造》,中国法制出版社 2009 年版,第 28 页。

③ 参见赵秉志:《论犯罪构成要件的逻辑顺序》,载《政法论坛》2003 年第 6 期。

④ [德]考夫曼:《法律哲学》,刘幸义等译,法律出版社 2004 年版,第 136 页。

过刑事裁判过程中的演绎推理，判断刑法规定的犯罪构成要件或要素与案件事实要素之间是否存在以注释概念含义为核心的逻辑涵摄关系，亦即从一般概念意义上判断刑法规范与案件事实之间是否存在涵摄可能，可否形成涵摄关系。

首先，通过犯罪构成论从一般概念意义上判断刑法规定的构成要件事实与当下的具体案件事实之间是否存在涵摄可能。

"通过涵摄进行法律适用的实际情形如下：在法律适用的时候，法官在法律规范与事实之间建立起一种联系。更准确地说，（这种联系）是在特定的构成要件（Tatbestandmerkmal）与事实的特定部分之间逐步地建立起来。如果法官已经查明了大前提和小前提，之后便就会询问怎样在事实构成特征与事实之间建立起联系？"[①]何谓涵摄，见仁见智。笔者倾向《布莱克法律词典》的解释，即对某一个案受制于某一般原则进行决断，将个案置于某一宽泛规则之下。[②] 既如此，我们对司法裁判中涵摄关系的基本逻辑结构可以作这样的理解："将外延较窄的概念划归外延较宽的概念之下，易言之，将前者涵摄于后者之下的一种推演。然而，作为法律适用基础的逻辑涵摄，并不是将外延较窄的概念涵摄于较宽的概念之下，毋宁是将事实涵摄于法律描述的构成要件之下，至少看来如此。"[③]其具体逻辑涵摄的操作过程或"涵摄模型"可演示为：

法律规范往往是这样被表达的，即凡符合构成要件 T，那么就应当赋予法律效果 R。只要构成要件 T 在某具体案件事实 S 中被实现，对 S 就应该赋予其法律效果 R。假使特定案件事实 S 在逻辑上看来是 T 的一个"事例"，就可以认定构成要件 T 已经在 S 中被实现。因此，如果要知道对某案件事实应赋予如何的法律效果，就必须审查是否应该把这个案件事实看成构成要件 T 的一个"事例"，以决定是否可以归属于其下。

一般把这个过程称为司法逻辑三段论的"涵摄"，其核心部分是一种逻辑的推论。笔者以抢劫罪为例来说明其具体推论模式：

以暴力、胁迫或者其他方法抢劫公私财物的，构成抢劫罪。

被告人实施了比较典型的以暴力、胁迫或者其他方法抢劫公私财物的行为。

---

① ［德］伯恩·魏德士：《法理学》，丁小春、吴越译，法律出版社 2003 年版，第 297 页。

② 参见焦宝乾：《三段论推理在法律论证中的作用探讨》，载《法制与社会发展》2007 年第 1 期。

③ ［德］卡尔·拉伦茨：《法学方法论》，陈爱娥译，商务印书馆 2003 年版，第 152 页。

被告人构成抢劫罪。

在这个涵摄模型中关键性的因素是:大前提中的暴力、胁迫或者其他方法作为抢劫罪构成要件客观方面的行为要素,是一种抽象的概念事实,并具有明确的典型特质,而作为小前提中的“暴力、胁迫或者其他方法”,则是一种正在裁判的案件中的生活事实,表现形态五花八门、千奇百怪。在两者的比对过程中,一般只有案件生活事实中典型的“暴力、胁迫或者其他方法”,才会被规范中的“暴力、胁迫或者其他方法”明确涵摄。非典型的(不是精准地“按照刑法规定的构成要件或要素”去发生的)案件事实,或是游离在“暴力、胁迫或者其他方法”核心概念边缘处的行为,如利用他人与包暂时分离的瞬间,以将门突然锁上的方法造成他人与包分离于门内与门外,使他人不能有效监管自己的包,而趁机将包拿走的,是否属于抢劫罪中的“暴力、胁迫或者其他方法”,或者说抢劫罪中的“暴力、胁迫或者其他方法”能否“涵摄”该案中的“这种形式的抢包行为”,显然就不那么容易地就能作出判断。

其次,通过犯罪构成论模型去判断刑法规范与案件事实之间能否形成涵摄关系。

概念上存在涵摄可能,只是为涵摄推论提供一种现实操作的基础。认为似乎只要大前提对小前提有涵摄可能,就可以必然推出结论,这只是看到了问题的表面,而核心或根本的问题是二者如何建立起这种涵摄关系。因为作为大前提的刑法文本规范提供的是含有价值判断内容的概念事实,其中不可能得出“是”什么的结论。相反,从案件生活事实的经验范畴也得不出“应该”怎么样的价值判断,两者之间“事实”的性质不同,不存在着直接的逻辑推导关系,不能直接将案件生活事实涵摄于刑法文本规范之下,而必须在刑法文本规范与案件生活事实之间建立一个可以连接两者的“中间类型”。这个“中间类型”既非纯粹的文本规范,亦非纯粹的案件事实,而是作为二者之间互构产物的“裁判规范”与“裁判事实”。通过它们可以将刑法中规定的某一犯罪的构成要件或要素与组成当下案件事实的要素勾连起来,进行比对,看其是否相互“符合”。这一过程是通过作为一种“导引图像”的犯罪构成论来完成的。如上所述,犯罪构成论模型为刑法规范与案件事实之间的这种互构分别提供了“规范样本”和“事实模板”。刑法文本规范被案件生活事实解构后重构为裁判规范,案件生活事实被刑法文本规范结构后建构为裁判事实。接下来才能对两者之间的匹配程度进行判断,即对组成案件事实的各个要素是否分别符合犯罪构成的各个要件或要素作出判断:如果符合就成立犯罪,如果不符合就排除犯罪。

2.类型思维中“符合性”判断的逻辑形式

类型思维中“符合性”判断主要是借助类比推理的逻辑归类完成的。也就是说,在犯罪构成论模型引导下,从事物本质意义上判断刑法规范中的作为一种“描述事实”存在的构成犯罪各要件或要素,与具体案件中组成案件的“生活事实”的要件或要素之间是否可以归属于“同一类型”而能够被“等置”。

首先,从事物本质意义上判断刑法规范中的哪些“描述事实”与具体案件中的哪些“生活事实”之间具有可以归属于“同一类型”的可能性。

如上所述,类型思维作为一种开放式思维,其思维类型的层级性、类型边界的模糊性、类型构成要素的不固定性等特征,为裁判过程中文本规范与案件事实之间的对接,拓展了可以进行比对的波幅宽度。一是可以最大限度地包容社会生活中规范与事实之间千变万化、多姿多彩的关系形态,二是兼顾规范概念的模糊地带和空洞区域,在概念核心向边缘依次延伸、分层级的流动中依次、依层去建构事实,同时事实亦可依次、依层去解构规范,这样在规范与事实之间就建构起了可以表征彼此关系的“类型谱系”或“类型系列群”。即使规范与事实的关系再复杂、再模糊,也大多能够在组成事实的基本要素与规范的构成要件之间找到比对的切入点。能够把规范的某些要件与事实的某些要素关联起来思考的“纽带”,则是“事物之本质”。因为“事物本质”与外在类型之间存在内在的牵连,它们之间构成了某种“神”与“形”的关系。没有“事物本质”,个别事物之间便无法建立起具有价值性的连接,而无法形成类型谱系;没有“类型”,事物间的价值关联便难以获得直观的载体形式,而无法被现实把握。只有从“事物本质”出发进行思考,才能将规范与事实拉入同一个层面,从而才能以事物本质为评判价值,去衡量待决案件事实可否归类于相应规范类型。这样,规范与事实之间就不再是一种逻辑涵摄关系,而是在一定的价值导引下,以一种较高或较低的程度,将它们进行比对式“归类”,使之“彼此密切”或“彼此区隔”。也因此,此时裁判中的思维不再是一种只要具备该规范概念的全部构成要素的事实,均可被涵摄于该规范之下的“精准的”形式逻辑思维,而是一种由于规范与事实之间本质上存在归类可能而被“等置”的“模糊的”类比逻辑思维。

其次,犯罪构成论作为类型思维中规范与事实之间进行“符合性”判断的“导引图像”,其作用的发挥是借助类比推理完成的。

如何从事物本质意义上判断刑法规范中的哪些“描述事实”与具体案件中

的哪些“生活事实”之间存在可以归属为“同一类型”的可能性？在类型思维中更多的是从内在的法益层面上考量的，犯罪构成论为这种规范与事实之间是否存在归类可能而可以“等置”提供了一个外在的“导引图像”，以使裁判者可以据此判断“规范”和“事实”在多大程度上具有“相似性”。这主要是通过类比推理来进行的，其形式可大致概括为以下两种：

X 规则适用于 A 案件；

B 案件在实质上与 A 案件类似；

所以，X 规则也可适用于 B 案件。

或：

具有约束力的先例 X 具有 a、b、c……n 属性，并且适用 R 法律原则；

经识别，待处理的 Y 案件也具有 a、b、c……n 属性；

所以，Y 案也应适用 R 法律原则。

类比推理在司法裁判中的运用过程通常包括以下三个步骤：①

第一个步骤是要识别一个具有权威性的基点，即“原型案件”。这个基点可以是法律明文规定的事项或者是具有权威性的判例，这实际上就是一个“找法”的过程。

第二个步骤是描述基点，即“原型案件”和“目标案件”之间在事实上的相同点和不同点。只有通过比较和对比，识别出所有看似有理的相同点和不同点后，才能对相同点还是不同点哪个更为重要，作出一个恰当的判断。这实际上主要就是把作为基点的文本规范概念事实与待决案件生活事实在形式特征上是否符合进行比对。

第三个步骤是对相同点和不同点的重要程度进行判断。也就是说，针对比对的结果判断二者之间是相同点重要，还是不同点更为重要，并因此决定是依照基点还是区别基点。这实际上是依据法律的目的进行价值判断的过程。

类比推理的适用过程表明了类比推理包含了形式规则（形式判断）和价值判断。其中，第一个步骤和第二个步骤是类比推理的形式规则，它们主要是根据类比推理的逻辑形式进行的；第三个步骤则是类比推理的价值判断，因为在认定相同点和不同点谁更重要时，需要对法律规范的意旨进行整体性的综合考

① 参见［美］史蒂文·J.伯顿：《法律和法律推理导论》，张志铭、解兴权译，中国政法大学出版社1998年版，第89页。

量,这是一个十分复杂的分析、比较、判断的过程。在这个过程中,法官个人的职业素养、对法律的理解以及经验起着至关重要的作用。

怎样才能获取"相似性"比对的基点,也就是所谓的"原型案件"呢?就大陆法传统而言,最根本的"基点",一般还是根据文本规范规定的犯罪成立要件或要素等规范性事实,在类型思维意义上将这些规范性的事实从核心到边缘依次建构起一个谱系类型组织,即从最为典型的到比较典型的,再到还算典型的若干类型。这种对抽象"典型"的具体化,一般是通过社会生活事实中经常发生的一些案件以及在教材、学术论著中经常被列举的某些用来说明上述若干规范事实类型的假设案件来完成的。还有,就是我国最高人民法院和上级人民法院公布的一些案例,通常被当作比对时的规范事实类型的具体现实模板。这些为法官基于案件生活事实在文本规范中寻找大致对应的抽象概念事实,提供了形象的"具体类型模板"或"原型案件"。也就是说,法官通过构成要件理论模型这一"导引图像"的引领,在文本规范中寻找那些与当下案件生活事实大致对应的抽象概念事实,并按照构成要件或要素内容去比对"原型案件"与待决案件是否"相似",以确定二者在基本事实构成要素方面能否对接以及在多大程度上可以对接。判断"相似性"存在的客观基础,则是同类事物所具有的共同本质属性,即规范中的概念事实与案件中的生活事实因在构成要件或要素上具有某些"相似性"而被归属于"同一类型"的价值基础,它是二者之间所体现出的相同的事物本质属性。这就如同我们在浩瀚的大千世界中,虽然找不到两片完全相同的树叶,但找到两片"非常相似"的树叶还是有可能的。我们在都是"树叶"的前提下,寻找两片外在"相似的东西"才是我们的目的所在。也就是说,我们能否把不同的事物放在一起比对,取决于我们比对的目的。"原型案件"事实与待决案件事实间的相似点与不同点的区分,只是我们判断相似性问题的事实基础,而彼此之间是相似点重要还是区别点更重要,则取决于我们为之设定的法律标准。如同伯顿认为的,规则、判例和原则、政策等都可以充当产生法律理由的法律标准,在判断彼此间重要程度时,这些不同的法律标准可以竞争,甚至相互结合起来,法官们通过在"原型案件"事实与待决案件事实具体情境中的权衡而得出最终的判断结论。在判断它们之间重要程度的过程中,尽管规则、判例和原则、政策所发挥的作用是不同的,但是这些不同类型的法律标准都服从、服务于法律目的。因此,从最终意义上来说,重要程度的判断最终取决于相关法律要干什么这一问题。①

(二)不同"符合性"判断的特点及适用案件类型②

长期以来,刑法理论界在涉及如何进行"符合性"判断的问题上一直争论不休:一是符合性判断的性质。是形式意义上的事实判断还是实质意义上的价值判断,抑或二者兼而有之?二是符合性判断的顺序。是形式意义上的事实判断优先还是实质意义上的价值判断优先,抑或这二者本身就难以界分?

以我国学者为例,陈兴良教授由于主张德日古典三阶层犯罪论体系,所以在这个问题上一贯主张,构成要件符合性的判断是形式判断,并且先于实质判断而存在。陈兴良教授认为,"一种行为是否构成犯罪,首先应当考虑的是这一行为是否在形式上符合刑法规定的构成要件,而不是首先考虑这一行为是否具有实质上的社会危害性"③,"定罪过程中的事实判断,是指某一事实(客观事实与主观事实)是否存在的认定,具体可分为客观判断和主观判断。价值判断是指某一行为的危害性或者违法性的认定。价值判断有评价判断与规范判断之分。评价判断是对客观的价值现象,即一定主客体之间的价值关系的描述,而规范判断是根据规范所做的价值判断。可以说,评价判断是一种实质判断,而规范判断是一种形式判断。例如,在三阶层的犯罪论体系中,行为论是对行为的事实判断,确认行为本身是否存在。构成要件论是存在行为的前提下对行为进行规范判断,确认某一行为是否具有构成要件该当性。违法论是对具有构成要件该当的行为进行评价判断,确认某一构成要件该当的行为是否具有实质上的法益侵害性"④。

张明楷教授由于主张综合判断式的两阶层犯罪论体系,⑤对此则认为,"在构成要件符合性阶段,不可能只是形式判断,而是必须有实质判断。如果说在构成要件符合性阶段之内可以先形式判断后实质判断,那么,当然也可以先实质判

---

① 参见[美]史蒂文·J.伯顿:《法律和法律推理导论》,张志铭、解兴权译,中国政法大学出版社1998年版,第109~117页。

② 本问题中关于案件类型方面的分析,参见拙著《在遵从与超越之间——社会学视域下刑法裁判规范实践建构研究》(法律出版社2012年版)一书第354~361页的相关内容。

③ 陈兴良:《形式解释论与实质解释论:事实与理念之展开》,载《法制与社会发展》2011年第2期。

④ 陈兴良:《教义刑法学》,中国人民大学出版社2010年版,第136页。

⑤ 这里谓之的"综合判断式的犯罪构成体系"既包括我国传统的四要件犯罪构成体系,也包括大陆法系将构成要件符合性与违法性或有责性进行一体评价的犯罪论体系。参见王志祥、敦宁:《形式和实质的解释论之争与犯罪论体系的选择》,载《现代法学》2012年第2期。

断后形式判断。”[①]张明楷教授进一步指出,虽然德日强调从形式到实质判断犯罪,但这并不意味着构成要件符合性的判断就是形式判断。倘若将构成要件符合性完全演变为纯形式判断,不仅意味着构成要件丧失了违法性的推定机能,而且意味着对构成要件只能进行平义解释,导致刑法各论没有任何实际意义。实际上,违法性阶层的判断是更为实质的判断。也就是说,在违法性阶层承认超法规的违法阻却事由,而在构成要件阶层不可能存在超法规的构成要件符合性。[②]

两位教授可谓针锋相对,精彩纷呈,但似乎依然难分伯仲。问题出在哪里?如果我们抛开各种理论模型自身假设的逻辑桎梏,把这个问题直接置放到具体案件的裁判思维过程中,也许就会发现,刑事裁判思维中刑法规范与案件事实之间是否“符合”的逻辑判断顺序,往往并不完全都等同于任何一个理论模型中的犯罪构成要件的逻辑排列顺序,而是裁判的案件类型不同,采用的思维模式就不同,而思维模式不同,符合性判断的逻辑顺序就不同。在不同的裁判思维中,每个犯罪构成论理论模型的“导引图像”作用都是存在的,但在不同的案件类型中发挥作用的侧面是不一样的。

1. 概念思维中“符合性”判断的特点及适用案件类型

概念思维模式中“符合性”判断的特点是相比而言更重视构成要件的形式意义。也就是说,在构成要件的符合性判断中比较强调事实意义上的形式判断,对价值意义上的实质判断,则相对比较排斥。

如上所述,在概念思维中,法律规范与案件事实之间的关系模式是封闭的单一涵摄模式。这是由于概念思维在对象与概念的关系上,只有两种可能所致:一是如果对象能够被概念涵摄,两者即被视为“同一”;二是如果对象不能被概念涵摄,两者即被视为“相异”。在此对象与彼对象的关系上,如果都能涵摄于特定概念之下,就被完全等同;如果此对象能够涵摄而彼对象不能涵摄,则被完全区别对待。质言之,在概念的世界中,只有“同”与“不同”的结果,没有“类似性”存在的可能。对此种逻辑形式,我们可称之为“非此即彼”的涵摄模式。在逻辑学上,这是一种典型的“单值逻辑”。要么“是”,要么“不是”;要么“符

① 张明楷:《实质解释论的再提倡》,载《中国法学》2010 年第 4 期。

② 参见张明楷:《实质解释论的再提倡》,载《中国法学》2010 年第 4 期。

合”,要么“不符合”;要么“白”,要么“黑”。[①] 这种思维方式决定了规范与事实之间的“符合性”判断更多的是概念意义上的形式判断。如果在裁判过程中遭遇到规范与事实之间并不是那么严丝合缝匹配的案件时,处置起来就会比较棘手。

这是因为,概念思维中的“概念”,是将抽象化思维的结果通过语言这一载体表达出来,而我们语言的丰富和精妙程度还不足以反映自然现象在种类上的无限性、自然要素的组合与变化以及一个事物向另一个事物的逐渐演变过程。另外,“语言上的极端精确,其只能以内容及意义上的极端空洞为代价”[②]。其结果就是,“极端的抽象化经常切断意义关联,因最高概念的空洞性,其常不复能表达出根本的意义脉络,因此,抽象化常导致荒谬的结论”[③]。这在司法裁判中就可能导致由于抽象概念中的要素经常不能涵盖根据法律目的应包含的全部案件或者反而将不应包含的案件涵盖进来的情形发生。如果严格按照概念思维的涵摄逻辑进行作业,则得出的结论有时可能会十分荒诞,从而抵触了法秩序的评价标准。在这个问题上,德国曾发生过能否把盐酸看作“武器”的盐酸案,[④]我国曾发生过自动取款机(ATM)是否属于“金融机构”的许霆案,[⑤]实际上类似的问题在案件裁判过程中还有很多。对于盐酸案,德国联邦法院在最终的裁判中还是将盐酸视为了“武器”,而对于许霆案广东省高级人民法院也在终审裁定中认定 ATM 属于“金融机构”,但这都不是概念思维的裁判结果。如果是基于概念思维,其裁判结果可能正好相反,因为该两案中的“规范”在概念意义上并不能涵摄该两案中的“事实”,“规范”与“事实”之间也就不存在形式上的“符合性”,从而不会得出“盐酸”等同于“武器”、“ATM”属于“金融机构”的结论。

---

① 参见杜宇:《“类型”作为刑法上之独立思维形式——兼及概念思维的反思与定位》,载陈兴良主编:《刑事法评论》第 26 卷,北京大学出版社 2010 年版。

② [德]卡尔·拉伦茨:《法学方法论》,陈爱娥译,商务印书馆 2003 年版,第 17 页。

③ [德]卡尔·拉伦茨:《法学方法论》,陈爱娥译,商务印书馆 2003 年版,第 333 页。

④ 基本案情是:X 携带盐酸泼洒在一名女会计的脸上,进而抢走她的钱包。在德国联邦法院的判决中,所涉及的问题是:X 是否犯了加重抢劫罪。根据行为当时有效的德国《刑法》第 250 条的规定,加重抢劫罪的构成是:“当行为人……携带武器实施强盗行为,而以武力或以武力胁迫,防止或压制他人反抗时”。因而,必须判断该案中使用的盐酸是否是一种武器。德国联邦法院肯定了这一点,并且引起了广泛的争议,直到后来立法者将德国《刑法》第 250 条修订为“携带武器或其他器械或方法实施强盗行为”。参见[德]考夫曼:《法律哲学》,刘幸义等译,法律出版社 2004 年版,第 129 页。

⑤ 参见广东省广州市中级人民法院刑事判决书,(2008)穗中法刑二重字第 2 号。

另外,概念思维对隔绝与分离的追求,导致法律概念往往都是彼此独立的个体结构,以碎片式拼凑的方法来认识事物、认识社会,无法结构式、整体地把握生活事实,而导致在案件的裁判中规范与事实的对接缺少了目的性的引导,使规范对事实的涵摄,仅仅是一种形式要件上的满足。也就是说,只要具备该概念的全部要素的事物,均可被涵摄于该概念之下。如此一来,在概念思维中,规范中所隐含的价值判断基本上被形式逻辑遮蔽。如何妥当评价的问题,被如何适度涵摄的问题替换,规范评价与目的论的生存空间被形式逻辑基本榨干。当然,这并不是说,在概念形成的过程中不存在价值与目的的思考,而是说一旦概念形成并被体系固化,在概念要素的判断中,就不再允许回溯至其背后的价值观点,不允许以所谓"目的论"的思考来突破概念形式的外衣。[①] 裁判完全抛开了对规整背后的评价观点的"审视",而成了一种纯粹的对外在形式的"凝视"。这在典型案件中或许还可以得出令人满意的结论,但是在一些疑难、复杂案件中,其结论的客观性、合理性、公正性恐怕就要大打折扣了。

概念思维的这一特点就决定了它只能是一种仅适用于典型或简单刑事案件的裁判思维。同时也决定了犯罪构成论在导引概念思维的"符合性"判断时,不论采用哪种犯罪构成论模型,出于思维本能基本上都是"事实判断先于价值判断、客观判断先于主观判断、形式判断先于实质判断、定型判断先于个别判断等规则"[②],至少也是同时进行。

典型或简单案件,往往占据了刑事司法裁判中的绝大多数,特点是案件事实与法律规范均甚简明,"争议的中心并非法律规则而只是对事实如何适用法律规则的案件来说……是其背景和阴影"[③],且这些"案件只有一条路,一种选择……它们堆积成山,令人乏味"[④]。也就是说,对查明的案件事实有明确的法律条文可适用,条文清楚明晰,事实确定明了,并且从一般概念内容及意义看,确定的案件事实被清楚的法律规范明确涵摄(或排除),表现为案件事实与刑法条文的完全匹配(或完全的不匹配)。笔者将其称之为"完全匹配型案件"(或

---

① 参见杜宇:《刑法体系构建的三种思路——兼论"类型"的体系形成功能》,载《浙江社会科学》2009 年第 7 期。

② 陈兴良:《刑法学:向死而生》,载《法律科学(西北政法大学学报)》2010 年第 1 期。

③ [美]本杰明·卡多佐:《司法过程的性质》,苏力译,商务印书馆 2013 年版,第 99 页。

④ [美]本杰明·N. 卡多佐:《法律的成长 法律科学的悖论》,董炯、彭冰译,中国法制出版社 2002 年版,第 34 ~ 35 页。

“完全不匹配型案件”),亦即刑法规范所规定的概念事实完全能够涵摄或能够排除当下所裁判案件的具体事实。关于罪与非罪、此罪与彼罪的问题,法官直接运用三段论式的逻辑方法就能得出裁判结论。

可见,司法裁判中的概念思维模式(围绕着注释概念而展开的有关规范与事实之间的逻辑涵摄思维模式)在法律规范与案件事实完全匹配的简单案件裁判中具有简洁、明晰、一目了然的优势。同时,也决定了在有关规范与事实之间是否匹配的符合性判断中(组成案件事实的各个要素是否分别符合犯罪构成的各个要件或要素的判断中),排斥渗入价值、目的或者利益等主观因素的观念,其更多的是围绕着一般概念意义而展开的形式判断。故而,犯罪构成论在刑事裁判的概念思维模式中,其犯罪构成要件的形式意义被强化、实质意义被弱化。也就是说,在犯罪构成要件的符合性判断中比较强化事实性的形式判断,弱化价值性的实质判断。其最大优点在于它能够较好地保持法律的稳定性、安全性以及形式理性。所以,在大陆法传统中,基于对罪刑法定原则的推崇,与概念思维相匹配的演绎推理一直是被奉为刑事司法的主导裁判方法,它被期望在帮助法官推导刑事判决的同时,又能限制法官恣意。“为了清扫法官的恣意裁判,同时亦为了使得法律推理具有科学客观性之品格,法官在判案时被要求排除个人情感与意志因素,通过一种不具个人色彩的、必然的推理方式来达到唯一正确的判决,形式逻辑三段论满足了这一要求”①,所以大陆法系法学家普遍把演绎推理奉为法律推理之核心方法,希冀能通过演绎推理来限制法官自由裁量的尺度,以保障刑事裁判的客观性。在法律关系比较简单、社会关系相对稳定的环境下,概念思维确实有其存在的土壤和实际需求。但随着社会关系形态的不断变化,新的生产关系、法律关系以及新兴的价值观念不断涌现,概念思维先天固有的局限性也就非常明显地暴露了出来,特别是作为司法裁判中概念思维表现形态的演绎推理逻辑的涵摄式思维,在遭遇规范与事实之间并不是那么匹配的案件时,其缺陷尤为明显。

2. 类型思维中的“符合性”判断的特点及适用案件类型

类型思维模式中“符合性”判断的特点,决定了其在规范与事实之间的“符合性”判断中相比概念思维存在强化价值意义上实质判断权重的可能性。

---

① 朱庆育:《意思表示解释理论——精神科学视域中的私法推理理论》,中国政法大学出版社 2004 年版,第 22 页。

如上所述,裁判思维中的规范与事实之间的关系模式是开放的双向循环的互构形态。一方面规范向事实开放,另一方面事实又向规范开放,通过既作为一种刑法规范与案件事实之间互构的"规范样本",又作为一种案件事实与刑法规范之间互构的"事实模板"的犯罪构成论,来建构"中间类型",将两个被分离在不同层面的"客观存在物"关联在一起。这个"中间类型"便是刑法文本规范被案件生活事实解构后重构的"裁判规范",以及案件生活事实被刑法文本规范结构后建构的"裁判事实"。但在概念思维中,由于作为大前提刑法规范的清楚明晰、唯一可据与作为小前提案件事实的确定明了、无可争议,不仅使裁判中价值判断的空间被无限挤压,裁判似乎变成了纯粹的形式逻辑游戏,而且也几乎忽略了如果没有"裁判规范"与"裁判事实"这一"中间类型"的存在应然的规范与实然的事实之间是无法进行对接、匹配的现实。

但在类型思维中,情形就不是这样了。当这个"中间类型"成为一种介于刑法规范(大前提)与案件事实(小前提)之间的联系时,裁判"体系"就呈现出层次清晰的三层结构:文本规范、"中间类型"、生活事实。"中间类型"不但是整个体系中一个非常重要的实体层次,而且更是整个体系得以成立和沟通的连接要素和过渡安排。从规范到"中间类型"("裁判规范")的思考,是一种演绎和细化的思考,是对抽象或空洞化的规范的进一步加工,并基于一定的价值需要为其提供现实的生活内容支撑。这在一定程度上可以回避有时仅使用法律概念来解释案件事实的"不着边际"之感,形成了一种裁判意义上的规范类型;而从事实到"中间类型"("裁判事实")的思考,则是归纳和概括的思考。案件的生活事实是断裂和缺乏意义联系的,它们只是一些孤零零散落的粒子和碎片,需要逻辑线索和意义脉络的贯连。通过对具体个案的观察,以法理念及法目的为导向,对散乱事实予以价值性和规范性的加工,抽取和提炼出案件事实类型的基本轮廓,并将其事实要素与规范要件相对接,便形成了裁判意义上的事实类型。由于这个"中间类型"可以有效地包容事物的多样形态、类型间的流动过渡以及边界的模糊性,从而可以涵盖生活事件的过渡形式、混合形态以及各种以新形态出现的变化。这样,规范与事实之间就不再是一种形式逻辑的涵摄关系,而只能以一种较高或较低的程度,将它们进行比对式"归类",使之"彼此密切"或"彼此区隔"。如此,在裁判过程中,就可以基于"事物的本质"(法益)去兼顾法律概念的模糊地带和空洞区域,从概念的核心向边缘依次延伸、分层级地作流动性思考,建构起一种"类型谱系"或"类型系列群"。裁判过程中,即便遭遇的是非典型的案件事实，法官在借助某种整体性评价观点进行价值判断的基础上，也大多能够在组成事实的基本要素与规范的构成要件之间找到比对的切入点，以彼此间的“或多或少”的类型判断代替“非此即彼”的概念判断，从而缓解了裁判过程中普遍性规范与个别化事实之间在很多情形下难以涵摄的紧张关系，增加了规范与事实各要素之间比对的波幅宽度，规范也就可以更多地融入生活事实要素，生活事实也可以更多地从规范中找到与自己对应的因子。例如，在德国盐酸案中，德国联邦法院在最终的裁判中将“盐酸”视为“武器”；在我国的许霆案中，广东省高级人民法院在终审裁定中认定“ATM”属于“金融机构”。在规范的要件——“武器”与事实的要素——“盐酸”之间，以及在规范的要件——“金融机构”与事实的要素“ATM”之间，建立起某种关联关系的不是概念，而是“武器”及“金融机构”这些概念背后所隐含的这类事物的本质，而“盐酸”与“ATM”作为案件事实要素，基于一般生活经验判断，在这两个案件的情境中符合这种事物的本质特征。这样，在无形中就增大了规范与事实之间“符合性”判断的价值因素考量。

类型思维的这一特点就决定了它比较适合非典型或复杂案件中规范与事实之间的符合性判断，故而犯罪构成论在导引一般非典型案件裁判中的“符合性”判断时，只要是在类型思维下的裁判，不论采用哪种犯罪构成论模型，“在构成要件符合性阶段，不可能只是形式判断，而是必须有实质判断。如果说在构成要件符合性阶段之内可以先形式判断后实质判断，那么，当然也可以先实质判断后形式判断”①。

这里的非典型或复杂案件，又可分为两类：

第一类案件表现为：事实是明晰的，“规则也是确定的，只是规则的适用令人怀疑”②。“这些案件以及其他一些类似的案件常常在法官当中引发不同的意见。”③如果从规范与事实之间符合性判断的角度看，这类案件则一般表现为案件事实与刑法规范之间基本上是匹配的，本文将其称之为“基本匹配型案件”。这就意味着还有不匹配的情形存在，也就是说案件在裁决过程中可供选择的刑法条文的答案可能不是唯一的，但总的来说还能够在意思相近或相似的

---

① 张明楷：《实质解释论的再提倡》，载《中国法学》2010 年第 4 期。

② ［美］本杰明·卡多佐：《司法过程的性质》，苏力译，商务印书馆 2013 年版，第 100 页。

③ ［美］本杰明·卡多佐：《司法过程的性质》，苏力译，商务印书馆 2013 年版，第 100 页。

答案中选择一个相对最合理的答案。

这类“基本匹配型案件”又可分为以下几种情形：

第一种情形是刑法条文语词或概念含义模糊、内容具有不确定性，与案件事实对接可以得出多个解释结果。解释结果不同，当然裁判结论就不会一样。如上述许霆案中关于“金融机构”有可能发生的多个解释版本。

第二种情形是刑法条文之间存在矛盾冲突，“很多法条的构成要件彼此会全部或部分重合，因此，同一案件事实可以被多数法条指涉”①。在这类案件中，不同的法律条文有不同的规定，而适用不同的规定就会产生不同的判决结果，要求法官对究竟应该适用哪一条文更为妥当作出选择。

第三种情形是刑法条文存在漏洞的情况，针对某些个案的处理，法律规定不甚明确或存在疏漏或故意空缺。面对法律漏洞，法官的任务就是设法去补上漏洞，以保证裁判能进行下去。至于如何修补，即用何种“材料”修补，用何种“工具”修补，对法官而言本身就是一种选择。

上述这三种情形无论是哪一种，在涉及规范与事实之间的符合性判断时所面临的问题都是一样的，这就是价值判断必然会在相当程度上渗入其中。一是在违法行为的社会危害程度方面，对于具有严重社会危害性的行为，在刑法规定比较模糊的情况下，必然会是尽可能考虑偏重于对社会秩序的保护，而将该行为认定为犯罪；反之，当社会危害程度接近于犯罪的临界点时，则会注重考虑刑法的自由保障功能，尽可能将该行为除罪。二是在刑法语词或概念的模糊程度方面，对于远离刑法规定核心意义区的违法行为必然会偏重于考虑刑法的自由保障功能，将该行为认定为非罪；反之，对于靠近刑法规定核心意义区的违法行为，则会偏重于刑法的秩序保护功能，将该行为认定为犯罪。三是在条文间彼此冲突或有漏洞存在场合，当由于条文之间规定发生冲突而导致行为在罪与非罪、重罪与轻罪之间摇摆时，或将有漏洞的条文填补完整以适用案件裁判需要的时候，一般会偏重于考虑刑法的人权保障价值，做出有利于被告人的选择或补充。

第二类案件表现为：“这些案件的决定对未来很有价值，它们将推进或延滞法律的发展。”②实践中这类案件的数量极少，但“这些案件就是司法过程中创

① ［德］卡尔·拉伦茨：《法学方法论》，陈爱娥译，商务印书馆2003年版，第146页。

② ［美］本杰明·卡多佐：《司法过程的性质》，苏力译，商务印书馆2013年版，第100页。

造性因素发现自己的机遇和力量的案件”①。法官“可以找到言之成理的或者相当有说服力的理由来支持这一种结论或者另一种结论。在这里,开始起作用的就是对判决的平衡,是对类比、逻辑、效用和公道等考虑因素的检验和分类整理”②。如果从规范与事实之间符合性判断的角度看,这类案件则一般表现为案件事实与刑法规范的部分匹配,笔者将其称之为“部分匹配型案件”。这同时意味着还有相当一部分不匹配的情形存在,而且这种不匹配不仅仅是形式意义上的,而且还往往含有某些实质内容方面的纠结。因而,在这类案件中,根据案件事实确定裁判的大前提,就是一件极其艰难的事情。

这类“部分匹配型案件”又可分为两种情形:

第一种情形是案件事实与刑法条文形式要件上大部分匹配,如果不依法论处,就会有悖罪刑法定的形式要求;但如果严格依法论处,就会表现出强烈的政治、道德或文化与法律之间的内在冲突。即便是一个明确的法律规范,人们对这个法律规范并无多大争议,且这个规范适用了很多案件都风平浪静,但“如果法官机械地援引这些仅具有形式相关性的规则,不但将造成个案的不公,而且会导致这些明文规则的含义产生实质性的变化”③。因而,裁判结果由于缺乏可接受的合理性,容易在法律界和社会上引起巨大争议,如许霆案的最初一审判决,裁判许霆的行为属于盗窃金融机构,且数额特别巨大。按照当时《刑法》第63条第1款的规定,许霆不具备法定的减轻处罚情节,而不能在法定刑以下判处刑罚。所以,依法判处法定最低的无期徒刑,从纯粹案件裁判中刑法规范适用的角度看,该案应该没有多少可圈可点的地方。但判决一出,却出乎意料地在社会上引起了轩然大波,这是因为刑法条文的规定与大众道德情感之间产生了冲突,以至于法院不得不“先决定”轻判该案,而后“再决定”适用当时《刑法》第63条第2款,结果当然就是许霆被从轻判处有期徒刑5年了。④

第二种情形是案件事实与刑法条文形式要件上仅小部分匹配,如果依法不论处,就可能导致对严重危害社会行为的姑息放纵;如果依法勉强论处,就会表现出明显的事实与法条或事实与规则或事实与法理之间的外在矛盾,一言以蔽

① [美]本杰明·卡多佐:《司法过程的性质》,苏力译,商务印书馆2013年版,第100页。

② [美]本杰明·卡多佐:《司法过程的性质》,苏力译,商务印书馆2013年版,第100页。

③ 毛玮:《论疑难案件中的规则变异》,载《中山大学学报(社会科学版)》2009年第2期。

④ 参见赵秉志、张心向:《刑事裁判功利性现象研究——兼论刑法规范的司法适用》,载赵秉志主编:《刑法论丛》第31卷,法律出版社2012年版。

之,就是有可能违背罪刑法定原则。最典型的就是肖某灵以危险方法危害公共安全案(以下简称肖案)。[①] 肖案在当时碰到的最大问题就是针对该案件事实应该如何选择适用刑法规范:一个是《刑法》第114条以危险方法危害公共安全罪的规定;另一个是《刑法》第290条聚众扰乱社会秩序罪的规定。两个法条适用肖案均存在障碍,即案件事实与两相关刑法条文形式要件上仅是小部分匹配。适用前者的障碍是,肖某灵明知自己投寄的是食品干燥剂,而不是真正的炭疽杆菌,不存在危及不特定多数人的生命、健康安全或者公私财产安全的现实可能,更不可能与放火、决水、爆炸、投毒[②]等危险方法的性质相当,它充其量不过是一种危害社会管理秩序的违法行为;适用后者存在的障碍是,聚众扰乱社会秩序罪的构成要件要求"情节严重,致使工作、生产、营业和教学、科研无法进行,造成严重损失",并且必须是聚众行为中的"首要分子"。很显然,肖某灵的行为基本上不符合该条规定的构成要件,不能以聚众扰乱社会秩序罪定罪量刑。问题出在肖案发生在美国"9·11恐怖袭击事件"发生之后不久,且当时美国国内又接二连三地受到炭疽杆菌邮件的侵扰,全球深陷在恐怖不安的气氛中。"肖某灵通过新闻得知炭疽杆菌是一种白色粉末的病菌,国外已经发生因接触夹有炭疽杆菌的邮件而致人死亡的事件,因此,认为社会公众对收到类似的邮件会产生恐慌心理"[③],故而为之。所以,"上海市第二中级人民法院对本案审理后认为,被告人肖某灵通过向政府新闻单位投寄装有虚假炭疽杆菌信件的方式,以达到制造恐怖气氛的目的,造成公众心理恐慌,危害公共安全,其行为构成了以危险方法危害公共安全罪"[④]。这种明显以社会利益作为优先考量的做法,使得肖案判决一出,就引发了理论界的一片哗然。

由此可见,这两种情形在涉及规范与事实之间的符合性判断时所面临的问题,显然已不仅仅是价值判断必然在多大程度上渗入其中的问题,而是如何通过价值判断去达致法律形式与裁判正义的平衡以及如何"超越"规范才能既符合罪刑法定形式理性的最低要求,又能体现出当下案件裁判的实质合理性问题。这也就是为什么卡多佐法官在总结其办理疑难案件的心得时,得出了这样的结论:"这

① 参见上海市第二中级人民法院刑事判决书,(2001)沪二中刑初字第132号。
② 当时《刑法修正案(三)》尚未颁布。
③ 上海市第二中级人民法院刑事判决书,(2001)沪二中刑初字第132号。
④ 上海市第二中级人民法院刑事判决书,(2001)沪二中刑初字第132号。

些案件的决定对未来很有价值,它们将推进或延滞法律的发展。”①从我国后来发生的情形看,也的确如此。②

可见,刑事司法裁判中的类型思维,使概念思维中规范与事实之间原本封闭、僵化、断裂、呆板的涵摄关系,由于需要归类而必须彼此间对向开放、核心向边缘流动、整体与部分间协商,而获得了某种灵动的活力。这样在规范与事实之间的符合性判断中,价值导向的思考方式得以确立,价值、目的或者利益等主观因素的观念得以渗入,同时面向生活现实开放的弹性思维,有利于使稳定、滞后的法律规范适应复杂多样的生活事实,为裁判过程中更理性地取舍、平衡各种利益奠定了方法论的基础。相对于概念思维,在裁判“基本匹配型案件”及“部分匹配型案件”这类复杂、疑难案件时,亦能找到相应对策。尽管从司法实际状态看,这种基于类型思维的“符合性”判断往往被概念思维的“符合性”判断遮蔽,法官也常常将一种本属正当的类型思维的“符合性”判断论证宣称为一个事实上不能维持的概念思维的“符合性”判断,似乎只有后者才具有真正的科学性,才能保证裁判的客观与公正,但实际上正是类型思维这种“符合性”判断情形的存在,才使我们的刑事司法在应对复杂、疑难案件的裁判时多了一份从容与淡定。当然,类型思维的缺陷也是不言而喻的。其最大的缺陷就是有可能对法律的稳定性和安全性带来挑战,这是我们在类型思维模式下进行“符合性”判断时所必须高度警惕的。刑事裁判中的类型思维亦应是有边界和底线的,没有边界的类型化思维是一种极大的危险,将有可能使刑事裁判脱逸至刑法规范之外,而构成对罪刑法定原则、刑事法治的破坏。③ 在这方面,不能不说肖案的裁判倒是一个典型的“反面教材”。

---

① [美]本杰明·卡多佐:《司法过程的性质》,苏力译,商务印书馆 2013 年版,第 104 页。

② 许霆案后,《刑法修正案(八)》将《刑法》第 63 条第 1 款修改为:“犯罪分子具有本法规定的减轻处罚情节的,应当在法定刑以下判处刑罚;本法规定有数个量刑幅度的,应当在法定量刑幅度的下一个量刑幅度内判处刑罚”,对减轻处罚的幅度进行了量化,防止类似许霆案判决中的由法定最低刑的无期徒刑,直接减轻判处 5 年有期徒刑的法律尴尬。肖案后,《刑法修正案(三)》第 1 条将原《刑法》第 114 条规定的“投毒”改为“投放毒害性、放射性、传染病病原体等物质”。这说明,原《刑法》第 114 条规定的“其他危险方法”是不包含投放传染病病原体物质的方法的,同时第 8 条规定:“刑法第二百九十一条后增加一条,作为第二百九十一条之一:‘投放虚假的爆炸性、毒害性、放射性、传染病病原体等物质,或者编造爆炸威胁、生化威胁、放射威胁等恐怖信息,或者明知是编造的恐怖信息而故意传播,严重扰乱社会秩序的,处五年以下有期徒刑、拘役或者管制;造成严重后果的,处五年以上有期徒刑。’”应该说,被告人肖某灵的行为是完全符合这条规定的。参见赵秉志、张心向:《刑事裁判功利性现象研究——兼论刑法规范的司法适用》,载赵秉志主编:《刑法论丛》第 31 卷,法律出版社 2012 年版。

③ 参见马荣春:《刑法类型化思维的概念与边界》,载《政治与法律》2014 年第 1 期。

五、结语

"犯罪构成"既是刑法文本中的一种规范类型,又是刑法理论中的一个建构模型,还是刑事司法中的一种裁判模式,实际上是一个在多向度延伸、多层面存在的具有三维立体结构的概念形态。① 在当今的规范刑法学中,"犯罪构成"作为一种刑法文本注释的格式化模板以及刑法理论研究的精致模型,可以说已被"修炼"到了极致的程度,而其作为刑事司法中的一种裁判模式,似乎仍在"荒芜"中。笔者选择从一种司法裁判方法的视角关注犯罪构成论问题的研究,主要是想解释一下许久以来萦绕在脑海且挥之不去但又无法进行实证研究的困惑,这就是:司法裁判过程是不是就是按照现有犯罪构成论模型(不管是哪个)各要件的逻辑顺序来认定犯罪的?对此问题,陈忠林教授曾说过:"在谈到即使在德国,司法实践中也不可能用'三阶层'理论来认定犯罪时,我国台湾地区学者林东茂给我打了一个比喻。他说:'三阶层'理论好比练武术时的武术套路,司法实践认定犯罪则是武林高手之间的实战;练习武术时应该按套路进行,但到江湖实战交手的时候,恐怕就谁也顾不上套路,只能见招拆招了。林东茂教授的这个比喻本意想说明这个理论的合理性。但我总觉得,这个比喻再好不过地说明了这样一个事实:司法实践要按照现有犯罪构成理论的逻辑顺序来认定犯罪,是根本不可能的!"② 本篇论文或许能从裁判思维这个侧面来回应并认同陈忠林教授的这一观点,并且如果从刑事裁判思维的视角看刑法规范与案件事实之间"符合性"判断的逻辑顺序,可能还会得出这样一个具有相当"功利"特质的结论,这就是这种判断的逻辑顺序往往并不会完全等同于任何一个理论模型中的犯罪构成要件的逻辑排列顺序,而是裁判中"遭遇"到的案件类型不同,实际采用的思维模式就不同,而实际采用的思维模式不同,符合性判断的逻辑顺序就不同。

刑法理论研究可以建构出精致的模型,无奈刑事裁判实践却难有精准的"套路",这与理论研究的相对局限而求稳定与社会实践的绝对多变而不确定有关,而与一国刑事法治状况如何好像并没有多少必然的内在联系。从裁判方法论的视角就犯罪构成论问题在刑法理论与司法实践之间寻求一种相对妥当的协调,倒是一种可行的尝试。

---

① 参见张心向:《犯罪构成之三维形态解读——基于现象学社会学的思考》,载《法学杂志》2011 年第 4 期。

② 陈忠林:《现行犯罪构成理论共性比较》,载《现代法学》2010 年第 1 期。

构成要件要素：从文本概念到裁判类型

——主要基于犯罪对象为“药品”案例样本的分析*

目　次

* 原载《东方法学》2020年第1期，第58～67页。中国人民大学复印报刊资料《刑事法学》2020年第4期全文转载。本文系天津市教委2016年度社会科学重大项目“惩治危害药品安全犯罪研究”（项目编号：2016JWZD14）暨中国应用法学研究所“司法与社会”项目研究子课题“裁判的智慧——司法公正回应社会公正问题研究”的阶段性成果，同时还得到了中央高校基本科研业务费专项资金资助，项目名称：“司法公正回应社会公正问题研究”（项目编号：63192419）。另本文涉及的案例等实证研究资料的数据分析，由南开大学法学院刑法学专业博士研究生孙树光，硕士研究生刘晓雨、崔林红、荣美美、郝瑞红、周蓉、曹慧珊、薛琦、杨斌、马萌萌等同学协助整理完成，在此向他们深表感谢。

(二)是“假药”疫苗还是“劣药”疫苗

(三)“问题疫苗案”中的“疫苗认定”

一、前言

犯罪构成要件要素是指“各具体犯罪构成要件内容的诸要素……如行为、结果、因果关系、行为对象、主体身份等等”[①],对其研究视角颇多。张明楷教授依据不同的分类标准将构成要件要素分类为客观的构成要件要素与主观的构成要件要素、作为违法类型的构成要件要素与作为责任类型的构成要件要素、积极的构成要件要素与消极的构成要件要素、成文的构成要件要素与不成文的构成要件要素、记述的构成要件要素与规范的构成要件要素、真正的构成要件要素与表面的构成要件要素。[②] 笔者所提及的构成要件要素文本概念及其裁判类型,亦即作为文本概念的构成要件要素和作为裁判类型的构成要件要素,很难被纳入上述所列的任何一种分类中,但与上述的每一种分类又息息相关。其中,构成要件要素文本概念,是指犯罪构成要件要素在刑法条文中的实际存在样态,属于刑法文本规范的范畴。也就是说,犯罪构成要件要素是以“文本概念(或语词)”的姿态存在于刑法条文中,或者说是以“文本概念”的形态被刑法条文表达出来的。文本概念是刑法条文中犯罪构成要件要素的载体或语言表达符号,如非法持有枪支罪中的“枪支”,非法出售珍贵、濒危野生动物的“野生动物”,生产、销售假药罪中的“假药”等。可见,上述构成要件要素分类主要是基于构成要件要素的文本概念展开的。构成要件要素裁判类型,是指犯罪构成要件要素在司法裁判中的实际存在样态,或者说文本概念被以案件事实要素形态存在的“规范性事实类型”在司法裁判中的具体呈现。裁判类型是具体案例中犯罪构成要件要素的具象或实践应用的事实样态,属于一边连接法条中的构成要件要素,另一边又牵手与构成要件要素相关的案件事实的“桥梁”或“中介”。从规范的角度看,属于被文本规范“格式化”的案件裁判事实(而非生活事实)的范畴;从事实的角度看,属于被案件事实“具象化”的案件裁判规范(而非文本规范)的范畴。如赵春华非法持有枪支案[③]中被认为属于“枪支”的“玩具气

---

① 参见张明楷:《规范的构成要件要素》,载《法学研究》2007年第6期。

② 参见张明楷:《犯罪构成体系与构成要件要素》,北京大学出版社2010年版,第117~121页。

③ 参见赵春华非法持有枪支案,天津市第一中级人民法院(2017)津01刑终41号刑事判决书。

枪”,王鹏非法出售珍贵、濒危野生动物案①中被认为属于“野生动物”的“家养鹦鹉”,陆勇销售假药案②中被认为属于“假药”的“格列卫”,等等。可见,上述文本意义上的明确、确定的构成要件要素在具体的司法适用中,毫无疑问一定会存在不明确、不确定的各种各样、千变万化的裁判类型。故而,从这个角度而言,作为法条文本概念的构成要件要素与作为司法裁判类型的构成要件要素也可以成为一对构成要件要素的分类类型。

在此基础上,笔者拟基于犯罪对象为“药品”的案例并结合相关热点案件,探讨作为法律规范的“文本概念”在具体案件的裁判过程中是如何转换成“裁判类型”进而决定或影响案件定性或量刑这一问题。比如,赵春华非法持有枪支案中的“玩具气枪”,王鹏非法出售珍贵、濒危野生动物案中的“家养鹦鹉”,陆勇销售假药案中的“格列卫”,为什么可以裁判其就是非法持有枪支罪中的“枪支”,非法出售珍贵、濒危野生动物罪中的“野生动物”,销售假药罪中的“假药”?“枪支”“野生动物”“假药”等这些作为法条意义上的犯罪构成要件要素的文本概念,为何就可以适用于赵春华非法持有枪支案中的“玩具气枪”,王鹏非法出售珍贵、濒危野生动物案中的“家养鹦鹉”,陆勇销售假药案中的“格列卫”等各种相应的具体事实类型?笔者通过探讨犯罪构成要件要素的文本概念的司法裁判类型建构的一些常规性问题,以期这一研究能对司法裁判中法律规范和案件事实之间如何在互构中“对接”有所裨益。③

二、构成要件要素文本概念的语言符号性

构成要件要素文本概念是构成要件要素在法规范中的主要存在方式或载体。不论属于哪种类型的构成要件要素④,从其被立法规制的形态看,都是通过

① 参见王鹏非法出售珍贵、濒危野生动物案,广东省深圳市中级人民法院(2017)粤03刑终1098号刑事判决书。

② 参见陆勇销售假药案刑事不起诉决定书沅检公刑不诉〔2015〕1号。

③ 关于这一问题的研究,笔者曾在专著《在规范与事实之间——社会学视域下的刑法运作实践研究》(法律出版社2008年版,第397~439页)、《在遵从与超越之间——社会学视域下刑法裁判规范实践建构研究》(法律出版社2012年版,第349~365页)的相关内容以及论文《刑事裁判思维中的犯罪构成论——一种方法论意义上的思考》(《东方法学》2014年第6期)中做过探讨。笔者对这一问题的研究是在此基础上的再拓展探讨。

④ 就不成文的构成要件要素而言,其文本概念虽没有刑法法条明文规定的语词承载,但其隐形存在于刑法本条条文以及本条条文与其他条文之间的语形结构中。比如,生产、销售伪劣产品罪、生产、销售假药罪、生产、销售劣药罪、生产、销售有毒、有害食品罪等罪中的犯罪对象认定“标准”。

特定的语词来表达的一个个文本概念。构成要件要素文本概念首先是一种法律语言符号,这是解读它的起点。

"语言是一种表达观念的符号系统。"[①]法律语言是表达法律意义的符号系统。"法律是一种语言制度。它是用语言制定的,那些用来构成法律的概念只能通过语言才能为人们所理解。"[②]法律既是语言的产物又依赖于语言,"一切法律规范都必须以作为'法律语句'的语句形式表达出来,可以说,语言之外不存在法,只有通过语言,才能表达、记载、解释和发展法"[③]。因而,法律中有很多问题"都是关于语词意义的问题……在各类型的社会情境之间或社会关系之间,有许多重大的差别通常并不是直接显现出来,通过考察相应词语的标准用法,考察这些词语如何取决于具体的社会联系,就可以最清晰地把握这些重大的差别,然而这种考察经常受到忽视……我们可以用'对词的深化认识去加深我们对现象的理解'"[④]。如何在法律语言中通过"对词的深化认识去加深我们对现象的理解"? 作为20世纪的法哲学大师的哈特(H. L. A. Hart)从语境性、多样性、模糊性和施效性四个方面论述了法律语言作为一种语言符号的主要特性。[⑤] 这为我们解读作为一种最典型法律语言符号的构成要件要素文本概念提供了理论基础。

(一)构成要件要素文本概念诠释体现语境性

法律语言的语境性理论深受维特根斯坦哲学的影响。维特根斯坦在其理论中对语言的语境或周边环境或周边情况[⑥]给予了高度重视。他认为语言(语词)在不同的使用中其含义是不断变化的:"命名还根本不是语言游戏中的任何步骤——正如一个棋子的摆放不是象棋中的一个步骤一样。人们可以说:经由对一个事物的命名人们还没有做出任何事情。它也没有名称——除非在一个

---

① [瑞士]费尔迪南·德·索绪尔:《普通语言学教程》,高名凯译,商务印书馆2009年版,第24页。

② [美]约翰·吉本斯:《法律语言学导论》,程朝阳、毛凤凡、秦明译,法律出版社2007年版,第2页。

③ [德]魏德士:《法理学》,吴越、丁晓春译,法律出版社2005年版,第71页。

④ [英]哈特:《法律的概念》,张文显、郑成良等译,中国大百科全书出版社1996年版,第1页。

⑤ 参见邱昭继:《法律、语言与法律的不确定性》,中国政法大学2008年博士学位论文,第83页。

⑥ 参见陈嘉映:《周边情况——一项维特根斯坦与奥斯汀比较研究》,载《现代哲学》2012年第2期。

游戏之中。这也是弗雷格如下断言的意义:只有在一个命题的关联中一个词才具有意义。"[①]对此,维特根斯坦给出了一个一般性的论断,即"语词只在生活之流中具有意义"[②]。通过维特根斯坦,语言的语境性成为一条具有普遍意义的语言哲学方法论原则。哈特借用了维特根斯坦的语境原理来阐明法律语词意义,他指出人们不要抽象地回答"什么是权利""什么是法人"之类的问题,而应当通过弄清这些概念被使用的语境和条件去阐释它们。为此,他在《法律的概念》一书中专门引用了J. L. 奥斯汀的一段话来说明这个问题:"在探寻和寻觅此类定义的过程中,我们'不是仅仅盯住词……而且也要看到这些词所言及的实际对象,我们正在用对词的深化认识去加深我们对现象的理解'。"[③]对此,凯利指出,哈特所提出的研究法律语言中语词的用法和语境,是"希望通过对人们在使用一个词语时,实际上想表达什么以及他们在社会存在中赋予词语的角色的理解,获得有关人们头脑中的法律真实的更为有用的图景"[④]。

(二)构成要件要素文本概念适用呈现多样性

法律语言的多样性理论来源于维特根斯坦对"语言游戏"的多样性描述。维特根斯坦在《哲学研究》第23节列举了大量例示[⑤]来说明"语言的说出是一个活动或者一个生活形式的一部分"[⑥]。通过这些例子,人们认识到"语言游戏"的多样性。在这些游戏中,语词就如同一张张不同的纸牌,可以在不同的游戏中按照不同的规则来出牌,而它们的意义就存在于不同牌局的使用之中。语言游戏是多种多样的,同一个语词可以出现在不同的语言游戏中,在不同的游戏语境中可以具有不同的含义。也就是说,语言的意义是在使用中体现的,语

---

① [奥]维特根斯坦:《哲学研究》,韩林合译,商务印书馆2013年版,第47页。

② Wittgenstein, Last Writing on the Philosophy of Psychology, Vol. Ⅰ, Basil Blackwell, 1982, § 913. 转引自陈嘉映:《周边情况——一项维特根斯坦与奥斯汀比较研究》,载《现代哲学》2012年第2期。

③ [英]哈特:《法律的概念》,张文显、郑成良等译,中国大百科全书出版社1996年版,第15~16页。

④ [爱尔兰]J. M. 凯利:《西方法律思想简史》,王笑红译,法律出版社2002年版,第382页。

⑤ 请通过下面这些例子和其他的例子来认识语言游戏的多样性:下达命令,和按照命令行动——根据外观来描述一个对象,或者根据测量——按照一个描述(图纸)制造一个对象——报道一个事件的过程——就一个事件的过程做出猜测——提出一个假设并且进行检验——经由表格和简图来表现一个实验的结果——编造一个故事;并且读这个故事——演戏——唱轮舞歌——猜谜——编一个笑话;说这个笑话——解一道应用计算题;将一种语言译成另一种语言——请求、道谢、咒骂、问候、祈祷。参见[奥]维特根斯坦:《哲学研究》,韩林合译,商务印书馆2013年版,第24~25页。

⑥ [奥]维特根斯坦:《哲学研究》,韩林合译,商务印书馆2013年版,第24页。

词的意义就是它的用法。[①] 法律活动也可以视为一种“语言游戏”,法律语言的多样性是指法律语词具有多种多样的适用方式,而语词适用的多样性又与语境有着密切联系,语境的变化使得一个语词可以以多种方式适用于不同的个例。比如,在学校的章程中,“父母”这个词适用于任何监护儿童的人,而不适用于没有监护权的人,即使他(她)是儿童的亲生父母。在遗传学上,“父母”仅仅适用于儿童的亲生母亲和父亲。既是亲生父母又享有监护权是“父母”的标准情形,形成“父母”一词使用的“核心范例”。生物上的父母和儿童的监护权是“父母”这个词适用的两个不同的语境,不同语境下“父母”的含义不同。对于语词的这种现象,哈特用多样性来讨论解释。[②]

(三)构成要件要素文本概念语义具有模糊性

对法律语言语义表达的模糊性认识根源于人类对世界的认识在某种程度上就是模糊的,人类语言自然具有先天的模糊性。这种模糊性是指语言所指向的对象没有明确的界限,无法用一个边界清晰的集合来加以概括。正如维特根斯坦所言:“我们不能思维我们所不能思维的东西;因此,我们也不能说出我们所不能思维的东西……我的语言的诸界限意味着我的世界的诸界限。”[③]模糊自然就成了人类语言的一个构成要素,法律语言也不能例外。哈特指出:语言具有空缺结构的特征,每一个字、词组和命题在其核心范围内具有明确无疑的意思,但随着由核心向边缘的扩展,语言会变得越来越不确定,在一些边缘地带,语言则根本是不确定的。换言之,任何词汇的含义都可粗略分为两部分,一是主要的、稳定的核心含义,二是相对模糊的边缘含义。例如“车辆”典型的、清晰的中心含义是自动驱动的、能够载人并在路上开动的交通工具,但是玩具车、自行车甚至用来做广告道具的汽车是否属于车的概念则不是很清楚。[④] “有时,对于一种表达方式来说,明确的标准情况或范例与那些成问题的情况相比,两者间的差别仅仅是程度不同而已。”为此,他举了一个形象而有趣的例子:一位男

① 参见张志伟:《从维特根斯坦的“语言游戏”说看哲学话语的困境》,载《中国人民大学学报》2001年第1期。

② 参见[美]布赖恩·H.比克斯:《牛津法律理论词典》,邱昭继、马得华等译,法律出版社2007年版,第33页。

③ [奥]维特根斯坦:《逻辑哲学论》,韩林合译,商务印书馆2013年版,第92页。

④ 参见[英]哈特:《法律的概念》,张文显、郑成良等译,中国大百科全书出版社1996年版,第124~128页。

士,其头亮而光,他显然属于秃头之列;另一位头发蓬乱,则他显然不是秃头;但问题在于第三个人只是在头顶的周边有些稀稀拉拉的头发,如果他是否算秃头被认为是重要的或者有任何实际结果取决于此的话,那么这个问题就可能无限期地争论下去。[①] 基于此,哈特认为:"任何规则无论怎样加以精确描述,总会遇到关于某些情况是否属于其规定范围的问题。"[②]在法律语言模糊的地方,对法律条文的解释和适用也不存在绝对或唯一正确的答案,解释者或法官就拥有更大的自由裁量权,可以在多种可能的解释和推理结论中做出选择,甚至可以扮演创建新规范的角色。

（四）构成要件要素文本概念意义存在施效性

法律语言的施效性,源于奥斯汀认为的"言(saying)即是行(doing)",语言不仅是表达也是做事的理论。[③] 一个完整的言语行为由三种行为组成:说话行为、施事行为和取效行为。说话行为就是说出合乎语言习惯的有意义的话语;施事行为就是在特定的语境中赋予话语一种意义,即言语行为力量或称语力;取效行为就是说话行为或施事行为在听者身上所产生的某种效果。[④] 受这一理论启示,哈特认为:"语言的施事效用在法律之内和法律之外都具有许多有趣的特征,这些特征使得它不同于我们通过或真或假的陈述去描述世界时对语言的使用。我认为离开了语言的施事效用这一观念,就无法理解法律行为的一般特征。"[⑤]哈特还进一步指出,法官在法庭上宣布"史密斯有权获得 10 英镑的赔偿"与其他人在法庭之外做出的这类表述具有不同的法律地位。其他人的话语可以用来提出一种主张或者一种许可,而法官的话语是官方的,它具有权威性和终局性。[⑥] 法院的判决一经宣布就具有了法律约束力,所以这类话语不仅具有施事性,还具有取效性(故将二者合称为施效性)。

由此可见,构成要件要素文本概念作为一种法律语言符号,不仅有"语义"

① 参见[英]哈特:《法律的概念》,张文显、郑成良等译,中国大百科全书出版社 1996 年版,第124 页。

② [英]H. L. A. 哈特:《法律推理问题》,刘星译,载《法学译丛》1991 年第 5 期。

③ 参见杨玉成:《奥斯汀:语言现象学与哲学》,商务印书馆 2002 年版,第 65 页。

④ Austin, *How to Do Things with Words*, Foreign Language Teaching and Research Press, 2022, p. 95. 转引自付习涛:《言语行为理论研究综述》,载《求索》2004 年第 6 期。

⑤ [英]H. L. A. 哈特:《法理学与哲学论文集》,支振锋译,法律出版社 2005 年版,第 276 页。

⑥ 参见[英]H. L. A. 哈特:《法理学与哲学论文集》,支振锋译,法律出版社 2005 年版,第 32 页。

的一面,更有"语用"的一面,其是一种不断被"实践"(用于裁判案件的过程)的"语言",并在不断被"实践"的过程中确定它的意义、存在样态、边界和效用,又在不断被"实践"的过程中冲破它的意义、存在样态、边界和效用,如此前行,不断丰富,不停成长。以作为侵犯财产罪及贪污贿赂罪这两类犯罪中各主要具体犯罪的构成要件要素的"财物"一词为例,且不说在这两类犯罪中"财物"的意义本身就有区别,即便是同类犯罪如贪污罪中的"财物"与受贿罪中的"财物"就不相同。为此,自2016年4月18日起生效实施的最高人民法院、最高人民检察院《关于办理贪污贿赂刑事案件适用法律若干问题的解释》第12条对此专门作了规定:"贿赂犯罪中的'财物',包括货币、物品和财产性利益。财产性利益包括可以折算为货币的物质利益如房屋装修、债务免除等,以及需要支付货币的其他利益如会员服务、旅游等。后者的犯罪数额,以实际支付或者应当支付的数额计算。"这其中的"房屋装修""债务免除"等显然是无法成为贪污罪的犯罪对象的。为什么最高人民法院、最高人民检察院对"财物"作出这样的解释,而不是其他?这种解释是怎么得出的?是否"合理""合法"?这一解释以后会不会被新的解释取代?基于上述分析,答案应该是不言而喻的。对构成要件要素的"财物"而言,其作为一个法条上的文本概念不是最重要的,最重要的是它在案件裁判过程中是怎么被适用的,只有在被适用的过程中,才能确定它的存在样态、边界和效用。所谓的司法解释只是对其当下在司法裁判中的存在样态、边界和效用的"总结归纳"。这种"总结归纳"是否就是客观事实的反映,依然存在可"辩驳"空间的。像"财物"这样的例子,在我国刑法犯罪构成要件要素中不胜枚举,如上述案例中分别涉及的"假药""枪支""野生动物"等。如果我们仅仅局限于文本概念本身,不去探究它们"用"的过程,即"经验"研究,是无法发现它们是如此变幻莫测,精彩纷呈。

三、构成要件要素裁判类型的司法建构性

构成要件要素的文本概念是立法的产物,构成要件要素的裁判类型则是司法的产品,具有司法生成建构的特质。

我们知道,文本意义上的犯罪构成要件要素是刑法分则规范中最小的也是最基本的概念单位。这些要素归集成构成要件,构成要件的有机统一形成犯罪构成。犯罪构成是认定犯罪的法律标准,同时也是判断一个具体的行为事实是

否构成犯罪以及构成何罪的“事实范型”。[①] 在一个具体的司法三段论中,这个事实范型是大前提的组成部分,而相关案件事实则是被裁判的小前提部分。每一案件事实经由事实范型按照不同的角度、长度、层级、联系进行截取、剪裁后以“涵摄”的名义将其确定为裁判事实。每一个案件的裁判事实都是由该案所涉犯罪的构成要件要素的裁判类型排列组合而成,作为由法定构成要件组合而成的事实范型在“决定”个案裁判事实形成的同时也一并“决定”了该裁判事实的合法性维度。问题是,这个合法性维度的边界在哪里,又该如何证立。如上文例举的非法持有枪支罪中的“枪支”,非法出售珍贵、濒危野生动物罪中的“野生动物”,生产、销售假药罪中的“假药”,这些作为法条意义上犯罪构成要件要素的文本概念,是如何转化成赵春华非法持有枪支案中的“玩具气枪”,王鹏非法出售珍贵、濒危野生动物案中的“家养鹦鹉”,陆勇销售假药案中的“格列卫”等各种相应的裁判类型?换言之,就赵春华非法持有枪支案中的“玩具气枪”,王鹏非法出售珍贵、濒危野生动物案中的“家养鹦鹉”,陆勇销售假药案中的“格列卫”而言,为什么就可以裁判其属于非法持有枪支罪中的“枪支”,非法出售珍贵、濒危野生动物罪中的“野生动物”,生产、销售假药罪中的“假药”等的裁判类型?作为规范的各个构成要件要素在具体案件的裁判过程中如何被具象成作为事实的若干裁判类型?

(一)构成要件要素核心裁判类型的司法建构

1. 构成要件要素文本概念核心语义之存在

综上所述,尽管多样性是语词的一个共性特点,但每一个语词都有核心语义,核心语义在语词使用中慢慢形成了“核心范例”现象。除上述“父母”这个语词存在核心范例外,哈特还列举了“健康的”和“铁路”两个词语。“在‘健康的’一词的使用中我们就能看到此种起联系作用的基本要素:‘健康的’一词不仅可用于一个人,也可用于他的脸色,还可以用于他的早操;第一种情况体现该词的核心特征,第二种情况是核心特征的标志,第三种情况则是核心特征的原因。”[②]“‘铁路’不仅包括火车和铁道线,还包括车站、搬运工和一个有限公司,

---

① 事实范型,就是法律规范所规定的事实类型。事实范型的相关论述,参见由舒国滢、王夏昊、梁迎修等著述的《法学方法论问题研究》(中国政法大学出版社2007年版)第286~290页的部分内容。

② [英]哈特:《法律的概念》,张文显、郑成良等译,中国大百科全书出版社1996年版,第17页。

这一表达方式的用法就是由起联合作用的基本要素所决定的。”[①]由此可以发现,尽管语词“核心范例”的语义呈现也同样离不开语境的辅佐,但受语境的影响相对较小。一个人是“健康的”,这里对“健康的”语词使用是“健康的”语词“核心范例”,与用于“他的脸色”或“他的早操”相比,语境依赖的程度很弱,甚至可以忽略不计,但用于“他的脸色”或“他的早操”,语境依赖的程度就强,离开了特定的语境,将“健康的”和一个人的脸色联系在一起就不太容易,更难的是将“健康的”和“他的早操”联系在一起。“铁路”的例子也一样,离开了特定的语境,看不出“搬运工和一个有限公司”和“铁路”有什么关联。这是因为“铁路”语义的“核心范例”是“轨道”。但如果将“铁路”放在张三与李四之间的以下对话情景中,可能就不一样了。张三问:“李四,你在哪儿上班?”李四答:“铁路。”可见火车、铁道线、车站、搬运工和一个有限公司对是否和“铁路”有关的语境依赖是依次递减的。如果没有特殊的例外,一般语词围绕着“核心范例”所呈现的使用“舒适区”[②]就是语义的核心区,核心语义所呈现出来的意义或样态属于该语词所指涉对象本质范畴的东西,而非仅是“家族相似”,[③]故而在语义核心区语义有着主要的、稳定的核心含义,“在该规则范围内的明确事例可能已出现在我们的心中。它们是典型,是清晰的情况”[④]。

以“药品”[⑤]为例。《刑法》第141条第2款规定:“本条所称假药,是指依照《中华人民共和国药品管理法》的规定属于假药和按假药处理的药品、非药

① [英]哈特:《法律的概念》,张文显、郑成良等译,中国大百科全书出版社1996年版,第17页。

② 舒适区(comfort zone)一般是指一个人所表现的心理状态和习惯性的行为模式,在这个区域里,每个人都会觉得舒服、放松、稳定、能够掌控、很有安全感。一旦走出这个区域,人们就会感到别扭、不舒服,或者不习惯。此处为概念借用。

③ “家族相似性”(family resemblances)是维特根斯坦语言哲学中的一个重要概念。他认为,各种“游戏”形成一个家族,主张用“家族相似”这一观念否定并替代“本质”这一概念,并主张按照“家族相似性”来把握事物。参见[奥]维特根斯坦:《逻辑哲学论》,韩林合译,商务印书馆2013年版,第59页。“家族相似”如果简单地用公式表示的话,就是AB、BC、CD、DE、EF……式的家族相似关系,即一个成员与其他成员至少有一个或多个共同属性,所有相关性因素之间可以串联连接成一个纵横交错的网络,因此也不存在所谓事物的本质。参见董志强:《对维特根斯坦“家族相似”理论的批判》,载《哲学研究》2003年第11期。

④ [英]哈特:《法律的概念》,张文显、郑成良等译,中国大百科全书出版社1996年版,第128页。

⑤ 本文完成后在等待刊发期间,《药品管理法》被重新修订。新修订的《药品管理法》自2019年12月1日起施行。新法中对旧法有关“药品”的规定作了部分修改,主要是用“中药、化学药和生物制品等”概括性规定替代了旧法中的关于各种药品种类的列举式规定。这一修改对本文的研究结论不构成任何影响。考虑文章内容及结构的统一性,不再以新法规定再行修改,故所引关于“药品”法条仍为旧法规定。

品。"2015年《药品管理法》第100条将"用于预防、治疗、诊断人的疾病,有目的地调节人的生理机能并规定有适应症或者功能主治、用法和用量的物质,包括中药材、中药饮片、中成药、化学原料药及其制剂、抗生素、生化药品、放射性药品、血清、疫苗、血液制品和诊断药品等"都纳入了药品的范畴,或者说用"药品"这一概念符号表达现实生活中存在的被冠以各种具体药名的"药品物质"。这些物质的具体表现形态是"中药材、中药饮片、中成药、化学原料药及其制剂、抗生素、生化药品、放射性药品、血清、疫苗、血液制品和诊断药品等"。这一规定和日常语言中人们使用的"药品"这一语词的含义基本上是一致的,那么,在司法裁判中,"药品"这一概念又是如何被适用的呢?①

首先,笔者通过"药品"这一关键词在"破坏社会主义市场经济秩序罪"和"妨害社会管理秩序罪"这两类犯罪中进行"全文""常规"检索,总共获取了14,028件有效样本案件。其中,生产、销售假药罪11,399件,占总有效样本的81.26%;生产、销售有毒、有害食品罪1080件,占总有效样本的7.7%;非法经营罪629件,占总有效样本的4.5%;生产、销售伪劣产品罪102件,占总有效样本的0.7%;生产、销售不符合安全标准的食品罪6件,占总有效样本的0.04%;其他罪812件,占总有效样本的5.8%。其他罪涉及的罪名主要是非法行医罪、销售不符合卫生标准的化妆品罪、合同诈骗罪、走私普通货物罪等。可见涉及"假药"的犯罪案件与"药品"犯罪案件的关联度最大,因为相比而言尽管"假药"包括了"假的药品"和"假的非药品",②但其依然处在"药品"语义的核心语义区,而"有毒、有害食品""伪劣产品""不符合安全标准的食品"等则不在这一区域,故而这些案件在涉及"药品"的犯罪案件中占比较低。具体如图4-4-1所示:

① 笔者通过"威科先行"平台检索提取本文研究样本,裁判文书的裁判日期限定为2012年1月1日至2017年9月22日。

② 参见《刑法》第141条第2款的规定:"本条所称假药,是指依照《中华人民共和国药品管理法》的规定属于假药和按假药处理的药品、非药品。"

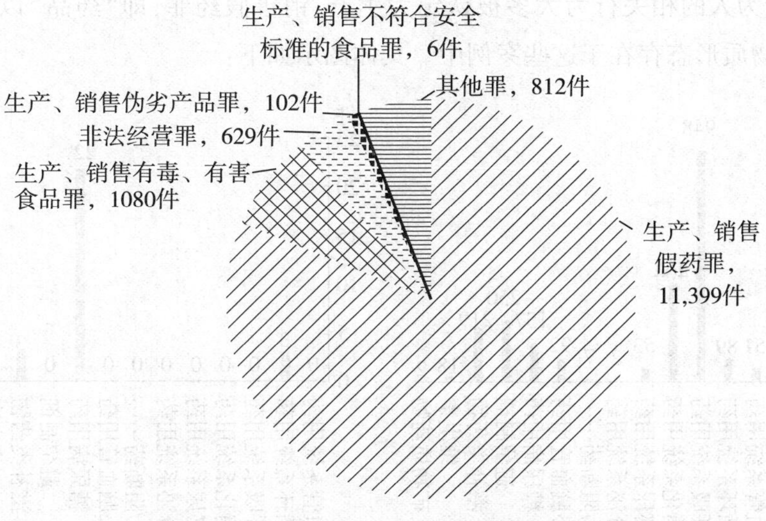

图 4-4-1 有效样本案件数量统计及其占比

其次,笔者通过对生产、销售假药罪,生产、销售有毒、有害食品罪,生产、销售伪劣产品罪,生产、销售不符合安全标准的食品罪共计 12,587 案件①中的犯罪对象——以各种“药名”命名的“药品物质”,按照医药行业内通行的药品分类方法(按照药品的药理作用、药品功能、药品用途以及难以归类的以“其他类”表示)进行分类整理,发现在该四种犯罪中尽管所有有效样本都是以“药品”为关键词检索得出的案例,但呈现在具体案件中的各种“药品物质”最终是否在判决书中被认定为属于“药品”或者与药品相关,却与其自身呈现出了“多少”人所认知的药品意义、属性、特质等有关。从统计数据看,将基于药理作用、药品功能、药品用途分类整理中的“药品物质”认定为生产、销售假药罪的犯罪对象进而认定构成生产、销售假药罪的案件占比最大,分别占该分类总数的 97.1%、99.2%和98.6%(详见图4-4-2、图4-4-3、图4-4-4)。换言之,药理作用可知、药品功能清楚、药品用途明确的物质(也就是说,那些体现出来的属性或特质属于或接近“药品”语义核心区的“药品物质”),更容易被认定为属于“药品”或与药品相关,且认定基本不受或较少受案件其他事实因素等案件情境的

① 为了更加集中、清晰地观察、分析“药品”在司法裁判中的概念意义,在此仅就生产、销售假药罪的 11,399 件,生产、销售有毒、有害食品罪的 1080 件,生产、销售伪劣产品罪的 102 件,生产、销售不符合安全标准的食品罪的 6 件,共计 12,587 件中的以某种“药名”命名的“药物”进行分类整理。这里的数据整理分析不再涉及 629 件非法经营罪和 812 件其他类犯罪。

影响,行为人的相关行为大多被认定为生产、销售假药罪,即“药品”以“假药”的各种物质形态存在于这些案例中。具体图示如下:

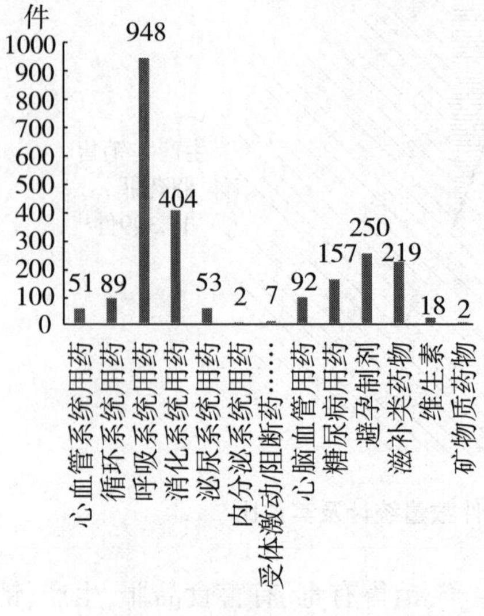

(a)生产、销售假药罪案件中的“药物”类型

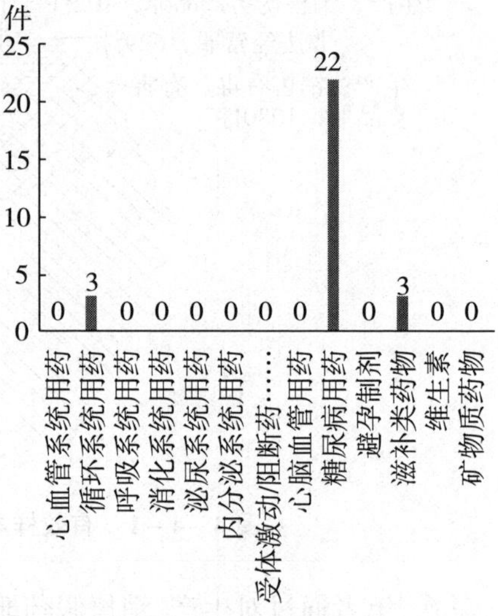

(b)生产、销售有毒、有害食品罪案件中的“药物”类型

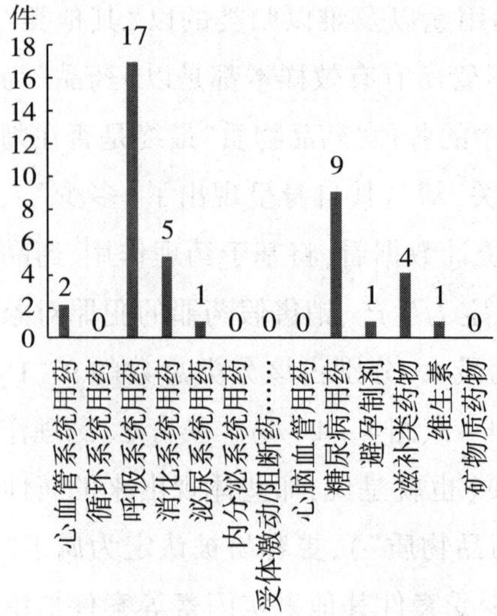

(c)生产、销售伪劣产品罪案件中的“药物”类型

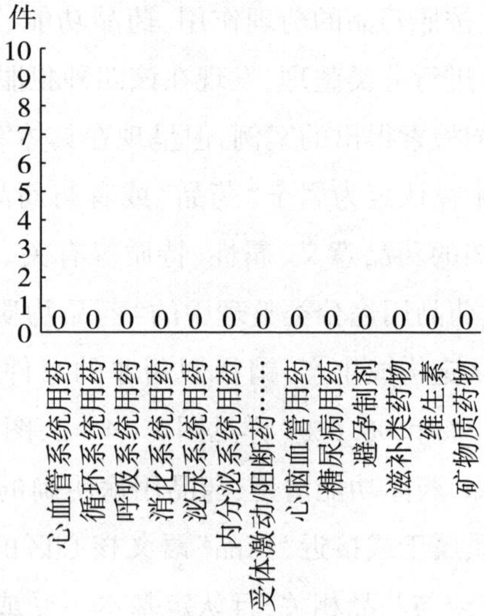

(d)生产、销售不符合安全标准的食品罪案件中的“药物”类型

图4-4-2 基于药理作用的药品分类在不同罪名案件裁判中的情况

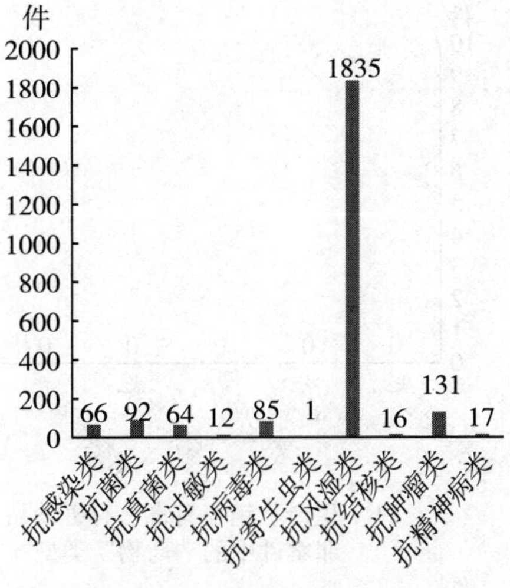

（a）生产、销售假药罪案件中的“药物”类型

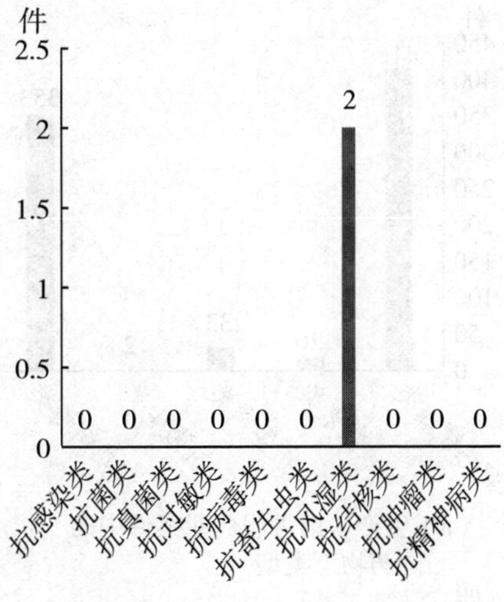

（b）生产、销售有毒、有害食品罪案件中的“药物”类型

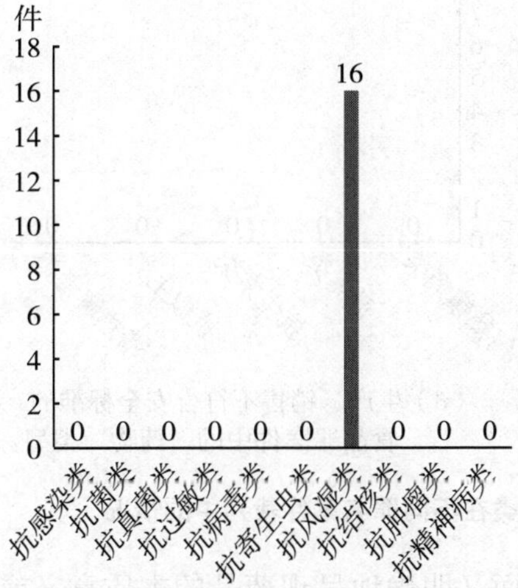

（c）生产、销售伪劣产品罪案件中的“药物”类型

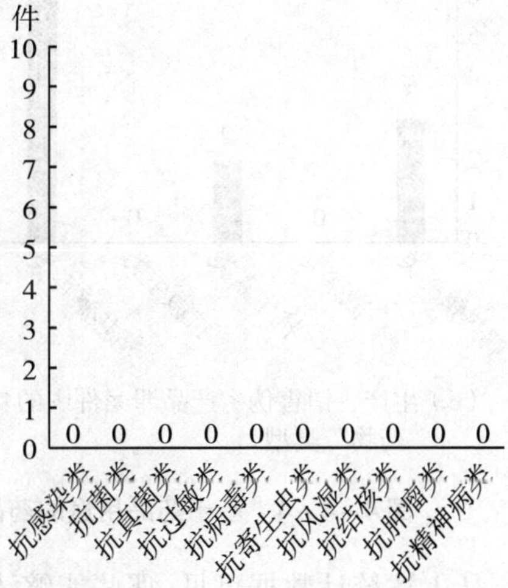

（d）生产、销售不符合安全标准的食品罪案件中的“药物”类型

图 4-4-3　基于药品功能的药品分类在不同罪名案件裁判中的情况

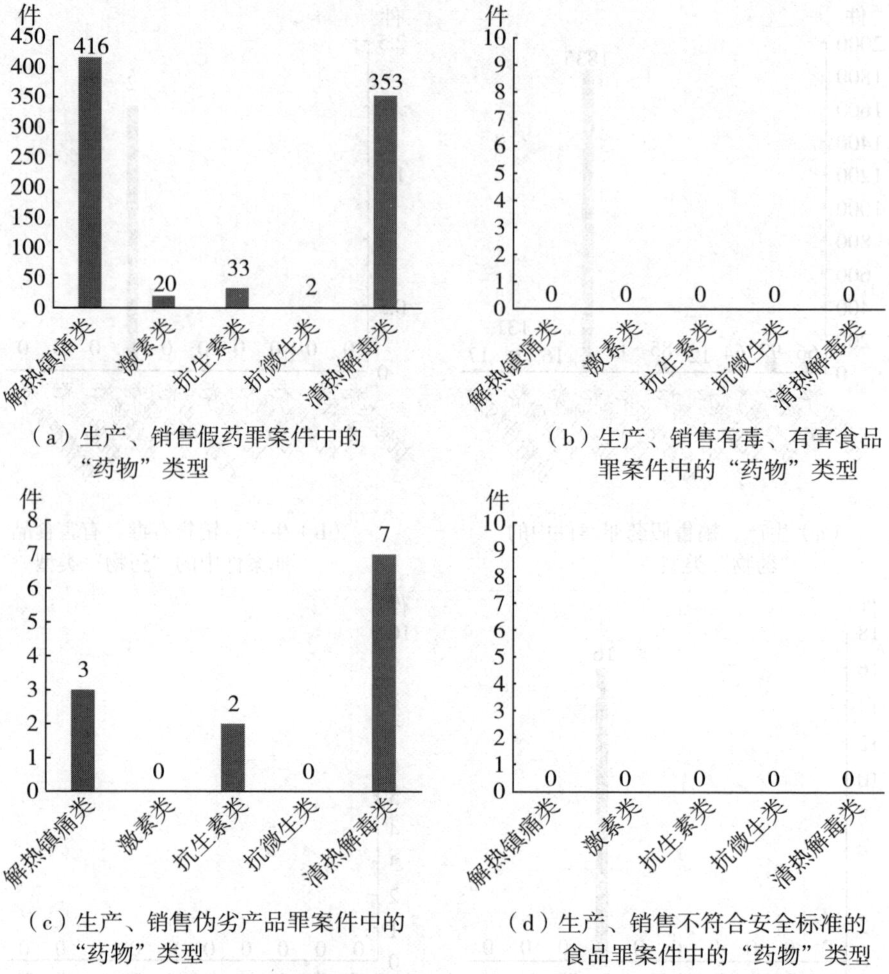

图4-4-4　基于药品用途的药品分类在不同罪名案件裁判中的情况

从上述统计数据可见,那些能够清晰而又明确地呈现药品的本质意义或样态范畴的“药品物质”更容易被认定为“药品”,并成为药品概念范畴中最发达、最成熟或最悠久的“核心范例”。

2. 构成要件要素裁判类型核心范例之建构

如果案件事实处于构成要件要素语义表达的核心区域,也就同时处于构成要件要素司法适用的舒适区,其表现为构成要件要素事实范型能够“无条件”“无争议”地涵摄案件相关事实要素,案件事实要素与构成要件要素事实范型完全匹配、无缝对接。所以,在语义核心区域建构的构成要件要素裁判类型,具有模范事例、样本、示范、参照、模板的意义,是裁判类型的核心范例。

由上述统计数据可见,属于构成要件要素裁判类型以核心范例形态呈现的案件占比最大,将基于药理作用、药品功能、药品用途分类整理中的"药品物质"认定为生产、销售假药罪的犯罪对象进而认定构成生产、销售假药罪的案件分别占该分类总数的97.1%、99.2%和98.6%。这类似于卡多佐在《司法过程的性质》一书中总结的普通法传统下法官日常处理的三类案件中的第一类:案件的事实与规则均甚简明,"争议的中心非法律规则而只是对事实如何适用法律规则的案件"①,这些"案件只有一条路,一种选择"②。故而,构成要件要素在语义核心区域建构自己裁判类型的过程,表现为一个基于概念思维的司法三段论的常规套路问题,即作为大前提的构成要件要素事实范型与其所"对应"的作为小前提的相关案件事实要素之间在语义表达上构成逻辑涵摄关系。③ 例如,倘若"药品"涵摄具有药品属性的被称为"阿莫西林"的一种"药品物质",那么"阿莫西林"就是"药品"的一种事实存在形态。这个常规套路在语义核心区域构成要件要素裁判类型核心范例建构过程中,需要关注以下几个方面:

(1)语义核心区域的认知问题。在构成要件要素的语义核心区域,语义一般都是清晰、稳定、明确、典型的。首先,这得益于这一构成要件要素法律语词来源于日常用语,且其在内涵与外延上都与日常用语保持了一致。比如,由于行政犯构成要件要素所使用的语词概念大多早已存在于相关行政管理规定之中,在成为行政犯构成要件要素后,一般情况下与相关行政管理规范对其所明确作出的定义在内涵与外延上是保持一致的,概念语义在规范体系内部是协商一致的,不存在语词概念使用方面的法域冲突。其次,构成要件要素的事实范型所"对应"的案件"事实场景",在社会一般人心中已经形成了一种相对稳定的思维定式,即达成了认知共识。由于"共识的达成是因为人们对语词意义或法律概念的范围有着共同信念"④,这使得认知共识成为一种或至少是带有地方性知识的常理、常识、常情,人们共享这种认知共识"舒适区"。最后,是来自"权威力量"的支持,即权威解释、案例指导、精英共识。我国最高人民法院和最高人民检察院通过司法解释和指导性案例重新确立某个犯罪构成要件要素的概

---

① [美]本杰明·卡多佐:《司法过程的性质》,苏力译,商务印书馆2011年版,第102页。

② [美]本杰明·N.卡多佐:《法律的成长 法律科学的悖论》,董炯、彭冰译,中国法制出版社2002年版,第34~35页。

③ 具体可参见张心向:《刑事裁判思维中的犯罪构成论——一种方法论意义上的思考》,载《东方法学》2014年第6期。

④ [美]布赖恩·比克斯:《法律、语言与法律的确定性》,邱昭继译,法律出版社2007年版,第71页。

念含义及适用"场景"的例子比比皆是，通过权威性解释形成新的语义核心区域，进而又形成了新的构成要件要素的事实范型所"对应"的案件"事实场景"的认知。例如，最高人民法院、最高人民检察院《关于办理危害药品安全刑事案件适用法律若干问题的解释》第6条，就将"储存"解释成了"生产"的一种方式，通过司法解释扩张了"生产"的核心语义区。精英共识对语义核心区域的影响相对较小，需要一定的时间，是一个慢慢扩散的、渐进的改变。正如拉伦茨所言："被归于某一事件或对象的含义，被我们认为是这个世界和对象的载体。含义只能因某种特定的意识而被归于载体……对某个特定的圈子，比如某个语言共同体，发生效力……它虽然仅仅在特定人群的意识中才能得到展现，但却独立于个体各自的理解。即使个体'正确地'理解它时，它也并非从属于作为个体的他，而是作为规范树立在他的面前，个体再根据它来'调整'自己。"①

(2)语境依赖程度问题。构成要件要素语义的认知与确定基本不依赖语境或极少受语境影响。这是因为，共享一种语言意义的人必定共同享有过"无数语境知识"，而且"语境因素在把甚至最少量的意义归属于一个语言表达的时候都被预先设定了"②。尽管语义的语境依赖是不可避免的，但在语义的"不同波段"(例如，是在核心区还是边缘区)会有程度上的差别，也是不争的事实。至少当人们在语义核心区共享着某个语词概念认知安全的"舒适区"波段，似乎已感知不到语境存在的意义或语境已被忘却或语境已是可有可无。在上述数据整理中，那些具有药理作用、药品功能、药品用途中的绝大多数以各种各样的"药名"命名的"药品物质"，即便是脱离了各不相同的案件事实情境，依然不会影响人们认为那些"药品物质"属于"药品"的判断。

(3)裁判类型与构成要件要素事实范型及现实案件"事实场景"之间关系问题。在语义核心区域，构成要件要素事实范型通过和多种多样、千变万化现实案件"事实场景"相"对应"而形成了裁判类型。例如，上述"药品"范型与其所"对应"的案件中的各种"药品物质"之间，由于共享核心语义，而形成了事实范型、裁判类型、案件事实要素三者完全叠合的关系，即事实范型完全涵摄案件的事实要素，而裁判类型与案件事实要素完全等同或重合。例如，呈现药理作用、药品功能、药品用途的被称为"阿莫西林"的一种"物质"在任何情况下都不

---

① [德]卡尔·拉伦茨：《法律行为解释之方法：兼论意思表示理论》，范雪飞、吴训祥译，法律出版社2018年版，第70～71页。

② [英]蒂莫西·A.O.恩迪科特：《法律中的模糊性》，程朝阳译，北京大学出版社2010年版，第26页。

影响它被认为属于一种“药品”的判断。在这种情况下,判断二者之间是否一致,基于概念思维的三段论的形式逻辑推理就可以了,一般情况下法条主义的司法裁判模式完全能够解决问题。如果借用德沃金的“唯一正解”理论解释就是:“其一,有一个唯一正确的答案;其二,这些答案是由法律因素决定的——没有必要借助非法律因素来确定答案。”[①]因为在这种情况下,这些案件就如卡多佐所言:“只有一条路,一种选择。”司法裁量权得到了最大限度的限制。

(二)构成要件要素边缘裁判类型的司法建构

1.构成要件要素文本概念边缘语义之存在

构成要件要素既存在语义核心区域,也存在语义边缘区域。在语义边缘区,语义所呈现出来的意义或样态已渐渐远离该语词所指涉对象本质范畴的东西,仅以“家族相似”现象存在。故而,在语义边缘区域语义是模糊、含混、不确定的。

语义核心区域与语义边缘区域并不是一种实际存在领域的划定,而是一种经验感知的抽象存在。“一个在二十世纪的法律理论中流行的比喻将语言不确定性描述成像日蚀中的半影(penumbya)一样的东西,一个位于一种表达的明显适用范围和明显不适用范围之间的模糊边界。这一比喻传统上归功于H. L. A. 哈特(H. L. A. Hart)的创造。”[②]为了说明语言在半影区的模糊现象,哈特举过上述“车辆”及“秃头”的例子来具体解释说明这一问题。机动车辆处于“车辆”一词的意义中心,它是语词适用的标准情形,即“核心范例”。自行车、滑轮车和玩具车处于阴影地带,在这里,“车辆”一词既不是确定无疑地适用,也不是绝对地不予适用,这些情形与标准情形都有某种相同点,但同时它们又缺乏标准情形所具备的某些特征,或者它们具备某些标准情形所不具备的特征。语词所描述和适用的事实和现象是不会说话的。玩具车不会证明自己是机动车辆,滑轮车也无法站出来声称它们不是车辆。[③] 现实的具体情境不会贴好标签等待人们把某个语词去“安放”在它们身上。这就产生了构成要件要素文本概念——语词适用的不确定性。所谓刑事法律适用的模糊性、不确定性、不可预测性,从根本上说是因为作为犯罪构成要件要素的文本概念——语词存在语义适用上的

① 邱昭继:《法律问题有唯一正确答案吗?——论德沃金的正确答案论题》,载陈金钊、谢晖主编:《法律方法》第9卷,山东人民出版社2009年版。

② [英]蒂莫西·A.O. 恩迪科特:《法律中的模糊性》,程朝阳译,北京大学出版社2010年版,第10页。

③ 参见[英]H. L. A. 哈特:《实证主义和法律与道德的分离》(上),翟小波译,强世功校,载《环球法律评论》2001年第2期。

边缘区域现象而制造的麻烦。

仍以“药品”为例。在上述生产、销售假药罪,生产、销售有毒、有害食品罪,生产、销售伪劣产品罪,生产、销售不符合安全标准的食品罪案件中,除了以各种“药名”命名且按照医药行业内通行的药品分类方法分类的“药品物质”,其犯罪对象还包括另外一些“药品物质”,即无论是按照药理作用、药品功能还是药品用途都依然不能将其纳入,只能将其统称为“其他类”,并按照一般社会生活常识再进一步细分为性药类,保健食品类,减肥产品类,美容产品类,原料、辅料类,祖传秘方类,中药制剂类,医疗器械类,外用药(剂状),外用药(膏状),不详等类型。这些“药品物质”最突出的特点是药品属性或药品特质不明显、不典型而不在或远离“药品”的语义核心区。这其中作为生产、销售假药罪的犯罪对象存在的7320件[见图4-4-5-(a)部分],占该分类总数的83.5%;作为生产、销售有毒、有害食品罪的犯罪对象存在的1179件[见图4-4-5-(b)部分],占该分类总数的13.5%;作为生产、销售伪劣产品罪的犯罪对象存在的258件[见图4-4-5-(c)部分],占该分类总数的2.9%;作为生产、销售不符合安全标准的食品罪的犯罪对象存在的6件[见图4-4-5-(d)部分],占该分类总数的0.1%。相比上述药品属性典型的分类情况所得数据,这类“药品物质”在确定其是否属于“药品”范畴内“物质”的问题上,不确定性提高了,更多的部分被纳入了“有毒、有害食品”“伪劣产品”“不符合安全标准的食品”的范畴。这其中最典型的是性药类,作为生产、销售假药罪的犯罪对象存在的是5752件;作为生产、销售有毒、有害食品罪的犯罪对象存在的是1073件;作为生产、销售伪劣产品罪的犯罪对象存在的是201件;作为生产、销售不符合安全标准的食品罪的犯罪对象存在的是2件。也就是说,性药类作为没有明显药理作用、药品功能、药品用途意义的“药品物质”,可以被“划归”为任何一个范畴,即既可以被认为是“假药”(其中既有被视为假药中的“药品”,也有被视为假药中的“非药品”),也可以被认为“有毒、有害食品”“伪劣产品”“不符合安全标准的食品”。换言之,性药类的“药品物质”到底在法律上会被认定为什么,它们只能静静地待在那里,等着人们给它贴标签。贴上“假药”标签,还是贴上“有毒、有害食品”“伪劣产品”“不符合安全标准的食品”的标签,这一切都是不确定的,因为它们与这四者都沾边,又都不典型。它们与哈特所举“车辆”例子中的自行车、滑轮车和玩具车有着一样的命运。“现实的具体情境不会等待我们去进行有条理的标签、裁剪和折叠;关于它们的法律分类,法官也不可能简单地辨明识别。因此,在适用法律规则时,我们必须为自己做出的‘某词语是否适用于手边的案件’的决定以及决定可能产生的实际后果负责。”①这也是构成要件要素语义边缘区域裁判类型建构相比语义核心区域裁判类型建构最为艰难之处。

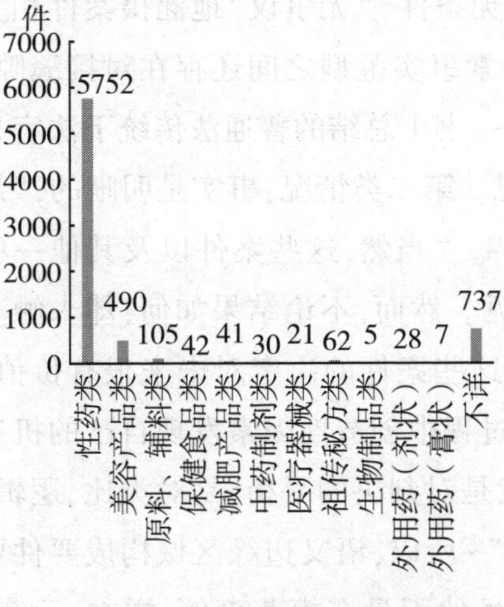

(a)生产、销售假药罪案件中的“药物”类型

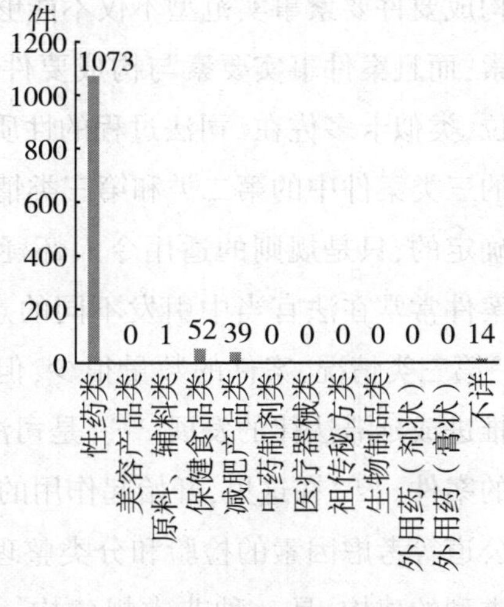

(b)生产、销售有毒、有害食品罪案件中的“药物”类型

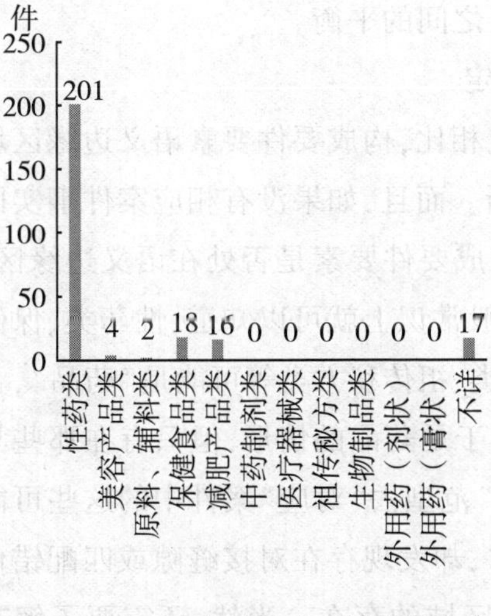

(c)生产、销售伪劣产品罪案件中的“药物”类型

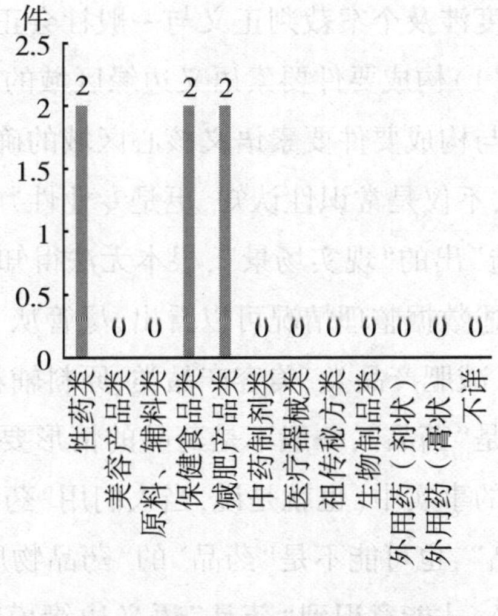

(d)生产、销售不符合安全标准的食品罪案件中的“药物”类型

图4-4-5 “其他类”的药品分类在案件裁判中的情况

---

① [英]H. L. A. 哈特:《实证主义和法律与道德的分离》(上),翟小波译,强世功校,载《环球法律评论》2001年第2期。

2. 构成要件要素裁判类型边缘个例之建构

如果案件事实处于构成要件要素语义表达的边缘区域，也就同时处于构成要件要素司法适用的艰难区，依据所处边缘区域之位置离核心区域的远近，表现为构成要件要素事实范型不仅不能够“无条件”“无争议”地涵摄案件相关事实要素，而且案件事实要素与构成要件要素事实范型之间还存在对接缝隙、匹配错位，类似卡多佐在《司法过程的性质》一书中总结的普通法传统下法官日常处理的三类案件中的第二类和第三类情况。第二类情况：事实是明晰的，“规则也是确定的，只是规则的适用令人怀疑”①。“当然，这些案件以及其他一些类似的案件常常在法官当中引发不同的意见。然而，不论结果如何，却未触动法理。”②第三类情况，案件的数量很少，但“这些案件的决定对未来很有价值，它们将推进或延滞法律的发展。”③“是司法过程中创造性因素发现自己的机遇和力量的案件。”④“在这里，开始起作用的就是对判决的平衡，是对类比、逻辑、效用和公道等考虑因素的检验和分类整理。”⑤所以，语义边缘区域构成要件要素裁判类型的建构，是一种非常规建构，其虽然不具有模范事例、样本、示范、参照、模板的意义而仅具有类似个案参考价值，但却是最受关注的司法问题，因为它深度涉及个案裁判正义与一般社会正义之间的平衡。

(1)构成要件要素语义边缘区域的确定

与构成要件要素语义核心区域的确定相比，构成要件要素语义边缘区域的确定，不仅是常识性认知，更是专业性判断。而且，如果没有相应案件事实因素“营造”出的“现实场景”，根本无法得知构成要件要素是否处在语义边缘区域。从上述数据整理情况可以看出，尽管从一般常识上就可以知道，性药类、保健食品类、减肥产品类、美容产品类、原料辅料类、祖传秘方类等可能是“药品”，也可能不是“药品”，一般不是药品的情形要多于是药品的情形，但只有在那些具体案件的事实中（也就是说，当人们用“药品”范型去“对应”案件中的这些可能是“药品”，也可能不是“药品”的“药品物质”，却发现存在对接缝隙或匹配错位的时候），才能意识到“药品”语义边缘模糊区域的存在。当然，还需要了解有关

① [美]本杰明·卡多佐：《司法过程的性质》，苏力译，商务印书馆2011年版，第103页。
② [美]本杰明·卡多佐：《司法过程的性质》，苏力译，商务印书馆2011年版，第103～104页。
③ [美]本杰明·卡多佐：《司法过程的性质》，苏力译，商务印书馆2011年版，第104页。
④ [美]本杰明·卡多佐：《司法过程的性质》，苏力译，商务印书馆2011年版，第104页。
⑤ [美]本杰明·卡多佐：《司法过程的性质》，苏力译，商务印书馆2011年版，第104页。

"药品"的专业规定,弄清专业意义上的药品和生活意义上的药品有哪些不同,才能最后确定对接缝隙或匹配错位是否真实存在。类似地,只有在赵春华非法持有枪支案的现实场景中,才能发现存在作为构成要件要素的"枪支"范型能否和"玩具气枪"事实对接的问题;只有在王鹏非法出售珍贵、濒危野生动物案的现实场景中,才能发现存在"野生动物"范型能否和"家养鹦鹉"事实对接的问题。当然,这同样要考虑"枪支"专业标准和"野生动物"专业规定与一般社会大众认知之间的差距,只有这样才能最后确定是否果真存在"对接"困难。也就是说,当构成要件要素的事实范型与该事实范型相"对应"的案件的"事实场景"之间在"对接"时充满了不确定性(出现了需要在两个或两个以上的答案之间进行艰难选择甚至不能进行任何选择的情形),此刻构成要件要素就处在语义边缘区域。构成要件要素语义边缘区域的确定是经验性的、个案性的,其虽对类似案件有一定参考价值,但主要还是个案意义。

(2)语义边缘区域裁判类型建构影响因素

对法律语言作为一种语言符号进行理论分析而探讨法律语言的语境性、多样性、模糊性和施效性现象,主要是为了研究、解决法律文本概念在语义边缘区司法适用的困境问题。影响构成要件要素语义边缘区域裁判类型建构的法律语言现象主要有三种,即语义冲突、语境依赖及语效衡量。

第一种法律语言现象是语义冲突。语义边缘区域构成要件要素裁判类型建构中的语义冲突主要发生在法律概念彼此之间、同一概念的不同法域之间,以及法律用语和日常用语之间。这种冲突的结果,一方面就是作为案件相关事实要素所"对应"的那个构成要件要素事实范型充满了不确定性;另一方面就是构成要件要素对案件中相关事实要素缺乏明确、清晰的事实范型呈现并与之相"对应"。

一是法律概念彼此之间的语义冲突,主要表现为不同的犯罪构成要件要素概念在语义边缘区的交互重叠而导致的语义冲突。从上述就生产、销售假药罪构成要件要素的司法裁判类型的数据统计整理情况来看,这种情形在"药品"的"其他类"的司法裁判类型中比较明显。从中可以看出,作为案件事实要素的性药类、保健食品类、减肥产品类、美容产品类等若干"药品物质",其所"对应"的构成要件要素事实范型不仅有"药品",还有"有毒、有害食品""伪劣产品""不符合安全标准的食品"等各种不同的事实范型。换言之,作为案件事实要素的性药类、保健食品类、减肥产品类、美容产品类等若干"药品物质"应该"对应"

哪一构成要件要素事实范型,在刑法上是缺乏明确、清晰的规定的,或者是非唯一的选项(在存在相关规定的情形下)。

二是同一概念在不同法域之间的语义冲突,主要表现为作为刑法语词使用与作为行政法等非刑法范畴使用的同一概念由于在内涵和外延上不一致导致语义的交互叠加而产生的冲突。这种情形主要存在于行政犯构成要件要素的场合。因为大多数行政犯构成要件要素所使用的"语词"在规定于刑法条文之前,早已出现在行政管理法律、法规以及规章等所规定的相关内容之中了,故而犯罪构成要件要素所涉及的文本概念具有行政从属性。一般情况下,特别是在行政犯犯罪化初期,作为刑法语词使用与作为行政法律、法规等非刑法范畴使用的同一概念的语义是不冲突的,但由于行政法律、法规和刑法的社会功能的不同,当行政法律、法规等"与时俱进"的速度远远超出刑法"可以"跟进之可能的时候,同一概念的语义在不同的法域就可能发生不同的变化,冲突自然也就在所难免。例如,《刑法》第 128 条非法持有、私藏枪支、弹药罪中的"枪支",这里"枪支"的核心语义与《枪支管理法》第 46 条中的"枪支"在内涵和外延上是一致的,即"本法所称枪支,是指以火药或者压缩气体等为动力,利用管状器具发射金属弹丸或者其他物质,足以致人伤亡或者丧失知觉的各种枪支"。但随着公安部在 2010 年修订的《公安机关涉案枪支弹药性能鉴定工作规定》的出台(按照《枪支致伤力的法庭科学鉴定判据》的规定,当所发射弹丸的枪口比动能大于等于 1.8 焦耳/平方厘米时,一律认定为枪支),行政法概念上的"枪支"的外延扩大了,核心语义也随之发生变化。刑法概念上的"枪支"可否跟进继续从属于已经发生变化的核心语义,是保持二者在内涵和外延上的持续的一致性,还是保持自己的核心语义不变,把行政法概念上变化的部分视为自己语义边缘区的情形?这不仅是赵春华非法持有枪支案中的困惑,近期争议较大的行政犯罪案件几乎都与之相关。作为赵春华非法持有枪支案中事实因素的"玩具气枪"因为行政法概念上的"枪支"外延的扩大,"对接"行政法概念上的事实范型的"枪支",构成行政违法行为,答案是确定的,但是否可以进一步延伸到与作为刑法概念上的事实范型的"枪支""对接",答案似乎就不那么确定了。该案争议的焦点就在于此,关于赵春华所持的"玩具气枪"是否可以和非法持有枪支罪中的"枪支""对接",至少产生了两种以上不同的结论,判决书持肯定的观点,①

① 参见赵春华非法持有枪支案,天津市第一中级人民法院(2017)津 01 刑终 41 号刑事判决书。

而绝大多数刑法学者则持否定的观点。①

三是法律用语和日常用语之间的语义冲突,主要表现为作为犯罪构成要件要素使用与作为在日常用语中使用的同一概念由于在内涵和外延上不一致导致语义的交互重叠而产生的冲突。这种冲突在司法实践中比较常见,甚至也可以说是导致前两种语义冲突的根基,其引发了"司法人员所适用的定罪量刑标准与公众认知之间的巨大断裂"②。从赵春华非法持有枪支案到王鹏非法出售珍贵、濒危野生动物案再到陆勇销售假药案,都是如此。笔者在对生产、销售假药罪的构成要件要素"生产""销售"的司法裁判类型的统计整理中也发现了这个问题,实践中对这一语义冲突是通过最高人民法院、最高人民检察院《关于办理危害药品安全刑事案件适用法律若干问题的解释》来解决的。具体而言,以生产、销售假药为目的,实施下列行为之一的,认定为生产假药罪中的"生产"行为:①合成、精制、提取、储存、加工炮制药品原料的行为;②将药品原料、辅料、包装材料制造成成品过程中,进行配料、混合、制剂、储存、包装的行为;③印制包装材料、标签、说明书的行为。医疗机构、医疗机构工作人员明知是假药而有偿提供给他人使用,或者为出售而购买、储存的行为,应当认定为《刑法》第141条的"销售"。这显然是对生产、销售假药罪中的"生产"和"销售"概念语义作了扩大解释,把原本属于"生产""销售"的语义边缘区的情形纳入到语义核心区,由具有不确定性的适用直接变成了具有确定性的适用,从而使法条中的"生产"变成了裁判中的"生产链性行为"。将法条中的"销售"扩张到了裁判中的各种"销售预备"行为,已经超越了日常语言中的"生产""销售"概念通常使用的范畴。

第二种法律语言现象是语境依赖。语义边缘区域构成要件要素裁判类型建构中的语境依赖主要表现在,一方面就是作为案件相关事实要素所"对应"的那个构成要件要素事实范型在不同的案件现实情境中与案件中相关事实要素有不同的"对接"方式或结果;另一方面就是作为构成要件要素的事实范型在与

① 如《华东政法大学学报》2017年第6期分别刊发了陈兴良教授的《赵春华非法持有枪支案的教义学分析》、劳东燕教授的《法条主义与刑法解释中的实质判断——以赵春华持枪案为例的分析》、车浩教授的《非法持有枪支罪的构成要件》、江溯教授的《规范性构成要件要素的故意及错误——以赵春华非法持有枪支案为例》的文章。这几篇文章分别从不同的侧面对天津市第一中级人民法院对赵春华案的判决提出了疑问。

② 劳东燕:《法条主义与刑法解释中的实质判断——以赵春华持枪案为例的分析》,载《华东政法大学学报》2017年第6期。

案件中相关事实要素“对接”时会受到案件现实情境的形塑。

由于语义边缘区域的案件现实情境并不是构成要件要素预先设定的事实范型所指向的典型案件,故而语义边缘区域构成要件要素裁判类型的建构必然都是在“非典型案件”现实情境中进行并被定格的。尽管“意义不是某个特定情境所独有的一个稍纵即逝的特征,但是一项表达的意义不是脱离它的使用语境而独立存在的”①。所以,“解释的困难……看似是关于语词的困难,但实际上困难来自规则如何适用于事实”②。比如,“哈特假设的规则——‘禁止车辆驶入公园’——适用,法官或许不能从语言中提前找到答案语言。车辆的用法或权威定义都无法判断是否可以将滑轮车包括进来。在相关的案件中法官必须作出裁决……但把裁决归功于语言将是一个误解”③。这种现象在我国司法裁判中并不罕见。且不论上述司法裁判类型数据统计整理的“药品”中的“其他类”情况(作为同种案件事实要素的性药类、保健食品类、减肥产品类、美容产品类等的若干“药品物质”)正是基于不同的案件现实场景分别被“假药”“有毒、有害食品”“伪劣产品”“不符合安全标准的食品”等各种不同的事实范型所“对接”。就是在赵春华非法持有枪支案后,最高人民法院、最高人民检察院于2018年3月专门发布了《关于涉以压缩气体为动力的枪支、气枪铅弹刑事案件定罪量刑问题的批复》,也说明了我国的司法裁判必须重视并面对这一问题的客观存在。该批复第1条规定:“对于非法制造、买卖、运输、邮寄、储存、持有、私藏、走私以压缩气体为动力且枪口比动能较低的枪支的行为,在决定是否追究刑事责任以及如何裁量刑罚时,不仅应当考虑涉案枪支的数量,而且应当充分考虑涉案枪支的外观、材质、发射物、购买场所和渠道、价格、用途、致伤力大小、是否易于通过改制提升致伤力,以及行为人的主观认知、动机目的、一贯表现、违法所得、是否规避调查等情节,综合评估社会危害性,坚持主客观相统一,确保罪责刑相适应。”概言之,就是具体案件中的“枪型物品”是和行政法意义上的“枪支”事实范型对接还是和刑法意义上的“枪支”事实范型对接,抑或其他,要基于

---

① [英]蒂莫西·A.O. 恩迪科特:《法律中的模糊性》,程朝阳译,北京大学出版社2010年版,第26页。

② [美]布赖恩·比克斯:《法律、语言与法律的确定性》,邱昭继译,法律出版社2007年版,第5页。

③ [美]布赖恩·比克斯:《法律、语言与法律的确定性》,邱昭继译,法律出版社2007年版,第6页。

案件事实的现实场景进行综合判断确定,即必须充分关注案件事实的现实场景。

第三种法律语言现象是语效衡量,即法律语言的施效性在司法裁判中的具体运用问题。在语义边缘区域构成要件要素表达的意义是借助于语境确定下来的。无论是维特根斯坦还是奥斯汀都描述过这种情况。维特根斯坦明确指出:“你意指的东西——怎样找出它?我们必须耐心地检查这个句子会怎样得到应用。检查它的所有周边情况看起来是怎样的(Wie rund um ihm alles aussieht)。这时,其意义将显现出来。”[①]在语义边缘区域构成要件要素存在多种“解读”可能性的情况下,依赖或借助于语境或周边环境或周边情况确定下来的文本概念表达何种意义,就会产生与之相适应的法律效果,也就是司法裁判中的利益衡量以及个案裁判中的法律正义与社会正义问题。在这种情况下,作为构成要件要素的某个事实范型如何和某个案件现实场景中的事实进行对接,可能就不是一个纯粹的法律适用问题,有可能会是一种社会控制策略。如何进行这种策略考量,主要还是一个价值判断的问题,即“在这里,开始起作用的就是对判决的平衡,是对类比、逻辑、效用和公道等考虑因素的检验和分类整理”[②]。立场不同,价值导向不同,结果可能会大相径庭。这种基于类型思维[③]来看待构成要件要素事实范型和与其“对应”的相关事实要素二者之间存在多大程度上的相似性,从而“决定”是否可以“对接”或“匹配”,其裁判类型的建构方式必然是结果导向的类比推理,这也由此使自由裁量权获得了最大限度的自由。

四、代结语:“问题疫苗”是“假药”抑或“劣药”

(一)“问题疫苗案”中的“疫苗问题”

笔者在写作过程中,正值长春长生公司问题疫苗案件[④]中的“问题疫苗”成

---

① Wittgenstein, Zettel, Blackwell, 1967, § 272. 转引自陈嘉映:《周边情况——一项维特根斯坦与奥斯汀比较研究》,载《现代哲学》2012 年第 2 期。

② [美]本杰明·卡多佐:《司法过程的性质》,苏力译,商务印书馆 2011 年版,第 104 页。

③ 具体可参见张心向:《刑事裁判思维中的犯罪构成论——一种方法论意义上的思考》,载《东方法学》2014 年第 6 期。

④ 参见赵文君、齐中熙:《长春长生违法违规生产狂犬病疫苗案件调查工作取得重大进展》,载《南方都市报》2018 年 7 月 28 日,第 10 版。

了一个从官方到民间都强烈关注的社会热点问题;在本文完成后,新制定的《疫苗管理法》以及新修订的《药品管理法》相继颁布并均将于2019年12月1日起开始施行。对该"问题疫苗",尽管吉林省长春市公安局长春新区分局已经以涉嫌生产、销售劣药罪,对该公司董事长高某芳等18名犯罪嫌疑人向检察机关提请批准逮捕;①尽管《疫苗管理法》中依然沿用了《药品管理法》有关"假药"和"劣药"的分类,并将"问题疫苗"分为属于假药的疫苗和属于劣药的疫苗等。②但该"问题疫苗"到底应该属于"假药"还是应该属于"劣药",还是有很多值得再进一步研究的空间。对此,笔者基于上述研究结论,对该问题略作探讨,并以此作为本文的结语。

(二)是"假药"疫苗还是"劣药"疫苗

首先从旧《药品管理法》规定的情形看,"假药"和"劣药"这两个概念是存在语义冲突的。在这次犯罪对象是"药品"的相关案件大样本统计范围内,居然没有得到一件生产、销售劣药罪的案例样本,生产、销售劣药罪已变成了"僵尸条款",原因何在?这是否与"假药"和"劣药"在概念语义上存在冲突有关?《药品管理法》第48条第2款规定,药品所含成分与国家药品标准规定的成分不符的为假药;以非药品冒充药品或者以他种药品冒充此种药品的为假药。《药品管理法》第49条第2款规定,药品成分的含量不符合国家药品标准的,为劣药。仔细比照两者,不难发现,其中假药"药品所含成分与国家药品标准规定的成分不符的"规定在其语义从核心区域逐步往边缘区域过渡过程中至少会包括以下两种情况:一是药品所含的具体物质成分(抑或药品原料或辅料)与国家药品标准规定的具体物质成分不符,这实际上就与另一种假药情形["(二)以非药品冒充药品或者以他种药品冒充此种药品的"]在语义上产生了交互重叠;二是药品所含的具体物质成分的数量与国家药品标准所规定的具体物质成分的数量不符,这实际上就与"劣药"情形("药品成分的含量不符合国家药品标准的")在语义上产生了交互重叠。其他"按假药论处"的六种情形及"按劣药论处"的六种情形在概念语义上也存在与上述相类似的情况,于此不再一一赘述。这就造成了某些案件中的相关事实要素不仅可以和构成要件要素"假药"

① 参见《为什么是生产、销售劣药罪?"疫苗案"18名嫌疑人被提请批捕》,载搜狐网2018年7月30日,http://m.sohu.com/news/a/244141051_99923255。

② 参见《疫苗管理法》第80条的规定。

的事实范型相“对接”进而形成假药的裁判类型,同时也可以和“劣药”的事实范型相“对接”进而形成劣药的裁判类型。从当下司法裁判的情形看,大多选择了与“假药”事实范型相“对应”的裁判类型,[①]抑或对生产、销售劣药行为的处罚止步于行政处罚阶段而根本未能进入刑事处罚程序。故而造成了生产、销售劣药罪的“僵尸条款”现象。

新《药品管理法》对上述旧《药品管理法》中“假药”和“劣药”的规定进行了修正。新《药品管理法》第98条第2、3款规定:“有下列情形之一的,为假药:(一)药品所含成份与国家药品标准规定的成份不符;(二)以非药品冒充药品或者以他种药品冒充此种药品;(三)变质的药品;(四)药品所标明的适应症或者功能主治超出规定范围。”“有下列情形之一的,为劣药:(一)药品成份的含量不符合国家药品标准;(二)被污染的药品;(三)未标明或者更改有效期的药品;(四)未注明或者更改产品批号的药品;(五)超过有效期的药品;(六)擅自添加防腐剂、辅料的药品;(七)其他不符合药品标准的药品。”比照新旧两法规定可以看出:①新法依然保留了旧法关于“假药”和“劣药”的分类。②相比旧法,新法对“假药”更重视“实质”上的判断,对“劣药”则主要倾向于“形式”上的认定。③上述分析的“假药”与“劣药”在概念语义上的冲突,在新法中依然存在。

具体到本案,据国务院调查组披露的长春长生公司问题疫苗案件的违法细节,该案“问题疫苗”的主要事实是,“该企业为降低成本、提高狂犬病疫苗生产成功率,违反批准的生产工艺组织生产,包括使用不同批次原液勾兑进行产品分装,对原液勾兑后进行二次浓缩和纯化处理,个别批次产品使用超过规定有效期的原液生产成品制剂,虚假标注制剂产品生产日期,生产结束后的小鼠攻毒试验改为在原液生产阶段进行”[②]。以这种方式生产的“疫苗”,是应该与生产、销售假药罪的构成要件要素的“假药”事实范型“对接”还是应该与生产、销售劣药罪的构成要件要素的“劣药”事实范型“对接”?从上述分析看,“假药”和“劣药”这两个概念是存在语义冲突的。姑且不论其他事项,仅从上述国务院调查组披露的狂犬病疫苗相关事实的现实场景看,以下几个方面对这些疫苗到

① 这应该是法官的自由裁量问题抑或行政处罚与刑事处罚衔接的问题。至于选择这种法律适用的理由和原因是什么,从判决书中很难读出,这也是笔者拟继续跟踪研究的问题。

② 赵文君、齐中熙:《长春长生违法违规生产狂犬病疫苗案件调查工作取得重大进展》,载《南方都市报》2018年7月28日,第10版。

底该认定为“假药”还是“劣药”有着重大影响。

(1)犯罪对象是狂犬病疫苗。疫苗“是指为预防、控制疾病的发生、流行,用于人体免疫接种的预防性生物制品”[①],包括免疫规划疫苗和非免疫规划疫苗。狂犬病疫苗作为“唯一用来控制狂犬病的制剂”[②]亦是如此,其功能不是治疗、诊断疾病,而是预防、控制疾病。因此,虽然它属于一种药品但又不是一般意义上的药品,其属于一种特殊药品,国家对其生产、储存、流通和预防接种等均有有别于普通药品的管理规定。

(2)该狂犬病疫苗生产的过程。从上述国务院调查组披露的事实细节看,至少有以下几个方面的事实指向了这些“问题疫苗”的效价,即疫苗中有效抗原成分含量达到标准使人体产生特异性免疫力的能力,也就是疫苗的有效性问题。一是不同批次的毒菌种来源于不同毒株,其免疫原性、遗传稳定性等有差异,不同批次原液混杂勾兑,会影响疫苗效价。[③] 二是毒素的种类、产生菌株的不同及培养基的不同均可影响脱毒。不同批次的原液中存在脱毒不完善的可能性。[④] 三是灭活狂犬病疫苗生产,只能根据经验收获病毒,每次培养的诸多条件,不可能完全一致,因此不能保证不同批次收获的都是峰点。[⑤] 四是狂犬病毒株因不同批次原液混杂勾兑等,群体稳定性被破坏,从而导致产生突变引发一系列后果。[⑥] 五是超过规定有效期的原液中的类毒素[⑦]可能会在有些条件下发生毒性逆转,如稀释、温度升高等。由于毒素发生毒性逆转后,类毒素恢复其毒性,使用后会带来严重后果。[⑧] 六是用超过规定有效期原液生产的成品制剂,效

---

① 《疫苗管理法》第2条第2款。

② 赵铠、章以浩、李河民主编:《医学生物制品学》(第2版),人民卫生出版社2007年版,第911页。

③ 参见赵铠、章以浩、李河民主编:《医学生物制品学》(第2版),人民卫生出版社2007年版,第109页。

④ 参见赵铠、章以浩、李河民主编:《医学生物制品学》(第2版),人民卫生出版社2007年版,第694页。

⑤ 参见赵铠、章以浩、李河民主编:《医学生物制品学》(第2版),人民卫生出版社2007年版,第175页。

⑥ 参见赵铠、章以浩、李河民主编:《医学生物制品学》(第2版),人民卫生出版社2007年版,第915页。

⑦ “类毒素是一种用物理或化学的方法处理,使毒素失去毒性而保持免疫原性和抗原性的蛋白质。”参见赵铠、章以浩、李河民主编:《医学生物制品学》(第2版),人民卫生出版社2007年版,第695页。

⑧ 参见赵铠、章以浩、李河民主编:《医学生物制品学》(第2版),人民卫生出版社2007年版,第694页。

价下降,其抗体阳转率及中和抗体滴度往往不能达标,稳定性也差。[①] 由于还可能存在细菌等污染的风险,安全性上也存在巨大隐患。故而基于上述事实背景还可以推定,使用超过规定有效期的原液生产成品制剂,绝不应该就是按劣药论处的"超过有效期的"情形这么简单。[②]

(3)狂犬病疫苗效价的相关事实推定。2018 年 8 月 7 日,国家卫生健康委员会网站上陆续发布三篇文章,即《关于印发接种长春长生公司狂犬病疫苗续种补种方案的通知》(国卫办疾控函〔2018〕670 号)[③]、《接种长春长生公司狂犬病疫苗续种补种方案解读》[④]、《狂犬病疫苗续种补种答问》[⑤];2018 年 8 月 10 日,再次发布《关于转发接种长春长生公司狂犬病疫苗续种补种专家建议的通知》(国卫办疾控函〔2018〕684 号)[⑥],可以基于此推定该狂犬病疫苗效价存在严重问题。

(4)狂犬病疫苗效价的意义。狂犬病是一种人畜共患性传染病,是由一种狂犬病病毒感染所致的自然疫源性或动物源性传染病。人群对狂犬病毒普遍易感,故从古至今在人们心目中被狂犬咬伤必死无疑的概念根深蒂固。"狂犬病之所以可怕,是因为目前尚无特效治疗用的药物,一旦发病其死亡率 100%,且发病时极为痛苦。狂犬病疫苗是唯一用来控制狂犬病的制剂。"[⑦]"接种疫苗后,若其体内中和抗体达不到保护水平仍可致病。"[⑧]故狂犬病疫苗效价和普通药品的疗效是一个有交互重叠但不完全相同的概念。对狂犬病病毒感染者来说,疫苗无效价或效价不够,几乎均意味着死亡。疫苗失效无毒,不等于无害。

---

① 参见赵铠、章以浩、李河民主编:《医学生物制品学》(第 2 版),人民卫生出版社 2007 年版,第 927 页。

② 宋华琳教授认为:"根据具体情况和调查细节来界定,混入过期原液的,或可被视为《药品管理法》第四十九条第二款第三项规定的'超过有效期',按劣药论处。"参见周东旭:《"假""劣"药之辨——专访南开大学法学院教授宋华琳》,载《中国改革》2018 年第 5 期。

③ 参见《关于印发接种长春长生公司狂犬病疫苗续种补种方案的通知》(国卫办疾控函〔2018〕670 号,2018 年 8 月 7 日发布)。

④ 参见《接种长春长生公司狂犬病疫苗续种补种方案解读》,载中国政府网 2018 年 8 月 8 日,https://www.gov.cn/zhengce/2018-08/08/content_5312446.htm。

⑤ 参见《狂犬病疫苗续种补种答问》,载中国政府网 2018 年 8 月 8 日,https://www.gov.cn/xinwen/2018-08/08/content_5312450.htm。

⑥ 参见《关于转发接种长春长生公司狂犬病疫苗续种补种专家建议的通知》(国卫办疾控函〔2018〕684 号,2018 年 8 月 10 日发布)。

⑦ 赵铠、章以浩、李河民主编:《医学生物制品学》(第 2 版),人民卫生出版社 2007 年版,第 911 页。

⑧ 赵铠、章以浩、李河民主编:《医学生物制品学》(第 2 版),人民卫生出版社 2007 年版,第 911 页。

(三)"问题疫苗案"中的"疫苗认定"

由此可以看出,把长春长生公司问题疫苗案件中的"问题疫苗"仅仅是放在"假药"和"劣药"单纯的概念层面看(拿"问题疫苗"分别与"假药"和"劣药"的事实范型在语义层面比对),尽管答案并不是明确、清晰、唯一的,从形式上看也可能会倾向于其是"劣药"的裁判类型。但如果将其置放于上述案件事实的相关现实情境中,以及从"狂犬病疫苗"作为一种具有特殊使用价值的药品看,亦即从实质上看或许将其认定为一种"假药"的裁判类型,会更符合新《药品管理法》的立法精神和价值取向。且无须讳言,其到底是与"假药"的事实范型更为相似还是与"劣药"的事实范型更为相似,并不是一个艰难的"认定",关键是分析问题的角度和解决问题目的的选择。因为在这种情况下,作为构成要件要素的某个事实范型如何与某个案件现实场景中的关涉事实相对接,往往会超越纯粹的语义解释意义上的法律适用问题,而成为一种更深层、更广泛甚至更长远考量的社会控制行动,因为对这种个案的裁判会深刻影响法律的社会整合功能以及公民的法律公平与正义观。

第五编

死刑改革与死刑裁量的变量因素研究

在悄无声息中进行的死刑变革

——作为我国死刑替代性措施的死缓制度考量*

目　次

* 原载赵秉志主编：《刑法论丛》第 17 卷，法律出版社 2009 年版，第 175 ~ 200 页。

一、问题的提出

“死刑废止,从其应然性来看,是刑罚人道主义思想的必然结果;从其实然性来看,它又是一个漫长而曲折的过程,不能一蹴而就。”①如果说死刑的存废在我国理论研究层面依然是一个有争议的问题,那么当今死刑的废止问题在我国司法实践层面显然是已经契合了世界潮流,②并被提上了议事日程,即废止死刑实际上已经进入了实际操作层面。面对这样一种情势,如何度过从适用死刑到限制实际适用死刑再到最终废止死刑这样一个一定会充满艰难曲折的过渡期,探求死刑的替代性措施也就成了当务之急。

这种替代死刑的过渡性措施,“如何替代死刑,包含两个层面的意义:一是立法将死刑作为可选择性的刑罚,替代绝对死刑的适用;二是司法通过寻求减轻情节和证据的无懈可击性替代死刑”③。与其他国家相比,我国关于死刑替代性措施的考量有一个得天独厚的优势,就是我国死刑缓期执行的特色制度。在我国现阶段的法治发展进程中,该制度不仅蕴含了上述两个层面的含义,体现死刑替代性措施的目的价值,更重要的是还能够实现在司法过程中限制死刑的实际适用,并进而达到在立法上全面废止死刑的最终目标。所以,将死缓制度作为死刑替代性措施,是当下我国刑罚体系下的必然选择。死缓制度的一定内在张力呈现出的死刑性和非死刑性的两种品格特征,使其本身就是死刑立即执行和无期徒刑及较长时间的有期徒刑之间的选择性过渡制度,进而能够通过在我国司法裁判过程中的价值判断和规范建构途径悄然实现对死刑(立即执行)的实际替代。

二、死刑替代性措施解读

(一)死刑替代性措施的由来

第62届联合国大会于2007年10月举办的有关死刑问题的国际会议出台了呼吁全球“暂停使用死刑的决议”,作为全球废除死刑的第一步,并希望世界

---

① 陈兴良:《死刑存废之应然与实然》,载《法学》2003年第4期。

② “截至2007年8月31日,世界上已有89个国家(或地区)彻底废除死刑,9个国家废除普通犯罪的死刑,42个国家虽然在法律上保留死刑,但永久性地停止死刑适用。其他保留并适用死刑的国家,死刑适用比例也极低。”高铭暄:《略论中国刑法中的死刑替代措施》,载《河北法学》2008年第2期。

③ 高铭暄、王秀梅:《死刑替代利弊分析》,载《江苏行政学院学报》2008年第1期。

各个地区的国家支持这个决议。我国外交代表对此作出的回应是:“死刑问题是一个复杂的刑事司法问题。国际法并未禁止使用死刑。《公民权利和政治权利公约》第6条第2款规定,‘死刑可适用于最严重的罪行’。各国有权根据其司法公正的需要、经济发展水平、历史文化背景等决定适用何种刑罚,何时暂停或废除某种刑罚。死刑问题是一国立法和司法的问题,是一国主权范围内的事务,其他国家均不应干涉。”[①]联合国人权委员会号召仍然保留死刑的国家“为了全面废除死刑,建立死刑执行延缓制度”。104个国家代表投票通过全球暂缓死刑。在各国代表中,有104个支持暂缓死刑、54国反对、29国弃权。[②]

一些国家废除死刑后,对最严重的犯罪适用不得假释的终身监禁,其中包括保加利亚、爱沙尼亚、荷兰、瑞典、土耳其、英国、乌克兰、美国(已经废除死刑的州)和越南等。[③] 同时,不得假释的终身监禁与减少同意假释、宽恕或者改变刑罚相匹配。在美国也出现了以不得假释的终身监禁替代死刑的情况。比如,在实行三振出局规则的大多数州中,通常情况下,当一个罪犯犯下第三次重罪时(三振),就自动适用终身监禁(出局),并且这种终身监禁必须在25年后才能获得假释的机会。[④]

可见,该决议的通过,一方面表达了暂停适用死刑并希望将来彻底废除死刑的呼声,另一方面也可以视为国际社会已经正式开始呼吁出台一种由适用死刑向废止死刑的过渡性措施。死刑替代性措施就是在这样的时代背景下被理论界提升到一定的高度并开始予以讨论的,因为这是一个很现实的问题,一旦死刑被废除或暂停适用,一些棘手的问题就会随之出现。例如,如何惩处那些最严重的犯罪,如何面对民众的质疑甚至反对意见,如何解释死刑替代性措施与死刑相比更能体现刑罚的目的等。结合我国具体的国情去讨论这个问题更具有现实意义,我国到底是否需要顺应国际潮流去寻求死刑的替代性措施,如果有这种需要,又该如何去理解这种措施;同时,该决议实际上还向我们昭显了这样一个概念印象,即国际法语境意义上的死刑,也就是死刑替代性措施语境

---

① 参见《中方就联大委员会通过有关死刑问题决议表遗憾》,载搜狐网,http://news.sohu.com/20071117/n253307577.shtml。

② 参见《联合国大会通过死刑延缓案引发争议》,载新浪网,http://news.sina.com.cn/w/2007-12-20/012013109507s.shtml。

③ 参见高铭暄、王秀梅:《死刑替代利弊分析》,载《江苏行政学院学报》2008年第1期。

④ 参见虞平:《量刑与刑的量化——兼论“电脑量刑”》,载《法学家》2007年第2期。

意义上的死刑,显然有别于我国刑法语境意义上的死刑。国际法语境意义上的死刑仅指能够被实际执行的死刑,也就是相当于我国刑法中的死刑立即执行;而我国刑法语境意义上的死刑,既包括了能够被实际执行的死刑,即死刑立即执行,也包括了完全有可能不能够被实际执行的死刑,即死刑缓期执行。笔者是在国际法语境意义上使用死刑这一概念的。

(二)死刑替代性措施的性质

对于死刑替代性措施的性质,理论界还没有明确的界定,一曰司法上替代死刑立即执行说。我国著名刑法学家高铭暄教授认为:“死刑替代措施是指基于限制死刑适用的目的,对于立法上特定性质的犯罪,司法中特殊情况下的罪犯,不适用死刑立即执行,而代之以其他刑罚处罚方法。”①二曰立法上替代最严重犯罪之死刑说。李希慧教授认为:“死刑的替代措施是指在废除了最严重犯罪的死刑后所采取的替代死刑的处罚方法。”②争议的核心点是:“死刑替代措施究竟是指死刑的立法替代措施,还是指死刑的司法替代措施?”③也就是说,死刑替代性措施究竟是在未来立法活动中取代死刑成为某些犯罪的法定刑,还是仅在当前司法活动中替代死刑(尤其是死刑立即执行)的适用,抑或两者兼而有之?

这显然涉及死刑替代性措施到底是立法性质的制度还是司法性质的措施的问题,如果从立法角度来理解该类措施,意即在对某些具体犯罪不适用死刑时,基于罪责刑相适应的要求而采取严厉性程度与死刑基本相当或者相近的其他刑罚,也就是说需要在立法上重新规定一种刑种或刑罚制度,以在刑罚的目的和功能上能够达到死刑执行的效果;如果从司法角度来理解该类措施,意指死刑替代性措施只针对“立法上特定性质的犯罪”,在不适用死刑时,可代之以其他严厉程度与死刑基本相当或者相近的刑种或刑罚制度,而非所有配置死刑的犯罪,在不适用死刑时,都可代之以其他严厉程度与死刑基本相当或者相近的刑种或刑罚制度。也就是说,死刑替代性措施只适用于那些本应适用死刑并具有极其严重的社会危害性的犯罪,如故意杀人、抢劫、绑架等严重暴力犯罪。这样,对死刑替代性措施,我们实际上就可以理解为,在司法过程中由司法人员

---

① 高铭暄:《略论中国刑法中的死刑替代措施》,载《河北法学》2008年第2期。

② 李希慧:《论死刑的替代措施——以我国刑法立法为基点》,载《河北法学》2008年第2期。

③ 赵秉志:《中国死刑替代措施要论》,载《学术交流》2008年第9期。

运用自由裁量权,在可以选择适用死刑的时候,选择适用其他的刑种或刑罚而非死刑。但我国著名刑法学家赵秉志教授认为:“死刑替代措施即是指在对某些具体犯罪不适用死刑时,基于罪责刑相适应的要求而采取的其他严厉性基本相当或者相近的刑罚措施。鉴于此,李希慧教授所提出的死刑替代措施是针对最严重犯罪的死刑之观点值得肯定。”①赵秉志教授进一步指出,死刑替代措施是指在立法上替代具体犯罪法定刑中的死刑的刑罚措施。其价值和意义体现为,在立法上废止具体犯罪死刑的情况下,使对该犯罪的刑事制裁仍维持在相当严厉的程度,以贯彻罪责刑相适应原则的内在要求,并在客观上适应大幅度削减死刑罪名乃至逐步全面废止死刑的实际需要。不能因为立法程序烦琐、对死刑的替代较为困难,便改变死刑替代措施的应有含义,将司法上限制死刑适用或者放弃适用死刑的做法视为死刑替代措施。② 显然,赵秉志教授更倾向于死刑替代性措施具有立法意义的性质。

笔者认为,探讨死刑替代性措施的性质定位,有助于解决现阶段其在我国的发展空间问题。死刑替代性措施在哪一个层面运用,将会直接决定其成效的大小。从我国现在的刑事法治状况看来,探讨死刑的替代性措施可以作为彻底废除死刑的过渡性阶段措施而赋予其司法的性质,更具有现实意义。这是因为从立法上对死刑予以控制,如削减设置死刑的罪名、限制死刑的适用条件等,虽具有可操作性,但由于立法程序的烦琐、立法者的观念等原因,回旋余地毕竟有限。相对地,在司法层面限制死刑的适用,其发挥的空间更为广阔,效果也更为明显。因此,不妨将死刑替代性措施界定为司法人员在刑事司法过程中将原本应该适用死刑的案件结合其自由裁量权不适用死刑而采取其他刑罚措施。这样的定性有助于在现有的刑事法律体系框架内对死刑适用问题进行实际控制,从而以渐进的方式实现对死刑的彻底废除。同时,这种渐进式的死刑废止过程也可以通过阶段性的立法予以逐步确立。但这种确立所呈现出的结果形态并不是死刑替代性措施,而是改变了曾经可以判处死刑的那些犯罪的法定刑种,这就如同1997年《刑法》改变了1979年《刑法》中盗窃罪的部分情形规定死刑作为法定刑一样,不能认为1997年《刑法》规定的盗窃罪的法定刑是1979年《刑法》规定的盗窃罪的死刑的替代措施。笔者认为,在我国现阶段,只有将死

---

① 赵秉志:《中国死刑替代措施要论》,载《学术交流》2008年第9期。

② 参见赵秉志:《中国死刑替代措施要论》,载《学术交流》2008年第9期。

刑替代性措施的性质定位在司法层面上，才能满足“在客观上适应大幅度削减死刑罪名乃至逐步全面废止死刑的实际需要”①，即通过在司法过程中采取某种具体措施来限制死刑的实际适用并最终实现废除死刑，这样也有助于在现有的刑事法律体系框架内对死刑适用进行实际控制，从而实现渐进式彻底废除死刑的目标。

三、死刑替代性措施在中国的思考

（一）我国社会情境下死刑替代性措施是否存在空间

死刑的存废在当下的中国依然是一个争执不休的理论及实践问题。在世界上大多数国家相继废除死刑的今天，出于法律文化传统等原因，我国民众一直难以从心理上接受死刑的彻底废除，这也是当今我国死刑废除道路上的最大障碍之一。一个国家的法律文化传统对其法律的发展远远比立法影响深远，这是因为立法具有现实性和工具性，而法律文化由于伴随着民族的共同成长而根深蒂固，无法后天附加。而且，每一种文化最珍视的东西往往就是其法律最为保护的，如中国文化重视道德规范、印度文化重视宗教信仰，而西方文化重视财产利益，这也就不难解释为什么古罗马对不能偿还债务的人处以死刑，中国可以对违背伦理道德的行为处以死刑，古印度可以对奸淫犯罪者处以极刑了。②

由于死刑的废除可以在不同层面上讨论，即绝对废除死刑、实质废除死刑以及相对废除死刑，③所以从这个意义上看来，多种死刑废除形式视角下的死刑替代性措施，即使是在我国这样一个有重刑主义文化传统的国家，也应该有存在的空间。

首先，从社会文化层面看，死刑替代性措施意味着不立即废除死刑，而是以其他严厉的刑罚措施逐渐代替死刑。这种渐进、务实的态度，一方面充分考虑

---

① 赵秉志：《中国死刑替代措施要论》，载《学术交流》2008 年第 9 期。

② 参见李交发：《死刑存废之法律文化透视》，载《法学评论》2004 年第 6 期。

③ 绝对废除的国家自 1865 年圣马力诺率先废除对所有犯罪执行死刑，到 2006 年 6 月 25 日菲律宾宣布废除死刑，全球完全废除死刑的国家和地区共有 87 个。实质废除是指在这些国家法律中虽规定了死刑的条文，但事实只是保留一种形式，在刑罚实践中，被告人都可以请求以特赦、减刑、缓刑或者恩减的方式来避免死刑的执行。据统计，“文莱、马尔代夫、刚果、中非共和国等 14 个国家和地区都是一直在事实上废除死刑，且从未有过死刑判决报道”。相对废除死刑是指这些国家法典中仅废除了普通犯罪的死刑，而对于严重危害国家安全的犯罪，如叛国罪、复杂的政治犯及军事犯保留死刑。参见［英］罗吉尔·胡德：《死刑的全球考察》，刘仁文、周振杰译，中国人民公安大学出版社 2005 年版，第 124、125、132 页。

了国情民意的承受能力和民众需要死刑满足报应欲望的实际需求;另一方面也考虑了中国人历来因受“人命关天”“慎刑恤刑”等传统儒家思想观念的熏陶而表现出的对人的生命的敬畏和尊重。同时,死刑替代性措施也符合当前我国政府依然希望通过死刑威慑犯罪,但从人性关怀角度又不希望过多适用死刑的实际需求,从而能得到政治决策阶层的认可。

其次,从政策制度层面看,“少杀”“慎杀”是我国一贯的死刑政策,几十年来,它一直是我国在死刑问题上的基本标尺。这一方面体现了国家领导人在死刑问题上的智慧;另一方面也正是以“少杀”“慎杀”的死刑政策为指导,我国才进行了死刑复核权收回、死刑庭审方式完善等一系列死刑制度的重大改革。死刑替代性措施的设计,将是贯彻、落实“少杀”“慎杀”死刑政策的又一有力举措,其必然会从既有死刑罪名、死刑罪犯中剥离出相当一部分情形,代之以其他刑罚方法,进一步缩小死刑圈,从而使“少杀”“慎杀”的死刑政策进一步得到彰显。①

最后,从规范设置层面看,我国刑法将死刑规定为可选择性的刑罚,即通过立法将死刑明确规定为某些严重犯罪中的选择性的刑罚而不是法定的唯一可适用的刑罚。这种刑事立法模式为法官在量刑时是否适用死刑留有了充分选择的余地,法官完全可以根据案件的事实情况,就被告人应否适用死刑作出准确的裁量。从我国目前适用死刑条文的规定上看,除了为数不多的罪行(如劫持航空器罪、暴动越狱罪、聚众持械劫狱罪),当存在法定的加重情节时,死刑是绝对确定的刑罚外,对于其他可适用死刑的罪行,法官均可在现有法律规定的情况下,选择不适用死刑。

因此,死刑替代性措施在我国应以何种方式存在,应该依据我国的刑罚制度体系加以确定。笔者认为,死刑的废除在当今社会早已不只是法律的问题。从某种意义上说,它更是一个社会问题、政治问题,民意对死刑的影响、政治策略对死刑的引导都在很大程度上左右着死刑的发展命脉,要想在当下的刑事法治状况下实现死刑的废除,只能走一条渐进式的发展道路,不能强求民众在一夜之间接受死刑的彻底废除,更不能指望民众会对这种骤变做出拥护的举动。所以,一种具有过渡性的死刑替代性措施是必要的。同时,这种替代性措施应呈现出我国现阶段刑事法律规范框架所独有的特点。

---

① 参见高铭暄:《略论中国刑法中的死刑替代措施》,载《河北法学》2008 年第 2 期。

(二)我国刑罚体系中死刑替代性措施是否选择对象

我国刑罚体系分为主刑和附加刑,其采用了从轻到重的排列方法,主刑包括管制、拘役、有期徒刑、无期徒刑以及死刑;附加刑包括罚金、剥夺政治权利、没收财产和驱逐出境。如此看来,在主刑的排序中,与死刑相邻的首先是无期徒刑,其次为有期徒刑。在司法过程中替代死刑的适用而采用的措施必然在刑罚轻重上与死刑具有相当性,这样才能解决替代的合理性和妥当性。所以,要想在我国现有的刑罚体系内部解决替代性措施的选择问题,也就当然地非这两种刑种莫属。

第一种是作为死刑替代性措施的无期徒刑。具体而言,主张以无期徒刑(终身监禁)替代死刑的观点,内部又有三种不同的认识:一是以不可减刑亦不可假释的无期徒刑来替代死刑。这种观点出现在关于死刑替代性措施的早期研究中。二是将无期徒刑分为两种,即可以减刑亦可以假释的无期徒刑和禁止减刑亦禁止假释的无期徒刑,二者均可替代死刑的适用。三是以符合人道主义要求但能严厉惩罚犯罪人的无期徒刑(25 年内不得假释的无期徒刑或者 25 年内不得减刑的无期徒刑)来替代死刑的适用。[①] 但不论何种认识或拟操作模式都毫无疑问会涉及对现有刑罚制度框架内与无期徒刑有关的减刑、假释等制度的修改,以使无期徒刑从现存的在行刑过程中的轻缓化在一定条件下向严格化过渡,从而适应替代死刑的功能和目的需要。

第二种是作为死刑替代性措施的期限较长的有期徒刑。期限较长的有期徒刑,一般是指 15 年以上 20 年以下的有期徒刑。用这种期限较长的有期徒刑作为死刑替代性措施的考量,一般是基于在涉及人身的犯罪(如故意杀人罪、故意伤害罪)中,死刑适用的一个重要理由是,如果不判处死刑,就难以满足被害人及其亲属的报复心理,无法抚平犯罪给被害方造成的精神痛苦。在这样的案件中,如果犯罪人能给予被害人(包括其近亲属)一定数额的金钱赔偿,那么在一定程度上,可以使被害方要求判处犯罪人死刑的强烈心理有所缓和,死刑适用即可得到控制。金钱虽不是万能的,但面对被害方激愤的心情,金钱却又未尝不是抚平被害方心灵创伤、弥补被害方物质损失的极好方式之一。因而,就死刑替代性措施而言,对于某些犯罪,在充分尊重被害方意愿的前提下,可以以附赔偿的长期自由

---

① 参见赵秉志:《中国死刑替代措施要论》,载《学术交流》2008 年第 9 期。

刑(如15年以上20年以下有期徒刑)替代死刑立即执行。[①] 这种考量或拟操作模式与作为死刑替代性措施的无期徒刑一样,都毫无疑问地会涉及对现有刑罚制度框架内与有期徒刑有关的刑罚制度的修改,同时需要在理论上充分地论证其合理性,以剔除其可能具有的与刑法面前人人平等原则相冲突等瑕疵,从而适应替代死刑的功能和目的需要。

所以,赵秉志教授明确指出:“未来在立法上替代死刑的刑罚措施,主要是无期徒刑(终身监禁)和长期自由刑。”[②]赵秉志教授强调的是将来时,即将来在立法上的死刑替代性措施,但问题是我们现在该怎么做! 因为我国当下已经显然且无须论证地行进在了渐进式彻底废除死刑的“万里长征”的路途中了,即“争吵虽然仍在继续,但我们确实已经上路”[③]。所以,在我国彻底废除死刑只是一个时间早晚的问题,已不是可能或不可能的问题。

随着我国社会发展的进程,当下我国的法制建设正在进行一场史无前例的变革,刑法的变革也就不可避免。“在这个变动不居的社会里,刑法有理由也应当随之变动而变动。”[④]“但是,这种变动却不能以采取猛烈的兴废方式进行,而应以一种悄无声息的、渐进的方式进行。”[⑤]在我国现有的法律框架中,死刑虽是一个刑种,但有两种执行方式,即立即执行和缓期两年执行,后者从某种意义上可以说是我国刑罚制度的创新。应该说,死缓制度在事实上所具有的限制,在废除死刑的意义上,完全可以在“悄无声息中”作为死刑的替代性措施适用,关键是我们如何在当下“废除死刑正在进行中”的社会与法律情境中解读、适用之。

---

① 参见高铭暄:《略论中国刑法中的死刑替代措施》,载《河北法学》2008年第2期。

② 赵秉志:《中国死刑替代措施要论》,载《学术交流》2008年第9期。

③ 最高人民法院自统一行使死刑案件核准权以来,完善死刑案件二审开庭程序和死刑核准程序,统一死刑适用标准,依法严格、慎重、公正地复核死刑案件,坚持“慎杀少杀”,确保死刑只适用于极少数罪行极其严重、性质极其恶劣、社会危害性极大的刑事犯罪分子。2006年4月,青海省一名因家庭矛盾激化而杀人的被告人于2007年7月被最高人民法院依法发回重审,并被改判为死缓。记者从最高人民法院获悉,2007年判处死缓的人数,多年来第一次超过了判处死刑立即执行的人数,这进一步体现了慎用死刑的原则,使死刑立即执行的刑事被告人人数逐步减少。参见杨维汉、陈菲:《死刑复核:衔接过渡平稳有序》,载中国经济网,http://www.ce.cn/xwzx/gnsz/szyw/200803/10/t20080310_14779289.shtml。

④ [德]乌尔斯·金德霍伊泽尔:《安全刑法:风险社会的刑法危险》,刘国良编译,载《马克思主义与现实》2005年第3期。

⑤ [德]乌尔斯·金德霍伊泽尔:《安全刑法:风险社会的刑法危险》,刘国良编译,载《马克思主义与现实》2005年第3期。

四、死缓制度替代死刑的可行性

(一)死缓制度的内在张力

死缓制度既保留了死刑的内容,又具有废除死刑的内涵,因此居于死刑存与废的中间地位;既不是死刑的绝对不执行,因而不同于死刑废除,又不是死刑的绝对执行,也不同于死刑的无条件保留。所以,死刑的存与废这两种趋势都可以在死缓制度上得到彰显,避免了非此即彼的两极化倾向,①这使死缓制度具有了一定的内在张力。这种内在张力或者说暧昧性,表现为死缓制度本身就具有死刑性和非死刑性两种品格特征,是死刑立即执行和无期徒刑及较长时间的有期徒刑之间的选择性过渡制度。

我国《刑法》第 48 条第 1 款规定:“死刑只适用于罪行极其严重的犯罪分子。对于应当判处死刑的犯罪分子,如果不是必须立即执行的,可以判处死刑同时宣告缓期两年执行。”这就明确地告诉我们,我国刑法规定的死刑分为死刑立即执行和死刑缓期二年执行两种,死缓即后者的简称。由于死缓制度的法律后果具有实际执行不同刑种的不确定性(死缓考验期满后的法律后果有三种:执行死刑、减为无期徒刑、减为有期徒刑),所以,从法律性质上看,死缓不是一个独立的刑种或刑罚的一个幅度或档次,而是死刑的一种具体执行制度。

1. 死缓制度具有死刑品格

死缓制度的死刑品格表现为其依附于死刑而存在,属于死刑的具体执行制度的一种(另一种是立即执行),即形式上属于死刑,因而具有“死刑性”。也正是这种附属于死刑或者正是在同死刑立即执行紧密联系的意义上才具有这一性质。死刑所谓的威慑力在于执行,脱离执行的死刑不具备死刑本身的威慑力。由于死缓的法律后果具有实际执行不同刑种的不确定性,从逻辑上存在实际被执行死刑的可能性,所以,死缓制度本身从逻辑上也就未丧失死刑的威慑力。

2. 死缓制度具有非死刑品格

死缓制度的非死刑品格表现为其虽依附于死刑(死刑刑种)而存在,但又可脱离死刑(死刑立即执行的死刑执行制度)而存在。它实际上是作为死刑(立即

---

① 参见张文、黄伟明:《死缓应当作为死刑执行的必经程序》,载《现代法学》2004 年第 4 期。

执行)和无期徒刑之间的一个缓冲地带而存在的。尽管死缓适用的结果取决于两年缓刑期的表现,具有不确定性,不能作为独立的刑种存在,但由于实践中被判处死缓的罪犯往往在考验期满后大多被减为无期徒刑,少部分被减为较长期限的有期徒刑,极少有被执行死刑的,所以,死缓作为死刑执行的特殊制度,实际上具有独立存在的价值。死缓所具有的威慑力,一方面是有可能改为死刑立即执行的威慑力,另一方面是减为无期徒刑或较长期限的有期徒刑的威慑力。由于减为无期徒刑或较长期限的有期徒刑后,也没有足够的措施能够使之区别于原本就判处无期徒刑或有期徒刑的情形(例如假释、减刑的限制等),因而可以认为它实质上更多地具有"无期徒刑或有期徒刑性"。所以,死缓制度实际上已经演变为同无期徒刑或较长期限的有期徒刑没有实质区别的自由刑而非生命刑,其威慑力的来源并非死刑本身而是自由刑。

死缓制度本身的这种既具有死刑品格又具有非死刑品格的暧昧品性,为其作为死刑立即执行和无期徒刑及较长时间的有期徒刑之间的选择性过渡制度奠定了基础。

(二)死缓制度的价值功能

卢建平教授认为:"死缓制度的意义就在于限制死刑的适用。为了达到严格限制死刑的目的,实际不适用死刑与实际不执行死刑是国际上通行的两种做法。所谓实际不适用死刑,是指一国立法上虽然对某些犯罪规定了死刑,但在司法实践中对这些犯罪基本上不判处死刑。所谓实际不执行死刑,是指虽然在立法上保留了死刑,而且在司法上也作出了死刑判决,但是通过特定制度(如赦免)让死刑不被实际执行,并最终转化为终身监禁或有期自由刑。"①死缓制度的这一意义,实际上是由死缓制度本身既具有死刑品格又具有非死刑品格的双重性格特征决定的。其呈现在价值功能上,就是既具有在形式上保留死刑刑种存在的价值功能,又具有在实质上限制死刑被实际适用的价值功能。

1. 死缓制度在形式上保留了死刑刑种存在的价值功能

众所周知,死缓不是独立的刑种,而是死刑的一种执行制度。死缓的判决,是以罪犯所犯之罪"应当处死"为基础的,所以反映的是报应刑的价值观;但是,死缓因为不立即执行死刑,又体现了教育刑的价值观。因此,死缓作为死刑的

---

① 卢建平:《死缓制度的刑事政策意义及其扩张》,载《法学家》2004年第5期。

一种执行制度的价值功能可以概括为以下几个方面:(1)对犯罪人的惩罚功能、改造功能、感化功能;(2)对被害人及其亲属的安抚功能;(3)对社会其他成员的威慑功能、教育功能、鼓励功能;(4)合理淡化刑罚报应的社会反应,体现改造教育罪犯的教育刑功能。20 世纪 80 年代后,我国迫于转型时期严峻犯罪态势的压力,为了体现和贯彻"从重从快严厉打击严重刑事犯罪"的刑事政策,刑事立法和刑事司法扩大了死刑罪名种类,增加了死刑适用数量,死刑的判决与执行从个别与例外情况下的选择演变为经常性甚至日常性的司法实践,我国也当之无愧地被公认为世界上适用死刑绝对数量和适用比率最高的国家之一,[①]而这又得到了社会公众的普遍认可和支持。[②] 死缓制度在形式上保留了死刑刑种存在的这些价值功能,对于必须以慢性死亡的方法[③]渐进式地逐步限制死刑到全面废止死刑的现实中国来说,无疑提供了一种精神上的情感慰藉和心理缓冲。

2. 死缓制度在实质上体现了限制死刑具体适用的价值功能

正如我国著名刑法学家马克昌教授所指出的那样,"死缓制度是我国刑事立法上的独创,其意义就在于减少死刑的实际执行"。[④] 诞生于"镇反"运动中的死缓制度,是国家"少杀""慎杀"死刑政策的体现,过去是,现在仍然是。因此,死缓除了具有死刑的价值功能,还具实际限制死刑适用范围的功能,这是死刑立即执行以及其他刑种所不具有的独特功能。

著名刑法学家高铭暄教授也曾经指出:"死缓制度有力地说明,我们国家对

---

① 参见梁根林:《中国死刑控制论纲——立足于具体国情的制度设计》,载《北大法律评论》2005 年第 1 期。

② 2003 年 1 月 9 日《南方周末》刊出《死刑:保留?废除?》一文引发的网络世界的死刑大讨论显示,与刑法学人形成的限制并最终废除死刑的"精英共识"截然不同的是,网络世界的"大众话语"中"杀声震天",在绝大多数网民看来,"杀人偿命"实属天经地义,对其他严重犯罪适用死刑也是罪有应得。转引自梁根林:《公众认同、政治抉择与死刑控制》,载《法学研究》2004 年第 4 期。

③ 在最终废除死刑的时间进程上,有突然死亡法和慢性死亡法两种主张。主张突然死亡法的主要代表有邱兴隆教授等,该主张认为死刑应该立即废除,越快越好。参见邱兴隆主编、湘潭大学比较法研究所编辑:《比较刑法》(第 1 卷),中国检察出版社 2001 年版,第 32 页。主张慢性死亡法的代表主要有赵秉志教授等,该主张认为"中国死刑的废止进程决不可能一蹴而就,而应与中国的社会文明程度、法制发展状况乃至人权发展水平相协调,与中国社会主义现代化建设的不同发展阶段相适应"。参见赵秉志:《关于分阶段逐步废止中国死刑的构想》,载《郑州大学学报(哲学社会科学版)》2005 年第 9 期。鉴于我国当前的情况,尤其是当前的治安形势、犯罪态势和民意,死刑的突然死亡法不大现实,就连邱兴隆教授本人也承认这一点,并退而求其次地呼吁用良知敲响中国死刑的丧钟。参见邱兴隆主编、湘潭大学比较法研究所编辑:《比较刑法》(第 1 卷),中国检察出版社 2001 年版,第 32 页。

④ 马克昌主编:《刑罚通论》,武汉大学出版社 1995 年版,第 122 页。

那些犯有死罪,但还不是非杀不可的犯罪分子,没有放弃对他们进行改造的一线希望,这就可以把死刑的适用实际上缩小到最小的范围。”①决策者也正是利用死缓的这一功能来实现“少杀”的目的。所以,人们一般认为死缓是将生命刑与自由刑结合起来的一种死刑制度,而且从执行死刑的概率上讲,尤其是在现行立法将死缓改为死刑立即执行的标准提高之后,死缓实际上已经演变为几乎同无期徒刑没有实质区别的自由刑而非生命刑。

随着社会的发展与文明的进步,人类的复仇欲望不断趋于理性化,对犯罪的报复不断受到节制。尽管人类文明与价值体系还没有完全实现对报应的超越,但报应主义观念亦由绝对化趋向相对化,甚至发生了正当性危机,道义报应与正义情感的满足不再是自在自为的正确的刑罚根据,教育改善罪犯、防卫社会等功利主义追求日益构成对报应主义的超越乃至否定,进而成为国家启动刑罚权、追究犯罪人刑事责任的更为重要的原动力。我国社会目前正处在这样的历史发展阶段,死缓制度因遵循了惩罚与教育的这一刑罚本质,并且弥补了死刑立即执行在刑罚教育功能上的欠缺,加之其在实际上已经演变为几乎同无期徒刑没有实质区别的自由刑,使刑罚的现代人权观念得以充分彰显,这无疑为当下已经价值多元化的中国在解决死刑废止的问题上找到了一条现实的捷径。

五、死缓制度替代死刑的路径选择

死缓制度替代死刑的路径,或者说死缓制度如何替代死刑,赵秉志教授总结为:“死缓替代死刑说,其实是指以死刑缓期二年执行来替代死刑立即执行的适用。具体又有两种不同看法:(1)全面替代说。有学者认为,为减少死刑,应该扩大死缓的适用,甚至可考虑对所有的死刑犯一律判处死缓。有论者进而认为,可以将死缓逐步作为一种独立的刑种,使其具有终身监禁的内容,从而替代现有的死刑执行。(2)必经程序说。有论者提出,应把死缓作为死刑立即执行的必经程序,任何死罪都先判处死缓,经过考验期后,如果确定犯罪人有非常危险的人格,加上其罪行极其严重,可以考虑执行死刑。”②赵秉志教授本人则认为,虽然以其他刑罚措施替代死刑属于未来立法所考虑的内容,但目前很重要的一个方面就是扩大死刑缓期二年执行的适用,切实减少死刑立即执行的适

① 高铭暄编著:《中华人民共和国刑法的孕育和诞生》,法律出版社1981年版,第75页。

② 赵秉志:《中国死刑替代措施要论》,载《学术交流》2008年第9期。

用。为此,应对《刑法》第48条第1款规定之“罪行极其严重”“不是必须立即执行”作出正确的理解,“力主司法机关尽可能选择适用死刑缓期执行”①。这也是笔者的主要观点之一,只是在死缓制度可否作为死刑替代性措施的问题上,笔者与赵秉志教授有不同的理解。全面替代说与必经程序说本质上是一致的,基本上均是由死刑暂缓执行制度全面替代死刑立即执行制度,这显然需要立法上的配合。离开立法对现有死刑制度进行轰轰烈烈的重新架构是无法实现的。对于目前显然正值死刑立法困惑期的中国立法机构来说,这有点期望过高。所以,笔者比较赞同赵秉志教授的观点,关键是我们如何选择、提供“力主司法机关尽可能选择适用死刑缓期执行”的实际操作路径,实现在现有刑事立法的基本框架内悄无声息地限制并逐步废除死刑实际适用这一目标。

(一)通过价值判断实现死缓制度替代死刑

价值判断是“有关人的活动目的”的判断,泛指对是非、善恶、有用与否等进行评价的准则或尺度。② “不仅指根据所选择的价值标准衡量利益的结果,而且也指对特定评价标准的选择。”③

司法过程中的价值判断是一种司法行为的本能表现。整个司法活动的过程实际上也是一个若干价值判断交替或同步进行的过程。诚如日本学者川岛武宜所指出的:“我们经常可以看到,有许多案件仅依法律条文的字句进行逻辑推论是无法解决的。为什么会产生这种现象呢?因为条文中使用的概念通常由内容(含义)不甚明确的日常用语所构成。即使赋予某一技术概念以特有的含义,亦无法覆盖具体生活中的方方面面。在这种情况下,仅依条文的字句进行逻辑推理是不可能导出审判的结论的。它要求,法官在具体的事件中必须依据各种事实关系与条文规定的内容进行对照,自己去做出价值判断。”④

作为一种司法经验的价值判断,首先是司法场域中法律共同体个人的“性情倾向系统”,其体现的是个体的认知、感知和行动图式,带有鲜明的主观性特征。在司法过程中,司法官的个性、情感、偏好等自身价值因素构成了其对于特定案件的事实状态和适用规范所进行的价值判断的基础。

---

① 赵秉志:《中国死刑替代措施要论》,载《学术交流》2008年第9期。

② 参见沈宗灵:《现代西方法理学》,北京大学出版社1992年版,第437页。

③ [英]迪亚斯:《法律的概念与价值》,黄文艺译,载张文显、李步云主编:《法理学论丛》第2卷,法律出版社2000年版,第465页。

④ [日]川岛武宜:《现代化与法》,申政武等译,中国政法大学出版社2004年版,第243页。

当然,作为一种司法经验的价值判断,不仅是个体的认知、感知和行动图式,同时"它也是社会的、集体的"①,"是社会性地体现在身体中的"②,不可能仅是判断主体纯主观的肆意的个人妄为。司法官个人的价值偏好不可避免地会受司法场域价值系统的影响,实际上其个人的价值偏好往往是被场域价值系统形塑过的个人价值偏好,因此,司法官的价值判断必然会受到社会公众价值观的限制。换言之,司法官对事实的认定以及对规范的适用一般是从社会公众的一般价值理念出发的,以社会公众的价值理念为判断的基础,因而价值判断又带有客观性特征。然而,在基于公众价值系统所进行的价值判断中,可供选择和遵从的价值是多元的,甚至彼此之间充满了矛盾。因此,在价值判断过程中如何进行各种利益的权衡、比较和选择,就成了价值判断的一个重要方面。③

司法过程中价值判断的这一特点,就决定了在涉及具体案件能否用死缓制度替代死刑的案件处理过程中,交织着各种利益的权衡、比较和选择的价值判断必然会发挥关键性作用。白建军教授关于"案件是如何进入死刑圈的"以及"案件是如何留在死缓圈的"这两个议题的实证研究,为笔者的这一观点提供了最充分的佐证。白建军教授通过实证研究得出的结论是:"死刑案件中死缓与立即执行之间的选择,基本上不是个法律问题而是个政策问题,甚至只是个道德判断问题。实际上,法官面对的主要焦点问题可以分为三类,第一类是事实问题,即动刑问题中的证据充足性问题。第二类是法律问题,即动刑问题中的行为符合性问题、除刑问题以及量刑问题。第三类是政策问题,即基于法定要件、情节以外的其他事实以及依一定的价值取向运用刑法的社会效果问题。这三类问题中,事实问题的位阶最高,法官对此几乎没有自由选择的余地。其后的法律问题对法官也有很大的约束力,一旦认定为某个犯罪或者某个法定情节,其法律后果将是必然的。而排在最后的用刑问题如何回答,对法官而言则有较大的灵活性。其中,用刑的社会效果、政策导向、伦理意义、价值判断、社情民意甚至法官的性别、个性、内心偏好,都可能对案件的处理构成隐性影响。从

---

① [法]皮埃尔·布迪厄、[美]华康德:《实践与反思——反思社会学导引》,李猛、李康译,中央编译出版社2004年版,第170页。

② [法]皮埃尔·布迪厄、[美]华康德:《实践与反思——反思社会学导引》,李猛、李康译,中央编译出版社2004年版,第170页。

③ 参见赵秉志、张心向:《刑事裁判不确定性现象解读——对"许霆案"的重新解读》,载《法学》2008年第8期。

这个意义上说,是否留在死缓圈,在很大程度上取决于法官的自主判断而非规范解释。”①

结论是不言而喻的,这就是赵秉志教授提出的“死刑之观念改变问题”,在国家决策领导层,在立法者及民意代表层,以及在普通民众层,进行死刑观念的变革。② 张明楷教授也主张应“向老百姓宣传死刑的弊害,使老百姓不继续处于死刑的迷信与狂热之中”“向决策者证实死刑的弊害,使决策者不继续相信死刑是维护治安的有效手段”③。笔者以为,在此基础上应该再加上一个层面,就是国家司法工作人员特别是法官层面。当务之急应该对他们的死刑观念进行变革,因为他们的价值观在具体案件是否适用死刑的裁量过程中起着至关重要的作用。“在某些时期,某些司法机关或者司法官员因为打击刑事犯罪的要求比较迫切,就对死刑的作用产生了错误的认识。他们认为,要遏制与减少犯罪,不仅需要从立法上多规定死刑罪名,加重某些犯罪的法定刑,还要在司法上强调‘严打’的作用,多适用死刑,多杀长判,并以‘严打’为由认为‘可杀可不杀的要杀’。个别地方甚至将判处与执行死刑的数额作为考察地方政法机关工作业绩的指标。这些显然是与严格控制死刑适用的司法观念背道而驰的。有些法院甚至在‘严打’时只严不宽,担心被扣上严打不力的帽子,违心地判处了一些死刑。”④“2006年,中央及最高人民法院强调贯彻少杀、慎杀的刑事政策,为最高人民法院统一行使死刑复核权做准备,各地法院严格了死刑标准,死刑数量就下降了三成左右。”⑤可见通过司法环节控制死刑不仅具有直接性,而且具有实效性。必须通过对司法工作人员特别是法官的死刑价值观的变革,使限制并逐步废除死刑的实际适用的司法观念深入法官审理具体死刑案件的价值判断,只有这样才能实现对死刑案件的司法控制。对于刑法学者来讲,“应当以削减死刑的理念指导刑法解释,抓住所有机会与空间,尽一切可能得出削减死刑的解

---

① 白建军:《死刑适用实证研究》,载《中国社会科学》2006年第5期。

② 参见赵秉志:《我国现阶段死刑制度改革的难点及对策——从刑事实体法视角的考察》,载《中国法学》2007年第2期。

③ 张明楷:《刑法学者如何为削减死刑作贡献》,载《当代法学》2005年第1期。

④ 赵秉志:《我国现阶段死刑制度改革的难点及对策——从刑事实体法视角的考察》,载《中国法学》2007年第2期。

⑤ 范春明:《试论死刑案件的司法控制》,载[美]杰罗姆·柯恩、赵秉志主编:《死刑司法控制论及其替代措施》,法律出版社2008年版,第150页。

释结论”①,以此影响法官在司法裁判过程中的价值判断,从而使他们在具体案件的司法裁判过程中逐渐减少并最终放弃对死刑(立即执行)的适用。

(二)通过规范建构实现死缓制度替代死刑

价值判断与逻辑推理构成了司法裁判活动的全部内容。价值判断是司法裁判的实质内容,逻辑推理是司法裁判的形式表现。司法裁判中的价值判断以逻辑推理为依附,司法裁判中的逻辑推理以价值判断为基础。价值判断以衡量和取舍冲突与博弈的各种社会利益为核心,逻辑推理以规范为起点再回到规范为目标。价值判断需要逻辑推理验证其判断的合理性,逻辑推理需要价值判断提供其推理的目的性。价值判断体现了社会价值、社会诉求、社会知识、社会阅历,积淀的是司法的经验心得;逻辑推理代表了法律命题、法律训练、法律技能、法律思维,积累的是司法的逻辑技巧。“逻辑中充满着经验,而经验又要受逻辑的检验。”②

刑事司法裁判中逻辑推理的核心是刑事裁判规范的建构。

在以成文的制定法为主要法律渊源的国家,相对于具体个案而言,刑法规范是预设的,刑法各罪规定的构成要件事实是一个规范意义上的概念事实,而不是具体案件的案件事实。刑法规范中的构成要件,实际上是具体犯罪行为的格式类型化的要件,这种规范意义上的构成要件所涵摄的具体案件事实特征只有经过合理寻找才能适用于具体个案。在案件的裁判过程中,如何实现在案件的具体事实与文本上的刑法规范已经预设格式化的构成要件的概念事实之间进行有效“链接”,从而确定裁判依据?这里实际上存在一个或许被我们忽略的现象,这就是刑法文本规范在司法适用过程中被二次建构的问题,只有被特定的案件事实建构过的刑法文本规范才能成为当下案件的裁判规范。也就是说,通过法官在审理刑事案件过程中,将特定的刑法文本规范逐渐形塑成其基于与某一类型或与某些特定的案件事实相关的如何进行具体适用的经验、技巧、规则等,实现了文本规范向裁判规范的转化,也就是将刑法文本规范在当下案件

① 张明楷:《刑法学者如何为削减死刑作贡献》,载《当代法学》2005 年第 1 期。

② [美]斯科特·布鲁尔:《从霍姆斯的道路通往逻辑形式的法理学》,载[美]斯蒂文·J.伯顿主编:《法律的道路及其影响——小奥利弗·温德尔·霍姆斯的遗产》,张芝梅、陈绪刚译,北京大学出版社 2005 年版,第 123 页。

事实情境中具体形态化后,该刑法规范才能适用于该案件的裁决活动。[①] 也正是在裁判规范的建构过程中,建构主体的价值判断悄无声息地潜入并对最终的裁判结果产生决定性影响。

如何基于司法裁判过程逐渐减少并最终放弃对死刑(立即执行)适用的价值判断,对我国刑法规范中相关死刑条款进行适用过程中的规范二次建构,以实现渐进式地限制并最终废除死刑适用的目的,笔者认为,基于我国目前立法及司法的实际情况,可以通过以下两个层面交互进行。

1. 抽象的裁判规范建构

抽象的裁判规范建构是指法律理论研究人员基于司法实践中已经发生过的案件事实或者假设、想象的案件事实对现有刑法规范中涉及死刑的所有条款,在渐进式地限制并最终废除死刑适用的价值指导下所进行的梳理或解释,这种规范建构往往具有一定的普适性。赵秉志教授指出,我们在实体上缺乏限制死刑适用的规则,死刑是我国刑法总则中规定的主刑之一,刑法分则中又规定有大量的死刑罪名,司法实务中较多地适用死刑,可以说,"少杀、慎杀"的刑事政策并没有在我国死刑的立法与司法活动中得到有效的贯彻,对司法机关及司法官员缺乏法律约束力。之所以产生这样的问题,很大程度上是因为缺乏限制死刑适用的实体规则。因为关于如何严格把握死刑适用的标准,从而限制死刑的适用,以及如何对具体犯罪准确、妥当地适用或者不适用死刑,最高人民法院至今都没有出台明确的规定,死刑的适用缺乏明确、细致、具体的规则。这样一来,严格控制死刑适用标准,限制死刑的适用,就要依赖司法机关与司法官员的自觉选择。[②] 所以,我们需要建构这样一系列规则。

(1)基于我国《刑法》总则死刑条款设置情形进行建构

我国《刑法》第48条第1款规定:"死刑只适用于罪行极其严重的犯罪分子。对于应当判处死刑的犯罪分子,如果不是必须立即执行的,可以判处死刑同时宣告缓期二年执行。"第50条规定:"判处死刑缓期执行的,在死刑缓期执行期间,如果没有故意犯罪,二年期满以后,减为无期徒刑;如果确有重大立功表现,二年期满以后,减为十五年以上二十年以下有期徒刑;如果故意犯罪,查

---

① 参见赵秉志、张心向:《刑事裁判不确定性现象解读——对"许霆案"的重新解读》,载《法学》2008年第8期。

② 参见赵秉志:《我国现阶段死刑制度改革的难点及对策——从刑事实体法视角的考察》,载《中国法学》2007年第2期。

证属实的,由最高人民法院核准,执行死刑。”第51条规定:“死刑缓期执行的期间,从判决确定之日起计算。死刑缓期执行减为有期徒刑的刑期,从死刑缓期执行期满之日起计算。”无论是哪一条规定,如果将其植入渐进式地限制并最终废除死刑适用的语境下进行解读,就肯定能够领略到以前不曾欣赏过的风景,什么是“罪行极其严重”、什么是“不是必须立即执行”、什么是“如果没有故意犯罪”、什么是“确有重大立功表现”,在这些简短凝练的语词背后,其实都蕴涵着极其丰富的法律寓意符号,等待我们去解密。

(2)基于我国《刑法》分则死刑规范设置特点进行建构

在我国现行刑法规范中,除了为数不多的罪行(如劫持航空器罪、暴动越狱罪、聚众持械劫狱罪),当存在法定的加重情节时,死刑是绝对确定的刑罚外,对于其他可适用死刑的罪行,法官在现有法律规定的情况下,首先可选择不适用死刑刑种;其次还可选择适用死缓这一死刑执行制度。这就为我们如何解释这些条款在何种情况下不适用死刑(立即执行)的现实性和可能性提供了足够的二次建构空间。

因此,在如何通过死缓制度限制死刑的实际适用问题上,我们需要整理一份类似于美国量刑委员会的《量刑指南》那样的“限制死刑适用指南”或者是“死缓制度适用指南”,这是抽象的裁判规范建构的核心任务。实际上,最高人民法院已经开始在学者研究的基础上进行这项工作了。① 当然,这种基于司法实践中已经发生过的案件事实或者假设、想象的案件事实,对现有刑法规范中涉及死刑条款的限制性死刑适用的梳理和解释,一般是由刑法学者完成的,由于不针对具体的个案,本质上并不具有裁判规范的性质,但我们毫不怀疑我们的解读结论,即作为一种被格式化的法理在法官裁判具体案件时的价值引导力和文化影响力。

2. 具体的裁判规范建构

具体的裁判规范建构是指法官基于现实存在的具体案件事实的裁判需要,对现有刑法规范中涉及死刑的条款,在渐进式地限制并最终废除死刑适用的价值指导下所作出的选择或解释。这种规范建构往往具有个案特殊性。

① 参见《最高法将规范自由裁量权 逐步统一死刑裁判标准》,载央视网,https://news.cctv.com/china/20081221/100348.shtml;《最高法规定因贫困受雇运毒者可不处极刑》,载凤凰网,http://news.ifeng.com/mainland/200812/1223_17_934655.shtml。

具体的裁判规范建构往往是针对个案的规范建构，一般缺少普适性，它是司法官法律技能的重要组成部分，进行判断的法官必须将其目光在生活事实和法规范之间往返流转。既要从案件到规范，又要从规范到案件，对两者进行比较、分析、权衡。对于案件事实，要以可能适用的刑法规范为指导进行分析；反之，对于刑法规范，要通过特定个案或者案件类型进行解释。[①] 通过这种反复比较权衡，于是，“规范成为‘符合存在的’，案件成为‘符合规范的’。并且逐步地规范变成较具体的、较接近现实的，案件变成轮廓较清楚的，成为类型”[②]。规范和事实之间这种不断地互相建构的现象，使法官在面对某种崭新的生活事实时，根据社会正义价值理念认为有必要对之进行刑法规制时，总是能够让这种生活事实与刑法规范相适应，一方面使抽象的法律规范经由解释成为具体化的构成要件，另一方面则将具体的案例事实经由结构化成为类型化的案情，形成构成要件与案例事实的彼此对应，从而使法律满足了一个处在永久运动中的社会的所有新的需要，不断延续着刑法的生命。[③]

所以，在渐进式地限制并最终废除死刑适用的价值理念的引领下，法官在审理有可能涉及适用死刑的案件时，如何在案件事实与刑法相关条款之间进行比较、分析、权衡，最终决定是否适用死刑，尽管可能会受到很多因素的制约，但我们不能否认这完全是法官自由裁量权行使的结果。也就是说，什么是“罪行极其严重”、什么是“不是必须立即执行”、什么是“如果没有故意犯罪”、什么是“确有重大立功表现”，以及在我国现行刑法规范中死刑被设置为可选择性刑罚的相关条文的含义，作为被格式化、类型化的案件规范事实在不同的具体案件事实中的实际解读情形不可能是完全一致的，但在不同案件中，“少杀”“慎杀”限制并逐步废除死刑的实际适用这一法律规范精神的体现应该是一致的，法官完全或者在绝大多数情况下可以通过自由裁量权的行使，将死刑的实际执行排除在实际发生之外。

① 参见张明楷：《从生活事实中发现法》，载《法律适用》2004 年第 6 期。

② ［德］亚图·考夫曼：《法律哲学》，刘幸义等译，台北，五南图书出版公司 2000 年版，第 93～11 页。

③ 参见赵秉志、张心向：《刑事裁判不确定性现象解读——对“许霆案”的重新解读》，载《法学》2008 年第 8 期。

六、结语

当下,我国社会变迁及社会转型引起的社会发展进程呈现出的跳跃性、风险性和不可预测性,给刑法的立法设置特别是司法适用带来了严峻的挑战,刑法的变革在所难免。刑法作为解决社会矛盾、稳定社会秩序、构建和谐社会的重要法律之一,其变动显然"不能以猛烈的兴废方式进行,而应以一种悄无声息的、渐进的方式进行"①,在对待死刑的问题上,尤应如此。死刑替代性措施首先是一个司法裁量问题,其次才是一个立法考量问题。死缓制度作为死刑替代性措施,契合了这种需要,将其作为死刑的替代性措施,是我国现行刑罚体系下必然的理性选择之一。

① 赵秉志主编:《中国疑难刑事名案法理研究:许霆案件的法理争鸣》(第4卷),北京大学出版社2008年版,"扉页"。

死刑案件裁判中非刑法规范因素考量*

目　次

一、前言

死刑案件裁判是涉及生或死的决断。① 在我国目前甚至

---

* 原载《中外法学》2012 年第 5 期，第 1021 ~ 1045 页。本文英文版，See Zhang Xinxiang, *A Study on the Non-Statutory Factors in Death Penalty Trials in China*, Peking University Law Journal, Vol. 2, Issue 2, p. 317 – 353 (2014)。

① 从广义上讲，所有涉及最高法定刑为死刑且该案行为人有可能被判处死刑的案件，都可以被纳入死刑案件裁判的范畴。本文所涉及的死刑案件的裁判是狭义上的，仅指应当判处死刑，但游离于判处死刑立即执行还是判处死刑缓期二年执行之间的案件裁判。

今后相当长的时期内全面废止死刑还不现实的情况下,这种必须要在生与死之间作出选择的裁决,在很长一段时间还将会继续存在下去。“要使死刑政策、死刑制度与死刑适用成为一种理性的实践,当务之急就是应当加强死刑的司法控制,即要切实减少和严格限制死刑的适用。”①如何才能做到切实减少和严格限制死刑的适用,笔者认为,从实体法的角度看,除在刑法规定的框架内,根据一般行为人所犯之罪的基本犯罪构成事实和法定情节,明确解释“罪行极其严重”以及“如果不是必须立即执行”等刑法相关死刑条文规定,建构死刑案件的一般量刑标准,以指导司法实践之外,通过一些制度性措施的构建,将刑事政策、文化传统、道德习惯、公众舆论、司法经验、专家意见、加害方与被害方等非刑法规范因素,纳入具体死刑案件裁判考量的范围,不仅可以在裁判环节切实减少和严格限制死刑的实际适用,还可以提高案件裁判结果的可确定性及可预见性程度,从而使死刑案件的裁判更加理性、规范、安全。

二、死刑案件结构与法理学社会学两种裁判模式

死刑案件与其他所有的刑事案件一样,都有其特有的内在结构形式。因为关乎生死,所以死刑案件的结构成分更复杂、更纠结,死刑案件的裁判也就更慎重、更沉重,案件裁判过程中裁判模式的二元化导致的纳入裁判考量因素的多维性更甚于一般刑事案件就成了一种必然。

(一)死刑案件的社会结构与法律结构

“案件结构”②一词主要源于布莱克③创立的案件社会学理论,④布莱克作为一名社会学家,其所称的“案件结构”主要是指“案件的社会结构”。

① 赵秉志、彭新林:《论民事赔偿与死刑的限制适用》,载《中国法学》2010 年第 5 期。

② 据笔者粗略考证,中文“案件社会结构”及“案件社会学”一词,最早见于我国学者郭星华教授所翻译的唐·布莱克的《社会学视野中的司法》一书,该书于 2002 年由法律出版社出版。

③ 唐·布莱克(Donald J. Black),美国理论社会学家、“纯粹社会学”派的代表人物、案件社会学的创始人,时任弗吉尼亚大学社会学教授。

④ 布莱克案件社会学理论的根基是他关于社会生活与社会空间概念的预设以及他的社会调查实践。布莱克将社会生活划分为五个基本方面,即分层、形态、文化、组织和社会控制,而社会生活是居住于社会空间中的,这个空间是由人类互动自己产生的,这个空间是多维的,包括立体空间(社会分层)、水平空间(社会形态)、符号空间(文化)、合作空间(组织)和规范空间(社会控制),它有各种层级(例如财富的水平、惯例的水平或权威的水平)、各种方向(从一个水平到另一个水平的向上或向下),以及各种距离(亲密程度、文化程度)。布莱克对这些因素进行普遍化处理,并使之转换成了一组普遍变量,用以预测和说明法律的变化,即将其社会结构分析应用到了司法领域,创立了他的案件社会学理论。

布莱克案件社会学理论的核心是其关于案件社会结构的分析。他认为,每个案件除了涉及法律规定和逻辑之外,都具有其各自不同的社会结构,即案件在社会空间中的位置和方向:谁与谁发生冲突、第三方是谁、案件参与者之间的社会距离有多大?这些人的社会性质构成了案件的社会结构。① 布莱克认为:"每一个案件都是社会地位和关系的复杂结构。近年来,我们所积累的大量证据表明,这一结构对于在法律技术特征上彼此相同的案件的法律变异是关键的。我们已经发现,案件的社会结构可以预测和解释案件的处理方法。"②案件的社会结构会在一定程度上影响案件最终的裁判结果,进而决定案件的命运。就刑事案件而言,依照布莱克案件社会学理论,其社会结构主要由三种要素构成。③

1. 互为对手的双方

互为对手的双方,在刑事案件中就是被告人与被害人,或称加害方与被害方。死刑案件与一般刑事案件的不同在于,互为对手的双方均涉及生命问题。任何一个案件都有相互对立和交锋,即互为对手的双方,这是案件的基本构成。双方之间的社会地位和社会距离影响并决定了案件的最终处理,即"谁杀害了谁,是案件将被如何处置的一个非常重要的因素"④。

2. 双方各自的支持者(或反对者)

双方各自的支持者,在刑事案件中主要就是检察官、被告人与被害人的律师或代理人、证人以及其他公开其倾向立场的旁观者等。尽管支持者不能消除因案件社会结构的不同而产生的案件裁决影响,但支持者的社会地位越高,将会给其所支持的一方带来越多的利益。如果被支持者是社会地位低下的人,则支持者的存在即便不能完全消除其面对地位较高的对手时的诸多不利因素,但至少可以在一定程度上提高其社会地位,缓解极端不利的境况,从而有助于法官对案件处理的均质化和平等化。

3. 介入案件裁判的第三方

介入案件裁判的第三方,在刑事案件中主要就是法官、陪审员等。他们作

① 参见[美]唐·布莱克:《社会学视野中的司法》,郭星华译,法律出版社 2002 年版,第 5 页。

② [美]唐·布莱克:《社会学视野中的司法》,郭星华译,法律出版社 2002 年版,第 6 页。

③ 笔者认为,案件的社会结构,特别是我国刑事案件的社会结构,远比布莱克认为的复杂,主要社会结构要素也远远超过这三种。鉴于本文重点不是研究案件社会结构问题,故在此仅依据布莱克案件社会学理论列举案件社会结构要素,其他不作更多赘述。

④ [美]唐·布莱克:《社会学视野中的司法》,郭星华译,法律出版社 2002 年版,第 104 页。

为案件的裁判者,构成了案件社会结构的另一个重要组成部分,其对上述人等所具有的不同社会结构的认知,以及法官、陪审员在案件中不同的价值及情感倾向也造就了案件的不同处理结果。一般来说,第三方的社会地位与案件处理结果的权威性成正比,即与对立的双方以及他们各自的支持者的社会地位相比,第三方的社会地位越高,其行为越容易表现出更大的权威性。

笔者认为,“案件结构”除了其社会性的一面外,主要还是其法律性的一面,这就是案件的法律结构。“现代法学区分了法律的两个维度:第一个维度是实体的,包括它的内容和目标。什么样的行为被禁止和限制?某具体条文的目的是什么?第二个维度是程序的,具体规定法律规则如何被制定和实施。什么决定其真实性?诉讼如何开始?什么时候证据可以在法庭上作为呈堂证供?”①由此形成了案件的两种法律结构形式,一个是案件的实体法律结构,另一个是案件的程序法律结构,但这两种法律结构在刑事案件的裁判过程中是交互影响、难以界分的,因为罪刑法定原则制约下的刑事案件的法律结构,无论是实体法律结构还是程序法律结构,都是有关规范与事实之间的结构关系,即法律规范、案件事实以及彼此之间的互相建构关系,构成了刑事案件法律结构的三种要素,而核心是规范与事实彼此之间的互相建构关系。这表现为:(1)从规范的视角看,刑法规范被案件事实建构。一方面,通过具体案件事实去“发现法律”。只有通过具体的案件事实去识别、解构刑法规范的意义后,才能将其内涵及外延明确化并在个案裁判中加以适用。另一方面,通过具体案件事实去“创造法律”。司法过程是寻找正当的个案裁判行动,并通过这一行动去发现针对个案的最合理的解决方式。法律适用中无论是对规范漏洞的填补,还是对规范空缺的续造,都是与特定的案件事实相关的司法行为,因为只有将刑法规范置于具体案件事实中,才会发现其漏洞与空缺,并且才会有被填补和续造的需要。(2)从事实的视角看,案件事实被刑法规范建构。刑事司法中的案件事实并不是原汁原味的案件原始事实,而是被规范裁剪过的法律事实。一方面,案件事实被程序依据刑法规范加工,即被证据并依据一定的证据规则证明确立的与犯罪构成要件相关的事实。另一方面,被证明确立的案件事实无一不是与刑法规范规定的特定犯罪构成要件相关并被依据规范要件整理过的事实,即案件事实被依据构成要件的类型要求加以相应的格式化,以使之能够满足构成要件涵摄

① [美]唐·布莱克:《社会学视野中的司法》,郭星华译,法律出版社 2002 年版,第 105 页。

或归类的框架要求。①

（二）死刑案件裁判的法理学模式与社会学模式

死刑案件的社会结构与法律结构两种结构形态的并存，决定了死刑案件裁判不仅存在基于案件法律结构而进行裁判的法理学模式，也存在基于案件社会结构而进行裁判的社会学模式。

法理学模式是在规范与事实之间进行的裁判，视法律的适用过程为逻辑运作过程，对每一个案件的评估都是对法律条文的运用，而且由逻辑决定结果；但在社会学模式中，并不认为法律适用是逻辑的，法律所述是人们实际上如何行动，如何解决纠纷。法理学模式视法律从一个案件到另一个案件是不变的，法律以相同的方式适用于所有案件，相同的事实会有相同的结论；然而社会学模式认为，法律是可变的，它随着案件各方社会特征的不同而不同。所以，法理学模式关注的是案件应该如何作出决定，社会学模式关注的是针对案件的决定实际上是如何作出的。

具体到死刑案件的裁判，一方面，我们会看到，法理学裁判模式会严格依照刑法条文的规定，对案件中可能判处死刑的犯罪事实作出判定，并据此作出判处死刑立即执行还是死刑缓期二年执行的裁判。并且，法理学裁判模式强调"同罪同罚"，相同的案件事实会有相同的死刑量刑结论。死刑案件裁量中的差别待遇，即"同罪异罚"，会被视为异常现象。法理学裁判模式体现的是死刑案件裁判过程中法律条文主义的价值理念和现代法律形式主义（现代法治）的价值追求，所以法理学模式无疑是与现代法治理念相契合的较为理想的裁判模式。当然，在大多数常规死刑案件中，这种法理学裁判模式可以"用法条主义方法最不含混地处理"②。但在另一些疑难死刑案件中，这种法条主义的裁判模式不得不承认，它们的方法不是每次都奏效。当法条主义库里再也没有什么可以用来决定此案，即当"法律命题内容太简单，法律文字含义无法告诉法官在未来案件中如何行动"③的时候，也会一筹莫展。

另一方面，我们也会看到，社会学裁判模式在死刑案件裁判中的确存在。

---

① 参见张心向：《在规范与事实之间——社会学视域下的刑法运作实践研究》，法律出版社2008年版，第174~175页。

② [美]唐·布莱克：《社会学视野中的司法》，郭星华译，法律出版社2002年版，第43页。

③ [美]唐·布莱克：《社会学视野中的司法》，郭星华译，法律出版社2002年版，第105页。

以美国为例,当一个黑人被认定杀死了一个白人时,被判死刑的危险远大于任何其他种族。例如,在俄亥俄州,黑人被认定杀死白人比黑人被认定杀死黑人而判死刑的可能性高出近 15 倍;在佐治亚州高出近 30 倍;在佛罗里达州高出近 40 倍;在得克萨斯州高出近 90 倍。当一个白人被认定杀死了一个黑人,被判死刑的可能性几乎为零;在俄亥俄州,在研究的 5 年当中,所有 47 名被认定杀死黑人的白人无一被判处死刑;在佐治亚州,71 人中有 2 人被判处死刑;在佛罗里达州,80 人中无一被判处死刑;在得克萨斯州,143 人中有 1 人被判处死刑。①我国虽不存在像美国这样严重的种族歧视,但类似于这样的在死刑案件的裁判过程中,某种非刑法规范因素方面的原因导致"同罪异罚""生死两重天"的情形也时有发生。这是因为"只有当案件在法律技术上、社会结构上都相似的时候,案件的处理方式才相似"②。尽管都是以刑法的名义作出的裁判,但"刑法"在社会结构不同的案件裁判中所占的裁判权重显然是不同的,否则裁判结果就不会有如此大的差异。其中必然有一些案件,在裁判过程中更多地考量了诸如上述的案件社会结构等这些刑法条文以外的因素,从而得出了"社会学裁判模式"下的裁判结果。这是因为死刑案件社会学裁判模式关注的焦点是死刑案件的社会结构,而非纯粹的刑法条文规定与案件事实本身,并且认为,裁量死刑案件的规范是可变的,它会随着案件加害方与被害方及其支持者与裁判者的社会特征的不同而不同。死刑案件裁量中的差别待遇,即"同罪异罚",是由案件社会结构决定的不可避免的现象。所以,社会学裁判模式体现的是死刑案件裁判过程中的实用主义价值理念,这与现代法治法律形式主义的价值追求似乎格格不入。

问题是这种裁判模式为何得以存在?这种裁判模式据以裁判包括或生或死这样的案件的准据是什么?是刑法规范吗?是,显然又不全是;不是,又是什么?答案显然只有一个,这就是案件的"裁判规范"。尽管存在法理学与社会学两种不同的裁判模式,但这两种不同的裁判模式不能截然分开,或者说纯粹的法理学裁判模式与纯粹的社会学裁判模式都不存在,或者至少可以说现代法治绝不会容忍脱离法理学裁判模式的纯粹社会学裁判模式的存在。这是因为,任何一个死刑案件都会存在一个社会结构、一个法律结构,而案件裁判不能重复,

① 参见[美]唐·布莱克:《社会学视野中的司法》,郭星华译,法律出版社 2002 年版,第 8 页。
② [美]唐·布莱克:《社会学视野中的司法》,郭星华译,法律出版社 2002 年版,第 107 页。

只能一次。罪刑法定原则下的裁判必须且只能以法律的名义作出,而以法律的名义裁判的是实实在在地发生在市井社会生活中的某个"惨烈的场景"。"法律条文提供了法律的语言,而案件的社会结构提供了语言表达的语法。"①法理学的裁判模式是显性的,社会学裁判模式是隐性的。隐性的社会学裁判模式为显性的法理学裁判模式提供社会、现实的支撑;显性的法理学裁判模式为隐性的社会学裁判模式提供规范、合法的形式,二者都为死刑案件提供了不可或缺的裁判视角,一个法律效果与社会效果高度契合的裁判,必定是这两种裁判模式的完美结合。

三、社会学模式下死刑案件裁判的非刑法规范因素

死刑案件的社会结构决定了其社会学裁判模式的必然存在。社会学意义上的裁判显然不仅仅是以"法律"的名义,还会以"社会"的名义。确定案件的裁判根基及确立案件的裁判依据,会更多地考量与"社会"相关联的诸多非刑法规范因素,而不仅仅基于对与刑法条文规定相关联的规范与事实的分析,这是社会学裁判模式与法理学裁判模式在裁判理路上的主要区别。

(一)社会学模式裁判中非刑法规范因素的影响

我国学者汪明亮博士曾就是否存在定罪量刑的社会学模式进行过实证研究。汪明亮博士以上海、江苏、广东、山东、安徽、江苏、陕西、山西等省市的各级人民法院刑庭法官为调查对象进行了书面问卷调查,调查结果显示如下:②

1. 有 54% 的法官认为被告方与被害方因素会对定罪量刑产生影响。其中,被告方和被害方的社会地位、被害人的个人情况因素对定罪量刑产生的影响很大,分别达到 55% 和 69%。

2. 法官在定罪量刑过程中都会在一定程度上考虑案件干预(反对)者与支持者的意见。考虑律师意见占 35%、官方人士意见占 62%、知名人士意见占 26%、法学专家意见占 31%、广大群众意见占 21%、被害人及其亲属意见占 22%。

---

① [美]唐·布莱克:《社会学视野中的司法》,郭星华译,法律出版社 2002 年版,第 16 页。

② 参见汪明亮:《论定罪量刑的社会学模式》,载《现代法学》2009 年第 5 期。汪明亮博士采取的此项实证研究采用问卷的方式,以上海、江苏、广东、山东等省市的各级人民法院刑庭法官为调查对象。用于分析的样本为 100 份。其中,高级人民法院 18 份,中级人民法院 30 份,基层人民法院 52 份。

3. 媒体因素对法官定罪量刑产生的影响较大，其中中央级媒体、有权力介入的媒体、形成强烈舆论的媒体对定罪量刑产生的影响很大，与对比单位比照，分别占86%、96%、99%。

4. 情感因素会对法官定罪量刑产生影响。其中，认为情绪会对定罪量刑产生影响的达到61%。心情好的时候，对被告人可能100%选择用轻刑；心情不好的时候，会有19%选择用轻刑，有81%选择用重刑。

5. 文化因素会对法官定罪量刑产生较大影响。其中，有66%的法官认为人情面子会对定罪量刑结果产生影响；46%的法官具有重刑主义倾向；57%的法官认为国家利益、社会利益高于犯罪人权利；62%的法官对待"为民除害、大义灭亲"刑事案件采取的是绝对宽容态度。另外，受试法官对待死刑的态度比较保守，其中认为应该继续保留的占42%、应该废除的占9%、适当保留的占49%。

就具体案件("公交售票员掐死清华大学教授女儿案")所作的问卷调查显示：首先，受试法官对该案的定罪量刑结果存在较大的分歧。就定罪而言，选择过失致人死亡罪的占36%；选择故意伤害罪的占38%；选择故意杀人罪的占26%。就量刑而言，在过失致人死亡罪的量刑中，选择有期徒刑7年的占22%、有期徒刑5年左右的占45%、有期徒刑3年以下的占21%、缓刑的占12%；在故意伤害罪的量刑中，死刑立即执行的占2%、死刑缓期两年执行的占20%、无期徒刑的占40%、有期徒刑10~15年的占38%；在故意杀人罪的量刑中，死刑立即执行的占4%、死刑缓期两年执行的占13%、无期徒刑的占32%、有期徒刑10~15年的占24%、有期徒刑3~10年的占27%。其次，就分歧的原因而言，原因之一是法官在对该案的定罪量刑中是否考虑了案件社会结构因素以及哪些因素。调查显示：有57%的受试法官选择在本案定罪量刑过程中考虑案件社会结构因素。具体而言，考虑媒体关注的占38%、考虑民愤的占34%、考虑北京市人民政府重视的占42%、考虑被告人地位的占23%、考虑被害人地位的占33%、考虑被害人是一个可爱的小女孩的占67%、考虑被害人父亲是清华大学教授的占22%。①

最后，汪明亮博士得出的结论是，案件社会结构因素在一定程度上影响法

---

① 参见汪明亮：《论定罪量刑的社会学模式》，载《现代法学》2009年第5期。

官定罪量刑自由裁量权的行使。①

笔者认为,汪明亮博士的这一问卷调查,一方面对于研究我国刑事裁判中也存在社会学模式具有较为可信的实证价值;另一方面对于我们研究刑事案件裁判过程中非刑法规范因素对案件裁判结果的影响也具有一定的实证意义。从上述汪明亮博士的调查结果中,我们可以看出:文化传统、道德习惯、社情舆论、司法经验、专家意见、领导指示、加害方与被害方身份符号等非刑法规范因素实实在在地介入了案件的裁判过程,并对案件的最终裁判结果产生了一定程度的影响。这一点在针对“公交售票员掐死清华大学教授女儿案”所作的问卷调查及其结论中显示得更加明显,正是由于不同的法官在裁判过程中考虑了案件的社会结构关系中所隐含的各种性质不同或影响因子大小不同的非刑法规范因素,对于该案的定罪与量刑才会产生如此大的差异。

(二)纳入死刑案件裁判考量的非刑法规范因素

针对非刑法规范因素对死刑案件裁判的影响,笔者最近专门访谈了T市高级人民法院刑事审判一庭的部分法官。基本一致的看法是:非刑法规范因素对死刑案件裁判的影响与其他任何刑事案件的裁判一样,都是不可避免的。基于裁判案件中高度追求法律效果与社会效果的统一,以及“案结事了”等结果主义导向的裁判要求,裁判过程中不考虑一些非刑法规范因素是不可能的。但在死刑案件的裁判过程中,除刑法条文规定和具体案件事实外,他们考虑相对比较多的非刑法规范因素主要是刑事政策、被害方态度以及公众舆论。

1. 刑事政策

刑事政策作为一个国家或者社会整体的公共政策不可分割的组成部分,是“社会整体用来组织对犯罪的反应的各种方法的总和”②。我国具体的刑事政策包括诸如惩办与宽大相结合的刑事政策、“严打”刑事政策、宽严相济刑事政策等;在这些刑事政策项下进一步衍生的刑事政策,如少杀与慎杀的死刑政策、未成年人犯罪刑事政策、刑事和解刑事政策、恢复性司法刑事政策等;以及针对具体犯罪类型或具体犯罪的刑事政策,如惩治国际公职人员贪污贿赂犯罪的刑事政策、惩治商业贿赂犯罪的刑事政策、惩治侵犯知识产权犯罪的刑事政策、惩治金融犯罪的刑事政策、惩治食品安全犯罪的刑事政策等。所以,刑法是刑事

① 参见汪明亮:《论定罪量刑的社会学模式》,载《现代法学》2009年第5期。

② 梁根林:《现代法治语境中的刑事政策》,载《国家检察官学院学报》2008年第4期。

政策法律化最核心、最集中、最系统的方式,是刑事政策最重要的"法律化"体现。它规定刑事责任的根据和原则,确定哪种危害个人、社会和国家的行为是犯罪,规定处罚犯罪的刑罚种类和其他非刑罚方法。在刑法中,刑事政策被"转化"成了以刑罚为主要犯罪控制手段的刑法规范。但刑事政策并不等于刑法规范,正如博登海默所言,"公共政策"这一术语"主要是指尚未被整合进法律之中的政府政策和惯例"①。这一界定极为重要,否则就可能混淆政策与法律之间的界限。所以,"刑事政策与刑法关系应有正确定位:就刑事政策是刑法立法指针而言,刑事政策应优位于刑法;二者有各自发挥作用的界域,应各就各位,互不替代;刑事政策与刑法应相互制约,协调发展;相互推动,共同进步。二者关系的核心是在区别二者前提下的互动的制约、促进关系"②。

所以,刑事案件裁判中不考虑刑事政策、死刑案件的裁判中不考虑国家在死刑问题上的一贯政策("保留死刑,严格控制死刑"和"少杀、慎杀、可杀可不杀的不杀"的政策)是难以想象的,也是根本不可能的,特别是在新的形势下,最高司法机关不仅逐渐调整处理刑事案件的刑事政策,将"严打"刑事政策纳入法治轨道,努力贯彻宽严相济的基本刑事政策,防止出现滥用死刑的现象;同时,在死刑制度的具体适用过程中,为切实贯彻我国一贯的死刑政策,对死刑的司法适用提出了更高的要求,即"减少死刑适用数量,提高死刑适用质量,慎重适用死刑",在努力促使司法工作人员转变死刑适用观念上狠下功夫。死刑案件的裁判过程中,在非刑法规范因素中优先考虑刑事政策已成了一种普遍的思维习惯。被笔者访谈的T市高级人民法院刑事审判一庭的部分法官无一不是主张:在死刑案件裁判过程考虑的非刑法规范因素中,刑事政策居于最优先考虑的位置。但他们同时表示,尽管我国死刑的刑事政策一直都是"保留死刑,严格控制死刑"和"少杀、慎杀、可杀可不杀的不杀",但在"严打"刑事政策下与在"宽严相济"刑事政策下,其在死刑案件裁判过程中的"考量内容"还是有差异的。目前,"宽严相济"刑事政策下死刑案件的裁判考虑更多的是如何才能实际减少死刑的判决。但同时认为,即便如此,也必须正确地理解适用酌定从宽情节,死刑案件裁判中考虑刑事政策这种规范外因素的影响,也必须以更准确、更

---

① [美]E. 博登海默:《法理学:法律哲学与法律方法》,邓正来译,中国政法大学出版社2004年版,第487页。

② 卢建平:《刑事政策与刑法关系的应然追求》,载《法学论坛》2007年第3期。

妥当地适用刑法规范为前提。

2. 被害方态度

死刑案件中的加害方与被害方作为死刑案件结构中一对相互对立的矛盾关系体,在死刑案件的裁判过程中一直都居于被“关注”的首位。在决定是否对行为人判处死刑时,除了考虑“规范与事实”外,还必须考虑被害方的态度。这导致被害方的态度在一些案件的裁判过程中直接影响着对加害方“从宽情节”的认定与适用。例如,《人民法院报》(2007 年 10 月 12 日,第 5 版)案例指导栏目曾针对金华市中级人民法院(2006)金中刑一初字第 75 号刑事判决书、浙江省高级人民法院(2007)浙刑三终字第 6 号刑事判决书(方某威、陈某峰故意杀人案),在“裁判要旨”中有过这样一段点评:“被告人故意杀人犯罪情节严重,社会危害性极大,又系累犯,本应对其适用死刑立即执行。但被告人真诚悔罪,其家属积极代为赔偿被害人家属经济损失,安抚被害人家属的悲伤情绪,由此获得了被害人家属的谅解并达成了和解协议。二审对其改判死缓,这既合理地减少了死刑的适用,又起到了最大限度地弥补被害人家庭损失的作用,取得了良好的法律效果与社会效果。”①

就此,T 市高级人民法院刑事审判一庭还提供了一组统计数据及分析:②

在具有法定或酌定从宽情节的死刑案件中,以附带民事赔偿部分达成调解协议或被告人积极赔偿被害人经济损失为理由“之一”而依法轻判的案件,2003 年为 2 件,2004 年为 3 件,2005 年为 4 件,而在 2006 年为 11 件,这比前三年的总和还多,到 2007 年,这个数字达到了 18 件,占当年依法轻判案件的 1/3。主要原因是,法官们在办理这类具有从宽情节的案件时,往往会受到来自被害人的压力。被害人一方面积极要求重判被告人,另一方面则要求赔偿其经济损失。如果被害人的要求得不到满足,往往就会大闹法院,长期信访,严重影响社会稳定。诚然,《宪法》赋予法官独立的审判权,法官审判时不应受到任何组织、团体、个人的干涉。但是我们的法官作为人民法官,不仅要注重案件的法律效果,同时要注意案件的社会效果,“息诉止争,案结事了”是对人民法官的基本要求。通过实践,法官们发现,解决了刑事附带民事赔偿或被告人积极赔偿被害

① 聂昭伟:《刑事和解对死刑是否适用——浙江高院判决方强威等人故意杀人案》,载《人民法院报》2007 年 10 月 12 日,第 5 版。

② 数据及资料源于 T 市高级人民法院刑事审判一庭提供的调查统计与分析。

人经济损失问题,使被告人与被害人达成协议,并取得被害人谅解后,这类案件的裁决就会顺利许多。

在一些案件中,被害方对加害方是否持宽容谅解的态度,一定程度上直接影响到案件的具体裁判结果,而这又取决于"附带民事赔偿部分是否达成调解协议或被告人是否积极赔偿被害人经济损失"。如果是肯定的,对加害方适用"从宽情节"的可能性就大;如果是否定的,对加害方适用"从宽情节"的可能性就小。即便是具有累犯这样的法定从重处罚情节,且无任何法定的从轻处罚情节,只要"获得了被害人家属的谅解并达成了和解协议",也可以从轻处罚。问题的关键在于,被害方的态度并不是刑法条文明文规定的死刑裁判的直接依据,[①]但在相当一部分死刑案件的裁判中,它成了被告人或生或死的不可或缺的砝码,有时甚至是最后的一锤定音。被害方态度作为死刑案件裁判中的非刑法规范因素,何以能在案件的裁判中有如此大的影响?

国家权力本位原则下整个社会对被害人权利保护的缺失,不得不说是我们在这些数字或现象背后要深思的问题。一方面,我们看到,"死刑案件和解的实践,形为和解,实为国家救助制度没有建立之前一种迫不得已的措施。也就是说,是国家没有承担责任的时候,将救助的责任转嫁到了刑事被告人的身上"[②]。另一方面,国家权力本位原则下的刑事纠纷解决机制,"私诉"几乎被"公诉"完全挤占,不论何种起诉制度,对犯罪的追究除了考虑国家利益和社会公共利益外,就是保护犯罪嫌疑人、被告人的权利(如美国的诉辩交易、德国的协商性司法),极少征求被害人的意见,也不顾及被害人损害赔偿、心理康复等状况而进行决策与运作。甚至在对附带民事诉讼进行判决时也不考虑被告的承受能力,附带民事赔偿的判决成为一纸空文,[③]尤其是部分犯罪后果严重,受害人及其家

---

① 这个问题或许有争议,如赵秉志教授认为,民事赔偿影响被告人刑事责任的轻重是有充分的法律依据的。例如,《刑法》第61条及有关司法解释和司法规范性文件规定法院可以把民事赔偿的情况作为量刑情节予以考虑。参见赵秉志、彭新林:《论民事赔偿与死刑的限制适用》,载《中国法学》2010年第5期。对此,笔者稍有异议,认为这不是裁判死刑案件的直接法律依据,而是用以解释或说明案件为何要裁判死刑或不裁判死刑的"直接法律依据",即裁判中的说理或解释裁判理由,而不是直接引用的裁判法律根据。

② 孙万怀:《死刑案件可以并需要和解吗?》,载《中国法学》2010年第1期。

③ 青岛市中级人民法院曾对近5年来刑事附带民事判决的执行情况作过调研。结果显示,5年来,有2300余件以判决方式结案的刑事附带民事案件,80%以上的案件民事部分执行不了,成为"空判"。参见申爱山:《完善司法救助　刑事被害人国家救助制度有望出台》,载搜狐网,http://news.sohu.com/20070114/n247600450.shtml。

庭损失较大,且又得不到任何赔偿的案件,受害人往往以"人财两空"为由,大闹法院,长期信访,并将所有的复仇心理寄希望于加重量刑上。在这种情况下,刑法规定的从宽情节往往不能顺利适用。由于司法人员不得不面对来自被害人重刑要求的压力,他们对具有自首、立功、坦白等法定或酌定从宽情节的罪犯不能或不完全依法适用该条款。

对被害方而言,当国家不能保护或忽视其权利和利益的时候,他是否可以通过"私力救济"向加害方索取经济补偿,以求自我保护?对加害方而言,其已尽力补偿被害方,实际上也缓解了国家的救济压力,他在得到被害方宽容的同时,是否也应该得到国家的宽恕?可见,被害方态度影响死刑案件裁判的背后,纠结的依然是案件社会结构中对立双方之间力量的博弈,以及由此反映出的某些社会制度建构的缺失。

3. 公众舆论

"不杀不足以平民愤",这是在 20 多年前的死刑判决书中经常看见的一句话。如今的死刑判决书上,这句话虽然看不到了,但依然能看到这句话中所隐含的"精神"。一方面,从司法裁判的社会功能分析,参考人情与舆论并传承至今的中国司法传统具有相当的灵活性与实用性,其目的是解决现实问题并维护社会正义,而不是仅仅维护抽象的司法正义;另一方面,"在现代法治社会中,法官被期待能够排除公众舆论以及政治势力的影响从而以客观公正的立场来裁定刑罚"①。在公众舆论与司法裁判的关系上,法官或法院一直被煎熬而纠结着。

从上述汪明亮博士就媒体因素对法官定罪量刑的影响的问卷调查的结果分析看,中央级媒体、有权力介入的媒体、形成强烈舆论的媒体对定罪量刑产生的影响最大;地方级媒体、网络媒体对定罪量刑产生的影响次之;没有权力介入的媒体、未形成强烈舆论的媒体对定罪量刑产生的影响最小。② 也就是说,几乎所有的公众舆论对刑事案件的裁判都会产生影响,差异在于舆论的情形不同,其产生的影响力或大或小,"大媒体"参入、"大舆论"介入、"大权力"卷入而形成的公众舆论,对案件裁判的影响力最大,依次次之,二者之间成正比关系。死

① 赵秉志、赵书鸿:《公众舆论与量刑政策:影响模式和参与机制》,载《法制与社会发展》2008 年第 6 期。

② 参见汪明亮:《论定罪量刑的社会学模式》,载《现代法学》2009 年第 5 期。

刑案件既具有高度的社会敏感性,又具有极强的媒体关注度。在死刑案件的裁判中,一旦某一案件为公众舆论所关注,对该案件的裁判根本就不可能不去"关注"公众舆论。问题是如何"关注"以及"关注"的程度。这是因为,现实社会中的公众舆论往往以"民意"的面孔出现。这也是法官在案件的裁量过程中不能漠视不理的主要原因。最典型的就是"李昌奎案"。

"当舆论普遍质疑李昌奎案二审改判之时,7 月 6 日,云南高院主动召开新闻发布会释疑。该院分管刑庭的副院长赵建生解释称:李昌奎案不存在法院和法官徇私舞弊、偏心的情况,该案受害人和被告人都是同村的农民。而且,该案判决是经审判委员会 27 个委员表决同意的,'不是合议庭或是某个法官就能决定的'。但这一次,舆论没有平息。之后,来自云南高院的每一次回应,都获得了更为猛烈的批驳。种种压力之下,2011 年 7 月 16 日,没有充分的法定理由,云南高院宣布:启动李昌奎案再审。再审结果不出外界意料,改判死刑。"①

我们有时会看到一些即将进入司法程序或正处于司法程序中的未决案件,经某些权威媒体具有倾向性的报道或评论后,就已为最终审判结果定下了基调。这也就是为什么在这之后,公众舆论又开始质疑李昌奎案是不是"舆论审判"、"网络审判"或"民意倒逼司法"等。为此,不少媒体又不得不再请出专家学者甚至一些德高望重的法学家出来解释此案的裁判不是以及为什么不是"舆论审判"等。②

什么是民意?首先,民意具有明显的异质性。社会异质性的存在是任何一个社会都不可避免的社会现象。正是这种社会异质性的存在建构了案件社会结构的客观基础,这也是案件中纠纷双方各自的支持者(或敌对者)所表达的意见绝不会相同的原因。除此之外,即便同是某一方的支持者(或敌对者),一般的社会大众表达和专业的精英表达也相差甚远,特别是"死刑案件以及由此而来的死刑废立问题是很难让人心平气和地讨论的。民间讨论涉及这个问题的时候,基本上都是针对具体案件,而一旦上了网络,更趋于凸显情绪最激烈的表

① 刘长:《"李昌奎案"让云南死刑变革进退维谷》,载武义县人民法院网,http://wycourt. gov. cn/art/2011/9/6/art_1221715_2272390. html。

② 参见《刑法专家谈李昌奎案改判死刑否认存在舆论审判》,载新浪网,http://news. sina. com. cn/c/2011 - 08 - 24/050523040507. shtml;《法学专家谈李昌奎案:因民意压力改判伤害公信》,载凤凰网,http://news. ifeng. com/c/7faCZUo4mtO;《专家谈李昌奎案:不能脱离实体公正强调程序正义》,载中国新闻网,http://www. chinanews. com/fz/2011/08 - 30/3294261. shtml。

达;意见双方也缺乏基本的信任,容易上升到意识形态的高度,用自己的坚定信念来裁断对方的立场"[①]。

其次,民意具有非理性特质。社会大众的价值观、知识水平不同以及民意易被操作和煽动,因此民意往往是感性的,而非理性的。大众心理学家勒庞提出"群体精神统一性的心理学规律",认为这种精神统一性造成了教条主义、偏执、极端、人多势众不可战胜的感觉以及责任意识的放弃;[②]他还提出了"心理群体的整体智能低下定律",认为当人群构成心理群体时,理性个体丧失,个体非理性增强。[③] 所以,民意归根究底是一种情绪性宣泄,由于"群体极化"的存在,容易被煽动、误导和利用。

再次,民意的流向具有不确定性。民众的集体意识与正义情感不仅具有非理性、情绪性,而且往往变动不居、起伏不定。民意的有无、大小和倾向往往随着披露信息的变化而变化,经常出现民意"倒戈"的现象。也许一个孤立的突发的恶性犯罪案件就能在很大程度上改变公众对待死刑的态度,充分体现了民意的易变性。如上述李昌奎案,或许会成为影响中国死刑改革的一个"标杆"性案件。[④]

最后,民意的测试具有不可控性。如何检测民意,尽管不同个体的意识结合在一起构成了民意,但不同个体的意见之间往往具有异质性,并不能整齐划一,以哪部分人的意见为标准,如何测试?现代社会确定民意对某一社会问题的态度的方法主要有媒体调查法、代表性调查法、焦点小组调查法、审议性调查法。[⑤] 问题是这些民意测验结论本身的信度与效度又不可避免地受到各种可控或者不可控的主客观因素的影响。所以,民意中的所谓"大多数"、"主导性"、"普遍性"或"主流"民意的判断,并不是一件容易且能够科学认定的事情。

不管民意有什么样的面孔,其介入案件的裁判过程并最终在一定程度上影

---

① 朱苏力:《俯下身,倾听沉默的大多数》,载《法制日报》2011 年 9 月 13 日,第 12 版。

② 参见[法]古斯塔夫·勒庞:《乌合之众——大众心理研究》,冯克利译,中央编译出版社 2005 年版,第 36~38 页。

③ 参见[法]古斯塔夫·勒庞:《乌合之众——大众心理研究》,冯克利译,中央编译出版社 2005 年版,第 36~38 页。

④ "类似案件的受害者家属的呼声,以及舆论的关注,使得在死刑适用变革中低调潜行的云南高院,陷入进退维谷的境地。"刘长:《"李昌奎案"让云南死刑变革进退维谷》,载武义县人民法院网,http://wycourt.gov.cn/art/2011/9/6/art_1221715_2272390.html。

⑤ 参见赵秉志、赵书鸿:《公众舆论与量刑政策:影响模式和参与机制》,载《法制与社会发展》2008 年第 6 期。

响案件裁判结果却是无须再辩的事实。具体如图 5－2－1 所示：[①]

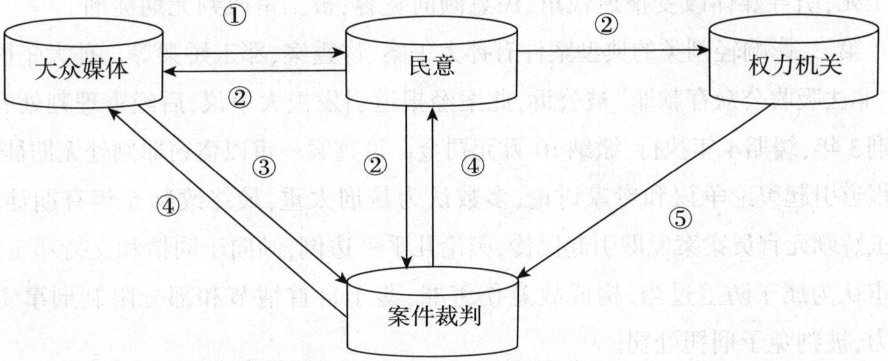

图示说明：

①媒体报道案件，引发舆论，聚集民意。

②民意可通过三种方式介入司法裁判：一是通过个案适用和主体性参与（如人民陪审员制度和专家意见书）直接进入司法程序；二是通过媒体将民意传达给法官；三是通过引起权力机关重视来干预审判活动。

③媒体向司法传达民意，同时就案件对司法机关工作人员和案件当事人进行采访和报道。

④司法对民意作出回应和引导，有直接和间接两种方式，既可以在判决中体现出是否采纳民意和采纳的程度，这涉及裁判文书的说理；也可以通过媒体传达客观公正全面准确的案件信息，或要求媒体配合纠正民意回归理性，这涉及对媒体的规制和司法的公开化。

⑤民意诉诸权力机关后，权力机关可能会对案件裁判进行干预。

图 5－2－1　民意介入案件裁判的过程

观察我国近十几年的司法实践，比较突出的一个司法现象就是自 2003 年以来民意介入案件裁判个案的不断涌现。从孙志刚案、孙大午案、刘涌案、黄静案、许霆案、邓玉娇案、孙伟铭案、胡斌案，到近年发生的药家鑫案、李昌奎案，以及被最高人民法院发回重审并最终改判死缓的吴英案，[②]无不显示出民意对刑事裁量过程及结果的影响。如果再细分，还可以将这些刑事案件划分为影响重判、影响轻判和影响司法进程三种情形。

第一，影响重判类的典型案件有刘涌案、孙伟铭案等。刘涌案中一审刘涌被判处死刑，二审以存在刑讯逼供为由而改判死缓，引起极大民愤，最后被最高人民法院判处死刑立即执行。孙伟铭案一经媒体披露就引起民愤，随即被一审

① 参见赵琳：《民意与刑事裁量互动关系研究》，南开大学 2007 年本科学位论文。

② 鉴于这些案件众所周知，笔者不再一一注释。

“以危险方法危害公共安全罪”判处死刑。其后司法机关根据案件事实认为罪不至死，引导媒体改变报道视角，民意倾向宽容，被二审改判无期徒刑。

第二，影响轻判类的典型案件有孙大午案、许霆案、邓玉娇案等。孙大午因涉嫌“非法吸收公众存款罪”被公诉，此案经报道引发极大争议，后经审理判处有期徒刑3年，缓期4年执行，缴纳10万元罚金。许霆案一审以盗窃罪判处无期徒刑，经报道引起舆论争议和专家讨论，多数认为量刑太重，最终改判5年有期徒刑。邓玉娇刺死官员案案发即引起民怜，舆论几乎一边倒，倾向于同情和支持邓玉娇，一审认为属于防卫过当，构成故意伤害罪，鉴于自首情节和部分限制刑事责任能力，被判免予刑罚处罚。

第三，影响司法进程的案件有孙志刚案、黄静案等。孙志刚在收容所被殴打致死，经媒体披露引起公众关注，结果国务院废止了《城市流浪乞讨人员收容遣送办法》，并通过了新的《城市生活无着的流浪乞讨人员救助管理办法》。黄静案经网络传播后引起广泛关注，专家组5次对黄静死因进行鉴定得出了不同结论，暴露了我国司法鉴定制度的混乱。① 2005年2月，全国人大常委会通过了《关于司法鉴定管理问题的决定》，以规制我国的司法鉴定。

当然，这些被“民意”关注的案件，归根结底还是在不同的侧面对我国刑事法治建设进程产生的影响更大，如李昌奎案对我国限制并逐步废止死刑所带来的影响就非常值得关注。②

四、非刑法规范因素在死刑案件裁判过程中的权重

由上述分析可见，非刑法规范因素在一定程度上影响死刑案件的裁判，虽然是对法条主义的一种反动，但不可避免，即案件裁判过程中仅考虑刑法条文规定和具体案件事实而不考虑一些非刑法规范因素，几乎是不可能的。从具体司法实践看，死刑案件的裁判过程中，考量相对比较多的是刑事政策、被害方态度以及公众舆论，而实际上影响死刑案件裁判的非刑法规范因素是一个开放式结构，案件的社会结构不同，影响裁判的非刑法规范因素会有所不同；即便是案件的社会结构相似，同质的非刑法规范因素在不同案件裁判中的影响大小也不

① 参见《中国司法鉴定期望结束乱局　黄静裸死案加速司法改革》，载新浪网，http://news.sina.com.cn/c/2006-10-26/094111338039.shtml。

② 相关分析参见赵秉志：《关于中国现阶段慎用死刑的思考》，载《中国法学》2011年第6期。

会完全相同。这也是试图在“从法律条文主义搞不清的地方寻找规律”[①]。

(一)非刑法规范因素成为裁判依据的路径

刑事政策、被害方态度以及公众舆论等非刑法规范因素,是作为一种法源[②]形式在案件裁判过程中,通过反映案件社会结构的价值判断与表现案件法律结构的逻辑推理,进入死刑案件裁判规范[③]范畴的。

作为刑事案件裁判规范的制定法法源,[④]是一个相对容易确定的封闭式结构,主要包括刑法典、单行刑法、附属刑法、刑法修正案、刑法立法解释等在内的刑法文本规范,是裁判案件的直接援引性法源,因此是最重要的也是基础性的法源;其他非刑法性质的制定法法源,是裁判案件间接非直接援引性的裁判说理性法源,是案件裁判规范中不可或缺的重要法源。案件裁判规范中的制定法法源属于案件法律结构的重要组成部分,是法理学裁判模式的主要裁判依据。

---

① [美]唐·布莱克:《社会学视野中的司法》,郭星华等译,法律出版社2002年版,第108页。

② 本文中使用的“法源”一词,是“法律渊源”之简称。并且,笔者赞同博登海默关于法源的分类观点,即将法源分为正式法源和非正式法源。正式法源,“意指那些可以从体现为权威性法律文件的明确文本形式中得到的渊源。这类正式渊源的主要例子有宪法和法规、行政命令、行政法规、条例、自主或者半自主机构和组织的章程与规章、条约与某些其他协议,以及司法先例”,也就是笔者认为的制定法法源。参见[美]E.博登海默:《法理学:法律哲学与法律方法》,邓正来译,中国政法大学出版社2004年版,第429~430页。非正式法源,“是指那些具有法律意义的资料和值得考虑的材料,而这些资料和值得考虑的材料尚未在正式法律文件中得到权威性的至少是明文的阐述与体现。尽管无须对非正式渊源作详尽无遗的列举,但我们仍将非正式渊源分为下述一些种类:正义标准、推理和思考事物本质(natura rerum)的原则、衡平法、公共政策、道德信念、社会倾向和习惯法”,也就是本文认为的非制定法法源。参见[美]E.博登海默:《法理学:法律哲学与法律方法》,邓正来译,中国政法大学出版社2004年版,第430页。笔者之所以用制定法法源和非制定法法源概念来取代博登海默提出的正式法源与非正式法源概念,是因为不仅应考虑到法的形式渊源在法律效力上的差别,同时应考虑到不同法律渊源形式在产生或形成程序上亦有差异,即不仅涉及正式或不正式的规范问题,还涉及是不是通过立法程序规制的规范问题。

③ 裁判规范见仁见智。笔者认为的裁判规范是与文本规范彼此相对应的规范存在形态。文本规范作为以法条文本为载体的规范形态,是一种预设性的立法意义上的静态规范,由一组文字或语词基于一定的价值目标按照一定的逻辑关系建构起来的概念性规范,其作为法治理念和立法技术的混合物,彰显的是一种抽象的价值评判和语言艺术,其突出的品性就是立法规制性;而裁判规范是文本规范在司法实践过程中的再加工产品。作为以裁判行为为载体的规范形态,是一种个案意义上的存在于司法过程中的动态规范,即案件裁判过程中基于文本规范与具体个案事实之间的互动而建构起来的实践性规范,其作为针对具体个案的裁判依据,彰显的是一种具体案件裁判过程中的利益取舍和裁判技能,其突出的品性就是司法建构性。参见张心向:《刑法裁判规范之品性——基于司法实践建构的视野》,载《天津法学》2011年第2期。

④ 这里所谓的“制定法法源”是狭义上的,广义上的制定法法源则是一个相对较难确定的封闭式结构。除包括所有刑法文本规范外,还包括所有现行有效的其他非刑法性质的成文形式法律,如宪法、行政法规范等,但与刑法性质的文本规范相比,这些非刑法性质的成文形式法律,作为刑法裁判规范的一种法源形式,在案件裁判过程中具有非直接援引性特质。相关论述参见张心向:《我国“宪法司法化”路径问题之思考——基于刑法裁判规范建构之法源视域》,载《政治与法律》2011年第2期。

相对于案件裁判规范的制定法法源，非制定法法源是一个绝对开放的结构，除了博登海默认为的“正义标准、推理和思考事物本质(natura rerum)的原则、衡平法、公共政策、道德信念、社会倾向和习惯法”①之外，还包括如庞德认为的宗教信仰、道德和哲学的观点、科学探讨等，②魏德士认为的法官法、法学家法以及自然法等，③大木雅夫认为的学说、注释书、教科书、团体协议、交易惯例、法律惯例等，④以及黄茂荣认为的学说及国际法等。⑤ 因此，笔者认为，案件裁判规范的非制定法法源作为在正式法律文件中没有规定、不具有法律强制力的、间接的、非援引性的补充说理性法源，在案件裁判过程中得到承认的数量，应该远远超过或有时并不同于上述所列举的这些类型。并且，这些法源资料所组成的一个“法源群”不仅是一个开放性的结构，而且在这个结构内无法进行确定性的排序，因为这些资料在不同的案件裁决中由于案件社会结构不同而被纳入裁判依据的概率及权重都会有所变化。此外，它们组成了一个充斥着建筑案件裁判规范大厦之所需材料的积聚地或卖场，法官去那里用智慧找寻并挑选所需材料，然后将其拼装成具体案件裁判的依据。当然，目前看来，在死刑案件裁判过程中，起重要作用的主要还是刑事政策、被害方态度及公众舆论，这些案件裁判规范中的非制定法法源属于说明案件社会结构内容的重要组成部分，是社会学裁判模式的主要裁判依据。

在案件具体裁判过程中，关于作为案件裁判规范组成内容的制定法法源和非制定法法源在裁判规范框架中的关系，E. 博登海默指出：“当一种正式的权威性的法律渊源就某个法律问题提供了一个明确的答案时，那么在绝大多数情形下，就不需要亦不应当再诉诸法律的非正式渊源。在某些罕见和极端的情形中，亦即在适用某种正式法律渊源会与正义及公平的基本要求、强制性要求和占支配地位的要求发生冲突的情形下，当然也有必要的允许例外。当一项正式法律文献表现出可能会产生两种解释的模棱两可性和不确定性——事实往往如此——的时候，就应当诉诸非正式法源，以求获得一种最利于实现理性与正

① [美]E. 博登海默：《法理学：法律哲学与法律方法》，邓正来译，中国政法大学出版社 2004 年版，第 430 页。

② 参见[美]罗科斯 · 庞德：《法理学》(第 3 卷)，廖德宇译，法律出版社 2007 年版，第 384 ~ 386 页。

③ 参见[德]魏德士：《法理学》，丁晓春、吴越译，法律出版社 2005 年版，第 98 ~ 99 页。

④ 参见[日]大木雅夫：《比较法》，范愉译，法律出版社 1999 年版，第 92 页。

⑤ 参见黄茂荣：《法学方法与现代民法》(第 5 版)，法律出版社 2007 年版，第 14 ~ 15 页。

义的解决方法。另外,当正式法源完全不能为案件解决提供审判规则时,依靠非正式渊源也就理所当然地成为一种强制性的途径。”①这种情形在刑事案件的裁判过程中更是如此。一方面,罪刑法定主义原则下,其形式理性决定了只有具有文本形式的制定法法源才有资格作为裁判的大前提,非制定法法源直接作为裁判的大前提有悖罪刑法定原则的形式理性,制定法法源排斥非制定法法源对其领地的入侵,就是一种必然的本能反应;另一方面,制定法法源作为一种文本规范,其在与案件事实对接过程中固有的缺陷,如概念的抽象与模糊、规范的漏洞与空缺,如果没有非制定法法源对其存在的缝隙进行补救,就无法彰显罪刑法定原则的实质理性。接纳非制定法法源进入自己的领地,就成了无奈之举。符合制定法法源要求的非制定法因素进入了制定法法源的领地,与制定法融贯一起生成了一个新的结构——司法裁判的大前提,这时的大前提显然已不是文本规范意义上的大前提,而是变成了裁判规范意义上的大前提。制定法法源与非制定法法源在悄无声息的对搏中完成了裁判大前提的建构,实现了从文本规范到裁判规范的“惊鸿转身”。大前提依然是刑法规范,但此时的刑法规范——刑法裁判规范,已非彼时的刑法规范——刑法文本规范。这里隐含着一个裁判规范生成建构的重大问题,即这种类似于“暗度陈仓”“借壳上市”的做法,其合理性何在?② 这涉及司法裁判的技能,也就是司法裁判中如何进行价值判断与逻辑推理以及协调彼此之间的关系问题。

1. 价值判断实际上是以案件社会结构为基础的一种社会学裁判模式

司法裁判中的价值判断实际上是围绕(基于社会基本价值和一般价值而建构的)司法价值目标展开的一种在抽象意义上有关人类精神追求的考量与权衡,体现的是在超验层面多个价值间比较衡量的选择与取舍。尽管它不会直接涉及具体权利或利益的选择判断,却是引领对具体权利或利益进行选择判断的路径和方向。所以,司法裁判中的价值判断是裁判行为的一种本能表现,潜隐在裁判结论的证立过程中,通过对裁判大、小前提的实践建构左右裁判结论的证成。如果在民商事裁判或一部分行政裁判中一般可表现为一种利益衡量,那么,在刑事裁判中主要表现为危害衡量,即通过对行为所针对的刑法保护法益

---

① [美]E. 博登海默:《法理学:法律哲学与法律方法》,邓正来译,中国政法大学出版社 2004 年版,第 430 页。

② 参见张心向:《刑法裁判规范之品性——基于司法实践建构的视野》,载《天津法学》2011 年第 2 期。

的加害程度及加害性质的衡量与判断，在刑事诉讼所涉及的两对价值范畴（自由与秩序、公正与功利）之间寻求平衡，达致共赢。当然，社会危害衡量作为一种刑事裁判中的价值判断，不可避免地需要理论分析工具的支撑，社会危害性理论核心价值就在于此，离开了社会危害价值判断的刑事司法裁判，就等于失去了裁判的目的和方向；没有社会危害性理论支撑的社会危害价值判断，就等于迷失了裁判的目标和向度。

在刑事司法裁判中，对行为的危害衡量是价值判断的核心。这种危害衡量是在一般社会生活意义上对行为是否危害社会以及危害程度的基本价值判断，不是刑法规范意义上关于定罪量刑的逻辑推理。所以，其主要功能是为刑事裁判过程中的裁判规范及裁判事实的建构提供价值定位，也就是为裁判规范法源之间如何整合配置提供价值引导，完成社会主流价值及刑法核心价值在具体案件裁判中的实践重构。所以，对行为社会危害的衡量不是法律规范意义上的精准量度，而是社会生活意义上的模糊评估，是对行为是否具有社会危害以及危害程度的价值判断，而不是将其与犯罪构成要件进行逻辑比对。其作为一种社会生活意义上的价值判断，既超越刑法规范，又在一定意义上被刑法规范约束。正是通过危害衡量这样一个基本价值判断，即对行为社会危害有无以及轻重的衡量，将这些看似散乱实则有序的法源材料，在契合具体案件事实的基础上，为我们确立一个案件裁判规范的基本框架及基本材料范畴。由此可见，案件裁判中以行为的社会危害衡量为核心的价值判断，尽管受案件法律结构的影响，但归根结底还是以案件社会结构为基础的一种社会学的裁判模式。

2. 逻辑推理实际上是以案件法律结构为基础的一种法理学裁判模式

如何建构具体案件的裁判规范，有赖于作为法律技术的逻辑推理，即让非制定法因素通过价值判断合理地融入制定法。也就是说，如何合理地将刑法文本规范与非制定法因素的结合证成刑法裁判规范（刑事司法裁判的大前提），主要显性的路径就是通过逻辑的建构。“法律的生命始终不是逻辑，而是经验。可感知的时代必要性、盛行的道德理论和政治理论、公共政策的直觉知识（无论是公开宣称的还是意识的），甚至法官及其同胞所共有的偏见等等，所有这一切在确定支配人们所应依据的规则时，比演绎推理具有更大的作用。”①但这些

① ［美］E. 博登海默：《法理学：法律哲学与法律方法》，邓正来译，中国政法大学出版社 2004 年版，第 160 页。

"非法律的因素",必须有一个充分合理的理由进入"法律",才符合现代法治的要求。尽管符合逻辑的不一定都是合理的,但合理的一定是符合逻辑的。

对于具体案件事实与刑法条文规定完全匹配的简单案件而言,从法源的视角看,案件裁判规范从形式上几乎可以等同于刑法文本规范,法源材料主要是刑法性质的制定法法源;从规范与事实的关系视角看,通过基于规范的案件事实格式整理与基于事实的规范概念语义解释,在彼此之间(在文本规范与案件事实之间)就能建立起某种逻辑涵摄关系,形成裁判规范对于裁判事实在概念内容上"非此即彼"的封闭的单一涵摄关系,要么"符合",要么"不符合",没有第三种可能,而且条文规定的价值蕴涵与案件裁判的价值取向完全一致,即案件事实只要具备了规范规定的全部构成要件或要素的事实,就会被涵摄于该规范之下,从而缺少了或者说不需要明确的目的性引导,价值判断在这类案件的裁判过程中被最大限度地屏蔽而不容易被感知。案件的法律结构呈现出演绎推理的逻辑模式。

对于具体案件事实与刑法条文规定基本上匹配或部分匹配的复杂案件而言,从法源的视角看,案件的裁判规范法源材料不仅仅是刑法文本规范,还包括其他制定法法源材料以及非制定法法源材料;从规范与事实的关系视角看,由于二者之间存在模糊、漏洞或空缺的关系,仅仅通过基于规范的案件事实格式整理与基于事实的规范概念语义解释,在彼此之间(在文本规范与案件事实之间)很难形成基于概念思维而建立起来的三段论推理中大、小前提之间"非此即彼"的涵摄关系。借助类型思维去解读这种规范与事实之间的复杂关系,就成了一种不得已的选择,因为裁判是不能被拒绝的。

类型思维作为一种开放式思维,超越概念思维的自我封闭,其思维中类型的层级性、类型边界的模糊性、类型构成要素的不固定性等特征,为裁判过程中复杂的条文规定与复杂的案件事实之间的对接,拓展了可以进行比对的波幅宽度。彼此可以对接的"场域"在类型思维下被拓宽了:一是可以最大限度地包容社会生活中规范与事实之间的千变万化、多姿多彩的关系形态;二是兼顾规范概念的模糊地带和空洞区域,可以从概念的核心向边缘依次延伸、分层级的流动思考中依次以层去结构事实,同时事实可依次以层去解构规范,这样规范与事实之间建构起彼此关系的"类型谱系"或"类型系列群"。即使规范与事实的关系再复杂、再模糊,也大多能够在组成事实的基本要素与规范的构成要件之间找到比对的切入点。在这里,类型成为一种介于"文本规范与案件事实"之间的关联纽带，成为抽象与具体、普遍与特殊的中间点，思考的是作为事物被抽象概念化的规范基础——“事物之本质”。① 由于“事物本质”与外在类型有内在的勾连，它们之间构成了某种“神”与“形”的联系。只有从“事物本质”出发进行思考，才能将规范与事实拉入同一个层面，才可同时处于事实与价值之中。没有“事物本质”，个别事物之间便无法建立起价值性的连接，从而无法形成类型；没有“类型”，事物间的价值关联便难以获得直观的载体形式，从而无法被现实地把握。以事物本质为评判价值，衡量待决案件事实可否归类于相应规范类型，正是在类型思维的这一环节，其他制定法法源材料以及非制定法法源材料通过价值评价而得以渗入。如此一来，规范与事实之间就不再是一种逻辑涵摄关系，我们只能在一定的价值导引下，以一种较高或较低的程度，将它们进行比对式“归类”，使之“彼此密切”或“彼此区隔”。因此，裁判中的类型思维不再是一种“精准的”形式逻辑思维，即只要具备该规范概念的全部构成要素的事实，均可被涵摄于该规范之下。毋宁说，它是一种由于规范与事实之间存在归类可能而被“等置”的“模糊的”类比逻辑思维。这样，在复杂案件的裁判过程中，刑法条文规定与案件生活事实之间必然会呈现出类比推理形式，或者只有借助类比推理方法才能够进行裁判。同时，在裁判过程中，价值导向的思考方式得以确立，价值、目的或者利益等主观因素的观念得以渗入。同时，面向生活现实开放的弹性思维，有利于使稳定、滞后的法律规范适应复杂多样的生活事实，并为案件裁判更理性地取舍、安排各种法源资料奠定了方法论的基础。尽管从司法的实际状态看，这种基于类型思维将大、小前提间通过类比归类式思考建构的等置关系，往往被概念式思维中大、小前提之间的包容涵摄关系遮蔽，或碍于罪刑法定的形式要求而不被认可或不便承认，但实际上正是类型思维的这种特性，才使复杂案件的

---

① 何谓“事物本质”，尽管各家说法不同，但意思基本相同：在拉德布鲁赫（Radbruch）看来，“事物本质”是“生活关系的意义”，此种意义是“在存在中现实化的当为，在现实中显现的价值”；在迈霍菲尔（W. Maihofer）看来，“事物本质”是“存在与当为间的桥梁”，它同时是“既存事物与负有任务事物的建构”；在斯特拉腾韦特（G. Stratenwerth）看来，“事物本质”或“事物的逻辑结构”均是在某种特定观点下被凸显为重要的存在事实，它涉及“某一特定价值观点与对应事物间无法解开的关系”；在拉伦茨（Larenz）看来，“事物本质”意味着“同时是一个存有论与规范的构成要件：一种在存在意义中所具有的以及在存在中或多或少一直被现实化的当为”“一种在现存事物中负有任务的事物”。所以，一般而言，“事物本质”无非是一种特殊中的普遍、事实中的价值的现象。一方面，它并不是偶然性的现实或个别性的事物，而是某种重复出现的关系，即类型性的生活关系；另一方面，它兼跨事实与价值、存在与当为等不同领域，是从反复出现的事实中抽象出的特定的意涵或价值观点。参见杜宇：《刑法解释的另一种路径：以“合类型性”为中心》，载《中国法学》2010年第5期。

裁判能够进行下去,而此时案件的法律结构呈现出的是类比推理的逻辑模式。

刑法条文规定与具体案件事实在犯罪的定罪要件与量刑要件的框架内互相型构,是刑事裁判过程的最重要环节。案件裁判中的逻辑推理,无论是简单案件的演绎推理,还是复杂案件的类比推理,犯罪构成要件与量刑要件都作为模型为进入裁判过程的条文规定与案件事实提供了彼此比照匹配的模板。在"完全匹配"的简单案件的裁判中,通过这一模板,刑法规范类型(或概念)与案件生活类型(或概念)之间建立起了一种逻辑涵摄关系;在"基本匹配"及"部分匹配"的复杂案件裁判中,通过这一模板,刑法规范类型(或概念)与案件生活类型(或概念)之间建立起了一种类比等置关系。所以,无论是基于概念思维,通过演绎推理在构成要件或要素与具体案件生活事实要素之间建立起的逻辑涵摄关系;还是基于类型思维,通过类比推理在构成要件或要素与具体案件生活事实要素之间建立起的等置逻辑关系,都离不开定罪要件或要素及量刑要件或要素的引领。由此可见,案件裁判中以行为在规范层面上定罪与量刑为核心的逻辑推理,尽管受案件社会结构的影响,但归根结底还是以案件法律结构为基础的一种法理学的裁判模式。

(二)非刑法规范因素的案件裁判权重

综上可见,非刑法规范因素在一定程度上会影响刑事案件的裁判结果,它不仅是一种客观存在,而且有其可行的路径及法理学基础,那么,其在案件裁判过程中的权重如何,又该如何对其进行量化呢?

下述是T市高级人民法院刑事审判一庭提供的"有关在死刑案件的裁判过程中引入'民事赔偿'后,被害方态度发生变化,而引起裁判结果发生变化"的一组分析数据:①

1.进行民事赔偿的调解已经成为死刑案件审理过程中的重要环节。成功进行民事赔偿工作的死刑案件均依法未适用死刑立即执行的刑罚,说明积极进行民事赔偿,取得被害人亲属的宽容与谅解,已经成为刑事法官在量刑时予以考虑的重要酌定情节。

2007年至2011年,T市高级人民法院对辖区内各类判处死缓以上刑罚案件中的部分二审案件进行了民事赔偿的调解工作,调解达成协议74件,被害人

① 数据及资料来源于T市高级人民法院刑事审判一庭提供的调查统计。

方直接获得赔偿款共计人民币 1317.6 万元，进行调解后改判 83 件，全部案结事了，无一涉诉信访。其中，2007 年经调解达成协议 8 件，支付赔偿款 62.1 万元，经调解后改判 9 件，占全年发回改判案件的 30%；2008 年经调解达成协议 12 件，支付赔偿款 192.5 万元，经调解后改判 14 件，占全年发回改判案件的 48.27%；2009 年经调解达成协议 23 件，支付赔偿款 280.2 万元，经调解后改判 24 件，占全年发回改判案件的 36.51%；2010 年经调解达成协议 17 件，支付赔偿款 182.6 万元及用作赔偿的房屋一套，经调解后改判 21 件，占全年发回改判案件的 55.26%；2011 年经调解达成协议 14 件，支付赔偿款 605.2 万元，经调解后改判 15 件，占全年发回改判案件的 35.71%（见图 5－2－2）。需要注意的是，这里的“全年发回改判案件”，是指全年发回改判的全部二审案件，既包括一审判处死刑或死缓的案件，也包括判处死刑或死缓以下的刑罚的案件。如果仅限于一审判处死刑或死缓的发回改判案件，这个比例还会增加很多，这 5 年平均比例大概达到 80%。

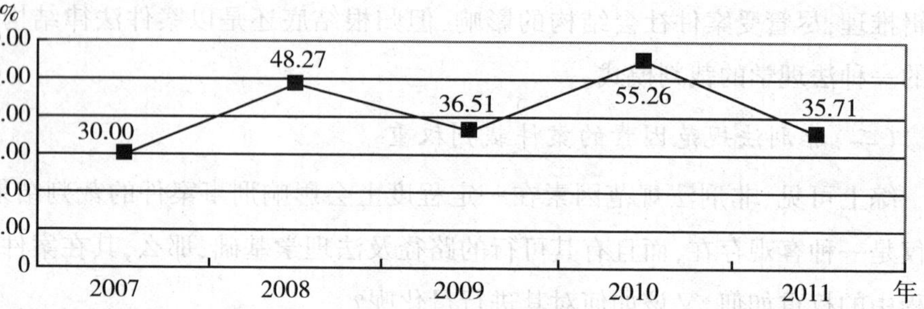

图 5－2－2　2007 年至 2011 年经调解改判在全年发回改判案件比例情况

2. 被害方主动提出调解请求赔偿的案件数增加。2007 年没有被害方主动提出调解的；2008 年有 4 件，其中 3 件达成了调解协议；2009 年有 4 件，全部达成了调解协议；2010 年有 3 件，其中 2 件达成了调解协议；2011 年有 5 件，其中 4 件达成了调解协议（见图 5－2－3）。2008 年与 2010 年都有 1 件未调成，皆因加害方赔偿能力有限，不能满足被害方的赔偿要求；2011 年有 1 件未调成，因为被告人犯罪性质过于恶劣，尽管被害方提出调解请求，法院也未做调解工作。这一现象说明当事人也开始逐渐理解并接受这一方式。有些案件即使未达成调解协议，但改判后，当事人也能表示理解，没有一件因二审改判死缓而信访。

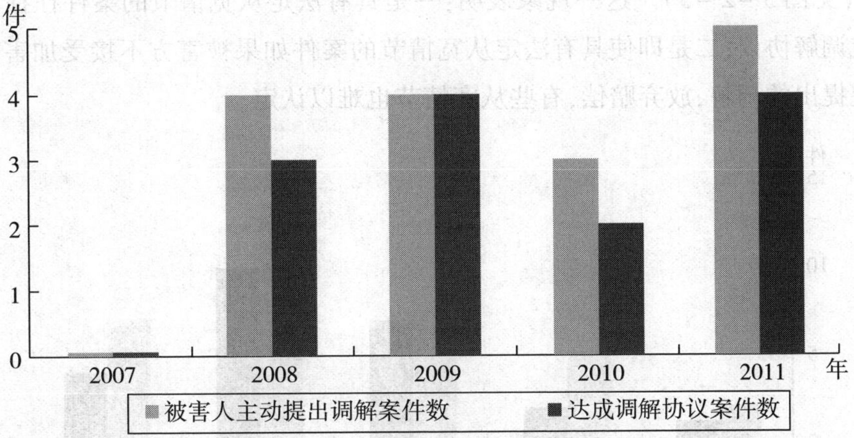

图 5 - 2 - 3　2007 年至 2011 年被害方主动提出调解案件情况

3. 在进行附带民事调解的案件中，法院依据案情主动主持调解工作的案件逐年增加：2007 年 7 件；2008 年 13 件；2009 年 22 件；2010 年 26 件；2011 年 29 件（见图 5 - 2 - 4）。这一现象表明，法院的法官们正在逐步认识到附带民事赔偿的重要作用，并在死刑案件的审理中逐渐改变被动等候被害人亲属与被告人亲属达成协议的做法，开始主动提议双方进行调解。这说明为更好地贯彻我国的刑事政策，刑事法官们正逐渐转变办案观念。

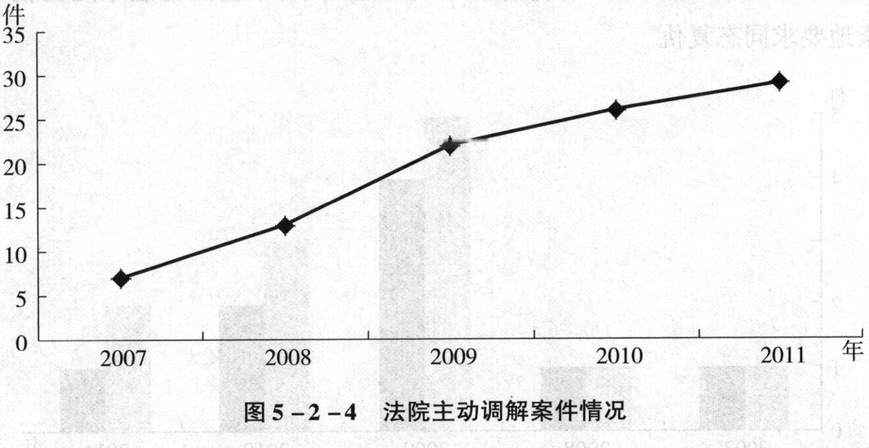

图 5 - 2 - 4　法院主动调解案件情况

4. 进行民事赔偿的案件中，均主要具有不同程度的法定或酌定从宽情节。没有从宽情节的，法院一般不进行民事赔偿的调解，也不会就加害、被害双方私下达成的协议对被告人从宽处罚。其中，2007 年 2 件，调成 1 件；2008 年 5 件，调成 2 件；2009 年 7 件，全部调成；2010 年 13 件，调成 10 件；2011 年 7 件，调成

4件(见图5-2-5)。这一现象表明:一是具有法定从宽情节的案件往往容易达成调解协议;二是即使具有法定从宽情节的案件如果被害方不接受加害方或法院提出的调解,放弃赔偿,有些从宽情节也难以认定。

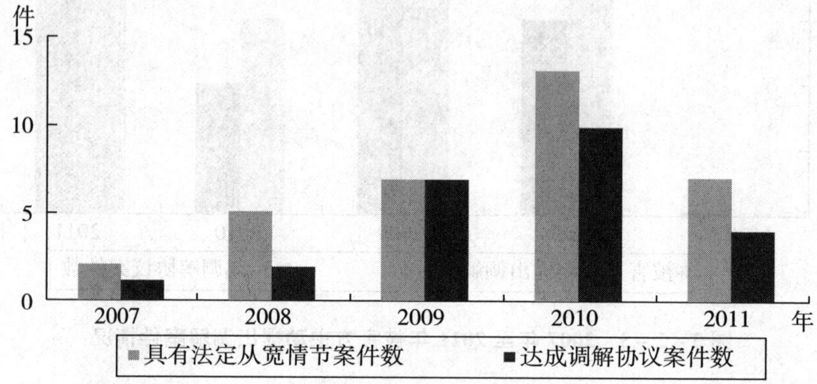

图5-2-5 具有法定从宽情节案件调解情况

5. 在具有酌定从宽情节的案件中,被害人有过错的案件容易达成调解协议。被害人有过错的案件,2007年、2008年各1件,均成功达成调解协议;2009年5件,4件达成调解协议;2010年3件,2件达成调解协议;2011年2件,1件达成调解协议(见图5-2-6)。这一现象表明,从传统的中国伦理道德角度出发,人民群众在大是大非面前仍有清晰的心理判断,不会因为至亲死亡就不假思索地要求同态复仇。

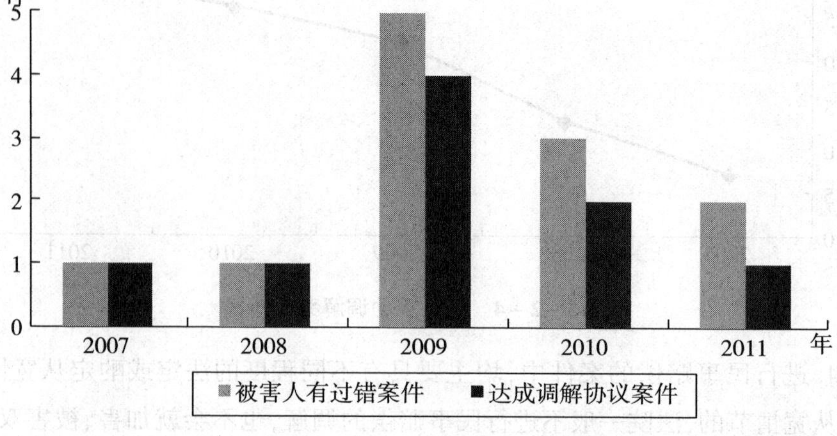

图5-2-6 被害人有过错案件调解情况

另外，在药家鑫故意杀人案的刑事附带民事判决书[(2011)西刑一初字第68号]①中的"本院认为"部分，陕西省西安市中级人民法院有这样一段叙述：

"药家鑫及其父母虽愿意赔偿附带民事诉讼原告人的经济损失，但附带民事诉讼原告人不接受药家鑫父母以期获得对药家鑫从轻处罚的赔偿，故不能以此为由对药家鑫从轻处罚。"

"被告人药家鑫作案后虽有自首情节并当庭认罪，但纵观本案，药家鑫在开车将被害人张妙撞伤后，不但不施救，反而因怕被害人看见其车牌号而杀人灭口，犯罪动机极其卑劣，主观恶性极深；被告人药家鑫持尖刀在被害人前胸、后背等部位连捅数刀，致被害人当场死亡，犯罪手段特别残忍，情节特别恶劣，罪行极其严重；被告人药家鑫仅因一般的交通事故就杀人灭口，丧失人性，人身危险性极大，依法仍应严惩，故药家鑫的辩护律师所提对药家鑫从轻处罚的辩护意见不予采纳。"

药家鑫案的最终裁判结果当然是："被告人药家鑫犯故意杀人罪，判处死刑，剥夺政治权利终身。"

再结合上述T市高级人民法院刑事审判一庭提供的就被害方态度影响死刑案件裁判中"从宽情节"的认定以及能否具体被适用的数据，我们似乎可以得出这样一个结论：非刑法规范因素作为一种非制定法法源加入了死刑案件的裁判过程，并影响案件的最终裁判结果，已是一种客观存在的司法现象，但其在案件的裁判过程中权重的大小是很难量化的，因为围绕加害方对被害方所做的包括民事赔偿在内的经济补偿这一最具量化可能的因素，尚不能量化其在裁判过程中的具体权重，更何况刑事政策、公众舆论(包括民意)等其他更为抽象的非刑法规范因素呢？但我们可以从中得到以下几点启示：

第一，基于罪刑法定现代刑事法治的基本要求，非刑法规范因素在刑事案件的裁判过程中，不具有独立裁判功能，其裁判价值只有依附于刑法规范才能彰显。但在具体案件的裁判规范中，非刑法规范因素虽被刑法规范规定遮蔽，却潜隐在刑法文本规范中，通过对刑法文本规范的一般规定在具体案件裁判中的特定意义进行读解，来表征其存在的价值。真正裁判案件的规范，实际上是刑法规范规定条款与非刑法规范因素在特定案件事实中的有机融合。如上所

① 参见《陕西省西安市中级人民法院药家鑫故意杀人案刑事附带民事判决书》，载安康市汉滨区人民法院网，http://hbqfy.sxfywcourt.gov.cn/article/detail/2013/03/id/4291293.shtml。

述,“被害方态度影响死刑案件裁判中‘从宽情节’的认定以及能否具体被适用”,以及“药家鑫作案后虽有自首情节并当庭认罪”,“但附带民事诉讼原告人不接受药家鑫父母以期获得对药家鑫从轻处罚的赔偿,故不能以此为由对药家鑫从轻处罚”。所以,在这些死刑案件的裁判过程中,一方面,很难量化刑法规范规定与非刑法规范因素在这些案件裁判过程中谁的权重更大,或各占百分之几的份额;另一方面,也很难量化不同质的非刑法规范因素在同一案件裁判过程中以及同质的非刑法规范因素在不同案件裁判过程中的权重。如我国的“死刑政策”与药家鑫案中“被害方的态度”,在决定药家鑫生死的裁决中是无法量化的,最多只能从结果上看,是被害方态度的裁判权重大于死刑政策的裁判权重,影响了对药家鑫案中自首这一法定“从宽情节”的认定,进而最终决定了药家鑫不能生只能死的这一裁判结果。

第二,非刑法规范因素所具有的裁判权能,主要是通过刑事案件裁判过程中价值判断和逻辑推理(通过对行为人行为的社会危害程度的衡量),并让这种“衡量”以一个充分合理的理由进入“法律”来体现的。具体到死刑案件,就是影响对“罪行极其严重”以及“如果不是必须立即执行”等刑法相关死刑条文之规定的一般意义上的解读及在具体案件事实中的内容建构。作为“罪行极其严重”以及“如果不是必须立即执行”等刑法相关死刑条文规定的具体含义,只有将诸如刑事政策、文化传统、道德习惯、公众舆论、司法经验、专家意见、加害方与被害方的情形等非刑法规范因素纳入具体待决案件的事实中解读,才能确定其“法律意义”。也就是说,刑法相关死刑条文的规定,在死刑案件的裁判中,并不是一种纯粹法律逻辑的推演,更主要是一种在一般社会生活意义上对行为社会危害程度的价值判断。是否属于“罪行极其严重”以及“如果不是必须立即执行”等,往往取决于非刑法规范因素在该待决案件事实中解读出的答案,而这也决不是规定几种适用的情形以及制定几个相应的量刑标准就能加以解决的。因为生活太鲜活丰富了,永远有不能预测的未知存在。规则必须向“生活”开放才能有生命力,当然开放也必须是有通道和边缘的。在此可以作为“标杆”的就是李昌奎案。

第三,一般而言,与刑法的明确规定相比,非刑法规范因素在死刑案件裁判中的权重大小,取决于该被裁决案件的法律结构与社会结构。二者都简单的,非刑法规范因素权重就小,刑法规范因素权重就大;二者都复杂的,或者法律结构简单,社会结构复杂,抑或社会结构简单,法律结构复杂,非刑法规范因素权重就大,刑法规范因素权重就小。另外,案件的法律结构一旦形成,在整个案件的裁判过程中相对是稳定的,而案件的社会结构是易变的,在整个案件的裁判过程中时时都充满变数。在死刑案件中通过不断调整、改变案件的社会结构争取对自己有利的裁判结果,一直都是加害方与被害方进行较量博弈的重点,其结果是不同质的非刑法规范因素随着案件社会结构的变化,在案件裁判过程中的权重会不断变化、调适。这种不断变化、调适的结果,必然会导致对相关刑法规定(如"罪行极其严重"以及"如果不是必须立即执行"等)的"法律意义"解读在相应的"波幅宽度"内"左右摇摆"。案件的法律结构就这样悄然发生变化,非刑法规范因素在裁判过程中的权重在不断上升,刑法规范因素在不断下降。这也是刑事案件在裁判过程中存在不确定性的根本原因。无论是药家鑫案还是李昌奎案的裁判过程,还有此前的孙伟铭醉驾案等,以及被最高人民法院发回重审的吴英案,都反映出这样一种裁判现象。

五、结语

法治是规则之治,不是法条之治。可以规制案件裁判的除了"法律规则"——法理学裁判模式之外,还有"社会规则"——社会学裁判模式,任何案件裁判都无法超越。"法律规则"是明显的,"社会规则"是隐含的,不能因为明显,就认为它是唯一存在;不能因为隐含,就否认它的实际存在。它们都会在具体案件的裁判过程中显现出来,并由此形成新的"裁判规则"。裁判必须以"法律规则"的名义进行,"法律规则"的适用却离不开"社会规则"的支撑。裁判不仅是"法律规则"的"运用"过程,也是"社会规则"的"作用"过程。"法律规则"中蕴含着"社会规则",而"社会规则"又要受"法律规则"的检验。案件裁判中真正"有效"的"规则"是"法律规则"与"社会规则"在法官的指挥下,在待决案件事实之琴键上共同弹奏的一曲和弦乐。"案结"依据的是"法律规则","事了"依据的是"社会规则"。死刑案件的裁判虽关涉生死,也概莫能外。正因为关涉生死,所以越发如此。这也就是非刑法规范因素进入死刑案件裁判过程,并在相当程度上影响案件最终裁判结果的主要原因之所在。这由此引发了我们对是否可以在总结非刑法规范因素如何影响死刑案件裁判结果的过程中,基于实体法的视角探索中国式司法控制死刑模式的思考。

实践证明,在立法尚且保留死刑的条件下,加强死刑的司法控制是实际减少死刑最为有效的途径。为此,各保留死刑的国家都在探索适合本国国情的司法控制死刑模式。例如,美国模式的基本特点是法院通过违宪审查权的行使控制死刑的实际适用。当然,这种模式至少目前还不适合中国,因为中国法院不享有违宪审查权。中国的模式应该是什么,抑或中国正在形成什么样的模式?一方面,我们当前能够看到的,就是诸如刑事政策、公众舆论,以及加害方对被害方的经济补偿,在死刑案件裁判过程中具有巨大影响力。具体而言,加害方通过对被害方的经济补偿,取得被害方谅解而得以适用“从宽情节”,正逐渐形成具有中国自身特点的实际控制并减少死刑最为有效的一种操作路径,①并日益成为死刑案件审理中体现法律效果与社会效果统一的平衡器。另一方面,对于非刑法规范因素应如何介入死刑案件的裁判过程,以及介入的程度,完全的制度性规制显然是不可能的,但在有可能进行具体操作的情况下,进行一定的制度性规制是非常有必要的。② 这不仅是现代法治工具理性、程序规范的要求,更重要的是,这是使死刑案件的裁判更加理性、规范、安全的基本保证。且不谈

---

① 除上述 T 市高级人民法院的数据统计外,笔者还看到了重庆市人民检察院的数据统计:2007 ~ 2008 年,重庆市人民检察院办理的死刑二审上诉案件中,因被告人方赔偿而改判的案件,占死刑二审上诉改判案件的 57.89%,其中,2008 年因被告人方赔偿而改判的死刑案件比 2007 年上升 75%,赔偿金额也有较大幅度的提高。因被告人方赔偿而改判的死刑案件中,由死刑立即执行改为死刑缓期执行的占 63.64%,在同案犯中被判处有期徒刑的刑期减少的占 18.18%,执行刑改变为缓刑的占 18.18%。参见于天敏、汤茜茜、李星:《因被告人方赔偿而改判的死刑案件情况分析》,载《人民检察》2009 年第 8 期。另有学者对某地审结的 83 件故意杀人案件进行了实证分析,结论显示:民事部分达成调解的被判死缓的比例是 87.5%,不承担民事责任的被判死缓的比例是 41.9%,法院判决赔偿的被判死缓的比例是 37.8%,不积极赔偿的被判死缓的比例是 14.3%。民事部分调解结案的被判死缓的比例最大,不积极赔偿被害人的被告人被判死缓的比例最小,说明民事部分的赔偿情况对判死刑还是死缓有显著影响。还有学者对某地法院审结的 440 件死缓案件共 507 名死缓犯的“不是必须立即执行”的情节逐一进行了分析,其中,因“民事部分已和解或积极赔偿经济损失”这一酌定情节而适用死缓(包括“仅因单一的该情节适用死缓”和“与其他从轻情节并存适用死缓”两种情况)的考量次数为 24 次,适用比例约占情节(法定情节和酌定情节)总数的 5%。转引自赵秉志、彭新林:《论民事赔偿与死刑的限制适用》,载《中国法学》2010 年第 5 期。

② 在这方面,司法部门以及学术界都做了并且还在继续做一些工作。官方层面,如最高人民法院陆续出台的《关于刑事附带民事诉讼范围问题的规定》《关于为构建社会主义和谐社会提供司法保障的若干意见》《人民法院量刑指导意见(试行)》《全国法院维护农村稳定刑事审判工作座谈会纪要》《关于贯彻宽严相济刑事政策的若干意见》《关于进一步加强刑事审判工作的决定》《关于进一步严格依法办案确保办理死刑案件质量的意见》等;民间层面,如北京师范大学刑事法律科学研究院与美国纽约大学法学院亚美法研究所还在共同研究中的《死刑适用的实体法标准》,其中的一些内容是超越刑法规范的非刑法规范因素在死刑案件裁判过程中如何操作运用的。例如在最高人民法院《关于贯彻宽严相济刑事政策的若干意见》中,明确宣布要依法严格控制死刑适用,并强调“对于因恋爱、婚姻、家庭、邻里纠纷等民间矛盾激化引发的犯罪”,“应酌情从宽处罚”,以及《关于刑事附带民事诉讼范围问题的规定》第 4 条规定,“被告人已经赔偿被害人物质损失的,人民法院可以作为量刑的情节予以考虑”。由北师大刑事法律科学研究院等提供的《死刑适用的实体法标准》也规定故意杀人罪中有“犯罪人一贯藐视国家法纪,不遵守秩序,为恶乡里,横行霸道”情形的,可以判处无期徒刑或死刑。但这还远远不够。

如今的公众舆论是如何影响死刑案件裁判过程的纷纷乱象,仅就加害方如何对被害方进行经济补偿一项,就不是一个附带民事诉讼能够解决的。① 是否能够在一定程度上通过制度设置来规制非刑法规范因素对死刑案件裁判的影响,让死刑案件裁判的社会学模式"规范"地"嵌入"法理学模式,乃能否找到中国式司法控制死刑模式,以及这种模式是否具有可行性的关键所在。在笔者看来,这件事情任重道远。

① 问题有三:一是法院的调解是否限于提起附带民事诉讼程序的死刑案件,是庭内调解还是庭外协商?2007～2011年,T市高级人民法院进行民事调解的案件中,仅有5%系在有附带民事诉讼程序的情况下提出调解,绝大多数案件进行的二审民事调解是在一审附带民事判决已经生效的前提下进行的,甚至有的案件在一审就根本没有提起附带民事诉讼。二是调解是当事人双方主动自愿还是在法院主持下进行的,调解应该使用哪种程序也不清楚。即便允许进行调解工作,对死刑案件进行民事赔偿调解该由谁提起?从T市的实践看,除在附带民事诉讼程序中提出的之外,主要有以下几种,其一,由辩护人将赔偿意愿作为辩护意见提出;其二,由被害人亲属在陈述对案件的意见时提出;其三,根据案情需要,法官主动向双方当事人提出。从2007～2011年的统计数字看,被告人及其辩护人提出请求的案件占调解案件总数的53.7%,法官依据案情提出的案件占调解案件总数的37.8%,由被害人亲属提起的案件占调解案件总数的8.5%。三是"同命不同价"现象挑战社会公平。由于案件当事人家庭经济状况不同,在进行民事调解时,往往达成协议的数额也不同。在成功进行调解的案件中,有些被害人家庭特别贫困,其亲属往往容易被说服接受赔偿,但数额很低;有些被害人家庭条件较好,因此亲属在调解时往往索要较高的赔偿数额,在最后达成协议时,往往赔偿数额较高。从2007～2011年的统计数字看,达成协议的最低赔偿数额为人民币2万元,而最高的赔偿数额是380万元,后者是前者的190倍。而且,越是家境贫寒的被害人亲属,获得的赔偿往往越少。这无疑是对当今社会公平价值的一种巨大挑战。上述数据及资料来源于T市高级人民法院刑事审判一庭提供的调查统计。

第六编

具体犯罪的社会学方法研究尝试

我国惩治危害食品安全犯罪之实证考察与检讨

——以危害食品安全犯罪构成要件司法适用类型整理为视角*

目　次

* 原载《澳门法学》2016年第2期，第14～48页。与赵秉志教授合著。

（四）“足以造成严重食物中毒事故或者其他严重食源性疾病的”的司法适用类型

（五）“生产”“销售”的司法适用类型

五、结语

一、前言

毋庸讳言，当下我国食品安全问题是一个弥漫着社会集体性恐慌的沉重话题。根据《中国食品安全发展报告（2015）》，2005 年至 2014 年 10 年间，全国共发生食品安全事件 227，386 起。[①] 一方面，食品安全事件层出不穷。“苏丹红鸭蛋”“孔雀绿鱼虾”“三聚氰胺奶粉”“福尔马林银鱼”“甲醛奶糖”“爆炸西瓜”“地沟油”“僵尸肉”“瘦肉精”“塑化剂”“毒韭菜”“毒豆芽”“染色紫菜”“避孕黄鳝”等成了人们耳熟能详的“段子”。另一方面，国家对食品安全监管的信息透明度存在很大的可提升空间。根据北京大学公众参与研究与支持中心发布的《2014—2015 年度中国食品安全监管透明度观察报告》，“除国家食药监总局信息公开勉强及格外，31 个省级与 27 个省会城市食品安全监管部门无一及格……多数地方食品安全监管部门信息公开指南和目录不透明，只有刚刚超过三分之一（11 个）的省级食药监局和不到 10%（3 个）的省会城市食药监局按时、完整地公开信息公开年报……百姓很难从最为切近的本地食品监管部门那里获得信息”[②]。严重信息不对称的结果只能引发更加严重的惶恐不安，严惩危害食品安全犯罪已成为全社会的呼声。那么，当下我国的食品安全问题到底有多严重？具体状况如何？惩治危害食品安全犯罪的立法与司法还存在哪些问题？应当如何改进？笔者拟从刑法学专业研究的角度，在笔者所能收集和掌握的有限资料范围内，对我国惩治食品安全犯罪的立法特别是司法现状以及存在的问题作一实证考察与检讨，以期对了解我国惩治食品安全犯罪现状及促进相关刑事法治实务完善有所助益。

二、惩治危害食品安全犯罪法律依据之梳理

我国惩治危害食品安全犯罪的法律依据主要涉及刑法和行政法两个方面，

---

① 参见黄伟伟：《〈中国食品安全发展报告（2015）〉发布》，载《中国食品安全报》2015 年 11 月 28 日，第 1 版。

② 参见王逸吟、甘力心：《食品安全监管透明度观察报告发布》，载《光明日报》2016 年 3 月 17 日，第 8 版。

以下分别予以梳理。

(一)刑法依据梳理

危害食品安全犯罪与“危害国家安全犯罪”“危害公共安全犯罪”等类犯罪相比,并不是一个严格意义上的类罪称谓,这一概念在刑法条文中并不存在,即不论是1979年《刑法》还是1997年《刑法》,都没有将与食品安全相关的罪名统一规定在某一个章节中,在单行刑法或刑法修正案中也没有“危害食品安全犯罪”这一概念。只是近年来随着食品安全事故频发和相关部门对危害食品安全犯罪的重视,“危害食品安全犯罪”一词才频频出现于司法解释及其他规范性文件之中。据笔者的不完全考证,最早使用“危害食品安全犯罪”一词的规范性文件应该是2010年9月最高人民法院、最高人民检察院、公安部、司法部联合发布的《关于依法严惩危害食品安全犯罪活动的通知》。而后,2011年最高人民法院发布的《关于进一步加大力度依法严惩危害食品安全及相关职务犯罪的通知》和公布的危害食品安全犯罪的典型案例,以及2013年5月2日最高人民法院、最高人民检察院发布的《关于办理危害食品安全刑事案件适用法律若干问题的解释》陆续使用了“危害食品安全(犯罪)”这一表述。

大体说来,刑法惩治危害食品安全犯罪的主要依据散见在《刑法》各有关章节、刑法修正案以及单行刑法中。如果从1979年《刑法》生效以来看这类犯罪形成的简单脉络,应该说大致经历了从规范缺失到逐渐创制、从简单粗疏到初步完善这样一个过程。①

1. 规范缺失阶段

这个阶段大致是从1979年《刑法》生效到1993年《关于惩治生产、销售伪劣商品犯罪的决定》颁布之前的时期。这期间最突出的特点,是相关刑事法律中没有关于惩治危害食品安全犯罪的直接规定,对司法实践中发生的危害食品安全的行为,只能以玩忽职守罪、重大责任事故罪和制造、贩卖假药罪论处。

当时我国正处于改革开放的初期,商品经济的空前发展极大地刺激了人们追求利益的欲望。一些不法商家或个体工商户为一己私利,开始生产、销售一些不符合卫生标准的商品甚至是有毒、有害食品。对此,1982年11月全国人大常委会通过的《食品卫生法(试行)》(已失效)第41条规定:“违反本法,造成严重食物中毒事故或者其他严重食源性疾患,致人死亡或者致人残疾因而丧失劳

① 本文作者之一赵秉志教授作为专家学者部分参与了这一立法活动,并见证了危害食品安全犯罪的立法渐渐形成至目前现状的过程。

动能力的，根据不同情节，对直接责任人员分别依照中华人民共和国刑法第一百八十七条、第一百一十四条或者第一百六十四条的规定，追究刑事责任。情节轻微、依照中华人民共和国刑法规定可以免予刑事处分的，由主管部门酌情给予行政处分。”这是我国第一次以附属刑法的方式明确规定危害食品安全的行为可以依据其他相关犯罪处理。[①] 实践中对诸如以工业酒精兑水生产假酒等严重扰乱市场秩序危及人民生命健康的食品安全犯罪，一般都类推或直接依照以其他危险方法危害公共安全罪、投机倒把罪或其他相关犯罪论处，如左某洪、李某泰、谢某、吴某均以制造、贩卖有毒酒的危险方法致人伤亡案。[②]

2. 简单创制阶段

这个阶段大致是从1993年《关于惩治生产、销售伪劣商品犯罪的决定》生效到2011年《刑法修正案（八）》生效之前的时期。这期间最突出的特点，是危害食品安全的犯罪先后在单行刑法和《刑法》中被明确规定下来，初步但相对简单地在刑事立法中确立了直接危害食品安全的两个罪名。

这个时期，社会上相当一部分商户或个体工商户在食品的加工、销售、运输、储存过程中甚至在食品的种植、养殖过程中实施的各种危害食品安全的行为，已经开始更加频繁地进入公众视野，食品不安全现象越来越普遍，人们对食品的不安全感越来越强烈。危害食品安全的行为开始直接被刑法关注。首先，1993年7月，全国人大常委会专门制定了一个单行刑法，即《关于惩治生产、销售伪劣商品犯罪的决定》，在第3条中规定了生产、销售不符合卫生标准的食品罪和生产、销售有毒、有害食品罪。[③] 同时，1995年的《食品卫生法》第39条第2款也规定：“违反本法规定，生产经营不符合卫生标准的食品，造成严重食物中毒事故或者其他严重食源性疾患，对人体健康造成严重危害的，或者在生产经营的食品中掺入有毒、有害的非食品原料的，依法追究刑事责任。”其次，全国人

---

① 根据1979年《刑法》的规定，第187条、第114条、第164条分别为玩忽职守罪、重大责任事故罪和制造、贩卖假药罪。

② 参见左某洪、李某泰、谢某、吴某均以制造、贩卖有毒酒的危险方法致人伤亡案，载《最高人民法院公报》1985年第3期。

③ 生产、销售不符合卫生标准的食品，造成严重食物中毒事故或者其他严重食源性疾患，对人体健康造成严重危害的，处七年以下有期徒刑，并处罚金；后果特别严重的，处七年以上有期徒刑或者无期徒刑，并处罚金或者没收财产。在生产、销售的食品中掺入有毒、有害的非食品原料的，处五年以下有期徒刑或者拘役，可以并处或者单处罚金；造成严重食物中毒事故或者其他严重食源性疾患，对人体健康造成严重危害的，处五年以上十年以下有期徒刑，并处罚金；致人死亡或者对人体健康造成其他特别严重危害的，处十年以上有期徒刑、无期徒刑或者死刑，并处罚金或者没收财产。

大常委会在1997年3月通过了修订的《刑法》,《刑法》分则第三章"破坏社会主义市场经济秩序罪"的"生产、销售伪劣商品罪"一节吸收并完善了《关于惩治生产、销售伪劣商品犯罪的决定》中的相关内容。其中,第143条的"生产、销售不符合卫生标准的食品罪"和第144条的"生产、销售有毒、有害食品罪"是与食品安全直接相关的犯罪,分别来源于前述决定并有少许修改。① 另外,这期间围绕惩治危害食品安全犯罪,"两高"陆续出台了一批司法解释。②

3. 初步完善阶段

这个阶段大致是从2011年《刑法修正案(八)》生效至现今的这段时期。这期间主要是《刑法修正案(八)》对原有刑法规定的两种直接危害食品安全犯罪的修改。最突出的特点是这一修改高度注意了其与《食品安全法》的衔接,并在一定程度上回应了风险社会对惩治危害食品安全犯罪的期待。

毋庸讳言,这段时期食品安全问题进一步加剧,食品安全事件在2011年达到了历史上的峰值,当年全国共发生食品安全事件38,513起,③危害食品安全案件亦接连发生。"苏丹红鸭蛋""瘦肉精""毒豆芽"等问题层出不穷,食品安全问题某种程度上已经演变成一种社会集体恐慌,危害食品安全犯罪已经演变成一种社会公害性犯罪,而开始成为刑法回应风险社会必须慎重面对的一个重要问题,其具体体现在2011年《刑法修正案(八)》对2009年第二次修正的《刑法》原有危害食品安全犯罪的修改上。首先,《刑法修正案(八)》将《刑法》第143条修改为:"生产、销售不符合食品安全标准的食品,足以造成严重食物中毒事故或者其他严重食源性疾病的,处三年以下有期徒刑或者拘役,并处罚金;对人体健康造成严重危害或者有其他严重情节的,处三年以上七年以下有期徒刑,并处罚金;后果特别严重的,处七年以上有期徒刑或者无期徒刑,并处罚金或者没收财产。"此次修改有两处值得注意:一是修改了罪名。"注意与《食品安

---

① 这其中一处明显的修改是,对生产、销售不符合卫生标准的食品罪(原来只有结果犯和结果加重犯两种情形),增加规定了"足以造成严重食物中毒事故或者其他严重食源性疾患的"危险犯情形。另外,对生产、销售有毒、有害食品罪,增加了"销售明知掺有有毒、有害的非食品原料的食品的"这一罪状,可以说是进一步严密了法网,加大了对此类犯罪的惩处力度。

② 最高人民检察院《关于办理非法经营食盐刑事案件具体应用法律若干问题的解释》、最高人民法院、最高人民检察院《关于办理生产、销售伪劣商品刑事案件具体应用法律若干问题的解释》、最高人民法院《关于审理生产、销售伪劣商品刑事案件有关鉴定问题的通知》、最高人民检察院《关于人民检察院直接受理立案侦查案件立案标准的规定(试行)》。

③ 参见黄伟伟:《〈中国食品安全发展报告(2015)〉发布》,载《中国食品安全报》2015年11月28日,第1版。

全法》相衔接,扩大了犯罪对象的范围,将不符合卫生标准的食品扩大到不符合安全标准的食品,解决了实践中生产、销售不符合营养安全标准食品案件定罪难的尴尬,扩大了本罪的处罚范围。"①二是加大了处罚的力度和范围,即"增加了'或者有其他严重情节的'也处以相关刑罚的规定,扩大了本罪的处罚范围;同时修改罚金刑的规定,删除罚金刑的比例限制和单处罚金,有利于加大本罪的刑事处罚力度"②。其次,《刑法修正案(八)》将2009年第二次修正的《刑法》第144条修改为:"在生产、销售的食品中掺入有毒、有害的非食品原料的,或者销售明知掺有有毒、有害的非食品原料的食品的,处五年以下有期徒刑,并处罚金;对人体健康造成严重危害或者有其他严重情节的,处五年以上十年以下有期徒刑,并处罚金;致人死亡或者有其他特别严重情节的,依照本法第一百四十一条的规定处罚。"该条的修改主要体现在加重刑罚处罚的力度上。我国立法者删除了原"处五年以下有期徒刑或者拘役"中的"拘役"及"造成严重食物中毒事故或者其他严重食源性疾患的"限制性规定以及罚金刑的比例限制和单处罚金的规定,增加了"或者有其他严重情节的"刑罚条件,并用"其他特别严重情节的"代替原"对人体健康造成特别严重危害的"规定。最后,《刑法修正案(八)》还增加了食品监管渎职罪,并相应规定了较为严厉的刑罚。立法者在《刑法》第408条后增加一条,作为第408条之一:"负有食品安全监督管理职责的国家机关工作人员,滥用职权或者玩忽职守,导致发生重大食品安全事故或者造成其他严重后果的,处五年以下有期徒刑或者拘役;造成特别严重后果的,处五年以上十年以下有期徒刑。徇私舞弊犯前款罪的,从重处罚。"此举突显了国家对食品安全监管予以刑法规制的重视。虽然《刑法修正案(八)》对危害食品安全犯罪的修改从一定意义上来说是为了与2009年的《食品安全法》相衔接,但更重要的还是刑法以风险社会的思维明确释放出了要严惩危害食品安全犯罪的信号。2013年5月,"两高"颁布了《关于办理危害食品安全刑事案件适用法律若干问题的解释》,对上述刑法规定内容作了进一步细化和操作性阐释。

实际上,当前作为处罚危害食品安全犯罪的刑法依据并非只有生产、销售不符合安全标准的食品罪和生产、销售有毒、有害食品罪。毋宁说,围绕这两个罪名,我国已经形成了一个彼此关联、结构复杂的惩治危害食品安全的犯罪"罪名群",如生产、销售伪劣产品罪、非法经营罪、假冒注册商标罪等,时至今日,在司法

---

① 赵秉志主编:《〈刑法修正案(八)〉理解与适用》,中国法制出版社2011年版,第210页。

② 赵秉志主编:《〈刑法修正案(八)〉理解与适用》,中国法制出版社2011年版,第210页。

实务中甚至还有按以危险方法危害公共安全罪处罚的案例。[①] 不同罪名的构成要件相似或相近、成立范围重叠或交叉,在具体案件的裁判中如何厘清这些犯罪之间的关系,对刑法规定的危害食品安全犯罪各具体犯罪构成要件的分析与研究就显得尤为重要。

(二)行政法依据梳理

相关行政法成为惩治危害食品安全犯罪的重要依据,主要是由于危害食品安全的犯罪均属于行政犯罪,刑法中相关危害食品安全犯罪的规定大多属于空白刑法规范。空白刑法规范与完备刑法规范所不同的是其法律要件的不完整,即犯罪构成要件或要素的不完整。所以,空白刑法规范一般具有不完备性、参照性、开放性、超前性。[②] 也正是这些特点决定了相关行政法作为处罚危害食品安全犯罪的"补充性规范",即通过对刑法相关危害食品安全犯罪规定的构成要件以补充、辅助、说明、论证等方式,介入了具体案件的裁判过程,并对具体裁判结果产生影响。其中,对处罚危害食品安全犯罪影响最大的当属《食品安全法》。

如上所述,刑法中有关危害食品安全罪从规范缺失到逐渐创制,从简单粗疏到初步完善的立法过程,实际上是与《食品安全法》相伴而行的。不同历史时期的《食品安全法》影响了刑法在不同时期对危害食品安全犯罪的处罚罪名、形式、力度以及对相关犯罪构成要件或要素概念意义的解读。随着 2015 年 10 月 1 日《食品安全法》的正式生效,刑法又会作出何种回应,目前还不太明朗。

行政法作为惩治危害食品安全犯罪的重要依据,主要体现在它为危害食品安全犯罪中所涉及犯罪构成要件或要素的概念解读提供了一套规范解释的范本,即为如何理解该犯罪中所涉及的犯罪构成要件或要素的概念意义作出了必须依照哪些"法律"解读的"限制性"规定。比如,什么是"食品"、什么是"食品安全标准",《食品安全法》第 150 条和第 26 条对此都有明确规定。这些规定构

---

① 参见赵秉志:《危害食品安全犯罪定性问题研究——以河南特大"瘦肉精"案件为主要样本》,载《河南大学学报(社会科学版)》2014 年第 1 期。

② 不完备性主要表现为空白刑法对犯罪构成要件描述的不完备。这种不完备性或空白性决定了其参照性,即空白刑法必须参照其他法律和法规,来补充对犯罪构成要件的完整描述,仅仅从刑法条文本身无法明晰该犯罪构成要件的具体内容。参照性是空白刑法的本质属性,而这种参照性决定了其开放性的品格。空白刑法规范是相较于其他完备刑法规范而言的,完备的刑法规范已经将犯罪构成要件描述完整,其内容比较确定,如果不加以添加或者缩减,基本上无法改变其类型性。但是,空白刑法将犯罪构成要件的一部分或者全部委任于其他法律或者法规,如果其他法律或者法规改变,则其犯罪构成要件也会相应改变。这就决定了空白刑法必然具有超前性的特点。空白刑法通过借助上述大量的参照性规范来描述犯罪行为,并将参照性规范的内容寄居于与社会"与时俱进"的相关的各行政法律规范。

成了我们如何解释刑法中规定的“食品”“不符合食品安全标准的食品”的规范依据;又如,什么是“食品添加剂”“食源性疾病”等,《食品安全法》也都有明确规定。除此之外,对于有些《食品安全法》中没有明确规定的概念该如何理解,《食品安全法》也指出了相应的“准据法”。例如,《食品安全法》第 2 条第 2 款规定:“供食用的源于农业的初级产品(以下称食用农产品)的质量安全管理,遵守《中华人民共和国农产品质量安全法》的规定……”

可见,如何解读危害食品安全犯罪中所涉及的犯罪构成要件或要素的概念意义,除了参照《食品安全法》中的相关规定外,还涉及其他大量与食品安全相关的行政法律法规,如《产品质量法》《农产品质量安全法》《计量法》《标准化法》等。这些法律法规为具体而明确地解读刑法所规定的危害食品安全犯罪的犯罪构成要件或要素的内涵及外延提供了准据,即刑法仅为相关危害食品安全犯罪提供了犯罪构成要件或要素的基本框架,而这一框架的填充与完善是由相关行政法律法规等完成的。危害食品安全犯罪的犯罪构成要件的最终完成,实际上是刑法与行政法共同努力的结果,这是由行政犯的特点决定的,也是行政犯相比于刑事犯在法律适用上的精细与复杂之所在。

三、惩治危害食品安全犯罪司法现状之考察①

(一)具体罪名司法选用情况

1.“两高”指导性案例与典型案例涉及的罪名

近几年,“两高”陆续公布了几批关于危害食品安全罪的指导性案例与典型案例,具体如下。

(1)最高人民法院公布的案例

2011 年 11 月 24 日,最高人民法院公布了 4 起危害食品安全犯罪典型案例。② 这 4 起案例分别是刘某、奚某杰、肖某、陈某伟、刘某林以危险方法危害公共安全案,孙某丰、代某明销售伪劣产品案,叶某禄、徐某明、谢某铣生产、销售伪劣产品案,以及王某团、杨某、王某明玩忽职守案。

2012 年 7 月 31 日,最高人民法院公布了 10 起危害食品药品安全犯罪的典

---

① 本部分涉及的案例等实证研究资料的数据分析,由南开大学法学院刑法学专业硕士研究生杨亚会、秦金星、穆裕、刘晓雨、汪康佳等同学协助整理完成,在此向他们深表感谢。

② 该案相关裁判文书参见中国法院网,http://www.chinacourt.org/article/detail/2011/11/id/469280.shtml。

型案例。[①] 其中,危害食品安全的犯罪有6起,分别是:郑某桥、罗某清生产、销售有毒、有害食品案;胡某彬、柯某治、陈某勇等生产、销售伪劣产品,生产、销售不符合卫生标准的食品案;龙海市海新饲料预混有限公司、蔡某田、黄某宽等非法经营案;马某荣生产、销售有毒、有害食品案;杨某销售有毒、有害食品案;以及张某勇生产、销售不符合卫生标准的食品案。

2013年5月3日,最高人民法院公布了5起危害食品安全犯罪的典型案例。[②] 这5起案例分别是:王某兵等生产、销售有毒食品,生产、销售伪劣产品案;陈某顺等生产、销售伪劣产品,非法经营,生产、销售不符合安全标准的食品案;范某非法经营案;李某霞生产、销售伪劣产品案;以及袁某、程某萍销售有毒、有害食品,销售伪劣产品案。

2015年12月4日,最高人民法院公布了14起打击危害食品、药品安全违法犯罪典型案例。[③] 其中,关于危害食品安全的犯罪有11起,分别是陶某醒等生产、销售不符合安全标准的食品案;徐某华生产、销售不符合安全标准的食品案;谢某、李某春生产、销售不符合安全标准的食品案;赵某河生产、销售有毒、有害食品案;刘某强等人生产、销售伪劣产品,对非国家工作人员行贿案;吐某生产、销售不符合安全标准的食品案;姚某业生产、销售有毒、有害食品案;麻某龙生产、销售有毒有害食品案;邱某某生产、销售有毒、有害食品案;张某祥、张某裕、农某勤生产、销售有毒、有害食品案;以及张某章销售不符合安全标准的食品案。

(2)最高人民检察院公布的案例

2014年2月22日,最高人民检察院公布第4批指导性案例——惩治危害食品安全犯罪,[④]该批指导性案例有5个,分别是柳某国等人生产、销售有毒、有害食品,生产、销售伪劣产品案;徐某伦等人生产、销售有害食品案;孙某亮等人生产、销售有毒、有害食品案;胡某贵等人生产、销售有毒、有害食品,行贿,骆某等人销售伪劣产品,朱某全等人生产、销售伪劣产品,黎某文等人受贿,食品监管渎职案;以及赛某、韩某武受贿、食品监管渎职案。

---

① 该案相关裁判文书参见中国法院网,http://www.chinacourt.org/article/detail/2012/08/id/538767.shtml。

② 该案相关裁判文书参见中国法院网,http://www.chinacourt.org/article/detail/2013/05/id/954257.shtml。

③ 该案相关裁判文书参见律师门户网,http://m.055110.com/xs/1/17343.html。

④ 参见最高人民检察院官网,http://www.spp.gov.cn/zdgz/201402/t20140222_67764.shtml。

2015年8月5日,最高人民检察院公布11起危害食品安全犯罪的典型案例,[①]分别是刘某、黄某等19人生产、销售不符合安全标准的食品案;王某朝等人生产、销售伪劣产品案;周某、王某生产、销售有毒、有害食品案;熊某等人生产、销售伪劣产品案;吴某水、陈某彬、冉某勤等人生产、销售不符合安全标准食品案;江西高安病死猪渎职系列案件;湖北当阳病死猪渎职案件;四川省南充腌腊制品渎职案;福建省漳平市病、死猪肉渎职案;河北张家口不合格燕麦片渎职案;以及山东乐陵生猪、肉鸭渎职案。

综上,最高人民法院公布的关于危害食品安全犯罪的典型案例共有26件,最高人民检察院公布的关于危害食品安全犯罪的指导性案例有5件、典型案例有11件,共计42件,涉及罪名适用的情况53次。[②] 其中,以生产、销售伪劣产品罪定罪的13次,占比约25%;以生产、销售不符合安全标准的食品罪定罪的10次,占比约19%;以生产、销售有毒、有害食品罪定罪的13次,占比约25%;以非法经营罪定罪的3次,占比约6%;以危险方法危害公共安全罪定罪的1次,占比约2%;以相关渎职罪定罪的9次,占比约17%;以其他罪定罪的4次,[③]占比约8%。如图6-1-1所示:

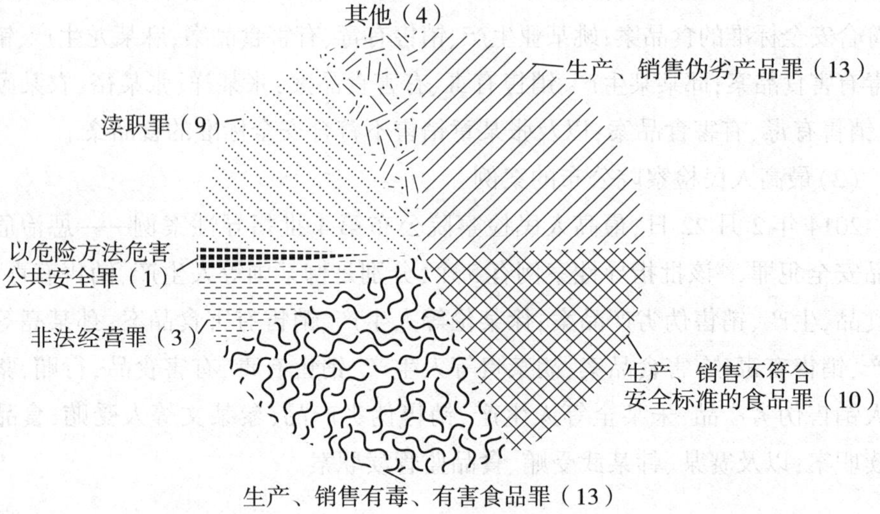

图6-1-1 “两高”公布案例中危害食品安全犯罪罪名适用情况

① 该案相关裁判文书参见最高人民检察院官网,http://www.spp.gov.cn/zdgz/201508/t20150805_102533.shtml。

② 虽然部分案例是一个案件但涉及了多个罪名,如柳某国等人生产、销售有毒、有害食品,生产、销售伪劣产品案,既有生产、销售有毒、有害食品罪,又有生产、销售伪劣产品罪,这样就会被统计2次,所以最后统计出来的罪名会多于案件数。

③ 以其他罪定罪的四个罪名是两个行贿罪、两个受贿罪。

2. 裁判文书网中样本案例之选取

从上述统计数据看，司法实践中惩治危害食品安全犯罪具体适用的罪名，除去适用相关渎职罪罪名论处9次占比17%，以及4次其他罪名占比8%，主要适用的罪名其实只有3个，分别是生产、销售伪劣产品罪，生产、销售不符合安全标准的食品罪，生产、销售有毒、有害食品罪。① 笔者以此三罪名为按罪名选取样本案例的基本依据。

2016年2月25日，②笔者在中国裁判文书网上对生产、销售伪劣产品罪，生产、销售不符合安全标准的食品罪以及生产、销售有毒、有害食品罪进行搜索，具体步骤是：首先，打开中国裁判文书网首页，点击刑事案件，输入关键词“生产、销售伪劣产品罪”，搜索得到3956个结果，再按照裁判日期排序，每页按10条录选，取这3956件案例的约1/10，即401个案例。在这401件案例中涉及犯罪对象是食品的案件有54件，占比约13.47%（仅保留到小数点后两位）。其次，输入关键词“生产、销售不符合安全标准的食品罪”，得到4308个结果，按照裁判日期排序，每页按10条录选，取这4308件案例的约1/20，即220件案例，去除掉重复的30件后，最后得到190件案例。最后，输入关键词“生产、销售有毒、有害食品罪”，得到5769件结果，按照裁判日期排序，每页按10条录选，取这5769件案例的约1/20，即330件，去除掉重复的83件后，最后得到247件案例。以这样的统计方法，在三罪共计14,033件案例中共选取了491件样本案例。

样本案例所涉及的审级及地区分布情况如表6－1－1、图6－1－2、表6－1－2、图6－1－3所示：③

表6－1－1　三罪样本案例审级情况

单位：件

罪名	一审	二审
生产、销售伪劣产品罪（食品）	41	11
生产、销售不符合安全标准的食品罪	178	12

① 这三罪分别占约25%、19%、25%，共计占约69%。如不考虑渎职罪以及其他四个罪名，生产、销售伪劣产品罪占比约为33%，生产、销售不符合安全标准的食品罪占比25%，生产、销售有毒、有害食品罪占比约33%，总计约91%。

② 中国裁判文书网上的案例排序及数量每天都在发生变化。

③ 一共统计了491个案例。由于生产、销售伪劣产品罪中有2个减刑裁定书，所以在对审判程序进行分析时是只对489个案例进行分析。

续表

罪名	一审	二审
生产、销售有毒、有害食品罪	208	39
总计	427	62

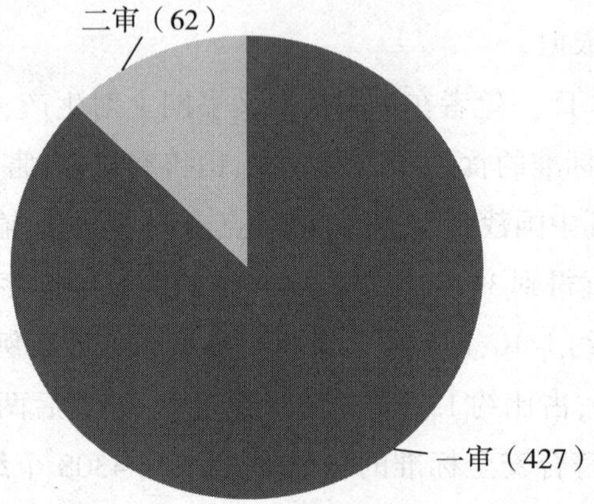

图 6-1-2 三罪样本案例审级情况

表 6-1-2 三罪样本案例审判地区分布情况

单位:件

省市	生产、销售不符合安全标准的食品罪	生产、销售有毒、有害食品罪	生产、销售伪劣产品罪(食品)
江苏	8	33	3
北京	12	1	0
浙江	11	29	8
吉林	4	2	1
辽宁	4	5	4
安徽	1	0	1
河南	80	61	4
江西	6	7	0
山东	6	22	8
湖南	7	4	7
广东	23	21	5
四川	1	3	0

续表

省市	生产、销售不符合安全标准的食品罪	生产、销售有毒、有害食品罪	生产、销售伪劣产品罪(食品)
河北	14	11	3
上海	9	7	5
内蒙古	1	0	0
陕西	2	10	1
山西	1	3	1
广西	0	7	0
福建	0	9	2
甘肃	0	1	1
贵州	0	2	0
黑龙江	0	2	0
湖北	0	2	0
海南	0	1	0
宁夏	0	1	0
新疆	0	1	0
重庆	0	1	0
天津	0	1	0

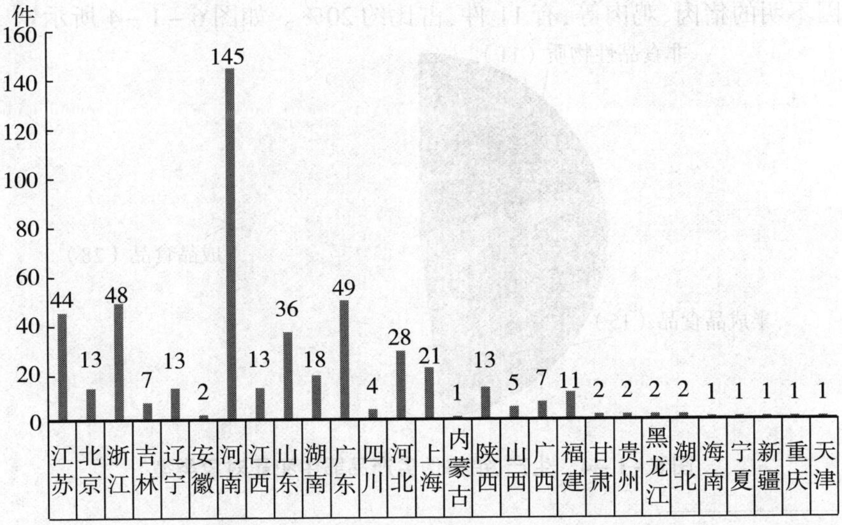

图 6－1－3　样本案例地区分布情况

本文所涉及的我国惩治危害食品安全犯罪相关问题实证分析数据均来自这54件生产、销售伪劣产品罪的案例和190件生产、销售不符合安全标准的食品罪的案例以及247件生产、销售有毒、有害食品罪的案例。

(二)构成要件司法适用情况

1."食品"的主要类型

危害食品安全罪的犯罪对象主要是"食品",其在这些案例中主要分为三类:成品性食品、半成品性食品、非食品性物质。其中,成品性食品是指直接用于食用或饮用的食品,如酒、饮料、腊肉、熟食等;半成品性食品是指消费者购买后需要进一步加工才可以食用或饮用的食品,如各种生肉、部分蔬菜、水产品等;非食品性物质是指那些根本不能食用或饮用的东西,或者用根本不能食用或饮用的原料制成的所谓"食品",如病死的猪肉、马肉、驴肉等。这些犯罪对象在这三种犯罪中的具体情况如下。

(1)生产、销售伪劣产品罪中的"食品"

在生产、销售伪劣产品罪中,54件案例中去掉1个减刑裁定书后,[①]还剩53件案例。在这些案例中,有1件案例行为人既销售病死的鸡肉,又销售病死的猪肉,所以统计为2次,[②]最终53件案例统计得出54个结果。其中,涉及成品食品主要包括桶装水、蜂蜜、食用油、瓜子、奶粉、酒、熟食、腊肉等,有28件,占比约52%;半成品食品主要是猪肉,有15件,占比约28%;非食品性物质主要包括死因不明的猪肉、鸡肉等,有11件,占比约20%。如图6-1-4所示:

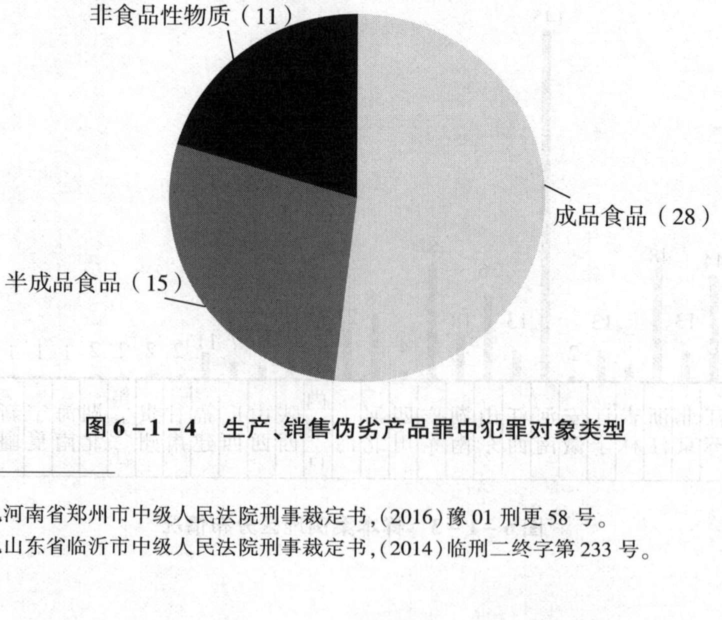

图6-1-4 生产、销售伪劣产品罪中犯罪对象类型

① 参见河南省郑州市中级人民法院刑事裁定书,(2016)豫01刑更58号。
② 参见山东省临沂市中级人民法院刑事裁定书,(2014)临刑二终字第233号。

(2)生产、销售不符合安全标准的食品罪中的"食品"

生产、销售不符合安全标准的食品罪中涉及的成品食品主要包括蛋糕、油条、花生油、馒头、食用盐、保健品、酒等,有157件,占比约83%;半成品食品主要为猪肉,有5件,占比约3%;非食品性物质的主要是一些死因不明的猪肉,有28件,占比约15%。如图6-1-5所示:

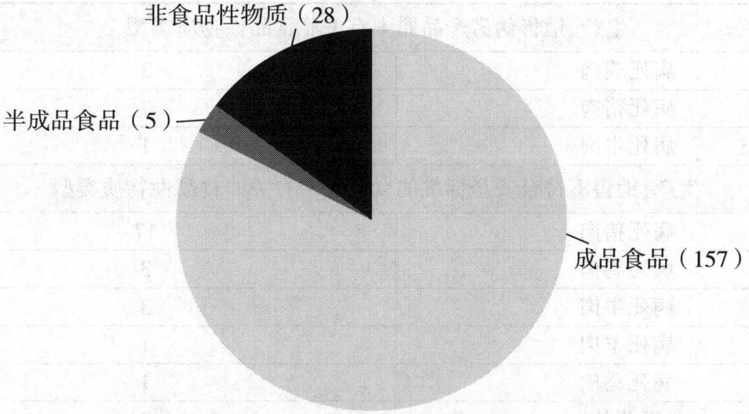

图6-1-5 生产、销售不符合安全标准的食品罪中犯罪对象类型

(3)生产、销售有毒、有害食品罪中的"食品"

生产、销售有毒、有害食品罪中涉及的成品食品主要包括面包、馒头、卤制品、熟食、食用盐、保健食品、白酒等,有102件,占比约41%;半成品食品主要包括豆芽、猪肉、鸭子、水产品等,有130件,占比约53%;非食品性物质主要有死猪肉、死狗肉、死因不明的肉类产品等,有15件,占比约6%。如图6-1-6所示:

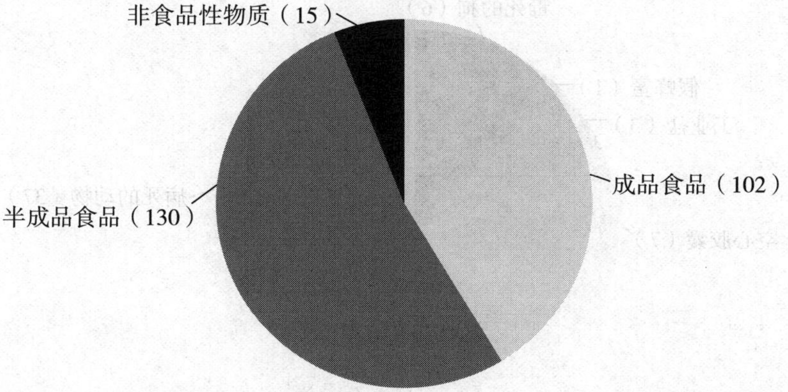

图6-1-6 生产、销售有毒、有害食品罪中犯罪对象类型

(4)该三罪犯罪对象所涉"非食品性物质"类型总览

对有关非食品性物质的相关类型,笔者作了进一步的统计,对三种犯罪中涉及的非食品性物质加以划分,经过统计得出表6-1-3。

表6-1-3 该三种犯罪中有关非食品性物质的类型

单位:件

生产、销售伪劣产品罪中有关非食品性物质类型	
病死鸡肉	3
病死猪肉	7
病死牛肉	1
生产、销售不符合安全标准的食品罪中有关非食品性物质类型	
病死猪肉	17
病死鸡肉	3
病死牛肉	3
病死羊肉	1
病死马肉	1
工业盐	3
生产、销售有毒、有害食品罪中有关非食品性物质类型	
假蜂蜜	1
毒死的狗	6
空心胶囊	7
病死猪肉	1

将这三种犯罪中涉及的非食品性物质进行整体统计,主要包括5种,具体内容见图6-1-7:

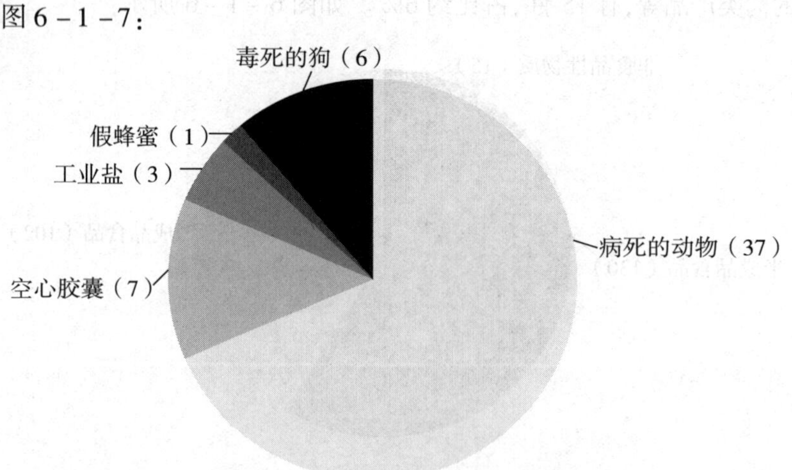

图6-1-7 非食品性物质各具体类型

(5)结论及问题

上述该三种犯罪在其犯罪对象所涉及的“食品”中,无论是成品食品还是半成品食品,基本上都属于大众日常生活消费品。作成品与半成品的界分分析,主要是看其在各罪中分别占的比例。一般来说,犯罪对象是成品食品的,由于其具有可直接食用性,社会危害性相较于半成品食品会更大一些,在量刑上会有所考量,但对定罪没有影响。此处经类型分析后凸显的问题主要是病死动物、毒死的狗等“非食品性物质”,如果这些物质作为生产、销售有毒、有害食品罪的犯罪对象,还可以得到解释,但其也成了生产、销售伪劣产品罪以及生产、销售不符合安全标准的食品罪的犯罪对象。对此,在现行刑法规定中该如何解读?

2.“食品”的检测认定

检测报告是惩治危害食品安全犯罪中认定犯罪对象——“食品”是否符合犯罪构成要件所要求达到的“法定要求”的重要证据之一。在统计这491份裁判文书的过程中,笔者发现竟存在完全没有提到检测报告的情况,即证据列表里没有检测报告,裁判文书中也没有出现“经检验”这三个字。但绝大部分的裁判文书提及了检测报告。这又分为三种情况:一是检测报告由行政机关作出;二是检测报告由非行政机关即主要是一些公司性质的检验机构作出;三是作出检测报告的检验机构不详。① 为清晰明确起见,笔者对这三种犯罪分别加以统计,先统计是否有检测报告,再对作出检测报告的机构进行分类,最后对作出检测报告的行政机关进行再分类,具体整理步骤如图6-1-8所示。②

① 此处的第三种情况在裁判文书中表现为,证据列表中只是简单地列出了检验报告作为证据,没有提到检验机构的名称,或者是只有“经检验”这三个字,对检验机构未作说明。

② 在本次统计中,检验机构的性质分为三类:行政机关、非行政机关、不详,行政机关主要是一些政府官方建议机构,比如××市(县)产品质量监督检验所;非行政机关主要是一些民间的公司性质的检验机构,比如××市××检测技术有限公司;不详主要指裁判文书中仅仅提到了检验报告或者仅有“经检验”三个字,并未涉及检验机构的名称。行政机关性质中的检验机构按照行政级别分为三类:省(部)级、市级、县级,一般是带有××省(市/县),比如湖南省动物疫病预防控制中心检验,其中对于很多××省(市)质量技术监督局下属的××质量技术监督所,并非级别降低,而是为了提供技术支持,单独在外设立的,其行政级别依然与质量技术监督局一样。

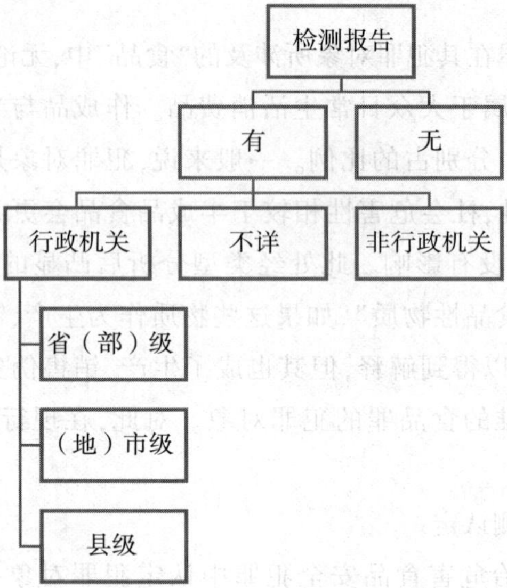

图 6－1－8　检测报告整理步骤

(1)生产、销售伪劣产品罪中“食品”检测认定情况

在涉及生产、销售伪劣产品罪的 54 份裁判文书中,完全没有提到检测报告的有 20 份,占比约 37%;提及检测报告的有 34 份,占比约 63%。如图 6－1－9 所示:

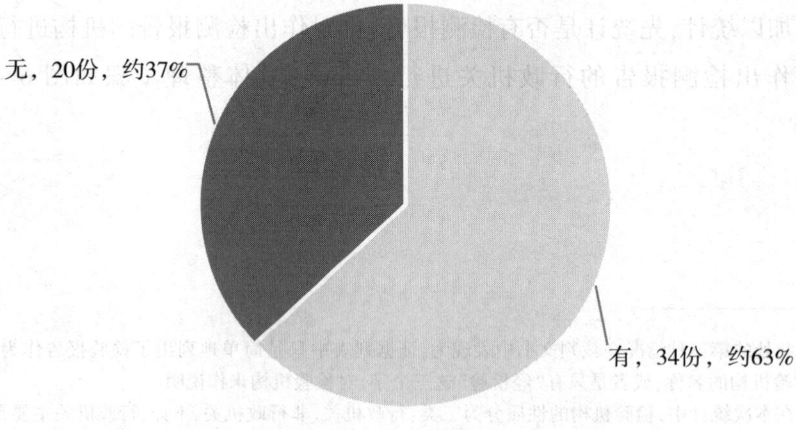

图 6－1－9　生产、销售伪劣产品罪中检测报告有无情况

在涉及检测报告的 34 份裁判文书中,作出检测报告的主体分为三类:行政机关有 27 份,占比约 79%;非行政机关有 1 份,占比约 3%;不详的有 6 份,占比

约18%。如图6－1－10所示：

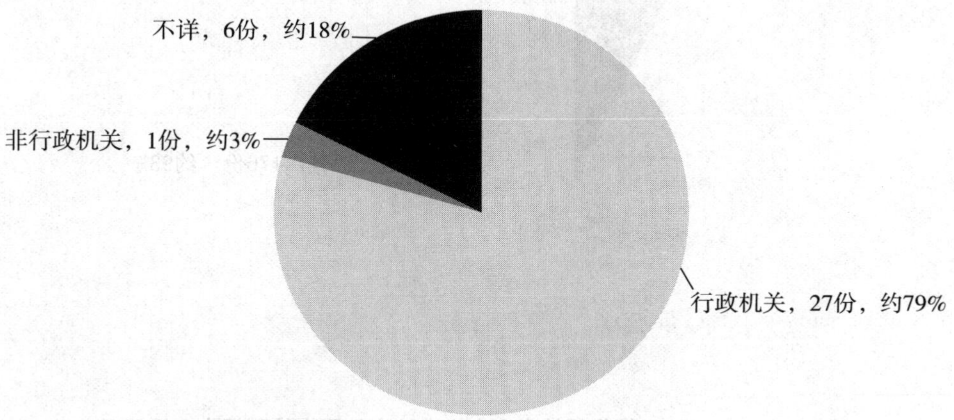

图6－1－10　检验机构的分类情况

在由行政机关检验机构作出的27份检测报告中，按照级别又分为三类：省（部）级的有14份，占比52%；（地）市级的有10份，占比约37%；县级的有3份，占比约11%。如图6－1－11所示：

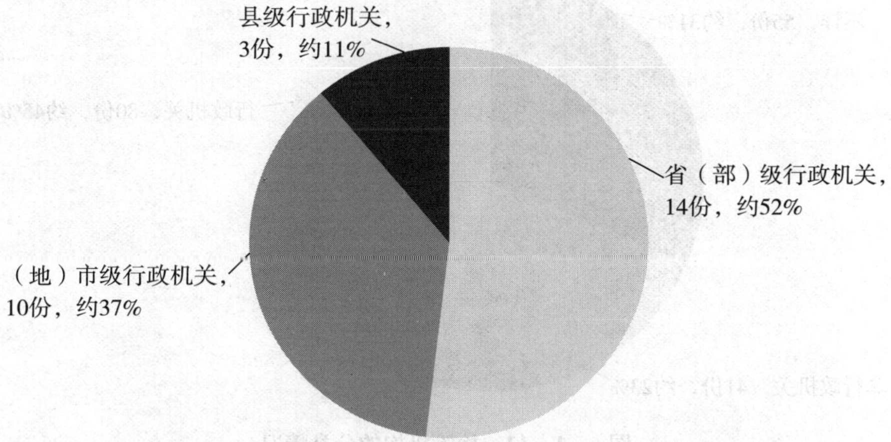

图6－1－11　检验机构的行政级别

（2）生产、销售不符合安全标准的食品罪中"食品"检测认定情况

在涉及生产、销售不符合安全标准的食品罪的190份裁判文书中，提及检测报告的有176份，占比约93%；没有提及的有14份，占比约7%。如图6－1－12所示：

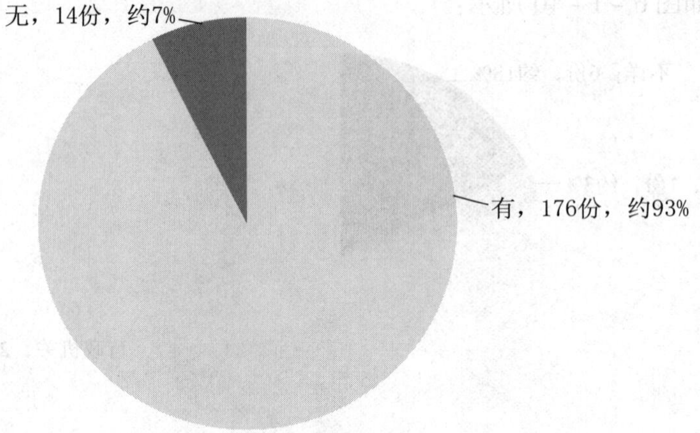

图6－1－12　生产、销售不符合安全标准的食品罪中检测报告有无情况

在提及检测报告的176份裁判文书中，检测报告作出机构的性质有三类：行政机关作出的有80份，占比约45%；非行政机关作出的有41份，占比约23%；不详的有55份，占比约31%。如图6－1－13所示：

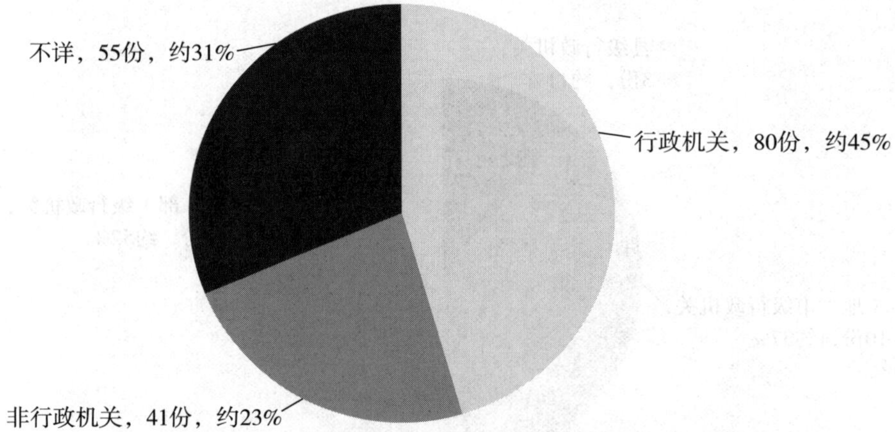

图6－1－13　检验机构的分类情况

在由行政机关检验机构作出检测报告的80份裁判文书中，按行政级别又分为三类：省（部）级的有47份，占比约59%；（地）市级的有16份，占比约20%；县级的有17份，占比约21%。如图6－1－14所示：

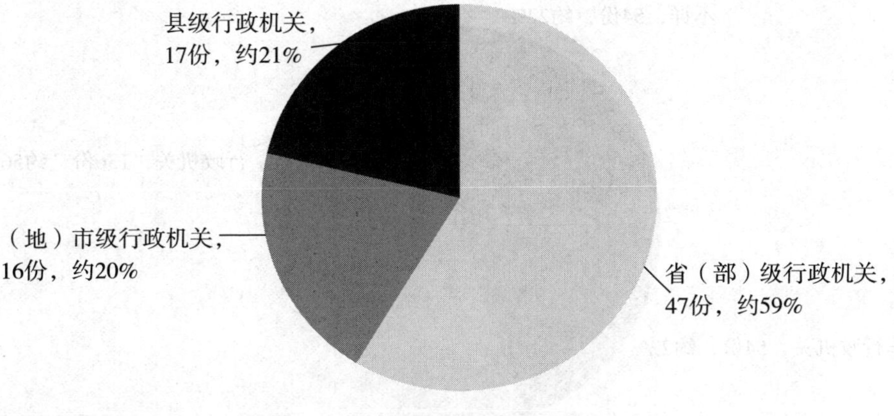

图 6－1－14　检验机构的行政级别

(3)生产、销售有毒、有害食品罪中“食品”检测认定情况

在涉及生产、销售有毒、有害食品罪的 247 份裁判文书中，提及检测报告的有 244 份，占比约 99%；没有提及检测报告的有 3 份，占比约 1%。如图 6－1－15 所示：

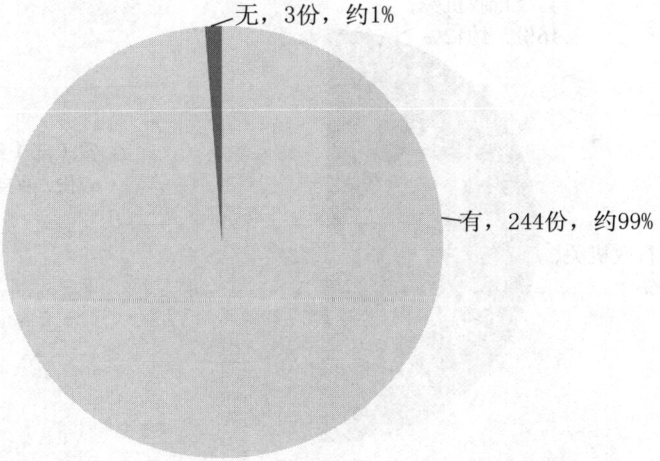

图 6－1－15　生产、销售有毒、有害食品罪中检测报告有无情况

按照检测报告作出机构的性质，可以分为三类：行政机关作出的有 136 份，占比约 56%；非行政机关作出的有 54 份，占比约 22%；不详的有 54 份，占比约 22%。如图 6－1－16 所示：

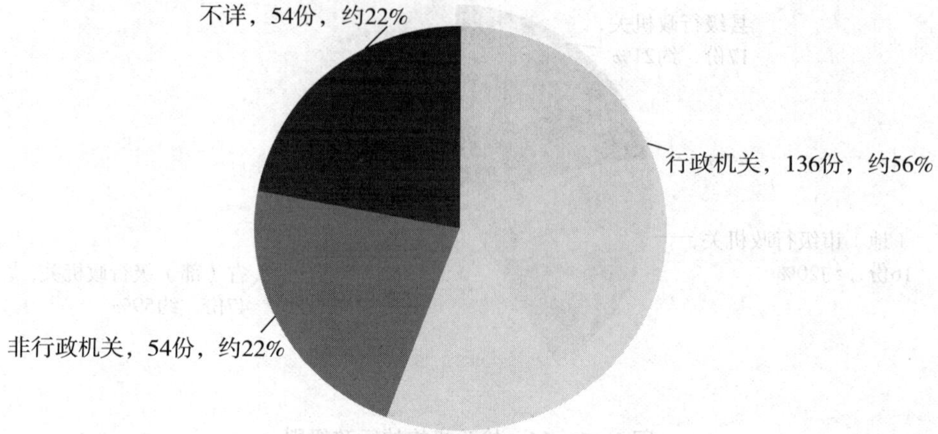

图 6－1－16　检验机构的分类情况

在由行政机关检验机构作出检测报告的 136 份裁判文书中，按行政级别又可分为三类：省(部)级的有 67 份，占比约 49%；(地)市级的有 53 份，占比约 39%；县级的有 16 份，占比约 12%。如图 6－1－17 所示：

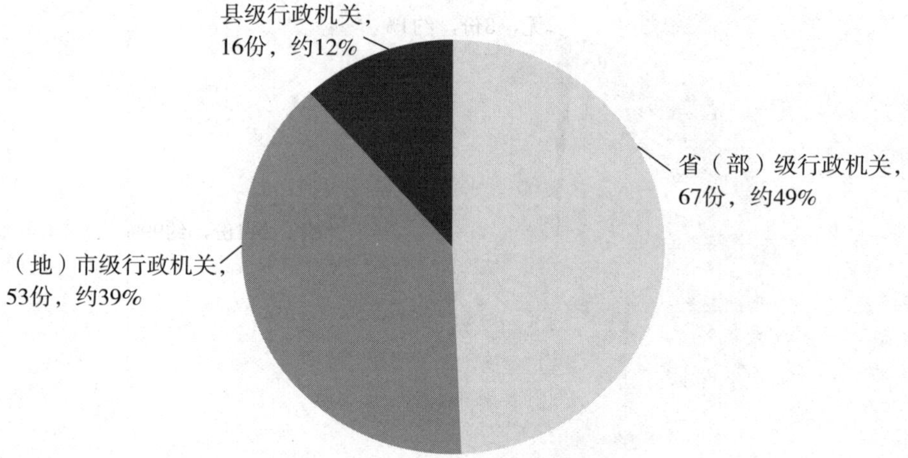

图 6－1－17　检验机构的行政级别

(4)结论及问题

综上，该三种犯罪一共涉及 491 份裁判文书。其中，提到检测报告的有 454 份，完全没有提到检测报告的有 37 份。在这 454 份检测报告中，由行政机关作出的有 243 份，由非行政机关作出的有 96 份，检验机构不详的有 115 份。在这 243 份由行政机关作出的检测报告中，按照行政级别划分，省(部)级的有 128

份,(地)市级的有79份,县级的有36份。

我们知道,某种物质是否属于食品,一般只需要作出常识性判断;但判断某种“食品”是否属于伪劣食品、不符合安全标准的食品或者有毒、有害食品,仅有常识是不够的,还需要通过一定的科学检测手段才能得出结论。上述三罪在涉及“食品”性质(是否属于犯罪构成要件所要求的伪劣食品、不符合安全标准的食品以及有毒、有害食品)的检测认定方面,由于其攸关某种“危害食品安全”的行为是否构成犯罪以及构成何种犯罪的重大问题,我们才作了这样的细致分类。由此凸显的问题主要是:那些没有任何检测报告仅凭一般常识以及一份带有商业性质的检测报告或级别较低的行政机关的检测报告就“决定”了“食品”的性质,以及仅凭一纸检测报告证明被检测对象含有某些不符合安全标准或法律、法规禁止添加、使用的物质,就确认其属于“足以造成严重食物中毒事故或者其他严重食源性疾病”或“有毒、有害的非食品原料”,从而决定了某种行为是否构成犯罪以及何种犯罪,这些做法是否超越了刑法的规定并有悖罪刑法定原则?

3. 危害行为发生的时空

对危害食品安全犯罪的时空要素进行类型化整理,主要是想探究相关犯罪行为主要发生在食品加工、销售、贮运(贮存、运输)的哪些环节中?[①]

(1)生产、销售伪劣产品罪中行为发生环节

在生产、销售伪劣产品罪中,去掉1个减刑裁定书,[②]还剩下53件案例。对这些案例,经统计得出:发生在加工环节的有45件;发生在销售环节的有7件;发生在贮运环节的有2件。[③] 如图6 1 18所示:

---

① 统计规则为:行为人既加工又销售的,统计为加工;行为人既加工销售又贮运的,统计为加工;行为人既销售又贮运的,统计为销售;行为人仅贮运的,统计为贮运。在有的共同犯罪中,主犯通常负责加工销售,而存在运输的从犯,这种情况下也统计为贮运。这样一个案例可能会统计两次或以上。在我们统计的案例中,更多的是表现为一种两个或以上的行为人故意违法加工销售食品,而对于进行运输或贮存的行为人通常为从犯,不涉及加工销售环节。如果主犯自己既加工又销售还贮运,我们计算在加工或销售之内。

② 参见河南省郑州市中级人民法院刑事裁定书,(2016)豫01刑更58号。

③ 参见福建省漳州市中级人民法院刑事裁定书,(2014)漳刑终字第290号。这一案例既涉及加工销售,又涉及运输,所以统计了两次。

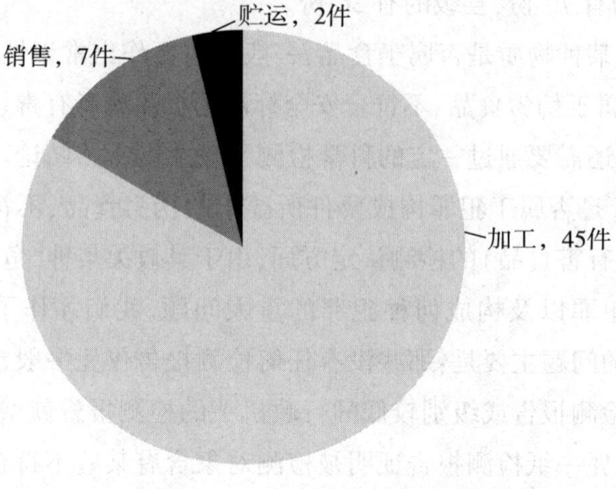

图 6-1-18　生产、销售伪劣产品罪中行为发生环节

(2)生产、销售不符合安全标准的食品罪中行为发生环节

在生产、销售不符合安全标准的食品罪中,经统计得出:发生在加工环节的有 180 件;发生在销售环节的有 9 件;发生在贮运环节的有 1 件。[①] 如图 6-1-19 所示:

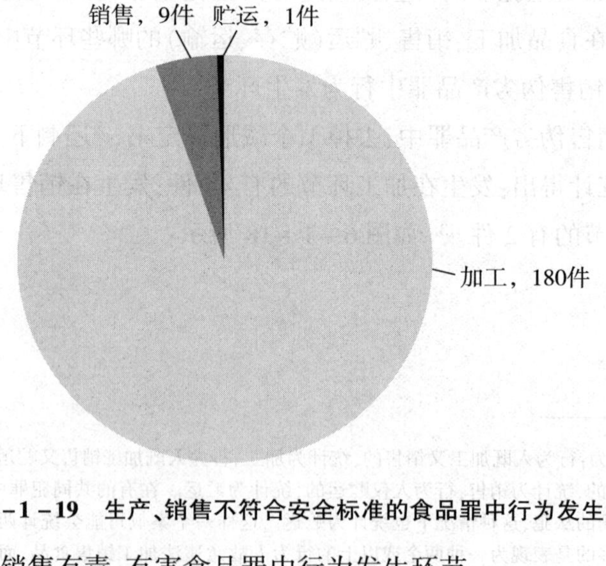

图 6-1-19　生产、销售不符合安全标准的食品罪中行为发生环节

(3)生产、销售有毒、有害食品罪中行为发生环节

在生产、销售有毒、有害食品罪中,经统计得出:发生在加工环节的有 243

① 参见湖南省邵阳县人民法院刑事判决书,(2015)阳刑初字第 118 号。

件;发生在销售环节有4件;发生在贮运环节为0件。如图6-1-20所示:

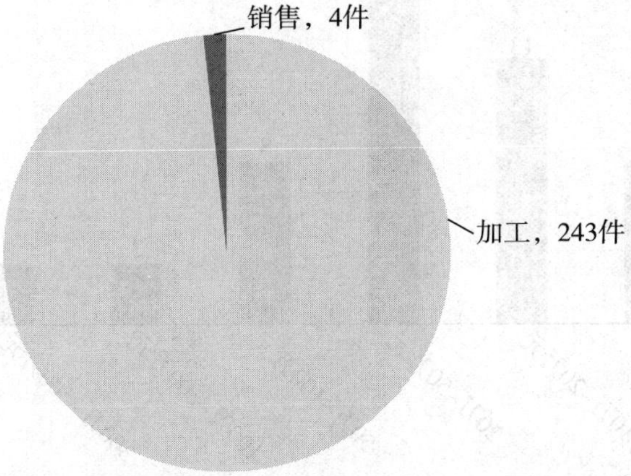

图6-1-20 生产、销售有毒、有害食品罪中行为发生环节

(4)结论及问题

在这三种犯罪中,通过对犯罪行为处于加工、销售、贮运哪个环节进行整理统计后结果如下:发生在加工环节的案例数为468件,发生在销售环节的案例数为20件,发生在贮运环节的案例数为3件。由此可见,绝大多数发生在食品的加工环节,少数发生在销售环节,极个别的发生在贮运环节。这里突显的问题是,作为刑法明确规定的相关犯罪构成要件的"生产、销售"或"生产、销售者"在具体的案件事实中究竟该如何被解读,其是指一种行为方式,还是指一种行为的时空要素,抑或指一种针对所有危害食品安全的"概括性行为",以及应否包含"运输、贮存"等含义?

4.犯罪数额的认定

(1)生产、销售伪劣产品罪中的犯罪数额

依据《刑法》第140条的规定,生产、销售伪劣产品罪是结果犯,成立犯罪的最低数额标准是销售金额5万元。根据笔者的统计,在这54件案例中还没有发现销售金额低于5万元的裁判文书。根据这些案件的实际情况,笔者将生产、销售金额具体确定为7个档次,分别为:5万元到10万元、10万元到20万元、20万元到50万元、50万元到100万元、100万元到300万元、300万元到500万元、500万元以上,统计规则为 $a \leqslant X < b$,即只包括下限而不包括上限。具体统计数据见图6-1-21:

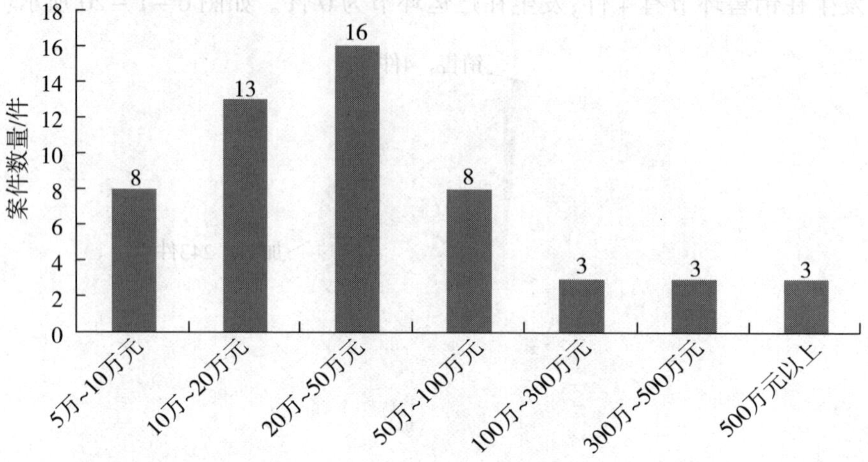

图6-1-21 生产、销售伪劣产品罪犯罪数额对应案件数量

(2)生产、销售不符合安全标准的食品罪中的犯罪数额

根据《刑法》第143条的规定,生产、销售不符合安全标准的食品罪是危险犯,成立犯罪的构成要件中没有数额因素的要求。从裁判文书的具体内容看,此罪涉及的生产、销售数额一般比较小,而且大部分未明确写出数额。笔者统计的这190件案例中,涉及详细数额的只有22件,占比约11.58%。具体情况见图6-1-22:

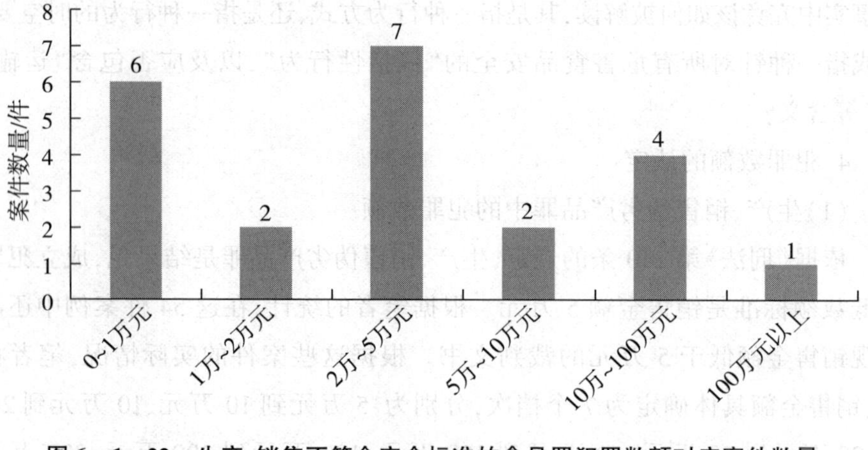

图6-1-22 生产、销售不符合安全标准的食品罪犯罪数额对应案件数量

(3)生产、销售有毒、有害食品罪中的犯罪数额

依据《刑法》第144条的规定,生产、销售有毒、有害食品罪是行为犯,成立犯罪的构成要件中当然不会有数额因素的要求。在这247件案例中,只有54件裁判文书写出了具体的生产、销售金额,占比约21.86%,而且涉及的数额相对较少。如图6-1-23所示:

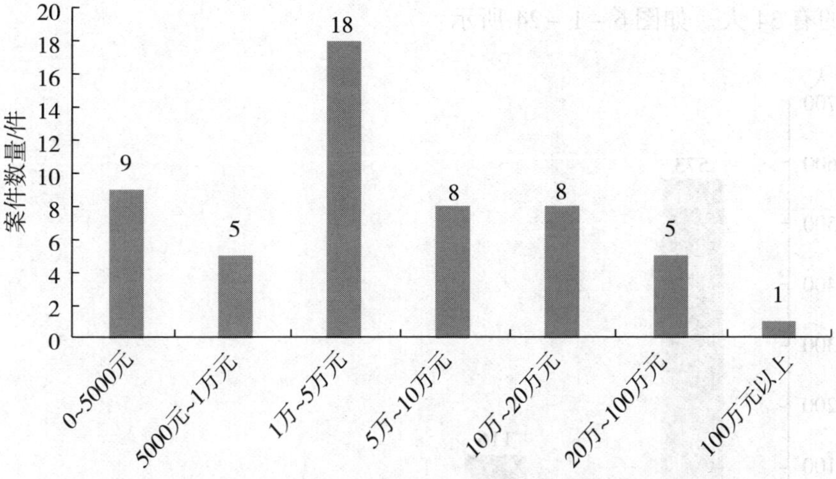

图6-1-23 生产、销售有毒、有害食品罪犯罪数额对应案件数量

(4)结论及问题

犯罪数额在上述三种犯罪之构成要件中的意义是不同的:在生产、销售伪劣产品罪中,犯罪数额是成立犯罪的必备要件;在生产、销售不符合安全标准的食品罪以及生产、销售有毒、有害食品罪中,犯罪数额则不具有犯罪构成要件的意义,只具有量刑上的考量价值。样本案例反映出来的情形和法律规定的情况是一致的。这里凸显的问题主要是犯罪数额在后两种犯罪(作为危险犯的生产、销售不符合安全标准的食品罪以及作为行为犯的生产、销售有毒、有害食品罪)中的隐形价值。如果无证据证明"足以造成严重食物中毒事故或者其他严重食源性疾病"或现有的检测手段或标准无法检测或确定某类物质是不是"有毒、有害的非食品原料",行为是否构成犯罪,数额就成了一个必备要件。此时,生产、销售伪劣产品罪是不是后两罪的"兜底性条款"? 在这种情况下,如何界定它们之间的区别,以保证罪名适用的妥当性?

(三)相关刑罚司法裁量情况

1. 三罪罚金刑适用情况①

在对危害食品安全犯罪的罚金数额整体情况加以统计的过程中,为了保证数据统计的准确性与直观性,笔者将罚金数额分为4个档次,分别为:0至5万元的有573人;5万至20万元的有116人;20万至50万元的有41人;50万元以上的有34人。如图6-1-24所示:

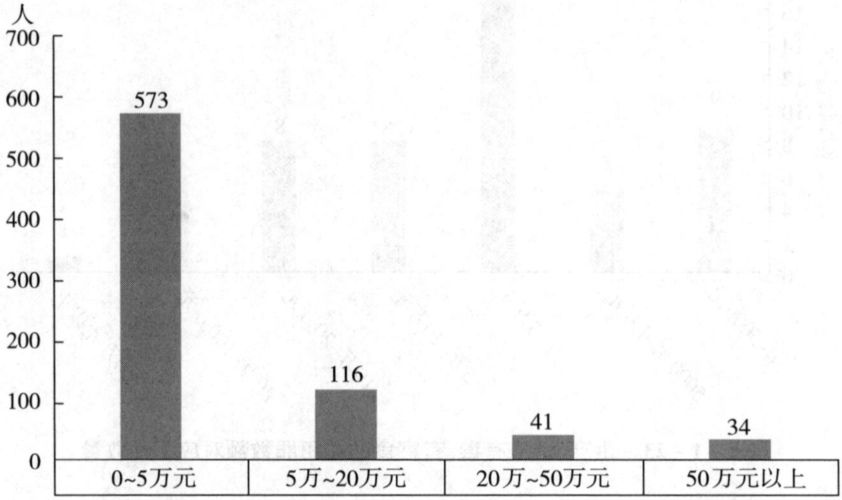

图6-1-24　三罪罚金刑适用情况

2. 三罪拘役、有期徒刑等适用情况②

经对这三种罪所判刑罚进行总体分析,笔者发现:免予处罚的有5人;拘役的有89人;有期徒刑6个月至1年的有210人;有期徒刑1年至3年的有138人;有期徒刑3年至10年的有38人;有期徒刑10年至15年的有9人;无期徒刑的有0人。如图6-1-25所示:

---

① 鉴于统计案件样本中没有涉及没收财产刑的情况,故直接对这三种具体犯罪案件中各案被告人被判处的罚金刑进行统计,即以被判处罚金的被告人(自然人)为对象进行统计,按自然人个数统计而不是案件个数统计。统计规则为 $a \leq X < b$,即包括下限不包括上限。因为将免予处罚的剔除在外,所以第一个区间值0~5万元,既不包括5万元也不包括0元,其他的区间符合 $a \leq X < b$ 的统计规则。

② 这491个案例中有一些是共同犯罪,遇到共同犯罪的情况仅统计主犯的刑期。统计规则为 $a \leq X < b$,即包括下限不包括上限。

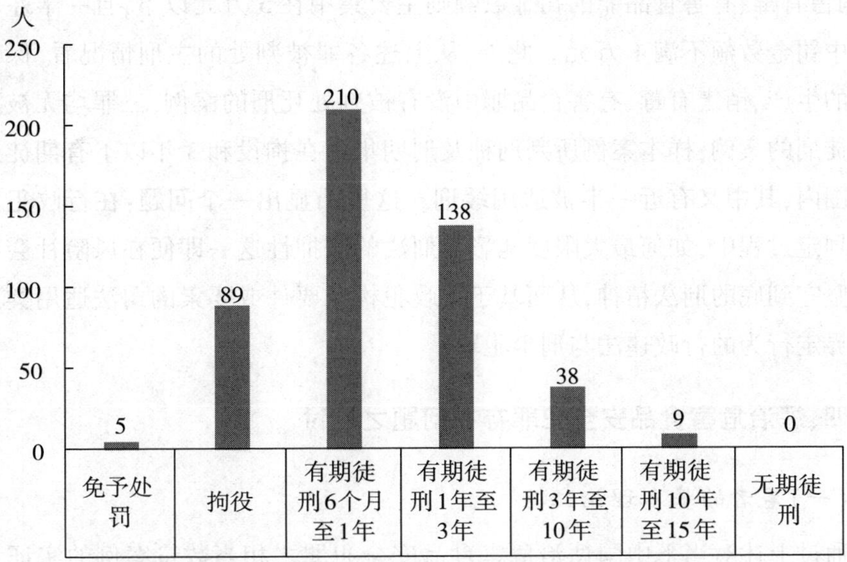

图 6－1－25　三罪的犯罪刑罚适用情况

其中,被判处拘役、3 年以下有期徒刑适用缓刑的情况如图 6－1－26 所示。

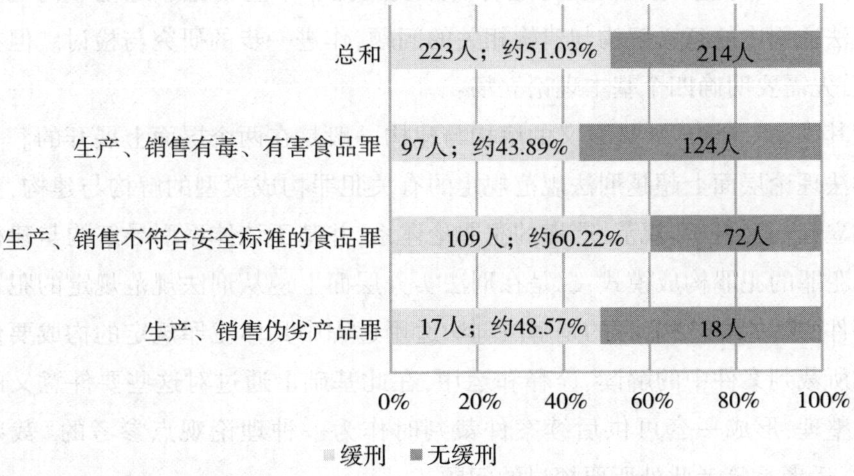

图 6－1－26　被判处拘役、3 年以下有期徒刑适用缓刑情况

3. 结论及问题

从上述各犯罪适用罚金刑的情况可见,罚金刑是在处罚危害食品安全犯罪中被普遍适用的刑罚,罚金数额主要集中在 5 万元左右,但生产、销售伪劣产品罪的罚金数额集中在 5 万～10 万元,生产、销售不符合安全标准的食品罪和生产、销售有毒、有害食品罪的罚金数额则主要集中在5万元以下,且一半左右的案例中罚金数额不满1万元。此外,从上述各罪被判处的主刑情况看,保留了死刑的生产、销售有毒、有害食品罪中没有被判处死刑的案例,三罪均无被判处无期徒刑的案例,样本案例所判刑种及刑期集中在拘役和3年以下有期徒刑这一范围内,其中又有近一半被适用缓刑。这里凸显出一个问题:在行政犯犯罪圈的划定过程中,如何最大限度地彰显刑法的谦抑性这一即便在风险社会中也必须坚守到底的刑法精神,从而基于行政犯构成要件或要素的司法适用类型去妥当界定行为的行政违法与刑事犯罪?

四、惩治危害食品安全犯罪存在问题之检讨

(一)笔者的基本理论立场

通过上述对当下中国惩治危害食品安全犯罪之相当数量案例的实证考察与分析,可以发现问题颇多。碍于篇幅关系,并基于通过对危害食品安全犯罪构成要件司法适用类型整理,以在理论上提出可供司法机关参考的"构成要件裁判类型"的考量,笔者仅就与危害食品安全犯罪中主要犯罪之犯罪构成要件在司法适用中的意义解构与建构相关的问题,作进一步的研究与检讨。但在这里,首先需要明确四个基本理论立场:

其一,犯罪构成要件意义的解构与建构一般是在两个层面上展开的。一是在刑法理论层面上超越刑法规范规定的有关犯罪构成模型的解构与建构,目的是建立起一套科学、规范、严谨的犯罪论体系,并基于该体系引导解构与建构各具体犯罪的犯罪构成模式;二是在刑法实务层面上遵从刑法规范规定的犯罪构成要件的解构与建构,目的是解决刑法适用过程中具体犯罪规定的构成要件意义在所裁判案件中的解读、诠释和运用,在此基础上通过对这些要件意义的类型化整理,形成一套可供后续案件裁判时作为一种理论观点参考的"裁判类型"。后者是笔者此处所要探讨的问题。

其二,对危害食品安全犯罪各种犯罪之犯罪构成要件进行解构与建构的主要依据是"法律规定"。由于危害食品安全犯罪是行政犯罪,"基于我国'一元式'刑事立法的特点,'行政犯罪'系指违反行政法律法规并且被刑法规定为犯罪的行为。表现为违反了行政法律法规,并且一般是在情节严重或造成一定的损失或其他后果的情形下,量变引起质变,被刑法规定为犯罪。故行政犯罪具

有‘二次违法’的性质——先是违反了行政法，尔后又违反了刑法”[①]。所以，这里作为解构与建构主要依据的“法律规定”，除了刑法规定之外，必然会有大量的相关行政法规定参与其中。其中最典型的，也是最重要的，就是那些被刑法规定并作为犯罪构成要件或要素“概念”的解构与建构。也就是说，在刑法对那些“概念”进行犯罪构成意义上的概念类型化之前，行政法已经对它们进行了行政违法行为意义上的概念类型化。行政违法行为的构成要件实际上是作为行政犯罪行为的基础构成要件而存在的，或者说行政犯罪行为构成要件的设置是在行政违法行为构成要件的基础上建构而成的。行政犯罪中的“概念类型”实际上在被犯罪化之前就已经被行政违法行为定型化、格式化了。行政犯罪行为的构成实际上是在行政违法行为构成的质的类型化之基础上的量的增加。这就导致了行政违法行为与行政犯罪行为在构成要件的行为类型上存在一定的重叠现象，所以，对行政犯罪中所涉及“概念类型”意义的解构与建构，与其说是依据刑法规定进行诠释，毋宁说需要刑法与行政法共同作用才能完成。

其三，在刑事裁判过程中，当我们在刑法所规定的某种具体犯罪之犯罪构成的要件或要素与当下所裁判之案件中具体事实要素之间进行“符合性”比对的时候，一般会得出三种结论：案件事实要素与构成要件或要素完全匹配；案件事实要素与构成要件或要素基本匹配；案件事实要素与构成要件或要素部分匹配。[②] 类似于卡多佐在《司法过程的性质》一书中总结的普通法传统下法官日常处理的三类案件：第一类，案件的事实与规则均甚简明，“争议的中心并非法律规则而只是对事实如何适用法律规则的案件来说……是其背景和阴影”[③]，这些“案件只有一条路，一种选择”[④]。第二类，事实是明晰的，“规则也是确定的，只是规则的适用令人怀疑”[⑤]。“当然，这些案件以及其他一些类似的案件常常在法官当中引发不同的意见。然而，不论结果如何，却未触动法理。”[⑥]第三类，

---

① 张心向：《我国知识产权刑事保护现象反思——基于实体法规范的视野》，载《南开学报（哲学社会科学版）》2010 年第 4 期。

② 更详细的分析，参见张心向：《在遵从与超越之间——社会学视域下刑法裁判规范实践建构研究》，法律出版社 2012 年版，第 349 ~365 页。

③ [美]本杰明·卡多佐：《司法过程的性质》，苏力译，商务印书馆 2013 年版，第 99 页。

④ [美]本杰明·N. 卡多佐：《法律的成长：法律科学的悖论》，董炯、彭冰译，中国法制出版社 2002 年版，第 34 ~35 页。

⑤ [美]本杰明·卡多佐：《司法过程的性质》，苏力译，商务印书馆 2013 年版，第 100 页。

⑥ [美]本杰明·卡多佐：《司法过程的性质》，苏力译，商务印书馆 2013 年版，第 100 页。

案件的数量很少,但"这些案件的决定对未来很有价值,它们将推进或延滞法律的发展"[①],"是司法过程中创造性因素发现自己的机遇和力量的案件"[②]。"在这里,开始起作用的就是对判决的平衡,是对类比、逻辑、效用和公道等考虑因素的检验和分类整理。"[③]据此,笔者在本文中拟根据"规范"与"事实"之间的"对应关系"程度(刑法所规定的犯罪构成要件或要素与所裁判案件中具体事实要素之间作"符合性"判断时的"匹配程度"),将危害食品安全犯罪之犯罪构成要件或要素在样本案例事实中呈现出来的具体适用情况整理成典型适用类型、亚典型适用类型和非典型适用类型三种类型。其中,典型适用类型表现为刑法规定的犯罪构成要件或要素与案件具体事实要素之间完全匹配,对于这种类型,在裁判时直接运用三段论演绎推理就可得出唯一结论。亚典型适用类型表现为刑法规定的犯罪构成要件或要素与案件具体事实要素之间基本匹配,这就意味着还有少许不匹配的情形存在。对于这种类型,在裁判时一般情况下运用三段论演绎推理就可推出一个大致"合理"的结论,即便案件裁判过程中可供作为具体案件事实小前提选择的构成要件大前提答案可能不是唯一的,但总的来说还能够在意思相近或相似的答案中选择一个相对最合理的答案。非典型适用类型表现为刑法规定的犯罪构成要件或要素与案件具体事实要素之间部分匹配,这就意味着还有相当一部分不匹配的情形存在。这种不匹配不仅是形式意义上的,有时还往往含有某些实质内容上的纠结。在这类案件中,要在作为大前提的犯罪构成要件与作为小前提的具体案件事实因素之间建立起三段论式的逻辑推理关系,就是一件极其困难的事情。因为不仅可供选择的裁判大前提绝对不是唯一的,而且彼此之间往往不会意思相近或相似,在其中选择一个相对合理的答案,就意味着对其他答案的背离或否定,故而在这种类型的裁判中必须借助类比推理等因素才能在大、小前提之间建立起某种关联关系,以判断它们之间的匹配度,进而确定裁判的依据,而这种最终裁判依据的决定与前两种类型相比是带有明显的价值判断因素的,有时还可能关涉与罪刑法定相关的刑事法治问题,故对未来的影响意义较大,它们将推进或延滞刑法在某些方面的发展及相关功能作用的发挥。

---

① [美]本杰明·卡多佐:《司法过程的性质》,苏力译,商务印书馆2013年版,第100页。

② [美]本杰明·卡多佐:《司法过程的性质》,苏力译,商务印书馆2013年版,第100页。

③ [美]本杰明·卡多佐:《司法过程的性质》,苏力译,商务印书馆2013年版,第100页。

其四,在分析危害食品安全各种犯罪之犯罪构成要件或要素所涉及的抽象概念类型在具体案件中的形象表现(具体事实情形与该罪法律规定的构成要件或要素的概念类型是否“符合”)时,笔者主要运用概念思维和类型思维这两种思维模式。在概念思维层面,主要分析刑法规定的犯罪构成要件或要素与案件事实要素之间是否存在以注释概念含义为核心的逻辑涵摄关系;在类型思维层面,主要从事物本质意义上分析刑法规定的犯罪构成要件或要素与案件事实要素之间是否存在因可以归类而能够“等置”为“同一类型”的逻辑关系。这里需要进一步强调的是,在某些情况下,只有从“事物本质”出发进行思考,才能将刑法规定的犯罪构成要件与具体案件的事实要素拉入同一个层面,从而才能以事物本质为评判价值去衡量二者可否归于同一类型。这样,二者之间不再是概念思维中的“精准的”形式逻辑关系(一种具体案件的事实要素只要具备刑法规定的全部构成要件的要素,就可被涵摄于该构成要件之下),而是一种类型思维中的“模糊的”类比逻辑关系(由于二者在本质上存在归类可能而被以较高或较低的程度进行比对式“归类”“等置”为“同一类型”,或由于不能“归类”“等置”而彼此区隔)。①

(二)“食品”的司法适用类型

“食品”是危害食品安全犯罪中的一个重要概念,但其概念含义并不由刑法规定,而是由《食品安全法》规定。《食品安全法》第 150 条明确规定:“……食品,指各种供人食用或者饮用的成品和原料以及按照传统既是食品又是中药材的物品,但是不包括以治疗为目的的物品。”从笔者对上述案例所作的实证分析中可以看出,在“成品食品”和“半成品食品”类型中的绝大多数食品是大众日常食用消费品,其具体食品种类是上述食品概念绝对可以涵摄的。问题主要出在“非食品性物质”上,即病死动物、空心胶囊、工业盐、假蜂蜜、毒死的狗等是否可以成为所有危害食品安全犯罪的犯罪对象?从上述实证分析数据可知,这些“非食品性物质”在生产、销售伪劣产品罪中主要表现为病死动物肉,共有 11 件案例,占该罪样本案例的约 20%;在生产、销售不符合安全标准的食品罪中主要表现为病死动物肉及工业盐等,共有 28 件案例,占该罪样本案例的约 15%;在生产、销售有毒、有害食品罪中主要表现为假蜂蜜、毒死的狗、空心胶囊、病死猪

① 参见张心向:《刑事裁判思维中的犯罪构成论——一种方法论意义上的思考》,载《东方法学》2014 年第 6 期。

肉等,共有15件案例,占该罪样本案例的约6%。

这些在样本案例事实中存在的"非食品性物质",作为生产、销售伪劣产品罪,生产、销售不符合安全标准的食品罪以及生产、销售有毒、有害食品罪的犯罪对象,是否存在法律适用上的问题?

首先,在生产、销售有毒、有害食品罪的构成要件中,无论是在生产、销售的"食品中掺入有毒、有害的非食品原料"还是销售"掺有有毒、有害的非食品原料的食品",这里的犯罪对象具体指涉的既不是《食品安全法》意义上的"食品",也不是脱离了"食品"存在的纯粹"有毒、有害的非食品原料",而是一种在《食品安全法》意义上的"食品"中掺入了有毒、有害的非食品原料的"物质"。由于被掺入了有毒、有害的非食品原料,所以这种"物质"是不能作为食品的,当然更不能食用或饮用,否则会危及人身健康甚至生命。

其次,病死动物的肉及其制品等"非食品性物质"用作其他用途未必有毒、有害,但作为食品绝对是有毒、有害的。这如同某些"非食品原料",如果单纯用作其他用途未必一定是有毒、有害的,但作为食品添加剂就是有毒、有害的,因而可以认为是一种有毒、有害的"非食品物质"或"非食品原料"。问题是单纯有毒、有害的"非食品原料"本身可否成为生产、销售有毒、有害食品罪的犯罪对象?从概念思维的层面看,作为生产、销售有毒、有害食品罪规定的构成要件的犯罪对象是"被掺入了有毒、有害的非食品原料的物质"的所谓"食品",其由《食品安全法》意义上的"食品"和"有毒、有害的非食品原料"(禁止使用的食品添加剂)这两部分混合而成。病死动物的肉及其制品等"非食品性物质"可以被认为全部都是"有毒、有害的非食品原料",其中不包含任何《食品安全法》意义上的"食品"成分,因而二者之间不能形成以注释概念含义为核心的逻辑涵摄关系,故从概念思维解读的层面看,单纯有毒、有害的非食品物质不符合生产、销售有毒、有害食品罪规定的犯罪对象构成要件之要求。但如果从类型思维的层面看,二者具有相同的本质意义,即二者均具备毒害性及非食用性。前者表现为"被掺入了有毒、有害的非食品原料的物质"的所谓"食品",后者是在具体的案件事实中被作为食品对待,因而可以归类为"同一类型",进而存在实质上的符合性。由于后者的毒害性要远远重于前者的毒害性,这里作出的实质上"符合"的判断依据,从刑法解释方法上讲应属于当然解释中的"举轻以明重"。"举轻以明重意味着,如果刑法将较轻的甲行为规定为犯罪,那么,比甲行为更严重的乙行为,应当构成犯罪;如果刑法对较轻的甲行为规定了重处罚,那么,比甲行为更严重的乙行为,也应当受到重处罚。”①

再次,如果我们在均具备毒害性及非食用性这一本质意义上,把病死动物的肉及其制品等“非食品性物质”与“被掺入了有毒、有害的非食品原料的物质”的所谓“食品”归类为“同一类型”,从而得出病死动物的肉及其制品等可以成为生产、销售有毒、有害食品罪的犯罪对象,这是否就意味着所有单纯有毒、有害的“非食品原料”本身都可以成为生产、销售有毒、有害食品罪的犯罪对象?我们的回答是否定的。单纯有毒、有害的“非食品原料”只有在被当作、视为或有可能被当作、视为“食品”的情况下,如样本案例中的病死动物的肉及其制品等,才能认为符合生产、销售有毒、有害食品罪的犯罪对象要件之要求。也就是说,只有在被作为或可能被作为“食品”的情况下,才会在毒害性及非食用性这一意义上具有本质上的同类或一致。所以,单纯的法律禁止作为食品添加剂的物质在没有被掺入食品“混合”之前或单独不可能被当作食品看待的情况下,不能成为生产、销售有毒、有害食品罪的犯罪对象,如“瘦肉精”。

最后,笔者认为,司法实务中将大量生产、销售病死动物的肉及其制品的行为以生产、销售有毒、有害食品罪论处,在现有法律规定的框架内是妥当的。以生产、销售伪劣产品罪论处存在的主要问题是:病死动物的肉及其制品等显然不属于伪劣产品(这里是“伪劣食品”)中的“劣质食品”,但是否可以认为是“伪装食品”,即“以假充真”对象中的“以不具有某种使用性能的产品冒充具有该种使用性能的产品”②?笔者认为不可以,这里的“以假充真”中的“产品”仅指假的产品,但不可以包括有毒害性的产品,这也是生产、销售伪劣产品罪是结果犯,而生产、销售有毒、有害食品罪是行为犯的主要原因,二者在犯罪对象上有本质区别。以生产、销售不符合安全标准的食品罪论处存在的主要问题是:病死动物的肉及其制品本身就不是食品,当然就不存在其是否符合食品安全标准的问题。生产、销售不符合安全标准的食品罪的犯罪对象是不符合《食品安全法》意义上的安全标准的食品,不是具有毒害性的物质,所以,对生产、销售病死动物的肉及其制品的行为以生产、销售不符合安全标准的食品罪论处,有悖该罪的犯罪对象这一构成要件。据此,《关于办理危害食品安全刑事案件适用法

① 张明楷:《刑法学中的当然解释》,载《现代法学》2012年第4期。

② 参见最高人民法院、最高人民检察院《关于办理生产、销售伪劣商品刑事案件具体应用法律若干问题的解释》(法释〔2001〕10号)第1条第2款。

律若干问题的解释》第1条第2项中规定的生产、销售“属于病死、死因不明或者检验检疫不合格的畜、禽、兽、水产动物及其肉类、肉类制品的”，亦构成生产、销售不符合安全标准的食品罪，值得进一步商榷。有司法部门专家撰文指出：“第(二)项规定‘属于病死、死因不明或者检验检疫不合格的畜、禽、兽、水产动物及其肉类、肉类制品’的情形，主要考虑到食品安全法第二十八条明确禁止生产经营病死、死因不明或者检验检疫不合格的畜、禽、兽、水产动物及其肉类、肉类制品。上述食品中极有可能含有致病性微生物、病毒或者其他毒害成分，具有造成严重食物中毒事故或者其他严重食源性疾病的现实危险性。”①笔者认为，《食品安全法》之所以明确禁止生产经营病死、死因不明或者检验检疫不合格的畜、禽、兽、水产动物及其肉类、肉类制品，是因为其是有毒、有害的非食品物质，不能作为食品加工、销售。如果由此认为其“极有可能含有致病性微生物、病毒或者其他毒害成分，具有造成严重食物中毒事故或者其他严重食源性疾病的现实危险性”，实际上是把这类“物质”当作食品看待，这显然有悖《食品安全法》中关于食品的规定。

综上所述，结合对上述样本案例的实证分析与考察，笔者认为，危害食品安全犯罪中“食品”概念解读的法律依据主要是《食品安全法》第150条。结合已裁决案件中的事实情况，就“食品”这一要件的司法适用情况，笔者整理出三种类型：(1)典型适用类型：成品食品，即各种供人直接食用或者饮用的大众日常消费食品；(2)亚典型适用类型：半成品食品，即食品原料，是指消费者购买后需要进一步加工才可以食用或饮用的食品，主要是指蔬菜等种植产品或生发产品(如豆芽)，以及水产品、可供人们食用的动物等养殖产品；(3)非典型适用类型：非食品性物质，即那些根本不能食用或饮用或者用根本不能食用或饮用的原料制作的所谓“食品”，如病死动物肉及其制品等。笔者认为，在现有法律规定的框架内，前两种类型的食品可以成为危害食品安全犯罪中任何一种具体犯罪的犯罪对象；后一种类型只有在被视为或作为食品看待的情况下，才有可能成为生产、销售有毒、有害食品罪的犯罪对象。

(三)“不符合安全标准的食品”及“有毒、有害的非食品原料”的司法适用类型

“不符合安全标准的食品”及“有毒、有害的非食品原料”分别是生产、销售

---

① 陈国庆、韩耀元、吴峤滨：《〈关于办理危害食品安全刑事案件适用法律若干问题的解释〉理解与适用》，载《人民检察》2013年第13期。

不符合安全标准的食品罪和生产、销售有毒、有害食品罪中的犯罪构成要件。通过上述实证考察与分析，笔者发现，司法实务中，这两种分别属于不同犯罪之构成要件的情形在被解构与建构的过程中所面临与存在的问题却是共同的。

1. 关于“不符合安全标准的食品”的判断标准问题

“不符合安全标准的食品”是生产、销售不符合安全标准的食品罪之犯罪构成的必备要件，但在具体案件事实中的犯罪对象是否属于“不符合安全标准的食品”的判断标准，却是由相关行政法规定的。

《食品安全法》第26条规定了食品安全标准。第27条规定了如何制定这些标准：“食品安全国家标准由国务院卫生行政部门会同国务院食品药品监督管理部门制定、公布，国务院标准化行政部门提供国家标准编号。食品中农药残留、兽药残留的限量规定及其检验方法与规程由国务院卫生行政部门、国务院农业行政部门会同国务院食品药品监督管理部门制定。屠宰畜、禽的检验规程由国务院农业行政部门会同国务院卫生行政部门制定。”同时，《食品安全法》第29条规定：“对地方特色食品，没有食品安全国家标准的，省、自治区、直辖市人民政府卫生行政部门可以制定并公布食品安全地方标准，报国务院卫生行政部门备案。食品安全国家标准制定后，该地方标准即行废止。”

这里需要注意的是，并不是所有食品都有一个相对应的法律意义上的“国家规定”的“安全标准”。“地方规定”的“特色食品的安全标准”只有“报国务院卫生行政部门备案”的才能视为一种“安全标准”。即便企业标准“严于食品安全国家标准或者地方标准”，它也不能视为这里的“安全标准”。[①]

2. 关于“有毒、有害的非食品原料”的判断标准问题

“有毒、有害的非食品原料”是生产、销售有毒、有害食品罪之犯罪构成的必备要件。但判断具体案件事实中的某种物质是否属于“有毒、有害的非食品原料”的标准同样是由相关行政法规定的。

在是否是“有毒、有害的非食品原料”的判断依据中，《关于办理危害食品安全刑事案件适用法律若干问题的解释》第20条规定：“下列物质应当认定为‘有毒、有害的非食品原料’：(一)法律、法规禁止在食品生产经营活动中添加、使用的物质；(二)国务院有关部门公布的《食品中可能违法添加的非食用物质名

① 参见《食品安全法》第30条规定：“国家鼓励食品生产企业制定严于食品安全国家标准或者地方标准的企业标准，在本企业适用，并报省、自治区、直辖市人民政府卫生行政部门备案。”

单》《保健食品中可能非法添加的物质名单》上的物质;(三)国务院有关部门公告禁止使用的农药、兽药以及其他有毒、有害物质;(四)其他危害人体健康的物质。"可见其判断标准同样来自相关行政法的规定,而且是一种明确的形式上的判断,即只要法律、法规等有关于某种物质的禁用(除"其他危害人体健康的物质"外)规定,该种物质就属于"有毒、有害"的"非食品原料"。这里存在的问题主要是"非食品原料"与"有毒、有害"之间的关系,是在实质上判断"有毒、有害",还是在形式上判断"有毒、有害"?最典型的当属影响较大的"毒豆芽"案件或事件。

据笔者统计,在上述样本案例中,只有生产、销售有毒、有害食品罪涉及"毒豆芽"问题,共计56件。这些案件全部都有检测报告,其中省(部)级行政机关就占了18份。从样本案例判决的实际情况看,全部都采用了形式判断标准,裁判逻辑一般表现为:①

(1)"经审理查明,2013年7月18日,由留坝县公安局联合食药检、质检、工商局对张某某的豆芽生产作坊进行了检查,从作坊中提取3公斤豆芽,经陕西省产品质量监督检验所对从张某某家提取的豆芽样本进行检测,意见为:从张某某家查获的豆芽中检出6-苄基腺嘌呤,含量为11.3ug/kg。"

(2)"另查明,2011年9月30日卫生部办公厅关于《食品添加剂使用标准》(GB2766—2011)有关问题的复函,国家卫生部已对6-苄基腺嘌呤等物质规定不得作为食品用加工助剂生产经营和使用。并于2011年11月4日发布公告。"

(3)"本院认为,被告人张某某目无法纪,在明知'无根水'不能作为食品原料添加剂使用的情况下,仍在生产豆芽时使用并销售,在其生产、销售的豆芽中检出国家明令禁止的6-苄基腺嘌呤成份,根据《解释》的规定,6-苄基腺嘌呤为有毒、有害物质,故被告人张某某的行为已触犯《中华人民共和国刑法》第一百四十四条之规定,构成生产、销售有毒、有害食品罪,留坝县人民检察院指控罪名成立。"

6-苄基腺嘌呤(6-BA)及4-氯苯氧乙酸钠(4-CPA)、赤霉酸(GA)等植物生长调节剂又称"无根水""无根剂",其作为一种低毒农药,并未在农产品的生产中被禁用。但将其用于豆芽的生发过程,是否有毒、有害,以及毒害的程

① 参见陕西省留坝县人民法院刑事判决书,(2014)留刑初字第00017号。

度及风险的可接受性,应该说还是有争议的。[①] 主张无毒害性或即便是有一定的毒害性也可以接受的观点认为,"使用6-苄基腺嘌呤和4-氯苯氧乙酸钠是现代科学技术革新在豆芽生产中的具体运用和体现"[②],6-苄基腺嘌呤和(或)4-氯苯氧乙酸钠作为农药使用是合法的,并没有被禁用。因此,如果认为豆芽属于农产品,即便检测出以上两种物质,也不能构成犯罪。不能仅凭豆芽中检测出含有6-苄基腺嘌呤或者4-氯苯氧乙酸钠物质,就认定构成生产、销售有毒、有害食品罪。[③] 据此,一些行业人士和法律专家对我国惩治"问题豆芽"犯罪分子的司法活动提出了严肃批评,[④]并由此导致了第一例"毒豆芽"案件无罪判决的产生。而且,这一案件的判决竟成为了2015年食品安全9大事件之一。[⑤]

可见,认为"毒豆芽"无罪的核心立场,实际上就是主张对是否"有毒、有害"进行实质上的判断。对此,笔者则更倾向于样本案例的做法,即在形式上判断"有毒、有害"。"行为人只要在生产、销售的食品中掺入法律、法规禁止在食品生产经营活动中添加、使用的物质,以及国务院有关部门公告禁止使用的农药、兽药以及其他有毒、有害物质,即构成生产、销售有毒、有害食品罪,至于添加的非食品原料是否具有毒害作用、是否造成危害后果属量刑情节,不影响罪名成立。"[⑥]主要理由有三:第一,这里的"有毒、有害"的判断不是就单纯物质本身有否毒害性的判断,而是其作为掺入食品的物质被人食用或饮用后,是否对人身体有毒、有害的判断。第二,大部分的非食品原料是否"有毒、有害"不是简

---

① 相关争议请参见下述文章的整理:王伟国、姚国艳、强梅梅:《中国法学会分析203份"毒豆芽"判决:认罪者通常被判缓刑》,载澎湃新闻网,http://thepaper.cn/newsDetail_forward_131180;欧锦雄:《"问题豆芽"案的刑事法治报告》,载《北方法学》2016年第1期;曹洪恩、夏慧、杨益众:《植物生长调节剂的毒理学研究进展》,载《毒理学杂志》2011年第5期。

② 王伟国、姚国艳、强梅梅:《中国法学会分析203份"毒豆芽"判决:认罪者通常被判缓刑》,载澎湃新闻网,http://thepaper.cn/newsDetail_forward_131180。

③ 王伟国、姚国艳、强梅梅:《中国法学会分析203份"毒豆芽"判决:认罪者通常被判缓刑》,载澎湃新闻网,http://thepaper.cn/newsDetail_forward_131180。

④ 2015年2月6日,中国人民大学刑事法律科学研究中心组织召开了"无根豆芽案件法律问题学术研讨会",在该研讨会初步形成的共识中,对司法机关惩治"毒豆芽"的行为提出了批评。

⑤ 辽宁葫芦岛市连山区人民法院对一起"毒豆芽"案作出宣判,判决被告人无罪,法院判决如下:"没有证据证明二被告人在豆芽上喷洒'速长王'(也称'无根水')后所检测出的4-氯苯氧乙酸钠、6-苄基腺嘌呤、赤霉素三种物质对人体造成何种危害……判决被告人郭某无罪,被告人鲁某无罪。"这在全国成为首例,并由此导致在这之前涉嫌违法添加使用"无根水"的芽农基本都是撤案或取保。

⑥ 王伟国、姚国艳、强梅梅:《中国法学会分析203份"毒豆芽"判决:认罪者通常被判缓刑》,载澎湃新闻网,http://thepaper.cn/newsDetail_forward_131180。

单的常识性认知,而是必须依赖大量科学数据和长期临床研究结果才能作出的复杂判断。比如,在《"毒豆芽"罪与非罪:中国法学会203份判决分析报告公布》一文中,仅凭三份风险评估报告就得出6-苄基腺嘌呤和其他"无根剂"物质属于无毒无害物质的结论是不可靠的,①也不是应有的科学态度。第三,形式判断虽有它明显的不足,但这也是行政犯罪的特点决定的。与实质判断相比,且不论可以节省司法资源并能保证司法尺度的统一,更重要的是在当下严峻的食品安全形势下,至少可以在豆芽这一常见食品上更好地保护老百姓餐桌上的安全。当然,"有毒、有害的非食品原料"是一个开放的结构。随着科学的发展,人们认识能力的提高,这个结构里的样品目录会不断变化,②出出进进会是常态,也不是所有的"有毒、有害的非食品原料"都会被纳入"黑名单"。当然,也不是所有被纳入"黑名单"的"非食品原料"绝对都是一成不变地被认为是"有毒、有害的",而是会根据执行情况进行跟踪评价,并根据评价结果及时加以修订。但在认定是否属于"有毒、有害的非食品原料"时,必须以现有行政规定为准,对于相关行政规定发生变化的,亦应采用从旧兼从轻原则选择适用认定标准。③

---

① 有研究得出:人体长期过量摄入6-苄基腺嘌呤、4-氯苯氧乙酸钠和赤霉素确实有致使儿童早熟、生育障碍、过早衰老、致癌以及致使其他疾病发生的潜在可能。参见郑先福、文雨婷、郑昊、万翠:《植物生长调节剂使用过程中存在的主要问题和解决方法》,载《现代农药》2014年第5期。

② 例如,卫生部、国家食品药品监督管理局公告2012年第10号规定:"为保证食品安全,确保公众身体健康,根据《中华人民共和国食品安全法》及其实施条例的规定,现决定禁止餐饮服务单位采购、贮存、使用食品添加剂亚硝酸盐(亚硝酸钠、亚硝酸钾),自公告之日起施行。"又如,2014年5月14日,国家卫生计生委、工业和信息化部、质检总局、食品药品监管总局、国家粮食局公告2014年第8号规定,自2014年7月1日起,禁止将酸性磷酸铝钠、硅铝酸钠和辛烯基琥珀酸铝淀粉用于食品添加剂生产、经营和使用,膨化食品生产中不得使用含铝食品添加剂,小麦粉及其制品[除油炸面制品、面糊(如用于鱼和禽肉的拖面糊)、裹粉、煎炸粉外]生产中不得使用硫酸铝钾和硫酸铝铵。2014年7月1日前已按照相关标准使用上述食品添加剂生产的食品,可以继续销售至保质期结束。

③ 如果在2014年7月1日之前制作膨化食品时添加了酸性磷酸铝钠、硅铝酸钠和辛烯基琥珀酸铝淀粉,不管何时判决,只要其铝的残留量≥100mg/kg,就属于"不符合安全标准";如果由此"足以造成严重食物中毒事故或者其他严重食源性疾病",可构成生产、销售不符合安全标准的食品罪;如果其铝的残留量≤100mg/kg,就是符合食品安全标准的。但如果在2014年7月1日之后制作膨化食品时添加了上述添加剂,就属于在加工食品中掺入了"有毒、有害的非食品原料",不管其铝的残留量是多少,都成立生产、销售有毒、有害食品罪。根据我们对上述样本案例的实证考察,涉及食品加工中添加酸性磷酸铝钠、硅铝酸钠和辛烯基琥珀酸铝淀粉的案例中,生产、销售伪劣产品罪中涉及"铝超标"的仅有1例;生产、销售不符合安全标准的食品罪中涉及"铝超标"的案例有114个,即在190个案例中有114个案例是关于"铝超标"的;生产、销售有毒、有害食品罪中涉及"铝"的有29个案例,即在247个案例中有29个案例是关于"铝"的;在后两种犯罪中我们注意到"标准"的变化引发的罪名起诉与审判以及一审和二审的变化。

综上所述,笔者认为:“不符合安全标准的食品”这一构成要件涉及两个要素,一曰“不符合”,二曰“安全标准”,核心概念是“安全标准”。依据《食品安全法》第26条、第27条、第29条的规定,结合样本案例中的犯罪事实情况,就该要件的司法适用情况,笔者整理出两种类型:(1)典型适用类型:是不符合国家规定的食品安全标准的食品,即不符合“国务院卫生行政部门会同国务院食品药品监督管理部门制定、公布”的食品安全标准的食品。[①] (2)亚典型适用类型,是不符合地方规定的特色食品安全标准的食品,即不符合省、自治区、直辖市人民政府卫生行政部门对没有食品安全国家标准的地方特色食品制定、公布并报国务院卫生行政部门备案的食品安全地方标准的食品。但笔者认为,“备案”不等于“制定”,如果将这一地方性特色食品安全标准赋予了刑法意义上的食品安全标准价值,有悖罪刑法定原则和刑法的谦抑精神。因此,笔者主张在该地方性特色食品安全标准未被国家标准“收编”之前,以不赋予其刑法意义为妥。

“有毒、有害的非食品原料”这一构成要件亦涉及两个要素,一曰“有毒、有害”,二曰“非食品原料”。依据《食品安全法》第26条、第27条、第29条及《关于办理危害食品安全刑事案件适用法律若干问题的解释》的规定,结合样本案例中的犯罪事实情况,就该要件的司法适用情况,笔者整理出三种类型:(1)典型适用类型:是指在任何情况下都是有毒害性的且被法律、法规以及国务院有关部门公告明确禁止在食品生产经营活动中添加、使用的物质,如氰化钾,以及只有在食品生产、经营活动中添加使用才有毒、有害的且被法律、法规以及国务院有关部门公告明确禁止在食品生产经营活动中添加、使用的物质,如亚硝酸盐、三聚氰胺。(2)亚典型适用类型:是指该物质用于食品的生产、经营活动是否有毒、有害在科学上还存在争议并有待研究验证,但法律、法规以及国务院有关部门公告已明确禁止在食品生产经营活动中添加、使用的物质,如上述“无根水”。(3)非典型适用类型:是指虽然科学研究结果已确定该物质用于食品的生产、经营活动是有毒、有害的,但法律、法规以及国务院有关部门公告尚未明确禁止在食品生产经营活动中添加、使用的物质。目前的样本案例中还未发现这

---

① 这与《刑法》第96条“本法所称违反国家规定,是指违反全国人民代表大会及其常务委员会制定的法律和决定,国务院制定的行政法规、规定的行政措施、发布的决定和命令”这一规定的精神也是完全一致的。

种类型,但《关于办理危害食品安全刑事案件适用法律若干问题的解释》第20条第4项"其他危害人体健康的物质"的规定似乎已预设了这种"非典型类型"存在的可能性。基于上述主张,笔者对此种类型持保留意见,并认为这种类型更符合上述"不符合安全标准的食品"的典型适用类型,即"不符合国家规定的食品安全标准的食品"。

(四)"足以造成严重食物中毒事故或者其他严重食源性疾病的"①的司法适用类型

通过对上述样本案例的考察与分析,可以看出,在具体案件事实中存在的"某些物质"与上述判断标准之间建立起刑法意义上联系的是检测报告。

首先,"食品"是否"不符合安全标准"及是否含有"有毒、有害的非食品原料",尤其是安全标准中的"(一)食品、食品添加剂、食品相关产品中的致病性微生物,农药残留、兽药残留、生物毒素、重金属等污染物质以及其他危害人体健康物质的限量规定;(二)食品添加剂的品种、使用范围、用量;(三)专供婴幼儿和其他特定人群的主辅食品的营养成分要求"②,显然不是一般常识性知识和经验所能判断的,而是必须通过一定的科学检测手段才能得出的结论。所以,检测报告是我们判断具体案件事实中存在的"某些物质"是否"不符合安全标准"以及是否含有"有毒、有害的非食品原料"的重要证据。然而,在上述实证考察中,笔者却发现这样一个事实,"该三种犯罪共有491份裁判书,提到检测报告的有454份,完全没有提到检测报告的有37份。在这454份检测报告中,行政机关作出的有243份,非行政机关作出的有96份,检验机构不详的有115份。在这243份由行政机关作出的检测报告中,按照行政级别划分,省(部)级的有128份,(地)市级的有79份,县级的有36份",即便是减除54份生产、销售伪劣产品罪的裁判书(完全没有提到检测报告的20份以及涉及有检测报告的34份的情况),在其余两种罪中检测报告存在的问题也是非常严重的。如果依据《关于办理危害食品安全刑事案件适用法律若干问题的解释》以及《关于审理生产、销售伪劣商品刑事案件有关鉴定问题的通知》的规定(这类案件的审理均需要有"省级以上药品监督管理部门设置或者确定的药品检验机构"和"省级以上卫

---

① 食源性疾病,指食品中致病因素进入人体引起的感染性、中毒性等疾病,包括食物中毒。食品安全事故,指食源性疾病、食品污染等源于食品,对人体健康有危害或者可能有危害的事故。参见《食品卫生法》第150条。

② 参见《食品安全法》第26条。

生行政部门确定的机构”出具的鉴定意见来衡量)，在这样一份在案件事实的认定中涉及罪与非罪、此罪与彼罪的重要证据——检测报告的问题上，生产、销售不符合安全标准的食品罪的样本案例裁判文书中的情况是：共计 190 份裁判文书中，只有 47 份裁判文书中的检测报告是由或基本上是由省级以上药品监督管理部门设置或者确定的药品检验机构作出的，仅占比约 27.74%；生产、销售有毒、有害食品的样本案例裁判文书中的情况是：共计 247 份裁判文书中，只有 67 份裁判文书中的检测报告是由或基本上是由省级以上药品监督管理部门设置或者确定的药品检验机构作出的，仅占比约 27.13%。可见，检测报告作为这类案件的重要证据之一，有大致 2/3 的案件是存在严重瑕疵的。

其次，对作为行为犯的生产、销售有毒、有害食品罪来说，只要检测报告中鉴定结论确定所检测的“对象”含有法律、法规以及国务院有关部门公告明确禁止在食品生产经营活动中添加、使用的物质，行为人就具备了成立犯罪的客观要件；而对作为危险犯的生产、销售不符合安全标准的食品罪来说，不仅需要检测报告中鉴定结论确定所检测的“对象”是不符合国家规定的食品安全标准的食品，同时需要“证明”这“足以造成严重食物中毒事故或者其他严重食源性疾病”。从上述样本案例裁判的情况看，基本上都采取了“事实推定”的做法，即只要检测报告中鉴定结论确定了所检测的“对象”不符合国家规定的食品安全标准，就推定为“足以造成严重食物中毒事故或者其他严重食源性疾病”。最典型的就是 2014 年 7 月 1 日之前发生的“铝超标”的案件。判决书基本上都是这样一种逻辑模式：(1)“经检验，油条中铝残留量为 744mg/kg。严重超出《食品安全国家安全标准食品添加剂使用标准》中规定铝的残留量≤100mg/kg 的标准。”(2)“本院认为，被告人范某某超标使用含有重金属的添加剂生产不符合安全标准的食品并予以销售，足以造成食物中毒或其他严重食源性疾病，其行为已构成生产、销售不符合安全标准的食品罪。”①就连北京市第二中级人民法院关于蔡某犯生产、销售不符合安全标准的食品罪一案的二审刑事裁定书②，也采取这种模式。笔者通过统计整理发现，“铝超标”的残留量在不同的案件中是有很大区别的。在 114 件“铝超标”的生产、销售不符合安全标准的食品罪的样

① 河南省驻马店市驿城区人民法院刑事判决书，(2015)驿刑初字第 582 号。

② 参见北京市第二中级人民法院刑事裁定书，(2015)二中刑终字第 1638 号。

本案例中,最多的是皮冻中铝的残留量为6518mg/kg,[①]最少的是灌汤包面团中铝含量为136mg/kg。[②] 这之间相差约47倍,但推定结果都是一样的。也就是说,不管铝的残留量是多少,只要超过了最低限度,即残留量≥100mg/kg,就都是"足以造成严重食物中毒事故或者其他严重食源性疾病",而常识告诉我们这样判定肯定是不符合事实的。也正因如此,我们从样本案例中发现"足以造成严重食物中毒事故或者其他严重食源性疾病",在生产、销售不符合安全标准的食品罪实际上已经失去了作为犯罪构成要件的价值和意义。《关于办理危害食品安全刑事案件适用法律若干问题的解释》似乎也是这样的思路,其"将实践中具有高度危险性的典型情形予以类型化,明确具有这些情形的即可认定为足以造成刑法规定的危险,《解释》第一条规定在食品安全法第二十八条等规定的基础上,规定了生产、销售五类危险程度较高的食品即可认定为'足以造成严重食物中毒事故或者其他严重食源性疾病',以生产、销售不符合安全标准的食品罪定罪处罚"[③]。

最后,是否"足以造成严重食物中毒事故或者其他严重食源性疾病的",本来是该罪与《食品卫生法》第123~125条规定的相关行政违法行为之间的重要界定标准。如此一来,如何区分二者,就成了一道难题。

我们知道,行政犯实际上是行政违法行为的结果加重犯或情节加重犯。"我国行政法并没有对违反行政法的行为直接规定法定刑;刑法典也没有将一切行政违反行为规定为犯罪,而是有选择地将部分行政违反行为规定为犯罪;刑法典大多不是直接对违反行政法的行为规定法定刑,而是通过设置加重要素,使行政违反行为的法益侵害程度达到值得科处刑罚的程度。"[④]以"行政违反+加重要素"为构造的犯罪,一般分为三种类型:一是"行政违反+严重结果";二是"行政违反+严重情节";三是"行政违反+选择性严重情节"。[⑤] 如此一来,原本是"行政违反+危险状态"的生产、销售不符合安全标准的食品罪,由于"足以造成严重食物中毒事故或者其他严重食源性疾病"实际被废弃,就只剩

① 参见陕西省神木县人民法院刑事判决书,(2015)神刑初字第00819号。

② 参见河南省开封市祥符区人民法院刑事判决书,(2015)祥刑初字第449号。

③ 陈国庆、韩耀元、吴峤滨:《〈关于办理危害食品安全刑事案件适用法律若干问题的解释〉理解与适用》,载《人民检察》2013年第13期。

④ 张明楷:《行政违反加重犯初探》,载《中国法学》2007年第6期。

⑤ 参见张明楷:《行政违反加重犯初探》,载《中国法学》2007年第6期。

下“行政违反”行为了。当然,作为行为犯的生产、销售有毒、有害食品罪同样面临这一问题。

从上述样本案例实证考察分析的情况看,从事危害食品安全犯罪的行为人文化水平相对较低,文盲、小学、初中这三类文化程度的人达到了80%以上,本身对有毒、有害的非食品原料以及足以造成严重食物中毒事故或者其他严重食源性疾病等就缺乏足够的认知能力。由于该两罪不是数额犯,所涉及的生产、销售数额一般比较小,大部分样本案例中未言明数额。从量刑的情况看,罚金数额主要集中在5万元以下,且一半左右的样本案例中罚金数额不满1万元;从所判处的主刑情况看,所判刑种及刑期主要集中在拘役和3年以下有期徒刑这一范围内,其中又有近一半被适用了缓刑。可见,该两罪基本上是社会底层人士为解决个人生计而从事的虽轻微但又有一定的社会危害性的犯罪,在该两罪一个本就是行为犯,一个在事实上就是行为犯的情况下,如何界定行政违法与刑事犯罪的区别,在现有的法律框架内就成了一种“执法艺术”。

综上所述,可以看出,“足以造成严重食物中毒事故或者其他严重食源性疾病的”这一规定的司法适用,在样本案例中是存在一定问题的,一纸检测报告中的鉴定结论基本上就可以决定行为人是否构成犯罪以及是构成生产、销售不符合安全标准的食品罪还是生产、销售有毒、有害食品罪,而这纸检测报告的“位阶”达到规定要求的还不到1/3,且在判决书中没有任何反驳或反证。“足以造成严重食物中毒事故或者其他严重食源性疾病的”实际上已成了生产、销售不符合安全标准的食品罪中一个可有可无的要件。尽管《关于办理危害食品安全刑事案件适用法律若干问题的解释》第13条第2款规定,无证据证明足以造成严重食物中毒事故或者其他严重食源性疾病,不构成生产、销售不符合安全标准的食品罪;第21条规定,“足以造成严重食物中毒事故或者其他严重食源性疾病”“有毒、有害非食品原料”难以确定的,司法机关可以根据检验报告并结合专家意见等相关材料进行认定。必要时,人民法院可以依法通知有关专家出庭作出说明。但样本案例中还没有发现这样的情形。事实上即便是有证据证明的,也只能是检测报告中的鉴定结论出具的送检物质中是否含有不符合食品安全标准的物质、有害细菌或者其他污染物以及具体数值,而不可能是对是否“足以造成严重食物中毒事故或者其他严重食源性疾患”作出的判定。姑且不论检测报告在程序上的瑕疵,“足以造成严重食物中毒事故或者其他严重食源性疾病的”到底还应否作为该罪犯罪构成的必备要件,特别是在我国单一制刑事立法的情况下就成了理论研究及司法实务中必须加以关注的问题。鉴于这一问题涉及危险犯(特别是结果犯与具体危险犯、行为犯与抽象危险犯之界定)的若干重大理论问题,碍于篇幅关系,笔者拟再另文研究。由此可见,关于"足以造成严重食物中毒事故或者其他严重食源性疾病的"的典型司法适用类型,从上述目前司法实务对这一刑法规定的操作形式看,就是《关于办理危害食品安全刑事案件适用法律若干问题的解释》第1条规定的做法,即只要检测报告检测出其所生产、销售的食品中具有该解释所规定的5种情形之一的,就应当认定为"足以造成严重食物中毒事故或者其他严重食源性疾病",而不管事实上如何。这种做法存在的问题是显而易见的,但目前看来好像还没有更好的可行性方案来替代它。

(五)"生产""销售"的司法适用类型

"生产""销售"是生产、销售伪劣产品罪,生产、销售不符合安全标准的食品罪以及生产、销售有毒、有害食品罪三罪之犯罪构成的共同要件。从上述对样本案例的实证考察和分析中可以得出,"生产""销售"行为发生在加工环节的案例为468件,发生在销售环节的案例为20件,发生在贮运等环节的案例为3件。① 可见,危害食品安全犯罪的具体行为绝大多数发生在食品的加工制作环节,少数发生在贩卖销售环节,极个别的发生在贮存、运输环节。在《食品卫生法》中使用频率最高的一个概念就是"食品生产经营活动"。在中华人民共和国境内从事任何食品生产经营活动,除该法另有规定的,都应当遵守该法。结合上述实证考察结果,并根据《关于办理危害食品安全刑事案件适用法律若干问题的解释》第8条和第9条的规定,笔者认为,"生产""销售"这一要件不是指某一种具体的行为方式,而是指一种"概括性行为"以及这种"概括性行为"所必须具备的时空要素,即"与食品有关的生产经营活动"或"食品生产经营活动中的所有行为"。结合其司法适用情况,笔者整理出三种类型:(1)典型适用类型:表现为与"食品有关"的加工、制作、销售行为。(2)亚典型适用类型:表现为农产品的种植、贩卖行为与水产品的养殖、贩卖行为,这是"生产""销售"行为从概念上能够涵摄的几种行为。(3)非典型适用类型:表现为与"食品有

---

① 参见湖南省邵阳县人民法院刑事判决书,(2015)阳刑初字第118号;安徽省淮南市田家庵区人民法院刑事判决书,(2014)田刑初字第00002号;福建省漳州市中级人民法院刑事裁定书,(2014)漳刑终字第290号。

关”的运输、贮存、装卸、包装等行为。从概念的严格意义上说，与食品有关的运输、贮存、装卸、包装等行为可以视为“食品生产经营活动”，但不能视为食品的“生产”“销售”。之所以能够将其视为“生产”“销售”行为，是因为它们在本质上都属于“食品生产经营活动”，把与“食品有关”的运输、贮存、装卸、包装等行为视为一种食品的“生产”“销售”行为，是类型思维在行为本质上将二者“归类”后视为“同一类型”的结果。在这个意义上，与食品有关的运输、贮存、装卸、包装等行为，如果符合该几种危害食品犯罪的犯罪构成的其他要件，可单独成立该几种犯罪，而不是作为“生产”“销售”行为的帮助犯存在。在上述发生在贮运等环节的3件样本案例中，实际上只有彭某某、周某某生产、销售不符合安全标准的食品罪一案属于这种类型。①

五、结语

危害食品安全犯罪是我国伴随着风险社会的到来并日趋加剧，民众对食品安全问题集体性恐慌而不断“成长”起来的一类犯罪。作为一种行政犯罪，其在立法上经过了从规范缺失到逐渐创制、从简单粗疏到初步完善的过程，特别是随着《刑法修正案(八)》的修改以及2015年《食品安全法》的生效，相关立法之精致已渐渐显现。司法状况如何？通过上述实证考察与分析检讨，特别是笔者对三种主要危害食品安全犯罪的犯罪构成要件在样本案例裁判中被适用情况的类型化解构，可以得出以下结论：

立法虽不断精细，司法却依然粗糙。立法的功效在司法的过程中并没有被完美地体现出来，“文本中的法”在变成“行动中的法”的过程中被打了折扣。正因为如此，我们通过这种脱离犯罪构成论复杂的逻辑模型，仅基于刑法规定的三种主要危害食品安全犯罪之犯罪构成各具体要件或要素在样本案例裁判中被适用现象的简单分析解构，对这些要件在司法过程中已经存在的适用类型和可能存在的适用类型，分典型适用类型、亚典型适用类型和非典型适用类型进行了分析建构，力图为司法实践裁判类似案件时，在如何解读、适用这些犯罪的构成要件，以及如何通过对这些构成要件适用类型的直观认知去界定食品安

---

① 该判决书认为：“被告人彭某某明知他人生产、销售不符合安全标准的食品，而为其提供改换包装等帮助，被告人周某某明知他人生产、销售不符合安全标准的食品，而为其提供运输帮助，二被告人的行为均已构成生产、销售不符合安全标准的食品罪，公诉机关指控的罪名成立，应予惩处。”湖南省邵阳县人民法院(2015)阳刑初字第118号刑事判决书。

全犯罪各罪彼此之间的区别,以及如何妥当处理危害食品安全的行政违法与刑事犯罪的衔接等方面,提供一份尽可能简单、清晰、明了的范本。

同时,笔者认为,任何一个犯罪构成要件的司法适用类型,都是一个开放且不断成长的结构,其“动力”源于法律自身所具有的强烈要求与社会同步发展的力量。所以,新鲜案例样本的不断出现将是这一类型结构不断获得丰富和发展的源泉。在这一过程中,不仅可以通过司法裁判中对某一犯罪构成要件适用现状的形象考察,检视立法的功效以及疏失。同时,对司法实务能在多大程度上以及应该如何回应立法对某一犯罪构成要件所设定的要求,也是一个直观的检验。由此,笔者希望我国惩治危害食品安全犯罪的刑事立法在这样的检视中愈加精细,刑事司法在这样的检验中走向精致。

我国知识产权刑事保护现象反思

——基于实体法规范的视野*

目　次

一、问题之提出

“中国改革开放的30年，亦是中国知识产权法制建设的30年，其大致经历了重建、发展和完善三个阶段”①，现已

---

* 原载《南开学报（哲学社会科学版）》2010年第4期，第120～130页。中国人民大学复印报刊资料《刑事法学》2010年第12期全文转载。

① 吴汉东：《中国知识产权法制建设的评价与反思》，载《中国法学》2009年第1期。

“从‘调整性适用’进入到‘主动性安排’阶段”[①]。中国用了不到20年的时间，走过了西方国家一两百年才能够完成的知识产权立法进程，这是一个举世瞩目的成就。[②]

然而值得关注的是，中国知识产权保护制度的建构，在引进外来制度模式的同时，更多地沿用了自己特色的民事、行政和刑事对社会关系的分层保护、阶梯递增、由弱到强的法律保护体制。相较于美国等发达国家，我国最突出的特点是民事、行政、刑事法律保护制度“三位一体”[③]。这种民事、行政、刑事“三位一体”的法律保护制度，从不同的视角看，既有司法保护，又有行政保护；既有请求保护，又有强制保护，这实际上可以为知识产权权利人行使权利提供更多的机会和途径。[④] 但“随着互联网络的兴起和国际经济贸易交流的深入，20世纪90年代以后，知识产权犯罪开始跨过国界，发展为国际犯罪，并被联合国规定为17类跨国犯罪中最严重的犯罪之一”[⑤]。“为打击越来越严重的跨国知识产权犯罪，世界各国开始重视国际合作，纷纷以国际公约或者其他形式开展司法协助，共同打击侵犯知识产权犯罪活动。”[⑥]各国知识产权保护机制（特别是刑事保护制度）之间的差异导致的冲突也就越来越明显地凸显出来。

中国必须未雨绸缪。笔者尝试在实体法规范视野下检讨、反思我国知识产权保护现象，以期能通过清楚界定知识产权的行政保护与刑事保护分野，解决知识产权刑事保护中的困惑。

二、问题之症结

行政不法、刑事不法以及它们之间的区别见仁见智，[⑦]由此衍生的行政违法

---

① 吴汉东：《中国知识产权法制建设的评价与反思》，载《中国法学》2009年第1期。

② 参见国务院新闻办公室：《中国知识产权保护状况》（白皮书）。

③ 黄祥青：《侵犯知识产权犯罪司法认定的几个问题》，载《法学》2006年第7期。

④ 参见吴玉和：《中国知识产权司法保护制度简介》，载《中国专利与商标》2005年第1期。

⑤ 赵秉志、刘科：《国际知识产权刑法保护的发展趋势》，载《政治与法律》2008年第7期。

⑥ 赵秉志、刘科：《国际知识产权刑法保护的发展趋势》，载《政治与法律》2008年第7期。

⑦ 具体观点参见黄明儒：《论行政犯与刑事犯的区分对刑事立法的影响》，载赵秉志主编：《刑法论丛》第13卷，法律出版社2008年版，第171页。

与行政犯罪之间的界定亦众说纷纭，[①]如果仅从理论层面或应然层面界定实际上也并非不能。这是因为，从权力运作机制上看，这是一个司法权与行政权如何进行权力配置的权力制衡问题；从社会控制手段上看，这是一个如何划定犯罪圈范围的问题，关键是如何从实务或实然层面进行界定。

（一）行政犯罪品格的暧昧性

行政犯罪首先违反了行政法，其次才违反了刑法。这种双重违法性彰显了这种犯罪类型的暧昧品格。

基于我国"一元式"刑事立法的特点，"行政犯罪"系指违反行政法律法规并且被刑法规定为犯罪的行为。它表现为违反了行政法律法规，并且一般是在情节严重或造成一定的损失或其他后果的情形下，量变引起质变，被刑法规定为犯罪。因此，行政犯罪具有"二次违法"的性质——先违反了行政法，尔后又违反了刑法。这由此衍生出的问题就是行为性质的不确定性。

一方面表现为行为静态的性质模糊性。作为界定是行政违法行为还是行政犯罪行为性质的量化因素，如情节问题、结果问题等的规定一般属于刑法规范的弹性条款，往往用"情节严重""数额较大"等抽象概括性语言表达，内涵外延均具有明显的不确定性。由于对这些条款本身的解读就缺乏标准，再将无标准依据解读的结果应用在界分是行政违法行为还是行政犯罪的具体认定上，这显然只能是越来越模糊，而难以达到要么是一般行政违法行为，要么是行政犯罪行为的能够确定性质唯一性的认定状态。最高人民法院、最高人民检察院先后于2004年和2007年制定颁布《关于办理侵犯知识产权刑事案件具体应用法律若干问题的解释》以及《关于办理侵犯知识产权刑事案件具体应用法律若干

① 具体观点参见王文华：《行政犯罪与行政违法的界定及立法方式》，载《东方法学》2008年第4期。同时，鉴于行政法律关系的特点，并基于行为主体的视角，笔者认为，行政违法与行政犯罪都存在两个行为侧面：一是作为行政机关和法律法规授权组织的行政主体、公务员或者受委托能够代理行使公共行政管理权力的个人的违法行为；二是作为行政主体的行政行为影响其权益的个人或组织的行政相对人的违法行为。由于前者往往表现为行为主体在行使公共行政管理权力过程中的渎职违法行为，不属于笔者讨论的主旨问题范畴，故笔者对行政违法与行政犯罪问题的界定将局限在后一种情形，即行政相对人的违法行为，亦即如何界定行政相对人的违法行为的性质，是行政违法行为还是行政犯罪行为，并且仅限于侵犯知识产权的行为领域。另外，这里的"行政违法"实际上并不限于违反部门法意义上的行政法，也包括违反商法、经济法等一切具有管理性质的法律。鉴于论述主旨问题的需要，笔者将行政违法限定于违反相关知识产权法的范畴，并且为了论述上的方便，把商法、经济法等具有管理性质的一切法律统称为"行政法"。

问题的解释(二)》,这两部司法解释中涉及的问题主要是情节的具体化、数额的明确化。然而,规范事实的列举无法穷尽生活事实的多样性,新的问题依然会发生。

另一方面表现为行为动态的性质流变性。“从行为本身的性质看,除了那些‘真正的犯罪’——传统的普通犯罪的性质不大可能因时代的变迁而发生变化以外,绝大多数所谓的‘行政犯罪’会在犯罪与行政违法之间、在刑法典与行政处罚法(或称行政违反法)之间产生动态的摇摆、迁移”①,其表现为社会变迁、社会控制政策发生变化导致大量的调整社会关系、社会秩序的行政法规的变化,与这些行政法规相对接的刑法规范的相关犯罪构成要件或犯罪构成要件的要素内容,并不是必然地立即也随着行政法规的变化而变化,从而导致二者在对(即便是对)同一行为的性质认定上也有可能存在流变差异,既有重叠也有错位。

行政犯罪双重违法性的暧昧品格,导致难以从行为性质上明确界定某些行为到底是行政违法还是行政犯罪。这就使本来是行政犯罪的行为有可能被当作行政违法行为处理。② 北京大学刘守芬教授通过数据分析得出的结论是:大量的侵犯知识产权案件被行政程序的罚款机制解决了,司法程序移送率很低。中国更多的知识产权案件进入了行政保护程序,而不是刑事司法程序。③

(二)行政犯罪定性的困惑性

从行为本质上看,行政违法行为和行政犯罪行为都是具有社会危害性的行为。定性的困惑在于,一般行政违法行为转变成表现为构成犯罪的行政犯罪行为是行政法定量、刑法定性,还是行政法定性、刑法定量,抑或刑法既定性又定量?毫无疑问,这一问题涉及行政不法、刑事不法(或称行政犯、刑事犯)之间关系的理论问题,有质之差异说、量之差异说、质量差异说之分。④ 笔者在此无意展开论述,但事物的发展规律告诉我们,由一般违法行为转变成犯

① 王文华:《行政犯罪与行政违法的界定及立法方式》,载《东方法学》2008 年第 4 期。

② 它不会是相反的情形,主要是与我国现处的知识产权保护环境有关。参见刘守芬、牛广济:《我国知识产权刑事法保护的新思考——兼析“两高”关于侵犯知识产权刑事案件最新司法解释》,载《知识产权》2005 年第 2 期。

③ 参见刘守芬、牛广济:《我国知识产权刑事法保护的新思考——兼析“两高”关于侵犯知识产权刑事案件最新司法解释》,载《知识产权》2005 年第 2 期。

④ 参见李晓明:《行政犯罪的确立基础:行政不法与刑事不法》,载《法学杂志》2005 年第 2 期。

罪行为,也是一个从量变到质变的过程,只不过中间必须经过一个程序,即犯罪构成要件的整理,符合即入罪,不符合则出罪。这显然就明确告诉我们,是行政定量、刑法定性。但果真如此吗?

1. 行政违法与行政犯罪在行为构成要件上存在部分重叠

我们以《专利法》第 63 条和《刑法》第 216 条的规定为例。《专利法》第 63 条规定:"假冒专利的,除依法承担民事责任外,由管理专利工作的部门责令改正并予公告,没收违法所得,可以并处违法所得四倍以下的罚款;没有违法所得的,可以处二十万元以下的罚款;构成犯罪的,依法追究刑事责任。"《刑法》第 216 条规定:"假冒他人专利,情节严重的,处三年以下有期徒刑或者拘役,并处或者单处罚金。"

比照一下这两个条款,侵犯他人专利权的假冒专利行政违法行为与作为假冒专利行政犯罪的假冒专利罪,一个是"假冒专利的",另一个是"假冒他人专利",二者在行为质的类型性上并没有区别,区别主要在有无法定量化要素上,即是否要求"情节严重的"。这就是在中国刑法框架内解读行政违法行为与行政犯罪行为不得不面对的罪量关系问题。刑法条文在犯罪构成中不仅要对犯罪行为进行类型化(从社会危害性的角度进行罪质规定),也要对罪量作出一定要求(要求这种行为只有达到"情节严重"、"情节恶劣"或"数额较大"、"后果严重"的量化状态时,才能构成该条文规定的犯罪),其结果是使大量未达到罪量要求的行为被置于行政法领域作为行政违法行为加以处置。用行政处罚的办法解决轻微不法的问题,在我国就成为符合逻辑的立法选择。

中国侵犯知识产权的行政违法行为与行政犯罪行为基本上都采用了这种立法模式。关于侵权行为的规范类型,如什么是假冒商标、什么是假冒专利等概念,首先是由行政法界定的,其次才由刑法在此基础上加上量化因素,规定什么是假冒商标罪、什么是假冒专利罪等。在刑法对这些侵权行为进行犯罪构成意义上的概念类型化之前,行政法已经对这些行为进行了行政违法行为意义上的概念类型化。[①] 行政违法行为的构成要件实际上是作为行政犯罪行为的基础构成要件而存在的,或者说行政犯罪行为构成要件的设置是在行政违法行为构成要件的基础上建构而成的,行政犯罪行为类型实际上在事先就已经被

① 对这一生活事实的法律格式化首先是由行政法进行的,刑法是后来跟进者。

行政违法行为定型化、格式化了。在此基础上,我们似乎可以把行政犯罪行为的构成理解为仅仅是在行政违法行为构成的质的类型化的基础上的量的增加。所以,这类行为的构成要件在不法类型即质的规定性上,往往既具有行政违法的性质,又具有刑事违法的性质,彼此之间的区别似乎成了纯粹量的有无或多少的比较。“而且这种量的区别主要是就行为客观方面的社会危害性程度而言,对行为人主观方面的考量极为有限。‘数额较大’‘后果严重’等罪量要素的表达用语,毫无疑问是就行为的客观方面提出量的要求。‘情节严重’的罪量要求,学者认为既包括主观情节,也包括客观情节,然而大量的对‘情节严重’进行细化要求的司法解释都是针对客观情节而言。所以在我国司法实践中,刑法中的罪量确定主要是根据客观的不法含量来进行操作的。相应地,我国刑事不法与行政不法之间的区别,基本上也就成为客观的不法含量的区别。”[①]这种行政违法行为与行政犯罪行为在构成要件上的行为类型重叠现象,使大量的侵犯知识产权行为成为了一种可以在行政违法与行政犯罪之间游离的特殊的不法行为类型。

2. 行政犯罪行为实际上是行政违法行为的结果加重犯或情节加重犯

张明楷教授在其《行政违反加重犯初探》一文中提出了行政违反加重犯的概念。“行政违反加重犯,是指以‘行政违反 + 加重要素’为构造的犯罪”[②],其表现为“行政违反 + 加重要素”的形式,并进一步将行政违反加重犯细分为三种类型:一是“行政违反 + 严重结果”;二是“行政违反 + 严重情节”;三是“行政违反 + 选择性严重情节”[③]。同时,张明楷教授指出:“我国行政法并没有对违反行政法的行为直接规定法定刑;刑法典也没有将一切行政违反行为规定为犯罪,而是有选择地将部分行政违反行为规定为犯罪;刑法典大多不是直接对违反行政法的行为规定法定刑,而是通过设置加重要素,使行政违反行为的法益侵害程度达到值得科处刑罚的程度。”[④]张明楷教授对其行政违反加重犯概念的这一解读,显然包括了我国刑法中所有侵犯知识产权的犯罪。或者说,我国刑

① 王莹:《论行政不法与刑事不法的分野及对我国行政处罚法与刑事立法界限混淆的反思》,载《河北法学》2008 年第 10 期。

② “所谓行政‘违反’,也即行政违法;但为了避免与刑法上的‘违法’概念相混淆,本文一般表述为行政违反。”张明楷:《行政违反加重犯初探》,载《中国法学》2007 年第 6 期。

③ 张明楷:《行政违反加重犯初探》,载《中国法学》2007 年第 6 期。

④ 张明楷:《行政违反加重犯初探》,载《中国法学》2007 年第 6 期。

法中所有侵犯知识产权的犯罪,都是行政违反加重犯。

笔者在对张明楷教授的这一观点持赞赏态度的同时,更关注这种行政违反加重犯形态的犯罪,其行为要件的类型化建构是由行政法完成的还是由刑法完成的,抑或两法共同完成的?

如果将相关行政法与刑法中有关侵犯知识产权行为的规定加以比对,就会发现如下三点。

(1)关于实行行为

“刑法在规定行政违反加重犯时,对行政违反加重犯的实行行为所作的表述,一般与行政法对行政违反行为的表述完全相同或基本相同,只是设置了其他加重要素。”①“从文字表述上看,行政法所规定的行政违反行为就是行政违反加重犯的实行行为。”②例如,《商标法》第52条规定的侵犯注册商标专用权的行政违反行为与《刑法》第215条规定的非法制造、销售非法制造的注册商标标识罪的实行行为在形式上完全相同。尽管“相同的文字,如果所处的具体语境不同,所结合的具体事态不同,所实现的具体目的不同,也会具有不同的含义”③,但语言所定义的核心部分是稳定的,其核心范围内具有明确无疑的意思,只是随着由核心向边缘的扩展,语言才会变得不确定起来。正如哈特所言:“当我们过于自信地设计某种一般规则时(如设计任何车辆禁止带进公园的规则时),这种语境中使用的语言确定了任何事务要进入该规则范围都必须满足的必要条件,某些肯定是在该规则范围内的明确事例可能已出现在我们心中。它们是典型,是清晰的情况(如汽车、公共汽车、摩托车);在这一步我们的立法目的是明确的,因为我们已作出了肯定的选择。”④所以,我们可以确信,作为行政违反加重犯的侵犯知识产权的犯罪行为,其实行行为的概念类型化,主要是由行政法而非刑法完成的。甚至与实行行为直接相关的犯罪对象的概念的类型化,也基本上是由行政法而非刑法完成的。例如,《商标法》第4条第3款规定:“本法有关商品商标的规定,适用于服务商标。”至少《刑法》第213条规定的假冒注册商标罪中的犯罪对象,毫无疑问应该包括服务商标

---

① 张明楷:《行政违反加重犯初探》,载《中国法学》2007年第6期。
② 张明楷:《行政违反加重犯初探》,载《中国法学》2007年第6期。
③ 张明楷:《行政违反加重犯初探》,载《中国法学》2007年第6期。
④ [英]哈特:《法律的概念》,张文显等译,中国大百科全书出版社1996年版,第128页。

在内。

(2)关于成立犯罪的加重要素

导致行政违法行为转变为行政犯罪,从而成立行政违反加重犯的加重要素,即所谓的"严重情节"或"严重结果",显然是由刑法规定的。在此不再具体赘述。

(3)关于主观罪过

关于行政违反加重犯的主观罪过的类型,张明楷教授认为可能会出现以下情形:一是"故意"的行政违反行为可能成为刑法上的故意的行政违反加重犯。二是"故意"的行政违反行为也可能成为刑法上的过失的行政违反加重犯。三是"过失"的行政违反行为完全可能成为刑法上的过失的行政违反加重犯。四是"过失"的行政违反行为不可能成为刑法上的故意的行政违反加重犯。① 根据我国侵犯知识产权的行政违法与行政犯罪的法律规定的实际情况,侵犯知识产权的行政违反加重犯的主观罪过的类型只可能存在第一种情形,即"故意"的行政违反行为,成为刑法上故意的行政违反加重犯。换言之,基本行为是故意的,加重要素也是故意的。所以,从行政违反行为的主观罪过看,无论是行政法还是刑法,对其类型的规定都是一样的,即必须是故意的,不包括过失;而对于行政违反行为造成的结果的主观罪过,即加重因素部分的主观罪过,显然是刑法规定的。有的还明确规定了必须具有特定的犯罪目的,如侵犯著作权罪、销售侵权复制品罪,在主观方面,除了具有故意的心理态度外,还必须具有营利的目的。

通过上述分析,我们可以得出这样一个结论:在我国现行的法律框架内,作为行政违反加重犯的知识产权行政犯罪行为,其犯罪构成要件的类型化建构是由行政法和刑法共同完成的。侵犯知识产权的行政违法行为与行政犯罪行为在行为的构成要件上存在交错重叠关系。侵犯知识产权的行政犯罪行为实际上是行政违法行为的结果加重犯或情节加重犯,即侵犯知识产权的行政犯罪行为=基本行政违法行为+刑法的加重情节或加重结果。

(三)行政犯罪处罚的不确定性

中国从1998年开始已连续多年每年公布中国知识产权保护状况白皮书。

① 参见张明楷:《行政违反加重犯初探》,载《中国法学》2007年第6期。

概览2006年、[①]2007年、[②]2008年[③]这三年中国知识产权行政及刑事保护情况，给我们的总体启示就是：中国知识产权行政保护的规模大于刑事保护的规模；中国对侵犯知识产权行为的行政处理远远多于刑事处罚，已经形成以行政处罚为主，以刑事处罚为辅的格局。

1. 行使知识产权行政保护权的部门多。涉及国家各级知识产权局、各级工商行政管理局，各级新闻出版、版权、文化、农业、林业、公安、海关等多家行政主管部门。

2. 对知识产权侵权行为的行政处理相对较多，刑事处罚相对较少。2006年全年行政处理66,832件，刑事处罚2277件；2007年全年行政处理93,951件，刑事处罚2684件；2008年全年行政处理68,882件，刑事处罚3326件。

3. 对知识产权侵权案件的行政处理与刑事处罚之比，2006年与2007年相比变化不是很大，2007年与2008年相比变化相对较大，主要是提高了刑事处罚的比例。

这反映了在我国刑法量化思维与犯罪构成既定性又定量的立法模式中，侵犯

① 行政执法保护方面：知识产权局共查处假冒他人专利案件33件，查处冒充专利案件933件，向公安部门移送案件12件，接受其他部门移交案件35件；工商行政管理机关共查处各类商标违法案件50,534件，向公安机关移送涉嫌商标犯罪案件252件；版权行政管理部门受理案件10,559件，移送司法机关235件；海关共查获各类进出口侵权货物案件2473件；文化行政部门全年共出动执法人员503万多人次，检查音像经营单位102万余家次，收缴盗版音像制品约1.1亿张；全国公安机关共破获各类侵权盗版案件2300余起，受理了270多起相关部门移送的侵权盗版刑事案件。刑事司法保护方面：审结涉及知识产权侵权的刑事案件2277件。参见国家知识产权局：《2006年中国知识产权保护状况》，载国家知识产权局官网，https://www.cnipa.gov.cn/art/2014/8/12/art_91_26345.html。

② 行政执法保护方面：知识产权局共查处假冒他人专利案件32件，查处冒充专利案件681件，向其他部门移送案件32件，接受其他部门移交案件16件；工商行政管理机关共查处各类商标违法案件50,318件，向司法机关移送涉嫌商标犯罪案件229件；版权行政管理部门共取缔违法经营单位13,170家，行政处罚9816起，移送司法机关案件268件；海关共查获各类进出口涉嫌侵犯知识产权货物7467票；文化行政部门查处侵犯知识产权案2万余件，移送司法机关案件399件；公安机关围绕侵犯知识产权犯罪共立案2283起，会同有关部门办理侵犯著作权等各类知识产权案件10,870余起。刑事司法保护方面：审结涉及知识产权侵权的刑事案件2684件。参见国家知识产权局：《2007年中国知识产权保护状况》，载国家知识产权局官网，https://www.cnipa.gov.cn/art/2008/5/5/art_91_26344.html。

③ 行政执法保护方面：知识产权局共查处假冒他人专利案件59件，查处冒充专利案件601件，向公安等部门移交案件21件，接受其他部门移交案件11件；工商行政管理机关共查处各类商标违法案件56,634件，向司法机关移送涉嫌商标犯罪案件137件；国家版权局、公安部、工业和信息化部联合共办理互联网侵权案件453件，并将涉嫌构成著作权犯罪的10起重大案件移送相关司法机关；海关共扣留进出口侵权货物11,135批。刑事司法保护方面：审结涉及知识产权侵权刑事案件3326件。参见国家知识产权局：《2008年中国知识产权保护状况》，载国家知识产权局官网，https://www.cnipa.gov.cn/art/2014/8/12/art_91_26343.html。

知识产权的行政犯罪行为，作为由行政法规定的基本行政违法行为加上刑法规定的加重情节或加重结果，两法共同建构的一种不同于一般纯正刑事犯[①]特殊的犯罪类型，要想在具体的执法或司法实务中将行政违法行为和行政犯罪行为绝对地一分为二，实际上是很难做到的。这是导致中国知识产权的刑事保护与行政保护界野模糊，始终徘徊游离在彼此之间的重要原因之一。出现"中国对侵犯知识产权行为的行政处理远远多于刑事处罚，已经形成以行政处罚为主，以刑事处罚为辅的格局"而没有出现相反的情况，不仅是价值取向即优先选择强保护还是弱保护的问题，更主要的是包括行政权、司法权以及行政相对人的救济选择权在内的各方利益博弈问题，而最终在大多数情况下将保护的天秤倾斜向了行政保护。

三、问题之解决

针对我国现行法律框架内知识产权行政犯罪在定性及处罚过程中所呈现出的上述现象，许多专家学者及司法实务界人士撰文主张通过行政法或行政执法与刑法或刑事司法进行有效衔接，作为解决这一问题的路径。[②] 笔者认为，鉴于侵犯知识产权的行政违法行为与行政犯罪行为之间的关系，这种通过将二者进行衔接的解决方法可以适用于行政执法与刑事司法之间的程序问题的处理，而不适合实体问题的处理。要解决我国知识产权的刑事保护，始终徘徊游离在行政执法与刑事司法之间的问题，从实体规范的视角看，不是将二者如何进行对应衔接，而应是不必纠缠于行为的性质，要穿越性质的迷雾，将二者在形式特征上进行规范类型整理，分别建构起属于行政违法行为与行政犯罪行为各自的实践类型，如此才能更好地在实践中区分行政执法与刑事司法的界限。

（一）行为的规范类型整理

将行政法与刑法两套文本规范中涉及知识产权侵权行为规范与犯罪行为规范进行同一整理所要解决的主要问题，就是对该两法关于上述内容的规定所涉及的规范概念结合案件事实进行解读，解决该两法规定的相同规范概念内涵的协调一致性及文本规范的实践可操作性问题，在概念类型的基础上建构实践类型。为侵犯知识产权的行政违法行为与行政犯罪行为，能分别在形式上进行类型化分离提供标准。

---

① 这里的一般纯正刑事犯仅指相对于法定犯的自然犯。

② 相关的文章、论述不胜枚举，这种观点已成通说。

1. 统一概念解读

侵犯知识产权犯罪行为的基本犯部分是由行政法和刑法共同规定的,这是因为,对侵犯知识产权的犯罪行为而言,往往是行政法规制在先,刑法规制在后,也就是说当刑法将侵犯知识产权的行政违法行为刑罚化,使之变成行政犯罪行为时,它的概念类型实际上早已被行政法规范固定化、格式化了。换言之,侵犯知识产权的行政犯罪行为,作为一种规范概念,实际上存在于行政法和刑法两套法律文本中。

所以,要想在形式上厘清侵犯知识产权的行政违法行为与行政犯罪行为,必须就两套规范中涉及行为构成要件内容的概念范畴,以行政法规定的概念内涵为基础(因为形成在先,且往往已形成概念模式),进行统一解读,建立界分彼此行为的比照点,如此才能进行各自的类型化建构。

2. 建构实践类型

建构侵犯知识产权犯罪的实践类型,实际上就是将行政法和刑法中有关侵犯知识产权的行政违法行为与行政犯罪行为的文本规定,如何整理成在实践中界分行政违法行为与行政犯罪行为的裁判规范,[①]从而能从实务的角度把知识产权犯罪类型化的问题。

这是因为,在以成文的制定法为主要法律渊源的国家,相对于实践中的案件事实而言,文本规范是事先预设的,刑法各罪规定的构成要件事实是一个规范意义上的概念事实,而不是具体案件的案件事实。刑法规范中的构成要件,实际上是具体犯罪行为的格式类型化的要件,这种规范意义上的构成要件所涵摄的具体案件事实特征只有经过合理寻找,才能适用于具体个案。在司法实践过程中,如何实现在案件的具体事实与文本上的刑法规范已经预设格式化的构成要件的概念事实之间进行有效"链接",确定裁判依据,这里实际上存在一个

---

① 何谓裁判规范,见仁见智。如黄茂荣先生认为:"法条或法律规定之意旨,若在要求受规范之人取向于它们而为行为,则它们便是行为规范;法条或法律规定之意旨,若在要求裁判法律上争端之人或机关,以它们为裁判之标准进行裁判,则它们便是裁判规范。"参见黄茂荣:《法学方法与现代民法》,中国政法大学出版社 2001 年版,第 110 ~ 111 页。陈金钊教授认为,裁判规范是审判规范的一部分。"审判规范"由审判操作规范和裁判规范两部分"构成"。参见陈金钊:《法律解释的哲理》,山东人民出版社 1999 年版,第 242 页。"这种规范是一种解释性规范,它的生成与法官职业法律群体间的交流有关,是一种由法官等主体根据法律真实,依据多元的法律渊源整合而生成的规范。"参见陈金钊:《法律解释的哲理》,山东人民出版社 1999 年版,第 93 页。笔者认为,裁判规范是一种即时性的实践规范,是一种司法意义上的动态规范形态,是司法过程中基于法律文本规范与案件事实之间的互动而建构起来的实践性规范。

或许被我们忽略的现象,就是刑法文本规范在司法适用过程中被二次建构的问题,即只有将特定的刑法文本规范逐渐形塑成其基于与某一类型或与某些特定的案件事实相关的如何进行具体适用的经验、技巧、规则等,实现了文本规范向裁判依据的转化,该刑法规范才能用于该案件的裁决活动。① 这个过程就是建构实践类型的过程。只是作为行政犯罪的知识产权犯罪相对于纯正刑事犯实践类型建构的特别之处,是行政法必须参与这一实践建构过程。

建构实践类型一般在三个层面上展开:

一是通过典型案例建构,它需要裁判者的视界在生活事实和法规范之间往返流转。既要从案件到规范,又要从规范到案件,对两者进行比较、分析、权衡。对于案件事实,要以可能适用的刑法规范为指导进行分析;反之,对于刑法规范,要通过特定个案或者案件类型进行解释。② 通过这种反复比较权衡,于是,"规范成为'符合存在的',案件成为'符合规范的'。并且逐步地规范变成较具体的、较接近现实的,案件变成轮廓较清楚的,成为类型"③。我们每年都在公布当年侵犯知识产权犯罪的典型案例,这些被以典型案例固定的实践类型,往往就会成为以后的裁判参考,为界分知识产权行政违法行为与行政犯罪提供现实模板。

二是通过专家解释建构,即法律理论研究人员基于司法实践中已经发生过的案件事实或者假设、想象的案件事实对现有行政法规范及刑法规范中涉及的相关概念,基于一定理论分析和逻辑思维进行解读和类型化梳理,为界分知识产权行政违法行为与行政犯罪提供理想模板。

三是通过有权解释建构。在中国,最高人民法院、最高人民检察院以及包括国家知识产权局、国家工商行政管理总局、新闻出版总署、国家版权局、文化部、农业部、国家林业局、公安部、海关总署等在内的相关国家行政机关,几乎每年都会在各自管辖的相关领域就知识产权行政违法行为或行政犯罪行为的打击、处理或制裁问题,颁布大量的规范性文件。④ 这种基于司法权或行政权对现

---

① 参见赵秉志、张心向:《刑事裁判不确定性现象解读——对"许霆案"的重新解读》,载《法学》2008 年第 8 期。

② 参见张明楷:《从生活事实中发现法》,载《法律适用》2004 年第 6 期。

③ [德]亚图·考夫曼:《法律哲学》,刘幸义等译,台北,五南图书出版公司 2000 年版,第 237 页。

④ 最具代表性的,如最高人民法院、最高人民检察院的《关于办理侵犯知识产权刑事案件具体应用法律若干问题的解释》以及《关于办理侵犯知识产权刑事案件具体应用法律若干问题的解释(二)》,国家版权局的《著作权行政处罚实施办法》等。可见,通过司法解释降低"刑事责任门槛"的形式来界分行政违法与行政犯罪,只是选项之一而已。

有行政法规范及刑法规范中涉及的相关概念解读,为界分知识产权行政违法行为与行政犯罪提供了权威模板。

(二)行为的形式特征界分

行为形式分离所要解决的主要问题,就是比照行政法和刑法中侵犯知识产权行为的相关规定,将侵犯知识产权的行政违法行为与行政犯罪行为,抛开彼此间暧昧的性质,分别找出各行为的构成要件要素,仅在形式上分别进行类型化整理。

1. 实行行为的界分

实行行为的界分,一般只考虑量化因素,即是否具有加重情节或加重结果。

一是在行政违法的客观行为和行政犯罪的实行行为完全相同的情况下,行政违法行为实际上就是行政犯罪行为的基本犯形态时,行政违法行为一般只要有客观行为即可成立,行政犯罪行为不仅要有实行行为,还要具备刑法规定的相关情节或结果方面的加重要素。这种情形除上述《专利法》第 63 条的规定和《刑法》第 216 条的规定外,还有《商标法》第 52 条、第 54 条、第 59 条的规定和《刑法》第 213 条、第 214 条、第 215 条的规定,以及《反不正当竞争法》第 10 条的规定和《刑法》第 219 条的规定。

二是行政违法行为的客观行为与行政犯罪的实行行为原来完全相同,现在行政法的相关规定发生了变化。在这种情况下,行政违法的客观行为与行政犯罪的实行行为相同的那部分行为,既是行政违法的客观行为,又是行政犯罪的实行行为时,界定办法同上述情形;不相同的那部分行为,依据罪刑法定原则处理。

2. 加重因素的界分

行政违法属"法定行为犯",一般只考量定性,不考量定量,[①]当然在具体认定时并非一点量也不考虑,但毕竟不是法定考量的范畴。行政犯罪属"法定实害犯",既要考量定性,又要考量定量,不仅要有基本实行行为,还必须具备法定的加重情节或加重结果。[②] 至于加重因素的加重情节或加重结果具体是指什么,只有结合具体案件对相关规范解读清楚后,才能明确。

3. 主观过错的界分

行政违法行为的主观过错具有单一性,仅仅是对行为违法性的认识;行政犯

---

① 参见《商标法》第 52 条、第 54 条、第 59 条的规定,《专利法》第 63 条的规定,《反不正当竞争法》第 10 条的规定,《著作权法》第 48 条的规定。

② 参见《刑法》第 213 条、第 214 条、第 215 条、第 216 条、第 217 条、第 218 条、第 219 条的规定。

罪行为的主观过错具有双重性，除了对行为违法性的认识外，对作为加重因素的加重情节或加重结果也要有认识，并且希望或放任其发生。对于侵犯著作权罪和销售侵权复制品罪而言，主观上还必须具有营利的目的。

4. 违法阻却事由

《著作权法》第 48 条列举了 8 种侵权行为，其中 6 种有这样的规定，即“另有规定的除外”。这里的“另有规定”，主要指两种情形：一是合理使用，二是法定许可。比对《刑法》第 217 条的类似的行为规定中，并没有这样的特殊规定。笔者认为，在行政违法行为的客观行为就是行政犯罪行为的基本犯的情况下，能够阻却行政违法行为成立的“合理使用”与“法定许可”，也能阻却行政犯罪的成立。也就是说，《著作权法》第 48 条“另有规定”的违法阻却事由同样适用于《刑法》第 217 条的规定。[①] 其他的以此类推，不再赘述。

四、问题之结论

当中国正陶醉于自己 30 年知识产权保护法制建设成就的时候，被美国毫不留情地起诉刑事保护不能，无异于当头棒喝。虽情急之下多方应对，出台了包括《关于办理侵犯知识产权刑事案件具体应用法律若干问题的解释(二)》在内的多项措施。但值得关注的是，案件虽尘埃落定，却不应被视为问题解决的结束，而应是我们反思问题该如何解决的开始。

反思一：中国知识产权刑事保护制度是否存在问题？

中国通过民事、行政和刑事对知识产权的分层保护、逐级递增、由弱到强“三位一体”的法律保护体制，并不违反 TRIPs 协定对成员知识产权保护体制要求的规定。主张中国也要构建轻罪体系，作为控制侵犯知识产权犯

---

① “德国的通说认为，行政许可(官方批准)既可能阻却构成要件符合性，也可能阻却违法性，但大多数行政许可阻却构成要件符合性。如果缺乏行政许可是构成要件要素，取得行政许可就阻却构成要件符合性；倘若缺乏行政许可是一种专门的违法性要素，取得行政许可便阻却违法性。”参见张明楷：《行政违反加重犯初探》，载《中国法学》2007 年第 6 期。鉴于我国知识产权侵权行为存在未经许可型和显然不被许可型两种立法模式，笔者以为，在未经许可型行为中，“未经许可”是作为行为的构成要件要素存在的，如果“已被许可”，就以为该行为的构成要件要素缺失，行为便不符合法定要件要求，一是自然不能成立，二是行为自然不是违法。所以，在这种情形中“取得许可”阻却的是行为的违法性，不是构成要件的符合性；在显然不被许可型行为中，客观上不存在被许可的可能，所以“已被许可”只能在行为人认识错误的情况下才能存在，可按事实上的认识错误来处理。

罪的新的法律机制,[①]是不符合 TRIPs 协定对成员的要求的。这是因为 TRIPs 协定实际上是希望成员将知识产权侵权案件尽量划入民事程序和行政程序的适用范围,而不是划入刑事程序的适用范围。[②] 但这并不意味着中国的知识产权刑事保护制度就不存在问题。

建构于刑法的量化思维与犯罪构成既定性又定量的立法模式中的中国知识产权刑事保护制度,显然不同于美、英、德、日等国的"刑法均未区分行政与刑事责任,而是将侵犯知识产权行为一体纳入刑事犯罪范畴……刑法对于侵犯知识产权犯罪没有设置定罪的数额门槛"[③]的知识产权刑事保护制度。但从实体法规范的视角看,笔者认为这种不同只是制度设置上的不同,即对侵权行为进行何种制度规制的不同,而在行为的质的规定性上是相同的,即在 TRIPs 协定的标准下被纳入强制保护范畴的知识产权侵权行为的范围和类型基本上是相同的。[④] 在美、英、德、日等国,这类行为基于它们的法律制度设置直接进入了刑事保护范畴;在中国基于中国的法律制度设置则进入了行政保护和刑事保护范畴。由于中国知识产权保护制度中的行政违法与行政犯罪二者在行为构成要件上存在相互重叠,以及行政犯罪行为实际上是行政违法行为的结果加重犯或情节加重犯这一表现为制度现象的关系,所以,这种进入不是先后梯次进入,而是同时进入,即与民事保护与行政保护及刑事保护之间的保护阶梯性的明确分层相比,行政保护与刑事保护之间的保护阶梯性的分层是比较模糊的。也就是说,同时进入不是问题,问题是在同时进入后彼此保护范围的界分不甚清晰。

反思二:中国知识产权保护制度中的行政保护与刑事保护分野不清,是实体规范问题还是程序运行问题?

中国知识产权刑事保护制度中的问题不仅是实体规范问题,也是程序

---

① 参见李晓明:《从中美 IP/WTO 第一诉谈我国的轻罪体系建构——重在两国 IP 保护力度的分析》,载《中国法学》2007 年第 6 期。

② 参见《附件 1C 与贸易有关的知识产权协定》第三部分,载 WTO 官方网站,http://www.wto.org/english/docs_e/legal_e/27 - trips_05_e.htm。转引自陈儒丹:《WTO 规则与中国知识产权刑事立法——以美国诉中国知识产权执法措施案为背景》,载《北方法学》2008 年第 4 期。

③ 黄祥青:《侵犯知识产权犯罪司法认定的几个问题》,载《法学》2006 年第 7 期。

④ 参见李晓明:《从中美 IP/WTO 第一诉谈我国的轻罪体系建构——重在两国 IP 保护力度的分析》,载《中国法学》2007 年第 6 期。

运行问题。在实体法规范提供了界分行政违法与行政犯罪的具体类型模板后,剩下的就应是程序运行的规制问题了。

由于作为公法的刑法与私法相比更容易表现为一种"地方性知识",或者说更明显地带有"地方性知识"符号,在多样性基础上的制度趋同应以承认各国公法制度的差异性为其逻辑前提。所以,具有中国刑事立法特点的知识产权刑事保护制度不应受到非议。尽管"从沿革看,我国知识产权刑法保护制度主要是政府引发的强制性制度变迁,并受到国际和外国利益相关者的影响,有'被动回应型'痕迹"①,但不能一味迁就,"如果依照德日等大陆法系国家的立法模式,在犯罪构成中放弃罪量要素,将所有的侵犯法益具有社会危害性的行为都视为犯罪,而无论法益侵害或社会危害性的程度,势必使现行法框架下的本应以行政罚处理的行为都面临被追究刑事责任的可能性,带来巨大的刑事追诉的压力"②,最终将会付出巨大的制度成本代价。③ 况且,中国基于量化思维与犯罪构成既定性又定量的立法模式建构的知识产权刑事保护制度,从社会防卫角度看,构筑遏制侵犯知识产权行为的一体化制度,以实现国家公权力对具有社会危害性的侵犯知识产权行为遏制的无缝隙对接,也应该是无可非议的。

所以,对于行政保护与刑事保护之间的保护阶梯分层的模糊性,不可能通过构建轻罪体系的方式解决,至少目前条件还不成熟。那么我们现在能做的除了"在实体法上理顺行政不法与刑事不法之间的关系,降低行政违法行为与犯罪行为之间交叉的可能性"④外(也就是说,在实体法规范提供了界分行政违法与行政犯罪的具体类型模板后),剩下的就是如何规制行政保护程序与刑事保护程序之间的对接与配合问题了,特别是享有行政管辖权和执法权的众多行政主管部门之间以及这些行政主管部门与司法部门之间,由于涉及彼此之间的权力制衡和利益分配,如何在对侵犯知识产权的行

---

① 贺志军:《对我国知识产权刑事保护的启示》,载新浪网,https://news.sina.com.cn/o/2009-04-06/091915424382s.shtml。

② 王莹:《论行政不法与刑事不法的分野及对我国行政处罚法与刑事立法界限混淆的反思》,载《河北法学》2008 年第 10 期。

③ 参见卢建平:《知识产权犯罪门槛的下降及其意义》,载《政治与法律》2008 年第 7 期。

④ 王莹:《论行政不法与刑事不法的分野及对我国行政处罚法与刑事立法界限混淆的反思》,载《河北法学》2008 年第 10 期。

政违法行为和行政犯罪行为的处置程序上彼此互相合作、相互配合,就成了协调知识产权的行政执法与刑事司法关系,明确彼此的权力分野,并提高知识产权的强制保护的实效和力度的关键因素。

反思三:知识产权行政保护与刑事保护之间是否存在界分的最佳分离点?

行政违法与行政犯罪之间关系的暧昧性,决定了知识产权的行政保护与刑事保护之间的最佳分离点在概念层面上是应该存在的,但在现实层面上是难以确定的。而且,这种现象在中国刑法的量化思维与犯罪构成既定性又定量的立法模式下,不仅存在于知识产权的行政保护与刑事保护之间,还存在于所有的同时被行政法和刑法双重法律保护的法益当中。

所以,从实体法规范的视角看,尽管可以回避行为性质,通过统一概念解读、建构实践类型,在形式上对行政违法行为与行政犯罪行为分别进行类型化整理,以界分彼此的概念模型分野,但要将这种概念分野的界定落实到具体的行政保护与刑事保护的实践运作中,除了需要行政执法程序与刑事司法程序的有效衔接和配合之外,显然还有许多值得我们去做的事情。也就是说,我们可以通过实体和程序两方面的共同努力,去无限接近这个最佳点,但在我国现行的刑法立法模式内恐很难将这个点确定下来。因为它不仅是一种价值形态,还是一个事实现象,同时它总在不停地发展变化。

我国证券内幕交易行为之处罚现状分析*

目　次

一、前言

证券市场是金融市场的重要组成部分，其有许多功能，而最基本的功能是资本定价，但该功能要通过充分的市场竞

* 原载《当代法学》2013 年第 4 期，第 48～58 页。

争机制来实现,而竞争的最基本要求是公平,即影响证券及相关衍生品价格的信息应为投资者所平等享有。

原始意义上的证券交易价格取决于证券发行者的运营状况,以及可预期的盈利能力。此外,证券的价格也会受证券发行者本身之外的诸多因素影响,比如竞争者的发展态势等。但不管如何,所有影响证券及其衍生品价格的因素都要通过信息来传递给投资者,投资者根据相关信息来决定自己未来的投资方向。只有在信息渠道高度畅通的市场环境下,证券的市场价格才会较为真实地反映其实际价值。但现实中,证券市场的信息渠道并非完全通畅,存在信息不对称的情况。原因很简单,证券发行实体在证券发行之前便已然知悉发行的相关情况,发行之后的交易中,影响证券及其衍生品价格的诸多信息也肯定首先为相关证券发行实体内部人员及外部相关人员所获得。于是,信息不对称的情况产生,利用信息不对称进行交易的行为在巨额利润的驱动下也随之产生。在证券市场形成之初,各国尚未意识到内幕交易行为的危害性,随着一批内幕交易事件给证券市场带来的冲击,特别是其于20世纪美国大萧条时期相继被各国纳入法律规制的范围后,对证券内幕交易行为的处罚由此产生。最初对内幕交易行为的规制往往限于民事赔偿、行政处罚,随着资本市场推动国民经济发展的势头日益强劲,一大批交易额度巨大的内幕交易案件相继出现,内幕交易行为的危害在人们的视野中暴露无遗,其对证券市场运行根基造成的颠覆性破坏是任何纯粹的经济分析方法都无法精确评估的,它足以摧垮一个国家的资本市场,并严重拖累实体经济的发展。[①] 这使许多国家意识到,行政处罚以及民事赔偿的温和性已不足以抑制内幕交易行为的发展态势,有必要动用最后的法律处罚方式,于是各国随之逐渐将内幕交易行为纳入刑事处罚的范畴。

相比其他资本市场发达国家,我国证券市场起步较晚,也就是20几年的时间,对内幕交易行为的法律规制也经历了一个从行政处罚到刑事处罚的发展过程,这其中也伴随着一定的民事赔偿责任方面的规定,但有自己的一些特点。笔者拟通过对这一过程中内部交易行为之处罚状况的实证分析,去发现问题、研究对策,以期对内幕交易行为处罚的立法规制及司法实务有所裨益。

---

① 参见《人民日报专访证监会副主席刘新华:内幕交易颠覆股市根基》,载大众网,http://dzwww.com/finance/licai/gupiao/201205/t20120525_7162023.html。

二、证券内幕交易行为的法律责任

一般认为,法律责任分为民事法律责任、行政法律责任、刑事法律责任和违宪责任四种。由于一般个人及商业公司极少涉及违宪责任,从此种意义上讲,实际上能够追究内幕交易者法律责任的主要就是民事责任、行政责任和刑事责任。

(一)民事责任

内幕交易行为承担民事赔偿责任的依据是合同责任、侵权责任,还是法定责任,学界有不同的看法。[①] 一般认为,内幕交易的民事责任属于一种侵权责任,因为内幕交易者在交易中利用了内幕信息,从而转嫁了损失或获得了利益,而使尚不知悉这一信息的对方当事人在同一交易中蒙受了损失,侵害了对方当事人的合法权益。但如果将内幕交易的民事责任纯粹定性为侵权责任,却有其理论解释上的困境。[②] 为此,可以弥补此种缺陷的法定责任[③]应运而生。例如,美国《1933 年证券法》和《1934 年证券交易法》以及美国证券交易委员会(SEC)规则 10b-5 的规定就体现了法定责任的扩张过程。[④]

美国在最初规制内幕交易行为的时候,比较注重行政及刑事责任,但随着私权利的不断扩张,其通过《内幕交易制裁法》等法律逐渐完善了民事责任的规定。此种民事责任的扩张逐渐影响到其他各国及地区,欧盟、韩国、日本等对民事责任均有明确具体的规定。[⑤] 我国对内幕交易行为,除在《证券法》第 76 条第 3 款有关于"内幕交易行为给投资者造成损失的,行为人应当依法承担赔偿责任"以及第 232 条的"违反本法规定,应当承担民事赔偿责任和缴纳罚款、罚金,其财产不足以同时支付时,先承担民事赔偿责任"的规定外,其相关具体的民事

---

① 参见冯果、李安安:《内幕交易的民事责任及其实现机制——写在资本市场建立 20 周年之际》,载《当代法学》2011 年第 5 期。

② "内幕交易所导致的投资者损害,并不是对投资者人身或有形财产的损害,而是一种纯粹经济上的损失,相当于德国法中的纯粹财产上损害。纯粹经济损失目前在世界各国立法上并没有一个确切的定义。"冯果、李安安:《内幕交易的民事责任及其实现机制——写在资本市场建立 20 周年之际》,载《当代法学》2011 年第 5 期。

③ 法定责任就是通过立法的方式明确规定证券民事责任的具体制度和适用规则,而不再通过合同法或侵权行为法进行演绎和推导,故法定责任是一种带有惩罚性或强制性赔偿性质的民事责任。

④ 参见齐斌:《证券市场信息披露法律监管》,法律出版社 2000 年版,第 265~277 页。

⑤ 参见郑顺炎:《证券内幕交易规制的本土化研究》,北京大学出版社 2002 年版,第 25~37 页。

责任至今并未作出明确的规定。但值得关注的是，最高人民法院于2008年2月4日颁布的《民事案件案由规定》(法发〔2008〕11号，已失效)中，在有关"证券欺诈责任纠纷"所列举的4种案由[(1)证券内幕交易赔偿纠纷、(2)操纵证券交易市场赔偿纠纷、(3)证券虚假陈述赔偿纠纷、(4)欺诈客户赔偿纠纷]中，排在首位的是"证券内幕交易赔偿纠纷"。

(二)行政责任

行政责任是指因违反行政法或因行政法规定而应承担的法律责任，包括行政处罚和行政处分。内幕交易的行政责任属于行政处罚。"行政处罚"作为国家行政机关及其他依法可以实施行政处罚权的组织对违反行政法律、法规、规章，尚不构成犯罪的公民、法人及其他组织等社会成员实施的一种制裁性的具体行政行为，是以行政手段规制内幕交易的主要处罚方式。美国证券交易委员会作为为规制证券市场而产生的行政权力机关，最初对内幕交易行为进行处罚，均是由其通过行政权力发动的。从美国开始，因行政处罚所独有的直接性、有效性、经济性，行政手段逐渐成为各国对内幕交易行为进行规制的最经常手段，对内幕交易者科处的行政处罚措施，一般包括禁止令、没收违法所得、行政罚款、市场禁入等。"综观各国的立法，也都是对内幕交易的行政责任规定的最为详细。"[①]到目前为止，我国追究内幕交易者法律责任的主要形式也是行政责任，且均以行政处罚的方式处理。

(三)刑事责任

追究内幕交易者的刑事责任，通过刑罚手段对内幕交易者施以最严厉的处罚，在用法律责任规制内幕交易行为的初期，均未将其引入；但如今追究内幕交易者的刑事责任几乎已是所有国家或地区主动或被动地对内幕交易行为进行处罚的一种方式。

由于中国特殊的国情，证券市场的历史较短，发展程度较之发达国家尚存有不小的差距。但此情况反而使我国证券市场建立之初便在借鉴国外经验教训的基础上，开始注意对内幕交易行为法律规制的平衡。相较于日本直到1988年才通过对《证券交易法》的修改，将内幕交易行为纳入刑事规制的范围，我国对内幕交易行为的刑法规制更早介入。

① 杨亮：《内幕交易论》，北京大学出版社2001年版，第306页。

到目前为止,我国据以追究内幕交易行为刑事责任的主要法律规定及相关司法解释如下:(1)《刑法》第180条;(2)《关于公安机关管辖的刑事案件立案追诉标准的规定(二)》(2010年5月7日公布)第35条、第36条;(3)《关于办理内幕交易、泄露内幕信息刑事案件具体应用法律若干问题的解释》(2012年3月29日公布)。

三、证券内幕交易行为的处罚现状

当下我国对证券内幕交易行为处罚的基本状况是:内幕交易导致的民事赔偿纠纷案件较少,对证券内幕交易行为的处罚主要是行政处罚和刑事处罚。如图6-3-1所示:

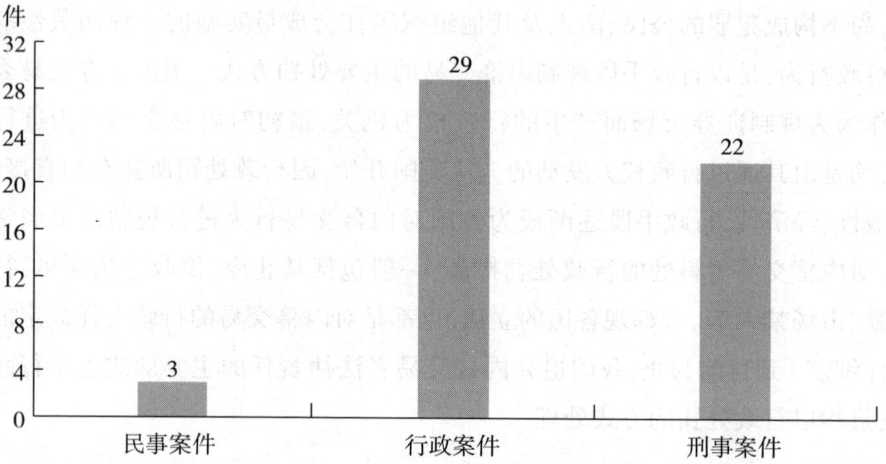

图6-3-1 证券内幕交易行为的处罚统计(截至2011年年底)

(一)关于内幕交易的民事赔偿

1. 现状

据笔者在正常情况下能够查询到的统计,我国内幕交易导致的民事赔偿纠纷的案件迄今为止20多年来共有3件,具体案件如表6-3-1所示。

表6-3-1 内幕交易的民事赔偿纠纷案件

时间	案件名	民事判决书	处理结果
2008年	陈某丰诉陈某良证券内幕交易纠纷案[1]		该案是2005年《证券法》修订后最高人民法院允许因内幕交易而权益受损的投资者提起诉讼的第一起内幕交易民事赔偿案件。以“陈某丰自愿撤回对陈某良的起诉”告终

续表

时间	案件名	民事判决书	处理结果
2009 年	陈某灵诉潘某深证券内幕交易赔偿纠纷案[2]	(2009)一中民初字第 8217 号	该案是首例以内幕交易证券民事赔偿判决方式结案的案例。判决结果是"潘某深关于陈某灵诉讼请求所涉损失与其卖出大唐电信股票行为之间不存在因果关系的辩称成立""驳回原告陈某灵对被告潘某深的诉讼请求"
2012 年	中关村(000931,收盘价 6.34 元)股民诉黄某裕、杜某内幕交易赔偿纠纷案[3]		北京市第二中级人民法院对该案作出一审判决,驳回原告诉讼请求。法院认定二原告要求黄某裕夫妇赔偿损失及利息等诉讼请求,缺乏事实和法律依据

〔1〕参见黄清燕:《天山股份:内幕交易民事赔偿第一案原告撤诉》,载和讯网,http://stock.hexun.com/2008-09-05/108595918.html。

〔2〕参见北京市第一中级人民法院民事判决书,(2009)一中民初字第 8217 号。

〔3〕参见郎振:《黄光裕内幕交易案股民败诉　原告称上诉待司法解释生效》,载新浪网,http://finance.sina.cn/sa/2012-12-21/detail-ikftssan6206851.d.html。

2. 分析

(1)主张民事赔偿责任的案件相对较少

在成熟市场中,内幕交易的民事、行政和刑事责任"三足鼎立",构成对内幕交易行为处罚的三大支柱。尽管《证券法》第 76 条第 3 款有关于"内幕交易行为给投资者造成损失的,行为人应当依法承担赔偿责任"以及第 232 条"违反本法规定,应当承担民事赔偿责任和缴纳罚款、罚金,其财产不足以同时支付时,先承担民事赔偿责任"的明确规定,但在实务操作中对内幕交易的查处还是过于倚重行政处罚,刑事问责的频度和力度也不大。这种民事责任的欠缺,成为我国内幕交易有效规制的"短板"。故从上述图表看,内幕交易导致的民事赔偿纠纷案件与同期因内幕交易、泄露内幕信息行为而受到行政处罚的案件以及因构成内幕交易、泄露内幕信息罪而受到刑事处罚的案件相比,悬殊较大。造成这种情形的主要原因,据称是法院对这类案由的案件不予立案。① 可见,内幕交易民事责任虽然作为规范证券市场行为、防范证券风险不可或缺的重要法律手段之一,但长期以来,受害人不能通过对内幕交易者的责任追究而得到有效的救济。当下北京市第二中级人民法院对股民诉黄某裕内幕交易民事赔偿一案,

① 2001 年 9 月 21 日,最高人民法院发布了《关于涉证券民事赔偿案件暂不予受理的通知》(已失效),宣布对于股民针对上市公司内幕交易、虚假陈述、操纵市场等行为提起的民事赔偿案件暂不受理。对此,最高人民法院的解释是,因为当时证券民事责任制度十分薄弱加上司法人员素质有局限,法院尚不具备审理条件。

一审又判决“认定二原告要求黄某裕夫妇赔偿损失及利息等诉讼请求,缺乏事实和法律依据,作出驳回原告诉讼请求的判决”[①]。这又一次严重挫伤了广大股民依法维权的积极性和信心。有媒体针对这一现象,特别针对中关村股民起诉黄某裕、杜某内幕交易赔偿纠纷案审理过程中暴露出来的一些问题,发出了这样的呼吁:“鉴于前有天山水泥案(陈某丰诉陈某良证券内幕交易纠纷案——笔者注)撤诉、大唐电信案(陈某灵诉潘某深证券内幕交易赔偿纠纷案——笔者注)败诉,我们也呼吁监管部门尽快出台更有力的措施,应该鼓励投资者通过合法途径对因内幕交易受到的侵害进行追偿。相比监管部门的‘一双眼睛’,数以万计投资者就此自卫的动力和力量无疑更强,足以震慑市场中的违法行为。唯有民事诉讼可能的高额赔偿,会让潜在的内幕交易者望而却步。”[②]

(2)原告举证责任负担较重

从以内幕交易证券民事赔偿判决书的方式结案的陈某灵诉潘某深证券内幕交易赔偿纠纷案判决书判决的内容来看,法院倾向于将内幕交易的民事赔偿责任归属于一种侵权责任,[③]原告需要证明被告有违法行为、原告有损害结果、被告人违法行为与原告损害结果之间有因果关系,原告的举证负担比较沉重。内幕交易散户索赔首案,即陈某丰诉陈某良证券内幕交易纠纷案,主要就是因为索赔金额没法计算而不得不撤诉。[④] 另外,内幕交易行为和原告的损失之间到底有没有因果关系,从传统的侵权责任案件来看,体现了谁主张谁举证的原则——通常情况下,由原告来举证自己遭受的股票损失和被告人的内幕交易行为之间有因果关系。但在证券市场中,“内幕交易人士”往往是公司里边的控股股东、实际的控制人,甚至公司的董事长、总经理,如果我们依然苛求原告承担举证责任,对原告而言就很难说是公平的了。故在美国,已通过适用“推定信赖原则”来解决因果关系的证明难题,这样就大大减轻了原告的举证负担。因为根

① 参见郎振:《黄光裕内幕交易案股民败诉 原告称上诉待司法解释生效》,载新浪网,http://finance.sina.cn/sa/2012-12-21/detail-ikftssan6206851.d.html。

② 黄世瑾:《让巨额民事赔偿成为内幕交易的终结者》,载新浪网,https://finance.sina.cn/sa/2012-07-25/detail-ikftpnnx7772112.d.html。

③ 北京市第二中级人民法院关于“中关村(000931,收盘价6.34元)股民起诉黄光裕、杜某内幕交易赔偿纠纷案”(一审)的判决书尚不能看到,但从相关代理律师透露出来的判决内容来看,也倾向于将内幕交易的民事赔偿责任归属于一种侵权责任。参见《黄光裕内幕交易赔偿案股民败诉 专家吁司法解释出台》,载北大法律信息网,https://chinalawinfo.com/News/NewsFullText.aspx?NewsId=40907&NewsType=0。

④ 参见侯隽:《内幕交易散户索赔首案撤诉 索赔金额没法算》,载海口网,http://www.hkwb.net/news/content/2011-09/20/content_451883.htm。

据该原则,原告无须证明投资者出于信赖从事了证券交易行为,并因此遭受损失,而只需举证被告影响了一个理性的投资者即可。[①] 此举有利于被告行为与损失结果之间法律因果关系的确定,对于维护投资者的诉权产生了积极的作用。

(二)关于内幕交易的行政处罚

1. 现状

根据中国证监会官方网站披露的信息,2007 年至 2011 年中国证监会查处的内幕交易、泄露内幕信息行政处罚案件共 29 件:2007 年 1 件,2008 年 3 件,2009 年 6 件,2010 年 10 件,2011 年 9 件。总体情况如图 6-3-2 所示。

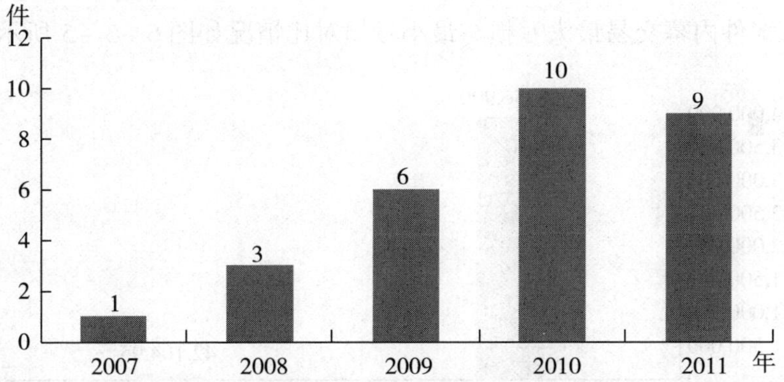

图 6-3-2 内幕交易、泄露内幕信息行政处罚案件

(1)案件内幕交易盈利与亏损的情况如图 6-3-3 所示。

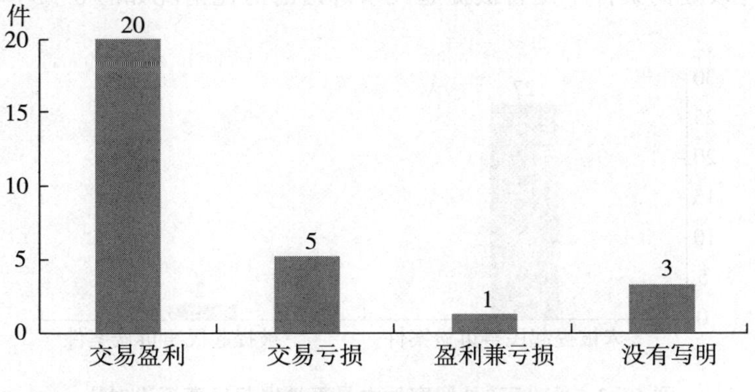

图 6-3-3 行政案件内幕交易盈利与亏损情况

① 参见毛玲玲:《中美证券内幕交易规制的比较与借鉴》,载《法学》2007 年第 7 期。

(2)案件内幕交易最大盈利与最小盈利对比情况如图 6－3－4 所示。

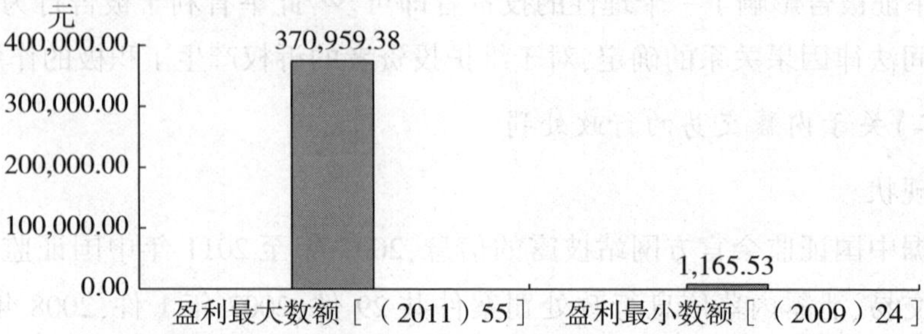

图 6－3－4　行政案件内幕交易最大盈利与最小盈利对比

(3)案件内幕交易最大亏损与最小亏损对比情况如图 6－3－5 所示。

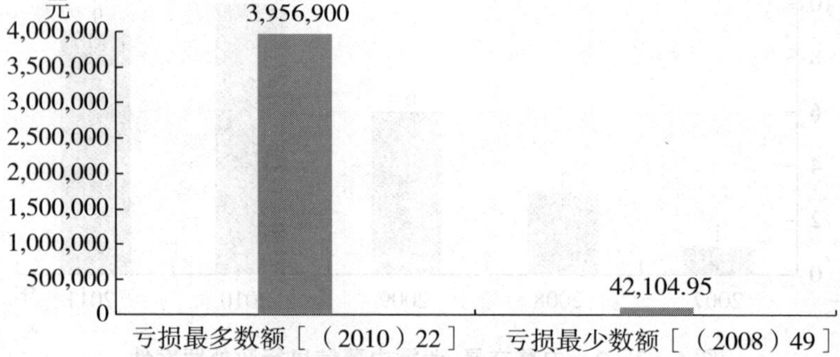

图 6－3－5　行政案件内幕交易最大亏损与最小亏损对比

(4)行政处罚案件中是否被提起民事诉讼的对比情况如图 6－3－6 所示。

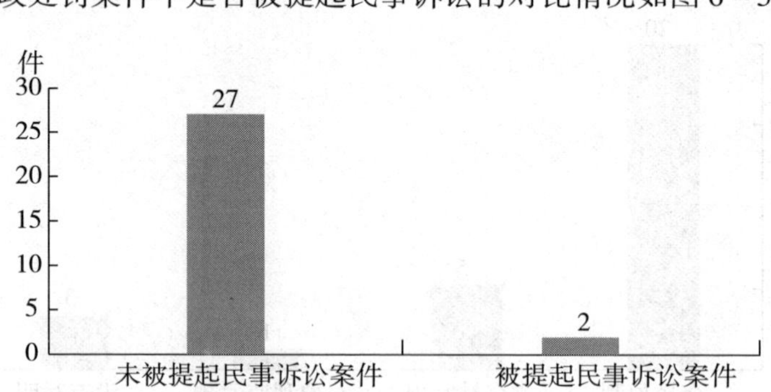

图 6－3－6　行政处罚案件中是否被提起民事诉讼对比

2. 分析

(1)行政处罚案件成快速上升态势

总的来讲,内幕交易、泄露内幕信息行政处罚案件在近几年呈快速上升态势。2011 年比 2010 年有轻微下降,但 2011 年因内幕交易、泄露内幕信息罪而受到刑事处罚的案件比 2010 年有较大幅度的上升。另外,中国证监会透露,仅 2012 年上半年新增内幕交易案就已达 96 件,[①]截至 2012 年 9 月,内幕交易、泄露内幕信息行政处罚案件已达到 18 件,比前 5 年总和的一半还多。

同时,内幕交易、操纵市场等违法行为在中国证监会调查案件中所占的比例也呈上升趋势。中国证监会披露:"2008 年至 2011 年,证监会调查的内幕交易案件,在非正式调查案件中占比分别达 38%、56%、71%、61%,在正式调查案件中占比 32%、24%、51%、51%,在移送公安机关案件中占比 15%、42%、50%、80%。内幕交易案件占比上升明显,成为监管执法的主要矛盾。"[②]

(2)内幕交易盈利或亏损不影响行政处罚

内幕交易行政处罚的依据主要是《证券法》第 202 条,[③]具体分两种情况:一是有内幕交易行为并有违法所得的,除没收违法所得外,并处违法所得 1 倍以上 5 倍以下的罚款;二是有内幕交易行为但没有违法所得或者违法所得不足 3 万元的,处 3 万元以上 60 万元以下的罚款。对于属于单位从事内幕交易的,还应当对直接负责的主管人员和其他直接责任人员处以相应处罚。可见,内幕交易是盈利还是亏损可决定最终处罚金额的多少,是否给予行政处罚则取决于是否具有内幕交易行为。所以在这 29 件案件中,将内幕交易最大盈利与最小盈利以及最大亏损与最小亏损进行对比,才会有如此大的差异。

---

① 参见《证监会:上半年新增内幕交易案 96 起》,载中国广播网,https://finance.cnr.cn/gundong/201208/t20120804_510469286.shtml。

② 《证监会副主席刘新华:内幕交易颠覆股市根基》,载中国贸易金融网,https://m.sinotf.com/News/index/id/120517.html。

③ 证券交易内幕信息的知情人或者非法获取内幕信息的人,在涉及证券的发行、交易或者其他对证券的价格有重大影响的信息公开前,买卖该证券,或者泄露该信息,或者建议他人买卖该证券的,责令依法处理非法持有的证券,没收违法所得,并处以违法所得 1 倍以上 5 倍以下的罚款;没有违法所得或者违法所得不足 3 万元的,处以 3 万元以上 60 万元以下的罚款。单位从事内幕交易的,还应当对直接负责的主管人员和其他直接责任人员给予警告,并处以 3 万元以上 30 万元以下的罚款。证券监督管理机构工作人员进行内幕交易的,从重处罚。

(三)关于内幕交易的刑事处罚

1.现状

根据最高人民法院的统计:截至 2011 年年底,全国法院审结内幕交易、泄露内幕信息犯罪案件共 22 件。其中,2007 年 1 件,2008 年 1 件,2009 年 4 件,2010 年 5 件,2011 年 11 件。① 总体如图 6-3-7 所示。

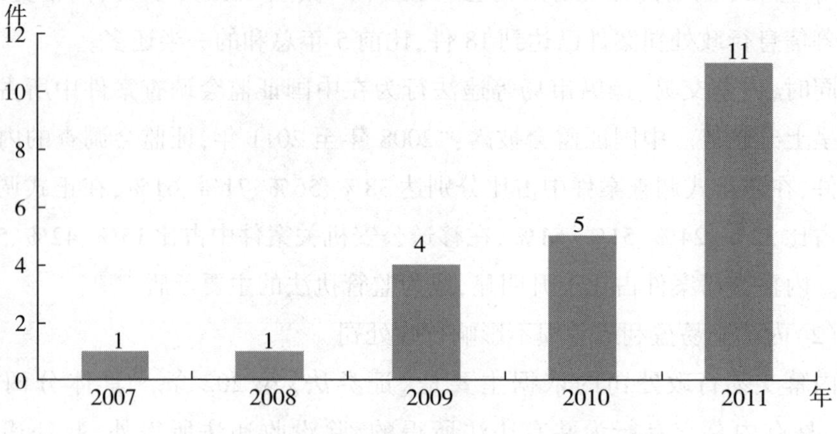

图 6-3-7 内幕交易、泄露内幕信息犯罪案件

(1)案件内幕交易盈利与亏损的情况如图 6-3-8 所示。

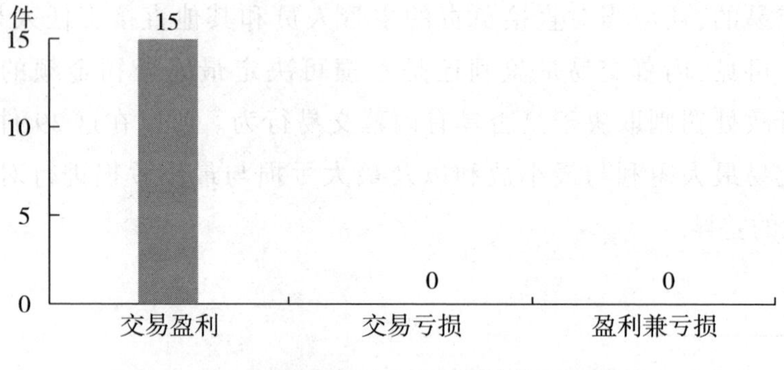

图 6-3-8 刑事案件内幕交易盈利与亏损情况

---

① 参见最高人民法院:《5 月 22 日通报〈关于办理内幕交易、泄露内幕信息刑事案件具体应用法律若干问题的解释〉的有关情况新闻发布会图文》,载最高人民法院网站 2021 年 5 月 22 日,https://www.court.gov.cn/zixun/xiangqing/4023.html。

(2)刑事处罚案件中是否被提起民事诉讼的对比情况如图6-3-9所示。

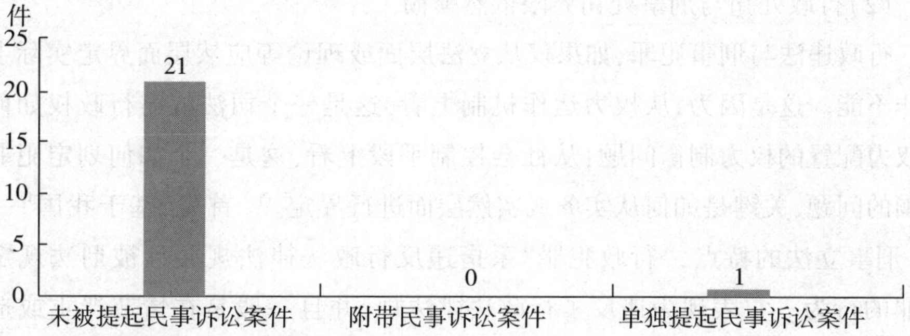

图6-3-9 刑事处罚案件中是否被提起民事诉讼的对比

2. 分析

(1)刑事处罚案件亦成快速上升态势

因内幕交易、泄露内幕信息而被刑事处罚的案件从2007年的1件发展到2011年的11件。笔者估计2012年的件数不会比2011年的件数少，主要理由如下：

一是最高人民法院、最高人民检察院《关于办理内幕交易、泄露内幕信息刑事案件具体应用法律若干问题的解释》(法释〔2012〕6号)自2012年6月1日起已开始施行，此前的2010年10月，在中国证监会的推动下，国务院办公厅转发了中国证监会等五部委《关于依法打击和防控资本市场内幕交易意见的通知》(国办发〔2010〕55号)，并于2010年11月下发各相关部门执行；以及最高人民法院、最高人民检察院、公安部、中国证监会《关于办理证券期货违法犯罪案件工作若干问题的意见》(证监发〔2011〕30号)，也已于2011年4月下发各地执行。内幕交易、泄露内幕信息罪将是2012年要重点打击的犯罪之一。

二是最高人民法院、最高人民检察院《关于办理内幕交易、泄露内幕信息刑事案件具体应用法律若干问题的解释》从犯罪数额和犯罪情节两个方面对内幕交易、泄露内幕信息罪的情节严重的认定标准作了规定，即"证券交易成交额在五十万元以上""获利或者避免损失数额在十五万元以上""内幕交易或泄露内幕信息三次以上""具有其他严重情节"。相较于前述人民法院在2007~2011年度已经判决的案件均以"交易盈利数额"为衡量是否属于"情节严重"的"唯一标准"，显然降低了内幕交易、泄露内幕信息罪的入罪门槛。这势必会导致以前徘徊在门口之外的一些内幕交易、泄露内幕信息的行为被拉进门里。

(2)行政处罚与刑事处罚界限依然模糊

行政违法与刑事犯罪,如果仅从立法层面或理论等应然层面界定实际上也并非不能。这是因为,从权力运作机制上看,这是一个司法权与行政权如何进行权力配置的权力制衡问题;从社会控制手段上看,这是一个如何划定犯罪圈范围的问题,关键是如何从实务或实然层面进行界定。① 首先,基于我国"一元式"刑事立法的特点,"行政犯罪"系指违反行政法律法规并且被刑法规定为犯罪的行为。它表现为违反了行政法律法规,并且一般是在情节严重或造成一定的损失或其他后果的情形下,量变引起质变,被刑法规定为犯罪。故行政犯罪具有"二次违法"的性质,即先违反了行政法,尔后又违反了刑法。这由此衍生出的问题就是行为性质的不确定性。其次,从行为本质上看,行政违法行为和行政犯罪行为都是具有社会危害性的行为。界定二者的困惑在于一般行政违法行为转变成表现为构成犯罪的行政犯罪行为,是行政法定量、刑法定性还是行政法定性、刑法定量,抑或刑法既定性又定量?但从法律规制现象上看,一是行政违法与行政犯罪在行为构成要件上存在部分重叠;二是行政犯罪行为实际上是行政违法行为的结果加重犯或情节加重犯。这就造成了在我国现行的法律框架内,作为行政违法加重犯的内幕交易行政犯罪行为的犯罪构成要件的类型化建构是由行政法和刑法两法共同完成的。这由此导致了在我国现行法律框架内从立法或应然的层面界定行政违法行为与行政犯罪行为也许不是太难,但在实务或实然层面对二者进行界定,就成了一件比较困难的事情。就内幕交易行为而言,内幕交易的行政违法行为与行政犯罪行为在行为的构成要件上存在的交错重叠关系,导致内幕交易行政犯罪行为实际上是内幕交易行政违法行为的结果加重犯或情节加重犯,即内幕交易罪 = 内幕交易违法行为 + 刑法的"情节严重"。区别二者往往就成了"量"的多少问题,而不是"质"的相异问题。

之所以说在处理内幕交易行为中,行政处罚与刑事处罚的界限依然模糊,主要是因为最高人民法院、最高人民检察院《关于办理内幕交易、泄露内幕信息

---

① 参见张心向:《我国知识产权刑事保护现象反思——基于实体法规范的视野》,载《南开学报(哲学社会科学版)》2010 年第 4 期。

刑事案件具体应用法律若干问题的解释》第 6 条[①]对《刑法》第 180 条第 1 款规定[②]的“情节严重”的上述那几项解释，依然不能和《证券法》第 202 条规定的内容实现无缝对接。如果比较上述各规定中与犯罪成立条件有关的内容，就会发现有以下两个方面的问题值得关注：

首先是关于“内幕信息”及“内幕信息的知情人员或者非法获取内幕信息的人员”的认定。

《刑法》第 180 条第 3 款规定：“内幕信息、知情人员的范围，依照法律、行政法规的规定确定。”此分别对应的是《证券法》第 75 条和第 74 条的规定。对“非法获取内幕信息的人员”，《证券法》以及相关规范性文件中并没有明确规定。因此，最高人民法院、最高人民检察院《关于办理内幕交易、泄露内幕信息刑事案件具体应用法律若干问题的解释》第 2 条将其解释为：(1)利用窃取、骗取、套取、窃听、利诱、刺探或者私下交易等手段获取内幕信息的；(2)内幕信息知情人员的近亲属或者其他与内幕信息知情人员关系密切的人员，在内幕信息敏感期内，从事或者明示、暗示他人从事，或者泄露内幕信息导致他人从事与该内幕信息有关的证券、期货交易，相关交易行为明显异常，且无正当理由或者正当信息来源的；(3)在内幕信息敏感期内，与内幕信息知情人员联络、接触，从事或者明示、暗示他人从事，或者泄露内幕信息导致他人从事与该内幕信息有关的证券、期货交易，相关交易行为明显异常，且无正当理由或者正当信息来源的。但《证券法》第 73 条明确规定：“禁止证券交易内幕信息的知情人和非法获取内幕信息的人利用内幕信息从事证券交易活动。”在行政处罚中，对于“非法获取内幕信息的人员”的范围的界定，是依据上述解释的规定，还是可以另作其他解读？

---

① 最高人民法院、最高人民检察院《关于办理内幕交易、泄露内幕信息刑事案件具体应用法律若干问题的解释》第 6 条规定：“在内幕信息敏感期内从事或者明示、暗示他人从事或者泄露内幕信息导致他人从事与该内幕信息有关的证券、期货交易，具有下列情形之一的，应当认定为刑法第一百八十条第一款规定的‘情节严重’：(一)证券交易成交额在五十万元以上的；(二)期货交易占用保证金数额在三十万元以上的；(三)获利或者避免损失数额在十五万元以上的；(四)三次以上的；(五)具有其他严重情节的。”

② 《刑法》第 180 条第 1 款规定：“证券、期货交易内幕信息的知情人员或者非法获取证券、期货交易内幕信息的人员，在涉及证券的发行，证券、期货交易或者其他对证券、期货交易价格有重大影响的信息尚未公开前，买入或者卖出该证券，或者从事与该内幕信息有关的期货交易，或者泄露该信息，或者明示、暗示他人从事上述交易活动，情节严重的，处五年以下有期徒刑或者拘役，并处或者单处违法所得一倍以上五倍以下罚金；情节特别严重的，处五年以上十年以下有期徒刑，并处违法所得一倍以上五倍以下罚金。”

如果不作其他解读，可否直接引用上述解释的规定，对那些尚未达到“情节严重”要求的“非法获取内幕信息的人员”处以行政处罚？

其次是关于“内幕交易、泄露内幕信息行为”及其性质的界定。

《证券法》第202条将“内幕交易、泄露内幕信息的行为”规定为“在涉及证券的发行、交易或者其他对证券的价格有重大影响的信息公开前，买卖该证券，或者泄露该信息，或者建议他人买卖该证券的”行为；而《刑法》第180条第1款对此的规定是：“……在涉及证券的发行，证券……交易或者其他对证券……交易价格有重大影响的信息尚未公开前，买入或者卖出该证券……或者泄露该信息，或者明示、暗示他人从事上述交易活动，情节严重的”行为。比较二者之间的规定，尽管个别文字表述有所不同，但并未构成明显区别，而构成二者之间实质性区别的还是在于行为是否属于“情节严重”。最高人民法院、最高人民检察院《关于办理内幕交易、泄露内幕信息刑事案件具体应用法律若干问题的解释》第6条关于“情节严重”的解读，在将《证券法》第202条规定的“内幕交易、泄露内幕信息的行为”与《刑法》第180条第1款规定的“内幕交易、泄露内幕信息的行为”之间如何有效衔接上明确了以下两个方面的问题：

一是即便在内幕交易中没有获利，避免的损失达到一定的数额、内幕交易或泄露内幕信息三次以上的，也可以构成内幕交易、泄露内幕信息罪。这相比2007～2011年度已经判决的案件均以交易盈利达到一定的数额为衡量是否成立犯罪的标准，就可以与行政处罚中的“是否给予行政处罚取决于是否具有内幕交易行为，至于是盈利还是亏损只是决定处罚金额的多少”的处罚模式实现有效对接。

二是通过数额的量化，界定内幕交易、泄露内幕信息行为的性质。以是否达到“证券交易成交额在五十万元以上的”“获利或者避免损失数额在十五万元以上的”为内幕交易、泄露内幕信息是违法行为还是刑事犯罪的界限。这恰恰是在立法上极其容易解决而在司法实务中极其不易解决的问题。在国外，仅内幕交易导致的民事赔偿纠纷的案件中，关于损害赔偿金额的计算方法就有三个之多：一是实际价值法，即将受害人进行交易的实际证券价格与该证券在内幕信息公开以后的价格的差额作为损害赔偿额；二是实际诱因法，即只计算内幕信息造成的证券价格的变化，再与受害人在实际交易时的证券价格比较，算出受害人的损失；三是差价法，即将内幕信息公开以后一段合理时间内证券的价格与证券交易时的价格之差作为受害人的损害赔偿额。[①] 与此相对应的“证券交易成交额”或“获利或者避免损失数额”等的计算也同样复杂。但令人遗憾的是，不管是对“哪种数额”，不仅《证券法》未作规定，上述解释亦未有明示。[②] 这种情形在有关民事赔偿的诉讼中可以通过和解等诉讼手段来弥补缺陷、解决问题，但在行政处罚和刑事处罚的过程中，通过大致估算或“估堆”在这两者之间“拨来拨去”，将是一件非常可怕的事情。这大概也是在上述列举的2007～2011年的29件行政处罚案件和22件刑事处罚案件中，在涉及“数额”问题上，被行政处罚案件的最大获利额为370,959.38元，[③]而被刑事处罚案件的获利额为几乎都在千万元以上，中间“模糊”着如此广阔的一块区域的原因吧！

四、代结语：现存问题的解决路径

曾参与过俄罗斯、乌克兰、印度尼西亚等国证券法改革的美国斯坦福大学法学院教授伯纳德·布莱克（Bernard Black）教授认为，强有力的证券市场必须具备两个首要条件：其一，投资者可以公平地获得赖以评估公司价值的信息；其二，投资者相信公司的内幕人员不会骗走他们的投资。[④] 美国证券法权威洛什（Loss）教授也曾经以打牌比喻：“假如游戏规则容许某人在牌上作记号，那么还有谁愿意继续玩这种游戏呢？”[⑤]而我国证券市场残酷的现实是，内幕交易、泄露内幕信息作为“始终伴随中国证券市场成长的顽疾”[⑥]，正以其“野火烧不尽”的气势侵蚀并摧毁着证券市场的这两块基石——信息机制和信任机制。如何尽快修复完善这两块基石，重建投资者的投资信心，从上述就2007～2011年发生的3起民事赔偿案件、29件行政处罚案件以及22件刑事处罚案件的实际情况

---

① 其中，差价法被大多数国家和地区采纳。参见王林清：《证券法理论与司法适用：新〈证券法〉实施以来热点问题研究》，法律出版社2008年版，第298～299页。

② 但最高人民法院曾在2003年发布的《关于审理证券市场因虚假陈述引发的民事赔偿案件的若干规定》（法释〔2003〕2号）第30条第1款规定了一种计算方法，即“虚假陈述行为人在证券交易市场承担民事赔偿责任的范围，以投资人因虚假陈述而实际发生的损失为限。投资人实际损失包括：（一）投资差额损失；（二）投资差额损失部分的佣金和印花税”。由于计算最终损失时还要对系统风险进行扣除，所以这一系列复杂的计算在上述三起民事赔偿案件中从未计算清楚。

③ 参见天津领先集团有限公司、李某新、刘某钢、范某明内幕交易案（证监罚字〔2011〕55号）。

④ 参见毛玲玲：《中美证券内幕交易规制的比较与借鉴》，载《法学》2007年第7期。

⑤ 罗培新：《如果内幕交易发生在美国》，载南方周末网2007年12月18日，https://www.infzm.com/contents/1384? source = 202&source_1 = 1383。

⑥ 耿利航：《证券内幕交易民事责任功能质疑》，载《法学研究》2010年第6期。

分析来看,笔者认为,应该重视并逐步解决以下三个方面的问题,即解除诉权限制、协调三种责任、警惕刑事扩张。

(一)解除对内幕交易者追究民事赔偿责任的限制

自2001年9月21日最高人民法院发布了《关于涉证券民事赔偿案件暂不予受理的通知》,宣布对于股民针对上市公司内幕交易、虚假陈述、操纵市场等行为提起的民事赔偿案件暂不受理以来,尽管中间曾有过反复,①但投资者通过合法途径对因内幕交易受到的侵害进行追偿的诉权始终处于被限制的状态。这表面上看是“最高人民法院解释的原因,即证券民事责任制度十分薄弱加上司法人员素质有局限,法院尚不具备审理条件”②。这背后所隐含的是国家对公民合法财产所有权的漠视。限制对内幕交易者追究民事赔偿责任是价值理念问题,不是法律规定问题,更不是裁判技能问题。因为在这个问题上,很多国家和地区都能提供足以解决这些问题的参照范本。

(二)协调民事、行政、刑事法律责任之间的关系

一是民事赔偿与行政及刑事处罚之间的关系。在2007~2011年的29件行政处罚案件和22件刑事处罚案件中,仅有3件因内幕交易行为而遭受损失的相关被害权利人提起了民事诉讼,其结果是一件无奈撤诉、一件被判败诉、一件被一审判决败诉后是否有信心上诉还不得而知。在行政处罚或刑事裁决中都已经明确了其内幕交易行为的侵权事实的基础上,提起民事诉讼尚“诉”得如此艰难,更何况其他!二是行政处罚及刑事处罚之间的关系。“行政犯”虽具有双重违法性,刑事刑罚与行政处罚却是适用前提和运作机理各不相同的两种强制措施,由此导致了这两种不同的处罚措施所面对的经常是“同一个行为类型”。在我国刑法的量化思维与犯罪构成既定性又定量的立法模式下,所有侵犯同时被行政法和刑法双重法律保护的法益的行为在司法过程中都有可能遭遇“游离

① 最高人民法院于2003年1月9日发布《关于审理证券市场因虚假陈述引发的民事赔偿案件的若干规定》,该司法解释为证券民事赔偿放开了一个口子。尽管2005年修订的《证券法》第76条第3款有关于“内幕交易行为给投资者造成损失的,行为人应当依法承担赔偿责任”的规定,但关于内幕交易和操纵市场行为,最高人民法院至今没有出台相关司法解释,大量的内幕交易的民事索赔案件仍得不到指导性的审理意见。对于投资者对侵权行为人提起的民事诉讼,法院应当参照虚假陈述司法解释前置程序的规定来确定案件的受理,并根据关于管辖的规定来确定案件的管辖。但至今无具体实施细则出台,各地法院对此类案件的起诉一般还是不受理。

② 段宏庆、陈慧颖:《证券民事赔偿悄然全面解禁 内幕交易等将被立案》,载新浪网,http://finance.sina.com.cn/stock/t/20070902/22213939312.shtml?from=wap。

于行政违法和行政犯罪之间”的困境，进而造成本来是行政犯罪的行为有可能会被作为行政违法行为处理，或者相反。对此，笔者认为可行的解决路径是：既然内幕交易行政犯罪行为 = 内幕交易行政违法行为 + 刑法的“情节严重”，那么，区别二者的关键应该是在“量”上作精准计算，而没有必要在“质”上作过多纠结。

（三）警惕刑事责任被过度消费

储槐植教授曾提出了20世纪“随着风险社会的到来，法定犯时代也随之到来了”的论断。① 这个问题的另一方面则是高铭暄教授高屋建瓴明确指出的：刑事责任的选择从来没有像现在这样，由于必须面对如此分化的社会利益与如此发达的市民社会而处境艰难。② 刑法的天性是谦抑的，需要保守和被动。之所以会产生对内幕交易、泄露内幕信息行为的处罚被过度刑事责任化的担忧，一方面是因为内幕交易、泄露内幕信息被刑事处罚的案件从2007年的1件已发展到2011年的11件，呈现出快速上升态势，而2012年6月1日起开始施行的最高人民法院、最高人民检察院《关于办理内幕交易、泄露内幕信息刑事案件具体应用法律若干问题的解释》有可能进一步加剧这种上升态势；另一方面就是因为内幕交易行政违法与行政犯罪在行为性质上的天然“暧昧性”，有可能导致本来属于行政违法的行为，在政府被强烈呼吁必须加强证券资本市场管控的情况下，被当作行政犯罪来处罚。所以，“我们在充分肯定刑法之于保护社会秩序价值的同时，又必须对其所潜在的忽视正义的危险有一清楚的认识，从而才能将刑法对保护秩序的价值追求严格控制在正义所允许的范围内”③，因为只有这样，我们才能找到内幕交易行政处罚与刑事处罚的平衡点，从而获得处罚的正当性根据。

---

① 参见储槐植：《要正视法定犯时代的到来》，载《检察日报》2007年7月1日，第4版。

② 参见高铭暄：《风险社会中刑事立法正当性理论研究》，载《法学论坛》2011年第4期。

③ 高铭暄：《风险社会中刑事立法正当性理论研究》，载《法学论坛》2011年第4期。

附 2007～2011年人民法院审结15件内幕交易、泄露内幕信息犯罪案件具体情况

时间	案件名	主要事实	判决结果
2007年	梁某辉、蔡某丛内幕交易、泄露内幕信息案	被告人梁某辉和蔡某丛前后共窃取了35条上市公司内幕信息，合作买入107.47万元莱织华股票，其后卖出，短短两个交易日获利3.6%	被告人梁某辉犯泄露内幕信息罪，判处有期徒刑1年，罚款5万元；被告人蔡某丛犯内幕交易罪，判处有期徒刑6个月，罚款5万元
2008年	罗某峰、陈某兴、王某东内幕交易、泄露内幕信息案	被告人罗某峰泄露内幕信息，陈某兴指令王某东分多次买入杭萧钢构股票，共计6,961,896股，全部卖出，非法获利4037万余元	一审判决被告人罗某峰犯泄露内幕信息罪，判处有期徒刑1年6个月；被告人陈某兴、王某东犯内幕交易罪，分别判处有期徒刑2年6个月和有期徒刑1年6个月，缓刑2年，并各处罚金人民币4037万元；违法所得予以追缴，上缴国库。二审驳回上诉，维持原判
2009年	董某青等内幕交易、泄露内幕信息案	被告人董某青指使董某伟买入延边公路股票1457万多股，全部卖出，非法获利5000多万元；董某青向董某伟和赵某亚泄露内幕信息，董某伟和赵某亚利用该内幕信息分别获利人民币22,846,712.42元和约100万元	一审判决被告人董某青犯泄露内幕信息罪，判处有期徒刑4年，并处罚金人民币300万元；被告人董某伟犯内幕交易罪，判处有期徒刑4年，并处罚金人民币2500万元；被告人赵某亚犯内幕交易罪，判处有期徒刑1年9个月，并处罚金人民币100万元。二审驳回上诉，维持原判
2009年	上海宏普实业投资有限公司内幕交易案	被告人曾某某指令财务人员陈某君将被告单位上海宏普实业投资有限公司所持有的宏盛科技法人股中10,452,006股售出，交易金额达123,137,589.9元	被告上海宏普实业投资有限公司犯内幕交易罪，判处罚金人民币900万元；被告人曾某某犯内幕交易罪，判处有期徒刑1年6个月，缓刑1年6个月，违法所得应予追缴

续表

时间	案件名	主要事实	判决结果
2010年	黄某裕等非法经营、内幕交易、泄露内幕信息、单位行贿案	被告人黄某裕买入“中关村”股票11,376万股,账面收益额为人民币30,948万元;被告人杜某接受黄某裕的指令,协助管理上述账户;被告人许某民接受黄某裕的指令,调拨资金,买入“中关村”股票3166万余股,账面收益额为人民币9021万余元,并将内幕信息故意泄露给李某娟,买入中关村股票12万余股,成交额共计人民币181万余元	一审判决被告人黄某裕犯内幕交易罪,判处有期徒刑9年,并处罚金6亿元;被告人杜某犯内幕交易罪,判处有期徒刑3年6个月,并处罚金2亿元;被告人许某民犯内幕交易罪、泄露内幕信息罪,判处有期徒刑3年,并处罚金1亿元。二审维持对黄某裕一审判决;杜某因在二审期间缴纳了2亿元人民币罚金,且确有悔罪表现,法院将其刑改为有期徒刑3年,缓刑3年,当庭获得释放
2010年	上海祖龙景观开发有限公司、陈某生内幕交易案	被告人陈某生买入创兴科技股票4,808,498股,卖出1,418,226股,持有3,390,272股,其市值55,850,798.48元,累计账面盈利19,153,010.4元	判决被告单位上海祖龙景观开发有限公司犯内幕交易罪,判处罚金人民币19,153,010.40元;被告人陈某生犯内幕交易罪,判处有期徒刑2年,缓刑2年;追缴被告单位上海祖龙景观开发有限公司违法所得人民币19,153,010.40元,上缴国库
2010年	刘某春股票内幕交易案	被告人刘某春在内幕信息价格敏感期内,先后6次买入高淳陶瓷股票60.39万股,全部卖出,非法获利749.9多万元	被告人刘某春犯内幕交易罪,判处有期徒刑5年,没收非法所得700多万元
2011年	姚某江等内幕交易、泄露内幕信息案	被告人姚某江将内幕信息泄露给被告人王某和曹某,曹某又将该内幕信息泄露给被告人陈某松,共盈利187,435.27元(已扣押),部分账户被冻结,重新开盘当日账面盈利1,607,076.23元,立案当日账面盈利8,384,723.84元	被告人姚某江犯内幕交易罪、泄露内幕信息罪,判处有期徒刑3年,缓刑4年,并处罚金人民币300万元;被告人曹某犯内幕交易罪、泄露内幕信息罪,判处有期徒刑2年,缓刑3年,并处罚金人民币80万元;被告人王某犯内幕交易罪,判处有期徒刑2年,缓刑2年,并处罚金人民币200万元;被告人陈某松犯内幕交易罪,判处拘役6个月,缓刑1年,并处罚金人民币50万元;被告单位新疆瀚阳投资有限公司犯内幕交易罪,判处罚金人民币400万元;被告单位新疆荣辉金德矿业股份有限公司犯内幕交易罪,判处罚金人民币50万元;四被告人及二被告单位违法所得予以追缴,上缴国库

续表

时间	案件名	主要事实	判决结果
2011 年	姚某俊等内幕交易、泄露内幕信息案	被告人姚某俊先后将重组信息泄露给张某华、姚某飞;张某华集中买入凯诺科技股票 233 万股,非法获利 86.51 万元;姚某飞买入凯诺科技股票 153 万股,非法获利 82.44 万元	被告人姚某俊犯泄露内幕信息罪,判处有期徒刑 2 年,缓刑 2 年,并处罚金 20 万元;被告人张某华犯内幕交易罪,判处有期徒刑 1 年,缓刑 1 年,并处罚金 86.51 万元;被告人姚某飞犯内幕交易罪,单处罚金 82.44 万元
2011 年	肖某庆贪污、内幕交易案	肖某庆利用刘某、马某勇、欧阳某梅、苏某英、肖某英 5 人账户,总计买入北京化二股票约 430 万股,发生交易成本约 3529 万元,获利约 1 亿元	一审判决被告人肖某庆犯内幕交易罪和受贿罪,判处其死刑,缓期两年执行,剥夺政治权利终身,并处没收个人全部财产。二审驳回上诉,维持原判
2011 年	李某清内幕交易案	被告人李某清在内幕信息尚未公开前,大量买卖"S 某"股票,非法获利 3,893,120.98 元	被告人李某清犯内幕交易罪,判处有期徒刑 2 年;扣押在案的人民币 45,566.8 元,予以没收,上缴国库
2011 年	杜某库、刘某华内幕交易、泄露内幕信息案	被告人杜某库单独买入高淳陶瓷股票 223,000 股,非法获利 2,470,351.38 元;杜某库、刘某华共同买入高淳陶瓷股票 137,100 股,非法获利 1,739,692.46 元;刘某华将内幕信息泄露给赵某梅等人(另案处理),先后买入高淳陶瓷股票 784,641 股,获利 12,019,744.91 元	被告人杜某库犯内幕交易罪,判处有期徒刑 6 年,并处罚金 425 万元;被告人刘某华犯内幕交易罪、泄露内幕信息罪,判处有期徒刑 3 年,并处罚金 425 万元

续表

时间	案件名	主要事实	判决结果
2011 年	李某红等内幕交易、泄露内幕信息案	被告人谭某中向林某安泄露有关公用科技公司资产重组的内幕信息,同时被告人李某红向林某雁泄露了有关内幕信息,并委托林某雁购买200万元的公用科技股票,此外林某雁分别从林某安、李某明和自己的账户筹集资金,买入89.68万股,全部卖出,账面收益19,832,350.52元;被告人郑某龄向被告人郑某枝泄露了该内幕消息,郑某枝又将该内幕信息告知被告人陈某云,让其筹集资金,买入公用科技股票19.08万股,全部卖出,账面收益4,197,584.2元;郑某龄将内幕信息泄露给周某星,周某星买入公用科技股票88.44万股,全部卖出,账面收益18,097,489.15元	被告人李某红犯内幕交易罪、泄露内幕信息罪,判处有期徒刑6年6个月,并处罚金人民币2000万元;被告人郑某龄犯内幕交易罪、泄露内幕信息罪,判处有期徒刑7年,并处罚金人民币2530万元;被告人周某星犯内幕交易罪,判处有期徒刑6年,并处罚金人民币1810万元;被告人林某雁犯内幕交易罪,判处有期徒刑5年6个月,并处罚金人民币1300万元;被告人谭某中犯内幕交易罪、泄露内幕信息罪,判处有期徒刑5年,并处罚金人民币700万元;被告人郑某枝犯内幕交易罪,判处有期徒刑5年,并处罚金人民币190万元;被告人林某安犯内幕交易罪,判处有期徒刑3年6个月,并处罚金人民币300万元;被告人陈某云犯内幕交易罪,判处有期徒刑2年6个月,并处罚金人民币60万元;追缴被告人李某红及林某安的违法所得人民币693万元、林某雁的违法所得人民币1290万元、郑某龄的违法所得人民币525万元、郑某枝及陈某云的违法所得人民币185万元、周某星的违法所得人民币1810万元,上缴国库(受贿罪、洗钱罪等处罚未列入)
2011 年	丁某辉、谢某效、张某内幕交易案	被告人张某利用第二个内幕信息,非法获利181,180.58元,被告人谢某效利用两个内幕信息,非法获利7,839,766.35元;被告人丁某辉利用第一个内幕信息,非法获利3,565,917.62元	一审判决被告人张某犯内幕交易罪,判处有期徒刑6年,并处罚金人民币30万元;被告人谢某效犯内幕交易罪,判处有期徒刑5年6个月,并处罚金人民币900万元;被告人丁某辉犯内幕交易罪,判处有期徒刑5年,并处罚金人民币400万元;违法所得依法予以追缴,上缴国库。二审驳回上诉,维持原判
2011 年	顾某泄露内幕信息案	被告人顾某在获悉内幕信息后,将该内幕信息泄露给多家基金公司,致使基金公司大量买入卖出劲嘉股票,其中两家基金公司从中非法获利近1500万元	被告人顾某犯泄露内幕信息罪,依法判处有期徒刑1年

根据最高人民法院的统计:2007～2011年,全国法院审结内幕交易、泄露内幕信息犯罪案件共22件,由于有些案件没有公开,只在相关法院网中找到15件,还有7件暂时查找不到。

恶势力案件裁判规范之法理探析*

目　次

---

* 原载《中国法律评论》2019年第4期,第23～33页。中英双语双月刊《中国法律》(CHINA LAW)2019年第4期全文转载。

(五)恶势力案件裁判规范的特点

五、恶势力组织罪刑法定的路径

(一)恶势力案件法律适用困境

(二)恶势力刑法规定路径选择

六、结语

一、问题的提起

当下这场始于2018年年初的扫黑除恶专项斗争已行至半程,如何打好这一专项斗争的"下半场"? 中央政法委秘书长、全国扫黑办主任陈一新最近强调要在"稳、准、狠、实、合"上下功夫,推动专项斗争健康深入发展。他还指出这一专项斗争可能会出现随意定性、乱贴标签,尺度不一、畸轻畸重,小胜即止、应付了事,重打轻治、不顾长远,统计失真、弄虚作假,作风漂浮、工作不实等6个苗头性问题。[①] 笔者认为这6个苗头性问题中最需要关注的是"随意定性、乱贴标签,尺度不一、畸轻畸重"这两个"苗头"。因为这深度涉及黑恶势力案件裁判的公正性、合法性、正当性问题,必须予以高度警惕。为此,笔者拟就恶势力案件裁判规范这一问题略作探讨,以期能对扫黑除恶专项斗争中公正、合法、正当地裁判恶势力案件有所裨益。

二、案件裁判规范基本概念分析[②]

简言之,刑事案件的裁判规范就是刑事案件裁判的大前提。

(一)刑事案件裁判规范就是法条适用意义上的刑法裁判规范

刑法裁判规范存在两种不同的规范形态,即法条文本意义上的刑法裁判规范与法条适用意义上的刑法裁判规范。

法条文本意义上的刑法裁判规范主要是相对于行为规范而言的。[③] 但这种法条文本意义上的裁判规范并不是裁判规范这一概念使用的唯一语境,甚至都

---

① 参见陈一新:《在"稳准狠实合"上下功夫,推动专项斗争健康深入发展》,载重庆长安网,http://pacq.gov.cn/archives/88824.html。

② 参见张心向:《在遵从与超越之间——社会学视域下刑法裁判规范实践建构研究》,法律出版社2012年版,第45~91页。

③ 参见张明楷:《刑法学》(第3版),法律出版社2007年版,第31页。

不是主要的使用语境。

从规范分析法学的角度看,在表达裁判规范概念的意义时,还有另外意指。例如,欧根·埃利希指出:"判决所根据的裁判规范总是表现为更高的力量和智慧的灵感,在较为低级的发展阶段,它甚至是一种来自神性的顿悟。裁判规范像所有的社会规范一样是一种行为规则,但确实只为法院适用,它至少主要不是一种为在日常生活中活动的人设定的规则,而是为他人的行为进行裁判的人设定的规则。"①卡尔·拉伦茨在对弗里德里希·米勒的裁判规范概念进行评述时也指出:"米勒一再强调,规定在法律中的规范(文本规范)并非最终个案裁判基准的规范(裁判规范),前者只是法官形成后者的出发点而已。裁判本身不得抵触规范文本;换言之,规范文本系具体化规范的界限。"②亚图·考夫曼将裁判规范称为"真实的法",他指出:"规范作为一种应然,根本无法从自身产生真实的法,它必须加入存在。只有在规范与具体的生活事实、当为与存在,相互对应时才能产生真实的法。或者简言之:法是当为与存在的对应。"③

如果从法社会学的角度看,可能会在更广泛的知识视野中用不同的语词来表达裁判规范这一概念的意义。如"活法"概念。"活法不是在法条中确定的法,而是支配生活本身的法。这种法的认识来源首先是现代的法律文件,其次是对生活、商业、习惯和惯例以及所有联合体的切身观察,这些事项既可能是法律所认可的,也可能是法律所忽视和疏忽的,甚至是法律所反对的。"④还有"行动中的法"概念。"行动中的法"是相对于"文本上的法"而言的。"如果我们仔细观察,文本中的法律和行动中的法律之间的区别,声称要规制人际关系的规则与实际上已经约束着人际关系的规则之间的区别是非常明显的。我们会发现,现在法律理论和司法实践之间的差异是真实而深刻的。"⑤此外,还有"现实规则"概念。"现实规则"是相对于"纸面规则"而言的。"适用于具体案件的实际规则是法官在将书面规则适用于所遇到的每个独特的实际纠纷时从对书面

---

① [奥]欧根·埃利希:《法社会学原理》,舒国滢译,中国大百科全书出版社2009年版,第127页。

② [德]卡尔·拉伦茨:《法学方法论》,陈爱娥译,商务印书馆2003年版,第13页。

③ [德]亚图·考夫曼:《类推与「事物本质」——兼论类型理论》,吴从周译,台北,学林文化事业有限公司1999年版,第41页。

④ [奥]欧根·埃利希:《法社会学原理》,舒国滢译,中国大百科全书出版社2009年版,第545页。

⑤ [美]罗斯科·庞德:《文本中的法与行动中的法》,御风译,载葛洪义主编:《法律方法与法律思维》第5辑,法律出版社2008年版,第196~212页。

规则的重构中抽演出来的。”①

这里“裁判规范”的意义显然已超出了文本或法条对司法者“指令”的范畴,更像是对法条文本规范适用现象的描述。

众所周知,作为一种由语词组成的刑法文本规范普遍具有模糊或抽象的特点,规范结构呈现漏洞或空缺现象在所难免。在这种情况下,直接用文本规范作为逻辑推理的大前提去裁决某一具体案件事实是比较困难的,只有对刑法规定的概念意义上的犯罪构成要件或要素等,在特定案件事实情境下进行具象化、具体化“处理”才能用于具体案件的裁决活动,进而成为逻辑推理的大前提。在一般文本规范与特殊案件事实之间,或在抽象的已被类型化了的文本规范与具体的具有鲜明个性特点的案件事实之间,存在一个中介因素,帮助它们克服了困难,完成了对接。这个中介因素就是“法条适用意义上”的“裁判规范”。也就是说,刑法文本规范在与具体案件事实的实际对接过程中,客观上存在着一个自身转化或切换环节,通过这个环节实现了从刑法法条规定到刑法裁判规范的过渡,尽管这个过渡过程是隐秘的,但是刑法适用过程中最不可缺少的环节。在这个过程中,刑法条文只是法源之一,即法官形成裁判规范的最主要依据,但不是全部。法官个人对文本规范的理解及价值判断、社会公共利益的考量及刑事政策的要求、制度的限制、舆论的影响等各种数不胜数的因素,都会被通过“法律解释”的“管道”输送到裁判的现场,对最终用于案件裁判的“那个规范”的实际形成产生直接或间接的影响。当刑法条文规定不能完全、直接地满足审判需要时,法官会自然而然地创制新的裁判准据,形成某种直接作为当下案件据以裁判的判断,刑法裁判规范由此形成。

因此,刑法裁判规范还存在“法条适用意义上”的使用语境。这里的“裁判规范”表达的是一种刑法文本规范在具体案件的裁判中如何被适用,即被刑事司法建构的状态景象。刑法裁判规范概念更多的应该是在这个语境上被使用的。

(二)法条适用意义上的裁判规范具有法律规范性与实践建构性

首先,刑事裁判必须以法律的名义作出,这是罪刑法定原则最基本的要求。刑法规范作为裁判案件的大前提,文本规范呈现出的是普适性,裁判规范呈现

---

① 孙新强:《卢埃林现实主义法理学思想》,载《法制与社会发展》2009 年第 4 期。

出的是个别化。“当法院在解决双方当事人之间争端或在判处被控告人刑罚时，的确适用着制定法或习惯法的一般规范。但与此同时，法院也创造了规定对一定的人执行一定制裁的个别规范。这一个别规范与一般规范的关系正如宪法和法律的关系。”①“制定法和习惯法可谓只是半制成品，它们只有通过司法判决及其执行才趋于结束。法律由此继续不断地重新创造着自己的这一过程，从一般与抽象走向个别与具体”②，而“司法判决的个别规范（就）是抽象的一般规范的必要的个别化和具体化”③。所以，刑法裁判规范归根结底是刑法文本规范针对具体案件的适用形态，无论在个案裁判中怎样变化多端、花样百出，都是文本规范“原型”的“合理变形”。

其次，刑事案件裁判规范作为刑事司法建构生成物，是以裁判行为为载体的一种司法意义上的规范形态，是司法过程中基于刑法文本规范与具体个案事实之间的互动而建构起来的实践性规范。

1. 表现为具体案件事实与特定刑法规范关系的解释结论。任何刑事司法裁判都是一个基于具体个案事实解释特定刑法规范以及基于特定刑法规范解释具体个案事实的过程。“事实上法律之规范内容待法院之解释适用，而具体化、生活化。”④任何法律规范一般都不会自动和直接作用于案件，实际作用于个案的裁判规范包含着法官等人的创造性劳动，事实与规范通过法官提出的各种阐释性命题相衔接，形成裁判前提后才能得出裁判结论。

2. 反映了非刑法规范元素补白填充刑法规范空隙的实际情况。非刑法规范元素在裁判规范的形成过程中，伴随着具体案件事实与特定刑法规范关系的解释而得以融入案件裁判世界，在案件的裁决过程中发挥法律功能作用。所以，最终形成的裁判规范往往不由单一的刑法文本规范构成，而以刑法法条规定为基础，并基于一定的价值判断和解释方法由各不相同的生活规范、规则（包括公平正义观念、法理学说、善良风俗，以及公共政策等大量非正式法源因素）推导和组合而成。故而在最终形成的具体案件裁判规范中，刑法条文也仅仅是作为中间性、过渡性的重要论证材料之一，而不是唯一。

3. 体现出对特定案件的实质性裁判理由。所谓实质性裁判理由，是指对案

① ［奥］凯尔森：《法与国家的一般理论》，沈宗灵译，中国大百科全书出版社 1996 年版，第 152 页。
② ［奥］凯尔森：《法与国家的一般理论》，沈宗灵译，中国大百科全书出版社 1996 年版，第 152 页。
③ ［奥］凯尔森：《法与国家的一般理论》，沈宗灵译，中国大百科全书出版社 1996 年版，第 153 页。
④ 黄茂荣：《法学方法与现代民法》（第 5 版），法律出版社 2007 年版，第 7 页。

件事实认定及适用法律等相关事项作出结论性评判的根据。刑事案件的裁判规范虽名为“规范”，在内容和要素上亦与刑法文本规范相同，但它毕竟不是一般意义的纯粹刑法条文语义解释，它是“语境”的产物。裁判规范的“言说对象”是特定案件的被告人及其他相关人员，目的在于说服其接受裁决。为此，裁判规范在表达上必须结合特定案件事实，系统地说明裁判规范的内容、适用条件，充分论证裁判规范的合法性、合理性和正当性，从而使由刑法文本规范“衍生”出的用于裁决具体案件的刑法裁判规范具有与刑法文本规范同样的权威性。

三、恶势力案件裁判规范的法源①

承上所述，解析当下恶势力案件裁判规范之法源构成。

(一)恶势力案件裁判规范的正式法源

正式法源，“意指那些可以从体现为权威性法律文件的明确文本形式中得到的渊源。这类正式渊源的主要例子有宪法和法规、行政命令、行政法规、条例、自主或者半自主机构和组织的章程与规章、条约与某些其他协议，以及司法先例”②。具体到我国恶势力案件裁判规范的正式法源，主要涉及《刑法》、刑法修正案、刑法立法解释等。这里需要明确的是，刑法规定中并不存在恶势力概念或犯罪构成要件或要素等规定。“恶势力”不是立法上的一个罪名或一种犯罪类型，而是司法中存在的一种“有组织(团伙)犯罪形态”。在有关恶势力案件的裁判中，能够直接援引裁判案件的法源主要是刑法中共同犯罪及犯罪集团的规定以及恶势力实施的如寻衅滋事等各具体犯罪行为的规定。但这仅是有关“恶势力”这种“组织(团伙)犯罪形态”是否成立一般共同犯罪或犯罪集团，以及是否构成各种具体犯罪的裁判依据，而不是其是否成立恶势力的裁判依据，即这些刑法规定并非针对恶势力犯罪，而是关于共同犯罪与犯罪集团以及其他各具体犯罪的法源。

① “法源”系“法律渊源”的简称，这一概念有多种含义，笔者对恶势力案件裁判规范的法源分析，主要依据博登海默关于法源的分类观点(参见[美]E. 博登海默:《法理学:法律哲学与法律方法》，邓正来译，中国政法大学出版社2004年版，第429页)，结合我国立法和司法的实际情况，将法源分为正式法源、准正式法源和非正式法源，并在此基础上展开分析。

② [美]E. 博登海默:《法理学:法律哲学与法律方法》，邓正来译，中国政法大学出版社2004年版，第429～430页。

(二)恶势力案件裁判规范的准正式法源

鉴于我国立法和司法的实际情况,与刑法文本规范相关的规范性解释也是裁判规范建构的重要法源。但其与正式法源相比,一是规范性解释不是法律的明文规定,只是对明文规定法律的规范性解释;二是基于罪刑法定原则,在没有首先援引正式法源的情况下,一般不能直接援引规范性解释或只援引规范性解释来裁决案件的定罪量刑问题。

恶势力案件裁判规范的法源主要由准正式法源构成。这些准正式法源主要由最高人民法院、最高人民检察院、公安部、司法部发布的系列规范性规定组成。2009 年 12 月 9 日出台的《办理黑社会性质组织犯罪案件座谈会纪要》(以下简称《2009 纪要》)首次规定了恶势力概念,并阐明了恶势力与黑社会性质组织的关系。之后,2018 年 1 月 16 日出台的《关于办理黑恶势力犯罪案件若干问题的指导意见》(以下简称《2018 指导意见》)以及 2019 年 2 月 28 日发布的《关于办理恶势力刑事案件若干问题的意见》(以下简称《2019 意见》)等规范性文件,进一步完善并具体化了裁判恶势力案件的相关规定,特别是《2018 指导意见》指出,"在相关法律文书中的犯罪事实认定部分,可使用'恶势力'等表述加以描述"。《2019 意见》进一步要求在起诉意见书、起诉书、判决书、裁定书等法律文书中,对恶势力刑事案件的相关事实进行描述,并适用法律进行评析。"这事实上肯定了恶势力作为一种半正式刑法制度的地位,恶势力由此获得了刑法上的正式身份。"①

(三)恶势力案件裁判规范的非正式法源

非正式法源,"是指那些具有法律意义的资料和值得考虑的材料,而这些资料和值得考虑的材料尚未在正式法律文件中得到权威性的至少是明文的阐述与体现。尽管无需对非正式渊源作详尽无遗的列举,但我们仍将非正式渊源分为下述一些种类:正义标准、推理和思考事物本质(natura rerum)的原则、衡平法、公共政策、道德信念、社会倾向和习惯法"②。非正式法源是一个开放结构,除博登海默上述列举之外,还包括庞德认为的宗教信仰、道德和哲学的观点、科

① 何荣功:《避免黑恶犯罪的过度拔高认定:问题、路径与方法》,载《法学》2019 年第 6 期。

② [美]E. 博登海默:《法理学:法律哲学与法律方法》,邓正来译,中国政法大学出版社 2004 年版,第 430 页。

学探讨等;[①]魏德士认为的法官法、法学家法以及自然法等。[②] 非正式法源作为在正式法律文件中没有规定、不具有法律强制力的法律渊源,是用于解释正式法源的价值、意义、蕴含等的非援引性的补充说理法源。在案件裁判中,非正式法源是附随正式法源而存在的,不能直接引用裁判案件,这是罪刑法定划定的不可逾越的红线。

具体到恶势力案件裁判规范的非正式法源类型,当下主要是有关扫黑除恶的国家公共政策及其相应的刑事政策。

(四)法源对恶势力案件裁判规范建构的制约

法源是法官"发现法律"的场所,法官去那里找寻用于个案裁判的法律。"只要我们承认法律渊源的多元性,就得承认立法机关所创立的法律在法官眼里仅是一种权威性的资料,是法官针对个案构建有效法律的一个源头。"[③]"法律渊源就是法官找法时的'仓库'。在这个'仓库'里,有各种各样的体现为国家制定或认可以及体现为社会生成的、能够为法官作裁判依据使用的、具有法的意义的社会规范。"[④]也就是说,"那些被我们认为应该在法律制度中(这里主要是指在司法裁判过程中)得到承认的法律渊源资料,构成了一个充斥着建筑案件裁判规范大厦之所需材料的积聚地或卖场,法官去那里用智慧找寻并置办所需材料,然后将其组建成具体案件裁判的依据"[⑤]。

1. 法源限定裁判恶势力案件适用"法律"的范围

"审判并不是一种毫无拘束的司法意志行为,而是一种要将判决基于那些被认为是审判者活动的合法工具的正式和非正式渊源资料之上的谨慎企图。"[⑥]这是法治社会的最基本要求,法治国家的社会控制原则应该是服从法律治理,合法性是法治社会的一个标志。以法源来划定裁判恶势力案件"法律"的范围。一方面,明确法官裁判这类案件所必须受到的规范制约,以确保裁判依据的确

---

① 参见[美]罗科斯·庞德:《法理学》(第3卷),廖德宇译,法律出版社2007年版,第384~386页。

② 参见[德]魏德士:《法理学》,丁晓春、吴越译,法律出版社2005年版,第98~99页。

③ 陈金钊:《司法过程中的法律发现》,载《中国法学》2002年第1期。

④ 邱爱民:《论法律发现的形式》,载《扬州大学学报(人文社会科学版)》2008年第2期。

⑤ 张心向:《在遵从与超越之间——社会学视域下刑法裁判规范实践建构研究》,法律出版社2012年版,第95页。

⑥ [美]E.博登海默:《法理学:法律哲学与法律方法》,邓正来译,中国政法大学出版社2004年版,第544页。

定性、合法性、正当性;另一方面,需要承认法官对个案裁判具有一定的能动性,享有在裁判中通过对法律渊源的“智慧整合”作出合法、正当、公正裁判的自由裁量权。

2. 正式法源是裁判恶势力案件的首选“法律”

正式法源是裁判案件的直接引用法源。法官裁判案件应首先在正式法源中寻找、发现裁判的法律依据。这是罪刑法定原则的必然要求,也是对法官裁量权力的一种限制。如果不作这种限制,法官可以到任何地方去寻找“法律”,那将是十分危险的,将会出现司法失控的危险局面,并为枉法裁判打开方便之门。

3. 准正式及非正式法源是裁判恶势力案件的次选“法律”

从严格意义上讲,司法裁判中在欠缺引用正式法源作为裁判依据的情况下,直接引用准正式及非正式法源裁判案件,都是有悖罪刑法定精神的。

就准正式法源而言,一是不能直接援引其条款或规定进行裁判并得出实质性结论;二是可以直接援引其条款或规定用于说明、解释或论证正式法源之内容,以协助其更加合理、更加精确地适用案件裁判。即便是在正式法源缺位的情况下,准正式法源亦不可越位裁判。当下,在恶势力案件裁判过程中,直接引用上述《2009 纪要》、《2018 指导意见》及《2019 意见》等规范性文件来裁决案件,应当引起我们足够的关注。

就非正式法源而言,作为依附于正式法源而存在的法源,其裁判价值主要是基于政策、习惯、理论等通过对正式法源的补充、说明、解读,进而影响案件的裁决结果。

一般而言,只有在正式法源出现明显背离法律价值或没有明确规定的情况下,才能寻求非正式法源的帮助。也就是说,只有“当正式法源完全不能为案件解决提供审判规则时,依靠非正式法律、法源理所当然地变成强制性的了”①。非正式法源在恶势力案件裁判中频频出场就属于这种情形。但这并不意味着当下国家有关“扫黑除恶”等的公共政策及其相应的刑事政策由此获得了可以独立裁判恶势力案件的“法律”地位,其依然是非独立性的、依附性的,恶势力案件的裁判在形式上也必须符合刑事法治的最低要求,即必须符合罪刑法定原则

① [美]E. 博登海默:《法理学:法律哲学与法律方法》,邓正来译,中国政法大学出版社 2004 年版,第 396 页。

的限制性规定。“刑法永远是刑事政策不可逾越的藩篱。”“在法治社会中，刑事政策对司法场域内刑事案件的裁决过程产生影响的路径只有两条：要么转化为法律，要么在法律内运作。”①

四、恶势力案件裁判规范的建构

恶势力案件裁判规范的建构，就是恶势力案件裁判规范的法律渊源在裁判过程中出于适用裁判具体案件事实的需求而在各法源之间进行的一种“排列组合”。“恶势力”首先是非正式法源中的一个政治或政策概念，尔后慢慢进入准正式法源领域，但至今依然不是一个法律概念。那么，恶势力案件裁判规范在缺失明确、具体法律规定的情况下，该如何建构？

（一）恶势力案件裁判文书情况梳理②

为了详细了解“恶势力”案件司法裁判的过程，笔者选用“威科先行”司法数据库对2018年5月31日至2019年5月31日期间的涉“恶势力”二审刑事案件中的强迫交易、故意伤害、非法拘禁、敲诈勒索、故意毁坏财物、聚众斗殴、寻衅滋事等7种常见犯罪分别进行检索，共计得到702份裁判文书，并以此为有效样本进行相关内容梳理。笔者试图从裁判文书的描述去了解裁判过程，并由此发现裁判规范形成的大致路径。其中，简单数据统计情况如下：

1. 恶势力案件的7种常见犯罪中，寻衅滋事罪案件最多，共计296件；敲诈勒索罪次之，140件；其他各罪数额相差不大。

2. 一审中裁判构成恶势力犯罪的有594件，不构成的有16件，其他的有92件（主要是未公开裁判文书、与恶势力无关、裁判文书中未提及恶势力等）。

3. 二审中以不成立恶势力为理由抗辩成功的有5件，发回重审的有3件。

4. 成立犯罪集团的有261件，成立一般共同犯罪的有396件，普通个人犯罪的有28件，其他的有17件（主要是无关恶势力、未成年犯未公开、二审未认定且准许撤诉等）。不存在一人犯罪的恶势力。③

---

① 张心向：《在规范与事实之间——社会学视域下的刑法运作实践研究》，法律出版社2008年版，第285页。

② 样本的内容梳理和数据统计得到了南开大学法学院硕士研究生张国栋、王飞扬、杨欣月和马萌萌的帮助，在此深表感谢。

③ 这里的数据统计将前述的其他92件一并计算。

(二)依附相关具体犯罪的裁判规范建构生成

从《2009 纪要》、《2018 指导意见》及《2019 意见》中的相关规定看,恶势力案件涉及的具体罪名主要为强迫交易、故意伤害、非法拘禁、敲诈勒索、故意毁坏财物、聚众斗殴、寻衅滋事等犯罪。司法中面对具体恶势力案件应该以何种罪名论处,是一个“法律发现”过程。这一过程的启动则是从基于具体案件事实在“法源群”中按正式法源、准正式法源、非正式法源次序“选择”或“创造”与之合理匹配或妥当对接的“规范”开始的。毫无疑问,对于恶势力案件,不管适用何种具体罪名裁判,都是有明确法律规定的,只是基于不同案件事实成立不同的罪名而已。

在梳理过程中,笔者发现了一种“共性”现象,即是否成立“恶势力”的裁判规范与该“恶势力”的各行为人是否构成犯罪以及构成何种具体犯罪的裁判规范是同时建构生成的。也就是说,把是否成立“恶势力”和是否构成犯罪以及应该构成何种具体犯罪,通过将“恶势力”的“事实和规范”问题与该“恶势力”的行为人是否构成犯罪以及构成何种具体犯罪的“事实和规范”问题,交织在一起“评价”“说理”,并在此基础上得出裁判结论。例如,在“被告人黄某民、周某伟、石某、朱某杞犯寻衅滋事罪上诉一案二审刑事裁定书”①中,二审的裁判理由是:上诉人黄某民、周某伟、石某、朱某杞为索取非法的高利贷债务,相互配合,通过频繁打电话、纠集或分别上门索要债务、家门口喷字、自残、殴打被害人、散布诋毁视频等暴力或软暴力方式滋扰、纠缠、威胁、恐吓、辱骂被害人及其亲属,给被害人及其亲属心理上造成恐惧、恐慌,形成心理强制,严重影响了被害人及其亲属的工作、生活,其行为属于刑法规定的恐吓、辱骂行为,且情节恶劣,四上诉人多次寻衅滋事的行为构成寻衅滋事罪,属于共同犯罪。四上诉人纠集者、骨干成员相对固定,经常纠集在一起,多次实施违法犯罪活动,在一定区域内造成较为恶劣的社会影响,严重扰乱社会、经济秩序,其组织特征、行为特征、危害性特征及客观行为符合最高人民法院、最高人民检察院、公安部、司法部《关于办理黑恶势力犯罪案件若干问题的指导意见》的规定,四上诉人属于恶势力犯罪团伙,即对同一事实,既进行是否构成相关具体犯罪的评价,又进行是否属于“恶势力”的评价。

---

① 参见甘肃省甘南藏族自治州中级人民法院刑事判决书,(2019)甘30刑终5号。

值得关注的是，根据相关司法解释，犯“带有黑社会性质或地方恶势力性质的”寻衅滋事罪、聚众斗殴罪、敲诈勒索罪的，“可增加基准刑的10%～30%”；[①] 犯故意伤害罪、抢劫罪的，“可以增加基准刑的20%以下”。[②] 最高人民法院、最高人民检察院在《关于办理敲诈勒索刑事案件适用法律若干问题的解释》中，已出现“以黑恶势力名义敲诈勒索的”“‘数额较大’的标准可以按照本解释第一条规定标准的百分之五十确定”的规定。[③]《2019 意见》还规定，对于反复实施强迫交易、非法拘禁、敲诈勒索、寻衅滋事等单一性质的违法行为，单次情节、数额尚不构成犯罪，但按照刑法或者有关司法解释、规范性文件的规定累加后应作为犯罪处理的，可将已用于累加的违法行为计为1次犯罪活动。[④] 这一系列规定不仅“法定化”了“恶势力”量刑情节从重处罚的尺度，还将“恶势力”“法定化”成了可以影响成立具体犯罪的情节。在这种特定情况下，“恶势力”是否已成为这些犯罪的一个构成要件或要素？

(三)根据共同犯罪的裁判规范建构生成

自恶势力的概念产生以来，各规范性规定基本上都是将恶势力定义为一种违法犯罪团伙或组织。《2019 意见》明确将其规定为一种“违法犯罪组织”[⑤]。这就使“恶势力”与刑法规定的共同犯罪紧密关联在了一起。从对702件样本裁判文书内容进行梳理的情况看，恶势力案件的司法裁判中充分体现了各规范性规定确立的精神，即不存在一人犯罪的恶势力。恶势力裁判规范的建构亦如上述情形的恶势力裁判规范的建构一样，将是否属于恶势力组织和该恶势力组织是否成立共同犯罪或犯罪集团，在相关具体犯罪中通过将“恶势力”的“事实和规范”问题与该“恶势力共同犯罪”的“事实和规范”问题，交织在一起“评价”“说理”，并在此基础上得出裁判结论。

这里值得关注的是，《2019 意见》规定，要求认定恶势力犯罪集团必须“符

---

① 参见最高人民法院《新增十个罪名的量刑指导意见(试行)》。

② 参见最高人民法院《人民法院量刑指导意见(试行)》。

③ 参见最高人民法院、最高人民检察院《关于办理敲诈勒索刑事案件适用法律若干问题的解释》(法释〔2013〕10号)第2条。

④ 参见最高人民法院、最高人民检察院、公安部、司法部《关于办理恶势力刑事案件若干问题的意见》(法发〔2019〕10号)第9条。

⑤ 参见最高人民法院、最高人民检察院、公安部、司法部《关于办理恶势力刑事案件若干问题的意见》(法发〔2019〕10号)第4条。

合恶势力全部认定条件,同时又符合犯罪集团法定条件”[①]。对此如何操作,是先评价是否成立恶势力组织,尔后看其是否符合犯罪集团的规定;还是互为标准对二者同时进行评价,即在评价犯罪性质的同时评价犯罪形态;抑或在评价犯罪形态的同时评价犯罪性质?

(四)比照“黑社会性质组织”的裁判规范建构生成

综上所述,恶势力案件的正式法源中并没有明确规定恶势力概念、构成要件或要素等,其规范性规定主要在准正式法源中。准正式法源在如何定义恶势力时,基本上选择了“黑社会性质组织”的模式,即根据黑社会性质组织的组织特征、经济特征、行为特征、危害性特征的具体情形来确定恶势力的认定条件,但同时规定其是“尚未形成黑社会性质组织的违法犯罪组织”[②],并认为“‘恶势力’,是黑社会性质组织的雏形,有的最终发展成为了黑社会性质组织”[③]。由此可见,尽管刑法中并没有恶势力的规定,但司法中裁判恶势力案件时,在如何建构恶势力案件裁判规范的问题上,作为正式法源的“黑社会性质组织”为其提供了非常明确的比照“范型”。这种情形在702份裁判文书中也体现得比较明显,如上述列举的案例。

恶势力案件裁判的核心问题,是如何认定“恶势力”的性质,即是否成立恶势力组织。依附具体犯罪的裁判规范而建构生成的恶势力案件裁判规范,确定的主要是恶势力案件中各行为人成立何种具体犯罪的问题,而不应由此也得出该组织是不是恶势力的结论;基于共同犯罪的裁判规范而建构生成的恶势力案件裁判规范,确定的主要是恶势力案件中各行为人之间就所犯罪行是否成立共同犯罪、犯罪集团以及他们在共同犯罪、犯罪集团中的地位和作用问题,也不能由此得出该组织是不是恶势力的结论。确定是不是恶势力的裁判规范,最终是比照“黑社会性质组织”的裁判规范而建构生成的,由作为正式法源的“黑社会性质组织”为其提供建构“范型”。法律规定的“黑社会性质组织”特征通过相关规范性规定被转化成了恶势力的判断标准。

---

① 参见最高人民法院、最高人民检察院、公安部、司法部《关于办理恶势力刑事案件若干问题的意见》(法发〔2019〕10号)第11条。

② 参见最高人民法院、最高人民检察院、公安部、司法部《关于办理恶势力刑事案件若干问题的意见》(法发〔2019〕10号)第4条。

③ 最高人民法院、最高人民检察院、公安部《关于印发〈办理黑社会性质组织犯罪案件座谈会纪要〉的通知》(法〔2009〕382号)。

（五）恶势力案件裁判规范的特点

从上述恶势力案件裁判规范的建构过程可以看出，恶势力案件裁判规范的主要特点是缺少独立性，具体表现为法律规范性弱、实践建构性强，定罪规范与量刑规范纠缠等。

1. 法律规范性弱

所谓法律规范性弱，一是指恶势力案件的裁判规范中缺失明确、具体的“恶势力”法律规定等正式法源，导致其在建构过程中不得不依附相关具体犯罪的裁判规范，根据共同犯罪的裁判规范以及比照“黑社会性质组织”的裁判规范来完成“恶势力”案件裁判大前提的建构。这是因为在罪刑法定旗帜下存在没有正式法源参与建构的裁判规范是不可想象的，也是绝对禁止的。二是指支撑恶势力案件裁判规范建构的主要“材料”即有关“恶势力”概念、特征、构成要件等来自准正式法源，它们构成了司法实践中裁判恶势力案件的主要“法律依据”。

2. 实践建构性强

所谓实践建构性强，主要是指恶势力作为一个政治或政策概念，明确性差、易变性强，对其理解和认识易受社会公共政策、舆论导向等的影响，尤其是在当下扫黑除恶被视为一场人民战争的情况下，为实现政治效果、法律效果和社会效果的统一，各种非正式法源因素更容易通过案件裁判过程中的危害衡量以及实质解释等加入裁判规范的建构而增加其影响案件裁判结果的权重，从而导致恶势力案件裁判规范建构的个案性增强。“随意定性、乱贴标签，尺度不一、畸轻畸重”的问题也就在所难免。

3. 定罪规范与量刑规范纠缠

所谓定罪规范与量刑规范纠缠，主要是指恶势力案件的裁判规范到底是有关恶势力案件的定罪规范还是恶势力案件的量刑规范，抑或二者兼而有之，很难厘清界限。如上所述，恶势力案件的裁判规范是依附相关具体犯罪的裁判规范，根据共同犯罪的裁判规范以及比照“黑社会性质组织”的裁判规范建构生成的。除比照“黑社会性质组织”的裁判规范建构生成是要明确解决“恶势力”性质（对其是否成立恶势力组织进行评价）外，前二者到底是要评价恶势力案件中各行为人成立何种具体犯罪以及案件中各行为人之间所犯罪行是否成立共同犯罪、犯罪集团，还是同时评价这个“恶势力”是否成立恶势力组织，抑或先评价这个“恶势力”是否成立恶势力组织，尔后再“返回”评价其是否构成某个具体犯罪、是否成立共同犯罪或犯罪集团？从对702件裁判文书的内容进行梳理的情况看，这是一个循环论证、纠缠不清的问题。

五、恶势力组织罪刑法定的路径

（一）恶势力案件法律适用困境

《2019意见》《2018指导意见》等规范性文件从其作为针对恶势力案件裁判中存在的各种具体问题而提出的“半正式制度”①的应对方案看，无疑是及时的、精准的、细致的、有效的，在一定程度上也缓解了裁判恶势力案件在法律适用问题上的“紧张焦虑”。但这些规范性规定无论是从作为裁判恶势力案件法律渊源供给的“渠道”还是适用这些规定裁判恶势力案件中出现的定罪事实与量刑事实之间“重复评价”“循环论证”“交叉说理”等问题的解决来看，依然存在值得商榷的空间。

1.如果认定是否构成“恶势力”以刑法规定的相关具体犯罪以及共同犯罪及犯罪集团的规定等为法律依据，那么其裁判规范中必然会出现定罪事实与量刑事实之间“重复评价”“循环论证”“交叉说理”等方面的问题。案件裁判规范中的定罪规范和量刑规范虽然体现的都是对同一案件事实的法律评价，但是评价目的不同。虽然定罪规范在对事实的评价中会在一定程度上涉及量刑问题，但量刑规范在对事实的评价中不能涉及定罪问题，不能为了量刑去“推导”“倒逼”定罪即不能用量刑的情节、标准，尤其是酌定量刑的情节、标准等去“修订”相关具体犯罪的构成要件或要素，这是罪刑法定的基本要求，也是司法裁判公正的底线。

2.如果认定是否构成“恶势力”需要将刑法关于“黑社会性质组织特征”的规定作为法律依据，就必然会涉嫌“准类推”，这也与罪刑法定原则相悖。

3.如果认定是否构成“恶势力”的依据是包括《2019意见》在内的若干规范性文件中规定的“关于恶势力、恶势力犯罪集团的认定标准”②等，却又找不着“恶势力”及“恶势力犯罪集团”的正式法源，亦是有悖刑法关于罪刑法定的

① 参见黄京平：《黑恶势力利用“软暴力”犯罪的若干问题》，载《北京联合大学学报（人文社会科学版）》2018年第2期。

② 朱和庆、周川、李梦龙：《〈关于办理恶势力刑事案件若干问题的意见〉的理解与适用》，载《人民法院报》2019年6月13日，第5版。

规定的。

4. 如果在认定是否构成“恶势力”时，人民法院、人民检察院、公安机关“应当在起诉意见书、起诉书、判决书、裁定书等法律文书中的案件事实部分明确表述”①，那么，被告人及其辩护人就必然有权对此提出辩解和辩护意见。针对司法机关的恶势力定性指控，该如何提出抗辩理由，是提出不符合相关具体犯罪的构成要件或要素、不符合共同犯罪或犯罪集团的条件、不符合黑社会性质组织特征，还是直接提出不符合规范性文件中规定的“关于恶势力、恶势力犯罪集团的认定标准”？另外，对于类似的以恶势力名义敲诈勒索的，“数额较大”的标准可以按照一般标准的 50% 确定的情形，②是抗辩不构成该具体犯罪，还是抗辩不成立恶势力，抑或对二者同时进行抗辩？

（二）恶势力刑法规定路径选择

刑法应该直面恶势力，不应置恶势力案件裁判规范一直处于缺失正式法源的尴尬境地而不顾。对此，笔者认为，如果从妥当、高效地解决当下恶势力案件裁判过程中存在的主要困境出发，比较可行的路径是在《刑法》第 294 条“黑社会性质的组织的特征”之后再增加一款，即“对于尚不完全具备黑社会性质组织特征的，依照其所犯的具体犯罪从重处罚”③。这样可以在一定程度上缓解裁判恶势力案件法律适用困境。

1. 明确黑社会性质组织的概念或特征边界，从立法上厘清黑社会性质的组织与尚不完全具备黑社会性质组织特征的犯罪集团或犯罪团伙等组织之间的关系。当下主要是黑社会性质组织与恶势力之间的关系问题。对此，理论上和司法中已经达成的基本共识就是，“‘恶势力’，是黑社会性质组织的雏形，有的

① 参见最高人民法院、最高人民检察院、公安部、司法部《关于办理恶势力刑事案件若干问题的意见》（法发〔2019〕10 号）第 17 条。

② 参见最高人民法院、最高人民检察院《关于办理敲诈勒索刑事案件适用法律若干问题的解释》（法释〔2013〕10 号）第 2 条。

③ 关于恶势力如何“入刑”，刘仁文教授等认为不需要增设新罪名，但可以把恶势力的概念纳入刑法的规定，即考虑采取《2018 指导意见》的思路，以量刑情节的方式在《刑法》总则或者分则中增设从重处罚甚至加重处罚的条款，从而达到填补处罚空隙的目的。参见刘仁文、刘文钊：《恶势力的概念流变及其司法认定》，载《国家检察官学院学报》2018 年第 6 期。另外，还有学者主张修改降低《刑法》第 294 条规定的“黑社会性质的组织”的成立门槛，将恶势力纳入黑社会性质的组织的调整范围，对恶势力犯罪直接以黑社会性质的组织犯罪定性处刑。参见姜涛：《当前我国黑社会性质组织犯罪若干问题研究》，载《中国人民公安大学学报（社会科学版）》2010 年第 4 期。

最终发展成为了黑社会性质组织”①,但还属于“尚未形成黑社会性质组织的违法犯罪组织”②。“黑社会性质组织”和“恶势力”具有共同的本质属性,只是在某些外在事实特征的表现上有或多或少的区别。③ 上述这样简单的规定完全可以确立恶势力的认定标准,并最大限度地衔接当下有关“黑恶势力”问题的司法解释及规范性规定。也就是说,恶势力是指至少构成某一个具体犯罪,并且至少符合一项黑社会性质组织特征的犯罪组织。这样在恶势力案件裁判规范建构过程中,就可以“名正言顺”地比照黑社会性质组织特征的规定,在其已构成某一具体犯罪的情况下,四个特征完全符合的当然成立的是黑社会性质组织的相关犯罪,只要符合其中一项就可以认定为恶势力,从而实现在“打早打小”的同时“打准打实”,也不必再忌讳“准类推”的尴尬。

2. 恶势力由酌定从重量刑情节上升为法定从重量刑情节,可以最大限度地消解当下裁判恶势力案件中在认定是否成立恶势力问题上存在的“重复评价”“循环论证”“交叉说理”等法律适用困境。把恶势力认定标准与黑社会性质组织的特征“挂钩”,就可以做到定罪规范与量刑规范各自对案件事实的评价分开进行。某一具体犯罪的规定只负责评价其是否构成犯罪以及构成何罪,黑社会性质组织的特征负责评价其是否具备以及具备其中的哪一项或哪几项特征。对于是否成立共同犯罪或犯罪集团也一样,是否成立共同犯罪或犯罪集团由有关共同犯罪或犯罪集团的刑法规定负责评价,而是否具备以及具备其中的哪一项或哪几项黑社会性质组织的特征,由刑法规定的黑社会性质组织的特征负责评价。对于在成立恶势力同时又犯数罪的,可以同样适用《刑法》第 294 条关于

---

① 最高人民法院、最高人民检察院、公安部《关于印发〈办理黑社会性质组织犯罪案件座谈会纪要〉的通知》(法〔2009〕382 号)。

② 参见最高人民法院、最高人民检察院、公安部、司法部《关于办理恶势力刑事案件若干问题的意见》(法发〔2019〕10 号)第 4 条。

③ 对此,笔者对近几年发表且在知网上能够查询到的有关“黑社会性质组织”“恶势力”论文的相关内容进行了梳理考察,发现在就如何认定恶势力的问题上基本上都是通过比照黑社会性质的组织特征展开分析论述的。“恶势力与黑社会性质组织在经济特征上区别较大,在组织特征、危害特征上的区别体现为量变产生质变的过程,在行为特征上仅有量的差距,不具有质的不同。”参见刘仁文、刘文钊:《恶势力的概念流变及其司法认定》,载《国家检察官学院学报》2018 年第 6 期。其他相关内容参见黄京平:《恶势力及其软暴力犯罪探微》,载《中国刑事法杂志》2018 年第 3 期;黄京平:《黑恶势力利用“软暴力”犯罪的若干问题》,载《北京联合大学学报(人文社会科学版)》2018 年第 2 期;王强军:《知恶方能除恶:“恶势力”合理界定问题研究》,载《法商研究》2019 年第 2 期;魏东:《“涉黑犯罪”重要争议问题研讨》,载《政法论坛》2019 年第 3 期。这些理论研究成果在一定程度上促使了《2019 意见》中关于恶势力认定标准规范性规定的出台。

数罪并罚的规定;对于成立恶势力同时又成立共同犯罪或犯罪集团的,同样适用《刑法》第26条中关于主犯、首要分子等的处罚规定,确立双重法定从重处罚情节。由此才能做到"运用多种法律手段全面体现依法从严惩处精神,有力震慑恶势力违法犯罪分子,有效打击和预防恶势力违法犯罪"①。

3. 在法律上明确比照黑社会性质组织特征来确定恶势力认定标准,一方面可以规范人民法院、人民检察院、公安机关在相关法律文书中就案件事实部分的表述条理;另一方面也便于被告人及其辩护人对恶势力定性提出辩解和辩护意见,充分保障被追诉者的辩护权。

当然,从更长远的观点看,唯有结合《刑法》总则中增加有组织犯罪方面的规定,才能最大限度地解决在扫黑除恶中定罪量刑方面存在的众多疑难问题。

六、结语

罪刑法定是司法公正裁判的基础。"公正是法治的生命线。司法公正对社会公正具有重要引领作用,司法不公对社会公正具有致命破坏作用。"②司法作为最重要的社会控制行动,这一"通过法律的社会控制"具有重大社会整合功能。毋庸置疑,"黑恶势力是经济社会健康发展的毒瘤,是人民群众深恶痛绝的顽疾,必须坚决依法予以打击"③。当下在全国开展的扫黑除恶专项斗争,是国家重大公共政策,事关社会大局稳定和国家长治久安。如何从制度设计上保证这场扫黑除恶行动在法治的轨道上运行,是事关这一专项斗争能否健康有序进行、圆满达成既定目标的基础,也是有效解决当下出现的"随意定性、乱贴标签,尺度不一、畸轻畸重"等苗头性问题的良方。"现代法治文明理念的确立以及法治的进步和发展,并非可以一蹴而就,而是需要我们不断地去关注、去维护、去历练乃至去引导,从而内生于一个国度、一个社会。"④

---

① 参见最高人民法院、最高人民检察院、公安部、司法部《关于办理恶势力刑事案件若干问题的意见》(法发〔2019〕10号)第1条。

② 《〈中共中央关于全面推进依法治国若干重大问题的决定〉辅导读本》编写组编著:《〈中共中央关于全面推进依法治国若干重大问题的决定〉辅导读本》,人民出版社2014年版,第57页。

③ 最高人民法院、最高人民检察院、公安部、司法部《关于依法严厉打击黑恶势力违法犯罪的通告》。

④ 赵秉志:《当代中国重大刑事法治事件评析》,载赵秉志主编:《刑法论丛》第23卷,法律出版社2010年版,第163页。

社会组织商业贿赂行为的特点、原因及其控制

——以越轨社会学理论为分析视角*

目　次

---

* 原载《南开学报》2006年第5期，第17～25页。中国人民大学复印报刊资料《社会学》2007年第2期全文转载。

系统

(三)建构形式多样行之有效的商业贿赂社会控制手段系统

被人们称为商事交易活动中"潜规则"的商业贿赂行为,实际上是现代商业社会中普遍存在的一种社会现象,是与商业社会相生相伴的最典型的越轨行为。商业贿赂主要由商业行贿与商业受贿构成。商业行贿与商业受贿二者之间首先存在对合关系,即行贿和受贿之间互为条件。从行为常态看,行贿是受贿的前提,受贿是行贿的结果,有行贿必有受贿存在,有受贿必有行贿存在。当然,从构成犯罪的角度看,二者之间的对合关系并不是绝对的,构成行贿罪不一定就构成相应的受贿罪,构成受贿罪也不一定就构成相应的行贿罪。其次,二者之间存在诱发关系,即在行贿与受贿这一对关系中,行贿一方多处于主动地位,而受贿一方多处于被动地位(索贿除外),行贿行为导致了受贿行为的产生。因此,从商业贿赂的社会控制角度看,商业行贿应当是控制的关键;另外,从社会组织(包括法人和非法人单位)商业贿赂的具体行为表现形态看,也主要表现为商业行贿行为。因此,笔者关于社会组织商业贿赂行为的研究,主要是以法人和非法人单位的商业行贿行为为分析视角展开的。

一、社会组织商业贿赂行为的特点分析

作为"一组独立的权利和义务以及一组资源和利益,既不能将其分配给单个的自然人,也不能在一批人中间进行分配"①的社会组织实体的法人和非法人单位,不管其具体类型如何,一般都具有以下几个特征:(1)它由一定数量的自然人成员组成,不同的组织类型需要不同的自然人成员。(2)它往往有自己独立的名称,以组织的名义而非内部成员的名义进行社会交往互动。(3)它具备在社会上赖以存在的属于组织实体的财产、资源等物质基础。(4)它具有属于组织的独立的权利和义务,其不同于其内部成员个体的权利和义务。(5)它存在一个权威机构指挥协调组织内部各成员之间的关系和组织外部的本组织与其他社会个体、群体及组织的关系。(6)其行为既受外部社会规范的控制,又受内部规章制度的制约。(7)它有组织自己特定的目标。

社会组织的这些特征,决定了其所实施的商业贿赂行为相对于一般自然人

① [美]詹姆斯·S.科尔曼:《社会理论的基础》,邓方译,社会科学文献出版社 1999 年版,第 356 页。

实施的商业贿赂行为,明显地呈现出以下几个特点。

（一）行为主体的组织性

社会组织商业贿赂行为与两个或两个以上的自然人的群体商业贿赂行为都表现为社会群体越轨行为。但社会组织商业贿赂行为的主体是法人和非法人单位,即具有组织性;而两个或两个以上的自然人的群体商业贿赂行为的主体是自然人本人,即不具有组织性。

（二）行为意志的整体性

社会组织商业贿赂行为意志的整体性,是指法人和非法人单位实施商业贿赂行为的意识和意志不是组织内部单纯某个个体自然人或某几个个体自然人的意识和意志,而是作为组织的法人和非法人单位的某个个体自然人或某几个个体自然人的意识和意志通过一系列组织的运行和管理手段上升为或决定为整个组织意志的组织整体意志。

（三）行为实施的双重性

社会组织商业贿赂行为的双重性,是指法人和非法人单位的商业贿赂行为从行为性质上看,可分为决策性行为和遵从性行为;从行为形态上看,可分为决策性行为阶段和遵从性行为阶段。所谓决策性行为,是指由法人和非法人单位的权威机构以及作为领导的个人依据本组织的目标决定的准备实施具体商业贿赂行为的组织管理活动。所谓遵从性行为,是指法人和非法人单位的内部自然人成员按照权威机构或领导的决定实施的以执行组织任务为表现形态的具体商业贿赂行为。决策性行为是商业贿赂行为的预备行为,遵从性行为是商业贿赂行为的实行行为,二者前后相继,互相依存。没有决策性行为,就不会有遵从性行为;相反,没有遵从性行为,就不可能实现决策性行为的目标。

（四）行为利益的组织独占性

社会组织商业贿赂行为利益的组织独占性,是指作为"一组独立的权利和义务以及一组资源和利益"①,即独立的利益主体的法人和非法人单位实施商业贿赂行为并不是为了某一个或某几个内部自然人成员的利益,而是为了组织的整体利益,同时,其行为所得"既不能将其分配给单个的自然人,也不能在一批人中间进行分配"②。

---

① [美]詹姆斯·S.科尔曼:《社会理论的基础》,邓方译,社会科学文献出版社1999年版,第356页。
② [美]詹姆斯·S.科尔曼:《社会理论的基础》,邓方译,社会科学文献出版社1999年版,第356页。

(五)行为范围的限定性

社会组织商业贿赂行为范围的限定性,是指法人和非法人单位的商业贿赂行为一般发生在法人和非法人单位的商业活动即商事交易的过程中,也就是自然人与法人和非法人单位的商事交易互动过程以及法人和非法人单位彼此之间的商事交易互动过程中。无论是决策性越轨行为还是遵从性越轨行为,都必须与法人和非法人单位的商业活动有关。

二、社会组织商业贿赂行为的原因分析

能够"对一般意义越轨行为或越轨行为的所有实例做出解释"①,是越轨社会学理论追求的目标,所以,"社会学家曾经考虑过以各种各样的根源作为对越轨行为的可能的解释,这种种根源从天文和地理到头脑的内在活动无所不包其间"②。但迄今为止还没有一种越轨社会学理论能够完美地"对一般意义越轨行为或越轨行为的所有实例做出解释"。不过,几乎每一种越轨社会学理论都为我们研究各种越轨行为提供了各自不同的研究视角和研究变量,可以使我们依据研究的需要,通过对某些变量的选取与组合、测量与分析,而对各种不同的越轨行为或某些类型的越轨行为在社会中发生并存在的原因与规律,以及其本质特征与表象特征作出解释。

(一)理性选择③与社会组织商业贿赂行为

社会学中关于理性选择行为的研究始于霍曼斯关于小群体交换行为的研

① [美]杰克·D.道格拉斯、[美]弗兰西斯·C.瓦克斯勒:《越轨社会学概论》,张宁、朱欣民译,河北人民出版社1987年版,第37页。

② [美]杰克·D.道格拉斯、[美]弗兰西斯·C.瓦克斯勒:《越轨社会学概论》,张宁、朱欣民译,河北人民出版社1987年版,第37页。

③ 在社会科学中,几乎所有的理论都隐含着对社会行动者是理性的还是非理性的预设。在传统的经济学理论中,对人的行动持理性(经济人)的假设占据了主导的地位。亚当·斯密认为人的理性在于他在各项利益的比较中选择自我的最大利益,以最小的牺牲满足自己的最大需要。新古典经济学家继承和发展了古典经济学家理性人的假定。他们对人的行为的假定包括以下几个方面的内容:个体的行动决定是合乎理性的(指为达到目的而选择的手段);个体可以获得足够充分的有关周围环境的信息(完全信息假定);个体根据所获得的各方面信息进行计算和分析,从而按最有利于自身利益的目标选择决策方案,以获得最大利润或效用(利润或效用最大化假定)。在社会学中,理性选择理论是建立在下列前提上的:第一,个人是自身最大利益的追求者。第二,在特定情境中有不同的行为策略可供选择。第三,人在理智上相信不同的选择会导致不同的结果。第四,人在主观上对不同的选择结果有不同的偏好排列。理性选择可以概括为最优化或效用最大化,即理性行动者趋向于采取最优策略,以最小代价取得最大收益。笔者是在社会学语境下使用理性选择这一概念的。

究。霍曼斯把经济学的经济人理性原则引入社会学,认为人们在交往行为中都以利益最大化为选择目标,人们的交往过程实质上是利益的交换过程。在科尔曼的理性选择理论中,由于其研究的基点是个体有选择的目的行为,故其经济人的经济选择行为要宽泛一些。科尔曼通过个人的目的行动来研究社会的系统运动,所以其在《社会理论的基础》一书中界定了个人行动的三个最基本的含义,即目的性、合理性和效益最大化追求。同时,扩大合理性与效益这两个基本概念,即把"经济人"的合理性扩大为"理性人"的合理性。"理性人"不仅追求经济利益最大化,而且顾及权利、地位、声望、信任和评价等"非经济因素"。并且,这些"非经济因素"也是"理性人"追求利益最大化的目标和内容。同时,把经济行为追求的经济效益扩大为在各种社会行动中都存在的具有不同内容的广义的效益。由于"理性人"实质上就是社会人,所以理性选择不仅是个体行为,更是个体之间的互动。由于现实社会中存在诸如信任关系、权威关系、社会规范等"社会资本",所以社会必然会出现个体在互动过程中为了获取社会资本而采取的"单边资源让渡"行动,即权利个体将其一部分权利转让给一个共同的权威机构,这导致了作为现代社会的重要标志和显著特征的法人[①]的形成。在现代社会中,社会的发展使个体行动者之间的互动越来越少,而法人行动者之间的互动越来越多,"尽管法人行动者也难以真正达到帕累托最优,但它在个人竞争的残酷和集体行动的搭便车难题之间,找到一种协调个人利益和集体利益的理性选择"[②]。

当我们以理性选择理论为分析工具,解析法人和非法人单位的商业贿赂行为,并将理性选择作为一个变量因素对这一行为进行考察的时候,可以发现法人和非法人单位在商业活动中实施商业贿赂行为实际上是法人和非法人单位理性选择的结果。也就是说,在相同的社会情境下,在某一个可以预见的时期内,法人和非法人单位在商事交易过程中如果选择实施商业贿赂行为比不选择实施商业贿赂行为将会获得更大的经济利益和非经济因素利益,它就会选择实施商业贿赂行为。

以天津德普诊断产品有限公司(以下简称德普公司)商业行贿案为分析案例。成立于1991年的德普公司是全球最大的诊断设备生产企业诊疗产品公司

① 科尔曼法人行动理论中的法人是社会学意义上的法人,泛指一切社会组织单位。
② 李培林:《理性选择理论面临的挑战及其出路》,载《社会学研究》2001年第6期。

(Diagnostic Products Corporation,DPC)的子公司,从事免疫药盒的分装、全自动化学发光免疫分析仪销售等业务,年产值达7000万元,销售量占全国市场的1/3。

根据美国司法部于2005年5月20日提供的报告,德普公司从1991年到2002年期间,向中国有关医院医生行贿了162.3万美元的现金,用来换取这些医疗机构购买DPC的产品,德普公司从中赚取了200万美元。德普公司在财务账面处理时,将这162.3万美元的行贿费用登记为“销售支出”。这笔支出相当于德普公司在案发期间内销售额的3%~10%。

美国司法部认为,DPC违反了美国《海外反腐败法》有关“禁止美国公司向外国有关人员行贿”的规定,命其向美国司法部和美国证券交易委员会分别交纳200万美元和204万美元的罚款,同时,还要交纳75万美元的预审费等费用。

1. 德普公司通过向中国有关医院医生行贿,以换取这些医疗机构购买DPC的产品,击败了同质竞争者,赢得了医院的订单。

能否击败同质竞争者,赢得更多的商业机会,进而赚取更多的商业利润,是几乎所有法人和非法人单位在商事交易过程中选择或不选择实施商业行贿行为时首先要考虑的问题。如果预想达不到其所期待的利益要求,或者说需要行贿的数额较大或要为此承担的各种风险较大,超出了其所能承受的交易成本限额及风险承受能力,一般就会放弃行贿行为,图谋别的解决办法。但就目前我国社会的实际情况而言,在绝大多数情况下,选择实施商业行贿越轨行为往往是能够降低交易成本、增加经济效益的最佳选择方式。[①]

2. 德普公司向中国有关医院医生行贿162.3万美元的现金,从中赚取了200万美元,行贿收益大于用于行贿的成本支出。

当然,在每一次行贿与受贿的对合中,行贿者并不都是必然在只有收益必须大于用于行贿的成本支出的情况下才会选择商业行贿行为。但在某一个行贿者可以预见的时期内,行贿者的行贿收益必然会大于用于行贿的成本支出,否则,行贿者就会放弃行贿行为。德普公司从1991年到2002年在长达11年的时间里,向中国有关医院医生行贿162.3万美元的现金,从中赚取了200万美

① 按照科斯的交易成本理论:“在存在交易成本的现实世界,不同的交易方式有不同的成本,因此,在具体的交易活动中,应该选取交易成本最低的交易方式,以增大交易的经济效益。”程宝库:《商业贿赂:社会危害及其治理对策》,法律出版社2006年版,第37页。

元,行贿的收益大于用于行贿的成本支出,这也是德普公司案发前仍持续性行贿的原因之一。

3. 德普公司因违反了美国《海外反腐败法》而被要求向美国司法部和美国证券交易委员会分别交纳200万美元和204万美元的罚款,同时,还要交纳75万美元的预审费等费用。

从案件的这一结果看,德普公司无论是从企业的经济利益方面还是从企业的社会权利、地位、声望、信任和评价等"非经济因素"方面来看,都是失败者。但这只是由于社会情境发生了变化(由中国延伸到了美国),限制了决策者的信息处理能力而造成的选择意外。当然,理性选择也是有限的,完全理性选择受到了许多条件的限制,现实的理性选择更多的是有限理性状态。①

(二)场域惯习与社会组织商业贿赂行为

何为"场域"?布迪厄认为,"从分析的角度来看,一个场域可以被定义为在各位置之间存在的客观关系的一个网络(network),或一个构型(configuration)"②"一个场域的结构可以被看作不同位置之间的客观关系的空间,这些位置是根据他们在争夺各种权力或资本的分配中所处的地位决定的"③。他认为:"在高度分化的社会里,社会世界是由具有相对自主性的社会小世界构成的,这些社会小世界就是具有自身逻辑和必然性的客观关系的空间,而这些小世界自身特有的逻辑和必然性也不可化约成支配其他场域运作的那些逻辑和必然性。"这些"社会小世界"就是各种不同的"场域"。④ 可见,"场域"首先是一个具有相对独立性的空间,具有"自身的逻辑、规则和常规",⑤这既是不同场域相互区别的标志,也是不同场域得以存在的依据。这种不同场域之间各自形成的且相对独

① "有限理性"理论是由1978年的诺贝尔经济学奖得主、美国人赫伯特·亚·西蒙(Herbert Alexander Simon)教授提出的,在其所著《管理行为》一书中,他认为现实生活中的人是介于完全理性与非理性之间的"有限理性"状态,即人是有限理性的。该理论被认为是"考虑限制决策者信息处理能力的约束的理论"。

② [法]皮埃尔·布迪厄、[美]华康德:《实践与反思——反思社会学导引》,李猛、李康译,中央编译出版社2004年版,第133页。

③ [法]皮埃尔·布迪厄、[美]华康德:《实践与反思——反思社会学导引》,李猛、李康译,中央编译出版社2004年版,第155页。

④ 参见[法]皮埃尔·布迪厄、[美]华康德:《实践与反思——反思社会学导引》,李猛、李康译,中央编译出版社2004年版,第134页。

⑤ 参见[法]皮埃尔·布迪厄、[美]华康德:《实践与反思——反思社会学导引》,李猛、李康译,中央编译出版社2004年版,第142页。

立的“自身的逻辑、规则和常规”,构成了该场域特有的内在机制和外在征象。

其次,“场域”是一个有自己惯习的建构性空间。在布迪厄看来,在场域里活动的“社会行动者并非被外力机械地推来扯去的‘粒子’。正相反,他们是资本的承载者,而且,基于他们的轨迹和他们利用自身所有的资本数量和结构在场域中所占据的位置,他们具有一种使他们积极踊跃地行事的倾向,其目的要么是竭力维持现有的资本分配格局,要么是起而颠覆它”①。这样,每个场域都有属于自己的“自身的逻辑、规则和常规”,即“性情倾向系统”——惯习。惯习作为一个同时具备持续性与变换可能性的性情倾向系统,它是某个共同体成员在长期的共同社会实践中所形成的高度一致、相当稳定的品位、信仰和习惯的总和,是特定共同体的集体认同和身份徽记,它体现了“行动者”的感知图式、评价图式、思维图式和行动图式的一致性。

当我们借用皮埃尔·布迪厄的这一场域—惯习理论作为分析工具对社会组织商业贿赂行为进行理论解释时,不难发现有两个基本变量对社会组织商业贿赂行为产生着巨大影响。

1. 商业场域对社会组织商业贿赂行为的影响

从我国目前社会组织商业贿赂越轨行为发生的实际情况看,该行为明显地呈现出行业性特点,尤其是行业利润高、资源竞争激烈的八类行业最为猖獗:

(1)医疗药品行业。商务部的统计资料表明,在全国药品行业中,作为商业贿赂的药品回扣每年侵吞国家资产约 7.72 亿元,约占全国医药行业全年税收收入的 16%。行贿主体:医疗用品生产、代理、销售商。受贿主体:医务人员。贿赂形式:药品回扣、劳务费、差旅费、赞助费、新药推荐费等。

(2)零售业。买方市场决定了目前中国商业零售终端对企业的发言权,进场费在超市、大卖场等现代零售渠道的利润构成中占有相当大的比重。行贿主体:供货商。受贿主体:超市、卖场的采购员、相关负责人。贿赂形式:回扣、进场费。

(3)房地产行业。目前,我国房地产管理部门相关官员掌握的权力过于集中,缺乏必要的监督机制,这给一些不法开发商以可乘之机。现在土建项目的回扣一般在造价的 10% 上下浮动,而一些装修等项目回扣高达 20%。行贿主

---

① [法]皮埃尔·布迪厄、[美]华康德:《实践与反思——反思社会学导引》,李猛、李康译,中央编译出版社 2004 年版,第 148 ~ 149 页。

体:房地产商。受贿主体:房地产管理部门相关官员。贿赂形式:好处费、回扣等。

(4)保险行业。目前,我国很多保险公司为了在激烈的市场竞争中获胜,往往以公司的名义行贿,通过以高回扣、高返还为主的价格战暗箱操作,高达20%～30%的回扣进了个人腰包。行贿主体:保险公司及其职员。受贿主体:承办保险的单位负责人,购房、购车时的中介、代理人。贿赂形式:保险回扣、超标准或越范围支付高额代理手续费。

(5)旅游行业。对于旅行社及导游收取回扣,由于直接调整导游人员行为规范的行政法规及规章并没有明确予以禁止,收取回扣成为旅游行业明码标价的惯例。行贿主体:商家、店主。受贿主体:旅行社及导游。贿赂形式:人头费、购物回扣等。

(6)电信行业。电信行业在竞争中之所以商业贿赂尤为突出,是因为实施商业贿赂行为比提高行业服务水平与质量更能获得资源。行贿主体:电信运营商及代理商。受贿主体:开发商、电信业务使用单位。贿赂形式:免除债务、装修住房、免电话费、利用本单位资源为对方提供商务交易机会等。

(7)银行业。在审核报批贷款、引进设备时给予回扣,低价处理不良资产,变相化公为私等,在银行业已形成惯例,商业贿赂成为银行业心照不宣的潜规则。行贿主体:公司、企业及其职员。受贿主体:行长及银行内相关负责人。贿赂形式:贷款发放及设备引进中的回扣、赠送现金、股票等。

(8)教育行业。从校园商家、学校基建项目承包商、校服、教材中收取或提取回扣是许多学校的普遍做法。行贿主体:教材出版社、校服生产厂家、基建公司等。受贿主体:学校相关负责人。贿赂形式:回扣、折扣、手续费等。

目前,我国社会组织的商业贿赂行为呈现出的这种行业性特点,按照布迪厄的理论进行解释就是:这是商业场域现象的必然反映。在我们的现实世界中,存在一个相对独立的、人们进行商事交易活动的建构性空间——商业场域,作为社会组织的法人和非法人单位是商业场域的最基本行动者,它们通过彼此之间以及与自然人之间的各种互动行为,包括越轨行为,争夺场域各种权力或资本的分配,特别是稀缺性资源,并在互动中受场域"自身的逻辑、规则和常规"的制约或影响,但同时会不断地创制新的逻辑、规则和常规,包括越轨的逻辑、规则和常规。基于行业的不同,在商业场域中,又分为若干不同的小场域,各小场域之间,由于场域行动者不尽相同,权力或资本性质也不尽相同,这使各小场域之间不仅在场域的逻辑、规则和常规方面有所不同,在行动主体受场域的逻辑、规则和常规的制约或影响方面也有一定程度上的差异。认识到这一点,对于控制社会组织的商业贿赂越轨行为将会产生积极的作用。

2. 商业规则对社会组织商业贿赂行为的影响

作为社会组织的法人和非法人单位对商业场域内的行贿行为逐渐认同并习惯,一方面体现了商业场域内的行动者为争夺场域各种权力或资本分配中的位置或空间的需要而必须付出的"对价"①,另一方面也反映了场域内不停争夺权力或资本的行动者同时在不断地内化场域"自身的逻辑、规则和常规",当行动者在行动过程中就这一越轨行为形成了该场域所特有的"性情倾向系统"后,作为行动者习惯的这种越轨行为便演变成了行动者惯习。商业贿赂行为也就由一种单纯的外在行为现象演变成了一种特定商业场域的复杂的内在亚文化现象,而成为左右法人和非法人单位在商业场域内进行商事交易活动的潜规则。如果该场域内的个别行动者试图脱离这种规则的约束和影响,要么它有足够的资本、资源等经济因素以及足够的社会权利、地位、声望、信任和评价等"非经济因素",能够创设新的场域逻辑、规则和常规,并能使该场域形成新的"性情倾向系统";要么在争夺场域各种权力或资本的分配中被边缘化,最终被淘汰出局。

可见,在商业场域内行动的法人和非法人单位,特别是在我国投资的外国企业,对待商业贿赂行为,就如同"囚徒博弈"。"不允许子公司参与商业贿赂就意味着交易机会的丧失,致使投资收益减损,参与商业贿赂又与其母国法律和自身原有企业价值不符"②,进退两难。从德普公司商业行贿,到默沙东中国公司单方面解雇了杭州、广州两地工作的20多名中国区副总经理和医药代表,再到朗讯科技公司宣布解除其中国区4名高层主管,③已不难发现这一点。

(三)社会交换与社会组织商业贿赂行为

社会交换理论主要是指霍曼斯的行为主义交换理论。该理论用10个基本

---

① 对价(consideration)又称约因,是英美契约法中的一个概念,是指由契约当事人各方,为迫使对方实现其行为或履行其诺言作出许诺的行为或牺牲,或只为购买或换取对方许诺而支付的代价,即当事人一方为取得合同权利而向对方所作的给付。我国法律上并没有对价的概念。参见杨桢:《英美契约法论》,北京大学出版社1997年版,第91页。笔者所使用的"对价"一词,实际上是对这一概念的借用。

② 程宝库:《商业贿赂:社会危害及其治理对策》,法律出版社2006年版,第57页。

③ 参见崔世海:《中国何时对商业受贿案启动司法程序》,载新浪网,https://finance.sina.com.cn/review/observe/20050607/16121664684.shtml。

概念（行动、互动、情感、刺激、报酬、成本、投资、利润、剥夺、满足）建构了该理论的“基石”，用它们互相结合组成的一系列命题即成功命题、刺激命题、价值命题、剥夺—满足命题、攻击—赞同命题、理性命题来解释社会行为。①

“成功命题是其理论最基本的公理，它指出人们的行动总是追求报酬，逃避惩罚；刺激命题指出行动受到经验和情境的制约；价值命题指出人在进行行动选择时是有价值参与的；剥夺—满足命题限制了价值的时效性；攻击—赞同命题揭示了人类行动的感情色彩，行动受自我公正感的支配；理性命题则在指出行动价值的基础上，进一步指出行动的可能性问题。”②当我们试图用这些命题解释社会组织商业贿赂行为时，就会发现几乎所有这些命题都具有一定程度的应用价值。

依据成功命题，我们可以将商业贿赂行为解释为：一个法人和非法人单位越是经常通过商业行贿得到利益，就越愿意从事这种行为。

依据刺激命题，我们可以将商业贿赂行为解释为：一个法人和非法人单位曾经通过商业行贿得到过利益的情境如果再现，它就有可能再去实施这种行为。

依据价值命题，我们可以将商业贿赂行为解释为：一个法人和非法人单位通过商业行贿得到的利益越大，它就越会选择实施这种行为。

依据剥夺—满足命题，我们可以将商业贿赂行为解释为：一个法人和非法人单位通过商业行贿得到的某种利益，如果不实施商业行贿，资源就会更多地被实施商业行贿的人得到，不行贿者的正常利益会相对受到剥夺，这促使其本不想行贿，却不得不行贿。

依据攻击—赞同命题，我们可以将商业贿赂行为解释为：当一个法人和非法人单位实施了商业行贿，得到的利益超出了它的期待或没有得到它所预料的惩罚时，它便有可能继续实施这种行为；当其实施了商业行贿，没有得到它所期待的利益或得到了它所没有预料到的惩罚时，它有可能采取新的更大规模的行贿行为，以期达到期望目标或挽回损失。

依据理性命题，我们可以将商业贿赂行为解释为：当一个法人和非法人单位在面临是实施正当的商事交易行为还是实施商业行贿越轨行为的选择时，它

---

① 参见侯均生主编：《西方社会学理论教程》，南开大学出版社 2001 年版，第 194～195 页。

② 侯均生主编：《西方社会学理论教程》，南开大学出版社 2001 年版，第 198～199 页。

会根据当时的认识,选择那种利于实现自我利益最大化的行为。

通过以上分析,我们可以看出,社会交换理论尽管是基于个人层面上的,对于日常生活中的某些行为的解释,很难全面准确地解释像社会组织商业贿赂这样的越轨行为。但该理论在一定程度上揭示的越轨行为得以产生发展的内在机制和越轨者实施越轨行为的内心起因,对于我们正确认识社会组织商业贿赂越轨行为发生、发展的轨迹,并对其进行有效的社会控制,仍具有较强的实际应用价值。

三、社会组织商业贿赂行为的社会控制

综上所述,商业贿赂主要由商业行贿与商业受贿构成,二者之间既存在对合关系,又存在诱发关系,而商业行贿不论在哪种关系中,均始终处于主导、引起地位(除索贿外)。然而,在很长的一段时间里,这种现象被人们忽略了。从我国目前对商业贿赂的社会控制措施看,针对商业受贿的控制措施要远远多于针对商业行贿的;而且,针对商业受贿的控制措施的严厉程度也都远远重于针对商业行贿的;因商业行贿被追究刑事责任的也要远远少于商业受贿的;因单位商业行贿被追究刑事责任的要远远少于自然人商业行贿的。在当前打击商业贿赂的专项行动中,应当重视对这种现象的矫正,通过必要的制度性建构,加强对法人和非法人单位商业行贿的社会控制。

基于上述有关社会组织商业贿赂行为的特点及原因分析,对法人和非法人单位的商业贿赂行为(主要是商业行贿行为)如何进行社会控制,笔者谈以下几点看法。

(一)建构高效廉洁协调有序的商业贿赂社会控制主体系统

社会控制主体系统的建构对社会控制起着至关重要的作用。尽管从广义上讲,社会的各种机构都应当是社会控制的主体,但特定的、被社会赋予某种权力的机构对社会控制会发挥更大的作用。在上述德普公司商业行贿案中,德普公司从1991年到2002年,在长达11年的时间里,持续性地向中国有关医院医生行贿,最终却在美国案发。我国对于商业贿赂均有监督或执法权的检察院、公安局、法院、工商局、税务局、纪委、审计等如此多的部门,竟然没有发现德普公司长达11年的持续性违法行为。这说明我们的,至少是有关商业贿赂方面的社会控制主体系统在建构方面发生了问题。

建构商业贿赂社会控制主体系统的核心目标,应该是在保证公正的前提下,最大限度地提高对商业贿赂进行社会控制的效率与效益。这样,才能最大限度地增加行贿和受贿双方的交易机会风险成本,以使其顾忌交易风险而减少或放弃行贿和受贿的对合交易机会。

(二)建构宽严相济配合有效的商业贿赂社会控制法律系统

在我国现有的法律体系架构中,并不缺少针对商业贿赂的规范内容,但其在总体上存在以下缺陷:(1)法律体系内部一般法与特别法之间存在断裂、冲突,没有形成协调统一、彼此配合、疏而不漏的有机整体;(2)对商业贿赂的界定不够完善,如作为一般法的《反不正当竞争法》第8条把商业贿赂限定在了商品销售领域;(3)法律责任形式不统一,惩罚力度偏轻;(4)主管机关不统一,职权不明确,导致"多头管理、头头不管"的情况经常发生;(5)现有反商业贿赂法律体系中缺乏规制海外贿赂行为的法律规则。① 这在很大程度上影响了我国对商业贿赂行为进行法律制裁的效率和效益。

就针对法人和非法人单位的商业行贿行为而言,我国现有的法律在规范内容上主要存在以下问题:(1)对行贿者处罚偏轻。在非刑事法律规范中,表现为行政处罚力度偏轻,经济制裁数额偏低。② 在刑事法律规范中,表现为对行贿犯罪的处罚明显低于对受贿犯罪的处罚。一是行贿犯罪比受贿犯罪的法定刑低;③二是单位行贿犯罪比单位受贿犯罪立案所要求的数额标准要高;④三是行贿犯罪的犯罪构成要件比受贿犯罪的犯罪构成要件要求严格,即行贿犯罪要求犯罪主体只有"为谋取不正当利益"而行贿时才成立犯罪,而受贿犯罪要求只要犯罪主体"为他人谋取利益"而受贿就成立犯罪。(2)对行贿者的经济制裁存在不确定性。表现为在一般非刑事法律规范中,只规定一个经济处罚幅度,不管行贿多少,也不管因行贿而获利多少,均在这一处罚幅度内接受处罚;在刑事

① 参见程宝库:《商业贿赂:社会危害及其治理对策》,法律出版社2006年版,第104~107页。

② 如《反不正当竞争法》第22条规定:"经营者采用财物或者其他手段进行贿赂以销售或者购买商品,构成犯罪的,依法追究刑事责任;不构成犯罪的,监督检查部门可以根据情节处以一万元以上二十万元以下的罚款,有违法所得的,予以没收。"

③ 以单位受贿罪和对单位行贿罪为例,前者(《刑法》第387条)的法定最高刑是5年有期徒刑,后者(《刑法》第391条)的法定最高刑是3年有期徒刑。

④ 单位行贿罪的立案标准一般为20万元以上,而单位受贿罪立案标准一般为10万元以上。参见最高人民检察院《关于人民检察院直接受理立案侦查案件立案标准的规定(试行)》(1999年9月16日公布,高检发释字〔1999〕2号)。

法律规范中,尽管都有加处罚金刑的规定,但罚金数额是不确定的。

我国现有的法律体系架构中就有关商业贿赂问题的规定所存在的上述缺陷,特别是有关法人和非法人单位的商业行贿行为的法律规定中存在的问题,使我们对商业行贿行为的法律制裁,在增加了社会控制成本的同时,却降低了社会控制的效益:(1)为行贿者在法律的缝隙间游离,寻找交易机会提供了空间。(2)为行贿者通过非法律手段,运作减低因行贿而支付的成本提供了可能。(3)为行贿者在选择是否通过行贿这种交易行为去获取最大商业利润,提供了选择的可能性。我国法律体系中的这种对行贿者而言,通过支付较小的法律风险成本就有可能获得较大的商业利益的规定,对行贿者来说根本不是一种威慑,反倒是一种刺激。这一点,是我们在建构宽严相济、配合有效的商业贿赂社会控制法律系统时首先必须解决的问题。

建构商业贿赂社会控制法律系统的核心目标,应该是提高商业贿赂主体特别是行贿主体的法律风险成本指数,并使其能够对行贿者构成足够的利益支付威慑。

(三)建构形式多样行之有效的商业贿赂社会控制手段系统

社会规范系统对社会的控制,主要是通过相应的手段系统完成的,经济利益、政治权威、教育文化熏陶、舆论引导等手段构成了社会控制手段系统的基本控制手段。[①] 在建构商业贿赂社会控制手段系统时,要充分认识到不同的社会控制手段会发挥不同的社会控制功能作用,各社会控制手段之间的在共同的价值目标基础上的协调配合,就会发挥更大的社会控制效果。如最高人民检察院建立的行贿犯罪档案制度,作为一种法律控制手段,如果和舆论控制手段相结合,即将已经审结的案件的行贿者的行贿犯罪行为在媒体上公布,[②]不仅会对作为行贿者的法人和非法人单位的商誉造成极大的负面影响,并对其预期的商业利益带来巨大的不稳定因素,从而使其因为行贿而提高了商业经营的风险指数。而且,这一举措能够在建构健康的商业场域文化、调整商业场域的"性情倾向系统"、培育健康的商业规则的过程中,发挥出其他社会控制手段难以发挥出的重大作用。

---

① 参见吴鹏森编著:《犯罪社会学》,中国审计出版社、中国社会出版社 2001 年版,第 295 页。

② 根据最高人民检察院《关于受理行贿犯罪档案查询的暂行规定》(2006 年 3 月 4 日公布)的规定,查询该档案,必须向检察机关提出查询申请和提供相关证明或证件,符合条件的才可以查询。

建构商业贿赂社会控制手段系统的核心目标,应该是通过形式多样且行之有效的各社会控制手段的运用,能够在一个合理的范围内最大限度地重创行贿者的经济利益,[①]同时,削弱其在社会互动过程中所享有的权利、地位、声望、信任和评价等“非经济因素”对其商业利益的影响,以增加潜在的或曾经的行贿者在关于商业交易方式的理性选择中,选择合法交易行为的可能性。

作为社会组织的法人和非法人单位,本身就是社会理性选择的结果形态。法人和非法人单位作为理性的经济人,在商事交易过程中,追求商业利益的最大化,永远是其不变的价值选择,成本和利润、投入和产出之间的效用能否实现最佳,永远是影响其商业决策行为的决定性因素。所以,对法人和非法人单位商业贿赂行为进行社会控制的终极目标,就是应该在严惩商业受贿行为的基础上,通过各种社会控制系统,增加其由于选择商业行贿这一非法商事交易方式而必须多付出的成本,从而使以合法行为进行商事交易成为更多的法人和非法人单位理性选择的结果。

① 这也是德普公司商业行贿案给我们的另一个启示。

刑法中“关系密切的人”之实证考察与再审视*

目　次

* 原载《法治研究》2015 年第 6 期，第 68 ~ 81 页。

一、前言

从严格意义上说,“关系密切的人”并不是一个很规范的概念。“关系”“密切”这样概括、抽象、模糊、暧昧、内涵不确定并带有市井大众白话式的语词,很难和刑法概念所具有的精确、精准、精当、精练相提并论。然而,随着2009年2月28日《刑法修正案(七)》的生效,这一概念开始进入法律人及普通大众的视野。在该修正案第13条的内容中最吸引公众关注的就是,“与该国家工作人员关系密切的人”成了该新增犯罪的犯罪主体之一,随之就是对何谓“关系密切的人”的各种解读观点的众说纷纭。6年过去了,到底何为“关系密切的人”?确定“关系密切的人”的标准和规则是什么?在利用影响力受贿罪案件的裁判过程中,又是如何认定“关系密切的人”的?作为刑法概念的“关系密切的人”是否给具体的司法裁判带来了不应有的困惑?这些问题随着《刑法修正案(九)》第46条规定在《刑法》第390条后增加一条作为第390条之一,即新增规定了为利用国家工作人员的影响力谋取不正当利益,向其近亲属等关系密切的人员行贿的犯罪,再一次引起了学者和普通社会民众的关注。笔者拟从“关系密切的人”纳入立法由来、“关系密切的人”司法裁判现状以及“关系密切的人”未来命运走向三个方面作一简要的实证考察与分析,以期对该问题的进一步研究能有所裨益。

二、“关系密切的人”纳入立法由来检视

如果仔细考察中华人民共和国的刑事立法的历史,就会发现,刑法中新增加的相当一部分犯罪,从初见萌芽到立法规制,大多经过三个“进化”阶段,即先有公共政策中指出某种现象,尔后到司法解释中规定某种行为,最后到刑事立法中增设某种犯罪。利用影响力受贿罪也不例外,所以,其中作为该罪犯罪主体之一的“关系密切的人”在进入刑事立法之前,也经过了公共政策中的“特定关系人”以及司法解释中的“特定关系人”这两个阶段。

(一)公共政策中的“特定关系人”

“公共政策是关于政府所为和所不为的所有内容。它所关心的问题是政府行为涉及到的许多内容,譬如:它们如何控制社会内部的冲突;它们如何将社会组织起来,处理同其他社会的冲突;它们如何为社会成员提供许多不同的象征

性奖励和物质性服务……因此公共政策可能涉及对行为的管制、组织官僚体系、分配利益行为等。"[①]一项公共政策一般具有以下几个方面的特性:[②]

第一,有权威的创制主体。公共政策的创制主体主要是"政府"。也就是说,公共政策是由政府或其他权威机关制定的由一系列活动组成的计划和规划。这里所称的"政府"是广义的,既包括行政机关,也包括立法机关和司法机关等社会公共权威性机关,行政机关最为重要。在我国,中国共产党组织是最值得关注的一个主体。

第二,有目的的行动策略。公共政策涉及"政府"在"做"与"不做"之间的基本选择。也就是说,公共政策具有明确的目的、目标或方向,是对社会所作的权威性价值分配,不是自发或盲目性的行为。一方面,它可以是积极的、主动的,意指政府为了调整与改造社会而主动采取行动方针和步骤,从而使社会发展和个人生活相应发生变化;另一方面,政府有意不为也可以成为一种公共政策。这是一种深思熟虑的"决策上的无为",它包括"政府的决策是什么也不做,或者是没有制定新的项目,或者仅仅是维持现状"[③]。之所以作出消极不为的决策,是因为政府在谨慎权衡之后,可能感觉某些行动目前不宜作出,或政府无力为之。[④]

第三,有选择的利益取舍。将"政策"与"利益"具体联系起来考虑的是社会法学派的代表人物庞德。庞德认为:"文明社会要求安宁与秩序。只有当每个人与全体都能安全地在社会中工作,这种文明社会才能继续下去。因而,普通法将对一般安全的需要及存在于一般安全中的利益视为一项公共安全的政策。"[⑤]在这里,庞德指出政策的制定是取舍各种社会利益的结果,也就是说,符合大多数人们期待的愿望、要求等,最终会转化成政府的一项政策。

第四,有普遍的社会效力。公共政策普遍的社会效力根源于它是具有社会

① [美]托马斯·R. 戴伊:《理解公共政策》(第10版),彭勃等译,华夏出版社2004年版,第2页。

② 参见张心向:《在遵从与超越之间——社会学视域下刑法裁判规范实践建构研究》,法律出版社2012年版,第149~151页。

③ [加]迈克尔·豪利特、[澳]M. 拉米什:《公共政策研究:政策循环与政策子系统》,庞诗等译,生活·读书·新知三联书店2006年版,第8页。

④ 如我国当前分配不公与贫富分化在一定程度上已形成一个严重的社会问题,但政府可能基于效率与公平两难关系以及加速发展经济的考虑,对此未作强有力和大规模的调整,更多倾向于采取宽缓无为的政策安排。

⑤ [美]罗斯科·庞德:《法律史解释》,曹玉堂、杨知译,华夏出版社1989年版,第157页。

公共权威的组织创制的。而且,权威组织制定政策并不是为了仅仅规范权威组织自身,而是要将此适用于全社会,并借此发挥自身权威,达到治理社会的目的。由于政策背后的权力支持背景和社会公共权威组织对全社会的影响力,其政策的效力自然是及于全社会而具有普遍性的。

毋庸置疑,"反腐"是我国当前乃至今后一段时间内的重要公共政策之一。2007年5月29日,中央纪委"根据中央纪委第七次全会精神,为贯彻落实标本兼治、综合治理、惩防并举、注重预防的反腐倡廉方针,针对当前查办违纪案件工作中发现的新情况、新问题"①作出的《关于严格禁止利用职务上的便利谋取不正当利益的若干规定》(以下简称《禁止利用职务便利谋取不当利益规定》)是一个带有公共政策性质的规范性文件。它的制定主体的权威性、为了达到反腐目的的策略性、利益选择与民意期待的符合性以及执行的社会效力等都体现了一项公共政策应有的特质。

近年来,在受贿犯罪领域出现的新情况、新问题之一就是,国家工作人员与其周围的"关系人"共同受贿的现象比较普遍,几乎每一起案件的周围都勾连编织着一个巨大的关系网,并形成了一个个垄断或共享某些社会资源的利益群体。此类犯罪最常见的表现形式就是表面形式上的"权"与"利""两分",即国家工作人员利用手中的职权或职务便利为请托人谋取不正当利益,而由"关系人"收受请托人的财物或者向请托人索取财物。案发后,国家工作人员只承认自己为请托人谋取了不正当利益,但对"关系人"收受请托人财物或者向请托人索取财物一事声称并不知情;"关系人"只承认自己代请托人向国家工作人员转达了请托事项,而对自己索取或者收受请托人财物之事坚称并未告知国家工作人员。② 这种形式上的"权"与"利"的"两分"给刑事司法带来的却是公开的挑战,一是挑战了共同犯罪的成立条件,二是挑战了证据的收集、固定及证明标准等规则。这不仅使司法机关在如何正确处理并协调打击犯罪与保障人权问题上面临考验,由于涉及利益取舍,也使我国正在进行的反腐是否能顺应大多数人的期待、愿望并向纵深处发展面临着公共政策方面的考量。

---

① 参见中共中央纪律检查委员会《关于严格禁止利用职务上的便利谋取不正当利益的若干规定》。

② 参见李金明:《论利用影响力受贿罪》,载《法商研究》2010年第1期。

该规定显然作出了顺乎民意的价值选择。通过使用"特定关系人"以及"特定关系人以外的其他人"这样的用语来表述上述现象中的与国家工作人员之间存在"共同利益关系"的"非国家工作人员",为司法上如何应对这种挑战指点迷津。该规定第6条规定,严格禁止利用职务上的便利为请托人谋取利益,要求或者接受请托人以给特定关系人安排工作为名,使特定关系人不实际工作却获取所谓薪酬。同时,该条进一步规定了"特定关系人"的范围,即"特定关系人,是指与国家工作人员有近亲属、情妇(夫)以及其他共同利益关系的人"。在第6条的基础上,该规定第7条又进一步规定:"严格禁止利用职务上的便利为请托人谋取利益,授意请托人以本规定所列形式,将有关财物给予特定关系人。特定关系人中的共产党员与国家工作人员通谋,共同实施前款所列行为的,对特定关系人以共同违纪论处。特定关系人以外的其他人与国家工作人员通谋,由国家工作人员利用职务上的便利为请托人谋取利益,收受请托人财物后双方共同占有的,以共同违纪论处。"该条在"特定关系人"之外又提出了"特定关系人以外的其他人"这一用语。

笔者认为,《禁止利用职务便利谋取不当利益规定》最大的意义并不在于用什么样的语词来表述"非国家工作人员利用公共权力为请托人谋取利益而从中收受财物的行为应当受到处理",而在于它从公共政策层面上作出了这样的价值选择,提供的是一种完成了利益取舍后的社会控制策略。从这个意义上说,该规定用"特定关系人"、"其他共同利益关系的人"以及"特定关系人以外的其他人"和其他语词,来表达这种现象中的与国家工作人员有某种利益关系的"非国家工作人员",实际上都不需要作太多的语词或逻辑上的斟酌,因为它不是操作层面上的,而是决策层面上的,重要的是它所作出的这种选择。

(二)司法解释中的"特定关系人"

司法解释中对非国家工作人员利用公共权力收受财物该如何处理问题的破解,是从在相关规范性文件中使用"近亲属"以及"近亲属以外的其他人"的概念开始的。

2003年11月13日,最高人民法院在其印发的《全国法院审理经济犯罪案件工作座谈会纪要》中,在共同受贿犯罪的主体资格问题上引入了国家工作人员的"近亲属"以及"近亲属以外的其他人"这两个概念。它规定:(1)国家工作人员的近亲属向国家工作人员代为转达请托事项,收受请托人财物并告知该国家工作人员,或者国家工作人员明知其近亲属收受了他人财物,仍按照近亲属的要求利用职权为他人谋取利益的,对该国家工作人员应认定为受贿罪,其近亲属以受贿罪共犯论处。(2)近亲属以外的其他人与国家工作人员通谋,由国家工作人员利用职务上的便利为请托人谋取利益,收受请托人财物后双方共同占有的,构成受贿罪共犯。(3)国家工作人员利用职务上的便利为他人谋取利益,并指定他人将财物送给其他人,构成犯罪的,应以受贿罪定罪处罚。① 由此可见,即便是作为国家工作人员的"近亲属"的非国家工作人员,他是否构成受贿罪,依然取决于其与国家工作人员之间有无共同受贿的故意和行为,且只能成立受贿罪的共犯,不能单独构成受贿罪。另外,该纪要对何谓"近亲属"以及"近亲属以外的其他人"亦未作出明确解释。

中纪委下达上述《禁止利用职务便利谋取不当利益规定》后,为了更加有效地贯彻中纪委的这一反腐策略,2007 年 7 月 8 日,最高人民法院、最高人民检察院联合印发了《关于办理受贿刑事案件适用法律若干问题的意见》。该意见第 6 条规定:"国家工作人员利用职务上的便利为请托人谋取利益,要求或者接受请托人以给特定关系人安排工作为名,使特定关系人不实际工作却获取所谓薪酬的,以受贿论处。"第 7 条规定:"国家工作人员利用职务上的便利为请托人谋取利益,授意请托人以本意见所列形式,将有关财物给予特定关系人的,以受贿论处。特定关系人与国家工作人员通谋,共同实施前款行为的,对特定关系人以受贿罪的共犯论处。特定关系人以外的其他人与国家工作人员通谋,由国家工作人员利用职务上的便利为请托人谋取利益,收受请托人财物后双方共同占有的,以受贿罪的共犯论处。"最高人民法院、最高人民检察院还在该意见第 11 条中规定,该意见所称"特定关系人",是指与国家工作人员有近亲属、情妇(夫)以及其他共同利益关系的人。②

将该意见与上述《禁止利用职务便利谋取不当利益规定》及《全国法院审理经济犯罪案件工作座谈会纪要》相比对,有以下三个问题值得关注:(1)对利用公共权力受贿的非国家工作人员的称谓,该意见沿用了《禁止利用职务便利谋取不当利益规定》的用语,即"特定关系人"以及"特定关系人以外的其他人";

① 参见 2003 年 11 月 13 日最高人民法院印发的《全国法院审理经济犯罪案件工作座谈会纪要》。

② 参见 2007 年 7 月 8 日最高人民法院、最高人民检察院印发的《关于办理受贿刑事案件适用法律若干问题的意见》。

(2)对"特定关系人"的解读亦沿用了《禁止利用职务便利谋取不当利益规定》的解释,即与国家工作人员有近亲属、情妇(夫)以及其他共同利益关系的人,这一解读包含并超越了《全国法院审理经济犯罪案件工作座谈会纪要》中的"近亲属"及"近亲属以外的其他人",似拟采用更加宽泛的标准,以将更多的非国家工作人员纳入受贿罪犯罪主体的范畴;(3)受制于当时的立法规定和共犯理论,在对非国家工作人员利用公共权力为请托人谋取利益而从中收受财物应如何处罚的问题上作了这样的解释,即作为非国家工作人员的"特定关系人"以及"特定关系人以外的其他人"收受财物,只有事先与国家工作人员通谋的才能构成受贿罪的共犯,未通谋的只有国家工作人员单独定受贿罪。也就是说,在如何表达及处理利用公共权力受贿的非国家工作人员行为的问题上,作为司法解释的《关于办理受贿刑事案件适用法律若干问题的意见》几乎全部"照抄"了作为公共政策文件的《禁止利用职务便利谋取不当利益规定》在概念描述、语句修辞及逻辑表达上的方式,或者说,作为公共政策文件的《禁止利用职务便利谋取不当利益规定》通过"两高"的简单"转手"就变成了作为司法解释的《关于办理受贿刑事案件适用法律若干问题的意见》。

(三)刑事立法中的"关系密切的人"

"关系密切的人"进入刑事立法的范畴,是从《刑法修正案(七)》开始的。该修正案第13条规定,在《刑法》第388条后增加一条作为第388条之一,即"国家工作人员的近亲属或者其他与该国家工作人员关系密切的人,通过该国家工作人员职务上的行为,或者利用该国家工作人员职权或者地位形成的便利条件,通过其他国家工作人员职务上的行为,为请托人谋取不正当利益,索取请托人财物或者收受请托人财物,数额较大或者有其他较重情节的,处……离职的国家工作人员或者其近亲属以及其他与其关系密切的人,利用该离职的国家工作人员原职权或者地位形成的便利条件实施前款行为的,依照前款的规定定罪处罚"①。这一规定较上述《全国法院审理经济犯罪案件工作座谈会纪要》《关于办理受贿刑事案件适用法律若干问题的意见》而言,在对非国家工作人员利用公共权力收受财物问题的处理上有两点明显不同:(1)"《刑法修正案(七)》新增利用影响力受贿罪,将非国家工作人员利用影响力受贿的行为犯罪

① 《刑法修正案(七)》。

化，使得我国贿赂犯罪的刑事法网进一步严密，也扩大了贿赂犯罪圈，加大了对贿赂犯罪的惩治力度”①，此举最大限度地体现了《禁止利用职务便利谋取不当利益规定》的反腐公共政策的要求。(2)在对非国家工作人员利用影响力受贿的主体资格问题上，统一用“国家工作人员的近亲属或者其他与该国家工作人员关系密切的人”以及“离职的国家工作人员或者其近亲属以及其他与其关系密切的人”的语词表达取代了《禁止利用职务便利谋取不当利益规定》《全国法院审理经济犯罪案件工作座谈会纪要》《关于办理受贿刑事案件适用法律若干问题的意见》中的上述各种表达。由此，“关系密切的人”成了我国刑法中的一个重要概念。但何谓“关系密切的人”，除了依据《刑法修正案(七)》的规定推知其不包括“近亲属”外，其余并没有明确的答案。对此，全程参与该修正案立法的赵秉志教授是这样解读的：在《刑法修正案(七)》研拟讨论过程中，有人曾提出是否可以用“特定关系人”这一概念，认为因为有了相关司法解释和中纪委文件，这一概念比较明确，范围相对确定。但立法机关考虑到特定关系人往往限定在近亲属、情人、有共同财产、有共同利益这样的关系，现实中很多情形并没有也很难证明他们之间有这样的关系，而只能证明他们有密切的关系或者交往。“关系密切的人”这样的表述是想把这类腐败行为包含得更广一些，更接近《联合国反腐败公约》的要求。因此，“关系密切的人”是一个包括范围更广的概念，它涵盖了全部“特定关系人”，但又不限于此，“特定关系人”只是“关系密切的人”中的一部分。所以，除了国家工作人员或者离职的国家工作人员的近亲属之外，其他与国家工作人员或者离职的国家工作人员关系密切的人，都可能属于“关系密切的人”的范畴。不同的具体案件中的情况可能不尽相同，关键还是要根据具体情况，分析认定具体案件中的行为人是否属于“关系密切的人”。“关系”是否“密切”，主要是看双方平时的关系如何。②

不能否认，赵秉志教授关于“关系密切的人”的这番解读，无论是从其立法原意如何沿革由来，还是从其司法实务如何具体认定，都堪称精辟。这里的“关系密切的人”不包含《禁止利用职务便利谋取不当利益规定》中“特定关系人”中的“近亲属”、但包括“情妇(夫)”应该是明确的，但是否亦能全部包含《禁止

① 王荣利：《反腐新罪名不会成为贪官的“免罪符”——刑法学家赵秉志详解〈刑法修正案(七)〉反腐新罪名》，载《法制日报》2009年4月2日，第2版。

② 参见王荣利：《反腐新罪名不会成为贪官的“免罪符”——刑法学家赵秉志详解〈刑法修正案(七)〉反腐新罪名》，载《法制日报》2009年4月2日，第2版。

利用职务便利谋取不当利益规定》中作为“特定关系人”兜底规定的“其他共同利益关系的人”,却未有再进一步的说明。由于“密切”与“关系”的抽象性与模糊性,对是否属于关系密切抑或密切关系虽难以认定,但如果仅从密切关系的内部结构分析,一般还是存在基本社会共识的,即情感、信任、利益构成了密切关系的基本构造。情感是密切关系的心理要素,信任是密切关系的事实基础,利益是密切关系的追求目标。① 从这个角度而言,不管是“关系密切的人”还是“共同利益关系的人”,这两类人彼此之间都一定存在利益关系。一般而言,“关系密切的人”在本质上都是具有“共同利益关系的人”,而具有“共同利益关系的人”不一定就是“关系密切的人”,“共同利益关系的人”概念在外延上要大于“关系密切的人”。所以,应该是“共同利益关系的人”包含“关系密切的人”,而不是相反。

那么,“共同利益关系的人”与《联合国反腐败公约》第 18 条第二部分规定的“公职人员或者其他任何人员”中的“其他任何人员”之间的关系又是如何?我们知道,“共同利益关系”的概念完全是一个开放的结构,几乎人与人之间的所有社会交往关系都可以纳入“共同利益关系”的范畴,个案差异只存在于对“共同利益”意义的解读上。所以,从这个角度而言,任何“共同利益关系的人”与“其他任何人员”之间在本质上并没有什么区别,这是《禁止利用职务便利谋取不当利益规定》在如何处理非国家工作人员利用公共权力为请托人谋取利益而从中收受财物的问题上所作出的一项战略决策,最大限度或者说已经基本上对接了《联合国反腐败公约》第 18 条第二部分的规定,只是这一战略意图在《刑法修正案(七)》中由于使用了“关系密切的人”这一概念而未被深刻体现出来。

三、“关系密切的人”司法裁判现状考察②

综上所述,从作为公共政策用语的“特定关系人”转化成刑法规范用语的“关系密切的人”,是一个抽象、模糊、暧昧且内涵极不确定的概念,其作为利用影响力受贿的犯罪主体之一,在司法实践中是如何被适用的呢?带着对这一问题探究的兴趣,笔者从中国裁判文书网、北大法宝上搜集整理了从 2009 年 1 月 1 日至 2015 年 7 月 31 日的相关案例,具体情形如下:

---

① 参见罗永鑫:《公务受贿犯罪主体研究》,武汉大学 2010 年博士学位论文,第 103 ~ 104 页。

② 本文的案例整理及数据分析由笔者的研究生杨亚会同学协助完成。

在中国裁判文书网搜索关键字“利用影响力受贿罪”,共出现118份法律文书,去除重复出现的9份法律文书,还有109份。在这109份法律文书中,案件判决书不涉及或不认为构成利用影响力受贿罪的有29份;① 相关裁定书19份;② 民事判决书2份。扣除之后,最终涉及《刑法》第388条之一的法律文书共有59份,其中一审、二审法律文书都有,二审驳回上诉维持原判的有2份,③ 最终统计的判决书一共有57份。北大法宝关于此罪的法律文书共计51份,除去各种情形11份,④ 最终是40份。对比两个数据库中的案例,发现有22份法律文书是重合的,减除重合部分,两个数据库以利用影响力受贿罪裁判的法律文书共计75份,涉及75件最终以利用影响力受贿罪定性的案件。这大概是目前通过公开的数据资料库所能查询到的在我国已判决生效的所有的利用影响力受贿罪的判决书了,笔者拟以这75起案件的判决书为样本展开相关分析。

(一)“关系密切的人”为主要犯罪主体

根据《刑法修正案(七)》第13条的规定,利用影响力受贿罪的犯罪主体仅限于非国家工作人员,具体可分为三种类型:(1)国家工作人员或离职的国家工作人员的近亲属;(2)离职的国家工作人员;(3)与国家工作人员或离职的国家工作人员的关系密切的人。在这75起案件中,其主体为“近亲属”的有17件,所占比例约为23%;主体为离职的国家工作人员的有5件,所占比例约为7%;主体为“关系密切的人”的有53件,所占比例约为71%,具体见图6-6-1。

---

① 与利用影响力受贿罪没有关系仅涉及其他犯罪的有14份,其中受贿罪的有7份、行贿罪的有4份、非法拘禁罪的有1份、贪污罪的有1份、诈骗罪的有1份;与利用影响力受贿罪有关联但最终没有裁决构成利用影响力受贿罪的有15份,其中公诉机关指控为利用影响力受贿罪而法院不支持的有4份,公诉机关指控为受贿罪,而辩护人辩护意见为利用影响力受贿罪,最后法院支持公诉机关起诉意见的有11份。

② 涉及再审驳回申诉通知书有1份、指定管辖决定书有1份、假释刑事裁定书有2份、再审决定书有1份、再审裁定书有2份、二审撤销原判决发回重审的有2份、二审准许撤回抗诉的有1份、二审准许撤回上诉的有3份、刑罚变更刑事裁定书有3份、执行裁定书有1份、减刑刑事裁定书有2份。

③ 参见广西壮族自治区博白县刑事判决书,(2014)博刑初字第220号;广西壮族自治区苍梧县刑事判决书,(2014)苍刑初字第68号。

④ 其中二审撤销原判决发回重审的有3份;二审裁定准予撤回上诉的有1份;一审、二审裁判文书都有,二审驳回上诉维持原判的有3份;公诉机关指控为利用影响力受贿罪,而法院未认定为利用影响力受贿罪的有1份;二审认定定罪正确,但量刑有变化的有1份;一审定罪为利用影响力受贿罪,二审裁定发回重审,一审重审后以诈骗罪定罪的有1份;仅涉及贪污罪的有1份。

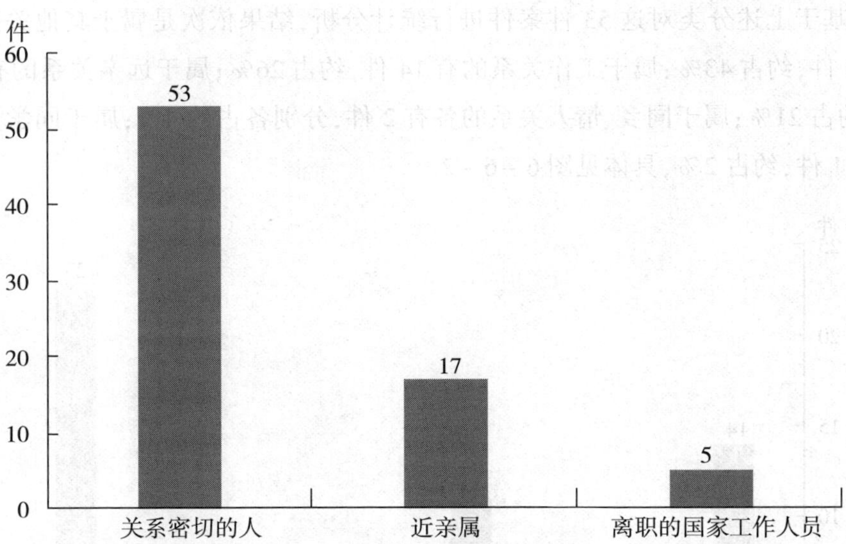

图6-6-1　三类犯罪主体数量

(二)"关系密切的""关系"主要是"其他关系"

为了深入考察"关系"在这53件案件中的具体表现,笔者对"关系"作了进一步类型化处理,将行为人与国家工作人员或离职的国家工作人员的"关系"分为工作关系、情人关系、同乡关系、同学关系、远亲关系以及其他关系。其中,工作关系里面具体包括了同事关系、同仁关系、雇佣关系以及所有与工作或所从事的职业相关的关系;同乡关系的范围也比较大,同村、同镇、同县(市)等基本上都可纳入同乡的范畴,其中同乡兼有同事关系的归入同乡关系;同学关系涵盖了所有曾经有过的在一起的学习经历,不仅包括全日制的学历学习、非脱产的学位学历学习,也包括各种短期培训性质的学习,另外,某些战友关系、师生关系也被纳入同学关系;远亲关系也可称作亲戚关系,除近亲属以外的其他各种亲戚关系都包括其中;情人关系相对比较单纯,异性之间基于性而形成的相对亲密和稳定的情感及利益关系都可以被纳入情人关系的范畴;除上述关系之外的所有关系由于无法再细分类,判决书中也未说明具体是何种密切关系的人,都被归入其他关系的范畴,如医患关系①、通过各种事情后成为朋友的朋友关系以及在前姻亲中形成的各种亲戚关系②等。

① 参见张某某利用影响力受贿案,案件字号为(2012)天秦刑初字第119号。
② 参见王某利用影响力受贿案,案件字号为(2011)浦刑初字第283号。

基于上述分类对这53件案件进行统计分析，结果依次是属于其他关系的有23件，约占43%；属于工作关系的有14件，约占26%；属于远亲关系的有11件，约占21%；属于同乡、情人关系的各有2件，分别各占约4%；属于同学关系的有1件，约占2%，具体见图6－6－2。

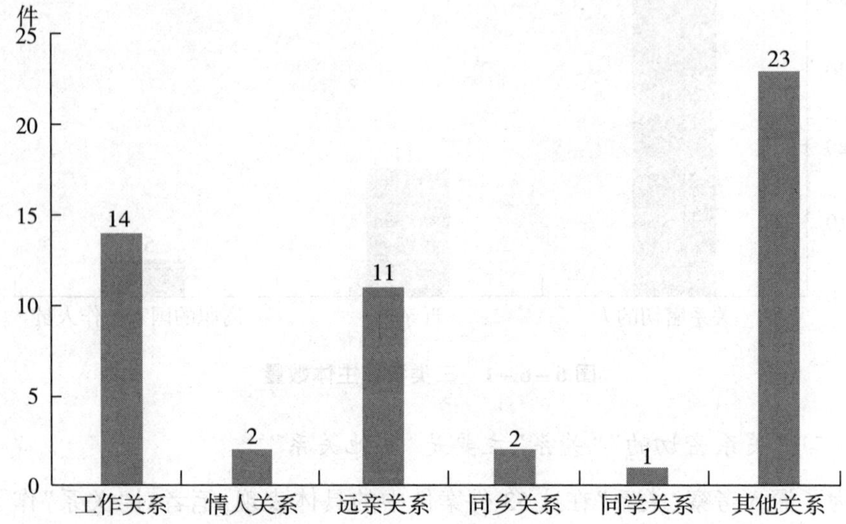

图6－6－2　关系密切的人具体分类数量

（三）抗辩非"关系密切的人"均未成功

在这53件案件中，行为人针对被认定为由于与国家工作人员或离职的国家工作人员"关系密切"而构成利用影响力受贿罪在审理过程中提出抗辩的有10件，约占19%，但从法律文书记载的情况看，即便是在涉及罪与非罪这样的重大问题上，也都没有提出明确、具体、清晰的抗辩理由，一般都是依靠一些证人证言以及被告人供述，来认定两者之间认识且有过联系。如果这其中行为人借助另一人的职务或地位形成的便利条件为请托人谋取不正当利益了，一般就会认定为利用影响力受贿罪了。对此，不论是控方还是辩方，乃至于判决书中几乎都再没有其他证据证明或充分说理。比如，在崔某臣受贿、利用影响力受贿案中，一审中辩护人提出方某林与崔某臣不是关系密切的人，方某林没有利用崔某臣的影响力为他人谋取不正当利益，对于两人为什么不是密切关系的人也未作出进一步的有力说明；①在王某某利用影响力受

① 参见崔某臣受贿、利用影响力受贿案，案件字号为（2012）方刑初字第319号。

贿案一审中,辩护人仅提出王某某既不属近亲属,也不是关系密切的人,不符合利用影响力受贿罪的主体等,而未再说其他;[①]在刘某某利用影响力受贿案一审中,辩护人提出刘某某和胡某某的关系没有达到刑法规定的关系密切的程度,二人之间没有经济来往和利益、利害关系,而仅仅是老乡、同事、棋友[②];在王某利用影响力受贿案一审中,辩护人提出王某与高某1是离婚状态,不符合关系密切的人的主体要求等。[③] 即便如此,这10件抗辩案件最终也都是以失败告终。

另外,还有两种情况值得注意:(1)除上述行为人及其辩护人抗辩其不构成“关系密切的人”的情况外,还有11件案件存在公诉机关以受贿罪起诉,辩护人以利用影响力受贿罪抗辩,法院最终支持公诉机关以受贿罪定罪处罚的情形。辩护意见主要有:被告人没有利用自己职务上的便利,而是利用与国家工作人员的个人关系;[④]被告人没有利用自己职权或地位形成的便利条件,其行为符合利用影响力受贿罪的构成要件;[⑤]被告人向国家工作人员打招呼完全是因为私交甚好;[⑥]被告人辩称不构成受贿罪,应定性为利用影响力受贿罪,与国家工作人员事前无通谋,不构成共同受贿等,[⑦]而没有说清两者之间为什么是“关系密切的人”而不是其他情形,法院也就没有从两者是否是关系密切的人的角度进行说理,就直接认定构成受贿罪,其理由主要是事前有通谋,受贿行为是两人事前商量好的。(2)公诉机关指控为利用影响力受贿罪而法院不支持的还有4件案件。在丁某某介绍贿赂罪、利用影响力受贿一案中,[⑧]公诉方对丁某某利用影响力受贿根本就没有提出相关论证,法院对为什么不认定丁某某构成利用影响力受贿罪也没有作出具体说明;在张某前受贿案[⑨]及黄某伦受贿案[⑩]中,尽管稍有分析,亦是极其简单。张某前案中,法院仅是认为张某前与魏

① 参见王某某利用影响力受贿案,案件字号为(2010)潢刑初字第162号。

② 参见刘某忠利用影响力受贿案,案件字号为(2014)漯刑二终字第5号。

③ 参见王某利用影响力受贿案,案件字号为(2011)浦刑初字第283号。

④ 参见王某、张某国受贿案,一审刑事判决书案号为(2012)安刑初字第339号。

⑤ 参见杨某受贿案,一审刑事判决书案号为(2012)安刑初字第337号。

⑥ 参见张某、欧阳某文受贿案,一审刑事判决书案号为(2013)徐刑初字第805号。

⑦ 参见张某、于某等受贿罪案,一审刑事判决书案号为(2010)杭西刑初字第432号。

⑧ 参见丁某某介绍贿赂罪、利用影响力受贿一案,一审刑事判决书案号为(2014)东辽刑初字第73号。

⑨ 参见张某前受贿案,一审刑事判决书案号为(2014)平刑初字第323号。

⑩ 参见上诉人黄某伦犯受贿罪一案,二审刑事判决书案号为(2015)安市刑终字第34号。

某既不是近亲属也不是刑法意义上的关系密切的人,不符合主体资格,张某前利用的是与魏某形成的“默契关系”,系共同受贿。黄某伦案中,法院认为黄某友系水利局原局长,授意承建水利工程人员让其弟黄某伦以合伙人身份参与工程非法获利,两人系亲兄弟,应属共同受贿,而不是利用影响力受贿罪,具体见图6-6-3。

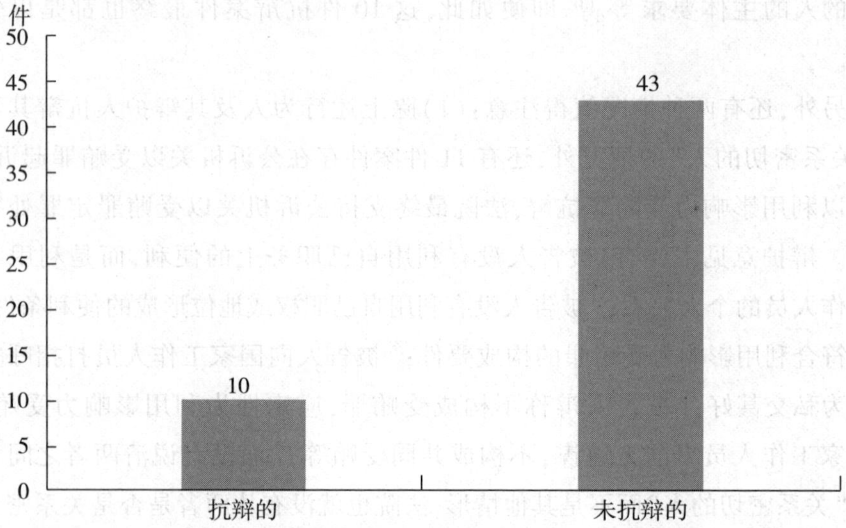

图6-6-3　针对关系密切的人认定是否抗辩的情况分析

(四)所有案件均为请托人谋取了利益

从这53件案例中可以看出,实际为请托人谋取到了不正当利益是构成利用影响力受贿罪的一个必备要件。在这53件案件中不存在收受了请托人财物而没有帮助请托人获取不正当利益或者受托人虽然通过国家工作人员或离职的国家工作人员帮助请托人谋取不正当利益而实际未能获得的情况,具体见图6-6-4。

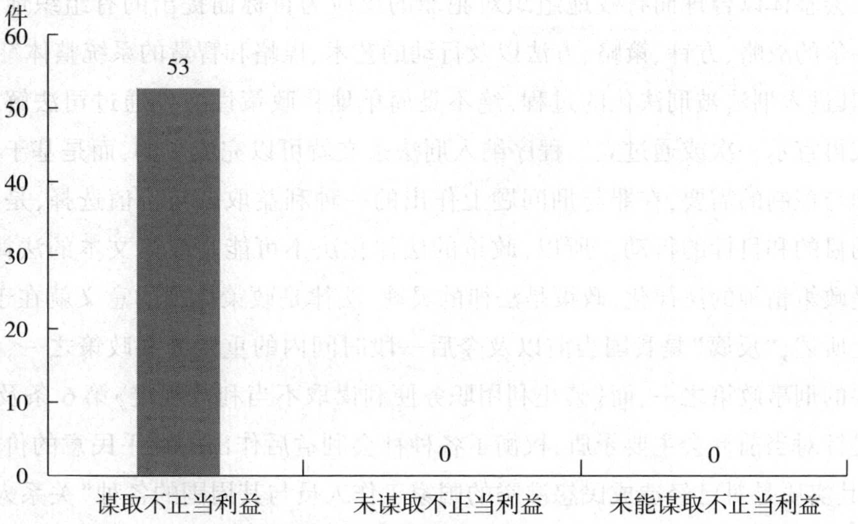

图 6-6-4 谋取不正当利益的具体情况

四、"关系密切的人"未来命运走向检讨

《刑法修正案(七)》生效后,"关系密切的人"俨然已成为我国刑法中的一个重要概念,但不论是检视它的"由来",还是考察它的"现状",其"未来"都难说乐观。

(一)"关系密切的人"存在政策文本简单法条化的弊端

作为一种社会控制和管理,法律和政策在本质上是一致的,政策的法律化与法律的政策化均围绕着社会控制与管理展开。政策的法律化主要是通过立法环节完成的,法律的政策化则主要体现在司法的过程中。前者最核心的问题是,公共政策的法律化不能成了仅仅是政策文本的简单法条化,而应是一种价值取向和方针策略的导引;后者最重要的是,法律是公共政策不可逾越的樊篱,政策只能在法律的围栏内运行。作为公共政策分野之一的刑事政策和刑法的关系亦是如此。在法治社会中,刑事政策通过刑法对社会进行管理和控制的路径只有两个:要么转化为刑法,要么在刑法内运作。

刑事政策刑法化主要有三条管径:一是对罪与非罪的范围(刑事法网的宽窄与疏密)进行圈定;二是为某些犯罪的构成要件如何设置提供策略;三是对刑罚如何配置确定目的和方向。虽然作为一种社会控制和管理,刑事政策和刑法在本质上是一致的,但其存在的形式是有根本区别的。由于刑事政策是"国家和社会整体以合理而有效地组织对犯罪的反应为目标而提出的有组织地反犯罪斗争的战略、方针、策略、方法以及行动的艺术、谋略和智慧的系统整体”①,所以,其进入刑法被刑法化的过程,绝不是简单地将政策性文件通过司法解释的形式再宣示一次或通过立法程序纳入刑法条文就可以完成了的,而是基于社会管理与控制的需要,在罪与刑问题上作出的一种利益取舍与价值选择,是有明确的目的和目标的行动。所以,政策的法律化决不可能是政策文本的法律化,而是政策精神的法律化,政策是法律的灵魂、法律是政策体现的意义就在于此。如上所述,“反腐”是我国当前以及今后一段时间内的重要公共政策之一,也是重要的刑事政策之一,而《禁止利用职务便利谋取不当利益规定》第6条及第7条是针对当前社会主要矛盾,权衡了各种社会利益后作出的顺乎民意的价值选择,其实质是对已经造成民怨沸腾的国家工作人员与其周围的各种“关系人”组成的大大小小的利益群体、利益集团利用国家工作人员的职权或职务垄断或共享某些社会资源的“共同受贿”现象不再姑息养奸、迁就纵容。所以,不管用何种语词表述这里的“关系人”,只要与国家工作人员有“共同利益关系”的,就会涉嫌腐败,就不再听之任之,而是纳入法律规制范畴,这是一种从公共政策层面上作出的价值选择,提供的是一种完成了利益取舍后的社会控制策略。因此,刑法规范中如何体现《禁止利用职务便利谋取不当利益规定》第6条及第7条的内容,其核心不是去用同样的语词或者什么样的语词把它的文本再表述一遍,而是用什么样的语词既能表达出它的反腐新策略又能便于司法实务操作。

从上述“关系密切的人”纳入立法的过程看,实际上是把《禁止利用职务便利谋取不当利益规定》中作为战略性决策的重大问题简单地作非技术性处理。对利用公共权力受贿的非国家工作人员的称谓,首先是《关于办理受贿刑事案件适用法律若干问题的意见》完全沿用了《禁止利用职务便利谋取不当利益规定》的用语,即“特定关系人”以及“特定关系人以外的其他人”;对“特定关系人”的解读亦完全沿用了《禁止利用职务便利谋取不当利益规定》的解释,即与国家工作人员有近亲属、情妇(夫)以及其他共同利益关系的人,而到《刑法修正案(七)》的立法过程中,可能在一定程度上意识到了《禁止利用职务便利谋取不当利益规定》的战略意图,用“关系密切的人”取代了“特定关系人”,认为“这

① 梁根林:《解读刑事政策》,载陈兴良主编:《刑事法评论》第11卷,中国政法大学出版社2002年版,第17页。

样的表述是想把这类腐败行为包含得更广一些,更接近《联合国反腐败公约》的要求"①。但忽略了《禁止利用职务便利谋取不当利益规定》中作为"特定关系人"中兜底存在的"其他共同利益关系的人"的概念,如上所述,"关系密切的人"在本质上都是具有"共同利益关系的人","共同利益关系的人"在概念的外延上是大于"关系密切的人"的。所以,本来想选一个能把"腐败行为包含得更广一些"的语词,会更符合《禁止利用职务便利谋取不当利益规定》的战略决策意图,也更接近《联合国反腐败公约》的要求,但由于依然不能摆脱公共政策的法律化就是政策文本的法律条文化的思维模式,不仅没有达到这一目的,反而限缩了《禁止利用职务便利谋取不当利益规定》的意图,同时为司法实务操作带来了麻烦。

(二)"关系密切的人"不具备司法实务可操作性

政策的法律化是一项精细、复杂的战略工程,在我国往往被政策文本经过立法程序转化成为法律条文的一部分。如此简单的处理手法导致我国的法律条文中政策痕迹非常明显。在刑法中最典型的表现就是宣示性的、口号式的、口语化的条文随处可见。这给司法过程中法律适用带来了一些本来可以避免的困惑,"关系密切的人"就属于这种情况。

1."关系密切的人"概念模糊内涵不确定,不具备司法操作的基本要求。司法实务中利用影响力受贿罪三种犯罪主体中认定的重点是"关系密切的人"。从上述图6-6-1统计数据可见,在75件利用影响力受贿的案件中,"近亲属"17件、"离职的国家工作人员"5件,分别占约23%和约7%;"关系密切的人"却有53件,所占比例约为71%。由于无论是"关系"还是"密切"都无法通过一个量化的标准来确定或表述二者是否存在、二者之间的程度如何,即关系是否足够密切。所以,笔者在上述图6-6-2中试图对有可能属于密切关系的各种社会常见关系以列举的方式进行分析,但最后的统计结果还是有些出乎意料,53件案件的统计结果依次是:属于"其他关系"的有23件,约占43%;属于工作关系的有14件,约占26%;属于远亲关系的有11件,约占21%;属于同乡、情人关系的有各2件,分别各约占4%;属于同学关系的有1件,约占2%。接近一半是没有任何实质内涵和明确判断标准的"其他关系"。问题是其余的相对有一定

① 王荣利:《反腐新罪名不会成为贪官的"免罪符"——刑法学家赵秉志详解〈刑法修正案(七)〉反腐新罪名》,载《法制日报》2009年4月2日,第2版。

的内涵和判断标准的各种具体的关系，也只是表明由于他们在客观上存在这种关系而有存在密切关系的可能性或者说较大的可能性，但不能表明他们之间就必然存在密切关系。它只是作为我们判断他们之间是否存在密切关系的一个线索和依据，并不能作为判断他们之间是否存在密切关系的一个充分根据。即便是这样，这部分的总和也仅占一半稍多点儿。可见，"关系密切的人"中，除"人"之外，"关系"和"密切"这样的模糊概念根本不具备司法操作的最低限度。

2. "关系密切的人"不存在客观判断标准，只存在法院认定标准。首先，"关系密切的人"不存在一个相对确定的范围，无论作多么详尽的列举，最后仍然需要"其他关系"来"兜底"。从上述统计数据的情况看，恰恰就是这个"兜底"的"其他关系"在已裁判的案例中所占比例最大，"关系密切的人"实际上成了一个没有任何条件限制的开放结构。其次，无法确定一个"关系密切"的相对判断标准。对此，高铭暄教授等曾撰文指出："'密切'是对'关系'程度上的限制。那么什么是'密切'呢……'密切'是一个社会学概念，不可能得到量化的客观标准，对其把握必须结合具体的环境和条件。"①有学者在此基础上进一步认为："关系密切应当从人与人之间相互联系的实际情况出发，综合考虑以下几个方面去判断：相识时间的长短；接触次数的多少；交往的动机目的；交往的层次标准；周围人的观感印象；请托人的认知程度；受托人的认知程度；其他能够决定关系密切程度的情况。具体考察方法主要是查清双方平时的人情交往以及经济事务往来的情况及其紧密程度。"②对此，实践中的情形又是如何呢？从上述统计的情况看，在53件犯罪主体是"关系密切的人"利用影响力受贿的案件中，被告人及其律师提出抗辩其不具备主体资格，不是与国家工作人员或离职的国家工作人员"关系密切的人"的有10件，但从法律文书记载的情况看，这10件案件中对为什么不具备"关系密切的人"的主体资格，均是既没有提供相关的证据，也没有提出明确、具体、清晰的抗辩理由。另外，还有15件在审理过程中涉及利用影响力受贿罪而最终被认定为受贿罪的案件，大概的情形也是一样，其中有11件是公诉机关以受贿罪起诉、辩护人以利用影响力受贿罪抗辩、法院最终支持公诉机关以受贿罪定罪处罚，还有4件公诉机关指控为利用影响力受贿罪而法院最终认为构成受贿罪。有趣的是这15件案件，无论是控方、辩方还是

① 高铭暄、陈冉：《论利用影响力受贿罪司法认定中的几个问题》，载《法学杂志》2012年第3期。

② 马松建、贾佳：《利用影响力受贿罪中"关系密切的人"辨析》，载《人民检察》2013年第11期。

法院,在涉及案件定性的问题上,都把焦点放在了被告人是否属于“关系密切的人”的主体资格上。但令人遗憾的是,在涉及这样重大问题的认定上,却是除了一些简单的证人证言以及被告人供述能证明被告人与相关国家工作人员或离职的国家工作人员认识或有过交往的证据外再无其他证据,在该不该据此就认定被告人具备或不具备“关系密切的人”这样的主体资格上,也基本上都没有“讲理”。可见,在司法实践中的“关系密切的人”几乎可以等同于与相关国家工作人员或离职的国家工作人员认识的人,至于彼此之间是不是“关系密切”,最终取决于法院怎么认定,至于法院认定的标准是什么,也许连它自己都说不清楚,这样司法的恣意又何以可能避免?

3. 相关人之间的关系是否密切无法证明,只能推定。在关系文化如此博大精深的中国,“关系”之抽象、隐秘、深奥与微妙不是通过证据就能够证明得了的,况且在很多情况下它只可意会、不能言传。因此,如何证明不是近亲属的非国家工作人员与国家工作人员或离退休的国家工作人员之间的关系程度与关系实质,是摆在司法人员面前的两道难题。

一是关系程度,即行为人与国家工作人员或离退休的国家工作人员之间的关系是否密切的问题。关系是否密切不存在一个既定的标准,是以来往的次数为标准,还是以认识的时间长短为标准?是以具体利害关系为标准,还是以是否存在正常交往为标准?恐怕很难以其中的某一项为判断标准。[①] 虽然从诉讼证明理论的角度来看,可以结合具体案情,通过分析双方的认识时间长短、平时交往是否频繁、交往公开程度等方面来证明关系是否密切,但在具体案件中,要对这样一些涉及个人隐私的事情进行举证几乎是不可能的。即便是有证据证明了上述这些,也不能由此就得出他们关系密切的结论。有谁敢保证他们不是在表演?又有谁敢保证不经常联络或不经常接触关系就不密切?也就是说,证明彼此认识是可能的,但要证明彼此密切是不可能的。

二是关系实质,即行为人是否对相关国家工作人员或离退休的国家工作人员存在影响力并加以利用的问题。首先影响力就是一个见仁见智的问题。既有形式影响力与实质影响力之分,[②]也有权力性影响力与非权力性影

---

① 参见刘广三、庄乾龙:《对犯罪构成刑事推定功能的质疑——兼论利用影响力受贿罪之证明责任分配》,载《中国刑事法杂志》2011 年第 7 期。

② 参见龙腾云、贾晓蕾:《论利用影响力受贿罪中的“影响力”》,载《福建警察学院学报》2010 年第 3 期。

响力之分。[1] 根据利用影响力受贿罪的犯罪构成要件设置情况,将这里的"影响力"界定在实质上的、非权力性质的影响力似乎更为妥当。姑且抛开该问题不论,重要的是如何证明这种影响力的存在并为之所用。与关系是否密切一样,有无影响力也不存在一个既定的标准。但社会生活经验告诉我们,除血缘亲情关系外,从"影响力产生原因来看一般不外乎以下几种情况:基于职权关系的影响;基于感情关系的影响;基于利益关系的影响"[2]。在这些关系当中,除极个别的情况外,属于"近亲属"范畴的血缘亲情具有影响力是毫无疑问的,但非"近亲属"之间存在职权关系、感情关系、利益关系等,是否就能产生影响力具有很大的或然性,只是相比之下因利益关系产生影响力的高度盖然性可能会高一些。也就是说,证明彼此之间有联系甚至客观上存在一定的关系是有可能的;证明行为人请求或说服相关国家工作人员利用职务上的行为,或者利用其职权或者地位形成的便利条件(包括离职的国家工作人员原职权或者地位形成的便利条件),通过其他国家工作人员职务上的行为,为请托人谋取不正当利益,也是有可能的,但要证明一方对另一方有影响力且能够利用影响力去影响对方是非常困难的。

将这两个问题称为摆在司法人员面前的两道难题,也是通过对上述53份利用影响力受贿罪以及与之相关的15份受贿罪的判决书的研读得出的结论。从这些判决书中可见,通过证据证明的事实主要有三项:(1)行为人与相关国家工作人员或离退休的国家工作人员认识;(2)行为人曾拜托或说服相关国家工作人员或离退休的国家工作人员利用本人或他人的职务便利为请托人谋取不正当利益;(3)该被利用的国家工作人员或离退休的国家工作人员利用本人或他人的职务便利为请托人实际谋取到了不正当利益。行为人是否属于"关系密切的人"以及是否具有"影响力",都是在该事实基础上推定出来的。而推定的逻辑是:谋取到利益——有影响力——关系密切;反之则是:没有谋取到利益——没有影响力——关系不够密切。这一切只是为了得出一个是否属于"关系密切的人"这样一个在形式上必须具备的结论,而在事实上已经通过"是否谋取到利益"把"关系密切的人"给解构了。上述图6-6-4就充分说明了这一

① 参见赵秉志主编:《刑法修正案最新理解适用》,中国法制出版社2009年版,第209~210页。

② 刘广三、庄乾龙:《对犯罪构成刑事推定功能的质疑——兼论利用影响力受贿罪之证明责任分配》,载《中国刑事法杂志》2011年第7期。

点,即“实际为请托人谋取到了不正当利益是构成利用影响力受贿罪的一个必备要件。在这53件案件中不存在收受了请托人财物,而没有帮助请托人获取不正当利益或者受托人虽然通过国家工作人员或离职的国家工作人员帮助请托人谋取不正当利益而实际未能获得的情况”①。这由此还反映出了另外一个问题,就是“关系密切的人”在具体的司法实务中不存在形式解释(主要是也无法进行形式解释),对它在法律适用过程中的解释基本上都属于实质解释,这种实质解释与“利益关系”联系在一起,即只要能够证明行为人通过公共权力为请托人谋取到了不正当利益,彼此之间就存在“利益关系”,就有可能会被认定为“关系密切的人”。所以,尽管从立法看上去“关系密切的人”与《联合国反腐败公约》第18条第二部分规定的“公职人员或者其他任何人员”似乎还有一定的差距,但实务操作中的这种基于“利益关系的”认定“关系密切的人”的做法,使这二者之间的差距在实质上已经变得微乎其微了,只是在形式上还保留着一个壳而已,这样可以让罪刑法定原则不那么难堪。

(三)“关系密切的人”限制了反腐的力度和深度

作为一种社会管理与控制战略方针的公共政策如何法律化,关涉立法者的格局高度与立法技术。早在《刑法修正案(七)》的立法过程中,赵秉志教授就曾在《法制日报》上以《对〈刑法修正案(七)(草案)〉的几点看法》为题,撰文指出了《刑法修正案(七)(草案)》中存在的一些问题,其中明确指出:“就修法内容分析,可以说其科学性、技术性和可操作性方面还存有一些问题。其中最为明显的,首推《草案》第11条增设的‘准受贿罪’的法条……该条列举了5种主体:(1)国家工作人员的近亲属;(2)其他与国家工作人员关系密切的人;(3)离职的国家工作人员;(4)离职的国家工作人员的近亲属;(5)其他与离职的国家工作人员关系密切的人……上述第2种与第5种主体所说的‘关系密切人’,其含义模糊,其掌握困难,难具司法实践的可操作性。刑法修正案不仅要求立法内容的科学性,而且也要讲究立法技术的科学性和可操作性。”②如前实证考察所述,赵秉志教授7年前就担忧的问题,在《刑法修正案(七)》生效以来6年的

---

① 这由此给我们带来了另一个值得研究的问题,利用影响力受贿罪是行为犯还是结果犯,其犯罪的各种未完成形态又是如何?此问题准备另文研究,此不再赘述。

② 赵秉志:《对〈刑法修正案(七)(草案)〉的几点看法》,载新浪网,https://news.sina.com.cn/o/2008-09-21/114214478755s.shtml。

司法适用过程中已如同预言般地一一显示出来。

除此之外,“关系密切的人”还带来了两个负面效应。

1. 制约了该类案件刑事裁判的效率与效益。“关系密切的人”作为利用影响力受贿罪的特殊犯罪主体之一,是该罪成立的必备要件。但如上所述,“关系密切的人”这一概念本身的抽象、模糊、暧昧且内涵不确定的特质,就决定了其无论从理论上还是从实务上都很难建构起一套客观、公正的判断标准对其进行认定。当一个不具备司法可操作性的概念成为一个罪犯罪构成的必备要件的时候,给司法带来困惑和困难都是显而易见的。由于“关系密切的人”不可能存在一个认定标准和认定规则,那么行为人是否是国家工作人员的关系密切的人就很有可能成为庭审时争论的焦点,检方可能会举出证据证明并推定行为人与相关国家工作人员“关系密切”,辩方也会有相反的证据证明并推定出二者其实关系并不密切,双方会为这样一个实在无法说清楚但又应该说清楚的问题纠缠且争执不下。对于法院来说,在缺乏认定标准和认定规则,相关证据又出现相互冲突的情况下,其既有可能会从有利于被告的角度出发而认定其不属于关系密切的人(在是否构成影响力受贿罪的情况下)或属于关系密切的人(在是构成受贿罪还是构成利用影响力受贿罪的情况下),也可能相反,这给法院的恣意裁判预留了空间,不仅会使行为人有可能借此逃避法律制裁或被无辜制裁抑或错判,也给检察机关查办此类案件增加了办案风险。上述统计数据中的图 6 – 6 – 2、图 6 – 6 – 3 就充分说明了这个问题。

2. 降低了《禁止利用职务便利谋取不当利益规定》“反腐”公共政策的社会控制意义。毋庸置疑,反腐是我国当前和今后相当长的一段时间内重要的公共政策之一。从《禁止利用职务便利谋取不当利益规定》这样一个带有公共政策性质的具体规范文件,到《刑法修正案(七)》第 13 条规定新增设利用影响力受贿罪,主要是为解决受贿犯罪领域已普遍存在的非国家工作人员利用公共权力为请托人谋取利益而自己从中收受财物的问题,这是因为在已被查办的案件中,几乎每一起案件的周围都勾连编织着一个垄断或共享某些社会资源的巨大利益群体网,其社会影响恶劣,已经不是一个单纯的法律问题,而早已成为一个重大社会问题。但从上述统计数据看,中国裁判文书网、北大法宝两个数据库上从 2009 年 1 月 1 日至 2015 年 7 月 31 日,以利用影响力受贿罪裁判的法律文书共计 75 份,这大概是目前通过公开的数据资料库所能查询到的在我国已判决生效利用影响力受贿罪的所有判决书了，实际上的数据到底是多少虽不得而知，但这些公开的案件数量之少，和我们内心基于现实状况所作出的大概预测还有一段很大的差距，这个差距背后的原因是什么？基于上述的统计数据及相关分析，笔者认为造成这种预想与现实存在巨大差距的主要原因应该还是与"关系密切的人"有关。如图 6－6－1 所示，75 起案件中，其主体为"关系密切的人"的 53 件，所占比例约为 71%，可见，利用影响力受贿罪的犯罪主体主要是"关系密切的人"，由于"关系密切的人"不具备司法实务的可操作性而难以认定，从犯罪构成的形式要件上就欠缺成立犯罪的必备要件，这必然会导致相当一部分利用影响力受贿的"准案件"由于无法确认行为主体是不是"关系密切的人"而最终未能进入刑事诉讼或进入刑事诉讼后以其他方式结案而未进入审判阶段。当然，这只是一种推测，尚需进一步的实证考察才能确定属实。但至今不能很好地处理国家工作人员利用手中的职权或职务便利为请托人谋取不正当利益而由其"身边的关系人"收受请托人的财物或者向请托人索取财物这一社会现象却是不争的事实，这些"勾兑者"或"掮客"依然活跃在我们社会政治、经济、文化等生活的各个领域，虽然从理论上讲"反腐新罪名不会成为贪官的'免罪符'"①"《刑法修正案（七）》新增利用影响力受贿罪，将非国家工作人员利用影响力受贿的行为犯罪化，使得我国贿赂犯罪的刑事法网进一步严密，也扩大了贿赂犯罪圈，加大了对贿赂犯罪的惩治力度"②。由于这种"犯罪化"在立法技术层面上存在的上述问题，现在看来事实好像并非如此或者说还存在相当差距。

五、结语

时至今日，我们更需要精致、精细的立法。公共政策如何法律化？"关系密切的人"是当下中国社会公共政策进入法律的一个值得我们检讨的典型"范本"。刑法中那些让司法实务一头雾水、无法具体操作的口号式的、宣示式的、大众口语化的条文基本上都与某些公共政策的法律化相关。为此，但凡参与立法的专家学者们在立法过程中无不多次指出这一问题，但依然抵挡不住、改变

---

① 王荣利：《反腐新罪名不会成为贪官的"免罪符"——刑法学家赵秉志详解〈刑法修正案（七）〉反腐新罪名》，载《法制日报》2009 年 4 月 2 日，第 2 版。

② 王荣利：《反腐新罪名不会成为贪官的"免罪符"——刑法学家赵秉志详解〈刑法修正案（七）〉反腐新罪名》，载《法制日报》2009 年 4 月 2 日，第 2 版。

不了公共政策的法律化就是政策文本经过立法程序后的法律条文化的立法思维与立法模式。且不说这样简单、粗放的立法方式在多大程度上有可能会降低公共政策的战略意图及对社会进行控制与管理的效率与效益,更实际存在的是给司法过程中的法律适用带来的一些本来可以避免的困惑和麻烦。虽然"关系密切的人"在司法实务中实际上是被实质解释成了"有利益关系的其他任何人员"才能实际加以适用的事实,这多少让法治无颜、让罪刑法定原则难堪,但从其立法由来看,这样的解读还是符合公共政策的战略意图的。唯有让"关系密切的人"离开刑法,将利用影响力受贿罪的犯罪主体修改为一般主体,如此相应的《刑法修正案(九)》增设的相关犯罪亦一并修改,这些问题才会迎刃而解。

致 谢

年华似水,岁月如梭。四十年对每个人而言都是一段不短的光阴。在这本意在纪念自己从教 40 周年的文集即将付梓之际,感恩、感谢之情满溢心间。唯以寸心拙笔,铭记岁月恩典。

首先我要感恩的是学校和学生。三尺讲坛,四十春秋。21 岁时,我便在南开大学开启了教职生涯,青涩与热忱皆融于这所百年学府的晨钟暮鼓。风檐长阶未丰雏羽满栖,暮云斜照且送劲翮翱翔。在南开园里见证了一届又一届莘莘学子的青春芳华、拔节生长。那些曾在课堂上凝神思索的面庞,那些毕业照上定格的笑靥,纵使岁月已染白了他们的双鬓,但封存在我脑海的依然是他们青春飞扬的模样。我们亦师亦友,教学相长,感恩有缘与他们在南开大学一起成长。

我要感谢法学院刑法学科的同事们。在经过十余年以一己之力“单打独斗”苦撑一个学科后,南开大学法学院刑法学科终于在 2001 年和 2003 年迎来了刘士心教授和郑泽善教授(已荣休)的先后加盟,为学科发展注入了强大的学术力量。晚近十几年,王强军老师、邹兵建老师、隗佳老师、王芳凯老师等青年才俊又先后加盟,如今的学科梯队已自成气象。他们的到来不仅给学科带来了发展和希望,我也因此获得了“解放”。感谢他们这些年来给予我的支持、帮助和关照。还要特别感谢邹兵建老师、隗佳老师、王芳凯老师在本文集编辑出版过程中的倾心相助,王芳凯老师更是以他的细致、专业,不辞辛劳地承担了本文集的初步“编辑”工作。从孤灯一盏到群星璀璨,能和他们在一起工作,我深感幸运和荣光。

我要感谢为本文集所收录论文的发表倾注了大量心血的学术期刊编辑老师们,没有他们的支持、鼓励、鞭策和精心修改,就没有以往论文的发表,也就没有今日的这本文集。感谢他们这些年对我始终如一的支持和鼎力相助,也正是他们的支持与帮助方才成就了这本文集,成全了我的愿望;还要感谢在这些论文思考、写作、修改过程中给予我学术启迪、写作灵感和修改意见的同行挚友们,他们渊博的专业理论、超前的学术直觉,以及敏锐的问题意识都是我的受益良方,在这里我虽然未能具体提及他们的名字,但这些名字早已镌刻在我的心上;同时我亦要感谢我门下为这些论文的研究写作承担文献收集与数据整理工作的博士生、硕士生们。我深知那些伏案疾书的深夜,总有一盏灯由众人点亮。此刻的文集,恰似四十载学术足迹连结而成的一串珍珠,每一粒珠子的莹润光泽皆折射着他们智慧的光芒。

我还要感谢法律出版社一直以来给予我的学术信赖和鼎力支持。这是我在法律出版社出版的第三本个人著作,感谢法律出版社一如既往对本文集的认可和支持,尤其要感谢本文集的策划及责任编辑、装帧设计老师。正是因为他们辛苦的付出,这本文集才能展现出最美的模样;同时我也要感谢南开大学法学院对本文集出版所给予的学术著作出版资助。对南开大学法学院这个我已经工作了四十年的地方,我一直感恩于心。

最后我要感谢我的家人们。身为教师的父母对我人生的职业选择影响巨大,可以说没有父母的言传身教,我不可能在四十年前的那个年代毅然选择从事教师职业,并一直从内心深处喜欢、敬仰这份工作。如今我已深知一个人在漫长的人生岁月里能够一直做着自己喜欢的工作,是一件多么幸福、快乐的事情。还要感谢我的先生、儿子、儿媳和小孙子对我的理解、包容、支持和关爱。我本来可以选择早些退休,把更多的时间和精力投入到家庭生活中去陪伴家人,照顾、见证小孙子的点滴成长,但我舍不得离开学生、学校,还有那三尺讲坛,因此给他们带来了一些麻烦和困难。而当我正式退休的时候,小孙子将成长为翩翩少年,也已不再需要奶奶的照管,这是我人生中一个没有机会弥补的缺憾。

人生逆旅,幸有万千灯火相随。四十年杏坛跋涉,终悟得所谓“教学”,不过是老河床托起新溪水的私语。当年轻的水流冲刷着陈旧的堤岸,那些被带走的泥沙里,既有河床年轮的碎片,也藏着溪水未来的形状,互相形塑。师生之间既是灵魂与灵魂的相互映照,也是生命和生命的彼此照亮。

当墨香浸润纸页的刹那,我仿佛听见四十年光阴在书脊上轻轻地回响。

感恩、感谢所有相遇……

张心向

2024.12.28